BRIEF VERSION

자바 프로그래밍 입문

INTRODUCTION TO JAVA™ PROGRAMMING

Y. Daniel Liang 원저
유원희, 김병호, 김진수, 이성구, 이창훈, 전성희, 조성래 공역

SEVENTH EDITION

PEARSON

홍릉과학출판사

서문

이 책은 Introduction to Java Programming(자바 프로그래밍 입문)의 포괄적인 버전의 간단한 버전이며, 7판에 해당됩니다. 이번 버전은 일반적으로 CS1으로 알려진 프로그래밍 입문 과정을 위해 설계되었습니다. 이 버전은 포괄적인 버전의 처음 20개 장들을 포함합니다.

1997년 이후, Introduction to Java Programming(자바 프로그래밍 입문)의 6가지 버전이 출판되었습니다. 각 새 버전은 이전 버전을 상당히 개선해 왔습니다. 이번 7판(버전)은 또 다른 커다란 도약이라 할 수 있습니다. 우리는 절차적 프로그래밍과 객체지향 프로그래밍 사이에서 나타나는 차이에 대한 이해를 돕기 위해, 그리고 학생들에게 언제 그리고 어떻게 효과적으로 OOP를 적용할 수 있는지를 보이기 위해 새롭게 9장, "객체지향적 사고"를 추가하였습니다. 포괄적인 버전내의 데이터 구조에 대한 전 과정을 제공하기 위해 20장-28장의 데이터 구조에 대한 범위를 확대하였습니다. 고급 및 필수적이지 않은 언어 특징들을 Companion Web(도우미 웹) 사이트로 모두 이동시킴으로써 학생들이 앞 장에서부터 문제해결과 기초적인 프로그래밍 기법에 집중할 수 있도록 하였습니다. 문제해결 중심(problem driven) 접근법을 이용하여 교수 방법을 개선하였고, 새롭게 시작하는 프로그래머가 접근하기 쉬운 책을 만들기 위해 프리젠테이션을 향상시켰고 새로운 자바 기술을 계속 따라갈 수 있도록 내용을 수정하였습니다. 또한, 학생에게 더 나은 동기를 부여하기 위해 가지각색의 새롭고 흥미로운 예제와 연습문제를 만들었습니다. 새로운 LiveLab을 포함하여 더 유용한 자료들을 제공하기 위해 Companion Web 사이트를 개선하였습니다. 자세히 살피고 판단할 수 있도록 여러분을 초대합니다.

이 책은 문제해결과 프로그래밍을 가르치기 위해 기본개념을 우선으로 하는 문제해결 기반 교수법을 활용합니다.

기본개념 우선

명령형과 OOP는 둘 다 특정 응용 프로그램들을 위해 고유한 장점을 지닌 중요한 프로그래밍 패러다임(방법론)입니다. 일부 프로그램은 명령형 접근방식을 사용하여 개발되어야 하고, 또 다른 프로그램은 객체지향 접근법을 사용할 때 더 좋게 개발됩니다. 오늘날의 학생들은 두 가지의 패러다임을 알고, 조화롭고 효과적으로 이들을 사용할 필요가 있습니다. 이 책은 명령형과 OOP 패러다임을 모두 소개하고 있습니다. 학생들은 이 두 패러다임을 효과적으로 언제, 어떻게 적용할지를 배우게 될 것입니다.

명령형 패러다임은 프로그래밍의 기본입니다. 자바 교육에는 몇 가지 전략이 있습니다. 이 책은 기본개념-우선(fundamentals-first) 전략을 채택했습니다. 이 전략은 꼭 필요하고 중요한 모든 기본 개념부터 시작하여, 객체지향 프로그래밍 단계로 넘어간 후, 예외처리 고급 기능을 포함하는 흥미로운 GUI 애플리케이션과 애플릿을 만들기 위한 객체지향 접근으로 가는 것입니다.

많은 동료들의 경험에 의해 확인된, 내 자신의 경험은 "프로그래머가 성공하기 위해서는 반드시 루프와 단계적인 세련화(stepwise refinement)와 같은 기본적인 프로그래밍 기법과 기본적인 논리를 배워야 한다"는 것을 입증해 줍니다. 루프, 메소드, 그리고 배열에 대한 기본 개념과 기술은 프로그래밍을 위한 기초가 됩니다. 기초를 쌓는 것은 객체지향 프로그래밍, GUI, 데이터베이스 그리고 웹 프로그래밍을 배울 수 있도록 학생들을 준비시키는 것입니다.

기본개념-우선 접근 방식은 가장 먼저 절차적 해결방법을 제시하여 보여주고, 어떻게 그것을 객체지향 접근법을 이용하여 향상시킬 수 있는지를 보여줌으로써 객체지향 프로그래밍을 강화시킵니다. 그러므로 학생들은 언제 그리고 어떻게 효과적으로 OOP를 적용할지 배울 수 있게 됩니다.

문제해결 기반

프로그래밍이 단지 구문, 클래스, 또는 객체인 것은 아닙니다. 프로그래밍은 실제로는 문제해결(problem solving)입니다. 변수, 데이터 타입, 연산자 및 표현식, 순차 문장, 선택 문장, 루프, 메소드, 그리고 배열은 문제해결을 위한 근본적인 기술입니다. 기본적인 프로그래밍 기술에서부터 객체지향 프로그래밍에 이르기까지 많은 추상화 단계가 있습니다. 클래스는 단순히 추상화 단계 중 하나입니다. 소프트웨어 프로젝트의 설계와 구현에서 추상화 개념의 적용은 소프트웨어 개발의 열쇠입니다. 그러므로 이 책의 목표를 다시 정의하면, 문제해결에 있어 많은 추상화의 단계를 사용하고, 많은 문제들을 작게 그리고 크게 볼 수 있도록 학생을 가르치는 것입니다. 이 책 곳곳의 예제와 연습문제는 문제해결에 집중하게 하고, 재사용 가능한 컴포넌트를 개발하는 관념과 실제 프로젝트를 생성하는데 그 컴포넌트를 사용하는 관념을 길러줍니다.

이 책은 문제해결을 위해 문제해결 기반 방식을 사용합니다. 흥미롭고 실용적인 예제들은 구문을 설명할 때뿐만 아니라 문제해결과 프로그래밍을 가르치는 데도 사용됩니다. 흥미롭고 실용적인 문제들이 각 장에서 소개되고, 소개된 그 장에서 해결됩니다. 이 책은 학생들에게 동기를 부여하기 위해 다양한 수준의 난이도를 갖는 다양한 문제를 사용합니다. 문제들은 게임, 수학, 비즈니스, 과학, 애니메이션, 그리고 멀티미디어와 같은 많은 응용 분야를 망라합니다. 여기 이 책의 몇 가지 대표적인 예제가 있습니다.

예제 1: 반지름이 주어진 어떤 원의 면적을 계산하는 간단한 문제로 2장을 시작합니다(§2.2, "간단한 프로그램 작성하기"). 이 문제를 해결하기 위해, 데이터를 저장하기 위한 변수와 변수 선언을 위한 데이터 타입(유형)을 소개합니다. 또한, 면적을 계산하는 표현식을 소개합니다. 우선, 반지름의 입력 값을 프로그램에서 코딩합니다. 이것은 좋은 방법이 아닙니다. 나중에 Scanner 클래스(§2.11)와 입력 대화상자(§2.16)를 사용하여 실행시간에 데이터를 입력하는 사용자 프롬프트를 어떻게 사용할지를 소개합니다.

예제 2: 자동으로 덧셈 문제를 생성되고 사용자의 답변을 평가하는 AdditionQuiz 게임(리스트 3.3)을 통해 비교 연산자와 불리언 타입이 소개됩니다. 나중에 자동으로 뺄셈 문제(예를 들어, firstNumber - secondNumber)를 생성하고 사용자의 답변을 평가하는 SubtractionQuiz 게임(리스트 3.4)에서 선택 구문에 대한 필요성을 소개합니다. 첫 번째 숫자가 두 번째보다 커야 한다는 조건 때문에 선택 구문은 이 프로그램을 작성하기 위해 소개됩니다.

예제 3: SubtractionQuiz 게임은 단순히 하나의 문제를 생성합니다. 반복해서 무작위로 문제를 생성하려면 여러분은 루프를 사용해야 합니다.
4장에서 우리는 SubtractionQuizLoop(리스트 4.3)에서 10개의 문제를 생성하기 위해 SubtractionQuiz를 변경합니다.

예제 4: GreatestCommonDivisor 프로그램(리스트 4.8)은 두 수의 최대 공약수(gcd)를 계산합니다. 이 프로그램은 모든 코드가 main 메소드에 있기 때문에 재사용이 가능하지 않습니다. 우리는 코드의 모듈화와 재사용을 위해, 그리고 리스트 5.5에서 gcd를 계산하기 위한 메소드를 만들기 위해 프로그램을 변경합니다.

예제 5: 리스트 3.6(ComputeBMI.java)은 체질량 지수 계산(Body Mass Index)을 위한 프로그램을 제공합니다. 여러분이 사용자의 정보를 저장하기 원한다고 가정합시다. 이 프로그램은 절차적 패러다임에서는 확장이 어렵습니다. 따라서 §9.6 "객체지향적 사고"에서 클래스를 사용하여 프로그램을 재설계하고, 이 문제를 사용하여 절차적 패러다임과 대비되는 객체지향 패러다임의 장점을 설명합니다.

학습 전략

프로그래밍 과정은 다른 과정과는 매우 다릅니다. 프로그래밍 과정에서, 여러분은 예제로부터 연습문제로부터 그리고 실수로부터 배우게 됩니다. 여러분은 프로그램을 작성하고, 프로그램들을 테스트하고, 그리고 에러를 수정하는데 많은 시간을 바쳐야 할 필요가 있습니다.

초보 프로그래머에게, 자바를 학습하는 것은 여느 고급 프로그래밍 언어를 배우는 것과 다르지 않습니다. 프로그래밍 학습에서 기본 요점은 실제 문제를 프로그래밍 가능한 솔루션으로 공식화하고, 선택 구문, 루프, 메소드 그리고 배열을 사용하여 프로그램으로 번역하는 중대한 기능(critical skill)을 개발하는 것입니다. 일단 여러분이 루프, 메소드, 그리고 배열을 사용하여 프로그램을 작성하는 기본 기술을 습득하면 클래스 캡슐화와 상속을 이용하여 객체 지향 소프트웨어를 어떻게 개발할 수 있는지를 배울 수 있습니다.

여러분이 어떻게 프로그램하는지를 알게 되고 객체지향 프로그래밍의 개념을 이해하게 될 때, 자바 학습은 자바 API를 배우는 문제가 됩니다. 자바 API는 자바를 사용하여 응용프로그램을 개발하는 프로그래머를 위한 프레임워크를 설정합니다. 여러분은 API의 클래스와 인터페이스를 사용해야 하고, 애플리케이션을 만들기 위해 그들의 관례와 규칙을 따라야 합니다. 자바 API를 배울 수 있는 가장 좋은 방법은 예제를 모방하고 연습문제를 해결하는 것입니다.

이번 판에서 새로워진 것은?

이 버전은 Introduction to Java Programming, 6판을 상당히 향상시킨 것입니다. 주요 개선 사항은 다음과 같습니다.

- 책은 명확성, 프리젠테이션, 내용, 예제 그리고 연습문제 등을 향상시키기 위해 모든 세부사항에서 완전하게 개정되었습니다. 모든 절이 다시 작업되었습니다.
- 필수적이지 않은 언어 주제들은 Companion Web 사이트로 이동되었습니다. 따라서 학생들은 문제해결과 프로그래밍 기법을 학습하는데 집중할 수 있습니다. 필수적이지 않은 주제로는 &와 | 연산자, 어떻게 표현식이 자바에서 내부적으로 평가되는 지에 대한 논의, 정규 표현식, 블록 초기화, 어떻게 자바 프로젝트를 아카이브 파일로 패키지할 수 있는지 등을 포함합니다.
- 이 책은 앞쪽 장에서 프로그래밍에 학생들이 흥미를 갖도록 자극하는 여러 가지 새로운 예제를 제공합니다. 예를 들어, 새로운 숫자 맞추기(guess number), 신체 질량 지수(body mass index), 생년월일 맞추기(guess birth date), 그리고 수도쿠 문제(Sudoku problems)가 3~6장에 제공됩니다.
- 게임, 수학, 비즈니스, 과학, 애니메이션과 멀티미디어와 같은 많은 응용 분야에서 광범위한 새로운 연습문제가 이 책 전체에서 제공됩니다.
- 텍스트는 1~6장에서 Scanner 클래스를 사용하는 콘솔 입력과 JOptionPane 클래스를 사용하는 GUI 입력을 모두 소개하고 있습니다. 일관성과 유연성을 위해 GUI 예제는 별도의 절에 배치되어 생략할 수 있습니다.

■ 디자인 패턴이 이 책을 통해 소개됩니다.
■ 이전 판의 7장은 두 개의 장으로 분할되었습니다. 새로운 9장은 클래스 설계에 초점을 맞추고, 절차적 패러다임과 객체지향 패러다임 사이의 차이점을 살펴봅니다.
■ StringBuffer를 사용한 코드는 효율성 향상을 위해 8장부터 StringBuilder로 대체되었습니다.
■ 자바 6 스플래시 화면(splash screen)은 §13.10 "이미지 아이콘"에서 소개됩니다.

교수법의 특징

Liang 시리즈의 철학은 **예제를 통한 가르침과 실행에 의한 학습**입니다. 기본적인 특징은 예제에 의해 설명될 수 있습니다. 따라서 여러분은 수행해 봄으로써 배울 수 있습니다. 책은 자료로부터 대부분을 얻기 위해 다음과 같은 요소를 사용합니다.

■ **학습목표**는 학생들이 그 장에서 배워야 하는 것들을 나열합니다. 따라서 그 장이 끝난 후에 학습목표를 충족했는지 확인하는 데 도움이 될 것입니다.
■ **서론**은 그 장에서 해결되어야 하는 문제의 유형으로 논의를 시작합니다. 이 책은 문제해결 기반 접근 방식을 사용하여 작성된 것입니다.
■ **예제**는 신중하게 선택되고 따라가기 쉬운 스타일로 제시되어 프로그래밍 개념을 가르칩니다. 책은 중요한 아이디어를 보여주기 위해 많은 작고, 단순하고, 자극이 되는 예제를 사용합니다.
■ **장 요약**은 학생들이 이해하고 기억해야 하는 중요한 주제를 복습합니다. 학생들이 그 장에서 배운 핵심 개념을 보강하는 데 도움이 됩니다.
■ **복습문제**는 학생들이 진행 사항을 추적하고 배운 것을 평가할 수 있도록 절 별로 정리되어 있습니다.
■ **프로그래밍 연습문제**는 학생들이 배운 자신의 새로운 기술을 적용할 수 있는 기회를 제공하기 위해 절 별로 정리되어 있습니다. 난이도의 수준은 초급(표시 없음), 중급(*), 상급(**) 또는 도전(***)으로 분류됩니다. 프로그래밍 학습의 비법은 연습하고, 연습하고 또 연습하는 것입니다. 이를 위해 이 책은 아주 많은 연습문제를 제공합니다.
■ **Note, Tip**과 **주의**는 프로그램 개발의 중요한 측면에서 유용한 조언과 통찰력을 제공하기 위해 교재 전반에 삽입됩니다.

Note

주제에 관한 추가 정보를 제공하고 중요한 개념을 강화시킵니다.

Tip

좋은 프로그래밍 스타일과 습관을 가르칩니다.

주의

학생들이 프로그래밍 오류의 함정을 피할 수 있도록 도와줍니다.

설계 가이드

설계 프로그램에 대한 지침을 제공합니다.

유연한 장 순서

이 책은 GUI, 예외처리, 그리고 재귀를 초반에 다루는 것을 가능하게 하는 유연한 장 순서를 제공합니다. 일반적인 세 가지 선택 가능한 순서는 다음과 같이 표시됩니다.

GUI를 초반에 다루는 순서	예외와 이진 I/O를 초반에 다루는 순서	재귀를 초반에 다루는 순서
10장	10장	6장
13장	18장	20장
14장	19장	
11장		
15장		
16장		
17장		

다음의 다이어그램은 각 장의 종속성을 보입니다.

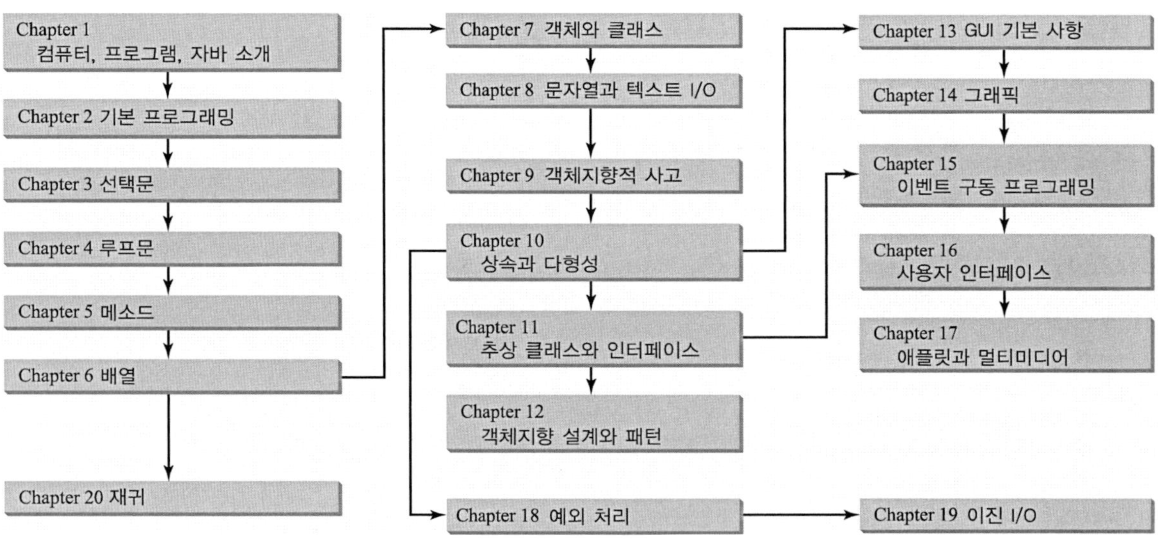

책의 구성

전체 장들은 4개의 부분으로 나누어지며 각 부분은 문제해결과 프로그래밍을 위한 견실한 개론을 형성합니다.

제1부: 프로그래밍 기본(1~6장)

책의 첫 부분은 디딤돌로, 여러분이 자바 학습의 여정을 준비하도록 합니다. 여러분은 자바에 대해 알게 되고(1장), 원시 데이터 타입(2장), 제어 문장(3~4장), 메소드(5장)와 배열(6장)을 갖는 기본적인 프로그래밍 기법을 학습하게 될 것입니다,

제2부: 객체-지향 프로그래밍(7~12장)

이 부분은 객체지향 프로그래밍을 소개합니다. 자바는 소프트웨어 개발에 있어 뛰어난 유연성, 모듈화, 재사용성을 제공하기 위해 추상화, 캡슐화, 상속 및 다형성을 사용하는 객체지향 프로그래밍 언어입니다. 여러분은 객체와 클래스(7~9장), 클래스 상속(10장), 다형성(10장), 추상 클래스(11장), 인터페이스(11장), 그리고 객체지향 설계 및 패턴(12장)을 갖는 프로그래밍을 학습하게 됩니다. 문자열 처리는 8장에서 소개됩니다.

제3부: GUI 프로그래밍(13~17장)

이 부분은 자바의 GUI 프로그래밍을 소개합니다. 주요 주제로서 GUI 기본(13장), 모양 그리기(14장), 이벤트 기반 프로그래밍(15장), 그래픽 사용자 인터페이스(16장), 그리고 애플릿(17장)을 소개합니다. 여러분은 자바의 GUI 프로그래밍 API의 아키텍처를 배우고, 응용 프로그램 및 애플릿을 개발하기 위해 GUI 구성요소를 사용합니다.

제4부: 예외 처리, 이진 IO, 재귀(18~20장)

이 부분은 여러분의 프로그램을 강력하고 정확하게 하는 예외 처리(18장)의 사용, 파일에 저장되어 있는 많은 양의 이진 데이터를 관리하고 처리하기 위한 입력과 출력의 사용(19장), 본질적으로 재귀적인 문제를 해결하기 위한 재귀 프로그래밍의 사용에 대해 소개합니다.

자바 개발 도구

여러분은 윈도우즈 Notepad나 WordPad와 같은 텍스트 에디터를 사용하여 자바 프로그램을 작성하고 명령어 윈도우로부터 프로그램을 컴파일하고 실행할 수 있습니다. 또한 TextPad, NetBeans, Eclipse, JBuilder와 같은 자바 개발 도구를 역시 사용할 수 있습니다. 이러한 도구들은 빠른 자바 프로그램 개발을 위한 통합개발환경(IDE)을 지원합니다. 프로그램의 편집, 컴파일, 구성, 실행, 디버깅 기능이 하나의 그래픽 사용자 인터페이스로 통합되어 있습니다. 이러한 도구들의 사용은 여러분들의 프로그램 생산력을 매우 눈에 띄게 높여줍니다. TextPad는 초기 IDE 툴입니다. NetBeans, Eclipse, 그리고 JBuilder는 더 세련된 툴이지만 튜토리얼을 잘 따라한다면 사용하기 쉽습니다. TextPad, NetBeans, Eclipse, 그리고 JBuilder에 관한 튜토리얼은 Companion Web 사이트에 있는 보충자료에서 찾을 수 있습니다.

강사 참고자료

이 책과 관련이 있는 강사 참고자료는 www.prenhall.com/liang 혹은 www.cs.armstrong.edu/liang/intro7e를 통해 접근할 수 있습니다. 몇 가지의 강사 참고자료는 Pearson Instructor Resource Center(IRC)의 패스워드가 필요합니다. IRC의 자료를 이용하기 원한다면 여러분 지역의 Pearson 영업 담당자에게 연락하길 바랍니다.

강사 참고자료 사이트는 다음과 같은 자료를 가지고 있습니다.

- **상호 대화형 버튼을 갖고 있는 상호 대화형 파워포인트 슬라이드:** 다양한 색상과 함께 구문이 강조된 소스 코드를 보여주고 슬라이드 상에서 프로그램을 실행할 수 있도록 합니다.
- **모든 복습문제와 연습문제의 해답:** (학생들은 짝수 번호의 프로그램 연습문제의 해답을 볼 수 있습니다.)
- **웹 기반 퀴즈 생성기:** 강사는 2000개 이상의 문제를 포함하는 큰 데이터베이스에서 퀴즈를 만들기 위해 장을 선택할 수 있습니다.
- **샘플 시험문제:** 일반적으로 각 시험은 4부분으로 이루어져 있습니다.
  - 객관식 문제 혹은 단답형 문제
  - 프로그램 오류 수정
  - 프로그램 추적
  - 프로그램 작성
- MyTest: 시험문제의 문제은행

웹 기반 과정 평가 및 관리 시스템(LiveLab)

이 시스템은 세 가지 편리한 점이 있습니다.

■ 자동 성적 시스템(AGS): 프로그램을 자동으로 평가할 수 있습니다.

■ 퀴즈 생성/제출/채점 시스템: 강사들이 퀴즈를 생성/수정할 수 있게 해주고 학생들이 그 문제를 받아 풀 수 있게 해주며 자동으로 평가됩니다.

■ 성적과 출석 등을 확인: 이 시스템은 학생들은 자신들의 성적을 확인할 수 있게 해주고 강사들은 모든 학생들의 성적과 출석을 확인할 수 있습니다.

자동 성적 시스템(AGS)의 중요한 특징은 다음과 같습니다.

- 학생들이 연습문제를 컴파일, 실행하고 온라인으로 제출하도록 해줍니다(학생들의 프로그램이 학생 테스트 데이터에서 제대로 실행되는지를 알려주고, 그렇게 함으로서 계속하여 실행할 수 있고 기한 내에 제출할 수 있도록 합니다).
- 강사들이 제출물을 검토하고 강사 테스트 데이터를 가지고 프로그램을 실행하여 온라인으로 수정 후 학생들에게 온라인으로 피드백을 제공하도록 합니다.
- 강사들은 스스로 문제를 만들고 수정할 수 있으며 공개용과 비공개용 테스트 데이터를 만들어 학생에게 숙제를 내고 제출 일을 설정할 수 있습니다.
- 학생들에게 숙제로 낼 수 있는 200개 이상의 연습문제를 제공합니다.
- 강사들은 모든 연습문제를 분류하여 여과하고 성적을 검사할 수 있습니다(시간 순, 학생 순, 날짜 순과 연습문제 순).
- 강사들은 시스템에서 학생 이름을 지울 수 있습니다.
- 학생들과 강사들이 연습문제들에 대한 성적을 확인하도록 해줍니다.

온라인 퀴즈 시스템의 장점과 편리한 점은 다음과 같습니다.

- 강사들이 문제은행과 텍스트 파일에서 퀴즈를 생성하고 수정할 수 있으며, 완전히 새로운 온라인 문제를 만들 수 있습니다.
- 강사들은 학생들에게 퀴즈를 내고 제출일을 정하고 시간제한을 정할 수 있습니다.
- 학생들과 강사들은 제출된 퀴즈를 다시 볼 수 있습니다.
- 학생들과 강사들은 퀴즈의 성적을 확인할 수 있습니다.

영상노트

영상노트(VideoNotes)는 학생들에게 프로그래밍 개념과 기술의 핵심을 가르치기 위해 고안된 Pearson의 새로운 시각적 도구로 www.prenhall.com/liang에서 볼 수 있습니다. 이 짧은 단계별 동영상은 설계부터 코딩까지 어떻게 문제를 해결해야 하는지 설명하고 있습니다. 영상노트는 각 영상노트 연습문제에 선택, 재생, 되감기, 앞으로 감기, 정지 기능을 포함하는 간단한 네비게이션을 제공하여 학생들이 자신의 진도에 맞게 학습할 수 있도록 합니다.

교재의 영상노트 아이콘은 특정 개념이나 과제에 관한 영상노트가 있음을 표시합니다.

영상노트는 책을 구입하면 무료로 제공됩니다. 영상노트를 구입하여 보기를 원한다면 www.prenhal.com/liang에 접속하여 Student Resources 아래의 영상노트를 클릭하십시오.

GOAL

Gradiance Online Accelerated Learning(GOAL)은 Pearson의 최고의 온라인 과제 및 평가 시스템으로 www.prenhall.com/liang에서 이용할 수 있습니다. GOAL은 교실 밖에서 대화형 학습의 경험을 제공하는 동안 학생들의 좌절감을 최소화하기 위해 설계되었습니다.

GOAL의 즉각적인 피드백과 책에 있는 힌트와 조언을 통해 학생들이 더 능률적이고 효과적인 학습을 할 수 있습니다. GOAL은 객관식 연습문제와 대화형 연구 프로젝트라는 두 종류의 과제를 통해 즉각적인 평가와 피드백을 제공합니다. 객관식 연습문제는 문제를 해결하기 위한 학생들의 지식을 시험하도록 설계된 객관식 문제로 이루어져 있습니다. 틀린 답을 골랐을 경우 학생들에게 힌트가 주어지고 도움이 되는 정보가 있는 교재의 특정 절로 이동하도록 합니다. 구문검사기와 컴파일러와는 달리 대화형 연구 프로젝트 GOAL은 구문오류와 의미오류를 모두 검사합니다. GOAL은 학생의 프로그램이 실행되는지를 판단합니다. 하지만 그보다 더 중요한 것은 비밀 데이터로 프로그램을 검사하여 정확한 값을 반환하는지를 확인합니다. GOAL은 코드 검사와 직접적인 피드백 제공을 통하여 여러분이 이해한 개념과 다시 복습할 필요가 있는 부분들을 정확하게 알도록 해줍니다.

강사는 GOAL 학생 접근 코드와 자바 프로그래밍 입문 7판 Value pack의 구입과 주문 정보에 대해서는 지역 Pearson 판매 대리점에 연락해야 합니다.

학생 자료

이 책과 관련된 자료를 www.prenhall.com/liang 또는 직접 www.cs.armstrong.edu/liang/intro7e에서 접근할 수 있습니다.

학생 자료 웹 사이트는 다음 자료를 포함합니다.

- 복습 문제에 대한 해답
- 짝수 번 프로그래밍 연습문제에 대한 해답
- 책의 예제에 대한 소스 코드
- 대화식 셀프-테스트(각 장의 절로 구성된다.)
- LiveLabs
- 보충자료
- 자료 링크
- 정오표

추가적인 보충자료

교재는 필수적인 주제에 대해 다룹니다. 보충자료는 독자들에게 흥미로울 만한 추가적인 주제를 소개하기 위해 교재를 확장한 것입니다. 표에 열거된 보충자료는 Companion Web 사이트에서 사용 가능합니다.

Companion Web 사이트에 있는 보충자료

1부 일반적인 보충자료
- A 용어정리
- B JDK 설치하고 구성하기
- C 명령어 윈도우로부터 자바 프로그램 컴파일하고 실행하기
- D 자바 코딩 유형 안내서
- E 윈도우즈에서 자바 응용 프로그램의 데스크 탑 단축키 설정하기
- F 텍스트에서 클래스를 구성하기 위한 패키지 사용하기

2부 IDE 보충자료
- A TextPad 튜토리얼
- B JBuilder 튜토리얼
- C JBuilder로 자바를 효율적으로 학습하기
- D NetBeans 튜토리얼
- E NetBeans로 자바를 효율적으로 학습하기
- F Eclipse 튜토리얼

G Eclipse로 자바를 효율적으로 학습하기
H JBuilder 2007 튜토리얼
I NetBeans를 사용한 시각적 GUI 개발

3부 자바 보충 자료
A 연산자와 피연산자 평가
B &와 | 연산자
C 비트단위 연산
D 문장 라벨을 갖는 break와 continue 문장
E 열거형 타입
F 패키지
G 정규식
H 형식화된 스트링
I 객체 클래스에서 메소드
J 데이터 필드와 정적 메소드 은폐
K 블록의 초기화
L 메소드 재정의
M 설계 패턴
N JDK1.5 이전의 텍스트 I/O(Reader와 Writer 클래스)
O 단언(assertions)
P 포괄형
Q 자바 파일 보관
R 자바 2D
S GridBagLayout|OverlayLayout|SpringLayout
T Datagram 프로토콜을 사용한 네트워크
U 내부 프레임 생성하기
V 프러그 가능한 외양과 느낌
W UML 그래픽 기호
X JUnit를 사용한 클래스 테스트하기
Y JNI

4부 데이터베이스 보충자료
A 교재에서 사용한 테이블 생성하고 초기화하는 SQL 문장
B MySQL 튜토리얼
C Oracle 튜토리얼
D Micrisoft Access 튜토리얼
E 데이터베이스 시스템 소개
F 관계 데이터베이스 개념
G 데이터베이스 설계
H SQL 기초
I SQL 상급

5부 Web 프로그래밍 보충자료
- A HTML과 XHTML 튜토리얼
- B CSS 튜토리얼
- C XML
- D 자바와 XML
- E Tomcat 튜토리얼
- F JSF에 관한 추가 예제와 시각 Web 개발

6부 데이터 구조 보충자료
- A AVL 트리
- B 2-3 트리
- C 적-흑(red-black) 트리
- D 해쉬

감사의 말

내가 저술한 내용을 가르칠 수 있도록 하고 내가 가르친 내용을 저술할 수 있도록 지원해준 Amstrong Atlantic State University에 감사한다. 가르치는 일은 책의 개선을 지속하기 위한 영감(靈感)의 원천이다. 조언과 제안을 해주고, 버그를 알려주며, 칭찬을 해 준 강사들과 학생들에게 감사한다.

이 책은 이전 판과 본 판의 우수한 검토에 의해서 매우 향상되었다. 검토자들은 다음과 같다.

Elizabeth Adams(James Madison University), Yang Ang(University of Wollongong, Australia), Kevin Bierre(Rochester Institute of Technology), David Champion(DeVry Institute), James Chegwidden(Tarrant County College), Anup Dargar(University of North Dakota), Charles Dierbach(Towson University), Erica Eddy(University of Wisconsin at Parkside), Deena Engel(New York University), Henry A Etlinger(Rochester Institute of Technology), James Ten Eyck(Marist College), Olac Fuentes(University of Texas at El Paso), Harold Grossman(Clemson University), Ron Hofman(Red River College, Canada), Stephen Hughes(Roanoke College), Vladan Jovanovic(Georgia Southern University), Edwin Kay(Lehigh University), Larry King(University of Texas at Dallas), Nana Kofi(Langara College, Canada), Roger Kraft(Purdue University at Calumet), Hong Lin(DeVry Institute), Dan Lipsa(Armstrong Atlantic State University), James Madison(Rensselaer Polytechnic Institute), Frank Malinowski(Aelera Corporation), Tim Margush(University of Akron), Debbie Masada(Sun Microsystems), Blayne

Mayfield(Oklahoma State University), John McGrath(J.P. McGrath Consulting), Shyamal Mitra(University of Texas at Austin), Michel Mitri(James Madison University), Kenrick Mock(University of Alaska Anchorage), Jun Ni(University of Iowa), Benjamin Nystuen(University of Colorado at Colorado Spring), Gavin Osborne(University of Saskatchewan), Kevin Parker(Idaho State University), Mark Pendergast(Florida Gulf Coast University), Richard Povinelli(Marquette University), Roger Priebe(University of Texas at Austin), Mary Ann Pumphrey(De Anza Junior College), Ronald F. Taylor(Wright State University), Carolyn Schauble(Colorado State University), David Scuse(University of Manitoba), Ashraf Shirani(San Jose State University), Daniel Spiegel(Kutztown University), Lixin Tao(Pace University), Russ Tront(Simon Fraser University), Deborah Trytten(University of Oklahoma), Kent Vidrine(George Washington University), and Bahram Zartoshty(California State University at Northridge).

Prentice Hall과 함께 작업한다는 것은 매우 기쁘고 영광이며 특권이다. 나는 이 프로젝트에서 구성, 제작, 프로모션을 맡은 Marcia Horton, Tracy Dunkelberger, Margaret Waples, Chris Kelly, Erin Davis, Jake Warde, Melinda Haggerty, ReeAnne Davies, Vince O''Brien, Scott Disanno, Irwin Zucker, 그리고 그 들의 동료들에게 감사하고, 편집을 맡은 Robert Lentz에게도 감사한다.

항상 그렇듯이, 사랑과 지원, 그리고 격려에 대해서 나의 아내 Samantha에게 빚지고 있다.

Y. Daniel Liang
y.daniel.liang@gmail.com
www.cs.armstrong.edu/liang

역자 서문

어떠한 문제를 해결하려고 할 때 우리는 먼저 그 문제를 해결하는 방법을 찾기 위해 노력합니다. 해결하는 방법을 알아내면 그 방법을 사용하여 그 문제에 대한 해결책을 구합니다. 특히 해결책을 구한 후 그 작업을 컴퓨터에게 시킬 때는 컴퓨터가 이해할 수 있고 또한 우리가 이해할 수 있는 언어를 사용해야 합니다. 물론 컴퓨터가 이해하는 언어와 우리가 컴퓨터에서 사용하는 언어에는 차이가 있을 수 있습니다. 다행히도 이런 언어들 사이에 교량역할을 하는 소프트웨어(컴파일러 또는 인터프리터라고 한다)가 존재합니다. 따라서 우리는 우리가 사용하기 편하고 논리적인 개념을 질 표현하여 문제를 해결할 수 있는 언어를 선택합니다. 우리가 사용하는 언어는 주로 고급 프로그래밍 언어라고 합니다. 고급 프로그래밍 언어에는 많은 언어가 있지만 본 교재에서는 자바 프로그래밍 언어를 사용하여 문제를 해결하는 방법을 여러 가지로 제시하고 있습니다. 이런 방법을 사용하여 문제를 해결하려면 언어에 대한 기본 지식과 언어를 효율적으로 사용하는 방법을 배워야 합니다.

본 교재(Introduction to Java Programming, 7ed.)는 자바 언어를 기초부터 기본을 튼튼히 하도록 설계되어 있습니다. 자바언어는 처음 설계 당시에 특정 분야의 문제에 적합하도록 설계되었지만 많은 프로그래밍 언어가 그렇듯이 자바언어도 응용 분야가 다양해지면서 또한 프로그래밍 방법론이 발전함으로써 이에 맞추어 범용언어로 발전되었습니다. 본 교재에서는 저자가 그 동안의 강의 경험과 이러한 경향에 맞추어 여러 번 개정하여 7판을 출간한 것입니다. 따라서 역자는 기본개념 우선과 문제해결 기반 교수방법을 사용한 본 교재가 학생들이 자바를 스스로 또는 강의에 의해서 공부하는 좋은 방법이라 생각합니다. 따라서 여기에 동참하는 여러 교수님들과 함께 번역하기로 한 것입니다.

본 교재에서는 컴퓨터를 사용하여 문제를 해결하는 데 필요한 기본적인 여러 개념들을 소개하고 또한 이들을 사용한 프로그램을 제공하여 기초를 튼튼히 할 수 있도록 배려하였습니다. 특히 프로그래밍에서 필수적인 절차적 접근방법과 객체지향 방법을 쉽고 명쾌하게 제시하였고 또한 소프트웨어에서 중요한 사용자 인터페이스 설계 등을 분명하고 재미있게 제공하였습니다. 따라서 이 교재가 강의 시간에 공부하는 학생이나 독학하는 사람들에게도 유용하다고 생각하여 이 책을 여러분들에게 소개하고자 번역을 하였습니다.

역자는 번역 과정에서 원저자의 뜻을 가능한 그대로 보존하려고 노력하였으며, 한글 용어의 선택에서는 가능하면 일반적으로 많이 사용하는 용어를 사용하도록 노력하였습니다. 그러나 번역과정에서 역자의 천학으로 말미암아 용어의 선택이 잘못되었거나 번역의 오류가 없지 않으리라 생각합니다. 이에 대한 의문점이나 제안할 사항이 있으면 주저 없이 연락주기 바랍니다.

끝으로 본서를 출간하기까지 다방면으로 지원하신 홍릉과학출판사의 관계자 여러분과 번역 및 교정 작업에서 도움을 준 대학원생들에게 깊은 감사를 드립니다.

2010년 12월

역자 대표 柳 元熙

CONTENTS

CHAPTER 01

컴퓨터, 프로그램, 자바 소개

- 컴퓨터의 기초와 프로그램 및 운영체제를 살펴본다(§§1.2-1.4).
- 2진, 10진, 16진수로 표현해 본다(§1.5).
- 자바와 웹의 관련성을 알아본다(§1.6).
- API, IDE, JDK 용어를 구별해 본다(§1.7).
- 간단한 자바 프로그램을 작성해 본다(§1.8).
- 콘솔로 결과를 출력해 본다(§1.8).
- 자바 프로그램을 생성하고, 컴파일하고, 실행해 본다(§1.9).
- 자바 프로그램의 기본적인 구문을 설명한다(§1.9).
- JOptionPane 결과 대화상자를 사용하여 결과를 출력해 본다(§1.10).

1.1 서론

우리는 문서를 작성하기 위하여 워드프로세서를 사용하고, 인터넷을 탐색하기 위하여 웹브라우저를 사용하며, 인터넷을 통하여 이메일을 보내기 위하여 이메일 프로그램을 사용한다. 이러한 것들은 컴퓨터에서 수행되는 소프트웨어의 사례들이라고 할 수 있다. 소프트웨어는 프로그래밍 언어를 사용하여 개발된다. 그러나 수많은 프로그래밍 언어가 있는데 사람들의 선택은 **왜 자바일까?** 사용자는 자바를 이용하여 서버나 데스크탑 컴퓨터 뿐만 아니라 작은 이동형 장치를 위한 어플리케이션을 개발하고 인터넷에서 배포할 수 있다. 컴퓨팅의 미래는 인터넷에 의해 많은 영향을 받게 되고, 자바는 그러한 미래의 많은 부분을 차지할 것이라 기대된다. 자바가 바로 그런 인터넷 프로그래밍 언어이기 때문이다.

왜 자바일까?

우리는 강력한 프로그래밍 언어를 배울 신나는 여행을 이제 막 시작할 것이다. 시작에 앞서 컴퓨터의 기초, 프로그램과 운영체제를 다시 한번 살펴보고 숫자 시스템과 친해지는 것이 도움이 될 것이다. 이미 CPU, 메모리, 디스크, 운영체제, 프로그래밍 언어와 같은 용어에 익숙하다면 1.2절에서 1.4절까지는 생략해도 좋다. 또한 1.5절도 생략할 수 있으며, 2진수나 16진수와 관련된 의문사항이 있을 경우에는 참고할 수 있다.

1.2 컴퓨터란 무엇인가?

하드웨어
소프트웨어

컴퓨터는 자료를 저장하고 처리하는 전자 장치라고 할 수 있다. 컴퓨터는 **하드웨어**와 **소프트웨어**를 포함한다. 일반적으로 하드웨어는 눈에 보이는 물리적인 컴퓨터의 요소들로 구성되고, 소프트웨어는 하드웨어를 통제하고 특정한 작업을 수행하도록 하는 눈에 보이지 않는 명령어들을 제공한다. 컴퓨터가 어떠한 작업을 수행하도록 명령어들을 작성하는 일을 컴퓨터 프로그래밍이라고 한다. 여러분이 프로그래밍 언어를 배우는데 컴퓨터 하드웨어를 아는 일은 필수적이지는 않지만 프로그램 명령어들의 효과를 잘 이해하는데 도움이 된다. 이 절에서는 컴퓨터 하드웨어 부품과 그 기능들을 소개한다.

컴퓨터는 다음과 같은 주요 하드웨어 부품으로 구성된다(그림 1.1).

- 중앙처리장치(CPU)
- 메모리(메인 메모리)
- 저장장치(디스크, CD, 테이프)
- 입력과 출력장치(모니터, 키보드, 마우스, 프린터)
- 통신장치(모뎀과 네트워크 인터페이스 카드(NIC))

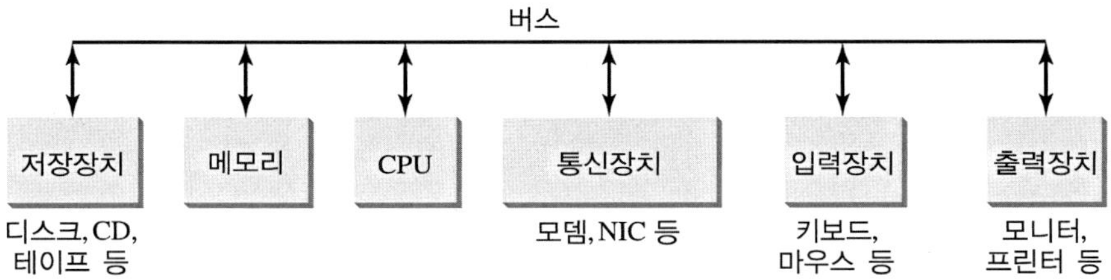

그림 1.1 컴퓨터는 CPU, 메모리, 저장장치, 입력장치, 출력장치, 통신장치로 구성된다.

부품들은 자료와 파워를 전달하는 **버스**라는 서브시스템을 통하여 서로 연결되어 있다.

1.2.1 중앙처리장치

중앙처리장치(CPU)는 컴퓨터의 두뇌라고 할 수 있다. CPU는 메모리에서 명령어를 검색하여 수행한다. CPU는 보통 **제어장치**와 **산술논리장치**의 두 부분으로 나눌 수 있다. 제어장치는 다른 부품들의 행동을 제어하고 조정한다. 산술논리장치는 사칙 연산 등의 산술 연산과 비교 연산 등의 논리 연산을 수행한다. CPU

오늘날의 CPU는 수백만 개의 트랜지스터를 가지고 있는 하나의 작은 실리콘 반도체 칩으로 만들어진다. 모든 컴퓨터는 일정한 주기로 전자 신호를 발생시키는 내부 클럭을 가지고 있다. 이 신호들은 연산의 속도를 제어하고 동기화하는데 사용된다. 클럭 속도가 높으면 높을수록 주어진 시간 안에 더 많은 명령들이 실행된다. 클럭 속도의 측정 단위는 **hertz**(Hz)로 1 hertz는 초당 하나의 신호를 발생시킨다. 컴퓨터의 클럭 속도는 보통 megehertz(MHz)(1 MHz는 일백만 Hz이다)로 나타낸다. CPU 속도는 지속적으로 개선되고 있다. 인텔의 펜티엄3 프로세서는 약 500 megahertz로 실행되고, 인텔 펜티엄4 프로세서는 약 3 gigahertz(GHz)(1 GHz는 1000 MHz이다)로 실행된다. 속도 hertz megehertz gigahertz

1.2.2 메모리

정보를 저장하고 처리하기 위하여 컴퓨터는 off와 on의 전기 상태를 사용하는데, 관습에 의해 0과 1로 부른다. 이 0과 1은 이진수 체계에서 한 자리의 수로 해석되며, **비트**(binary digits)라고 부른다. 숫자, 문자, 문자열과 같은 다양한 종류의 자료는 일련의 비트들로 코드화된다. 자료와 프로그램 명령어들은 CPU가 실행하기 위하여 컴퓨터 **메모리**에 비트의 그룹이나 바이트(byte)들로 저장되는데, 각 바이트는 8비트로 구성된다. 하나의 메모리 장치는 그림 1.2와 같이 **바이트**들의 정돈된 순서라고 할 수 있다. 비트 바이트

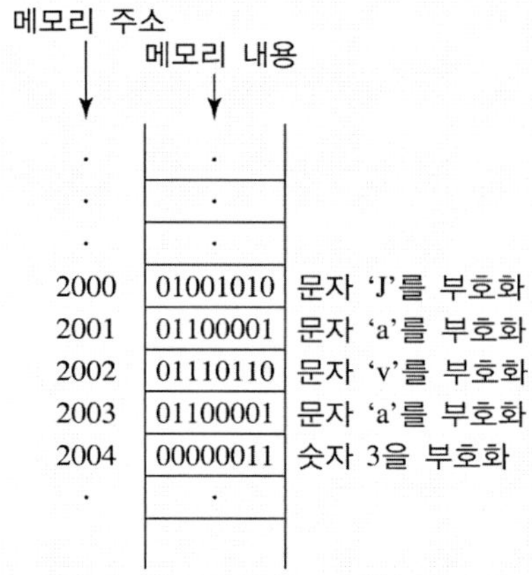

그림 1.2 메모리는 자료와 프로그램 명령어들을 저장한다.

프로그래머는 시스템이 코드화 체계를 기반으로 자동으로 수행하므로 자료의 코드화와 해독화에 관해 걱정할 필요가 없다. 예를 들어, 널리 알려진 ASCII 코드화 체계에서 문자 'J'는 하나의 바이트 01001010으로 표현된다.

하나의 바이트는 최소 저장 단위이다. 3과 같은 작은 수는 단일 바이트에 저장될 수 있다. 단일 바이트에 저장할 수 없는 수를 저장하기 위해서 컴퓨터는 몇 개의 인접 바이트를 사용한다. 어떠한 두 개의 자료가 하나의 동일한 바이트를 함께 사용하거나 하나의 동일한 바이트를 분리해서 사용할 수 없다.

하나의 메모리 바이트에는 반드시 어떤 내용이 들어 있지만 초기 내용은 여러분의 프로그램에 의미가 없을 수 있다. 메모리 바이트의 현재 내용은 새로운 정보가 그곳에 쓰여질 때마다 없어진다.

프로그램과 자료는 실행되기 전에 메모리로부터 가져와야 한다.

모든 바이트는 하나의 유일한 주소를 가지고 있다. 주소는 자료를 저장하거나 검색할 바이트의 위치를 식별하기 위해 사용된다. 바이트들은 일정한 순서로 액세스될 수 있기 때문에 메모리는 RAM(random-access memory)이라고도 한다. 오늘날의 개인 컴퓨터는 최소한 512 megabyte의 RAM을 가지고 있다. megabyte(MB)는 약 일백만 바이트라고 할 수 있다. megabyte의 정확한 의미는 http://en.wikipedia.org/wiki/Megabyte를 찾아보기 바란다. CPU와 같이 메모리도 표면에 많은 트랜지스터를 포함한 실리콘 반도체 칩으로 만들어진다. 메모리 칩은 CPU 칩에 비해 덜 복잡하고, 느리고, 비싸지 않다.

RAM
megabyte
megabyte URL

1.2.3 저장장치

메모리는 전원이 꺼지면 정보를 잃어버리기 때문에 휘발성이라고 한다. 프로그램과 데이터는 저장장치에 영구히 저장되고, 컴퓨터가 프로그램과 데이터를 사용하고자 할 때, 저장장치보다 속도가 훨씬 빠른 메모리로 이동된다.

저장장치에는 다음과 같은 네 가지 종류가 있다.

- 디스크 드라이브(하드 디스크와 플로피 디스크)
- CD 드라이브(CD-R, CD-RW, DVD)
- 테이프 드라이브
- USB 플래시 드라이브

드라이브는 디스크, CD, 테이프와 같은 미디어를 운영하기 위한 장치이다. 드라이브

디스크

디스크에는 **하드 디스크**와 **플로피 디스크**의 두 종류가 있다. 개인용 컴퓨터에는 하나의 하드 드라이브와 3.5인치 플로피 드라이브를 가지고 있다. 하드 디스크는 플로피 디스크보다 수행 속도가 빠르고 용량이 크다. 플로피 디스크는 약 1.44 MB의 고정된 용량을 가지고 있다. 최신 PC의 하드 디스크는 30에서 160 gigabyte를 저장한다. 하드 디스크 드라이브와 플로피 디스크 드라이브는 컴퓨터 안에 내장되어 있는데, 플로피 디스크는 넣고 뺄 수 있지만 하드 디스크는 고정되어 있다. 그러나 하드 디스크도 착탈식이 가능하다. 플로피 디스크는 CD-RW와 플래시 드라이브로 교체되고 있다.

하드 디스크
플로피 디스크

CD와 DVD

CD는 compact disk를 의미한다. CD 드라이브에는 **CD-R**과 **CD-RW**의 두 종류가 있다. CD-R은 사용자가 한 번 기록된 내용을 수정할 수 없는 읽기 전용 저장장치이다. CD-RW는 플로피 디스크처럼 사용될 수 있어서 읽기와 다시 쓰기가 가능하다. 하나의 CD에는 700 MB까지 저장이 가능하다. 대부분의 소프트웨어는 CD-ROM으로 배포된다. 대부분의 새로운 PC는 CD-R과 CD-RW가 모두 가능한 CD-RW 드라이브를 장착한다.

CD-R
CD-RW

DVD는 digital versatile disc 또는 digital video disk를 의미한다. DVD와 CD는 비슷하고, 자료를 저장하기 위하여 둘 중 하나를 사용할 수 있다. DVD는 CD보다 더 많은 자료를 저장할 수 있으며, 하나의 표준 DVD 저장 용량은 4.7 GB이다.

테이프

테이프는 데이터와 프로그램의 백업에 주로 사용된다. 디스크나 CD와는 다르게, 테이프는 정보를 순차적으로 저장한다. 컴퓨터는 정보가 저장된 순서로 정보를 검색한다. 테이프는 매우 느리다. 1 gigabyte 하드 디스크를 백업하는데 한 시간 내지 두 시간이 소요된다. 새로운 경향은 플래시 드라이브나 외장형 하드 디스크를 이용하여 데이터를 백업하는 것이다.

USB 플래시 드라이브

USB 플래시 드라이브는 데이터를 저장하고 전달하는 장치라고 할 수 있다. 플래시 드라이

브는 약 껌 한 통 정도의 크기로 작다. 여러분 컴퓨터의 USB 포트에 꽂을 수 있는 이동형 하드 드라이브와 같이 작동된다. USB 플래시 드라이브는 현재 20 GB 저장 용량이 가능하다.

1.2.4 입출력장치

입출력장치는 사용자가 컴퓨터와 통신이 가능하도록 한다. 공통 입력장치는 **키보드**와 **마우스**이고, 공통 출력장치는 **모니터**와 **프린터**이다.

키보드

컴퓨터 **키보드**는 어떤 특별한 기능을 위한 추가적인 키를 가지고 있다는 것을 제외하면 타이프라이터의 키보드와 비슷하다.

기능 키

기능 키는 키보드의 가장 위쪽에 위치하고, F로 시작하며 순서화되어 있다. 그것들을 사용하는 것은 실행되고 있는 소프트웨어와 관련이 있다.

수정자 키

수정자 키는 두 개의 키를 조합하여 눌렀을 때 다른 키의 일반적인 행위를 조정해주는 특별한 키(Shift, Alt, Ctrl)이다.

숫자 키패드

키보드의 우측 하단에 위치한 **숫자 키패드**는 숫자의 빠른 입력을 위하여 분리시켜 놓은 키들이다.

주요 키패드와 숫자 키패드 사이에 위치한 **화살표 키**는 커서를 위, 아래, 왼쪽, 오른쪽으로 이동하기 위해 사용된다.

화살표 키의 위쪽에 위치한 Insert, Delete, PageUp, PageDn 키는 워드프로세스에서 삽입, 삭제, 한 페이지 위로, 한 페이지 아래로의 기능을 수행하기 위해 사용된다.

마우스

마우스는 무엇을 가리키는 장치이다. 화면에서 커서라고 하는 전자적인 포인터를 이동하거나 화면에서 하나의 대상을 클릭하기 위해 사용된다.

모니터

모니터는 정보(텍스트와 그래픽)를 출력한다. 화면 해상도와 도트간의 거리는 출력의 품질을 결정한다.

화면 해상도

화면 해상도는 평방 인치당 픽셀의 수를 나타내며, 픽셀("picture element"의 약자)은 화면에 그려지는 이미지를 구성하는 작은 점이라고 할 수 있다. 예를 들어 17인치 화면의 일반적인 해상도는 1024 픽셀의 너비와 768 픽셀의 높이로 되어 있다. 해상도는 수동으로 설정될 수 있다. 해상도가 높으면 높을수록 이미지는 더 명확하고 뚜렷해진다.

도트 간격

도트 간격은 픽셀간의 공간을 나타낸다. 전형적으로 0.21에서 0.81 밀리미터의 범위를 가진다. 도트 간격이 작으면 작을수록 출력이 좋아진다.

1.2.5 통신장치

컴퓨터는 다이얼 모뎀(modulator/demodulator), DSL, 케이블 모뎀, 네트워크 인터페이스 카드와 같은 통신장치를 사용하여 통신할 수 있다. 다이얼 모뎀은 전화선을 사용하여 56,000 bps(초당 비트 수)의 속도로 자료를 전송한다. DSL(digital subscriber line)도 전화선을 사용하지만 20배 이상 빠른 속도로 자료를 전송한다. 케이블 모뎀은 케이블 회사가 운영하는 TV 케이블 선을 사용하는데 DSL만큼 빠르다. 네트워크 인터페이스 카드(NIC)는 컴퓨터를 LAN(local area network)에 연결하는 장치이다. LAN은 일반적으로 회사, 학교, 관공서에서 사용된다. 10BaseT라고 하는 전형적인 NIC는 10 mbps(초당 백만비트)로 자료를 전송할 수 있다.

모뎀
DSL
NIC
LAN
mbps

1.3 프로그램

소프트웨어라고 하는 컴퓨터 **프로그램**은 컴퓨터에게 무엇을 하라고 알려주는 명령어의 집합이라고 할 수 있다. 컴퓨터는 사람의 언어를 이해할 수 없어서 컴퓨터 프로그램으로 컴퓨터 언어를 사용해야 한다.

소프트웨어

컴퓨터의 종류에 따라 다르기는 하지만 컴퓨터의 기본적인 언어는 내장되어 있는 기본적인 명령어의 집합인 **기계어**이다. 이 명령어들은 이진 코드 형태로 되어 있어서 컴퓨터에게 무엇을 하라고 시킬 때에 여러분은 이진 코드 형태로 입력해야 한다. 기계어로 프로그램을 작성하는 일은 지루한 작업이다. 더구나 프로그램은 읽고 수정하기 매우 어렵게 되어 있다. 예를 들어, 두 수를 더하기 위해서 여러분은 다음과 같이 이진 형태로 명령어를 작성해야 한다.

기계어

```
1101101010011010
```

어셈블리 언어는 각각의 기계어 명령어를 나타내기 위하여 기호를 사용한 저수준의 프로그래밍 언어라고 할 수 있다. 예를 들어, 두 수를 더하기 위하여 여러분은 다음과 같이 어셈블리 코드로 명령어를 작성해야 한다.

어셈블리 언어

```
ADDF3 R1, R2, R3
```

어셈블리 언어는 프로그래밍을 쉽게 하기 위해 개발되었다. 그러나 컴퓨터가 어셈블리 언어를 이해할 수 없어서 어셈블리 언어를 기계어로 변환하려면 그림 1.3과 같이 **어셈블러**(assembler)라는 프로그램을 사용해야 한다.

어셈블러

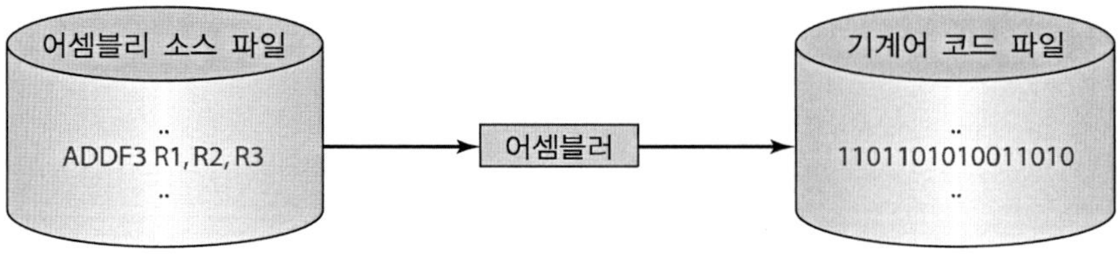

그림 1.3 어셈블러는 어셈블리 언어를 기계어로 번역한다.

어셈블리 프로그램은 기계 명령어를 대신하여 기억하기 쉬운 기호 명칭을 사용하여 작성된다. 어셈블리 언어도 컴퓨터에 따라 다를 수 있기 때문에, 어셈블리 프로그램은 특정 컴퓨터에서만 실행될 수 있다. 고급 언어는 특정 플랫폼에 국한되는 문제를 극복하고 프로그래밍을 쉽게 하기 위하여 개발되었다.

고급 언어

고급 언어(high-level languages)는 영어와 유사하며 배우기 쉽고 프로그래밍이 용이하다. 예를 들어, 여기에 반지름이 5인 원의 면적을 구하는 고급 언어 문장이 있다.

```
area = 5 * 5 * 3.1415;
```

고급 언어는 백여 개가 넘는다. 다음은 잘 알려진 것들이다.

- COBOL
- FORTRAN
- BASIC
- Pascal
- Ada
- C
- Visual Basic
- Delphi
- C++
- C#
- Java

각 언어들은 특수한 목적을 가지고 만들어졌다. COBOL은 비즈니스 응용을 목적으로 만들어졌으며, 지금은 주로 비즈니스 자료 처리에 사용된다. FORTRAN은 수학적인 계산을 위해 만들어졌으며, 주로 수치 계산에 사용된다. BASIC은 쉽게 배우고 사용할 수 있도록 만들어졌다. Ada는 미국방성에서 개발되었으며, 주로 국방 프로젝트에 사용된다. C는 어셈블리 언어의 강력함과 고급 언어의 사용 용이성 및 이식성을 함께 가지고 있다. Visual Basic과 Delphi는 그래픽 사용자 인터페이스 개발 및 빠른 어플리케이션 개발에 사용된다. C++는 컴파일러나 운영체제와 같은 시스템 소프트웨어 프로젝트에 많이 사용된다. 마이크로소프트의 윈도우즈 운영체제는 C++를 사용하여 코딩되었다.

고급 언어로 작성된 프로그램을 **소스 프로그램** 또는 **소스 코드**라고 한다. 컴퓨터가 소스 프로그램을 이해할 수 없기 때문에, **컴파일러**가 소스 프로그램을 기계어 프로그램으로 변환하는데 사용된다. 기계어 프로그램은 실행 파일을 생성하기 위하여 종종 다른 지원 라이브러리 코드와 연결된다. 실행 파일은 그림 1.4와 같이 컴퓨터에서 실행될 수 있다. 윈도우즈에서 실행 파일은 .exe 확장자를 가진다.

소스 프로그램
컴파일러

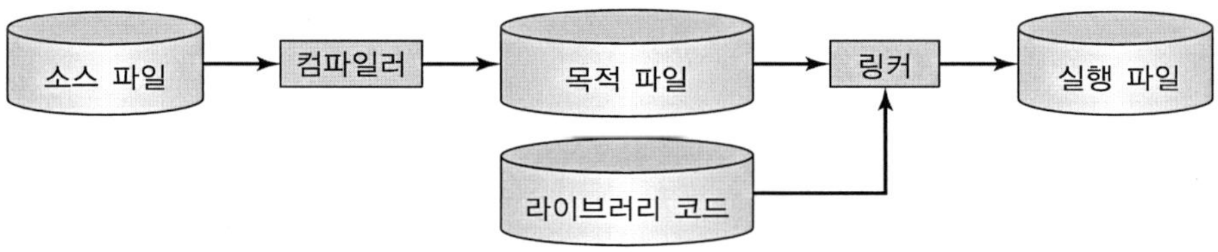

그림 1.4 소스 프로그램은 기계어 파일로 컴파일된 다음, 실행 파일을 생성하기 위하여 시스템 라이브러리와 연결된다.

여러분은 소스 프로그램을 알맞은 컴파일러를 가진 어떠한 컴퓨터에도 이식할 수 있다. 그러나 소스 프로그램은 기계어 프로그램이 특정 컴퓨터에서만 실행되기 때문에 다시 컴파일되어야 한다. 요즘 컴퓨터들은 공동 작업을 위하여 네트워크로 연결되어 있다. 자바는 어떠한 플랫폼에서도 실행될 수 있도록 만들어졌다. 자바를 이용하여 일단 프로그램을 작성하고 소스 프로그램을 **바이트코드**로 알려진 특별한 타입의 기계어 코드로 번역한다. 바이트코드는 그림 1.5와 같이 자바 가상 기계(Java Virtual Machine)를 가진 어떠한 컴퓨터에서도 실행될 수 있다. JVM은 자바 바이트코드를 해석하는 소프트웨어이다.

바이트코드
JVM

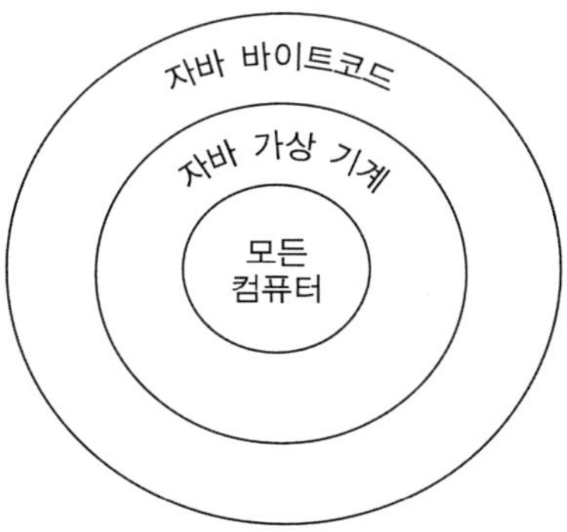

그림 1.5 자바 바이트코드는 자바 가상 기계를 가진 어떠한 컴퓨터에서도 실행될 수 있다.

> **NOTE**
> 자바 바이트코드는 해석된다. 컴파일과 해석의 차이는 다음과 같다. 컴파일(compiling)은 고수준 코드를 목적 언어 코드로 번역하는 것이다. 해석(interpreting)은 고수준 프로그램을 한 번에 모두 번역하는 것이 아니라 한 단계씩 번역한다. 각 단계는 번역이 된 다음 바로 실행된다.

compiling
interpreting

1.4 운영체제

OS

운영체제(OS)는 컴퓨터에서 실행되는 가장 중요한 프로그램으로 컴퓨터의 활동을 관리하고 제어할 수 있다. 웹브라우저나 워드프로세서와 같은 응용 프로그램들은 운영체제없이 실행될 수 없다. 여러분은 아마 마이크로소프트의 윈도우즈, 맥OS, 또는 리눅스를 사용하고 있을 것이다. 윈도우즈는 현재 PC 운영체제 중 가장 널리 사용되고 있다. 그림 1.6에서는 하드웨어, 운영체제, 응용 소프트웨어, 사용자의 상관관계를 보여주고 있다.

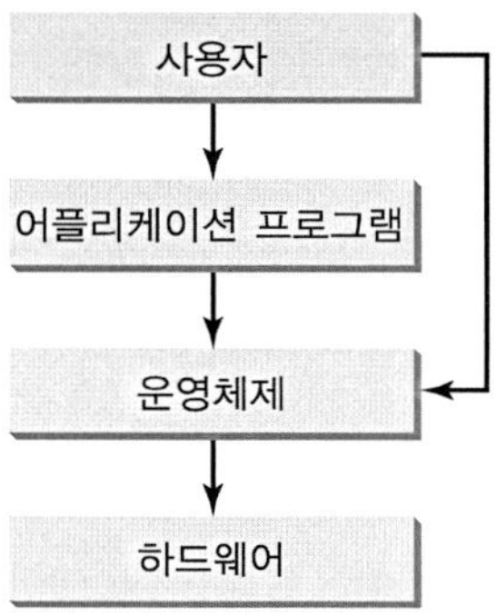

그림 1.6 운영체제는 시스템을 제어하고 관리하는 소프트웨어이다.

운영체제는 주로 다음과 같은 일을 한다.

- 시스템 활동을 제어하고 감시한다.
- 시스템 자원을 할당한다.
- 작업을 계획한다.

1.4.1 시스템 활동의 제어와 감시

운영체제는 키보드로부터 입력을 확인하고, 모니터로 출력을 보내고, 디스크에 파일이나 디렉토리를 저장하고, 디스크 드라이브나 프린터와 같은 물리적 장치를 제어하는 등의 기본적인 일들을 수행한다. 또한 운영체제는 동시에 수행되는 서로 다른 프로그램이나 사용자가 서로 방해받지 않도록 보장하며, 허가받지 않은 사용자가 시스템을 액세스할 수 없도록 안전을 책임진다.

1.4.2 시스템 자원 할당

운영체제는 프로그램이 필요로 하는 컴퓨터 자원(CPU, 메모리, 디스크, 입출력장치)이 무엇인지 결정하고 프로그램을 실행하기 위하여 자원들을 할당하는 책임을 가진다.

1.4.3 작업 계획

운영체제는 시스템 자원을 효율적으로 사용하기 위하여 프로그램의 작업 계획을 책임지고 있다. 오늘날 대부분의 운영체제는 시스템의 수행 속도를 향상시키기 위하여 **다중프로그래밍**(multiprogramming), **다중스레딩**(multithreading), **다중처리**(multiprocessing)와 같은 기술을 지원한다.

다중프로그래밍(multiprogramming)은 CPU를 분배하여 많은 프로그램을 동시에 실행하도록 한다. CPU는 다른 부품들보다 훨씬 빠르다. 결국, 디스크나 다른 소스로부터 전송되는 데이터를 기다리느라 대부분의 시간을 쉬고 있게 된다. 다중프로그래밍 운영체제는 여러 프로그램들이 CPU를 사용하도록 하는 장점이 있다. 예를 들어, 여러분은 웹브라우저가 파일을 다운로드하는 동시에 워드프로세서를 이용하여 파일을 편집할 수 있다. 다중프로그래밍

다중스레딩(multithreading)은 하나의 프로그램 안에서 소단위들이 동시에 실행될 수 있도록 병행성을 허용한다. 예를 들어, 워드프로세싱 프로그램은 사용자가 텍스트를 편집하는 동시에 그것을 파일에 저장할 수 있도록 한다. 이 예에서 편집과 저장은 동일한 프로그램에서의 두 가지 작업이다. 이러한 두 작업은 별도의 스레드에서 동시에 실행될 수 있다. 다중스레딩

다중처리(multiprocessing) 또는 병렬처리(parallel processing)는 하나의 작업을 수행하기 위해서 두 개나 그 이상의 프로세서를 함께 사용하는 것이다. 이것은 몇 명의 의사들이 한 환자에 대해서 함께 작업하는 외과수술과 비슷하다고 할 수 있다. 다중처리

1.5 수의 체계

NOTE 여러분은 이 절을 생략할 수 있고, 2진이나 16진수와 관련된 질문을 받을 때 참고로 사용할 수 있다.

컴퓨터는 내부적으로 2진수를 사용하는데, 메모리와 디스크 같은 저장장치들이 0과 1만을 저장하도록 만들어졌기 때문이다. 2진수 체계는 0과 1의 두 수로 구성되어 있다. 컴퓨터 내부에서 하나의 수나 문자는 0과 1의 조합으로 저장된다. 각각의 0과 1을 한 비트라고 한다. 2진수

우리는 일상생활에서 10진수를 사용하기 때문에 2진수는 어색할 수 있다. 여러분이 하나의 프로그램에서 20과 같은 수를 사용할 때, 10진수라고 가정한다. 내부적으로는 컴퓨터 소프트웨어를 사용하여 10진수를 2진수로 바꾸어주고 2진수도 10진수로 바꾸어준다. 10진수

여러분은 10진수 체계를 사용하여 프로그램을 작성한다. 그러나 운영체제와 같은 시스템을 다루는 프로그램을 작성한다면, "기계 수준"까지 내려가기 위하여 2진수를 사용할 필요가 있다. 2진수는 매우 길고 부담이 되는 경향이 있다. 16진수는 종종 2진수를 간결하게 표현하기 16진수

위하여 사용되는데, 하나의 16진수는 정확하게 네 개의 2진수를 표현한다. 16진수 체계는 0에서부터 9까지와 A에서부터 F까지의 16개의 숫자를 가진다. 문자 A는 10진수 10, B는 11, C는 12, D는 13, E는 14, F는 15를 나타낸다.

10진수 체계에서의 숫자는 0, 1, 2, 3, 4, 5, 6, 7, 8, 9이다. 하나의 10진수는 이러한 숫자들의 조합으로 표현된다. 일련의 숫자에서 각 숫자가 표현하는 값은 그 위치에 따라 결정되는데, 위치에 따라 10의 제곱 값을 가진다. 예를 들어, 10진수 7423에서 숫자 7, 4, 2, 3은 다음과 같이 각각 7000, 400, 20, 3을 나타낸다.

7	4	2	3	$= 7 \times 10^3 + 4 \times 10^2 + 2 \times 10^1 + 3 \times 10^0$
10^3	10^2	10^1	10^0	$= 7000 + 400 + 20 + 3 = 7423$

밑수
기수

10진수 체계는 10개의 숫자를 가지며, 위치 값은 10의 제곱 값이다. 우리는 10을 10진수 시스템의 **밑수**(base) 또는 **기수**(radix)라고 한다. 유사하게, 2진수 체계의 밑수는 2진수 체계가 두 개의 숫자를 가지고 있기 때문에 2이고, 16진수 체계의 밑수는 16진수 체계가 16개의 숫자를 가지고 있기 때문에 16이다.

1101이 2진수라면, 숫자 1, 1, 0, 1은 다음과 같이 각각 1×2^3, 1×2^2, 0×2^1, 1×2^0을 나타낸다.

1	1	0	1	$= 1 \times 2^3 + 1 \times 2^2 + 0 \times 2^1 + 1 \times 2^0$
2^3	2^2	2^1	2^0	$= 8 + 4 + 0 + 1 = 13$

7423이 16진수라면, 숫자 7, 4, 2, 3은 다음과 같이 각각 7×16^3, 4×16^2, 2×16^1, 3×16^0을 나타낸다.

7	4	2	3	$= 7 \times 16^3 + 4 \times 16^2 + 2 \times 16^1 + 3 \times 16^0$
16^3	16^2	16^1	16^0	$= 28672 + 1024 + 32 + 3 = 29731$

1.5.1 2진수와 10진수간의 변환

2진수 $b_n b_{n-1} b_{n-2} \cdot \cdot \cdot b_2 b_1 b_0$이 주어지면, 동등한 10진수 값은 다음과 같다.

$$b_n \times 2^n + b_{n-1} \times 2^{n-1} + b_{n-2} \times 2^{n-2} + \ldots + b_2 \times 2^2 + b_1 \times 2^1 + b_0 \times 2^0$$

2진수를 10진수로 변환

다음은 2진수를 10진수로 변환하는 예이다.

2진수	변환 공식	10진수
10	$1\times2^1+0\times2^0$	2
1000	$1\times2^3+0\times2^2+0\times2^1+0\times2^0$	8
10101011	$1\times2^7+0\times2^6+1\times2^5+0\times2^4+1\times2^3+$ $0\times2^2+1\times2^1+1\times2^0$	171

10진수 d를 2진수로 변환하는 것은 다음과 같은 비트 b_n, b_{n-1}, b_{n-2}, . . . b_2, b_1, b_0들을 찾는 것이다. 10진수를 2진수로 변환

$$d=b_n\times2^n+b_{n-1}\times2^{n-1}+b_{n-2}\times2^{n-2}+\ldots+b_2\times2^2+b_1\times2^1+b_0\times2^0$$

이러한 비트들은 몫이 0이 될 때까지 d를 계속해서 2로 나누어서 찾아질 수 있다. 나머지들은 b_0, b_1, b_2, . . . b_{n-2}, b_{n-1}, b_n이 된다.

예를 들어, 10진수 123은 2진수로 1111011이 된다. 변환은 다음과 같이 수행된다.

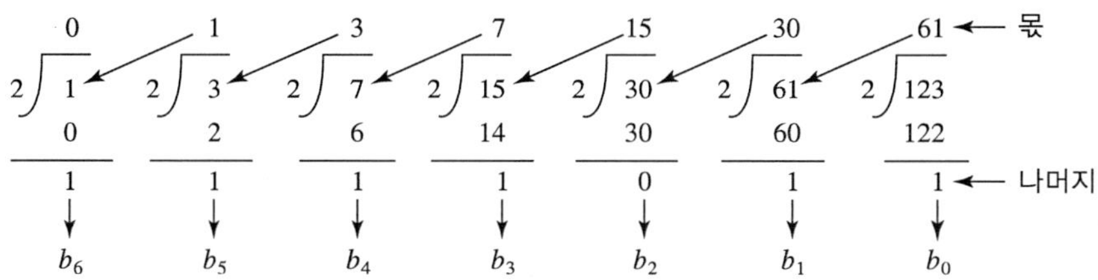

TIP

그림 1.7과 같은 윈도우즈 계산기는 수 변환을 수행하기 위한 유용한 도구이다. 계산기를 수행하려면 시작 버튼에서 모든 프로그램, 보조프로그램, 계산기를 선택하자.

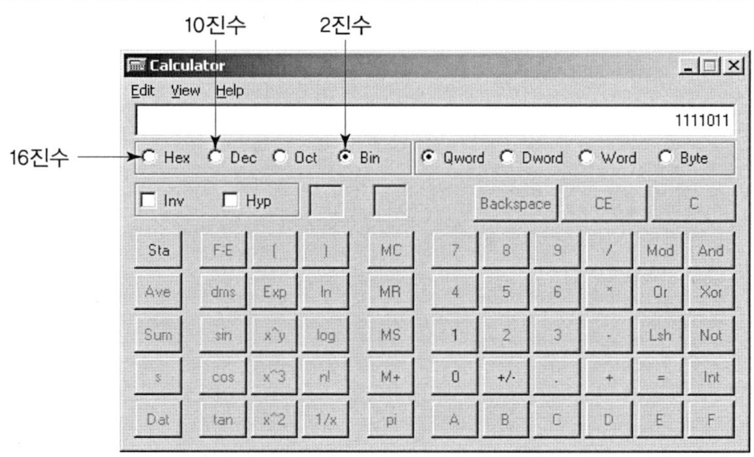

그림 1.7 윈도우즈 계산기를 이용하여 수 변환을 수행할 수 있다.

1.5.2 16진수와 10진수간의 변환

16진수 $h_n h_{n-1} h_{n-2} \ . \ . \ . \ h_2 h_1 h_0$이 주어지면, 동등한 10진수 값은 다음과 같다.

$$h_n \times 16^n + h_{n-1} \times 16^{n-1} + h_{n-2} \times 16^{n-2} + ... + h_2 \times 16^2 + h_1 \times 16^1 + h_0 \times 16^0$$

16진수를 10진수로 변환

다음은 16진수를 10진수로 변환하는 예이다.

16진수	변환 공식	10진수
7F	$7 \times 16^1 + 15 \times 16^0$	127
FFFF	$15 \times 16^3 + 15 \times 16^2 + 15 \times 16^1 + 15 \times 16^0$	65535
431	$4 \times 16^2 + 3 \times 16^1 + 1 \times 16^0$	1073

10진수를 16진수로 변환

10진수 d를 16진수로 변환하는 것은 다음과 같은 16진 숫자 h_n, h_{n-1}, h_{n-2}, . . . h_2, h_1, h_0들을 찾는 것이다.

$$d = h_n \times 16^n + h_{n-1} \times 16^{n-1} + h_{n-2} \times 16^{n-2} + ... + h_2 \times 16^2 + h_1 \times 16^1 + h_0 \times 16^0$$

이러한 비트들은 몫이 0이 될 때까지 d를 계속해서 16으로 나누어서 찾아질 수 있다. 나머지들은 h_0, h_1, h_2, . . . h_{n-2}, h_{n-1}, h_n이 된다.

예를 들어, 10진수 123은 16진수로 7B가 된다. 변환은 다음과 같이 수행된다.

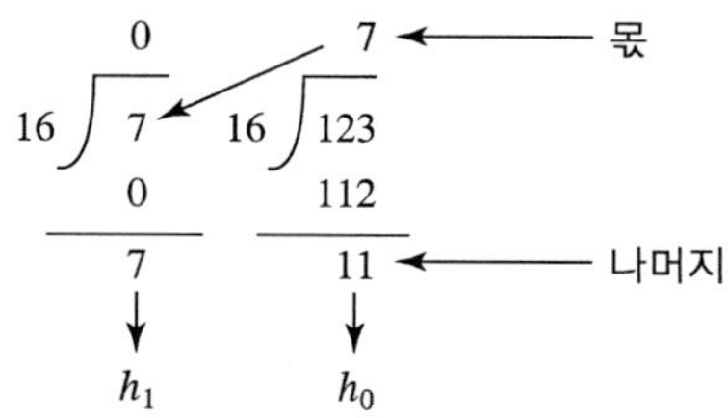

1.5.3 2진수와 16진수간의 변환

16진수를 2진수로 변환하는 것은 표 1.1을 사용하여 16진수의 각 숫자를 네 자리 2진수로 간단하게 변환하면 된다.

표 1.1 16진수를 2진수로 변환

16진수	2진수	10진수
0	0000	0
1	0001	1
2	0010	2
3	0011	3
4	0100	4
5	0101	5
6	0110	6
7	0111	7
8	1000	8
9	1001	9
A	1010	10
B	1011	11
C	1100	12
D	1101	13
E	1110	14
F	1111	15

예를 들어, 7이 2진수로 111이고, B는 2진수로 1011이므로 16진수 7B는 2진수로 1111011이 된다.

2진수를 16진수로 변환하려면, 2진수의 오른쪽으로부터 왼쪽으로 네 비트씩을 16진수로 변환하면 된다. 2진수를 16진수로 변환

예를 들어, 다음과 같이 2진수의 1101이 16진수의 D이고, 1000은 8, 11은 3이므로 2진수 1110001101은 16진수로 38D가 된다.

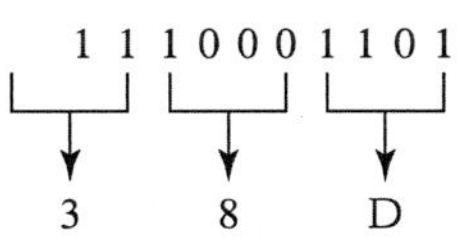

NOTE

8진수 또한 유용하다. 8진수 체계는 0부터 7까지의 여덟 개의 숫자를 가진다. 10진수 8은 8진수 체계에서 10으로 표현된다.

1.6 자바와 월드와이드웹

이 책은 자바 프로그래밍을 소개한다. 자바는 썬 마이크로시스템즈에서 제임스 고슬링이 이끄는 팀에 의해 개발되었다. 처음에는 Oak라고 불렀는데, 이것은 1991년에 가전제품의 내장된 칩에 사용하기 위하여 설계되었다. 1995년에 **자바**로 이름이 변경되었고, 인터넷 어플리케이션을 개발하기 위하여 다시 설계되었다. 자바의 역사는 java.sun.com/features/1998/05/birthday.html을 보기 바란다.

자바는 매우 유명해지게 되었다. 자바의 빠른 성장과 폭넓은 지지는 자바의 설계 특성에서 찾아볼 수 있다. 특히 여러분이 한번 프로그램을 작성하면 어디에서나 실행할 수 있다는 특성을 가지고 있다. 썬이 주장하는 것처럼, 자바는 **단순하고, 객체지향적이며, 분산적이고, 해석되고, 강건하고, 안전하고, 아키텍처에 중립적이고, 이식성이 있고, 수행능력이 뛰어나고, 다중스레드이며, 역동적**이다. 자바 특성의 면밀한 분석은 www.cs.armstrong.edu/liang/intro7e/JavaCharacteristics.pdf를 보기 바란다.

자바는 풍부한 특성의 범용적인 프로그래밍 언어로 강건하고 정밀한 어플리케이션의 개발이 가능하다. 오늘날, 자바는 웹프로그래밍 뿐만 아니라 서버, 데스크탑, 모바일에서의 플랫폼 전체에서 실행되는 독립적인 어플리케이션의 개발에도 사용된다. 화성에서 활동하였던 이동로봇을 조종하고 로봇과 통신하기 위한 코드를 개발하는 데에도 사용되었다. 한때 자바가 실체보다 더 과장되었다고 말하던 많은 회사들이 지금은 인터넷을 통하여 고객과 파트너에 의해 액세스되는 분산된 어플리케이션을 만드는데 자바를 사용하고 있다. 오늘날 개발되고 있는 모든 새로운 프로젝트에 대해서, 회사들은 그들의 작업을 좀 더 쉽게 만들기 위하여 자바를 어떻게 사용하는지를 알고 싶어한다.

월드와이드웹은 전자적인 정보저장소로 전 세계 어디에서나 인터넷에 접근될 수 있다. 인터넷은 웹의 기초 구조라고 할 수 있다. 인터넷은 태어난지 30년 이상이 되었고, 다양한 월드와이드웹과 정교한 웹브라우저는 인터넷 대중화의 주요 이유라고 할 수 있다.

웹에서의 주요 저작 언어는 HTML(Hypertext Markup Language)이다. HTML은 문서를 배치하고, 인터넷에 문서를 연결하고, 웹에 풍부한 이미지, 사운드, 비디오를 가져오기 위한 단순한 언어이다. 그러나 간단한 형태를 제외하고는 사용자와 상호 작용할 수 없게 되어 있다. HTML에서 웹페이지들은 본래 정적이고 평범하다.

자바는 초기에 자바 프로그램이 웹브라우저에서 실행될 수 있기 때문에 관심을 끌게 되었다. 그러한 프로그램을 **애플릿**(applet)이라고 한다. 애플릿은 웹에서 사용자와 상호 작용하고 사용자의 요청을 처리하기 위해서 버튼, 텍스트 필드, 텍스트 영역, 라디오 버튼 등을 가진 최신의 그래픽 사용자 인터페이스를 사용한다. 애플릿은 웹을 응답하고, 상호 작용하고, 사용하기 재미있게 만들어준다. 그림 1.8은 웹브라우저에서 실행되는 애플릿을 보여준다.

애플릿

> **TIP** 자바 애플릿을 실행하려면 java.sun.com/applets을 방문하자. 이 사이트는 풍부한 자바 자원을 제공할 뿐만 아니라 다른 새로운 애플릿 데모 사이트와도 연결되어 있다. java.sun.com은 공식적인 썬 자바 웹사이트이다.

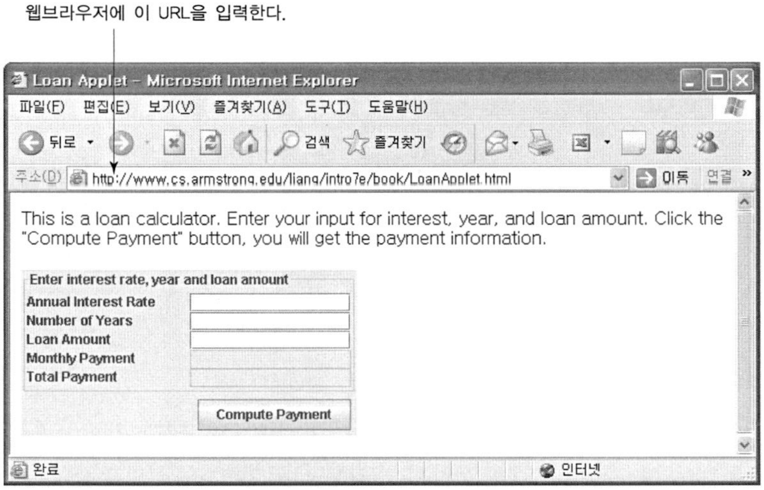

그림 1.8 대부금 납부를 계산하기 위한 자바 애플릿은 HTML 페이지에 내장되어 있다. 사용자는 대부금 납부를 계산하기 위하여 애플릿을 사용할 수 있다.

자바는 또한 서버단의 어플리케이션을 개발하는데 사용될 수 있다. 이러한 어플리케이션은 동적인 웹페이지를 생성하기 위하여 웹서버로부터 실행될 수 있다. 그림 1.9에서 볼 수 있듯이, 이 책과 동반된 LiveLab도 자바를 사용하여 개발되었다.

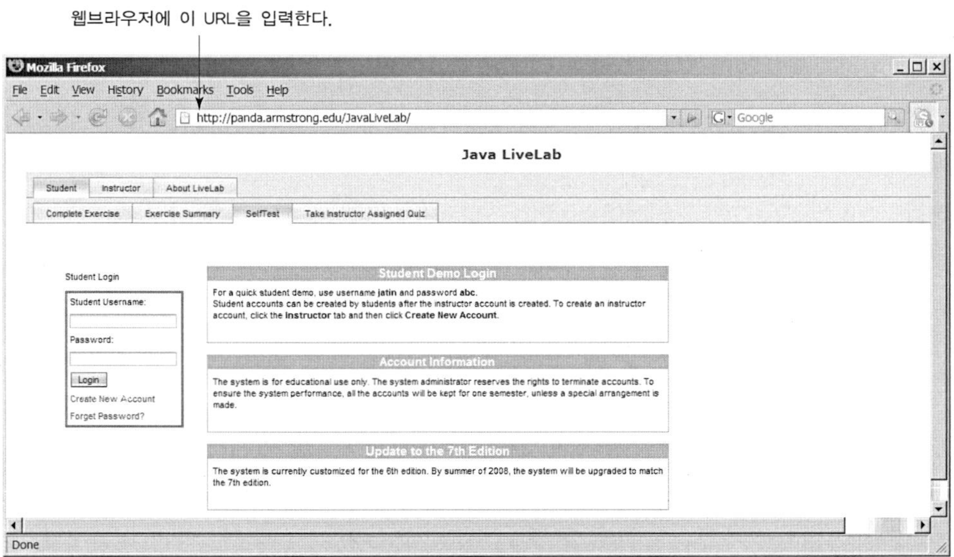

그림 1.9 자바는 이 책에서 LiveLab을 개발하는데 사용되었다.

자바는 융통성 있는 프로그래밍 언어이다. 여러분은 데스크탑과 서버에서 어플리케이션을 개발하기 위하여 자바를 사용할 수 있다. 또한 PDA나 핸드폰과 같이 손에 들고 다니는 작은 장치를 위한 어플리케이션을 개발하기 위해서도 자바를 사용할 수 있다. 그림 1.10은 BlackBerry와 핸드폰에서 달력을 출력하는 자바 프로그램을 보여주고 있다.

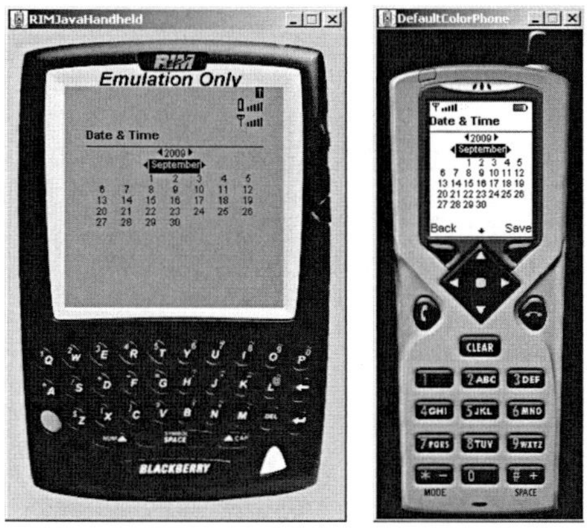

그림 1.10 자바는 BlackBerry(왼쪽)와 핸드폰(오른쪽) 같이 손에 들고 다니는 무선 장치를 위한 어플리케이션을 개발하기 위하여 사용될 수 있다.

1.7 자바 언어 명세, API, JDK, IDE

컴퓨터 언어는 엄격한 규칙을 가지고 사용된다. 여러분이 프로그램을 작성할 때 규칙을 따르지 않는다면, 컴퓨터는 그 프로그램을 이해할 수 없게 된다. 자바 언어 명세와 자바 API는 자바 표준을 정의하고 있다.

자바 언어 명세

자바 언어 명세는 자바 프로그래밍 언어의 구문과 의미를 포함하고 있는 언어의 기술적인 정의라고 할 수 있다. 완전한 자바 언어 명세는 java.sun.com/docs/books/jls에서 찾을 수 있다.

API

어플리케이션 프로그램 인터페이스(API)는 자바 프로그램 개발을 위해 미리 정의된 클래스와 인터페이스를 포함하고 있다. 자바 언어 명세는 안정적이지만, API는 여전히 확장되고 있다. 썬 자바 웹사이트(java.sun.com)에서 여러분은 자바 API의 최신 버전을 보고 다운로드 받을 수 있다.

Java SE
Java EE
Java ME

자바는 다양한 방법으로 사용될 수 있는 성숙되고 강력한 언어라고 할 수 있다. 자바는 다음과 같이 세 가지 형태가 사용되고 있다: **자바 표준 판(Java SE)**, **자바 기업 판(Java EE)**, **자바 마이크로 판(Java ME)**. 자바 SE는 클라이언트쪽에서 독립적으로 실행되는 어플리케이션 프로그램이나 애플릿을 개발하는데 사용될 수 있다. 자바 EE는 자바 서블릿과 자바 서버 페이지 같은 서버쪽의 어플리케이션 프로그램을 개발하는데 사용될 수 있다. 자바 ME는 휴대폰과 같은 휴대 장치를 위한 어플리케이션 프로그램을 개발하는데 사용될 수 있다. 이 책은 자바 프로그래밍을 소개하기 위하여 자바 SE를 사용하고 있다.

자바 SE에는 많은 버전이 있다. 이 책에서 사용되고 있는 가장 최근 버전은 자바 SE 6이다. 썬은 **자바 개발 도구 모음(JDK)**을 가진 각 버전을 제공하고 있다. 자바 SE 6을 위한 자바 개발 도구 모음은 JDK 1.6(자바 6 또는 JDK 6이라고도 함)이라고 한다. JDK 1.6 JDK 6

JDK는 자바 프로그램을 개발하고 시험하기 위하여 분리된 여러 프로그램의 집합으로 구성되는데, 각 프로그램은 명령 라인으로부터 호출될 수 있다. JDK 이외에 여러분은 자바 개발 도구(NetBeans, 이클립스, JBuilder, TextPad)를 사용할 수 있는데, 이러한 도구는 자바 프로그램을 빠르게 개발할 수 있도록 하기 위하여 **통합된 개발 환경(IDE)**을 제공하는 소프트웨어이다. 자바 IDE 편집, 컴파일, 구축, 디버깅, 온라인 도움말이 하나의 그래픽 사용자 인터페이스에 통합되어 있다. 하나의 윈도우에 소스 코드를 입력하거나 또는 한 윈도우에 기존의 파일을 열고, 그 프로그램을 컴파일하고 실행하기 위하여 버튼, 메뉴 항목 또는 기능키를 클릭하기만 하면 된다.

1.8 간단한 자바 프로그램

자바 프로그램은 다양한 방법으로 작성될 수 있다. 이 책에서는 자바 어플리케이션 프로그램, 애플릿, 서블릿을 소개한다. **어플리케이션**은 JVM을 가진 어떠한 컴퓨터에서도 실행 어플리케이션 될 수 있는 독립된 프로그램이다. **애플릿**은 웹브라우저에서 실행되는 특별한 종류의 자바 애플릿 프로그램이다. **서블릿**은 동적인 웹 컨텐츠를 생성하기 위하여 웹서버에서 실행되는 특별한 종류의 자바 프로그램이다. 애플릿은 17장에서 소개된다.

콘솔에 "Welcome to Java!" 메시지를 출력하는 간단한 자바 프로그램으로 시작해보자. 프로그램은 다음 리스트 1.1과 같다.

리스트 1.1 Welcome.java

```
public class Welcome {
  public static void main(String[] args) {
    // Display message Welcome to Java! to the console
    System.out.println("Welcome to Java!");
  }
}
```

```
Welcome to Java!
```

행 번호

행 번호는 프로그램의 일부분은 아니지만 참고할 목적으로 보여주고 있다. 따라서 여러분은 프로그램을 작성할 때 행 번호를 입력하지 않도록 한다.

클래스 이름

첫 번째 행은 클래스를 정의하고 있다. 모든 자바 프로그램은 적어도 하나의 클래스를 가지고 있어야 하고, 각 클래스는 이름을 가지고 있어야 한다. 관습적으로, 클래스 이름은 대문자로 시작한다. 이 예제에서 클래스 이름은 Welcome이다.

main 메소드

두 번째 행은 main 메소드를 정의하고 있다. 클래스를 실행하기 위하여, 클래스는 main 메소드를 포함하고 있어야 한다. JVM은 main 메소드를 호출함으로써 프로그램을 실행한다.

함수는 문장들을 포함하고 있다. 이 프로그램에서 main 메소드는 System.out.println 문장을 포함하고 있다. 이 문장은 화면에 "Welcome to Java!" 메시지를 출력한다. 자바에서 모든 문장은 **문장 종료자**라고 알려진 세미콜론(;)으로 종료한다.

문장 종료자

예약어

예약어 또는 **키워드**는 컴파일러에게 특별한 의미를 가지고 있어서 프로그램에서 다른 목적으로 사용될 수 없다. 예를 들어, 컴파일러는 class라는 단어를 만나면, class 뒤의 단어를 클래스에 대한 이름으로 이해한다. 이 프로그램에서 또 다른 예약어로는 public, static, void가 있다.

주석

세 번째 행은 프로그램이 무엇을 하고 어떻게 구축되었는지를 설명하는 **주석**이다. 주석은 프로그래머가 프로그램과 소통하고 프로그램을 이해하는데 도움을 준다. 주석은 프로그램 문장이 아니기 때문에 컴파일러에 의해 무시된다. 자바에서 주석은 한 행에서 두 개의 슬래시(//)로 시작되는 **행 주석**이거나 또는 하나 또는 여러 행이 /*과 */로 둘러 쌓인 **블록 주석**이다. 컴파일러는 //를 만나면, 동일한 행의 // 뒤의 모든 문자를 무시하고, /*를 만나면, 다음으로 */을 찾아서 /*와 */ 사이의 모든 문자를 무시한다. 여기에 주석의 예제가 있다.

```
// This application program prints Welcome to Java!
/* This application program prints Welcome to Java! */
/* This application program
   prints Welcome to Java! */
```

블록

프로그램에서 중괄호는 프로그램의 컴포넌트들을 그룹화하는 하나의 **블록**을 형성한다. 자바에서, 각 블록은 여는 중괄호({)로 시작하고 닫는 중괄호(})로 종료한다. 모든 클래스는 클래스의 자료와 메소드를 그룹화한 **클래스 블록**을 가지고 있다. 모든 메소드는 메소드에서 문장들을 그룹화한 **메소드 블록**을 가지고 있다. 블록은 다음 코드와 같이 중첩될 수 있는데, 중첩된다는 것은 하나의 블록이 또 다른 블록 안에 들어갈 수 있다는 의미이다.

```
public class Welcome {
  public static void main(String[] args) {
    System.out.println("Welcome to Java!");
  }
}
```

클래스 블록

메소드 블록

TIP 여는 중괄호는 반드시 닫는 중괄호와 짝을 이루어야 한다. 여러분이 여는 중괄호를 입력할 때마다 에러를 방지하기 위하여 즉시 닫는 중괄호를 입력하는 것이 좋다. 대부분의 자바 IDE는 각 여는 중괄호에 대해 자동으로 닫는 중괄호를 삽입한다. 중괄호 짝 이루기

NOTE 여러분은 아마도 왜 **main** 메소드가 이 방법으로 선언되는지와 왜 **System.out.println(...)**이 콘솔에 메시지를 출력하는데 사용되는지를 궁금해 할 것이다. 당분간은 이것이 어떻게 되는지를 단순하게 받아들이기 바란다. 여러분의 의문은 이어지는 내용에서 충분히 답을 얻을 수 있을 것이다.

NOTE 다른 프로그래밍 언어와 마찬가지로, 자바는 자신의 구문을 가지고 있고, 여러분은 구문 규칙을 준수하여 코드를 작성할 필요가 있다. 여러분의 프로그램이 – 예를 들어, 세미콜론이 생략되었거나, 중괄호가 생략되었거나, 인용 부호가 생략되었거나, **String**에 오타가 생긴다면 – 규칙을 위반하면, 자바 컴파일러는 구문 오류를 알려준다. 이러한 오류를 가진 프로그램을 컴파일하고, 컴파일러가 어떤 오류를 알려주는지 시도해보기 바란다. 구문 규칙

리스트 1.1에서 프로그램은 하나의 메시지를 출력한다. 일단 여러분이 프로그램을 이해한다면, 좀 더 많은 메시지를 출력하기 위해 프로그램을 확장하기는 쉽다. 예를 들어, 리스트 1.2와 같이, 세 개의 메시지를 출력하도록 프로그램을 다시 작성할 수 있다.

리스트 1.2 Welcome1.java

```
public class Welcome1 {
  public static void main(String[] args) {
    System.out.println("Programming is fun!");
    System.out.println("Fundamentals First");
    System.out.println("Problem Driven");
  }
}
```

class

```
Programming is fun!
Fundamentals First
Problem Driven
```

1.9 자바 프로그램의 생성, 컴파일, 실행

여러분은 프로그램을 생성하고 그것을 실행하기 전에 반드시 컴파일을 해야만 한다. 이 절차는 그림 1.11에서와 같이 반복적이다. 만약 여러분의 프로그램에 컴파일 오류가 있다면 반드시 프로그램을 수정한 다음, 다시 컴파일해야 한다. 여러분의 프로그램에 실행 오류가 있거나 올바른 결과가 나오지 않는 경우에도 프로그램을 수정하고, 다시 컴파일한 다음, 다시 실행해야 한다.

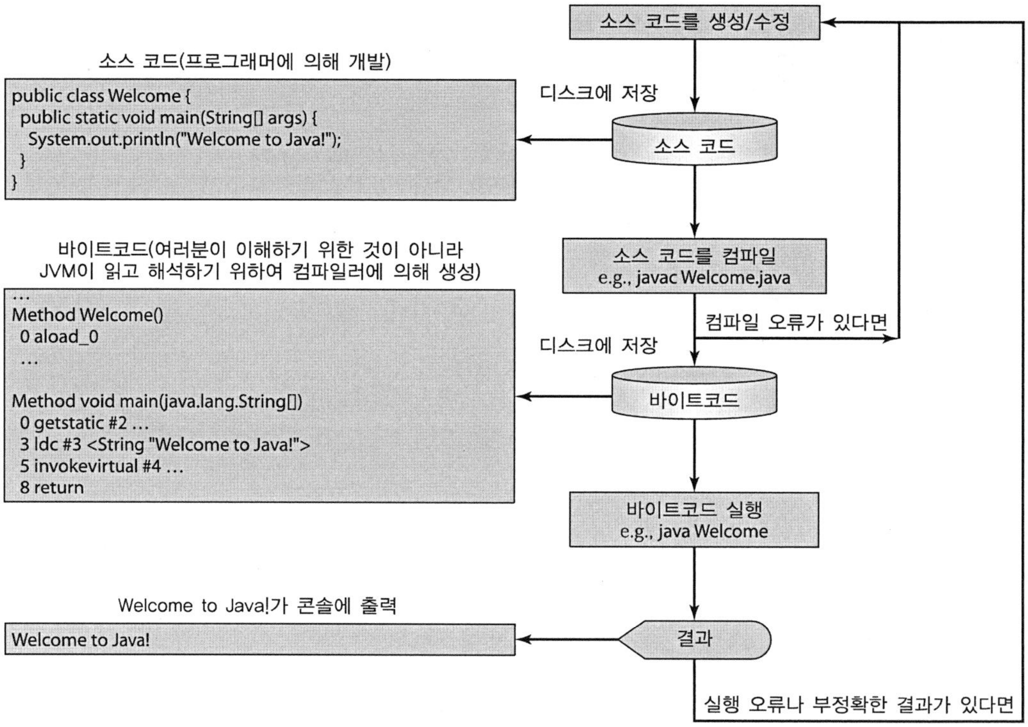

그림 1.11 자바 프로그램 개발 절차는 소스 코드의 생성/수정, 컴파일, 실행의 반복으로 구성된다.

편집기 여러분은 자바 소스 코드 파일을 생성하고 편집하기 위하여 텍스트 편집기나 IDE를 사용할 수 있다. 그림 1.12는 소스 코드 파일을 생성하고 편집하기 위하여 메모장을 사용하는 방법을 보여준다.

그림 1.12 윈도우 메모장을 사용하여 자바 소스 파일을 생성할 수 있다.

> **NOTE** 소스 파일은 .java 확장자로 끝나야 하고 public 클래스 이름과 정확하게 동일한 이름을 가지고 있어야 한다. 예를 들어, 리스트 1.1에서 소스 코드를 위한 파일 이름은 Welcome.java이어야 하는데, 그 이유는 public 클래스 이름이 **Welcome**이기 때문이다.

.java 파일

자바 컴파일러는 자바 소스 파일을 자바 바이트코드 파일로 번역한다. 다음 명령어는 Welcome.java를 컴파일한다.

컴파일

```
javac Welcome.java
```

> **NOTE** 여러분은 프로그램을 컴파일하고 실행하기 전에 먼저 JDK를 설치하고 구성해야 한다.

> **주의** 자바 소스 프로그램은 대소문자를 구별한다. 예를 들어, 프로그램에서 **main** 대신 **Main**을 사용하면 잘못된 것이다. 프로그램 파일 이름은 윈도우보다는 일반적으로 UNIX에서 대소문자를 구별한다. JDK는 어떠한 플랫폼에서도 파일 이름의 대소문자를 구별한다. 만약 **javac welcome.java**를 사용하여 프로그램을 컴파일한다면, 여러분은 file-not-found 오류를 얻게 될 것이다.

대소문자 구별

구문 오류가 없다면, 컴파일러는 .class 확장자를 가진 바이트코드 파일을 생성한다. 따라서, 앞의 명령어는 Welcome.class라는 이름의 파일을 생성한다. 바이트코드는 기계어와 유사하지만, 구조에 중립적이고, JVM을 가지고 있는 어떠한 플랫폼에서도 실행될 수 있다. 이것은 자바의 주요한 장점이다: 자바 바이트코드는 다양한 하드웨어 플랫폼과 운영체제에서 실행될 수 있다.

class 바이트코드 파일

자바 프로그램을 실행한다는 것은 프로그램의 바이트코드를 실행하는 것이다. 여러분은 JVM을 가진 어떠한 플랫폼에서도 바이트코드를 실행할 수 있다. 다음 명령어는 바이트코드를 실행한다.

실행

```
java Welcome
```

그림 1.13은 Welcome.java를 컴파일하기 위한 **javac** 명령어를 보여주고 있다. 컴파일러는 Welcome.class 파일을 생성한다. 이 파일은 **java** 명령어를 사용하여 실행된다.

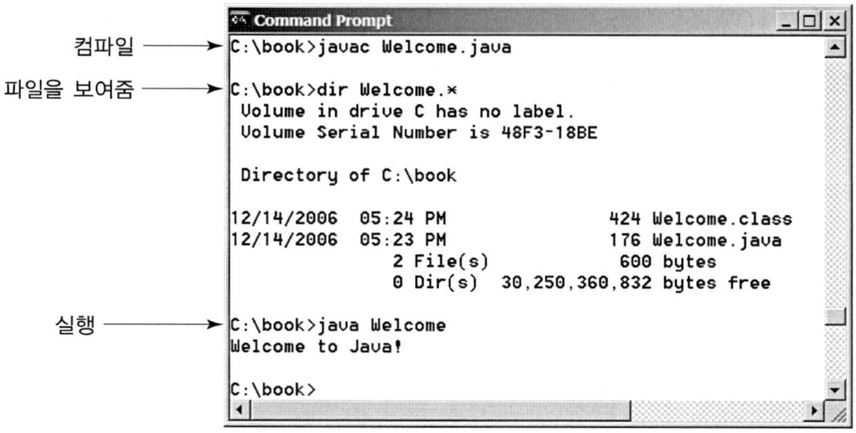

그림 1.13 리스트 1.1의 결과는 Welcome to Java! 메시지를 출력하는 것이다.

c:\book

NOTE 접근 용이성과 일관성을 위하여, 모든 소스 코드와 클래스 파일은 **c:\book**에 저장되어 있다.

java 클래스이름

주의 프로그램을 실행할 때, 명령 행에 .class 확장자를 사용하지 않도록 하자. 프로그램을 실행하기 위하여 java 클래스이름을 사용한다. 여러분이 명령 행에 java 클래스이름.class를 사용하면, 시스템은 클래스이름.class.class를 가져오려고 시도할 것이다.

NoClassDefFoundError
NoSuchMethodError

TIP 여러분이 존재하지 않는 클래스 파일을 실행하려고 한다면, NoClassDefFoundError가 발생할 것이다. 여러분이 main 메소드를 가지고 있지 않은 클래스 파일을 실행하려고 하거나 main 메소드를 잘못 입력한다면(main 대신 Main을 입력), NoSuchMethodError가 발생할 것이다.

클래스 적재기

바이트코드 검증기

NOTE 자바 프로그램을 실행할 때, JVM은 먼저 클래스 적재기라는 프로그램을 사용하여 메모리에서 클래스의 바이트코드를 적재한다. 여러분의 프로그램이 다른 클래스를 사용한다면, 클래스 적재기는 그것들이 사용되기 바로 전에 동적으로 적재한다. 클래스가 적재된 다음, JVM은 바이트코드 검증기라는 프로그램을 사용하여 바이트코드의 유효성을 검사하고 바이트코드가 자바의 보안 제한사항을 위반하지 않는지를 보장한다. 자바는 네트워크로부터 도착된 자바 프로그램이 여러분의 컴퓨터를 손상시키지 않게 하기 위하여 엄격한 보안을 강요한다.

NOTE 강사는 학생들에게 패키지를 사용할 것을 요구한다. 예를 들어, 여러분은 본 장의 모든 프로그램을 chapter1이라는 이름의 패키지에 저장할 것이다.

1.10 메시지 대화상자에서 텍스트 출력(GUI)

리스트 1.1의 프로그램은 그림 1.13과 같이 콘솔에 텍스트를 출력한다. 여러분은 메시지 대화상자에서 텍스트를 출력하기 위하여 프로그램을 다시 작성할 수 있다. 그렇게 하기 위하여, JOptionPane 클래스에서 showMessageDialog 메소드를 사용해야 한다. JOptionPane은 자바 시스템에서 재사용될 수 있는 미리 정의된 많은 클래스 중 하나이다. 여러분은 그림 1.14에서와 같이 메시지 대화상자에서 어떠한 텍스트를 출력하기 위하여 showMessageDialog 메소드를 사용할 수 있다. 새로운 프로그램은 리스트 1.3과 같다. JOptionPane showMessageDialog

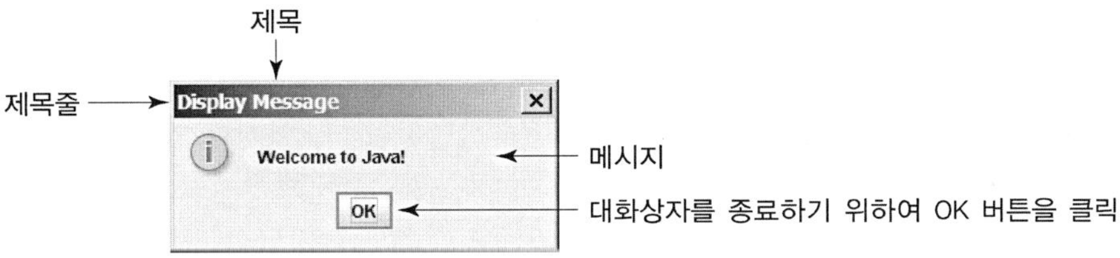

그림 1.14 "Welcome to Java!"는 메시지 상자에서 출력된다.

리스트 1.3 WelcomeInMessageDialogBox.java

```
1 /*  This application program displays Welcome to Java!
2  *  in a message dialog box.
3  */
4 import javax.swing.JOptionPane;
5
6 public class WelcomeInMessageDialogBox {
7   public static void main(String[] args) {
8     // Display Welcome to Java! in a message dialog box
9     JOptionPane.showMessageDialog(null, "Welcome to Java!");
10   }
11 }
```

import

이 프로그램은 JOptionPane 자바 클래스를 사용하고 있다(9행). 자바의 미리 정의된 클래스들은 패키지로 그룹화된다. JOptionPane은 javax.swing 패키지에 속한다. JOptionPane은 네 번째 행에서 import 문장을 사용하여 프로그램에 도입되기 때문에 컴파일러는 javax.swing.JOptionPane이라는 전체 이름을 사용하지 않아도 클래스를 찾아낼 수 있다. 패키지

NOTE

여러분이 아홉 번째 행에서 JOptionPane 대신에 javax.swing.JOptionPane을 사용한다면, 네 번째 행에서 import 문장을 사용할 필요가 없다. javax.swing.JOptionPane은 JOptionPane 클래스의 전체 이름이다.

showMessageDialog 메소드는 **정적** 메소드이다. 그러한 메소드는 도트 연산자(.)의 뒤에 나오는 클래스 이름과 인수를 가지고 있는 메소드 이름을 사용하여 호출되어야 한다. 메소드는 5장 "메소드"에서 소개될 것이다. showMessageDialog 메소드는 아홉 번째 행에서와 같이 두 개의 인수를 가지고 호출될 수 있다.

첫 번째 인수는 항상 null이 될 수 있다. null은 7장 "객체와 클래스"에서 충분히 소개될 자바 키워드이다. 두 번째 인수는 출력될 텍스트를 위한 스트링이다.

showMessageDialog 메소드의 두 버전

showMessageDialog 메소드를 사용하는 몇 가지 방법이 있다. 현재까지 여러분은 그것을 호출하는 두 가지 방법을 알고 있다. 하나는 예제에서와 같은 문장을 사용하는 것이다.

```
JOptionPane.showMessageDialog(null, x);
```

여기에서 x는 출력될 텍스트를 위한 스트링이다.

또 하나는 다음과 같은 문장을 사용하는 것이다.

```
JOptionPane.showMessageDialog(null, x,
  y, JOptionPane.INFORMATION_MESSAGE));
```

여기에서 x는 출력될 텍스트를 위한 스트링이고, y는 메시지 상자의 제목을 위한 스트링이다. 네 번째 인수인 JOptionPane.INFORMATION_MESSAGE는 다음 예제에서와 같이 메시지 상자에서 출력되는 아이콘()을 나타낸다.

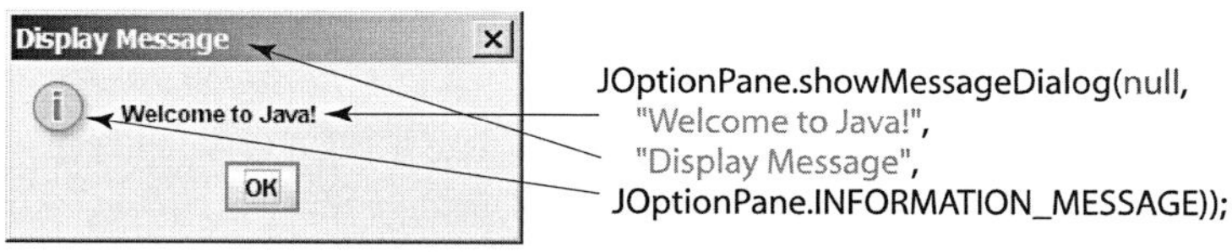

특정 import

와일드카드 import

NOTE

import 문장은 특정 import와 와일드카드 import의 두 종류가 있다. 특정 import는 import 문장에서 단일 클래스를 명세한다. 예를 들어, 다음 문장은 javax.swing 패키지로부터 JOptionPane을 도입한다.

```
import javax.swing.JOptionPane;
```

와일드카드 import는 하나의 패키지에 있는 모든 클래스를 도입한다. 예를 들어, 다음 문장은 javax.swing 패키지로부터 모든 클래스들을 도입한다.

```
import javax.swing.*;
```

도입된 패키지에 있는 클래스를 위한 정보는 클래스가 프로그램에서 사용되지 않는다면 컴파일 시간이나 실행시간에 읽혀지지 않는다. import 문장은 단순하게 클래스가 어디에 있는지 컴파일러에게 알려준다. 특정 import와 와일드카드 import 선언간의 수행능력 차이는 없다고 할 수 있다.

수행능력 차이는 없다

NOTE

리스트 1.1의 **System.out.println("Welcome to Java")** 문장에서 **System** 클래스를 사용한 것을 기억해 보자. **System** 클래스는 도입되지 않았는데, 그 이유는 **java.lang** 패키지에 있기 때문이다. **java.lang** 패키지에 있는 모든 클래스는 모든 자바 프로그램에 **암시적으로** 도입된다.

java.lang
암시적으로 도입

주요 용어

- .class 파일
- .java 파일
- 16진수
- java 명령어
- javac 명령어
- main 메소드
- 고급 언어
- 기계어
- 네트워크 인터페이스 카드(NIC)
- 도트 간격
- 디지털 가입자 라인(DSL)
- 메모리
- 모뎀
- 문장
- 바이트
- 바이트코드
- 바이트코드 검증기
- 블록
- 블록 주석
- 비트
- 소스 코드
- 소스 파일
- 소프트웨어
- 어셈블리 언어
- 와일드카드 import
- 운영체제(OS)
- 이진수
- 자바 가상 기계(JVM)
- 자바 개발 도구 모음(JDK)
- 저장장치
- 주석
- 중앙처리장치(CPU)
- 컴파일러
- 케이블 모뎀
- 클래스 적재기
- 키워드(예약어)
- 통합 개발 환경(IDE)
- 특정 import
- 픽셀
- 하드웨어
- 해상도
- 행 주석

요약

- 컴퓨터는 자료를 저장하고 처리하는 전자 장치이다. 컴퓨터는 **하드웨어**와 **소프트웨어** 모두를 포함한다. 일반적으로 하드웨어는 컴퓨터의 가시적이고 물리적인 측면이고, 소프트웨어는 하드웨어를 통제하고 작업을 수행할 수 있도록 하는 비가시적인 명령어들이다.
- **소프트웨어**라고 알려진 컴퓨터 **프로그램**은 컴퓨터에 명령을 하는 명령어들이다. 여러분은 프로그램을 통하여 컴퓨터가 무엇을 하는지 알 수 있다. 컴퓨터 프로그래밍은 컴퓨터가 수행하는 명령어들을 작성하는 것이다.
- **기계어**는 모든 컴퓨터에 내장되어 있는 기초적인 명령어의 집합이다. **어셈블리 언어**는 각각의 기계어 명령을 표현하기 위하여 기호를 사용한 저수준의 프로그래밍 언어이다.
- **고급 언어**는 영어와 유사하여 배워서 프로그램하기가 훨씬 더 쉬우며, 백여 개 이상의 고급 언어가 있다. 고급 언어로 작성된 프로그램을 **소스 프로그램**이라고 한다. 컴퓨터가 소스 프로그램을 이해할 수 없기 때문에, 컴파일러라는 프로그램을 이용하여 기계어로 번역하는데 실행 파일을 생성하기 위하여 다른 지원 라이브러리 코드와 연결된다.
- 운영체제(OS)는 컴퓨터의 활동을 관리하고 통제하는 프로그램이다. 웹브라우저와 워드프로세서 같은 응용 프로그램은 운영체제없이 실행될 수 없다.
- 자바는 썬 마이크로시스템즈에서 제임스 고슬링이 이끄는 팀에 의해 개발된 인터넷 프로그래밍 언어이다. 1995년에 시작된 이후로 빠르게 소프트웨어를 구축하기 위한 주요한 언어가 되었다.
- 자바는 플랫폼 독립적인데, 이것은 여러분이 한 번 프로그램을 작성하면 어디에서든 실행할 수 있다는 의미이다.
- 자바 프로그램은 웹 클라이언트에게 생생한 애니메이션과 상호 작용을 제공하기 위하여 HTML 페이지에 내재될 수 있고 웹브라우저에 의해 다운로드될 수 있다.
- 자바 소스 파일은 .java 확장자로 끝난다. 모든 클래스는 클래스와 동일한 이름을 가지고 .class 확장자로 끝나는 분리된 바이트코드로 컴파일된다.
- 명령 행으로부터 자바 소스 코드 파일을 컴파일하기 위하여, **javac** 명령어를 사용하고, 자바 클래스를 실행하기 위하여, **java** 명령어를 사용한다.
- 모든 자바 프로그램은 클래스 정의의 집합이라고 할 수 있다. 키워드 **class**는 클래스 정의를 알려준다. 클래스의 내용은 하나의 블록에 포함되어 있다. 하나의 블록은 여는 중괄호({)로 시작하여 닫는 중괄호(})로 끝난다. 메소드는 클래스에 포함된다.
- 자바 응용 프로그램은 **main** 메소드를 가져야 한다. **main** 메소드는 응용 프로그램이 실행될 때 시작되는 진입점이라고 할 수 있다.

복습문제

1.2–1.4절

1.1 하드웨어와 소프트웨어를 정의하라.

1.2 컴퓨터의 주요 부품을 나열하라.

1.3 기계어, 어셈블리 언어, 고급 프로그래밍 언어를 정의하라.

1.4 소스 프로그램이 무엇인가? 컴파일러가 무엇인가?

1.5 JVM이 무엇인가?

1.6 운영체제가 무엇인가?

1.5절

1.7 다음 10진수를 16진수와 2진수로 변경하라.

```
100; 4340; 2000
```

1.8 다음 2진수를 16진수와 10진수로 변경하라.

```
1000011001; 100000000; 100111
```

1.9 다음 16진수를 2진수와 10진수로 변경하라.

```
FEFA9; 93; 2000
```

1.6–1.7절

1.10 자바의 역사를 서술하라. 자바는 어느 기계에서도 실행되는가? 컴퓨터에서 자바를 실행시키기 위하여 무엇이 필요한가?

1.11 자바 컴파일러의 입력과 출력은 무엇인가?

1.12 자바 개발 도구를 몇 개 나열하라. NetBeans, 이클립스, JBuilder와 같은 도구들은 자바와 다른 언어인가? 그것들은 자바에서 파생되었거나 또는 확장된 것인가?

1.13 자바와 HTML간의 관련성은 무엇인가?

1.8–1.10절

1.14 자바 키워드를 설명하라. 여러분이 이번 장에서 배운 자바 키워드 몇 개를 나열하라.

1.15 자바는 대소문자를 구별하는가? 자바 키워드를 위한 문자는 어떤 것인가?

1.16 자바 소스 파일 이름의 확장자는 무엇인가? 자바 바이트코드 파일 이름의 확장자는 무엇인가?

1.17 주석은 무엇인가? 주석은 컴파일러에 의해 무시되는가? 주석 행과 주석 문단을 어떻게 표시하는가?

1.18 콘솔에 스트링을 출력하기 위한 문장은 무엇인가? 메시지 대화상자에 "Hello World" 메시지를 출력하기 위한 문장은 무엇인가?

1.19 다음 프로그램은 잘못되었다. 프로그램이 morning 다음에 afternoon을 출력하도록 프로그램의 순서를 조정하라.

```
  public static void main(String[] args) {
  }

public class Welcome {
    System.out.println("afternoon");
    System.out.println("morning");
```

1.20 다음 코드에서 오류를 식별하고 수정하라.

```
public class Welcome {
  public void Main(String[] args) {
    System.out.println('Welcome to Java!);
  }
}
```

1.21 자바 프로그램을 컴파일하기 위한 명령어는 무엇인가?

1.22 여러분이 프로그램을 실행할 때 NoClassDefFoundError가 발생한다면, 오류의 원인은 무엇인가?

1.23 여러분이 프로그램을 실행할 때 NoSuchMethodError가 발생한다면, 오류의 원인은 무엇인가?

1.24 System 클래스가 별도로 도입될 필요가 없는 이유는 무엇인가?

1.25 다음 두 import 문장간에 어떠한 수행능력의 차이가 있는가?

```
import javax.swing.JOptionPane;
import javax.swing.*;
```

프로그래밍 연습

NOTE 문제의 난이도는 하(별이 없음), 중(*), 상(**), 최상(***)으로 구분된다.

1.1 (자바 프로그램의 생성, 컴파일, 실행하기) 자바 프로그램을 포함하는 소스 파일을 생성하라. 프로그램을 컴파일하고 실행하기 위하여 다음 단계를 수행하라(1.9절 "자바 프로그램의 생성, 컴파일, 실행"을 참조하라).

1. 리스트 1.1을 위해 Welcome.java라는 이름의 파일을 생성하라.
2. 소스 파일을 컴파일하라.
3. 바이트코드를 실행하라.
4. 프로그램에서 "Welcome to Java"를 "My first program"으로 변경하고, 프로그램을 저장하고, 컴파일하고, 실행하라.
5. class를 Class로 변경하고, 소스 코드를 다시 컴파일하라. 자바가 대소문자를 구별하기 때문에 컴파일러는 오류 메시지를 반환한다.
6. 프로그램을 다시 올바르게 수정하고 컴파일하라.
7. 프로그램을 실행하기 위하여 java Welcome 명령을 사용하는 대신, java Welcome.class를 사용해보라. 어떤 현상이 발생하는가?

1.2 (다섯 개의 메시지 출력하기) Welcome to Java를 다섯 번 출력하는 자바 프로그램을 작성하라.

1.3 (패턴 출력하기) 다음 패턴을 출력하는 프로그램을 작성하라.

```
W             W  W             W  W             W
 W     W     W    W     W     W    W     W     W
  W   W W   W      W   W W   W      W   W W   W
   W W   W W        W W   W W        W W   W W
    W     W          W     W          W     W
```

CHAPTER 02

기본 프로그래밍

- 간단한 계산기를 만드는 자바 프로그램을 작성해 본다(§2.2).
- 변수, 상수, 메소드, 클래스를 명명하기 위해 식별자를 사용해 본다(§2.3).
- 자료를 저장하기 위하여 변수를 사용해 본다(§§2.4–2.5).
- 배정문과 배정 표현식을 가진 프로그램을 작성해 본다(§2.5).
- 변하지 않는 자료를 저장하기 위하여 상수를 사용해 본다(§2.6).
- 자바의 기본 데이터 타입을 선언해 본다: byte, short, int, long, float, double, char(§§2.7–2.9).
- 수치 표현식을 작성하기 위하여 자바 연산자를 사용해 본다(§§2.7–2.8).
- char 타입을 사용하여 문자를 표현해 본다(§2.9).
- String 타입을 사용하여 스트링을 표현해 본다(§2.10).
- Scanner 클래스를 사용하여 콘솔로부터 입력을 받아본다(§§2.11–2.12).
- 자바의 문서화, 프로그래밍 스타일, 명명 규칙을 알아본다(§2.13).
- 구문 오류, 실행 오류, 논리 오류를 구별해 본다(§2.14).
- 논리 오류를 디버깅해 본다(§2.15).
- (GUI)JOptionPane 입력 대화상자를 사용하여 입력을 받아본다(§2.16).

2.1 서론

1장에서 여러분은 자바 프로그램을 생성하고, 컴파일하고, 실행하는 방법을 배웠다. 이번 장에서는 실제적인 문제를 프로그래밍으로 해결하는 방법을 배울 것이다. 여러분은 변수, 상수, 데이터 타입, 연산자, 표현식, 입출력과 같은 자바의 기본적인 데이터 타입과 관련된 주제를 배울 것이다.

2.2 간단한 프로그램 작성하기

문제

시작하기 위하여, 원의 면적을 계산하기 위한 간단한 문제를 살펴보자. 우리는 이 문제를 해결하기 위한 프로그램을 어떻게 작성할 것인가?

알고리즘

프로그램을 작성하려면 알고리즘과 자료구조를 설계해야 할 뿐만 아니라 알고리즘을 프로그래밍 코드로 번역해야 한다. **알고리즘**은 실행되는 동작과 실행 순서에 의해서 문제가 어떻게 해결되는지를 나타낸다. 알고리즘은 프로그래머가 프로그래밍 언어로 작성하기 전에 프로그램을 계획하는데 도움을 준다. 이 프로그램의 알고리즘은 다음과 같다.

1. 반지름을 읽는다.
2. 다음 공식을 사용하여 면적을 계산한다.
   면적 = 반지름 × 반지름 × π
3. 면적을 출력한다.

부동소수점 수

기본 데이터 타입

자료구조는 자료의 표현과 처리를 포함한다. 자바는 정수, 부동소수점 수(소수점을 가진 수), 문자, 불리언 타입을 표현하기 위한 데이터 타입을 제공하고 있다. 이러한 타입을 **기본 데이터 타입**이라고 한다. 자바는 또한 배열과 객체로써 스트링 타입을 지원한다. 스택, 집합, 리스트와 같이 진보된 자료구조는 자바에서 내부적으로 실행된다.

초보 프로그래머에게 코딩은 두려운 작업이다. 코딩을 하려면, 알고리즘을 컴퓨터가 이해할 수 있는 프로그래밍 언어로 번역해야 한다. 여러분은 이미 모든 자바 프로그램이 class라는 키워드 뒤에 클래스 이름이 나오는 클래스 정의로 시작한다는 것을 알고 있다. 클래스 이름으로 ComputeArea를 선택했다고 하자. 프로그램의 윤곽은 다음과 같아 보일 것이다.

```
public class ComputeArea {
  // Data and methods to be given later
}
```

모든 응용 프로그램은 프로그램의 실행이 시작되는 main 메소드를 가지고 있어야 한다. 따라서 프로그램은 다음과 같이 확장되어야 한다.

```
public class ComputeArea {
  public static void main(String[] args) {
    // Step 1: Read in radius

    // Step 2: Compute area

    // Step 3: Display the area
  }
}
```

프로그램은 키보드로부터 사용자에 의해 입력되는 반지름을 읽을 필요가 있다. 여기에는 두 가지 중요한 사항이 있다.

- 반지름 읽기
- 프로그램에서 반지름 저장하기

두 번째 사항을 먼저 언급하자. 반지름을 저장하기 위해서, 프로그램은 반지름을 표현할 수 있는 **변수**라고 하는 기호를 정의할 필요가 있다. 변수는 프로그램에서 자료와 계산된 결과를 저장하는데 사용된다. 변수

변수 이름으로 x와 y를 사용하는 것보다 설명적인 이름을 선택하자. 이 예제에서는 반지름을 위해 radius, 면적을 위해 area를 사용하자. 컴파일러에게 radius와 area가 무엇인지 알려주기 위해 정수, 실수, 또는 그 밖의 어떤 것이든 데이터 타입을 알려주자. radius와 area를 배정도 부동소수점 수로 선언하자. 프로그램은 다음과 같이 확장될 수 있다. 설명적인 이름

```
public class ComputeArea {
  public static void main(String[] args) {
    double radius;
    double area;
    // Step 1: Read in radius

    // Step 2: Compute area

    // Step 3: Display the area
  }
}
```

프로그램은 radius와 area를 변수로 선언한다. double 예약어는 radius와 area가 컴퓨터에 저장된 배정도 부동소수점 값을 가진다는 것을 알려준다.

1단계는 radius에 값을 읽어들이는 것이다. 키보드로부터 하나의 수를 읽는다는 것은 간단하지 않다. 당분간은 프로그램에서 radius에 고정된 수를 배정한다고 하자. 2.11절의 "Scanner 클래스를 이용한 콘솔 입력"과 2.16절 "(GUI) 입력 대화상자로부터 입력받기"에서 콘솔로부터와 입력 대화상자로부터 수치 값을 얻는 방법을 배울 수 있다.

2단계는 radius * radius * 3.141592 표현식을 area에 배정하여 area를 계산하는 것이다.

3단계는 System.out.println 메소드를 사용하여 콘솔에 area를 출력한다.

완전한 프로그램은 리스트 2.1과 같고, 프로그램의 실행 예는 그림 2.1과 같다.

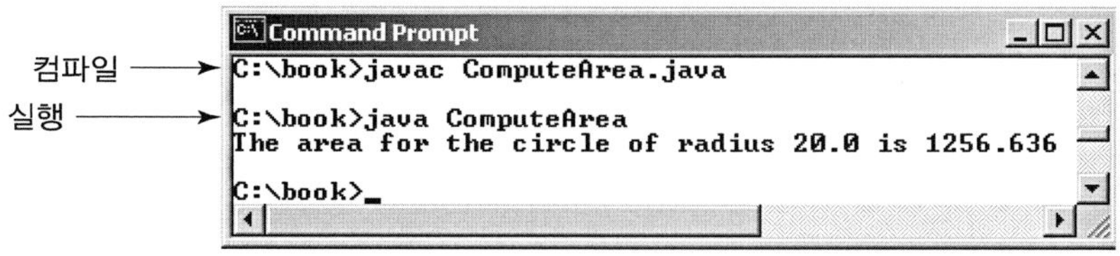

그림 2.1 프로그램은 원의 면적을 출력한다.

리스트 2.1 ComputeArea.java

```
 1 public class ComputeArea {
 2   /** Main method */                                     Memory
 3   public static void main(String[] args) {
 4     double radius; // Declare radius              radius   no value
 5     double area; // Declare area                  area     no value
 6
 7     // Assign a radius
 8     radius = 20; // New value is radius           radius   20
 9
10     // Compute area
11     area = radius * radius * 3.14159;             area     1256.636
12
13     // Display results
14     System.out.println("The area for the circle of radius " +
15       radius + " is " + area);
16   }
17 }
```

radius와 area 같은 변수는 메모리 위치와 관련이 있다. 모든 변수는 이름, 타입, 크기, 값을 가진다. 4행은 radius가 double 값을 저장할 수 있다는 것을 선언하고 있다. 여러분이 값을 배정하기 전까지는 값이 정의되지 않는다. 8행은 radius에 20을 할당한다. 유사하게, 5행은 변수 area를 선언하고, 11행은 area에 값을 배정한다. 그림 2.2는 프로그램이 실행되는 동안 radius와 area에 대한 메모리에서의 값을 보여주고 있다.

행 번호	radius	area
4	값 없음	
5		값 없음
8	20	
11		1256.636

그림 2.2 메모리에 저장된 변수 값은 실행되는 동안 변경된다.

양의 부호(+)는 두 가지 의미가 있다. 한 가지는 덧셈을 하기 위한 것이고, 또 다른 한 가지는 스트링을 결합하기 위한 것이다. 14-15행에서 양의 부호(+)는 **스트링 결합 연산자**인

스트링을 결합

데, 두 개의 피연산자가 스트링이면 두 스트링을 결합한다. 피연산자 중 하나가 스트링이 아니면, 스트링이 아닌 값은 스트링으로 변환되어 다른 스트링과 결합된다. 14-15행에서 양의 부호(+)는 길이가 더 긴 스트링으로 결합된 다음 결과가 출력된다. 스트링과 스트링 결합은 2.10절 "String 타입"에서 더 논의될 것이다.

주의

스트링 상수는 소스 코드에서 행을 바꿀 수 없다. 따라서 다음 문장은 컴파일 오류가 발생한다.

```
System.out.println("Introduction to Java Programming,
  by Y. Daniel Liang");
```

오류를 수정하려면, 스트링을 두 개의 부분 스트링으로 나누고, 다시 결합하기 위하여 결합 연산자(+)를 사용하자.

긴 스트링 나누기

```
System.out.println("Introduction to Java Programming, " +
  "by Y. Daniel Liang");
```

TIP

이 예제는 세 단계로 구성된다. 한 번에 한 단계씩 추가하여 점진적으로 개발하고 테스트하는 것은 좋은 방법이다.

점진적으로 개발하고 테스트

2.3 식별자

실세계에 존재하는 모든 것이 유일한 이름을 가지고 있는 것과 마찬가지로 프로그램에서 참조되는 것들에 대해서도 이름을 선택할 필요가 있다. 프로그래밍 언어는 변수, 상수, 메소드, 클래스, 패키지와 같은 프로그래밍 실체들에 대하여 **식별자**라는 특별한 이름을 사용한다. 다음은 식별자에 이름을 부여하는 규칙이다.

식별자에 이름을 부여

- 식별자는 영문자, 숫자, 밑줄(_), 달러 기호($)로 구성된 연속된 문자이다.
- 식별자는 영문자, 밑줄(_) 또는 달러 기호($)로 시작되어야 한다.
- 예약어는 식별자가 될 수 없다.
- true, false, null은 식별자가 될 수 없다.
- 식별자의 길이에는 제한이 없다.

예를 들어, $2, ComputeArea, area, radius, showMessageDialog는 올바른 식별자이고, 반면에 2A, d+4는 규칙을 따르고 있지 않기 때문에 올바르지 않다. 자바 컴파일러는 올바르지 않은 식별자를 찾아내고 구문 오류를 보고한다.

NOTE

자바가 대소문자를 구별하기 때문에 X와 x는 서로 다른 식별자이다.

대소문자를 구별

설명적인 이름

TIP 식별자는 변수, 상수, 메소드, 클래스, 패키지에 이름을 부여하기 위해 사용된다. 설명적인 식별자는 프로그램을 읽기 쉽게 해준다. 식별자에 설명적인 이름을 부여하는 것 이외에도, 여러분은 식별자의 다른 종류에 대한 명명 규칙을 준수해야 한다. 명명 규칙은 2.13절 "프로그래밍 스타일과 문서화"에 요약되어 있다.

$ 문자

TIP $ 문자를 사용하여 식별자에 이름을 부여하지 않도록 하자. 규약에 따라, $ 문자는 기계적으로 생성된 소스 코드에서만 사용되어야 한다.

2.4 변수

변수는 프로그램에서 자료를 저장하기 위해 사용된다. 리스트 2.1의 프로그램에서 radius와 area는 배정도 부동소수점 타입의 변수이다. 여러분은 radius와 area에 어떠한 수치 값도 할당할 수 있고, radius와 area의 값은 다시 할당될 수 있다. 예를 들어, 여러분은 서로 다른 반지름에 대한 면적을 계산하는 다음과 같은 코드를 작성할 수 있다.

```
// Compute the first area
radius = 1.0;
area = radius * radius * 3.14159;
System.out.println("The area is " + area + " for radius " + radius);

// Compute the second area
radius = 2.0;
area = radius * radius * 3.14159;
System.out.println("The area is " + area + " for radius " + radius);
```

2.4.1 변수 선언

변수는 어떠한 타입의 자료를 표현하기 위한 것이다. 변수를 사용하기 위해서 여러분은 변수를 선언해야 하는데, 변수를 선언하는 것은 컴파일러에게 자료의 이름 뿐만 아니라 표현하는 자료의 타입을 알려주는 것이다. 이러한 **변수 선언**은 컴파일러에게 변수의 데이터 타입을 기반으로 변수를 위한 알맞은 메모리 공간을 할당하라고 알려주는 것이다. 변수를 선언하기 위한 구문은 다음과 같다.

```
datatype variableName;
```

변수 선언

다음은 변수 선언의 예이다.

```
int x;                 // Declare x to be an integer variable;
double radius;         // Declare radius to be a double variable;
double interestRate;   // Declare interestRate to be a double variable;
char a;                // Declare a to be a character variable;
```

이 예에서는 int, double, char 데이터 타입을 사용하고 있다. 나중에 여러분은 byte, short, long, float, char, boolean과 같은 추가적인 데이터 타입을 만나게 될 것이다.

변수가 동일한 타입을 가지고 있다면, 다음과 같이 함께 선언될 수 있다.

```
datatype variable1, variable2, ..., variablen;
```

변수는 콤마(,)에 의해 분리된다. 예를 들어,

```
int i, j, k; // Declare i, j, and k as int variables
```

NOTE

> 규약에 따라 변수 이름은 소문자를 사용한다. 이름이 몇 개의 단어로 구성되어 있다면, 모든 단어는 결합되고 첫 문자를 제외한 각 단어의 첫 문자는 대문자로 한다. 변수의 예는 radius와 interestRate와 같다.

변수 이름

2.5 배정문과 배정 표현식

변수가 선언된 다음에 여러분은 **배정문**을 사용하여 변수에 값을 할당할 수 있다. 자바에서 등호 기호(=)는 **배정 연산자**로 사용된다. 배정문의 구문은 다음과 같다.

배정문

배정 연산자

```
변수 = 표현식;
```

표현식은 값, 변수, 연산자를 포함하여 하나의 값이 결정되는 계산식을 의미한다. 예를 들어, 다음 코드를 살펴보자.

표현식

```
int x = 1;               // Assign 1 to variable x;
double radius = 1.0;     // Assign 1.0 to variable radius;
x = 5 * (3 / 2) + 3 * 2; // Assign the value of the expression to x;
x = y + 1;               // Assign the addition of y and 1 to x;
area = radius * radius * 3.14159; // Compute area
```

또한 변수는 표현식에서 사용될 수 있다. 예를 들어,

```
x = x + 1;
```

이 배정문에서 x+1의 결과는 x에 배정된다. 문장이 실행되기 전에 x가 1이라면, 문장이 실행된 다음에는 2가 된다.

변수에 값을 배정하려면 변수 이름이 배정 연산자의 왼쪽에 있어야 한다. 따라서, 1=x는 잘못된 것이다.

NOTE

> 수학에서 x=x+1은 방정식을 의미한다. 그러나 자바에서 x=x+1은 x에 새로운 값을 배정하는 배정문이다.

또한 자바에서 배정문은 배정 연산자의 왼쪽에 있는 변수에 배정되는 값을 계산하는 표현식으로 생각할 수 있다. 이러한 이유로 배정문을 **배정 표현식**이라고도 한다. 예를 들어, 다음은 올바른 문장이다.

배정 표현식

```
System.out.println(x = 1);
```

위의 문장은 다음 문장과 동일하다.

```
x = 1;
System.out.println(x);
```

다음 문장 또한 올바르다.

```
i = j = k = 1;
```

위의 문장은 다음 문장과 동일하다.

```
k = 1;
j = k;
i = j;
```

NOTE

배정문에서 왼쪽에 있는 변수의 데이터 타입은 오른쪽에 있는 값의 데이터 타입과 호환되어야 한다. 예를 들어, int x=1.0은 x의 데이터 타입이 int이기 때문에 올바르지 않다. 여러분은 타입 캐스팅을 사용하지 않고 double 값(1.0)을 int 변수에 배정할 수 없다.

2.5.1 변수 선언

변수는 초기 값을 가질 수 있다. 여러분은 변수를 선언함과 동시에 초기화할 수 있다. 예를 들어, 다음 코드를 살펴보자.

```
int x = 1;
```

이것은 다음 두 문장과 동일하다.

```
int x;
x = 1;
```

또한 여러분은 동일한 타입의 변수를 함께 선언하고 초기화하기 위하여 다음과 같이 축약된 형태를 사용할 수 있다.

```
int i = 1, j = 2;
```

TIP

변수는 그것에 값이 배정되기 전에 선언되어야 한다. 메소드에서 선언된 변수는 그것이 사용되기 전에 값이 배정되어야 한다. 가능하다면 변수를 선언하고 한 번에 초기 값을 배정하자. 이것은 프로그램을 읽기 쉽게 만들고 프로그래밍 오류를 줄여준다.

2.6 상수

변수의 값은 프로그램이 실행되는 동안 변경될 수 있으나, **상수**는 결코 변하지 않는 지속적인 자료를 의미한다. ComputeArea 프로그램에서 π는 상수이다. 여러분이 그것을 자주 사용한다면, 계속해서 3.14159로 입력하고 싶지 않을 것이다. 대신 π를 상수로 정의할 수 있다. 상수를 정의하는 구문은 다음과 같다. 상수

```
final datatype CONSTANTNAME = VALUE;
```

상수는 동일한 문장에서 선언되고 초기화되어야 한다. 여기에서 final은 자바 키워드인데, 상수는 변경될 수 없다는 의미를 가지고 있다. 예를 들어, ComputeArea 프로그램에서 여러분은 π를 상수로 정의하고 다음과 같이 프로그램을 다시 작성할 수 있다.

```
// ComputeArea.java: Compute the area of a circle
public class ComputeArea {
  public static void main(String[] args) {
    final double PI = 3.14159; // Declare a constant

    // Assign a radius
    double radius = 20;

    // Compute area
    double area = radius * radius * PI ;

    // Display results
    System.out.println("The area for the circle of radius " +
      radius + " is " + area);
  }
}
```

주의

규약에 의해 상수는 pi나 Pi가 아닌 PI와 같이 대문자로 이름을 부여한다. 상수 이름부여

NOTE

상수를 사용하면 다음과 같은 세 가지 장점이 있다. (1) 여러분은 동일한 값을 반복적으로 입력할 필요가 없다. (2) 필요하다면 한 곳에서만 값이 변경될 수 있다. (3) 상수를 위한 설명적인 이름은 프로그램을 읽기 쉽게 만들어준다. 상수의 장점

2.7 수치 데이터 타입과 연산

모든 데이터 타입은 값의 범위를 가지고 있다. 컴파일러는 데이터 타입에 따라 각 변수나 상수를 저장하기 위한 메모리 공간을 배정한다. 자바는 수치 값, 문자, 불리언 값을 위한 여덟 가지 기본적인 데이터 타입을 제공하고 있다.

이번 절에서는 수치 데이터 타입을 소개한다.

표 2.1은 여섯 가지의 수치 데이터 타입, 그 범위, 저장 용량을 보여준다.

표 2.1 수치 데이터 타입

이름	범위	저장 크기
byte	-2^{7}(-128)에서 $2^{7}-1$(127)까지	8비트(부호 포함)
short	-2^{15}(-32768)에서 $2^{15}-1$(32767)까지	16비트(부호 포함)
int	-2^{31}(-2147483648)에서 $2^{31}-1$(2147483647)까지	32비트(부호 포함)
long	-2^{63}(-9223372036854775808)에서 $2^{63}-1$(9223372036854775807)까지	64비트(부호 포함)
float	음수 범위 : -3.4028235E+38에서 -1.4E-45까지 양수 범위 : 1.4E-45에서 3.4028235E+38까지	32비트 IEEE 754
double	음수 범위 : -1.7976931348623157E+308에서 -4.9E-324까지 양수 범위 : 4.9E-324에서 1.7976931348623157E+308까지	64비트 IEEE 754

Electronics

NOTE

IEEE 754는 컴퓨터에서 부동소수점 수를 나타내기 위하여 IEEE(Institude of Electrical and Electronics Engineers)에 의해 승인된 표준이다. 표준은 전 세계적으로 채택되고 있다. 자바는 float 타입을 위해 32비트 **IEEE 754**를 채택하고, double 타입을 위해 64비트 **IEEE 754**를 채택하고 있다. 또한 **IEEE 754** 표준은 부록 E "특별한 부동소수점 값"에서 특별한 값을 정의하고 있다.

정수 타입

자바는 정수에 대해 byte, short, int, long의 네 가지 타입을 제공한다. 여러분의 변수에 가장 알맞은 타입을 선택하자. 예를 들어, 여러분이 변수에 저장된 정수가 바이트의 범위 내에 있다는 것을 알고 있다면, 변수를 byte로 선언하자.

부동소수점

자바는 부동소수점 수에 대해 float와 double의 두 가지 타입을 제공한다. double 타입은 크기가 float의 두 배이다. 따라서, float가 단일 정밀도인 것에 비해, double은 배정도로 알려져 있다. 일반적으로 여러분은 float 타입보다 더 정확하기 때문에 double 타입을 사용해야 한다.

오버플로우란?

주의

저장되기에 너무 큰 값을 변수에 배정하면, **오버플로우**가 발생한다. 예를 들어, 다음 문장을 실행하면 오버플로우가 발생하는데, 그 이유는 int 타입에 저장될 수 있는 가장 큰 값이 2147483647이기 때문이다. 2147483648은 너무 크다.

```
int value = 2147483647 + 1;
```

언더플로우란?

저장되기에 너무 작은 값을 변수에 배정하면, **언더플로우**가 발생한다. 예를 들어, 다음 문장을 실행하면 언더플로우가 발생하는데 그 이유는 int 타입에 저장될 수 있는 가장 작은 값이 -2147483648이기 때문이다. -2147483649는 너무 작다.

```java
int value = -2147483648 - 1;
```

자바는 오버플로우나 언더플로우에 대해 경고나 오류를 보고하지 않는다. 따라서 주어진 타입의 가장 크거나 가장 작은 범위와 가까운 수를 사용하여 작업을 할 경우에는 주의를 해야 한다.

2.7.1 수치 연산자

수치 데이터 타입을 위한 연산자는 표 2.2와 같이 덧셈(+), 뺄셈(−), 곱셈(*), 나눗셈(/), 연산자 + − * / %
나머지(%)와 같은 표준 수학 연산자를 포함한다.

표 2.2 수치적 연산자

이름	의미	보기	결과
+	덧셈	34 + 1	35
−	뺄셈	34.0 − 0.1	33.9
*	곱셈	300 * 30	9000
/	나눗셈	1.0 / 2.0	0.5
%	나머지	20 % 3	2

정수 나눗셈의 결과는 정수이다. 소수점 이하 부분은 잘려진다. 예를 들어, 5/2는 2.5가 정수 나눗셈
아니라 2이고, −5/2는 −2.5가 아니라 −2이다.

% 연산자의 결과는 나눗셈의 나머지이다. 왼쪽 피연산자는 피제수이고, 오른쪽 피연산자는 제수이다. 따라서 7%3의 결과는 1이고, 12%4의 결과는 0, 26%8의 결과는 2, 20%13의 결과는 7이다.

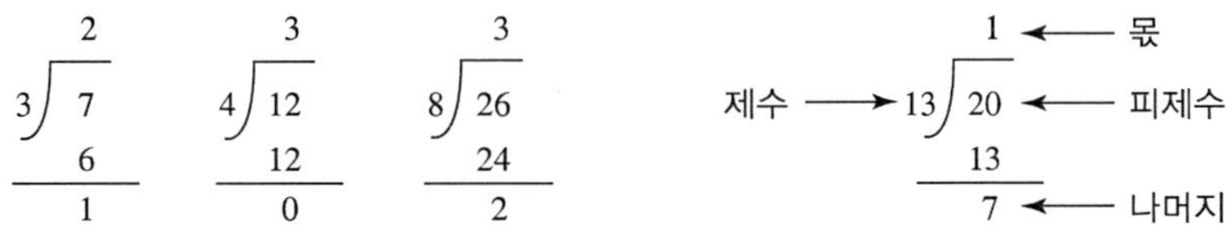

% 연산자는 자주 양의 정수를 위해 사용되고 또한 음의 정수와 부동소수점 수에도 사용된다. 피제수가 음수일 때만 나머지는 음수이다. 예를 들어, −7%3의 결과는 −1이고, −12%4의 결과는 0, −26%−8의 결과는 −2, 20%−13의 결과는 7이다.

나머지는 프로그래밍에서 매우 유용하다. 예를 들어, 짝수%2는 항상 0이고, 홀수%2는 항상 1이다. 따라서 여러분은 숫자가 짝수인지 홀수인지 결정하기 위하여 이 특성을 사용할 수 있다. 오늘이 토요일이고 여러분이 친구들과 10일 후에 만난다고 가정하자. 10일 후는 무슨 요일일까? 여러분은 다음 식을 사용하여 화요일인 것을 찾을 수 있다.

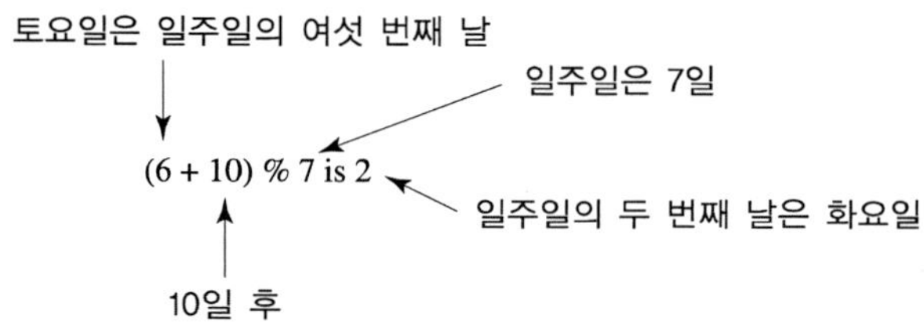

리스트 2.2는 초 단위의 시간으로부터 분과 초를 구하는 프로그램이다. 예를 들어, 500초는 8분 20초이다.

리스트 2.2 DisplayTime.java

```
1 public class DisplayTime {
2   public static void main(String[] args) {
3     int seconds = 500;
4     int minutes = seconds / 60;
5     int remainingSeconds = seconds % 60;
6     System.out.println(seconds + " seconds is " + minutes +
7       " minutes and " + remainingSeconds + " seconds");
8   }
9 }
```

```
500 seconds is 8 minutes and 20 seconds
```

4행은 seconds/60을 사용하여 분을 구한다. 5행(seconds%60)은 분을 구한 다음 나머지 초를 구한다.

단항 연산자
이항 연산자

+와 – 연산자는 단항과 이항에 모두 사용될 수 있다. **단항** 연산자는 하나의 피연산자만 가진다. **이항** 연산자는 두 개의 피연산자를 가진다. 예를 들어, –5에서 – 연산자는 숫자 5를 음수화하는 단항 연산자로 간주되는 반면 4–5에서 – 연산자는 4에서 5를 빼는 이항 연산자로 간주될 수 있다.

부동소수점 수 근사치

NOTE

부동소수점 수를 포함하는 계산에서 숫자들은 완전히 정확한 값으로 저장되지 않기 때문에 근사치를 가진다. 예를 들어,

```
System.out.println(1.0 - 0.1 - 0.1 - 0.1 - 0.1 - 0.1);
```

의 출력은 0.5가 아니라 0.5000000000000001이고,

```
System.out.println(1.0 - 0.9);
```

의 출력은 0.1이 아니라 0.09999999999999998이 된다. 정수는 정확하게 저장된다. 따라서, 정수 계산은 정확한 정수 결과를 산출한다.

2.7.2 수치 리터럴

리터럴은 프로그램에서 직접적으로 나타나는 상수 값이다. 예를 들어, 다음 문장에서 34, 1000000, 5.0은 리터럴이다. 리터럴

```
int i = 34;
long k = 1000000;
double d = 5.0;
```

정수 리터럴

정수 리터럴은 크기만 맞으면 정수 변수에 할당될 수 있다. 리터럴이 변수의 크기에 비해 너무 크면 컴파일 오류가 발생한다. 예를 들어, 문장 byte b = 128은 컴파일 오류인데, 그 이유는 128이 byte 타입의 변수에 저장될 수 없기 때문이다(byte 값의 범위는 −128에서 127까지임을 유의하자).

정수 리터럴은 값의 범위가 -2^{31}(−2147483648)과 $2^{31}-1$(2147483647) 사이인 int 타입으로 가정된다. long 타입의 정수 리터럴을 나타내기 위하여 문자 L 또는 l을 추가하자 (2147483648L). 소문자 l이 숫자 1과 쉽게 혼동될 수 있기 때문에 대문자 L이 더 선호된다. 자바 프로그램에서 정수 2147483648을 사용하려면, 여러분은 2147483648이 int 값을 초과하기 때문에 2147483648L로 사용해야 한다. long 리터럴

NOTE

디폴트에 의해 정수 리터럴은 10진수이다. 8진 정수 리터럴을 나타내려면 숫자 앞에 0을 사용하고, 16진 정수 리터럴을 나타내려면 숫자 앞에 0x 또는 0X를 사용하자. 예를 들어, 다음 코드는 16진 FFFF에 대한 10진 값 65535를 출력한다.

```
System.out.println(0xFFFF);
```

16진수, 2진수, 8진수는 1.5절 "수 체계"에서 소개되었다.

8진 정수 리터럴
16진 정수 리터럴

부동소수점 리터럴

부동소수점 리터럴은 10진 소수점을 가진다. 디폴트로 부동소수점 리터럴은 double 타입 값으로 취급된다. 예를 들어, 5.0은 float 값이 아니라 double 값으로 간주된다. 여러분은 숫자에 f나 F를 붙여서 float로 만들 수 있고, d나 D를 붙여서 double로 만들 수 있다. 예를 들어, 여러분은 float 수로 100.2f나 100.2F를 사용할 수 있고, double 수로 100.2d나 100.2D를 사용할 수 있다.

double
float

NOTE

double 타입 값은 float 타입 값보다 더 정확하다. 예를 들어,

```
System.out.println("1.0 / 3.0 is" + 1.0 / 3.0);
```

의 출력은 1.0 / 3.0 is 0.3333333333333333이다.

```
System.out.println("1.0F / 3.0F is  " + 1.0F / 3.0F);
```

의 출력은 1.0F / 3.0F is 0.33333334가 된다.

과학적 표기법

부동소수점 리터럴은 또한 과학적 표기법에 사용될 수도 있다. 예를 들어, **1.23456e2**와 동일한 **1.23456e+2**는 $1.23456\times10^{2}=123.456$과 같고, **1.23456e-2**는 $1.23456\times10^{-2}=0.0123456$과 같다. E(또는 e)는 지수를 나타내며 소문자나 대문자를 사용할 수 있다.

왜 부동소수점 수라고 할까?

NOTE

float와 double 타입은 소수점을 가진 수를 표현하는데 사용될 수 있다. 왜 그러한 타입을 부동소수점 수라고 할까? 이러한 수는 과학적 표기법으로 저장된다. 50.534와 같은 수를 5.0534e+1과 같은 과학적 표기법으로 변환될 때, 소수점이 새로운 위치로 이동되기 때문이다.

2.7.3 자바 표현식의 계산

자바에서 수치 표현식을 작성한다는 것은 자바 연산자를 사용하여 산술 표현식을 번역한다는 것을 의미한다. 예를 들어, 다음과 같은 산술 표현식은

$$\frac{3+4x}{5}-\frac{10(y-5)(a+b+c)}{x}+9\left(\frac{4}{x}+\frac{9+x}{y}\right)$$

다음과 같은 자바 표현식으로 바꿀 수 있다.

```
(3 + 4 * x) / 5 - 10 * (y - 5) * (a + b + c) / x +
9 * (4 / x + (9 + x) / y)
```

자바 표현식을
계산하기

자바는 표현식을 계산하는 자체적인 방법을 가지고 있으나, 자바 표현식과 관련된 산술 표현식의 결과는 동일하다. 따라서 여러분은 자바 표현식을 계산하기 위하여 산술 규칙을 안전하게 적용할 수 있다. 괄호 안에 포함된 연산자가 가장 먼저 계산된다. 괄호는 중첩될 수 있고, 안쪽 괄호에 있는 표현식이 먼저 계산된다. 곱셈, 나눗셈, 나머지 연산자가 다음으로 적용된다. 표현식이 몇 개의 곱셈, 나눗셈, 나머지 연산자를 포함하고 있다면, 그것들은 왼쪽에서 오른쪽으로 적용된다. 덧셈과 뺄셈 연산자가 나중에 적용된다. 표현식이 몇 개의 덧셈과 뺄셈 연산자를 가지고 있다면, 그것들은 왼쪽에서 오른쪽으로 적용된다. 다음에 표현식이 계산되는 방법이 제시되어 있다.

```
3 + 4 * 4 + 5 * (4 + 3) - 1
                    (1) 괄호안을 먼저 수행
3 + 4 * 4 + 5 * 7 - 1
                    (2) 곱셈
3 + 16 + 5 * 7 - 1
                    (3) 곱셈
3 + 16 + 35 - 1
                    (4) 덧셈
19 + 35 - 1
                    (5) 덧셈
   54 - 1
                    (6) 뺄셈
   53
```

리스트 2.3은 공식을 사용하여 화씨온도를 섭씨온도로 변환하는 프로그램을 보여주고 있다.

리스트 2.3 FahrenheitToCelsius.java

```
1 public class FahrenheitToCelsius {
2   public static void main(String[] args) {
3     double fahrenheit = 100; // Say 100;
4     double celsius = (5.0 / 9) * (fahrenheit - 32);
5     System.out.println("Fahrenheit " + fahrenheit + " is " +
6       celsius + " in Celsius");
7   }
8 }
```

```
Fahrenheit 100.0 is 37.77777777777778 in Celsius
```

나눗셈을 적용할 때는 주의해야 한다. 자바에서 두 정수의 나눗셈은 정수 결과가 나온다. 정수의 나눗셈

4행에서 $\frac{5}{9}$는 5/9 대신에 5.0/9로 바뀌는데, 그 이유는 자바에서 5/9는 0이 되기 때문이다.

2.7.4 단축 연산자

변수의 현재 값은 사용되고 수정된 다음 동일한 변수에 다시 배정되는 경우가 많다. 예를 들어, 다음 문장은 i의 현재 값에 8을 더해서 i에 결과를 다시 배정한다.

```
i = i + 8;
```

자바에서는 단축 연산자를 사용하여 배정 연산자와 덧셈 연산자의 조합이 가능하다. 예를 들어, 앞의 문장은 다음과 같이 작성될 수 있다. 단축 연산자

```
i += 8;
```

+=는 **덧셈 배정 연산자**라고 한다. 다른 단축 연산자는 표 2.3에서 볼 수 있다. 덧셈 배정 연산자

표 2.3 단축 연산자

연산자	이름	보기	동치
+=	덧셈 배정문	i += 8	i = i + 8
-=	뺄셈 배정문	f -= 8.0	f = f - 8.0
*=	곱셈 배정문	i *= 8	i = i * 8
/=	나눗셈 배정문	i /= 8	i = i / 8
%=	나머지 배정문	i %= 8	i = i % 8

주의 단축 연산자에 공백은 없다. 예를 들어, + =이 아니라 +=이어야 한다.

변수의 값을 1씩 증가하고 감소하기 위한 단축 연산자가 두 개 있다. 이것은 값이 얼마나 자주 변경될 필요가 있는지 알 수 있기 때문에 편리하게 사용될 수 있다. 이 두 연산자는 ++와 --인데, 표 2.4와 같이 전위 또는 후위 기호로 사용될 수 있다.

++와 --

표 2.4 증가와 감소 연산자

연산자	이름	설명
++var	전위증가	표현식(++var)은 var를 1만큼 증가하고 증가한 다음 var의 새로운 값을 평가한다.
var++	후위증가	표현식(var++)은 var의 원래 값을 평가한 다음 var를 1만큼 증가한다.
--var	전위감소	표현식(--var)은 var를 1만큼 감소하고 감소한 다음 var의 새로운 값을 평가한다.
var--	후위감소	표현식(var--)은 원래 값을 평가한 다음 var를 1만큼 감소한다.

전위증가 전위감소
후위증가 후위감소

연산자가 변수의 전위에 있다면, 변수는 1이 증가되거나 감소된 다음, 변수의 **변경된** 값이 반환된다. 연산자가 변수의 후위에 있다면, 변수의 **원래** 값이 반환된 다음, 1이 증가하거나 감소한다. 따라서 전위 ++x와 --x는 각각 **전위증가 연산자**와 **전위감소 연산자**라고 하고, 후위 x++와 x--는 각각 **후위증가 연산자**와 **후위감소 연산자**라고 한다. ++(또는 --)의 전위 형태와 ++(또는 --)의 후위 형태는 독립적으로 사용된다면 동일하지만, 표현식에서 사용된다면 서로 다른 효과가 나타난다. 이러한 예는 다음 코드에서 알 수 있다.

```
int i = 10;
int newNum = 10 * i++;
```

동일한 효과 →

```
int newNum = 10 * i;
i = i + 1;
```

이러한 경우에, i의 값이 1 증가하지만 곱셈에서는 i의 원래 값이 사용된다. 따라서 newNum은 100이 된다. 여기에서 다음과 같이 i++를 ++i로 바꾸면,

```
int i = 10;
int newNum = 10 * (++i);
```

동일한 효과 →

```
i = i + 1;
int newNum = 10 * i;
```

i의 값이 1 증가하고, 증가된 새로운 값이 곱셈에 사용된다. 따라서 newNum은 110이 된다.

다른 예제는 다음과 같다.

```
double x = 1.0;
double y = 5.0;
double z = x-- + (++y);
```

세 문장이 모두 실행된다면, y는 6.0, z는 7.0, x는 0.0이 된다.

증가 연산자 ++와 감소 연산자 --는 모든 정수와 부동소수점 타입에 적용될 수 있다. 이 연산자는 반복문에 많이 사용된다. 반복문은 4장에서 소개된다.

TIP

증가와 감소 연산자를 사용하면 표현식을 짧게 만들 수는 있으나, 또한 읽기 어렵고 복잡하게 만들 수 있다. 복수의 변수를 수정하거나 동일한 변수를 반복해서 수정하는 표현식에서 이러한 연산자의 사용은 피하는 것이 좋다.

NOTE

배정 연산자(=)와 같이 연산자(+=, −=, *=, /=, %=, ++, −−)들은 배정문 뿐만 아니라 표현식에서도 사용될 수 있다. 예를 들어, 다음의 코드에서 x = 2는 첫 행에서는 하나의 문장이고, 두 번째 행에서는 하나의 표현식이 된다.

표현식 문장

```
x = 2;  // 문장
System.out.println(x = 2);  // 표현식
```

하나의 문장이 표현식으로 사용된다면, **표현식 문장**이라고 할 수 있다.

2.8 수치 타입 변환

계산식에서 서로 다른 타입의 수치 값들을 혼합해서 사용할 필요가 종종 있다. 다음 문장을 살펴보자.

```
byte i = 100;
long k = i * 3 + 4;
double d = i * 3.1 + k / 2;
```

이 문장들은 올바른가? 자바는 서로 다른 타입의 값에 대한 이항 연산을 허용하고 있다. 피연산자 변환

서로 다른 타입의 두 피연산자를 포함하는 이항 연산을 수행할 경우, 자바는 자동적으로 다음의 규칙에 따라 피연산자의 타입을 변환한다.

1. 피연산자 중 하나의 타입이 double이면, 다른 피연산자의 타입도 double로 전환된다.
2. 그렇지 않고, 피연산자 중 하나의 타입이 float이면, 다른 피연산자의 타입도 float로 전환된다.
3. 그렇지 않고, 피연산자 중 하나의 타입이 long이면, 다른 피연산자의 타입도 long으로 전환된다.
4. 그렇지 않으면, 두 피연산자의 타입이 모두 int로 전환된다.

예를 들어, 1/2의 결과는 0인데 그 이유는 두 피연산자의 타입이 모두 int 값이기 때문이다. 1.0/2의 결과는 0.5인데 그 이유는 1.0의 타입이 double이고, 2는 2.0으로 전환된다.

수치 타입의 범위는 다음 순서로 증가한다.

범위가 증가한다 →

`byte, short, int, long, float, double`

타입 캐스팅

여러분은 더 큰 범위의 값을 지원하는 타입을 가지고 있는 수치 변수에 항상 값을 배정할 수 있다. 예를 들어, float 변수에 long 값을 배정할 수 있다. 그러나 여러분은 **타입 캐스팅**을 사용하지 않는다면, 더 작은 범위의 타입 변수에 값을 배정할 수 없다. 캐스팅은 하나의 데이터 타입 값을 또 다른 데이터 타입 값으로 전환하는 연산이다. 작은 범위를 갖는 타입의 변수를 더 큰 범위를 갖는 타입의 변수로 전환하는 것을 **타입 확대하기**라고 한다. 큰 범위를 갖는 타입의 변수를 더 작은 범위를 갖는 타입의 변수로 전환하는 것을 **타입 축소하기**라고 한다. 타입 확대하기는 별도의 캐스팅없이도 자동으로 수행된다. 타입 축소하기는 명시적으로 수행되어야 한다.

타입 확대하기

타입 축소하기

캐스팅을 위한 구문은 목표 타입을 적은 괄호가 나오고 다음으로 캐스트되는 변수의 이름이나 값이 온다. 예를 들어,

```
float f = (float)10.7;
int i = (int)f;
```

잘려나간다

첫 행에서 double 값 10.7은 float로 캐스팅된다. 두 번째 행에서 i는 10의 값을 가진다. f의 소수 부분은 잘려나갔다. 소수 부분은 반올림되는 것이 아니라 잘려나간다는 것을 유의하자.

주의

double 값을 int 변수에 배정하는 것과 같이 더 작은 타입 범위의 변수에 값을 배정하려면 캐스팅이 필요하다. 이러한 상황에서 캐스팅을 사용하지 않으면 컴파일 오류가 발생할 것이다. 캐스팅을 사용할 때는 주의해야 한다. 잃어버린 정보가 부정확한 결과를 초래할 수도 있다.

NOTE

캐스팅은 캐스트되는 변수를 변경하지 않는다. 예를 들어, 다음 코드에서 캐스트 후에 d는 변경되지 않는다.

```
double d = 4.5;
int i = (int)d;  // i는 4가 되지만 d는 변경되지 않음
```

NOTE

int 타입의 변수를 short나 byte 타입에 배정하려면, 명시적으로 캐스팅을 사용하여야 한다. 예를 들어, 다음 문장은 컴파일 오류가 발생한다.

```
int i = 1;
byte b = i;  // 명시적인 캐스팅이 요구되므로 오류
```

그러나 정수 리터럴이 목표 변수의 허용가능한 범위 내에서 작성되기만 하면 정수 리터럴을 short나 byte 타입에 배정하기 위해 명시적인 캐스팅은 필요하지 않다. 2.7.2절 "수치 리터럴"을 참고하기 바란다.

리스트 2.4는 소수점 두 자리를 가지고 있는 거래세를 출력하는 프로그램을 보여주고 있다.

리스트 2.4 SalesTax.java

```
1 public class SalesTax {
2   public static void main(String[] args) {
3     double purchaseAmount = 197.55;
4     double tax = purchaseAmount * 0.06;
5     System.out.println("Sales tax is " + (int)(tax * 100) / 100.0);
6   }
7 }
```

```
Sales tax is 11.85
```

변수 purchaseAmount의 값은 197.55(3행)이다. 거래세는 구매의 6%이므로, tax는 11.853 (4행)으로 계산된다. 5행은 소수점 이하 두 자리를 가진 세금 11.85를 출력하는 문장이다. (int)(tax * 100)이 1185이므로, (int)(tax * 100)/100.0은 11.85가 된다. 수형식화

2.9 문자 데이터 타입과 연산

문자 데이터 타입 char는 단일 문자를 표현하는데 사용된다. 문자 리터럴에는 단일 인용부호를 사용한다. 다음 코드를 살펴보자. char 타입

```
char letter = 'A';
char numChar = '4';
```

첫 문장은 char 변수 letter에 문자 A를 배정하고 있고, 두 번째 문장은 char 변수 numChar에 수치 문자 4를 배정하고 있다.

문자 리터럴

> **주의** 스트링 리터럴은 인용부호로 쌓여 있어야 한다. 문자 리터럴은 단일 인용부호로 쌓여진 단일 문자이다. 따라서, "A"는 스트링이고, 'A'는 문자이다.

2.9.1 유니코드와 ASCII 코드

문자를 인코딩

컴퓨터는 내부적으로 2진수를 사용한다. 하나의 문자는 컴퓨터에서 일련의 0과 1로 저장된다. 문자를 2진 표현으로 전환하는 과정을 **인코딩**이라고 한다. 문자를 인코딩하는 방법은 여러 가지가 있다. 문자를 인코딩하는 방법은 **인코딩 스킴**으로 정의되어 있다.

유니코드

자바는 유니코드 콘소시엄에 의해 구축된 인코딩 스킴인 **유니코드**를 지원하는데, 유니코드는 세상의 다양한 언어로 작성된 텍스트를 교환하고, 처리하고, 출력하는 것을 지원한다. 유니코드는 원래 16비트 문자 인코딩으로 설계되었다. 기본 데이터 타입 **char**는 어떠한 문자라도 저장할 수 있는 간단한 데이터 타입을 제공함으로써 이 설계의 장점을 취하려고 의도되었다. 그러나 16비트 인코딩에서 가능한 65,536 문자가 세상의 모든 문자를 표현하기에 충분하지 않다. 따라서 유니코드 표준은 1,112,064 문자까지 허용되도록 확장되었다. 원래 16비트 한계를 넘어가는 그러한 문자들은 **보충문자**라고 한다. JDK 1.5는 보충 문자를 지원한다. 보충 문자의 처리와 표현은 이 책의 범위를 넘어간다. 이 책은 원래 16비트 유니코드 문자만을 고려한다. 이 문자들은 char 타입 변수에 저장될 수 있다.

보충문자

16비트 유니코드는 \u로 시작되며, '\u0000'로부터 '\uFFFF'의 범위를 갖는 네 개의 16진수로 표현된 두 바이트를 가진다. 예를 들어, "welcome"이라는 단어는 歡迎이라는 두 문자를 사용하여 중국어로 변환된다. 이들 두 문자의 유니코드는 "\u6B22\u8FCE"이다.

리스트 2.5는 두 개의 중국어 문자와 세 개의 그리스어 문자를 출력하는 프로그램이다.

리스트 2.5 DisplayUnicode.java

```
import javax.swing.JOptionPane;

public class DisplayUnicode {
  public static void main(String[] args) {
    JOptionPane.showMessageDialog(null,
      "\u6B22\u8FCE \u03b1 \u03b2 \u03b3",
      "\u6B22\u8FCE Welcome",
      JOptionPane.INFORMATION_MESSAGE);
  }
}
```

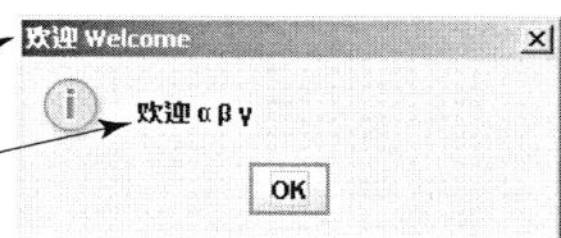

여러분의 컴퓨터에 중국어 폰트가 없다면, 여러분은 중국어 문자를 볼 수 없을 것이다. 그리스 문자 α β γ를 위한 유니코드는 \u03b1 \u03b2 \u03b3이다.

ASCII

대부분의 컴퓨터는 ASCII(American Standard Code for Information Interchange)를 사용하는데, ASCII는 모든 대문자와 소문자, 숫자, 구두점, 제어 문자를 표현하기 위한 7비트 인코딩 스킴이다. 유니코드는 128 ASCII 문자와 관련되는 '\u0000'부터 '\u007F'까지의 ASCII 코드를 포함한다(ASCII 문자와 그것에 대한 10진, 16진 코드의 리스트를 보려면 부록 B "ASCII 문자 집합"을 참조하자). 여러분은 자바 프로그램에서 'X', '1', '$'와 같은 ASCII 문자 뿐만 아니라 유니코드도 사용할 수 있다. 따라서, 예를 들어 다음의 문장은 동일하다.

```
char letter = 'A';
char letter = '\u0041'; // Character A's Unicode is 0041
```

두 문장 모두 문자 A를 char 변수 letter에 배정하고 있다.

NOTE

증가와 감소 연산자는 다음 또는 이전의 유니코드 문자를 가져오기 위하여 **char** 변수에 사용될 수 있다. 예를 들어, 다음 문장은 문자 **b**를 출력한다.

```
char ch = 'a';
System.out.println(++ch);
```

2.9.2 특수 문자를 위한 탈출 순서

여러분은 결과에서 인용부호를 가진 메시지를 출력한다고 가정해 보자. 다음과 같이 문장을 작성할 수 있을까?

```
System.out.println("He said "Java is fun"");
```

이 문장은 구문 오류이다. 컴파일러는 두 번째 인용 문자를 스트링의 끝으로 생각하고 나머지 문자에 대해 무엇을 해야 할지 알지 못하게 된다.

이 문제를 극복하기 위하여, 자바는 표 2.5와 같은 특수 문자를 표현하기 위한 탈출 순서를 정의한다. 탈출 순서는 역슬래시 문자(\)로 시작하는 하나의 문자로써 컴파일러에게 특별한 의미를 가진다. 역슬래시

표 2.5 자바 탈출 순서

탈출 순서 문자	이름	유니코드 코드
\b	백스페이스(Backspace)	\u0008
\t	탭(Tab)	\u0009
\n	라인피드(Linefeed)	\u000A
\f	폼피드(Formfeed)	\u000C
\r	캐리지 리턴(Carriage Return)	\u000D
\\	역슬래시(Backslash)	\u005C
\'	단일 인용부호(Single Quote)	\u0027
\"	이중 인용부호(Double Quote)	\u0022

따라서 여러분은 다음 문장을 사용하여 인용된 메시지를 출력할 수 있다.

```
System.out.println("He said \"Java is fun\"");
```

출력은 다음과 같다.

```
He said "Java is fun"
```

2.9.3 char 타입과 수치 타입과의 캐스팅

char 값은 어떠한 수치 타입으로도 캐스팅될 수 있고, 그 반대도 가능하다. 정수가 char로 캐스팅될 때, 데이터의 하위 16비트만이 사용되고, 나머지 부분은 무시된다. 예를 들어, 다음의 코드를 살펴보자.

```
char ch = (char)0XAB0041; // The lower 16 bits hex code 0041 is
                         // assigned to ch
System.out.println(ch);   // ch is character A
```

부동소수점 값이 char로 캐스트될 때, 먼저 부동소수점 값은 int로 캐스트되고, 다음으로 char로 캐스트된다.

```
char ch = (char)65.25;    // Decimal 65 is assigned to ch
System.out.println(ch);   // ch is character A
```

char가 수치 타입으로 캐스트될 때, 문자의 유니코드는 지정된 수치 타입으로 캐스트된다.

```
int i = (int)'A'; // The Unicode of character A is assigned to i
System.out.println(i);  // i is 65
```

캐스팅의 결과가 목표 변수에 들어갈 수 있다면 묵시적 캐스팅이 사용된다. 그렇지 않을 경우에는 명시적 캐스팅이 사용되어야 한다. 예를 들어, 'a'의 유니코드가 97이기 때문에, byte의 범위 내에 있으므로 이러한 묵시적 캐스팅은 상관없다.

```
byte b = 'a';
int i = 'a';
```

그러나 다음 캐스팅은 유니코드 \uFFF4가 byte에 들어갈 수 없기 때문에 옳지 않다.

```
byte b = '\uFFF4';
```

강제적인 배정을 하기 위해서는 다음과 같이 명시적인 캐스팅을 사용하자.

```
byte b = (byte)'\uFFF4';
```

16진수 0과 FFFF 사이의 양의 정수는 묵시적으로 하나의 문자로 캐스트될 수 있다. 이 범위에 있지 않은 모든 숫자는 명시적으로 캐스트되어야 한다.

NOTE

모든 수치 연산자는 char 피연산자에 적용될 수 있다. char 피연산자는 또 다른 피연산자가 숫자나 문자이면 자동으로 숫자로 캐스트된다. 또 다른 피연산자가 스트링이면, 문자는 스트링에 접합된다. 예를 들어, 다음 문장을 살펴보자. 수치 연산자

```
int i = '2' + '3'; // (int)'2' is 50 and (int)'3' is 51
System.out.println("i is " + i);

int j = 2 + 'a'; // (int)'a' is 97
System.out.println("j is " + j);
System.out.println(j + " is the Unicode for character " + (char)j);

System.out.println("Chapter " + '2');
```

위 코드는 다음을 출력한다.

```
i is 101
j is 99
99 is the Unicode for character c
Chapter 2
```

NOTE

영문 소문자를 위한 유니코드는 'a'를 위한 유니코드로부터 시작하여 'b', 'c' ... 'z'까지 연속된 정수이다. 대문자도 마찬가지이다. 'a'를 위한 유니코드는 'A'를 위한 유니코드보다 값이 크다. 따라서, 'a' – 'A'는 'b' – 'B'와 동일한 값을 갖는다. 소문자 ch에 대해서, 그와 관련된 대문자는 (char)('A' + (ch – 'a'))와 같다.

2.10 String 타입

char 타입은 하나의 문자만 나타낸다. 문자 스트링을 나타내기 위해서는 String이라는 데이터 타입을 사용하자. 예를 들어, 다음 코드는 "Welcome to Java" 값을 가진 스트링 타입의 message를 선언한다.

```
String message = "Welcome to Java";
```

String은 실제적으로 System 클래스와 JOptionPane 클래스와 같이 자바 라이브러리에서 미리 정의된 클래스이다. String 타입은 기본 타입이 아니고 **참조 타입**이라고 할 수 있다. 어떠한 자바 클래스도 변수를 위해 참조 타입으로 사용될 수 있다. 참조 데이터 타입은 7장 "객체와 클래스"에서 완전하게 논의된다. 당분간은 String 타입의 변수를 선언하는 방법, 변수에 스트링을 배정하는 방법, 스트링을 접합하는 방법만 알면 된다.

리스트 2.1에서 처음 보여준 것과 같이, 두 개의 스트링은 접합될 수 있다. 덧셈 기호(+)는 피연산자 중 하나가 스트링이면 접합 연산자가 된다. 피연산자 중 하나가 스트링이 아니면, 스트링이 아닌 값은 스트링으로 변환되어 다른 스트링과 접합된다. 다음은 몇 가지 예를 보여 스트링과 숫자의 접합
주고 있다.

```
// Three strings are concatenated
String message = "Welcome " + "to " + "Java";

// String Chapter is concatenated with number 2
String s = "Chapter" + 2; // s becomes Chapter2

// String Supplement is concatenated with character B
String s1 = "Supplement" + 'B'; // s1 becomes SupplementB
```

피연산자 중 어떤 것도 스트링이 아니라면, 덧셈 기호(+)는 두 수를 더하는 덧셈 연산자가 된다.

단축 연산자 += 또한 스트링 접합에 사용될 수 있다. 예를 들어, 다음 코드는 message에서 “Welcome to Java” 스트링에 “and Java is fun” 스트링을 추가한다.

```
message += " and Java is fun";
```

따라서 새로운 message는 “Welcome to Java and Java is fun”이 된다.

i = 1이고 j = 2라고 한다면, 다음 문장의 출력은 무엇일까?

```
System.out.println("i + j is " + i + j);
```

출력은 "i + j is"가 먼저 i의 값과 접합되기 때문에 “i + j is 12”가 된다. i + j를 강제로 먼저 실행시키려면, 다음과 같이 괄호로 i + j를 묶도록 하자.

```
System.out.println("i + j is " + (i + j));
```

2.11 Scanner 클래스를 이용한 콘솔 입력

리스트 2.1에서 반지름은 소스 코드에 고정되어 있다. 다른 반지름을 사용하기 위해서, 여러분은 소스 코드를 수정하고 다시 컴파일해야 한다. 분명한 것은 이렇게 하면 불편하다는 것이다. 여러분은 콘솔 입력을 위하여 Scanner 클래스를 사용할 수 있다.

자바는 표준 출력장치를 참조하기 위하여 System.out을 사용하고, 표준 입력장치를 참조하기 위하여 System.in을 사용한다. 디폴트로 출력장치는 콘솔이고, 입력장치는 키보드이다. 콘솔 출력을 수행하기 위하여, 여러분은 콘솔로 기본 값이나 스트링을 출력하기 위하여 간단하게 println 메소드를 사용할 수 있다. 콘솔 입력은 자바에서 직접적으로 지원하지 않지만 여러분은 다음 코드와 같이 System.in으로부터 입력을 읽기 위한 객체를 생성하는 Scanner 클래스를 사용할 수 있다.

```
Scanner input = new Scanner(System.in);
```

Scanner는 JDK 1.5에서 새로운 클래스이다. new Scanner(System.in) 구문은 Scanner 타입의 객체를 생성한다. Scanner input 구문은 input이 Scanner 타입의 변수임을 선언하고

있다. Scanner input = new Scanner(System.in) 전체 행은 Scanner 객체를 생성하고 input 변수에 그 참조를 배정한다. 객체는 메소드를 포함하고 있다. 객체에서 메소드를 호출하는 것은 객체에게 작업 수행을 요청하는 것이다. Scanner 객체는 표 2.6과 같이 입력을 읽어들이기 위한 메소드를 포함하고 있다.

표 2.6 Scanner 객체를 위한 메소드

메소드	설명
nextByte( )	byte 타입의 정수 하나를 읽는다.
nextShort( )	short 타입의 정수 하나를 읽는다.
nextInt( )	int 타입의 정수 하나를 읽는다.
nextLong( )	long 타입의 정수 하나를 읽는다.
nextFloat( )	float 타입의 수 하나를 읽는다.
nextDouble( )	double 타입의 수 하나를 읽는다.
next( )	공백 이전에 종료되는 하나의 스트링을 읽는다.
nextLine( )	한 줄의 문자를 읽는다(행 분리자로 끝나는 스트링).

Scanner 객체는 공백으로 분리된 하나의 항목을 읽어들인다. 공백 문자는 ' ', '\t', '\f', '\r', '\n'이다. 예를 들어, 다음 문장은 사용자에게 콘솔로부터 double 값을 입력받기 위한 프롬프트를 출력한다. 공백

```
System.out.print("Enter a double value: ");
Scanner input = new Scanner(System.in);
double d = input.nextDouble();
```

print 메소드는 println 메소드와 동일하지만, println 메소드는 스트링을 출력한 후 다음 행으로 커서를 이동시키고, print 메소드는 커서를 다음 행으로 이동하지 않는다. print vs. println

객체와 관련되어 자세한 사항은 7장 "객체와 클래스"에서 소개될 것이다. 당분간은 이것이 콘솔로부터 입력을 받는 방법이라고 단순하게 이해하자.

리스트 2.6은 Scanner 클래스를 이용한 콘솔로부터 다양한 데이터 타입을 읽어들이는 예제를 보여주고 있다.

리스트 2.6 TestScanner.java

```
import java.util.Scanner; // Scanner is in java.util

public class TestScanner {
  public static void main(String args[]) {
    // Create a Scanner
    Scanner input = new Scanner(System.in);
```

```
7
8      // Prompt the user to enter an integer
9      System.out.print("Enter an integer: ");
10     int intValue = input.nextInt();
11     System.out.println("You entered the integer " + intValue);
12
13     // Prompt the user to enter a double value
14     System.out.print("Enter a double value: ");
15     double doubleValue = input.nextDouble();
16     System.out.println("You entered the double value "
17       + doubleValue);
18
19     // Prompt the user to enter a string
20     System.out.print("Enter a string without space: ");
21     String string = input.next();
22     System.out.println("You entered the string " + string);
23   }
24 }
```

```
Enter an integer: 4 ↵Enter
You entered the integer 4

Enter a double value: 23.55 ↵Enter
You entered the double value 23.55

Enter a string without space: Java ↵Enter
You entered the string Java
```

Scanner 클래스는 java.util 패키지에 있고, 첫 번째 행에서 임포트되고 있다. 6행은 Scanner 객체를 생성하고, 10행은 int 값을 읽어들인다. 15행은 double 값을 읽어들이고, 21행은 스트링을 읽어들인다.

입력 오류를 피하기

주의 입력 오류를 피하려면, nextByte( ), nextShort( ), nextInt( ), nextLong( ), nextFloat( ), nextDouble( ), next( ) 다음으로 nextLine( )을 사용하지 않도록 하자. 그 이유는 8.7.3절 "스캐너 클래스 활용"에서 설명될 것이다.

2.12 사례 연구

앞에서 여러분은 변수, 상수, 기본 데이터 타입, 연산자, 표현식, 콘솔 입력에 관하여 배웠다. 지금 여러분은 흥미있는 프로그램을 작성하기 위하여 그러한 것들을 사용할 준비가 되어 있다. 이 절에서는 대부금 지불 계산, 총 금액을 더 작은 단위로 세분화하는 문제, 현재 시간을 출력하는 세 개의 문제를 제시한다.

2.12.1 문제 : 대부금 지불 계산

이번 문제는 대부금에 대해 지불할 금액을 계산하는 프로그램이다. 대부금은 자동차 대부, 학자금 대부, 주택자금 대부일 수 있다. 여러분이 이율, 연수, 대부금을 입력하면, 매달 지불금과 전체 지불금을 출력하는 프로그램이다.

매달 지불금을 계산하는 공식은 다음과 같다.

$$\frac{\text{대부금} \times \text{매달이율}}{1 - \frac{1}{(1 + \text{매달이율})^{\text{연수} \times 12}}}$$

여러분은 이 공식이 어떻게 나왔는지는 알 필요가 없다. 그럼에도 불구하고 매달 이율, 연수, 대부금이 주어지면, 여러분은 매달 지불금을 계산하기 위하여 공식을 사용할 수 있다.

공식에서 여러분은 $(1 + \text{매달이율})^{\text{연수} \times 12}$를 계산해야 한다. Math 클래스에 있는 pow(a, b) 메소드는 a^b의 계산에 사용될 수 있다. 자바 API에 있는 Math 클래스는 모든 자바 프로그램에 유용하다. Math 클래스는 5장 "메소드"에서 소개될 것이다. pow(a, b) 메소드

다음은 프로그램을 개발하는 과정이다.

1. 사용자에게 연이율, 연수, 대부금을 입력하도록 프롬프트를 출력한다.
2. 연이율로부터 매달 이율을 계산한다.
3. 앞의 공식에서 매달 지불금을 계산한다.
4. 매달 지불금에 12를 곱한 것에 연수를 곱한 전체 지불금을 계산한다.
5. 매달 지불금과 전체 지불금을 출력한다.

리스트 2.7은 완전한 프로그램을 보여주고 있다.

리스트 2.7 ComputeLoan.java

```java
import java.util.Scanner;

public class ComputeLoan {
  public static void main(String[] args) {
    // Create a Scanner
    Scanner input = new Scanner(System.in);

    // Enter yearly interest rate
    System.out.print("Enter yearly interest rate, for example 8.25: ");
    double annualInterestRate = input.nextDouble();

    // Obtain monthly interest rate
    double monthlyInterestRate = annualInterestRate / 1200;

    // Enter number of years
    System.out.print(
      "Enter number of years as an integer, for example 5: ");
```

monthlyPayment
totalPayment
Display results

```
18      int numberOfYears = input.nextInt();
19
20      // Enter loan amount
21      System.out.print("Enter loan amount, for example 120000.95: ");
22      double loanAmount = input.nextDouble();
23
24      // Calculate payment
25      double monthlyPayment = loanAmount * monthlyInterestRate / (1
26        - 1 / Math.pow(1 + monthlyInterestRate, numberOfYears * 12));
27      double totalPayment = monthlyPayment * numberOfYears * 12;
28
29      // Format to keep two digits after the decimal point
30      monthlyPayment = (int)(monthlyPayment * 100) / 100.0;
31      totalPayment = (int)(totalPayment * 100) / 100.0;
32
33      // Display results
34      System.out.println("The monthly payment is " + monthlyPayment);
35      System.out.println("The total payment is " + totalPayment);
36    }
37 }
```

```
Enter yearly interest rate, for example 8.25: 5.75 ↵Enter
Enter number of years as an integer, for example 5: 15 ↵Enter
Enter loan amount, for example 120000.95: 250000 ↵Enter
The monthly payment is 2076.02
The total payment is 373684.53
```

10행은 13행에서 매달 이율로 변환되는 매년 이율을 읽어들인다. 여러분이 수치 값 이외의 값을 입력한다면, 실행 오류가 발생할 것이다. 18장 "예외 처리"에서 예외를 처리하여 프로그램이 계속 실행될 수 있는 방법을 배울 것이다.

main과 같은 메소드에서 각 변수는 단 한 번 선언되어야 한다. 변수를 위한 가장 적합한 데이터 타입을 선택하자. 예를 들어, numberOfYears는 long, float, double로 선언될 수 있음에도 불구하고 int로 선언되는 것이 가장 좋을 것이다(18행). byte도 numberOfYears를 위해 가장 좋을 수 있다. 그러나 간단하게 표현하기 위하여, 이 책의 예제에서는 정수를 위해 int를 사용하고, 부동소수점 값을 위해 double을 사용할 것이다.

숫자 형식화

매달 지불금을 계산하기 위한 공식은 25-27행에서 자바 코드로 변환된다. 30-31행의 문장들은 소수점 이하 두 자리를 유지하기 위해 형식화되고 있다. 예를 들어, monthlyPayment가 2076.0252175라면, (int)(monthlyPayment * 100)은 207602이다. 따라서, (int)(monthlyPayment * 100)/100.0의 결과는 2076.02가 된다.

java.lang 패키지

프로그램은 1행에서 임포트된 Scanner 클래스를 사용한다. 또한 프로그램은 Math 클래스도 사용하고 있는데, 왜 임포트되지 않았을까? Math 클래스는 java.lang 패키지에 있기 때문이다. java.lang 패키지에 있는 모든 클래스들은 묵시적으로 임포트된다. 따라서, Math 클래스는 명시적으로 임포트될 필요가 없다.

2.12.2 문제 : 화폐 단위 계산하기

여러분이 주어진 금액을 더 작은 화폐 단위로 분류하는 프로그램을 개발한다고 가정하자. 프로그램에서는 사용자에게 double 값으로 금액을 입력받도록 하는데, 금액은 달러와 센트로 표현되어 있고, 예제 출력에서 보여준 것과 같이 달러, 쿼터, 다임, 니켈, 페니와 같은 화폐를 나열하는 보고서를 출력한다.

여러분의 프로그램은 가장 큰 달러를 출력하고, 그 다음으로 가장 큰 쿼터를 출력하고, 이와 같은 순서로 출력한다.

다음은 프로그램을 개발하는 과정이다.

1. 사용자에게 11.56과 같은 십진수로 금액을 입력하도록 프롬프트를 출력한다.
2. 금액(11.56달러)을 센트(1156센트)로 변환한다.
3. 달러를 계산하기 위하여 센트를 100으로 나눈다. 전체 센트에 나머지 100을 이용하여 남는 센트를 계산한다.
4. 쿼터를 계산하기 위하여 남은 센트를 25로 나눈다. 남은 센트에 나머지 25를 이용하여 남는 센트를 계산한다.
5. 다임을 계산하기 위하여 남은 센트를 10으로 나눈다. 남은 센트에 나머지 10을 이용하여 남는 센트를 계산한다.
6. 니켈을 계산하기 위하여 남은 센트를 5로 나눈다. 남은 센트에 나머지 5를 이용하여 남는 센트를 계산한다.
7. 나머지 센트는 페니이다.
8. 결과를 출력한다.

리스트 2.8은 완전한 프로그램을 보여주고 있다.

리스트 2.8 ComputeChange.java

```java
import java.util.Scanner;

public class ComputeChange {
  public static void main(String[] args) {
    // Create a Scanner
    Scanner input = new Scanner(System.in);

    // Receive the amount
    System.out.print(
      "Enter an amount in double, for example 11.56: ");
    double amount = input.nextDouble();

    int remainingAmount = (int)(amount * 100);

```

Dollars Quarters Dimes Nickels Pennies

```
15     // Find the number of one dollars
16     int numberOfOneDollars = remainingAmount / 100;
17     remainingAmount = remainingAmount % 100;
18
19     // Find the number of quarters in the remaining amount
20     int numberOfQuarters = remainingAmount / 25;
21     remainingAmount = remainingAmount % 25;
22
23     // Find the number of dimes in the remaining amount
24     int numberOfDimes = remainingAmount / 10;
25     remainingAmount = remainingAmount % 10;
26
27     // Find the number of nickels in the remaining amount
28     int numberOfNickels = remainingAmount / 5;
29     remainingAmount = remainingAmount % 5;
30
31     // Find the number of pennies in the remaining amount
32     int numberOfPennies = remainingAmount;
33
34     // Display results
35     String output = "Your amount " + amount + " consists of \n" +
36       "\t" + numberOfOneDollars + " dollars\n" +
37       "\t" + numberOfQuarters + " quarters\n" +
38       "\t" + numberOfDimes + " dimes\n" +
39       "\t" + numberOfNickels + " nickels\n" +
40       "\t" + numberOfPennies + " pennies";
41     System.out.println(output);
42   }
43 }
```

```
Enter an amount in double, for example 11.56: 11.56 ↵Enter
Your amount 11.56 consists of
11 dollars
2 quarters
0 dimes
1 nickels
1 pennies
```

변수 amount는 콘솔로부터 입력된 금액을 저장하고(11행), 결과를 출력하기 위하여 프로그램의 끝부분에서 사용되어야 하기 때문에 변경되지 않는다. 프로그램에서는 변수 remainingAmount를 사용하여 변경된 나머지를 저장한다(13행).

변수 amount는 달러와 센트를 나타내는 double 타입의 변수인데, 모든 센트를 나타내는 int 타입의 변수 remainingAmount로 변환된다. 예를 들어, amount가 11.56이면, 최초의 remainingAmount는 1156이 된다. 나눗셈 연산자의 결과는 나누는 수의 정수 부분이 된다. 따라서, 1156/100은 11이 된다. 나머지 연산자의 결과는 나누는 수의 나머지가 된다. 따라서, 1156%100은 56이 된다.

프로그램은 전체 금액에서 최대 달러의 수를 추출하고 변수 remainingAmount에 나머지 금액을 저장한다(16-17행). 다음으로 remainingAmount에서 최대 수의 쿼터를 추출하고 새로운 변수 remainingAmount에 나머지를 저장한다(20-21행). 이와 같은 처리를 계속하여, 프로그램은 나머지에서 다임, 니켈, 페니의 최대 수를 찾는다.

이 예제에서 하나의 심각한 문제는 double인 금액을 int remainingAmount로 캐스팅할 때 정밀도 손실이 가능하다는 것이다. 이것은 부정확한 결과를 초래한다. 여러분이 10.03을 입력 정밀도 손실 한다면, 10.03*100은 1002.9999999999999가 된다. 여러분의 프로그램은 10달러와 2페니를 출력할 것이다. 이 문제를 수정하기 위하여, 센트를 나타내는 정수 값으로 금액을 입력해 보자.

예제 출력에서와 같이, 0 다임, 1 니켈, 1 페니가 결과에 출력되는데, 여기에서 니켈과 페니는 단어의 단수 형식을 사용하여 출력되고, 0 다임은 출력되지 않는 것이 좋을 것이다. 여러분은 다음 장에서 이 프로그램을 수정하기 위하여 선택 문장을 사용하는 방법을 배울 것이다.

2.12.3 문제 : 현재 시간 출력하기

이 문제는 13:19:8과 같이 시간:분:초 형식으로 GMT(Greenwich Mean Time)의 현재 시간을 출력하는 프로그램을 개발하는 것이다.

System 클래스에서 currentTimeMillis 메소드는 그림 2.3에서와 같이, 1970년 1월 1일 currentTimeMillis 00:00:00 GMT 시간으로부터 경과된 밀리세컨드(1/1000초)로 현재 시간을 반환한다.

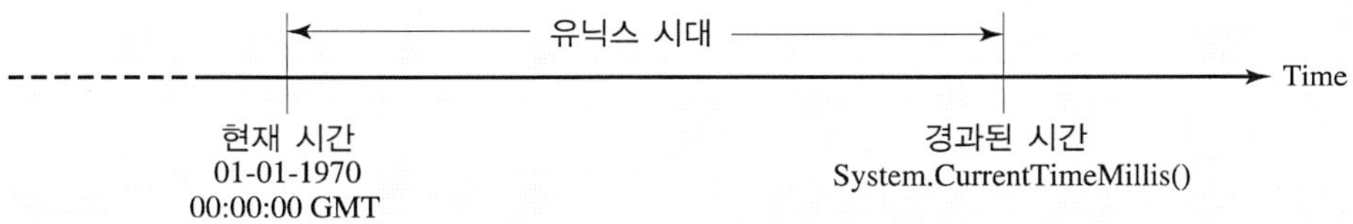

유닉스 시대

그림 2.3 System.currentTimeMillis( )는 유닉스 시대로부터 밀리세컨드를 반환한다.

여러분은 현재 시간을 얻기 위해 이 메소드를 사용할 수 있고, 다음과 같이 현재 초, 분, 시를 계산할 수 있다.

1. System.currentTimeMillis( )를 호출하여 totalMilliseconds에 1970년 1월 1일 자정부터의 전체 밀리세컨드를 계산한다(예, 1103203148368밀리세컨드).
2. totalMilliseconds를 1000으로 나누어서 전체 초인 totalSeconds를 구한다 (1103203148368밀리세컨드 / 1000 = 1103203148초).
3. totalSeconds % 60으로부터 현재 초를 계산한다(1103203148초 % 60 = 8, 현재 초).

4. totalSeconds를 60으로 나누어서 전체 분인 totalMinutes를 계산한다(1103203148초 / 60 = 18386719분).
5. totalMinutes % 60으로부터 현재 분을 계산한다(18386719분 % 60 = 19, 현재 분).
6. totalMinutes를 60으로 나누어서 전체 시간 totalHours를 계산한다(18386719분 / 60 = 306445시).
7. totalHours % 24로부터 현재 시간을 계산한다(306445시 % 24 = 19, 현재 시).

리스트 2.9는 완전한 프로그램을 보여주고 있다.

리스트 2.9 ShowCurrentTime.java

```
public class ShowCurrentTime {
  public static void main(String[] args) {
    // Obtain the total milliseconds since the midnight, Jan 1, 1970
    long totalMilliseconds = System.currentTimeMillis();

    // Obtain the total seconds since the midnight, Jan 1, 1970
    long totalSeconds = totalMilliseconds / 1000;

    // Compute the current second in the minute in the hour
    int currentSecond = (int)(totalSeconds % 60);

    // Obtain the total minutes
    long totalMinutes = totalSeconds / 60;

    // Compute the current minute in the hour
    int currentMinute = (int)(totalMinutes % 60);

    // Obtain the total hours
    long totalHours = totalMinutes / 60;

    // Compute the current hour
    int currentHour = (int)(totalHours % 24);

    // Display results
    System.out.println("Current time is " + currentHour + ":"
      + currentMinute + ":" + currentSecond + " GMT");
  }
}
```

```
Current time is 13:19:8 GMT
```

System.currentTimeMillis( )가 호출될 때, 현재의 시간과 1970년 1월 1일 자정과의 시간 차이를 1/1000초로 반환한다. 이 메소드는 long 값으로 1/1000초를 반환한다.

2.13 프로그래밍 스타일과 문서화

프로그래밍 스타일은 프로그램이 어떻게 보여지는지를 다룬다. 프로그램은 한 줄만 작성되어도 컴파일되고 실행되지만 한 줄에 모든 것을 작성하는 것은 읽기 어렵기 때문에 좋지 않은 프로그래밍 스타일이다. **문서화**는 하나의 프로그램에 속하는 설명문과 주석이다. 프로그래밍 스타일과 문서화는 코딩만큼 중요하다. 좋은 프로그래밍 스타일과 알맞은 문서화는 에러를 줄여주고 프로그램을 읽기 쉽게 해준다. 지금까지 여러분은 몇 가지 좋은 프로그래밍 스타일을 배웠다. 이번 절은 그것들을 요약하고 몇 가지 가이드라인을 제시해준다.

프로그래밍 스타일

문서화

2.13.1 적당한 주석과 주석 스타일

프로그램의 시작 부분에 프로그램이 하는 일, 주요 특성, 지원하는 자료구조, 사용하는 유일한 기술 등을 설명하기 위한 요약을 포함한다. 커다란 프로그램에서 여러분은 각각의 주요 단계를 소개하고 읽기 어려운 부분을 설명하는 주석을 포함할 수 있다. 주석은 프로그램을 복잡하게 하지 않고 읽기 어렵게 만들지 않기 위해서 간결하게 만드는 것이 중요하다.

라인 주석 //과 블록 주석 /* 뿐만 아니라 자바는 **javadoc 주석**이라고 하는 특별한 타입의 주석을 지원한다. javadoc 주석은 /**로 시작하고 */로 끝난다. 그것들은 JDK의 **javadoc** 명령을 사용하여 HTML 파일에서 추출될 수 있다. 자세한 정보는 java.sun.com/j2se/javadoc에서 찾아볼 수 있다.

javadoc 주석

전체적인 클래스나 전체적인 메소드에서의 주석을 위하여 javadoc 주석(/** ... */)을 사용해 보자. 이 주석들은 javadoc HTML 파일에서 추출되기 위하여 클래스나 메소드 헤더보다 앞에 나와야 한다. 하나의 메소드 내에서의 주석을 위해서는 라인 주석(//)을 사용해 보자.

2.13.2 명명 규칙

여러분의 프로그램에서 변수, 상수, 클래스, 메소드에 대해서 직접적인 의미를 가지는 이름을 선택해야 한다. 이름은 대소문자를 구별한다. 변수, 메소드, 클래스의 이름을 위한 규칙은 다음과 같다.

- 메소드와 변수에 대해서는 소문자를 사용한다. 하나의 이름이 몇 개의 단어가 연결되어 구성된다면, 첫 단어는 소문자로 만들고 각각의 연속되는 단어의 첫문자는 대문자를 사용한다. 예를 들어, 변수는 radius와 area와 같고, 메소드는 showInputDialog와 같다.

변수와 메소드 이름 규칙

- 클래스 이름에서는 각 단어의 첫문자를 대문자로 한다. 예를 들어, 클래스 이름은 ComputeArea, Math, JOptionPane과 같다.

클래스 이름 규칙

상수 이름 규칙

• 상수는 모든 문자를 대문자로 하고 단어 사이에는 밑줄을 사용한다. 예를 들어, 상수는 PI, MAX_VALUE와 같다.

명명규칙과 친숙하게 되는 것이 중요하고 그것을 이해하는 것이 자바 프로그램을 이해하는데 도움이 될 것이다. 여러분이 명명규칙에 충실하면 다른 프로그래머들도 여러분의 프로그램을 더 잘 이해할 것이다.

클래스 이름 규칙

주의 자바 라이브러리에서 이미 사용된 클래스 이름들은 선택하지 않는다. 예를 들어, Math 클래스는 자바에서 정의되었기 때문에, 여러분은 클래스를 Math로 명명할 수 없다.

완전한 단어를 사용

TIP 식별자를 위해 약자를 사용하지 않도록 한다. 완전한 단어를 사용하는 것이 더 설명적이다. 예를 들어, numberOfStudents가 numStuds, numOfStuds, NumOfStudents보다 더 좋다.

2.13.3 적당한 들여쓰기와 간격주기

코드 들여쓰기

일관성 있는 들여쓰기 스타일은 프로그램을 읽기 쉽고 명확하게 해준다. 들여쓰기는 프로그램 컴포넌트간 또는 문장들간에 구조적인 관계를 보여주는데 사용된다. 자바는 모든 문장을 일직선으로 작성한다해도 프로그램을 읽을 수는 있으나, 알맞게 정렬된 코드가 더 읽기 쉽고 유지보수하기 쉽다. 각 서브컴포넌트나 문장은 그것이 포함되어 있는 구조보다 적어도 두 개 이상의 공백으로 정렬하는 것이 좋다.

하나의 공백은 다음 문장에서 보는 바와 같이 이진 연산자의 양쪽에 추가될 수 있다.

```
int i= 3+4 * 4;        ← 안 좋은 스타일

int i = 3 + 4 * 4;     ← 좋은 스타일
```

하나의 단일 공백 라인은 프로그램을 더 읽기 쉽게 하기 위하여 코드의 세그먼트들을 나누는데 사용된다.

2.13.4 블록 스타일

하나의 블록은 중괄호로 둘러쌓인 일련의 문장들이다. 자주 사용되는 두 가지 스타일인 next-line 스타일과 end-of-line 스타일이 있다.

next-line 스타일은 수직으로 중괄호를 정렬하고 프로그램을 읽기 쉽게 만들어준다. 반면에 end-of-line 스타일은 공간을 절약하고 미묘한 프로그래밍 오류를 줄이는데 도움이 된다. 양쪽 모두 받아들일 수 있는 블록 스타일이다. 선택은 개인이나 조직의 기호에 따라 다르다.

여러분은 일관성 있게 하나의 스타일을 사용해야 한다. 스타일을 혼합하는 것은 추천하지 않는다. 이 책은 자바 API 소스 코드에서 일관성 있게 end-of-line 스타일을 사용하고 있다.

```
public class Test
{
  public static void main(String[] args)
  {
    System.out.println("Block Styles");
  }
}
```

Next-line 스타일

```
public class Test {
  public static void main(String[] args) {
    System.out.println("Block Styles");
  }
}
```

End-of-line 스타일

2.14 프로그래밍 오류

프로그래밍 오류는 경험이 있는 프로그래머조차도 피할 수는 없다. 오류는 구문 오류, 실행 오류, 논리 오류의 세 가지 타입으로 분류할 수 있다.

2.14.1 구문 오류

컴파일을 하는 동안 발생하는 오류는 **구문 오류** 또는 **컴파일 오류**라고 한다. 구문 오류는 키워드를 잘못 입력하거나, 필요한 구두점을 생략하거나, 괄호의 짝이 맞지 않는 것과 같이 코드 생성에서 오류가 발생한다. 보통 이러한 오류들은 컴파일러가 여러분에게 어디에서 어떤 이유로 발생했는지를 말해주기 때문에 발견하기 쉽다. 예를 들어, 다음 프로그램을 컴파일하면 그림 2.4와 같이 구문 오류가 발생한다. 구문 오류

```
// ShowSyntaxErrors.java: The program contains syntax errors
public class ShowSyntaxErrors {
  public static void main(String[] args) {
    i = 30;
    System.out.println(i + 4);
  }
}
```

컴파일 →

```
C:\book>javac ShowSyntaxErrors.java
ShowSyntaxErrors.java:4: cannot resolve symbol
symbol  : variable i
location: class ShowSyntaxErrors
    i = 30;
    ^

ShowSyntaxErrors.java:5: cannot resolve symbol
symbol  : variable i
location: class ShowSyntaxErrors
    System.out.println(i + 4);
                       ^

2 errors

C:\book>
```

그림 2.4 컴파일러가 구문 오류를 보고한다.

두 개의 오류가 발견되었다. 두 가지 모두 변수 i를 정의하지 않은 결과이다. 하나의 오류는 종종 컴파일 오류의 많은 라인에서 나타날 수 있기 때문에, 첫 줄부터 디버깅을 시작하여 아래쪽으로 작업을 하는 것은 좋은 방법이다. 프로그램에서 초기에 발생한 오류를 수정하는 것은 또한 나중에 발생한 추가적인 오류도 수정될 수 있다.

2.14.2 실행 오류

실행 오류

실행 오류는 프로그램이 비정상적으로 종료될 때 발생하는 오류이다. 실행 오류는 컴퓨터가 수행하기 불가능한 연산을 발견하게 되면 응용 프로그램이 실행되는 동안 발생한다. 전형적으로 입력 오류는 실행 오류의 원인이 된다.

입력 오류는 사용자가 프로그램이 처리할 수 없는 예상하지 못한 입력 값을 입력할 때 발생한다. 예를 들어, 프로그램이 하나의 숫자를 읽으려고 하였으나 사용자가 대신 하나의 스트링을 입력하였다면, 이것은 프로그램에서 발생하는 데이터 타입 오류의 원인이 된다. 입력 오류를 방지하기 위해서는 프로그램이 사용자에게 정확한 타입의 값을 입력하도록 지시해야 한다. 키보드로부터 정수를 읽어들이기 전에 "정수를 입력하시오"와 같은 메시지를 화면에 보여줄 수 있다.

많이 발생하는 또 다른 실행 오류는 0으로 나누는 것이다. 이것은 정수 나눗셈에서 0으로 나눌 때 발생한다. 예를 들어, 다음 프로그램은 그림 2.5와 같이 실행 오류가 발생한다.

```java
// ShowRuntimeErrors.java: Program contains runtime errors
public class ShowRuntimeErrors {
  public static void main(String[] args) {
    int i = 1 / 0;
  }
}
```

실행 →

```
C:\book>java ShowRuntimeErrors
Exception in thread "main" java.lang.ArithmeticException: / by zero
        at ShowRuntimeErrors.main(ShowRuntimeErrors.java:4)

C:\book>
```

그림 2.5 실행 오류는 프로그램이 비정상적으로 종료하는 원인이 된다.

2.14.3 논리 오류

논리 오류는 프로그램이 의도된 방법으로 수행되지 않을 때 발생한다. 이러한 종류의 오류는 많은 다른 이유로 발생한다. 예를 들어, 여러분이 다음과 같이 number1과 number2를 더하는 프로그램을 작성했다고 가정해 보자. 논리 오류

```
// ShowLogicErrors.java: The program contains a logic error
public class ShowLogicErrors {
  public static void main(String[] args) {
    // Add number1 to number2
    int number1 = 3;
    int number2 = 3;
    number2 += number1 + number2;
    System.out.println("number2 is " + number2);
  }
}
```

프로그램은 구문 오류나 실행 오류가 발생하지는 않으나, number2의 정확한 결과를 출력하지 않는다. 여러분이 오류를 찾을 수 있다면 찾아봐라.

2.15 디버깅

일반적으로, 컴파일러가 어디에서 오류가 발생하고 그 원인이 무엇인지 알려주기 때문에 구문 오류는 찾기 쉽고 수정하기 쉽다. 자바 인터프리터가 프로그램이 중단될 때 화면에 오류들을 출력하므로 실행 오류도 역시 찾기 어렵지 않다. 그러나 논리 오류를 찾는 것은 쉽지 않을 수 있다.

논리 오류는 **버그**라고 한다. 오류를 찾아서 수정하는 과정은 **디버깅**이라고 한다. 디버깅을 하는 일반적인 접근 방법은 버그가 발생된 부분을 찾기 위해 여러 방법을 사용한다. 여러분은 프로그램을 읽으면서 **수작업**으로 오류를 발견할 수도 있고, 또는 변수들의 값이나 프로그램의 실행 흐름을 보기 위해서 출력문을 넣을 수도 있다. 이 방법은 짧고 간단한 프로그램에는 적용할 수 있다. 그러나 크고 복잡한 프로그램에 대해서 디버깅을 위한 가장 효과적인 방법은 디버거 유틸리티를 사용하는 것이다. 버그 디버깅 수작업

JDK는 클래스 이름으로 호출되는 명령 단위의 디버거(jdb)를 가지고 있다. jdb는 그 자체도 자바 프로그램으로 자바 해석기에 의해 실행된다. NetBeans, Eclipse, JBuilder와 같은 모든 자바 IDE 도구들은 통합된 디버거들을 포함한다. 디버거 유틸리티는 여러분이 프로그램의 실행을 따라갈 수 있게 한다. 그것들은 시스템에 따라 다양하지만 대부분은 다음과 같은 도움이 되는 특성들을 지원한다. IDE에서 디버깅

• 한 번에 한 문장씩 실행 : 디버거는 여러분이 각 문장의 효과를 확인할 수 있도록 한 번에 한 문장씩 실행할 수 있게 한다.
• 하나의 메소드 추적하기 : 하나의 메소드가 실행된다면, 여러분은 하나의 메소드에 들어가서 한 번에 한 문장을 실행하도록 디버거에 요청할 수 있다. 또는 전체 메소드를 한 단계씩 실행하도록 요청할 수 있다. 여러분은 메소드가 어떻게 작동하는지 안다면 전체 메소드를 한 단계씩 실행해야 한다. 예를 들어, System.out.println과 같은 시스템 제공 메소드를 항상 한 단계씩 실행해 보자.
• 중단점 설정 : 여러분은 또한 특정 문장에 중단점을 설정할 수 있다. 여러분의 프로그램은 중단점에 도달할 때 중지되고 중단점을 가진 행을 출력한다. 여러분은 원하는 만큼의 중단점을 설정할 수 있다. 중단점은 여러분의 프로그래밍 오류가 어디에서 시작되는지 알고 있을 때 특히 유용하다. 그 행에 중단점을 설정할 수 있고, 프로그램이 중단점에 도달할 때까지 실행된다.
• 변수 출력 : 디버거는 여러분에게 몇 가지 변수를 선택하도록 하고 그 변수를 출력하도록 한다. 여러분이 프로그램을 통하여 추적하기 때문에, 변수의 내용은 지속적으로 갱신된다.
• 호출 스택 출력하기 : 디버거는 여러분에게 모든 메소드 호출을 추적하고 모든 대기 메소드를 나열하도록 한다. 이 특성은 프로그램 실행 흐름의 큰 그림을 볼 필요가 있을 때 유용하다.
• 변수 수정하기 : 어떤 디버거는 여러분에게 디버깅을 할 때 변수의 값을 수정할 수 있도록 한다. 이것은 디버거를 떠나지 않고 서로 다른 샘플을 가지고 프로그램을 테스트하기 원할 때 편리하다.

학습도구

NOTE

IDE는 오류를 디버그하는데 도움을 줄 뿐만 아니라 효과적인 교수법 도구이다.

2.16 (GUI) 입력 대화상자로부터 입력받기

여러분은 콘솔로부터 입력을 받을 수 있다. 또한, 그림 2.6과 같이 JOptionPane.showInputDialog 메소드를 호출하여 입력 대화상자로부터 입력을 받을 수도 있다. JOptionPane 클래스

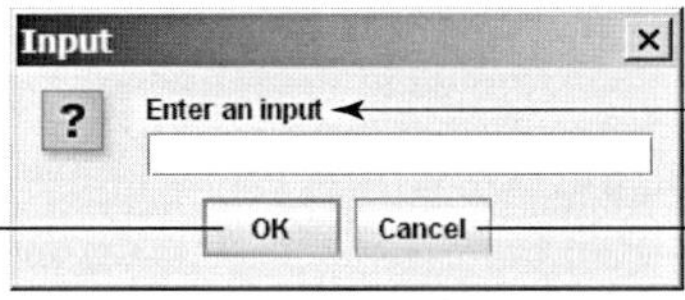


```
String input =
  JOptionPane.showInputDialog(
  "Enter an input");
```

Click *OK* to accept and dismiss the dialog

Click *Cancel* to dismiss the dialog with input

그림 2.6 입력 대화상자는 사용자에게 스트링을 입력할 수 있도록 한다.

이 메소드가 실행되면, 대화상자는 여러분이 입력 값을 넣을 수 있도록 출력된다. 스트링이 입력되면, 입력을 받아들이기 위해 OK를 클릭하고 대화상자는 사라진다. 입력은 스트링으로 메소드로부터 반환된다.

NOTE

showInputDialog 메소드를 사용하기 위한 몇 가지 방법이 있다. 당분간 여러분은 그것을 호출하는 두 가지 방법만 알면 된다. showInputDialog 메소드

하나는 다음과 같은 문장을 사용하는 것이다.

```
JOptionPane.showInputDialog(x);
```

여기에서 **x**는 프롬프트되는 메시지를 위한 스트링이다.

또 다른 것은 예제에서 보는 것과 같은 문장을 사용하는 것이다.

```
String.string = JOptionPane.showInputDialog(null, x,
  y, JOptionPane.QUESTION_MESSAGE);
```

여기에서 **x**는 프롬프트되는 메시지를 위한 스트링이고, **y**는 다음 예제와 같이 입력 대화상자의 제목을 위한 스트링이다.

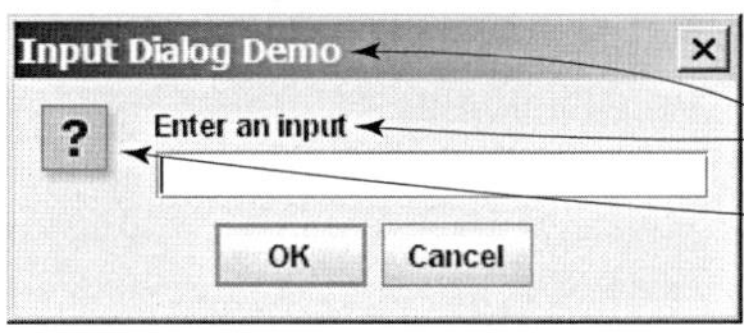


```
String input =
  JOptionPane.showInputDialog(null,
  "Enter an input",
  "Input Dialog Demo",
  JOptionPane.QUESTION_MESSAGE);
```

2.16.1 스트링을 수치 값으로 변환

입력 대화상자로부터 반환된 입력은 스트링이다. 여러분이 123과 같은 수치 값을 입력하면, "123"을 반환한다. 여러분은 수치 값의 입력을 얻기 위해서 스트링을 수치 값으로 변환해야 한다.

Integer.parseInt 메소드

스트링을 int 값으로 변환하려면, 다음과 같이 Integer 클래스에서 parseInt 메소드를 사용하라.

```
int intValue = Integer.parseInt(intString);
```

여기에서 intString은 "123"과 같은 수치 스트링이다.

Double.parseDouble 메소드

스트링을 double 값으로 변환하려면, 다음과 같이 Double 클래스에서 parseDouble 메소드를 사용하라.

```
double doubleValue = Double.parseDouble(doubleString);
```

여기에서 doubleString은 "123.45"와 같은 수치 스트링이다.

Integer와 Double 클래스는 모두 java.lang 패키지에 포함되어 있어서 자동으로 임포트된다.

2.16.2 입력 대화상자 사용하기

리스트 2.7은 콘솔로부터 입력을 받는데, 또한 여러분은 입력 대화상자를 사용할 수도 있다. 새로운 프로그램의 실행 예는 그림 2.7과 같다.

리스트 2.10은 완전한 프로그램을 보여준다. 그림 2.7은 프로그램의 실행 예를 보여준다.

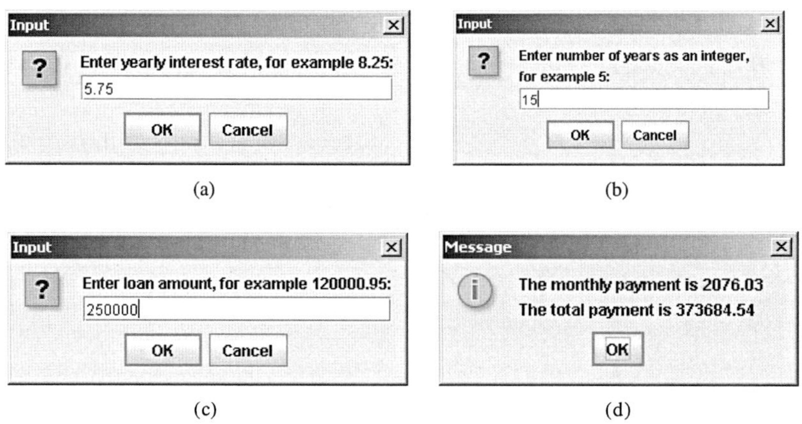

그림 2.7 프로그램은 연이율(a), 연수(b), 대부금(c)을 받아들이고, 매달 지불금과 전체 지불금(d)을 보여준다.

리스트 2.10 ComputeLoanUsingInputDialog.java

```java
1 import javax.swing.JOptionPane;
2 
3 public class ComputeLoanUsingInputDialog {
4   public static void main(String[] args) {
5     // Enter yearly interest rate
6     String annualInterestRateString = JOptionPane.showInputDialog(
7       "Enter yearly interest rate, for example 8.25:");
8 
9     // Convert string to double
10     double annualInterestRate =
11       Double.parseDouble(annualInterestRateString);
12 
13     // Obtain monthly interest rate
14     double monthlyInterestRate = annualInterestRate / 1200;
15 
16     // Enter number of years
17     String numberOfYearsString = JOptionPane.showInputDialog(
18       "Enter number of years as an integer, \nfor example 5:");
19 
20     // Convert string to int
21     int numberOfYears = Integer.parseInt(numberOfYearsString);
22 
23     // Enter loan amount
24     String loanString = JOptionPane.showInputDialog(
25       "Enter loan amount, for example 120000.95:");
26 
27     // Convert string to double
28     double loanAmount = Double.parseDouble(loanString);
29 
30     // Calculate payment
31     double monthlyPayment = loanAmount * monthlyInterestRate / (1
32       - 1 / Math.pow(1 + monthlyInterestRate, numberOfYears * 12));
33     double totalPayment = monthlyPayment * numberOfYears * 12;
34 
35     // Format to keep two digits after the decimal point
36     monthlyPayment = (int)(monthlyPayment * 100) / 100.0;
37     totalPayment = (int)(totalPayment * 100) / 100.0;
38 
39     // Display results
40     String output = "The monthly payment is " + monthlyPayment +
41       "\nThe total payment is " + totalPayment;
42     JOptionPane.showMessageDialog(null, output);
43   }
44 }
```

monthlyPayment

totalPayment

6-7행에서 showInputDialog 메소드는 입력 대화상자를 출력한다. double 값으로 이율을 입력하고, 입력을 받아들이기 위해 OK를 클릭하라. 값은 String 변수 annualInterstRateString에 할당된 스트링으로 반환된다. Double.parseDouble(annualInterestRateString)(11행)은 스트링을 double 값으로 변환하기 위하여 사용된다. 여러분이 수치 값 이외의 값을

입력하거나 입력 대화상자에서 취소를 클릭한다면, 실행 오류가 발생한다. 18장 "예외 처리"에서 여러분은 프로그램의 실행을 계속하기 위한 예외 처리 방법을 배울 것이다.

JOptionPane이나 Scanner

NOTE 입력을 얻기 위해서 여러분은 어디에서나 편리한 JOptionPane이나 Scanner를 사용할 수 있다. 책에서 대부분의 예제들은 일관성 있게 입력을 얻기 위해 Scanner를 사용하고 있다. 여러분은 쉽게 입력을 얻기 위해 JOptionPane을 사용하여 쉽게 예제들을 수정할 수 있다.

주요 용어

- byte 타입
- char 타입
- double 타입
- final
- float 타입
- int 타입
- long 타입
- short 타입
- 감소 연산자(--)
- 공백
- 구문 오류
- 기본 데이터 타입
- 논리 오류
- 데이터 타입
- 들여쓰기
- 디버거
- 디버깅
- 리터럴
- 배정 연산자(=)
- 배정문
- 변수
- 부가 유니코드
- 부동소수점 수
- 상수
- 선언
- 식별자
- 실행 오류
- 알고리즘
- 역슬래시(\)
- 연산자
- 유니코드
- 유닉스 시대
- 인코딩
- 점증적 개발과 테스트
- 증가 연산자(++)
- 캐스팅
- 타입 축소하기
- 타입 확대하기
- 표현식
- 표현식 문

요약

- 자바는 다른 크기의 정수를 표현하는 네 가지 정수 타입(byte, short, int, long)과 다른 정밀도의 부동소수점 수를 표현하는 두 가지 부동소수점 타입(float, double)을 제공한다. 문자(char) 타입은 하나의 단일 문자를 표현한다. 이러한 것들을 기본 데이터 타입이라고 한다. 자바의 기본 타입은 모든 컴퓨터 플랫폼에 이식이 가능하다. 그것은 모든 플랫폼에서 정확하게 동일한 값을 가진다. 이러한 타입의 변수는 선언될 때, 메모리 공간에 생성되고 배정된다.
- 자바는 수치 연산을 수행하는 다음과 같은 연산자를 제공한다. +(덧셈), −(뺄셈), *(곱셈), /(나눗셈), %(나머지) 연산자가 있다. 정수 나눗셈(/)의 결과는 정수가 된다. 나머지 연산자(%)의 결과는 나누고 남은 수가 된다.
- 증가 연산자(++)와 감소 연산자(−−)는 변수의 값을 1씩 증가하거나 감소시킨다. 연산자가 변수 앞에 나오면, 변수는 먼저 1을 증가시키거나 감소시킨 다음, 표현식에 사용된다. 연산자가 변수의 뒤에 나오면, 변수는 1을 증가하거나 감소시키지만, 증가나 감소되기 이전의 원래 값이 표현식에 사용된다.
- 모든 수치 연산자는 문자에 적용될 수 있다. 피연산자가 문자라면, 문자의 유니코드 값이 연산에 사용된다.
- 여러분은 하나의 타입 값을 다른 타입으로 변환하기 위하여 캐스팅을 사용할 수 있다. 작은 범위를 가진 타입의 변수를 더 큰 범위를 가진 타입의 변수로 캐스팅하는 것을 **타입 확대하기**라고 한다. 큰 범위를 가진 타입의 변수를 더 작은 범위를 가진 타입의 변수로 캐스팅하는 것을 **타입 축소하기**라고 한다. 타입을 확대하는 것은 명시적인 캐스팅 없이 자동으로 수행될 수 있다. 타입을 축소하는 것은 명시적으로 수행되어야 한다.
- 프로그래밍 오류는 구문 오류, 실행 오류, 논리 오류의 세 가지 타입으로 분류될 수 있다. 컴파일하는 동안 발생하는 오류를 **구문 오류** 또는 **컴파일 오류**라고 한다. **실행 오류**는 프로그램이 비정상적으로 종료된 상황에서 발생하는 오류이다. **논리 오류**는 프로그램이 의도한 대로 수행되지 않을 경우에 발생한다.

복습문제

2.2–2.6절

2.1 다음 식별자 중 올바른 것은?

```
applet, Applet, a++, --a, 4#R, $4, #44, apps
```

2.2 다음 중 자바의 키워드인 것은?

```
class, public, int, x, y, radius
```

2.3 다음 알고리즘을 자바 코드로 변환하라.

- 단계 1 : 초기 값 100을 가진 miles라는 이름의 double 변수를 선언하라.
- 단계 2 : 1.609를 가진 MILE_TO_KILOMETER라는 이름의 double 상수를 선언하라.
- 단계 3 : kilometer라는 이름의 double 변수를 선언하고, miles와 MILE_TO_KILOMETER를 곱해서 그 결과를 kilometer에 배정하라.
- 단계 4 : 콘솔에 kilometer를 출력하라.

2.4 상수를 사용하는 장점이 무엇인가? 20 값을 가진 int 상수 SIZE를 선언하라.

2.7절 수치 데이터 타입과 연산

2.5 int a = 1과 double d = 1.0이고, 각 표현식은 독립적이라고 가정하자. 다음 표현식의 결과는 무엇인가?

```
a = 46 / 9;
a = 46 % 9 + 4 * 4 - 2;
a = 45 + 43 % 5 * (23 * 3 % 2);
a %= 3 / a + 3;
d = 4 + d * d + 4;
d += 1.5 * 3 + (++a);
d -= 1.5 * 3 + a++;
```

2.6 다음 나머지 연산의 결과는 무엇인가?

```
56 % 6
78 % -4
-34 % 5
-34 % -5
5 % 1
1 % 5
```

2.7 다음 데이터 타입 중 가장 큰 것과 가장 작은 것은 무엇인가? 이 데이터 타입 중 가장 적은 메모리를 차지하는 것은 무엇인가?

```
byte, short, int, long, float, double
```

2.8 25 / 4의 결과는 무엇인가? 결과가 부동소수점 수가 되려면 표현식을 어떻게 다시 작성해야 할까?

2.9 다음 문장이 올바른가? 그렇다면 결과는 무엇인가?

```
System.out.println("the output for 25 / 4 is " + 25 / 4);
System.out.println("the output for 25 / 4.0 is " + 25 / 4.0);
```

2.10 자바에서 다음과 같은 수학적 표현식을 어떻게 작성할 수 있는가?

$$\frac{4}{3(r+34)} - 9(a+bc) + \frac{3+d(2+a)}{(a+bd)}$$

2.11 m과 r이 정수일 때, 부동소수점 결과를 얻기 위하여 mr^2에 대한 자바 표현식을 작성하라.

2.12 다음 문장 중 옳은 것은?

(a) 어떠한 표현식도 문장에 사용될 수 있다.

(b) 표현식 x++는 문장에서 사용될 수 있다.

(c) 문장 x = x + 5 또한 표현식이다.

(d) 문장 x = y = x = 0은 옳지 않다.

2.13 다음 중 부동소수점 수를 위한 올바른 리터럴은 무엇인가?

```
12.3, 12.3e+2, 23.4e-2, -334.4, 20, 39F, 40D
```

2.14 다음 코드에서 오류를 식별하고 수정하라.

```
public class Test {
  public void main(string[] args) {
    int i;
    int k = 100.0;
    int j = i + 1;

    System.out.println("j is " + j + " and
      k is " + k);
  }
}
```

2.8절 수치 타입 변환

2.15 수치 값의 서로 다른 타입을 하나의 계산식에서 같이 사용할 수 있을까?

2.16 double에서 int 타입으로 명시적인 변환을 할 때, double의 소수 부분을 가지고 무엇을 할 수 있나? 캐스팅이 캐스트되는 변수의 값을 변경하는가?

2.17 다음 문장에 대한 출력은 무엇인가?

```
float f = 12.5F;
int i = (int)f;
System.out.println("f is " + f);
System.out.println("i is " + i);
```

2.9절 문자 데이터 타입과 연산

2.18 '1', 'A', 'B', 'a', 'b'에 대한 ASCII 코드를 찾기 위해 출력 문장을 사용하라. 십진 코드 40, 59, 79, 85, 90에 대한 문자를 찾기 위해 출력 문장을 사용하라. 16진 코드 40, 5A, 71, 72, 7A에 대한 문자를 찾기 위해 출력 문장을 사용하라.

2.19 다음 중 문자에 대한 올바른 리터럴은 무엇인가?

```
'1', '\u345dE', '\u3fFa','\b', \t
```

2.20 여러분은 문자 \와 "을 어떻게 출력하는가?

2.21 다음 변수의 값은 무엇인가?

```
int i = '1';
int j = '1' + '2';
int k = 'a';
char c = 90;
```

2.22 캐스팅을 포함한 다음의 변환이 가능한가? 그렇다면 변환된 결과는 무엇인가?

```
char c = 'A';
i = (int)c;

float f = 1000.34f;
int i = (int)f;

double d = 1000.34;
int i = (int)d;

int i = 97;
char c = (char)i;
```

2.10절 스트링 타입

2.23 다음 문장의 결과는 무엇인가? (여러분의 결과를 증명하기 위하여 프로그램을 작성하라.)

```
System.out.println("1" + 1);
System.out.println('1' + 1);
System.out.println("1" + 1 + 1);
System.out.println("1" + (1 + 1));
System.out.println('1' + 1 + 1);
```

2.24 다음 표현식의 결과는 무엇인가? (여러분의 결과를 증명하기 위하여 프로그램을 작성하라.)

```
1 + "Welcome " + 1 + 1
1 + "Welcome " + (1 + 1)
1 + "Welcome " + ('\u0001'  + 1)
1 + "Welcome " + 'a'  + 1
```

2.11–2.12절

2.25 십진수 스트링을 double 값으로 어떻게 변환하는가? 정수 스트링을 int 값으로 어떻게 변환하는가?

2.26 System.currentTimeMillis( ) 메소드를 사용하여 현재 시간에서 분(minute)을 어떻게 구하는가?

2.14–2.15절

2.27 클래스 이름, 메소드 이름, 상수, 변수에 대한 명명 규칙은 무엇인가? 다음 항목 중 자바 명명 규칙에 따라 상수, 메소드, 변수, 클래스가 될 수 있는가?

```
MAX_VALUE, Test, read, readInt
```

2.28 프로그래밍 스타일과 문서화 지침에 따라 다음 프로그램의 형식을 변경하라. next-line 괄호 스타일을 사용하라.

```
public class Test
{
  // Main method
  public static void main(String[] args) {
  /** Print a line */
  System.out.println("2 % 3 = "+2%3);
  }
}
```

2.29 구문 오류, 실행 오류, 논리 오류를 설명하라.

2.16절 (GUI) 입력 대화상자로부터 입력받기

2.30 Math 클래스는 임포트하지 않는데 JOptionPane 클래스는 임포트해야 되는 이유는 무엇인가?

2.31 대화상자를 사용하여 사용자에게 입력을 받기 위해 프롬프트 출력을 어떻게 하는가?

2.32 스트링을 정수로 어떻게 변환하는가? 스트링을 double로 어떻게 변환하는가?

프로그래밍 연습

NOTE

여러분은 먼저 고정된 입력 값으로 프로그램을 작성하고 나중에 콘솔 입력이나 입력 대화상자를 사용하여 프로그램을 수정할 수 있다.

TIP

컴파일러는 보통 구문 오류의 이유를 제공한다. 오류를 수정하는 방법을 모른다면, 교재에서 비슷한 예제와 여러분의 프로그램을 자세히 비교해 보라.

2.2–2.8절

2.1 (US 달러를 홍콩 달러로 변환하기) 통화 환전율은 1 US 달러에 7.7807 홍콩 달러이다. 두 개의 프로그램을 작성하라. 하나는 사용자에게 US 달러를 프롬프트를 통하여 입력받고 홍콩 달러를 출력하고, 다른 하나는 사용자에게 홍콩 달러를 프롬프트를 통하여 입력받고 US 달러를 출력하라.

2.2 (실린더 부피 계산하기) 실린더의 반지름(radius)과 길이(length)를 읽어들이고 다음 공식을 이용하여 부피를 계산하는 프로그램을 작성하라.

```
area = radius * radius * π
volume = area * length
```

2.3 (전체 비용 계산하기) 상품의 전체 가격은 상품 가격에 판매세를 더한 것이다. 판매세를 6%라고 가정하자. 상품 가격을 입력하여 상품의 전체 가격을 출력하는 프로그램을 작성하라.

2.4 (파운드를 킬로그램으로 변환하기) 파운드를 킬로그램으로 변환하는 프로그램을 작성하라. 프로그램은 사용자에게 프롬프트를 통하여 파운드로 입력을 받아, 킬로그램으로 변환하고 결과를 출력한다. 1파운드는 0.454킬로그램이다.

2.5 (전체 값 계산하기) 사용자에게 프롬프트를 통하여 페니, 니켈, 다임, 쿼터, 달러의 개수를 입력받아 전체 금액을 출력하는 프로그램을 작성하라.

2.6** (정수에서 자릿수 더하기) 0과 1000 사이의 정수를 읽어들여 정수에서 모든 자릿수의 값을 더하는 프로그램을 작성하라. 예를 들어, 정수 932이라면 모든 자릿수의 합은 14가 된다(9 + 3 + 2 = 14).
힌트 : 자릿수를 추출하기 위하여 % 연산자를 사용하고, 추출된 자릿수를 제거하기 위하여 / 연산자를 사용하라. 예를 들어, 932 % 10 = 2와 932 / 10 = 93이 된다.

2.9절 문자 데이터 타입과 연산

2.7* (영문 소문자를 대문자로 변환하기) 영문 소문자를 대문자로 변환하는 프로그램을 작성하라.
힌트 : 부록 B에 있는 ASCII 표에서, 소문자는 대문자 뒤에 나타난다. 어떠한 대문자도 관련된 소문자와의 차이는 동일하다. 따라서 여러분은 다음과 같이 관련된 소문자로부터 대문자를 찾을 수 있다.

```
int offset = (int)'a' - (int)'A';
char uppercase = (char)(lowercase - offset);
```

2.8* (ASCII 코드의 문자 찾기) ASCII 코드(0과 128 사이의 정수)를 입력받아 그 문자를 출력하는 프로그램을 작성하라. 예를 들어, 사용자가 97을 입력하면 프로그램은 문자 a를 출력한다.

2.10–2.12절

2.9* (재정 문제 : 통화 단위) double 값을 int 값으로 변환할 때, 정확도의 가능한 손실을 수정하도록 리스트 2.8 ComputeChange.java를 다시 작성하라. 마지막 두 자리가 센트를 나타내도록 정수를 입력받아라. 예를 들어, 입력 1156은 11달러와 56센트를 나타낸다.

2.16절 (GUI) 입력 대화상자로부터 입력받기

2.10* (GUI 입력 사용하기) GUI 입력과 출력을 사용하여 리스트 2.8 ComputeChange.java를 다시 작성하라.

이해력 증진 문제

2.11* (재정 문제 : 급여) 다음 정보를 입력하여 급여 대장을 출력하는 프로그램을 작성하라.

- 직원 이름(예, Smith)
- 주당 작업 시간(예, 10)
- 시간당 급여(예, 6.75)
- 연방정부세금(예, 20%)
- 원천 징수율(예, 9%)

다음과 같이 두 개의 버전으로 프로그램을 작성하라. (a) 입력을 받고 결과를 출력하기 위해 대화상자를 사용하라. (b) 콘솔 입력과 콘솔 출력을 사용하라. 콘솔 입력과 콘솔 출력의 실행 예는 다음과 같다.

```
Enter employee's name: Smith ↵Enter
Enter number of hours worked in a week: 10 ↵Enter
Enter hourly pay rate: 6.75 ↵Enter
Enter federal tax withholding rate: 0.20 ↵Enter
Enter state tax withholding rate: 0.09 ↵Enter
Employee Name: Smith
Hours Worked:  10.0
Pay Rate:  $6.75
Gross Pay:  $67.5
Deductions:
  Federal Withholding (20.0%):  $13.5
  State Withholding (9.0%):  $6.07
  Total Deduction:  $19.57
Net Pay:   $47.92
```

2.12* (재정 문제 : 이자 계산) 여러분이 잔액(balance)과 연이율(annualInterestRate)을 안다면, 다음 공식을 사용하여 다음 달 이자(interest)를 계산할 수 있다.

interest = balance × (annualInterestRate / 1200)

잔액과 연이율을 읽어들여 다음 달에 대한 이자를 출력하는 프로그램을 다음 두 버전으로 작성하라. (a) 입력을 받고 결과를 출력하기 위해 대화상자를 사용하라. (b) 콘솔 입력과 콘솔 출력을 사용하라. 콘솔 입력과 콘솔 출력의 실행 예는 다음과 같다.

```
Enter balance: 100000 ↵Enter
Enter annual interest rate: 4.625 ↵Enter
The interest is 385.41
```

2.13* (재정 문제 : 미래 투자 가치 계산) 투자 금액, 연이율, 연수를 읽어들여 다음 공식을 사용하여 미래 투자 가치를 출력하는 프로그램을 작성하라.

```
futureInvestmentValue =
  investmentAmount x (1 + monthlyInterestRate)^(numberOfYears*12)
```

예를 들어, 여러분이 투자 금액에 1000, 연이율에 3.25%, 연수에 1을 입력하면, 미래 투자 가치는 1032.98이 된다.

2.14 (보건 문제 : BMI 계산) 체질량지수(BMI)는 체중으로 건강을 측정하는데, 킬로그램으로 된 몸무게를 미터로 된 키의 제곱으로 나누면 계산될 수 있다. 프롬프트를 통하여 사용자에게 파운드로 된 몸무게와 인치로 된 키를 입력받아, BMI를 출력하는 프로그램을 작성하라. 1파운드는 0.45359237킬로그램이고, 1인치는 0.0254미터이다.

2.15* (재정 문제 : 미래 등록금 계산) 대학의 등록금이 연간 5000달러이고 매년 4.5% 인상된다고 가정하자. 다음 4년 동안 등록금을 출력하는 프로그램을 작성하라. 소수점이하 두 자리로 출력하라.

2.16 (과학 문제 : 에너지 계산) 초기 온도로부터 최종 온도까지 물을 데우는데 필요한 에너지를 계산하는 프로그램을 작성하라. 여러분의 프로그램은 프롬프트를 통하여 사용자에게 킬로그램으로 된 물의 양과 물의 초기 온도와 최종 온도를 입력받아야 한다. 에너지를 계산하는 공식은 다음과 같다.

```
Q = M * (final temperature - initial temperature) * 4184
```

여기에서 M은 킬로그램으로 된 물의 무게이고, 온도는 섭씨이고, 에너지 Q는 줄(joules)로 측정된다.

2.17* (과학 문제 : 냉풍 온도) 밖이 얼마나 추울까? 온도만으로는 밖이 얼마나 춥다고 말하기 어렵다. 풍속, 상대 습도, 햇빛을 포함한 다른 요인이 밖의 추위를 결정하는데 중요한 역할을 한다. 2001년에 NWS(국가 기후 서비스)는 온도와 풍속을 사용하여 추위를 측정하기 위하여 새로운 풍속 냉각 온도를 구현했다. 공식은 다음과 같다.

$$t_{wc} = 13.12 + 0.6215t_a - 11.37v^{0.16} + 0.3965t_a v^{0.16}$$

여기에서 t_a는 섭씨로 측정된 밖의 온도이고, v는 시간당 킬로미터로 측정된 속도이다. t_{wc}는 풍속 냉각 온도이다. 공식은 풍속이 3km/h 이하이거나 온도가 −50°C 이하이거나 또는 5°C 이상이면 사용될 수 없다.

2.18 (표 출력하기) 다음 표를 출력하는 프로그램을 작성하라.

```
a       b       pow(a, b)
1       2       1
2       3       8
3       4       81
4       5       1024
5       6       15625
```

CHAPTER 03

선택문

- boolean 타입을 선언하고 참(true)과 거짓(false)의 불리언 값을 사용해 본다(§3.2).
- 불리언 표현식을 작성하기 위하여 관계 연산자(〈, 〈=, ==, !=, 〉, 〉=)와 논리 연산자(!, &&, ||, ^)를 적용해 본다(§3.2).
- 선택문을 제어하기 위하여 불리언 표현식을 사용해 본다(§§3.3-3.5).
- if 문과 중첩된 if 문을 사용하여 선택 제어를 구현해 본다(§3.3).
- switch 문을 사용하여 선택 제어를 구현해 본다(§3.4).
- 조건 연산자를 사용하여 표현식을 작성해 본다(§3.5).
- System.out.printf 메소드를 사용하여 형식화된 결과를 출력해 보고, String.format 메소드를 사용하여 스트링을 형식화해 본다(§3.6).
- 연산자 우선순위와 결합 법칙을 통제하는 규칙을 검토해 본다(§3.7).
- (GUI) 확인 대화상자를 사용하여 사용자 확인을 받아본다(§3.8).

3.1 서론

여러분이 리스트 2.1 ComputeArea.java에서 **radius**에 음수 값을 배정하면, 프로그램은 잘못된 결과를 출력한다. radius가 음수라면, 여러분은 프로그램이 면적을 계산하도록 하지 않을 것이다. 여러분은 이러한 상황을 어떻게 처리할 것인가?

모든 고수준의 프로그래밍 언어와 같이, 자바는 여러분이 둘이나 그 이상의 선택적인 상황에서 행동을 선택할 수 있는 선택문을 제공한다. 여러분은 리스트 2.1을 다시 쓰기 위하여

의사코드

다음의 **의사코드**(프로그래밍 코드와 혼합된 자연어)에서 선택문을 사용할 수 있다.

```
if the radius is negative
  the program displays a message indicating a wrong input;
else
  the program computes the area and displays the result;
```

선택문은 조건을 사용한다. 조건은 불리언 수식이다. 이번 장은 처음으로 불리언 타입, 불리언 값, 불리언 연산자, 불리언 수식을 소개한다.

3.2 불리언 데이터 타입과 연산

비교 연산자

여러분은 radius가 0보다 큰지, 0과 같은지, 0보다 작은지와 같이 두 값을 어떻게 비교하나? 자바는 표 3.1에서와 같이 두 값을 비교하기 위해 사용될 수 있는 여섯 가지 **비교 연산자**(**관계 연산자**로도 알려져 있다)를 제공한다. 비교 결과는 **참** 또는 **거짓**의 불리언 타입이다. 예를 들어, 다음 문장은 **참**을 출력한다.

```
double radius = 1;
System.out.println(radius > 0);
```

표 3.1 비교 연산자

연산자	이름	보기	결과
<	작다	1 < 2	참
<=	작거나 같다	1 <= 2	참
>	크다	1 > 2	거짓
>=	크거나 같다	1 >= 2	거짓
==	같다	1 == 2	거짓
!=	같지 않다	1 != 2	참

NOTE
여러분은 또한 문자들을 비교할 수 있다. 문자 비교는 그것들의 유니코드를 비교하는 것과 같다. 예를 들어, 'a'의 유니코드가 'A'의 유니코드보다 크기 때문에 'a'는 'A'보다 크다. 문자 비교

주의
동등 비교 연산자는 하나의 동등 기호(=)가 아니라 두 개의 동등 기호(==)이다. 하나의 동등 기호는 배정을 위한 것이다.

불리언 값을 가지고 있는 변수는 **불리언 변수**로 알려져 있다. **불리언** 데이터 타입은 불리언 변수를 선언하는데 사용된다. 불리언 변수는 **참**과 **거짓**의 두 값 중 하나를 가질 수 있다. 예를 들어, 다음 문장은 lightsOn 변수에 참을 배정한다. 불리언 변수

```
boolean lightsOn = true;
```

참(true)과 **거짓**(false)은 숫자 10과 같이 리터럴이고, 예약어로써 여러분의 프로그램에서 식별자로 사용될 수 없다.

논리 연산자로 일려진 불리인 연산자는 새로운 불리인 값을 생성하기 위하여 불리언 값을 연산한다. 표 3.2는 불리언 연산자 리스트이다. 표 3.3은 not(!) 연산자를 정의한다. not(!) 연산자는 **참**을 **거짓**으로 **거짓**을 **참**으로 부정한다. 표 3.4는 and(&&) 연산자를 정의한다. 두 불리언 피연산자의 and(&&)는 두 피연산자가 모두 **참**일 경우에만 **참**이 된다. 표 3.5는 or(||) 연산자를 정의한다. 두 불리언 피연산자의 or(||)는 피연산자 중 적어도 하나만 **참**이면 **참**이 된다. 표 3.6은 exclusive or(^) 연산자를 정의한다. 두 피연산자의 exclusive or(^)는 두 피연산자가 서로 다른 불리언 값을 가지고 있을 때에만 **참**이 된다. 불리언 연산자

표 3.2 불리언 연산자

연산자	이름	설명
!	부정	논리부정
&&	곱	논리곱
||	합	논리합
^	배타적 합	논리배타

표 3.3 ! 연산자에 대한 진리표

p	!p	보기
참	거짓	!(1 > 2)는 참이다. 왜냐하면 (1 > 2)이 거짓이기 때문이다.
거짓	참	!(1 > 0)는 거짓이다. 왜냐하면 (1 > 0)이 참이기 때문이다.

표 3.4 && 연산자에 대한 진리표

p1	p2	p1&&p2	보기
거짓	거짓	거짓	(2 > 3)&&(5 > 5)는 거짓이다. 왜냐하면 (2 > 3) 또는 (5 > 5)중 하나가 거짓이기 때문이다.
거짓	참	거짓	
참	거짓	거짓	(3 > 2)&&(5 > 5)는 거짓이다. 왜냐하면 (5 > 5)가 거짓이기 때문이다.
참	참	참	(3 > 2)&&(5 >= 5)는 참이다. 왜냐하면 (3 > 2)와 (5 >= 5) 모두가 참이기 때문이다.

표 3.5 || 연산자에 대한 진리표

p1	p2	p1||p2	보기
거짓	거짓	거짓	(2 > 3)||(5 > 5)는 거짓이다. 왜냐하면 (2 > 3)과 (5 > 5)가 모두 거짓이기 때문이다.
거짓	참	참	
참	거짓	참	(3 > 2)||(5 > 5)는 참이다. 왜냐하면 (3 > 2)가 참이기 때문이다.
참	참	참	

표 3.6 ^ 연산자에 대한 진리표

p1	p2	p1^p2	보기
거짓	거짓	거짓	(2 > 3)^(5 > 1)은 참이다. 왜냐하면 (2 > 3)은 거짓이고 (5 > 1)은 참이기 때문이다.
거짓	참	참	
참	거짓	참	(3 > 2)^(5 > 1)은 거짓이다. 왜냐하면 (3 > 2)과 (5 > 1) 모두가 참이기 때문이다.
참	참	거짓	

리스트 3.1은 하나의 수가 2와 3 모두로 나누어질 수 있는지, 2 또는 3 중 하나에 의해 나누어질 수 있는지, 2 또는 3 중 하나로 나누어지는데 둘 다로 나누어지지 않는지를 검사한다.

리스트 3.1 TestBoolean.java

```java
import java.util.Scanner;

public class TestBoolean {
  public static void main(String[] args) {
    // Create a Scanner
    Scanner input = new Scanner(System.in);

    // Receive an input
    System.out.print("Enter an integer: ");
    int number = input.nextInt();

```

```
12     System.out.println("Is " + number +
13       "\n\tdivisible by 2 and 3? " +
14       (number % 2 == 0 && number % 3 == 0)
15       + "\n\tdivisible by 2 or 3? " +
16       (number % 2 == 0 || number % 3 == 0) +
17       "\n\tdivisible by 2 or 3, but not both? "
18       + (number % 2 == 0 ^ number % 3 == 0));
19   }
20 }
```

```
Enter an integer: 18 ↵Enter
Is 18
  divisible by 2 and 3? true
  divisible by 2 or 3? true
  divisible by 2 or 3, but not both? false
```

하나의 긴 스트링은 12-18행에서 서브스트링을 연결하여 생성한다. 세 개의 \n 문자는 네 줄에 걸쳐 스트링을 출력한다. (number % 2 == 0 && number % 3 == 0)(14행)은 숫자가 2와 3으로 나누어질 수 있는지를 검사한다. (number % 2 == 0 || number % 3 == 0)(16행)은 숫자가 2 또는 3으로 나누어질 수 있는지를 검사한다. (number % 2 == 0 ^ number % 3 == 0)(18행)은 숫자가 2 또는 3으로 나누어지는데 둘 다로 나누어지지 않는지를 검사한다.

주의

수학에서 표현식

```
1 <= numberOfDaysInAMonth <= 31
```

은 올바르다. 그러나 자바에서는 **1 <= numberOfDaysInAMonth**가 불리언 값으로 평가되어 31과 비교될 수 없기 때문에 옳지 않다. 여기에서 두 피연산자(**불리언** 값과 수치 값)는 비교할 수 없다. 자바에서 올바른 표현식은 다음과 같다.

```
(1 <= numberOfDaysInAMonth) && (numberOfDaysInAMonth <= 31)
```

비교할 수 없는 피연산자

NOTE

이전 장에서 보았듯이, 하나의 **char** 값은 **int** 값으로 캐스트될 수 있고, 그 역도 가능하다. 그러나 불리언 값은 다른 타입의 값으로 캐스트될 수 없고, 다른 타입의 값도 불리언 값으로 캐스트될 수 없다.

불리언은 캐스트할 수 없음

NOTE

드모르간의 법칙이 불리언 수식을 간략화하는데 사용될 수 있다. 법칙은 다음과 같다.

!(condition1 && condition2)는 !condition1 || !condition2와 같다.
!(condition1 || condition2)는 !condition1 && !condition2와 같다.

예를 들어,

!(n == 2 || n == 3)은 n != 2 && n != 3과 같다.
!(n % 2 == 0 && n % 3 == 0)은 n % 2 != 0 || n % 3 != 0과 같다.

드모르간의 법칙

조건 연산자
단락회로 연산자

NOTE p1 && p2를 평가할 때, 자바는 먼저 p1을 평가하고, p1이 참이면 p2를 평가한다. 그러나 p1이 거짓이면 p2를 평가하지 않는다. p1 || p2를 평가할 때, 자바는 먼저 p1을 평가하고, p1이 거짓이면 p2를 평가한다. p1이 참이면 p2를 평가하지 않는다. 따라서, &&는 조건적인 AND 연산자 또는 단락 회로 AND 연산자라고 하고, ||는 조건적인 OR 연산자 또는 단락 회로 OR 연산자라고 한다.

3.2.1 문제 : 윤년 결정하기

윤년

어떤 연도가 윤년이 되려면 해당 연도를 4로 나눌 수 있으면서 100으로는 나눌 수 없어야 하거나 또는 연도가 400으로는 나눌 수 있어야 한다. 따라서 여러분은 어떤 연도가 윤년인지를 검사하기 위하여 다음과 같은 불리언 표현식을 사용할 수 있다.

(year % 4 == 0 && year % 100 != 0) || (year % 400 == 0)

리스트 3.2는 사용자가 어떤 연도를 입력하면 윤년인지를 검사하는 프로그램이다.

리스트 3.2 LeapYear.java

input

```
import java.util.Scanner;

public class LeapYear {
  public static void main(String args[]) {
    // Create a Scanner
    Scanner input = new Scanner(System.in);
    System.out.print("Enter a year: ");
    int year = input.nextInt();

    // Check if the year is a leap year
    boolean isLeapYear =
      (year % 4 == 0 && year % 100 != 0) || (year % 400 == 0);

    // Display the result
    System.out.println(year + " is a leap year? " + isLeapYear);
  }
}
```

```
Enter a year: 2008 ↵Enter
2008 is a leap year? true
```

```
Enter a year: 2002 ↵Enter
2002 is a leap year? false
```

3.2.2 문제 : 간단한 수학 익힘 도구

여러분이 초등학생 덧셈 연습을 하는 프로그램을 개발한다고 가정하자. 프로그램은 number1과 number2와 같이 임의의 두 단일 정수를 생성하여, 예제 출력에서와 같이 "7+9는 얼마일까?"와 같은 질문을 학생에게 출력한다. 학생이 답을 입력하면, 프로그램은 입력된 답이 맞는지 틀린지를 알려주는 메시지를 출력한다.

임의의 수를 생성하기 위한 방법은 몇 가지가 있다. System.currentTimeMillis( )%10을 사용하여 처음 정수를 생성하고, System.currentTimeMillis( )*7%10을 사용하여 두 번째 정수를 생성한다. 리스트 3.3은 프로그램을 보여준다. 5-6행은 number1과 number2의 두 수를 생성한다. 14행은 사용자로부터 답을 얻는다. 답은 number1 + number2 == answer의 불리언 표현식을 사용하여 18행에서 채점된다.

리스트 3.3 AdditionQuiz.java

```
 1 import java.util.Scanner;
 2
 3 public class AdditionQuiz {
 4   public static void main(String[] args) {
 5     int number1 = (int)(System.currentTimeMillis() % 10);
 6     int number2 = (int)(System.currentTimeMillis() * 7 % 10);
 7
 8     // Create a Scanner
 9     Scanner input = new Scanner(System.in);
10
11     System.out.print(
12       "What is " + number1 + " + " + number2 + "? ");
13
14     int answer = input.nextInt();
15
16     System.out.println(
17       number1 + " + " + number2 + " = " + answer + " is " +
18       (number1 + number2 == answer));
```

```
What is 1 + 7? 8 ↵Enter
1 + 7 = 8 is true
```

```
What is 4 + 8? 9 ↵Enter
4 + 8 = 9 is false
```

3.3 if 문

왜 if 문인가?

앞의 문제는 "6 + 2 = 7은 거짓"과 같은 메시지를 출력한다. 여러분이 "6 + 2 = 7은 틀림"이라는 메시지를 원한다면, 이러한 작은 변화를 수행할 수 있는 선택문을 사용해야 한다.

이번 절은 선택문을 소개한다. 자바는 선택문의 몇 가지 종류가 있다: 단순 if 문, if ... else 문, 중첩된 if 문, switch 문, 조건 표현식.

3.3.1 단순 if 문

if 문

단순 if 문은 조건이 **참**일 때에만 실행된다. 단순 if 문의 구문은 다음과 같다.

```
if (booleanExpression) {
  statement(s);
}
```

실행 순서도는 그림 3.1(a)과 같다.

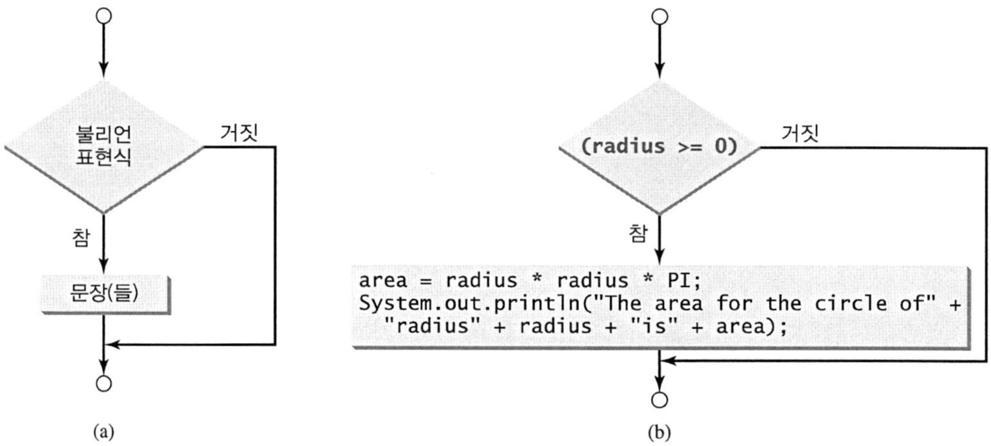

그림 3.1 if 문은 **불리언 표현식**이 **참**인 경우에 문장들을 실행한다.

불리언 표현식이 **참**이면, 블록 내의 문장들이 실행된다. 예로써, 다음의 코드를 보자.

```
if (radius >= 0) {
  area = radius * radius * PI;
  System.out.println("The area for the circle of radius " +
    radius + " is " + area);
}
```

앞의 문장에 대한 순서도는 그림 3.1(b)에서 볼 수 있다. radius의 값이 0 이상이면, area는 계산되고, 결과가 출력된다. 그렇지 않으면 블록 내의 두 문장은 실행되지 않는다.

또 다른 예로써, 다음 문장은 어떠한 수가 짝수인지 홀수인지를 결정한다.

```
if (number % 2 == 0)
  System.out.println(number + " is even.");

if (number % 2 != 0)
  System.out.println(number + " is odd.");
```

불리언 표현식은 괄호로 묶여 있다. 예를 들어, 다음 (a)에서 코드는 잘못되었다. (b)와 같이 수정되어야 한다.

```
if (i > 0) && (i < 10) {
  System.out.println("i is an " +
    + "integer between 0 and 10");
}
```

(a) 틀림

```
if ((i > 0) && (i < 10))
  System.out.println("i is an " +
    + "integer between 0 and 10");
```

(b) 옳음

중괄호는 단일 문장만 포함하고 있다면 생략할 수 있다. 예를 들어, 다음 문장들은 동일하다.

```
if ((i > 0) && (i < 10)) {
  System.out.println("i is an " +
    + "integer between 0 and 10");
}
```

(a)

동일

```
if ((i > 0) && (i < 10))
  System.out.println("i is an " +
    + "integer between 0 and 10");
```

(b)

주의

여러 문장들을 하나의 그룹으로 묶으려고 할 때 중괄호를 생략하는 일은 흔한 프로그래밍 오류이다. 중괄호 없이 **if** 문 내에서 새로운 문장을 추가하여 코드를 수정한다면, 여러분은 중괄호를 추가해야할 것이다.

주의

if 절의 끝에 세미콜론을 추가하는 것은 아래 (a)에서 보듯이 흔한 오류이다.

논리 오류

```
if (radius >= 0);
{
  area = radius * radius * PI;
  System.out.println("The area "
    + " is " + area);
}
```

(a)

동일

빈 블록

```
if (radius >= 0) { };
{
  area = radius * radius * PI;
  System.out.println("The area "
    + " is " + area);
}
```

(b)

이 오류는 컴파일 오류도 아니고 실행 오류도 아니기 때문에 찾기 어렵다. 이것은 논리 오류이다. (a)의 코드는 빈 블록을 가진 (b)와 동일하다.

이 오류는 여러분이 next-line 블록 스타일을 사용할 때 발생한다. end-of-line 블록 스타일은 이 오류를 방지한다.

3.3.2 if ... else 문

단순 if 문은 주어진 조건이 **참**일 때에 실행된다. 조건이 **거짓**이면, 아무일도 하지 않는다. 그러나 여러분이 조건이 **거짓**일 때 다른 행동을 하려고 한다면 어떻게 해야 하나? 여러분은 if ... else 문을 사용할 수 있다. if ... else 문이 기술한 행동은 조건이 **참** 또는 **거짓**인지에 따라 달라진다.

if ... else 문

다음은 이러한 종류의 구문을 보여준다.

```
if (booleanExpression) {
  statement(s)-for-the-true-case;
}
else {
  statement(s)-for-the-false-case;
}
```

if ... else 문의 순서도는 그림 3.2와 같다.

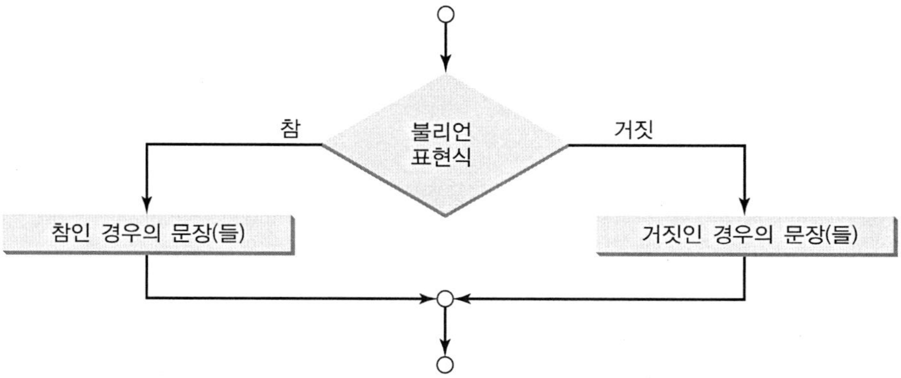

그림 3.2 if ... else 문은 **불리언** 표현식이 **참**이면 **참**인 경우의 문장들이 실행되고, 그렇지 않으면 **거짓**에 대한 문장들이 실행된다.

불리언 표현식이 **참**이면, 참인 경우의 문장들이 실행되고, 그렇지 않으면 거짓인 경우의 문장들이 실행된다. 예를 들어, 다음 코드를 보자.

```
if (radius >= 0) {
  area = radius * radius * PI;
  System.out.println("The area for the circle of radius " +
    radius + " is " + area);
}
else {
  System.out.println("Negative input");
}
```

radius >= 0이 **참**이면, area가 계산되어 출력된다. **거짓**이면, "Negative input" 메시지가 출력된다.

보통 중괄호는 하나의 문장만 포함할 경우 생략될 수 있다. 따라서 앞의 예제에서 System.out.println("Negative input") 문장을 포함한 중괄호는 생략될 수 있다.

if ... else 문을 사용하면, 여러분은 앞 절에서 어떤 수가 짝수인지 홀수인지를 결정하기 위한 코드를 다음과 같이 재작성할 수 있다.

```
if (number % 2 == 0)
  System.out.println(number + " is even.");
else
  System.out.println(number + " is odd.");
```

이것은 number % 2가 0인지 한 번만 테스트하기 때문에 더 효율적이다.

3.3.3 중첩 if 문

하나의 if 또는 if ... else 문에 있는 문장은 또 다른 if 또는 if ... else 문을 포함한 어떠한 자바 문장도 가능하다. 내부의 if 문은 외부의 if 문에 중첩되어 있다고 표현한다. 내부의 if 문은 또 다른 if 문을 포함할 수 있다. 사실 얼마나 중첩할 수 있는지에 대한 제한은 없다. 예를 들어, 다음은 중첩된 if 문이다. 중첩된 if 문

```
if (i > k) {
  if (j > k)
    System.out.println("i and j are greater than k");
}
else
  System.out.println("i is less than or equal to k");
```

if (j > k) 문이 if (i > k) 문 안에 중첩되어 있다.

중첩된 if 문은 다수의 선택을 구현하기 위하여 사용될 수 있다. 예를 들어, 그림 3.3(a)에 있는 문장은 다수의 선택을 가지고 점수에 따라서 변수 grade에 하나의 등급 문자를 배정한다.

```
if (score >= 90.0)
  grade = 'A';
else
  if (score >= 80.0)
    grade = 'B';
  else
    if (score >= 70.0)
      grade = 'C';
    else
      if (score >= 60.0)
        grade = 'D';
      else
        grade = 'F';
```

(a)

동일

더 선호되는 형식

```
if (score >= 90.0)
  grade = 'A';
else if (score >= 80.0)
  grade = 'B';
else if (score >= 70.0)
  grade = 'C';
else if (score >= 60.0)
  grade = 'D';
else
  grade = 'F';
```

(b)

그림 3.3 복수의 선택적인 if 문을 위한 선호되는 형식은 (b)와 같다.

이러한 if 문의 실행은 다음과 같다. 처음 조건인 (score >= 90.0)이 테스트된다. **참**이면, 등급은 'A'가 된다. **거짓**이면, 두 번째 조건인 (score >= 80.0)이 테스트된다. 두 번째 조건이 **참**이면, 등급은 'B'가 된다. **거짓**이면, 세 번째 조건과 (필요에 따라)나머지 조건들이 테스트되는데, 하나의 조건이 만족되거나 모든 조건이 **거짓**으로 판명될 때까지 계속 테스트된다. 모든 조건이 **거짓**이면, 등급은 'F'가 된다. 하나의 조건은 그 이전의 모든 조건들이 **거짓**일 경우에만 테스트된다는 점을 유의하라.

그림 3.3(a)에 있는 if 문은 그림 3.3(b)에 있는 if 문과 동등하다. 사실 그림 3.3(b)는 복수 선택 if 문으로 더 선호되는 스타일이다. 이 스타일은 들여쓰기가 깊지 않고 프로그램을 읽기 쉽게 만든다.

if와 else 짝짓기

NOTE

else 절은 동일한 블록에서 가장 최근의 짝지어지지 않은 **if** 절과 짝지어진다. 예를 들어, 다음의 (a)에 있는 문장은 (b)에 있는 문장과 동등하다.

```
int i = 1;
int j = 2;
int k = 3;

if (i > j)
  if (i > k)
     System.out.println("A");
else
     System.out.println("B");
```

(a)

동일

정확한 들여쓰기로 이 쪽이 더 선호됨

```
int i = 1;
int j = 2;
int k = 3;

if (i > j)
  if (i > k)
     System.out.println("A");
  else
     System.out.println("B");
```

(b)

컴파일러는 들여쓰기를 무시한다. (a)와 (b)의 문장으로부터 출력되는 것은 없다. **else** 절을 처음 **if** 절과 강제로 짝을 짓기 위해서, 여러분은 다음 코드와 같이 한 쌍의 중괄호를 추가해야 한다.

```
int i = 0; int j = 2; int k = 3;

if (i > j) {
  if (i > k)
    System.out.println("A");
}
else
  System.out.println("B");
```

이 문장은 B를 출력한다.

TIP

종종 새로운 프로그래머는 (a)의 코드와 같이 **불리언** 변수에 테스트 조건을 할당하는 코드를 작성한다.

불리언 변수에 할당

```
if (number % 2 == 0)
  even = true;
else
  even = false;
```

(a)

동일

```
boolean even
  = number % 2 == 0;
```

(b)

이 쪽이 더 축약됨

(b)와 같이 코드는 테스트 값을 직접적으로 변수에 할당함으로써 단순화될 수 있다.

주의

불리언 변수가 테스트 조건에서 **참** 또는 **거짓**인지를 테스트하기 위해서 (a)의 코드와 같이 동등 비교 연산자를 사용한다.

```
if (even == true)
  System.out.println(
    "It is even.");
```

(a)

동일

```
if (even)
  System.out.println(
    "It is even.");
```

(b)

이 쪽이 더 선호됨

대신 (b)와 같이 **불리언** 변수를 직접 사용하는 것이 더 좋다. **불리언** 변수를 직접 사용하는 것이 좋은 또 다른 이유는 찾아내기 어려운 오류들을 피한다는 것이다. 테스트 조건에서 두 항목이 동일한지 비교하기 위하여 == 연산자 대신 = 연산자를 사용하면 보통의 오류이다. 다음과 같은 오류 문장을 야기할 수 있다.

불리언값 테스트

```
if (even = true)
  System.out.println("It is even.");
```

이 문장에 구문 오류는 없다. **even**이 항상 **참**이기 때문에 **even**에 **참**이 할당된다.

3.3.4 문제 : 개선된 수학 익힘 도구

여러분이 초등학생을 위한 뺄셈 연습하기 프로그램을 개발한다고 하자. 그 프로그램은 number2보다 큰 number1과 number2의 한자리 정수 두 개를 임의로 생성하고, "9-2는 얼마일까?"와 같은 질문을 학생에게 출력한다. 학생이 답을 입력하면, 프로그램은 답이 정확한지를 알리는 메시지를 출력한다.

이전의 프로그램들은 System.currentTimeMillis( )를 사용하여 임의의 수를 생성한다. 임의의 수를 생성하는 더 좋은 방법은 Math 클래스에서 random( ) 메소드를 사용하는 것이다. 이 메소드를 호출하면 0.0 이상이고 1.0 미만인 임의의 double 값 d를 반환한다. 따라서, (int)(Math.random( )*10)은 0과 9 사이의 임의의 한 자리 정수를 반환한다.

random( ) 메소드

프로그램은 다음과 같이 작동할 것이다.

- number1과 number2에 임의의 한 자리 정수 두 개를 생성한다.
- number1이 number2보다 작으면, number1과 number2를 교환한다.
- “number1에서 number2를 빼면 얼마일까?”에 대한 학생의 답을 기다린다.
- 학생의 답을 검사하고 답이 정확한지를 출력한다.

완전한 프로그램은 리스트 3.4와 같다.

리스트 3.4 SubtractionQuiz.java

```
 1 import java.util.Scanner;
 2 
 3 public class SubtractionQuiz {
 4   public static void main(String[] args) {
 5     // 1. Generate two random single-digit integers
 6     int number1 = (int)(Math.random() * 10);
 7     int number2 = (int)(Math.random() * 10);
 8 
 9     // 2. If number1 < number2, swap number1 with number2
10     if (number1 < number2) {
11       int temp = number1;
12       number1 = number2;
13       number2 = temp;
14     }
15 
16     // 3. Prompt the student to answer "What is number1 - number2?"
17     System.out.print
18       ("What is " + number1 + " - " + number2 + "? ");
19     Scanner input = new Scanner(System.in);
20     int answer = input.nextInt();
21 
22     // 4. Grade the answer and display the result
23     if (number1 - number2 == answer)
24       System.out.println("You are correct!");
25     else
26       System.out.println("Your answer is wrong.\n" + number1 + " - "
27         + number2 + " should be " + (number1 - number2));
28   }
29 }
```

```
What is 6 - 6? 0 ↵Enter
You are correct!
```

```
What is 9 - 2? 5 ↵Enter
Your answer is wrong.
9 - 2 should be 7
```

두 변수 number1과 number2를 교환하기 위하여, 먼저 number1의 값을 보관하기 위한 임시 변수 temp(11행)가 사용된다. number2의 값은 number1에 배정되고(12행), temp의 값은 number2에 배정된다.

3.3.5 문제 : 복권

여러분이 복권을 추첨하기 위한 프로그램을 개발한다고 하자. 프로그램은 임의의 두 정수인 당첨 수를 생성하고, 사용자에게 두 정수를 입력받고, 다음의 규칙에 따라 사용자가 이겼는지를 결정한다.

1. 사용자의 입력이 정확한 순서로 당첨 수와 일치하면, 상금은 10,000달러이다.
2. 사용자의 입력이 당첨 수와 일치하면, 상금은 3,000달러이다.
3. 사용자의 입력에서 한 숫자가 당첨 수의 한 숫자와 일치하면, 상금은 1,000달러이다.

완전한 프로그램은 리스트 3.5와 같다.

리스트 3.5 Lottery.java

```java
import java.util.Scanner;

public class Lottery {
  public static void main(String[] args) {
    // Generate a lottery
    int lottery = (int)(Math.random() * 100);

    // Prompt the user to enter a guess
    Scanner input = new Scanner(System.in);
    System.out.print("Enter your lottery pick (two digits): ");
    int guess = input.nextInt();

    // Check the guess
    if (guess == lottery)
      System.out.println("Exact match: you win $10,000");
    else if (guess % 10 == lottery / 10
        && guess / 10 == lottery % 10)
      System.out.println("Match all digits: you win $3,000");
    else if (guess % 10 == lottery / 10 || guess % 10 == lottery % 10
        || guess / 10 == lottery / 10 || guess / 10 == lottery % 10)
      System.out.println("Match one digit: you win $1,000");
    else
      System.out.println("Sorry, no match");
  }
}
```

```
Enter your lottery pick (two digits): 45 ↵Enter
Sorry, no match
```

```
Enter your lottery pick: 23 ↵Enter
Exact match: you win $10,000
```

프로그램은 Math.random( ) 메소드(6행)를 사용하여 당첨 수를 생성하고, 사용자의 답을 입력받고(11행), 그런 다음 프로그램은 다음 순서로 당첨 수에 대해서 사용자의 답을 검사한다.

1. 먼저 사용자의 답과 당첨 수가 정확하게 일치하는지를 검사한다(14행).
2. 그렇지 않으면, 사용자의 답을 앞뒤로 바꾼 수가 당첨 수와 일치하는지를 검사한다(16-17행).
3. 그렇지 않으면, 하나의 숫자가 당첨 수에 있는지를 검사한다(19-20행).
4. 그렇지 않으면, 일치되는 것이 없다.

guess가 두 자릿수이기 때문에, guess / 10은 guess로부터 십의 자릿수를 얻고, guess % 10은 guess로부터 일의 자릿수를 얻는다.

3.3.6 문제 : 신체 질량 지수(BMI)

신체 질량 지수(Body Mass Index)는 몸무게로 건강을 측정하는 것으로, 여러분의 몸무게(킬로그램)를 키(미터)의 제곱으로 나누어서 구할 수 있다. 구해진 BMI의 해석은 다음과 같다.

BMI	해석
16 이하	심각한 저체중
16-18	저체중
18-24	정상 체중
24-29	과체중
29-35	심각한 과체중
35 이상	위험한 과체중

사용자에게 몸무게(파운드)와 키(인치)를 입력받아 BMI를 출력하는 프로그램을 작성해 보자. 1파운드는 0.45359237킬로그램이고, 1인치는 0.0254미터이다. 프로그램은 리스트 3.6과 같다.

리스트 3.6 ComputeBMI.java

```
import java.util.Scanner;

public class ComputeBMI {
  public static void main(String[] args) {
    Scanner input = new Scanner(System.in);

    // Prompt the user to enter weight in pounds
    System.out.print("Enter weight in pounds: ");
    double weight = input.nextDouble();

    // Prompt the user to enter height in inches
    System.out.print("Enter height in inches: ");
    double height = input.nextDouble();
```

```
14
15      final double KILOGRAMS_PER_POUND = 0.45359237; // Constant
16      final double METERS_PER_INCH = 0.0254; // Constant
17
18      // Compute BMI
19      double bmi = weight * KILOGRAMS_PER_POUND /
20        ((height * METERS_PER_INCH) * (height * METERS_PER_INCH));
21
22      // Display result
23      System.out.println("Your BMI is " + bmi);
24      if (bmi < 16)
25        System.out.println("You are seriously underweight");
26      else if (bmi < 18)
27        System.out.println("You are underweight");
28      else if (bmi < 24)
29        System.out.println("You are normal weight");
30      else if (bmi < 29)
31        System.out.println("You are overweight");
32      else if (bmi < 35)
33        System.out.println("You are seriously overweight");
34      else
35        System.out.println("You are gravely overweight");
36    }
37 }
```

```
Enter weight in pounds: 146 ↵Enter
Enter height in inches: 70 ↵Enter
Your BMI is 20.948603801493316
You are normal weight
```

두 상수 KILOGRAMS_PER_POUND와 METERS_PER_INCH는 15-16행에 정의되어 있다. 여기에서는 프로그램을 읽기 쉽게 하기 위하여 상수를 사용하고 있다.

3.3.7 문제 : 세금 계산

미국의 개인 소득세는 신고된 개인의 상태와 세금을 부과할 수 있는 수입을 기반으로 계산된다. 신고하는 개인의 상태는 독신 신고자, 부부 합산 신고, 부부 분리 신고, 세대주 통합 신고의 네 종류가 있다. 세율은 매년 변경된다. 표 3.7은 2002년도의 세율을 보여준다. 만약 여러분이 10,000달러의 수입을 가진 독신 신고자라면, 처음 6,000달러에는 10%가 과세되고 나머지 4,000달러에는 15%가 과세된다. 따라서 여러분의 세금은 1,200달러가 된다.

표 3.7 2002년 미국 개인 세율

세율	독신신고자	기혼 합동 신고	기혼 분리 신고	세대주
10%	$6,000$까지	$12,000까지	$6,000까지	$10,000까지
15%	$6,001 ~ $27,950	$12,001 ~ $46,700	$6,001 ~ $23,350	$10,001 ~ $37,450
27%	$27,951 ~ $67,700	$46,701 ~ $112,850	$23,351 ~ $56,425	$37,451 ~ $96,700
30%	$67,701 ~ $141,250	$112,851 ~ $171,950	$56,426 ~ $85,975	$96,701 ~ $156,600
35%	$141,251 ~ $307,050	$171,951 ~ $307,050	$85,976 ~ $153,525	$156,601 ~ $307,050
38.6%	$307,051 이상	$307,051 이상	$153,526 이상	$307,051 이상

개인 소득세를 계산하기 위한 프로그램을 작성해 보자. 이 프로그램은 사용자에게 신고 상태와 수입을 입력받아 세금을 계산할 수 있어야 한다. 독신 신고자는 0, 부부 합산 신고에는 1, 부부 분리 신고에는 2, 세대주 통합 신고는 3을 입력한다. 프로그램은 신고 상태를 기반으로 수입에 대한 세금을 계산한다. 신고 상태는 다음과 같이 if 문을 사용하여 결정될 수 있다.

```
if (status == 0) {
  // Compute tax for single filers
}
else if (status == 1) {
  // Compute tax for married filing jointly
}
else if (status == 2) {
  // Compute tax for married filing separately
}
else if (status == 3) {
  // Compute tax for head of household
}
else {
  // Display wrong status
}
```

각 신고 상태에 대해서 여섯 가지 세율이 있다. 각 세율은 수입에 따라 적용된다. 예를 들어, 독신 신고자가 400,000달러의 수입이 있다면, 6,000달러에는 10%가 과세되고, (27,950-6,000)에는 15%, (67,700-27,950)에는 27%, (141,250-67,700)에는 35%, (400,000-307,050)에는 38.6%가 과세된다.

리스트 3.7은 독신 신고자의 세금을 계산하기 위한 해법이 제시되어 있다. 완전한 해법은 연습문제로 남겨 놓았다.

리스트 3.7 ComputeTax.java

```
import java.util.Scanner;

public class ComputeTax {
  public static void main(String[] args) {
    // Create a Scanner
    Scanner input = new Scanner(System.in);

    // Prompt the user to enter filing status
    System.out.print(
      "(0-single filer, 1-married jointly,\n" +
      "2-married separately, 3-head of household)\n" +
      "Enter the filing status: ");
    int status = input.nextInt();

    // Prompt the user to enter taxable income
    System.out.print("Enter the taxable income: ");
    double income = input.nextDouble();

    // Compute tax
    double tax = 0;

    if (status == 0) { // Compute tax for single filers
      if (income <= 6000)
        tax = income * 0.10;
      else if (income <= 27950)
        tax = 6000 * 0.10 + (income - 6000) * 0.15;
      else if (income <= 67700)
        tax = 6000 * 0.10 + (27950 - 6000) * 0.15 +
          (income - 27950) * 0.27;
      else if (income <= 141250)
        tax = 6000 * 0.10 + (27950 - 6000) * 0.15 +
          (67700 - 27950) * 0.27 + (income - 67700) * 0.30;
      else if (income <= 307050)
        tax = 6000 * 0.10 + (27950 - 6000) * 0.15 +
          (67700 - 27950) * 0.27 + (141250 - 67700) * 0.30 +
          (income - 141250) * 0.35;
      else
        tax = 6000 * 0.10 + (27950 - 6000) * 0.15 +
          (67700 - 27950) * 0.27 + (141250 - 67700) * 0.30 +
          (307050 - 141250) * 0.35 + (income - 307050) * 0.386;
    }
    else if (status == 1) { // Compute tax for married filing jointly
      // Left as exercise
    }
    else if (status == 2) { // Compute tax for married filing separately
      // Left as exercise
    }
    else if (status == 3) { // Compute tax for head of household
      // Left as exercise
    }
    else {
      System.out.println("Error: invalid status");
```

```
53          System.exit(0);
54        }
55
56        // Display the result
57        System.out.println("Tax is " + (int)(tax * 100) / 100.0);
58      }
59    }
```

```
(0-single filer, 1-married jointly,
2-married separately, 3-head of household)
Enter the filing status: 0 ↵Enter
Enter the taxable income: 400000 ↵Enter
Tax is 130598.7
```

프로그램은 신고 상태와 수입을 입력받는다. 복수 개의 if 문(22, 42, 45, 48, 51행)은 신고 상태를 검사하고 신고 상태에 따른 세금을 계산한다.

System.exit(0)

System.exit(0)(53행)은 System 클래스에서 정의된다. 이 메소드를 호출하여 프로그램을 종료한다. 인자 0은 프로그램이 정상적으로 종료되었다는 것을 나타낸다.

초기 값 0을 tax(20행)에 할당한다. 구문 오류는 초기 값이 없는 경우에 발생하는데, 그 이유는 tax에 값을 할당하는 모든 문장들이 if 문 안쪽에 있기 때문이다. 컴파일러는 이 문장들이 실행되지 않을 수도 있다고 생각하고 구문 오류를 발생시킨다.

모든 상태 테스트

프로그램을 테스트하기 위해서, 여러분은 모든 경우를 포함하는 입력을 제공해야 한다. 이 프로그램을 위해서 여러분의 입력은 모든 상태(0, 1, 2, 3)를 포함해야 한다. 각 상태에 대해서, 여섯 가지 각각에 대한 세금을 테스트해야 한다. 따라서, 전체적으로 24가지의 경우가 있다.

점증적 개발과 테스팅

TIP

모든 프로그램에 대해서, 여러분은 약간의 코드를 작성하고 더 많은 코드를 추가하기 전에 작성된 코드를 테스트해야 한다. 이것을 **점증적 개발과 테스팅**이라고 한다. 이 방법은 디버깅을 쉽게 할 수 있게 하는데, 오류는 여러분이 추가한 새로운 코드에서 주로 발생되기 때문이다.

3.3.8 문제 : 생일 알아맞추기

여러분은 다섯 번의 질문을 통해 친구의 생일을 찾을 수 있다. 각 질문은 그림 3.4에서와 같이 날짜가 숫자의 다섯 세트 중 하나에 있는지 물어본다.

생일은 날짜가 나타난 세트들에서 첫 번째 숫자의 합이다. 예를 들어, 생일이 19이면, 세트1, 세트3, 세트5에 나타난다. 이들 세 가지 세트에 있는 첫 번째 숫자는 1, 2, 16이고, 그 합은 19이다.

숫자들이 다섯 세트에 위치된 방법은 흥미를 갖게 한다. 숫자들은 우연히 함께 놓여져 있지 않다. 각 세트에서 시작되는 숫자들은 1, 2, 4, 8, 16이고, 이진법으로 1, 10, 100, 1000, 10000과 관련되어 있다. 날짜의 이진수는 k 위치에서 1을 가진다면, 숫자는 세트 k에 나타나야 한다. 예를 들어, 숫자 19는 10011이므로 세트1, 세트2, 세트5에 나타난다. 그것은 이진으로 1+10+10000=10011 또는 십진으로 1+2+16=19가 된다. 숫자 31은 11111이므로 세트1, 세트2, 세트3, 세트4, 세트5에 나타난다. 그것은 이진으로 1+10+100+1000+10000=11111이고 십진으로 1+2+4+8+16=31이 된다.

리스트 3.8은 사용자에게 날짜가 세트1(41-47행), 세트2(50-56행), 세트3(59-65행), 세트4(68-74행), 세트5(77-83행) 중 어디에 있는지 답을 입력받는 프로그램이다.

그림 3.4 생일은 날짜가 나타난 세트에서 첫 번째 숫자들의 합이다.

리스트 3.8 GuessBirthDate.java

```
 1 import java.util.Scanner;
 2
 3 public class GuessBirthDate {
 4   public static void main(String[] args) {
 5     String set1 =
 6       " 1  3  5  7\n" +
 7       " 9 11 13 15\n" +
 8       "17 19 21 23\n" +
 9       "25 27 29 31";
10
11     String set2 =
12       " 2  3  6  7\n" +
13       "10 11 14 15\n" +
14       "18 19 22 23\n" +
15       "26 27 30 31";
16
17     String set3 =
18       " 4  5  6  7\n" +
19       "12 13 14 15\n" +
20       "20 21 22 23\n" +
21       "28 29 30 31";
22
23     String set4 =
```

```
      " 8  9 10 11\n" +
      "12 13 14 15\n" +
      "24 25 26 27\n" +
      "28 29 30 31";

    String set5 =
      "16 17 18 19\n" +
      "20 21 22 23\n" +
      "24 25 26 27\n" +
      "28 29 30 31";

    int date = 0;

    // Create a Scanner
    Scanner input = new Scanner(System.in);

    // Prompt the user to answer questions
    System.out.print("Is your birthdate in Set1?\n");
    System.out.print(set1);
    System.out.print("\nEnter 0 for No and 1 for Yes: ");
    int answer = input.nextInt();

    if (answer == 1)
      date += 1;

    // Prompt the user to answer questions
    System.out.print("\nIs your birthdate in Set2?\n");
    System.out.print(set2);
    System.out.print("\nEnter 0 for No and 1 for Yes: ");
    answer = input.nextInt();

    if (answer == 1)
      date += 2;

    // Prompt the user to answer questions
    System.out.print("Is your birthdate in Set3?\n");
    System.out.print(set3);
    System.out.print("\nEnter 0 for No and 1 for Yes: ");
    answer = input.nextInt();

    if (answer == 1)
      date += 4;

    // Prompt the user to answer questions
    System.out.print("\nIs your birthdate in Set4?\n");
    System.out.print(set4);
    System.out.print("\nEnter 0 for No and 1 for Yes: ");
    answer = input.nextInt();

    if (answer == 1)
      date += 8;

    // Prompt the user to answer questions
    System.out.print("\nIs your birthdate in Set5?\n");
    System.out.print(set5);
```

```
    System.out.print("\nEnter 0 for No and 1 for Yes: ");
    answer = input.nextInt();

    if (answer == 1)
      date += 16;

    System.out.println("\nYour birthdate is " + date + "!");
  }
}
```

```
Is your birth date in Set1?
 1  3  5  7
 9 11 13 15
17 19 21 23
25 27 29 31
Enter 0 for No and 1 for Yes: 1 ↵Enter

Is your birth date in Set2?
 2  3  6  7
10 11 14 15
18 19 22 23
26 27 30 31
Enter 0 for No and 1 for Yes: 1 ↵Enter

Is your birth date in Set3?
 4  5  6  7
12 13 14 15
20 21 22 23
28 29 30 31
Enter 0 for No and 1 for Yes: 0 ↵Enter

Is your birth date in Set4?
 8  9 10 11
12 13 14 15
24 25 26 27
28 29 30 31
Enter 0 for No and 1 for Yes: 0 ↵Enter

Is your birth date in Set5?
16 17 18 19
20 21 22 23
24 25 26 27
28 29 30 31
Enter 0 for No and 1 for Yes: 1 ↵Enter
Your birth date is 19
```

3.4 switch 문

리스트 3.5에 있는 if 문은 단일의 **참** 또는 **거짓** 조건에 따라 선택한다. status의 값에 따라 세금을 계산하기 위한 네 가지 경우가 있다. 모든 경우를 전체적으로 설명하기 위해서,

중첩된 if 문이 사용되었다. 중첩된 if 문을 많이 사용하면 프로그램이 읽기 어려워진다. 자바는 복수의 조건을 효율적으로 처리하기 위하여 switch 문을 제공한다. 여러분은 리스트 3.5에서 중첩된 if 문을 대체하기 위하여 다음과 같은 switch 문을 사용할 수 있다.

```
switch (status) {
  case 0:  compute taxes for single filers;
           break;
  case 1:  compute taxes for married filing jointly;
           break;
  case 2:  compute taxes for married filing separately;
           break;
  case 3:  compute taxes for head of household;
           break;
  default: System.out.println("Errors: invalid status");
           System.exit(0);
}
```

위의 switch 문에 대한 순서도는 그림 3.5와 같다.

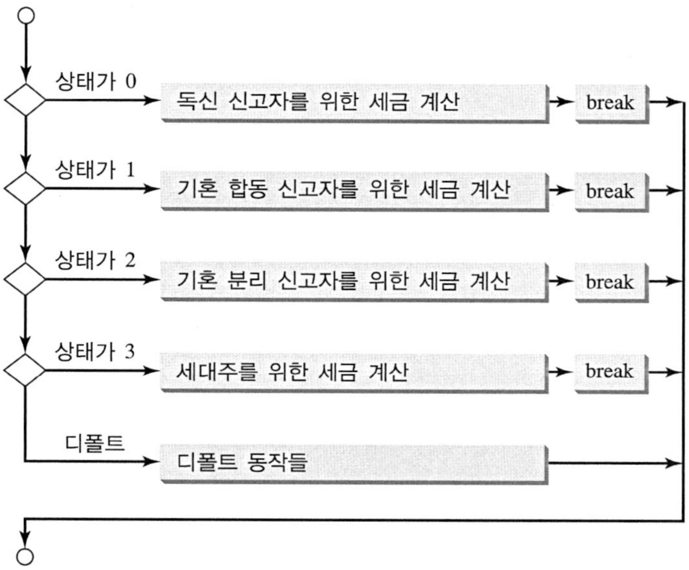

그림 3.5 switch 문은 모든 경우를 검사하고 일치된 경우에 해당하는 문장들을 실행한다.

이 문장은 상태가 0, 1, 2, 3값과 일치하는지를 알아보기 위하여 순서대로 검사한다. 일치되면, 관련된 세금이 계산된다. 일치되지 않으면, 메시지가 출력된다. switch 문에 대한 전체적인 구문은 다음과 같다.

switch 문

```
  ...
  case valueN: statement(s)N;
               break;
  default:     statement(s)-for-default;
}
```

switch 문은 다음 규칙들을 지켜야 한다.

- switch 표현식은 char, byte, short, int 타입의 값을 산출해야 하고 항상 괄호로 닫혀있어야 한다.
- 값1에서 값N은 switch 표현식의 값과 동일한 데이터 타입을 가져야 한다. 값1에서 값N은 상수이어야 하는데, 1+x와 같이 변수를 포함할 수 없다는 뜻이다.
- case 문에 있는 값이 switch 표현식의 값과 일치된다면, 이 case로부터 시작하는 문장들은 break 문을 만나거나 또는 switch 문의 끝에 도달할 때까지 실행된다.
- 키워드 break는 선택적이다. break 문은 즉시 switch 문을 종료한다.
- default case는 선택적이며, 구체적인 case들이 switch 표현식과 일치되지 않을 경우의 행위들을 수행하기 위하여 사용될 수 있다.
- case 문은 순차적으로 검사되지만, case들(default case를 포함하여)의 순서는 관계없다. 그러나 case들의 논리적인 순서를 따르고 마지막에 default case를 위치시키는 것이 좋은 프로그래밍 스타일이다.

주의 필요한 곳에 break 문을 사용하도록 하자. 일단 case가 일치하면, 일치된 case로부터 시작하는 문장들은 **break** 문을 만나거나 **switch** 문의 끝에 도달할 때까지 실행된다. 이것은 **아래-통과 특성**이라고 한다. 예를 들어, 다음의 코드는 **ch**가 'a'이면 문자를 세 번 출력한다.

아래-통과 특성

```
switch (ch) {
  case 'a': System.out.println(ch);
  case 'b': System.out.println(ch);
  case 'c': System.out.println(ch);
}
```

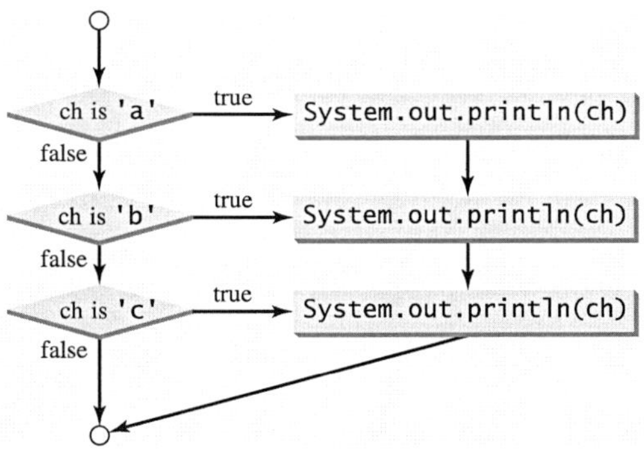

TIP 프로그래밍 오류를 피하고 코드 유지보수성을 향상시키기 위해서, **break**가 의도적으로 생략되었다면 case 절에 주석을 넣는 것은 좋은 생각이다.

3.5 조건 표현식

예를 들어, 다음 문장은 x가 0보다 크다면 y에 1을 배정하고, x가 0보다 같거나 작으면 y에 −1을 배정한다.

```
if (x > 0)
  y = 1;
else
  y = -1;
```

이 예제를 대신하여 여러분은 동일한 결과를 가져오는 조건 표현식을 사용할 수 있다.

```
y = (x > 0) ? 1 : -1;
```

조건 표현식

조건 표현식은 문장에 외부적으로 if가 없는 완전히 다른 스타일이다. 구문은 다음과 같다.

```
booleanExpression ? expression1 : expression2;
```

이 조건식의 결과는 **불리언 표현식**이 참이면 **표현식1**이 되고, 그렇지 않으면 **표현식2**가 된다.

여러분이 num1과 num2 중 큰 수를 max에 할당하고자 한다고 생각하자. 여러분은 조건식을 사용하여 하나의 문장을 간단하게 작성할 수 있다.

```
max = (num1 > num2) ? num1 : num2;
```

다른 예제로 다음의 문장은 num이 짝수이면 "num은 짝수"라는 메시지를 출력하고, 그렇지 않으면 "num은 홀수"라는 메시지를 출력한다.

```
System.out.println((num % 2 == 0) ? "num is even" : "num is odd");
```

NOTE

기호 ?와 :은 조건 표현식에서 함께 나타난다. 그것들은 조건 연산자를 나타낸다. 이것은 세 개의 피연산자를 사용하기 때문에 **3항(ternary)** 연산자라고 한다. 이것은 자바에서 유일한 3항 연산자이다.

3.6 콘솔 출력 형식화하기

여러분이 부동소수점 값에서 소수점 뒤에 두 자리 숫자만 출력하려면, 다음과 같이 코드를 작성해야 할 것이다.

```
double x = 2.0 / 3;
System.out.println("x is " + (int)(x * 100) / 100.0);
```

```
x is 0.66
```

그러나 이것보다 더 좋은 방법은 printf 메소드를 사용하여 출력 형식을 지정하는 것이다. 이 메소드를 호출하는 구문은 다음과 같다.

```
System.out.printf(format, item1, item2, ..., itemk)
```

여기에서 format은 부스트링과 형식지정자로 구성된 하나의 스트링이다.

형식지정자는 항목이 어떻게 출력되는지를 지시한다. 하나의 항목은 수치 값, 문자, 불리언 형식지정자
값 또는 스트링일 수 있다. 간단한 지시자는 퍼센트 기호(%)와 변환 코드로 구성된다. 표 3.8은 자주 사용되는 간단한 지시자들을 나열하고 있다.

표 3.8 자주 사용되는 지시자

지시자	출력	보기
%b	부울 값	참 또는 거짓
%c	문자	'a'
%d	십진수	200
%f	부동소수점 수	45.460000
%e	표준 과학 기호의 수	4.556000e+01
%s	스트링	"Java is cool"

여기 하나의 예제를 보자.

```
int count = 5;
double amount = 45.56;
System.out.printf("count is %d and amount is %f", count, amount);
```

항목

출력 count is 5 and amount is 45.560000

항목들은 지시자와 순서, 개수, 정확한 타입이 일치해야 한다. 예를 들어, count에 대한 지시자는 %d이고, amount에 대한 지시자는 %f이다. 부동소수점 값은 기본적으로 소수점이하 여섯 자리가 출력된다. 여러분은 표 3.9와 같이 지시자에서 크기와 정밀도를 지정할 수 있다.

부동소수점 값에서 소수점 이하 두 자리를 출력하는 앞에서 제시된 코드는 다음과 같이 printf 메소드를 사용하여 변경할 수 있다.

```
double x = 2.0 / 3;
System.out.printf("x is %4.2f", x);
```

출력 x is 0.67

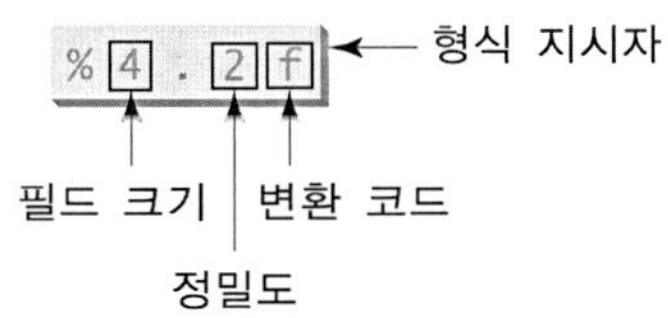

표 3.9 크기와 정밀도를 지시하는 예

보기	출력
%5c	문자를 출력하고 문자 항목 앞에 네 개의 공백을 추가한다.
%6b	불리언 값을 출력하고 거짓 값 앞에 하나의 공백과 참 값 앞에 두 개의 공백을 추가한다.
%5d	적어도 다섯 자리의 크기를 갖는 정수 항목을 출력한다. 항목의 숫자 개수가 다섯 자리보다 적으면, 숫자 앞에 공백이 추가된다. 항목의 숫자 개수가 다섯 자리보다 크면, 크기는 자동으로 늘어난다.
%10.2f	십진수와 소수점 이하 두 자리를 포함한 적어도 열 자리의 크기를 갖는 부동소수점 수 항목을 출력한다. 따라서 소수점 앞에 할당된 일곱 자리의 숫자가 있다. 항목에서 소수점 앞의 숫자의 개수가 일곱 자리보다 적으면, 숫자 앞에 공백을 추가한다. 항목에서 소수점 앞의 숫자의 개수가 일곱 자리보다 크면, 크기는 자동으로 늘어난다.
%10.2e	십진수, 소수점 이하 두 자리와 지수 부분을 포함한 적어도 열 자리의 크기를 갖는 부동소수점 수 항목을 출력한다. 과학적 표기법으로 출력된 숫자가 열 자리보다 적은 크기를 갖는다면, 숫자 앞에 공백을 추가한다.
%12s	적어도 열두 개의 문자 크기를 갖는 스트링을 출력한다. 스트링 항목의 크기가 열두 문자의 크기보다 적으면, 스트링 앞에 공백이 추가된다. 스트링 항목의 크기가 열두 문자의 크기보다 크면, 크기가 자동으로 늘어난다.

왼쪽 정렬

출력은 오른쪽 정렬을 기본으로 한다. 출력에서 항목을 왼쪽으로 정렬하고 싶으면 지시자에 마이너스 부호(−)를 넣으면 된다. 예를 들어, 다음의 문장은 그림과 같이 출력된다.

```
System.out.printf("%8d%8s%8.1f\n", 1234, "Java", 5.6);
System.out.printf("%-8d%-8s%-8.1f \n", 1234, "Java", 5.6);
```

출력

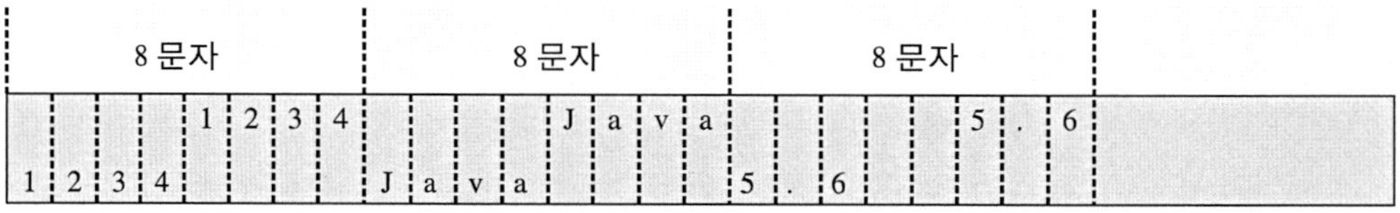

주의

항목들은 지시자의 타입과 일치해야 한다. 지시자 **%f**와 **%e**에 대한 항목은 40이 아니라 40.0과 같이 부동소수점 타입이어야 한다. 따라서 **int** 변수는 **%f**나 **%e**와 일치될 수 없다.

TIP

% 기호는 지시자를 의미한다. 형식 문자열에서 문자 **%**를 출력하려면 **%%**를 사용하면 된다.

3.7 연산자 우선순위와 결합 법칙

연산자 우선순위와 결합 법칙은 연산자들이 계산되는 순서를 결정한다. 여러분이 다음과 같은 수식을 해결한다고 가정해보자.

```
3 + 4 * 4 > 5 * (4 + 3) - 1
```

결과 값이 어떻게 될까? 연산자의 실행 순서는 어떻게 될까?

수학적으로 괄호안의 수식이 제일 먼저 계산된다(괄호는 중첩될 수 있고, 괄호 안쪽에 있는 수식이 먼저 실행된다). 괄호가 없는 수식의 계산에서는 연산자가 우선순위 규칙과 결합 법칙에 따라 적용된다.

우선순위 규칙은 표 3.10과 같이 연산자의 우선순위를 정의하고 있다. 연산자들은 우선순위가 높은 것에서 낮은 순서로 나열되어 있다. 동일한 우선순위를 가진 연산자들은 동일한 그룹으로 나타난다(자바의 전체 연산자와 그 우선순위는 부록 C "연산자 우선순위 차트"를 보라). 우선순위

표 3.10 연산자 우선순위 차트

우선순위	연산자
↓	var++ and var-- (Postfix)
	+, - (Unary plus and minus), ++var and --var (Prefix)
	(type) (Casting)
	! (Not)
	*, /, % (Multiplication, division, and remainder)
	+, - (Binary addition and subtraction)
	<, <=, >, >= (Comparison)
	==, != (Equality)
	^ (Exclusive OR)
	&& (AND)
	|| (OR)
	=, +=, -=, *=, /=, %= (Assignment operator)

동일한 우선순위를 가진 연산자가 서로 이웃에 있으면, 그들의 **결합 법칙**이 계산 순서를 결정한다. 배정 연산자를 제외한 모든 이항 연산자들은 왼쪽 결합 법칙이 있다. 예를 들어, +와 −는 우선순위가 동일하고 왼쪽 결합 법칙이 있기 때문에 다음 수식은 서로 동일하다. 결합 법칙

```
a - b + c - d  ==동일함==  ((a - b) + c) - d
```

배정 연산자는 오른쪽 관련성이 있기 때문에 다음 수식은 서로 동일하다.

```
a = b += c = 5  ==동일함==  a = (b += (c = 5))
```

a, b, c가 배정되기 전에 1이라고 가정하자. 전체 수식이 계산된 후에는 a는 6이 되고, b도 6이 되고, c는 5가 된다. 배정 연산자에 대한 왼쪽 결합 법칙은 옳지 않다.

> **NOTE** 자바는 내부적으로 표현식을 계산하는 방법을 가지고 있다. 자바 계산의 결과는 관련된 수학 계산과 동일하다.

3.8 (GUI) 확인 대화상자

여러분은 메시지 대화상자를 출력하기 위하여 showMessageDialog를 사용하고, 입력 대화상자를 출력하기 위하여 showInputDialog를 사용할 수 있다. 가끔은 확인 대화상자를 이용하여 질문에 대답을 유용하게 할 수 있다. 확인 대화상자는 다음 문장을 사용하여 생성할 수 있다.

```
int option =
  JOptionPane.showConfirmDialog
    (null, "Continue");
```

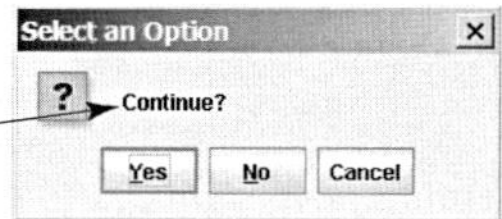

하나의 버튼이 눌려지면, 메소드는 선택된 값을 반환한다. Yes 버튼에 대해서는 JOptionPane.YES_OPTION(0) 값이 반환되고, No 버튼에 대해서는 JOptionPane.NO_OPTION(1) 값이 반환되고, Cancel 버튼에 대해서는 JOptionPane.CANCEL_OPTION(2) 값이 반환된다.

여러분은 리스트 3.8의 생일 맞추기 프로그램을 리스트 3.9와 같이 확인 대화상자를 사용하여 다시 작성할 수 있다. 그림 3.6은 날짜 19에 대한 프로그램의 실행 예를 보여주고 있다.

리스트 3.9 GuessBirthDateUsingConfirmationDialog.java

```
import javax.swing.JOptionPane;

public class GuessBirthDateUsingConfirmationDialog {
  public static void main(String[] args) {
    String set1 =
      " 1  3  5  7\n" +
      " 9 11 13 15\n" +
      "17 19 21 23\n" +
      "25 27 29 31";

    String set2 =
      " 2  3  6  7\n" +
      "10 11 14 15\n" +
      "18 19 22 23\n" +
      "26 27 30 31";
```

set1

set2

set3

set4

set5

```
    String set3 =
      " 4  5  6  7\n" +
      "12 13 14 15\n" +
      "20 21 22 23\n" +
      "28 29 30 31";

    String set4 =
      " 8  9 10 11\n" +
      "12 13 14 15\n" +
      "24 25 26 27\n" +
      "28 29 30 31";

    String set5 =
      "16 17 18 19\n" +
      "20 21 22 23\n" +
      "24 25 26 27\n" +
      "28 29 30 31";

    int date = 0;

    // Prompt the user to answer questions
    int answer = JOptionPane.showConfirmDialog(null,
      "Is your birthdate in these numbers?\n" + set1);

    if (answer == JOptionPane.YES_OPTION)
      date += 1;

    answer = JOptionPane.showConfirmDialog(null,
      "Is your birthdate in these numbers?\n" + set2);

    if (answer == JOptionPane.YES_OPTION)
      date += 2;

    answer = JOptionPane.showConfirmDialog(null,
      "Is your birthdate in these numbers?\n" + set3);

    if (answer == JOptionPane.YES_OPTION)
      date += 4;

    answer = JOptionPane.showConfirmDialog(null,
      "Is your birthdate in these numbers?\n" + set4);

    if (answer == JOptionPane.YES_OPTION)
      date += 8;

    answer = JOptionPane.showConfirmDialog(null,
      "Is your birthdate in these numbers?\n" + set5);

    if (answer == JOptionPane.YES_OPTION)
      date += 16;

    JOptionPane.showMessageDialog(null, "Your birthdate is " +
      date + "!");
  }
}
```

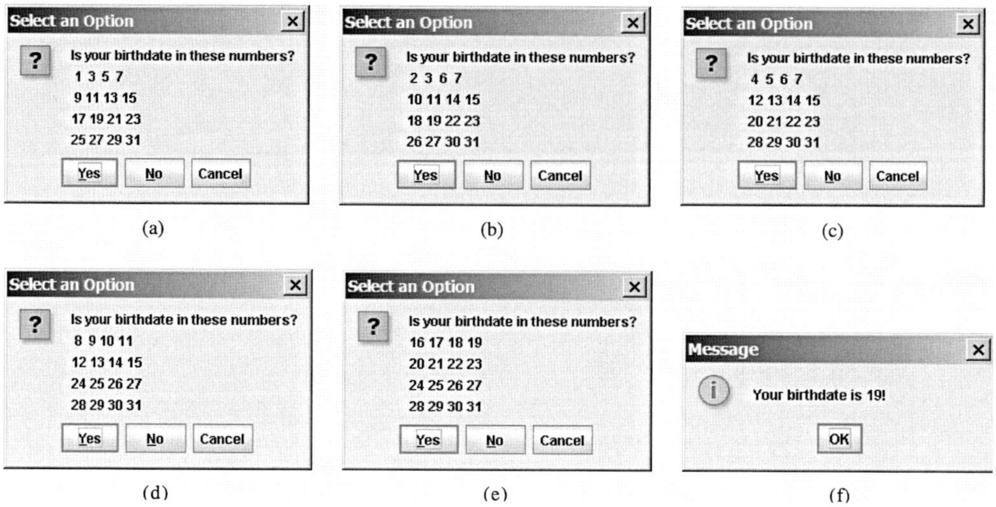

그림 3.6 (a)에서는 Yes를, (b)에서는 No를, (c)에서는 Yes를, (d)에서는 Yes를, (e)에서는 No를 클릭하자.

프로그램은 사용자에게 숫자가 어느 세트(세트1 38행, 세트2 44행, 세트3 50행, 세트4 56행, 세트5 62행)에 있는지 대답을 얻기 위해 확인 대화상자를 출력한다. 대답이 "예"이면 세트의 첫 번째 숫자가 date에 추가된다(42, 48, 54, 60, 66행).

주요 용어

- boolean 타입
- break 문
- 단락 회로 연산자
- 불리언 값
- 불리언 표현식
- 선택문
- 아래-통과 특성
- 연산자 결합 법칙
- 연산자 우선순위
- 조건 연산자

요약

- boolean 타입은 참(true)과 거짓(false) 값을 표현한다.
- 관계 연산자(<, <=, ==, !=, >, >=)는 숫자나 문자와 함께 사용하고 결과는 불리언 값이다.
- 불리언 연산자 &&, ||, !, ^는 불리언 값과 불리언 변수에 대한 연산을 수행한다.
- p1 && p2를 평가할 때, 자바는 먼저 p1을 평가하고, p1이 **참**이면 p2를 평가한다. 그러나 p1이 **거짓**이면 p2를 평가하지 않는다. p1 || p2를 평가할 때, 자바는 먼저 p1을 평가하고,

p1이 **거짓**이면 p2를 평가한다. p1이 **참**이면 p2를 평가하지 않는다. 따라서, &&는 조건적인 AND 연산자 또는 단락 회로 AND 연산자라고 하고, ||는 조건적인 OR 연산자 또는 단락 회로 OR 연산자라고 한다.

- 선택문은 선택적인 상황을 가진 프로그래밍에 사용된다. 선택문은 단순 if 문, if ... else 문, 중첩된 if 문, switch 문, 조건 표현식의 몇 가지 종류가 있다.
- 다양한 if 문은 모두 불리언 표현식을 기반으로 제어를 결정한다. 표현식의 **참** 또는 **거짓** 평가에 따라, 가능한 두 상황 중 한쪽이 실행된다.
- switch 문은 char, byte, short, int 타입의 switch 표현식에 따라 제어를 결정한다.
- 키워드 break는 switch 문에서 선택적이지만, 일반적으로 switch 문의 나머지를 종료하기 위하여 각 case의 끝에 사용된다. break 문이 없다면, 다음 case 문이 실행될 것이다.

복습문제

3.2절 불리언 데이터 타입과 연산

3.1 여섯 개의 비교 연산자를 나열하라.

3.2 x가 1이라고 할 때, 다음 불리언 표현식의 결과를 보여라.

```
(true) && (3 > 4)
!(x > 0) && (x > 0)
(x > 0) || (x < 0)
(x != 0) || (x == 0)
(x >= 0) || (x < 0)
(x != 1) == !(x == 1)
```

3.3 변수 num에 저장된 수가 1과 100 사이에 있다면 참(true)이 되는 불리언 표현식을 작성하라.

3.4 변수 num에 저장된 수가 1과 100 사이에 있거나 음수이면 참(true)이 되는 불리언 표현식을 작성하라.

3.5 x와 y가 int 타입이라고 할 때, 다음 중 올바른 자바 표현식은?

```
x > y > 0
x = y && y
x /= y
x or y
x and y
(x != 0) || (x = 0)
```

3.6 캐스팅을 포함한 다음과 같은 변환이 가능한가? 그렇다면 변환된 결과는 무엇인가?

```
boolean b = true;
i = (int)b;

int i = 1;
boolean b = (boolean)i;
```

3.7 x가 1이라면, 다음 표현식을 수행한 다음 x의 값은 무엇인가?

```
(x >= 1) && (x++ > 1)
```

3.8 x가 1이라면, 다음 표현식을 수행한 다음 x의 값은 무엇인가?

```
(x > 1) && (x++ > 1)
```

3.9 다음 프로그램의 결과는 무엇인가?

```
public class Test {
  public static void main(String[] args) {
    char x = 'a';
    char y = 'c';

    System.out.println(++y);
    System.out.println(y++);
    System.out.println(x > y);
    System.out.println(x - y);
  }
}
```

3.10 age가 13보다 크고 18보다 작을 때 참이 되는 불리언 표현식을 작성하라.

3.11 weight가 50보다 크거나 height가 16보다 클 때 참이 되는 불리언 표현식을 작성하라.

3.12 weight가 50보다 크고 height가 160보다 클 때 참이 되는 불리언 표현식을 작성하라.

3.13 weight가 50보다 크지 않거나 height가 160보다 크지 않을 때 참이 되는 불리언 표현식을 작성하라. 그러나 weight가 50보다 크지 않고 동시에 height가 160보다 크지 않을 때는 참이 아니다.

3.3절 if 문

3.14 x = 3이고 y = 2일 때, 다음 코드의 결과는 무엇인가? x = 3이고 y = 4일 때, 결과는 무엇인가? x = 2이고 y = 2일 때, 결과는 무엇인가? 다음 코드의 순서도를 그려라.

```
if (x > 2) {
  if (y > 2) {
    z = x + y;
    System.out.println("z is " + z);
```

```
    }
  }
  else
    System.out.println("x is " + x);
```

3.15 다음 문장 중 동등한 것은 어떤 것인가? 올바르게 들여쓰기가 되어 있는 것은?

(a)
```
if (i > 0) if
(j > 0)
x = 0; else
if (k > 0) y = 0;
else z = 0;
```

(b)
```
if (i > 0) {
  if (j > 0)
    x = 0;
  else if (k > 0)
    y = 0;
}
else
  z = 0;
```

(c)
```
if (i > 0)
  if (j > 0)
    x = 0;
  else if (k > 0)
    y = 0;
  else
    z = 0;
```

(d)
```
if (i > 0)
  if (j > 0)
    x = 0;
  else if (k > 0)
    y = 0;
else
  z = 0;
```

3.16 x = 2이고 y = 3일 때, 다음 코드의 결과는 무엇인가? x = 3이고 y = 2일 때, 결과는 무엇인가? x = 3이고 y = 3일 때, 결과는 무엇인가? (힌트 : 먼저 문장을 올바르게 들여쓰기 하자.)

```
if (x > 2)
  if (y > 2) {
    int z = x + y;
    System.out.println("z is " + z);
  }
else
  System.out.println("x is " + x);
```

3.17 다음 두 문장이 동등한가?

```
if (income <= 10000)
  tax = income * 0.1;
else if (income <= 20000)
  tax = 1000 +
    (income - 10000) * 0.15;
```

```
if (income <= 10000)
  tax = income * 0.1;
else if (income > 10000 &&
         income <= 20000)
  tax = 1000 +
    (income - 10000) * 0.15;
```

3.18 다음 중 Math.random( )을 호출한 결과로 가능한 것은?

```
323.4, 0.5, 34, 1.0, 0.0, 0.234
```

3.19 $0 \le i < 20$의 범위에서 임의의 정수 i를 어떻게 생성하는가? $10 \le i < 20$의 범위에서 임의의 정수 i를 어떻게 생성하는가? $10 \le i \le 50$의 범위에서 임의의 정수 i를 어떻게 생성하는가?

3.20 y가 0보다 클 때, x에 1을 배정하는 if 문을 작성하라.

3.21 score가 90보다 클 때, pay가 3%씩 증가하는 if 문을 작성하라.

3.22 score가 90보다 클 때, pay가 3%씩 증가하는 if 문을 작성하고, 그렇지 않으면 pay가 1%씩 증가한다.

3.23 불리언 표현식을 사용하여 다음 문장을 다시 작성하라.

```
if (count % 10 == 0)
  newLine = true;
else
  newLine = false;
```

3.4절 switch 문

3.24 switch 변수를 위해서는 어떠한 데이터 타입이 필요한가? 하나의 case가 처리된 다음 키워드 break가 사용되지 않는다면, 실행되는 다음 문장은 무엇인가? switch 문을 동등한 if 문으로 변환할 수 있는가? 또는 그 역도 가능한가? switch 문을 사용하는 장점은 무엇인가?

3.25 다음 switch 문이 실행된 다음 y의 값은 무엇인가?

```
x = 3; y = 3;
switch (x + 3) {
  case 6:  y = 1;
  default: y += 1;
}
```

3.26 다음과 같은 if 문을 재작성하기 위하여 switch 문을 사용하고, switch 문에 대한 순서도를 그려라.

```
if (a == 1)
  x += 5;
else if (a == 2)
  x += 10;
else if (a == 3)
  x += 16;
else if (a == 4)
  x += 34;
```

3.27 day가 0, 1, 2, 3, 4, 5, 6일 때, String 변수 dayName에 각각 일요일, 월요일, 화요일, 수요일, 목요일, 금요일, 토요일을 배정하는 switch 문을 작성하라.

3.5절 조건 표현식

3.28 조건 연산자를 사용하여 다음 if 문을 다시 작성하라.

```
if (count % 10 == 0)
  System.out.print(count + "\n");
else
  System.out.print(count + " ");
```

3.29 조건 연산자를 사용하여 다음 if 문을 다시 작성하라.

```
if (temperature > 90)
  pay = pay * 1.5;
else
  pay = pay * 1.1;
```

3.6절 콘솔 출력 형식화하기

3.30 불리언 값, 문자, 정수, 부동소수점 수, 스트링을 출력하기 위한 지정자는 무엇인가?

3.31 나음 문장에서 무엇이 질못 되있나?

```
(a) System.out.printf("%5d %d", 1, 2, 3);
(b) System.out.printf("%5d %f", 1);
(c) System.out.printf("%5d %f", 1, 2);
```

3.32 다음 문장의 결과는 무엇인가?

```
(a) System.out.printf("amount is %f %e\n", 32.32, 32.32);
(b) System.out.printf("amount is %5.4f %5.4e\n", 32.32, 32.32);
(c) System.out.printf("%6b\n", (1 > 2));
(d) System.out.printf("%6s\n", "Java");
(e) System.out.printf("%-6b%s\n", (1 > 2), "Java");
(f) System.out.printf("%6b%-s\n", (1 > 2), "Java");
```

3.33 형식화된 스트링을 어떻게 생성하는가?

3.7절 연산자 우선순위와 결합 법칙

3.34 불리언 연산자의 우선순위를 나열하라. 다음 표현식을 평가하라.

```
true || true && false
true && true || false
```

3.35 참인가 거짓인가? =을 제외한 모든 이진 연산자는 왼쪽 결합 법칙을 가진다.

3.36 다음 표현식을 평가하라.

```
2 * 2 - 3 > 2 && 4 - 2 > 5
2 * 2 - 3 > 2 || 4 - 2 > 5
```

3.8절 (GUI) 확인 대화상자

3.37 확인 대화상자를 어떻게 출력하나? JOptionPane.showConfirmDialog를 호출하면 어떤 값이 반환되는가?

프로그래밍 연습

NOTE 각 프로그래밍 연습에 대해서, 학생들은 문제의 요구사항을 주의 깊게 분석해야 하고, 코딩하기 전에 문제를 해결하기 위한 전략을 설계해야 한다.

분석과 설계를 문서화

NOTE 강사는 학생들에게 선택된 문제를 위한 분석과 설계를 문서화하도록 요구할 수 있다. 학생들은 문제를 분석하고, 영어나 의사코드를 사용하여 문제를 해결하는 법을 서술하기 위하여 자신의 표현 방법을 사용해야 한다. 문제해결 서술에는 입력, 출력, 계산될 필요가 있는 것들을 포함한다.

TIP 여러분이 도움을 요청하기 전에, 스스로 프로그램을 읽어보고 설명해 보자. 몇 개의 대표적인 입력을 손으로 또는 IDE 디버거를 사용하여 추적해 보자. 여러분은 실수를 디버깅하면서 프로그램을 작성하는 방법을 배우게 된다.

NOTE 3.1–3.6에 대해 선택문을 사용하지 않도록 하자.

3.2절 불리언 데이터 타입과 연산

3.1* (입력 확인하기) 원의 반지름을 읽어서 면적을 출력하는 프로그램을 작성하라. 여러분의 프로그램은 사용자 입력을 확인해야 한다. 입력이 음수라면, "부정확한 입력(incorrect input)"을 출력한다. 다음은 이 프로그램의 실행 예이다.

```
Enter a radius: 1 ↵Enter
The area is 3.14159
```

```
Enter a radius: -1 ↵Enter
Incorrect input
```

3.2 (숫자가 짝수인지 검사하기) 하나의 정수를 입력받아 짝수인지 검사하는 프로그램을 작성하라. 다음은 이 프로그램의 실행 예이다.

```
Enter an integer: 25 ↵Enter
Is 25 an even number? false
```

```
Enter an integer: 2000 ↵Enter
Is 2000 an even number? true
```

3.3** (게임 : 세 수 곱히기) 리스트 3.3에서 프로그램은 두 개의 정수를 생성하고, 사용자에게 프롬프트를 통하여 두 정수의 합을 입력하도록 한다. 프로그램을 수정하여, 세 개의 한 자리 정수를 생성하고, 사용자에게 프롬프트를 통하여 이들 세 정수의 곱을 입력받도록 하자.

3.4** (게임 : 덧셈 배우기) 100 이하의 두 정수를 생성하고, 사용자에게 프롬프트를 통하여 두 정수의 합을 입력받는 프로그램을 작성하라. 그런 다음 프로그램은 입력받은 대답이 맞으면 참을, 그렇지 않으면 거짓을 출력한다. 프로그램은 리스트 3.3과 비슷하다.

3.5* (&&와 || 연산자 사용하기) 사용자에게 프롬프트를 통하여 하나의 정수를 입력받아 5와 7로 나누어질 수 있는지, 5 또는 7로 나누어질 수 있는지, 양쪽 다 아닌지 결정하는 프로그램을 작성하라. 다음은 이 프로그램의 실행 예이다.

```
Enter an integer: 10 ↵Enter
Is 10 divisible by 5 and 7? false
Is 10 divisible by 5 or 7? true
Is 10 divisible by 5 or 7, but not both? true
```

3.6* (입력 대화상자 사용하기) 입력 대화상자를 사용하여 리스트 3.2 LeapYear.java를 다시 작성하라.

3.3절 if 문

3.7 (재정 문제 : 통화 단위) 1달러, 1페니와 같이 한 자리 단위를 위해서는 단수 단어를 사용하고, 2달러, 3페니와 같이 하나의 단위 이상을 위해서는 복수 단어를 사용할 수 있도록 리스트 2.8 ComputeChange.java를 수정하라(여러분의 프로그램을 테스트하기 위하여 입력 23.67을 사용하라).

3.8* (세 정수 정렬하기) 세 정수를 정렬하는 프로그램을 작성하라. 정수는 입력 대화상자로부터 입력되고, 변수 **num1**, **num2**, **num3**에 각각 저장된다. 프로그램은 num1 $\leq$ num2 $\leq$ num3가 되도록 입력된 수들을 정렬한다.

3.9* (게임 : 덧셈하기) 리스트 3.4 SubtractionQuiz.java는 임의의 뺄셈 문제를 생성하는 프로그램인데, 50 이하의 세 정수를 더하는 임의의 덧셈 문제를 생성하는 프로그램으로 변경하라.

3.10 (재정 문제 : 세금 계산) 리스트 3.7은 독신 신고자에 대한 세금을 계산하는 소스 코드이다. 완전한 소스 코드가 되도록 리스트 3.7을 완성하라.

3.11* (기하학 : 두 점간의 거리) 두 점의 x 좌표와 y 좌표를 읽어서 그 점들간의 거리를 출력하는 프로그램을 작성하라. 이 프로그램의 실행 예는 다음과 같다.

```
Enter the x- and y- coordinates for point1: 10 25.5 ↵Enter
Enter the x- and y- coordinates for point1: 0.5 12.5 ↵Enter
The distance between the two points is 16.101242188104617
```

두 점간의 거리를 계산하는 공식은 $\sqrt{(x_2 - x_1)^2 + (y_2 - y_1)^2}$ 이다. n의 제곱근을 계산하려면 Math.srqt(n)을 사용하라.

3.12 (숫자 검사하기) 사용자에게 프롬프트를 통하여 하나의 정수를 받아들여 그 수가 5와 6 모두로 나누어지는지 또는 5와 6 모두로 나누어지지 않는지 또는 5나 6으로만 나누어지는지 검사하는 프로그램을 작성하라. 입력 10, 30, 23에 대한 실행 예는 다음과 같다.

```
10 is divisible by 5 or 6, but not both
30 is divisible by both 5 and 6
23 is not divisible by either 5 or 6
```

3.13 (해당 연도의 일수 찾기) 사용자에게 프롬프트를 통하여 연도를 입력받아 그 연도의 일수를 출력하는 프로그램을 작성하라. 예를 들어, 사용자가 2000을 입력하면, 프로그램은 2000년이 366일이라고 출력해야 한다. 사용자가 2005를 입력하면, 프로그램은 2005년이 365일이라고 출력해야 한다.

3.14 (게임 : 앞면일까 뒷면일까) 사용자에게 동전의 앞면인지 뒷면인지 추측하게 하는 프로그램을 작성하라. 프로그램은 동전의 앞면과 뒷면을 나타내는 정수 0과 1을 임의로 생성한다. 이 프로그램은 사용자에게 프롬프트를 통하여 추측한 값을 입력받아, 추측한 값이 올바른지를 검사한다.

3.15 (월 추측하기) 여러분은 질문을 네 번하여 여러분 친구의 생일이 있는 월을 알아낼 수 있다. 각 질문은 그 월이 그림 3.7과 같은 숫자의 네 세트 중 하나에 있는지 물어본다.

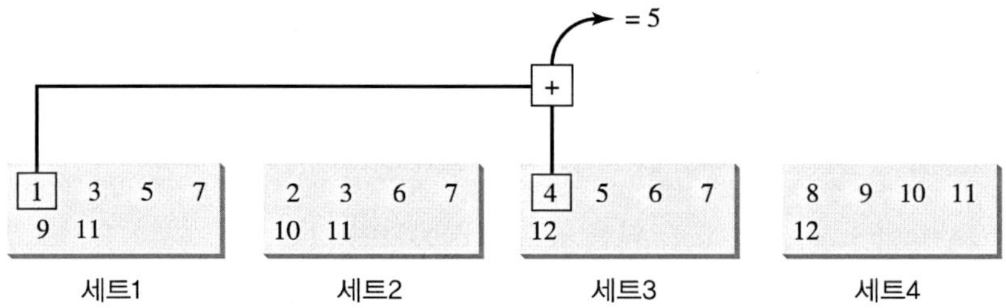

그림 3.7 생일이 있는 월은 그 월이 나타나는 세트에 있는 첫 번째 수들의 합이 된다.

생일이 있는 월은 그 월이 나타나는 세트에 있는 첫 번째 수들의 합이 된다. 예를 들어, 생일이 5월에 있으면, 그것은 세트1과 세트3에 나타난다. 이들 세트에서 첫 번째 숫자는 1과 4이고 그 합은 5이다.

여러분 친구의 생일이 있는 월을 추측하기 위해서 질문을 네 번하는 프로그램을 작성하라. 네 번의 질문을 하는 실행 예는 다음과 같다.

```
Is your birth month in Set1?
 1  3  5  7
 9 11

Enter 0 for No and 1 for Yes: 1 ↵Enter

Is your birth month in Set2?
 2  3  6  7
10 11

Enter 0 for No and 1 for Yes: 0 ↵Enter

Is your birth month in Set3?
 4  5  6  7
12

Enter 0 for No and 1 for Yes: 0 ↵Enter

Is your birth month in Set4?
 8  9 10 11
12

Enter 0 for No and 1 for Yes: 1 ↵Enter

Your birth date is 9!
```

3.16 (임의의 문자) 임의의 대문자를 출력하는 프로그램을 작성하라.

3.17 (월 추측하기) JOptionPane 확인 대화상자를 사용하여 프로그래밍 연습 3.15를 다시 작성하라.

3.18* (건강 문제 : BMI) 사용자에게 몸무게와 키를 입력받아 리스트 3.16 ComputeBMI.java를 변경하라. 예를 들어, 어떤 사람의 키가 5피트 10인치라면, 피트에 5를 인치에 10을 입력할 수 있다.

3.19** (ISBN 검사) 국제표준책번호(ISBN)는 10개의 숫자 $d_1d_2d_3d_4d_5d_6d_7d_8d_9d_{10}$로 구성되어 있다. 마지막 숫자 d_{10}은 다음 공식을 사용하여 다른 아홉 개의 숫자로부터 계산되는 검사용 숫자이다.

$(d_1 \times 1 + d_2 \times 2 + d_3 \times 3 + d_4 \times 4 + d_5 \times 5 + d_6 \times 6 + d_7 \times 7 + d_8 \times 8 + d_9 \times 9) \% 11$

검사용 숫자가 10이면, 마지막 숫자는 ISBN 규약에 따라 X로 표시된다. 사용자에게 프롬프트를 통하여 처음 9개 숫자를 입력받아 10개 숫자의 ISBN을 출력하라. 여러분의 프로그램은 정수를 입력으로 받아야 한다.

3.20* (과학 : 냉풍 온도) 프로그래밍 연습 2.17에는 풍속 냉각 온도를 계산하는 공식이 있는데, −58°F와 41°F 사이의 범위에 있는 온도와 2 이상인 풍속에 대해서 올바르게 계산된다. 사용자에게 프롬프트를 통하여 온도와 풍속을 입력받는 프로그램을 작성하라. 프로그램의 입력이 올바르다면 풍속 냉각 온도를 출력하고, 그렇지 않으면 온도와 풍속이 올바르지 않다는 것을 나타내는 메시지를 출력한다.

CHAPTER 04

루프문

- 문장의 반복을 제어하기 위하여 while 문, do-while 문 및 for 문의 사용법을 익힌다(§§4.2-4.4).
- 루프문의 제어흐름을 이해한다(§§4.2-4.4).
- 루프문의 제어를 위한 불리언 표현식을 익힌다(§§4.2-4.4).
- 세 가지 루프문의 공통점과 차이점을 숙지한다(§4.5).
- 중첩된 루프문을 작성한다(§4.6).
- 수치적 오류를 최소화하기 위한 기법을 익힌다(§4.7).
- 다양한 예제로부터 루프문을 학습한다(§4.8).
- break 문과 continue 문을 이해한다(§4.9).
- 대화상자의 루프 제어를 익힌다(§4.10).

4.1 서론

독자들에게 하나의 문자열(예 : "Welcome to Java!")을 100번 프린트하는 문제가 주어졌다고 가정하자. 만약 다음의 문장을 100번 작성한다면 상당히 지루한 작업이 될 것이다.

```
System.out.println("Welcome to Java!");
```

그렇다면 좀 더 효율적인 방법은 없을까?

자바에서는 작업의 반복수 혹은 작업의 다음 순서를 정해주는 루프문이라는 제어구조를 제공하고 있다. 루프문을 사용하면 상기 문제에 대해 같은 문장을 100번 작성하지 않고 단순히 100번 프린트를 하도록 컴퓨터에게 알려줄 수 있다.

루프문은 같은 문장들의 블록을 반복할 수 있도록 조절하는 제어문이다. 루프문은 프로그래밍의 기본적인 작업으로서, 자바에서는 while 문, do-while 문 및 for 문의 세 가지 루프문을 제공한다.

4.2 while 문

while 문의 문법은 다음과 같다.

```
while (loop-continuation-condition) {
  // Loop body
  Statement(s);
}
```

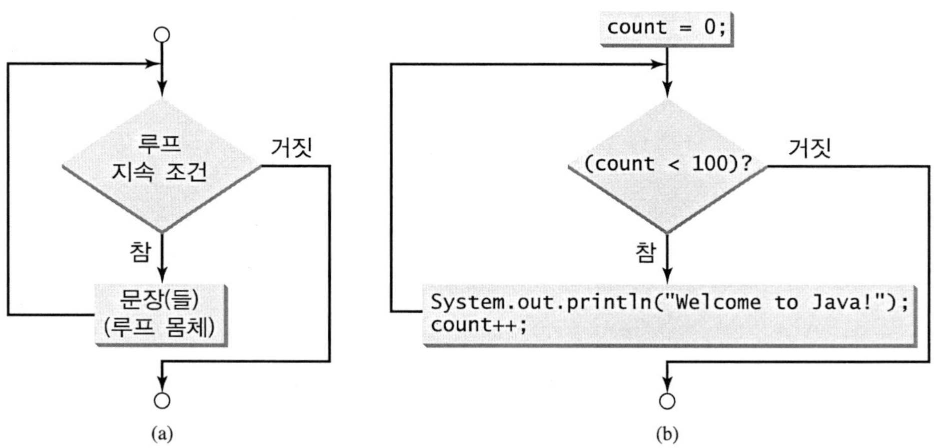

그림 4.1 while 문은 루프 지속 조건이 참이면 루프 몸체 안의 문장을 반복적으로 실행한다.

그림 4.1(a)는 while 문의 순서도를 설명한 것이다. while 문을 포함한 루프문은 루프 지속 조건을 포함하는데, 이러한 조건은 루프문 내의 문장들(**루프 몸체**)을 실행하기 위한 불리언

(Boolean) 표현식으로 표현한다. 루프 지속 조건은 루프 몸체가 실행될 때마다 체크되는데, 만약 조건이 참이면 루프 몸체가 실행되고, 거짓이면 루프문을 빠져나와 루프문 밑에 있는 다음의 문장을 실행하게 된다.

예를 들어, "Welcome to Java!"를 100번 프린트하는 while 문을 작성하면 다음과 같다.

```
int count = 0;
while (count < 100) {
      System.out.println("Welcome to Java!");
      count++;
    }
```

상기 while 문의 순서도는 그림 4.1(b)에 나와 있다.

count 변수는 0으로 초기화되고 while 문은 (count 〈 100)이 참인지 체크한다. 만약에 참이면 루프 몸체가 실행되어 "Welcome to Java!"가 프린트되고 count는 1만큼 증가된다. 이후 계속 반복되어 (즉, "Welcome to Java!"가 100번 프린트되며 count는 계속 증가되어 100이 된다) (count 〈 100)이 거짓이 된다. 이 때 while 문은 종료되고 while 문 다음의 문장이 실행된다.

NOTE

루프 지속 조건은 괄호 안에 작성되어야 하며, 루프 몸체는 {으로 시작하여 }으로 끝난다. 다만 루프 몸체가 없을 때는 {과 }이 생략될 수 있다.

주의

루프 지속 조건이 결국 거짓이 되도록 프로그램을 작성해야 한다. 만약 거짓이 되지 않으면 루프문은 무한히 실행되는 논리적 오류가 발생할 것이다. 예를 들어, 상기 예에서 count++를 생략하면 프로그램은 **무한 반복**하게 된다.

4.2.1 예제 : 숫자 맞추기 게임

이 예제는 컴퓨터가 마음에 담아두고 있는 숫자를 추측해보는 것이다. 여러분은 0과 100 사이의 이 숫자들을 포함한 난수를 발생시키는 프로그램을 만들게 될 것이다. 그 프로그램은 무작위로 생성된 숫자들과 부합이 될 때까지 사용자가 계속적으로 즉시 숫자를 입력하도록 한다. 각 사용자들의 숫자 입력을 위해, 그 프로그램은 입력 값이 너무 낮은지 혹은 너무 높은지를 알려줌으로써 사용자가 다음 입력 값을 재치있게 선택할 수 있도록 해준다. 여기에 실행 예제가 있다.

```
Guess a magic number between 0 and 100

Enter your guess: 50
Your guess is too high
```

```
Enter your guess: 25 ↵Enter
Your guess is too high

Enter your guess: 12 ↵Enter
Your guess is too high

Enter your guess: 6 ↵Enter
Your guess is too low

Enter your guess: 9 ↵Enter
Your guess is too high

Enter your guess: 7 ↵Enter
Your guess is too low

Enter your guess: 8 ↵Enter
Yes, the number is 8
```

위에서 magic number는 0과 100 사이의 숫자이다. 추측하는 횟수를 최소화하기 위해 먼저 50을 입력한다. 만약 여러분이 추측한 숫자가 너무 높았다면 magic number는 0과 49 사이의 숫자이다. 만약 여러분이 추측한 숫자가 너무 낮았다면 magic number는 51과 100 사이의 숫자가 된다. 그래서 여러분은 한 번의 추측 후에 이러한 고려사항들을 통해 숫자들을 반씩 제거할 수 있다.

코딩을 하기 전에 생각을 먼저 하는 것

여러분은 이 프로그램을 어떻게 작성할 것인가? 즉시 코딩을 시작할 것인가? 아니다. **코딩을 하기 전에 생각을 먼저 하는 것**이 중요하다. 프로그램 작성을 떠나 어떻게 이 문제를 해결할지 생각해 보라. 여러분은 먼저 0과 100 사이의 무작위 수를 생성하고, 신속하게 추측한 수를 입력한 후 난수와 여러분이 추측한 수를 비교할 필요가 있다.

점차적으로 코드를 만들어 나가는 것

한 번에 하나씩 **점차적으로 코드를 만들어 나가는 것**은 좋은 습관이다. 루프문을 포함하는 프로그램을 위해서 여러분이 지금 당장은 루프문을 쓸 수 없다고 해도 한 번 반복하게 되는 코드를 써본 후에 루프문 안에서 어떻게 그 코드가 실행되는지 찾으면 된다. 이런 프로그램을 위해서 리스트 4.1에 보여지는 것처럼 초안을 만들어도 된다.

리스트 4.1 GuessNumberOneTime.java

```
import java.util.Scanner;

public class GuessNumberOneTime {
  public static void main(String[] args) {
    // Generate a random number to be guessed
    int number = (int)(Math.random() * 101);

    Scanner input = new Scanner(System.in);
    System.out.println("Guess a magic number between 0 and 100");

    // Prompt the user to guess the number
    System.out.print("\nEnter your guess: ");
    int guess = input.nextInt();
```

```
14
15     if (guess == number)
16       System.out.println("Yes, the number is " + number);
17     else if (guess > number)
18       System.out.println("Your guess is too high");
19     else
20       System.out.println("Your guess is too low");
21   }
22 }
```

여러분이 이 프로그램을 실행시키면 이것은 단 한 번 실행된다. 여러분은 루프문 안의 11-20행에 코드를 입력할 필요가 있다. 루프문은 guess==number가 참이 되면 수행을 마친다. 완성된 코드는 리스트 4.2에 있다.

리스트 4.2 GuessNumber.java

```
 1 import java.util.Scanner;
 2
 3 public class GuessNumber {
 4   public static void main(String[] args) {
 5     // Generate a random number to be guessed
 6     int number = (int)(Math.random() * 101);
 7
 8     Scanner input = new Scanner(System.in);
 9     System.out.println("Guess a magic number between 0 and 100");
10
11     int guess = -1;
12     while (guess != number) {
13       // Prompt the user to guess the number
14       System.out.print("\nEnter your guess: ");
15       guess = input.nextInt();
16
17       if (guess == number)
18         System.out.println("Yes, the number is " + number);
19       else if (guess > number)
20         System.out.println("Your guess is too high");
21       else
22         System.out.println("Your guess is too low");
23     }
24   } // End of loop
25 }
```

이 프로그램은 6행에서 magic number를 생성하고 사용자는 12-23행의 루프문 안에서 계속적으로 추측한 수를 입력한다. 각각의 추측을 위해 이 프로그램은 17-22행에서 추측한 수가 정확한지, 너무 높은지, 너무 낮은지를 확인한다. 추측이 맞았을 때 12행에서 이 프로그램은 루프문을 빠져나온다. guess는 -1로 초기화됨을 주의하라. 값이 0과 100 사이의 수로 초기화되는 것은 잘못된 것인데, 그 이유는 이런 경우에 그 숫자는 추측된 숫자가 될 수 있기 때문이다.

4.2.2 예제 : 진보된 수학 학습 도구

리스트 3.4의 SubtractionQuiz.java에 나와있는 Math subtraction learning tool program은 각 실행 때에 오직 하나의 질문만을 생성한다. 여러분은 반복적으로 질문들을 생성하기 위해 루프문을 사용할 수 있다. 리스트 4.3은 다섯 개의 질문들을 생성한 후 학생들이 다섯 개의 모든 질문에 답을 하고 맞는 답변의 수를 제공하는 프로그램을 보여준다. 이 프로그램은 또한 모든 질문들에 대한 목록과 테스트하는데 걸린 시간을 보여준다.

리스트 4.3 SubtractionQuizLoop.java

```
import java.util.Scanner;

public class SubtractionQuizLoop {
  public static void main(String[] args) {
    final int NUMBER_OF_QUESTIONS = 5; // Number of questions
    int correctCount = 0; // Count the number of correct answers
    int count = 0; // Count the number of questions
    long startTime = System.currentTimeMillis();
    String output = ""; // output string is initially empty
    Scanner input = new Scanner(System.in);

    while (count < NUMBER_OF_QUESTIONS) {
      // 1. Generate two random single-digit integers
      int number1 = (int)(Math.random() * 10);
      int number2 = (int)(Math.random() * 10);

      // 2. If number1 < number2, swap number1 with number2
      if (number1 < number2) {
        int temp = number1;
        number1 = number2;
        number2 = temp;
      }

      // 3. Prompt the student to answer "What is number1 - number2?"
      System.out.print(
        "What is " + number1 + " - " + number2 + "? ");
      int answer = input.nextInt();

      // 4. Grade the answer and display the result
      if (number1 - number2 == answer) {
        System.out.println("You are correct!");
        correctCount++;
      }
      else
        System.out.println("Your answer is wrong.\n" + number1
          + " - " + number2 + " should be " + (number1 - number2));

      // Increase the count
      count++;

```

```
41        output += "\n" + number1 + "-" + number2 + "=" + answer +
42          ((number1 - number2 == answer) ? " correct" : " wrong");
43      }
44
45      long endTime = System.currentTimeMillis();
46      long testTime = endTime - startTime;
47
48      System.out.println("Correct count is " + correctCount +
49        "\nTest time is " + testTime / 1000 + " seconds\n" + output);
50    }
51  }
```

```
What is 9 - 2? 7
You are correct!

What is 3 - 0? 3
You are correct!

What is 3 - 2? 1
You are correct!

What is 7 - 4? 4
Your answer is wrong.
7 - 4 should be 3

What is 7 - 5? 4
Your answer is wrong.
7 - 5 should be 2

Correct count is 3
Test time is 1021 seconds

9-2=7 correct
3-0=3 correct
3-2=1 correct
7-4=4 wrong
7-5=4 wrong
```

이 프로그램은 루프문의 실행을 제어하기 위해 제어 변수인 count를 사용한다. count는 0으로 초기화되고(7행), 각 루프시에 1씩 증가한다(39행). 뺄셈 질문은 표시되고 각 루프에서 진행된다. 이 프로그램은 8행의 테스트하기 전과 45행의 테스트가 끝난 후, 그리고 46행에서 테스트 시간을 계산하는 시간을 갖는다. 이 테스트 시간은 밀리세컨드로 계산되고 49행에서 초 단위로 바뀐다.

4.2.3 감시문자 값을 가진 루프문 제어

루프문 제어를 위한 또 하나의 일반적인 기술은 값들의 집합을 읽고 과정을 진행할 때 특별한 값을 지정하는 것이다. **감시문자 값**으로 알려진 이 특별한 입력 값은 루프문의 종료를 알린다.

리스트 4.4는 불특정 개수의 정수를 읽고 합을 계산하는 프로그램을 보여준다. 입력 0은 입력의 종료를 알린다. 여러분은 각 입력값을 위한 새로운 변수를 선언할 필요가 있을까? 아니다. 단지 입력 값을 저장하기 위해 data라는(12행) 변수를 사용하고 전체 값을 저장하기 위한 sum이라는(15행) 변수를 사용하면 된다. 언제든 값을 읽고 data에 할당하며 만약 0이 아니라면 그것을 sum에 더한다(17행).

리스트 4.4 SentinelValue.java

```
1 import java.util.Scanner;
2
3 public class SentinelValue {
4   /** Main method */
5   public static void main(String[] args) {
6     // Create a Scanner
7     Scanner input = new Scanner(System.in);
8
9     // Read an initial data
10    System.out.print(
11      "Enter an int value (the program exits if the input is 0): ");
12    int data = input.nextInt();
13
14    // Keep reading data until the input is 0
15    int sum = 0;
16    while (data != 0) {
17      sum += data;
18
19      // Read the next data
20      System.out.print(
21        "Enter an int value (the program exits if the input is 0): ");
22      data = input.nextInt();
23    }
24
25    System.out.println("The sum is " + sum);
26  }
27 }
```

```
Enter an int value (the program exits if the input is 0): 2 Enter
Enter an int value (the program exits if the input is 0): 3 Enter
Enter an int value (the program exits if the input is 0): 4 Enter
Enter an int value (the program exits if the input is 0): 0 Enter
The sum is 9
```

만약 data가 0이 아니라면 sum(17행)에 더해지고 입력 데이터의 다음 항목이 읽혀진다(20–22행). 만약 data가 0이라면, 루프문 몸체는 더 이상 실행되지 않고 while 루프문은 종료한다. 입력값 0은 이 루프문을 위한 감시문자 값이다.

만약 처음 입력값 0을 읽었다면 루프문 몸체는 절대 실행되지 않고 합의 결과는 0이 되므로 주의하라.

주의

루프문 제어에서 동등성 검사를 위해 부동소수점 수를 쓰지 말라. 왜냐하면 부동소수점 수는 어떤 값들에서는 애매한 counter 값과 부정확한 결과를 야기시키는 근사치이기 때문이다. 이 예제는 정수값을 data에서 쓰고 있다. 만약 부동소수점 수가 data에 쓰여진다면, (data != 0)은 data가 정확히 0이라 해도 true가 될 것이다.
여기 이 책의 비평가가 제공한 좋은 예제가 있다.

```
// data should be zero
double data = Math.pow(Math.sqrt(2), 2) - 2;

if (data == 0)
  System.out.println("data is zero");
else
  System.out.println("data is not zero");
```

pow처럼 sqrt는 숫자의 제곱 연산을 위한 Math 클래스에서의 메소드이다. 위의 코드에서 이 변수 data는 0이 되어야 하지만 rounding-off 에러 때문에 그렇게 되지 않았다.

4.3 do-while 문

do-while 루프문은 while 루프문의 변화형이다. do-while 문의 문법은 다음과 같다.

```
do {
  // Loop body;
  Statement(s);
} while (loop-continuation-condition);
```

그림 4.2는 do-while 문의 순서도이다.

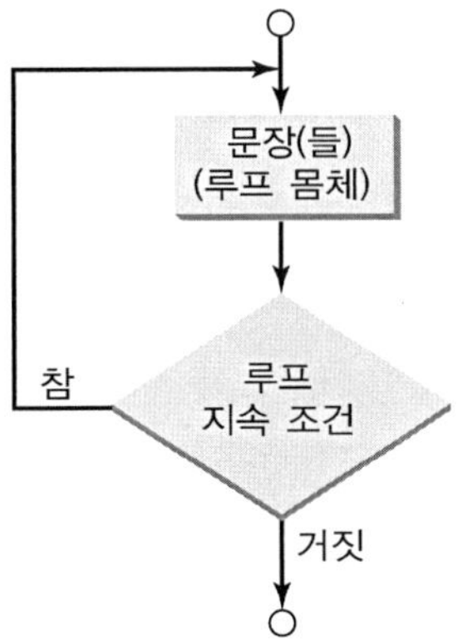

그림 4.2 do-while 루프문은 루프문 몸체를 먼저 실행한 후에 loop-continuation condition을 체크하여 루프문을 계속할지 종료할지를 결정한다.

루프문 몸체가 먼저 실행된다. 그리고 나서 loop-continuation condition이 평가된다. 만약 평가가 true라면 루프문 몸체는 실행을 다시하고 만약 false라면 do-while 루프문은 종료된다. while 루프문과 do-while 루프문의 차이는 어떤 loop-continuation condition이 평가되고 루프문 몸체가 실행되는지의 순서에 있다. while 루프문과 do-while 루프문은 동등한 표현 능력을 갖고 있다. 때때로 한 가지가 다른 하나보다 편한 선택이 된다. 예를 들어, 여러분은 리스트 4.4의 while 루프문을 리스트 4.5에 나와 있는 것처럼 do-while 루프문을 사용하여 다시 쓸 수 있다.

리스트 4.5 TestDoWhile.java

```
import java.util.Scanner;

public class TestDoWhile {
  /** Main method */
  public static void main(String[] args) {
    int data;
    int sum = 0;

    // Create a Scanner
    Scanner input = new Scanner(System.in);

    // Keep reading data until the input is 0
    do {
      // Read the next data
      System.out.print(
        "Enter an int value (the program exits if the input is 0): ");
      data = input.nextInt();

      sum += data;
    } while (data != 0);

    System.out.println("The sum is " + sum);
  }
}
```

```
Enter an int value (the program exits if the input is 0): 3 ↵Enter
Enter an int value (the program exits if the input is 0): 5 ↵Enter
Enter an int value (the program exits if the input is 0): 6 ↵Enter
Enter an int value (the program exits if the input is 0): 0 ↵Enter
The sum is 14
```

TIP

앞서 보았던 TestDoWhile 프로그램의 do-while 루프문의 경우처럼 루프문 안에서 반드시 한 번은 실행되어야 할 구문이 있다면 do-while 루프문을 사용하라. 만약 여러분이 while 루프문을 사용하고 있다면, 이 구문은 루프의 내부와 같이 루프 전에 반드시 나타나야 한다.

4.4 for 문

여러분은 다음에 나오는 일반적인 형식으로 루프 구조를 자주 쓴다.

```
i = initialValue;  // Initialize loop control variable
while (i < endValue) {
  // Loop body
  ...
  i++; // Adjust loop control variable
}
```

for 루프는 그 진행 과정을 간단히 하여 사용될 수 있다.

```
for (i = initialValue; i < endValue; i++) {
  // Loop body
  ...
}
```

일반적으로, for 루프구문은 아래에 보여지는 것과 같다.

```
for (initial-action; loop-continuation-condition;
     action-after-each-iteration) {
  // Loop body;
  Statement(s);
}
```

for 루프의 순서도는 그림 4.3(a)에 보여지는 것과 같다.

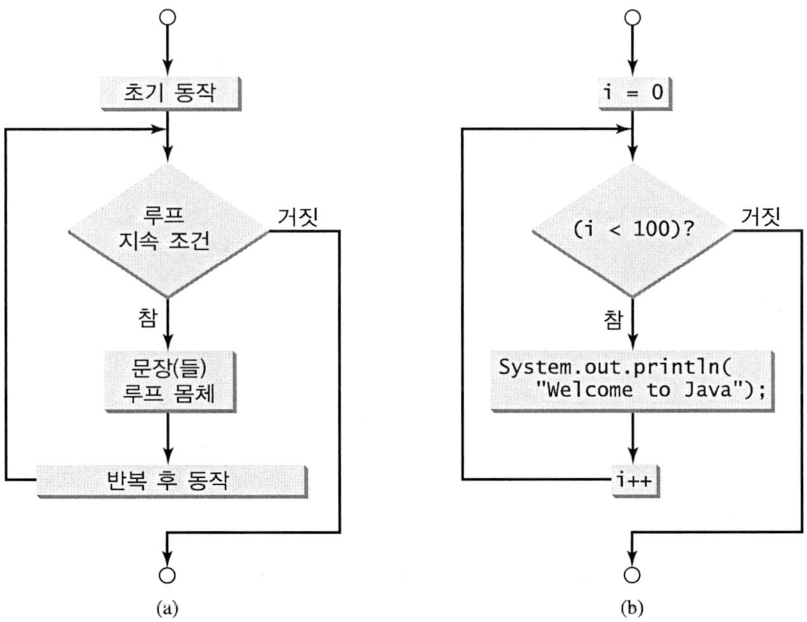

그림 4.3 for 루프는 초기 동작을 한 번 수행한 후에, 루프 몸체에 있는 구문들을 반복적으로 수행한다. 그리고 루프 지속 조건이 참으로 평가된 후에 동작을 실행한다.

for 루프 구문은 괄호 안에 갇혀있는 한 쌍의 루프 제어구조가 온 후 키워드 for로 시작한다. 이 구조는 초기 동작, 루프 지속 조건, 반복 후 동작으로 구성된다. 제어구조는 중괄호로 묶여있는 루프 몸체에 의해 따라온다. 초기 동작, 루프 지속 조건, 반복 후 동작은 세미콜론에 의해 나누어진다.

for 루프는 일반적으로 루프 몸체를 몇 번이나 실행하고 언제 루프를 끝낼지를 제어하는데 쓰인다. 이 변수는 제어 변수라고 언급되어진다. 초기 동작은 대개 제어 변수를 초기화, 반복 후 동작은 일반적으로 변수를 증가시키거나 감소시키며, 루프 지속 조건은 제어 변수가 종료 값에 도달하였는지를 검사한다. 예를 들어, 다음의 for 루프는 Welcome to Java!를 100번 출력한다.

```
int i;
for (i = 0; i < 100; i++) {
  System.out.println("Welcome to Java!");
}
```

그림 4.3(b)에서 구문의 순서도가 보여진다. for 루프는 i를 0으로 초기화한 후, i가 100보다 작을 동안에 println 구문을 반복적으로 실행하고, i++를 평가한다.

초기 동작 i=0은 제어 변수 i를 초기화시킨다. 루프 지속 조건인 i 〈 100은 불리언 표현이다. 이 표현은 각 반복의 시작점에서 평가된다. 만약 이 조건이 참이라면 루프 몸체가 실행된다. 만약 거짓이라면 루프가 종료되고 프로그램의 제어가 루프의 다음 행으로 넘어간다.

반복 후 동작인 i++는 제어 변수를 조절한다. 이 구문은 각 반복 후에 실행되고 제어 변수를 증가시킨다. 결국, 제어 변수의 값은 루프 지속 조건이 거짓이 되도록 만든다. 다르게 말하면 루프가 끝나지 않게 된다.

루프 제어 변수는 for 루프 안에서 선언되고 초기화되어질 수 있다. 여기에 한 예가 있다.

```
for (int i = 0; i < 100; i++) {
  System.out.println("Welcome to Java!");
}
```

예제에서처럼 만약 루프 몸체 안에 오직 하나의 구문만 있다면 중괄호는 생략되어질 수 있다.

TIP

제어 변수는 루프 전이나 루프 제어구조 내부에서 반드시 선언되어져야 한다. 만약 제어 변수가 다른 어떤 곳에서도 쓰이지 않고 오직 루프 내부에서만 쓰인다면 그것을 for 루프의 초기 동작 안에서 선언하는 것은 좋은 프로그래밍 습관이다. 만약 변수가 루프 제어구조 내에서 선언되어졌다면, 그것은 루프 외부에서 참조되어질 수 없다. 예를 들어 앞에 코드에서 for 루프 밖에서 i는 참조될 수 없는데, 왜냐하면 그것은 for 루프 밖에서 선언되어졌기 때문이다.

NOTE

for 루프에서 초기 동작은 0이나 쉼표로 나누어져 있는, 변수 선언문이나 배정 표현식의 나열이 될 수 있다. 예를 들어,

```
for (int i = 0, j = 0; (i + j < 10); i++, j++) {
  // Do something
}
```

for 루프에서 반복 후 동작은 0이나 쉼표로 나누어져 있는 구문들의 나열이 될 수 있다. 예를 들어,

```
for (int i = 1; i < 100; System.out.println(i), i++);
```

이 예제들은 맞긴 하지만 좋은 예라고는 할 수 없다. 코드를 읽는데 어려움을 주기 때문이나. 보통 여러분은 마치 초기 동작처럼 제어 변수를 초기화하고 반복 후 동작과 같이 제어 변수의 증감을 선언한다.

NOTE

만약 for 루프에서 루프 지속 조건이 생략되었다면 그것은 명확히 true이다. 이처럼 (a)에 주어진 무한 반복 구문은 맞는 것이다. 그럼에도 불구하고 (c)에서처럼 혼돈을 피하기 위해 동등한 루프를 사용하는 것이 더 낫다.

```
for ( ; ; ) {
  // Do something
}
```
(a)

동등

```
for ( ; true; ) {
  // Do something
}
```
(b)

동등 (이것이 더 나음)

```
while (true) {
  // Do something
}
```
(c)

4.5 어떤 루프를 사용해야 할까?

while 루프나 for 루프는 **사전 검사 루프**라고 불리는데, 지속 조건이 루프 몸체가 실행되기 전에 체크되기 때문이다. do-while 루프는 **사후 검사 루프**라고 불리는데, 루프 몸체가 실행된 후에 조건이 체크되기 때문이다. while, do-while 그리고 for의 세 가지 루프 구문은 여러분이 세 가지 구문 중에 어떤 것을 쓰더라도 표현적으로 동등하다. 예를 들어, 다음 (a)에 나오는 while 루프는 항상 (b)에 나오는 for 문으로 바뀌질 수 있다.

```
while (loop-continuation-condition) {
  // Loop body
}
```
(a)

동등

```
for ( ; loop-continuation-condition; ) {
  // Loop body
}
```
(b)

다음에 있는 (a)의 for 루프는 일반적으로 특별한 경우를 제외하고는 (b)에 있는 while 루프문으로 바뀔 수 있다(복습문제 4.13에 이런 경우를 보라).

```
for (initial-action;
     loop-continuation-condition;
     action-after-each-iteration) {
  // Loop body;
}
```
(a)

동등

```
initial-action;
while (loop-continuation-condition) {
  // Loop body;
  action-after-each-iteration;
}
```
(b)

루프문을 쓰는 것은 여러분에게 가장 직관적이고 편할 것이다. 일반적으로, for 루프는 예를 들어 여러분이 메시지를 백 번 출력하는 것과 같이 반복의 횟수가 알려져 있는 경우에 쓰여질 수 있다. while 루프는 입력 값으로 0이 들어올 때까지 읽어들이는 경우같이 반복의 횟수가 알려져 있지 않은 경우에 쓰여질 수 있다. do-while 루프는 루프 지속 조건이 테스트되기 전에 루프 몸체가 실행되어야만 할 때 while 루프 대신에 쓸 수 있다.

주의

루프 몸체 전에 for 절의 끝에 세미콜론을 더하는 것은 아래 (a)에 보여지는 것처럼 흔한 실수이다. (a)에서 루프의 종료를 조급하게 알린다. (b)에서 보여지는 것처럼 루프 몸체는 실제로 비어있다. (a)와 (b)는 동등하다.

에러

```
for (int i = 0; i < 10; i++);
{
  System.out.println("i is " + i);
}
```
(a)

빈 몸체

```
for (int i = 0; i < 10; i++)  { };
{
  System.out.println("i is " + i);
}
```
(b)

유사하게, (c)의 루프 역시 잘못되었다. (c)와 (d)는 동등하다.

에러

```
int i = 0;
while (i < 10);
{
  System.out.println("i is " + i);
  i++;
}
```
(c)

빈 몸체

```
int i = 0;
while (i < 10) { };
{
  System.out.println("i is " + i);
  i++;
}
```
(d)

이런 오류들은 여러분이 다음 행 블록 스타일을 사용할 때 자주 일어난다. 행의 끝(end-of-line) 블록 스타일을 사용하는 것이 이런 스타일의 오류를 피하는 방법이다. do-while 루프의 경우에서, 루프의 끝에 세미콜론이 필요하다.

```
int i = 0;
do {
  System.out.println("i is " + i);
  i++;
} while (i < 10);
```
맞음

4.6 중첩된 루프

중첩된 루프는 외부 루프와 하나 혹은 그 이상의 내부 루프로 이루어진다. 매시간 외부 루프가 반복되고 내부 루프들이 새로이 들어가고 다시 시작된다.

리스트 4.6은 곱셈 테이블을 출력하기 위해 중첩된 for 루프가 쓰여지는 것을 나타낸다.

리스트 4.6 MultiplicationTable.java

```java
public class MultiplicationTable {
  /** Main method */
  public static void main(String[] args) {
    // Display the table heading
    System.out.println("           Multiplication Table");

    // Display the number title
    System.out.print("    ");
    for (int j = 1; j <= 9; j++)
      System.out.print("   " + j);

    System.out.println("\n-----------------------------------------");
    String output = "";

    // Print table body
    for (int i = 1; i <= 9; i++) {
      output += i + " | ";
      for (int j = 1; j <= 9; j++) {
        // Display the product and align properly
        if (i * j < 10)
          output += "   " + i * j;
        else
          output += "  " + i * j;
      }
      output += "\n";
    }

    // Display result
    System.out.println(output);
  }
}
```

```
           Multiplication Table
       1   2   3   4   5   6   7   8   9
-----------------------------------------
1 |    1   2   3   4   5   6   7   8   9
2 |    2   4   6   8  10  12  14  16  18
3 |    3   6   9  12  15  18  21  24  27
4 |    4   8  12  16  20  24  28  32  36
5 |    5  10  15  20  25  30  35  40  45
6 |    6  12  18  24  30  36  42  48  54
7 |    7  14  21  28  35  42  49  56  63
8 |    8  16  24  32  40  48  56  64  72
9 |    9  18  27  36  45  54  63  72  81
```

이 프로그램은 출력물의 첫 번째 행에서 제목을 보여준다(5행). 첫 번째 for 루프(9-10행)는 두 번째 행의 1-9까지의 수를 나열한다. 대시(-)행은 세 번째 행에서 보여진다(12행).

다음 루프(16-26행)는 외부 루프에서 제어 변수 i가 쓰이고 내부 루프에서 j가 쓰인 중첩된 for 루프이다. 각 i 때문에 i*j의 결과가 1,2,3,...,9와 같은 j와 함께 내부 루프 안의 한 행에 보여진다. 내부 루프에서 if 구문이 쓰여짐으로 인해 결과 값들이 적절하게 할당될 수 있다. 만약 결과물이 한 자리 수라면 수의 앞에 빈 공간과 함께 보여지게 된다.

4.7 수치 오류의 최소화

부동소수점 수를 포함한 수많은 오류들은 필연적이다. 이 절에서는 예를 통해 그러한 오류들을 어떻게 최소화할지에 대해 논의한다.

리스트 4.7은 0.01로 시작하여 1.0으로 끝나는 덧셈 시리즈의 예를 나타낸다. 다음에 나오듯이 이 시리즈에 나오는 수들은 0.01씩 증가할 것이다: 0.01+0.02+0.03 등등.

리스트 4.7 TestSum.java

```
 1 public class TestSum {
 2   public static void main(String[] args) {
 3     // Initialize sum
 4     float sum = 0;
 5
 6     // Add 0.01, 0.02, ..., 0.99, 1 to sum
 7     for (float i = 0.01f; i <= 1.0f; i = i + 0.01f)
 8       sum += i;
 9
10     // Display result
11     System.out.println("The sum is " + sum);
12   }
13 }
```

```
The sum is 50.499985
```

for 루프(7-8행)는 제어 변수 i를 sum에 반복적으로 더한다. 0.01로 시작하는 이 변수는 각 반복 후에 0.01씩 증가한다. 이 루프는 i가 1.0을 초과하게 될 때 끝이 난다.

for 루프 초기 동작은 어떤 구문이라도 될 수 있지만, 주로 제어 변수를 초기화하는데 쓰인다. 이 예제로부터 여러분은 제어 변수가 float 타입이 될 수 있음을 볼 수 있다. 사실 그것은 어떤 데이터 타입이라도 될 수 있다.

정확한 sum은 50.50이 되어야 하지만 답은 50.499985이다. 결과가 부정확한데, 왜냐하면 컴퓨터들은 부동소수점 수를 표현하기 위해 비트의 고정된 수를 사용하고 더불어서 몇몇 부동소수점 수에 대해서는 정확하게 표현할 수 없기 때문이다. 다음에 나오는 것처럼 프로그램에서 float를 double으로 바꾼다면, 여러분은 정밀도에서 약간의 개선이 있음을 볼 수 있다. 왜냐하면 double 변수는 64비트를 가져오지만 float 변수는 32비트를 가져오기 때문이다.

```
// Initialize sum
double sum = 0;

// Add 0.01, 0.02, ..., 0.99, 1 to sum
for (double i = 0.01; i <= 1.0; i = i + 0.01)
  sum += i;
```

그러나 여러분은 결과가 실제로는 49.000000000000003인 것을 보면 어안이 벙벙할 것이다. 무엇이 잘못된 걸까? 만약 여러분이 루프 안에서 각 반복에 대한 i를 출력해 본다면, 가장 마지막의 i가 1보다 약간 더 크다는 것을 볼 수 있을 것이다(정확히 1은 아니다). 이 원인은 가장 마지막 i가 sum에 더해지지 않은데 있다. 기본적인 문제는 부동 소수점수가 근사치로 나타난다는 것이다. 이 문제를 고치기 위해서는 모든 수들이 sum에 더해지는 것을 확실히 하기 위해 정수 카운트를 사용해야 한다. 여기 새로운 루프가 있다.

```
double currentValue = 0.01;

for (int count = 0; count < 100; count++) {
  sum += currentValue;
  currentValue += 0.01;
}
```

이 루프 후에 sum은 50.50000000000003이 된다. 이 루프는 작은 수에서부터 큰 수를 더한다. 다음과 같이 만약 여러분이 큰 수부터 작은 수를 더해가면 무슨 일이 발생할까?(1.0, 0.99, 0.98, ..., 0.02, 0.01과 같은 순서로)

```
double currentValue = 1.0;

for (int count = 0; count < 100; count++) {
  sum += currentValue;
  currentValue -= 0.01;
}
```

이 루프 후에 sum은 50.49999999999995가 된다. 큰 수부터 작은 수를 더해나가는 것은 작은 수부터 큰 수를 더해가는 것보다 부정확하다. 이 현상은 유한-정밀도 수학의 산물이다. 만약 진짜 결과 값이 변수가 저장할 수 있는 능력보다 더 많은 자릿수를 필요로 한다면 매우 작은 수를 매우 큰 수에 더하는 것은 아무런 영향력이 없을 수 있다. 예를 들어, 00000000.0+0.000000001의 부정확한 결과는 100000000.0이다. 좀 더 정확한 결과를 얻기 위해서는 계산의 순서를 신중하게 선택해야 한다. 큰 수들보다 작은 수들을 먼저 더하는 것은 오류를 최소화하는 하나의 방법이다.

4.8 사례 연구

루프는 프로그래밍에서 근본적이다. 루프를 쓰는 능력은 자바 프로그래밍을 배우는데 있어서 필수적이다. **만약 여러분이 루프를 이용해 프로그램을 쓸 수 있다면, 여러분은 프로그램을 어떻게 하는지 아는 것이다!** 이런 이유로, 이번 절에서는 루프를 이용해 문제들을 풀어가는 세 가지의 예제들을 보여준다.

4.8.1 예제 : 최대공약수 찾기

두 정수 4와 2의 최대공약수는 2이다. 두 정수 16과 24의 최대공약수는 8이다. 어떻게 최대공약수를 찾을 수 있을까? 두 개의 입력 정수를 n1과 n2라고 하자. 여러분은 1이라는 숫자가 공약수인 것은 알지만 최대공약수는 될 수 없다. 그래서 여러분은 k가 n1이나 n2보다 더 커질 때까지 k가 n1과 n2의 공약수인지를 판별할 수 있다. 새로운 gcd에 공약수를 저장해 보자. gcd는 1로 초기화되어 있다. 언제든지 새로운 공약수가 발견될 수 있고 이것은 새로운 gcd가 될 수 있다. 여러분이 n1이나 n2가 무엇이냐에 따라 가능한 공약수를 2부터 검사해 갈 때, 변수 gcd 안의 값은 최대공약수가 될 수 있다. 이 아이디어는 다음에 나오는 루프로 변형되어질 수 있다.

```
int gcd = 1;
int k = 2;

while (k <= n1 && k <= n2) {
  if (n1 % k == 0 && n2 % k == 0)
    gcd = k;
  k++;
}

// After the loop, gcd is the greatest common divisor for n1 and n2
```

리스트 4.8은 사용자가 두 개의 양의 정수를 즉시 입력하고 그들의 최대공약수를 찾는 것을 나타낸다.

리스트 4.8 GreatestCommonDivisor.java

```
import java.util.Scanner;

public class GreatestCommonDivisor {
  /** Main method */
  public static void main(String[] args) {
    // Create a Scanner
    Scanner input = new Scanner(System.in);

    // Prompt the user to enter two integers
    System.out.print("Enter first integer: ");
    int n1 = input.nextInt();
```

```
    System.out.print("Enter second integer: ");
    int n2 = input.nextInt();

    int gcd = 1;
    int k = 2;
    while (k <= n1 && k <= n2) {
      if (n1 % k == 0 && n2 % k == 0)
        gcd = k;
      k++;
    }

    System.out.println("The greatest common divisor for "  + n1 +
      " and " + n2 + " is " + gcd);
  }
}
```

```
Enter first integer: 125 ↵Enter
Enter second integer: 2525 ↵Enter
The greatest common divisor for 125 and 2525 is 25
```

여러분은 어떻게 프로그램을 작성할 것인가? 여러분은 즉시 코드 작성을 시작할 것인가? 아니다. 여러분이 타이핑을 하기 전에 생각을 먼저 하는 것이 중요하다. 코드를 어떻게 작성할 지를 떠나서 문제를 위한 논리적인 해결책을 생성할 수 있도록 생각하라. 논리적인 해결책을 한 번 가져보고 그 해결책을 해석하여 자바 프로그램으로 작성하라. 그 해석은 유일하지 않다. 예를 들어, 다음에 나오는 것처럼 여러분은 코드를 재작성하기 위해 for 루프를 사용할 수 있다.

```
for (int k = 2; k <= n1 && k <= n2; k++) {
  if (n1 % k == 0 && n2 % k == 0)
    gcd = k;
}
```

한 문제는 종종 여러 개의 해결책을 갖는다. GCD 문제는 여러 가지 방법으로 해결될 수 있다. 연습문제 4.15는 또 다른 해결책을 제시하고 있다. 좀 더 효율적인 해결책은 classic Euclidean 알고리즘을 사용하는 것이다. 좀 더 많은 정보를 위해 http://www.cut-the-knot.org/blue/Euclid.shtml을 보라.

여러분은 아마도 숫자 n1의 약수가 n1/2보다 커질 수 없다고 생각했을 것이다. 그래서 다음 루프에 나오는 것처럼 프로그램을 개선시키려고 시도할 것이다.

```
for (int k = 2; k <= n1 / 2 && k <= n2 / 2; k++) {
  if (n1 % k == 0 && n2 % k == 0)
    gcd = k;
}
```

이러한 수정은 잘못된 것이다. 이유를 찾을 수 있겠는가? 답을 위해 4.10 복습문제를 보라.

4.8.2 예제 : 판매 총액 구하기

여러분이 이제 막 백화점에서 일을 시작했다. 여러분의 봉급은 기본급과 커미션으로 되어있다. 기본급은 $5,000이다. 커미션 비율을 결정하기 위해 아래의 분류표가 쓰여진다.

판매량	커미션 비율
$0.01 – $5,000	8percent
$5,000.01 – $10,000	10percent
$10,000.01 이상	12percent

여러분의 목표는 1년에 $30,000를 버는 것이다. 이 절에서는 여러분이 $30,000를 만들기 위해 판매해야만 하는 최소한의 판매량을 구하는 프로그램을 작성한다. 기본급이 $5,000이기 때문에 1년에 $30,000를 벌기 위해서는 $25,000의 커미션을 만들어야만 한다. $25,000의 커미션을 만들기 위한 판매량은 얼마나 될까? 만약 여러분이 판매량을 알고 있다면, 커미션은 다음에 나오는 것처럼 계산될 수 있다.

```
if (salesAmount >= 10000.01)
  commission =
    5000 * 0.08 + 5000 * 0.1 + (salesAmount - 10000) * 0.12;
else if (salesAmount >= 5000.01)
  commission = 5000 * 0.08 + (salesAmount - 5000) * 0.10;
else
  commission = salesAmount * 0.08;
```

이 제안은 점증적 근사를 통하여 주어진 커미션에 부합시키기 위해 salesAmount를 구할 수 있도록 해준다. $0.01의 salesAmount에 대한 커미션을 찾아보자. 만약 commission이 $25,000보다 작다면 0.01씩 salesAmount를 증가시키고 커미션을 다시 구한다. 여전히 커미션이 $25,000보다 작다면 이 과정을 반복한다. 이것은 사람들에게는 지루한 작업이지만 컴퓨터에게는 좋은 것이다. 여러분은 루프를 작성할 수 있고 컴퓨터는 괴롭지 않게 실행할 수 있다. 이 아이디어는 다음의 루프처럼 변경되어질 수 있다.

```
Set COMMISSION_SOUGHT as a constant;
Set an initial salesAmount;

do {
  Increase salesAmount by 1 cent;
  Compute the commission from the current salesAmount;
} while (commission < COMMISSION_SOUGHT);
```

완성된 프로그램은 리스트 4.9와 같다.

리스트 4.9 FindSalesAmount.java

```
1 public class FindSalesAmount {
2   /** Main method */
3   public static void main(String[] args) {
4     // The commission sought
5     final double COMMISSION_SOUGHT = 25000;
6     final double INITIAL_SALES_AMOUNT = 0.01;
7     double commission = 0;
8     double salesAmount = INITIAL_SALES_AMOUNT;
9
10    do {
11      // Increase salesAmount by 1 cent
12      salesAmount += 0.01;
13
14      // Compute the commission from the current salesAmount;
15      if (salesAmount >= 10000.01)
16        commission =
17          5000 * 0.08 + 5000 * 0.1 + (salesAmount - 10000) * 0.12;
18      else if (salesAmount >= 5000.01)
19        commission = 5000 * 0.08 + (salesAmount - 5000) * 0.10;
20      else
21        commission = salesAmount * 0.08;
22    } while (commission < COMMISSION_SOUGHT);
23
24    // Display the sales amount
25    System.out.println(
26      "The sales amount $" + (int)(salesAmount * 100) / 100.0 +
27      "\nis needed to make a commission of $" + COMMISSION_SOUGHT);
28  }
29 }
```

```
The sales amount $210833.34
is needed to make a commission of $25000.0
```

salesAmount의 증가를 위한 commission의 반복적인 계산을 하기 위해 do-while 루프가 (10-22행) 사용되었다.

commission이 상수 COMMISIOIN_SOUGHT와 같거나 커지게 되면 이 루프는 종료된다. 연습문제 4.17에서 COMMISION_SOUGHT의 동적인 대화식 사용자 입력을 하도록 여러분은 이 프로그램을 재작성하게 될 것이다.

좀 더 높은 INITIAL_SALES_AMOUNT의 평가에 의해 이 프로그램의 성능을 향상시킬 수 있다(예를 들어, 25000).

다음에 나오는 것처럼 만약 커미션이 계산된 후 salesAmount의 증가가 일어난다면 어떤 것이 잘못될까?

```
do {
  // Compute the commission from the current salesAmount;
  if (salesAmount >= 10000.01)
    commission =
      5000 * 0.08 + 5000 * 0.1 + (salesAmount - 10000) * 0.12;
  else if (salesAmount >= 5000.01)
    commission = 5000 * 0.08 + (salesAmount - 5000) * 0.10;
  else
    commission = salesAmount * 0.08;

  // Increase salesAmount by 1 cent
  salesAmount += 0.01;
} while (commission < COMMISSION_SOUGHT);
```

이 변경은 잘못된 것인데, 루프가 종료될 때 커미션을 위해 필요한 salesAmount가 필요로 하는 것보다 1센트 더 많게 된다. 이것은 off-by-one 오류라고 알려진 루프에서는 흔한 오류이다.

TIP

이 예제는 상수 COMMISION_SOUGHT와 INITIAL_SALES_AMOUNT를 사용하고 있다. 상수를 사용하는 것이 프로그램을 읽고 유지보수하는 것을 쉽게 만들어준다.

4.8.3 예제 : 피라미드형 숫자 뿌려주기

이 문제는 다음에 보여지는 샘플 출력물과 같이 1에서 15까지의 정수 중에서 사용자가 입력을 하면 피라미드 형태로 숫자를 출력하는 프로그램을 만드는 것이다.

```
Enter the number of lines: 11 ↵Enter
                              1
                           2  1  2
                        3  2  1  2  3
                     4  3  2  1  2  3  4
                  5  4  3  2  1  2  3  4  5
               6  5  4  3  2  1  2  3  4  5  6
            7  6  5  4  3  2  1  2  3  4  5  6  7
         8  7  6  5  4  3  2  1  2  3  4  5  6  7  8
      9  8  7  6  5  4  3  2  1  2  3  4  5  6  7  8  9
  10  9  8  7  6  5  4  3  2  1  2  3  4  5  6  7  8  9 10
11 10  9  8  7  6  5  4  3  2  1  2  3  4  5  6  7  8  9 10 11
```

여러분의 프로그램은 총 행 수를 나타내는 정수(numberOfLines)를 입력으로 받게 된다. 이것은 모든 행들을 하나하나 보여준다. 각 행마다 세 개의 파트를 갖고 있다. 첫 번째 파트는 숫자 전에 공백으로 구성되고, 두 번째 파트는 3행에서 3 2 1과 같이 숫자들을 유도하며, 마지막 파트는 3째 행에서 2 3과 같이 숫자들을 마무리한다. 각 숫자들은 세 개의 공간을 소비한다. 두 자릿수 전에 빈 공간을 보여주고, 한 자릿수 전에 두 개의 빈 공간을 보여준다.

행들을 제어하기 위해 외부 루프를 사용할 수 있다. n행에는 (numberOfLines − n) * 3개의 빈 칸이 있고, 다음에 수 n, n−1, …, 1이 있고, 다음에 2, …, n이 있다. 각 파트를 출력하기 위해 여러분은 세 개의 분리된 내부 루프를 사용할 수 있다.

여기 문제에 대한 알고리즘이 있다.

```
for (int row = 1; row <= numberOfLines; row++) {
  Print (numberOfLines - row) * 3 leading spaces;
  Print leading numbers row, row - 1, ..., 1;
  Print ending numbers 2, 3, ..., row - 1, row;
  Start a new line;
}
```

리스트 4.10은 완성된 프로그램이다.

리스트 4.10 PrintPyramid.java

```
import java.util.Scanner;

public class PrintPyramid {
  public static void main(String[] args) {
    // Create a Scanner
    Scanner input = new Scanner(System.in);

    // Prompt the user to enter the number of lines
    System.out.print("Enter the number of lines: ");
    int numberOfLines = input.nextInt();

    if (numberOfLines < 1 || numberOfLines > 15) {
      System.out.println("You must enter a number from 1 to 15");
      System.exit(0);
    }

    // Print lines
    for (int row = 1; row <= numberOfLines; row++) {
      // Print NUMBER_OF_LINES - row) leading spaces
      for (int column = 1; column <= numberOfLines - row; column++)
        System.out.print("   ");

      // Print leading numbers row, row - 1, ..., 1
      for (int num = row; num >= 1; num--)
        System.out.print((num >= 10) ? " " + num : "  " + num);

      // Print ending numbers 2, 3, ..., row - 1, row
      for (int num = 2; num <= row; num++)
        System.out.print((num >= 10) ? " " + num : "  " + num);

      // Start a new line
      System.out.println();
    }
  }
}
```

이 프로그램은 콘솔로 문자열을 출력하기 위해 print 메소드(21, 25, 29행)를 사용하고 있다. 25행과 29행에 있는 조건적인 표현 (num >= 10) ? " "+ num : " " + num은 문자열을 숫자가 10과 같거나 클 경우에 숫자의 앞에 한 개의 빈 공간과 함께 반환하고, 그렇지 않으면 숫자 앞에 두 개의 빈 공간을 가진 문자열을 반환한다.

연습문제 4.18과 4.19 그리고 이와 같은 프린팅 패턴은 루프 제어 구문들을 연습하는데 좋은 연습이다. 패턴을 이해하고 묘사하는 것에 대해 중요한 열쇠는 루프 제어 변수들을 사용하는 것이다.

외부 루프(32행) 마지막 행에 있는 System.out.println()은 메소드 안에 어떤 인자들도 갖고 있지 않다. 이 호출은 커서를 다음 행으로 옮긴다.

4.9 break와 continue 키워드

두 가지 키워드 break와 continue는 루프 구문에서 추가적인 제어를 제공한다.

- break는 이것을 포함하고 있는 가장 깊은 곳의 루프를 종료시킨다. 다르게 말하면, break는 루프를 떠나게 한다.
- continue는 현재의 반복만을 종료시킨다. 프로그램 제어가 루프의 마지막으로 이동하는 것이다. 다르게 말하면, continue는 반복에서 빠져나간다.

여러분은 이미 switch 문에서 키워드 break를 사용했었다. 또한, break와 continue를 루프 안에서 사용했다. 보통은 이 두 개의 키워드는 if 문에서 쓰인다. 리스트 4.11과 4.12는 break와 continue 키워드가 루프 안에서 나타내는 영향력을 보여주는 두 개의 프로그램이다.

리스트 4.11의 프로그램은 sum이 100과 같아지거나 커질 때까지 sum에 1부터 20까지의 순서로 정수를 더한다. if 문(9행) 없이 이 프로그램은 1부터 20까지 수의 합을 계산한다. 그러나 if 문을 포함하면 sum이 100과 같아지거나 커질 때 루프를 종료한다.

리스트 4.11 TestBreak.java

```
 1 public class TestBreak {
 2   public static void main(String[] args) {
 3     int sum = 0;
 4     int number = 0;
 5
 6     while (number < 20) {
 7       number++;
 8       sum += number;
 9       if (sum >= 100) break;
10     }
11
12     System.out.println("The number is " + number);
```

```
    System.out.println("The sum is " + sum);
  }
}
```

```
The number is 14
The sum is 105
```

만약 아래에 보여지는 것처럼 if문을 바꾼다면,

```
if (sum == 100) break;
```

결과는 다음과 같아진다.

```
The number is 20
The sum is 210
```

이런 경우에는 if 조건이 절대 참이 될 수 없다. 그러므로 break 문이 절대 수행될 수 없는 것이다.

리스트 4.12의 프로그램은 10과 11을 제외한 1부터 20까지의 정수를 sum에 더한다. 이 프로그램의 if 문(8행)에서 숫자가 10이나 11이 될 때 continue 문이 실행된다. continue 문은 루프 몸체에 있는 구문들의 나머지 부분들이 실행되지 못하도록 현재의 반복을 종료시킨다; 그 결과, 숫자가 10이나 11이 되어도 sum에 더해지지 않는다.

리스트 4.12 TestContinue.java

```
1  public class TestContinue {
2    public static void main(String[] args) {
3      int sum = 0;
4      int number = 0;
5
6      while (number < 20) {
7        number++;
8        if (number == 10 || number == 11) continue;
9        sum += number;
10     }
11
12     System.out.println("The sum is " + sum);
13   }
14 }
```

```
The sum is 189
```

프로그램에 if 문이 없으면 결과는 다음과 같다.

```
The sum is 210
```

이런 경우에는, number가 10이나 11일 때에도 모든 수들이 sum에 더해지게 된다. 그러므로 결과는 210이 되고, 그것은 if 문이 있는 것보다 21이 더 많아지게 된다.

> **NOTE** continue 문은 언제나 루프의 내부에 있다. while과 do-while 루프에서는 continue 문 후에 루프 지속 조건이 즉시 평가되었다. for 루프에서는 반복 후 동작이 수행되었고, 그 후 루프 지속 조건이 continue 문 후에 즉시 평가되었다.

여러분은 항상 루프 안에서 break나 continue 없이 프로그램을 작성할 수 있다. 복습문제 4.14를 보라. 일반적으로, 코딩을 단순화시키고 프로그램을 읽기 쉽도록 만든다면 break와 continue의 사용은 적절한 것이다.

리스트 4.2는 숫자를 추측하는 프로그램을 보여준다. 리스트 4.13에 보여지는 것처럼 여러분은 break 문을 사용하여 이것을 재작성할 수 있다.

리스트 4.13 GuessNumberUsingBreak.java

```
import java.util.Scanner;

public class GuessNumberUsingBreak {
  public static void main(String[] args) {
    // Generate a random number to be guessed
    int number = (int)(Math.random() * 101);

    Scanner input = new Scanner(System.in);
    System.out.println("Guess a magic number between 0 and 100");

    while (true) {
      // Prompt the user to guess the number
      System.out.print("\nEnter your guess: ");
      int guess = input.nextInt();

      if (guess == number) {
        System.out.println("Yes, the number is " + number);
        break;
      }
      else if (guess > number)
        System.out.println("Your guess is too high");
      else
        System.out.println("Your guess is too low");
    } // End of loop
  }
}
```

break 문을 사용하는 것이 프로그램을 더 단순화시키고 읽기 쉽게 만들어준다.

NOTE

> 몇몇의 프로그래밍 언어는 goto 구문을 갖고 있다. goto 문은 프로그램 안에서 무분별하게 아무 문장에 제어를 전송하고 그 문장을 실행한다. 이것을 사용하는 것은 여러분의 프로그램을 오류에 취약하게 만들 것이다. 자바에서의 break와 continue 문은 이런 goto 문과는 다르다. 그들은 오직 루프 안에서나 switch 문에서만 동작한다. break 문은 루프를 빠져나오게 하고, continue 문은 루프 안에서의 반복을 빠져나오게 한다.

goto

4.9.1 예제 : 소수 출력

양의 약수가 1이나 자신밖에 없는 1보다 큰 정수를 소수라 부른다. 예를 들어, 2, 3, 5 그리고 7이 소수들이지만 4, 6, 8 그리고 9는 소수가 아니다.

이 예제는 처음 50개의 소수를 5개의 행에 출력한다. 각 행은 10개의 수를 포함한다. 이 예제는 다음 태스크들에 의해 해결될 수 있다.

- 주어진 수가 소수인지 결정한다.
- number = 2, 3, 4, 5, 6, ...과 같은 방법으로 이 수들이 소수인지 테스트한다.
- 소수들을 카운트한다.
- 소수들을 각 행에 10개씩 출력시킨다.

확실하게, 여러분은 루프를 작성하고 새로운 number가 소수인지를 반복적으로 테스트할 필요가 있다. 만약 그 number가 소수라면 count를 1씩 증가시킨다. count는 0으로 초기화한다. 이것이 50에 다다르면 루프는 종료된다.

```
Set the number of prime numbers to be printed as
  a constant NUMBER_OF_PRIMES;
Use count to track the number of prime numbers and
  set an initial count to 0;
Set an initial number to 2;

while (count < NUMBER_OF_PRIMES) {
  Test if number is prime;

  if number is prime {
    Print the prime number and increase the count;
  }

  Increment number by 1;
}
```

숫자가 소수인지 테스트하기 위해 number/2에 이르기까지 2, 3, 4로 나누어지는지 확인한다. 만약 약수가 발견된다면 그 숫자는 소수가 아니다. 이 알고리즘은 다음과 같이 묘사되어 질 수 있다.

```
Use a boolean variable isPrime to denote whether
  the number is prime; Set isPrime to true initially;

for (int divisor = 2; divisor <= number / 2; divisor++) {
  if (number % divisor == 0) {
    Set isPrime to false
    Exit the loop;
  }
}
```

리스트 4.14는 완성된 프로그램이다.

리스트 4.14 PrimeNumber.java

```
public class PrimeNumber {
  public static void main(String[] args) {
    final int NUMBER_OF_PRIMES = 50; // Number of primes to display
    final int NUMBER_OF_PRIMES_PER_LINE = 10; // Display 10 per line
    int count = 0; // Count the number of prime numbers
    int number = 2; // A number to be tested for primeness

    System.out.println("The first 50 prime numbers are \n");

    // Repeatedly find prime numbers
    while (count < NUMBER_OF_PRIMES) {
      // Assume the number is prime
      boolean isPrime = true; // Is the current number prime?

      // Test if number is prime
      for (int divisor = 2; divisor <= number / 2; divisor++) {
        if (number % divisor == 0) { // If true, number is not prime
          isPrime = false; // Set isPrime to false
          break; // Exit the for loop
        }
      }

      // Print the prime number and increase the count
      if (isPrime) {
        count++; // Increase the count

        if (count % NUMBER_OF_PRIMES_PER_LINE == 0) {
          // Print the number and advance to the new line
          System.out.println(number);
        }
        else
          System.out.print(number + " ");
      }

      // Check if the next number is prime
      number++;
    }
  }
}
```

```
The first 50 prime numbers are

2 3 5 7 11 13 17 19 23 29
31 37 41 43 47 53 59 61 67 71
73 79 83 89 97 101 103 107 109 113
127 131 137 139 149 151 157 163 167 173
179 181 191 193 197 199 211 223 227 229
```

이것은 초보 프로그래머들에게는 복잡한 프로그램이다. 이 문제와 다른 여러 문제들을 풀기 위한 프로그램적인 해결책은 부수적인 문제들을 해결하고 차례차례로 그들 각각의 해결책을 개발하는 것이다. 첫 번째 시도에서 완벽한 해결책을 개발하려고 시도하지 말라. 대신에, 주어진 숫자가 소수인지를 결정하는 코드로 시작하고 루프 안에서 다른 숫자들이 소수인지를 판별하는 프로그램으로 확장하라.

number가 소수인지 결정하기 위해 2와 number/2 사이의 수로 나누어지는지를 확인하라. 만약 그렇다면, 그것은 소수가 아니다; 반대의 경우 그것은 소수이다. 소수의 경우 그것을 출력하라. 만약 카운트가 10으로 나누어진다면 다음 행으로 나아가라. 프로그램은 카운트가 50이 되면 종료한다.

이 프로그램은 number가 소수가 아니라고 발견되어지면 즉시 for 루프를 빠져나가도록 19행에서 break 문을 쓰고 있다. 다음에 나오는 것처럼 break 문 없이 루프(17–21행)를 재작성할 수 있다.

```
for (int divisor = 2; divisor <= number / 2 && isPrime;
      divisor++) {
      // If true, the number is not prime
      if (number % divisor == 0) {
        // Set isPrime to false, if the number is not prime
        isPrime = false;
      }
    }
```

그러나 이 경우에는 break 문을 사용하는 것이 프로그램을 더 간단하고 읽기 쉽게 만들어준다.

4.10 확인 대화상자를 통한 루프 제어

감시문자 제어 루프는 확인 대화상자를 이용함으로써 구현될 수 있다. Yes나 No라는 답으로 루프를 종료하거나 지속시킨다. 루프의 템플릿은 다음과 같다.

```
int option = 0;
while (option == JOptionPane.YES_OPTION) {
  System.out.println("continue loop");
  option = JOptionPane.showConfirmDialog(null, "Continue?");
}
```

리스트 4.15는 리스트 4.4의 SentinelValue.java를 확인 대화상자를 사용하여 재작성한 것이다. 그림 4.4에 실행 예제가 있다.

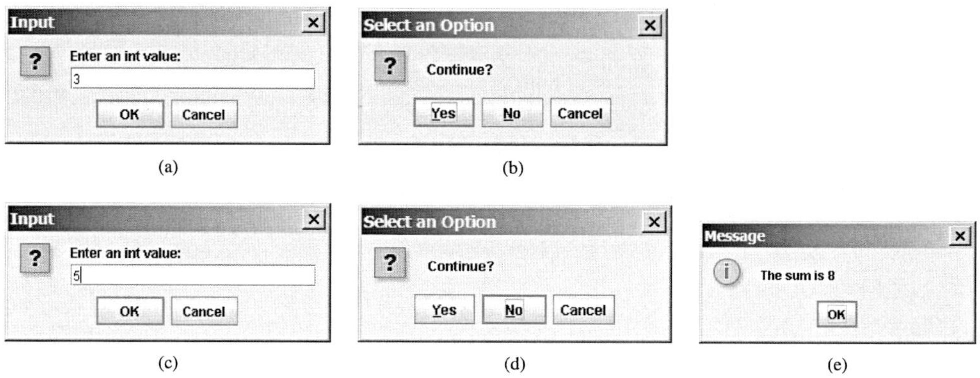

그림 4.4 사용자가 (a)에서 3을 입력, (b)에서 Yes클릭, (c)에서 5를 입력, (d)에서 No 클릭, 그리고 (e)에서 그 결과가 보여진다.

리스트 4.15 SentinelValueUsingConfirmationDialog.java

```
import javax.swing.JOptionPane;

public class SentinelValueUsingConfirmationDialog {
  public static void main(String[] args) {
    int sum = 0;

    // Keep reading data until the user answers No
    int option = 0;
    while (option == JOptionPane.YES_OPTION) {
      // Read the next data
      String dataString = JOptionPane.showInputDialog(
        "Enter an int value: ");
      int data = Integer.parseInt(dataString);

      sum += data;

      option = JOptionPane.showConfirmDialog(null, "Continue?");
    }

    JOptionPane.showMessageDialog(null, "The sum is " + sum);
  }
}
```

프로그램은 사용자가 정수(11행)를 입력하고 이것을 sum에 더할 수 있도록(15행) 입력 대화상자를 보여준다. 17행에서 확인 대화상자를 보여주고 사용자가 입력을 계속할지를 결정하도록 해준다. 사용자가 Yes를 클릭하면 루프는 계속되고, 그렇지 않으면 루프를 빠져나온다. 마지막으로 프로그램은 메시지 대화상자(20행)에서 결과를 출력한다.

주요 용어

- break 문
- continue 문
- off-by-one 오류
- 감시문자 값
- 라벨이 있는 continue 문
- 루프
- 루프 제어구조
- 루프 몸체
- 루프 지속 조건
- 무한 반복
- 반복
- 중첩 루프

요약

- 프로그램 제어는 프로그램 안에서 어떤 구문들이 실행되는지를 순서대로 명시한다. 제어 구문에는 순서, 선택, 반복의 세 가지 종류가 있다. 앞 장에서는 순서와 선택에 대하여 소개하고, 이번 장에서는 반복에 대해 소개했다.
- 반복 구문에는 세 가지 종류가 있다: while 루프, do-while 루프 그리고 for 루프가 그것이다. 루프를 설계하는데 있어서, 루프 제어구조와 루프 몸체를 고려할 필요성이 있다.
- while 루프는 먼저 루프 지속 조건을 체크한다. 만약 조건이 true라면 루프 몸체는 실행되고 false라면 루프를 종료한다. do-while 루프는 루프 몸체가 먼저 실행되고 그 다음에 루프 지속 조건이 계속할지 종료할지를 결정한다는 점을 제외하면 while 루프와 같다.
- while 루프와 do-while 루프는 루프 몸체에 의존하고 있는 루프 지속 조건을 포함하고 있는데, 이 반복의 횟수는 루프 몸체에 의해 결정된다. while 루프와 do-while 루프는 반복의 횟수가 명시되지 않았을 때 종종 사용된다.
- for 루프는 일반적으로 횟수를 예측할 수 있는 루프 몸체를 실행하는데 사용된다. 이 횟수는 루프 몸체에 의해 결정되지 않는다. 루프 제어는 세 가지 파트가 있다. 첫 번째 파트는 제어 변수를 주로 초기화하는 초기 동작이다. 두 번째 파트는 루프 몸체의 실행 여부를 결정하는 루프 지속 조건이다. 세 번째 파트는 각 반복 후에 실행되고, 종종 제어

변수를 적용시키는데 사용된다. 보통, 루프 제어 변수는 제어구조에서 초기화되고 바뀌게 된다.

- break와 continue의 두 가지 키워드는 루프 안에서 사용할 수 있다. break 키워드는 루프를 빠져나가고, continue 키워드는 반복을 빠져나간다.

복습문제

4.2-4.4절

4.1 리스트 4.1의 11행에서 만약 guess가 0으로 초기화되면 무엇이 틀리게 되는가?

4.2 다음 루프 몸체는 몇 번이나 반복되는가? 루프는 무엇을 출력하는가?

```
int i = 1;
while (i > 10)
  if ((i++) % 2 == 0)
    System.out.println(i);
```

(a)

```
int i = 1;
while (i < 10)
  if ((i++) % 2 == 0)
    System.out.println(i);
```

(b)

4.3 while 루프와 do-while 루프의 차이점은 무엇인가?

4.4 다음에 나오는 두 루프에서 sum에서의 결과값이 동등하게 나오는가?

```
for (int i = 0; i < 10; ++i) {
  sum += i;
}
```

(a)

```
for (int i = 0; i < 10; i++ ) {
  sum += i;
}
```

(b)

4.5 for 루프 제어에서 세 가지 파트는 무엇인가? 1부터 100까지의 수를 출력하는 루프를 for 루프를 사용하여 작성하라.

4.6 다음에 나오는 문은 무엇을 하는가?

```
for ( ; ; ) {
  do something;
}
```

4.7 만약 for 루프 제어에서 변수가 선언되었다면, 그것은 루프를 빠져나온 후에도 사용될 수 있을까?

4.8 여러분은 for 루프를 while 루프로 변환할 수 있는가? for 루프 사용의 장점을 나열하라.

4.9 다음에 나오는 for 루프 구문을 while 루프와 do-while 루프로 변환하여라.

```
long sum = 0;
for (int i = 0; i <= 1000; i++)
  sum = sum + i;
```

4.10 리스트 4.8의 15행 n1과 n2가 n1 / 2 와 n2 / 2로 바뀐다면 프로그램은 동작하겠는가?

4.9절 break와 continue 키워드

4.11 키워드 break는 무엇을 위한 것인가? 키워드 continue는 무엇을 위한 것인가? 다음에 나오는 프로그램은 종료되는가? 만약 그렇다면, 출력을 보여라.

```
int balance = 1000;
while (true) {
  if (balance < 9)
    break;
  balance = balance - 9;
}

System.out.println("Balance is "
  + balance);
```

(a)

```
int balance = 1000;
while (true) {
  if (balance < 9)
    continue;
  balance = balance - 9;
}

System.out.println("Balance is "
  + balance);
```

(b)

4.12 while 루프를 항상 for 루프로 바꿀 수 있는가? 다음에 나오는 while 루프를 for 루프로 바꾸라.

```
int i = 1;
int sum = 0;
while (sum < 10000) {
  sum = sum + i;
  i++;
}
```

4.13 왼쪽에 있는 for 루프는 오른쪽에 있는 while 루프로 변형됐다. 무엇이 틀렸을까? 그것을 고쳐보라.

```
for (int i = 0; i < 4; i++) {
  if (i % 3 == 0) continue;
  sum += i;
}
```

잘못된 변형으로 전환됨 →

```
int i = 0;
while (i < 4) {
  if(i % 3 == 0) continue;
  sum += i;
  i++;
}
```

4.14 리스트 4.9와 리스트 4.10에 있는 TestBreak와 TestContinue 프로그램을 break와 continue 없이 재작성해 보라.

4.15 다음 루프에서 break 문의 실행 후에 어떤 구문이 실행되는가? 출력을 보여라.

```
for (int i = 1; i < 4; i++) {
  for (int j = 1; j < 4; j++) {
    if (i * j > 2)
      break;

    System.out.println(i * j);
  }

  System.out.println(i);
}
```

4.16 다음 루프에서 continue 문의 실행 후에 어떤 구문이 실행되는가? 출력을 보여라.

```
for (int i = 1; i < 4; i++) {
  for (int j = 1; j < 4; j++) {
    if (i * j > 2)
      continue;

    System.out.println(i * j);
  }
   System.out.println(i);
  }
```

종합문제

4.17 다음 코드에서 오류를 식별하고 고쳐보라.

```
public class Test {
  public void main(String[] args) {
    for (int i = 0; i < 10; i++);
      sum += i;

    if (i < j);
      System.out.println(i)
    else
      System.out.println(j);

    while (j < 10);
    {
      j++;
    };

    do {
      j++;
    } while (j < 10)
  }
}
```

4.18 다음 프로그램에서 무엇이 잘못되었나?

```java
public class ShowErrors {
  public static void main(String[] args) {
    int i;
    int j = 5;

    if (j > 3)
      System.out.println(i + 4);
  }
}
```

(a)

```java
public class ShowErrors {
  public static void main(String[] args) {
    for (int i = 0; i < 10; i++);
      System.out.println(i + 4);
  }
}
```

(b)

4.19 다음 프로그램의 결과물을 보여라.

```java
public class Test {
  /** Main method */
  public static void main(String[] args) {
    for (int i = 1; i < 5; i++) {
      int j = 0;
      while (j < i) {
        System.out.print(j + " ");
        j++;
      }
    }
  }
}
```

(a)

```java
public class Test {
  /** Main method */
  public static void main(String[] args) {
    int i = 0;
    while (i < 5) {
      for (int j = i; j > 1; j--)
        System.out.print(j + " ");
      System.out.println("****");
      i++;
    }
  }
}
```

(b)

```java
public class Test {
  public static void main(String[] args) {
    int i = 5;
    while (i >= 1) {
      int num = 1;
      for (int j = 1; j <= i; j++) {
        System.out.print(num + "xxx");
        num *= 2;
      }

      System.out.println();
      i--;
    }
  }
}
```

(c)

```java
public class Test {
  public static void main(String[] args) {
    int i = 1;
    do {
      int num = 1;
      for (int j = 1; j <= i; j++) {
        System.out.print(num + "G");
        num += 2;
      }

      System.out.println();
      i++;
    } while (i <= 5);
  }
}
```

(d)

4.20 2.13절에서 제안된 문서화 가이드라인과 다음 프로그램의 프로그래밍 스타일대로 초기화해보라. next-line 스타일을 사용하라.

```java
public class Test {
  public static void main(String[] args) {
    int i = 0;
    if (i>0)
    i++;
    else
    i--;
    char grade;

    if (i >= 90)
     grade = 'A';
    else
      if (i >= 80)
       grade = 'B';

  }
}
```

(a)

```java
public class Test {
  public static void main(String[] args) {
  for (int i = 0; i<10; i++)
    if (i>0)
      i++;
    else
      i--;
  }
}
```

(b)

4.21 다음 루프의 반복 횟수를 세어보라.

```
int count = 0;
while (count < n) {
  count++;
}
```

(a)

```
for (int count = 0;
   count <= n; count++) {
}
```

(b)

```
int count = 5;
while (count < n) {
  count++;
}
```

(c)

```
int count = 5;
while (count < n) {
   count = count + 3;
}
```

(d)

프로그래밍 연습

NOTE 문제는 종종 다양한 방법으로 해결될 수 있다. 학생들이 다양한 해결책을 경험해보기를 권장한다.

4.2–4.7절

4.1 (인치에서 센티미터로 환산하기) 다음의 테이블을 출력하는 프로그램을 작성하라(1인치는 2.54센티미터이다).

```
인치        센티미터
 1           2.54
 3           7.62
 .            .
 .            .
 .            .
```

4.2* (양수와 음수의 개수와 숫자의 평균 계산하기) 명시되지 않은 정수를 읽어들이고, 얼마나 많은 양의 값과 음의 값이 읽혀졌는지를 결정하고, 0은 세지 않고 입력 값들의 평균과 총합을 구하는 프로그램을 작성하라. 0이 입력되면 프로그램은 종료한다. 평균은 부동소수점수로 출력하라(예를 들어, 1,2와 0이 입력되면 평균은 1.5가 되어야 한다).

4.3* (곱셈 반복하기) 리스트 4.3 SubtractionQuizLoop.java는 열 개의 무작위 뺄셈 문제를 생성한다. 이 프로그램을 수정하라. 먼저 사용자가 문제의 개수를 입력하도록

하라. 둘째로, 2와 9 사이의 정수에서 두 개의 수를 골라 무작위로 곱셈 문제를 생성하라. 정확한 문제의 개수와 테스트 시간을 출력하라.

4.4 (**마일을 킬로미터로 바꾸기**) 다음의 테이블을 출력하는 프로그램을 작성하라(1마일은 1.609킬로미터이다).

```
Miles        Kilometers

1            1.609
2            3.218
...
9            14.481
10           16.09
```

4.5 (**덧셈 반복하기**) 리스트 4.3 SubtractionQuizLoop.java는 열 개의 무작위 뺄셈 문제를 생성한다. 이 프로그램을 20과 90 사이의 세 가지 정수에 대해 다섯 개의 무작위 덧셈 문제를 생성하는 프로그램을 작성하라. 정확한 개수와 테스트 시간을 출력하라.

4.6 (**마일을 킬로미터로 바꾸기**) 다음의 테이블을 나란히 출력하는 프로그램을 작성하라(1마일은 1.609킬로미터이다).

```
Miles     Kilometers        Kilometers     Miles

1         1.609             20             12.430
2         3.218             25             15.538
...
9         14.481            60             37.290
10        16.09             65             40.398
```

4.7** (**재정 응용 프로그램 : 향후 수업료 계산**) 올해 대학교의 수업료는 $40,000이고 매년 3%씩 수업료가 증가한다고 가정해보자. 10년의 수업료를 계산하는 프로그램을 루프를 이용하여 작성하라. 지금으로부터 10년의 수업료 비율로 4년 동안의 총 비용을 계산하는 또다른 프로그램을 작성하라.

4.8 (**가장 높은 점수 찾기**) 사용자가 학생들의 수와 각 학생들의 이름과 점수를 입력하고 가장 높은 점수와 함께 그 학생을 출력하는 프로그램을 작성하라.

4.9* (**가장 높은 세 개의 수 세기**) 사용자가 학생 수와 각 학생들의 이름과 점수를 입력하고 가장 높은 점수, 두 번째 높은 점수, 세 번째 높은 점수의 순으로 출력을 보여주는 프로그램을 작성하라.

4.10 (**5와 6으로 나누어지는 수 찾기**) 5와 6으로 나누어지는 100부터 1000까지의 모든 수를 각 행마다 10개씩 출력하는 프로그램을 작성하라.

4.11 (5와 7로 나누어지되 둘 모두로 나누어지지는 않는 수 찾기) 5와 7로 나누어지되 둘 모두로는 나누어지지 않는 100부터 200까지의 모든 수를 각 행마다 10개씩 출력하는 프로그램을 작성하라.

4.12 (n^2>12,000가 성립하는 가장 작은 n 구하기) while 루프를 사용하여 12,000보다 큰 n^2을 만족하는 정수 n을 구하라.

4.13 (n^2<30,000을 만족하는 가장 큰 n 구하기) while 루프를 사용하여 30,000보다 작은 n^2을 만족하는 정수 n을 구하라.

4.14* (ACSII 문자 테이블 출력하기) '!'부터 '~'의 ACSII 문자 테이블을 출력하는 프로그램을 작성하라. 각 행마다 10개의 문자를 출력하라. ASCII 테이블은 부록 B에 나와있다.

4.8절 사례 연구

4.15* (최대공약수 계산하기) 리스트 4.8에서 정수 n1과 n2의 최대공약수를 찾는 또 다른 해결책은 다음과 같다. 먼저 n1과 n2의 최소값 d를 찾은 후, d, d-1, d-2, ..., 2, 혹은 1의 순서로 n1과 n2의 약수가 되는지를 검사한다. 첫 번째 공약수는 n1과 n2의 가장 큰 공약수이다. 사용자가 두 개의 양의 정수를 입력하고 gcd를 출력하는 프로그램을 작성하라.

4.16** (정수의 인수 찾기) 정수를 읽어들이고 증가되는 순서로 이 정수들의 최소 인수를 출력하는 프로그램을 작성하라. 예를 들어, 입력 정수가 120이라면, 결과는 다음과 같이 나와야 한다: 2, 2, 2, 3, 5.

4.17* (재정 응용 프로그램 : 판매량 찾기) 다음에 나오는대로 리스트 4.9의 FindingSalesAmount.java를 재작성하라.

- do-while 루프 대신에 for 루프를 사용하라.
- COMMISION_SOUGHT를 상수로 고정시키지 말고 사용자가 입력하도록 하라.

4.18* (루프를 이용해서 네 가지 패턴 출력하기) 중첩 루프를 사용하여 다음 4개의 패턴을 출력하는 4개의 프로그램을 작성하라.

```
Pattern I        Pattern II       Pattern III      Pattern IV
1                1 2 3 4 5 6                1      1 2 3 4 5 6
1 2              1 2 3 4 5                2 1        1 2 3 4 5
1 2 3            1 2 3 4                3 2 1          1 2 3 4
1 2 3 4          1 2 3                4 3 2 1            1 2 3
1 2 3 4 5        1 2                5 4 3 2 1              1 2
1 2 3 4 5 6      1                6 5 4 3 2 1                1
```

4.19** (숫자를 피라미드 패턴으로 출력하기) 다음에 나오는 패턴대로 10개의 행에 10개의 숫자를 출력하는 프로그램을 작성하라.

```
                1
           2    3    4
      5    6    7    8    9
 10   11   12   13   14   15   16
.....
```

4.20* (2와 1000 사이의 숫자들 중 소수 출력하기) 2와 1000 사이의 모든 소수들을 출력시키기 위해 리스트 4.14를 변형시켜라. 각 행에 8개의 소수들을 출력하라.

종합문제

4.21** (재정 응용 프로그램 : 여러 가지 이자율로 대출 비교하기) 사용자가 입력을 하도록 하되 대출 총액과 대출 기간을 연도와 달로 표시하고 1/4의 증가치를 갖는 3.5%부터 8%의 각 금리에 대한 총 지불액을 출력하는 프로그램을 작성하라. 만약 5년 동안의 대출 총액을 5,000이라고 입력한다면 다음에 나오는 테이블과 같이 출력되어야 한다.

```
Loan Amount: 5000
Number of Years: 5
Interest Rate          Monthly Payment       Total Payment

3.5%                   146.51                5274.37
3.75%                  189.28                5294.32
4.0%                   147.61                5314.31
...
7.75%                  156.1                 5619.8
8.0%                   156.68                5640.54
```

4.22** (재정 응용 프로그램 : 대출 상환 스케쥴) 주어진 대출에 대한 매달의 상환금은 대출 원금 지불금과 이자를 지불하게 된다. 매달의 이자는 그 달의 금리와 잔금의 곱으로 계산된다. 매달의 원금 지불은 매달의 지불금에서 매달의 이자를 차감한 금액이다. 사용자가 대출 총액, 연도의 횟수 그리고 금리를 입력하게 하고 대출에 대한 상환 스케쥴을 출력하는 프로그램을 작성하라. 7%의 비율을 갖고 있는 한 해의 대출 총액을 10,000이라고 입력했다고 가정하면, 다음과 같이 테이블이 보여진다.

```
Loan Amount: 10000
Number of Years: 1
Annual Interest Rate: 7%

Monthly Payment: 865.26
Total Payment: 10383.21

Payment#      Interest      Principal      Balance

1             58.33         806.93         9193.07
2             53.62         811.64         8381.43
...
11            10.0          855.26         860.27
12            5.01          860.25         0.01
```

NOTE

마지막 지불 후에 잔고는 0이 되지 않는다. 만약 그렇다면, 마지막 지불금은 매달의 정규 지불액에 마지막 잔고를 더한 것이 되어야 한다.

힌트 : 테이블 출력을 위해 루프를 작성하라. 매달의 지불액은 각 달마다 같기 때문에, 루프 전에 계산되어져야 한다. 잔고는 대출 초기 총액이다. 루프에서의 각 반복은 원금과 금리를 계산하고 잔고를 갱신한다. 루프는 다음과 같을 수 있다.

```
for (i = 1; i <= numberOfYears * 12; i++) {
  interest = monthlyInterestRate * balance;
  principal = monthlyPayment - interest;
  balance = balance - principal;
  System.out.println(i + "\t\t" + interest
    + "\t\t" + principal + "\t\t" + balance);
}
```

4.23 (시뮬레이션 : 앞면 혹은 뒷면) 100만 번 동전을 던지는 프로그램을 작성하고 앞면과 뒷면의 개수를 출력하도록 하라.

4.24* (급수 더하기) 다음의 급수들을 더하는 프로그램을 작성하라.

$$\frac{1}{3}+\frac{3}{5}+\frac{5}{7}+\frac{7}{9}+\frac{9}{11}+\frac{11}{13}+ \ldots +\frac{95}{97}+\frac{97}{99}$$

4.25* (π 계산하기) 다음 급수들을 이용하여 여러분은 π의 근사값을 구할 수 있다.

$$\pi = 4\left(1-\frac{1}{3}+\frac{1}{5}-\frac{1}{7}+\frac{1}{9}-\frac{1}{11}+\frac{1}{13}+\ \ldots\ -\frac{1}{2i-1}+\frac{1}{2i+1}\right)$$

두 개의 프로그램을 작성하라. 첫 번째 프로그램은 π의 값을 i=10000, 20000, ..., 그리고 100000로 출력하라. 두 번째 프로그램은 여러분이 처음으로 3.14159를 얻기 전에 이 급수들의 얼마나 많은 항들이 사용될 필요가 있었는지를 찾아내도록 하라.

4.26** (e 계산하기) 다음 급수들을 이용하여 여러분은 e의 근사값을 구할 수 있다.

$$e = 1 + \frac{1}{1!} + \frac{1}{2!} + \frac{1}{3!} + \frac{1}{4!} + \dots + \frac{1}{i!}$$

e의 값을 i=10000, 20000, …, 그리고 100000로 출력하라(힌트 : $i! = i \times (i-1) \times \dots \times 2 \times 1$, $\frac{1}{i!}$는 $\frac{1}{i(i-1)!}$이다. e와 item을 1로 초기화하고 새로운 item을 e에 지속적으로 더하게 하라. 새로운 항은 i로 나누어진 이전의 항이 되고 i=2,3,4,... 처럼 된다).

4.27** (각 달의 첫째 날 출력하기) 사용자가 연도와 그 해의 첫째 날을 즉시 입력하도록 하고 그 해에 해당하는 달들의 첫째 날들을 콘솔 위에 보여주는 프로그램을 작성하라. 예를 들어, 만약 사용자가 2005년 1월 1일에 대해 연도를 2005, 토요일에 대해 6을 입력했다면 여러분의 프로그램은 다음의 결과물처럼 출력해야 한다(일요일은 0이다).

```
January 1, 2005 is Saturday
...
December 1, 2005 is Thursday
```

4.28** (달력 출력하기) 사용자가 연도와 그 해의 첫째 날을 즉시 입력하도록 하고 콘솔 위에 해당 해의 달력 테이블을 출력하는 프로그램을 작성하라. 예를 들어, 만약 사용자가 2005년 1월 1일에 대해 연도를 2005, 토요일에 대해 6을 입력했다면 여러분의 프로그램은 다음의 달력처럼 출력해야 한다.

January 2005						
Sun	Mon	Tue	Wed	Thu	Fri	Sat
						1
2	3	4	5	6	7	8
9	10	11	12	13	14	15
16	17	18	19	20	21	22
23	24	25	26	27	28	29
30	31					

December 2005						
Sun	Mon	Tue	Wed	Thu	Fri	Sat
				1	2	3
4	5	6	7	8	9	10
11	12	13	14	15	16	17
18	19	20	21	22	23	24
25	26	27	28	29	30	31

4.30* (**재정 응용 프로그램 : 복식의 값**) 여러분이 5%의 연금리를 갖고 있는 계좌에 매달 $100씩 저축을 한다고 가정해 보자. 매달의 금리는 0.05 / 12 = 0.00417이 된다. 첫째 달 후에, 계좌의 값은

```
100 * (1 + 0.00417) = 100.417
```

이 된다.
두 번째 달 후에는 계좌의 값이

```
(100 + 100.417) * (1 + 0.00417) = 201.252
```

가 된다.
세 번째 달 후에는 계좌의 값이

```
(100 + 201.252) * (1 + 0.00417) = 302.507
```

된다.
사용자가 총액(예 : 100), 연간 금리(예 : 5), 그리고 달의 수(예 : 6)를 즉시 입력하도록 하고 주어진 달 후에 저축계좌의 총액을 출력하는 프로그램을 작성하라.

4.31* (**재정 응용 프로그램 : CD 값어치 계산하기**) 5.75%의 연간 금리를 갖고 있는 CD에 여러분이 $10,000를 투자했다고 가정해 보자. 첫 번째 달 후에 CD는 다음의 가치를 갖는다.

```
10000 + 10000 * 5.75 / 1200 = 10047.91
```

두 번째 달 후에 CD는 다음과 같은 가치를 갖는다.

```
10047.91 + 10047.91 * 5.75 / 1200 = 10096.06
```

세 번째 달 후에 CD는 다음과 같은 가치를 갖는다.

```
10096.06 + 10096.06 * 5.75 / 1200 = 10144.43
```

사용자가 총액(예 : 10000), 연금리(예 : 5.75), 그리고 달의 수(예 : 18)를 즉시 입력하도록 하고 샘플 결과물에 보여지는 것처럼 테이블을 출력하도록 하라.

```
Enter the initial deposit amount: 10000 ↵Enter
Enter annual percentage yield: 5.75 ↵Enter
Enter maturity period (number of months): 18 ↵Enter

Month                CD Value
1                    10047.91
2                    10096.06
 Á
17                   10846.56
18                   10898.54
```

4.32** (완벽한 수) 양의 정수가 자신을 제외한 그 수의 모든 양의 약수의 합과 같으면 완벽한 수라고 불린다. 예를 들어, 6은 완벽한 수인데 6=3+2+1이기 때문이다. 다음은 28=14+7+4=2+1이다. 10000보다 작은 숫자들 중에 4개의 완벽한 수가 있다. 이 네 개의 모든 수를 찾아내는 프로그램을 작성하라.

4.33** (게임 : 복권) 두 자리 수의 복권을 생성하기 위해 리스트 3.5에 있는 Lottery.java를 교정하라. 이 두 수는 별개이다(힌트 : 첫 번째 수를 생성하라. 첫 번째 수와 달라질 때까지 두 번째 수를 계속적으로 생성하기 위해 루프를 사용하라).

4.34*** (게임 : 가위, 바위, 보) 먼저 가위바위보 게임을 실행하는 프로그램을 작성하라. 프로그램은 무작위로 가위, 바위, 보를 나타내는 숫자 0, 1, 또는 2를 산출한다. 프로그램은 사용자에게 0, 1, 또는 2를 입력하게 하고 사용자 또는 컴퓨터가 이기는지 아니면 비기는지를 나타내는 메시지를 출력한다. 가위는 보를 이기고, 바위는 가위를 이기고, 보는 바위를 이긴다. 그런 후 사용자나 컴퓨터가 모두 두 번 이상 이길 때까지 계속적으로 사용자가 게임을 하도록 프로그램을 수정하라.

4.35* (덧셈) 여러분은 다음의 합이 24라는 것을 증명할 수 있다.

$$\frac{1}{1+\sqrt{2}}+\frac{1}{\sqrt{2}+\sqrt{3}}+\frac{1}{\sqrt{3}+\sqrt{4}}+\ldots+\frac{1}{\sqrt{624}+\sqrt{625}}$$

여러분의 결과를 증명하기 위한 프로그램을 작성하라.

4.36** (사무용 응용 프로그램 : ISBN 검사) 루프를 사용하여 프로그래밍 연습 3.19를 단순화시키라.

4.37** (10진수를 2진수로 바꾸기) 사용자에게 10진수 정수를 입력하도록 하고 2진값으로 응답하는 프로그램을 작성하라. 이 프로그램에서는 자바의 Integer.toBinaryString(int)를 사용하지 말라.

4.38** (10진수를 16진수로 바꾸기) 사용자에게 10진수 정수를 입력하도록 하고 16진값으로 응답하는 프로그램을 작성하라. 이 프로그램에서는 자바의 Integer.toBinaryString(int)를 사용하지 말라.

CHAPTER 05

메소드

- 메소드를 정의하고, 메소드를 호출하고, 그리고 메소드에 인수를 전달한다(§§5.2-5.5).
- 읽기 쉽고, 디버그하기 쉽고, 유지보수하기 쉬운 모듈화된 재사용가능한 코드를 개발한다(§5.6).
- 메소드 중복정의를 사용하고 모호한 중복정의를 이해한다(§5.7).
- 변수의 영역을 결정한다(§5.8).
- Math 클래스에 있는 메소드를 사용하여 수학문제를 해결한다(§§5.9-5.10).
- 소프트웨어 개발에서 메소드 추상화의 개념을 적용한다(§5.11).
- 단계적 세련화를 이용한 메소드를 설계하고 구현한다(§5.11).

5.1 서론

메소드는 함수 실행을 위한 구문 그룹화의 구성체이다. 메소드를 사용하면, 프로그램에서 함수 실행을 위해 한 번 작성하여, 여러 개의 다른 프로그램들에서 재사용할 수도 있다. 예를 들어, 여러분은 종종 두 개의 숫자들 사이에서 최대값을 구할 필요가 있을 것이다. 언제든 이 함수가 필요할 때 여러분은 다음과 같은 코드를 작성해야만 한다.

```
int result;

if (num1 > num2)
  result = num1;
else
  result = num2;
```

만약 여러분이 메소드에서 두 개의 수들 사이에서 최대수를 찾는 함수를 정의한다면, 같은 코드를 반복해서 작성하지 않아도 된다. 단 한 번 정의하고 재사용하면 되는 것이다.

앞 장에서는 System.out.println, JOptionPane. showMessageDialog, JOptionPane. showInputDialog, Integer.parseInt, Double.parseDouble, System.exit, Math.pow 그리고 Math.random과 같은 메소드들을 이미 사용해보았다. 이 메소드들은 자바 라이브러리에 정의되어 있다. 이 장에서는 어떻게 여러분만의 메소드를 생성하고 복잡한 문제들을 해결하기 위해 메소드 추상화를 적용할지를 배우게 된다.

5.2 메소드 정의하기

메소드를 정의하기 위한 문법은 다음과 같다.

```
modifier returnValueType methodName(list of parameters) {
  // Method body;
}
```

두 개의 정수 중 어떤 것이 더 큰지를 찾아내는 메소드의 생성을 살펴보자. max라고 불리는 이 메소드는 num1과 num2의 int형 매개변수를 갖고 있는데, 이들 중 큰 것이 메소드에 의해 반환된다. 그림 5.1에 이 메소드의 구성요소가 나와 있다.

메소드 헤더는 **수정자**, **반환값 타입**, **메소드 이름**과 메소드의 **매개변수**들을 명시한다. 정적 수정자는 이 장에서 모든 메소드들에 사용된다. 그 이유에 대해서는 7장 "객체와 클래스"에서 논의될 것이다.

메소드는 값을 반환하게 된다. 반환값 타입은 메소드가 반환하는 값들의 데이터 타입이다. 몇몇 메소드들은 반환값 없이 하려고 했던 동작들을 수행한다. 이 경우에, 반환값 타입은 키워드 void이다. 예를 들어, main 메소드에서 반환값 타입은 System.exit, System.out.

println 그리고 JOptionPane.showMessageDialog과 같이 잘 알려진 void이다. 메소드가 반환하는 값은 **값-반환 메소드**라고 불리고, 값을 반환하지 않는 메소드는 **보이드 메소드**라고 불려진다.

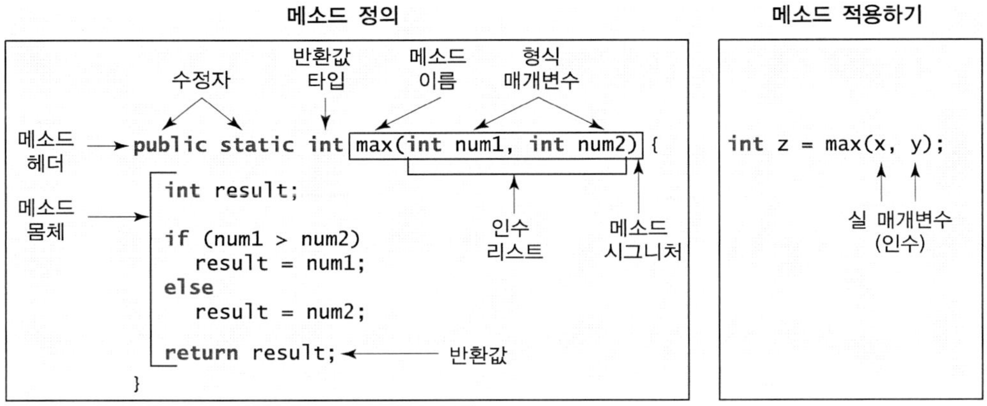

그림 5.1 메소드 헤더와 몸체로 구성된 메소드 선언

메소드 헤더 안에서 정의되어진 변수들은 **형식 매개변수** 혹은 매개변수로 알려져 있는 것들이다. 매개변수는 저장소와 같다. 메소드가 호출되었을 때, 여러분은 매개변수로 값을 보낸다. 이 값은 **실 매개변수**나 **인수**로 언급된다. 이 **인수 리스트**는 타입, 순서 그리고 메소드의 인수의 개수를 언급한다. 메소드 이름과 인수는 **메소드 시그니처**를 함께 구성한다. 인수들은 선택적인데, 메소드가 인수들을 갖고 있지 않을 수도 있기 때문이다. 예를 들어, Math.random() 메소드는 인수를 갖고 있지 않다.

메소드 몸체는 메소드가 무슨 일을 하는지 정의한 문장들의 집합을 갖고 있다. max 메소드의 메소드 몸체는 어떤 수가 더 크고 그들의 어떤 값을 반환할지를 결정하기 위해 if 문을 사용한다. 값-반환 메소드가 결과를 반환하기 위해서 키워드 return을 사용하는 반환문이 요구된다. 반환문이 실행될 때 메소드는 종료된다.

NOTE 다른 언어들에서는 메소드들이 프로시저와 함수로 언급되어진다. 값-반환 메소드는 함수로 불려지고, 보이드 메소드는 프로시저로 불린다.

주의 각 인수에 대해 여러분은 별개의 데이터 타입을 선언할 필요가 있다. 예를 들어, int num1, num2는 int num1, int num2로 대체되어져야 한다.

5.3 메소드 호출하기

메소드 생성에서 여러분은 메소드가 무슨 일을 할지 정의하게 된다. 메소드를 사용하기 위해 여러분은 메소드를 호출해야 한다. 메소드를 호출하는 것에는 두 가지 방법이 있다; 메소드가 값을 반환하느냐 마느냐에 그 선택이 달려있다.

만약 메소드가 값을 반환한다면, 메소드로의 호출은 일반적으로 값처럼 취급되어진다. 예를 들어,

```
int larger = max(3, 4);
```

max(3,4)를 호출하고 변수 larger에 메소드의 결과를 배정한다. 값처럼 취급되는 호출의 또 하나의 예는

```
System.out.println(max(3, 4));
```

인데, 이것은 메소드 호출인 max(3,4)의 반환값을 출력한다.

만약 메소드가 void를 반환한다면, 메소드로의 호출은 문장이 되어야만 한다. 예를 들어, println 메소드는 void를 반환한다. 다음의 호출은 문장이다.

```
System.out.println("Welcome to Java!");
```

NOTE

> 자바에서 값-반환 메소드는 문장으로서 호출되어질 수 있다. 이런 경우에, 호출자는 간단하게 반환값을 무시할 수 있다. 이런 경우는 희박하지만, 만약 호출자가 반환값에 관심을 갖지 않을 때는 무방하다.

프로그램이 메소드를 호출할 때, 프로그램의 제어는 호출된 메소드로 넘어간다. 호출된 메소드는 메소드의 반환문이 실행되거나 메소드의 후반 중괄호가 닫혔을 때 제어를 호출자에게 반환한다.

리스트 5.1은 max 메소드를 시험하는 완벽한 프로그램을 보여준다.

리스트 5.1 TestMax.java

```
public class TestMax {
  /** Main method */
  public static void main(String[] args) {
    int i = 5;
    int j = 2;
    int k = max(i, j);
    System.out.println("The maximum between " + i +
      " and " + j + " is " + k);
  }

```

```
11   /** Return the max between two numbers */
12   public static int max(int num1, int num2) {
13     int result;
14
15     if (num1 > num2)
16       result = num1;
17     else
18       result = num2;
19
20     return result;
21   }
22 }
```

```
The maximum between 5 and 2 is 5
```

이 프로그램은 main 메소드와 max 메소드를 포함하고 있다. JVM에 의해 호출된다는 점을 제외하고는 이 main 메소드는 다른 메소드들과 같다.

이 예제에서 보여지는 것과 같이 main 메소드의 헤더는 항상 같다. 수정자 public과 static, 반환값 타입은 void, 메소드 이름은 main 그리고 String[] 타입의 인수를 갖고 있다. String[]은 매개변수가 6장 "배열"에서 다루어지는 주제인 String의 배열임을 나타낸다.

main 안의 구문들은 main 메소드나 다른 메소드를 갖고 있는 클래스 안에서 정의되어진 다른 메소드들을 호출한다. 이 예제에서 main 메소드는 main 메소드와 함께 같은 클래스 안에서 정의되어진 max(i,j)를 호출한다.

max 메소드가 호출되어질 때(6번째 행), max 메소드에서 변수 i의 값은 5로 num1에 전달되고, 변수 j의 값은 2로 num2에 전달된다. 제어의 흐름이 max 메소드로 넘어가고 max 메소드는 실행된다. max 메소드에 있는 return 문이 실행될 때, max 메소드는 호출자에게 제어를 반환한다(이 경우에 호출자는 main 메소드이다). 그림 5.2에 이 과정이 나와 있다.

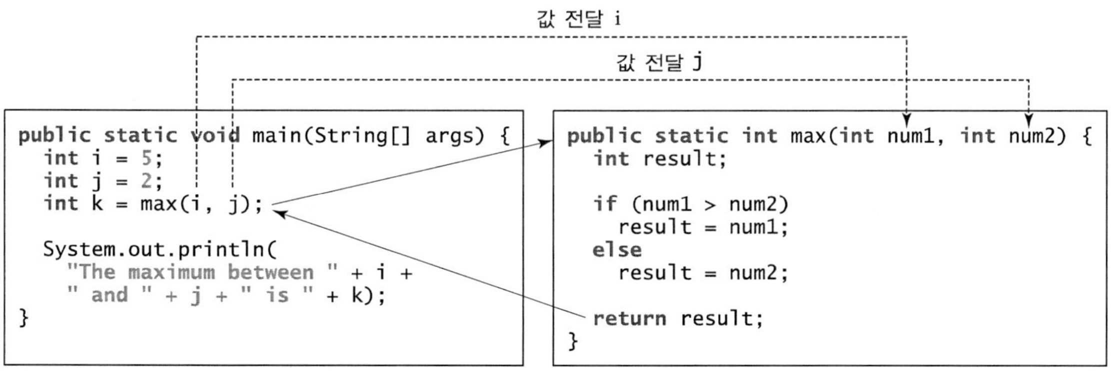

그림 5.2 max 메소드가 호출될 때, max 메소드로 제어의 흐름이 넘어간다. max 메소드가 끝난 즉시, 호출자에게 제어를 반환한다.

주의

return 문은 값-반환 메소드에서 요구한다. 아래의 (a)에서 보여지는 메소드는 이론적으로는 맞지만 편집 오류를 갖고 있는데, 자바 컴파일러는 이 메소드가 어떤 값도 반환하지 않는다고 생각하기 때문이다.

```
public static int sign(int n) {
  if (n > 0)
    return 1;
  else if (n == 0)
    return 0;
  else if (n < 0)
    return -1;
}
```

(a)

Should be →

```
public static int sign(int n) {
  if (n > 0)
    return 1;
  else if (n == 0)
    return 0;
  else
    return -1;
}
```

(b)

이 문제를 고치기 위해서는 (a)의 if(n<0)을 삭제해서 if 문이 어떻게 평가되었는지에 상관없이 컴파일러가 return 문을 보게 해야 한다.

NOTE

메소드는 코드 공유와 재사용을 가능하게 해준다. max 메소드는 TestMax 외에 다른 어떤 클래스로부터도 호출되어질 수 있다. 만약 여러분이 새로운 클래스를 생성했다면, ClassName.methodName(예: TestMax.java)을 이용한 max 메소드를 호출할 수 있다.

5.3.1 스택 호출

메소드가 호출될 때마다, 그 시스템은 후입선출 방식으로 요소들을 저장하고 있는 **스택**이라고 알려져 있는 메모리의 부분에 인수들과 변수들을 저장한다. 메소드가 또 다른 메소드를 호출할 때, 호출자의 스택 공간은 변하지 않고 새로운 메소드 호출의 제어를 위해 새로운 공간이 생성된다. 메소드가 그들의 작업을 끝내고 호출자에게 반환할 때, 이 공간은 해제된다.

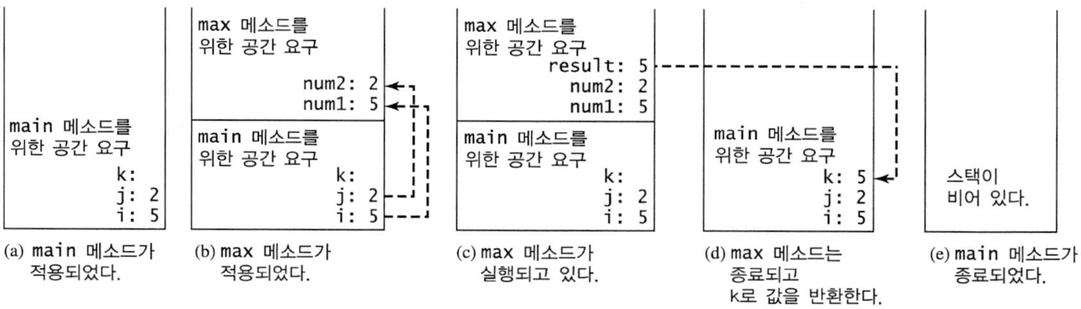

그림 5.3 max 메소드가 호출되어질 때, 제어의 흐름은 max 메소드로 전달된다. max 메소드가 끝나는 즉시, 호출자에게 제어를 돌려준다.

스택 호출에 대한 이해는 메소드들이 어떻게 호출되는지 파악하는데 도움이 된다. main 메소드에서 정의되어진 변수는 i, j 그리고 k이다. max 메소드에서 정의되어진 변수는 num1, num2 그리고 result이다. 변수 num1과 num2는 메소드 시그니처에서 정의된 메소드의 인수들이다. 그들의 값은 메소드 요구에 의해 전달되어진다. 그림 5.3은 스택 안의 변수들을 나타내고 있다.

5.4 void 메소드 예제

이전 장들은 값-반환 메소드의 예제를 보여준다. 이 절에서는 void 메소드를 어떻게 선언하고 호출하는지를 보여준다. 리스트 5.2는 printGrade라는 메소드를 선언하고 주어진 점수에 하전을 부여하고 출력하는 프로그램을 제공한다.

리스트 5.2 TestVoidMethod.java

```
1 public class TestVoidMethod {
2   public static void main(String[] args) {
3     System.out.print("The grade is ");
4     printGrade(78.5);
5   }
6
7   public static void printGrade(double score) {
8     if (score >= 90.0) {
9       System.out.println('A');
10    }
11    else if (score >= 80.0) {
12      System.out.println('B');
13    }
14    else if (score >= 70.0) {
15      System.out.println('C');
16    }
17    else if (score >= 60.0) {
18      System.out.println('D');
19    }
20    else {
21      System.out.println('F');
22    }
23  }
24 }
```

```
The grade is C
```

printGrade 메소드는 void 메소드이다. 이 메소드는 아무 값도 반환하지 않는다. void 메소드의 호출은 반드시 문장이 되어야 한다. 그래서 main 메소드의 3번째 행에서 문장의 형태로 호출되어졌다. 이 문장은 자바 문장의 여느 문장들처럼 세미콜론으로 종료된다.

NOTE

return 문은 void 메소드에서는 필요하지 않지만, 메소드 종료와 메소드 호출자로의 반환에 쓰여질 수 있다. 문법은 간단하게

```
return;
```

이다. 이런 경우는 드물지만 void 함수 내에서 제어의 평범한 흐름을 우회시키는데 유용하다. 예를 들면, 다음에 나오는 코드는 점수가 무효일 때 함수를 종료시키는 반환문을 갖고 있다.

```
public static void printGrade(double score) {
  if (score < 0 || score > 100) {
    System.out.println("Invalid score");
    return;
  }

  if (score >= 90.0) {
    System.out.println('A');
  }
  else if (score >= 80.0) {
    System.out.println('B');
  }
  else if (score >= 70.0) {
    System.out.println('C');
  }
  else if (score >= 60.0) {
    System.out.println('D');
  }
  else {
    System.out.println('F');
  }
}
```

5.5 값에 의한 매개변수들의 전달

메소드의 힘은 매개변수들을 갖고 작업하는 능력이다. 여러분은 어떤 문자열이든 출력하기 위해 println을 사용할 수 있고 두 정수 값 중에 최대값을 찾기 위해 max를 이용할 수 있다. 메소드를 호출할 때 여러분은 인수들을 제공할 필요가 있는데, 이들은 메소드 명세에 있는 저마다의 인수들의 순서대로 주어져야 한다. 이것은 **매개변수 순서 결합**이라고 알려져 있다. 예를 들어, 다음의 메소드는 메시지를 n번 출력한다.

```
public static void nPrintln(String message, int n) {
  for (int i = 0; i < n; i++)
    System.out.println(message);
}
```

"Hello"를 세 번 출력하기 위해 여러분은 nPrintln("Hello",3)을 사용할 수 있다. nPrintln("Hello",3) 문은 인수 message로 실제 문자열 인수인 "Hello"를 전달한다; n으로 3을 전달하고 "Hello"를 세 번 출력. 그러나 nPrintln(3, "Hello") 문은 오류가 있다. 3의

데이터 타입은 첫 번째 인수인 message와 일치하지 않을 뿐더러, 두 번째 인수인 "Hello"는 두 번째 인수인 n과 일치하지 않는다.

> **주의**
> 인수는 메소드 시그니처에서 정의된 것처럼 인수와 **순서**, **개수**, 그리고 **호환 타입**이 일치해야 한다. 호환 타입이 의미하는 것은 int값 매개변수를 double값 인수로 전달하는 것과 같이 정확한 캐스팅 없이 매개변수를 인수로 전달하는 것을 말한다.

인수와 함께 메소드를 호출할 때, 매개변수의 값은 인수로 전달된다. 이것은 **값-전달**이라고 불려진다. 만약 인수가 리터럴 값이라기보다 변수라고 한다면, 변수의 값은 인수로 전달된다. 이 변수는 영향을 받지 않고, 메소드 내부의 인수에 만들어지는 변화들에 개의치 않는다. 리스트 5.3에 보이는 것과 같이, x(1)의 값은 increment 함수(5번째 행)를 호출하기 위해 인수 n으로 전달된다. n은 함수 내에서(10번째 행) 1씩 증가되지만, x는 함수가 무엇을 하는지에 상관없이 변화하지 않는다.

리스트 5.3 Increment.java

```
 1 public class Increment {
 2   public static void main(String[] args) {
 3     int x = 1;
 4     System.out.println("Before the call, x is " + x);
 5     increment(x);
 6     System.out.println("after the call, x is " + x);
 7   }
 8
 9   public static void increment(int n) {
10     n++;
11     System.out.println("n inside the function is " + n);
12   }
13 }
```

```
Before the call, x is 1
n inside the function is 2
after the call, x is 1
```

리스트 5.4는 값-전달의 영향을 시험하는 또 다른 프로그램을 제공한다. 이 프로그램은 두 변수를 교환하기 위한 메소드를 생성한다. swap 메소드는 두 개의 인수에 의해 호출된다. 흥미롭게도, 인수들의 값들은 메소드가 호출된 후에도 변화하지 않는다.

리스트 5.4 TestPassByValue.java

```
1 public class TestPassByValue {
2   /** Main method */
3   public static void main(String[] args) {
4     // Declare and initialize variables
5     int num1 = 1;
6     int num2 = 2;
7
8     System.out.println("Before invoking the swap method, num1 is " +
9       num1 + " and num2 is " + num2);
10
11    // Invoke the swap method to attempt to swap two variables
12    swap(num1, num2);
13
14    System.out.println("After invoking the swap method, num1 is " +
15      num1 + " and num2 is " + num2);
16  }
17
18  /** Swap two variables */
19  public static void swap(int n1, int n2) {
20    System.out.println("\tInside the swap method");
21    System.out.println("\t\tBefore swapping n1 is " + n1
22      + " n2 is " + n2);
23
24    // Swap n1 with n2
25    int temp = n1;
26    n1 = n2;
27    n2 = temp;
28
29    System.out.println("\t\tAfter swapping n1 is " + n1
30      + " n2 is " + n2);
31  }
32 }
```

```
Before invoking the swap method, num1 is 1 and num2 is 2
  Inside the swap method
    Before swapping n1 is 1 n2 is 2
    After swapping n1 is 2 n2 is 1
After invoking the swap method, num1 is 1 and num2 is 2
```

swap 메소드가 호출되기 전에(12번째 행), num1은 1이고 num2는 2이다. swap 메소드가 호출된 후에, num1은 여전히 1이고 num2는 여전히 2이다. 이들의 값은 swap 메소드가 호출된 후에도 교환되지 않았다. 그림 5.4에서 보이듯이, 인수 num1과 num2의 값들은 n1과 n2로 전달되지 않았지만, n1과 n2는 num1과 num2와는 독립된 그들만의 독립된 메모리 지역을 갖고 있다. 그 결과, n1과 n2의 변화들은 num1과 num2의 내용에 아무런 영향을 받지 않는다.

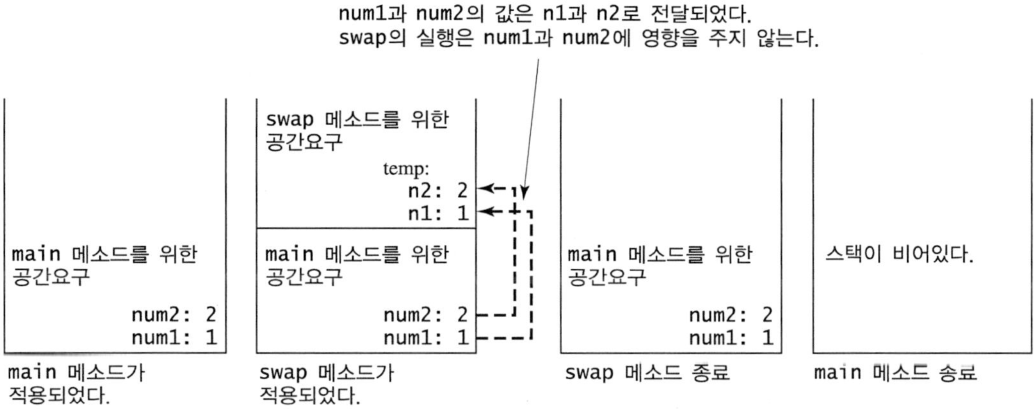

그림 5.4 변수들의 값들은 메소드의 인수들로 전달되어졌다.

또 다른 왜곡은 swap에서의 n1이라는 인수의 이름을 num1으로 바꾼 것이다. 이것은 어떤 결과를 초래할까? 아무 변화도 일어나지 않는데, 이것은 인수와 매개변수가 같은 이름을 가졌는지 그렇지 않은지에는 아무런 차이점도 만들지 않기 때문이다. 인수는 고유의 메모리 영역을 갖고 있는 메소드 안의 변수이다. 이 변수는 메소드가 호출될 때 할당되고, 메소드가 자신의 호출자에게 반환될 때 사라지게 된다.

> NOTE
> 간단히 하기 위해, 자바 프로그래머들은 종종 매개변수 x를 인수 y로 전달하기라고 말하는데, 이것은 사실 x의 값을 y로 전달하는 것을 의미한다.

5.6 코드 모듈화

메소드는 코드 남용을 줄이고 코드 재사용을 가능하게 하는데 쓰일 수 있다. 메소드는 또한 코드를 모듈화하고 프로그램의 질을 개선시키는데 쓰일 수도 있다.

리스트 4.8은 사용자가 두 정수를 입력하도록 하고 그들의 최대공약수를 출력하는 프로그램을 보여준다. 여러분은 리스트 5.5에 보이는 것처럼 메소드를 이용하여 이 프로그램을 재작성할 수 있다.

리스트 5.5 GreatestCommonDivisorMethod.java

```
import java.util.Scanner;

public class GreatestCommonDivisorMethod {
  /** Main method */
  public static void main(String[] args) {
    // Create a Scanner
```

```
    Scanner input = new Scanner(System.in);

    // Prompt the user to enter two integers
    System.out.print("Enter first integer: ");
    int n1 = input.nextInt();
    System.out.print("Enter second integer: ");
    int n2 = input.nextInt();

    System.out.println("The greatest common divisor for " + n1 +
      " and " + n2 + " is " + gcd(n1, n2));
  }

  /** Return the gcd of two integers */
  public static int gcd(int n1, int n2) {
    int gcd = 1; // Initial gcd is 1
    int k = 2;   // Possible gcd

    while (k <= n1 && k <= n2) {
      if (n1 % k == 0 && n2 % k == 0)
        gcd = k; // Update gcd
      k++;
    }

    return gcd; // Return gcd
  }
}
```

```
Enter first integer: 45 ↵Enter
Enter second integer: 75 ↵Enter
The greatest common divisor for 45 and 75 is 15
```

메소드의 gcd를 얻기 위해 코드를 에워쌈으로써, 이 프로그램은 몇몇의 이점들을 갖는다.

1. 이것은 main 메소드의 잔여 코드로부터 gcd를 계산하는 문제를 분리시킨다.
2. gcd를 계산하는 오류는 gcd 메소드 내부로 제한된다. 이것은 디버깅의 범위를 한정적으로 만든다.
3. gcd 메소드는 다른 프로그램들에 의해서 재사용될 수 있다.

리스트 5.6은 리스트 4.14 PrimeNumber.java를 개선하기 위해 코드 모듈화의 개념을 적용하고 있다.

리스트 5.6 PrimeNumberMethod.java

```
public class PrimeNumberMethod {
  public static void main(String[] args) {
    System.out.println("The first 50 prime numbers are \n");
    printPrimeNumbers(50);
  }
```

```

  public static void printPrimeNumbers(int numberOfPrimes) {
    final int NUMBER_OF_PRIMES = 50; // Number of primes to display
    final int NUMBER_OF_PRIMES_PER_LINE = 10; // Display 10 per line
    int count = 0; // Count the number of prime numbers
    int number = 2; // A number to be tested for primeness

    // Repeatedly find prime numbers
    while (count < numberOfPrimes) {
      // Print the prime number and increase the count
      if (isPrime(number)) {
        count++; // Increase the count

        if (count % NUMBER_OF_PRIMES_PER_LINE == 0) {
          // Print the number and advance to the new line
          System.out.printf("%-5s\n", number);
        }
        else
          System.out.printf("%-5s", number);
      }

      // Check if the next number is prime
      number++;
    }
  }

  /** Check whether number is prime */
  public static boolean isPrime(int number) {
    for (int divisor = 2; divisor <= number / 2; divisor++) {
      if (number % divisor == 0) { // If true, number is not prime
        return false; // number is not a prime
      }
    }

    return true; // number is prime
  }
}
```

```
The first 50 prime numbers are

2    3    5    7    11   13   17   19   23   29
31   37   41   43   47   53   59   61   67   71
73   79   83   89   97   101  103  107  109  113
127  131  137  139  149  151  157  163  167  173
179  181  191  193  197  199  211  223  227  229
```

우리는 하나의 커다란 문제를 두 개의 하위 문제로 분리시켰다. 결과적으로, 새로운 프로그램은 읽기 싶고 디버그하는데 더 쉽다. 더해서, printPrimeNumbers와 isPrime메소드는 다른 프로그램들에 의해 사용되이질 수 있다.

5.7 메소드 중복정의

max 메소드는 앞에서 오직 int형 데이터에서만 쓸 수 있었다. 그런데 만약 두 개의 부동 소수점 수 중에서 어떤 것이 최대값을 갖고 있는지를 결정할 필요가 있다면 어떻게 해야 할까? 해결책은 다음에 보이는 코드와 같이 인수는 다르지만 같은 이름을 가진 또 다른 메소드를 생성하는 것이다.

```
public static double max(double num1, double num2) {
  if (num1 > num2)
    return num1;
  else
    return num2;
}
```

만약 여러분이 int 매개변수를 갖고 max를 호출하면 max 메소드는 int 매개변수가 호출되어질 것이라 예상하고, double 매개변수를 갖고 max를 호출하면 max 메소드는 double 매개변수가 호출되어질 거라 예상한다. 이것은 **메소드 중복정의**라고 불리는 것인데, 한 클래스 내부에 매개변수는 다르지만 이름은 같은 두 개의 메소드가 있는 것이다. 자바 컴파일러는 어떤 메소드가 메소드 시그니처에 기반을 두고 사용되는지를 결정한다.

리스트 5.7은 세 개의 메소드를 생성하는 프로그램이다. 첫 번째는 integer 최대값 찾기, 두 번째는 double 최대값 찾기, 그리고 세 번째는 세 개의 double 값 중에서 최대를 찾는다. 이 세 개의 모든 메소드는 max라는 이름을 갖는다.

리스트 5.7 TestMethodOverloading.java

```
public class TestMethodOverloading {
  /** Main method */
  public static void main(String[] args) {
    // Invoke the max method with int parameters
    System.out.println("The maximum between 3 and 4 is "
      + max(3, 4));

    // Invoke the max method with the double parameters
    System.out.println("The maximum between 3.0 and 5.4 is "
      + max(3.0, 5.4));

    // Invoke the max method with three double parameters
    System.out.println("The maximum between 3.0, 5.4, and 10.14 is "
      + max(3.0, 5.4, 10.14));
  }

  /** Return the max between two int values */
  public static int max(int num1, int num2) {
    if (num1 > num2)
      return num1;
    else
```

```
22         return num2;
23     }
24
25     /** Find the max between two double values */
26     public static double max(double num1, double num2) {
27       if (num1 > num2)
28         return num1;
29       else
30         return num2;
31     }
32
33     /** Return the max among three double values */
34     public static double max(double num1, double num2, double num3) {
35       return max(max(num1, num2), num3);
36     }
37 }
```

```
The maximum between 3 and 4 is 4
The maximum between 3.0 and 5.4 is 5.4
The maximum between 3.0, 5.4, and 10.14 is 10.14
```

max(3, 4)를 호출할 때(6번째 행), 두 integer의 최대값을 찾기 위한 max 메소드가 호출된다. max(3.0, 5.4)를 호출할 때(10번째 행), 두 double들의 최대값을 찾기 위한 max 메소드가 호출된다. max(3.5, 5.4, 10.14)를 호출할 때, 세 double값들의 최대값을 찾기 위한 max 메소드가 호출된다.

max(2, 2.5)와 같이 int값과 double값을 갖고 max 메소드를 호출할 수 있을까? 만약 그렇다면 어떤 max 메소드가 호출될까? 첫 번째 질문에 대한 답은 그렇다이다. 두 번째에 대한 대답은 두 double값들의 최대치를 찾는 max 메소드가 호출된다. 인수 값 2는 자동적으로 double값으로 바뀌고 이 메소드에 전달된다.

여러분은 왜 호출 max(3, 4)에 대해 메소드 max(double, double)이 호출되지 않았는지 궁금할 것이다. max(double, double)과 max(int, int)는 max(3, 4)에 대해 가능한 매치이다. 자바 컴파일러는 메소드 호출에 가장 명료한 메소드를 찾는다. max(int, int)가 max(double, double)보다 더 명료하기 때문에, max(int, int)가 max(3, 4)를 호출하는데 사용되었다.

TIP

메소드 중복정의는 프로그램을 좀 더 명료하고 읽기 좋게 만들 수 있다. 테스크들과 밀접하게 관련 있는 메소드들의 실행은 같은 이름이 주어져야 한다.

NOTE

중복정의된 메소드는 다른 매개변수 리스트를 갖고 있어야만 한다. 다른 수정자나 반환형에 기반을 둔 메소드들은 중복정의할 수 없다.

NOTE

때때로 메소드의 호출에 대해서 두 개 혹은 더 많은 가능한 조합이 있지만, 컴파일러는 가장 명료한 조합을 결정할 수 없다. 이것은 **모호한 호출**이라고 언급된다. 모호한 호출은 컴파일 오류의 원인이 된다. 다음의 코드를 보자.

```
public class AmbiguousOverloading {
  public static void main(String[] args) {
    System.out.println(max(1, 2));
  }

  public static double max(int num1, double num2) {
    if (num1 > num2)
      return num1;
    else
      return num2;
  }

  public static double max(double num1, int num2) {
    if (num1 > num2)
      return num1;
    else
      return num2;
  }
}
```

max(int, double)과 max(double, int)는 max(1, 2)에 조합이 가능한 후보들이다. 둘 다 다른 것들보다 더 상세하기 때문에 호출은 애매하게 되고 컴파일러 오류를 범하게 된다.

5.8 변수의 영역

변수의 영역은 어디에서 변수가 참조되어질 수 있는지를 나타내는 프로그램의 한 부분이다. 메소드 내부에서 정의되어진 변수는 **지역 변수**라고 일컬어진다.

지역 변수의 영역은 그것의 선언으로부터 시작하고 이 변수를 포함하고 있는 블록의 끝까지 계속된다. 지역 변수는 선언되어져야만 하고 사용되어지기 전에 값을 배정해야 한다.

매개변수는 사실 지역 변수이다. 메소드 매개변수의 영역은 전체 메소드를 커버한다.

for 루프의 초기 동작에서 선언된 변수는 전체 루프에 걸쳐 그 영역을 갖고 있다. 그러나 for 루프 몸체 내부에서 선언된 변수는 그림 5.5에 보이는 것처럼 그것의 선언으로부터 변수를 포함하고 있는 블록의 끝까지의 루프 몸체 안에서만 그 영역을 갖도록 제한되어진다.

여러분은 메소드 안의 중첩되지 않은 다른 블록들 안에서 같은 이름으로 몇 번이고 지역 변수를 선언할 수 있지만, 그림 5.6에 보이는 것처럼 중첩된 블록들 안에서는 지역 변수를 두 번 선언할 수 없다.

주의

블록 내부에 지연 변수를 선언하지 말고 블록의 외부에서 선언하도록 하라. 여기에 흔하게 저지르는 실수의 예가 있다.

```
for (int i = 0; i < 10; i++) {
}

System.out.println(i);
```

마지막 문장은 변수 i가 for 루프의 외부에서 선언되어지지 않았기 때문에 문법 오류를 유발하게 된다.

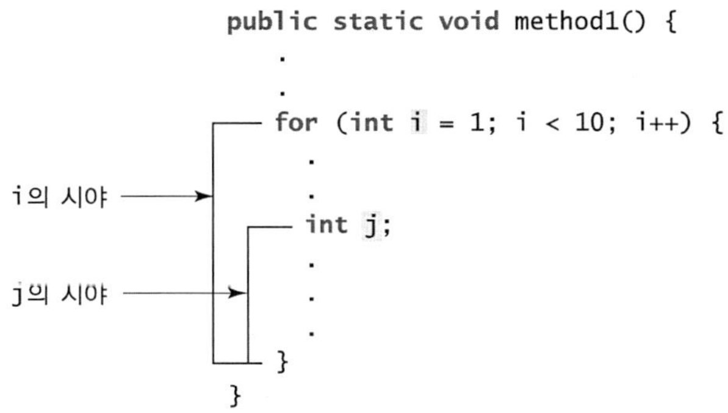

그림 5.5 for 루프 헤더의 초기 동작 부분에서 선언되어진 변수는 루프 전체에 걸쳐 영역을 갖고 있다.

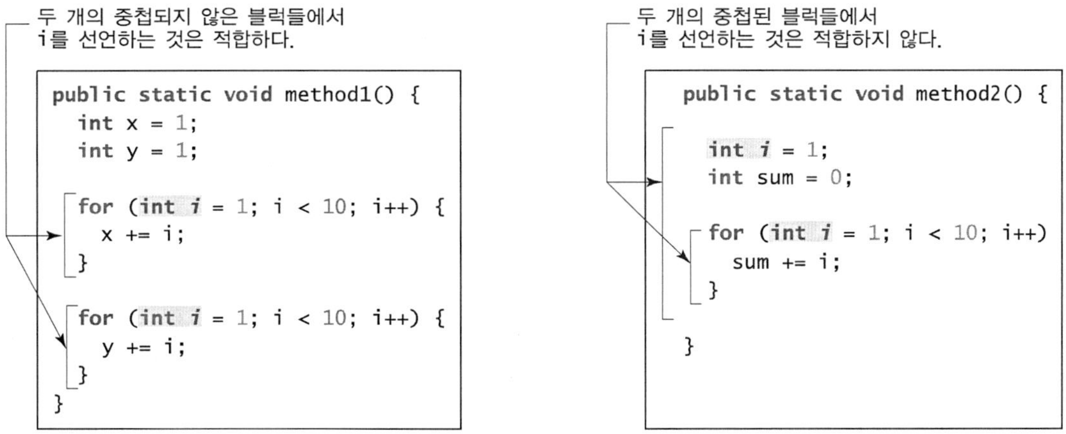

그림 5.6 변수는 중첩되지 않은 블럭들 안에서는 여러 번 선언될 수 있지만, 중첩된 블록들 안에서는 오직 한 번만 선언되어질 수 있다.

5.9 Math 클래스

Math 클래스는 기초 수학 함수들을 수행하는데 필요한 메소드들을 갖고 있다. 여러분은 이미 리스트 2.7 ComputeLoan.java에서 a^b을 계산하기 위한 pow(a,b) 메소드와 리스트 3.3 AdditionQuiz.java에서 Math.random() 메소드를 사용해 보았다. 이 절에서는 Math 클래스에서의 유용한 여러 가지 메소드들에 대해 소개한다. 이들은 **삼각 메소드**, **지수 메소드**, 그리고 **서비스 메소드**로 범위지어진다. 메소드들 외에도, Math 클래스는 유용한 double형 상수 PI와 E(자연대수의 기초)를 제공한다. 여러분은 어떤 프로그램에서라도 Math.PI와 Math.E라고 이 상수들을 사용할 수 있다.

5.9.1 삼각 메소드

Math 클래스는 다음의 삼각 메소드들을 포함하고 있다.

```
public static double sin(double radians)
public static double cos(double radians)
public static double tan(double radians)
public static double asin(double radians)
public static double acos(double radians)
public static double atan(double radians)
public static double toRadians(double degree)
public static double toDegrees(double radians)
```

각 메소드들은 하나의 double형 인수를 갖고 double형 반환값을 갖는다. 인수들은 라디안의 각도를 나타낸다. 라디안에서 1도는 $\Pi/180$과 같다. 예를 들어, Math.sin(Math.PI)는 Π의 싸인값을 반환한다. JDK 1.2 이후로, Math 클래스는 각도를 라디안으로 바꿔주는 toRadians(double angdeg) 메소드를 제공하고, 라디안을 각도로 바꿔주는 toDegrees(double angrad)를 제공한다.

예를 들어,

```
Math.sin(0) returns 0.0
Math.sin(Math.toRadians(270)) returns -1.0
Math.sin(Math.PI / 6) returns 0.5
Math.sin(Math.PI / 2) returns 1.0
Math.cos(0) returns 1.0
Math.cos(Math.PI / 6) returns 0.866
Math.cos(Math.PI / 2) returns 0
```

5.9.2 지수 메소드

Math 클래스에는 지수들과 관련된 다섯 개의 메소드가 있다.

```
/** Return e raised to the power of x (e^x) */
public static double exp(double x)

/** Return the natural logarithm of x (ln(x) = log_e(x)) */
public static double log(double x)

/** Return the base 10 logarithm of x (log_10(x)) */
public static double log10(double x)

/** Return a raised to the power of b (a^b) */
public static double pow(double a, double b)

/** Return the square root of x (√x) */
public static double sqrt(double x)
```

sqrt 메소드의 인수는 음수가 될 수 없음을 기억하라.

```
Math.exp(1) returns 2.71828
Math.log(Math.E) returns 1.0
Math.log10(10) returns 1.0
Math.pow(2, 3) returns 8.0
Math.pow(3, 2) returns 9.0
Math.pow(3.5, 2.5) returns 22.91765
Math.sqrt(4) returns 2.0
Math.sqrt(10.5) returns 3.24
```

5.9.3 라운딩 메소드

Math 클래스는 5개의 라운딩 메소드를 포함하고 있다.

```
/** x is rounded up to its nearest integer. This integer is
  * returned as a double value. */
public static double ceil(double x)

/** x is rounded down to its nearest integer. This integer is
  * returned as a double value. */
public static double floor(double x)

/** x is rounded to its nearest integer. If x is equally close
  * to two integers, the even one is returned as a double. */
public static double rint(double x)

/** Return (int)Math.floor(x + 0.5). */
public static int round(float x)

/** Return (long)Math.floor(x + 0.5). */
public static long round(double x)
```

예를 들어,

```
Math.ceil(2.1) returns 3.0
Math.ceil(2.0) returns 2.0
```

```
Math.ceil(-2.0) returns -2.0
Math.ceil(-2.1) returns -2.0
Math.floor(2.1) returns 2.0
Math.floor(2.0) returns 2.0
Math.floor(-2.0) returns -2.0
Math.floor(-2.1) returns -3.0
Math.rint(2.1) returns 2.0
Math.rint(2.0) returns 2.0
Math.rint(-2.0) returns -2.0
Math.rint(-2.1) returns -2.0
Math.rint(2.5) returns 2.0
Math.rint(-2.5) returns -2.0
Math.round(2.6f) returns 3 // Returns int
Math.round(2.0) returns 2  // Returns long
Math.round(-2.0f) returns -2
Math.round(-2.6) returns -3
```

5.9.4 min, max, abs 메소드

min과 max 메소드는 두 숫자들(int, long, float 혹은 double) 중에서 최소값과 최대값을 반환하기 위해 중복정의된다. 예를 들어, max(3.4, 5.0)은 5.0을 반환하고, min(3, 2)는 2를 반환한다.

abs 메소드는 숫자(int, long, float 그리고 double)의 절대값을 반환하기 위해 중복정의된다. 예를 들면,

```
Math.max(2, 3) returns 3
Math.max(2.5, 3) returns 3.0
Math.min(2.5, 3.6) returns 2.5
Math.abs(-2) returns 2
Math.abs(-2.1) returns 2.1
```

5.9.5 random 메소드

Math 클래스는 0.0과 크거나 같고 1.0(0<=Math.random()<1.0)보다 작은 double형 값을 무작위로 생성하는 또 하나의 강력한 메소드인 random을 갖고 있다. 이 메소드는 매우 유용하다. 리스트 3.4 SubtrackQuiz.java는 한 자리 정수를 생성하는데 이 메소드를 사용하고 있다. 여러분은 어떤 범위에서든 난수를 생성하기 위해 간단한 표현을 작성할 수 있다.

(int) (Math.random( )*10) ⟶ 0과 9 사이의 무작위 정수 반환

50 + (int) Math.random( ) * 50) ⟶ 50과 99 사이의 무작위 정수 반환

일반적으로,

a + Math.random( ) * b ⟶ a+b를 제외한 a와 a+b 사이에서 난수 반환

TIP

그림 5.7에서 보여지듯이 http://java.sun.com/javase/6/docs/api/index.html로부터 Math 클래스에 대한 완벽한 문서를 볼 수 있다.

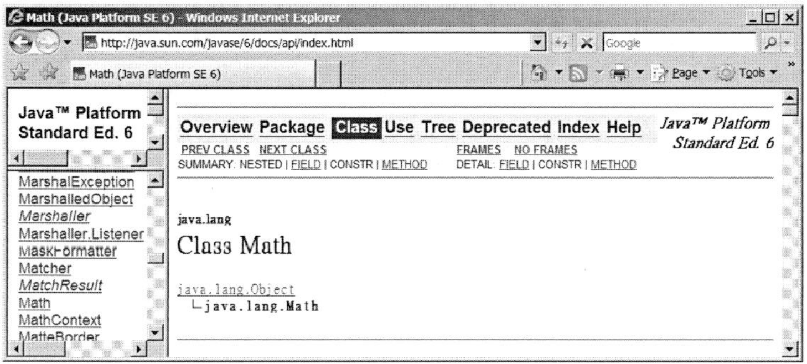

그림 5.7 Java API에 대한 문서를 온라인으로 볼 수 있다.

NOTE

모든 클래스들이 main 메소드를 필요로 하지는 않는다. Math 클래스와 JOptionPane 클래스는 main 메소드를 갖고 있지 않다. 이 클래스들은 다른 클래스들이 사용할 수 있도록 메소드들을 포함하고 있다.

5.10 사례 연구 : 무작위 문자 생성하기

컴퓨터는 수치 데이터들과 문자들을 처리한다. 여러분은 수치 데이터를 포함하고 있는 많은 예제들을 보아왔다. 문자들을 이해하고 그들을 어떻게 처리하는지는 중요한 것이다. 이 절에서는 무작위 문자 생성에 대한 예제들을 보인다.

2.9절에서 소개된 것처럼, 모든 문자들은 16진수로 0과 FFFF 사이의 유일한 유니코드를 갖고 있다. 무작위 문자를 생성하는 것은 다음에 나오는 표현법(0<=Math.random()<1.0이기 때문에, 65535에 1을 더해야 한다)을 이용하여 0과 65535 사이의 무작위 정수를 생성하는 것이다.

```
(int)(Math.random() * (65535 + 1))
```

이제 무작위로 소문자를 생성하는 것을 생각해 보자. 소문자들을 위한 유니코드는 'a'부터 시작하여 'b', 'c',…,'z'에 이르는 문자들을 위한 유니코드로, 연속된 정수들로 시작한다. 'a'의 유니코드는

```
(int)'a'
```

이렇게 해서 (int)'a'와 (int)'z' 사이의 무작위 정수는

```
(int)((int)'a' + Math.random() * ((int)'z' - (int)'a' + 1)
```

이다.

2.9.4절에서 논의되었던 것처럼, 모든 수치 연산자들은 피연산자 char에 적용되어질 수 있다. 피연산자 char는 다른 피연산자들이 숫자이거나 문자일 때 숫자로 던져진다. 이리하여 앞에서 보았던 표현들은 다음과 같이 간단해질 수 있다.

```
'a' + Math.random() * ('z' - 'a' + 1)
```

그리고 무작위 소문자는

```
(char)('a' + Math.random() * ('z' - 'a' + 1))
```

이 된다.

앞서 논의한 생성하기에서는, ch1〈ch2인 ch1과 ch2 사이의 임의의 두 개의 문자는 다음과 같이 생성되어질 수 있다.

```
(char)(ch1 + Math.random() * (ch2 - ch1 + 1))
```

이것은 간단하지만 유용한 발견이다. 특정 타입의 문자를 무작위로 생성하기 위해 다섯 개의 중복정의된 메소드에서 리스트 5.8의 RandomCharacter라 이름 붙여진 클래스를 생성해 보자.

리스트 5.8 RandomCharacter.java

```
public class RandomCharacter {
  /** Generate a random character between ch1 and ch2 */
  public static char getRandomCharacter(char ch1, char ch2) {
    return (char)(ch1 + Math.random() * (ch2 - ch1 + 1));
  }

  /** Generate a random lowercase letter */
  public static char getRandomLowerCaseLetter() {
    return getRandomCharacter('a', 'z');
  }

  /** Generate a random uppercase letter */
  public static char getRandomUpperCaseLetter() {
    return getRandomCharacter('A', 'Z');
  }

  /** Generate a random digit character */
  public static char getRandomDigitCharacter() {
    return getRandomCharacter('0', '9');
  }

  /** Generate a random character */
  public static char getRandomCharacter() {
```

```
    return getRandomCharacter('\u0000', '\uFFFF');
  }
}
```

리스트 5.9는 175개의 무작위로 소문자들을 출력하는 테스트 프로그램을 제공한다.

리스트 5.9 TestRandomCharacter.java

```
public class TestRandomCharacter {
  /** Main method */
  public static void main(String[] args) {
    final int NUMBER_OF_CHARS = 175;
    final int CHARS_PER_LINE = 25;

    // Print random characters between 'a' and 'z', 25 chars per line
    for (int i = 0; i < NUMBER_OF_CHARS; i++) {
      char ch = RandomCharacter.getRandomLowerCaseLetter() ;
      if ((i + 1) % CHARS_PER_LINE == 0)
        System.out.println(ch);
      else
        System.out.print(ch);
    }
  }
}
```

5.11 메소드 추상화와 단계적 세련화

소프트웨어를 개발하는데 있어서의 핵심은 추상화의 개념을 적용시키는 것이다. 여러분은 이 책으로부터 추상화의 여러 단계를 배우게 될 것이다. 메소드 추상화는 구현으로부터 메소드의 분리된 사용에 의해 얻어진다. 클라이언트는 그것이 어떻게 구현되었느냐를 알 필요없이 메소드를 사용할 수 있다. 구현의 세부사항들은 메소드 안에 캡슐화되어있고 메소드를 호출하는 클라이언트들로부터 숨겨져 있다. 이것은 정보은닉 혹은 캡슐화라고 알려진 것이다. 만약 여러분이 클라이언트 프로그램이 영향을 받지 않고 구현을 변경시키겠다고 결정했다면, 메소드 시그니처를 변경해서는 안된다. 메소드의 구현은 그림 5.8에서 보여지는 것처럼 클라이언트로부터 "black box"안에 숨겨져 있다.

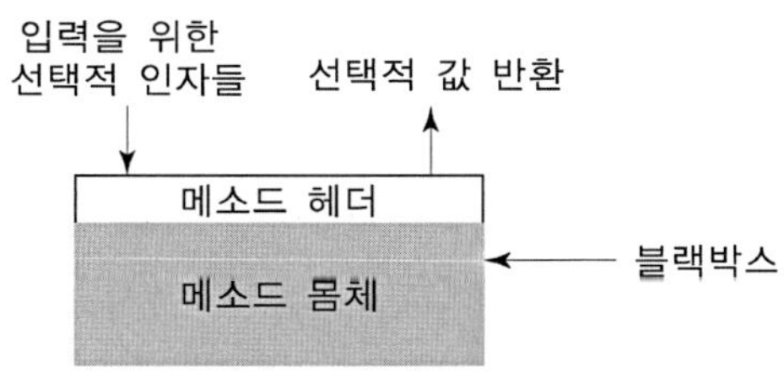

그림 5.8 메소드 몸체는 메소드 구현을 위한 세부사항을 포함하고 있는 블랙박스처럼 간주되어진다.

여러분은 이미 문자열을 출력하기 위해 System.out.print 메소드, 대화상자로부터 문자열을 읽어들이기 위해 JOptionPane.showInputDialog 메소드 그리고 최대 숫자를 찾기 위해 max 메소드를 사용해 보았다. 이러한 메소드들의 사용자로서 여러분들의 프로그램에서 이러한 메소드들을 호출하기 위해서는 어떻게 코드를 작성해야 하는지 알고 있지만, 그들이 어떻게 구현되어야 하는지에 대해서는 알 필요가 없다.

추상화 메소드의 개념은 프로그램 개발 과정으로 적용되어질 수 있다. 큰 프로그램을 작성할 때, 하위 프로그램들을 분석하기 위해 **단계적 세련화**라고 알려진 **분할-정복** 정책을 사용할 수 있다. 하위 프로그램들은 더 다루기 쉬운 문제들로 더욱 작게 분해되어질 수 있다.

한 해의 주어진 달의 달력을 출력하는 프로그램을 여러분이 작성한다고 가정해보자. 그 프로그램은 연과 달을 사용자가 입력하도록 한 후, 다음의 샘플 결과물에서 보여지는 것처럼 해당 달의 전체 달력을 보여준다.

```
Enter full year (e.g., 2001): 2006
Enter month in number between 1 and 12: 6
         June 2006
-----------------------------
 Sun Mon Tue Wed Thu Fri Sat
                   1   2   3
   4   5   6   7   8   9  10
  11  12  13  14  15  16  17
  18  19  20  21  22  23  24
  25  26  27  28  29  30
```

분할-정복 접근법을 설명하기 위해 이 예제를 이용하도록 하자.

5.11.1 하향식 설계

여러분은 프로그램을 어떻게 시작할 것인가? 바로 코딩을 시작할 것인가? 초보 프로그래머들은 종종 모든 세부적인 해결책 없이 일을 시작하려고 시도한다. 최종 프로그램에서 세부적인 것들이 중요하다 할지라도, 이전 단계들에서의 세부적인 걱정들은 문제-해결 과정을 방해할 것이다. 문제해결의 흐름을 가능한 한 부드럽게 하기 위해서는, 이 예제는 설계로부터 세부사항을 분리시키기 위해 메소드 추상화를 사용함으로써 시작하고 세부사항들은 나중에 구현되어져야 한다.

이 예제를 위해, 문제가 먼저 두 개의 하위 프로그램들로 나누어진다: 사용자로부터 입력을 얻고, 해당 달의 달력을 출력한다. 이 단계에서는, 프로그램의 작성자는 입력을 어떻게 받고 해당 달에 대한 달력을 어떻게 출력할 것인가를 염려하는게 아니라, 어떤 하위 문제들이 얻어질 수 있을지를 생각해야 한다. 여러분은 문제의 분해를 가시화하는데 도움이 되는 구조적 차트를 그려볼 수 있다(그림 5.9(a)를 보라).

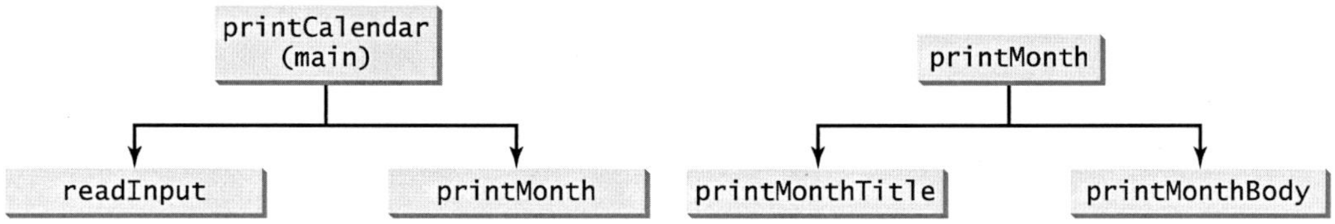

(a) (b)

그림 5.9 구조 차트는 printCalendar 문제가 readInput과 printMonth의 두 개 하위 문제들로 나누어질 수 있음을 보여주고, printMonth가 printMonthTitle과 printMonthBody의 좀 더 작은 두 개의 하위 문제들로 나누어질 수 있음을 보여준다.

사용자가 연도와 달을 입력할 수 있도록 해주는 입력 대화상자를 출력하기 위해 JOption Pane.showInputDialog 메소드를 사용하라.

주어진 달에 대한 달력을 출력하는 문제는 두 개의 하위 문제들로 쪼개질 수 있다: 그림 5.9(b)에서 달의 제목 출력하기, 그리고 달의 몸체 출력하기이다. 달의 제목은 세 줄로 구성되어진다: 달과 년도, 대시라인, 그리고 일주일의 일곱개 날들의 이름들이다. 여러분은 달의 수치(예:1)로부터 달의 이름(예:1월)을 얻을 필요가 있다. 이것은 getMonthName에서 성립되어질 수 있다(그림 5.10(a)를 보라).

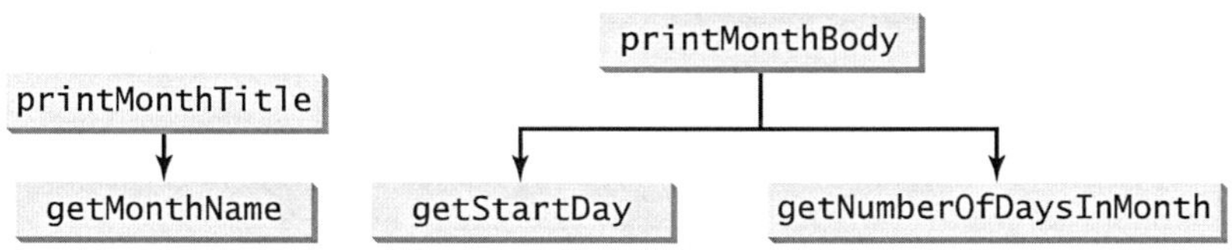

(a) (b)

그림 5.10 (a) printMonthTitle을 하기 위해, getMonthName이 필요. (b) printMonthBody 문제는 더 작은 문제들을 재생산한다.

해당 달의 몸체를 출력하기 위해서는, 그림 5.10(b)에서 보여지는 것처럼, 여러분은 해당 달의(getStartDay) 한 주의 제일 첫 번째 날이 언제인지와 해당 달(getNumberOfDaysMonth)에 며칠이 있는지를 알아야 한다. 예를 들어, 2005년 12월은 31개의 날이 있고, 이 달의 첫 번째 날은 목요일이다.

여러분은 어떻게 이 달의 첫 번째 날을 얻을 수 있을까? 그렇게 하는 것에는 몇 가지 방법이 있다. 가장 간단한 접근법은 11.3절 "예제: Calendar와 GregorianCalendar"에 있는 Calendar 클래스를 이용하는 것이다. 자, 이제 다른 접근법이 사용됐다. 여러분이 1800년 1월의 첫 번째 날(startDay1800=3)이 수요일이었다는 것을 알고 있다고 가정해 보자. 여러분은 1800년 1월 1일과 달력의 원하는 달의 첫 번째 날 사이에서 날짜들의 총 일수(totalNumberOfDays)를 구할 수 있다. 달력의 원하는 날의 시작날짜는 (totalNumberOf Days+startDay1800)%7이 되는데, 일주일은 7개의 날이 있기 때문이다. 이렇게 해서

getStartDay 문제는 그림 5.11(a)에서 보여지는 것처럼, getTotalNumberOfDays와 같이 더 세련화되어질 수 있다.

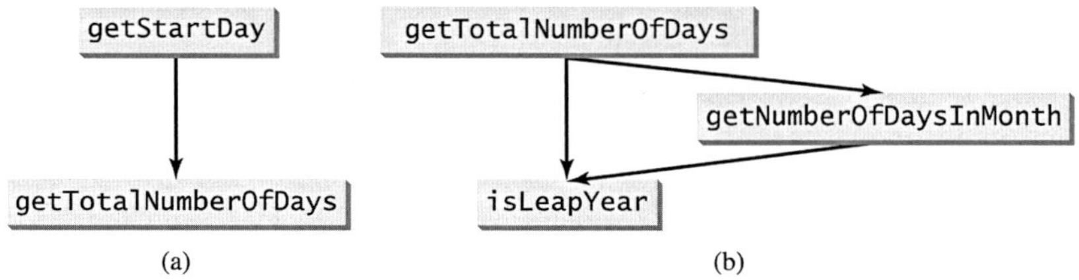

그림 5.11 (a) getStartDay를 위해서는, getTotalNumberOfDays가 필요하다.
(b) getTotalNumberOfDays 문제는 두 개의 작은 문제들로 정제된다.

날짜들의 총 합을 구하기 위해서는, 해당년도가 윤년인지와 각 달에 며칠씩 있는지를 알아야 한다. 그렇게 해서 getTotalNumberOfDays는 그림 5.11(b)에서 보여지는 것처럼 isLeapYear와 getNumberOfDaysInMonth의 두 개 하위 문제들로 나누어진다. 완전한 구조 차트는 그림 5.12에서 보여지는 것과 같다.

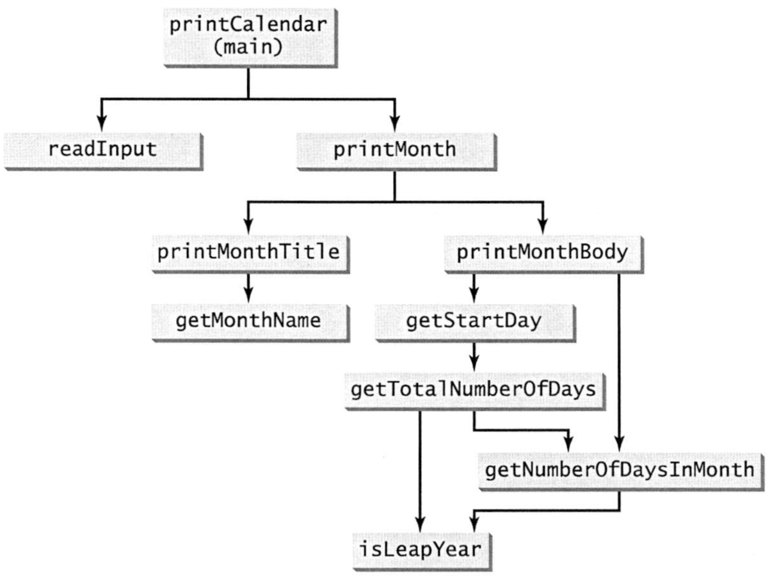

그림 5.12 이 구조 차트는 프로그램 안에서 하위 문제들의 계층적 관계를 보여준다.

5.11.2 하향식 혹은 상향식 구현

이제 구현쪽으로 돌아가보자. 일반적으로, 하위 문제는 구현에서 메소드에 해당된다. 그러나 어떤 것은 너무 단순하여 메소드 구현이 필요하지 않다. 여러분은 어떤 모듈들은 메소드로 구현하고 어떤 것들을 다른 메소드들과 합쳐야 할지를 결정해야 한다. 이런 종류의 결정들은 여러분의 선택의 결과로서 전체 프로그램이 읽기 쉬워지는지의 여부에 기반을 두어야 한다. 이 예제에서는, 하위 문제 readInput은 main 메소드 안에서 간단하게 구현되어질 수 있다.

여러분은 "하향식" 접근법이나 "상향식" 접근법을 사용할 수 있다. 하향식 접근법은 위에서부터 아래로 구조 차트 안에서 한 번에 하나의 메소드를 구현한다. stub들은 구현되어지기를 기다리면서 메소드에 사용되어질 수 있다. stub는 간단하지만 메소드의 불완전한 버전이다. stub들의 사용은 프로그램의 프레임워크를 빠르게 건축할 수 있도록 도와준다. main 메소드를 먼저 구현하고, 그 후에 printMonth 메소드를 위해 stub을 사용한다. 예를 들어, printMonth를 stub 안에서 연도와 달을 출력하게 만들자. 이렇게 해서 여러분의 프로그램은 이처럼 시작하게 될 것이다.

```
public class PrintCalendar {
  /** Main method */
  public static void main(String[] args) {
    // Prompt the user to enter year
    Scanner input = new Scanner(System.in);

    System.out.print("Enter full year (e.g., 2001): ");
    int year = input.nextInt();

    // Prompt the user to enter month
    System.out.print("Enter month as number between 1 and 12: ");
    int month = input.nextInt();

    // Print calendar for the month of the year
    printMonth(year, month);
  }

  /** A stub for printMonth may look like this */
  public static void printMonth(int year, int month) {
    System.out.print(month + " " + year);
  }

  /** A stub for printMonthTitle may look like this */
  public static void printMonthTitle(int year, int month) {
  }

  /** A stub for getMonthName may look like this */
  public static String getMonthName(int month) {
    return "January"; // A dummy value
  }

  /** A stub for getStartDay may look like this */
  public static int getStartDay(int year, int month) {
    return 1; // A dummy value
  }

  /** A stub for getNumberOfDaysInMonth may look like this */
  public static int getNumberOfDaysInMonth(int year, int month) {
    return 31; // A dummy value
  }
```

```
  /** A stub for getTotalNumberOfDays may look like this */
  public static int getTotalNumberOfDays(int year, int month) {
    return 10000; // A dummy value
  }

  /** A stub for getTotalNumberOfDays may look like this */
  public static boolean isLeapYear(int year) {
    return true; // A dummy value
  }
}
```

프로그램을 컴파일하고 테스트하고 오류들을 고쳐보라. 이제 여러분은 printMonth 메소드를 구현할 수 있다. printMonth 메소드로부터 메소드들을 호출하기 위해, 여러분은 다시 stub들을 사용할 수 있을 것이다.

상향식 접근법은 아래에서부터 위로 구조 차트에서 한 번에 하나의 메소드를 구현한다. 각 메소드의 구현을 위해서는, 그것들을 테스트하기 위한 테스트 프로그램을 작성하는 것이다. 하향식과 상향식 접근법은 모두 괜찮은 것들이다. 이 접근법들은 메소드들을 점차적으로 구현하고 프로그래밍 오류를 줄이는데 도움을 주고, 디버깅을 손쉽게 해준다. 때때로 이들은 함께 사용되어지기도 한다.

5.11.3 세부 구현

isLeapYear(int year) 메소드는 다음의 코드를 사용해서 구현될 수 있다.

```
return (year % 400 == 0 || (year % 4 == 0 && year % 100 != 0));
```

getTotalNumberOfDaysInMonth(int year, int month)를 구현하기 위해 다음의 사실들을 사용하라.

- 1월, 3월, 5월, 7월, 8월, 10월 그리고 12월은 31개의 날이 있다.
- 4월, 6월, 9월 그리고 11월은 30개의 날이 있다.
- 2월은 보통의 해에 28개의 날이 있고, 윤년에는 29개의 날이 있다. 이렇게 해서 일반적인 해에는 365일의 날이 있고, 윤년에는 366개의 날이 있게 된다.

getTotalNumberOfDays(int year, int month)를 구현하기 위해서는 1800년 1월 1일의 총 날짜수(totalNumberOfDays)를 계산한 것과 역월의 첫 번째 날을 계산해야 한다. 여러분은 1800년도와 역년 사이에서 총 일수를 찾을 수 있었고, 역년에서 역월로의 총 일자를 찾을 수 있었다. 이 두 가지의 총합은 totalNumberOfDays이다.

몸체를 출력하기 위해, 시작 날짜 전에 몇몇 공간을 채워넣고 매 주에 대해 행들을 출력하도록 한다.

리스트 5.10에 완전한 프로그램이 주어져 있다.

리스트 5.10 PrintCalendar.java

```
import java.util.Scanner;

public class PrintCalendar {
  /** Main method */
  public static void main(String[] args) {
    // Prompt the user to enter year
    Scanner input = new Scanner(System.in);

    // Prompt the user to enter year
    System.out.print("Enter full year (e.g., 2001): ");
    int year = input.nextInt();

    // Prompt the user to enter month
    System.out.print("Enter month in number between 1 and 12: ");
    int month = input.nextInt();

    // Print calendar for the month of the year
    printMonth(year, month);
  }

  /** Print the calendar for a month in a year */
  static void printMonth(int year, int month) {
    // Print the headings of the calendar
    printMonthTitle(year, month);

    // Print the body of the calendar
    printMonthBody(year, month);
  }

  /** Print the month title, e.g., May, 1999 */
  static void printMonthTitle(int year, int month) {
    System.out.println("         " + getMonthName(month)
      + " " + year);
    System.out.println("-----------------------------");
    System.out.println(" Sun Mon Tue Wed Thu Fri Sat");
  }

  /** Get the English name for the month */
  static String getMonthName(int month) {
    String monthName = null;
    switch (month) {
      case 1: monthName = "January"; break;
      case 2: monthName = "February"; break;
      case 3: monthName = "March"; break;
      case 4: monthName = "April"; break;
      case 5: monthName = "May"; break;
      case 6: monthName = "June"; break;
      case 7: monthName = "July"; break;
      case 8: monthName = "August"; break;
      case 9: monthName = "September"; break;
      case 10: monthName = "October"; break;
      case 11: monthName = "November"; break;
```

```
      case 12: monthName = "December";
    }

    return monthName;
  }

  /** Print month body */
  static void printMonthBody(int year, int month) {
    // Get start day of the week for the first date in the month
    int startDay = getStartDay(year, month);

    // Get number of days in the month
    int numberOfDaysInMonth = getNumberOfDaysInMonth(year, month);

    // Pad space before the first day of the month
    int i = 0;
    for (i = 0; i < startDay; i++)
      System.out.print("    ");

    for (i = 1; i <= numberOfDaysInMonth; i++) {
      if (i < 10)
        System.out.print("   " + i);
      else
        System.out.print("  " + i);

      if ((i + startDay) % 7 == 0)
        System.out.println();
    }

    System.out.println();
  }

  /** Get the start day of month/1/year */
  static int getStartDay(int year, int month) {
    final int START_DAY_FOR_JAN_1_1800 = 3;
    // Get total number of days from 1/1/1800 to month/1/year
    int totalNumberOfDays = getTotalNumberOfDays(year, month);

    // Return the start day for month/1/year
    return (totalNumberOfDays + START_DAY_FOR_JAN_1_1800) % 7;
  }

  /** Get the total number of days since January 1, 1800 */
  static int getTotalNumberOfDays(int year, int month) {
    int total = 0;

    // Get the total days from 1800 to 1/1/year
    for (int i = 1800; i < year; i++)
      if (isLeapYear(i))
        total = total + 366;
      else
        total = total + 365;

    // Add days from Jan to the month prior to the calendar month
    for (int i = 1; i < month; i++)
```

```
      total = total + getNumberOfDaysInMonth(year, i);

    return total;
  }

  /** Get the number of days in a month */
  static int getNumberOfDaysInMonth(int year, int month) {
    if (month == 1 || month == 3 || month == 5 || month == 7 ||
      month == 8 || month == 10 || month == 12)
      return 31;

    if (month == 4 || month == 6 || month == 9 || month == 11)
      return 30;

    if (month == 2) return isLeapYear(year) ? 29 : 28;

    return 0; // If month is incorrect
  }

  /** Determine if it is a leap year */
  static boolean isLeapYear(int year) {
    return year % 400 == 0 || (year % 4 == 0 && year % 100 != 0);
  }
}
```

이 프로그램은 사용자 입력을 허용하지 않는다. 예를 들어, 만약 사용자가 1800년도 전이나 1과12의 범주 외에서 입력을 하면, 프로그램은 오류가 있는 달력을 출력한다. 이 오류를 피하기 위해서는, 달력이 출력되기 전에 입력을 체크하는 if 문이 추가되어야 한다.

이 프로그램은 달에 대한 달력을 출력하지만 전체 년도에 대해 달력을 출력하도록 쉽게 수정되어질 수 있다. 1800년 1월 이후로만 달들을 출력할지라도 1800년도 전 달들의 날짜들을 추적하도록 수정되어질 수 있다.

NOTE

추상화 메소드는 깔끔하고 계층적인 방법으로 프로그램을 모듈화시킨다. 간결한 메소드들의 집합에 의해 작성되어진 프로그램은 작성하고, 디버그, 유지보수 그리고 수정하는데 더 쉽다. 이 작성 스타일은 메소드 재사용성을 높인다.

TIP

큰 프로그램을 구현할 때, 하향식 혹은 상향식 접근법을 사용하라. 한 번에 전체 프로그램을 작성하지 말라. 이런 접근법들을 사용하는 것은 더 많은 개발 시간을 잡아먹는 것처럼 보이지만(반복적으로 컴파일하고 프로그램을 실행하기 때문에), 실제로 이것은 시간을 절약하고 디버깅을 쉽게 할 수 있도록 해준다.

주요 용어

- stub
- 값-전달
- 단계적 세련화
- 매개변수
- 메소드
- 메소드 시그니처
- 메소드 중복정의
- 메소드 추상화
- 모호한 호출
- 반환값
- 반환형
- 변수의 영역
- 분할과 정복
- 수정자
- 실 매개변수
- 인수
- 정보은닉
- 형식 매개변수(즉, 매개변수)

요약

- 프로그램을 모듈러하고 재사용할 수 있도록 만드는 것은 소프트웨어 공학에 있어서의 중요 목적이다. 자바는 이 목적을 달성하기 위한 다양하고 강력한 구성체들을 제공한다. 메소드는 이러한 구성체들 중 하나이다.
- 메소드 헤더는 **수정자**, **반환값 타입**, **메소드 이름** 그리고 메소드의 **매개변수**들을 명시한다. 정적 수정자는 이 장에서 모든 메소드들을 위해 사용되어졌다.
- 메소드는 값을 반환한다. 반환값 타입은 메소드가 반환하는 값의 데이터 타입이다. 만약 메소드가 값을 반환하지 않는다면 반환값 타입은 키워드 void가 된다.
- **매개변수 리스트**는 타입, 순서 그리고 메소드의 매개변수의 개수를 언급한다. 메소드 이름과 매개변수 리스트는 **메소드 시그니처**의 구성요소가 된다. 매개변수는 선택적인데 메소드는 매개변수를 함유하지 않을 수 있다.
- 반환문은 메소드를 종료하고 호출자로 복귀하는데 void 메소드 안에서 사용되어질 수 있다. 이것은 메소드 안에서의 정상적인 제어흐름을 우회시키는데 때때로 유용하다.
- 메소드로 전해지는 매개변수들은 메소드 정의의 인수들과 같이 같은 개수, 타입 그리고 순서를 가져야만 한다.
- 프로그램이 메소드를 호출할 때, 프로그램 제어는 호출된 메소드로 전달된다. 호출된 메소드는 반환문이 실행되었을 때나 메소드-끝 닫기 중괄호에 도달했을 때 호출자에게 제어를 반환한다.

- 값-반환 메소드는 자바에서 문장으로서 호출되어질 수 있다. 이런 경우에, 호출자는 반환값을 간단하게 무시한다. 이 경우의 중요한 점은, 반환값을 가진 메소드 호출은 값으로 취급된다는 점이다. 그러나 몇몇의 경우에서는 호출자는 반환값을 염두에 두지 않는다.
- 메소드가 호출될 때마다, **스택**이라고 알려진 공간에 이 시스템은 매개변수들과 지역 변수들을 저장한다. 메소드가 또 다른 메소드를 호출할 때, 호출자의 스택 공간은 여전히 유지되고, 새로운 공간이 새로운 메소드 호출의 제어를 위해 생성된다. 메소드가 자신의 일을 끝내고 호출자에게 복귀될 때, 생성된 공간은 사라지게 된다.
- 메소드는 중복정의될 수 있다. 이것은 두 개의 메소드가 그들의 메소드 매개변수 리스트가 달라지는 한, 같은 이름을 소유할 수 있다는 것을 의미한다.
- 지역 변수의 영역은 메소드에서 지역적으로 제한되어진다. 지역 변수의 영역은 선언부로부터 시작하여 변수를 포함하고 있는 블록의 끝까지 계속된다. 지역 변수는 사용되기 전에 선언되어져야 하고, 참조되어지기 전에 초기화되어져야 한다.
- **메소드 추상화**는 메소드의 구현으로부터 메소드의 사용을 분리함으로써 성취될 수 있다. 클라이언트는 그것이 어떻게 구현되었는지 알 필요 없이 메소드를 사용할 수 있다. 구현의 세부사항은 메소드를 호출하는 클라이언트들로부터 메소드 안에서 캡슐화되고 은닉되어진다. 이것이 바로 **정보은닉** 또는 **캡슐화**로 알려진 것이다.
- 메소드 추상화는 깔끔하고 계층적인 방법으로 프로그램을 모듈화한다. 간략한 메소드들의 집합으로 작성된 프로그램은 그렇지 않은 경우보다 작성, 디버그, 유지보수 그리고 수정하는 데에 있어서 더 쉽다. 또한, 이런 스타일의 작성법은 메소드 재사용성을 증가시킨다.
- 큰 프로그램을 구현할 때, 하향식이나 상향식 코딩 접근법을 사용하라. 전체 프로그램을 한 번에 작성하려고 하지 말라. 이런 접근법들을 사용하는 것은 더 많은 개발 시간이 걸리는 것처럼 보이지만(반복적으로 컴파일하고 프로그램을 실행하기 때문에), 실제로 이것은 시간을 절약하고 디버깅을 쉽게 할 수 있도록 해준다.

복습문제

5.2–5.3절

5.1 메소드를 사용하는 것의 이점은 무엇인가? 메소드는 어떻게 선언하는가? 여러분은 메소드를 어떻게 호출할 것인가?

5.2 main 메소드의 반환 타입은 무엇인가?

5.3 리스트 5.1의 max 메소드를 조건 연산자를 사용하여 간단하게 할 수 있겠는가?

5.4 (참 또는 거짓?) void 반환값을 갖는 메소드 호출은 항상 스스로 문장이 되지만, 값-반환 메소드 호출은 항상 표현의 요소가 된다.

5.5 값-반환 메소드에서 return 문을 쓰지 않는다면 무엇이 잘못되게 될까? 다음에 나오는 것과 같이 void 메소드 안에 return 문을 포함할 수 있을까?

```
public static void main(String[] args) {
  int i;
  while (true) {
    // Prompt the user to enter an integer
    String intString = JOptionPane.showInputDialog(
      "Enter an integer:");

    // Convert a string into int
    int i = Integer.parseInt(intString);
    if (i == 0)
      return;
    System.out.println("i = " + i);
  }
}
```

다음 메소드의 return 문은 구문 오류를 유발하게 될까?

```
public static void xMethod(double x, double y) {
  System.out.println(x + y);
  return x + y;
}
```

5.6 인수, 매개변수 그리고 메소드 시그니처를 정의하라.

5.7 다음 각 메소드를 위한 메소드 헤더를 작성하라.

- 판매 총액과 커미션 비율이 주어지고, 판매 커미션을 계산한다.
- 주어진 달과 연도로 각 달의 달력을 출력한다.
- 제곱근을 계산한다.
- 숫자가 짝수인지 아닌지를 테스트하고, 짝수이면 참(true)을 반환한다.
- 지정된 횟수만큼 메시지를 출력한다.
- 대출금, 년수 그리고 연 금리가 주어졌을 때, 월 상환금을 계산한다.
- 주어진 소문자에 대응하는 대문자 찾기

5.8 다음의 프로그램에서 오류를 찾고 고쳐보라.

```
public class Test {
 public static method1(int n, m) {
   n += m;
```

```
    xMethod(3.4);
  }

  public static int xMethod(int n) {
    if (n > 0) return 1;
    else if (n == 0) return 0;
    else if (n < 0) return -1;
  }
}
```

5.9 2.13절 "프로그래밍 스타일과 문서화"에서 제안된 프로그래밍 스타일과 문서화 안내시에 따라 다음의 프로그램을 고쳐보라. next-line 중괄호 스타일을 사용하라.

```
public class Test {
  public static double xMethod(double i,double j)
  {
  while (i<j) {
    j--;
  }
  return j;
  }
}
```

5.4절 매개변수 전달

5.10 매개변수가 어떻게 메소드로 전달될까? 인수는 그것의 매개변수와 동일한 이름을 가질 수 있을까?

5.11 값-전달이란 무엇인가? 다음 프로그램들의 결과를 보여라.

```
public class Test {
  public static void main(String[] args) {
    int max = 0;
    max(1, 2, max);
    System.out.println(max);
  }

  public static void max(
      int value1, int value2, int max) {
    if (value1 > value2)
      max = value1;
    else
      max = value2;
  }
}
```

(a)

```
public class Test {
  public static void main(String[] args) {
    // Initialize times
    int times = 3;
    System.out.println("Before the call,"
      + " variable times is " + times);

    // Invoke nPrintln and display times
    nPrintln("Welcome to Java!", times);
    System.out.println("After the call,"
      + "variable times is " + times);
  }

  // Print the message n times
  public static void nPrintln(
      String message, int n) {
    while (n > 0) {
      System.out.println("n = " + n);
      System.out.println(message);
      n--;
    }
  }
}
```

(b)

```
public class Test {
  public static void main(String[] args) {
    int i = 1;
    while (i <= 6) {
      xMethod(i, 2);
      i++;
    }
  }

  public static void xMethod(
      int i, int num) {
    for (int j = 1; j <= i; j++) {
      System.out.print(num + " ");
      num *= 2;
    }

    System.out.println();
  }
}
```

(c)

```
public class Test {
  public static void main(String[] args) {
    int i = 0;
    while (i <= 4) {
      xMethod(i);
      i++;
    }

    System.out.println("i is " + i);
  }

  public static void xMethod(int i) {
    do {
      if (i % 3 != 0)
        System.out.print(i + " ");
      i--;
    }
    while (i >= 1);

    System.out.println();
  }
}
```

(d)

5.12 앞의 문제의 (a)에서, max 메소드가 호출되기 전, max를 삽입할 때, max가 반환되기 전에, 그리고 max가 반환되고 난 후의 스택의 내용을 보여라.

5.7절 메소드 중복정의

5.13 메소드 중복정의란 무엇인가? 다른 매개변수 타입을 갖지만, 같은 이름을 갖는 두 개의 메소드를 정의하는 것이 가능한가? 클래스 안에서 다른 반환값 또는 다른 수정자를 갖지만 메소드 이름과 매개변수 리스트는 같은 두 개의 메소드를 정의하는 것은 가능한가?

5.14 다음 프로그램에서 무엇이 잘못되었는가?

```
public class Test {
  public static void method(int x) {
  }

  public static int method(int y) {
    return y;
  }
}
```

5.8절 변수의 영역

5.15 다음 프로그램에서 오류를 찾고 고쳐보라.

```
public class Test {
  public static void main(String[] args) {
    nPrintln("Welcome to Java!", 5);
  }
```

```
  public static void nPrintln(String message, int n) {
    int n = 1;
    for (int i = 0; i < n; i++)
      System.out.println(message);
  }
}
```

5.9절 Math 클래스

5.16 (참과 거짓?) 삼각 메소드의 매개변수는 각도를 라디안으로 표시한다.

5.17 34와 55 사이의 정수를 무작위로 반환하는 표현식을 작성하라. 0와 999 사이의 정수를 무작위로 반환하는 표현식을 작성하라. 5.5와 55.5 사이의 수를 무작위로 반환하는 표현식을 작성하라. 소문자를 무작위로 반환하는 표현식을 작성하라.

5.18 다음의 메소드 호출을 평가하라.

(a) Math.sqrt(4)
(b) Math.sin(2 * Math.PI)
(c) Math.cos(2 * Math.PI)
(d) Math.pow(2, 2)
(e) Math.log(Math.E)
(f) Math.exp(1)
(g) Math.max(2, Math.min(3, 4))
(h) Math.rint(−2.5)
(i) Math.ceil(−2.5)
(j) Math.floor(−2.5)
(k) Math.round(−2.5f)
(l) Math.round(−2.5)
(m) Math.rint(2.5)
(n) Math.ceil(2.5)
(o) Math.floor(2.5)
(p) Math.round(2.5f)
(q) Math.round(2.5)
(r) Math.round(Math.abs(−2.5))

프로그래밍 연습

5.2–5.7절

5.1* (반전된 정수 출력하기) 반전된 순서로 정수를 출력하기 위해 다음의 메소드를 이용하여 작성하라.

```
public static void reverse(int number)
```

예를 들어, reverse(13459)는 95431로 출력된다.

5.2* (정수 자릿수 더하기) 정수 자릿수를 더하는 메소드를 작성하라. 다음의 메소드 헤더를 사용하라.

```
public static int sumDigits(long n)
```

예를 들어, sumDigits(234)는 9(2+3+4)가 되어야 한다.
힌트 : 정수를 추출하기 위해 % 연산자를 사용하고, 추출된 아라비아 숫자를 제거하기 위해 / 연산자를 사용하라. 예를 들어, 234로부터 4를 추출하기 위해 234%10 (=4)를 사용하라. 234로부터 4를 제거하기 위해 234/10 (=23)을 사용하라. 모든 아라비아 숫자들이 추출될 때까지 추출과 제거를 루프를 사용하여 반복하라.

5.3 (소문자를 대문자로 변환하기) 소문자를 대문자로 변환하는 메소드를 작성하라. 다음의 메소드 헤더를 사용하라.

```
public static char lowerCaseToUpperCase(charch)
```

예를 들어, lowerCaseToUpperCase는 B를 반환한다.
프로그래밍 연습 2.7에서 어떻게 소문자를 대문자로 바꾸는지 보라.

5.4** (반전된 정수 반환하기) 반전된 정수를 반환하기 위해 다음의 메소드를 작성하라.

```
public static int reverse(int number)
```

예를 들어, reverse(3456)은 6543이 된다.

5.5 (기하학 : 거리 계산) 다음의 메소드 헤더를 사용하여 두 지점의 거리를 반환하는 메소드를 작성하라.

```
public static double distance(double x1, double y1, double x2, double y2)
```

두 지점의 거리를 계산하는 식은 다음과 같다.

$$\sqrt{(x_2 - x_1)^2 + (y_2 - y_1)^2}$$

5.6* (패턴 출력) 다음의 패턴을 출력하기 위한 메소드를 작성하라.

```
              1
            2 1
          3 2 1
...
n n-1 ... 3 2 1
```

메소드 헤더는

```
public static void displayPattern(int n)
```

이다.

5.7* (한 달의 날짜의 수 구하기) 다음의 메소드 헤더를 사용하여 한 달의 날짜 수를 구하는 메소드를 작성하라.

```
public static int getNumberOfDays(int month, int year)
```

예를 들어, getNumberOfDays(1, 2000)은 31을 반환, getNumberOfDays(2, 2000)은 29를 반환 그리고 getNumberOfDays(2, 2001)은 28을 반환한다.

5.8 (섭씨와 화씨의 전환) 다음 두 개의 메소드를 포함하는 클래스를 작성하라.

```
/** Converts from Celsius to Fahrenheit */
public static double celsiusToFahrenheit(double celsius)

/** Converts from Fahrenheit to Celsius */
public static double fahrenheitToCelsius(double fahrenheit)
```

변환식은 다음과 같다.

```
fahrenheit = (9.0 / 5) * celsius + 32
```

다음의 테이블을 출력하기 위해 이 메소드들을 호출하고 테스트하는 프로그램을 작성하라.

```
Celsius       Fahrenheit        Fahrenheit       Celsius

 40.0         104.0             120.0            48.89
 39.0         102.2             110.0            43.33
...
 32.0          89.6              40.0             4.44
 31.0          87.8              30.0            -1.11
```

5.9 (마일과 킬로미터 변환하기) 다음 두 개의 메소드를 포함하는 클래스 파일을 작성하라.

```
/** Converts from mile to kilometer */
public static double mileTokilometer(double mile)

/** Converts from kilometer to Mile */
public static double kilometerToMile(double kilometer)
```

변환식은 다음과 같다.

```
mile = 1.609 * kilometer
```

다음의 테이블을 출력하기 위해 이 메소드들을 호출하고 테스트하는 프로그램을 작성하라.

```
Miles       kilometer       kiloMeters     Mile
 1.0        0.6215          20.0           32.180
 2.0        1.2430          25.0           40.225
...
 9.0        5.5935          60.0           96.539
10.0        6.2150          65.0           104.58
```

5.10 (isPrime 메소드 사용하기) 리스트 5.6 PrimeNumberMethod.java는 숫자가 소수인지를 판별하기 위해 isPrime(int number) 메소드를 제공한다. 10000보다 작은 수들 중에서 소수를 찾아내기 위해 이 메소드를 사용하라.

5.11* (10진수를 2진수로 변환하기) 다음의 헤더를 사용하여 10진수를 2진수로 변환하는 메소드를 작성하라.

```
public static String toBinary(int decimal)
```

5.12** (문자 출력하기) 다음의 헤더를 사용하여 문자들을 출력하는 메소드를 작성하라.

```
public static void printChars(char ch1, char ch2,
  int numberPerLine)
```

이 메소드는 각 행마다 특정 숫자들을 ch1과 ch2 사이의 문자들 중에서 출력한다. '1'부터 'z'까지에서 각 행마다 10개의 문자를 출력하는 테스트 프로그램을 작성하라.

5.13* (10진수를 16진수로 변환하기) 다음의 헤더를 사용하여 10진수를 16진수로 변환하는 메소드를 작성하라.

```
public static String toHexadicimal(int decimal)
```

5.14* (나열된 식 계산하기) 다음의 식을 계산하기 위한 메소드를 작성하라.

$$m(i) = 4\left(1 - \frac{1}{3} + \frac{1}{5} - \frac{1}{7} + \frac{1}{9} - \frac{1}{11} + \frac{1}{13} - .... + \frac{1}{2i-1} - \frac{1}{2i+1}\right)$$

5.15* (완벽한 숫자) 숫자가 완벽한지를 검사하는 메소드를 작성하라. 그 자신을 제외하고 그 자신의 양의 약수의 합이 자신과 같다면 완벽한 숫자라고 불려진다. 예를 들어, 6은 완벽한 숫자인데 6=3+2+1이기 때문이다. 다음은 28=14+7+4+2+1이다. 10000보다 작은 수 중에 4개의 완벽한 수들이 있다. 메소드를 위해 다음의 헤더를 사용하라.

```
public static boolean isPerfect(int number)
```

5.16* (한 해의 날짜 개수 구하기) 다음의 헤더를 사용하여 한해의 날짜 수를 반환하는 메소드를 작성하라.

```
public static int numberOfDaysInAYear(int year)
```

2000년부터 2010년까지 해들의 날짜 개수를 구하여 출력하는 테스트 프로그램을 작성하라.

5.9절 Math 클래스

5.17* (과학 : 냉풍 온도) 프로그래밍 연습 2.17에서 주어진 방식을 사용하여 냉랭한 바람의 온도를 계산하는 메소드를 작성하라. 메소드를 위해 다음 헤더를 사용하라.

```
public static double getWindChillTemperature(
  double outsideTemparature, double speed)
```

5.18 (Math.sqrt 메소드 사용하기) Math 클래스에서 sqrt 메소드를 사용하여 다음의 테이블을 출력하는 프로그램을 작성하라.

```
Number        SquareRoot
0                 0.0000
2                 1.4142
...
18                4.2426
20                4.4721
```

5.19** (ISBN 검사) 프로그래밍 연습 3.19에서 ISBN 숫자의 유효성을 검사하는 알고리즘을 제공했다. 정수로서 처음 9개의 수를 전달하고 ISBN 숫자 10개를 반환하는 메소드를 작성하라. 다음의 메소드 헤더를 사용하라.

```
public static String getISBN(int isbnFirstNineDigits)
```

5.20 (삼각 메소드 사용하기) 10도씩 증가하는 0부터 360도까지의 sin과 cos값의 테이블을 출력하라. 소숫점이하 4자리의 유효숫자를 유지하도록 하라.

```
Degree        Sin           Cos
0             0.0           1.0
10            0.1736        0.9848
...
350           -0.1736       0.9848
360           0.0           1.0
```

5.21** (평균과 표준편차 계산하기) 사무용 응용 프로그램에서, 여러분은 종종 데이터의 평균과 표준편차를 요구받는 경우가 있다. 평균은 간단히 숫자들의 평균이다. 표준편차는 데이터의 집합에서 평균 주변에 얼마나 다양하고 밀집도 있게 데이터들이 있는지를 말해주는 통계치이다. 예를 들어, 한 반에서 학생들의 평균 연령은 무엇일까? 나이는 얼마나 비슷할까? 만약 모든 학생들의 나이가 같다면 표준편차는 0이다. 사용자가 10개의 수를 입력하도록 하고 다음의 공식을 이용하여 평균과 표준편차를 출력하는 프로그램을 작성하라.

$$mean = \frac{\sum_{i=1}^{n}}{n} = \frac{x_1 + x_2 + \ldots + x_n}{n} \qquad deviation = \sqrt{\frac{\sum_{i=1}^{n} x_1^2 - \frac{\left(\sum_{i=1}^{n} x_i\right)^2}{n}}{n-1}}$$

5.22** (제곱근의 근사치) sqrt 메소드를 구현하라. 숫자 num의 제곱근은 다음의 공식을 이용한 계산대로 반복 수행되어 근사치를 구할 수 있다.

```
nextGuess = (lastGuess + (num / lastGuess)) / 2
```

nextGuess와 lastGuess가 비슷할 때, nextguess가 유사한 제곱근이다.
초기의 추측은 어떤 양의 값이라도 될 수 있다(예 :1). 이 값은 lastGuess를 위한 시작 값이 될 것이다. nextGuess와 lastGuess 사이에 0.0001과 같이 매우 작은 수보다 더 작은 차이점이 있을 때, 여러분은 nextGuess가 num의 제곱근과 유사하다고 할 수 있다. 만약 그렇지 않다면 nextGuess는 lastGuess가 되고 근사 과정을 계속한다.

5.10–5.11절

5.23* (무작위로 문자 생성하기) 한 행에 10개씩, 100개의 대문자들을 출력한 후 100개의 한 자리 숫자를 출력하기 위해 리스트 5.8의 RandomCharacter에 있는 메소드를 사용하라.

5.24* (현재 날짜와 시간 출력하기) 리스트 2.9 ShowCurrentTime.java는 현재의 시간을 출력한다. 이 예제를 현재 날짜와 시간을 출력하도록 개선시켜라. 리스트 5.10에 있는 달력 예제 PrintCalendar.java는 연도, 달 그리고 날짜를 어떻게 찾아야 하는지 아이디어를 제공할 것이다.

5.25** (밀리세컨드를 시간, 분, 초 단위로 환산하기) 다음의 헤더를 이용하여 밀리세컨드를 시간, 분, 초 단위로 환산하는 메소드를 작성하라.

```
public static String convertMillis(long millis)
```

이 메소드는 문자열을 시간:분:초와 같이 반환한다. 예를 들어, convertMillis(5500)은 string 0:0:5를 반환, convertMillis(100000)는 string 0:1:40을 반환 그리고 convertMillis(555550000)는 string 154:19:10을 반환한다.

종합문제

5.26** (Emirp) Emirp(prime의 역순)는 소수인데, 반전을 해도 소수인 수를 말한다. 예를 들어, 17은 소수이고 71도 소수이다. 그래서 17과 71은 emirp이다. 처음 100개의 emirp를 출력하는 프로그램을 작성하라. 한 행에 10개씩 출력하고 다음에 나오는 것처럼 적당히 숫자들을 정렬시켜라.

```
     2     3     5     7    11    13    17    31    37    71
    73    79    97   101   107   113   131   149   151   157
...
```

5.27** (Palindromic 소수) Palindromic 소수는 소수이면서 Palindromic이다. 예를 들어, 131은 소수이고 또한 Palindromic 소수이다. 그래서 17과 71도 그렇다. 100개의 Palindromic 소수를 출력하는 프로그램을 작성하라. 한 행에 10개씩 출력하고 다음에 나오는 것처럼 적당히 숫자들을 정렬시켜라.

```
     2     3     5     7    11   101   131   151   181   191
   313   353   373   383   727   757   787   797   919   929
...
```

5.28** (Mersenne 소수) 어떤 양의 정수 p에 있어서 2^{p-1}라고 작성될 수 있는 소수는 Mersenne 소수라고 불려진다. $p \leq 31$인 모든 Mersenne 소수를 찾고 다음의 결과물을 출력하는 프로그램을 작성하라.

```
        p        2^p - 1
        2           3
        3           7
        5          31
    ...
```

5.29** (게임 : craps) Craps는 카지노에서 유명한 주사위 게임이다. 다음에 나오는 것과 같이 변형된 게임을 플레이하는 프로그램을 작성하라.

두 개의 주사위를 굴린다. 각 주사위는 제각기 1, 2, …, 6과 같은 값으로 제각기 6개의 표면을 갖는다. 두 주사위의 합을 검사하라. 만약 합이 2, 3 혹은 12(craps라 불린다)라면, 여러분이 지는 것이다; 만약 합이 7 혹은 11(natural이라 불린다)이라면 여러분이 이긴다; 만약 합이 또다른 값이라면(예: 4, 5, 6, 8, 9 혹은 10), 포인트가 확정된다. 7이나 같은 포인트값이 굴려질 때까지 주사위 굴리기를 계속하라. 만약 7이 굴려졌다면 여러분이 진다. 반대가 되면 여러분이 이긴다.

여러분의 프로그램은 싱글 플레이어처럼 행동한다. 여기 실행 예가 있다.

```
You rolled 5 + 6 = 11
You win
```

```
You rolled 1 + 2 = 3
You lose
```

```
You rolled 4 + 4 = 8
point is 8
You rolled 6 + 2 = 8
You win
```

```
You rolled 3 + 2 = 5
point is 5
You rolled 2 + 5 = 7
You lose
```

5.30** (Twin 소수) Twin 소수는 2씩 차이나는 한 쌍의 소수를 말한다. 예를 들어, 3과 5는 twin 소수, 5와 7도 twin 소수이고, 11과 13도 twin 소수이다. 1000보다 작은 모든 twin 소수를 구하는 프로그램을 작성하라. 다음과 같이 결과물이 출력되도록 하라.

```
(3, 5)
(5, 7)
...
```

5.31** **(재정 : 신용카드번호 유효성)** 신용카드번호는 어떤 패턴을 따른다. 신용카드번호는 반드시 13과 16자리 수여야만 한다. 이것은 반드시 다음과 같이 시작해야 한다:

- 비자카드 4
- 마스터카드 5
- 아메리칸 익스프레스 카드 37
- 디스커버 카드 6

1954년에 IBM의 한스 런(Hans Luhn)은 신용카드번호의 유효성을 위한 알고리즘을 제안했다. 이 알고리즘은 신용카드번호가 정확히 입력되었는지 혹은 신용카드가 스캐너에 의해 정확히 스캔되었는지를 결정하는데 유용하다. 대부분의 신용카드번호는 Luhn 검사 혹은 Mod 10 검사라고 알려진 이 유효성 검사로 생성되어진다. 이것은 다음과 같이 설명될 수 있다(실례를 위해, 카드번호 4388576018402625를 고려해 보자).

1. 오른쪽에서 왼쪽으로 모든 두 번째 수에 2를 곱하도록 하라. 만약 각 자릿수의 두 배한 결과가 두 자릿수라면, 한 자릿수를 얻기 위해 두 자릿수를 더하라.

   2 * 2 = 4
   2 * 2 = 4
   4 * 2 = 8
   1 * 2 = 2
   6 * 2 = 12 11 + 2 = 32
   5 * 2 = 10 11 + 0 = 12
   8 * 2 = 16 11 + 6 = 72
   4 * 2 = 8

2. 이제 1번째 단계로부터 모든 한 자릿수들을 더하라.

   4 + 4 + 8 + 2 + 3 + 1 + 7 + 8 = 37

3. 카드 숫자에서 오른쪽부터 왼쪽으로 홀수 번째에 있는 모든 수들을 더하라.

   5 + 6 + 0 + 8 + 0 + 7 + 8 + 3 = 37

4. 2단계와 3단계의 결과를 더하라.

   37 + 37 = 74

5. 만약 4단계로부터의 결과가 10으로 나누어진다면, 카드번호는 유효하다; 반대의 경우라면, 유효하지 않다. 예를 들어, 카드번호 4388576018402625는 유효하지만 4388576018410707은 유효하지 않다.

long형 정수의 카드 번호를 사용자가 입력하도록 프로그램을 작성하라. 카드번호가 유효한지 출력하라. 다음에 메소드들을 사용하여 여러분의 프로그램을 디자인하라.

```
/** Return true if the card number is valid */
public boolean isValid(long number)

/** Get the result from Step 2 */
public static int sumOfEvenPlace(long number)

/** Return this number if it is a single digit, otherwise, return
 * the sum of the two digits */
public static int getDigit(int number)

/** Return sum of odd place digits in number */
public static int sumOfOddPlace(long number)
```

5.32** (게임 : craps에서 이기는 가능성) craps 게임을 10000번 실행하여 게임에서 이긴 횟수를 출력하도록 프로그래밍 연습 5.29를 고쳐보라.

CHAPTER 06

배열

- 프로그래밍에서 배열이 왜 필요한지 설명한다(§6.1).
- 배열 참조 변수들을 선언하고 배열을 만드는 과정을 배운다(§§6.2.1-6.2.2).
- 배열의 값을 초기화한다(§6.2.3).
- 인덱스 변수를 이용하여 배열의 원소들에 접근한다(§6.2.4).
- for_each 문을 비롯한 각종 루프를 사용하여 간단하게 프로그래밍한다(§6.2.5).
- 배열을 선언하고 만들고 초기화하기 위하여 배열 초기화문을 사용한다(§6.2.6).
- 하나의 배열로부터 다른 배열로 내용을 복사한다(§6.3).
- 배열 인수와 반환값을 가지고 메소드를 개발하고 호출한다(§§6.4-6.5).
- 가변 길이 전달 인수 리스트를 갖는 메소드를 선언한다(§6.6).
- 선형 검색 알고리즘 또는 이진 검색 알고리즘을 사용하여 원소들을 찾는다(§6.7.2).
- 선택 정렬을 사용하여 배열을 정렬한다(§6.8.1)
- 삽입 정렬 알고리즘을 사용하여 배열을 정렬한다(§6.8.2).
- 배열 클래스 안에 있는 메소드들을 사용한다(§6.9).
- 스도쿠와 같은 흥미로운 문제들을 풀기 위하여 2차원 배열을 선언하고 만든다(§6.10).
- 다차원 배열을 선언하고 만든다(§6.11).

6.1 서론

프로그램을 실행하는 동안 종종 많은 변수들을 저장해야 하는 경우가 있다. 예를 들어 100개의 숫자들을 읽어 평균을 계산하고 평균보다 큰 수가 얼마나 있는지 찾을 필요가 있다고 가정해 보자. 프로그램은 우선 숫자들을 읽어 평균을 계산하고, 평균보다 큰 값인지 아닌지를 결정하여 비교해야 한다. 이 작업을 수행하기 위해 모든 숫자들은 변수에 저장되어 있어야 한다. 100개의 변수들을 거의 동일한 코드를 100번 적어서 선언해야 한다. 실용성의 관점에서, 이 방법으로 프로그램을 작성하는 것은 불가능하다. 그럼 어떻게 이 문제를 해결할까?

효율적이고 조직적인 접근이 필요하다. 자바나 대부분의 다른 고급 언어들은 같은 타입의 고정된 연속적인 원소들의 집합을 저장하는 **배열**이라는 자료구조를 제공한다.

6.2 배열의 기본 사항

배열은 자료의 집합을 저장하는데 사용되나 같은 타입의 변수들의 집합을 배열로 생각하는 것이 더욱 유용하다. number0, number1, ..., number99와 같은 변수들을 각각 선언하는 대신 각각의 변수들을 나타내기 위해 numbers[0], numbers[1], ... , numbers[99]을 사용하여 numbers와 같은 하나의 배열 변수를 선언할 수 있다. 이 절에서는 배열 변수 선언과 배열의 생성 그리고 인덱스 변수를 사용하는 배열의 과정이 어떻게 되는지 소개한다.

6.2.1 배열 변수 선언

프로그램에서 배열을 사용하기 위해 변수가 배열의 타입을 참조할 수 있게 구체화하고 배열을 참조하는 변수를 선언해야만 한다. 배열 변수를 선언하는 구문은 이렇다.

```
dataType[] arrayRefVar;
```

예를 들면, 다음 코드 발췌 문장이 이 구문의 예이다.

```
double[] myList;
```

NOTE

배열을 선언하기 위해 dataType arrayRefVar[] 또한 사용할 수 있다. 이 스타일은 C 프로그래머들이 자바에서도 편리하게 적응하도록 C 언어로부터 왔다. dataType[] arrayRefVar가 선호된다.

6.2.2 배열 만들기

기본 데이터 타입 변수에 대한 선언과 달리, 배열 변수의 선언은 배열에 대한 메모리에 어떤 공간도 할당하지 않는다. 그것은 오직 배열로부터 참조하기 위해 저장 위치만 만든다. 만약 변수가 배열에 대한 참조를 포함하고 있지 않다면 null이 된다. 배열이 이미 만들어져 있지 않다면 배열 원소를 배정할 수 없다. 배열 변수가 선언되고 난 후에 다음에 오는 구문과 같은 new 연산자를 사용하여 배열을 만들 수 있다.

```
arrayRefVar = new dataType[arraySize];
```

이 문장은 두 가지를 한다. (1) new dataType[arraySize]; new 연산자를 사용하여 만든다. (2) arrayRefVar에 새로 만든 배열 변수에 대한 참조를 배정한다.

배열 변수의 선언, 배열의 생성, 변수로부터 배열의 참조를 배정하는 것을 다음 그림과 같이 한 문장으로 결합할 수 있다.

```
dataType[] arrayRefVar = new dataType[arraySize];
```

혹은

```
dataType arrayRefVar[] = new dataType[arraySize];
```

여기 문장의 예가 있다.

```
double[] myList = newdouble[10];
```

이 문장은 myList로 배열 변수를 선언하고, double 타입의 10개의 원소들의 배열을 만들고, myList로부터의 참조를 배정한다. 원소들에 값들을 할당하기 위해 다음 구문을 사용한다.

```
arrayRefVar[index] = value;
```

예를 들면, 다음 코드는 배열을 초기화한다.

```
myList[0] = 5.6;
myList[1] = 4.5;
myList[2] = 3.3;
myList[3] = 13.2;
myList[4] = 4.0;
myList[5] = 34.33;
myList[6] = 34.0;
myList[7] = 45.45;
myList[8] = 99.993;
myList[9] = 11123;
```

이 배열은 그림 6.1에 그려져 있다.

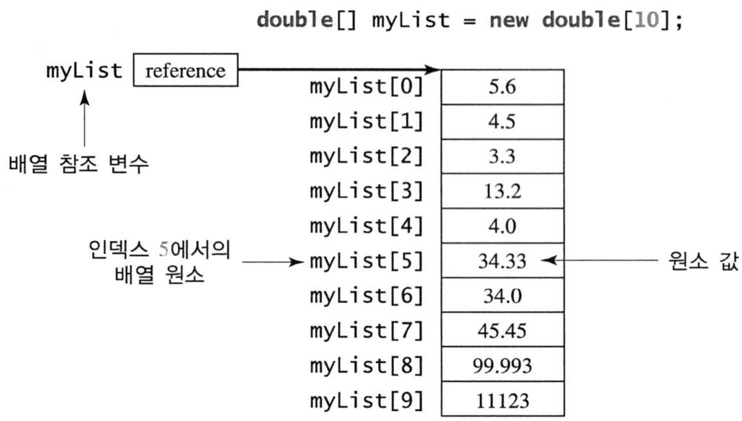

그림 6.1 myList 배열은 double 타입의 10개 원소들과 0에서 9의 int 인덱스를 가진다.

> **NOTE**
> 실제로는 배열에 대한 참조가 포함된 배열을 통해 배열 변수가 나타난다. 엄밀히 말하면, 배열 변수와 배열은 다르나 대부분의 시간 차이는 무시될 수 있다. 그러므로 "myList는 10개의 double 원소들을 갖는 배열로의 참조를 포함하는 변수이다"라고 길게 말하는 대신 단순히 "myList는 배열이다"라고 말해도 괜찮다.

6.2.3 배열 크기와 기본값

배열에 공간을 배정할 때 배열의 크기는 반드시 저장할 수 있는 구체적인 원소들의 수로 주어져야 한다. 그 크기는 배열이 만들어진 후 변경할 수 없다. 크기는 arrayRefVar.length를 사용하여 얻어질 수 있다. 예를 들어 myList.length는 10이다.

배열이 만들어질 때, 원소들은 기본 데이터 타입들의 수적인 값을 기본값인 0으로 배정한다. char 타입은 '₩u0000'이고, boolean 타입은 false로 기본값을 설정한다.

6.2.4 인덱스 배열 변수

배열의 원소들은 인덱스를 통하여 접근되어진다. 배열 인덱스는 0을 기본으로 한다. 즉, 0에서 시작하여 arrayRefVar.length-1까지이다. 그림 6.1을 예를 들면, myList는 10개의 double 값들을 보유하고 그 인덱스들은 0부터 9이다.

각각 배열 안에 있는 원소는 인덱스 변수라고 알려진 다음의 구문을 사용하여 나타낸다.

```
arrayRefVar[index];
```

예를 들면, myList[9]는 myList 배열 안에 있는 마지막 원소를 나타낸다.

> **주의** 일부 언어들은 배열의 원소를 참조하기 위하여 myList(9)와 같이 사용하나 자바는 myList[9]를 사용한다.

배열이 만들어진 후 인덱스 변수는 일반 변수와 동일한 방법으로 사용될 수 있다. 예를 들면, 다음 코드는 myList[2]에 myList[0]과 myList[1]의 값을 더한다.

```
myList[2] = myList[0] + myList[1];
```

다음 루프는 0을 myList[0]에, 1을 myList[1]에, ..., 그리고 9를 myList[9]에 배정한다.

```
for (int i = 0; i < myList.length; i++) {
  myList[i] = i;
}
```

6.2.5 배열 초기화

자바는 하나의 문장으로 배열을 선언하고, 배열을 만들고, 초기화하는 다음 구문과 같은 배열 초기화로 알려진 단축 표기법을 가지고 있다.

```
dataType[] arrayRefVar = {value0, value1, ..., valuek};
```

예를 들면,

```
double[] myList = {1.9, 2.9, 3.4, 3.5};
```

이 문장은 4개의 원소를 갖는 myList 배열을 아래 보여지는 문장과 동등하게 선언하고, 만들고 초기화한다.

```
double[] myList = new double[4];
myList[0] = 1.9;
myList[1] = 2.9;
myList[2] = 3.4;
myList[3] = 3.5;
```

> **주의** new 연산자는 배열 초기화 구문을 사용하지 않는다. 배열 초기화를 사용하여 배열을 모두 한 문장으로 선언하고, 만들고 초기화할 수 있다. 분할된 것은 구문 오류를 유발하게 된다. 그러므로 다음 문장은 잘못된 문장이다.
>
> ```
> double[] myList;
> myList = {1.9, 2.9, 3.4, 3.5};
> ```

6.2.6 배열 처리

배열 원소들을 처리할 때 종종 for 루프를 사용하는데 2가지 이유가 있다.

- 배열 안에 있는 모든 원소들은 같은 타입이다. 루프를 사용하여 같은 모습으로 균일하게 반복적으로 처리된다.
- 배열의 크기는 알려지는데 그 덕분에 for 루프를 쓰는 것은 자연스럽다.

여기 배열을 처리하는 몇 개의 예제들이 있다.

1. (임의의 값을 가진 배열을 초기화) 다음 루프는 0.0과 100.0 사이의 임의의 값(100보다 작은 값)으로 myList 배열을 초기화한다.

```
for (int i = 0; i < myList.length; i++) {
  myList[i] = Math.random() * 100;
}
```

2. (배열 출력) 배열을 출력하기 위해 다음과 같은 루프를 사용하여 배열의 각 원소를 출력할 수 있다.

```
for (int i = 0; i < myList.length; i++) {
  System.out.print(myList[i] + " ");
}
```

TIP

char[] 타입의 한 배열은 print 문 하나를 사용하여 출력할 수 있다. 예를 들어, 다음의 코드는 Dallas를 보여준다.

```
char[] city = {'D', 'a', 'l', 'l', 'a', 's'};
System.out.println(city);
```

3. (모든 원소들의 합) 합을 저장하기 위해 total이라는 변수를 사용하자. total은 0으로 초기화한다.
   다음과 같은 루프를 사용하여 배열의 각각의 원소들의 합을 total에 저장한다.

```
double total = 0;
for (int i = 0; i < myList.length; i++) {
  total += myList[i];
}
```

4. (가장 큰 원소 찾기) 가장 큰 배열의 원소를 저장하기 위해 max 변수를 사용하자. max는 myList[0]의 값으로 초기화한다. 배열 myList에서 가장 큰 원소 값을 찾기 위해 myList의 각각의 원소들을 max와 비교하고, 원소 값이 max값보다 크다면 max를 그 원소 값으로 갱신한다.

```
double max = myList[0];
for (int i = 1; i < myList.length; i++) {
  if (myList[i] > max) max = myList[i];
}
```

5. (가장 큰 원소의 가장 작은 인덱스 찾기) 종종 배열에서 가장 큰 원소가 어디에 위치해 있는지가 필요하다. 만약 한 배열 안에 가장 큰 원소가 둘 이상이라면 그 원소의 가장 작은 인덱스를 찾아야 한다. 배열 myList가 {1, 5, 3, 4, 5, 5}라고 가정해 보자. 가장 큰 원소는 5이고 5를 가진 가장 작은 인덱스는 1이다. max는 가장 큰 원소를 저장하기 위해 사용하고, indexOfMax는 가장 큰 원소의 인덱스를 표시하기 위해 사용한다. max는 myList[0]의 값으로 초기화하고, indexOfMax는 0으로 초기화한다. myList의 각각의 원소를 max와 비교하고, 원소 값이 max보다 크다면 max와 indexOfMax를 갱신한다.

```
double max = myList[0];
int indexOfMax = 0;
for (int i = 1; i < myList.length; i++) {
  if (myList[i] > max) {
    max = myList[i];
    indexOfMax = i;
  }
}
```

만약 (myList[i] > max)를 (myList[i] >= max)로 대체한다면 결과는 무엇인가?

6. (원소 이동) 때때로 원소를 오른쪽이나 왼쪽으로 이동(shift)이 필요하다. 여기 원소들을 왼쪽으로 한 위치 이동시키고, 마지막 원소를 첫 번째 원소로 채우는 예제가 있다.

```
double temp = myList[0]; // Retain the first element

// Shift elements left
for (int i = 1; i < myList.length; i++) {
  myList[i - 1] = myList[i];
}

// Move the first element to fill in the last position
myList[myList.length - 1] = temp;
```

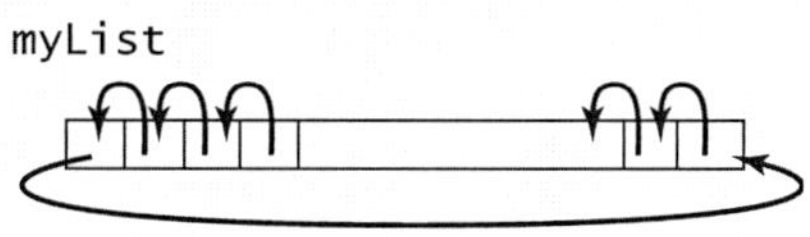

6.2.7 For-each 루프

JDK 1.5는 새로운 for-each 루프 또는 **향상된 루프**로 알려진 새로운 for 루프를 소개했다. 이것은 인덱스의 사용없이 배열을 완벽하게 순차적으로 순회할 수 있다. 예를 들어, 다음의 코드는 myList 배열의 모든 원소를 보여준다.

```
for (double element: myList) {
  System.out.println(element);
}
```

여러분은 이 코드를 "myList의 각각의 원소에 대해 다음을 수행한다."고 읽을 수 있다. 변수, 원소가 myList의 원소로서 같은 타입으로 명시되어야 함을 명심해라.

일반적인 for-each 루프의 문법은 다음과 같다.

```
for (elementType element: arrayRefVar) {
  // Process the element
}
```

만약 여러분이 다른 순서로 배열을 순회하거나 배열의 원소들을 바꾸기 원한다면 여전히 배열의 인덱스 변수를 사용할 수 있다.

6.2.8 예제 : 배열 원소 분석

문제는 6개의 정수를 읽는 프로그램을 작성하는 것이다. 그것들 중 최대값을 찾고, 그 값의 개수를 센다. 여러분이 3, 5, 2, 5, 5, 5를 입력했다고 가정하자. 프로그램은 가장 큰 값으로 5를 찾고, 5가 4개 있음을 알 것이다.

직관적인 해결법은 처음에 숫자들을 읽고, 배열에 그것을 저장한다. 그 다음, 그 배열에서 가장 큰 값을 찾고, 마지막으로 배열에서 가장 큰 값의 개수를 센다.

프로그램은 리스트 6.1에서 주어졌다.

리스트 6.1 TestArray.Java

```
import java.util.Scanner;

public class TestArray {
  /** Main method */
  public static void main(String[] args) {
    final int TOTAL_NUMBERS = 6;
    int[] numbers = new int[TOTAL_NUMBERS];

    // Create a Scanner
    Scanner input = new Scanner(System.in);

    // Read all numbers
    for (int i = 0; i < numbers.length  i++) {
      System.out.print("Enter a number: ");

      // Convert string into integer
      numbers[i] = input.nextInt();
    }

    // Find the largest
    int max = numbers[0];
    for (int i = 1; i < numbers.length ; i++) {
      if (max < numbers[i])
        max = numbers[i];
    }

    // Find the occurrence of the largest number
    int count = 0;
    for (int i = 0; i < numbers.length ; i++) {
      if (numbers[i] == max) count++;
    }
```

```
32
33     // Prepare the result
34     String output = "The array is ";
35     for (int i = 0; i < numbers.length; i++) {
36       output += numbers[i] + " ";
37     }
38
39     output += "\nThe largest number is " + max;
40     output += "\nThe occurrence count of the largest number "
41       + "is " + count;
42
43     // Display the result
44     System.out.println(output);
45   }
46 }
```

```
Enter a number: 3 ↵Enter
Enter a number: 5 ↵Enter
Enter a number: 2 ↵Enter
Enter a number: 5 ↵Enter
Enter a number: 5 ↵Enter
Enter a number: 5 ↵Enter
The array is 3 5 2 5 5 5
The largest number is 5
The occurrence count of the largest number is 4
```

6개의 정수값을 가진 배열 하나를 생성한다(7행). 이 배열에서 가장 큰 수를 찾는다(21-25행). 그 수의 개수를 센다(28-31행). 그리고 그 결과를 보여준다(34-44행). 배열을 보여주기 위해 루프를 사용해 배열의 각각의 원소를 보여줄 수 있다.

number 배열을 사용하지 않는다면, 각각의 숫자를 넣을 변수를 선언해야 한다. 이는 모든 수를 비교하여 가장 큰 값과 그 것의 개수를 찾아야 하기 때문이다.

주의

범위를 초과하여 배열에 접근하는 것은 실행시간에 ArrayIndexOutOfBoundsException 오류를 발생시키는 일반적인 프로그래밍 오류이다. 이것을 피하기 위해 arrayRefVar.length-1 이상의 인덱스를 사용하지 않음을 확실히 해야 한다.
프로그래머는 빈번하게 배열의 첫 번째 원소의 인덱스가 0임에도 1로 사용하는 참조 실수를 한다. 이것을 off-by-one 오류라고 부른다.

6.2.9 예제 : 성적 배정

예제는 학생들의 점수를 읽어 성적을 내는 프로그램을 작성하는 문제이다. 최고의 점수를 구하고, 그 점수에 따라 다음과 같은 스키마로 성적을 지정한다.

Grade is A if score is 7= best - 10;

Grade is B if score is 7= best - 20;

Grade is C if score is 7= best - 30;

Grade is D if score is 7= best - 40;

Grade is F otherwise.

프로그램은 사용자에게 전체 학생의 수를 입력하게 하고, 모든 점수를 입력하게 한 후 성적을 보여준다.

프로그램은 점수를 읽은 후 최고 점수를 찾는다. 그리고 마지막으로 스키마를 따라 학생들의 성적을 배정한다. 리스트 6.2는 문제에 대한 해답이다.

리스트 6.2 AssignGrade.java

```
import java.util.Scanner;

public class AssignGrade {
  /** Main method */
  public static void main(String[] args) {
    // Create a Scanner
    Scanner input = new Scanner(System.in);

    // Get number of students
    System.out.print("Please enter number of students: ");
    int numberOfStudents = input.nextInt();

    int[] scores = new int[numberOfStudents]; // Array scores
    int best = 0; // The best score
    char grade; // The grade

    // Read scores and find the best score
    for (int i = 0; i < scores.length; i++) {
      System.out.print("Please enter a score: ");
      scores[i] = input.nextInt();

      if (scores[i] > best)
        best = scores[i];
    }

    // Declare and initialize output string
    String output = " ";

    // Assign and display grades
    for (int i = 0; i < scores.length; i++) {
      if (scores[i] >= best - 10)
        grade = 'A';
      else if (scores[i] >= best - 20)
        grade = 'B';
      else if (scores[i] >= best - 30)
        grade = 'C';
```

```
37         else if (scores[i] >= best - 40)
38           grade = 'D';
39         else
40           grade = 'F';
41
42         output += "Student " + i + " score is " +
43           scores[i] + " and grade is " + grade + "\n";
44       }
45
46       // Display the result
47       System.out.println(output);
48     }
49   }
```

```
Please enter number of students: 4 ↵Enter
Please enter a score: 40 ↵Enter
Please enter a score: 50 ↵Enter
Please enter a score: 60 ↵Enter
Please enter a score: 70 ↵Enter
Student 0 score is 40 and grade is C
Student 1 score is 50 and grade is B
Student 2 score is 60 and grade is A
Student 3 score is 70 and grade is A
```

프로그램은 사용자가 11행에서 numberOfStudents에 학생 수를 입력한 후, 학생들의 점수를 저장하기 위해서(13행) int 타입의 배열로서 scores를 선언하고 만들어낸다. 그 배열의 크기는 실행시간에 설정되고, 배열이 생성된 후에는 크기는 변할 수 없다.

배열은 최고점을 찾아낼 필요는 없지만 성적이 후에 배정될 수 있게 하기 위해서 모든 성적을 유지할 필요가 있다. 그리고 점수들이 학생들의 성적과 함께 출력될 때 필요하다.

6.3 배열 복사

여러분은 한 프로그램 안에서 종종 하나의 배열이나 그 배열의 한 부분을 복사할 필요가 있다.

그러한 경우에 여러분은 다음과 같은 배정문(=)을 이용하기 위해 시도할 수 있다.

```
list2 = list1;
```

이 명령문은 list1에 의해 참조된 배열의 내용들을 list2에 복사하지 않고, 단지 list1에서 list2로 참조 값을 복사한다. 이 명령문 이후에, list1과 list2는 그림 6.2에서 보여주는 것과 같이 같은 배열을 참조한다. 앞서 list2에 의해서 참조된 배열은 더 이상 참조되지 않는다. 그것은 가비지 값이 되고 자동적으로 자바 가상 머신에 의해서 수집된다.

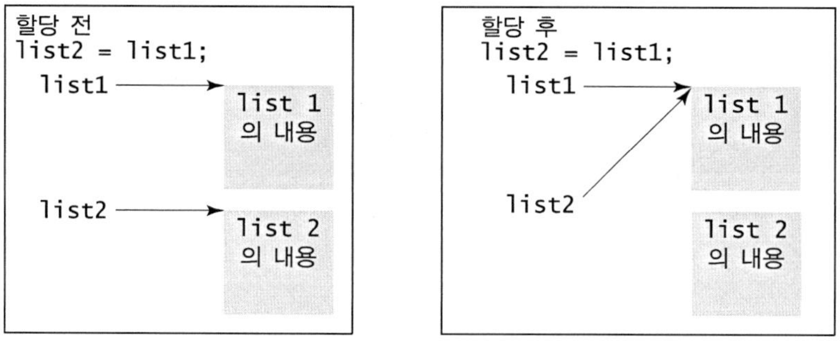

그림 6.2 배정문 전에, list1과 list2는 분리된 메모리 영역을 가리키고 있었다. 배정문 후에, list1 배열의 참조가 list2를 통해서 이루어진다.

자바에서, 여러분은 기본 데이터 타입 변수들을 복사하기 위해 배정문을 사용할 수 있다. 하지만 배열은 안된다. 하나의 배열 변수에서 다른 배열 변수로의 배정은 실질적으로 하나의 참조를 다른 쪽으로 복사를 한다. 그리고 두 변수들은 같은 메모리 영역을 가리킨다.

배열을 복사하는 3가지 방법들이 있다.

- 개개의 원소들을 하나씩 복사하기 위해 루프를 사용
- System 클래스의 arraycopy 정적 메소드를 사용
- 배열을 복사하기 위해서 clone 메소드를 사용. 이것은 10장 "상속과 다형성"에서 소개될 것이다.

여러분은 원본 배열의 모든 원소를 목표 배열의 대응되는 원소로 복사하기 위해 루프를 쓸 수 있다. 예를 들어, 다음 코드는 for 루프를 사용해서 sourceArray를 targetArray로 복사한다.

```
int[] sourceArray = {2, 3, 1, 5, 10};
int[] targetArray = new int[sourceArray.length];
for (int i = 0; i < sourceArray.length; i++) {
  targetArray[i] = sourceArray[i];
}
```

루프를 사용하는 것 대신에 배열을 복사하기 위한 다른 방법은 java.lang.System 클래스 안의 arraycopy 메소드를 사용하는 것이다. arraycopy의 문법은 다음과 같다.

```
arraycopy(sourceArray, src_pos, targetArray, tar_pos, length);
```

인수 src_pos와 tar_pos는 각각 sourceArray와 targetArray의 시작 위치를 나타낸다. sourceArray에서 targetArray로 복사되는 원소들의 개수는 length에 의해 나타낸다. 예를 들어, 여러분은 다음 문장을 사용해서 루프를 다시 쓸 수 있다.

```
System.arraycopy(sourceArray, 0, targetArray, 0, sourceArray.length);
```

arraycopy 메소드는 목표 배열을 위한 메모리 공간을 할당하지 않는다. 그 목표 배열은 이미 할당된 메모리 공간을 가지고 만들어져야만 한다. 복사가 일어난 후에, targetArray와 sourceArray는 같은 내용을 같지만 서로 독립적인 메모리 영역을 가진다.

NOTE

arraycopy 메소드는 자바 이름 규약을 어긴다. 규약에 의해서, 이 메소드는 arrayCopy로 이름이 지어져야 한다(즉, C를 대문자로).

6.4 메소드에 배열을 전달

메소드에 기본 자료형 값들을 보낼 수 있는 것과 마찬가지로, 메소드에 배열을 또한 보낼 수 있다. 예를 들어, 다음 메소드는 하나의 int 배열의 원소를 표시한다.

```
public static void printArray(int[] array) {
  for (int i = 0; i < array.length; i++) {
    System.out.print(array[i] + " ");
  }
}
```

하나의 배열을 전달함으로써 상기 메소드를 호출할 수 있다. 예를 들어, 다음 문장은 3, 1, 2, 6, 4, 2를 표시하기 위해 printArray 메소드를 부른다.

```
printArray(newint[]{3, 1, 2, 6, 4, 2});
```

NOTE

앞 문장은 다음 문법을 이용해서 하나의 배열을 만든다.

```
new dataType[]{value0, value1, ..., valuek};
```

배열에 대한 명시적인 참조 값이 없다. 이러한 배열을 무명 배열이라고 부른다.

자바는 메소드에 인수를 보내기 위해 값-전달을 사용한다. 기본 데이터 타입 변수 값을 전달하는 것과 배열을 전달하는 것 사이에는 중요한 차이점이 있다.

- 기본 데이터 타입 인수에서는, 인수의 값은 전달한다.
- 배열 타입의 인수에서는, 인수의 값은 하나의 배열에 대한 참조이다. 이 참조 값은 메소드에 전달된다. 의미적으로, 공유-전달로서 잘 표현될 수 있다. 즉, 메소드 안에 배열은 전달되었던 배열과 같다. 그래서 만약 여러분이 메소드 안에 배열은 변경시킨다면, 여러분은 메소드 밖에서도 배열의 변화된 모습을 보게 될 것이다.

예를 들어, 다음 코드를 보자.

```
public class Test {
  public static void main(String[] args) {
    int x = 1; // x represents an int value
    int[] y = new int[10]; // y represents an array of int values

    m(x, y); // Invoke m with arguments x and y

    System.out.println("x is " + x);
    System.out.println("y[0] is " + y[0]);
  }

  public static void m(int number, int[] numbers) {
    number = 1001; // Assign a new value to number
    numbers[0] = 5555; // Assign a new value to numbers[0]
  }
}
```

여러분은 m을 부른 이후에 x는 1로 남아있지만 y[0]은 5555가 된 것을 볼 것이다. 이것은 비록 y와 number가 그림 6.3에서 표현된 것처럼 독립적인 변수지만 y와 numbers가 같은 배열을 참조하기 때문이다. m(x, y)를 부를 때, x와 y의 값들은 number와 numbers에 전달된다. y는 그 배열의 참조 값을 포함하기 때문에, numbers는 현재 같은 배열의 같은 참조 값을 포함한다.

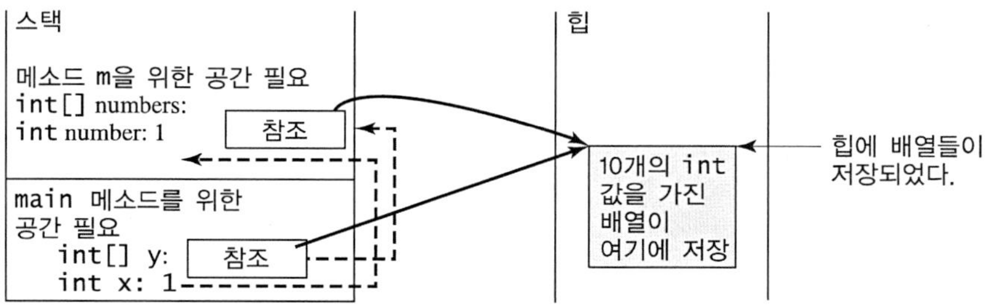

그림 6.3 기본 자료형 x는 number에 전달되고, 참조 값 y는 numbers에 전달된다.

> **NOTE** 자바 가상 머신(JVM)은 힙이라고 불리는 메모리 공간 안에 배열을 저장한다. 힙은 임의의 순서로 메모리 블록이 할당되고 해제되는 동적 메모리 할당에 사용된다.

6.4.1 배열 인수 전달하기

리스트 6.3은 메소드에 기본 데이터 타입 값을 전달하는 것과 배열 참조 값을 전달하는 것 사이의 차이점을 보여주는 또 다른 프로그램이다.

이 프로그램은 하나의 배열 안에 원소들을 맞바꾸는 두 개의 메소드들을 포함한다. 첫 번째 메소드인 swap은 2개의 int 인수들을 맞바꾸는데 실패한다. 두 번째 메소드인 swapFirstTwoInArray는 배열 인수의 첫 번째와 두 번째 원소들을 성공적으로 맞바꾼다.

리스트 6.3 TestPassArray.java

```java
public class TestPassArray {
  /** Main method */
  public static void main(String[] args) {
    int[] a = {1, 2};

    // Swap elements using the swap method
    System.out.println("Before invoking swap");
    System.out.println("array is {" + a[0] + ", " + a[1] + "}");
    swap(a[0], a[1]);
    System.out.println("After invoking swap");
    System.out.println("array is {" + a[0] + ", " + a[1] + "}");

    // Swap elements using the swapFirstTwoInArray method
    System.out.println("Before invoking swapFirstTwoInArray");
    System.out.println("array is {" + a[0] + ", " + a[1] + "}");
    swapFirstTwoInArray(a);
    System.out.println("After invoking swapFirstTwoInArray");
    System.out.println("array is {" + a[0] + ", " + a[1] + "}");
  }

  /** Swap two variables */
  public static void swap(int n1, int n2) {
    int temp = n1;
    n1 = n2;
    n2 = temp;
  }

  /** Swap the first two elements in the array */
  public static void swapFirstTwoInArray(int[] array) {
    int temp = array[0];
    array[0] = array[1];
    array[1] = temp;
  }
}
```

```
Before invoking swap
array is 51,26
After invoking swap
array is 51,26
Before invoking swapFirstTwoInArray
array is 51,26
After invoking swapFirstTwoInArray
array is 52,16
```

그림 6.4에서 보여진 것처럼, swap 메소드를 사용한 것은 두 개 원소들을 맞바꾸지 않았다. 그러나 그것들은 swapFirstTwoInArray 메소드를 사용해서 맞바꿔졌다. swap 메소드 안에 인수들이 기본 자료형이기 때문에 a[0]과 a[1]의 값들은 swap(a[0], a[1])을 부를 때 메소드 안에 n1과 n2로 전달된다. n1과 n2를 위한 메모리 영역들은 a[0]과 a[1]을 위한 것들과 독립적이다. 배열의 내용들은 이 호출에 의해 영향을 받지 않는다.

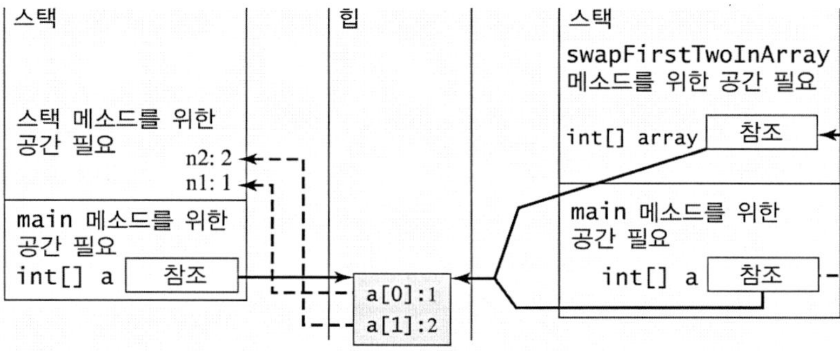

swap(int n1, int n2) 적용. swap 메소드로 a[0]과 a[1]의 기본 자료형이 전달되었다.

배열들이 힙에 저장되었다.

swapFirstTwoInArray(int[] array) 적용. swapFirstTwoInArray 메소드를 a에서의 참조값이 전달되었다.

그림 6.4 메소드에 배열을 전달할 때, 배열의 참조는 메소드에 전달된다.

swapFirstTwoInArray 메소드에 인수들은 배열이다. 그림 6.4에서 보여진 것처럼, 배열의 참조는 메소드에 전달된다. 그래서 변수 a(메소드 밖)와 array(메소드 안) 둘 다 같은 메모리 영역 안에 같은 배열을 가리키게 된다. 그러므로 swapFirstTwoInArray 메소드 안에서의 array[0]와 array[1]을 맞바꾸는 것은 메소드 밖에서 a[0]과 a[1]을 맞바꾸는 것과 같다.

6.5 메소드로부터 배열을 반환하기

메소드를 호출할 때 배열을 전달할 수 있다. 메소드는 역시 배열을 반환할 수도 있다. 예를 들어, 다음의 메소드는 하나의 배열을 거꾸로 된 배열로 반환한다.

```
 1 public static int[] reverse(int[] list) {
 2   int[] result = new int[list.length];
 3
 4   for (int i = 0, j = result.length - 1;
 5        i < list.length; i++, j--) {
 6     result[j] = list[i];
 7   }
 8
 9   return result;
10 }
```

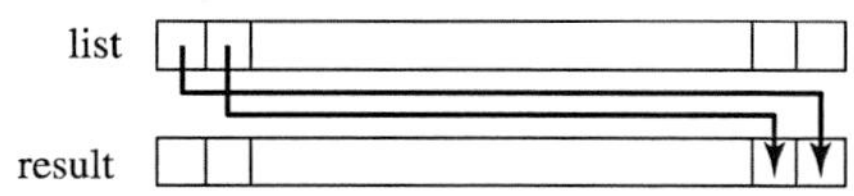

2행은 새로운 배열 result를 만든다. 4행에서 7행까지는 배열 list에서 배열 result로 값을 복사한다. 9행은 배열을 반환한다. 다음 문장은 위의 메소드를 거쳐서 list1 배열을 6, 5, 4, 3, 2, 1로 반환하여 list2 배열에 넣는다.

```
int[] list1 = {1, 2, 3, 4, 5, 6};
int[] list2 = reverse(list1);
```

6.5.1 사례 연구 : 각 문자들의 빈도 수 계산하기

다음의 리스트 6.4는 character 배열에서의 발생된 각 문자를 세는 프로그램을 보여준다. 프로그램은 아래와 같이 동작한다.

1. 100개의 소문자를 랜덤하게 생성하고 그것들을 그림 6.5(a)와 같이 character 배열에 할당한다. 리스트 5.8에서의 RandomCharacter 클래스 안의 getRandomLowerCase-Letter() 메소드를 통하여 무작위로 문자를 획득하게 된다.
2. 배열의 각 문자의 개수를 센다. 배열의 각 문자의 개수를 세기 위해서 counts라고 하는 int형의 26크기 배열 하나를 만들어낸다. 그림 6.5(b)에 보이는 것과 같이 발생한 문자를 센다. 즉, counts[0]은 a의 개수를 세고 counts[1]은 b의 개수를 세게 되고 나머지도 그와 같다.

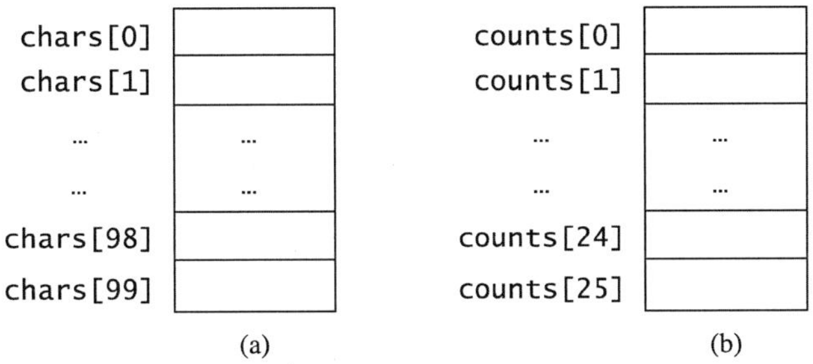

그림 6.5 chars 배열은 100개의 문자를 저장하고, counts 배열은 각 문자들의 발생 수를 카운트하고 26 카운트를 저장한다.

리스트 6.4 CountLettersInArray.java

```java
public class CountLettersInArray {
  /** Main method */
  public static void main(String[] args) {
    // Declare and create an array
    char[] chars = createArray();

    // Display the array
    System.out.println("The lowercase letters are:");
    displayArray(chars);

    // Count the occurrences of each letter
    int[] counts = countLetters(chars);

    // Display counts
    System.out.println();
    System.out.println("The occurrences of each letter are:");
    displayCounts(counts);
  }

  /** Create an array of characters */
  public static char[] createArray() {
```

```java
    // Declare an array of characters and create it
    char[] chars = new char[100];

    // Create lowercase letters randomly and assign
    // them to the array
    for (int i = 0; i < chars.length; i++)
      chars[i] = RandomCharacter.getRandomLowerCaseLetter();

    // Return the array
    return chars;
  }

  /** Display the array of characters */
  public static void displayArray(char[] chars) {
    // Display the characters in the array 20 on each line
    for (int i = 0; i < chars.length; i++) {
      if ((i + 1) % 20 == 0)
        System.out.println(chars[i] + " ");
      else
        System.out.print(chars[i] + " ");
    }
  }

  /** Count the occurrences of each letter */
  public static int[] countLetters(char[] chars) {
    // Declare and create an array of 26 int
    int[] counts = new int[26];

    // For each lowercase letter in the array, count it
    for (int i = 0; i < chars.length; i++)
      counts[chars[i] - 'a']++;

    return counts;
  }

  /** Display counts */
  public static void displayCounts(int[] counts) {
    for (int i = 0; i < counts.length; i++) {
      if ((i + 1) % 10 == 0)
        System.out.println(counts[i] + " " + (char)(i + 'a'));
      else
        System.out.print(counts[i] + " " + (char)(i + 'a') + " ");
    }
  }
}
```

```
The lowercase letters are:
e y l s r i b k j v j h a b z n w b t v
s c c k r d w a m p w v u n q a m p l o
a z g d e g f i n d x m z o u l o z j v
h w i w n t g x w c d o t x h y v z y z
q e a m f w p g u q t r e n n w f c r f
```

```
The occurrences of each letter are:
5 a 3 b 4 c 4 d 4 e 4 f 4 g 3 h 3 i 3 j
2 k 3 l 4 m 6 n 4 o 3 p 3 q 4 r 2 s 4 t
3 u 5 v 8 w 3 x 3 y 6 z
```

createArray 메소드(21-32행)는 100개의 무작위 소문자 배열을 만들어낸다. 5행은 이 메소드를 호출하고 반환된 배열을 chars라는 이름의 배열에 배정한다. 다음과 같이 코드를 쓰게 된다면 무엇이 잘못된 것일까?

```
char[] chars = new char[100];
chars = createArray();
```

이렇게 하면 두 개의 배열이 만들어지게 된다. 첫 번째 행은 new char[100]을 씀으로써 하나의 배열을 만들게 된다. 그리고 두 번째 행은 createArray()를 호출함으로써 하나의 배열을 만들어내게 되고 그리고 그 배열을 chars에 넘겨 참조하게 된다. 첫 번째 행에서 만들어진 이 배열은 가비지가 된다. 왜냐하면 이것은 더 이상 참조되지 않기 때문이다. 자바는 자동적으로 이러한 가비지들을 수집한다. 그래서 컴파일과 실행은 잘 되겠지만 불필요한 배열을 하나 더 만들게 된다. getRandomLowerCaseLetter()(28행)을 호출하면 무작위 소문자를 반환한다. 이 메소드는 리스트 5.8의 RandomCharacter 클래스에서 정의된다. countLetters 메소드(46-55행)는 26개의 int형 배열을 반환해낸다. 이 배열의 각 원소는 문자의 발생 개수를 저장한다. 이 메소드는 배열에서의 각 문자를 확인 후 그것의 count를 1 증가시킨다. 다음의 접근 방식은 너무 주먹구구식이다.

```
for (int i = 0; i < chars.length; i++)
  if (chars[i] == 'a')
    counts[0]++;
  else if (chars[i] == 'b')
    counts[1]++;
  ...
```

더 좋은 방법은 51-52행에 나온 방법이다.

```
for (int i = 0; i < chars.length; i++)
  counts[chars[i] - 'a']++;
```

만약 문자 chars[i]가 'a'이면 그에 상응하는 횟수는 counts['a'-'a']이다. 그럼 count[0]이 된다. 만약 문자 chars[i]가 'b'이면 그에 상응하는 횟수는 counts['b'-'a']이다. 그럼 count[1]이 된다. 만약 문자 chars[i]가 z이면 그에 상응하는 횟수는 counts['z'-'a']이다. 그럼 count[25]가 된다. 'z'의 유니코드는 'a'의 유니코드보다 25 더 크다. 그림 6.6은 createArray를 수행한 동안과 후의 call stack과 heap을 보여준다. 프로그램에서의 다른 메소드에 관한 Call stack과 heap을 보려거든 복습문제 6.14를 참고하기 바란다.

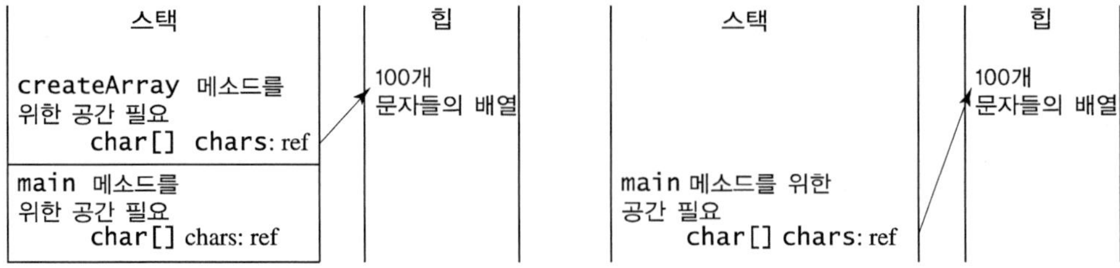

(a) 5번째줄에서의 createArray 설정 (b) 5번째줄의 createArray를 빠져나온 후

그림 6.6 (a) createArray가 실행될 때 100개의 문자에 대한 배열이 생성 (b) main 메소드 안의 이 배열은 반환되고 변수 char에 배정된다.

6.6 가변-길이 인수 리스트

같은 타입을 갖는 가변적인 개수의 인수를 메소드에 전달할 수 있다. 이 메소드의 매개변수는 다음과 같이 선언된다.

```
typeName... parameterName
```

메소드 선언에서 생략 부호(...)가 따라붙는 타입을 명시한다. 가변 길이 매개변수는 메소드에서 명시되어질 수 있고, 이 매개변수는 마지막 매개변수가 되어져야만 한다. 일반적인 매개변수들은 그것보다 앞에 나와야 한다. 자바는 가변-길이 매개변수를 배열로서 처리한다. 여러분은 배열이나 여러 개의 인수를 가변-길이 매개변수로 전달할 수 있다. 여러 개의 인수로 메소드를 호출할 때, 자바는 배열을 만들고 인수로 그 배열을 전달한다. 리스트 6.5는 명시되지 않은 값들의 리스트에서 최대값을 출력하는 메소드를 포함한다.

리스트 6.5 VarArgsDemo.java

```java
public class VarArgsDemo {
  public static void main(String[] args) {
    printMax(34, 3, 3, 2, 56.5);
    printMax(new double[]{1, 2, 3});
  }

  public static void printMax(double... numbers) {
    if (numbers.length == 0) {
      System.out.println("No argument passed");
      return;
    }

    double result = numbers[0];

    for (int i = 1; i < numbers.length; i++)
      if (numbers[i] > result)
        result = numbers[i];
```

```
18
19     System.out.println("The max value is " + result);
20   }
21 }
```

3행은 numbers는 배열로 전달된 가변-길이 인수 리스트로 printMax 메소드를 호출한다. 만약 전달될 인수가 없다면 배열의 길이는 0이다(8행).

4행은 printMax 메소드를 배열과 함께 호출한다.

6.7 배열 검색

검색은 배열에서 특정 원소를 찾는 것, 예를 들어 점수의 리스트에서 특정 점수가 포함되어 있는지 아닌지를 발견하는 것과 같다. 검색은 컴퓨터 프로그래밍에서는 일반적인 일이다. 많은 알고리즘과 자료구조는 검색을 위해 공헌된 것이다.

이번 절에서는 일반적으로 사용되어지는 두 가지 접근 방법 선형 검색과 이진 검색에 대해 설명한다.

6.7.1 선형 검색 접근법

선형 검색 접근은 순차적으로 배열의 각 원소와 키 원소를 비교한다. 이 비교는 키 원소와 배열의 원소가 일치하거나 일치함 없이 배열의 끝에 도달할 때까지 계속된다. 만약 일치하는 원소가 있으면 선형 검색법은 배열 속의 일치된 원소의 인덱스를 반환한다. 만약 일치되는 원소가 없으면 반환값으로 -1을 반환한다.

리스트 6.6의 linearSearch 메소드는 이 방법을 제공한다.

리스트 6.6 LinearSearch.java

```
public class LinearSearch {
  /** The method for finding a key in the list */
  public static int linearSearch(int[] list, int key) {
    for (int i = 0; i < list.length; i++) {
      if (key == list[i])
        return i;
    }
    return -1;
  }
}
```

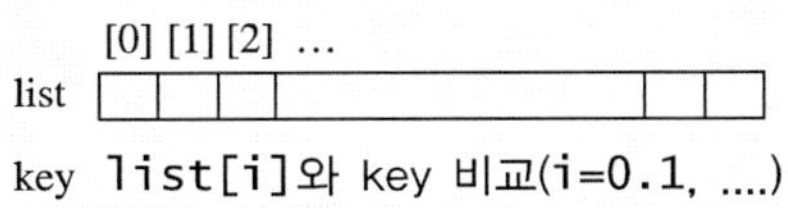

이 방법을 더 잘 이해하기 위해서는 다음 문장을 추적해 본다.

```
int[] list = {1, 4, 4, 2, 5, -3, 6, 2};
int i = linearSearch(list, 4);  // Returns 1
int j = linearSearch(list, -4); // Returns -1
int k = linearSearch(list, -3); // Returns 5
```

선형 검색법은 배열 속의 각 원소와 키를 비교한다. 배열의 원소는 어떤 순서에도 있을 수 있다. 평균적으로 이 알고리즘은 키 원소를 찾기 전까지 배열의 절반의 원소를 비교해야 한다(만약 키 원소가 존재한다면). 선형 검색법의 실행시간은 배열의 원소가 증가에 따라 선형적으로 증가하기 때문에, 선형 검색법은 큰 배열에는 효율적이지 못하다.

6.7.2 이진 검색 접근법

이진 검색은 순차적 값에 대한 다른 일반적인 접근법이다. 이진 검색이 실행되기 위해서는 배열 속의 원소는 정렬되어 있어야 한다. 일반적 원칙이 없다면 배열은 오름차순이라고 가정한다. 이진 검색법은 처음에는 배열의 중간 원소와 키원소를 비교한다. 다음 3가지 경우를 생각해 보자.

- 만약 키가 중간 원소보다 작다면, 계속해서 오직 배열의 중간의 앞부분과 키를 검색하는 것이 필요하다.
- 만약 키가 중간 원소와 일치한다면, 검색은 일치와 함께 종료된다.
- 만약 키가 중간 원소보다 크다면, 계속해서 오직 배열의 중간의 뒷부분과 키를 검색하는 것이 필요하다.

명백히, 이진 검색 방법은 각 비교 후 배열의 절반을 없애준다. 배열에 n개의 원소가 있다고 가정하자. 편의를 위해 n은 2의 배수라 하면, 처음 비교 후 앞으로 검색에는 n/2의 원소가 남게 된다. 두 번의 비교 후 (n/2)/2의 원소가 남게 된다. k번의 비교 후 $n/2^k$의 비교할 원소가 남게 된다. $k = \log_2 n$일 때, 배열에는 단 하나의 원소만 남게 되고, 여러분은 오직 한 번의 비교만 필요하게 된다. 따라서 최악의 경우 정렬된 배열에서 $\log_2 n + 1$번의 비교가 필요하다. $1024(2^{10})$의 리스트에서 최악의 경우, 이진 검색은 11번의 비교만 필요하다. 이에 반해 선형 검색은 최악의 경우 1023의 비교가 필요하다.

배열의 검색이 이루어진 부분은 각 비교 후 반으로 축소된다. 현재 검색되고 있는 배열의 처음 인덱스와 마지막 인덱스를 각각 low와 high로 표시한다. 처음에는 low는 0 그리고 high는 list.length−1(리스트길이−1)로 한다. 중간 원소의 인덱스를 mid로 표시한다. 따라서 mid는 (low+high)/2가 된다. 그림 6.7에서는 리스트 {2, 4, 7, 10, 11, 45, 50, 59, 60, 66, 69, 70, 79}에서 이진 검색을 이용하여 어떻게 키 11을 찾는지를 보여준다.

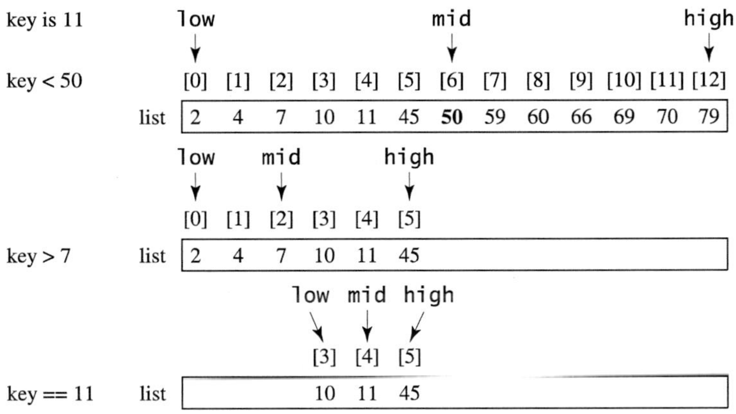

그림 6.7 이진 검색은 각각의 비교 후에 리스트를 반으로 줄인다.

이진 검색은 만약 검색 키가 리스트에 있으면 검색 키의 인덱스를 반환한다. 만약 그렇지 않으면, 이진 검색은 −(삽입지점+1)을 반환한다. 삽입지점은 키가 리스트에 삽입되어야 될 위치를 뜻한다. 예로 키 5의 삽입지점은 2가 되고, 이진 검색은 −3을 반환한다. 51에 대한 삽입지점은 7이고, 이진 검색은 −8을 반환하게 된다.

이제 이진 검색이 어떻게 작동하는지 알고, 다음 작업은 리스트 6.7에서 보여준 것을 자바로 구현하는 것이다.

리스트 6.7 BinarySearch.java

```
public class BinarySearch {
  /** Use binary search to find the key in the list */
  public static int binarySearch(int[] list, int key) {
    int low = 0;
    int high = list.length - 1;

    while (high >= low) {
      int mid = (low + high) / 2;
      if (key < list[mid])
        high = mid - 1;
      else if (key == list[mid])
        return mid;
      else
        low = mid + 1;
    }

    return -low - 1; // Now high < low
  }
}
```

여러분은 처음에 low 인덱스가 0이고 high 인덱스가 list.length−1인 리스트의 중간 원소와 키를 비교하게 된다. 만약 key 〈 list[mid]이면 high 인덱스를 mid−1로 설정한다. 만약 key == list[mid]이면 원소가 발견되고 mid를 반환한다. 만약 key 〉 list[mid]이면 low 인덱스를 mid+1로 설정한다. 검색은 low 〉 high가 되거나 일치가 일어날 때까지 계속한다. 만약 low 〉 high이면 -low-1을 반환한다. 이 low는 삽입지점이 된다.

만약 7행에 있는 (high 〉= low)를 (high 〉 low)로 바꾸면 어떤 일이 일어날까? 검색은 일치 가능한 원소를 놓칠 수도 있다. 리스트에 오직 한 개의 원소가 있다고 생각하면 검색은 원소를 놓치게 될 것이다.

만약 중복된 원소가 리스트에 있으면 이 방법은 계속 작동할 것인가? 그렇다. 리스트에 오름차순으로 정렬된 원소 길이만큼 작동한다. 이 방법은 만약 일치하는 원소가 리스트에 있으면 하나의 일치 원소의 인덱스를 반환한다.

이 방법을 더 잘 이해하기 위해서는, 아래의 예로 이 소스를 따라가고, 이 방법이 반환될 때 low와 high를 확인해야 한다.

```
int[] list = {2, 4, 7, 10, 11, 45, 50, 59, 60, 66, 69, 70, 79};
int i = binarySearch(list, 2); // Returns 0
int j = binarySearch(list, 11); // Returns 4
int k = binarySearch(list, 12); // Returns -6
int l = binarySearch(list, 1); // Returns -1
int m = binarySearch(list, 3); // Returns -2
```

여기 이 방법이 종료될 때 low와 high 값과 이 방법을 불렀을 때 반환되는 값의 표가 있다.

메소드	Low	High	반환된 값
binarySearch(list, 2)	0	1	0
binarySearch(list, 11)	3	5	4
binarySearch(list, 12)	5	4	-6
binarySearch(list, 1)	0	-1	-1
binarySearch(list, 3)	-1	0	-2

만약 키가 리스트 원소와 일치하면, 함수는 원소의 인덱스를 반환한다. 이 인덱스는 음이 아닌 정수이다(0을 포함해서). 만약 키가 리스트에 없으면, low는 원소가 삽입되어야 되는 곳의 인덱스이다. 이번 경우 함수는 -low-1을 반환한다. 이는 더 직관적으로 -low만 반환할 수도 있다. 하지만 이것은 잘못된 방법이다. 키가 list[0]보다 작다고 가정하자(예: binarySearch(list,1)). 함수가 종료될 때 low는 0이다. -low 반환은 -0을 반환할 것이다. -0과 0의 차이는 없다. -0은 리스트에 일치하는 원소가 없다는 것을 나타내고, 반면 0은 일치하는 원소가 리스트의 처음에 있다는 것을 나타낼 것이다(예:binarySearch(list,2)). 따라서, 일치하지 않는 경우 -low를 반환하는 방법은 list[0]과 일치하는 경우 0을 반환하는 방법과 충돌을 일으킨다. 이런 이유 때문에 함수는 일치하지 않는 경우 -low-1을 반환하도록 설계되었다.

NOTE

선형 검색은 작은 배열이나 정렬 안된 배열에서 원소를 찾을 때 유용하다. 하지만 큰 배열에서는 효율적이지 못하다. 이진 검색은 더 효율적이나 배열의 우선 정렬을 필요로 한다.

6.8 배열 정렬

검색과 같이 정렬은 컴퓨터 프로그래밍에서 일반적인 작업이다. 예로 만약 여러분이 리스트 6.2의 “성적 배정”의 결과를 알파벳 순으로 나타내기를 원하면 정렬은 사용되어진다. 정렬에 대한 많은 다른 알고리즘이 개발되어왔다. 이번 절은 두 가지의 간단하고 직관적인 정렬 알고리즘을 소개한다: 선택 정렬과 삽입 정렬

6.8.1 선택 정렬(Selection Sort)

여러분은 리스트를 오름차순으로 정렬하기 원한다고 가정하자. 선택 정렬은 가장 큰 숫자를 찾아 리스트의 끝에 위치시킨다. 그런 다음 가장 큰 숫자는 남겨두고 가장 큰 수를 찾아 끝의 옆에 위치시키고, 리스트가 오직 하나의 수만 포함할 때까지 계속한다. 그림 6.8은 리스트 {2, 9, 5, 4, 8, 1, 6}이 선택 정렬을 이용하여 어떻게 정렬되는지를 보여준다. 여러분은 삽입 정렬이 어떻게 동작하는지를 알 것이다. 지금 해야 할 일은 이것을 자바에서 구현하는 것이다.

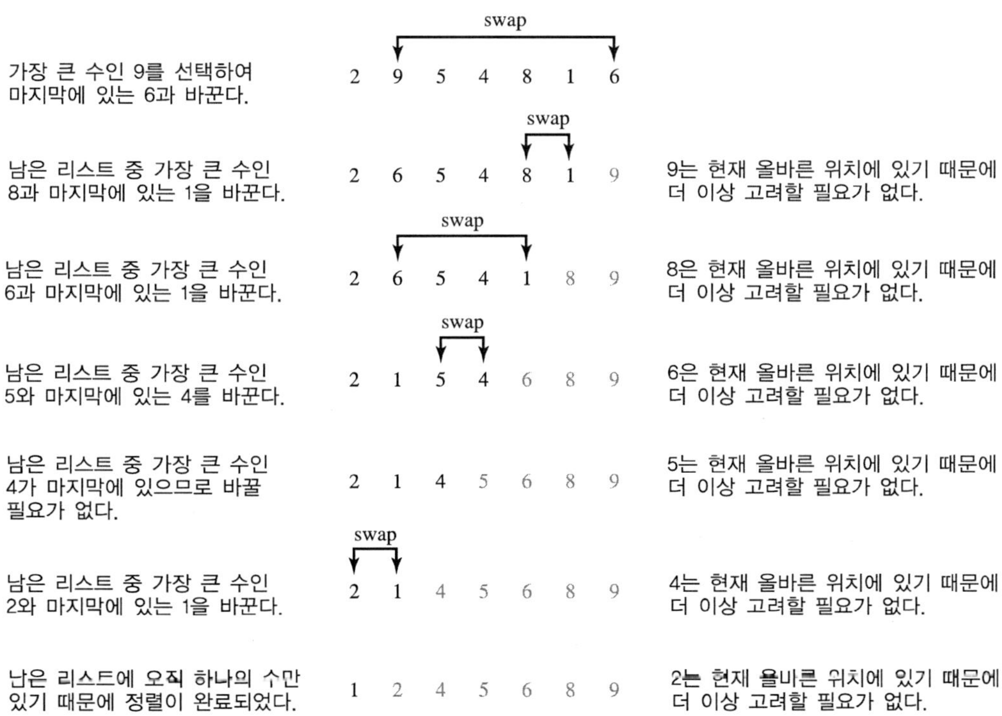

그림 6.8 선택 정렬은 가장 큰 수를 반복적으로 선택하고 리스트의 가장 마지막 수와 바꾼다.

초보자들은 처음 시도에 완벽한 솔루션을 개발하는 것이 어렵다는 것을 알 것이다. 리스트에서 가장 큰 원소를 찾고 이것을 마지막 원소와 바꿈을 되풀이하는 것에 대한 코드를 쓰는 것으로 시작하고, 두 번째 반복과 세 번째 반복 등에서 무엇이 다른지를 관찰하라. 이러한 통찰력은 모든 반복을 일반화하는 루프를 작성하는 것을 가능하게 해줄 것이다.

솔루션은 다음과 같이 설명되어질 수 있다.

```
for (int i = list.length - 1; i >= 1; i-) {
  select the largest element in list[0..i];
  swap the largest with list[i], if necessary;
  // list[i] is in its correct position.
  // The next iteration apply on list[0..i-1]
}
```

리스트 6.8은 솔루션을 구현하고 있다.

리스트 6.8 SelectionSort.java

```
 1 public class SelectionSort {
 2   /** The method for sorting the numbers */
 3   public static void selectionSort(double[] list) {
 4     for (int i = list.length - 1; i >= 1; i--) {
 5       // Find the maximum in the list[0..i]
 6       double currentMax = list[0];
 7       int currentMaxIndex = 0;
 8
 9       for (int j = 1; j <= i; j++) {
10         if (currentMax < list[j]) {
11           currentMax = list[j];
12           currentMaxIndex = j;
13         }
14       }
15
16       // Swap list[i] with list[currentMaxIndex] if necessary;
17       if (currentMaxIndex != i) {
18         list[currentMaxIndex] = list[i];
19         list[i] = currentMax;
20       }
21
22   }
23 }
```

selectionSort(double[] list) 함수는 어떤 double 원소의 배열도 정렬한다. 이 함수는 중첩된 루프로 구현되었다. 외부 루프(변수 i로 제어되는)(4행)는 리스트 범위 list[0]에서 list[i]까지에서 가장 큰 수를 찾아 가장 큰 수를 list[i]와 바꾸기 위해 반복되어진다. 변수 i는 list.length−1로 초기화된다. 외부 루프의 각각의 반복 후에는 list[i]는 정확한 위치가 되고 결국 모든 원소는 정확한 위치에 놓이게 되고 따라서 전체의 리스트는 정렬되어진다.

이 방법을 더 잘 이해하기 위해서, 다음 문장들을 추적해 보자.

```
selectionSort(new double[]{2, 1});
selectionSort(new double[]{2, 3, 1});
selectionSort(new double[]{1, 2, 1});
```

6.8.2 삽입 정렬

만약 여러분이 점점 증가하는 배열을 정렬한다고 가정해보자. 삽입-정렬 알고리즘은 모든 리스트가 정렬될 때까지 계속적으로 새로운 값을 배열에 삽입하여 하위 리스트를 정렬하는 방식이다. 그림 6.9는 삽입 정렬을 사용하여 배열 {2, 9, 5, 4, 8, 1, 6}이 어떻게 정렬되는지를 보여준다.

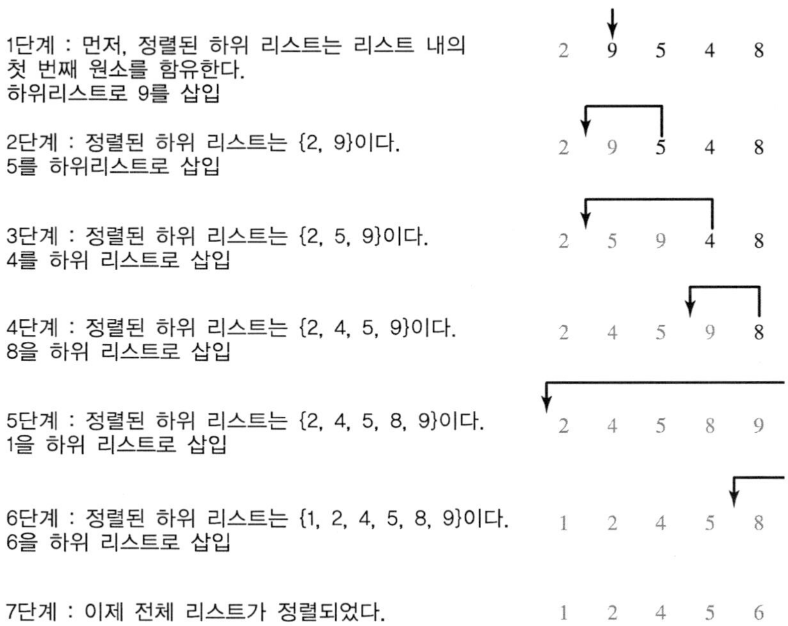

그림 6.9 삽입 정렬은 정렬된 하위 리스트로 새로운 원소를 반복적으로 삽입한다.

알고리즘은 다음과 같이 나타낼 수 있다.

```
for (int i = 1; i < list.length; i++) {
  insert list[i] into a sorted sublist list[0..i-1] so that
  list[0..i] is sorted.
}
```

list[i]를 list[0..i-1]에 삽입하기 위해서, list[i]를 currentElement라는 임시 변수에 저장한다. 만약 list[i-1]>currentElement이면 list[i-1]을 list[i]로 옮기고, list[i-2]>currentElement이면 list[i-2]를 list[i-1]로 옮기는 식으로 list[i-k]<=currentElement 또는 k>i일 때까지 계속된다(정렬된 배열에서 첫 번째 값은 무시한다). currentElement를 list[i-k+1]에 배정한다. 예를 들면, 그림 6.10의 단계 3에 있는 {2, 5, 9}에 4를 삽입하려면, 9>4이기 때문에

list[2](9)를 list[3]으로 옮겨주고, 5>4이기 때문에 list[1](5)를 list[2]로 옮기고 마지막으로 currentElement(4)를 list[1]로 옮겨준다.

알고리즘은 리스트 6.9처럼 확장되고 수행된다.

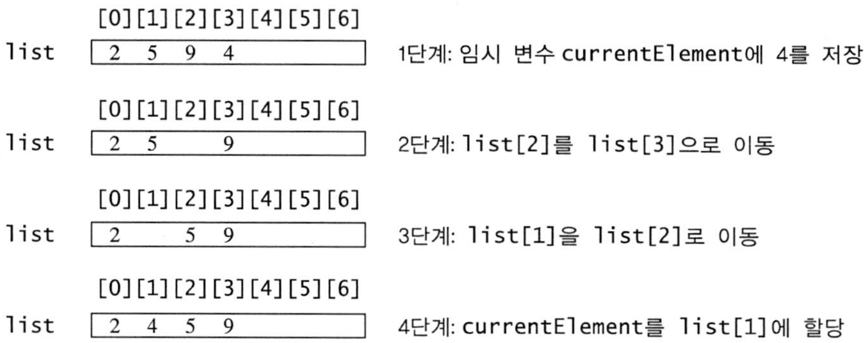

그림 6.10 새로운 원소는 정렬된 하위 리스트로 삽입된다.

리스트 6.9 InsertionSort.java

```
 1 public class InsertionSort {
 2   /** The method for sorting the numbers */
 3   public static void insertionSort(double[] list) {
 4     for (int i = 1; i < list.length; i++) {
 5       /** insert list[i] into a sorted sublist list[0..i-1] so that
 6            list[0..i] is sorted. */
 7       double currentElement = list[i];
 8       int k;
 9       for (k = i - 1; k >= 0 && list[k] > currentElement; k-) {
10         list[k + 1] = list[k];
11       }
12
13       // Insert the current element into list[k + 1]
14       list[k + 1] = currentElement;
15     }
16   }
17 }
```

insertionSort(double[] list) 메소드는 double 값들의 어떤 배열도 정렬해준다. 이 메소드는 중첩 for 루프로 구현된다. 외부 루프(변수 i에 의해 컨트롤되는 루프)(4행)는 list[0]부터 list[i] 사이의 범위에서 정렬된 하위 리스트를 얻기 위해 반복된다. 내부 루프(변수 k에 의해 컨트롤되는 루프)는 list[0]부터 list[i−1]의 하위 리스트에 list[i]를 삽입한다.

이 방법을 잘 이해하기 위해서 다음 문장들을 추적해 보자.

```
insertionSort(new double[]{2, 1});
insertionSort(new double[]{2, 3, 1});
insertionSort(new double[]{1, 2, 1});
```

6.9 Arrays 클래스

java.util.Arrays 클래스는 정렬과 배열의 검색, 배열의 비교, 배열에 값을 채우기 등을 위한 다양한 정적 메소드를 포함한다. 이러한 메소드들은 모든 기본 데이터 타입에 중복정의 된다.

정렬 메소드를 사용하여 모든 배열 또는 일부 배열을 정렬할 수 있다. 예를 들면, 다음 코드는 수의 배열과 문자의 배열을 정렬한다.

```
double[] numbers = {6.0, 4.4, 1.9, 2.9, 3.4, 3.5};
java.util.Arrays.sort(numbers); // Sort the whole array

char[] chars = {'a', 'A', '4', 'F', 'D', 'P'};
java.util.Arrays.sort(chars, 1, 3); // Sort part of the array
```

sort(numbers)를 호출하면 모든 배열의 수들을 정렬한다. sort(shars, 1, 3)을 호출하면 배열의 일부분인 chars[1]부터 chars[3-1]까지를 정렬한다.

이진 검색 메소드를 사용하여 배열에서 키를 찾을 수 있다. 배열은 반드시 오름차순으로 먼저 정렬이 되어있어야 한다. 만약 키가 배열에 없으면 메소드는 -(삽입포인트+1)을 반환한다. 예를 들면, 다음 코드는 정수의 배열과 문자의 배열에서 키를 검색한다.

```
int[] list = {2, 4, 7, 10, 11, 45, 50, 59, 60, 66, 69, 70, 79};
System.out.println("(1) Index is " +
  java.util.Arrays.binarySearch(list, 11));
System.out.println("(2) Index is " +
  java.util.Arrays.binarySearch(list, 12));

char[] chars = {'a', 'c', 'g', 'x', 'y', 'z'};
System.out.println("(3) Index is " +
  java.util.Arrays.binarySearch(chars, 'a'));
System.out.println("(4) Index is " +
  java.util.Arrays.binarySearch(chars, 't'));
```

앞의 코드를 수행하면 결과는 다음과 같다.

```
(1) Index is 4
(2) Index is -6
(3) Index is 0
(4) Index is -4
```

equals 메소드를 사용하여 두 배열이 같은지 체크할 수 있다. 만약 두 배열이 서로 같은 내용을 갖고 있으면 두 배열은 서로 같다. 다음 코드에서 list1과 list2가 같지만 list2와 list3은 같지 않다.

```
int[] list1 = {2, 4, 7, 10};
int[] list2 = {2, 4, 7, 10};
int[] list3 = {4, 2, 7, 10};
System.out.println(java.util.Arrays.equals(list1, list2)); // true
System.out.println(java.util.Arrays.equals(list2, list3)); // false
```

fill 메소드를 사용하면 모든 배열이나 배열의 일부분을 채울 수 있다. 예를 들면 다음 코드는 list1을 5로 채우고 list2[1]과 list2[3-1]의 값을 8로 채운다.

```
int[] list1 = {2, 4, 7, 10};
int[] list2 = {2, 4, 7, 10};
java.util.Arrays.fill(list1, 5); // Fill 5 to the whole array
java.util.Arrays.fill(list2, 1, 3, 8); // Fill 8 to a partial array
```

6.10 2차원 배열

지금까지는 값의 선형 추출을 모델하기 위해 1차원 배열을 사용하였다. 이제는 행렬이나 테이블을 표현하기 위해 2차원 배열을 사용한다. 예를 들면 다음 테이블은 2차원 배열을 사용하여 도시간의 거리를 나타낸다.

	시카고	보스턴	뉴욕	아틀랜타	마이애미	달라스	휴스턴
시카고	0	983	787	714	1375	967	1087
보스턴	983	0	214	1102	1763	1723	1842
뉴욕	787	214	0	888	1549	1548	1627
아틀랜타	714	1102	888	0	661	781	810
마이애미	1375	1763	1549	661	0	1426	1187
달라스	967	1723	1548	781	1426	0	239
휴스턴	1087	1842	1627	810	1187	239	0

6.10.1 2차원 배열의 변수 선언과 2차원 배열 생성

2차원 배열을 선언하기 위한 문법은 다음과 같다.

```
dataType[][] arrayRefVar;
```

또는

```
dataType arrayRefVar[][]; // This style is allowed, but not preferred
```

예를 하나 들면, 정수를 값으로 갖는 matrix라는 이름의 2차원 배열 선언은 다음과 같다.

```
int[][] matrix;
```

또는

```
int matrix[][]; // This style is allowed, but not preferred
```

matrix라는 이름의 정수를 사용하는 5×5 크기의 2차원 배열을 만드는 방법은 다음과 같다.

```
matrix = new int[5][5];
```

2차원 배열에서는 2개의 첨자가 사용되는데, 하나는 행, 다른 하나는 열에 사용된다. 1차원 배열처럼 각 첨자를 위한 인덱스는, 그림 6.11(a)에서 보이는 것처럼 정수형으로 0부터 시작한다.

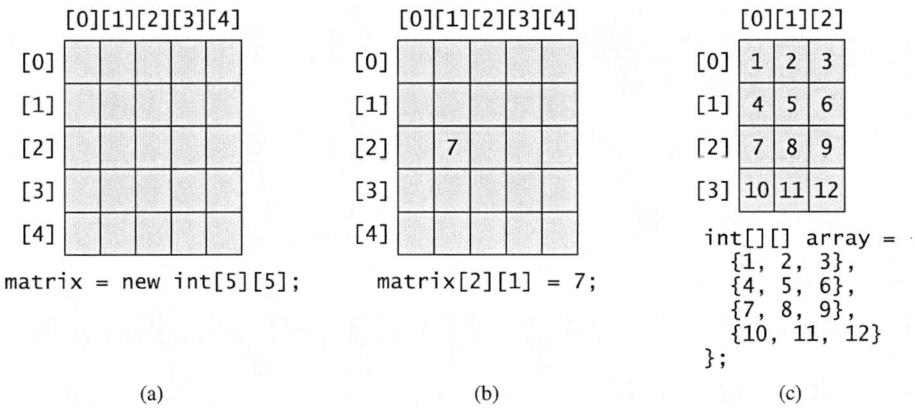

그림 6.11 2차원 배열의 각 첨자는 0에서 시작하는 int 값이다.

그림 6.11(b)와 같이 2행 1열에 7이라는 특정한 값을 배정하기 위한 명령은 다음과 같다.

```
matrix[2][1] = 7;
```

주의 2열 1행 원소로의 접근을 위해 matrix[2, 1]이라고 쓰는 것은 흔한 실수이다. 자바에서는 각 첨자는 반드시 한 쌍의 대괄호로 묶여있어야 한다.

여러분은 선언, 생성, 그리고 2차원 배열을 초기화하기 위해서 배열을 사용해야 한다. 예를 들어, 다음의 (a)는 6.11(c)에서 보여지는 것처럼 명시화된 초기 값들을 갖고 배열을 생성한다. 이것은 (b)의 코드와 같다.

```
int[][] array = {
  {1, 2, 3},
  {4, 5, 6},
  {7, 8, 9},
  {10, 11, 12}
};
```

(a)

동일

```
int[][] array = new int[4][3];
array[0][0] = 1; array[0][1] = 2; array[0][2] = 3;
array[1][0] = 4; array[1][1] = 5; array[1][2] = 6;
array[2][0] = 7; array[2][1] = 8; array[2][2] = 9;
array[3][0] = 10; array[3][1] = 11; array[3][2] = 12;
```

(b)

6.10.2 2차원 배열의 크기

2차원 배열은 실제로 각 원소가 1차원 배열인 배열이다. 배열 x의 길이는 배열에 있는 원소들의 개수이며, x.length로 주어진다. x[0], x[1], …, x[x.length-1]은 배열이다. 이 배열의 크기는 x[0].length, x[1].length, …, x[x.length-1].length이다.

예를 들어, x=new int[3][4]라고 가정하자. 그러면 x[0], x[1], 그리고 x[2]는 1차원 배열이고, 그림 6.12에서 보여진 것처럼 4개의 원소를 갖는다. x.length는 3, 그리고 x[0].length, x[1].length, 그리고 x[2].length는 4가 된다.

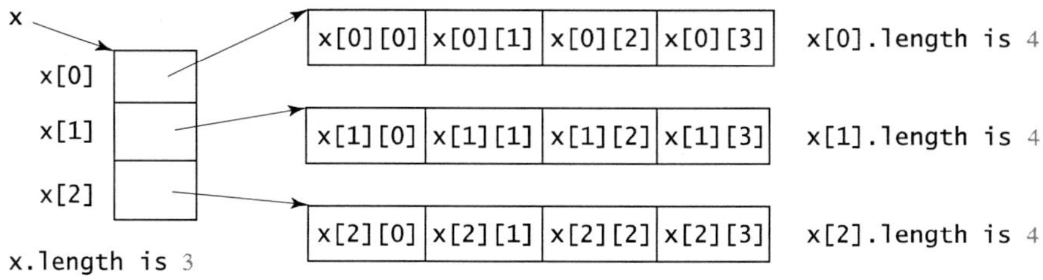

그림 6.12 2차원 배열은 각 원소가 1차원 배열인 배열이다.

6.10.3 톱니형 배열

2차원 배열에서 각 열은 그 스스로 배열이 된다. 예컨대, 이 열들은 다른 길이를 가질 수 있다. 이런 종류의 배열들은 톱니형 배열이라고 알려져 있다. 여기 톱니형 배열들의 생성에 대한 예제가 있다.

```
int[][] triangleArray = {
  {1, 2, 3, 4, 5},
  {2, 3, 4, 5},
  {3, 4, 5},
  {4, 5},
  {5}
};
```

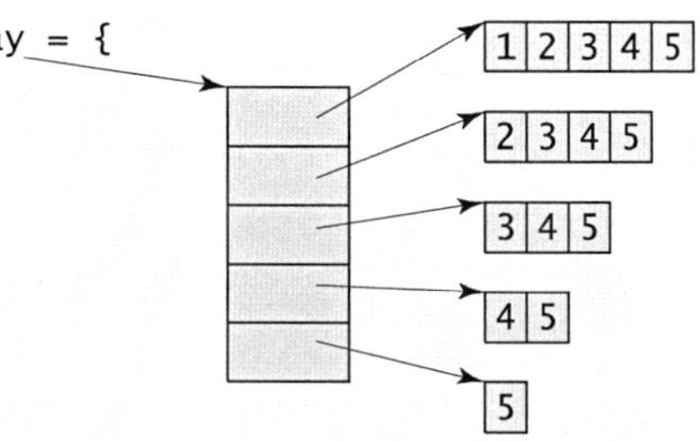

보여지는 것처럼 triangleArray[0].length는 5, triangleArray[1].length는 4, triangleArray[2].length는 3, triangleArray[3].length는 2 그리고 triangleArray[4].length는 1이다.

만약 여러분이 톱니형 배열의 값들을 미리 알지는 못하지만 크기는 알고 있다면, 다음에 나오는 구문을 사용해서 톱니형 배열을 생성할 수 있다.

```
int[][] triangleArray = new int[5][];
triangleArray[0] = new int[5];
triangleArray[1] = new int[4];
triangleArray[2] = new int[3];
```

```
triangleArray[3] = new int[2];
triangleArray[4] = new int[1];
```

이제 여러분은 배열에 값들을 배정할 수 있다. 예를 들어,

```
triangleArray[0][3] = 50;
triangleArray[4][0] = 45;
```

NOTE

> 배열을 생성하기 위한 new int[5][] 구문은 첫 번째 인덱스가 명시될 것을 요구한다. new int[][] 구문은 틀린 것이다.

6.10.4 2차원 배열의 처리

matrix 배열이 다음과 같이 선언되었다고 가정하자.

```
int[][] matrix = new int[10][10];
```

2차원 배열 처리를 위한 몇 개의 예제는 다음과 같다.

1. (랜덤값으로 배열 초기화) 다음의 루프는 0과 99 사이의 랜덤값으로 배열을 초기화한다.

```
for (int row = 0; row < matrix.length; row++) {
  for (int column = 0; column < matrix[row].length; column++) {
    matrix[row][column] = (int)(Math.random() * 100);
  }
}
```

2. (배열의 출력) 2차원 배열을 출력하기 위해 다음과 같은 루프를 이용하여 배열의 각 원소를 출력해야 한다.

```
for (int row = 0; row < matrix.length ; row++) {
  for (int column = 0; column < matrix[row].length ; column++) {
    System.out.print(matrix[row][column] + " ");
  }

  System.out.println();
}
```

3. (모든 원소의 합) 합을 저장하기 위해 total이라고 명명된 변수를 사용한다. total은 0으로 초기화한다. 그리고 각각의 배열의 원소를 다음과 같은 루프를 이용해 total 변수에 추가한다.

```
int total = 0;
for (int row = 0; row < matrix.length; row++) {
  for (int column = 0; column < matrix[row].length; column++) {
    total += matrix[row][column];
  }
}
```

4. (열 원소들의 합) 각 열들에 대해, 이들의 합을 저장하기 위하여 total로 명명된 변수를 사용한다. 다음과 같은 루프를 사용하여 열의 각각의 원소들을 total 변수에 추가한다.

```
for (int column = 0; column < matrix[0].length; column++) {
  int total = 0;
  for (int row = 0; row < matrix.length; row++)
    total += matrix[row][column];
  System.out.println("Sum for column " + column + " is " + total);
}
```

5. (어떤 행의 합이 가장 큰가?) 가장 큰 합과 그 행의 인덱스를 추적하기 위해 maxRow와 indexOfMaxRow 변수를 사용한다. 각각의 행에 대해 이들의 합을 계산하고 새로운 합이 더 큰 경우 maxRow와 indexOfMax 변수를 갱신한다.

```
int maxRow = 0;
int indexOfMaxRow = 0;

// Get sum of the first row in maxRow
for (int column = 0; column < matrix[0].length; column++) {
  maxRow += matrix[0][column];
}

for (int row = 1; row < matrix.length; row++) {
  int totalOfThisRow = 0;
  for (int column = 0; column < matrix[row].length; column++) {
    totalOfThisRow += matrix[row][column];
    if (totalOfThisRow > maxRow) {
      maxRow = totalOfThisRow;
      indexOfMaxRow = row;
    }
  }
}

System.out.println("Row " + indexOfMaxRow
  + " has the maximum sum" + " of " + maxRow);
```

6.10.5 예제 : 객관식 테스트의 점수 산출

객관식 테스트의 점수를 산출하는 프로그램을 작성하는 문제이다. 문제에서 8명의 학생과 10개의 문제가 있다고 가정한다, 그리고 답은 2차원 배열에 저장된다. 각 행에는 문제에 대한 학생들의 답을 기록한다. 예를 들면 다음의 배열은 이 테스트를 저장한다.

```
              문제에 대한 학생들의 답:
              0 1 2 3 4 5 6 7 8 9

Student 0     A B A C C D E E A D
Student 1     D B A B C A E E A D
Student 2     E D D A C B E E A D
Student 3     C B A E D C E E A D
Student 4     A B D C C D E E A D
```

Student 5	B B E C C D E E A D
Student 6	B B A C C D E E A D
Student 7	E B E C C D E E A D

정답은 1차원 배열에 저장된다.

문제의 정답:

	0	1	2	3	4	5	6	7	8	9
Key	D	B	D	C	C	D	A	E	A	D

여러분의 프로그램은 테스트의 점수를 산출하고 결과를 출력한다. 이 프로그램은 정답과 학생들의 답을 비교하고, 맞는 답의 개수를 센 뒤 그것을 출력한다. 리스트 6.10에 프로그램이 주어져 있다.

리스트 6.10 GradeExam.java

```
public class GradeExam {
  /** Main method */
  public static void main(String[] args) {
    // Students' answers to the questions
    char[][] answers = {
      {'A', 'B', 'A', 'C', 'C', 'D', 'E', 'E', 'A', 'D'},
      {'D', 'B', 'A', 'B', 'C', 'A', 'E', 'E', 'A', 'D'},
      {'E', 'D', 'D', 'A', 'C', 'B', 'E', 'E', 'A', 'D'},
      {'C', 'B', 'A', 'E', 'D', 'C', 'E', 'E', 'A', 'D'},
      {'A', 'B', 'D', 'C', 'C', 'D', 'E', 'E', 'A', 'D'},
      {'B', 'B', 'E', 'C', 'C', 'D', 'E', 'E', 'A', 'D'},
      {'B', 'B', 'A', 'C', 'C', 'D', 'E', 'E', 'A', 'D'},
      {'E', 'B', 'E', 'C', 'C', 'D', 'E', 'E', 'A', 'D'}};

    // Key to the questions
    char[] keys = {'D', 'B', 'D', 'C', 'C', 'D', 'A', 'E', 'A', 'D'};

    // Grade all answers
    for (int i = 0; i < answers.length ; i++) {
      // Grade one student
      int correctCount = 0;
      for (int j = 0; j < answers[i].length; j++) {
        if (answers[i][j] == keys[j]
          correctCount++;
      }

      System.out.println("Student " + i + "'s correct count is " +
        correctCount);
    ]
  }
}
```

```
Student 0's correct count is 7
Student 1's correct count is 6
Student 2's correct count is 5
Student 3's correct count is 4
Student 4's correct count is 8
Student 5's correct count is 7
Student 6's correct count is 7
Student 7's correct count is 7
```

5-13행의 구문은 문자들의 2차원 배열을 선언, 생성, 그리고 초기화한다. 그리고 char[][] 타입의 answers에 참조를 배정한다.

16행의 구문은 char 값의 배열을 선언, 생성, 그리고 초기화한다. 그리고 char[] 타입의 keys에 참조를 배정한다.

answers 배열의 각각의 행은 학생들의 답을 저장하고 이것은 keys 배열의 정답과 비교함으로써 점수가 산출된다. 그 결과는 학생들의 답이 평가된 후에 곧바로 출력된다.

6.10.6 예제 : 근접쌍 찾기

GPS 네비게이션 시스템은 점점 대중화되어가고 있다. 이 시스템은 거리 계산과 경로 조사를 위해 그래프와 기하학적 알고리즘을 사용한다. 이 절에서는 근접쌍을 찾기 위한 기하학적 문제를 설명할 것이다.

점들의 집합이 주어진 이 근접쌍 문제는 서로간에 가장 가까운 두 점을 찾기 위한 문제이다. 그림 6.13을 예로 들면, 점 (1,1)과 (2, 0.5)는 서로 가장 근접해 있다. 이 문제를 풀기 위한 여러 가지 방법이 있다. 한 가지 직관적인 방법은 리스트 6.11에 구현된 것처럼 모든 점들의 쌍 사이의 거리를 계산하고 가장 작은 거리를 가진 것을 찾는 것이다.

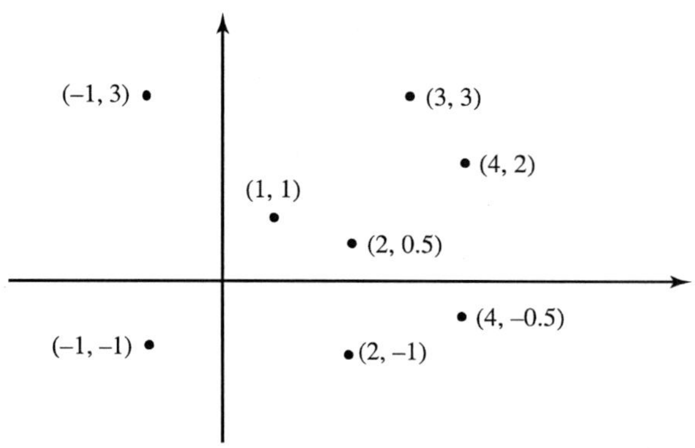

	x	y
0	–1	3
1	–1	–1
2	1	1
3	2	0.5
4	2	–1
5	3	3
6	4	2
7	4	–0.5

그림 6.13 점들은 2차원 배열로 표현될 수 있다.

리스트 6.11 FindNearestPoints.java

```
1 public class FindNearestPoints {
2   public static void main(String[] args) {
3     // Each row in points represents a point
4     double[][] points = {{-1, 3}, {-1, -1}, {1, 1},
5       {2, 0.5}, {2, -1}, {3, 3}, {4, 2}, {4, -0.5}};
6
7     // p1 and p2 are the indices in the points array
8     int p1 = 0, p2 = 1; // Initial two points
9     double shortestDistances = distance(points[p1][0], points[p1][1],
10      points[p2][0], points[p2][1]); // Initialize shortestDistances
11
12    // Compute distance for every two points
13    for (int i = 0; i < points.length; i++) {
14      for (int j = i + 1; j < points.length; j++) {
15        double distance = distance(points[i][0], points[i][1],
16          points[j][0], points[j][1]); // Find distance
17
18        if (shortestDistances > distance) {
19          p1 - i; // Update p1
20          p2 = j; // Update p2
21          shortestDistances = distance; // Update shortestDistances
22        }
23      }
24    }
25
26    // Display result
27    System.out.println("The closest two points are " +
28      "(" + points[p1][0] + ", " + points[p1][1] + ") and (" +
29      points[p2][0] + ", " + points[p2][1] + ")");
30  }
31
32  /** Compute the distance between two points (x1, y1) and (x2, y2)*/
33  public static double distance(
34      double x1, double y1, double x2, double y2) {
35    return Math.sqrt((x2 - x1) * (x2 - x1) + (y2 - y1) * (y2 - y1));
36  }
37 }
```

```
The closest two points are (1.0, 1.0) and (2.0, 0.5)
```

가장 가까운 두 점은 (1.0, 1.0)과 (2.0, 0.5)이다.

점들은 points라는 2차원 배열에 저장된다(4-5행). 프로그램은 두 근접한 점간의 거리를 저장하기 위해 shortestDistances(9행)라는 변수를 사용하고, points 배열에 있는 두 점의 인덱스를 저장하기 위해 p1과 p2가 사용된다(8행).

인덱스 i의 각 점에서, 프로그램은 i > j인 모든 points[i]와 points[j] 사이의 거리를 계산한다(13-24행). 언제든 더 짧은 거리가 발견되면 변수 shortestDistances, p1과 p2는 갱신된다(18-22행).

두 점 (x1, y1)과 (x2, y2) 사이의 거리는 식 $\sqrt{(x_2-x_1)^2+(y_2-y_1)}$을 사용해 계산될 수 있다(33-36행). 프로그램은 평면은 적어도 두 점이 있다고 가정한다. 여러분은 평면이 영이나 하나의 점을 가지고 있는 경우를 다루는 프로그램을 쉽게 확인할 수 있다.

최소의 거리를 갖는 하나보다 많은 쌍의 점이 있을 수도 있다는 것에 주의해라. 프로그램은 그 중 하나의 쌍만을 찾는다.

6.10.7 예제 : 스도쿠

이 책은 여러분이 다양한 수준의 난이도를 가진 아주 다양한 문제들을 통해서 어떻게 프로그램하는지를 가르친다. 이 절에서는 신문에 매일 나오는 흥미로운 정렬 문제에 대해 소개한다. 이것은 숫자 퍼즐로 일반적으로 스도쿠로 알려져 있다. 이것은 도전 문제이다. 원한다면 넘어가도 좋다. 목표는 칸을 채우는 것이다(6.14(a)). 그래서 그림 6.14(b)에서와 같이 모든 행, 모든 열, 모든 3×3 상자는 1에서 9의 숫자를 담고 있어야 한다.

여러분은 이 문제를 풀기 위해 어떻게 프로그램을 작성할 것인가? 여러분의 프로그램은 스도쿠 퍼즐의 9×9 격자의 입력을 통해 해답을 찾는다. 입력에 대해 여러 가지 답이 있을 수 있다는 것에 주목하라. 프로그램은 만약 존재한다면 하나의 답을 찾을 것이다. 격자는 2차원 배열로 나타낼 수 있다. 예를 들어 그림 6.14(a)의 격자는 그림 6.15(a)로 나타낼 수 있다. 0값은 프로그램이 채운 것으로, 채워지지 않은 부분을 나타낸다.

5	3			7				
6			1	9	5			
	9	8					6	
8				6				3
4			8		3			1
7				2				6
	6							
			4	1	9			5
				8			7	9

(a) 입력

5	3	4	6	7	8	9	1	2
6	7	2	1	9	5	3	4	8
1	9	8	3	4	2	5	6	7
8	5	9	7	6	1	4	2	3
4	2	6	8	5	3	7	9	1
7	1	3	9	2	4	8	5	6
9	6	1	5	3	7	2	8	4
2	8	7	4	1	9	6	3	5
3	4	5	2	8	6	1	7	9

(b) 출력

그림 6.14 (b)는 (a)의 스도쿠 퍼즐에 대한 해답이다.

채워지지 않은 부분을 찾는 더 나은 것은, 프로그램이 그림 6.15(b)와 같이 2차원 배열에 채워지지 않은 부분을 저장하는 것이다. 배열의 각 행은 두 열을 가지고 있는데, 이것은 격자에 있는 채워지지 않은 부분의 인덱스이다. 예를 들어, {freeCellList[0][0], freeCellList[0][1]} (다시 말하면, {0, 2})는 격자에서 첫 번째 채워지지 않은 부분의 인덱스이고, {freeCell-List[1][0], freeCellList[1][1]} (다시 말하면, {0, 3})은 두 번째 채워지지 않은 부분의 인덱스이다.

```
int[][] grid =
  {{5, 3, 0, 0, 7, 0, 0, 0, 0},
   {6, 0, 0, 1, 9, 5, 0, 0, 0},
   {0, 9, 8, 0, 0, 0, 0, 6, 0},
   {8, 0, 0, 0, 6, 0, 0, 0, 3},
   {4, 0, 0, 8, 0, 3, 0, 0, 1},
   {7, 0, 0, 0, 2, 0, 0, 0, 6},
   {0, 6, 0, 0, 0, 0, 2, 8, 0},
   {0, 0, 0, 4, 1, 9, 0, 0, 5},
   {0, 0, 0, 0, 8, 0, 0, 7, 9}
  };
```

(a)

```
int[][] freeCellList =
  {{0, 2}, {0, 3}, {0, 5}, {0, 6}, {0, 7}, {0, 8},
   {1, 1}, {1, 2}, {1, 6}, {1, 7}, {1, 8},
   {2, 0}, {2, 3}, {2, 4}, {2, 5}, {2, 6}, {2, 8},
   {3, 1}, {3, 2}, {3, 3}, {3, 5}, {3, 6}, {3, 7},
   {4, 1}, {4, 2}, {4, 4}, {4, 6}, {4, 7},
   {5, 1}, {5, 2}, {5, 3}, {5, 5}, {5, 6}, {5, 7},
   {6, 0}, {6, 2}, {6, 3}, {6, 4}, {6, 5}, {6, 8},
   {7, 0}, {7, 1}, {7, 2}, {7, 6}, {7, 7},
   {8, 0}, {8, 1}, {8, 2}, {8, 3}, {8, 5}, {8, 6}
  };
```

(b)

그림 6.15 (a)는 grid를 위한 2차원 배열을 나타내고 있다.
(b)는 채워지지 않은 공간을 위한 2차원 배열을 나타내고 있다.

이 문제를 풀기 위한 직관적인 접근은 첫 번째 채워지지 않은 부분부터 시작하여, 두 번째, 다음 채워지지 않은 부분으로 계속하는 것이다. 채워지지 않은 부분을 가능한 한 작은 값으로 채운다. 예를 들어, 여러분은 그림 6.16(a)에서 보여주듯이 1을 grid[0][2]에, 2를 grid[0][3]에, 4를 grid[0][5]에, 8을 grid[0][6]에, 9를 grid[0][7]에 넣을 수 있다.

5	3	1	2	7	4	8	9	
6			1	9	5			
	9	8					6	
8				6				3
4			8		3			1
7				2				6
	6							
			4	1	9			5
				8			7	9

(a)

5	3	1	2	7	4	9	8	
6			1	9	5			
	9	8					6	
4			8		3			1
7				2				6
	6							
			4	1	9			5
								9

(b)

그림 6.16 빈 칸을 채우려고 이 프로그램은 시도한다.

이제 grid[0][8]을 보자. 이 칸을 채울 수 있는 가능한 값은 없다. 이전에 빈 칸이었던 grid[0][7]로 역추적하여 그 값을 재설정해야 한다. grid[0][7]에는 이미 9가 있기 때문에, 가능한 새로운 값은 없다. 따라서 여러분은 이전 채워지지 않은 부분이었던 grid[0][6]으로 역추적하고, 그 값을 9으로 바꿔야 한다. 계속해서 그림 6.16(b)와 같이 앞으로 가서 grid[0][7]을 8로 바꾼다. 현재 여전히 grid[0][8]에는 가능한 값이 없다. grid[0][7]로 역추적하여도 가능한 새로운 값이 없다. Grid[0][6]으로 역추적하여도 가능한 새로운 값이 없다. grid[0][5]로 역추적해서 6으로 바꾼다. 이제 계속해서 앞으로 간다.

검색은 아래의 두 가지 경우 중 한 가지 경우일 때까지 계속적으로 앞, 뒤로 움직인다.

- 모든 채워지지 않은 부분이 채워졌다. 답을 찾았다.

• 검색은 가능한 값이 없는 첫 번째 채워지지 않은 부분으로 역추적한다. 퍼즐은 답이 없다.

리스트 6.12는 프로그램의 답을 준다.

리스트 6.12 Sudoku.java

```
import java.util.Scanner;

public class Sudoku {
  public static void main(String[] args) {
    // Read a Sudoku puzzle
    int[][] grid = readAPuzzle();

    if (!isValid(grid))
      System.out.println("Invalid input");
    else if (search(grid)) {
      System.out.println("The solution is found:");
      printGrid(grid);
    }
    else
      System.out.println("No solution");
  }

  /** Read a Sudoku puzzle from the keyboard */
  public static int[][] readAPuzzle() {
    // Create a Scanner
    Scanner input = new Scanner(System.in);

    System.out.println("Enter a Sudoku puzzle:");
    int[][] grid = new int[9][9];
    for (int i = 0; i < 9; i++)
      for (int j = 0; j < 9; j++)
        grid[i][j] = input.nextInt();

    return grid;
  }

  /** Obtain a list of free cells from the puzzle */
  public static int[][] getFreeCellList(int[][] grid) {
    // Determine the number of free cells
    int numberOfFreeCells = 0;
    for (int i = 0; i < 9; i++)
      for (int j = 0; j < 9; j++)
        if (grid[i][j] == 0)
          numberOfFreeCells++;

    // Store free cell positions into freeCellList
    int[][] freeCellList = new int[numberOfFreeCells][2];
    int count = 0;
    for (int i = 0; i < 9; i++)
      for (int j = 0; j < 9; j++)
        if (grid[i][j] == 0) {
          freeCellList[count][0] = i;
          freeCellList[count++][1] = j;
        }
```

```
  
    return freeCellList;
  }
  
  /** Print the values in the grid */
  public static void printGrid(int[][] grid) {
    for (int i = 0; i < 9; i++) {
      for (int j = 0; j < 9; j++)
        System.out.print(grid[i][j] + " ");
      System.out.println();
    }
  }
  
  /** Search for a solution */
  public static boolean search(int[][] grid) {
    int[][] freeCellList = getFreeCellList(grid); // Free cells
    int k = 0; // Start from the first free cell
    boolean found = false; // Solution found?
    
    while (!found) {
      int i = freeCellList[k][0];
      int j = freeCellList[k][1];
      if (grid[i][j] == 0)
        grid[i][j] = 1; // Start with 1
      
      if (isValid(i, j, grid)) {
        if (k + 1 == freeCellList.length) { // No more free cells
          found = true; // A solution is found
        }
        else { // Move to the next free cell
          k++;
        }
      }
      else if (grid[i][j] < 9) {
        grid[i][j] = grid[i][j] + 1; // Check the next possible
      }
      else { // grid[i][j] is 9, backtrack
        while (grid[i][j] == 9) {
          grid[i][j] = 0; // Reset to free cell
          if (k == 0) {
            return false; // No possible value
          }
          k--; // Backtrack
          i = freeCellList[k][0];
          j = freeCellList[k][1];
        }
        
        grid[i][j] = grid[i][j] + 1; // Check the next possible value
      }
    }
    
    return true; // A solution is found
  }
  
  /** Check whether grid[i][j] is valid in the grid */
```

```
  public static boolean isValid(int i, int j, int[][] grid) {
    // Check whether grid[i][j] is valid at the i's row
    for (int column = 0; column < 9; column++)
      if (column != j && grid[i][column] == grid[i][j])
        return false;

    // Check whether grid[i][j] is valid at the j's column
    for (int row = 0; row < 9; row++)
      if (row != i && grid[row][j] == grid[i][j])
        return false;

    // Check whether grid[i][j] is valid in the 3 by 3 box
    for (int row = (i / 3) * 3; row < (i / 3) * 3 + 3; row++)
      for (int col = (j / 3) * 3; col < (j / 3) * 3 + 3; col++)
        if (row != i && col != j && grid[row][col] == grid[i][j])
          return false;

    return true; // The current value at grid[i][j] is valid
  }

  /** Check whether the fixed cells are valid in the grid */
  public static boolean isValid(int[][] grid) {
    for (int i = 0; i < 9; i++)
      for (int j = 0; j < 9; j++)
        if (grid[i][j] != 0 && !isValid(i, j, grid)) return false;

    return true; // The fixed cells are valid
  }
}
```

```
Enter a puzzle:
0 6 0 1 0 4 0 5 0  ↵Enter
0 0 8 3 0 5 6 0 0  ↵Enter
2 0 0 0 0 0 0 0 1  ↵Enter
8 0 0 4 0 7 0 0 6  ↵Enter
0 0 6 0 0 0 3 0 0  ↵Enter
7 0 0 9 0 1 0 0 4  ↵Enter
5 0 0 0 0 0 0 0 2  ↵Enter
0 0 7 2 0 6 9 0 0  ↵Enter
0 4 0 5 0 8 0 7 0  ↵Enter

The solution is found:
9 6 3 1 7 4 2 5 8
1 7 8 3 2 5 6 4 9
2 5 4 6 8 9 7 3 1
8 2 1 4 3 7 5 9 6
4 9 6 8 5 2 3 1 7
7 3 5 9 6 1 8 2 4
5 8 9 7 1 3 4 6 2
3 1 7 2 4 6 9 8 5
6 4 2 5 9 8 1 7 3
```

이 프로그램은 readAPuzzle() 함수(6행)를 호출해서 스도쿠 퍼즐을 읽어들이고, 스도쿠 퍼즐의 완성된 값을 2차원 배열로 반환한다. 프로그램 내에서는 3가지 출력이 가능하다.

- 입력이 잘못됨(9행)
- 해답이 발견됨(11행)
- 해답이 발견되지 않음(15행)

getFreeCellList(int[][] grid) 함수는 값이 비어 있는 2차원 배열을 반환한다. freeCellList[i][j]는 i행과 j열에서 비어있는 공간을 가리킨다. 함수는 우선 비어 있는 공간들을 세어보며(35~39행) 비이 있는 공간들을 저장하기 위한 배열을 생성한다(42~49행).

search(int[][] grid) 함수는 첫 번째 비어 있는 공간부터 k = 0을 이용하여 검색(66행)을 시작하는데, 이 때 k는 아래 보다시피 현재 검색중인 공간을 가리킨다.

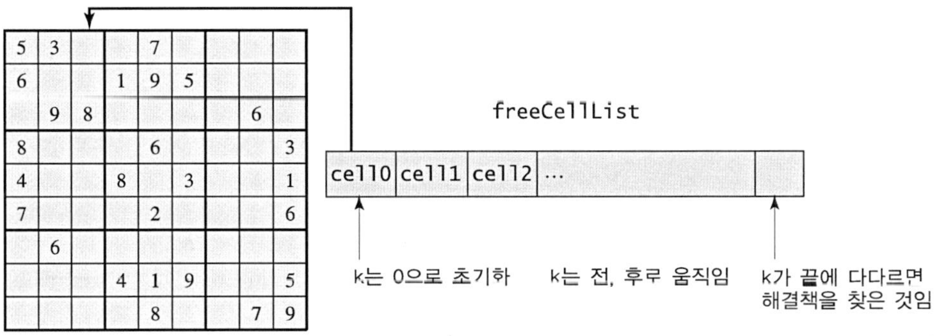

(a)

비어 있는 공간의 값은 1부터 시작한다(73행). 만약 값이 유효하면 다음 공간을 검색한다(80행). 하지만 값이 유효하지 않다면, 다음 값을 고려해 본다(84행). 만약 값이 이미 9이면, 검색했던 경로를 역행한다(87~95행). 역행했던 공간들은 다시 비게 되며 그들의 값은 다시 0으로 초기화된다(88행).

search 함수는 더 이상 빈 공간들이 없을 시 true값을 반환하며(76~78행), 처음으로 공간의 검색 경로를 역행하게 되면 false값을 반환하게 된다(89~91행).

isValid(i,j,grid) 함수는 grid[i][j]에서의 현재 값이 유효한지 확인한다. 이 함수는 grid[i][j]가 각각 i행(107~109행)과 j열(112~114행) 그리고 3x3표(117~120행) 내에서 2번 이상 나타나는지를 검사한다. 단, grid[i][j]에서 아래에 기입한 3x3표의 행의 시작 값과 열의 시작 값은 각각 i/3과 j/3임을 유의한다. 이 관찰 결과는 117~120행에 있는 코드에 표시된다.

> **TIP** 콘솔로 81개의 숫자를 모두 입력하는 것은 번거로운 일이다. 프로그램을 실행시킬 때 sudoku.txt와 같은 파일에 입력 값들을 저장한 후 다음 명령어를 이용해 프로그램을 실행시키는 방법이 있다.
>
> ```
> java Sudoku < sudoku.txt
> ```

NOTE 이 프로그램은 사용자의 편의에 맞추지 않는다. GUI 인터페이스를 이용해서 개선시킬 수 있다. 프로그래밍 연습 17.25를 참고하라.

6.11 다차원 배열

앞의 절에서는 2차원 배열을 이용하여 행렬이나 표를 표현했다. 하지만 때때로 n-차원 자료구조를 표현할 줄을 알아야 한다. 자바에서는 임의의 정수 n에 대해 n-차원 배열을 생성할 수 있다.

2차원 배열의 변수를 선언하고 2차원 배열을 생성하는 방법은 n=3일 때 n-차원 배열의 변수를 선언하고 n-차원 배열을 생성하기 위해 일반화될 수 있다. 예를 들면, 다음 문법은 3차원 배열의 변수 scores를 선언하고, 배열을 생성하며, scores를 참조하도록 지정한다.

```
double[][][] scores = new double[10][5][2];
```

다차원 배열은 사실 각각의 원소가 또 다른 배열이라고 말할 수 있다. 3차원 배열은 2차원 배열들로 구성된 배열로 구성되어 있고, 이 2차원 배열들은 또한 각각 1차원 배열로 구성되어 있다. 예를 들면 x = new int[2][2][5]라 가정하고 x[0] 그리고 x[1]은 2차원 배열이다. x[0][0], x[0][1]. x[1][0], x[1][1]은 1차원 배열이며 각각 5개의 원소를 가지고 있다. x.length는 2, x[0].length와 x[1].length는 2 그리고 x[0][0].length, x[0][1].length, x[1][0].length, x[1][1].length는 5이다.

6.11.1 예제 : 학생들의 점수 계산하기

리스트 6.13은 한 학급의 학생들의 총 점수를 계산하는 프로그램을 보여주고 있다. 이 점수들이 scores라는 3차원 배열에 저장되어 있다고 가정해 보자. scores의 첫 번째 값은 학생을 가리키고, 두 번째 값은 시험을 가리키며, 세 번째 값은 시험의 일부분을 가리킨다. 7명의 학생과 5개의 시험 그리고 각 시험은 객관식과 프로그래밍의 2가지 부분으로 세분화되어 있다고 가정해 보자. scores[i][j][0]은 i라는 학생의 j시험의 객관식 부분의 점수를 가리키며, scores[i][j][1]은 i라는 학생의 j시험의 프로그래밍 부분의 점수를 가리킨다. 프로그램은 모든 학생들의 대해 scores 배열을 실행한다. 각각의 학생에 대해, 모든 시험에 대해서 2부분의 점수를 totalScore에 더한 뒤 totalScore를 표시한다. 여러분의 프로그램은 다음의 출력 예에서 보다시피 각 학생에 대한 총 점수를 표시한다.

리스트 6.13 TotalScore.java

```
1 public class TotalScore {
2   /** Main method */
3   public static void main(String[] args) {
4     double[][][] scores = {
5       {{7.5, 20.5}, {9.0, 22.5}, {15, 33.5}, {13,
6       {{4.5, 21.5}, {9.0, 22.5}, {15, 34.5}, {12,
7       {{6.5, 30.5}, {9.4, 10.5}, {11, 33.5}, {11,
8       {{6.5, 23.5}, {9.4, 32.5}, {13, 34.5}, {11,
9       {{8.5, 26.5}, {9.4, 52.5}, {13, 36.5}, {13,
10      {{9.5, 20.5}, {9.4, 42.5}, {13, 31.5}, {12,
11      {{1.5, 29.5}, {6.4, 22.5}, {14, 30.5}, {10,
12
13    // Calculate and display total score for each
14    for (int i = 0; i < scores.length; i++) {
15      double totalScore = 0;
16      for (int j = 0; j < scores[i].length ; j++)
17        for (int k = 0; k < scores[i][j].length; k
18          totalScore += scores[i][j][k];
19
20      System.out.println("Student " + i + "'s scor
21        totalScore);
22    }
23  }
24 }
```

```
Student 0's score is 160.0
Student 1's score is 163.0
Student 2's score is 147.4
Student 3's score is 174.4
Student 4's score is 201.4
Student 5's score is 181.4
Student 6's score is 165.9
```

이 프로그램을 이해하기 위해서는, 3차원 배열 데이터의 이해가 필요하다. Scores[0]은 첫 번째 학생의 모든 시험 성적을 저장하는 이차원의 배열이다. Scores[0][0]은 첫 번째 학생의 첫 번째 시험 성적의 두 부분을 저장한 일차원 배열인 {7.5, 20.5}이다. Scores[0][0][0]은 첫 번째 학생의 첫 번째 시험의 앞부분을 나타내는 7.5이다. Scores[5]는 여섯 번째 학생의 모든 시험 성적을 저장하는 이차원 배열이다. Scores[5][4]는 여섯 번째 학생의 다섯 번째 시험 성적의 두 부분을 저장한 일차원 배열인 {16, 6.5}이다. Scores[5][4][1]은 여섯 번째 학생의 다섯 번째 시험의 뒷부분을 나타내는 6.5가 된다.

4-11행의 선언 및 초기화 문장은 실수형 데이터 double[][][] 타입임을 선언하는 삼차원 배열이다.

16-18행의 각각의 학생들의 점수를 더하는 문장은 20-21행에서 결과 값으로 출력된다. 14행의 for 루프문은 모든 학생들의 값을 처리하는 과정이다.

6.11.2 예제 : 생일 날짜 추측하기

리스트 3.8의 GuessBirthDate.java는 생일 날짜를 추측하는 프로그램을 제공한다. 리스트 6.14의 프로그램은 날짜를 다섯 가지 집합으로 3차원 배열에 간단하게 저장하고, 사용자에게 반복해서 입력을 요구한다. 이 프로그램의 실행은 리스트 3.8과 같다.

리스트 6.14 GuessBirthDateUsingArray.java

```
import java.util.Scanner;

public class GuessBirthDateUsingArray {
  public static void main(String[] args) {
    int date = 0; // Date to be determined
    int answer;

    int[][][] dates = {
      {{ 1,  3,  5,  7},
       { 9, 11, 13, 15},
       {17, 19, 21, 23},
       {25, 27, 29, 31}},
      {{ 2,  3,  6,  7},
       {10, 11, 14, 15},
       {18, 19, 22, 23},
       {26, 27, 30, 31}},
      {{ 4,  5,  6,  7},
       {12, 13, 14, 15},
       {20, 21, 22, 23},
       {28, 29, 30, 31}},
      {{ 8,  9, 10, 11},
       {12, 13, 14, 15},
       {24, 25, 26, 27},
       {28, 29, 30, 31}},
      {{16, 17, 18, 19},
       {20, 21, 22, 23},
       {24, 25, 26, 27},
       {28, 29, 30, 31}}};

    // Create a Scanner
    Scanner input = new Scanner(System.in);

    for (int i = 0; i < 5; i++) {
      System.out.println("Is your birth date in Set" + (i + 1) + "?");
      for (int j = 0; j < 4; j++) {
        for (int k = 0; k < 4; k++)
          System.out.print(dates[i][j][k] + "  ");
        System.out.println();
      }

      System.out.print("\nEnter 0 for No and 1 for Yes: ");
      answer = input.nextInt();

      if (answer == 1)
```

```
45          date += dates[i][0][0] ;
46      }
47
48      System.out.println("Your birth date is " + date);
49    }
50 }
```

8-28행에서는 3차원 배열의 dates를 만들었다. 이 배열은 다섯 가지 집합의 번호를 저장한다. 각각의 집합은 4*4의 이차원 배열이다.

33행부터의 반복문은 각각의 집합에 대해 출력 후 사용자에게 해당 생일이 어느 집합에 포함되어 있는지 묻는다(41-42행). 만약 날짜가 집합에 포함되어 있으면, date 변수에는(45행) 집합의 첫 번째 원소가(dates[i][0][0]) 더해진다.

주요 용어

- 가비지 수집
- 다차원 배열
- 무명 배열
- 배열
- 배열 초기화
- 삽입 정렬
- 선택 정렬
- 선형 검색
- 이진 검색
- 인덱스
- 인덱스된 변수
- 톱니형 배열

요약

- 변수는 dataType[] arrayRefVar 또는 dataType arrayRefVar[] 구문을 이용한 배열 타입으로서 선언된다. 비록 dataType arrayRefVar[]은 합법적이지만, dataType[] arrayRefVar을 더 선호한다.
- 기본 자료형 변수를 위한 선언과 다르게, 배열 변수의 선언은 배열을 위해 메모리에 어떤 공간도 배정하지 않는다. 배열 변수는 기본 자료형 변수가 아니다. 배열 변수는 배열로의 참조를 포함한다.
- 여러분은 배열이 이미 만들어져 있지 않는 이상 배열에 원소을 배정할 수 없다. 여러분은 다음 구문 new 연산자를 이용해 배열을 만들 수 있다: new dataType[arraySize]
- 배열 안의 각 원소는 arrayRefVar[index] 구문을 이용해 참조된다. 인덱스는 반드시 정수형 또는 정수형 표현이어야 한다.

- 배열이 만들어진 이후, 그 크기는 변하지 않고 arrayRefVar.length를 통해 크기를 얻어낼 수 있다. 배열의 인덱스는 언제나 0으로 시작하고, 마지막 인덱스는 항상 arrayRefVar.length-1이다. 만약 여러분이 배열 크기 밖의 원소를 참조하려 하면 Out-of-bounds 오류가 발생할 것이다.
- 프로그래머들은 종종 배열의 첫 번째 성분을 인덱스 1로 참조하는 실수를 하지만, 그것은 0이어야 한다. 이것을 index off-by-one 오류라 한다.
- 배열이 만들어질 때, 수치형 기본 자료형은 0으로, 문자형은 '₩u0000'으로, boolean 형은 false로 배열의 기본 값이 배정된다.
- 자바는 **배열 초기화 연산자**라고 알려진 단축 표시법을 가지고 있다. 이것은 한 문장에 배열을 선언하고, 배열을 만들고, 초기화한다. 구문 : dataType[] arrayRefVar= {value0, value1, …, valuek}
- 여러분이 배열 인수를 메소드로 넘길 때, 실제로는 배열의 참조를 넘기는 것인데, 불려진 메소드는 본래 배열의 원소들을 수정할 수 있다.
- 다차원 배열 형식으로 배열의 배열을 사용할 수 있다. 예를 들어, 이차원 배열은 다음 구문을 이용해 배열의 배열로서 선언되어진다: dataType[][] arrayRefVar 또는 dataType arrayRefVar[][]

복습문제

6.2절 배열 기본

6.1 배열을 어떻게 선언하고 만드는가?

6.2 배열의 원소에 어떻게 접근하는가?

6.3 메모리는 배열이 선언될 때 공간을 할당하는가? 언제 메모리는 배열의 공간을 할당하는가? 다음 코드의 출력 결과는 무엇인가?

```
int x = 30;
int[] numbers = new int[x];
x = 60;
System.out.println("x is " + x);
System.out.println("The size of numbers is " + numbers.length);
```

6.4 다음 문장들이 참인지 거짓인지 말하라.

- 배열의 모든 원소들은 같은 타입이다.
- 배열의 크기는 선언된 후에 고정된다.

- 배열의 크기는 만들어진 후에 고정된다.
- 배열 안의 원소들은 반드시 기본 데이터 타입이어야 한다.

6.5 다음 문장들 중 유효한 배열 선언은 무엇인가?

```
int i = new int(30);
double d[] = new double[30];
char[] r = new char(1..30);
int i[] = (3, 4, 3, 2);
float f[] = {2.3, 4.5, 6.6};
char[] c = new char();
```

6.6 배열 인덱스 타입은 무엇인가? 가장 작은 인덱스는 무엇인가?

6.7 a로 명명된 배열 안의 세 번째 원소의 표현은 무엇인가?

6.8 여러분의 프로그램이 유효하지 않은 인덱스로 배열의 원소에 접근하려할 때 어떤 일이 발생하는가?

6.9 다음 코드의 오류들을 찾아서 수정하라.

```
public class Test {
  public static void main(String[] args) {
    double[100] r;

    for (int i = 0; i < r.length(); i++);
      r(i) = Math.random * 100;
  }
}
```

6.3절 배열 복사

6.10 arraycopy() 메소드를 이용해 다음 배열을 배열 t에 복사하라.

```
int[] source = {3, 4, 5};
```

6.11 한 번 배열이 만들어지면, 그 크기는 변하지 않는다. 다음 코드는 배열의 크기를 재조정했는가?

```
int[] myList;
myList = new int[10];
// Some time later you want to assign a new array to myList
myList = new int[20];
```

6.4–6.5절

6.12 배열이 메소드로 보내질 때, 새로운 배열이 만들어지고 보내진다. 이것이 참인가?

6.13 다음 두 프로그램의 출력을 보여라.

```
public class Test {
  public static void main(String[] args) {
    int number = 0;
    int[] numbers = new int[1];

    m(number, numbers);

    System.out.println("number is " + number
      + " and numbers[0] is " + numbers[0]);
  }

  public static void m(int x, int[] y) {
    x = 3;
    y[0] = 3;
  }
}
```

(a)

```
public class Test {
  public static void main(String[] args) {
    int[] list = {1, 2, 3, 4, 5};
    reverse(list);
    for (int i = 0; i < list.length; i++)
      System.out.print(list[i] + " ");
  }

  public static void reverse(int[] list) {
    int[] newList = new int[list.length];

    for (int i = 0; i < list.length; i++)
      newList[i] = list[list.length - 1 - i];

    list = newList;
  }
}
```

(b)

6.14 실행되는 동안 배열은 어디 저장되는가? 리스트 6.4의 createArray, displayArray, countLetters, displayCounts가 실행될 때와 실행한 후의 스택과 힙의 내용을 보여라.

6.6절 가변-길이 인수 리스트

6.15 다음 메소드 선언에서 무엇이 잘못되었는가?

```
public static void print(String... strings, double... numbers)
public static void print(double... numbers, String name)
public static double... print(double d1, double d2)
```

6.16 다음 문장들을 이용해 리스트 6.5의 printMax 메소드를 호출할 수 있는가?

```
printMax(1, 2, 2, 1, 4);
printMax(new double[]{1, 2, 3});
printMax(new int[]{1, 2, 3});
```

6.7–6.8절

6.17 리스트 {2, 4, 7, 10, 11, 45, 50, 59, 60, 66, 69, 70, 79}에서 10과 12를 찾기 위해 어떻게 이진 검색을 적용하는지 보여라. 이 때, 그림 6.7의 예를 이용하라.

6.18 {3.4, 5, 3, 3.5, 2.2, 1.9, 2}를 정렬하기 위해 어떻게 선택 정렬을 적용하는지 보여라. 이 때, 그림 6.8의 예를 이용하라.

6.19 {3.4, 5, 3, 3.5, 2.2, 1.9, 2}를 정렬하기 위해 어떻게 삽입 정렬을 적용하는지 보여라. 이 때, 그림 6.9의 예를 이용하라.

6.20 내림차순으로 숫자를 정렬하기 위해 리스트 6.8의 selectionSort 메소드를 어떻게 수정하는가?

6.21 내림차순으로 숫자를 정렬하기 위해 리스트 6.9의 insertionSort 메소드를 어떻게 수정하는가?

6.9절 Arrays 클래스

6.22 어떤 타입의 배열이 java.util.Arrays.sort 메소드를 이용해 정렬될 수 있는가? 이 sort 메소드가 새로운 배열을 만드는가?

6.23 java.util.Arrays.binarySearch(array, key)를 적용하기 위해, 배열이 오름차순으로 정렬되어야 하는가, 내림차순으로 정렬되어야 하는가, 또는 둘 다 아닌가?

6.24 다음 각 행의 실행 후의 배열 내용을 보여라.

```
int[] list = {2, 4, 7, 10};
java.util.Arrays.fill(list, 7);
java.util.Arrays.fill(list, 1, 3, 8);
System.out.print(java.util.Arrays.equals(list, list));
```

6.10절 2차원 배열

6.25 int형 4×5 행렬을 선언하고 생성하라.

6.26 2차원 배열의 행이 서로 다른 길이를 가질 수 있는가?

6.27 다음의 코드에서 출력은 무엇인가?

```
int[][] array = new int[5][6];
int[] x = {1, 2};
array[0] = x;
System.out.println("array[0][1] is " + array[0][1]);
```

6.28 다음의 문장 중에서 유효한 배열 선언은 어느 것인가?

```
int[][] r = new int[2];

int[] x = new int[];

int[][] y = new int[3][];
```

6.29 (참 또는 거짓?) 모든 유효한 Sudoku 입력은 솔루션을 가진다. 만약 거짓이면, 예를 들어라.

프로그래밍 연습

6.2절 배열의 기본 사항

6.1 (입력된 수를 역순으로) 5개의 숫자들을 읽어들이고 읽어들인 순서의 역순으로 출력하라.

6.2 (리스트 6.1 "Testing Arrays"의 다른 해결 방안) 리스트 6.1의 해결 방법은 가장 큰 숫자를 갖는 수를 각각의 숫자와 비교함으로써 발견한 그 가장 큰 숫자의 개수를 센다. 그래서 그 모든 수들을 저장하기 위해 배열을 사용해야 한다. 이 문제를 해결하기 위한 다른 방법으로는 2개의 변수, max와 count를 갖고 있어야 한다. max는 현재 최대값을 저장하고, count는 그 발생 건수를 저장한다. 초기에, 처음 숫자를 max에 배정하고 count는 1이다. max에 있는 수가 각각 그 다음과 비교한다. 만약 그 수가 max보다 더 큰 수이면, 그 수를 max로 배정하고 count를 다시 1로 초기화한다. 만약 그 수가 max와 같다면 count를 1 증가시킨다. 리스트 6.1을 다시 사용하기 위해 이 방법을 사용하라.

6.3 (입력 분석) 11개의 숫자들을 읽고, 그들의 평균을 계산하고, 얼마나 많은 수가 평균 이하인지 찾는 프로그램을 작성한다.

6.4 (점수 분석) 정해지지 않은 개수의 점수를 읽고, 얼마나 많은 점수들이 평균 이하 혹은 이상인지 아니면 그와 같은지 프로그램을 작성한다. 입력 끝은 음수를 넣고 식별한다. 많은 수들 중 최고 점수가 10이라고 가정한다.

6.5** (중복된 숫자들을 출력) 11개의 수들을 읽고, 중복된 숫자들을 출력할 수 있는 프로그램을 작성한다(예를 들어, 만약 한 숫자가 여러 번 나타난다면 그 숫자를 출력한다). (힌트 : 한 개의 숫자를 놓고 만약 그것이 새로운 수면 배열에 저장한다. 만약 그 수가 이미 배열에 저장되어 있으면, 출력한다.)

6.6* (리스트 4.14 PrimeNumber.java 수정) 리스트 4.14는 숫자 n이 2, 3, 4, 5, 6, ..., n/2까지 제수인지 아닌지를 체크함으로써 소수를 결정한다. 만약 제수를 찾으면, n은 소수가 아니다. 좀 더 효율적인 접근 방법은 n이 어떤 소수보다 적거나 $\sqrt{n}$ 까지 같은 수가 균등하게 n으로 나눌 수 있는지를 체크하면서 결정한다. 만약 그렇지 않으면, n은 소수이다. 리스트 4.14는 이 접근 방법을 사용하면서 처음 소수 50개를 표시하는 방법으로 다시 작성한다. 소수를 배열에 저장하고 그 후 그것들이 n으로 나누어질 수 있는지를 체크하는 방법을 사용해야 한다.

6.7 (파일 안에서 숫자 섞기) 최대 100개의 정수들을 포함하는 Exercise6_7.txt라고 이름 붙여진 텍스트 파일이 있다고 가정해 보자. 이 파일로부터 숫자들을 읽어들이고, 숫자들을 섞고, 이 텍스트 파일로 다시 숫자들을 저장하는 프로그램을 작성하라.

6.4–6.5절

6.8 (배열 평균) 다음과 같은 헤더를 갖고 평균을 반환하는 중복정의된 메소드를 작성하라.

```
public static int average(int[] array);
public static double average(double[] array);
```

메소드 테스트를 위해 {1, 2, 3, 4, 5, 6}과 {6.0, 4.4, 1.9, 2.9, 3.4, 3.5}를 사용하라.

6.9 (가장 큰 원소 찾기) 정수들의 배열에서 가장 큰 원소를 찾아내는 메소드를 작성하라. 메소드의 테스트를 위해 {10, 22, 4, 5, 10, −120, 2, 22}를 사용하라.

6.10 (가장 작은 원소의 index를 찾기) 정수형 배열 안의 가장 작은 원소의 인덱스를 반환하는 메소드를 작성한다. 만약 이러한 원소들보다 더 있으면, 가장 작은 인덱스를 반환한다. 메소드 테스트를 위해 {1, 2, 4, 5, 10, 100, 2, −22}를 사용하라.

6.11* (편차 계산) 프로그래밍 연습 5.21은 숫자들의 표준 편차를 계산한다.
이 연습문제는 n개의 숫자들의 표준 편차를 계산하기 위해 동등한(equivalent) 공식을 사용하지만 다르다.

$$mean = \frac{\sum_{i=1}^{n}}{n} = \frac{x_1 + x_2 + \cdots + x_n}{n} \qquad deviation = \sqrt{\frac{\sum_{i=1}^{n}(x_i - mean)^2}{n-1}}$$

이 공식으로 편차를 계산하기 위해, 배열을 사용하는 각각의 숫자들을 저장해야 하고, 그래야 그것들은 평균이 얻어진 후에 사용되어질 수 있다.
메소드 테스트를 위해 {1, 2, 3, 4, 5, 6, 7, 8, 9, 10}을 사용하라.
다음의 메소드를 포함할 수 있는 프로그램을 작성하라.

```
/** Method for computing deviation of double values*/
public static double deviation(double[] x)

/** Method for computing deviation of int values*/
public static double deviation(int[] x)

/** Method for computing mean of an array of double values*/
public static double mean(double[] x)
```

```
/** Method for computing mean of an array of int values*/
public static double mean(int[] x)
```

6.12* (배열 역순으로 변환하기) 6.5절에 있는 reverse 메소드는 배열을 새로운 배열로 복사함으로써 배열을 역순으로 변환한다. 새로운 배열을 만들지 않도록 메소드를 수정하라.

6.6절 가변-길이 인수 리스트

6.13 (평균값 구하기) 정해지지 않는 개수의 수를 읽고, 그들의 평균을 반환하는 메소드를 작성하라.

6.14 (gcd 계산하기) 정해지지 않은 개수의 정수들의 gcd를 반환하는 메소드를 작성하라. 메소드 헤더는 다음과 같이 명세화되어 있다.

```
public static int getRandom(int... numbers)
```

6.7–6.9절

6.15 (배열 사이즈 두 배로 만들기) 다음의 헤더를 갖는 정수 배열의 사이즈를 두 배로 만드는 메소드를 작성하라.

```
public static int[] doubleCapacity(int[] list)
```

6.16 (실행시간) 100000개의 정수와 하나의 키를 임의로 생성시키는 프로그램을 완성하라. 6.6에 나와있는 linearSearch 메소드를 호출하는 실행시간을 추정하라. 배열을 정렬하고 6.7에 나와있는 binarySearch 메소드를 호출하는 실행시간을 추정하라. 실행시간을 얻기 위한 다음의 코드를 이용하라.

```
long startTime = System.currentTimeMillis();
perform the task;
long endTime = System.currentTimeMillis();
long executionTime = endTime - startTime;
```

6.17 (배열 오른쪽으로 이동하기) 마지막 원소는 제일 처음으로 이동시키고 배열의 전체 원소는 오른쪽으로 한 칸씩 이동시키는 메소드를 작성하라. 다음의 메소드 헤더를 이용하라.

```
public static void shiftRight(int[] list)
```

6.18** (버블 정렬) 버블 정렬 알고리즘을 이용하는 메소드를 작성하라. 버블 정렬 알고리즘은 배열을 통해 여러 패스를 수행한다. 각 패스에서, 연속적으로 이웃한 쌍을 비교한다. 만약 그 쌍이 감소하는 순이라면 그 값들은 교환된다; 그렇지 않다면 값들은 바뀌지 않은 채로 유지된다. 이 기법은 더 작은 값들이 단계적으로 위로 "떠오르고" 큰 값들이 바닥으로 "가라앉기" 때문에, 버블 정렬(bubble sort) 혹은 싱킹 정렬(sinking sourt)이라고 불린다. {6.0, 4.4, 1.9, 3.4, 2.9, 3.5}를 메소드를 테스트하는데 사용하라.

6.19 (삽입 정렬 개정하기) 6.6.2절의 삽입 정렬은 오름차순으로 원소들을 정렬한다. 내림차순으로 정렬하도록 이 메소드를 재작성하라.

6.10절 2차원 배열

6.20* (행렬의 모든 수들의 합) 정수들의 행렬에서 모든 값들을 합하는 메소드를 작성하라. {{1, 2, 4, 5}, {6, 7, 8, 9}, {10, 11, 12, 13}, {14, 15, 16, 17}}을 사용하여 메소드를 테스트하라.

6.21* (행렬의 중앙 대각선 합 구하기) 정수들의 n×n 행렬의 중앙 대각선의 합을 구하는 메소드를 작성하라. 메소드를 테스트하기 위해 {{1, 2, 4, 5}, {6, 7, 8, 9}, {10, 11, 12, 13}, {14, 15, 16, 17}}을 사용하라.

6.22* (성적별로 학생들 정렬하기) 맞춘 정답 개수에 따라 오름차순으로 학생들을 정렬하여 출력시키기 위해 리스트 6.10 GradeExam.java를 재작성하라.

6.23** (각 노동자의 주 당 시간 계산) 노동자들의 주 당 시간이 2차원 배열에 저장이 된다고 가정하자. 각 행은 7개의 열로서 7일간의 근무시간을 기록한다. 총 시간의 감소순으로 노동자들과 그들의 총 시간을 표시하는 프로그램을 작성하라.

	Su	M	T	W	H	F	Sa
Employee 0	2	4	3	4	5	8	8
Employee 1	7	3	4	3	3	4	4
Employee 2	3	3	4	3	3	2	2
Employee 3	9	3	4	7	3	4	1
Employee 4	3	5	4	3	6	3	8
Employee 5	3	4	4	6	3	4	4
Employee 6	3	7	4	8	3	8	4
Employee 7	6	3	5	9	2	7	9

6.24 (두 행렬의 합) 두 행렬을 합하는 메소드를 작성하라. 메소드의 헤더는 다음과 같다.

```
public static int[][] addMatrix(int[][] a, int[][] b)
```

더해지기 위해 두 행렬은 반드시 같은 차원을 가져야 하며 같거나 대응되는 원소의 타입을 가져야 한다. 아래에 보는대로, 두 행렬은 행렬의 같은 인덱스의 두 원소를 더함으로써 더해진다.

$$\begin{pmatrix} a_{11} & a_{12} & a_{13} \\ a_{21} & a_{22} & a_{23} \\ a_{31} & a_{32} & a_{33} \end{pmatrix} + \begin{pmatrix} b_{11} & b_{12} & b_{13} \\ b_{21} & b_{22} & b_{23} \\ b_{31} & b_{32} & b_{33} \end{pmatrix} = \begin{pmatrix} a_{11}+b_{11} & a_{12}+b_{12} & a_{13}+b_{13} \\ a_{21}+b_{21} & a_{22}+b_{22} & a_{23}+b_{23} \\ a_{31}+b_{31} & a_{32}+b_{32} & a_{33}+b_{33} \end{pmatrix}$$

6.25* (두 행렬의 차) 두 행렬의 차를 구하는 메소드를 작성하라. 메소드의 헤더는 다음과 같다.

```
public static int[][] multiplyMatrix(int[][] a, int[][] b)
```

뺄셈을 위해 두 행렬은 반드시 같은 차원을 가져야 하며 같거나 대응되는 원소의 타입을 가져야 한다. 아래에 보는대로 두 행렬은 행렬의 같은 인덱스의 두 원소를 뺌으로써 뺄셈을 한다.

$$\begin{pmatrix} a_{11} & a_{12} & a_{13} \\ a_{21} & a_{22} & a_{23} \\ a_{31} & a_{32} & a_{33} \end{pmatrix} \times \begin{pmatrix} b_{11} & b_{12} & b_{13} \\ b_{21} & b_{22} & b_{23} \\ b_{31} & b_{32} & b_{33} \end{pmatrix} = \begin{pmatrix} c_{11} & c_{12} & c_{13} \\ c_{21} & c_{22} & c_{23} \\ c_{31} & c_{32} & c_{33} \end{pmatrix}$$

where $c_{ij} \times b_{ij} + a_{i2} \times b_{2i} + a_{i32} \times b_{3j}$

6.26* (가장 가까운 점들) 리스트 6.11은 2차원 공간 안에 다른 곳에 가장 가까운 두 점들을 알아내는 프로그램이다. 3차원 공간 안에서 다른 곳에 가장 가까운 두 점을 알아내는 프로그램으로 재작성하라. 2차원 배열을 점들을 나타내기 위해 사용하라. 아래의 점들을 이용하여 프로그램을 테스트하라.

```
double[][] points = {{-1, 0, 3}, {-1, -1, -1}, {4, 1, 1},
  {2, 0.5, 9}, {3.5, 2, -1}, {3, 1.5, 3}, {-1.5, 4, 2},
  {5.5, 4, -0.5}};
```

(x1, y1, z1) 그리고 (x2, y2, z2) 두 점간의 거리를 구하는 공식은 $\sqrt{(x_2 - x_1)^2 + (y_2 - y_1)^2 + (z_2 - z_1)^2}$ 이다.

6.27** (모든 가장 가까운 점들의 쌍) 동일한 최소 거리를 갖는 모든 가까운 점들의 쌍을 찾기 위해 리스트 6.11의 FindNearestPoints.java를 수정하라.

종합문제

6.28* (게임 : TicTacToe 보드) TicTacToe 보드를 임의로 0들과 1들로 채우고, 보드를 출력하고, 모두 0 또는 1로 채워진 행, 열 또는 대각선을 알아내는 프로그램을 작성하라. TicTacToe 보드를 표현하기 위해 2차원 배열을 이용하라. 여기 프로그램 실행 예제가 있다.

```
001
001
111
All 1's on row 2
All 1's on column 2
```

6.29*** (게임 : bean 기계) quincunx 혹은 Galton box라고 알려진 bean 기계는 영국의 과학자 Francis Galton에 의해 명명된 통계 실험을 위한 장치이다. 그림 6.17에서 보는바와 같이 이는 삼각형 형태로 등간격의 못이 박힌 보드로 이루어져 있다. 판을 열고 공들을 떨어뜨린다. 공이 못에 부딪칠 때마다 그것은 좌측으로 떨어질 확률 50%, 우측으로 50%를 가진다. 공더미들은 보드 바닥의 슬롯들에 쌓이게 된다. bean 기계를 시험하는 프로그램을 작성하라. 프로그램은 사용자에게 기계 안의 공의 개수와 슬롯의 개수를 입력하게 하여야 한다. 그것들을 출력함으로써 각각 공의 떨어짐을 시험하라. 예로 들면 그림 6.17(b)의 경로는 좌좌우우좌좌우 그리고 6.17(c)의 경로는 우좌우우좌우우이다. 슬롯 안의 공들의 최종 축적물을 통계 그래프로 나타내라. 여기 실행 예제가 있다.

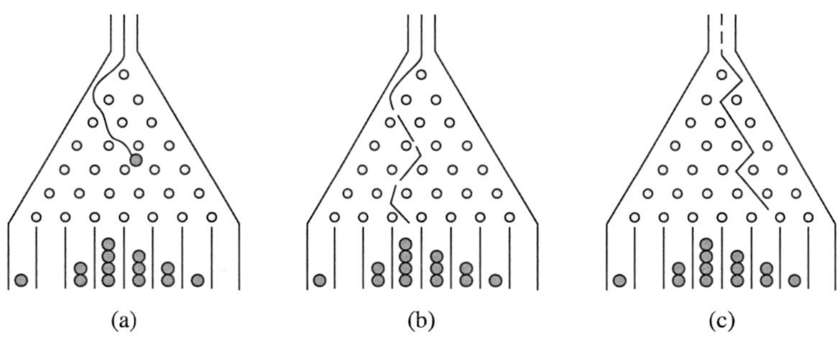

그림 6.17 각 공은 임의의 경로를 취하고 슬롯에 떨어진다.

```
Enter the number of balls to drop: 5 ↵Enter
Enter the number of slots in the bean machine: 7 ↵Enter
LRLRLRR
RRLLLRR
LLRLLRR
RRLLLLL
LRLRRLR

   0
   0
  000
```

힌트 : slots이라는 배열을 만들라. 슬롯 안의 각 원소는 슬롯 안의 공의 수를 저장한다. 각 공은 한 경로를 통하여 슬롯에 떨어진다. 경로에서 R의 개수는 공이 떨어질 슬롯의 위치이다. 예로 들면 좌우좌우좌우우 경로는 공이 slots[4]로, 우우좌좌좌좌좌 경로는 slot[2]로 떨어진다.

6.30*** (게임 : TicTacToe 게임) TicTacToe 게임에서는, 두 명의 선수가 3×3 격자의 빈 칸을 구분되는 토큰을 이용하여(X 혹은 O로) 교대로 마킹한다. 한 선수가 격자의 가로, 세로 혹은 대각선으로 세 개의 토큰을 둔다면, 게임은 끝나고 그 선수가 이기게 된다. 무승부(승자가 없는)는 모든 격자 위의 칸이 토큰으로 가득 차고 양측의 선수 모두 다 승리하지 못했을 때 발생하게 된다. 다음과 같이 TicTacToe를 플레이할 수 있는 프로그램을 작성하라.

1. 프로그램은 첫 선수에게 X 토큰을 입력하게 한다. 그리고 나면 두 번째 선수에게 O 토큰을 입력하게 한다. 토큰 하나가 입력될 때마다 프로그램은 판을 새롭게 갱신하고 진행 상황을 결정한다(승, 무 혹은 진행중).
2. 토큰을 두기 위해서, 사용자가 토큰을 위한 열과 행을 입력하게 할 두 개의 대화상자를 표시한다.

6.31*** (LCM) 두 정수에 대해 사용자 입력을 받고 두 수의 최소공배수를 구하는 프로그램을 작성하라. 두 수의 최소공배수(LCM)는 두 수의 곱 중에서 가장 작은 수이다. 예를 들어, 8과 12의 최소공배수는 24, 15와 25는 75, 그리고 120과 150의 최소공배수는 600이다. LCM을 구하는 것에는 많은 방법이 있다. m과 n의 두 정수의 최소 공배수를 구하는 간단한 방법은 다음의 공식을 이용하는 것이다.

```
LCM(m,n)=m*n / GCD(m,n)
```

GCD(m,n)은 m과 n의 최대공약수이다.

이 연습문제에서, 다음에 나오는 세부사항을 이용하여 접근하도록 하라.

두 수의 LCM을 찾기 위해서, 먼저 각 수들에 대한 소인수 테이블을 생성하라. 테이블의 첫 번째 행은 모든 소인수들로 구성되어지고, 두 번째 행은 숫자들의 소인수의 빈도 수에 대한 것을 나타낸다. 예를 들어, 120에 대한 소인수는 2,2,2,3,5가 되므로 숫자 120에 대한 소인수 테이블은 다음과 같다.

prime factors for 120	# of occurrence			
2	3	⟶	table[0][0] = 2	table[0][1] = 3
3	1		table[1][0] = 3	table[1][1] = 1
5	1		table[2][0] = 5	table[2][1] = 1

150에 대한 소인수는 2,3,5,5가 되고 숫자 150에 대한 소인수 테이블은 다음과 같다.

prime factors for 120	# of occurrence			
2	3	⟶	table[0][0] = 2	table[0][1] = 1
3	1		table[1][0] = 3	table[1][1] = 1
5	1		table[2][0] = 5	table[2][1] = 2

두 숫자들의 LCM은 두 숫자에서 가장 큰 빈도 수를 가진 인수들로 구성된다. 그래서 120과 150의 LCM은 2×2×2×3×5×5가 되고, 120에서 2가 3번, 120에서 3이 한 번, 그리고 150에서 5가 두 번 나오게 된다.

힌트 : 소인수 테이블은 2차원 배열을 이용하여 나타낼 수 있다. 테이블의 숫자들을 위한 소인수들을 저장하고 소인수들의 숫자를 반환하는 int getPrimeFactors(int number, int table[][2])라고 이름지어진 메소드를 작성하라.

6.32** (금융 프로그램 : 세금 계산) 리스트 3.7 ComputeTax.java를 배열을 이용하여 다시 작성하라. 각 신고 상태에는 6개의 세율이 있다. 각 세율은 과세해야 하는 수입의 정확한 금액에 적용된다. 예를 들어, 독신 과세자의 $400,000에 대한 과세는 과세해야 하는 수입으로부터 $6000의 10%, (27,950 − 6000)의 15%, (67,700 − 27,950)의 27%, (141,250 − 67,700)의 30%, (307,050 − 141,250)의 35%, 그리고 (400,000 − 307,050)의 38.6%가 과세된다. 6개의 세율은 모든 신고 상태에 같고, 배열로 표현될 수 있다.

```
double[] rates = {0.10, 0.15, 0.27, 0.30, 0.35, 0.386};
```

모든 신고 상태에 대한 각각의 비율의 종류는 2차원 배열을 통하여 다음과 같이 표현될 수 있다.

```
int[][] brackets = {
  {6000, 27950, 67700, 141250, 307050},   // Single filer
  {12000, 46700, 112850, 171950, 307050}, // Married jointly
  {6000, 23350, 56425, 85975, 153525},  // Married separately
  {10000, 37450, 96700, 156600, 307050}  // Head of household
};
```

독신 과세자의 과세해야 하는 수입이 $400,000라고 가정해 보자. 세금은 다음과 같이 계산될 수 있다.

```
tax = brackets[0][0] * rates[0] +
  (brackets[0][1] - brackets[0][0]) * rates[1] +
  (brackets[0][2] - brackets[0][1]) * rates[2] +
  (brackets[0][3] - brackets[0][2]) * rates[3] +
  (brackets[0][4] - brackets[0][3]) * rates[4] +
  (400000 - brackets[0][4]) * rates[5]
```

6.33** (게임 : **사물함 퍼즐**) 한 학교는 100개의 사물함과 100명의 학생이 있다. 모든 사물함은 학기의 첫 번째 날에 잠겨있다. 학생들이 들어오면서, 첫 번째 학생은 S1으로 표시되고 모든 사물함을 연다. 다음 두 번째 학생 S2는 L2로 표시되어 있는 두 번째 사물함부터 시작하여 2개 간격으로 다른 모든 사물함을 닫는다. 학생 S3는 세 번째 사물함부터 시작하여 모든 세 번째 사물함을 바꾼다(열려있으면 닫고, 닫혀있으면 연다). 학생 S4는 L4부터 시작하여 모든 네 번째 사물함을 바꾼다. 학생 S5는 L5부터 시작하여 모든 다섯 번째 사물함을 바꾸고, S100이 L100을 바꿀 때까지 계속된다.

모든 학생들이 건물을 지나가고 사물함을 바꾸고 난 후에 어떤 사물함이 열려있는가? 답을 찾는 프로그램을 작성하라.

(힌트 : 100개의 원소를 갖는 배열을 사용하라. 각 원소는 사물함이 변화된 횟수를 저장한다. 사물함이 짝수번 변화했다면 닫혀있고, 그렇지 않으면 열려있다).

6.34** (게임 : **체커 보드**) 8×8 체커 보드에 0과 1을 무작위로 채워 넣고, 보드를 출력하고, 모두 0 또는 1인 행, 열, 대각선을 찾는 프로그램을 작성하라. 체커 보드는 2차원 배열을 이용하여 표현하라. 여기 프로그램의 실행 예가 있다.

```
10101000
10100001
11100011
10100001
11100111
10000001
10100111
00100001
역 대각선은 모두 0이다.
```

6.35*** (게임 : Eight Queens) 고전의 Eight Queens 게임은 두 명의 여왕이 서로 공격을 할 수 없게 체스 보드에 8명의 여왕을 두는 게임이다(두 명의 여왕은 같은 열, 같은 행, 같은 대각선에 위치할 수 없다). 많은 해답이 있다. 하나의 해답을 보이는 프로그램을 작성하라. 다음에 하나의 출력의 예가 있다.

```
|Q| | | | | | | |
| | | | |Q| | | |
| | | | | | | |Q|
| | | | | |Q| | |
| | |Q| | | | | |
| | | | | | |Q| |
| |Q| | | | | | |
| | | |Q| | | | |
```

6.36*** (게임 : 다양한 스도쿠 해답) 스도쿠 문제는 다양한 해답을 가질 것이다. 리스트 6.12 Sudoku.java를 모든 해답을 출력하도록 수정하라. 다양한 해답이 존재한다면 두 개의 해답을 출력하라.

6.37*** (게임 : 다양한 Eight Queens 해답) 프로그래밍 연습 6.35는 Eight Queens 게임의 하나의 해답을 찾는다. Eight Queens 게임의 해답의 수를 세고 모든 해답을 보이는 프로그램을 작성하라.

CHAPTER 07

객체와 클래스

- 객체와 클래스를 이해하고 객체화를 위한 클래스를 사용한다(§7.2).
- 객체와 클래스 설계를 위한 UML 그래픽 표기법을 사용한다(§7.2).
- 생성자를 이용하여 객체를 생성한다(§7.3).
- 객체 참조 변수를 통하여 객체를 접근한다(§7.4).
- 참조형에 따라 참조 변수를 정의한다(§7.4.1).
- 객체의 데이터 및 메소드를 접근한다(§7.4.2).
- 클래스 선언과 클래스로부터 객체를 생성한다(§7.4.3).
- 객체 데이터 필드에 디폴트 값을 설정한다(§7.4.4).
- 객체 참조 변수와 기본 자료형 변수를 구분한다(§7.4.5).
- 자바 라이브러리의 Date, Random, JFrame 클래스를 사용한다(§7.5).
- 정적 변수 및 메소드와 인스턴스 변수 및 메소드를 구분한다(§7.6).
- 적절한 set 및 get 메소드를 갖는 전용 데이터 필드를 선언한다(§7.7).
- 효율적인 클래스 관리를 위해 데이터 필드를 캡슐화한다(§7.8).
- 기본 자료형 인수와 객체 인수를 구분한다(§7.9).
- 객체 인수를 사용하는 메소드를 개발한다(§7.9).
- (원소가 객체인)배열 내 객체를 처리하고 저장한다(§7.10).

7.1 서론

대부분의 프로그래밍 문제는 앞에서 살펴본 메소드, 배열, 선택문, 루프문을 사용하여 풀 수 있다. 하지만 규모가 큰 소프트웨어 시스템이나 그래픽 사용자 인터페이스를 개발하려면 이러한 기본적인 기능만으로는 충분하지 않다. 그림 7.1과 같은 GUI(그래픽 사용자 인터페이스, '구이'로 읽음) 개발을 생각해 보자. 어떻게 프로그램할 것인가?

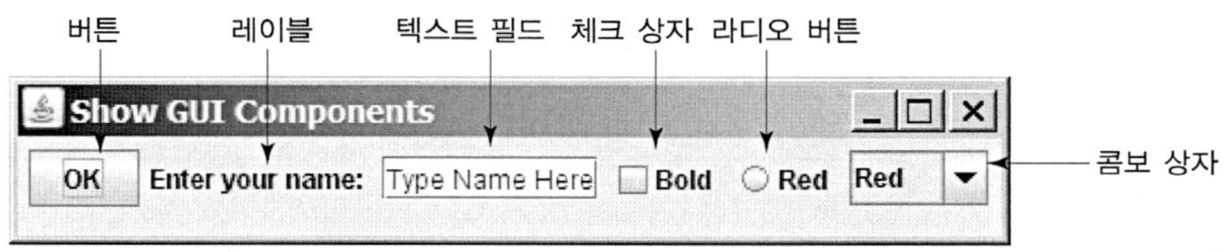

그림 7.1 GUI 컴포넌트 객체 표현

이 장에서는 대규모 소프트웨어 시스템이나 GUI를 효과적으로 개발할 수 있는 객체지향 프로그래밍에 대하여 살펴본다.

7.2 클래스의 정의

객체

객체지향 프로그래밍(Object-Oriented Programming, 이하 OOP)은 객체를 사용하는 프로그래밍이다. 객체란 개별적으로 구분할 수 있는 실체를 의미한다. 예를 들어 학생, 책상, 원, 버튼, 통장 계좌 등이 객체의 예다. 객체는 고유의 이름과 상태, 동작 방식을 가지고 있다.

상태

동작 방식

- 객체의 **상태**는 현재값이 저장된 **데이터 필드**(**속성**이라고도 함)로 표현된다.
- 객체의 **동작 방식**은 일련의 메소드들로 정의되며, 어떤 객체에 메소드를 호출하는 것은 그 객체에 해당 작업을 요청하는 것이다.

예를 들어 원 객체에는 원의 기본 속성인 지름을 나타내는 데이터 필드 radius가 있고, 원에 대한 동작의 하나로써 원의 면적을 계산하는 getArea() 메소드가 있다.

객체는 클래스로부터 정의된다. 클래스는 객체의 데이터와 메소드가 어떻게 구성되는지를 정의하는 틀로써 건물의 설계도와 같다. 객체는 클래스의 인스턴스이며 한 클래스에서 여러

인스턴스화
인스턴스 객체

개의 인스턴스를 만들 수 있다. 인스턴스를 만들어내는 것을 **인스턴스화**라고 하며 **인스턴스**와 **객체**는 같은 의미로 사용된다. 객체와 클래스의 관계는 사과 파이와 그 조리법의 관계에 비유할 수 있다. 조리법을 갖고 있으면 언제든지 원하는 만큼의 사과 파이를 만들어낼 수 있다. 그림 7.2는 Circle 클래스와 그로부터 만들어진 세 개의 객체를 나타낸다.

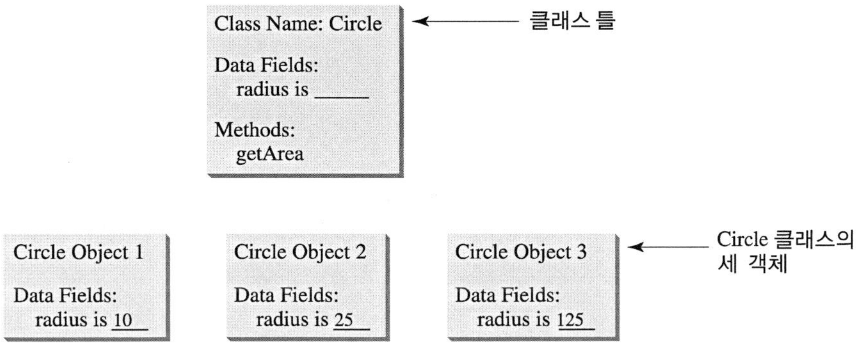

그림 7.2 객체 생성을 위한 틀로써의 클래스

자바 클래스에서는 객체의 데이터 필드 정의를 위해 변수를 사용하고 동작을 기술하기 위해 메소드를 사용한다. 한편 클래스는 객체 생성을 위한 특별한 메소드를 제공하는데, 이를 **생성자**라고 한다. 생성자도 메소드의 하나로서 어떤 동작도 가능하지만 객체의 데이터 필드 초기값 지정처럼 주로 초기화 작업을 수행한다. 그림 7.3은 원 객체를 위한 클래스의 예이다.

```
class Circle {
  /** The radius of this circle */
  double radius = 1.0;                      ← 데이터 필드

  /** Construct a circle object */
  Circle() {
  }
                                            ← 생성자
  /** Construct a circle object */
  Circle(double newRadius) {
    radius = newRadius;
  }

  /** Return the area of this circle */
  double getArea() {                        ← 메소드
    return radius * radius * Math.PI;
  }
}
```

그림 7.3 객체 생성 틀로써의 클래스의 예

위 Circle 클래스에는 지금까지 앞에서 본 클래스들과 다른 부분이 있다. 바로 main 메소드가 없다는 점이며, 따라서 직접 수행될 수 없다. 단지 Circle 객체의 생성과 선언을 위한 정의만이 기술되어 있다. 이와 달리 main 메소드가 포함된 클래스를 편의상 **메인 클래스**라고 부른다. 메인 클래스

그림 7.3의 객체와 클래스 정의는 UML(Unified Markup Language) 표기법으로도 나타낼 수 있는데, 그림 7.4와 같이 나타내는 것을 **UML 클래스 다이어그램**, 또는 간단히 **클래스 다이어그램**이라고 부른다. 클래스 다이어그램에서 데이터 필드는 다음과 같이 기술한다. 클래스 다이어그램

```
dataFieldName: dataFieldType
```

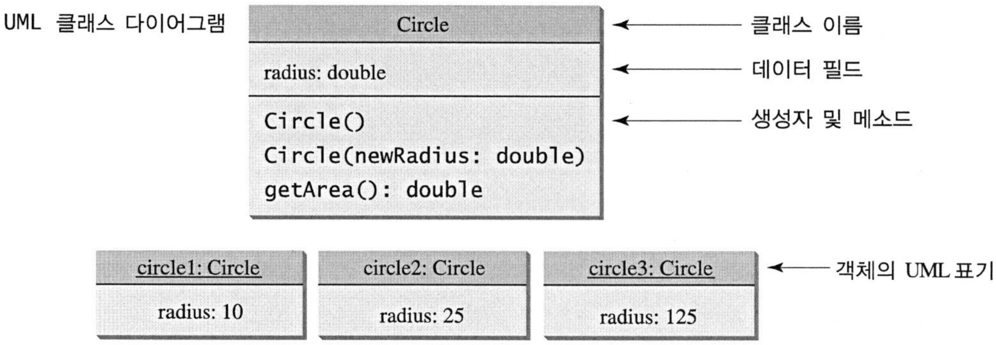

그림 7.4 클래스와 객체의 UML 표기

생성자는

```
ClassName(parameterName: parameterType)
```

으로 나타내고, 메소드는

```
methodName(parameterName: parameterType): returnType
```

으로 나타낸다.

7.3 생성자를 이용한 객체 생성

생성자는 객체를 만드는데 사용되는 메소드로서 생성자 이름은 클래스 이름과 동일하다. 일반 메소드처럼 생성자도 중복으로 정의될 수 있다. 즉, 같은 이름의 인수 형식이 다른 여러 생성자를 만들 수 있으며, 이를 통해 데이터 형식이 서로 다른 다양한 객체들을 생성할 수 있다.

객체는 다음과 같이 new 연산자로 생성자 메소드를 호출하여 생성된다.

```
new ClassName(arguments);
```

예를 들면, new Circle()은 Circle 클래스의 첫 번째 생성자를 통해 Circle 클래스의 객체를 생성하는 것이고, new Circle(5)는 Circle 클래스의 두 번째 생성자를 통해 객체를 생성한다.

일반적으로 클래스들은 Circle()과 같이 인수가 없는 생성자를 기본적으로 제공하는데, 이와 같은 생성자를 **인수 없는 생성자**, 간단히 **무인수 생성자**라고 한다.

인수 없는 생성자

별도의 생성자 없이도 클래스를 만들 수 있다. 이 경우 코드없는 빈 무인수 생성자가 있는 것으로 간주되는데, 이 때의 생성자를 **디폴트 생성자**라고 하며 생성자가 없는 클래스에 자동으로 제공된다.

디폴트 생성자

생성자는 특별한 종류의 메소드로써 다음과 같이 세 가지 특징이 있다.

- 생성자 이름은 반드시 클래스 이름과 같아야 한다. 생성자 이름
- 생성자는 void는 물론 일체의 반환 자료형 지정이 없다.
- 생성자는 new 연산자를 통해 불려지며 객체를 초기화하는 용도로 사용된다. new 연산자

주의 흔한 실수 가운데 하나가 생성자 이름 앞에 void 키워드를 붙이는 것이다. 예를 들어,

```
public void Circle() {
}
```

에서 Circle()은 생성자가 아니라 일반 메소드로 취급된다.

7.4 참조 변수를 통한 객체 접근

새로 생성된 객체는 메모리에 저장된다. 저장된 객체에 어떻게 접근할 수 있을까? 이 절에서는 객체 참조 방법에 대해 알아본다.

7.4.1 참조 변수와 참조형

객체는 객체 **참조 변수**를 통해 접근되며, 변수 선언 방법은 다음과 같다. 참조 변수

```
ClassName objectRefVar;
```

클래스 자료형을 참조형이라 한다. 클래스 자료형의 변수는 그 클래스의 인스턴스들을 참조할 수 있다. 다음은 myCircle이라는 변수를 Circle 클래스 자료형 변수로 선언하는 예이다. 참조형

```
Circle myCircle;
```

이를 통해 myCircle 변수는 임의의 Circle 객체를 참조할 수 있다. 다음은 생성된 객체를 myCircle 변수에 배정하는 코드이다.

```
myCircle = new Circle();
```

객체 참조 변수의 선언과 객체의 생성, 그리고 생성된 객체를 해당 변수에 배정하는 것을 한 문장으로 나타내면 다음과 같다.

```
ClassName objectRefVar = new ClassName();
```

예를 들면,

```
Circle myCircle = new Circle();
```

위 문장에서 변수 myCircle은 새로 생성된 Circle 객체를 가리키게 된다.

> **NOTE** 객체 참조 변수는 객체 자체가 아니라 객체를 가리키는, 말 그대로 참조 변수이다. 즉 객체와 객체 참조 변수는 다른 것이지만 통상적으로 같은 의미로 사용된다. 예를 들어 "객체 변수 myCircle은 Circle 객체를 가리키는 참조 변수"라는 말을 간단히 "myCircle은 Circle 객체"라고 사용한다.

배열 객체

> **NOTE** 자바에서 배열 역시 new 연산자로 생성되는 객체의 하나이지만 실질적으로 배열의 이름은 그 배열 객체를 가리키는 참조 변수이다.

7.4.2 객체 데이터 및 메소드 접근

점 연산자

객체가 일단 만들어지면 객체의 데이터와 메소드는 **객체 멤버 접근 연산자**라고 하는 점 연산자(.)를 통해 접근할 수 있다.

- objectRefVar.dataField는 객체의 데이터 필드를 참조한다.
- objectRefVar.method(arguments)는 객체에 메소드를 호출한다.

예를 들어 myCircle.radius는 myCircle의 radius를 참조하는 것이며, myCircle.getArea()는 myCircle 객체에 getArea() 메소드를 호출하는 것이다.

인스턴스 변수
인스턴스 메소드
호출 객체

radius 같은 데이터 필드는 각각의 인스턴스마다 할당되어 있기 때문에 이러한 변수를 특별히 **인스턴스 변수**라 하고, 같은 맥락으로 getArea()는 특정 인스턴스에 대하여 수행되는 메소드이기 때문에 이를 **인스턴스 메소드**라고 부른다. 이와 같이 인스턴스 메소드가 적용되는 객체를 **호출 객체**라 한다.

> **NOTE** 일반적으로는 객체를 생성하면서 변수를 배정하고, 그 객체를 참조할 때에는 배정된 변수를 사용한다. 하지만 종종 후에 참조할 일이 없는 경우도 있는데, 이럴 때는 다음 예와 같이 변수 배정 없이 객체만 생성할 수도 있다.
>
> ```
> new Circle();
> ```
>
> 또는,
>
> ```
> System.out.println("Area is " + new Circle(5).getArea());
> ```
>
> 첫 번째는 단지 Circle 객체를 생성하는 예이고, 두 번째는 Circle 객체를 생성하여 그 면적을 구하기 위해 getArea() 메소드를 적용한 예이다. 이와 같이 참조 변수 없이 생성된 객체를 무명 객체라고 한다.

무명 객체

7.4.3 예제 : 클래스 선언 및 객체 생성

리스트 7.1은 원 클래스의 예다. 앞으로 소개할 여러 형태의 Circle 클래스들과 구별하기 위해 본 프로그램의 클래스 이름은 Circle1로 하였다.

이 프로그램은 지름 5와 1인 두 개의 원 객체를 생성하고, 각 객체의 지름과 면적을 출력한다. 그리고 두 번째 객체의 지름을 100으로 수정하고 변경된 지름과 면적을 출력한다.

리스트 7.1 TestCircle1.java

```java
public class TestCircle1 {
  /** Main method */
  public static void main(String[] args) {
    // Create a circle with radius 5.0
    Circle1 myCircle = new Circle1(5.0);
    System.out.println("The area of the circle of radius "
      + myCircle.radius + " is " + myCircle.getArea());

    // Create a circle with radius 1
    Circle1 yourCircle = new Circle1();
    System.out.println("The area of the circle of radius "
      + yourCircle.radius + " is " + yourCircle.getArea());

    // Modify circle radius
    yourCircle.radius = 100;
    System.out.println("The area of the circle of radius "
      + yourCircle.radius + " is " + yourCircle.getArea() );
  }
}

// Define the circle class with two constructors
class Circle1 {
  double radius;

  /** Construct a circle with radius 1 */
  Circle1() {
    radius = 1.0;
  }

  /** Construct a circle with a specified radius */
  Circle1(double newRadius) {
    radius = newRadius;
  }

  /** Return the area of this circle */
  double getArea() {
    return radius * radius * Math.PI;
  }
}
```

```
The area of the circle of radius 5.0 is 78.53981633974483
The area of the circle of radius 1.0 is 3.141592653589793
The area of the circle of radius 100.0 is 31415.926535897932
```

위 프로그램은 두 개의 클래스로 구성된다. 첫 번째 TestCricle1은 메인 클래스이며, 그 용도는 두 번째 Circle1 클래스를 사용해 보는 것이다. 프로그램을 실행하면 자바 실행 시스템이 메인 클래스의 main() 메소드를 호출하게 된다.

이와 같이 두 개의 클래스를 하나의 파일에 넣을 수 있는데, 이 때 한 파일 안에 여러 클래스들 중 public으로 선언된 클래스는 반드시 하나만 있어야 한다. 나아가 그 공용 클래스의 이름은 반드시 파일명과 같아야 한다. 위 프로그램에서는 TestCircle1이 공용 클래스이므로 파일명은 TestCircle1.java로 해야 한다.

메인 클래스의 main() 메소드(3행)는 두 개의 객체를 생성한다. Circle1(5.0) 생성자는 지름 5.0인 myCircle 객체를 생성하는데 사용되었으며(5행), Circle1() 생성자는 지름 1.0인 yourCircle 객체를 생성하는데 사용되었다(10행).

myCircle과 yourCircle로 참조되는 두 객체의 데이터는 서로 다르지만 getArea()라는 동일한 메소드를 통해 각각의 면적을 구할 수 있다.

파스칼이나 C 언어처럼 절차적 프로그래밍 언어로 getArea 메소드를 작성한다면 메소드에 radius 값을 인수로 전달해야 한다. 하지만 객체지향 프로그래밍에서는 radius 변수나 getArea 메소드 모두 객체 안에 정의되어 있고, radius는 getArea 메소드에 의해 참조되는 객체 내부의 데이터이기 때문에 별도의 인수 전달이 필요없다. 이와 같이 절차적 프로그래밍 언어에서는 데이터와 메소드가 분리되어 있지만 객체지향 프로그래밍에서는 서로가 밀접하게 연관되어 있다.

즉, getArea는 radius 변수가 포함된 인스턴스들로부터 불려지는 인스턴스 메소드이다.

자바로 프로그래밍하는 방법은 다양하다. 한 예로 앞에서 두 개의 클래스로 구성했던 프로그램을 리스트 7.2와 같이 한 클래스로 만들 수 있다.

리스트 7.2 Circle1.java

```
public class Circle1 {
  /** Main method */
  public static void main(String[] args) {
    // Create a circle with radius 5.0
    Circle1 myCircle = new Circle1(5.0);
    System.out.println("The area of the circle of radius "
      + myCircle.radius + " is " + myCircle.getArea());

    // Create a circle with radius 1
    Circle1 yourCircle = new Circle1();
    System.out.println("The area of the circle of radius "
      + yourCircle.radius + " is " + yourCircle.getArea());

    // Modify circle radius
    yourCircle.radius = 100;
    System.out.println("The area of the circle of radius "
```

```
      + yourCircle.radius + " is " + yourCircle.getArea());
  }

  double radius;

  /** Construct a circle with radius 1 */
  Circle1() {
    radius = 1.0;
  }

  /** Construct a circle with a specified radius */
  Circle1(double newRadius) {
    radius = newRadius;
  }

  /** Return the area of this circle */
  double getArea() {
    return radius * radius * Math.PI;
  }
}
```

합친 클래스에 main 메소드가 있으므로 역시 자바 인터프리터에 의해 실행될 수 있다. main 메소드는 Circle1 클래스의 객체인 myCircle과 yourCircle을 생성하고 지름과 getArea로 계산된 면적을 출력한다. 이 예는, 새로 설계된 클래스를 시험해 보기 위해 main 메소드만을 추가하여 실행해 볼 수 있음을 보여준다.

주의 앞에서 Math.pow(3, 2.5)처럼 Math 클래스의 메소드를 호출하기 위해 Math.methodName(arguments) 형태로 객체 생성없이 사용했다. 마찬가지로 Circle1.getArea() 형태로 getArea() 메소드를 호출할 수 있을까? 할 수 없다. Math 클래스의 모든 메소드는 static 키워드가 붙은 정적 메소드인 반면, getArea() 메소드는 static 키워드가 없는 인스턴스 메소드이기 때문이다. 이러한 인스턴스 메소드는 myCircle.getArea()처럼 생성된 객체를 통하여, 즉 objectRefVar.methodName(arguments) 형태로만 호출될 수 있다.

7.4.4 참조형 데이터 필드와 null 값

객체의 데이터 필드도 참조형 변수를 가질 수 있다. 예를 들어 다음과 같이 Student 클래스의 name이라는 데이터 필드는 자바의 내장 클래스인 String 클래스의 변수이다.

```
class Student {
  String name; // name has default value null
  int age; // age has default value 0
  boolean isScienceMajor; // isScienceMajor has default value false
  char gender; // c has default value '\u0000'
}
```

참조형 데이터 필드에 아직 객체가 지정되지 않았을 때 디폴트 값은 null 값이다. null 값

null은 true나 false같은 문자값의 하나로써 true나 false는 논리형 변수에 사용되지만 null은 참조형 변수에 사용된다.

참조형 데이터 필드의 디폴트 값은 null이며, 숫자형의 디폴트 값은 0, 논리형인 boolean의 디폴트 값은 false, 문자형인 char의 디폴트 값은 '₩u0000'이다. 그러나 메소드 안에서 정의된 지역 변수에는 디폴트 값이 할당되지 않는다. 다음은 Student 객체의 데이터 필드들, 즉 name, age, isScienceMajor, gender의 디폴트 값을 출력하는 코드이다.

```
class Test {
  public static void main(String[] args) {
    Student student = new Student();
    System.out.println("name? " + student.name );
    System.out.println("age? " + student.age);
    System.out.println("isScienceMajor? " + student.isScienceMajor);
    System.out.println("gender? " + student.gender);
  }
}
```

한편 다음 코드의 경우는 컴파일 오류가 발생하는데, 그 이유는 지역 변수인 x와 y에는 값이 할당되지 않기 때문이다.

```
class Test {
  public static void main(String[] args) {
    int x; // x has no default value
    String y; // y has no default value
    System.out.println("x is " + x);
    System.out.println("y is " + y);
  }
}
```

NullPointerException

주의 값이 null인 객체 변수로 메소드를 호출하면 NullPointerException이라는 실행시간 오류가 발생한다. 이를 방지하려면 메소드 호출 전에 해당 변수가 객체를 참조하도록 미리 배정해야 한다.

7.4.5 참조형 변수와 기본 자료형 변수의 차이점

일반적으로 변수는 값이 저장되어 있는 메모리 장소를 가리킨다. 변수를 선언한다는 것은 메모리에 저장될 값이 어떤 자료형인지를 컴파일러에게 알려주는 것이다. 기본 자료형 변수라면 그 값이 기본 자료형의 값이라는 것이며, 참조형 변수일 경우 그 값은 객체를 가리키는 주소가 된다. 그림 7.5의 예와 같이 기본 자료형 int의 변수 i의 값은 int형의 값 1이고, Circle 객체 c의 값은 Circle 객체가 저장된 메모리 위치를 가리키는 주소이다.

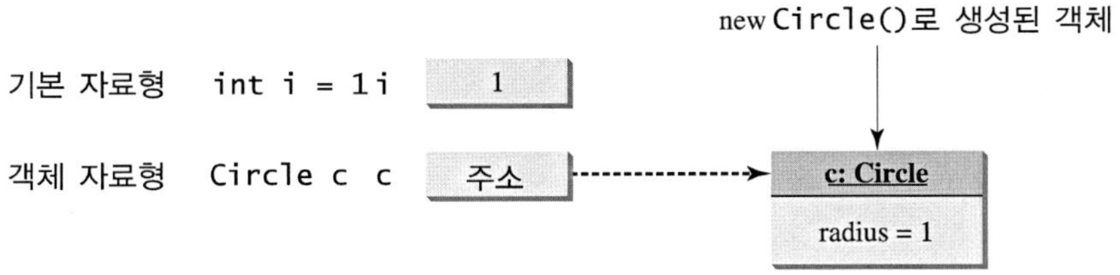

그림 7.5 기본 자료형 int의 변수 i의 값은 int형의 값 1이고, Circle 객체 c의 값은 Circle 객체가 저장된 메모리 위치를 가리키는 주소

변수를 다른 변수에 배정하면 그 다른 변수에는 같은 값이 복사된다. 기본 자료형 변수의 경우 한 변수의 실제 값이 다른 변수로 복사되어 저장된다. 참조형 변수의 경우 변수가 갖고 있는 주소가 다른 변수로 복사된다. 그림 7.6과 같이 기본 자료형 변수 i와 j가 있을 때 연산 i = j에서는 변수 j의 값이 변수 i로 복사된다. 그림 7.7의 c1 = c2에서는 c2 객체의 주소가 c1 변수로 복사된다. 결과적으로 변수 c1과 c2는 같은 객체를 가리키게 된다.

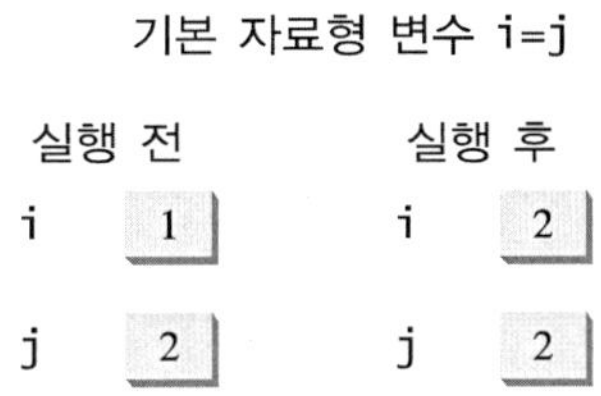

그림 7.6 기본 자료형 변수 j의 값이 변수 i로 복사됨

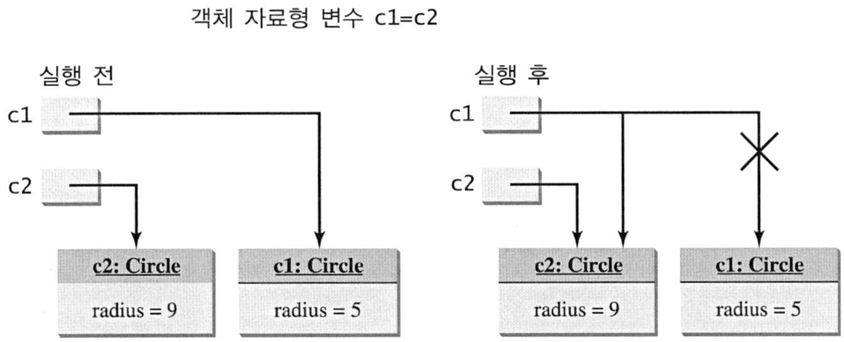

그림 7.7 참조형 변수 c2의 값인 객체의 주소가 변수 c1에 복사됨

NOTE

그림 7.7에서와 같이 c1 = c2 연산을 수행하고 나면 c1은 c2가 참조하는 객체를 가리키게 된다. 따라서 c1이 참조하고 있던 객체는 더 이상 자신을 참조하는 변수가 없게 되는데, 이러한 객체 메모리를 가비지라고 한다. 자바 실행 시스템은 자동적으로 가비지 공간을 찾아 제거하고 재사용가능하도록 하는데, 이러한 과정을 가비지 수집(garbage collection)이라 한다.

가비지

가비지 수집

> **TIP** 객체가 더 이상 사용될 일이 없을 때 해당 객체를 가리키던 변수에 직접 null 값을 배정해 주면 자바 가상 머신이 아무도 참조하지 않는 객체들을 정리하는데 도움을 줄 수 있다.

7.5 자바 라이브러리 클래스 사용

리스트 7.1에서는 원 객체를 생성하는 Circle1 클래스를 새로 작성하였지만 실제 프로그램 개발 시에는 자바 라이브러리에 내장된 클래스들을 자주 사용하게 된다. 이 절에서는 주로 사용되는 자바 라이브러리 클래스들을 살펴본다.

7.5.1 Date 클래스

리스트 2.9 ShowCurrentTime.java에서 system.currentTimeMillis()를 통해 현재 시각을 구해 보았고, 분, 초 단위의 현재 시각을 계산하기 위해 나눗셈과 나머지 연산을 사용했다. 자바에서는 그림 7.8과 같이 java.util.Date 클래스를 통해 날짜 및 시간을 제공한다.

java.util.Date 클래스

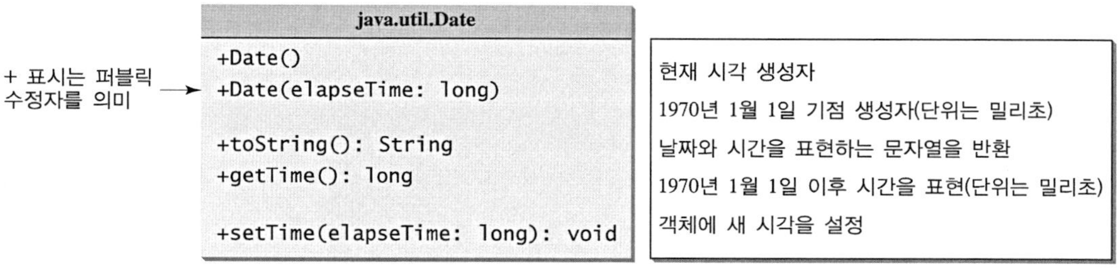

그림 7.8 날짜와 시간을 표시하는 Date 클래스

현재 시각을 위한 인스턴스는 Date 클래스의 무인수 생성자를 통해 생성할 수 있다. 이 객체의 getTime() 메소드는 1970년 1월 1일 이후부터 현재까지의 경과 시간을 나타내고, toString() 메소드는 현재 날짜와 시각을 문자열로 출력한다. 예를 들어 다음의 코드를 보자.

```
java.util.Date date = new java.util.Date();
System.out.println("The elapsed time since Jan 1, 1970 is " +
  date.getTime() + " milliseconds");
System.out.println(date.toString());
```

출력 결과는 다음과 같다.

```
The elapsed time since Jan 1, 1970 is 1100547210284 milliseconds
Mon Nov 15 14:33:30 EST 2004
```

Date 클래스의 두 번째 생성자인 Date(long elapseTime)은 1970년 1월 1일부터 주어진 시간만큼 경과한 Date 객체를 생성한다.

7.5.2 Random 클래스

앞에서 사용한 Math.random()은 0 이상 1.0 미만의 double 자료형의 난수를 발생하는 메소드이다. 난수를 만드는 다른 방법은 java.util.Random 클래스를 이용하는 것이다. 그림 7.9와 같이 실수형 값은 물론, int, long, double, float 및 boolean 형식의 난수를 발생시킬 수 있다.

java.util.Random	
+Random()	현재 시각 시드 기반 생성자
+Random(seed: long)	주어진 시드 기반 생성자
+nextInt(): int	int 자료형 난수 발생
+nextInt(n: int): int	0 이상 n 미만의 int 자료형 난수 발생
+nextLong(): long	long 자료형 난수 발생
+nextDouble(): double	0 이상 1.0 미만 double 자료형 난수 발생
+nextFloat(): float	0 이상 1.0 미만 float 자료형 난수 발생
+nextBoolean(): boolean	

그림 7.9 Random 객체를 이용한 난수 발생

Random 객체는 난수 생성을 위한 초기값으로써 시드를 사용한다. 시드는 객체 생성시에 직접 배정하거나 별도 배정이 없으면 기본 시드가 사용된다. 무인수 생성자로 Random 객체를 생성하면 현재 시각이 시드 값으로 사용된다. 두 Random 객체에 같은 시드를 주면 동일한 난수들이 발생된다. 다음 예는 같은 숫자 3을 시드로 하는 두 Random 객체를 만드는 코드이다.

```
Random random1 = new Random(3);
System.out.print("From random1: ");
for (int i = 0; i < 10; i++)
  System.out.print(random1.nextInt(1000) + " ");

Random random2 = new Random(3);
System.out.print("\nFrom random2: ");
for (int i = 0; i < 10; i++)
  System.out.print(random2.nextInt(1000) + " ");
```

위 코드가 출력하는 두 객체의 난수들은 다음과 같이 동일하다.

```
From random1: 734 660 210 581 128 202 549 564 459 961
From random2: 734 660 210 581 128 202 549 564 459 961
```

NOTE

동일한 순서의 난수들을 생성하는 기능은 여러 소프트웨어 개발, 특히 개발 검증 시에 유용하게 사용된다. 소프트웨어 시험 검증 시 출시에 앞서 미리 정해진 순서의 값들을 이용해 반복적으로 시험할 수 있다.

동일한 순서

7.5.3 GUI 컴포넌트 표시

> **NOTE** GUI(그래픽 사용자 인터페이스) 컴포넌트는 OOP 개념 설명에 가장 적합한 주제이다. 자세한 GUI 프로그래밍에 대해서는 13장 "GUI 기본 사항"에서 다루지만 본 절에서는 OOP 개념 이해를 위해 간단히 언급한다.

GUI 프로그래밍에서 프레임, 버튼, 라디오 버튼, 콤보 상자, 리스트 등의 GUI 컴포넌트들을 생성하려면 JFrame, JButton, JRadioButton, JComboBox, JList와 같은 자바 클래스들을 사용해야 한다. 리스트 7.3은 JFrame 클래스를 통해 두 개의 윈도우를 생성하는 프로그램이고, 실행 결과는 그림 7.10과 같다.

그림 7.10 JFrame 클래스를 이용한 윈도우 생성

리스트 7.3 TestFrame.java

```
 1 import javax.swing.JFrame;
 2
 3 public class TestFrame {
 4   public static void main(String[] args) {
 5     JFrame frame1 = new JFrame();
 6     frame1.setTitle("Window 1");
 7     frame1.setSize(200, 150);
 8     frame1.setLocation(200, 100);
 9     frame1.setDefaultCloseOperation(JFrame.EXIT_ON_CLOSE);
10     frame1.setVisible(true);
11
12     JFrame frame2 = new JFrame();
13     frame2.setTitle("Window 2");
14     frame2.setSize(200, 150);
15     frame2.setLocation(410, 100);
16     frame2.setDefaultCloseOperation(JFrame.EXIT_ON_CLOSE);
17     frame2.setVisible(true);
18   }
19 }
```

이 프로그램은 JFrame 클래스에서 두 객체를 생성하고(5, 12행), 객체 속성 지정을 위해 setTitle, setSize, setLocation, setDefaultCloseOperation, setVisible 메소드를 사용한다. setTitle 메소드로 윈도우 이름을 설정하고(6, 13행), setSize 메소드로 윈도우의 가로와 세로를 설정하며(7, 14행), setLocation 메소드는 윈도우가 위치할 좌측 상단의 좌표를 설정한다(8, 15행). setDefaultCloseOperation 메소드는 프레임이 닫힐 때 프로그램 종료를 담당하고(9, 16행), setVisible 메소드는 윈도우를 화면에 표시한다.

필요에 따라 버튼, 레이블, 텍스트 필드, 체크 상자, 콤보 상자 등의 그래픽 사용자 인터페이스 컴포넌트들을 윈도우에 추가할 수 있다. 컴포넌트들은 클래스를 통해 정의된다. 리스트 7.4는 그림 7.1과 같은 그래픽 컴포넌트들을 생성하는 프로그램이다.

리스트 7.4 GUIComponents.java

```
 1 import javax.swing.*;
 2 
 3 public class GUIComponents {
 4   public static void main(String[] args) {
 5     // Create a button with text OK
 6     JButton jbtOK = new JButton("OK");
 7 
 8     // Create a label with text "Enter your name: "
 9     JLabel jlblName = new JLabel("Enter your name: ");
10 
11     // Create a text field with text "Type Name Here"
12     JTextField jtfName = new JTextField("Type Name Here");
13 
14     // Create a check box with text bold
15     JCheckBox jchkBold = new JCheckBox("Bold");
16 
17     // Create a radio button with text red
18     JRadioButton jrbRed = new JRadioButton("Red");
19 
20     // Create a combo box with choices red, green, and blue
21     JComboBox jcboColor = new JComboBox(new String[]{"Red",
22       "Green", "Blue"});
23 
24     // Create a panel to group components
25     JPanel panel = new JPanel();
26     panel.add(jbtOK); // Add the button to the panel
27     panel.add(jlblName); // Add the label to the panel
28     panel.add(jtfName); // Add the text field to the panel
29     panel.add(jchkBold); // Add the check box to the panel
30     panel.add(jrbRed); // Add the radio button to the panel
31     panel.add(jcboColor); // Add the combo box to the panel
32 
33     JFrame frame = new JFrame(); // Create a frame
34     frame.add(panel); // Add the panel to the frame
35     frame.setTitle("Show GUI Components");
36     frame.setSize(450, 100);
37     frame.setLocation(200, 100);
38     frame.setDefaultCloseOperation(JFrame.EXIT_ON_CLOSE);
39     frame.setVisible(true);
40   }
41 }
```

이 프로그램은 먼저 JButton, JLabel, JTextField, JCheckBox, JRadioButton, JComboBox 클래스로부터 GUI 객체들을 생성하고(6-22행), JPanel 클래스로부터 패널 객

체를 생성하여(25행) 생성된 버튼, 레이블, 텍스트 필드, 체크 상자, 라디오 버튼, 콤보 상자 객체를 그 패널 객체에 모아넣는다(26-31행). 다음으로 프레임을 생성하여 패널 객체를 프레임에 넣고(34행), 프레임을 화면에 표시한다(39행).

7.6 정적 변수, 정적 메소드, 상수

인스턴스 변수

리스트 7.1의 원 클래스에서 radius 같은 데이터 필드를 **인스턴스 변수**라고 한다. 인스턴스 변수는 클래스의 각 객체마다 할당되는 변수로써 객체들간에 서로 공유되지 않는다. 예를 들어 다음과 같은 객체 생성을 보자.

```
Circle circle1 = new Circle();
Circle circle2 = new Circle(5);
```

circle1 객체의 radius는 circle2 객체의 radius와 서로 별개의 변수이며, 각각 다른 위치의 메모리에 저장된다. 따라서 한 객체의 radius 변수를 수정하더라도 다른 객체의 radius 값에 전혀 영향을 주지 않는다.

정적 변수

한 클래스의 모든 객체들이 공유하는 데이터인 경우에는 **클래스 변수**라고 하는 **정적 변수**를 사용해야 한다. 정적 변수는 클래스에 하나만 존재하기 때문에 한 객체가 정적 변수의 값을 수정하면 같은 클래스에 속한 모든 객체들이 영향을 받는다. 자바에서는 정적 변수와 유사한 **정적 메소드**도 제공한다. 정적 메소드는 객체 생성없이 클래스로부터 바로 호출된다.

정적 메소드

이제 Circle 클래스에 그 클래스로부터 생성된 모든 객체들의 개수를 저장하는 정적 변수, numberOfObjects를 추가해 보자. 첫 번째 객체가 생성되면 numberOfObjects의 값은 1이고, 두 번째 객체가 생성되면 그 값은 2가 된다. 수정된 원 클래스의 UML은 그림 7.11과 같다. 새로운 Circle 클래스는 인스턴스 변수 radius와 함께 정적 변수 numberOfObjects를 포함하고 있으며, 인스턴스 메소드인 getRadius, setRadius, getArea와 함께 정적 메소드인 getNumberOfObjects를 갖고 있다(UML 클래스 다이어그램에서 정적 변수와 정적 메소드는 밑줄로 구분한다).

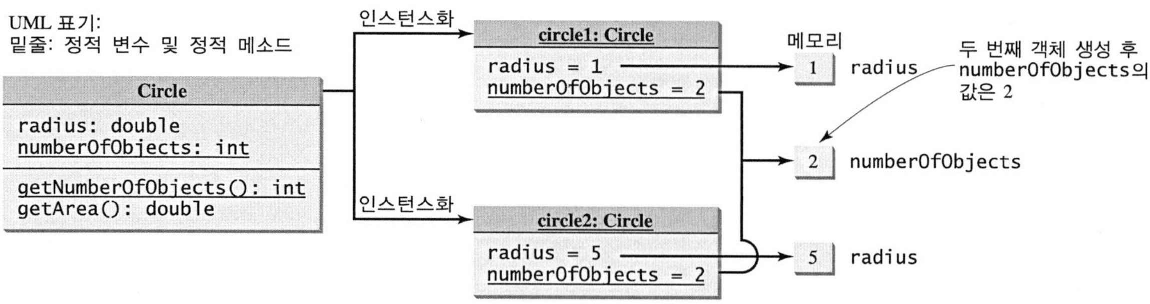

그림 7.11 인스턴스 변수는 개별 객체마다 할당되고, 정적 변수는 그 클래스에 속한 모든 객체에 공유된다.

변수나 메소드를 정적으로 선언하려면 선언문 앞에 static이라는 키워드를 추가해야 한다. 정적 변수 및 정적 메소드 선언의 예는 다음과 같다.

```
static int numberOfObjects;

static int getNumberObjects() {
  return numberOfObjects;
}
```

클래스의 상수값은 일반적으로 그 클래스의 모든 객체들이 공유한다. 따라서 상수는 final static으로 선언되어야 한다. 예를 들어 Math 클래스의 상수인 PI 변수의 선언은 다음과 같다.

```
final static double PI = 3.14159265358979323846;
```

이제 새로 수정된 원 클래스인 Circle2를 보면 리스트 7.5와 같다.

리스트 7.5 Circle2.java

```
public class Circle2 {
  /** The radius of the circle */
  double radius;

  /** The number of objects created */
  static int numberOfObjects = 0;

  /** Construct a circle with radius 1 */
  Circle2() {
    radius = 1.0;
    numberOfObjects++;
  }

  /** Construct a circle with a specified radius */
  Circle2(double newRadius) {
    radius = newRadius;
    numberOfObjects++;
  }

  /** Return numberOfObjects */
  static int getNumberOfObjects() {
    return numberOfObjects;
  }

  /** Return the area of this circle */
  double getArea() {
    return radius * radius * Math.PI;
  }
}
```

Circle2 클래스의 getNumberOfObjects 메소드는 정적 메소드이다. 정적 메소드의 다른 예로는 JOptionPane 클래스의 showMessageDialog 메소드와 showInputDialog 메소드, Math 클래스의 모든 메소드들이 있으며, main 메소드 역시 정적 메소드이다.

getArea() 같은 인스턴스 메소드와 radius 같은 인스턴스 데이터는 개별 인스턴스에 속해 있어 인스턴스가 생성된 이후에 사용될 수 있으며, 객체 참조 변수를 통해 접근된다. getNumberOfObjects()나 numberOfObjects와 같은 정적 메소드나 정적 데이터는 참조 변수 또는 클래스 이름을 통해 접근될 수 있다.

리스트 7.6은 인스턴스들과 정적 변수 및 정적 메소드들의 사용 예를 보여준다.

리스트 7.6 TestCircle2.java

```
 1 public class TestCircle2 {
 2   /** Main method */
 3   public static void main(String[] args) {
 4     // Create c1
 5     Circle2 c1 = new Circle2();
 6
 7     // Display c1 BEFORE c2 is created
 8     System.out.println("Before creating c2");
 9     System.out.println("c1 is : radius (" + c1.radius +
10       ") and number of Circle objects (" +
11       c1.numberOfObjects + ")");
12
13     // Create c2
14     Circle2 c2 = new Circle2(5);
15
16     // Change the radius in c1
17     c1.radius = 9;
18
19     // Display c1 and c2 AFTER c2 was created
20     System.out.println("\nAfter creating c2 and modifying " +
21       "c1's radius to 9");
22     System.out.println("c1 is : radius (" + c1.radius +
23       ") and number of Circle objects (" +
24       c1.numberOfObjects + ")");
25     System.out.println("c2 is : radius (" + c2.radius +
26       ") and number of Circle objects (" +
27       c2.numberOfObjects + ")");
28   }
29 }
```

```
Before creating c2
c1 is : radius (1.0) and number of Circle objects (1)

After creating c2 and modifying c1's radius to 9
c1 is : radius (9.0) and number of Circle objects (2)
c2 is : radius (5.0) and number of Circle objects (2)
```

main 메소드에서 두 개의 원 객체, c1과 c2를 생성한다(5, 14행). c1 객체의 인스턴스 변수인 radius 값을 수정한다(17행). 하지만 이 수정은 c2 객체의 radius 값에 전혀 영향을 주지 않는다. 두 인스턴스 변수는 서로 별개의 변수이기 때문이다.

정적 변수 numberOfObjects의 값은 c1 객체 생성 후 1이 되고(5행), c2 객체 생성 후 2가 된다(14행).

Math 클래스의 상수인 PI에 접근할 때 Math.PI로 표기했던 것을 생각해 보자. 마찬가지로 c.numberOfObjects 대신에 Circle2.numberOfObjects로 사용할 수 있다. 이처럼 정적 변수 접근은 객체 대신에 클래스 이름으로 하는 것이 나중에 코드를 이해하기가 쉽다. 나아가 Circle2.numberOfObjects 대신에 Circle2.getNumberOfObjects()로 사용해도 결과는 같다.

TIP

정적 메소드의 호출은 ClassName.methodName(arguments)로, 정적 변수 접근은 ClassName.staticVariables로 하는 것이 나중에 프로그램 코드를 읽을 때 이해하기 쉽다.

NOTE

JDK 1.5를 사용하면 정적 변수나 정적 메소드를 클래스 이름 지정 없이 바로 호출할 수 있다. 예를 들어 프로그램 서두에 아래와 같이 import 문을 추가하면 Math.PI 대신에 바로 PI로, Math.random() 대신에 바로 random()으로 정적 변수나 정적 메소드를 호출할 수 있다.

```
import static java.lang.Math.*;
```

정적 변수와 정적 메소드는 클래스 내의 인스턴스 메소드나 정적 메소드 모두로부터 접근될 수 있지만, 인스턴스 변수나 인스턴스 메소드는 인스턴스 메소드로부터만 접근될 수 있고 정적 메소드에서는 접근할 수 없다. 그 이유는 정적 변수나 정적 메소드는 개별 객체에 속해 있지 않기 때문이다. 다음은 이와 관련된 틀린 프로그램의 예이다.

```
public class Foo {
  int i = 5;
  static int k = 2;

  public static void main(String[] args) {
    int j = i; // Wrong because i is an instance variable
    m1(); // Wrong because m1() is an instance method
  }

  public void m1() {
    // Correct since instance and static variables and methods
    // can be used in an instance method
    i = i + k + m2(i, k);
  }

  public static int m2(int i, int j) {
    return (int)(Math.pow(i, j));
  }
}
```

NOTE

변수나 메소드를 정적으로 할 지, 인스턴스로 할 지를 어떻게 결정할까? 개별 객체에 관련된 변수와 메소드는 인스턴스 변수와 인스턴스 메소드로 해야 하고 그렇지 않으면 정적으로 선언하면 된다. 예를 들어, 모든 원은 그 속성으로 지름을 갖고 있기 때문에 지름을 나타내는 radius 변수는 Circle 클래스의 인스턴스 변수로 해야 한다. 마찬가지로 원의 면적 또한 각 원에 대한 속성이기 때문에 원의 면적을 계산하는 getArea 메소드 또한 인스턴스 메소드로 선언되어야 한다. 반면에 random, pow, sin, cos와 같은 Math 클래스의 어떤 메소드도 특정 인스턴스에 종속적이지 않으므로 이들 메소드는 정적으로 선언되어야 한다. main 메소드는 시스템의 클래스로부터 바로 호출되기 때문에 역시 정적이어야 한다.

주의

프로그램 설계 시 흔히 범하는 실수가 바로 정적으로 선언할 메소드를 인스턴스 메소드로 선언하는 오류이다. 아래 예에서 보다시피 factorial(int n)은 특정 인스턴스에 무관하므로 반드시 정적으로 선언되어야 한다.

```
public class Test {
  public int factorial(int n) {
    int result = 1;
    for (int i = 1; i <= n; i++)
      result *= i;

    return result;
  }
}
```

(a) 틀린 설계

```
public class Test {
  public static int factorial(int n) {
    int result = 1;
    for (int i = 1; i <= n; i++)
      result *= i;

    return result;
  }
}
```

(b) 바른 설계

7.7 가시성 수정자

자바에서는 클래스, 메소드, 데이터 필드에 대한 접근 권한을 제어하는 여러 수정자를 제공한다. 본 절은 public, private 및 기본 수정자들에 대하여 알아본다.

public
- public 수정자는 클래스, 메소드, 데이터 필드를 어떤 클래스로부터도 접근 가능하도록 함

private
- private 수정자는 메소드와 데이터 필드를 자신이 속한 클래스 안에서만 접근 가능하도록 함
- 별도의 public이나 private 선언이 없으면 이를 기본 수정자라 하며, 이러한 클래스, 메소드, 데이터 필드는 같은 패키지 내의 클래스들로부터 접근 가능함. 이를 **패키지 접근성** 또는 **패키지 전용(package-private)**이라고도 함

package-private

NOTE

패키지는 클래스들의 집합이다. 아래와 같이 패키지 선언은 반드시 프로그램의 첫 번째 문장에 위치하여야 한다.

```
package packageName;
```

> 프로그램에 별도의 패키지 선언이 없으면 이를 **기본 패키지**라 한다. 자바에서는 기본 패키지보다는 패키지 선언을 통해 특정 패키지임을 명시하는 것을 권장한다. 다만 이 책의 프로그램 예에서는 설명을 간단히 하기 위해 패키지 선언은 통상적으로 생략하였다.

그림 7.12는 c1 클래스의 public, 기본 수정자 및 private로 선언된 데이터 필드나 메소드들이 같은 패키지 내에 있는 c2 클래스 또는 다른 패키지의 c3 클래스로부터의 접근이 어느 정도 허용되고 차단되는지를 보여준다.

```
패키지 p1;

public class C1 {
  public int x;
  int y;
  private int z;

  public void m1() {
  }
  void m2() {
  }
  private void m3() {
  }
}

public class C2 {
  void aMethod() {
    C1 o = new C1();
    o.x 접근 가능;
    o.y 접근 가능;
    o.z 접근 불가능;

    o.m1() 호출 가능;
    o.m2() 호출 가능;
    o.m3() 호출 불가능;
  }
}
```

```
패키지 p2;

public class C3 {
  void aMethod() {
    C1 o = new C1();
    o.x 접근 가능;
    o.y 접근 불가능;
    o.z 접근 불가능;

    o.m1() 호출 가능;
    o.m2() 호출 불가능;
    o.m3() 호출 불가능;
  }
}
```

그림 7.12 private 수정자의 접근성은 자신의 클래스 내부로 제한, 기본 수정자는 자신이 속한 패키지로 제한, public 수정자는 제한 없음

클래스 자체의 경우, public으로 선언되지 않으면 그림 7.13과 같이 같은 패키지 안에서만 접근될 수 있다.

```
패키지 p1;

class C1 {
  ...
}

public class C2 {
  can access C1
}
```

```
패키지 p2;

public class C3 {
  C1 접근 불가능;
  C2 접근 가능;
}
```

그림 7.13 public이 아닌 클래스의 접근성

이와 같이 가시성 수정자는 데이터 필드와 메소드에 클래스 외부로부터의 접근을 어느 정도 허용할 지를 규정한다. 한 클래스 안에 있는 데이터나 메소드에 대한 접근 제한은 없다. 그림 7.14(b)에서 보여진 것처럼 Foo 클래스의 foo 객체는 자신의 전용(private) 멤버에 접근할 수 없다. 왜냐하면 foo 객체는 Foo 클래스가 아닌 다른 Test 클래스에 있기 때문이다. 반면에 그림 7.14(a)의 foo 객체는 private 변수에 접근할 수 있다. 왜냐하면 foo 객체가 같은 클래스 안에 있기 때문이다.

```java
public class Foo {
  private boolean x;

  public static void main(String[] args) {
    Foo foo = new Foo();
    System.out.println(foo.x);
    System.out.println(foo.convert());
  }

  private int convert() {
    return x ? 1 : -1;
  }
}
```

(a) foo 객체가 같은 Foo 클래스 내에 있으므로 접근 가능

```java
public class Test {
  public static void main(String[] args) {
    Foo foo = new Foo();
    System.out.println(foo.x);
    System.out.println(foo.convert());
  }
}
```

(b) x와 convert()는 Foo 클래스의 private로 선언되었으므로 접근 불가능

그림 7.14 private 변수나 메소드는 그 클래스 내부에서만 접근 가능함

주의 public 수정자는 클래스 내 데이터 필드와 메소드는 물론 클래스 선언에 사용할 수 있지만, private 수정자는 클래스 선언에 사용할 수 없다. 또한 지역 변수에는 public이나 private 수정자를 사용할 수 없다.

NOTE 일반적으로 생성자 메소드는 public으로 선언되어야 한다. 하지만 클래스의 인스턴스 생성을 원천적으로 막아야 할 경우 생성자 메소드도 private로 선언할 수 있다. 예를 들어, Math 클래스의 모든 데이터 필드나 메소드들은 정적이므로 Math 클래스로부터 인스턴스를 생성할 필요가 없기 때문에 java.lang.Math 클래스의 생성자는 아래와 같이 private로 선언되어 있다.

```java
private Math() {
}
```

7.8 데이터 필드 캡슐화

앞의 리스트 7.5에서 Circle2 클래스의 데이터 필드인 radius와 numberOfObjects의 값은 직접 변경이 가능하다(예 : myCircle.radius = 5 또는 Circle2.numberOfObjects = 10 등). 하지만 이는 다음의 두 가지 이유 때문에 좋은 코드가 아니다.

- 첫째, 데이터가 함부로 변경될 수 있다. 예를 들면 numberOfObjects는 생성된 객체의 수를 세는 변수인데, Circle2.numberOfObjects = -5와 같은 직접적인 변경을 막을 수 없다.
- 둘째, 프로그램이 버그에 취약하게 되고 유지보수 또한 어려워질 수 있다. 예를 들어, Circle2 클래스의 radius 변수에 음수 값을 넣을 수 없도록 수정한다고 가정해 보자. Circle2 클래스뿐만이 아니라 그 클래스를 참조하는 다른 클래스들, 즉 클라이언트들도

클라이언트

함께 수정해야 하는 경우가 생길 수 있다. 왜냐하면 클라이언트 클래스에서 myCircle.radius = −5와 같이 그 변수를 직접 다루는 코드를 사용하고 있을 수도 있기 때문이다.

이와 같은 데이터 필드의 직접적인 변경을 막으려면 데이터 필드를 private로 선언해야 하는데, 이를 **데이터 필드 캡슐화**라고 한다. 데이터 필드 캡슐화

데이터 필드를 private로 선언하면 클래스 외부의 객체는 그 데이터에 직접 접근할 수 없게 된다. 따라서 클래스 외부의 객체가 이러한 데이터 필드에 접근해야 할 경우에는 get 또는 set 메소드를 통해 간접적으로 접근하도록 해야 한다.

> NOTE
> 통상적으로 get 메소드를 getter(또는 획득자), set 메소드를 setter(또는 설정자)라고 부른다. 획득자 설정자

일반적인 get 메소드의 형태는 다음과 같다.

```
public returnType getPropertyName()
```

반환값의 자료형이 boolean일 때 형태는 다음과 같다.

```
public boolean isPropertyName()
```

일반적인 set 메소드의 형태는 다음과 같다.

```
public void setPropertyName(dataType propertyValue)
```

이제 radius 변수를 private로 선언하고 이에 대한 획득자 및 설정자 메소드를 추가한 새로운 원 클래스를 만들어보자. 클래스 다이어그램은 그림 7.15와 같고, 새로운 클래스인 Circle3 클래스는 리스트 7.7과 같다.

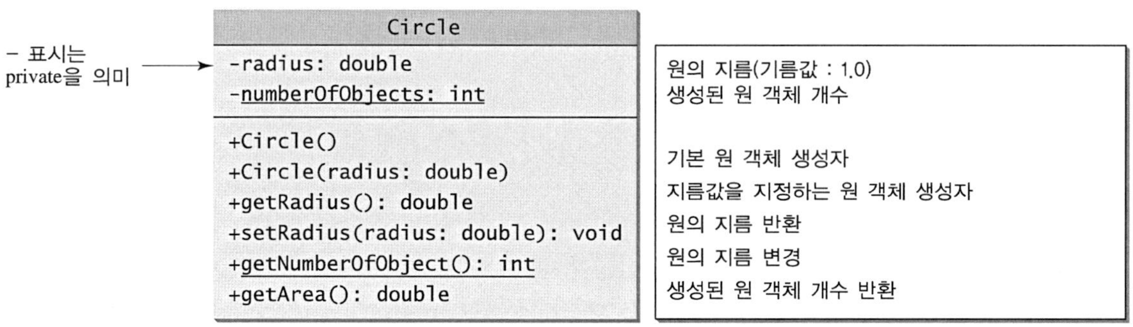

그림 7.15 원의 속성을 캡슐화하고 set/get 메소드를 추가한 Circle 클래스

리스트 7.7 Circle3.java

```
1 public class Circle3 {
2   /** The radius of the circle */
3   private double radius = 1;
4
5   /** The number of the objects created */
6   private static int numberOfObjects = 0;
7
8   /** Construct a circle with radius 1 */
9   public Circle3() {
10    numberOfObjects++;
11  }
12
13  /** Construct a circle with a specified radius */
14  public Circle3(double newRadius) {
15    radius = newRadius;
16    numberOfObjects++;
17  }
18
19  /** Return radius */
20  public double getRadius() {
21    return radius;
22  }
23
24  /** Set a new radius */
25  public void setRadius(double newRadius) {
26    radius = (newRadius >= 0) ? newRadius : 0;
27  }
28
29  /** Return numberOfObjects */
30  public static int getNumberOfObjects() {
31    return numberOfObjects;
32  }
33
34  /** Return the area of this circle */
35  public double getArea() {
36    return radius * radius * Math.PI;
37  }
38 }
```

획득자인 getRadius() 메소드는 객체의 지름 값을 반환하고(20-22행), 설정자인 setRadius(newRadius) 메소드는 객체의 지름 값을 변경한다(25-27행). 변경하고자 하는 지름 값이 0보다 작으면 0으로 설정하도록 하였다.

이제 외부에서 radius 변수에 접근할 수 있는 방법은 위 두 메소드를 통하는 방법 밖에 없기 때문에 여러분은 radius 변수를 완전히 통제할 수 있다. 즉, 이들 메소드가 수정되더라도 외부의 클라이언트 프로그램들은 수정할 필요가 없어 결과적으로 클래스의 유지보수가 그만큼 쉬워진다.

리스트 7.8은 새로운 Circle3 클래스의 객체를 생성하고 setRadius 메소드를 통해 지름 값을 변경하는 예이다.

리스트 7.8 TestCircle3.java

```
public class TestCircle3 {
  /** Main method */
  public static void main(String[] args) {
    // Create a Circle with radius 5.0
    Circle3 myCircle = new Circle3(5.0);
    System.out.println("The area of the circle of radius "
      + myCircle.getRadius() + " is " + myCircle.getArea());

    // Increase myCircle's radius by 10%
    myCircle.setRadius(myCircle.getRadius() * 1.1);
    System.out.println("The area of the circle of radius "
      + myCircle.getRadius() + " is " + myCircle.getArea());
  }
}
```

radius 데이터 필드는 private로 선언되었기 때문에 외부 클래스에서는 직접 접근할 수 없다. 즉, 외부 클라이언트 프로그램에서 myCircle.radius 같은 문장은 더 이상 사용할 수 없으며, 이러한 문장은 컴파일 오류를 발생시킨다.

numberOfObjects 또한 private로 선언하였고 별도의 수정하는 메소드도 없기 때문에 이 값의 훼손은 원천적으로 봉쇄된다. 즉, 이제는 이 변수에 값을 직접 설정하는 방법이 없으므로, 예를 들어 numberOfObjects를 100으로 만들고 싶을 때, 유일한 방법은 이 클래스로부터 100개의 객체를 생성하는 길 밖에 없다.

만약에 TestCircle 클래스의 main 메소드를 Circle 클래스로 옮겨 두 프로그램을 하나의 클래스로 작성한다고 하자, 그러면 main 메소드에서 myCircle.radius 형태를 사용할 수 있겠는가? 이에 대한 답은 복습문제 7.12를 참고하기 바란다.

> **NOTE** 새로 만든 TestCircle3.java를 컴파일하면 자바 컴파일러는 자동적으로 Circle3.java도 컴파일한다.

> **NOTE** 데이터의 훼손과 프로그램의 유지보수를 쉽게 하려면 데이터 필드를 private로 선언하라.

7.9 메소드에 객체 전달

객체도 메소드에 전달될 수 있다. 배열의 전달처럼 객체의 전달은 사실 객체의 참조, 즉 위치 정보의 전달이다. 다음 코드는 printCircle 메소드로 myCircle 객체를 인수로 전달하는 예이다.

```
public class TestPassObject {
  public static void main(String[] args) {
    // Circle3 is defined in Listing 7.7
    Circle3 myCircle = new Circle3(5.0);
    printCircle(myCircle);
  }

  public static void printCircle(Circle3 c) {
    System.out.println("The area of the circle of radius "
      + c.getRadius() + " is " + c.getArea());
  }
}
```

자바의 인수 전달은 오로지 값 전달(pass-by-value) 방식뿐이다. 위의 코드에서도 printCircle 메소드에 전달된 인수는 myCircle 객체의 값이며, 그 값의 실체는 Circle 객체에 대한 참조이다.

그러면 기본 자료형의 값을 인수로 전달하는 것과 객체와 같은 참조형 값을 인수로 전달하는 것에는 어떤 차이점이 있을까? 다음 리스트 7.9를 보자.

리스트 7.9 TestPassObject.java

```
public class TestPassObject {
  /** Main method */
  public static void main(String[] args) {
    // Create a Circle object with radius 1
    Circle3 myCircle = new Circle3(1);

    // Print areas for radius 1, 2, 3, 4, and 5.
    int n = 5;
    printAreas(myCircle, n);

    // See myCircle.radius and times
    System.out.println("\n" + "Radius is " + myCircle.getRadius());
    System.out.println("n is " + n);
  }

  /** Print a table of areas for radius */
  public static void printAreas(Circle3 c, int times) {
    System.out.println("Radius \t\tArea");
    while (times >= 1) {
      System.out.println(c.getRadius() + "\t\t" + c.getArea());
      c.setRadius(c.getRadius() + 1);
```

```
            times--;
        }
    }
}
```

```
Radius                  Area
  1.0              3.141592653589793
  2.0             12.566370614359172
  3.0             29.274333882308138
  4.0             50.26548245743669
  5.0             79.53981633974483

Radius is 6.0
n is 5
```

위 프로그램에서 사용된 Cricle3 클래스는 리스트 7.7에서 정의된 것이다. 이 프로그램은 지름이 1부터 인수로 주어진 수까지 각 원의 면적을 계산하여 출력하는 printArea(mtCircle, n) 메소드에 Circle3 객체인 myCircle과 정수형 값인 n을 인수로 전달하는 프로그램이다.

그림 7.16은 프로그램의 메소드 호출 과정을 나타낸다. 그림에서 객체의 실제 저장 위치는 힙 메모리라는 것에 주목하자.

기본 자료형의 인수의 경우 인수의 값이 전달되므로 main 메소드의 변수 n의 값인 5가 printArea 메소드의 변수 times로 전달된다. 결과적으로 printArea 메소드 내의 변수 times의 값이 변하더라도 변수 n에는 영향을 주지 않는다.

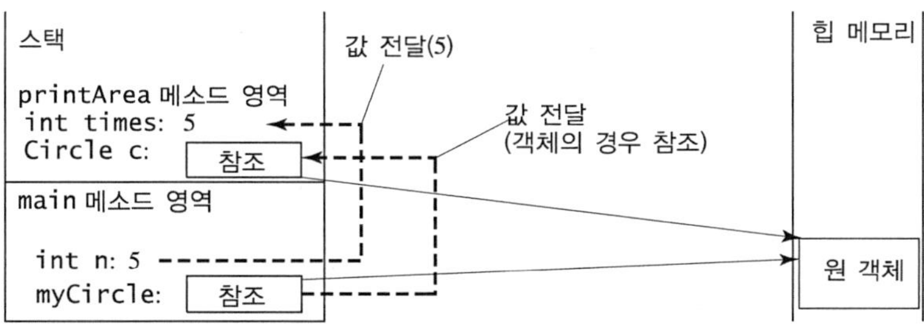

그림 7.16 변수 n의 값이 printArea 메소드의 변수 times로, 객체 myCircle의 참조가 printArea 메소드의 객체 c로 전달됨

참조형 인수의 경우 전달되는 값은 객체의 참조, 즉 위치가 되므로 객체 변수 c에 전달된 값은 myCircle 객체 변수의 참조, 즉 위치 정보이다. 결과적으로 객체 변수 c는 객체 변수 myCircle이 참조하는 동일한 객체를 참조하게 됨으로써 printArea 메소드의 객체 변수 c를 통한 객체 속성의 변경은 바로 myCircle 객체를 변경하는 것과 같은 효과가 된다. 참조 값 전달 방식은 결국 실질적으로는 **공유 전달(pass-by-sharing)** 방식이라 할 수 있다. 즉, 호출 메소드와 피호출 메소드간에 인수로 전달된 객체의 실체는 같다. 공유 전달

7.10 객체 배열

6장 "배열"에서는 기본 자료형 원소들의 배열을 살펴보았다. 객체를 원소로 갖는 배열도 가능하다. 다음 코드는 열 개의 원 객체들의 배열 선언문이다.

```
Circle[] circleArray = new Circle[10];
```

다음은 반복문으로 circleArray 배열을 초기화하는 코드이다.

```
for (int i = 0; i < circleArray.length; i++) {
  circleArray[i] = new Circle();
}
```

객체 배열은 결국 객체 참조 변수들의 배열이라 할 수 있다. 따라서 circleArray[1].getArea()와 같은 코드는 그림 7.17에서 보다시피 2단계 참조를 내포한다. circleArray 자체는 전체 배열을 참조하고, circleArray[1]은 배열 요소의 하나인 Circle 객체를 참조한다.

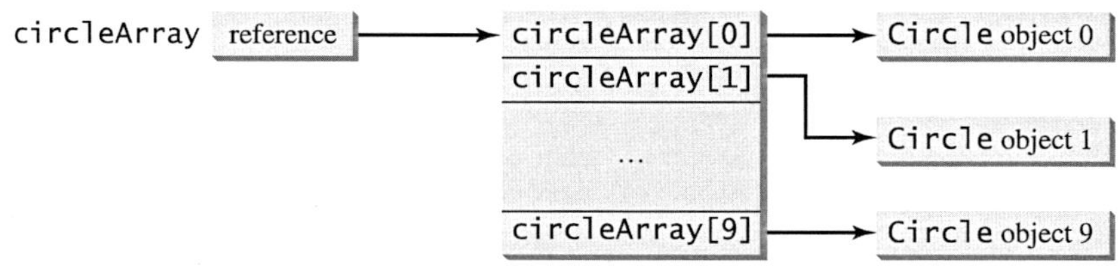

그림 7.17 객체 배열에서 배열의 각 요소는 객체에 대한 참조를 저장한다.

> **NOTE** 객체 배열이 new 연산자로 생성될 때 배열의 각 요소인 객체들의 초기값은 null 값이다.

리스트 7.10은 객체 배열의 활용 예로써 배열에 들어 있는 모든 원 객체들의 면적을 합산하는 프로그램이다. 프로그램은 먼저 5개의 Circle 객체로 이루어진 배열, circleArray를 생성하고, 각 원의 지름을 임의값으로 부여한 후, 원들의 면적을 합산하여 출력한다.

리스트 7.10 TotalArea.java

```
public class TotalArea {
  /** Main method */
  public static void main(String[] args) {
    // Declare circleArray
    Circle3[] circleArray;

    // Create circleArray
    circleArray = createCircleArray();

    // Print circleArray and total areas of the circles
```

```
    printCircleArray(circleArray);
  }

  /** Create an array of Circle objects */
  public static Circle3[] createCircleArray() {
    Circle3[] circleArray = new Circle3[5];

    for (int i = 0; i < circleArray.length; i++) {
      circleArray[i] = new Circle3(Math.random() * 100);
    }

    // Return Circle array
    return circleArray;
  }

  /** Print an array of circles and their total area */
  public static void printCircleArray(Circle3[] circleArray) {
    System.out.println("Radius\t\t\t\t" + "Area");
    for (int i = 0; i < circleArray.length; i++) {
      System.out.print(circleArray[i].getRadius() + "\t\t" +
        circleArray[i].getArea() + '\n');
    }

    System.out.println("----------------------------------------");

    // Compute and display the result
    System.out.println("The total areas of circles is \t" +
      sum(circleArray));
  }

  /** Add circle areas */
  public static double sum(Circle3[] circleArray) {
    // Initialize sum
    double sum = 0;

    // Add areas to sum
    for (int i = 0; i < circleArray.length; i++)
      sum += circleArray[i].getArea();

    return sum;
  }
}
```

```
        Radius                          Area
  46.74450345121816              6864.532638610253
  69.07475859903327             14989.551008666382
   7.406606050399822              172.34090289657104
  34.837951903312394             3812.8972598630908
  69.54563440024302             15194.612150185108
-------------------------------------------------------------
The total areas of circles is       41033.9339602214
```

프로그램은 먼저 createCircleArray() 메소드를 호출하여 원 객체 5개의 배열을 생성한다(8행).
여기서 사용한 원 클래스는 이 장에서 설명한 여러 원 클래스들 중 7.8절 "데이터 필드 캡슐화"에서 소개한 Circle3 클래스이다.

원들의 지름은 Math.random() 메소드로 만든 난수값으로 부여하였다(19행). createCircleArray 메소드에서 원 객체들의 배열을 생성하고(23행), 만들어진 배열을 printCircleArray 메소드로 보내 각 원의 지름과 면적의 합을 계산한다.

원들의 총 면적은 sum 메소드에서 계산하는데, sum 메소드는 원 객체들의 배열을 인수로 전달받아 결과값을 double 자료형의 실수로 반환한다.

주요 용어

- 객체지향 프로그래밍(OOP)
- 기본 생성자
- 데이터 필드 캡슐화
- 모델링 언어(UML)
- 무인수 생성자
- 생성자
- 설정자(setter)
- 인스턴스
- 인스턴스 메소드
- 인스턴스 변수
- 인스턴스화
- 점 연산자(.)
- 정적 메소드
- 정적 변수
- 참조 변수
- 참조형
- 클래스
- 패키지 접근성(package-access)
- 획득자(getter)
- null
- private
- public

요약

- 클래스는 객체 생성을 위한 틀로서 객체의 속성을 정의하고, 객체 생성을 위한 생성자를 제공하며, 그 객체들을 다루는 메소드들을 제공한다.
- 클래스 또한 자료형의 일종이다. 따라서 객체 참조 변수 선언을 위한 자료형으로 사용할 수 있고, 이 때 선언된 변수는 겉으로는 객체를 담는 변수이지만 실제로는 객체를 가리키는 참조를 담고 있다. 즉, 명확하게 구분하자면 객체와 객체 참조 변수는 다르다. 하지만 통상적으로는 둘 다 객체라는 의미로 사용된다.

- 객체는 클래스의 인스턴스이다. 객체는 new 연산자로 생성되며 객체의 세부 속성들은 참조 변수와 점 연산자(.)로 접근된다.
- 인스턴스 변수 및 인스턴스 메소드는 클래스의 인스턴스들에 속해 있다. 즉, 개별 인스턴스가 사용하는 요소들이다. 반면에 정적 변수는 클래스의 모든 인스턴스들에 공유되는 요소이고, 정적 메소드는 인스턴스없이 호출될 수 있는 메소드이다.
- 인스턴스들도 자신이 속한 클래스의 정적 변수나 정적 메소드를 호출할 수 있다. 하지만 정적 변수 및 정적 메소드의 호출은 ClassName.variable이나 ClassName.method처럼 인스턴스가 아닌 클래스 이름으로 호출하는 것이 바람직하다.
- 수정자는 클래스, 메소드, 데이터의 접근 범위를 지정한다. public 수정자의 클래스, 메소드, 데이터는 모든 클라이언트로부터 접근 가능하며, private 수정자의 메소드와 데이터는 그 클래스 안에서만 접근 가능하다.
- 클래스는 클라이언트들이 자신의 데이터에 접근하고 수정할 수 있도록 get 메소드와 set 메소드를 제공할 수 있다. get 메소드를 획득자(getter)라고 하며, set 메소드를 설정자(setter)라고 한다.
- get 메소드의 형태는 public returnType getPropertyName()이며, returnType, 즉 반환 자료형이 boolean일 때는 public booleanisPropertyName()으로 한다. set 메소드의 형태는 public void setPropertyName(dataType propertyValue)이다.
- 자바의 인수 전달 방식은 값 전달 방식이다. 인수의 자료형이 기본 자료형이면 실제 값이 전달되고, 참조형이면 객체의 참조, 즉 위치 정보가 전달된다.
- 자바의 배열도 하나의 객체이다. 배열의 원소는 기본 자료형의 값이나 객체들이며, 객체 배열을 생성할 경우 배열의 원소인 각 객체의 초기 값은 null 값이다.

복습문제

7.2–7.4절

7.1 객체와 클래스의 관계를 설명하라. 클래스는 어떻게 선언하는가? 객체 참조 변수는 어떻게 선언하는가? 객체 생성은 어떻게 하는가? 객체의 선언과 생성을 한 문장으로 나타내보라.

7.2 생성자와 메소드의 차이를 설명하라.

7.3 배열은 기본 자료형의 하나인가, 아니면 객체인가? 배열의 원소는 기본 자료형 뿐만 아니라 객체도 될 수 있는가? 배열 원소들의 디폴트 값은 무엇인가?

7.4 다음 프로그램에서 잘못된 부분을 찾아라.

```java
public class ShowErrors {
  public static void main(String[] args) {
    ShowErrors t = new ShowErrors(5);
  }
}
```

(a)

```java
public class ShowErrors {
  public static void main(String[] args) {
    ShowErrors t = new ShowErrors();
    t.x();
  }
}
```

(b)

```java
public class ShowErrors {
  public void method1() {
    Circle c;
    System.out.println("What is radius "
      + c.getRadius());
    c = new Circle();
  }
}
```

(c)

```java
public class ShowErrors {
  public static void main(String[] args) {
    C c = new C(5.0);
    System.out.println(c.value);
  }
}

class C {
  int value = 2;
}
```

(d)

7.5 다음 코드의 잘못된 점은 무엇인가?

```java
class Test {
  public static void main(String[] args) {
    A a = new A();
    a.print();
  }
}

class A {
  String s;

  A(String s) {
    this.s = s;
  }

  public void print() {
    System.out.print(s);
  }
}
```

7.6 다음 코드의 출력은 무엇인가?

```java
public class Foo {
  private boolean x;

  public static void main(String[] args) {
    Foo foo = new Foo();
    System.out.println(foo.x);
  }
}
```

7.5절 자바 라이브러리 클래스 사용

7.7 Date 클래스를 이용하여 현재 시각을 출력하라.

7.8 JFrame 클래스를 이용하여 프레임의 제목을 설정하고 프레임을 화면에 출력하라.

7.9 Date, JFrame, JOptionPane, System, Math 클래스들이 속해 있는 패키지들을 조사하라.

7.6절 정적 변수, 정적 메소드, 상수

7.10 다음의 (a)와 같은 Foo 클래스에서 f가 Foo 클래스의 인스턴스일 때 (b)의 문장 중 옳은 것을 모두 고르시오.

```
public class Foo {
  int i;
  static String s;

  void imcthod() {
  }

  static void smethod() {
  }
}
```

(a)

```
System.out.println(f.i);
System.out.println(f.s);
f.imethod();
f.smethod();
System.out.println(Foo.i);
System.out.println(Foo.s);
Foo.imethod();
Foo.smethod();
```

(b)

7.11 다음 코드의 ? 부분 중 static 키워드가 들어가야 할 곳을 모두 고르시오.

```
public class Test {
  private int count;

  public ? void main(String[] args) {
    ...
  }

  public ? int getCount() {
    return count;
  }

  public ? int factorial(int n) {
    int result = 1;
    for (int i = 1; i <= n; i++)
      result *= i;

    return result;
  }
}
```

7.12 정적 메소드에서 인스턴스 메소드를 호출하거나 인스턴스 변수에 접근할 수 있는가? 인스턴스 메소드에서 정적 변수나 정적 메소드를 호출할 수 있는가? 다음 코드의 잘못된 점은 무엇인가?

```
public class Foo {
  public static void main(String[] args) {
    method1();
  }

  public void method1() {
    method2();
  }

  public static void method2() {
    System.out.println("What is radius " + c.getRadius());
  }

  Circle c = new Circle();
}
```

7.7–7.8절

7.13 획득자 메소드와 설정자 메소드는 무엇인가? 획득자 메소드와 설정자 메소드의 형태는 무엇인가?

7.14 데이터 필드 캡슐화의 장점을 설명하라.

7.15 다음 코드에서 radius는 Circle 클래스의 private 변수이고, myCircle은 Circle 클래스의 객체이다. 음영 처리된 부분의 코드의 문제점과 그 이유를 설명하라.

```
public class Circle {
  private double radius = 1.0;

  /** Find the area of this circle */
  double getArea() {
    return radius * radius * Math.PI;
  }

  public static void main(String[] args) {
    Circle myCircle = new Circle();
    System.out.println("Radius is " + myCircle.radius);
  }
}
```

7.9절 메소드에 객체 전달

7.16 기본 자료형 인수 전달과 참조형 인수 전달의 차이를 설명하라. 다음 프로그램의 출력은 무엇인가?

```
public class Test {
  public static void main(String[] args) {
    Count myCount = new Count();
    int times = 0;

    for (int i = 0; i < 100; i++)
      increment(myCount, times);

    System.out.println("count is " + myCount.count);
    System.out.println("times is " + times);
  }

  public static void increment(Count c, int times) {
    c.count++;
    times++;
  }
}
```

```
public class Count {
  public int count;

  Count(int c) {
    count = c;
  }

  Count() {
    count = 1;
  }
}
```

7.17 다음 프로그램의 출력은 무엇인가?

```
public class Test {
  public static void main(String[] args) {
    Circle circle1 = new Circle(1);
    Circle circle2 = new Circle(2);

    swap1(circle1, circle2);
    System.out.println("After swap1: circle1 = " +
      circle1.radius + " circle2 = " + circle2.radius);

    swap2(circle1, circle2);
    System.out.println("After swap2: circle1 = " +
      circle1.radius + " circle2 = " + circle2.radius);
  }

  public static void swap1(Circle x, Circle y) {
    Circle temp = x;
    x = y;
    y = temp;
  }

  public static void swap2(Circle x, Circle y) {
    double temp = x.radius;
    x.radius = y.radius;
    y.radius = temp;
  }
}

class Circle {
  double radius;
  Circle(double newRadius) {
    radius = newRadius;
  }
}
```

7.18 다음 프로그램의 출력은 무엇인가?

```
public class Test {
  public static void main(String[] args) {
    int[] a = {1, 2};
    swap(a[0], a[1]);
    System.out.println("a[0] = " + a[0]
      + " a[1] = " + a[1]);
  }

  public static void swap(int n1, int n2) {
    int temp = n1;
    n1 = n2;
    n2 = temp;
  }
}
```

(a)

```
public class Test {
  public static void main(String[] args) {
    int[] a = {1, 2};
    swap(a);
    System.out.println("a[0] = " + a[0]
      + " a[1] = " + a[1]);
  }

  public static void swap(int[] a) {
    int temp = a[0];
    a[0] = a[1];
    a[1] = temp;
  }
}
```

(b)

```
public class Test {
  public static void main(String[] args) {
    T t = new T();
    swap(t);
    System.out.println("e1 = " + t.e1
      + " e2 = " + t.e2);
  }

  public static void swap(T t) {
    int temp = t.e1;
    t.e1 = t.e2;
    t.e2 = temp;
  }
}

class T {
  int e1 = 1;
  int e2 = 2;
}
```

(c)

```
public class Test {
  public static void main(String[] args) {
    T t1 = new T();
    T t2 = new T();
    System.out.println("t1's i = " +
      t1.i + " and j = " + t1.j);
    System.out.println("t2's i = " +
      t2.i + " and j = " + t2.j);
  }
}

class T {
  static int i = 0;
  int j = 0;

  T() {
    i++;
    j = 1;
  }
}
```

(d)

7.19 다음 프로그램의 출력은 무엇인가?

```
import java.util.Date;

public class Test {
  public static void main(String[] args) {
    Date date = null;
    m1(date);
    System.out.println(date);
  }

  public static void m1(Date date) {
    date = new java.util.Date();
  }
}
```

(a)

```
import java.util.Date;

public class Test {
  public static void main(String[] args) {
    Date date = new Date(1234567);
    m1(date);
    System.out.println(date.getTime());
  }

  public static void m1(Date date) {
    date = new java.util.Date(7654321);
  }
}
```

(b)

```
import java.util.Date;

public class Test {
  public static void main(String[] args) {
    Date date = new Date(1234567);
    m1(date);
    System.out.println(date.getTime());
  }

  public static void m1(Date date) {
    date.setTime(7654321);
  }
}
```

(c)

```
import java.util.Date;

public class Test {
  public static void main(String[] args) {
    Date date = new Date(1234567);
    m1(date);
    System.out.println(date.getTime());
  }

  public static void m1(Date date) {
    date = null;
  }
}
```

(d)

7.10절 객체 배열

7.20 다음 프로그램의 잘못된 점을 설명하라.

```
public class Test {
  public static void main(String[] args) {
    java.util.Date[] dates = new java.util.Date[10];
    System.out.println(dates[0]);
    System.out.println(dates[0].toString());
  }
}
```

프로그래밍 연습

NOTE

7장에서 12장 연습문제의 목적은 다음의 세 가지이다.

- 클래스 설계 및 UML 클래스 다이어그램 작성
- UML로부터 클래스 구현
- 클래스를 이용한 응용 프로그램 개발

7.1 (Rectangle 클래스) 사각형을 나타내는 Rectangle 클래스를 작성하라. 클래스에 포함되어야 할 내용은 다음과 같다.

- 사각형의 가로와 세로를 위한 double 자료형 변수 width와 height, 각 디폴트 값은 1
- 사각형의 색깔을 위한 문자열 데이터 필드 color, 디폴트 값은 white
- 디폴트 값의 사각형을 위한 무인수 생성자
- 주어진 가로와 세로의 사각형을 위한 생성자

- 위 세 데이터 필드 접근을 위한 획득자와 설정자
- 사각형의 면적을 계산하는 getArea() 메소드
- 사각형 둘레의 길이를 계산하는 getPerimeter() 메소드

이 클래스의 UML 다이어그램을 그리고 코드를 작성하라. 두 개의 Rectangle 객체를 생성하는 시험 프로그램을 작성하는데, 첫 번째 객체의 가로와 세로는 4와 40이고, 두 번째는 3.5와 35.9이다. 두 객체 모두 색깔은 red로 하라. 각 객체의 속성을 출력하고 그 면적과 둘레의 길이를 각각 출력하라.

7.2 (Fan 클래스) 선풍기를 위한 Fan 클래스를 작성하라. 클래스에 포함되어야 할 내용은 다음과 같다.

- 회전 속도, 1, 2, 3을 나타내는 3개의 상수, SLOW, MEDIUM, FAST
- 선풍기의 현재 회전 속도를 표시하는 int 자료형 변수 speed, 디폴트 값은 SLOW
- 동작중인지를 표시하는 boolean 자료형 변수 on, 디폴트 값은 false
- 선풍기 크기를 지름으로 표시하는 double 자료형 데이터 필드 radius, 디폴트 값은 5
- 선풍기 색상을 표시하는 문자열 데이터 필드 color, 디폴트 값은 blue
- 디폴트 값 선풍기를 위한 무인수 생성자
- 위 네 데이터 필드 접근을 위한 획득자와 설정자
- 선풍기 설명 문자열을 반환하는 toString() 메소드. 문자열에는, 동작중인 경우 선풍기의 속도, 색상, 지름을 포함하도록 하고, 정지 상태인 경우 "꺼져 있다"라는 표시와 함께 선풍기의 색상과 지름을 포함

이 클래스의 UML 다이어그램을 그리고 코드를 작성하라. 두 개의 Fan 객체를 생성하는 시험 프로그램을 작성하는데, 첫 번째 객체는 지름이 10, 색상은 yellow, 최고 속도, 동작중으로 하고, 두 번째 객체는 지름이 5, 색상은 blue, 중간 속도, 정지 상태로 하라. toString 메소드를 호출하여 각 객체를 출력하라.

7.3 (Account 클래스) 다음 내용을 포함하는 Account 클래스를 작성하라.

- 계좌번호를 위한 int 자료형 변수 id, 디폴트 값은 0
- 통장 잔액을 나타내는 double 자료형 데이터 필드 balance, 디폴트 값은 0
- 연간 이자율을 나타내는 double 자료형 데이터 필드 annualInterestRate, 디폴트 값은 0
- 통장 개설 날짜를 나타내는 Date 클래스의 데이터 필드 dateCreated
- 디폴트 값의 통장 개설을 위한 무인수 생성자

- id, balance, annualInterestRate에 대한 획득자와 설정자
- dateCreated에 대한 획득자
- 월간 이자율을 계산하는 getMonthlyInterestRate() 메소드
- 주어진 액수만큼 예금을 인출하는 withdraw 메소드
- 주어진 금액을 예금하는 deposit 메소드

이 클래스의 UML 다이어그램을 그리고 코드를 작성하라. 한 개의 Account 객체를 생성하는 시험 프로그램을 작성하는데, 계좌번호는 1122, 잔액은 20,000원, 연간 이자율은 4.5%로 하라. withdraw 메소드로 2,500원을 인출하고, deposit 메소드로 3,000원을 입금한 후, 잔액과 월간 이자율, 통장 개설 날짜를 출력하라.

7.4 (Stock 클래스) 다음 내용을 포함하는 Stock 클래스를 작성하라.

- 종목명, 즉 회사명을 나타내는 문자열 데이터 필드 name
- 어제의 종가를 표시하는 double 자료형 데이터 필드 previousClosingPrice
- 종목의 현재가를 나타내는 double 자료형 데이터 필드 currentPrice
- 주어진 종목명으로 증권 계좌 개설을 위한 생성자
- 위 각 데이터 필드에 대한 획득자 메소드
- previousClosingPrice와 currentPrice에 대한 설정자 메소드
- previousClosingPrice에서 currentPrice로의 주가변동률을 표시하는 getChangePercent 메소드

이 클래스의 UML 다이어그램을 그리고 코드를 작성하라. 종목명이 "경성전자"인 주식 객체를 생성하는 시험 프로그램을 작성하는데, 어제의 종가는 100만원으로 하고, 현재가는 90만원으로 한 후, 주가변동률을 출력하라.

7.5* (GregorianCalendar 클래스 실습) 자바 API의 java.util 패키지에서는 년, 월, 일, 시를 표현하는 GregorianCalendar 클래스를 제공한다. 무인수 생성자는 현재 시각에 대한 인스턴스를 생성하며, 메소드들 중에는 해당 시각의 년, 월, 일을 구하는 get(GregorianCalendar.YEAR), get(GregorianCalendar.MONTH), get(GregorianCalendar.DAY_OF_MONTH)가 있다. 다음 작업을 위한 프로그램을 작성하라.

- 현재 년, 월, 일을 출력
- 이 클래스에서는 또한 1970년 1월 1일 이후부터 경과 시간을 설정하는 setTimeInMillis(long) 메소드가 있다. 경과 시간을 1234567898765L로 설정하고 그 시각을 년, 월, 일로 출력하라.

7.6** (**달력 프로그램**) 5.11절의 PrintCalendar 클래스를 수정하여 메시지 대화상자에 달력을 출력하라. 여러 곳의 정적 메소드에서 출력되는 문자열을 한 메시지 대화상자에 표시하기 위해 출력되는 문자열들을 한 곳에 합쳐 저장하는 정적 변수 output을 String 클래스로부터 정의하여 사용하라.

CHAPTER 08

문자열과 텍스트 I/O

- 문자열을 처리하기 위해 String 클래스를 사용한다(§8.2).
- 문자를 처리하기 위해 Character 클래스를 사용한다(§8.3).
- 문자열을 변환하기 위해 SringBuilder/StringBuffer 클래스를 사용한다(§8.4).
- String, StringBuilder, StringBuffer 클래스를 구분한다(§8.2-8.4).
- 실행 명령에서 main 메소드로 인수를 전달한다(§8.5).
- File 클래스를 통해 파일 속성과 파일명을 변경한다(§8.6).
- PrintWriter 클래스를 통해 데이터를 파일에 쓴다(§8.7.1).
- Scanner 클래스를 이용해 데이터를 파일에서 읽는다(§8.7.2).
- 대화상자를 이용해 파일을 연다(GUI)(§8.8).

8.1 서론

파일 입출력과 문자열 처리는 프로그램 개발에서 항상 부딪치는 문제이다. 한 예로 어떤 파일에서 특정 단어를 새로운 단어로 모두 바꾸려면 어떻게 해야 할까? 이 장에서는 이를 해결하기 위한 텍스트 파일 및 문자열의 처리에 대해 알아본다. 또한 자바 라이브러리의 클래스들을 효과적으로 활용하는 방안에 대해서도 살펴볼 것이다.

8.2 String 클래스

문자열이란 말 그대로 연속된 문자들의 나열이다. 대부분의 프로그래밍 언어에서는 문자열을 문자들의 배열로 다루는 반면에 자바의 문자열은 객체다. 문자열 객체를 처리하는 String 클래스에는 11개의 생성자와 40여 개의 메소드들이 있다. 이러한 String 클래스는 관련 프로그램 개발에 유용함은 물론 클래스와 객체를 제대로 이해할 수 있는 가장 좋은 예이기도 하다.

8.2.1 문자열 생성

문자열 객체는 문자 배열이나 문자열 값(따옴표로 묶은 문자열)을 통해 만들 수 있다. 문자열 값으로 문자열 객체를 생성하는 방법은 다음과 같다.

```
String newString = new String(stringLiteral);
```

이 때 전달되는 인수, stringLiteral은 따옴표로 묶인 일련의 문자들, 즉 문자열 값이다. 다음은 "Welcome to Java"라는 문자열 값으로 message라는 String 클래스의 객체를 생성하는 예이다.

```
String message = new String("Welcome to Java");
```

앞서 언급한 바와 같이 자바는 문자열 값을 이미 객체로 간주하기 때문에 위의 코드를 다음과 같이 사용해도 된다.

```
String message = "Welcome to Java";
```

또한 문자 배열로부터 문자열 객체를 생성하는 것도 가능하다. 다음은 "Good day"라는 문자열 객체를 만드는 예이다.

```
char[] charArray = {'G', 'o', 'o', 'd', ' ', 'D', 'a', 'y'};
String message = new String(charArray);
```

String 변수
String 객체
문자열 값

NOTE String 변수란 문자열 값을 저장하는 String 객체의 참조이다. 엄밀히 말하면 String **변수,** String **객체, 문자열 값**이라는 세 용어의 의미는 서로 다르지만 모두 문자열을 의미하는 용어로 사용된다.

8.2.2 불변 문자열과 직영 문자열

String 객체는 불변이다. 즉, 그 내용은 변경되지 않는다. 다음 예를 보자. 불변

```
String s = "Java";
s = "HTML";
```

위 코드로 문자열의 내용이 변경되는가? 아니다. 첫째 문장은 "Java"라는 문자열의 String 객체를 생성하여 그것의 참조를 변수 s에 배정한 것이고, 둘째 문장은 "HTML"이라는 새로운 문자열 객체를 생성하여 그것의 참조를 변수 s에 배정한 것이다. 결과는 어떻게 될까? "Java"라는 문자열 객체는 여전히 그대로 존재하며, 다만 그 객체를 가리키던 참조 변수 s가 새로운 객체를 가리키게 되었기 때문에 그림 8.1과 같이 자신에 대한 참조가 더 이상 없을 뿐이다.

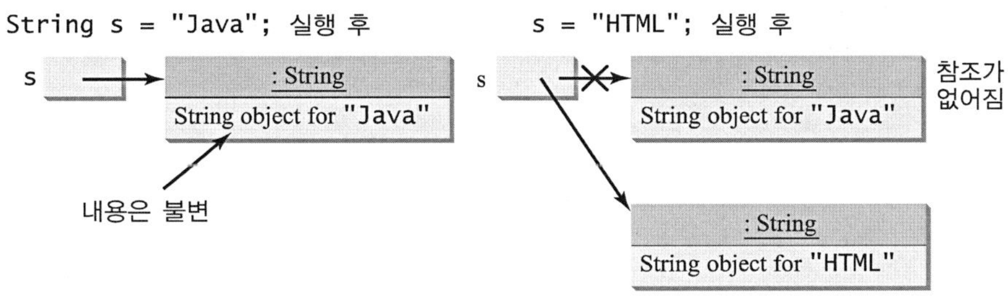

그림 8.1 문자열은 불변임. 즉, 한 번 생성되고 나면 그 내용은 변경되지 않음

이처럼 문자열은 수정되지 않는 반면 프로그램에는 수많은 문자열들이 사용되기 때문에 효율성 제고와 메모리 낭비를 줄이기 위해 JVM(자바 가상 머신)은 동일한 문자열들을 따로 저장하지 않고 하나의 인스턴스로 관리한다. 이러한 인스턴스를 **직영 문자열**(interned string) 이라 한다. 다음 예를 보자. 직영 문자열

```
String s1 = "Welcome to Java";

String s2 = new String("Welcome to Java");

String s3 = "Welcome to Java";

System.out.println("s1 == s2 is " + (s1 == s2));
System.out.println("s1 == s3 is " + (s1 == s3));
```

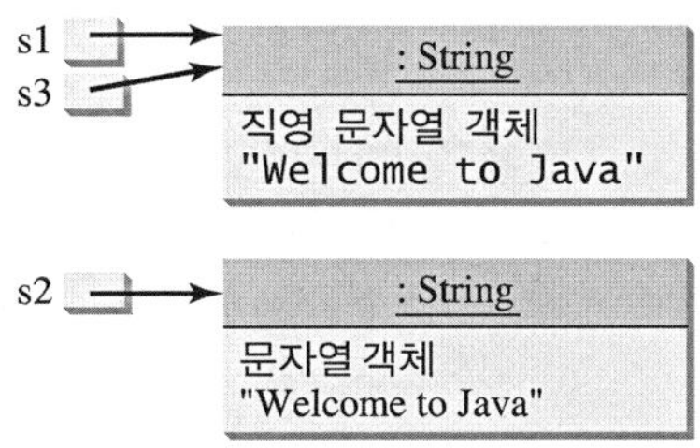

위 프로그램의 출력 결과는 어떻게 될까? 답은 다음과 같다.

```
s1 == s2 is false
s1 == s3 is true
```

위의 그림처럼 변수 s1과 s3은 "Welcome to Java"라는 직영 문자열을 같이 가리키게 됨으로써 s1 == s3은 참이다.

반면에 s2는 그 내용은 같지만 새로 생성한 문자열 객체를 가리키게 되어 s1 == s2는 거짓이다.

8.2.3 문자열 비교

String 클래스는 그림 8.2와 같이 여러 가지 문자열 비교 메소드들을 제공한다.

java.lang.String	
+equals(s1: String): boolean	s1과 같은 문자열이면 참
+equalsIgnoreCase(s1: String): boolean	대소문자 구분없이 s1과 같은 문자열이면 참
+compareTo(s1: String): int	문자열 s1보다 크면 양수, 같으면 0, 작으면 음수
+compareToIgnoreCase(s1: String): int	compareTo와 같으나 대소문자 구분없음
+regionMatches(toffset: int, s1: String, offset: int, len: int): boolean	s1과 일부분을 비교하여 같으면 참
+regionMatches(ignoreCase: boolean, toffset: int, s1: String, offset: int, len: int): boolean	위와 같으나 대소문자 구분 여부 지정함
+startsWith(prefix: String): boolean	주어진 문자열로 시작하는 문자열이면 참
+endsWith(suffix: String): boolean	주어진 문자열로 끝나는 문자열이면 참

그림 8.2 String 클래스의 문자열 비교 메소드들

먼저, == 연산자를 이용한 문자열 비교를 살펴보자.

```
if (string1 == string2)
  System.out.println("string1 and string2 are the same object");
else
  System.out.println("string1 and string2 are different objects");
```

위의 == 연산자는 단지 string1과 string2가 같은 객체를 가리키고 있는지를 비교할 뿐 두 변수가 가리키는 내용이 같은지를 검사하지는 않는다. 따라서 우리가 원하는 문자열 비교를 하려면 equals 메소드를 사용해야 한다. 사용 예는 다음과 같다.

string1.equals(string2)

```
if (string1.equals(string2))
  System.out.println("string1 and string2 have the same contents");
else
  System.out.println("string1 and string2 are not equal");
```

예를 들어, 다음 코드의 출력 결과는 첫 번째는 true, 두 번째는 false이다.

```
String s1 = new String("Welcome to Java");
String s2 = "Welcome to Java";
String s3 = "Welcome to C++";
System.out.println(s1.equals(s2)); // true
System.out.println(s1.equals(s3)); // false
```

두 문자열을 비교하는 다른 메소드는 compareTo이다. 다음 예를 보자.

s1.compareTo(s2)

```
s1.compareTo(s2)
```

이 메소드는 문자열 s1과 s2가 같으면 0, 사전 순서에 따라 s1이 크면 양수, 작으면 음수를 반환한다.

compareTo 메소드가 반환하는 숫자의 의미는 두 문자열을 왼쪽부터 비교하면서 처음으로 나타나는 서로 다른 두 문자의 차이이다. 예를 들어 s1이 "abc"이고 s2가 "abg"라고 하면 s1.compareTo(s2)의 결과는 −4가 된다. 즉, 왼쪽부터 차례로 비교할 때 처음으로 나타나는 서로 다른 문자는 세 번째 문자인 'c'와 'g'이고, 'c'가 'g'보다 4만큼 작으므로 결과는 음수인 −4가 된다.

> **주의**
> 문자열 비교에 >, > =, <, < =와 같은 비교 연산자를 사용할 수 없다.
> 대신에 s1.compareTo(s2)를 사용해야 한다.

> **NOTE**
> equals 메소드의 반환값은 true 또는 false이지만 compareTo 메소드의 반환값은 비교할 문자열이 크면 양수, 같으면 0, 작으면 음수이다.

String 클래스가 제공하는 또 다른 문자열 비교 메소드로는 equalsIgnoreCase, compareToIgnoreCase, regionMatches 등이 있다. equalsIgnoreCase 메소드와 compareToIgnoreCase 메소드는 대소문자를 구분하지 않는 문자열 비교이고, regionMatches 메소드는 문자열의 일부분을 서로 비교하는데 사용된다. 또한 str.startsWith(prefix) 메소드는 문자열 str이 인수로 주어진 문자열 prefix로 시작하는지를 검사하고, str.endsWith(suffix) 메소드는 문자열 str이 인수로 주어진 문자열 suffix로 끝나는지를 검사한다.

8.2.4 문자열 길이, 문자, 문자열 연결

String 클래스는 그림 8.3과 같이 문자열 내의 개별 문자열 처리, 문자열 연결, 문자열의 길이 등의 메소드를 제공한다.

java.lang.String	
+length(): int	문자열에 포함된 문자의 개수
+charAt(index: int): char	문자열 내 특정 위치의 문자 반환
+concat(s1: String): String	문자열 s1에 주어진 문자열을 붙인 새로운 문자열 반환

그림 8.3 문자열 길이, 개별 문자 처리, 문자열 연결에 대한 String 클래스의 메소드

문자열 길이는 length() 메소드로 구한다. 예를 들어, message.length()는 문자열 message의 길이를 구하여 반환한다. length()

length()

> **주의** length()는 String 클래스의 메소드이지만, 괄호없이 쓴 length는 배열 객체의 인스턴스 변수 이름이다. 즉, 문자열의 길이는 s.length()로 쓰지만 배열 a의 길이는 a.length이다.

charAt(index)

문자열 내 특정 위치의 문자를 추출할 때는 s.charAt(index) 메소드를 사용한다. 위치를 표시하는 인수, index의 범위는 0에서 s.length()−1 사이이다. 다음 그림에서 message.charAt(0)의 결과는 문자열의 0번째 문자인 W이다.

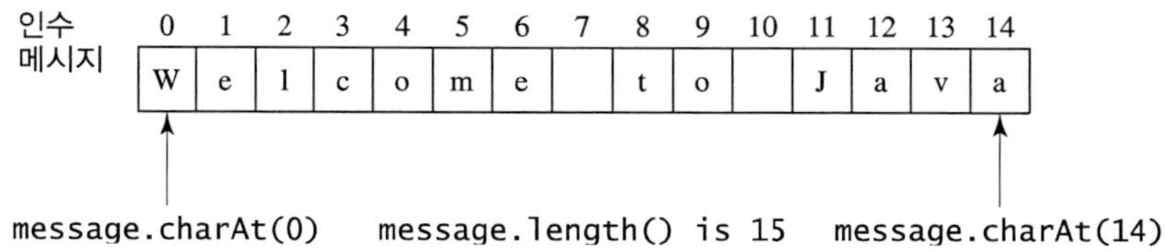

그림 8.4 String 객체의 내부 구조는 배열임

> **NOTE** 문자열은 일종의 상수값처럼 취급된다. 자바는 자신을 참조하는 변수 생성 없이 문자열 자체를 사용할 수 있도록 한다. 예를 들면, "Welcome to Java".charAt(0)도 적법한 코드이며, 그 결과는 W이다.

> **NOTE** 문자열의 실제 자료구조는 배열이며 String 클래스 내에 private 인스턴스로 정의되어 있다. 따라서 String 클래스 외부에서는 이 배열에 접근할 수 없다. String 클래스는 외부에서 간접적으로 이 배열에 접근할 수 있는 메소드들을 제공하는데, 바로 length() 메소드와 charAt(index) 메소드이다. 이러한 String 클래스는 데이터 캡슐화의 전형적인 예이다. 내부 자료구조를 private 수정자로 은닉함으로써 외부의 접근 시도로부터 내부 자료를 보호하는 것이다. 이 배열이 private 자료구조가 아니면 사용자가 문자열의 내용을 수정할 수 있게 됨으로써 String 클래스의 문자열 객체는 불변이라는 원칙에도 위배된다.

> **주의** 문자열 내의 개별 문자에 접근할 때는 찾는 위치가 문자열 길이 범위 내, 즉 0에서 s.length()−1 사이여야 한다. 예를 들어, s.charAt(s.length())를 시도하면 StringIndexOutOfBoundsException 예외가 발생된다.

두 문자열을 연결하는 메소드는 concat 메소드이다. 다음 코드는 문자열 s1에 문자열 s2를 붙인 새로운 문자열 s3을 만든다.

s1.concat(s2)

```
String s3 = s1.concat(s2);
```

문자열 연결은 프로그램에서 흔히 사용되기 때문에 자바에서는 보다 간편한 연산자를 제공하는데 바로 + 연산자이다. 즉, 다음 코드의 결과는 위 코드와 같다.

s1 + s2

```
String s3 = s1 + s2;
```

다른 예로써 다음은 문자열 message와 문자열 값인 "and"와 "HTML"을 하나의 문자열로 합하는 코드이다.

```
String myString = message + " and " + "HTML";
```

위 + 연산자는 숫자와 문자열을 합하는 데에도 사용할 수 있다. 이 경우 숫자는 먼저 문자열로 변환된 후 문자열 연결 연산이 수행된다. 이러한 자동 변환이 이루어지려면 항 중에 적어도 하나는 문자열이어야 한다.

8.2.5 부분 문자열

문자열에서 개별 문자를 추출하는 메소드는 앞서 보았듯이 charAt 메소드이다. 개별 문자가 아니라 문자열의 일부를 추출할 수도 있는데, 이 때 사용되는 메소드가 substring 메소드이다(그림 8.5).

java.lang.String	
+substring(beginIndex: int): String	인수 beginIndex부터 끝까지의 부분 문자열 반환(그림 8.6)
+substring(beginIndex: int, endIndex: int): String	인수 beginIndex부터 endIndex-1까지의 부분 문자열 반환(그림 8.6). endIndex 위치의 문자는 포함되지 않음

그림 8.5 부분 문자열을 위한 String 클래스의 메소드

예를 들어,

```
String message = "Welcome to Java".substring(0, 11) + "HTML";
```

위 코드를 수행하면 문자열 message는 "Welcome to Java HTML"이 된다.

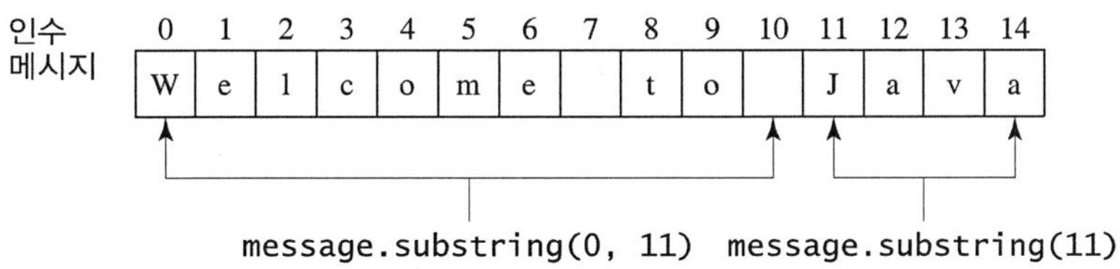

그림 8.6 부분 문자열을 위한 substring 메소드

> **NOTE** substring(beginIndex, endIndex) 메소드에서 beginIndex와 endIndex가 같으면 결과는 길이가 0인 빈 문자열이 된다. 그리고 beginIndex가 endIndex보다 크면 실행시간 오류가 발생된다.

8.2.6 문자열의 변환, 나눔, 대체

String 클래스는 그림 8.7과 같이 문자열 변환, 나눔, 대체를 위한 메소드를 제공한다.

java.lang.String	
+toLowerCase(): String	모든 문자를 소문자로 변환
+toUpperCase(): String	모든 문자를 대문자로 변환
+trim(): String	문자열 양 끝의 공백 문자를 제거
+replace(oldChar: char, newChar: char): String	특정 문자를 새로운 문자로 대체
+replaceFirst(oldString: String, newString: String): String	문자열의 일부를 새로운 문자열로 대체(첫 번째만)
+replaceAll(oldString: String, newString: String): String	문자열의 일부를 새로운 문자열로 대체(해당되는 곳 모두)
+split(delimiter: String): String[]	인수로 주어진 문자가 위치한 곳에서 나눈 문자열들의 배열 반환

그림 8.7 문자열 수정, 나눔, 대체를 위한 String 클래스의 메소드

문자열은 일단 만들어지면 그 내용은 수정되지 않는다. 따라서 문자열 변환, 나눔, 대체 등에 대한 toLowerCase, toUpperCase, trim, replace, replaceFirst, replaceAll 메소드들은 기존 문자열을 수정하는 것이 아니라 변환된 새 문자열을 생성하여 반환한다. toLowerCase와 toUpperCase 메소드는 기존 문자열의 모든 문자를 소문자와 대문자로 변환한 새 문자열을 반환하며, trim 메소드는 문자열 양 끝에 공백 문자들을 제거한 새 문자열을 반환한다. 이름에 replace가 들어가는 메소드들은 특정 문자 또는 문자열의 일부를 주어진 문자나 문자열로 대체한다.

예를 들면, 다음과 같다.

toLowerCase()
toUpperCase()
trim()
replace
replaceFirst
replace
replace

```
"Welcome".toLowerCase() returns a new string, welcome.
"Welcome".toUpperCase() returns a new string, WELCOME.
"  Welcome  ".trim() returns a new string, Welcome.
"Welcome".replace('e', 'A') returns a new string, WAlcomA.
"Welcome".replaceFirst("e", "AB") returns a new string, WABlcome.
"Welcome".replace("e", "AB") returns a new string, WABlcomAB.
"Welcome".replace("el", "AB") returns a new string, WABlcome.
```

split

split 메소드는 특정 문자로 구분되는 부분 문자열들, 즉 토큰을 추출하는데 사용된다. 다음의 코드를 보자.

```
String[] tokens = "Java#HTML#Perl".split("#", 0);
for (int i = 0; i < tokens.length; i++)
  System.out.print(tokens[i] + " ");
```

위의 결과는 다음과 같다.

Java HTML Perl

8.2.7 패턴에 의한 문자열 대체, 나눔, 매칭

주어진 패턴에 따라 문자열을 대체하고, 나누고, 매칭할 수 있다. 이러한 기능은 **정규 표현식**(regular expression)을 처리하는데 매우 유용하다. 본 절에서는 정규 표현식의 두 가지 예를 통해 기능들을 살펴보기로 한다. 정규 표현식

먼저 String 클래스의 matches 메소드를 보자. 이 메소드는 앞서 살펴본 equals 메소드와 매우 유사하다. 예를 들어, 아래 두 문장의 결과는 동일하며 그 값은 true이다.

```
"Java".matches("Java");
"Java".equals("Java");
```

그러나 matches 메소드는 보다 유용한 기능을 제공하는데, 정해진 문자열의 비교는 물론 일정 패턴에 속하는 문자열들의 집합을 한꺼번에 비교할 수 있다. 예를 들어, 아래 문장들의 결과는 모두 true이다.

```
"Java is fun".matches("Java.*")
"Java is cool".matches("Java.*")
"Java is powerful".matches("Java.*")
```

위의 "Java.*"가 바로 정규 표현식의 한 예로써 "Java"로 시작되는 모든 문자열들을 대변한다. 즉, *의 의미는 0 또는 여러 개의 문자들이라는 뜻이다.

replaceAll, replaceFirst, split 메소드에서도 정규 표현식을 사용할 수 있다. 다음 예는 문자열 "a+b$#c"에서 $나 +, #을 모두 문자열 NNN으로 대체하는 코드이다.

```
String s = "a+b$#c".replaceAll("[$+#]", "NNN");
System.out.println(s);
```

위에 쓰인 정규 표현식 [$+#]의 의미는 $나 +, # 문자와 비교하라는 뜻이며, 따라서 결과 문자열은 aNNNbNNNNNNc가 된다.

다음은 문자열에 포함된 여러 문장 부호들을 기준으로 부분 문자열들로 나누는, 즉 토큰을 추출하는 코드이다.

```
String[] tokens = "Java,C?C#,C++".split("[.,:;?]");

for (int i = 0; i < tokens.length; i++)
  System.out.println(tokens[i]);
```

위에 사용된 정규 표현식 [.,:;?]은 .이나 , 또는 :이나 ;이나 ? 문자와 비교하라는 뜻이며 이들을 구분자로 하여 구분자 문자가 위치한 곳에서 문자열을 나누라는 의미이다. 그 결과는 Java, C, C#, C++이며 tokens라는 배열에 저장된다.

8.2.8 문자 및 부분 문자열 찾기

String 클래스는 문자열에서 특정 문자나 일부 문자열을 찾는 indexOf와 lastIndexOf라는 중복정의된 메소드를 제공한다. 메소드에 대한 설명은 그림 8.8과 같다.

java.lang.String	
+indexOf(ch: char): int	ch라는 문자가 처음 나타나는 위치 반환(없으면 –1)
+indexOf(ch: char, fromIndex: int): int	fromindex 위치 뒤에 ch라는 문자가 처음 나타나는 위치 반환 (없으면 –1)
+indexOf(s: String): int	s라는 부분 문자열이 처음 나타나는 위치 반환(없으면 –1)
+indexOf(s: String, fromIndex: int): int	fromindex 위치 뒤에 s라는 부분 문자열이 처음 나타나는 위치 반환 (없으면 –1)
+lastIndexOf(ch: int): int	ch라는 문자가 마지막으로 나타나는 위치 반환(없으면 –1)
+lastIndexOf(ch: int, fromIndex: int): int	fromindex 위치 전에 ch라는 문자가 마지막으로 나타나는 위치 반환(없으면 –1)
+lastIndexOf(s: String): int	s라는 부분 문자열이 마지막으로 나타나는 위치 반환(없으면 –1)
+lastIndexOf(s: String, fromIndex: int): int	fromindex 위치 전에 s라는 부분 문자열이 마지막으로 나타나는 위치 반환(없으면 –1)

그림 8.8 String 클래스의 부분 문자열 찾기 메소드들

사용 예는 다음과 같다.

indexOf

```
"Welcome to Java".indexOf('W') returns 0.
"Welcome to Java".indexOf('o') returns 4.
"Welcome to Java".indexOf('o', 5) returns 8.
"Welcome to Java".indexOf("come") returns 3.
"Welcome to Java".indexOf("Java", 5) returns 11.
"Welcome to Java".indexOf("java", 5) returns -1.
```

lastIndexOf

```
"Welcome to Java".lastIndexOf('W') returns 0.
"Welcome to Java".lastIndexOf('o') returns 8.
"Welcome to Java".lastIndexOf('o', 5) returns 4.
"Welcome to Java".lastIndexOf("come") returns 3.
"Welcome to Java".lastIndexOf("Java", 5) returns  -1.
"Welcome to Java".lastIndexOf("java", 5) returns  -1.
```

8.2.9 문자열과 배열의 상호 변환

문자열이 배열은 아니지만 상호 변환이 가능하다. 문자열을 문자들의 배열로 변환하는 메소드는 toCharArray 메소드이다. 다음은 문자열 "Java"를 배열로 바꾸는 코드이다.

toCharArray

```
char[] chars = "Java".toCharArray();
```

실행 후 chars[0]은 'J', chars[1]은 'a', chars[2]는 'v', chars[3]은 'a'가 된다.

문자열의 일부분만을 배열로 바꿀 수도 있다. getChars(int srcBegin, int srcEnd, char[] dst, int dstBegin) 메소드는 srcBegin에서 srcEnd-1까지의 부분 문자열을 문자 배열 dst의 dstBegin 위치부터 차례로 저장한다. 예를 들어, 다음은 문자열 "CS3720"의 2번째에서 6-1번째까지의 부분 문자열 "3720"을 문자 배열 dst의 4번째부터 차례로 저장하는 코드이다.

```
char[] dst = {'J', 'A', 'V', 'A', '1', '3', '0', '1'};
"CS3720".getChars(2, 6, dst, 4);
```

getChars

실행 후 배열 dst의 값은 {'J', 'A', 'V', 'A', '3', '7', '2', '0'}이 된다.

반대로 문자 배열을 문자열로 변환할 때는 String(char[]) 생성자나 valueOf(char[]) 메소드를 사용한다. 다음은 문자 배열로부터 String 클래스의 생성자를 이용해 문자열을 생성하는 코드이다.

```
String str = new String(new char[]{'J', 'a', 'v', 'a'});
```

다음은 valueOf 메소드를 사용해 문자 배열로부터 문자열을 생성하는 예이다.

```
String str = String.valueOf(new char[]{'J', 'a', 'v', 'a'});
```

valueOf

8.2.10 문자와 수의 문자열 변환

배열로부터 문자열을 생성하는 정적 메소드 valueOf는 같은 이름으로 중복정의된 여러 형식의 메소드들을 제공한다. 이를 통해 개별 문자나 수를 문자열로 변환할 수 있다. 그림 8.9는 중복정의된 여러 valueOf 메소드들을 보여준다.

java.lang.String	
+valueOf(c: char): String	문자 c를 문자열로 변환
+valueOf(data: char[]): String	문자 배열 data를 문자열로 변환
+valueOf(d: double): String	double 자료형 실수 d를 문자열로 변환
+valueOf(f: float): String	float 자료형 실수 f를 문자열로 변환
+valueOf(i: int): String	int 자료형 정수 i를 문자열로 변환
+valueOf(l: long): String	long 자료형 정수 l을 문자열로 변환

그림 8.9 기본 자료형의 값을 문자열로 변환하는 메소드

예를 들어, 실수 5.44를 String.valueOf(5.44)를 통해 문자열로 바꾸면 '5', '.', '4', '4'라는 4개의 문자로 이루어진 문자열이 된다.

> **NOTE** 역으로 문자열을 수로 바꾸는 메소드는, 실수인 경우 Double.parseDouble(str) 메소드이고 정수인 경우는 Integer.parseInt(str) 메소드이다.

8.2.11 예제 : 회문 검사

앞으로 읽으나 뒤로 읽으나 같은 문자열을 회문(palindrome)이라 한다. 예를 들면 "mom", "dad", "noon", "소주 만병만 주소"가 이에 해당된다.

본 예제는 사용자에게 문자열 입력 프롬프트를 제시하고 문자열이 입력되면 그것의 회문 여부를 조사하는 프로그램이다. 조사 방법은 먼저 문자열의 첫 번째 문자와 마지막 문자를 비교하고, 같으면 두 번째 문자와 끝에서 두 번째 문자를 비교한다. 이 과정을 모든 문자들에 대해 반복 수행하면서 서로 다른 문자가 발견되면 회문이 아니며, 모든 문자가 같으면(홀수인 경우 마지막으로 남는 문자 제외) 회문임을 알 수 있다.

이를 구현하기 위해 입력된 문자열 s의 처음과 끝을 가리키는 두 변수 low와 high를 선언하고 초기값으로 low는 0, high는 s.length()-1을 준다(리스트 8.1의 22행, 25행). 각 변수가 가리키는 위치의 두 문자를 서로 비교하여 같으면 low를 1만큼 증가시키고 high는 1만큼 감소시킨다(31-32행). 이 과정을 low >= high인 동안, 또는 같지 않은 문자가 발견될 때까지 반복한다.

Scanner 클래스의 nextLine() 메소드는 입력된 문자들을 문자열 s에 저장하고(11행), isPalindrome(s) 메소드는 문자열 s가 회문인지를 검사한다(13행).

리스트 8.1 CheckingPalindrome.java

```
1  import java.util.Scanner;
2
3  public class CheckPalindrome {
4    /** Main method */
5    public static void main(String[] args) {
6      // Create a Scanner
7      Scanner input = new Scanner(System.in);
8
9      // Prompt the user to enter a string
10     System.out.print("Enter a string: ");
11     String s = input.nextLine();
12
13     if (isPalindrome(s))
14       System.out.println(s + " is a palindrome");
15     else
16       System.out.println(s + " is not a palindrome");
17   }
18
19   /** Check if a string is a palindrome */
20   public static boolean isPalindrome(String s ) {
21     // The index of the first character in the string
22     int low = 0;
23
24     // The index of the last character in the string
25     int high = s.length() - 1;
26
```

```
    while (low < high) {
      if (s.charAt(low) != s.charAt(high))
        return false; // Not a palindrome

      low++;
      high--;
    }

    return true; // The string is a palindrome
  }
}
```

```
Enter a string: noon ↵Enter
noon is a palindrome

Enter a string: moon ↵Enter
moon is not a palindrome
```

8.3 Character 클래스

자바에서는 기본 자료형도 클래스로 다룰 수 있도록 모든 기본 자료형들에 대한 포장 클래스, 즉 래퍼(wrapper) 클래스를 제공한다. 기본 자료형 char, boolean, byte, short, int, long, float, double에 대한 래퍼 클래스는 각각 Char, Boolean, Byte, Short, Integer, Long, Float, Double 클래스이며, 이들 모두 java.lang 패키지에 포함되어 있다. 래퍼 클래스를 사용하면 기본 자료형의 값들도 객체로 취급할 수 있고 제공되는 여러 메소드들을 통해 기본 자료형 값들을 다양한 방식으로 처리할 수 있다. 본 절에서는 대표적으로 Character 클래스에 대해 살펴보고, 나머지 래퍼 클래스들에 대해서는 11장, "추상 클래스와 인터페이스"에서 다룬다.

Character 클래스는 하나의 생성자 메소드와 대소문자 변환 등의 여러 메소드들을 제공한다(그림 8.10 참고).

Character 객체는 char 자료형의 값으로부터 생성된다. 다음은 문자 'a'를 Character 객체로 생성하는 예이다.

```
Character character = new Character('a');
```

charValue 메소드는 Character 객체에 들어 있는 문자를 반환하며, compareTo 메소드는 객체의 문자와 다른 문자를 비교하여 결과를 정수값으로 반환하는데, 이 때의 값은 유니코드 체계에서 두 문자의 차이를 나타낸다.

equals 메소드는 두 문자를 비교하여 같으면 true 값을 반환한다. charObject가 new Character('b')로 생성된 Character 객체라고 할 때 메소드들의 사용 예는 다음과 같다.

java.lang.Character	
+Character(value: char)	생성자 메소드
+charValue(): char	객체의 char 값 변환
+compareTo(anotherCharacter: Character): int	문자 비교
+equals(anotherCharacter: Character): boolean	같은 문자이면 참 값 반환
+isDigit(ch: char): boolean	문자가 숫자인지 검사
+isLetter(ch: char): boolean	문자가 글자인지 검사
+isLetterOrDigit(ch: char): boolean	문자가 숫자 또는 글자인지 검사
+isLowerCase(ch: char): boolean	문자가 소문자인지 검사
+isUpperCase(ch: char): boolean	문자가 대문자인지 검사
+toLowerCase(ch: char): char	소문자로 변환
+toUpperCase(ch: char): char	대문자로 변환

그림 8.10 Character 클래스의 메소드들

```
charObject.compareTo(new Character('a')) returns 1
charObject.compareTo(new Character('b')) returns 0
charObject.compareTo(new Character('c')) returns  -1
charObject.compareTo(new Character('d') returns  -2
charObject.equals(new Character('b')) returns true
charObject.equals(new Character('d')) returns false
```

대부분의 Character 클래스의 메소드들은 정적 메소드이다. isDigit(char ch) 메소드는 문자 ch가 숫자인지 검사하며, isLetter(char ch) 메소드는 문자 ch가 글자인지 검사하고, isLetterOrDigit(char ch) 메소드는 문자 ch가 숫자 또는 글자인지 검사하고, isLowerCase(char ch) 메소드는 문자 ch가 소문자인지 검사하고, isUpperCase(char ch) 메소드는 문자 ch가 대문자인지 검사하고, toLowerCase(char ch) 메소드는 문자 ch를 소문자로 변환하며, toUpperCase(char ch) 메소드는 문자 ch를 대문자로 변환한다.

8.3.1 예제 : 문자열의 개별 문자 빈도 검사

본 예제는 사용자에게 문자열 입력을 위한 프롬프트를 제시하고 입력된 문자열에서 각 문자의 빈도 수를 대소문자 구별없이 세는 프로그램이다.

문제를 푸는 과정은 다음과 같다.

1. 우선 String 클래스의 toLowerCase 메소드로 문자열의 모든 문자들을 소문자로 변환한다.
2. 영문자 26개의 빈도 수를 저장하기 위한 int 자료형 26개 크기의 배열 counts를 만든다. 예를 들어 counts[0]은 ‘a’의 개수를, counts[1]은 ‘b’의 개수를 나타낸다.
3. 문자열의 각 문자에 대해 글자인지 확인하고, 맞으면 배열의 해당 위치의 값을 1만큼 증가시킨다.

리스트 8.2 CountEachLetter.java

```
 1 import java.util.Scanner;
 2
 3 public class CountEachLetter {
 4   /** Main method */
 5   public static void main(String[] args) {
 6     // Create a Scanner
 7     Scanner input = new Scanner(System.in);
 8
 9     // Prompt the user to enter a string
10     System.out.print("Enter a string: ");
11     String s = input.nextLine();
12
13     // Invoke the countLetters method to count each letter
14     int[] counts = countLetters(s.toLowerCase());
15
16     // Display results
17     for (int i = 0; i < counts.length; i++) {
18       if (counts[i] != 0)
19         System.out.println((char)('a' + i) + " appears  " +
20           counts[i] + ((counts[i] == 1) ? " time" : " times"));
21     }
22   }
23
24   /** Count each letter in the string */
25   public static int[] countLetters(String s) {
26     int[] counts = new int[26];
27
28     for (int i = 0; i < s.length(); i++) {
29       if (Character.isLetter(s.charAt(i)))
30         counts[s.charAt(i) - 'a']++;
31     }
32
33     return counts;
34   }
35 }
```

```
Enter a string: abababx [Enter]
a appears  3 times
b appears  3 times
x appears  1 time
```

main 메소드에서 문자열을 입력받아(11행), countLetters 메소드를 호출하여 각 문자의 빈도 수를 검사한다(14행). 빈도 수는 대소문자 구분이 없으므로 메소드 호출 전에 문자열의 각 문자를 소문자로 바꾼 새 문자열을 countLetters 메소드에 보낸다.

countLetters 메소드는 문자열 s에 포함된 26개 영문자들의 빈도 수를 저장한 배열을 반환한다(25-34행). 문자열의 각 문자를 순차적으로 검사하여 문자가 영문자이면 배열의 해당되는 위치의 값을 1만큼 증가시킨다. 즉, s.charAt[i]의 값이 'a'이면 배열 counts['a' – 'a'],

즉 counts[0]의 값을 증가시키고, 문자가 'b'이면 배열 counts['b' - 'a'], 즉 counts[1]의 값을 증가시킨다. 배열의 해당 위치를 이렇게 구할 수 있는 이유는 유니코드 체계에서 문자 'b'는 'a'보다 1만큼 크기 때문이다. 문자가 'z'이면 해당되는 배열은 counts['z' - 'a'], 즉 counts[25]가 된다.

8.4 StringBuilder/StringBuffer 클래스

좀 더 다양한 문자열 처리 기능을 원한다면 StringBuilder 클래스나 StringBuffer 클래스를 사용할 수 있다. String 클래스의 문자열 객체는 한 번 생성된 후에는 수정할 수 없지만 StringBuilder나 StringBuffer 클래스의 문자열 객체는 수정, 추가, 삭제가 가능하다.

StringBuilder

두 클래스의 차이점은 StringBuffer 클래스의 메소드들은 문자열 버퍼를 수정할 때 동기화를 보장한다는 것이고 그외 메소드 이름이나 생성자는 모두 동일하다. 따라서 여러 태스크들이 동시에 문자열 객체에 접근할 필요가 있을 때에는 StringBuffer 클래스를 사용하는 것이 좋다. 반면에 태스크가 하나인 경우 StringBuilder 클래스를 사용하는 것이 보다 효율적이다. 두 클래스의 생성자와 메소드들이 거의 같기 때문에 본 절에서는 StringBuilder 클래스에 대해서만 설명한다. 필요 시 아래의 예제 프로그램들에서 StringBuilder를 StringBuffer로만 바꾸면 다른 수정 없이도 컴파일 및 실행이 가능하다.

StringBuilder 클래스는 3개의 생성자와 30여 개의 메소드들을 제공한다. 그림 8.11은 생성자 메소드 형식이다.

java.lang.StringBuilder	
+StringBuilder()	크기가 16인 크기의 빈 문자열 생성
+StringBuilder(capacity: int)	주어진 크기의 문자열 생성
+StringBuilder(s: String)	주어진 문자열로 문자열 생성

그림 8.11 StringBuilder 클래스의 생성자

8.4.1 StringBuilder의 문자열 수정

StringBuilder의 문자열 객체는 문자열 끝에 새로운 문자열 삽입, 특정 위치에 문자열 삽입, 일부 문자열이나 문자의 삭제 및 대체를 할 수 있다(그림 8.12).

java.lang.StringBuilder	
+append(data: char[]): StringBuilder	문자 배열 붙임
+append(data: char[], offset: int, len: int): StringBuilder	문자 배열의 일부 붙임
+append(v: aPrimitiveType): StringBuilder	기본 자료형의 값을 문자열로 붙임
+append(s: String): StringBuilder	문자열 붙임
+delete(startIndex: int, endIndex: int): StringBuilder	startIndex에서 endIndex 사이의 문자열 삭제
+deleteCharAt(index: int): StringBuilder	해당 위치의 문자 삭제
+insert(index: int, data: char[], offset: int, len: int): StringBuilder	문자 배열의 일부를 특정 위치에 삽입
+insert(offset: int, data: char[]): StringBuilder	문자 배열을 특정 위치에 삽입
+insert(offset: int, b: aPrimitiveType): StringBuilder	기본 자료형의 값을 특정 위치에 삽입
+insert(offset: int, s: String): StringBuilder	문자열 s를 특정 위치에 삽입
+replace(startIndex: int, endIndex: int, s: String): StringBuilder	startIndex와 endIndex 사이를 주어진 문자열로 대체
+reverse(): StringBuilder	문자열 뒤집기(역순으로)
+setCharAt(index: int, ch: char): void	특정 위치의 문자를 대체

그림 8.12 StringBuilder 클래스의 문자열 수정 메소드

StringBuilder 클래스는 기본 자료형의 값, 문자, 문자열을 이어 붙이기 위해 동일한 이름의 다른 형식의 메소드들, 즉 중복정의된 메소드들을 제공한다. 예를 들면, 아래의 코드는 문자나 문자열을 순차적으로 이어 붙여 "Welcome to Java"라는 문자열을 만들어가는 과정을 나타낸다.

```
StringBuilder stringBuilder = new StringBuilder();
stringBuilder.append("Welcome");
stringBuilder.append(' ');
stringBuilder.append("to");
stringBuilder.append(' ');
stringBuilder.append("Java");
```

append

마찬가지로 기본 자료형의 값, 문자, 문자열을 삽입하는 중복정의된 메소드를 제공한다. 다음 코드를 보자.

```
stringBuilder.insert(11, "HTML and ");
```

insert

위 예는 stringBuilder 객체의 11번째 위치에 "HTML and "라는 문자열을 삽입하는 코드로써 실행 후 stringBuilder 객체의 내용은 "Welcome to HTML and Java"가 된다.

또한 문자나 일부 문자열의 삭제는 delete 메소드, 대체는 replace 메소드, 문자열을 역순으로 뒤집을 때는 reverse 메소드, 문자열의 특정 문자를 바꿀 때는 setCharAt 메소드를 사용할 수 있다.

다음은 이러한 메소드들의 사용과 실행 후 stringBuilder 객체의 내용을 나타낸다.

delete
deleteCharAt
reverse
replace
setCharAt

`stringBuilder.delete(8, 11)` changes the builder to `Welcome Java`.
`stringBuilder.deleteCharAt(8)` changes the builder to `Welcome o Java`.
`stringBuilder.reverse()` changes the builder to `avaJ ot emocleW`.
`stringBuilder.replace(11, 15, "HTML")` changes the builder to `Welcome to HTML`.
`stringBuilder.setCharAt(0, 'w')` sets the builder to `welcome to Java`.

setCharAt 메소드를 제외한 나머지 메소드들은 실제로 두 가지 작업을 수행한다:

(1) 문자열 버퍼의 내용 수정
(2) 그 문자열 버퍼의 참조 반환

예를 들어, 다음 코드를 보자.

```
StringBuilder stringBuilder1 = stringBuilder.reverse();
```

위 코드는 reverse 메소드가 현재 버퍼에 있는 문자열을 뒤집는 변환을 하고 반환한 참조를 stringBuilder1에 배정한 것이다. 결과적으로 stringBuilder와 stringBuilder1은 같은 StringBuilder 객체를 가리키게 된다. 일반적으로 반환값이 있는 메소드를 호출할 경우 이와 같이 배정문을 사용해야 하지만 stringBuilder의 경우 반환되는 참조값이 필요없다면 반환값을 무시하고 다음과 같이 간단히 쓸 수 있다.

```
stringBuilder.reverse();
```

TIP

문자열 내용을 수정할 필요가 없다면 StringBuiler 클래스보다는 간단히 String 클래스를 사용하는 것이 성능면에서 훨씬 효율적이다. 자바는 String 클래스에 대해 직영 문자열과 같은 여러 가지 최적화된 기능들을 제공한다.

8.4.2 toString, capacity, length, setLength, charAt 메소드

StringBuilder 클래스의 다른 메소드들은 그림 8.13과 같다.

java.lang.StringBuilder	
+toString(): String	버퍼의 문자열 반환
+capacity(): int	문자열 버퍼의 용량
+charAt(index: int): char	특정 위치의 문자 반환
+length(): int	문자열 길이
+setLength(newLength: int): void	문자열 길이 조정
+substring(startIndex: int): String	startIndex에서 시작하는 부분 문자열 반환
+substring(startIndex: int, endIndex: int): String	startIndex에서 endIndes-1 사이의 부분 문자열 반환
+trimToSize(): void	버퍼의 저장 공간 최적화

그림 8.13 StringBuilder 클래스의 메소드들

먼저 capacity() 메소드는 문자열 버퍼의 현재 용량을 반환하며, 이 때 용량은 저장할 수 있는 문자의 개수를 의미한다. capacity()

length() 메소드는 현재 버퍼에 실제로 저장되어 있는 문자열의 길이를 반환한다. length() setLength(newLength) 메소드는 문자열 버퍼의 문자열 길이를 새로 설정하는 것으로써 인수 newLength가 현재 문자열 길이보다 작거나 같으면 주어진 길이만큼의 문자열로 자르는 효과가 되고, newLength가 현재 문자열 길이보다 크면 현재 문자열 뒤에 그 차이만큼 null 문자('₩u0000')가 채워진다. 그리고 newLength는 반드시 0 또는 양수이어야 한다.

끝으로 charAt(index) 메소드는 특정 위치의 문자를 반환하는 메소드로써 위치는 0부터 시작된다. 즉, 버퍼의 첫 번째 문자의 위치는 0이며, 따라서 인수 index의 범위는 0부터 버퍼의 문자열 길이 사이어야 한다.

NOTE

문자열 길이는 항상 버퍼 용량보다 작거나 같다. 길이는 현재 저장된 문자열의 실제 크기이고 버퍼 용량은 그 버퍼의 현재 저장 용량을 나타낸다. 버퍼 용량은 현재 용량을 초과하는 문자열이 삽입될 때 자동적으로 증가된다. 내부적으로 버퍼는 문자 배열로 구현되기 때문에 버퍼의 용량이란 곧 배열의 크기이며 버퍼 용량이 자동적으로 증가될 때 그 새로운 크기는 (이전 크기 + 1) * 2이다.

TIP

문자열 버퍼 용량을 미리 지정할 때는 new StringBuilder(InitialCapacity)를 사용한다. 이 때 초기 용량인 InitialCapacity에 따라 프로그램의 효율성이 달라지므로 선택에 신중을 기할 필요가 있다. 버퍼 용량을 사용될 문자열의 길이보다 크게 잡으면 자바 가상 머신(JVM)이 버퍼를 추가로 할당할 필요가 없어 좋기는 하지만 남는 버퍼 공간은 메모리 공간의 낭비를 초래할 수 있다. trimToSize() 메소드를 사용하면 실제 사용하는 크기로 버퍼 용량을 최적화할 수 있다.

InitialCapacity

trimToSize()

8.4.3 예제 : 회문 검사 - 문자와 숫자만 검사하기

리스트 8.1의 회문 검사 예제에서는 검사 대상이 모든 종류의 문자였다. 본 예제에서는 글자와 숫자만 비교하는 회문 검사 프로그램을 만들어보자.

방법은 다음과 같다.

1. 문자열에서 글자나 숫자가 아닌 문자들을 걸러낸다. 이를 위해 먼저 빈 문자열 버퍼를 생성하고 주어진 문자열에서 글자와 숫자만 문자열 버퍼로 추가한다. 문자 ch가 글자나 숫자에 속하는지 여부는 isLetterOrDigit(ch) 메소드로 검사한다.
2. 위에서 걸러진 문자열을 뒤집은 새로운 문자열을 만든다. 끝으로 equals 메소드로 뒤집은 문자열과 원래의 걸러진 문자열을 비교한다.

완성된 프로그램은 리스트 8.3과 같다.

리스트 8.3 PalindromeIgnoreNonAlphanumeric.java

```java
import java.util.Scanner;

public class PalindromeIgnoreNonAlphanumeric {
  /** Main method */
  public static void main(String[] args) {
    // Create a Scanner
    Scanner input = new Scanner(System.in);

    // Prompt the user to enter a string
    System.out.print("Enter a string: ");
    String s = input.nextLine();

    // Display result
    System.out.println("Ignoring nonalphanumeric characters, \nis
      + s + " a palindrome? " + isPalindrome(s));
  }

  /** Return true if a string is a palindrome */
  public static boolean isPalindrome(String s) {
    // Create a new string by eliminating nonalphanumeric chars
    String s1 = filter(s);

    // Create a new string that is the reversal of s1
    String s2 = reverse(s1);

    // Compare if the reversal is the same as the original string
    return s2.equals(s1);
  }

  /** Create a new string by eliminating nonalphanumeric chars */
  public static String filter(String s) {
    // Create a string builder
    StringBuilder stringBuilder = new StringBuilder();
```

```
34
35     // Examine each char in the string to skip alphanumeric char
36     for (int i = 0; i < s.length() ; i++) {
37       if (Character.isLetterOrDigit(s.charAt(i))  {
38         stringBuilder.append(s.charAt(i));
39       }
40     }
41
42     // Return a new filtered string
43     return stringBuilder.toString();
44   }
45
46   /** Create a new string by reversing a specified string */
47   public static String reverse(String s) {
48     StringBuilder stringBuilder = new StringBuilder(s);
49     stringBuilder.reverse(); // Use the reverse method
50     return stringBuilder.toString();
51   }
52 }
```

```
Enter a string: ab<c>cb?a ↵Enter
Ignoring nonalphanumeric characters,
is ab<c>cb?a a palindrome? true

Enter a string: abcc><?cab ↵Enter
Ignoring nonalphanumeric characters,
is abcc><?cab a palindrome? false
```

filter(String s) 메소드는 주어진 문자열 s의 각 문자들을 검사하여 글자와 숫자만 걸러 문자열 버퍼에 복사하고, 그 버퍼에 저장된 문자열을 반환한다(31-44행). reverse(String s) 메소드는 주어진 문자열 s의 뒤집어진 문자열을 생성한다. 두 메소드 모두 기존 문자열 수정 없이 새로운 문자열을 만들어 반환한다.

이전의 리스트 8.1에서는 한 문자열에서 앞쪽과 뒤쪽의 문자를 비교하면서 회문 검사를 하였지만, 리스트 8.3은 StringBuilder 클래스의 reverse 메소드를 사용해 뒤집어진 새 문자열을 만들어 원래 문자열과 같은지를 비교하도록 하였다.

8.5 실행 명령어 인수

앞의 프로그램 예들의 main 메소드들을 보면 약간 특이하면서도 공통적인 부분을 발견할 수 있을 것이다. 즉, 메소드 선언 부분인데 모든 main 메소드의 인수는 String[] 자료형의 args인데 그 의미는 말 그대로 문자열들의 배열이다. main 메소드도 하나의 메소드이기 때문에 프로그램 내 다른 메소드들도 main 메소드를 호출할 수 있다. 예를 들어 아래 클래스

B의 main 메소드를 클래스 A에서 호출할 수 있다. 나아가 프로그램 밖의 명령어 창에서도 main 메소드에 인수를 전달할 수 있다.

```
public class A {
  public static void main(String[] args) {
    String[] strings = {"New York",
      "Boston", "Atlanta"};
    B.main(strings);
  }
}
```

```
public class B {
  public static void main(String[] args) {
    for (int i = 0; i < args.length; i++)
      System.out.println(args[i]);
  }
}
```

8.5.1 main 메소드에 문자열 전달하기

명령어로 프로그램을 실행시킬 때 main 메소드에 문자열을 전달할 수 있다. 예를 들어, 다음과 같은 명령어는 TestMain이라는 프로그램을 실행시키면서 arg0, arg1, arg2라는 세 개의 문자열을 프로그램의 main 메소드에 전달한다.

```
java TestMain arg0 arg1 arg2
```

이 때 arg0, arg1, arg2는 각각 그 자체가 문자열로써 명령어 입력 시에는 따옴표를 붙이지 않는다. 문자열의 구분은 공백 문자이며, 만약에 공백 문자를 포함한 문자열을 표현하려면 따옴표로 묶어주어야 한다. 다음 예를 보자.

```
java TestMain "First num" alpha 53
```

위 명령어는 "First num", alpha, 53이라는 세 문자열을 전달하는 것이다. 따옴표로 묶인 "First num"은 물론 문자열이고, 53 또한 숫자가 아니라 문자열로 취급된다. 따라서 53 대신에 "53"이라고 써도 결과는 같다.

프로그램 실행을 위해 main 메소드가 불려질 때 자바 인터프리터는 명령어 인수들을 저장하기 위한 임시 배열을 만들어 인수들을 저장하고 이를 args라는 변수에 의해 참조되도록 한다. 예를 들어, n개의 명령어 인수로 프로그램을 실행시키면 자바 인터프리터는 다음과 같이 임시 배열을 생성한다.

```
args = new String[n];
```

그리고 자바 인터프리터는 main 메소드를 호출할 때 이 args 변수를 전달한다.

NOTE

아무 인수 없이 프로그램을 실행시키더라도 new args[0]에 의해 길이가 0인 배열이 만들어진다. 즉, args는 이 빈 배열을 가리키는 변수로서 그 값이 null이 되는 것은 아니며, 다만 args.length가 0일 뿐이다.

8.5.2 예제 : 계산기

정수 사칙연산을 위한 계산기를 만들어보자. 숫자, 연산자, 숫자로 이어지는 세 개의 인수를 사용하기로 한다. 예를 들어, 두 수를 더할 때 명령어는 다음과 같고,

```
java Calculator 2 + 3
```

그 결과의 출력은 다음과 같다.

```
2 + 3 = 5
```

그림 8.14는 실행 예이다.

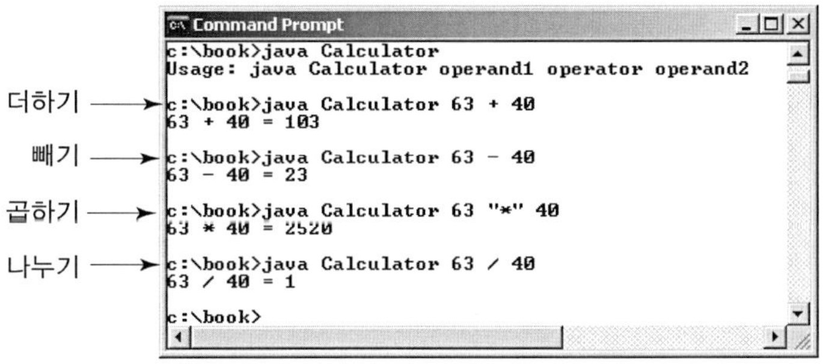

그림 8.14 두 수와 하나의 연산자를 인수로 받아 사칙연산을 수행하는 계산기 프로그램

세 인수들은 배열 args에 문자열로 저장되어 메인 프로그램에 전달된다. 즉, 첫 번째 문자열은 args[0]에 저장되고, args.length에는 문자열들의 개수를 나타낸다.

프로그램 방법은 다음과 같다.

1. 먼저 args.length로 명령어에 세 개의 인수가 제대로 주어졌는지 검사한다. 그렇지 않을 경우 System.exit(0) 메소드로 프로그램을 종료한다.
2. args[1]에 저장된 연산자에 따라 args[0]과 args[2]를 계산한다.

완성된 프로그램은 리스트 8.4와 같다.

리스트 8.4 Calculator.java

```
public class Calculator {
  /** Main method */
  public static void main(String[] args) {
    // Check number of strings passed
    if (args.length != 3) {
      System.out.println(
        "Usage: java Calculator operand1 operator operand2");
      System.exit(0);
    }

```

```
11      // The result of the operation
12      int result = 0;
13
14      // Determine the operator
15      switch (args[1].charAt(0)) {
16        case '+': result = Integer.parseInt(args[0]) +
17                           Integer.parseInt(args[2]);
18                  break;
19        case '-': result = Integer.parseInt(args[0]) -
20                           Integer.parseInt(args[2]);
21                  break;
22        case '*': result = Integer.parseInt(args[0]) *
23                           Integer.parseInt(args[2]);
24                  break;
25        case '/': result = Integer.parseInt(args[0]) /
26                           Integer.parseInt(args[2]);
27      }
28
29      // Display result
30      System.out.println(args[0] + ' ' + args[1] + ' ' + args[2]
31        + " = " + result);
32    }
33 }
```

15행의 Integer.parseInt(args[0])는 숫자로 이루어진 문자열을 수로 바꾸어준다. 문자열에 숫자 이외의 문자가 포함되어 있을 경우 프로그램은 바로 종료된다.

NOTE

그림 8.14의 실행 예를 보면 아래와 같이 곱하기 연산에 * 대신에 "*"를 사용한 것을 볼 수 있다.

```
java Calculator 63 "*" 40
```

자바 개발 환경인 JDK 1.1에서는 명령어 창에 나타나는 * 표시를 현재 디렉토리에 있는 모든 파일들로 해석한다. 따라서 이와 구별하기 위해 따옴표로 묶어 단순 문자열임을 나타낸 것이다. 명령어 창에서 * 표시의 의미를 살려 현재 디렉토리에 있는 모든 파일들을 출력하는 프로그램을 작성하면 아래와 같다. 이 때 실행 명령어는 java Test *이다.

```
public class Test {
  public static void main(String[] args) {
    for (int i = 0; i < args.length; i++)
      System.out.println(args[i]);
  }
}
```

8.6 File 클래스

변수나 배열, 객체에 저장된 데이터는 일시적이다. 즉, 프로그램 종료와 함께 사라진다. 프로그램에서 만들어진 데이터를 영구히 간직하기 위해서는 디스크나 CD에 파일로 저장해야 한다. 저장된 파일은 다른 프로그램이 다시 읽을 수도 있고 서로 주고 받을 수 있다. 본 절에서는 파일의 속성들과 파일 이름을 다루는 File 클래스에 대하여 살펴본다. 실제 파일을 읽고 쓰는 방법에 대해서는 다음 절에서 소개한다.

모든 파일은 파일 시스템 안의 디렉토리에 들어 있다. **절대 파일 이름(absolute file name)** 절대 파일 이름
이란 파일명과 함께 경로 전체를 표기하는 방법으로써, 예를 들어 c:\book\Welcome.java는 윈도우 운영체제의 Welcome.java라는 파일의 절대 파일 이름을 나타내며, 이 때 c:\book을 파일의 **디렉토리 경로**라고 한다. 절대 파일 이름의 표기법은 운영체제에 따라 조금씩 다르다. 디렉토리 경로
유닉스 환경의 절대 파일 이름은 /home/liang/book/Welcome.java와 같고 이 때 /home/liang/book을 경로라고 한다.

java.io.File	
+File(pathname: String)	주어진 경로의 파일이나 디렉토리를 위한 File 객체 생성
+File(parent: String, child: String)	parent 디렉토리 내에 child라는 파일이나 디렉토리를 위한 File 객체 생성
+File(parent: File, child: String)	File 객체인 parent 디렉토리 내에 child라는 파일이나 디렉토리를 위한 File 객체 생성
+exists(): boolean	File 객체에 대한 파일이나 디렉토리가 존재하면 참 값 반환
+canRead(): boolean	File 객체의 파일이 읽기 가능한 파일이면 참 값 반환
+canWrite(): boolean	File 객체의 파일이 쓰기 가능한 파일이면 참 값 반환
+isDirectory(): boolean	File 객체가 디렉토리이면 참 값 반환
+isFile(): boolean	File 객체가 파일이면 참 값 반환
+isAbsolute(): boolean	File 객체의 파일명이 절대 파일 이름이면 참 값 반환
+isHidden(): boolean	File 객체가 숨기 파일이면 참 값 반환
+getAbsolutePath(): String	File 객체의 절대 경로 또는 절대 파일 이름을 반환
+getCanonicalPath(): String	위와 같으나 중복된 경로 제거, 유닉스의 경우 심볼 링크를 풀어 씀
+getName(): String	File 객체의 경로 앞부분을 제외한 마지막 경로 또는 파일명만 반환
+getPath(): String	File 객체의 전체 파일 경로 및 이름 반환
+getParent(): String	File 객체의 부모 디렉토리 반환
+lastModified(): long	파일의 마지막 수정 시각 반환
+length(): long	파일의 크기 반환, 없는 파일이거나 디렉토리이면 0
+listFile(): File[]	File 객체의 디렉토리 내에 모든 파일 이름을 반환
+delete(): boolean	파일 삭제. 작업이 성공적으로 수행되면 참 값 반환
+renameTo(dest: File): boolean	파일명 변경. 작업이 성공적으로 수행되면 참 값 반환

그림 8.15 File 클래스는 파일이나 디렉토리의 속성, 파일명의 변경 및 삭제를 다룸

File 클래스는 파일 처리에 관한 시스템 종속적인 사항들을 개별 시스템에 무관하게 다루기 위해 추상화한 클래스이다. 따라서 File 클래스는 그림 8.15와 같이 파일 이름 및 관련 속성들을 다루는 메소드들을 제공하지만 **파일 자체를 생성하고 파일 내용을 직접 읽고 쓰는 작업은 다루지 않는다.**

파일명은 하나의 문자열이며 File 클래스는 이러한 파일명 문자열을 다루는 일종의 래퍼 클래스이다. 예를 들어 윈도우 운영체제의 경우, new File("c:\\book")은 c:\book 디렉토리를 위한 File 객체를 생성하고, new File("c:\\book\\test.dat")는 c:\\book\\test.dat 파일을 위한 File 객체를 생성한다. 어떤 File 객체가 파일을 가리키는지 디렉토리를 가리키는지는 File 클래스의 isFile() 메소드나 isDirectory() 메소드로 확인할 수 있다.

> **주의** 윈도우 운영체제에서 디렉토리 구분자는 역슬래시(\) 문자이지만 자바에서는 이 문자가 특수 문자에 속하기 때문에 문자열 내에서는 \\ 형태로 표기해야 한다(표 2.5 참고).

> **NOTE** File 객체를 생성하는 것이 파일 자체를 만들어내는 것은 아니다. File 객체는 실제 파일 존재 여부에 관계 없이 임의의 문자열로 만들 수 있다. File 객체에 대한 파일이 실제 존재하는지 여부는 exists() 메소드로 확인할 수 있다.

프로그램에서는 가능하면 절대 파일 이름을 사용하지 않는 것이 좋다. 예를 들어 "c:\\book\\Welcome.java"와 같은 파일명은 윈도우 운영체제에서만 동작된다. 반면에 new File("Welcome.java")는 Welcome.java 파일에 대한 File 객체를 현재 디렉토리에 생성하는 것으로서 운영체제에 관계 없이 동작된다. 또한 new File("image/us.gif")와 같이 us.gif라는 File 객체를 현재 디렉토리의 image라는 세부 디렉토리에 생성할 수 있으며, 이 또한 운영체제에 관계없이 동작된다. 프로그램에서 이처럼 슬래시(/) 문자를 사용한 상대 경로 이름을 사용하면 유닉스든 윈도우든 특정 운영체제에 관계 없이 동작된다.

리스트 8.5는 File 객체를 생성하고 File 클래스의 메소드들을 사용하는 예를 보여준다. 프로그램은 us.gif 파일을 위한 File 객체를 생성한다. us.gif 파일은 현재 디렉토리의 image 디렉토리 아래 있다.

리스트 8.5 TestFileClass.java

exists()
length()
canRead()
canWrite()
isDirectory()

```java
public class TestFileClass {
  public static void main(String[] args) {
    java.io.File file = new java.io.File("image/us.gif");
    System.out.println("Does it exist? " + file.exists() );
    System.out.println("The file has " + file.length() + " bytes");
    System.out.println("Can it be read? " + file.canRead());
    System.out.println("Can it be written? " + file.canWrite());
    System.out.println("Is it a directory? " + file.isDirectory());
```

```
 9      System.out.println("Is it a file? " + file.isFile());
10      System.out.println("Is it absolute? " + file.isAbsolute());
11      System.out.println("Is it hidden? " + file.isHidden());
12      System.out.println("Absolute path is " +
13        file.getAbsolutePath());
14      System.out.println("Last modified on " +
15        new java.util.Date(file.lastModified()));
16    }
17 }
```

isFile()
isAbsolute()
isHidden()
getAbsolutePath()
lastModified()

위 14행에서 15행의 lastModified() 메소드는 마지막 수정된 날짜와 시각을 반환한다. 이때 시간은 1970년 1월 1일 이후 경과 시간을 밀리초 단위로 계산한 시간인데, Date 클래스를 통해 일반적인 표기법인 년월일 형식으로 출력된다.

그림 8.16(a)는 윈도우 환경의 출력 결과이고, 그림 8.16(b)는 유닉스 환경의 출력 결과이다. 그림에서 보다시피 두 운영체제의 경로 표기 방식이 서로 다른 것을 알 수 있다.

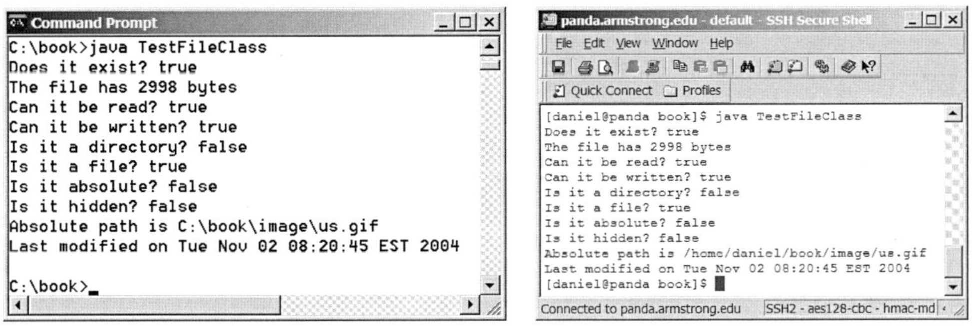

(a) 윈도우 운영체제　　(b) 유닉스 운영체제

그림 8.16 File 객체 생성 및 속성 검사

8.7 파일 입출력

File 객체는 파일명이나 경로 이름을 추상화한 것으로써 실제 파일에 데이터를 읽고 쓰는 기능은 제공하지 않는다. 입출력 기능을 수행하려면 별도의 자바 입출력 관련 클래스들을 사용해야 한다. 본 절에서는 Scanner 클래스와 PrintWriter 클래스를 통한 텍스트 파일의 입출력에 대하여 알아본다.

8.7.1 PrinterWriter로 데이터 쓰기

텍스트 파일에 데이터를 쓰기 위해 java.io.PrintWriter 클래스를 사용할 수 있다. 우선 텍스트 파일을 위한 PrintWriter 객체 생성은 다음과 같다.

```
PrintWriter output = new PrintWriter(filename);
```

생성된 PrintWriter 객체를 통해 print, println, printf와 같은 쓰기 관련 메소드들을 호출할 수 있다. 그림 8.17은 이러한 PrintWriter 클래스의 주요 메소드들이다.

java.io.PrintWriter	
+PrintWriter(filename: String)	주어진 파일에 대한 PrintWriter 객체 생성
+print(s: String): void	문자열 쓰기
+print(c: char): void	문자 쓰기
+print(cArray: char[]): void	문자 배열 쓰기
+print(i: int): void	int 자료형 정수값 쓰기
+print(l: long): void	long 자료형 정수값 쓰기
+print(f: float): void	float 자료형 실수 쓰기
+print(d: double): void	double 자료형 실수 쓰기
+print(b: boolean): void	boolean 값 쓰기
println 중복정의 메소드	print 메소드와 동일하나 줄바꿈 추가
printf 중복정의 메소드	3.6절, "콘솔 출력 형식화하기" 참고

그림 8.17 텍스트 파일 쓰기를 위한 PrintWriter 클래스의 메소드

리스트 8.6은 먼저 PrintWriter의 인스턴스를 생성하고 "scores.txt"라는 파일에 두 줄의 문자열을 쓰는 프로그램이다. 각 줄은 이름(문자열), 중간 이름 첫 글자(문자), 성(문자열), 성적(정수)으로 구성된다.

리스트 8.6 WriteData.java

```
1 public class WriteData {
2   public static void main(String[] args) throws Exception {
3     java.io.File file = new java.io.File("scores.txt");
4     if (file.exists()) {
5       System.out.println("File already exists");
6       System.exit(0);
7     }
8
9     // Create a file
10    java.io.PrintWriter output = new java.io.PrintWriter(file);
11
12    // Write formatted output to the file
13    output.print("John T Smith ");
14    output.println(90);
15    output.print("Eric K Jones ");
16    output.println(85);
17
18    // Close the file
19    output.close();
20  }
21 }
```

scores.txt:

```
John T Smith 90
Eric K Jones 85
```

프로그램의 3행에서 7행은 새로 만들 scores.txt라는 이름의 파일이 이미 있는지를 검사하여 있다면 프로그램을 종료한다.

파일 생성 문장은 new PrintWriter(String filename)이다. 이 생성자는 주어진 이름의 파일을 새로 만드는데, 주의할 점은 만약에 기존에 파일이 있다면 그 내용은 모두 지워진다.

파일 생성자인 new PrintWriter(String filename)의 호출은 입출력 예외를 야기할 수 있다. 자바에서는 예외 처리를 위한 코드를 프로그램에 포함할 것을 권장하고 있는데, 예외 처리에 대한 상세한 내용은 19장에서 다루기로 하고, 여기서는 간단히 메소드 선언부에 throws Exception이라고 선언한다는 것만 알아두자(2행).

throws Exception

콘솔, 즉 모니터에 문자를 표시할 때는 System.out.print 메소드와 System.out.println 메소드를 사용한다. 이 때 System.out은 콘솔에 대한 자바 표준 객체이다. 파일에 텍스트를 쓸 때에는 print, println, printf 메소드를 사용한다(13-16행).

파일을 닫을 때는 반드시 close() 메소드를 사용해야 한다. 파일이 닫히지 않으면 파일에 쓴 데이터가 제대로 저장되지 않을 수 있다.

8.7.2 Scanner로 데이터 읽기

앞의 2.11절에서 콘솔로부터 문자열이나 값들을 읽을 때 java.util.Scanner 클래스를 사용했다. 스캐너 클래스는 입력된 문자열로부터 공백 문자로 분리된 토큰들을 추출한다. 다음은 키보드 입력을 나타내는 System.in에 대한 스캐너를 생성하는 문장이다.

```
Scanner input = new Scanner(System.in);
```

한편, 파일 입력을 위한 Scanner 생성은 다음과 같다.

```
Scanner input = new Scanner(new File(filename));
```

그림 8.18은 Scanner 클래스의 주요 메소드들이다.

java.util.Scanner	
+Scanner(source: File)	파일로부터의 입력을 위한 스캐너 생성
+Scanner(source: String)	스캐너 닫기
+close()	문자열로부터의 입력을 위한 스캐너 생성
+hasNext(): boolean	읽을 데이터가 남아 있으면 참 값 반환
+next(): String	공백 문자로 구분되는 다음 토큰 반환
+nextline(): String	문자열 한 줄 반환
+nextByte(): byte	다음 토큰을 byte 자료형으로 반환
+nextShort(): short	다음 토큰을 short 자료형으로 반환
+nextInt(): int	다음 토큰을 int 자료형으로 반환
+nextLong(): long	다음 토큰을 long 자료형으로 반환
+nextFloat(): float	다음 토큰을 float 자료형으로 반환
+nextDouble(): double	다음 토큰을 double 자료형으로 반환
+useDelimiter(pattern: String): Scanner	토큰 구분자 변경

그림 8.18 데이터 입력을 위한 Scanner 메소드

리스트 8.7은 스캐너 인스턴스로 "scores.txt" 파일로부터 데이터를 읽는 프로그램이다.

리스트 8.7 ReadData.java

```
1 import java.util.Scanner;
2
3 public class ReadData {
4   public static void main(String[] args) throws Exception {
5     // Create a File instance
6     java.io.File file = new java.io.File("scores.txt");
7
8     // Create a Scanner for the file
9     Scanner input = new Scanner(file);
10
11    // Read data from a file
12    while (input.hasNext()) {
13      String firstName = input.next();
14      String mi = input.next();
15      String lastName = input.next();
16      int score = input.nextInt();
17      System.out.println(
18        firstName + " " + mi + " " + lastName + " " + score);
19    }
20
21    // Close the file
22    input.close();
23  }
24 }
```

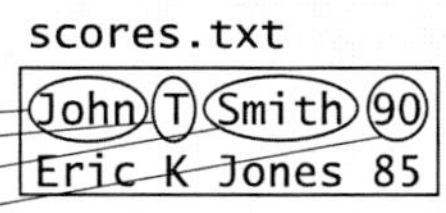

문자열에 대한 스캐너 생성이 new Scanner(String)이므로 파일에 대한 스캐너 생성은 new Scanner(File)이 되고(9행), 이 때 사용되는 파일은 java.io.File 클래스의 new File(filename)으로 생성한다(6행).

throws Exception

파일 스캐너 생성자 new Scanner(File) 호출은 입출력 예외를 야기할 수 있어 이 부분이 포함된 main 메소드에 throws Exception을 선언하였다(6행).

while 반복문에서는 텍스트 파일로부터 이름, 중간 이름, 성, 점수를 읽어 출력하고(12-19행), 끝으로 파일을 닫는다(22행).

쓰기가 아닌 읽기용 파일 닫기는 반드시 필요한 동작은 아니지만 그렇게 하는 것이 좋은 습관이기도 하며, 파일 사용이 끝났음을 시스템에 알려줌으로써 보다 효율적인 자원 관리에도 도움이 된다.

8.7.3 스캐너 클래스 활용

토큰 추출 메소드

토큰은 정해진 구분 문자로 나뉘어지는 기본 단어로써 이를 다루는 **토큰 추출 메소드**에는 next(), nextByte(), nextShort(), nextInt(), nextLong(), nextFloat(), nextDouble() 등이 있다. 기본 구분 문자는 공백 문자이며, 필요에 따라 useDelimiter(String regex) 메소드로 구분 문자를 변경할 수 있다.

토큰 추출 메소드들의 동작 방식을 보면, 주어진 입력 문자열에서 선행하는 구분 문자들을 지나 다음 구분 문자 이전까지의 문자열을 토큰으로 간주한다. 해당 메소드들, 즉 nextByte(), nextShort(), nextInt(), nextLong(), nextFloat(), nextDouble() 메소드에 따라 반환되는 토큰은 각각 byte, short, int, long, float, double 자료형으로 변환된다. 변환하려는 토큰이 메소드의 자료형과 다르면 java.util.InputMismatchException 예외가 발생한다. 한편 next() 메소드는 자료형 변환 과정이 없다.

next() 메소드가 다음 구분 문자 앞의 토큰 한 개를 추출하는 메소드인 반면 nextLine() 메소드는 문자열 한 줄을 읽는 메소드이다. 주의할 점은 줄과 줄을 구분하는 행 분리 문자는 운영체제에 따라 다를 수 있다. 예를 들어 윈도우즈 운영체제의 행 분리 문자는 ₩r₩n이고, 유닉스에서는 ₩n이다.

NOTE

행 분리 문자는 운영체제에 따라 다르다. 윈도우즈 운영체제의 행 분리 문자는 ₩r₩n이고, 유닉스에서는 ₩n이다. 시스템의 행 분리 문자가 무엇인지 알아보는 방법은

```
String lineSeparator = System.getProperty("line.separator");
```

이다. 키보드 입력의 행 분리 문자는 바로 ENTER 키이다.

토큰 추출 메소드들은 구분 문자로 나뉘는 토큰만 읽어낼 뿐 구분 문자 자체는 읽지 않는다. 반면에 nextLine() 메소드는 토큰 구분 문자에 관계없이 행 분리 문자로 나뉘어지는 문자열을 읽기 때문에 토큰 추출 메소드 호출 후 nextLine() 메소드를 호출하면 반환되는 문자열은 바로 전의 토큰 추출 메소드가 읽어가지 않은 구분 문자부터 시작된다. 이와 유사하게 nextLine() 메소드도 행 분리 문자 자체는 반환되는 문자열에 포함시키지 않는다.

예를 들어, 다음과 같은 내용이 포함된 test.txt라는 파일을 가정해 보자.

```
34 567
```

위 파일에 대해 다음의 코드를 실행하면,

```
Scanner input = new Scanner(new File("test.txt"));
int intValue = input.nextInt();
String line = input.nextLine();
```

토큰 추출 메소드 nextInt()로 읽혀진 변수 intValue의 값은 34가 되고, nextLine() 메소드로 읽혀진 문자열은 ' ', '5', '6', '7'이 된다.

입력이 키보드인 경우는 상황이 조금 다르다. 즉, 키보드로 34, ENTER 키, 567, ENTER 키를 순서대로 입력할 때 위와 같은 코드인 다음 프로그램의 결과는 어떻게 될까? 입력이 키보드인 경우

```
Scanner input = new Scanner(System.in);
int intValue = input.nextInt();
String line = input.nextLine();
```

결과는 intValue의 값은 34이지만 문자열 line의 내용은 빈 문자열이 된다. 왜 그럴까? 토큰 추출 메소드인 nextInt()는 구분 문자 이전의 토큰, 즉 이 경우에는 구분 문자가 ENTER 키이므로 첫 번째 ENTER 키 이전인 34를 읽고 구분 문자 자체인 ENTER 키는 읽지 않는다. 이어서 실행되는 nextLine() 메소드는 구분 문자인 ENTER 키 전의 문자열을 읽어내는데 첫 문자가 바로 ENTER 키이므로 결과는 빈 문자열이 된다.

8.7.4 예제 : 텍스트 바꾸기

파일의 특정 단어나 문자열을 모두 새로운 단어나 문자열로 바꾸는 프로그램을 만들어 보자. 프로그램명을 ReplaceText라 하고 실행 명령어 형식은 다음과 같다.

```
java ReplaceText sourceFile targetFile oldString newString
```

예를 들어, 다음 실행은 FormatString.java라는 파일에서 StringBuilder라는 단어를 모두 StringBuffer로 바꾸고 t.txt라는 새 파일로 저장한다.

```
java ReplaceText FormatString.java t.txt StringBuilder StringBuffer
```

리스트 8.8은 완성된 프로그램이다. 먼저 main 메소드에 전달된 인수의 개수를 확인하고 (7-11행), 원본 파일과 목표 파일이 존재하는지를 검사한다(14-25행). 원본 파일을 읽기 위한 스캐너를 만들고(28행), 목표 파일을 쓰기 위한 PrintWriter 객체를 생성하고(33행), 루프문에서는 원본 파일로부터 한 줄을 읽어(32행) 단어를 바꾸고(33행), 변경된 내용을 목표 파일에 쓴다(34행). 끝으로 목표 파일을 닫는다(38행).

리스트 8.8 ReplaceText.java

```
 1 import java.io.*;
 2 import java.util.*;
 3
 4 public class ReplaceText {
 5   public static void main(String[] args) throws Exception {
 6     // Check command line-parameter usage
 7     if (args.length != 4) {
 8       System.out.println(
 9         "Usage: java ReplaceText sourceFile targetFile oldStr newStr");
10       System.exit(0);
11     }
12
13     // Check if source file exists
14     File sourceFile = new File(args[0]);
15     if (!sourceFile.exists()  {
16        System.out.println("Source file " + args[0] + " does not exist");
17        System.exit(0);
18     }
19
20     // Check if target file exists
```

```
    File targetFile = new File(args[1]);
    if (targetFile.exists()  {
      System.out.println("Target file " + args[1] + " already exists");
      System.exit(0);
    }

    // Create input and output files
    Scanner input = new Scanner(sourceFile);
    PrintWriter output = new PrintWriter(targetFile);

    while (input.hasNext() ) {
      String s1 = input.nextLine();
      String s2 = s1.replaceAll(args[2], args[3]);
      output.println(s2);
    }

    input.close();
    output.close();
  }
}
```

8.8 파일 대화상자(GUI)

자바는 파일 목록을 그래픽으로 표시하는 javax.swing.JFileChooser 클래스를 제공한다. 그림 8.19처럼 이러한 파일 대화상자를 통해 파일을 선택할 수 있다.

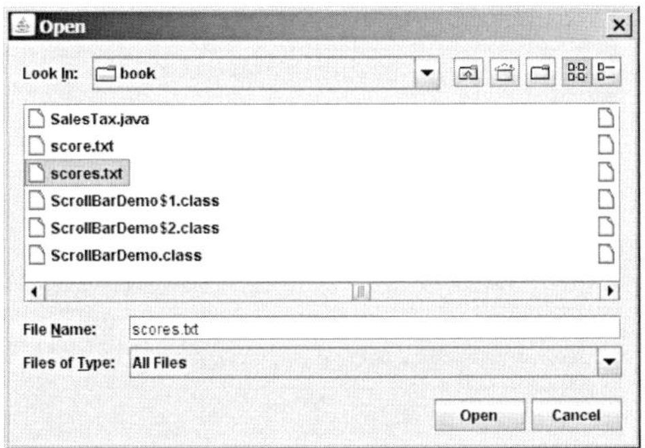

그림 8.19 파일 열기를 위한 JFileChooser

리스트 8.9는 위 그림과 같은 파일 대화상자를 표시하고 선택된 파일의 내용을 콘솔로 보여주는 프로그램이다.

리스트 8.9 ReadFileUsingJFileChooser.java

```
import java.util.Scanner;
import javax.swing.JFileChooser;

```

```
 4 public class ReadFileUsingJFileChooser {
 5   public static void main(String[] args) throws Exception {
 6     JFileChooser fileChooser = new JFileChooser();
 7     if (fileChooser.showOpenDialog(null)
 8         == JFileChooser.APPROVE_OPTION ) {
 9       // Get the selected file
10       java.io.File file = fileChooser.getSelectedFile();
11 
12       // Create a Scanner for the file
13       Scanner input = new Scanner(file);
14 
15       // Read text from the file
16       while (input.hasNext()) {
17         System.out.println(input.nextLine());
18       }
19 
20       // Close the file
21       input.close();
22     }
23     else {
24       System.out.println("No file selected");
25     }
26   }
27 }
```

showOpenDialog

APPROVE_OPTION

6행에서 JFileChooser를 생성하고 showOpenDialog(null) 메소드로 그림 8.19의 창을 화면에 표시한다. 이 메소드는 메뉴의 Open 버튼 또는 Cancel 버튼이 눌렸는지 여부를 나타내는 정수값, 즉 APPROVE_OPTION 또는 CANCEL_OPTION을 반환한다.

getSelectedFile()

10행의 getSelectedFile() 메소드로 선택된 파일을 가져온다. 파일 스캐너를 생성하고(13행), 파일의 내용을 읽어 콘솔로 출력한다(16-18행).

요약

- 문자열은 String 클래스로 캡슐화된 객체이다. 문자열 객체는 11개 생성자들 또는 직접적인 문자열 값 배정을 통해 생성된다.
- String 객체는 불변이다. 즉, 그 내용은 변경되지 않는다. 메모리 절약과 효율성을 위해 JVM에서는 같은 내용의 문자열들을 한 객체로 저장하고 관리하는데, 이러한 객체를 직영 문자열 객체라 한다.
- 문자열의 길이는 length() 메소드, 문자열 내 특정 위치의 문자는 charAt(index) 메소드, 문자열 내 특정 문자나 부분 문자열 검색은 indexOf 및 lastIndexOf 메소드가 사용된다.
- 두 문자열을 연결할 때에는 concat 메소드나 간단히 + 연산자를 사용한다.
- 문자열 내 부분 문자열 추출에는 substring 메소드가 사용된다.

- 문자열 비교에는 equals 및 compareTo 메소드를 사용한다. equals 메소드의 반환값은 두 문자열이 같으면 true, 다르면 false이다. compareTo 메소드의 반환값은 문자열이 같으면 0, 비교하는 문자열이 크면 양수, 작으면 음수값이다.
- Character 클래스는 개별 문자 객체를 위한 포장 클래스, 즉 래퍼 클래스이다. Character 클래스는 문자 처리를 위한 여러 정적 메소드들을 제공하는데, 예를 들면 문자가 글자인지 검사하는 isLetter(char) 메소드, 숫자인지 검사하는 isDigit(char) 메소드, 대문자인지 검사하는 isUpperCase(char) 메소드, 소문자인지 검사하는 isLowerCase(char) 메소드 등이 있다.
- String 클래스보다 보다 고급 기능을 제공하는 유사 클래스로써 StringBuilder/StringBuffer 클래스가 있다. String 객체는 수정될 수 없지만 StringBuilder/StringBuffer 객체는 추가, 삽입, 수정이 가능하다. 따라서 문자열 수정이 필요하면 StringBuilder/StringBuffer 클래스를 사용하고 문자열 수정이 없을 때는 String 클래스를 사용한다.
- 실행 명령어에서 main 메소드에 문자열을 전달할 수 있다. 메인 프로그램에 전달되는 문자열들은 문자열 배열인 args에 저장되고, args[0]은 그 첫 번째 문자열을 나타내며 args.length는 전달되는 문자열의 개수를 나타낸다.
- File 클래스는 파일의 속성과 파일명에 관련된 동작을 다루며 실제로 파일에 데이터를 읽고 쓰는 메소드는 제공하지 않는다.
- 텍스트 파일로부터 데이터 읽기에는 Scanner 클래스를 사용하고, 텍스트 파일에 데이터 쓰기에는 PrintWriter 클래스를 사용한다.
- 파일 창을 그래픽으로 표시하는 데에는 JFileChooser 클래스가 사용된다.

복습문제

8.2절 String 클래스

8.1 다음과 같이 선언된 s1, s2, s3, s4 네 개의 문자열에 대하여 물음에 답하시오.

```
String s1 = "Welcome to Java";
String s2 = s1;
String s3 = new String("Welcome to Java");
String s4 = s3.intern();
```

다음 연산들의 결과를 쓰시오.

```
(1) s1 == s2
(2) s2 == s3
(3) s1.equals(s2)
(4) s2.equals(s3)
(5) s1.compareTo(s2)
(6) s2.compareTo(s3)
(7) s1 == s4
(8) s1.charAt(0)
(9) s1.indexOf('j')
(10) s1.indexOf("to")
(11) s1.lastIndexOf('a')
(12) s1.lastIndexOf("o", 15)
(13) s1.length()
(14) s1.substring(5)
(15) s1.substring(5, 11)
(16) s1.startsWith("Wel")
(17) s1.endsWith("Java")
(18) s1.toLowerCase()
(19) s1.toUpperCase()
(20) "  Welcome ".trim()
(21) s1.replace('o', 'T')
(22) s1.replaceAll("o", "T")
(23) s1.replaceFirst("o", "T")
(24) s1.toCharArray()
```

"Welcome to Java"라는 문자열 객체를 생성하는 방법은 다음과 같이 두 가지이다. 어느 쪽이 더 효율적인 방법인가? 왜 그러한가?

```
String s = "Welcome to Java";

String s = new String("Welcome to Java);
```

8.2 두 문자열 s1과 s2가 있을 때 다음 중 틀린 부분을 모두 찾으시오.

```
String s = new String("new string");
String s3 = s1 + s2;
String s3 = s1 - s2;
s1 == s2;
s1 >= s2;
s1.compareTo(s2);
int i = s1.length();
char c = s1(0);
char c = s1.charAt(s1.length());
```

8.3 다음 코드의 수행 결과를 쓰시오.

```
String s1 = "Welcome to Java";
String s2 = s1.replace("o", "abc");
System.out.println(s1);
System.out.println(s2);
```

8.4 s1이 " Welcome "이고 s2가 "welcome "이라 할 때 다음의 작업들을 수행하기 위한 코드를 쓰시오.

- s1이 s2와 같은지 검사하고 그 결과를 Boolean 변수 isEqual에 저장
- s1이 s2와 같은지를 대소문자 구별 없이 검사하고 그 결과를 Boolean 변수 isEqual에 저장
- s1과 s2를 비교하고 그 결과를 int 변수 x에 저장
- s1과 s2를 대소문자 구별 없이 비교하고 그 결과를 int 변수 x에 저장

- s1의 시작 문자열이 "AAA"인지 검사하고 그 결과를 Boolean 변수 b에 저장
- s1의 끝 문자열이 "AAA"인지 검사하고 그 결과를 Boolean 변수 b에 저장
- s1의 길이를 int 변수 x에 저장
- s1의 첫 번째 문자를 char 변수 x에 저장
- s1과 s2를 연결한 새 문자열 s3 생성
- s1의 1번 위치부터 시작하는 부분 문자열 생성
- s1의 1번에서 4번 위치에 해당하는 부분 문자열 생성
- s1을 모두 소문자로 변환한 새 문자열 s3 생성
- s1을 모두 대문자로 변환한 새 문자열 s3 생성
- s1의 앞뒤 공백 문자를 모두 제거한 새 문자열 s3 생성
- s1의 문자 'e'를 모두 'E'로 바꾼 새 문자열 s3 생성
- "Welcome to Java and HTML"에서 공백 문자로 분리된 토큰들을 추출하여 배열에 저장
- s1에서 문자 'e'가 처음으로 나타나는 위치를 구하여 int 변수 x에 저상
- s1에서 부분 문자열 "abc"가 마지막으로 나타나는 위치를 구하여 int 변수 x에 저장

8.5 String 클래스의 메소드 중 문자열의 내용을 수정할 수 있는 메소드가 있는가?

8.6 문자열 s가 new String(); 문장으로 만들어졌다면 s.length()의 결과는?

8.7 문자, 문자 배열, 숫자를 각각 문자열로 변환하는 방법을 쓰시오.

8.8 다음 프로그램에서 NullPointerException 예외가 발생하는 이유는 무엇인가?

```
public class Test {
  private String text;

  public Test(String s) {
    String text  = s;
  }

  public static void main(String[] args) {
    Test test = new Test("ABC");
    System.out.println(test.text.toLowerCase());
  }
}
```

8.9 다음 프로그램에서 잘못된 점은 무엇인가?

```
public class Test  {
  String text;

```

```
  public void Test(String s) {
    this.text  = s;
  }

  public static void main(String[] args) {
    Test test = new Test("ABC");
    System.out.println(test);
  }
}
```

8.3절 Character 클래스

8.10 어떤 문자가 대문자인지 소문자인지 확인하는 방법은 무엇인가?

8.11 어떤 문자가 글자 또는 숫자인지 확인하는 방법은 무엇인가?

8.4절 StringBuilder/StringBuffer 클래스

8.12 StringBuilder와 StringBuffer의 차이점은 무엇인가?

8.13 문자열로부터 StringBuilder 객체를 생성하는 방법은 무엇인가? StringBuilder 객체로부터 문자열을 추출하는 방법은 무엇인가?

8.14 StringBuilder 클래스의 reverse 메소드를 사용하여 문자열 s를 뒤집는 코드를 3개의 문장으로 작성하시오.

8.15 StringBuilder의 delete 메소드를 사용하여 20개의 문자로 이루어진 문자열 s에서 4번 위치부터 10번 위치 사이의 문자열을 삭제하는 문장을 작성하시오.

8.16 String 및 StringBuilder 문자열 객체의 내부 자료구조는 무엇인가?

8.17 다음과 같이 선언된 두 문자열 s1과 s2에 대해 물음에 답하시오.

```
StringBuilder s1 = new StringBuilder("Java");
StringBuilder s2 = new StringBuilder("HTML");
```

다음 각각의 문장을 수행한 후의 s2의 값을 쓰시오.

```
(1) s1.append(" is fun");
(2) s1.append(s2);
(3) s1.insert(2, "is fun");
(4) s1.insert(1, s2);
(5) s1.charAt(2);
(6) s1.length();
(7) s1.deleteCharAt(3);
(8) s1.delete(1, 3);
(9) s1.reverse();
(10) s1.replace(1, 3, "Computer");
(11) s1.substring(1, 3);
(12) s1.substring(2);
```

8.18 다음 프로그램의 출력은 무엇인가?

```
public class Test {
  public static void main(String[] args) {
    String s = "Java";
    StringBuilder builder = new StringBuilder(s);
    change(s, builder);

    System.out.println(s);
    System.out.println(builder);
  }

  private static void change(String s, StringBuilder builder) {
    s = s + " and HTML";
    builder.append(" and HTML");
  }
}
```

8.5절 실행 명령어 인수

8.19 일반적인 main 메소드 선언은 다음과 같다.

```
public static void main(String[] args)
```

다음 중 위 선언 대신에 사용할 수 있는 것은 무엇인가?

```
public static void main(String args[])
public static void main(String[] x)
public static void main(String x[])
static void main(String x[])
```

8.20 아래 프로그램을 다음과 같은 실행 명령어로 수행하였을 때 각각의 결과를 쓰시오.

1. java Test I have a dream
2. java Test "1 2 3"
3. java Test
4. java Test "*"
5. java Test *

```
public class Test {
  public static void main(String[] args) {
    System.out.println("Number of strings is " + args.length);
    for (int i = 0; i < args.length; i++)
      System.out.println(args[i]);
  }
}
```

8.6절 File 클래스

8.21 File 객체 생성을 위한 다음 코드의 잘못된 점은 무엇인가?

```
new File("c:\book\test.dat");
```

8.22 어떤 파일이 이미 있는지 검사하는 방법은? 파일을 삭제하는 방법은? 파일명을 수정하는 방법은? File 클래스를 사용하여 파일 크기(바이트 수)를 구할 수 있는가?

8.23 입출력 동작에 File 클래스를 사용할 수 있는가? File 객체를 생성하면 디스크 저장 장치에 파일이 만들어지는가?

8.7절 파일 입출력

8.24 파일 쓰기를 위해 PrintWriter 객체를 생성하는 방법은 무엇인가? 리스트 8.6 WriteData.java에서 main 메소드에 throws Exception을 선언하는 이유는 무엇인가? 리스트 8.6에서 close() 메소드를 넣지 않으면 어떤 문제가 생길 수 있는가?

8.25 다음 프로그램을 실행한 후 temp.txt 파일의 내용을 쓰시오.

```
public class Test {
  public static void main(String[] args) throws Exception {
    java.io.PrintWriter output = new
      java.io.PrintWriter("temp.txt");
    output.printf("amount is %f %e\r\n", 32.32, 32.32);
    output.printf("amount is %5.4f %5.4e\r\n", 32.32, 32.32);
    output.printf("%6b\r\n", (1 > 2));
    output.printf("%6s\r\n", "Java");
    output.close();
  }
}
```

8.26 파일 읽기를 위해 스캐너를 생성하는 방법은 무엇인가? 리스트 8.7 ReadData.java에서 main 메소드에 throws Exception을 선언하는 이유는 무엇인가? 리스트 8.7에서 close() 메소드를 넣지 않으면 어떤 문제가 생길 수 있는가?

8.27 존재하지 않는 파일에 대해 스캐너를 생성하려고 하면 어떤 일이 발생하는가? 존재하는 파일에 대해 PrintWriter를 생성하려고 하면 어떤 일이 발생하는가?

8.28 모든 운영체제의 행 분리 문자는 동일한가? 윈도우즈 운영체제의 행 분리 문자는 무엇인가?

8.29 다음 프로그램에서 키보드를 통해 순서대로 45 57.8 789 입력 후 ENTER 키를 입력했을 때 각 변수의 내용은 무엇인가?

```
Scanner input = new Scanner(System.in);
int intValue = input.nextInt();
double doubleValue = input.nextDouble();
String line = input.nextLine();
```

8.30 다음 프로그램에서 키보드를 통해 순서대로 45, ENTER 키, 57.8, ENTER 키, 789, ENTER 키를 입력했을 때 각 변수의 내용은 무엇인가?

```
Scanner input = new Scanner(System.in);
int intValue = input.nextInt();
double doubleValue = input.nextDouble();
String line = input.nextLine();
```

프로그래밍 연습

8.2–8.3절

8.1* (주민등록번호 검사) 주민등록번호를 입력받아 제대로 된 형식인지 검사하는 프로그램을 작성하자. 주민등록번호의 형식은 DDDDDD-DDDDDDD이며, D는 숫자를 나타낸다. 검사 결과에 따라 적합한 형식이면 "적합", 그렇지 않으면 "부적합"이라고 표시하시오.

8.2** (부분 문자열 검사) String 클래스의 indexOf 메소드를 사용하여 어떤 문자열이 다른 문자열의 부분 문자열인지를 검사하는 메소드를 작성하시오. 이 메소드를 사용하여 두 개의 문자열을 입력받아 첫 번째가 두 번째의 부분 문자열인지 검사하는 프로그램을 작성하시오.

8.3** (비밀번호 검사) 대부분의 웹사이트들은 사용자 계정의 비밀번호를 만들 때 몇 가지 제약 조건을 두고 있다. 다음과 같은 비밀번호 제약 조건이 있을 때 입력된 비밀번호 문자열이 이들 조건을 만족하는지를 검사하고, 그 결과에 따라 "적합" 또는 "부적합"이라고 표기하는 프로그램을 작성하시오.

- 비밀번호는 적어도 8개 이상의 문자로 이루어져야 한다.
- 비밀번호에 사용되는 문자는 글자와 숫자이다.
- 비밀번호에는 적어도 2개 이상의 숫자가 포함되어야 한다.

8.4 (문자의 빈도) 문자열에서 특정 문자의 빈도 수를 계산하는 메소드를 작성하시오. 메소드의 선언부는 다음과 같다.

```
public static int count(String str, char a)
```

예를 들어, count("Welcome", 'e')의 호출 결과는 2가 된다.

8.5** (각 숫자의 빈도) 문자열에 포함된 각 숫자의 빈도 수를 계산하는 메소드를 작성하시오. 메소드의 선언부는 다음과 같다.

```
public static int[] count(String s)
```

위 메소드의 반환값은 주어진 문자열에서 10개 숫자의 개별 빈도 수가 저장된 배열이다. 예를 들어 int[] counts = count("12203AB3")의 수행 결과는 counts[0]에 1, counts[1]에 1, counts[2]에 2, counts[3]에 2가 된다.
위 메소드를 이용하여 문자열 "SSN is 343 32 4545 and ID is 434 34 4323"에서 각 숫자의 빈도 수를 계산하는 main 메소드를 작성하시오.

8.6* (문자열의 글자 빈도) 문자열에서 숫자나 기호가 아닌 알파벳 글자 수를 계산하는 메소드를 작성하시오. 메소드 선언부는 다음과 같다.

```
public static int countLetters(String s)
```

countLetters("Java in 2008")를 호출하고 그 결과값을 출력하는 main 메소드를 작성하시오.

8.7* (8진수의 10진수 변환) 문자열로 표현된 8진수를 10진수로 변환하는 메소드를 작성하시오. 메소드 선언부는 다음과 같다.

```
public static int parseOctal(String OctalString)
```

예를 들어, 8진수 75는 10진수로 61($7 \times 8 + 5 = 61$)이므로 parseOctal("75")의 결과는 61이다.

8.8* (2진수의 10진수 변환) 문자열로 표현된 2진수를 10진수로 변환하는 메소드를 작성하시오. 메소드 선언부는 다음과 같다.

```
public static int parseBinary(String binaryString)
```

예를 들어, 문자열 10001의 10진수 값은 17($1 \times 2^4 + 0 \times 2^3 + 0 \times 2^2 + 0 \times 2 + 1 = 17$)이므로 parseBinary("10001")의 반환값은 17이다. 완성된 메소드로 문자열 11111111에 대한 결과를 구하시오. 단, 자바에 내장되어 있는 이진수 변환 메소드인 Integer.parseInt("10001", 2)를 사용하지 말고 구현하시오.

8.4절 StringBuilder/StringBuffer 클래스

8.9** (10진수의 8진수 변환) 10진수 값을 8진수 문자열로 변환하는 메소드를 작성하시오. 메소드 선언부는 다음과 같다.

```
public static String convertDecimalToOctal(int value)
```

8.10** (10진수의 2진수 변환) 10진수 값을 2진수 문자열로 변환하는 메소드를 작성하시오. 메소드 선언부는 다음과 같다.

```
public static String convertDecimalToBinary(int value)
```

변환 방법은 1.5절을 참고하라. 완성된 메소드로 10진수 298과 9123에 대한 결과를 구하시오.

8.11** (문자 섞기) 주어진 문자열의 문자들을 임의로 섞은 문자열을 반환하는 메소드를 작성하시오. 메소드 선언부는 다음과 같다.

```
public static String sort(String s)
```

예를 들어, Shuffle("Welcome")의 결과로 melWcol이 될 수 있다.

8.12** (애너그램) 두 문자열이 애너그램인지 검사하는 메소드들 작성하시오. 애너그램(anagram)이란 같은 문자들로 순서를 달리하여 만들어진 단어나 문장을 의미한다. 예를 들어, "silent"와 "listen"은 애너그램이다. 메소드 선언부는 다음과 같다.

```
public static boolean isAnagram(String s1, String s2)
```

main 메소드를 작성하여 isAnagram("silent", "listen"), isAnagram("garden", "ranged"), isAnagram("split", "lisp")을 호출하여 결과를 출력하시오.

8.5절 실행 명령어 인수

8.13* (최대공약수) 실행 명령어로부터 정수들을 인수로 전달받아 최대공약수를 구하는 프로그램을 작성하시오.

8.14* (수의 합) 실행 명령어 인수로 전달된 수들을 모두 합산하는 두 프로그램을 작성하는데, 첫 번째는 합할 수들을 여러 개의 문자열로 전달하고, 두 번째는 한 문자열 내에서 공백 문자로 분리하여 전달하라. 각각의 프로그램명을 Exercise8_14a와 Exercise8_14b로 할 때 그 실행 예는 다음 그림과 같다.

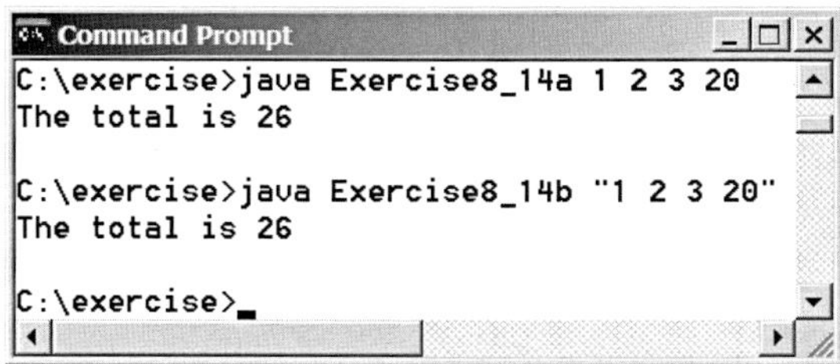

그림 8.20 명령어 인수로 전달된 수의 합 구하기

8.15* (대문자의 개수) main 메소드로 전달된 문자열에서 대문자의 개수를 구하는 프로그램을 작성하시오.

8.7–8.8절

8.16** (소스 코드 편집) next-line 괄호 방식의 자바 소스 코드를 end-of-line 괄호 방식으로 변환하는 프로그램을 작성하시오. 예를 보면 아래 (a)를 next-line 괄호 방식이라 하고, (b)를 end-of-line 괄호 방식이라 한다.

```
public class Test
{
  public static void main(String[] args)
  {
    // Some statements
  }
}
```

(a) Next-line 괄호 방식

```
public class Test {
  public static void main(String[] args) {
    // Some statements
  }
}
```

(b) End-of-line 괄호 방식

변환할 프로그램명과 새로 저장할 이름은 실행 명령어 인수로 전달되어야 한다. 예를 들어, 프로그램 실행 형식은 다음과 같다.

```
java Exercise8_16 Test.java
```

8.17* (**파일의 글자 수, 단어 수, 행 수**) 파일의 행 수, 단어 수, 글자 수(행 분리 특수 문자인 '₩r'과 '₩n'은 제외)를 계산하는 프로그램을 작성하시오. 단어들은 공백 문자, 탭, 행 분리 문자('₩r'과 '₩n')로 구분된다. 파일명은 실행 명령어 인수로 전달되어야 한다. 실행 예는 다음 그림 8.21과 같다.

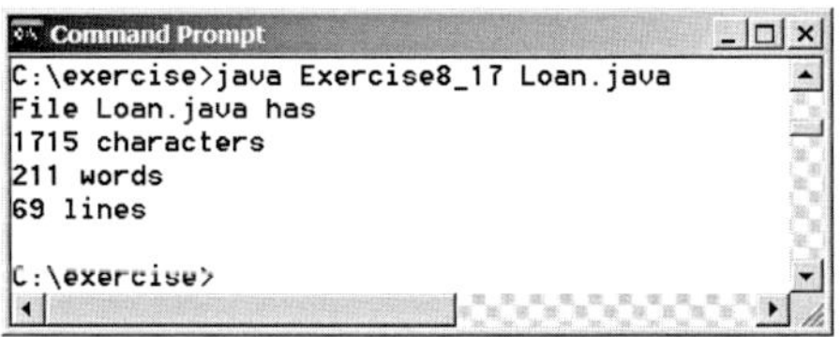

그림 8.21 파일의 글자, 단어, 행 수 세기

8.18* (**파일의 점수 처리**) 여러 개의 점수가 저장된 텍스트 파일, Exercise8_18.txt를 읽어 점수들의 총점과 평균을 구하는 프로그램을 작성하시오. 점수들은 공백 문자로 구분된다.

8.19* (**파일 읽기/쓰기**) 새 파일 Exercise8_19.txt를 생성하는 프로그램을 작성하시오. 텍스트 입출력을 사용해 100개의 난수(정수)를 만들어 저장하고 각 숫자는 공백 문자로 분리한다. 다시 파일로부터 저장된 수들을 읽어 크기 순으로 정렬하여 출력한다.

8.20** (**텍스트 변환**) 리스트 8.8, ReplaceText.java는 원본 파일의 특정 문자열을 주어진 문자열로 변환하고 그 결과를 새로운 파일로 저장하는 프로그램이다. 변환된 결과를 새로운 파일이 아닌 원본 파일로 저장하도록 프로그램을 수정하시오. 예를 들어, 다음과 같이 실행하면 원본 파일의 모든 oldString을 newString으로 바꾸어 다시 파일로 저장한다.

```
java Exercise8_20 file oldString newString
```

8.21** (**텍스트 삭제**) 파일에서 특정 문자열을 모두 삭제하는 프로그램을 작성하시오. 예를 들어, 다음과 같은 실행은 filename이라는 파일에서 John이라는 문자열을 모두 삭제한다.

```
java Exercise8_21 John filename
```

종합문제

8.22** (수도 이름 맞추기) 그림 8.22와 같이 나라의 수도를 맞추는 프로그램을 작성하시오. 그림 (a)와 같이 문제를 내고 답에 대한 결과는 그림 (b)와 같다. 50개 국가의 이름과 수도 이름은 그림 8.23과 같이 2차원 배열로 저장한다. 프로그램은 모두 10개의 문제를 내어 맞춘 점수를 출력한다.

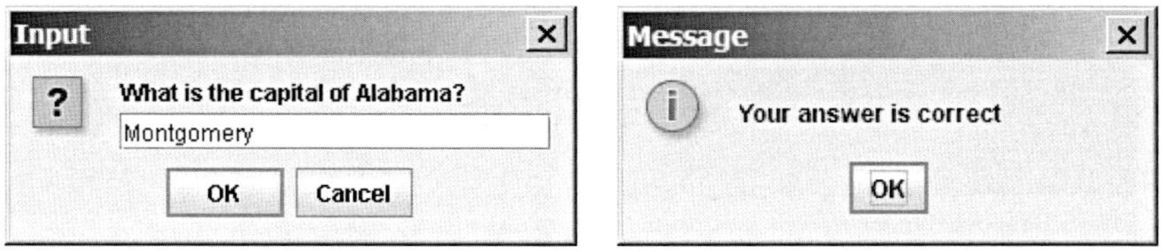

(a) (b)

그림 8.22 수도 이름 맞추기

```
Alabama        Montgomery
Alaska         Juneau
Arizona        Phoenix
...            ...
...            ...
```

그림 8.23 나라와 수도를 저장하는 2차원 배열

8.23** (String 클래스 구현) String 클래스는 자바 라이브러리에서 제공되지만 나만의 문자열 클래스로써 MyString1이라는 클래스를 만들고 다음과 같이 그 클래스에 포함될 메소드들을 구현하시오.

```
public MyString1(char[] chars);
public char charAt(int index);
public int length();
public MyString1 substring(int begin, int end);
public char[] toChars();
public MyString1 toLowerCase();
public boolean equals(MyString1 s);
public static MyString1 valueOf(int i);
```

8.24** (String 클래스 구현) String 클래스는 자바 라이브러리에서 제공되지만 나만의 문자열 클래스로써 MyString2라는 클래스를 만들고 다음과 같이 그 클래스에 포함될 메소드들을 구현하시오.

```
public MyString2(char[] chars);
public int compare(String s);
public MyString2 substring(int begin);
public MyString2 toUpperCase();
public char[] toChars();
public static MyString2 valueOf(boolean b);
```

8.25 (Character 클래스 구현) Character 클래스는 자바 라이브러리에서 제공되지만 나만의 문자 클래스로써 MyCharacter라는 클래스를 만들고 구현하시오.

8.26** (StringBuilder 클래스 구현) StringBuilder 클래스는 자바 라이브러리에서 제공되지만 나만의 문자열 클래스로써 MyStringBuilder1이라는 클래스를 만들고 다음과 같이 그 클래스에 포함될 메소드들을 구현하시오.

```
public MyStringBuilder1();
public MyStringBuilder1(char[] chars);
public MyStringBuilder1(String s);
public MyStringBuilder1 append(MyStringBuilder1 s);
public MyStringBuilder1 append(int i);
public int length();
public char charAt(int index);
public MyStringBuilder1 toLowerCase();
public MyStringBuilder1 substring(int begin, int end);
public String toString();
```

8.27** (StringBuilder 클래스 구현) StringBuilder 클래스는 자바 라이브러리에서 제공되지만 나만의 문자열 클래스로써 MyStringBuilder2라는 클래스를 만들고 다음과 같이 그 클래스에 포함될 메소드들을 구현하시오.

```
public MyStringBuilder2();
public MyStringBuilder2(char[] chars);
public MyStringBuilder2(String s);
public MyStringBuilder2 insert(int offset, MyStringBuilder2 s);
public MyStringBuilder2 reverse();
public MyStringBuilder2 substring(int begin);
public MyStringBuilder2 toUpperCase();
```

8.28* (공통 접두사) 두 문자열의 공통 접두사를 찾는 메소드를 작성하시오. 예를 들어, "distance"와 "disinfection"의 공통 접두사는 "dis"이다. 메소드 선언부는 다음과 같다.

```
public static String prefix(String s1, String s2)
```

공통 부분이 없으면 빈 문자열을 반환한다. 콘솔에 프롬프트를 제시하여 두 개의 문자열을 입력받아 그 둘의 공통 접두사를 출력하는 main 메소드를 작성하시오.

8.29** (문자열 분할 메소드) String 클래스의 split 메소드는 주어진 구분 문자로 분할된 부분 문자열들의 배열을 반환하는데 구분 문자 자체는 결과에 포함되지 않는다. 구분 문자도 결과에 포함시키는 새로운 분할 메소드를 작성하시오. 메소드의 선언부는 다음과 같다.

```
public static String[] split(String s, String regex)
```

예를 들어, split("ab#12#453", "#")의 반환값은 ab, #, 12, #, 453 문자열들이 순서대로 들어 있는 문자열 배열이다. 다른 예로 split("a?b?gf#e", "[?#]")의 반환값은 a, b, ?, b, gf, #, e 문자열이 순서대로 들어 있는 문자열 배열이다.

8.30** (신용카드 번호 검사) 프로그래밍 연습 5.31에서 다음의 메소드들을 사용하여 재설계한 프로그램을 작성하시오.

```
/** Get the result from Step 2 */
public static int sumOfEvenPlace(String cardNumber)

/** Return this number if it is a single digit, otherwise,
     return the sum of the two digits */
public static int getDigit(int number)

/** Return sum of odd place digits in number */
public static int sumOfOddPlace(String cardNumber)
```

8.31** (ISBN 검사) 문자열 연산을 사용하여 프로그래밍 연습 3.19를 간단히 하시오. ISBN은 9개의 숫자로 이루어진 문자열이다.

CHAPTER 09

객체지향적 사고

- 객체 내용 보호를 위해 불변 클래스와 불변 객체를 생성한다(§9.2).
- 클래스에서 변수들의 접근 영역을 결정한다(§9.3).
- 객체 자신을 지칭하는 this 키워드를 사용한다(§9.4).
- 소프트웨어 개발을 위한 클래스 추상화를 적용한다(§9.5).
- 절차 중심 패러다임과 객체지향 패러다임 사이의 차이점을 비교한다(§9.6).
- 객체지향 패러다임을 이용해 프로그램을 설계한다(§§9.7-9.9).

9.1 서론

앞의 두 장에서 객체와 클래스의 개념과 자바 API에서 제공하는 클래스들(Date, Random, JFrame, String, StringBuilder, File, Scanner, PrintWriter 등)로부터 객체를 생성하고 사용하는 방법을 살펴보았다. 이 장에서는 직접 클래스를 설계하고 예제를 통해 객체지향 프로그래밍의 장점에 대하여 알아본다.

9.2 불변 객체와 불변 클래스

불변 객체
불변 클래스

객체를 생성할 때 그 내용을 언제든 수정할 수 있게 하는 것이 당연하다고 생각할 수 있다. 하지만 일단 만들어지고 나면 그 내용을 수정할 수 없도록 객체를 설계하는 것이 보다 바람직할 때가 많다. 이와 같이 수정할 수 없는 객체를 **불변 객체**라 하고, 그에 대한 클래스를 **불변 클래스**라 한다. 대표적인 예가 String 클래스이다. 리스트 7.7의 Circle 클래스도 set 메소드만 제외하면 불변 클래스이다. 즉, radius 변수는 private 변수이기 때문에 set 메소드가 없으면 수정할 수 없다.

한편 모든 데이터 필드가 private 변수이고 변형자 메소드도 없는 클래스라 하더라도 반드시 불변 클래스가 되는 것은 아니다. 다음의 Student 클래스를 보자.

```
public class Student {
  private int id;
  private String name;
  private java.util.Date dateCreated;

  public Student(int ssn, String newName) {
    id = ssn;
    name = newName;
    dateCreated = new java.util.Date();
  }

  public int getId() {
    return id;
  }

  public String getName() {
    return name;
  }

  public java.util.Date getDateCreated() {
    return dateCreated;
  }
}
```

먼저, 위에 사용된 Date 클래스는 4행의 java.util.Date와 같이 이름 전체로 표시하였기 때문에 별도의 import 문장을 쓰지 않았다.

위 Student 클래스를 사용한 다음 코드를 보자. getDateCreated() 메소드를 호출하면 Student 클래스의 인스턴스 데이터 필드인 dateCreated가 반환되고, 이 참조 변수를 통해 dateCreated의 내용을 수정할 수 있다.

```
public class Test {
  public static void main(String[] args) {
    Student student = new Student(111223333, "John");
    java.util.Date dateCreated = student.getDateCreated();
    dateCreated.setTime(200000); // Now dateCreated field is changed!
  }
}
```

따라서 불변 클래스가 되려면 다음의 조건이 충족되어야 한다.

- 모든 데이터 필드를 private로 선언할 것
- 변형자 메소드가 없을 것
- 내부 데이터 필드에 대한 참조를 반환하는 메소드가 없을 것

9.3 변수 접근 영역

5장, 메소드에서는 지역 변수와 그 접근 규칙에 대하여 살펴보았다. 본 절에서는 클래스 차원에서 여러 가지 변수들의 접근 영역에 대하여 알아본다.

클래스의 인스턴스 변수와 정적 변수를 클래스 변수 혹은 클래스 데이터 필드라 하고, 메소드 내에서 정의된 변수를 지역 변수라 한다. 클래스 변수의 접근 영역은 그 변수가 선언된 위치에 관계 없이 클래스 전체이다. 클래스 변수나 메소드는 선언된 위치나 순서에 상관없지만(그림 9.1(a)) 그 변수가 사용되는 문장보다는 앞에 나와야 한다(그림 9.1(b)). 일반적으로 데이터 필드는 클래스 시작 부분에 선언한다.

```
public class Circle {
  public double findArea() {
    return radius * radius * Math.PI;
  }
  private double radius = 1;
}
```

(a) radius 변수와 findArea 메소드는 어떤 순서로든 선언될 수 있다.

```
public class Foo {
  private int i;
  private int j = i + 1;
}
```

(b) j의 초기값이 i에 의존하기 때문에 i는 j보다 전에 선언되어야 한다.

그림 9.1 클래스 변수는 어디에서나 선언될 수 있지만 참조 전에는 선언되어야 한다.

같은 이름의 지역 변수가 여러 메소드에서 선언될 수 있지만 클래스 변수 선언은 중복될 수 없다.

만일 지역 변수가 클래스 변수의 이름과 같으면 지역 변수가 우선 참조되어 해당 메소드 안에서는 클래스 변수가 **보이지 않게** 된다. 예를 들어, 다음 프로그램은 x가 인스턴스 변수이면서 지역 변수로도 선언된 경우이다.

```
class Foo {
  int x = 0; // Instance variable
  int y = 0;

  Foo() {
  }

  void p() {
    int x = 1; // Local variable
    System.out.println("x = " + x);
    System.out.println("y = " + y);
  }
}
```

f가 Foo 클래스의 인스턴스라 할 때 f.p()의 결과는 어떻게 될까? 답은 x는 1이고, y는 0이 된다. 그 이유는 다음과 같다.

- x는 초기값이 0으로 선언된 데이터 필드이면서 초기값이 1인 지역 변수로 선언되었지만 메소드 안에서는 지역 변수가 우선 참조되므로 초기값이 1인 지역 변수 x가 참조된다.
- y는 p() 메소드 밖에 있지만 데이터 필드로 선언되었으므로 클래스 내 어디서나 참조될 수 있다.

TIP

프로그램 오류를 범하지 않도록 인스턴스 변수나 정적 변수 이름을 지역 변수로 사용하지 않는 것이 좋다. 단, 메소드 매개변수의 경우는 예외이다.

9.4 this 키워드

숨겨진 데이터 필드

this는 객체 자신을 가리키는 키워드이다. 주로 클래스의 **숨겨진 데이터 필드**를 참조할 때 사용된다. 예를 들어 메소드의 매개변수 이름을 객체의 속성 이름으로 사용하는 경우가 많은데, 이 때 인수로 전달된 값을 객체 속성에 배정할 때 메소드를 호출한 객체 자신을 지칭하기 위해 this 키워드가 사용된다. 이와 같이 this 키워드는 메소드를 호출한 객체 자신을 가리키므로 인스턴스 변수를 참조할 때만 사용해야하며, 정적 변수를 가리킬 때는 ClassName.StaticVariable 형태를 사용해야 한다(그림 9.2(a) 참고).

```
public class Foo {
  int i = 5;
  static double k = 0;

  void setI(int i) {
    this.i = i;
  }

  static void setK(double k) {
    Foo.k = k;
  }
}
```

(a)

```
Suppose that f1 and f2 are two objects of Foo.

Invoking f1.setI(10) is to execute
   this.i = 10, where this refers f1

Invoking f2.setI(45) is to execute
   this.i = 45, where this refers f2
```

(b)

그림 9.2 this 키워드는 메소드를 호출한 객체 자신을 가리킨다.

위 그림에서 this.i = i의 의미는 매개변수 i의 값을 호출 객체의 데이터 필드 i에 저장하라는 것이다. 즉, this 키워드는 그림 9.2(b)와 같이 setI 메소드를 호출한 객체 자신을 나타낸다. Foo.k=k는 매개변수 k의 값을 클래스의 정적 데이터 필드(Foo 클래스 타입을 갖는 인스턴스들이 공유하는) k에 배정하라는 의미이다.

this 키워드가 사용되는 또 다른 경우는 생성자 내에서 같은 클래스에 있는 다른 생성자를 호출할 때이다. 예를 들어, Circle 클래스를 다음과 같이 수정한다고 가정해 보자. 다른 생성자를 호출

```
public class Circle {
  private double radius;

  public Circle(double radius) {
    this.radius = radius;
  }

  public Circle() {
    this(1.0);
  }

  public double getArea() {
    return this.radius * this.radius * Math.PI;
  }
}
```

새로 생성되는 객체의 인스턴스 변수인 radius를 참조하려면 반드시 this 키워드를 사용해야 함

여기서의 this는 다른 생성자를 호출하는 의미

this는 메소드를 호출한 객체를 지칭함.
이 경우 this는 생략 가능

두 번째 생성자의 this(1.0)은 실수형 인수 한 개가 있는 다른 생성자를 호출하는 것이다.

TIP

클래스에 여러 생성자가 있을 경우 가능하면 this(arg-list) 형식을 사용하는 것이 좋다. 즉, 인수의 개수가 적은 생성자에서 인수의 개수가 더 많은 생성자를 호출할 때this(arg-list)를 사용한다. 이러한 방식을 사용하면 구현은 물론 코드의 이해와 관리도 쉬워진다.

NOTE

생성자에서 this(arg-list) 문장을 사용할 때는 반드시 다른 문장들보다 앞에 나타나야 한다.

9.5 클래스 추상화와 캡슐화

클래스 추상화

클래스 캡슐화

5장, "메소드"에서 메소드 추상화와 이를 프로그램 개발에 어떻게 사용하는지에 대하여 살펴보았다. 본 절에서는 클래스의 추상화와 캡슐화에 대하여 알아본다. **클래스 추상화**는 클래스의 구현과 그 사용을 서로 분리하는 것이다. 클래스 설계자는 외부 사용자에게 그 클래스의 사용법을 제공하는데, 이렇게 기술된 클래스의 동작 방식, 접근 가능한 메소드 및 데이터 필드들을 통틀어 클래스 약정서(class's contractor)라고 한다. 그림 9.3에서 보듯이 사용자는 클래스가 어떻게 구현되어 있는지 알 필요가 없다. 구현의 세부 사항은 숨겨지고 캡슐화되는데, 이러한 과정을 **클래스 캡슐화**라고 부른다. 예를 들면 Circle 클래스의 내부 구현을 알고 있지 않더라도 Circle 객체를 만들고 그 원의 면적을 구할 수 있다.

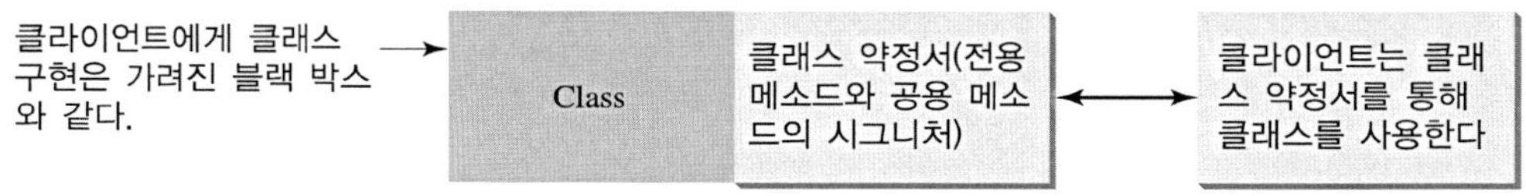

그림 9.3 클래스 추상화는 클래스의 구현과 클래스의 사용을 분리하는 것

클래스 추상화와 캡슐화는 동전의 양면과 같다. 우리 주변에서도 클래스 추상화 개념과 유사한 사례를 어렵지 않게 찾아볼 수 있다. 예를 들어, 컴퓨터를 조립하는 경우를 보자. 컴퓨터는 CPU, CD-ROM, 주기판, 팬 등 다양한 부품들로 만들어지는데, 이들 각각의 부품을 고유의 기능인 메소드와 속성들을 가진 객체로 볼 수 있다. 이들 부품을 조립할 때 각 부품의 내부가 어떻게 만들어졌는지 알지 못해도 서로 어떻게 연결되는지만 알면 완성된 컴퓨터를 만들 수 있다. 즉, 각 부품의 내부 구현은 숨겨져 있고 캡슐화되어 있다라고 말할 수 있다.

이 같은 컴퓨터 시스템의 조립 과정이 바로 객체지향적 접근 방식의 모습이다. 각 부품은 부품 클래스로부터 만들어진 하나의 객체로 볼 수 있으며, 부품 클래스는 팬을 예를 들면, 다양한 종류의 팬들, 즉 크기, 속도 등의 속성을 갖는 부품들을 만들어내는 청사진이다. 팬 부품은 팬 클래스로부터 특정 속성값에 따라 생성된 인스턴스라 할 수 있다.

다른 예로 은행 대출을 생각해 보자. 대출 한 건은 대출은 대출 클래스의 한 객체로 볼 수 있다. 대출 금액, 이율, 대출 기간 등은 바로 데이터 속성들이고, 월 이자, 원리금 상환 금액 등은 그 메소드들이라 할 수 있다. 할부로 차를 사면서 대출을 받는 것은 계약 시 설정된 대출 기간, 이율, 대출 금액으로 대출 객체를 생성하는 것이며, 매월 할부금을 갚는 것은 메소드를 사용하는 것이다. 대출을 받은 사용자, 즉 대출 객체 입장에서는 이 메소드들이 은행 내부에서 어떻게 작동하는지 알 필요가 없다.

리스트 2.7, ComputeLoan.java를 수정하여 대출 클래스를 만들어 보자. 그림 9.4는 대출 클래스를 위한 UML 클래스 다이어그램이다.

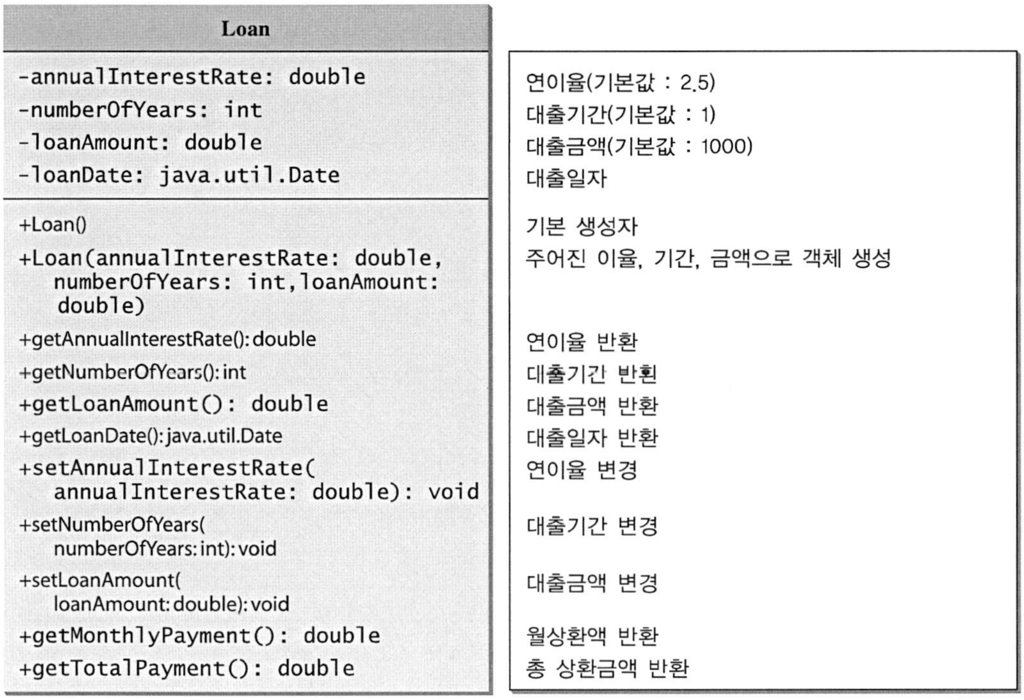

그림 9.4 대출 클래스

그림 9.4의 UML 다이어그램이 바로 대출 클래스에 대한 클래스 약정서다. 이 책을 통해 공부하는 동안 여러분은 클래스 구현자가 되기도 하고 클래스 사용자가 되기도 할 것이다. 클래스 사용자 입장에서는 사용할 클래스의 약정서만 있으면 그 클래스의 상세 구현에 상관없이 클래스를 사용할 수 있어야 한다. 그러면, 그림 9.4의 Loan 클래스가 구현되어 있다고 가정하고 Loan 클래스를 사용하는 대출 테스트 프로그램을 먼저 만들어보자(리스트 9.1).

리스트 9.1 TestLoanClass.java

```java
import java.util.Scanner;

public class TestLoanClass {
  /** Main method */
  public static void main(String[] args) {
    // Create a Scanner
    Scanner input = new Scanner(System.in);

    // Enter yearly interest rate
    System.out.print(
      "Enter yearly interest rate, for example, 8.25: ");
    double annualInterestRate = input.nextDouble();

    // Enter number of years
    System.out.print("Enter number of years as an integer: ");
    int numberOfYears = input.nextInt();
```

Create Loan object

```
17
18      // Enter loan amount
19      System.out.print("Enter loan amount, for example, 120000.95: ");
20      double loanAmount =  input.nextDouble();
21
22      // Create Loan object
23      Loan loan =
24        new Loan(annualInterestRate, numberOfYears, loanAmount);
25
26      // Format to keep two digits after the decimal point
27      double monthlyPayment =
28        (int)(loan.getMonthlyPayment () * 100) / 100.0;
29      double totalPayment =
30        (int)(loan.getTotalPayment () * 100) / 100.0;
31
32      // Display results
33      System.out.println("The loan was created on " +
34        loan.getLoanDate().toString() + "\nThe monthly payment is " +
35        monthlyPayment + "\nThe total payment is " + totalPayment);
36    }
37  }
```

```
Enter yearly interest rate, for example, 8.25: 2.5 [Enter]
Enter number of years as an integer: 5 [Enter]
Enter loan amount, for example, 120000.95: 1000 [Enter]
The loan was created on Sat Jun 10 21:12:50 EDT 2006
The monthly payment is 17.74
The total payment is 1064.84
```

main 메소드는 연 이율, 대출 기간, 대출 금액을 읽어 Loan 객체를 생성한다. Loan 클래스의 인스턴스 메소드를 통해 월 상환액(33-34행), 총 상환액(35-36행)을 계산한다.

자, 이제 Loan 클래스의 구현을 보자(리스트 9.2).

리스트 9.2 Loan.java

```
public class Loan  {
  private double annualInterestRate;
  private int numberOfYears;
  private double loanAmount;
  private java.util.Date loanDate;

  /** Default constructor */
  public Loan() {
    this(2.5, 1, 1000);
  }

  /** Construct a loan with specified annual interest rate,
      number of years and loan amount */
  public Loan(double annualInterestRate, int numberOfYears,
      double loanAmount) {
```

```
    this.annualInterestRate = annualInterestRate;
    this.numberOfYears = numberOfYears;
    this.loanAmount = loanAmount;
    loanDate = new java.util.Date();
  }

  /** Return annualInterestRate */
  public double getAnnualInterestRate() {
    return annualInterestRate;
  }

  /** Set a new annualInterestRate */
  public void setAnnualInterestRate(double annualInterestRate) {
    this.annualInterestRate = annualInterestRate;
  }

  /** Return numberOfYears */
  public int getNumberOfYears() {
    return numberOfYears;
  }

  /** Set a new numberOfYears */
  public void setNumberOfYears(int numberOfYears) {
    this.numberOfYears = numberOfYears;
  }

  /** Return loanAmount */
  public double getLoanAmount() {
    return loanAmount;
  }

  /** Set a newloanAmount */
  public void setLoanAmount(double loanAmount) {
    this.loanAmount = loanAmount;
  }

  /** Find monthly payment */
  public double getMonthlyPayment() {
    double monthlyInterestRate = annualInterestRate / 1200;
    double monthlyPayment = loanAmount * monthlyInterestRate / (1 -
      (Math.pow(1 / (1 + monthlyInterestRate), numberOfYears * 12)));
    return monthlyPayment;
  }

  /** Find total payment */
  public double getTotalPayment() {
    double totalPayment = getMonthlyPayment() * numberOfYears * 12;
    return totalPayment;
  }

  /** Return loan date */
  public java.util.Date getLoanDate() {
    return loanDate;
  }
}
```

클래스 개발자 입장에서는, 그 클래스가 다양한 사용자에게 고루 유용하도록 설계하여야 한다. 그러기 위해서 여러 가지 상황에 대비한 메소드, 데이터 속성, 생성자들을 제공하여야 한다.

위의 Loan 클래스는 2개의 생성자, 4개의 획득자 메소드, 3개의 설정자 메소드, 그리고 월 상환액 계산 메소드와 총 상환액 계산 메소드로 구성되었다. 이를 통해 대출 객체는 인수 없이, 또는 특정 이율, 기간, 금액을 인수로 주어 생성할 수 있으며 객체 생성 시 대출일이 loanDate에 저장된다. getLoanDate 메소드는 대출 일자를 반환하고, 3개의 획득자 메소드, 즉 getAnnualInterest, getNumberOfYears, getLoanAmount 메소드는 각각 연이율, 대출 기간, 대출 금액을 반환한다. Loan 클래스의 모든 데이터 속성들과 메소드들은 특정 인스턴스에 관련되므로 모두 인스턴스 변수이거나 인스턴스 메소드이다.

TIP

그림 9.4의 UML 다이어그램처럼 이제부터는 클래스의 세부 구현에 앞서 그 클래스를 사용하는 테스트 프로그램을 먼저 작성하도록 하라. 이러한 방식은 적어도 세 가지 장점이 있다.

- 클래스의 구현과 사용이 분명히 별개의 작업임을 인식할 수 있음
- 클래스 내부의 복잡한 기능을 미리 구현하느라 시간 낭비할 필요가 없음
- 구현에 앞서 사용을 먼저 해 봄으로써 클래스의 기능을 보다 명확히 이해하고 구현도 더 쉽게 할 수 있음

따라서 이후의 예제에서는 클래스 구현에 앞서 객체를 생성해 보고 메소드를 호출하는 테스트 프로그램을 먼저 작성하고 그 이후에 클래스를 구현하도록 하자.

9.6 객체지향적 사고

1장에서 6장까지는 반복문이나 메소드, 배열 등 기본 문법을 사용하여 문제를 풀어보는 프로그래밍의 기초적인 사용법에 대한 학습이었다. 클래스를 사용하면 활용도 높은 재사용가능한 소프트웨어 개발에 적합한 모듈화 및 유연성을 제공할 수 있다. 본 절에서는 객체지향적 접근 방식으로 3장의 문제들을 다시 살펴보고 개선한다. 이 과정을 통해 여러분은 절차적 프로그래밍과 객체지향 프로그래밍의 차이를 이해할 수 있고 객체와 클래스를 통한 문제해결의 장점들을 파악할 수 있을 것이다.

체질량 지수를 계산하는 리스트 3.6, ComputeBMI.java는 재사용이 어려운 코드이다. 이를 재사용가능한 코드로 만들기 위해 먼저 다음과 같이 메소드를 정적 메소드로 정의하자.

```
public static double getBMI(double weight, double height)
```

이제 이 메소드는 외부 어디서든 키와 몸무게만 있으면 체질량 지수를 계산하는데 활용될 수 있다. 그러나 아직 문제점이 있다. 키와 몸무게가 누구의 것인지를 지정하려면 그 사람의

이름과 생년월일 정보가 같이 묶여져야 한다. 일차적인 해결책은 이를 저장할 별도의 변수들을 두는 방법이지만 이 경우 이들 데이터들이 서로 밀접하게 연관되지 못한다는 문제점이 있다. 이들을 묶는 이상적인 방법은 하나의 객체로 만드는 것이다. 각각의 값들이 개별 객체이기 때문에 이들을 데이터 필드로 갖는 새로운 객체가 필요하다. 결과는 그림 9.5와 같은 BMI 클래스이다.

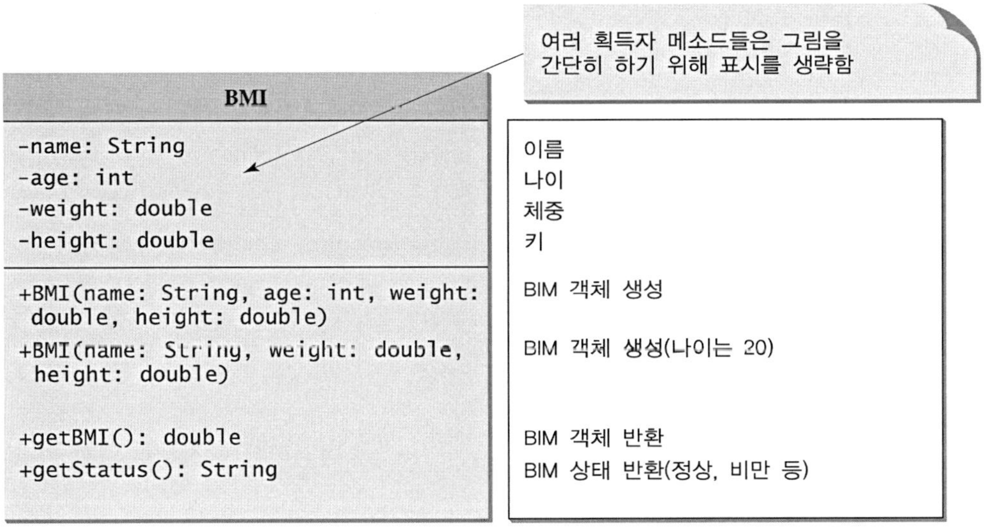

그림 9.5 BMI 정보를 캡슐화한 BMI 클래스

BMI 클래스가 구현되어 있다고 가정하고 먼저 테스트 프로그램을 작성하자(리스트 9.3).

리스트 9.3 UseBMIClass.java

```java
public class UseBMIClass {
  public static void main(String[] args) {
    BMI bmi1 = new BMI("John Doe", 18, 145, 70);
    System.out.println("The BMI for " + bmi1.getName() + " is "
      + bmi1.getBMI() + " " + bmi1.getStatus());

    BMI bmi2 = new BMI("Peter King", 215, 70);
    System.out.println("The BMI for " + bmi2.getName() + " is "
      + bmi2.getBMI() + " " + bmi2.getStatus());
  }
}
```

```
The BMI for John Doe is 20.81 normal weight
The BMI for Peter King is 30.85 seriously overweight
```

3행에서 John Doe라는 사람의 객체 bmi1과 7행에서 Peter King이라는 사람의 객체 bmi2를 만들었다. 또한 BMI 객체로부터 정보를 얻기 위해 getName(), getBMI(), getStatus() 메소드를 사용하였다.

이제 BMI 클래스를 구현해 보자(리스트 9.4).

리스트 9.4 BMI.java

getBMI

getStatus

```
public class BMI {
  private String name;
  private int age;
  private double weight; // in pounds
  private double height; // in inches
  public final double KILOGRAMS_PER_POUND = 0.45359237;
  public final double METERS_PER_INCH = 0.0254;

  public BMI(String name, int age, double weight, double height) {
    this.name = name;
    this.age = age;
    this.weight = weight;
    this.height = height;
  }

  public BMI(String name, double weight, double height) {
    this(name, 20, weight, height);
  }

  public double getBMI() {
    double bmi = weight * KILOGRAMS_PER_POUND /
      ((height * METERS_PER_INCH) * (height * METERS_PER_INCH));
    return Math.round(bmi * 100) / 100.0;
  }

  public String getStatus() {
    double bmi = getBMI();
    if (bmi < 16)
      return "seriously underweight";
    else if (bmi < 18)
      return "underweight";
    else if (bmi < 24)
      return "normal weight";
    else if (bmi < 29)
      return "overweight";
    else if (bmi < 35)
      return "seriously overweight";
    else
      return "gravely overweight";
  }

  public String getName() {
    return name;
  }

```

```
  public int getAge() {
    return age;
  }

  public double getWeight() {
    return weight;
  }

  public double getHeight() {
    return height;
  }
}
```

키와 몸무게로부터 체질량 지수를 계산하는 공식은 3.3.6절의 체질량 지수(Body Mass Index) 계산 문제에 나와 있다. 인스턴스 메소드인 getBMI()가 BMI를 반환한다. 키와 몸무게가 객체의 데이터 필드이므로 getBMI() 메소드는 별도의 인수 없이 이들 속성을 사용하여 객체의 BMI를 구할 수 있다.

인스턴스 메소드인 getStatus()는 BMI 상태를 문자열로 반환한다. 그 상태 표시 기준은 3.3.6절에 있다.

끝으로 위 BMI 클래스는 불변임을 주목하자.

절차 중심 패러다임 vs. 객체지향 패러다임

이 예를 통해 절차 중심 패러다임과 객체지향 패러다임의 차이를 볼 수 있다. 절차 중심 패러다임은 메소드 동작 자체에 관심이 있으나 객체지향 패러다임은 메소드와 데이터를 함께 묶어 객체로 만든다. 따라서 객체지향 패러다임에 기반한 소프트웨어 설계는 객체와 그 객체에 대한 연산을 기술하는 것이다. 객체지향 방식은 절차 중심의 효율성과 데이터와 연산을 합친 객체의 힘을 더한 것이라 할 수 있다.

절차적 프로그래밍에서는 데이터와 그에 대한 연산이 분리되어 있어 연산을 하기 위해서는 메소드에 데이터를 전달해주어야 한다. 객체지향 프로그래밍에서는 데이터와 연산을 객체 안에 함께 포함시킨다. 이러한 방식은 절차적 프로그래밍에서 나타나는 구조적인 문제점들을 해소할 수 있다. 또한 객체지향 프로그래밍 방식은 실세계에서 볼 수 있는, 물건들의 속성과 그 역할이 밀접하게 연관된, 일들의 방식과 같다. 객체의 사용은 소프트웨어의 재사용성을 높이고 프로그램 개발은 물론 향후 유지보수도 쉽게 만든다. 자바로 프로그래밍한다는 것은 곧 객체 관점에서 생각한다는 것이고 자바 프로그램은 서로 상호 작용하는 객체들의 집합으로 볼 수 있다.

9.7 Course 클래스 설계

이 책의 기본 방식은 예제로 설명하고 실습으로 배운다는 것이다. 이제 세 절에 걸쳐 클래스 설계 예제들을 살펴보기로 하자.

첫 번째는 교과목 관리이다. 각 과목은 과목 이름과 수강생들로 구성된다. 과목의 수강생은 추가되거나 삭제할 수 있어야 한다. 그림 9.6은 과목에 대한 클래스 설계를 나타낸다.

Course	
-courseName: String -students: String[] -numberOfStudents: int	과목명 수강생 저장 배열 학생 수
+Course(courseName: String) +getCourseName(): String +addStudent(student: String): void +dropStudent(student: String): void +getStudents(): String[] +getNumberOfStudents(): int	과목 객체 생성자 과목명 반환 학생 추가 수강 취소 수강생 명단 반환 학생 수 반환

그림 9.6 교과목 클래스 Course

과목 객체는 Course(String name) 생성자로 생성한다. 학생 추가는 addStudent (String student) 메소드, 수강 취소는 dropStudent(String student) 메소드, 수강생 명단은 getStudents() 메소드를 사용한다. 역시 이 클래스도 구현이 되어있다고 가정하고 먼저 테스트 용도로서 두 개의 교과목을 생성하여 학생들을 추가하는 테스트 클래스를 만들어 보면 리스트 9.5와 같다.

리스트 9.5 TestCourse.java

NumberOfStudents

```
public class TestCourse {
  public static void main(String[] args) {
    Course course1 = new Course("Data Structures");
    Course course2 = new Course("Database Systems");

    course1.addStudent("Peter Jones");
    course1.addStudent("Brian Smith");
    course1.addStudent("Anne Kennedy");

    course2.addStudent("Peter Jones");
    course2.addStudent("Steve Smith");

    System.out.println("Number of students in course1: "
      + course1.getNumberOfStudents());
    String[] students = course1.getStudents();
    for (int i = 0; i < course1.getNumberOfStudents() ; i++)
      System.out.print(students[i] + ", ");

    System.out.println();
    System.out.print("Number of students in course2: "
      + course2.getNumberOfStudents());
  }
}
```

```
Number of students in course1: 3
Peter Jones, Brian Smith, Anne Kennedy,
Number of students in course2: 2
```

이제 리스트 9.6과 같이 과목 클래스 Course를 만들어보자. 과목의 수강생은 배열로 저장하고 최대 수강 인원을 100명이라 가정하면 이에 대한 선언은 String[100]이 된다(3행). addStudent 메소드는 배열에 학생을 추가하고(10행) 수강 인원수인 numberOfStudents를 하나 증가시킨다(11행). getStudents 메소드는 배열을 반환한다. 끝으로 27행의 dropStudent 메소드는 프로그래밍 연습으로 남겨 둔다.

리스트 9.6 Course.java

```
1 public class Course {
2   private String courseName;
3   private String[] students = new String[100];
4   private int numberOfStudents;
5
6   public Course(String courseName) {
7     this.courseName = courseName;
8   }
9
10  public void addStudent(String student) {
11    students[numberOfStudents] = student;
12    numberOfStudents++;
13  }
14
15  public String[] getStudents() {
16    return students;
17  }
18
19  public int getNumberOfStudents() {
20    return numberOfStudents;
21  }
22
23  public String getCourseName() {
24    return courseName;
25  }
26
27  public void dropStudent(String student) {
28    // Left as an exercise in Exercise 9.9
29  }
30 }
```

return students

numberOfStudents

위 리스트 9.6은 배열 크기를 100개로 고정하였지만 수강생 수에 따라 배열의 크기를 동적으로 증가하도록 만들 수 있다. 이는 연습문제 9.9에서 다룬다.

Course 객체가 생성될 때 배열 객체도 함께 만들어진다. 엄밀히 말하면 Course 객체가 그 배열 객체에 대한 참조를 포함하고 있는 것이지만, 간단히 Course 객체가 배열을 포함하고 있다고 할 수 있다.

사용자는 Course 객체를 생성하고 이를 통해 addStudent, dropStudent, getNumberOfStudents, getStudents 등의 public 메소드를 사용한다. 이 과정에서 사용자는 이 메소드들이 어떻게 구현되어 있는지 상관할 필요가 없는데, 이것이 바로 클래스 캡슐화이다. 이번 예에서는 학생들을 저장하는 자료구조로 배열을 사용했지만 필요하면 언제든 다른 자료구조로 변경할 수 있다. 그렇더라도 이 클래스를 사용하는 외부 프로그램은 그 클래스의 약정서 자체가 변하지 않는 한 프로그램을 수정할 필요가 없다.

9.8 스택 클래스 설계

스택 자료구조는 후입선출(last-in, first-out) 방식의 저장 공간이다. 그림 9.7은 스택의 예이다.

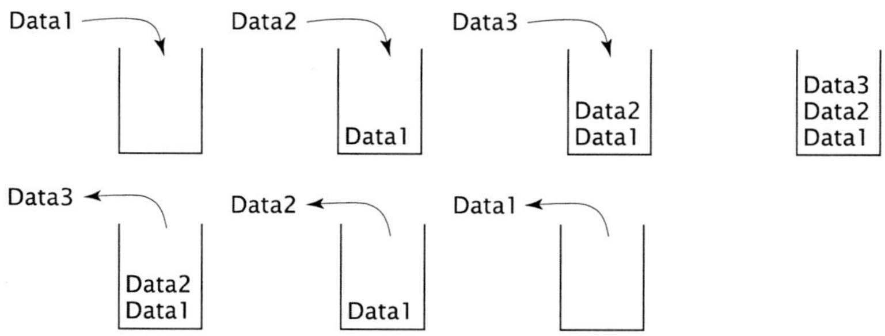

그림 9.7 후입선출 방식의 스택 자료구조

스택

스택은 다양한 분야에서 활용되는데 대표적인 예가 컴파일러이다. 컴파일러는 메소드 호출 처리 스택을 사용한다. 메소드가 호출되면 해당 인수와 지역 변수들을 스택에 저장하고 메소드 수행이 끝나면 저장했던 자료들을 스택에서 꺼낸다.

스택 클래스를 만들어보자. 간단히 정수값만 저장하도록 하고 클래스 이름은 StackOfIntegers라 하자. 스택 클래스에 대한 UML 다이어그램은 그림 9.8과 같다.

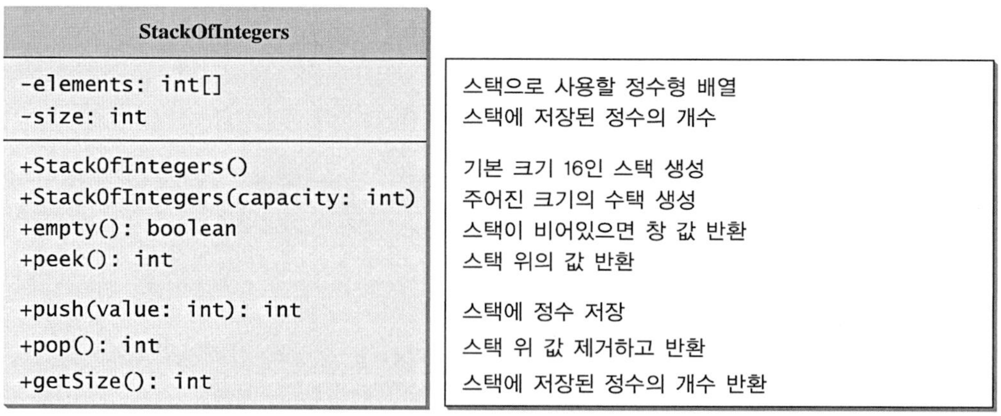

그림 9.8 스택 자료구조를 위한 StackOfIntegers 클래스의 UML 다이어그램

역시 클래스가 구현되어 있다고 가정하고 먼저 테스트 프로그램을 만들어보면 리스트 9.7과 같다. 테스트 프로그램은 스택을 하나 생성하고(3행), 0에서 9까지의 정수를 스택에 저장하고(6행), 하나씩 꺼내 역순으로 출력하는 프로그램이다(9행).

리스트 9.7 TestStackOfIntegers.java

```
 1 public class TestStackOfIntegers {
 2   public static void main(String[] args) {
 3     StackOfIntegers stack = new StackOfIntegers();
 4
 5     for (int i = 0; i < 10; i++)
 6       stack.push(i);
 7
 8     while (!stack.empty())
 9       System.out.print(stack.pop() + " ");
10   }
11 }
```

```
9 8 7 6 5 4 3 2 1 0
```

이제 StackOfIntegers 클래스를 구현해 보자. 스택 데이터는 elements라는 배열에 저장하고, 이 배열은 스택 객체가 생성될 때 같이 생성되도록 한다. 무인수 생성자는 기본 용량이 16인 스택 객체를 생성한다. 변수 size는 현재 저장된 데이터의 개수이고, 따라서 size-1은 스택 위를 가리킨다. 이를 그림으로 나타내면 그림 9.9와 같다.

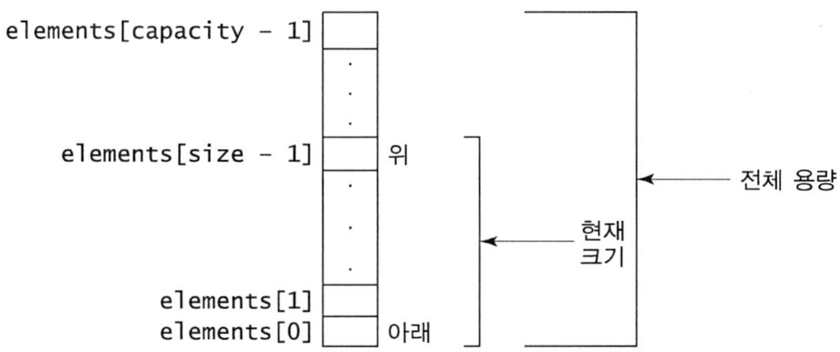

그림 9.9 StackOfIntegers 클래스 구조

구현된 StackOfIntegers 클래스는 리스트 9.8과 같다. empty(), peek(), pop(), getSize() 메소드의 구현은 보다시피 간단하다. push(int value) 메소드는 인수로 전달된 value 값을 elements[size]에 저장하는데 이 때 배열에 여유 공간이 남아있는지에 대한 확인이 필요하다. 즉, 23행에서 size < capacity 여부를 검사하고, 남은 공간이 없는 경우, 즉 size >= capacity이면 현재 용량의 두 배 크기로 새로운 배열을 만들어(18행) 데이터들을 새로운 배열로 옮기고

(19행), 스택도 새로운 배열을 참조하게 한다(20행). 끝으로 확장된 새 배열에 데이터를 저장한다(23행).

리스트 9.8 StackOfIntegers.java

```
1 public class StackOfIntegers {
2   private int[] elements;
3   private int size;
4   public static final int DEFAULT_CAPACITY = 16;
5
6   /** Construct a stack with the default capacity 16 */
7   public StackOfIntegers() {
8     this(DEFAULT_CAPACITY);
9   }
10
11   /** Construct a stack with the specified maximum capacity */
12   public StackOfIntegers(int capacity) {
13     elements = new int[capacity];
14   }
15
16   /** Push a new integer into the top of the stack */
17   public int push(int value) {
18     if (size >= elements.length) {
19       int[] temp = new int[elements.length * 2];
20       System.arraycopy(elements, 0, temp, 0, elements.length);
21       elements = temp;
22     }
23
24     return elements[size++] = value;
25   }
26
27   /** Return and remove the top element from the stack */
28   public int pop() {
29     return elements[-size];
30   }
31
32   /** Return the top element from the stack */
33   public int peek() {
34     return elements[size - 1];
35   }
36
37   /** Test whether the stack is empty */
38   public boolean empty() {
39     return size == 0;
40   }
41
42   /** Return the number of elements in the stack */
43   public int getSize() {
44     return size;
45   }
46 }
```

9.9 GuessDate 클래스 설계

생일을 알아맞히는 프로그램인 리스트 3.8 GuessBirthDate.java와 리스트 6.14 GuessBirthDateUsingArray.java를 다시 한번 보자. 두 프로그램은 기능 구현에 초점을 둔 전형적인 절차적 패러다임 방식을 따르고 있다. 프로그램 코드의 대부분은 5개의 데이터 집합을 정의하는 것이며 코드의 재사용은 거의 불가능하다. 이 프로그램을 재사용가능한 형태로 개선해 보자. 클래스 다이어그램은 그림 9.10과 같다.

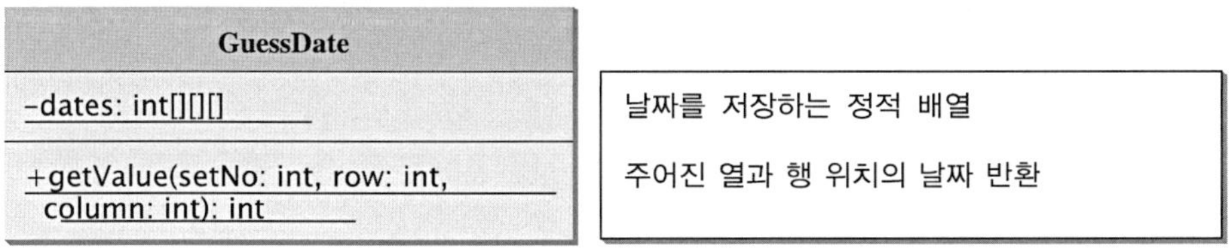

그림 9.10 생일 알아맞히기를 위한 GuessData 클래스

그림 9.10의 설계를 보면 getValue 메소드는 특정 객체와 무관하기 때문에 정적으로 선언하였고(밑줄 표시), 날짜를 저장하는 dates 변수는 private로 선언하여 캡슐화하였다. 사용자는 dates 변수의 값이 어떻게 만들어지는지 심지어 그런 데이터 필드가 존재하는지에 대해서도 알 필요가 없다. 필요한 정보는 단지 메소드의 사용법이다. 5개의 데이터 집합은 그림 3.4와 같다. getValue(setNo, row, column) 메소드는 한 집합에서 주어진 위치의 데이터를 반환한다. 예를 들어, getValue(1, 0, 0)의 반환값은 16이다.

역시 이 클래스도 만들어져 있다고 가정하고, 먼저 테스트 프로그램을 작성해 보면 리스트 9.9와 같다.

리스트 9.9 UseGuessDateClass.java

```java
import java.util.Scanner;

public class UseGuessDateClass {
  public static void main(String[] args) {
    int date = 0; // Date to be determined
    int answer;

    // Create a Scanner
    Scanner input = new Scanner(System.in);

    for (int i = 0; i < 5; i++) {
      System.out.println("Is your birth date in Set" + (i + 1) + "?");
      for (int j = 0; j < 4; j++) {
        for (int k = 0; k < 4; k++)
          System.out.print(GuessDate.getValue(i, j, k) + "  ");
        System.out.println();
      }
```

```
18
19        System.out.print("\nEnter 0 for No and 1 for Yes: ");
20        answer = input.nextInt();
21
22        if (answer == 1)
23          date + = GuessDate.getValue(i, 0, 0);
24      }
25
26      System.out.println("Your birth date is " + date);
27    }
28 }
```

```
Is your birth date in Set1?
1  3  5  7
9  11  13  15
17  19  21  23
25  27  29  31
Enter 0 for No and 1 for Yes: 0 ↵Enter

Is your birth date in Set2?
2  3  6  7
10  11  14  15
18  19  22  23
26  27  30  31
Enter 0 for No and 1 for Yes: 1 ↵Enter

Is your birth date in Set3?
4  5  6  7
12  13  14  15
20  21  22  23
28  29  30  31
Enter 0 for No and 1 for Yes: 0 ↵Enter

Is your birth date in Set4?
8  9  10  11
12  13  14  15
24  25  26  27
28  29  30  31
Enter 0 for No and 1 for Yes: 1 ↵Enter

Is your birth date in Set5?
16  17  18  19
20  21  22  23
24  25  26  27
28  29  30  31
Enter 0 for No and 1 for Yes: 1 ↵Enter

Your birth date is 26
```

getValue 메소드는 정적 메소드이기 때문에 호출을 위해 객체를 생성하지 않아도 된다. 17행의 GuessDate.getValue(i, j, k) 메소드는 i번째 집합의 j번째 행, k번째 열의 값을 반환한다.

이제 GuessDate 클래스를 구현해 보면 리스트 9.10과 같다.

리스트 9.10 GuessDate.java

```java
1 public class GuessDate {
2   private final static int[][][] dates = {
3     {{ 1,  3,  5,  7},
4      { 9, 11, 13, 15},
5      {17, 19, 21, 23},
6      {25, 27, 29, 31}},
7     {{ 2,  3,  6,  7},
8      {10, 11, 14, 15},
9      {18, 19, 22, 23},
10     {26, 27, 30, 31}},
11    {{ 4,  5,  6,  7},
12     {12, 13, 14, 15},
13     {20, 21, 22, 23},
14     {28, 29, 30, 31}},
15    {{ 8,  9, 10, 11},
16     {12, 13, 14, 15},
17     {24, 25, 26, 27},
18     {28, 29, 30, 31}},
19    {{16, 17, 18, 19},
20     {20, 21, 22, 23},
21     {24, 25, 26, 27},
22     {28, 29, 30, 31}}};
23
24  /** Prevent the user from creating objects from GuessDate */
25  private GuessDate() {
26  }
27
28  /** Return a date at the specified row and column in a given set */
29  public static int getValue(int setNo, int k, int j) {
30    return dates[setNo][k][j];
31  }
32 }
```

위 구현에서는 날짜 데이터를 저장하기 위해 3차원 배열을 사용하였다(2-22행). 다른 자료 구조, 예를 들어 2차원 배열 5개로 변경한다면 getValue 메소드 수정은 필요하지만 테스트 프로그램은 수정할 필요가 없다. 즉, GuessDate 클래스의 클래스 약정서가 변하지 않는 한 클래스 내부가 어떻게 변경되더라도 사용자에게는 영향을 주지 않는다. 이러한 특징이 바로 데이터 캡슐화의 장점이다. 데이터 캡슐화의 장점

한편 이 클래스의 모든 메소드는 정적 메소드이기 때문에 메소드 사용을 위해 객체를 생성할 필요가 없다. 따라서 생성자를 private로 선언함으로써(25행) 외부로부터의 객체 생성 시도를 차단하였다. private 생성자

주요 용어

- 불변 클래스
- 불변 객체
- 스택
- this 키워드

요약

- 불변 객체란 한 번 생성되면 그 내용이 수정되지 않는 객체를 일컫는다. 사용자의 객체 내용 수정이 원천적으로 차단된 클래스를 불변 클래스라 한다.
- 클래스에서 인스턴스 변수와 정적 변수의 접근 영역은 선언된 위치에 관계없이 클래스 전체이다. 선언 위치는 어디든 상관없으나 일반적으로 클래스 시작 부분에 선언한다.
- this 키워드는 메소드를 호출한 객체 자신을 가리킬 때 사용된다. 다른 용도는 생성자에서 같은 클래스의 다른 생성자를 호출할 때이다.
- 절차 중심 패러다임은 메소드 동작 자체에 초점을 두지만 객체지향 패러다임은 메소드와 데이터를 함께 묶어 객체로 만든다. 따라서 객체지향 패러다임에 기반한 소프트웨어 설계는 객체와 그 객체에 대한 연산을 기술하는 것이다. 객체지향 방식은 절차 중심의 효율성과 데이터와 연산을 합친 객체의 힘을 더한 것이라 할 수 있다.

복습문제

9.2절 불변 객체와 불변 클래스

9.1 어떤 클래스의 모든 데이터 필드들이 private 속성이고 설정자 메소드가 없다면 이 클래스는 불변인가?

9.2 어떤 클래스의 모든 데이터 필드들이 기본 자료형임과 동시에 private 속성이고 설정자 메소드가 없다면 이 클래스는 불변인가?

9.3 다음 클래스는 불변인가?

```
class A {
  private int[] values;
  public int[] getValues() {
    return values;
  }
}
```

9.4 본문의 은행 대출 예제의 Loan 클래스에서 설정자 메소드를 삭제한다면 이 클래스는 불변인가?

9.3절 변수 접근 영역

9.5 다음 프로그램의 수행 결과는?

```
public class Foo {
  static int i = 0;
  static int j = 0;

  public static void main(String[] args) {
    int i = 2;
    int k = 3;

    {
      int j = 3;
      System.out.println("i + j is " + i + j);
    }

    k = i + j;
    System.out.println("k is " + k);
    System.out.println("j is " + j);
  }
}
```

9.4절 this 키워드

9.6 this 키워드의 역할을 설명하고, 다음 코드에서 틀린 점은 무엇인가?

```
public class C {
  int p;

  public C() {
    System.out.println("C's no-arg constructor invoked");
    this(0);
  }

  public C(int p) {
    p = p;
  }

  public void setP(int p) {
    p = p;
  }
}
```

프로그래밍 연습

9.1* (Time 클래스) Time이라는 이름의 클래스를 설계하라. 포함할 내용은 다음과 같다.

- 시간의 시, 분, 초를 표시하는 데이터 필드 : hour, minute, second
- 현재 시각으로 Time 객체를 생성하는 무인수 생성자
- 주어진 시간(단위는 밀리초)으로 1970년 1월 1일 자정 이후 경과된 시간을 설정하는 생성자
- 3개의 데이터 필드, 즉 hour, minute, second를 위한 3개의 획득자 메소드

이 클래스를 위한 UML 다이어그램을 그리고 클래스를 구현하라. 두 개의 Time 객체, 즉 new Time()과 new Time(555550000) 생성자로 두 객체를 생성하고 각 객체의 hour, minute, second를 출력하는 테스트 프로그램을 작성하라.
(힌트 : 현재 시각은 리스트 2.9, ShowCurrentTime.java에서 사용한 System.currentTime() 메소드로 구할 수 있다. 두 번째 생성자에서 인수가 555550000 밀리초라면 hour는 10, minute는 19, 초는 10이다.)

9.2 (BMI 클래스) BMI 클래스에 다음의 생성자를 추가하라.

```
/** Construct a BMI with the specified name, age, weight,
 * feet and inches
 */
```

9.3 (MyInteger 클래스) MyInteger라는 이름의 클래스를 설계하라. 포함할 내용은 다음과 같다.

- 객체의 속성값으로써 value라는 이름의 정수 자료형 데이터 필드
- 주어진 정수값으로 MyInteger 객체를 생성하는 생성자
- 객체의 value 값을 반환하는 획득자 메소드
- value 값이 짝수인지, 홀수인지, 소수인지를 검사하는 isEven(), isOdd(), isPrime() 메소드(참일 때 true 반환)
- 주어진 정수값이 짝수인지, 홀수인지, 소수인지를 검사하는 isEven(int), isOdd(int), isPrime(int) 정적 메소드(참일 때 true 반환)
- 주어진 MyInteger 객체의 값이 짝수인지, 홀수인지, 소수인지를 검사하는 isEven(MyInteger), isOdd(MyInteger), isPrime(MyInteger) 정적 메소드(참일 때 true 반환)
- 동일 여부를 검사하는 equals(int) 메소드와 equals(MyInteger) 메소드
- 숫자의 배열을 정수로 변환하는 parseInt(char[]) 정적 메소드

이 클래스를 위한 UML 다이어그램을 그리고 클래스를 구현하라. 이 클래스의 모든 메소드를 시험하는 클라이언트 프로그램을 작성하라.

9.4 (MyPoint 클래스) 2차원 좌표로 점을 표시하는 MyPoint라는 이름의 클래스를 설계하라. 포함할 내용은 다음과 같다.

- 좌표를 나타내는 두 개의 데이터 필드, x와 y
- 기본값이 (0, 0)인 객체를 생성하는 무인수 생성자
- 주어진 좌표 값으로 객체를 생성하는 생성자
- 두 데이터 필드 x와 y 각각에 대한 획득자 메소드
- 인수로 주어진 다른 MyPoint 객체와 호출 객체 사이의 거리를 구하는 distance라는 메소드
- 인수로 주어진 x 좌표 값과 y 좌표 값의 점과 호출 객체 사이의 거리를 구하는 distance라는 메소드

이 클래스를 위한 UML 다이어그램을 그리고 클래스를 구현하라. 두 개의 점 객체, (0, 0)과 (10, 30.5)를 생성하고 두 점 사이의 거리를 구하는 테스트 프로그램을 작성하라.

9.5* (소인수 분해) 주어진 양의 정수를 소인수 분해하여 큰 수부터 나열하는 프로그램을 작성하라. 예를 들어 주어진 수가 120이면 출력 결과는 5, 3, 2, 2, 2이다. 또, 이 결과를 StackOfIntegers 클래스를 사용하여 스택에 저장하고 역순으로 출력해 보라.

9.6* (소수) 120보다 작은 모든 소수를 큰 수부터 출력하는 프로그램을 작성하라. 이 결과를 StackOfIntegers 클래스를 사용하여 스택에 저장하고 역순으로 출력해 보라.

9.7** (현금자동인출기) 프로그래밍 연습 7.3에서 만든 Account 클래스를 사용하여 현금자동인출기 프로그램을 작성하라. 계좌번호, 즉 id가 0에서 9까지, 초기값이 각각 10,000원인 10개의 계좌를 생성하고, 사용자 입력 프롬프트를 제시한다. 먼저 계좌번호를 입력받아 0과 9사이의 값인지 검사하고 맞으면 메뉴를 표시한다. 1번은 잔액 조회, 2번은 출금, 3번은 예금, 4번은 종료이다. 4번 메뉴가 선택되면 다시 계좌번호 입력 프롬프트가 제시되고, 이 과정은 프로그램이 일단 시작되면 종료없이 반복된다.

```
Enter an id: 4 ↵Enter

Main menu
1: check balance
2: withdraw
3: deposit
4: exit
Enter a choice: 1 ↵Enter
The balance is 100.0

Main menu
1: check balance
2: withdraw
3: deposit
4: exit
Enter a choice: 2 ↵Enter
Enter an amount to withdraw: 3 ↵Enter

Main menu
1: check balance
2: withdraw
3: deposit
4: exit
Enter a choice: 1 ↵Enter
The balance is 97.0

Main menu
1: check balance
2: withdraw
3: deposit
4: exit
Enter a choice: 3 ↵Enter
Enter an amount to deposit: 10 ↵Enter

Main menu
1: check balance
2: withdraw
3: deposit
4: exit
Enter a choice: 1 ↵Enter
The balance is 107.0

Main menu
1: check balance
2: withdraw
3: deposit
4: exit
Enter a choice: 4 ↵Enter

Enter an id:
```

9.8*** (Tax 클래스) 세금 계산에 관한 프로그래밍 연습 6.32를 참고하여 다음의 데이터 필드를 포함하는 Tax라는 이름의 클래스를 설계하라.

- int filingStatus : 4종류 신고자 구분, 즉 0-독신자 과세, 1-부부 합산 과세, 2-부부 개별 과세, 3-세대주 통합 과세. 각 값을 public 속성의 정적 상수, 즉 SINGLE_FILER (0), MARRIED_JOINTLY (1), MARRIED_SEPARATELY (2), HEAD_OF_HOUSEHOLD (3)으로 선언
- int[][] brackets : 각 신고자 구분에 대한 과세 구간
- double[] rates : 각 과세 구간에 대한 세율
- double taxableIncome : 연간 소득

각 데이터 필드를 위한 획득자 및 설정자 메소드, 과세 금액을 구하는 getTax() 메소드를 작성하라. 또한 Tax 객체를 생성하는 Tax(filingStatus, brackets, rates, taxableIncome) 생성자와 무인수 생성자를 작성하라.
이 클래스를 위한 UML 다이어그램을 그리고 클래스를 구현하라. Tax 클래스를 사용하는 테스트 프로그램을 작성하는데, 2001년도와 2002년도 각각에 대하여 과세 표준 $50,000에서 $60,000까지 $1,000 간격으로 4종류 납세자별 납부 세액을 산출하여 표로 출력하라. 2001년도 세율은 표 9.1을, 2002년도 세율은 표 3.7을 참고하라.

표 9.1 2001 세율(미국)

세율	독신자 과세	부부 합산 또는 미망인	부부 분리 과세	세대주 통합 과세
15%	$27,050 이하	$45,200 이하	$22,600 이하	$36,250 이하
27.5%	$27,051-$65,550	$45,201-$109,250	$22,601-$54,625	$36,251-$93,650
30.5%	$65,551-$136,750	$109,251-$166,500	$54,626-$83,250	$93,651-$151,650
35.5%	$136,751-$297,350	$166,501-$297,350	$83,251-$148,675	$151,651-$297,350
39.1%	$297,351 이상	$297,351 이상	$148,676 이상	$297,351 이상

9.9** (Course 클래스) 아래 내용을 추가하여 Course 클래스를 수정하라.

- 리스트 9.8의 배열 크기는 고정되어 있다. 배열의 크기가 자동으로 증가되도록 수정하라. 방법은 큰 크기의 배열을 새로 만들고 기존 배열의 값을 새로운 배열로 복사함.
- 수강 취소를 위한 dropStudent 메소드를 추가하라.
- 과목 내 모든 학생을 삭제하는 clear() 메소드를 추가하라.

과목을 생성하여, 3명의 학생을 수강생으로 등록하고, 한 학생을 수강 취소한 후, 현재 수강생 명단을 출력하는 테스트 프로그램을 작성하라.

9.10* (게임 : GuessDate 클래스) 리스트 9.10 GuessDate 클래스에서 5개 데이터 그룹을 3차원 배열이 아닌 5개의 2차원 배열에 저장하도록 클래스를 수정하라. 수정된 데이터 형태는 다음과 같다.

```
private static int[][] set1 = {{ 1,  3,  5,  7}, ... };
private static int[][] set2 = {{ 2,  3,  6,  7}, ... };
private static int[][] set3 = {{ 4,  5,  6,  7}, ... };
private static int[][] set4 = {{ 8,  9, 10, 11}, ... };
private static int[][] set5 = {{16, 17, 18, 19}, ... };
```

9.11* (기하 : Circle2D 클래스) 다음 내용을 포함하는 Circle2D 클래스를 설계하라.

- 원의 중심 좌표를 나타내는 두 개의 double 자료형 데이터 필드 x와 y, 그리고 각각에 대한 획득자 메소드
- 원의 반지름을 표시하는 데이터 필드 radius와 그리고 획득자 메소드
- 중심 좌표 (0, 0), 반지름 1인 원 객체를 생성하는 무인수 생성자
- 주어진 좌표와 반지름으로 원 객체를 생성하는 생성자
- 원의 면적을 계산하는 getArea() 메소드
- 원주의 길이를 계산하는 getPerimeter() 메소드
- 주어진 점 (x, y)가 원의 내부에 있는지를 검사하는 contains(double x, double y) 메소드. 반환값은 true 또는 false. 그림 9.11(a) 참고
- 주어진 원 객체가 호출하는 원 객체의 내부에 있는지를 검사하는 contains(Circle2D circle) 메소드. 반환값은 true 또는 false. 그림 9.11(b) 참고
- 어떤 원 객체가 호출하는 원 객체 자신과 겹치는지를 검사하는 overlaps (Circle2D circle) 메소드. 반환값은 true 또는 false. 그림 9.11(c) 참고

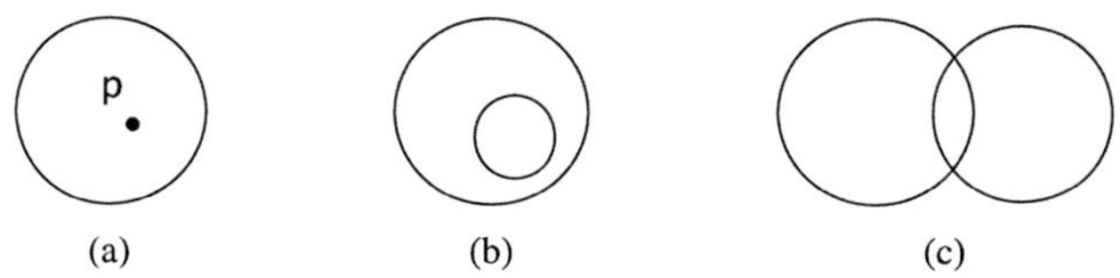

그림 9.11 (a) 점이 내부에 있는 경우, (b) 원이 다른 원의 내부에 있는 경우, (c) 원이 다른 원과 겹치는 경우

이 클래스를 위한 UML 다이어그램을 그리고 클래스를 구현하라. 테스트 프로그램을 작성하는데, 먼저 new Circle2D(2, 2, 5.5) 생성자로 Circle2D 객체 c1을 생성하고, 그 면적과 원주의 길이를 각각 출력하고, c1.contains(3, 3), c1.contains(new Circle2D(4, 5, 10.5)) 메소드의 실행 결과를 출력하라.

9.12* (기하 : Rectangle2D 클래스) 다음 내용을 포함하는 Rectangle2D 클래스를 설계하라.

- 사각형의 좌측 상단 꼭지점 좌표를 나타내는 데이터 필드 x와 y, 그리고 각각에 대한 획득자 및 설정자 메소드
- 사각형의 가로와 세로를 나타내는 데이터 필드 width와 height, 그리고 각각에 대한 획득자 및 설정자 메소드
- 꼭지점 좌표 (0, 0)이고 가로 세로가 각각 1인 사각형 객체를 생성하는 무인수 생성자
- 주어진 좌표와 가로, 세로로 사각형을 생성하는 생성자
- 사각형의 면적을 구하는 getArea() 메소드
- 사각형의 둘레를 구하는 getPerimeter() 메소드
- 주어진 점 (x, y)가 사각형의 내부에 있는지를 검사하는 contains(double x, double y) 메소드. 반환값은 true 또는 false. 그림 9.12(a) 참고
- 주어진 사각형 객체가 호출하는 사각형 객체의 내부에 있는지를 검사하는 contains(Rectangle2D r) 메소드. 반환값은 true 또는 false. 그림 9.12(b) 참고
- 어떤 사각형 객체가 호출하는 사각형 객체 자신과 겹치는지를 검사하는 overlaps(RectangleD r) 메소드. 반환값은 true 또는 false. 그림 9.12(c) 참고

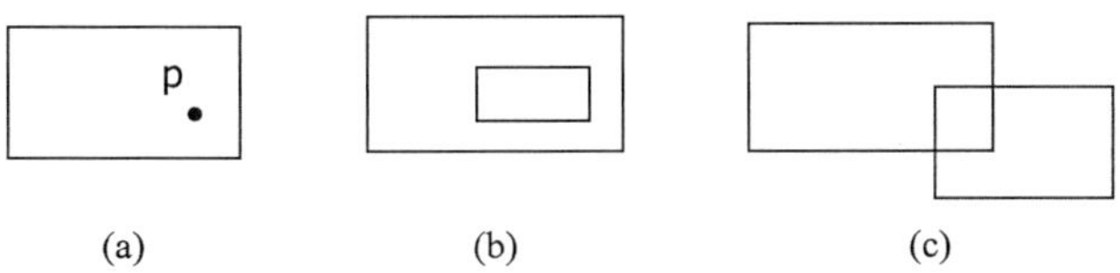

그림 9.12 (a) 점이 내부에 있는 경우, (b) 사각형이 다른 사각형의 내부에 있는 경우, (c) 사각형이 다른 사각형과 겹치는 경우

이 클래스를 위한 UML 다이어그램을 그리고 클래스를 구현하라. 테스트 프로그램을 작성하는데, 먼저 new Rectangle2D(2, 2, 5.5, 4.9) 생성자로 Rectangle2D 객체 r1을 생성하고, 그 면적과 둘레의 길이를 각각 출력하고, r1.contains(3, 3), r1.contains(new Rectangle2D(4, 5, 10.5, 3.2)), r1.overlaps(new Rectangle2D(3, 5, 2.3, 5.4)) 메소드의 실행 결과를 출력하라.

9.13*** (기하 : Triangle2D 클래스) 다음 내용을 포함하는 Triangle2D 클래스를 설계하라.

- MyPoint 객체 자료형의 세 점 p1, p2, p3, 그리고 각각에 대한 획득자 및 설정자 메소드. MyPoint 클래스는 프로그래밍 연습 9.4 참고

- 세 개의 꼭지점이 (0, 0), (1, 1), (2, 5)인 삼각형 객체를 생성하는 무인수 생성자
- 주어진 세 점으로 삼각형을 생성하는 생성자
- 삼각형의 면적을 구하는 getArea() 메소드
- 삼각형의 둘레를 구하는 getPerimeter() 메소드
- 주어진 점 MyPoint p가 삼각형의 내부에 있는지를 검사하는 contains(MyPoint p) 메소드. 반환값은 true 또는 false. 그림 9.13(a) 참고
- 주어진 삼각형 객체가 호출하는 삼각형 객체의 내부에 있는지를 검사하는 contains(Triangle2D t) 메소드. 반환값은 true 또는 false. 그림 9.13(b) 참고
- 주어진 삼각형 객체가 호출하는 삼각형 객체와 겹치는지를 검사하는 overlaps(Triangle2D t) 메소드. 반환값은 true 또는 false. 그림 9.13(c) 참고

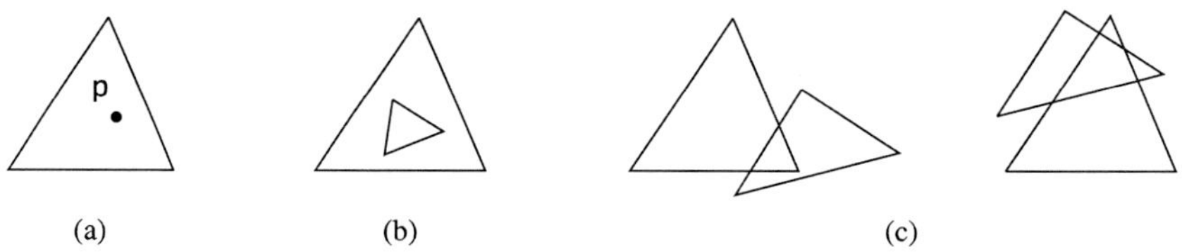

그림 9.13 (a) 점이 내부에 있는 경우, (b) 삼각형이 다른 삼각형의 내부에 있는 경우, (c) 삼각형이 다른 삼각형과 겹치는 경우

이 클래스를 위한 UML 다이어그램을 그리고 클래스를 구현하라. 테스트 프로그램을 작성하는데, 먼저 new Triangle2D(new MyPoint(2.5, 2), new MyPoint(4.2, 3), new MyPoint(5, 3.5)) 생성자로 Triangle2D 객체 t1을 생성하고, 그 면적과 둘레의 길이를 각각 출력하고, t1.contains(3, 3), t1.contains(new Triangle2D(new MyPoint(2.9, 2), new MyPoint(4, 1), new MyPoint(1, 3.4))), t1.overlaps(new Triangle2D(new MyPoint(2, 5.5), new MyPoint(4, -3), new MyPoint(2, 6.5))) 메소드의 실행 결과를 출력하라.

(힌트 : 삼각형의 면적 계산 공식은 프로그래밍 연습 5.19를 참고하라. contains 메소드 및 overlaps 메소드의 구현은 자바 API의 java.awt.geo.Line2D 클래스를 참고하라. Line2D 클래스는 두 개 직선이 서로 교차하는지, 주어진 점이 직선에 포함되어 있는지 등을 계산하는 메소드들을 제공한다. 어떤 점이 삼각형 내부에 있는지를 검사하는 방법은 그 점에서 삼각형의 세 꼭지점으로 세 개의 점선을 그었을 때 그 점이 삼각형 내부에 있다면 각 점선이 다른 선분과 만나는 지점은 각 점선의 끝점 밖에 없을 것이고, 그렇지 않고 외부에 있다면 적어도 한 점선은 다른 선분과 교차하게 된다(그림 9.14 참고).)

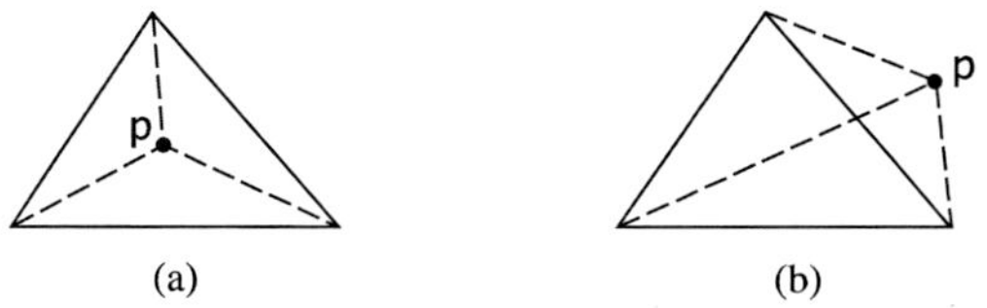

그림 9.14 (a) 점이 삼각형 내부에 있는 경우, (b) 점이 삼각형 외부에 있는 경우

CHAPTER 10

상속과 다형성

- 상속을 통해 상위 클래스로부터 하위 클래스를 개발한다(§10.2).
- JFrame을 확장하는 맞춤 프레임을 생성함으로써 상속 개념을 설명한다(§10.3).
- super 키워드를 이용하여 상위 클래스 생성자와 메소드를 호출한다(§10.4).
- 하위 클래스의 인스턴스 메소드를 재정의한다(§10.5).
- 재정의와 중복정의 차이를 구분한다(§10.6).
- Object 클래스의 toString()과 equals(Object) 메소드를 조사한다(§10.7).
- 다형성, 동적 바인딩, 포괄형 프로그래밍을 공부한다(§10.7).
- 캐스팅을 설명하고 명확히 다운캐스팅이 필요한 이유를 설명한다(§10.8).
- ArrayList에 객체를 저장, 검색, 처리한다(§10.10).
- ArrayList를 이용하여 Stack 클래스를 구현한다(§10.11).
- 가시성 수정자 protected를 이용하여 데이터와 메소드에 대한 접근을 하위 클래스로 제한한다(§10.12).
- 수정자 final을 이용하여 클래스 확장과 메소드 재정의를 금지한다(§10.13).

10.1 서론

객체지향 프로그래밍은 이미 존재하는 클래스에서 새로운 클래스를 파생하는 것을 가능하게 한다. 이러한 것을 **상속**이라 한다. 자바에서 상속은 소프트웨어 재사용을 위한 중요하고도 강력한 특징이다. 여러분이 자바로 정의한 모든 클래스는 실제적으로 이미 존재하는 한 클래스로부터 명시적 또는 묵시적으로 상속된다. 여러분이 앞장에서 생성했던 모든 클래스는 묵시적으로 java.lang.Object 클래스에서 상속되었다.

상속

여러분이 원, 직사각형, 삼각형을 모델하기 위해 클래스들을 정의한다고 가정하자. 이러한 클래스들은 공통적으로 많은 특징들을 갖는다. 특징의 중복을 피하기 위해 어떻게 이러한 클래스들을 설계하는 것이 가장 좋은 방법인가? 해답은 상속을 이용하는 것이다.

리스트 7.4 GUIComponents.java에서 JFrame에 대한 하나의 인스턴스를 생성하고 이 프레임에 컴포넌트를 추가하는 것을 회상하라. 여러분이 그림 10.1과 같이 각 프레임에 같은 컴포넌트들을 갖는 두 개의 똑같은 프레임을 표시하기 원할 때, 같은 코드를 반복해서 작성해야 하는가? 이런 문제를 해결하기 위한 여러 방법들이 있다. 효과적인 방법은 상속을 이용하는 것이다.

그림 10.1 프로그램은 같은 컴포넌트들을 갖는 두 개의 윈도우를 표시한다.

이 장에서는 이런 문제를 효과적으로 해결하는 것을 가능하게 하는 상속을 소개한다.

10.2 상위 클래스와 하위 클래스

하위 클래스
상위 클래스

자바 용어로 C2 클래스에서 확장된 C1 클래스는 **하위 클래스**, C2는 **상위 클래스**라 한다. 상위 클래스는 다른 말로 **부모(parent) 클래스**, **베이스(base) 클래스**라 하고, 하위 클래스는 **자식(child) 클래스**, **확장(extended) 클래스** 혹은 **파생(derived) 클래스**라 한다. 하위 클래스는 상위 클래스에서 접근할 수 있는 데이터 필드와 메소드를 상속하며, 새로운 데이터 필드와 메소드를 추가할 수 있다.

여러분이 원, 직사각형 같은 도형 객체들에 대한 클래스를 설계하기 원한다고 가정하자. 도형 객체들은 많은 공통적인 속성과 동작을 갖는다. 이런 객체들은 임의의 색깔로 채워지거나 채워지지 않은 상태로 그려질 수 있다. 그러므로 하나의 일반 클래스 GeometricObject는 모든 도형 객체들을 모델하기 위해 이용될 수 있다. 이 클래스는 color, filled와 같은 속성과 적절한 get, set 메소드를 포함한다. 또한 GeometricObject 클래스가 dateCreated 속성과

getDateCreated(), toString() 메소드를 포함한다고 가정하자. 메소드 toString()은 객체의 문자열 표현을 반환한다. 원은 도형 객체의 특별한 타입이므로, 다른 도형 객체들과 공통적인 속성과 메소드를 공유한다. 따라서 GeometricObject 클래스를 확장하는 Circle 클래스를 정의하는 것은 의미가 있다. 마찬가지로 Rectangle은 GeometricObject의 하위 클래스로 선언될 수 있다. 그림 10.2는 이런 클래스들 사이의 관계를 보인다. 상위 클래스로 향하는 화살표는 두 클래스 사이의 상속관계를 표시하기 위해 이용된다.

Circle 클래스는 GeometricObject 클래스로부터 접근할 수 있는 모든 데이터 필드와 메소드를 상속하며, 새로운 데이터 필드 radius와 관련된 get, set 메소드를 갖는다. 또한, Circle 클래스는 면적, 둘레, 지름의 값을 반환하기 위한 getArea(), getPerimeter(), getDiameter() 메소드를 포함한다.

Rectangle 클래스는 GeometricObject 클래스로부터 접근할 수 있는 모든 데이터 필드와 메소드를 상속하며, 새로운 데이터 필드 width와 height, 관련된 get, set 메소드를 갖는다. 또한, Rectangle 클래스는 면적, 둘레의 값을 반환하기 위한 getArea(), getPerimeter() 메소드를 포함한다.

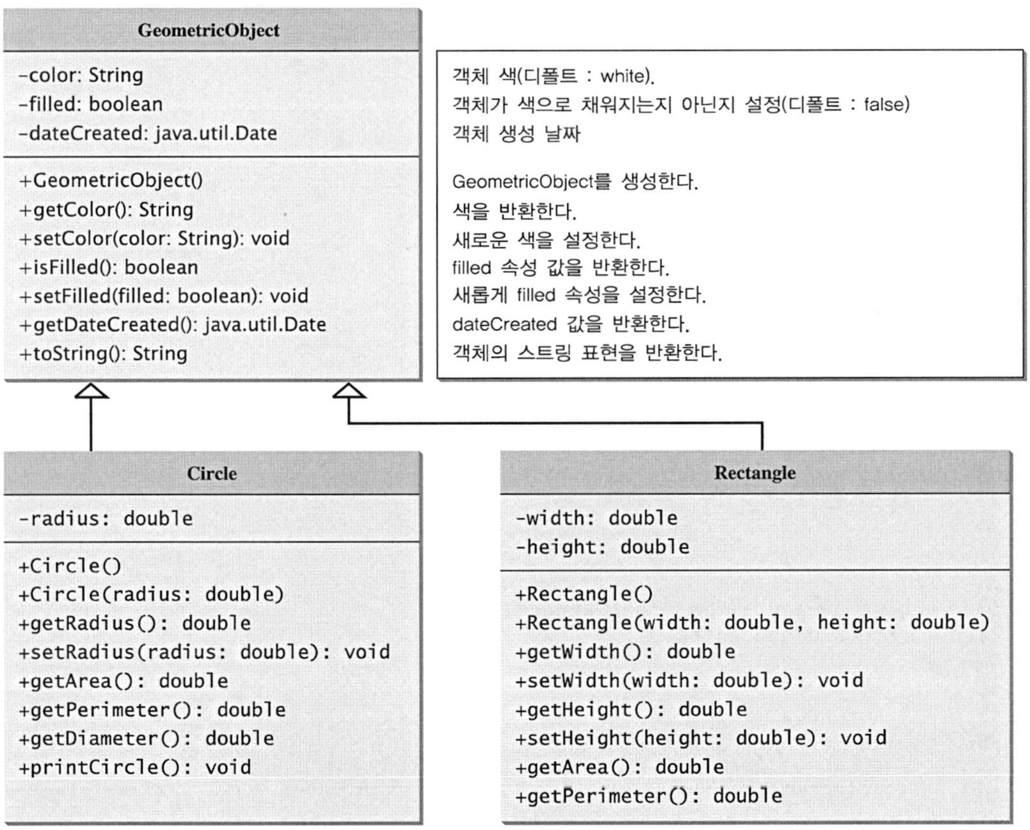

그림 10.2 GeometricObject 클래스는 Circle과 Rectangle의 상위 클래스이다.

리스트 10.1, 10.2, 10.3은 GeometricObject, Circle, Rectangle 클래스를 보인다.

> **NOTE**
> 다음 장에서 소개하는 수정된 GeometricObject, Circle, Rectangle 클래스들과 이름 충돌을 피하기 위해 본 장에서는 이들에 대한 클래스 이름을 GeometricObject1, Circle4, Rectangle1으로 명명한다. 편의를 위해 본 장에서는 이러한 클래스들을 GeometricObject, Circle, Rectangle로 언급할 것이다. 이름 충돌을 피하는 가장 좋은 방법은 이런 클래스들을 다른 패키지에 속하게 하는 것이다. 그러나 편리성과 일관성을 위해 본 교재에 있는 모든 클래스들은 디폴트 패키지에 놓는다.

리스트 10.1 GeometricObject1.java

데이터 필드

생성자

생성된 날짜

메소드

```
public class GeometricObject1 {
  private String color = "white";
  private boolean filled;
  private java.util.Date dateCreated;

  /** Construct a default geometric object */
  public GeometricObject1() {
    dateCreated = new java.util.Date();
  }

  /** Return color */
  public String getColor() {
    return color;
  }

  /** Set a new color */
  public void setColor(String color) {
    this.color = color;
  }

  /** Return filled. Since filled is boolean,
     its get method is named isFilled */
  public boolean isFilled() {
    return filled;
  }

  /** Set a new filled */
  public void setFilled(boolean filled) {
    this.filled = filled;
  }

  /** Get dateCreated */
  public java.util.Date getDateCreated() {
    return dateCreated;
  }

  /** Return a string representation of this object */
  public String toString() {
    return "created on " + dateCreated + "\ncolor: " + color +
      " and filled: " + filled;
  }
}
```

리스트 10.2 Circle4.java

데이터 필드

생성자

메소드

```
public class Circle4 extends GeometricObject1 {
  private double radius;

  public Circle4() {
  }

  public Circle4(double radius) {
    this.radius = radius;
  }

  /** Return radius */
  public double getRadius() {
    return radius;
  }

  /** Set a new radius */
  public void setRadius(double radius) {
    this.radius = radius;
  }

  /** Return area */
  public double getArea() {
    return radius * radius * Math.PI;
  }

  /** Return diameter */
  public double getDiameter() {
    return 2 * radius;
  }

  /** Return perimeter */
  public double getPerimeter() {
    return 2 * radius * Math.PI;
  }

  /* Print the circle info */
  public void printCircle() {
    System.out.println("The circle is created " + getDateCreated() +
      " and the radius is " + radius);
  }
}
```

리스트 10.3 Rectangle1.java

데이터 필드

생성자

```
public class Rectangle1 extends GeometricObject1 {
  private double width;
  private double height;

  public Rectangle1() {
  }

  public Rectangle1(double width, double height) {
    this.width = width;
```

메소드

```
    this.height = height;
  }

  /** Return width */
  public double getWidth() {
    return width;
  }

  /** Set a new width */
  public void setWidth(double width) {
    this.width = width;
  }

  /** Return height */
  public double getHeight() {
    return height;
  }

  /** Set a new height */
  public void setHeight(double height) {
    this.height = height;
  }

  /** Return area */
  public double getArea() {
    return width * height;
  }

  /** Return perimeter */
  public double getPerimeter() {
    return 2 * (width + height);
  }
}
```

Circle 클래스는 GeometricObject 클래스를 확장한다. 예약어 extends(1행)는 Circle 클래스가 GeometricObject 클래스를 확장(즉, getColor, setColor, isFilled, setFilled, toString 메소드 상속)한다는 것을 컴파일러에게 알린다. 리스트 10.4는 Circle, Rectangle 객체를 생성하고 이들 객체의 메소드를 호출한다.

리스트 10.4 TestCircleRectangle.java

Circle 객체는 toString을 호출한다.

Rectangle 객체는 toString을 호출한다.

```
public class TestCircleRectangle {
  public static void main(String[] args) {
    Circle4 circle = new Circle4(1);
    System.out.println("A circle " + circle.toString());
    System.out.println("The radius is " + circle.getRadius());
    System.out.println("The area is " + circle.getArea());
    System.out.println("The diameter is " + circle.getDiameter());

    Rectangle1 rectangle = new Rectangle1(2, 4);
    System.out.println("\nA rectangle " + rectangle.toString());
```

```
    System.out.println("The area is " + rectangle.getArea() );
    System.out.println("The perimeter is " +
      rectangle.getPerimeter());
  }
}
```

```
A circle created on Fri Dec 22 10:07:02 CST 2006
color: white and filled: false
The radius is 1.0
The area is 3.141592653589793
The diameter is 2.0

A rectangle created on Fri Dec 22 10:07:02 CST 2006
color: white and filled: false
The area is 8.0
The perimeter is 12.0
```

상속과 관련된 다음 사항들은 주목할 가치가 있다.

- 전통적인 해석과 다르게 하위 클래스는 상위 클래스의 부분 집합이 아니다. 일반적으로 하위 클래스는 상위 클래스보다 더 많은 정보와 기능을 포함한다.
- 모든 is-a 관계를 상속에 의해 모델하지 말아야 한다. 예를 들면, 사각형은 직사각형이지만 Rectangle 클래스를 확장하는 Square 클래스를 선언하지 말아야 한다. 왜냐하면 직사각형에서 사각형으로 확장(혹은 보충)할 것이 전혀 없기 때문이다. 오히려 GeometricObject 클래스를 확장하는 Square 클래스를 선언해야 한다. 클래스 A가 클래스 B를 확장한다는 것은 A가 B보다 더욱 상세한 정보를 포함하는 것을 의미한다.
- 상속은 is-a 관계를 모델하기 위해 이용된다. 단지 메소드를 재사용하기 위해 무조건 클래스를 확장하지 마라. 예를 들면, Tree 클래스와 Person 클래스가 높이, 무게와 같은 공통적인 속성을 갖고 있다 해도, Tree 클래스가 Person 클래스를 확장하는 것은 전혀 의미를 갖지 못한다. 하위 클래스와 상위 클래스는 is-a 관계에 있어야 한다.
- 약간의 프로그래밍 언어들은 여러 클래스로부터 하나의 하위 클래스를 파생하도록 한다. 이런 능력을 **다중 상속**이라 한다. 그러나 자바는 다중 상속을 허락하지 않는다. 자바에서 한 클래스는 직접적으로 단지 하나의 상위 클래스로부터 상속할 수 있다. 이것은 **단일 상속**이라 부른다. 하나의 하위 클래스를 정의하기 위해 extends 키워드를 사용한다면 그것은 단지 하나의 부모 클래스를 허락하는 것이다. 그럼에도 불구하고 자바에서 다중 상속은 11.4절 "인터페이스"에서 소개될 인터페이스를 통해 성취될 수 있다.

다중 상속

단일 상속

10.3 JFrame 클래스의 확장

본 장의 서론에서 우리는 같은 컴포넌트들을 포함하는 똑같은 윈도우 두 개를 생성하는 문제를 제안했다. 이 문제는 상속을 이용해서 효과적으로 해결할 수 있다.
리스트 10.5와 같이 JFrame 클래스를 확장하여 나만의 프레임 클래스를 선언할 수 있다.

리스트 10.5 UseCustomFrame.java

프레임을 생성한다.
프레임을 생성한다.
사용자 프레임 클래스
프레임 생성자

```java
import javax.swing.*;

public class UseCustomFrame {
  public static void main(String[] args) {
    JFrame frame1 = new CustomFrame(); // Create a frame
    frame1.setTitle("Window 1"); // Set frame title
    frame1.setLocation(200, 100); // Set frame location
    frame1.setVisible(true); // Display frame

    JFrame frame2 = new CustomFrame(); // Create another frame
    frame2.setTitle("Window 2"); // Set frame title
    frame2.setLocation(200, 300); // Set frame location
    frame2.setVisible(true); // Display frame
  }
}

class CustomFrame extends JFrame {
  public CustomFrame() {
    // Create a button with text OK
    JButton jbtOK = new JButton("OK");

    // Create a label with text "Enter your name: "
    JLabel jlblName = new JLabel("Enter your name: ");

    // Create a text field with text "Type Name Here"
    JTextField jtfName = new JTextField("Type Name Here");

    // Create a check box with text bold
    JCheckBox jchkBold = new JCheckBox("Bold");

    // Create a radio button with text red
    JRadioButton jrbRed = new JRadioButton("Red");

    // Create a combo box with choices red, green, and blue
    JComboBox jcboColor = new JComboBox(new String[]{"Red",
      "Green", "Blue"});

    // Create a panel to group components
    JPanel panel = new JPanel();
    panel.add(jbtOK); // Add the button to the panel
    panel.add(jlblName); // Add the label to the panel
    panel.add(jtfName); // Add the text field to the panel
    panel.add(jchkBold); // Add the check box to the panel
```

```
44      panel.add(jrbRed); // Add the radio button to the panel
45      panel.add(jcboColor); // Add the combo box to the panel
46
47      add(panel); // Add the panel to the frame
48      setSize(450, 70); // Set frame's size
49      setDefaultCloseOperation(JFrame.EXIT_ON_CLOSE);
50    }
51 }
```

CustomFrame 클래스는 JFrame 클래스로부터 접근 가능한 모든 메소드를 상속하기 위해 JFrame 클래스를 확장한다(17행). CustomFrame은 또한 JFrame이다. JFrame에 정의된 add, setSize, setDefaultCloseOperation, setVisible 메소드들은 CustomFrame에서도 호출할 수 있다. 이 프로그램은 프레임에 패널을 더하기 위해 JFrame의 add 메소드를 호출하고(47행), 프레임 크기를 결정하기 위해 setSize 메소드를 호출하며(48행), 프레임을 닫을 때 프로그램을 종료하기 위해 setDefaultCloseOperation 메소드를 호출한다(49행).

main 메소드에서 new CustomFrame()을 호출하여 CustomFrame 인스턴스인 frame1과 frame2를 생성한다(5, 10행). CustomFrame 인스턴스인 frame1과 frame2는 또한 JFrame 인스턴스들이다. frame1은 JFrame에 정의된 접근 가능한 모든 메소드를 호출할 수 있으므로 frame1은 프레임 위치를 결정하기 위해 setLocation(200, 100)을 호출하며(7행), 프레임을 보이게 하기 위해 setVisible(true)을 호출한다(8행).

10.4 super 키워드 사용

하위 클래스는 상위 클래스에서 접근 가능한 모든 데이터 필드와 메소드를 상속한다. 그렇다면 하위 클래스는 상위 클래스의 생성자도 상속할 수 있는가? 하위 클래스가 상위 클래스 생성자를 호출할 수 있는가? 본 절은 이러한 문제들을 언급한다.

9.4절의 "this 참조"에서 호출 객체를 참조하기 위해 this 키워드를 소개했다. 키워드 super는 super가 나타나는 클래스의 상위 클래스를 언급한다. super는 다음 두 가지 방법으로 이용된다.

- 상위 클래스 생성자를 호출하기 위해
- 상위 클래스 메소드를 호출하기 위해

10.4.1 상위 클래스 생성자 호출

상위 클래스 생성자 호출 문장은 다음과 같다.

```
super.method(parameters);
```

super() 문장은 상위 클래스의 인수 없는 생성자를 호출하며, super(인수) 문장은 인수들과 일치하는 상위 클래스 생성자를 호출한다. super()와 super(인수)는 하위 클래스 생성자의 첫 번째 문장에 나타나야 한다. 이것은 상위 클래스 생성자를 호출하는 유일한 방법이다.

주의 여러분은 상위 클래스 생성자를 호출하기 위해 super 키워드를 사용해야 하고 이러한 호출은 하위 클래스 생성자 첫 번째 문장에 있어야 한다. 하위 클래스에서 상위 클래스 생성자 이름을 호출하는 것은 구문 오류를 야기한다.

NOTE 생성자는 클래스에 대한 인스턴스를 만들기 위해 이용된다. 속성과 메소드와는 다르게 상위 클래스 생성자는 하위 클래스로 상속되지 않는다. 상위 클래스 생성자는 단지 super 키워드를 이용해 하위 클래스 생성자로부터 호출될 수 있다.

10.4.2 생성자 연결

생성자는 중복정의된 생성자나 상위 클래스 생성자를 호출할 수 있다. 이러한 호출이 명확히 발생하지 않는다면 컴파일러는 super()를 생성자의 첫 문장에 놓는다. 예를 들면,

```
public A() {
}
```

동일

```
public A() {
  super();
}
```

```
public A(double d) {
  // 문장들
}
```

동일

```
public A(double d) {
  super();
  // 문장들
}
```

어떤 경우라도 클래스에 대한 인스턴스를 생성하는 것은 상속 체인과 관련된 모든 상위 클래스들의 생성자를 호출한다. 상위 클래스 생성자는 하위 클래스 생성자 전에 호출되며, 이러한 것을 **생성자 연결**이라 한다. 다음 코드를 고려하라.

생성자 연결

```
public class Faculty extends Employee {
  public static void main(String[] args) {
    new Faculty();
  }

  public Faculty() {
    System.out.println("(4) Invoke Faculty's no-arg constructor");
  }
}

class Employee extends Person {
  public Employee() {
    this("(2) Invoke Employee's overloaded constructor");
```

중복정의된 생성자를 호출한다.

```
14      System.out.println("(3) Invoke Employee's no-arg constructor");
15    }
16
17    public Employee(String s) {
18      System.out.println(s);
19    }
20 }
21
22 class Person {
23    public Person() {
24      System.out.println("(1) Invoke Person's no-arg constructor");
25    }
26 }
```

```
(1) Invoke Person's no-arg constructor
(2) Invoke Employee's overloaded constructor
(3) Invoke Employee's no-arg constructor
(4) Invoke Faculty's no-arg constructor
```

이 프로그램의 결과에 대한 이유를 생각해 보자. 3행에서 new Faculty()는 Faculty 클래스의 인수 없는 생성자를 호출한다. Faculty는 Employee의 하위 클래스이므로 Faculty 생성자의 다른 문장이 실행되기 전에 Employee의 인수 없는 생성자가 호출된다. Employee의 인수 없는 생성자는 Employee의 두 번째 생성자를 호출한다(12행). Employee는 Person의 하위 클래스이므로 Employee의 두 번째 생성자의 다른 문장이 실행되기 전에 Person의 인수 없는 생성자가 호출된다.

주의

확장되기 위하여 어떤 클래스를 설계한다면, 프로그래밍 오류를 피하기 위해 인수 없는 생성자를 제공하는 것이 좋다. 다음 코드를 생각하라.

인수 없는 생성자

```
public class Apple extends Fruit {
}

class Fruit {
  public Fruit(String name) {
    System.out.println("Fruit's constructor is invoked");
  }
}
```

Apple 클래스에 명백히 어떤 생성자도 정의되지 않았기 때문에, Apple의 인수 없는 디폴트 생성자가 묵시적으로 선언된다. Apple은 Fruit의 하위 클래스이므로 Apple의 디폴트 생성자는 자동으로 Fruit의 인수 없는 생성자를 호출한다. Fruit는 명백하게 정의된 디폴트 생성자를 갖지 못하므로 인수 없는 생성자를 호출하지 못한다. 그러므로 이 프로그램은 컴파일 오류가 발생한다.

NOTE

확장하기 쉽고 오류를 피하기 쉬운 클래스를 설계하기 위해 가능하면 모든 클래스에 인수 없는 생성자를 제공하는 것이 바람직하다.

인수 없는 생성자

10.4.3 상위 클래스 메소드 호출

키워드 super는 상위 클래스 생성자 이외에 메소드 참조를 위해 이용될 수 있다. 구문은 다음과 같다.

```
super.method(parameters);
```

여러분은 Circle 클래스에 printCircle() 메소드를 다음과 같이 다시 작성할 수 있다.

```
public void printCircle() {
  System.out.println("The circle is created " +
    super.getDateCreated() + " and the radius is " + radius);
}
```

이런 경우 getDateCreated() 전에 super를 놓을 필요는 없다. 왜냐하면 getDateCreated는 GeometricObject 클래스의 메소드이며, Circle 클래스에 의해 상속되기 때문이다. 그러나 다음 절에서 보이는 바와 같이 어떤 경우에는 super 키워드를 필요로 한다.

주의 여러분은 상위 클래스에 정의된 p() 메소드를 호출하기 위해 super.p()를 이용할 수 있다. 그러나 A가 B를, B가 C를 확장하고 p() 메소드가 C에 정의된다고 가정할 때 A로부터 super.super.p()를 호출할 수 없다. 자바에서 이와 같은 super들의 연결은 오류이다.

10.5 재정의 메소드

메소드 재정의

하위 클래스는 상위 클래스 메소드를 상속한다. 그러나 때때로 상위 클래스에 정의된 메소드 구현을 하위 클래스에서 수정하는 것은 필요하다. 이런 것을 **메소드 재정의(method overriding)**라고 부른다. GeometricObject 클래스의 toString 메소드는 도형 객체에 대한 문자열 표현을 반환한다. 이 메소드는 원에 대한 문자열 표현을 반환하기 위해 재정의할 수 있다. 재정의를 위해 리스트 10.2, Circle4.java에 다음과 같은 새로운 메소드를 추가하라.

상위 클래스의 toString

```
1 public class Circle4 extends GeometricObject1 {
2   // Other methods are omitted
3
4   /** Override the toString method defined in GeometricObject */
5   public String toString() {
6     return super.toString() + "\nradius is " + radius;
7   }
8 }
```

toString() 메소드는 GeometricObject 클래스에서 정의되고 Circle 클래스에서 수정된다. Circle 클래스는 이들 두 개의 메소드 모두를 이용할 수 있다. Circle 클래스에서 GeometricObject 클래스에 정의된 toString 메소드를 호출하기 위해 super.toString()을 이용하라(6행).

Circle의 하위 클래스가 GeometricObject에 정의된 toString 메소드 접근을 위해 super.super.toString() 구문을 이용할 수 있는가? 이용할 수 없다. 이것은 구문 오류이다.

여기에 다음과 같이 주목할 만한 점들이 있다.

- 상위 클래스의 전용(private) 데이터 필드는 클래스 외부에서 접근할 수 없기 때문에 하위 클래스에서 직접적인 이용은 불가능하다. 그러나 이러한 전용 데이터 필드는 상위 클래스에 정의될 수 있는 public 접근자를 통해 접근 가능하다.
- 인스턴스 메소드는 접근 가능할 때만 재정의할 수 있다. 그러므로 전용 메소드는 자신의 클래스 외부에서 접근 불가능하므로 재정의될 수 없다. 하위 클래스에 정의된 메소드가 상위 클래스에서 전용이라면, 두 개의 메소드는 전혀 관계가 없다.
- 인스턴스 메소드와 같이 정적 메소드는 상속될 수 있다. 그러나 정적 메소드는 재정의할 수 없다. 상위 클래스에 정의된 정적 메소드가 하위 클래스에서 다시 정의되면 상위 클래스에 정의된 메소드는 은폐된다. 은폐된 정적 메소드는 SuperClassName.staticMethodName에 의해 호출될 수 있다.

10.6 재정의 vs. 중복정의

여러분은 5.7절 "메소드 중복정의"에서 메소드들을 중복으로 정의하는 것에 대하여 공부했다. 메소드 중복정의는 같은 이름을 갖지만 식별하기 위해 다른 시그니처를 갖는 하나 이상의 메소드를 제공하는 방법이다. 메소드를 중복정의하기 위해 해당 메소드는 상위 클래스에서 정의된 것과 같은 시그니처와 반환 타입을 이용하여 하위 클래스에서 정의되어야 한다.

재정의와 중복정의의 차이를 보이기 위해 예제를 이용하자. 코드 (a)에서 클래스 A의 메소드 p(int i)는 클래스 B에 정의된 같은 메소드를 재정의한다. 코드 (b)에서 클래스 A의 메소드 p(double i)와 클래스 B의 p(int i)는 두 개의 중복정의 메소드이다. 클래스 B에서 메소드 p(int i)는 클래스 A로 상속된다.

```java
public class Test {
  public static void main(String[] args) {
    A a = new A();
    a.p(10);
  }
}

class B {
  public void p(int i) {
  }
}

class A extends B {
  // This method overrides the method in B
  public void p(int i) {
    System.out.println(i);
  }
}
```

(a)

```java
public class Test {
  public static void main(String[] args) {
    A a = new A();
    a.p(10);
  }
}

class B {
  public void p(int i) {
  }
}

class A extends B {
  // This method overloads the method in B
  public void p(double i) {
    System.out.println(i);
  }
}
```

(b)

여러분이 코드 (a)의 Test 클래스를 실행할 때 a.p(10)은 클래스 A에 정의된 메소드 p(int i)를 호출하기 때문에 프로그램은 10을 출력한다. 코드 (b)의 Test 클래스를 실행할 때 a.p(10)은 클래스 B에 정의된 p(int i)를 호출하기 때문에 프로그램은 어떤 것도 출력하지 않는다.

10.7 Object 클래스와 메소드

자바의 모든 클래스는 java.lang.Object 클래스를 상속한다. 자바에서 어떤 클래스가 정의될 때 상속을 명확하게 선언하지 않았다면, 이 클래스의 상위 클래스는 디폴트적으로 Object 클래스이다. 예를 들면, 다음 두 개의 클래스 선언은 같다.

```
public class Circle {
  ...
}
```

동일

```
public class Circle extends Object {
  ...
}
```

String, StringBuffer, Loan, GeometricObject 클래스는 묵시적으로 Object의 하위 클래스이다(지금까지 이 책에 있는 모든 main 클래스도 마찬가지이다). 그러므로 Object 클래스에서 제공된 메소드들과 친숙해지는 것은 중요하다. 왜냐하면 이러한 메소드들은 여러분이 정의한 클래스에서 이용될 수 있기 때문이다. Object 클래스에서 제공하는 toString과 equals 메소드에 대하여 설명한다.

toString()

메소드 toString()에 대한 시그니처는 다음과 같다.

```
public String toString()
```

어떤 객체에 대하여 toString()을 호출하는 것은 관련 객체를 설명하는 문자열을 반환한다. 디폴트로 toString() 메소드는 객체에 대한 클래스이름, @, 16진수로 표현된 메모리 주소로 구성하는 문자열을 반환한다. 예를 들면, 리스트 9.2에 정의된 Loan 클래스를 고려하라.

```
Loan loan = new Loan();
System.out.println(loan.toString());
```

이 코드는 Loan@15037e5와 같은 문자열을 출력한다. 이러한 메시지는 우리에게 거의 의미를 주지 못한다. 일반적으로 객체에 대한 의미 있는 정보를 표시하기 위해 toString() 메소드를 재정의해야 한다. 예를 들면, 리스트 10.1 GeometricObject 클래스의 toString() 메소드는 다음과 같이 재정의되었다.

```
public String toString() {
  return "color: " + color + "and is filled: " + filled;
}
```

NOTE

여러분은 System.out.println(object) 혹은 System.out.print(object)를 호출하기 위해 객체를 전달할 수 있다. 이러한 것은 System.out.println(object.toString()) 혹은 System.out.print(object.toString())을 호출하는 것과 같은 효과를 갖는다. 결국, 우리는 System.out.println(loan.toString())을 System.out.println(loan)으로 대치할 수 있다.

메소드 equals 시그니처는 다음과 같다.

```
public boolean equals(Object o)
```

이 메소드는 두 개의 객체가 같은지를 검사한다. 이 메소드를 호출하는 구문은 다음과 같다.

```
object1.equals(object2);
```

Object에서 equals 메소드의 디폴트 구현은 다음과 같다.

```
public boolean equals(Object obj) {
  return (this == obj);
}
```

이 구현은 == 연산자를 이용하여 두 개의 참조 변수들이 같은 객체를 가리키는지를 검사한다. 여러분은 두 개의 객체 내용이 같은지를 검사하기 위해 여러분 클래스에 equals 메소드를 재정의해야 한다.

여러분은 이미 9.2절 "String 클래스"에서 두 개의 문자열을 비교하기 위해 equals 메소드를 이용했다. String 클래스의 equals 메소드는 Object 클래스에서 상속되며 두 개의 문자열 내용이 같은지를 검사하기 위해 String 클래스에서 재정의한다. 여러분은 반지름에 기초하여 두 개의 원이 같은지를 비교하기 위해 다음과 같이 Circle 클래스에서 equals 메소드를 재정의할 수 있다.

```
public boolean equals(Object o) {
  if (o instanceof Circle) {
    return radius == ((Circle)o).radius;
  }
  else
    return false;
}
```

NOTE

비교연산자 ==는 두 개의 기본 데이터 타입 값을 비교하거나 두 개의 객체들이 같은 참조를 갖는지 결정하기 위해 이용한다. 메소드 equals를 재정의한다면, 두 개의 객체가 같은 내용을 갖는지를 검사하는 것을 의미한다. 연산자 ==는 두 개의 참조 변수가 같은 객체를 언급하는가를 검사한다는 점에서 메소드 equals보다 더욱 강력하다.

주의

하위 클래스에서 equals 메소드를 재정의하기 위해 equals(SomeClassName obj)를 (예: equals(Circle c)) 이용하는 것은 일반적인 실수이다. 여러분은 equals(Object obj)를 이용해야만 한다. 복습문제 10.12를 참조하라.

10.8 다형성, 동적 바인딩, 포괄형 프로그래밍

객체지향 프로그래밍의 세 가지 중요 개념은 캡슐화, 상속, 그리고 다형성이다. 여러분은 처음 두 가지 개념에 대하여 이미 공부했다. 이번 절에서는 다형성에 대하여 소개한다.

부타입
상위 타입
선언된 타입

우선 두 가지 유용한 용어에 대하여 정의하자: 부타입과 상위 타입. 클래스는 타입을 정의한다. 하위 클래스에 의해 정의된 타입은 **부타입**, 상위 클래스에 의해 정의된 타입은 **상위 타입**이라 한다. 변수는 타입이 선언되어야 한다. 변수의 타입은 **선언된 타입**이라 불린다. 참조 타입 변수는 null 값이나 객체에 대한 참조를 갖는다. 객체는 클래스의 한 인스턴스이다.

상속관계는 하위 클래스가 상위 클래스의 특징을 상속하게 하는 것과 더불어 자신만의 새로운 특징을 갖는 것을 가능하게 한다. 하위 클래스는 상위 클래스를 구체화한 것이다. 즉, 하위 클래스의 모든 인스턴스는 상위 클래스의 인스턴스이지만 역은 성립하지 않는다. 예를 들면, 모든 원은 객체이지만 모든 객체가 원은 아니다. 그러므로 여러분은 하위 클래스 인스턴스를 상위 클래스 타입 매개변수에 전달하는 것은 항상 가능하다. 리스트 10.6의 코드를 생각하라.

리스트 10.6 PolymorphismDemo.java

다형적 호출

동적 바인딩

toString()을 재정의한다.

```
public class PolymorphismDemo {
  public static void main(String[] args) {
    m(new GraduateStudent());
    m(new Student());
    m(new Person());
    m(new Object());
  }

  public static void m(Object x) {
    System.out.println(x.toString());
  }
}

class GraduateStudent extends Student {
}

class Student extends Person {
  public String toString() {
    return "Student";
  }
}

class Person extends Object {
  public String toString() {
    return "Person";
  }
}
```

```
Student
Student
Person
java.lang.Object@130c19b
```

이 프로그램의 출력 결과에 대한 이유가 무엇인지 생각해 보자. 메소드 m(9행)은 Object 타입 매개변수를 취한다. 여러분은 어떤 객체(예 : new GraduateStudent(), new Student(), new Person(), new Object())와 함께 m을 호출할 수 있다(3-6행). 하위 클래스 객체는 상위 클래스 객체를 필요로 하는 곳에는 어디든지 이용할 수 있다. 이런 것을 **다형성**(polymorphism : 그리스어로 "많은 형태"를 의미)이라 한다. 단순 용어로 다형성은 상위 타입 변수가 부타입 객체를 참조할 수 있는 것을 의미한다. 다형성

메소드 m(Object x)이 실행될 때, 인수 x의 toString() 메소드가 호출된다. x는 GraduateStudent, Student, Person, Object의 인스턴스일 수 있다. GraduateStudent, Student, Person, Object 클래스는 toString() 메소드에 대하여 그들 자신의 구현을 갖는다. 어떤 구현이 이용되는가 하는 것은 자바 가상 기계에 의해 실행시 동적으로 결정된다. 이러한 능력을 **동적 바인딩**(dynamic binding)이라 한다. 동적 바인딩

동적 바인딩은 다음과 같이 작동한다. 그림 10.3에서 객체 o가 클래스 C_1, C_2, ..., C_{n-1}, C_n 중의 한 인스턴스이고, C_1은 C_2의 하위 클래스, C_2는 C_3의 하위 클래스, ..., C_{n-1}은 C_n의 하위 클래스라고 가정하자. 즉, C_n은 가장 일반적인 클래스이고 C_1은 가장 구체적인 클래스이다. 자바에서 C_n은 Object 클래스에 해당한다. 객체 o가 메소드 p를 호출하면, JVM은 메소드 p의 구현을 발견할 때까지 순서대로 C_1, C_2, ..., C_{n-1}, C_n 클래스를 검색한다. 구현이 발견되는 즉시 검색을 정지하고 처음에 발견된 구현이 실행된다. 예를 들면, 3행에서 m(new GraduateStudent())가 호출될 때, Student 클래스에 정의된 toString() 메소드가 이용된다.

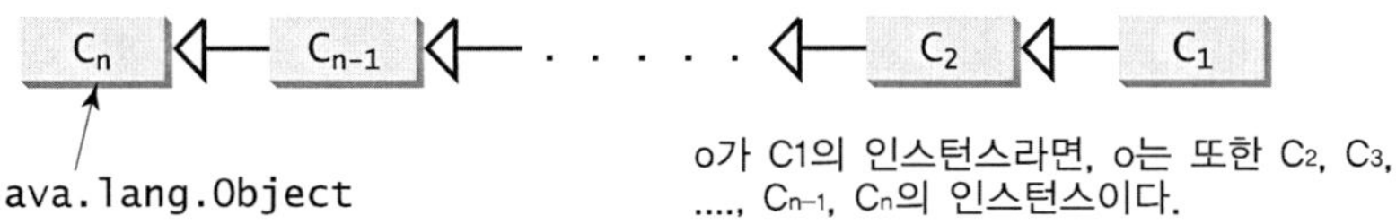

그림 10.3 호출 메소드는 실행시 동적으로 바인드된다.

메소드 시그니처를 매칭하는 것과 메소드 구현을 바인딩하는 것은 다르다. 참조 변수 **선언 타입**은 컴파일 시(compile-time)에 어떤 메소드와 일치하는 가를 결정한다. 컴파일러는 컴파일 시에 매개변수 타입, 매개변수 개수, 매개변수 순서에 기초하여 일치하는 메소드를 찾는다. 메소드는 여러 하위 클래스에서 구현될 수 있다. JVM은 실행 시(run-time)에 변수에 의해 참조된 객체의 **실제 클래스**에 기초하여 메소드 구현을 바인딩한다.

동적 바인딩은 다시 컴파일하지 않고 새로운 클래스들이 로드되는 것을 가능하게 한다.

개발자들이 주요 소프트웨어 버전을 만들고 사용자들이 이것을 설치할 필요가 없다. 새로운 특징들은 필요할 때 결합될 수 있다. 예를 들면, 여러분이 4개 파일에 Test, GraduateStudent, Student, Person 클래스를 저장했다고 가정하고, GraduateStudent 클래스를 다음과 같이 수정한다면:

```
class GraduateStudent extends Student {
  public String toString() {
    return "Graduate Student";
  }
}
```

여러분은 새로운 toString 메소드를 갖는 GraduateStudent의 새로운 버전을 갖지만, Test, Student, Person을 다시 컴파일할 필요는 없다. Test에서 m(new GraduateStudent())를 실행할 때, JVM은 동적으로 GraduateStudent 객체에 대한 새로운 toString 메소드를 바인딩한다.

다형성은 메소드가 객체 인수들의 넓은 범위에 대해 일반적으로 사용하는 것을 가능하게 한다. 이것을 **포괄형 프로그래밍**(generic programming)이라 한다. 메소드 매개변수 타입이 상위 클래스(예 : Object)이면, 여러분은 이 메소드에 매개변수 타입에 대한 어떤 하위 클래스 객체(예 : Student, String 객체)라도 전달할 수 있다. 어떤 객체(예 : Student, String 객체)가 메소드에서 이용될 때, 호출되는 객체에 대한 메소드(예 : toString) 구현은 동적으로 결정된다.

10.9 객체 캐스팅과 instanceof 연산자

여러분은 기본 타입을 다른 타입으로 변환하기 위해 이미 캐스팅 연산자를 이용했다. 또한 캐스팅은 상속계층 내에서 한 클래스 타입 객체를 다른 것으로 변환하기 위해 사용할 수 있다. 앞 절에서, 다음 문장은

```
m(new Student());
```

객체 new Student()를 Object 타입 매개변수에 배정한다. 이 문장은 다음 문장과 똑같다.

```
Object o = new Student(); // Implicit casting
m(o);
```

묵시적 캐스팅(implicit casting)인 Object o = new Student() 문장에서 Student 인스턴스는 자동으로 Object 인스턴스이기 때문에 합법적이다.

여러분이 다음 문장을 이용하여 Student 타입 변수에 객체 참조 o를 배정하기 원한다고 가정하자.

```
Student b = o;
```

이런 경우 컴파일 오류가 발생한다. 이유는 Student 객체는 항상 Object 인스턴스이지만, Object는 항상 Student 인스턴스가 아니기 때문이다. 비록 여러분은 실제로 o가 Student 객체라는 것을 안다 해도, 이것을 컴파일러가 알기에는 사람만큼 현명하지 못하기 때문이다. 컴파일러에게 o가 Student 객체라는 것을 알리기 위해, **명시적 캐스팅**(explicit casting)을 사용한다. 기본 데이터 타입 사이에 캐스팅하는 방법과 유사하다. 다음과 같이 목표 객체 타입을 괄호로 묶고, 그것을 캐스트하기 위한 객체 앞에 놓는다. 명시적 캐스팅

```
Student b = (Student)o; // Explicit casting
```

하위 클래스 인스턴스는 항상 상위 클래스 인스턴스이므로, 하위 클래스 인스턴스를 상위 클래스 변수로 캐스트(upcasting)하는 것은 항상 가능하다. 그러나 상위 클래스 인스턴스를 하위 클래스 변수로 캐스트(downcasting)하는 것은 컴파일러에게 여러분의 의도를 명확히 전달하기 위해 (하위 클래스) 캐스팅 표기로 명시적 캐스트하는 것이 필요하다. 캐스팅이 성공하기 위해 캐스팅 대상 객체가 하위 클래스 인스턴스인 것을 보장해야 한다. 그렇지 않으면 ClassCastException 오류가 발생한다. 예를 들면, 어떤 객체가 Student 인스턴스가 아니면 Student 변수 쪽으로 캐스트할 수 없다. 그러므로 캐스팅을 시도하기 전에 캐스트 하려는 객체가 다른 객체의 인스턴스가 맞는지 확인하는 것이 좋다. 이것은 instanceof 연산자를 이용하여 성취될 수 있다. 다음 코드를 생각하라: upcasting downcasting ClassCastException instanceof

```
Object myObject = new Circle();
... // Some lines of code
/** Perform casting if myObject is an instance of Circle */
if (myObject instanceof Circle) {
  System.out.println("The circle diameter is " +
    ((Circle)myObject).getDiameter());
  ...
}
```

여러분은 이 코드에서 캐스팅이 필요한 이유에 대하여 의아하게 생각할 수 있다. 변수 myObject는 Object 타입으로 선언된다. **선언 타입**은 컴파일 시에 어떤 메소드를 이용할 수 있는지를 결정한다. Object 클래스는 getDiameter 메소드가 없기 때문에 myObject.getDiameter()를 이용하는 것은 컴파일 오류를 야기한다. 컴파일러는 myObject.getDiameter()와 일치하는 것을 발견할 수 없다. 그러므로 컴파일러에게 myObject는 Circle의 인스턴스라는 것을 알리기 위해 myObject를 Circle 타입으로 캐스트 하는 것이 필요하다.

처음에 myObject를 Circle 타입으로 선언하지 않은 이유는 무엇인가? 변수를 상위 타입으로 선언하고 이 변수가 어떤 부타입 값도 받아들이게 하는 포괄형 프로그래밍을 하는 것은 좋은 연습이다.

NOTE

instanceof는 자바 키워드이다. 자바 키워드의 모든 문자는 소문자이다.

TIP

캐스팅에 대한 이해를 돕기 위해 여러분은 과일, 사과, 오렌지 예제를 생각할 수 있다. Fruit을 Apple, Orange에 대한 상위 클래스로 생각한다. 사과는 과일이므로 항상 안전하게 Apple 인스턴스를 Fruit 타입 변수에 배정할 수 있다. 그러나 과일이 반드시 사과는 아니기 때문에 Fruit 인스턴스를 Apple 타입 변수에 배정하기 위해 명시적 캐스팅이 필요하다.

리스트 10.7은 다형성과 캐스팅에 대한 예를 보인다. 이 프로그램은 원과 직사각형 두 객체를 생성하며(5-6행) 이들 객체를 표시하기 위해 displayObject 메소드를 호출한다(9-10행). displayObject 메소드는 객체가 원이면 면적과 지름을(15행), 직사각형이라면 면적을(21행) 표시한다.

리스트 10.7 TestPolymorphismCasting.java

```
 1 public class TestPolymorphismCasting {
 2   /** Main method */
 3   public static void main(String[] args) {
 4     // Declare and initialize two objects
 5     Object object1 = new Circle4(1);
 6     Object object2 = new Rectangle1(1, 1);
 7
 8     // Display circle and rectangle
 9     displayObject(object1);
10     displayObject(object2);
11   }
12
13   /** A method for displaying an object */
14   public static void displayObject(Object object) {
15     if (object instanceof Circle4) {
16       System.out.println("The circle area is " +
17         ((Circle4)object).getArea());
18       System.out.println("The circle diameter is " +
19         ((Circle4)object).getDiameter());
20     }
21     else if (object instanceof Rectangle1) {
22       System.out.println("The rectangle area is " +
23         ((Rectangle1)object).getArea());
24     }
25   }
26 }
```

다형적 호출 (16행)

다형적 호출 (22행)

```
The circle area is 3.141592653589793
The circle diameter is 2.0
The rectangle area is 1.0
```

displayObject(Object object) 메소드는 포괄형 프로그래밍의 예이다. 이 메소드는 Object의 어떤 인스턴스를 전달해도 호출될 수 있다.

이 프로그램은 Circle 객체를 object1에 배정하고 Rectangle 객체를 object2에 배정(5-6행)하기 위해 묵시적 캐스팅을 이용하고, 이들 객체에 대한 정보를 표시하기 위해 displayObject 메소드를 호출한다(9-10행).

displayObject 메소드(14-25행)는 객체가 Circle 인스턴스라면 Circle 타입으로 캐스트하기 위해 명시적 캐스팅을 이용하며, 원의 면적과 지름을 표시하기 위하여 getArea와 getDiameter 메소드를 이용한다.

캐스팅은 소스 객체가 목표 클래스의 인스턴스인 경우에만 수행될 수 있다. 이 프로그램은 캐스팅 전에 소스 객체가 목표 클래스의 인스턴스인지 확인하기 위해 instanceof 연산자를 이용한다(15행).

Circle(17, 19행)과 Rectangle(23행)에 대한 명시적 캐스팅은 getArea와 getDiameter 메소드가 Object 클래스에 존재하지 않으므로 반드시 필요하다.

주의 객체 멤버 접근 연산자(.)는 캐스팅 연산자보다 순위가 높다. 그러므로 객체 멤버 접근 연산자 전에 캐스팅 수행을 보장하기 위해 다음과 같이 괄호를 사용하라.

```
((Circle)object).getArea());
```

10.10 ArrayList 클래스

여러분은 객체들을 저장하기 위해 배열을 생성할 수 있다. 그러나 배열 생성 후 배열 크기는 고정된다. 자바는 무한한 수의 객체들을 저장하기 위해 이용할 수 있는 ArrayList 클래스를 제공한다. 그림 10.4는 ArrayList에 존재하는 메소드를 보인다.

리스트 10.8은 ArrayList를 이용하는 예이다. 이 프로그램은 인수 없는 생성자를 이용하여 ArrayList를 생성한다(4행). add 메소드는 Object 인스턴스를 리스트에 추가한다. String은 Object의 하위 클래스이므로 리스트에 문자열을 추가할 수 있다. add 메소드들(7-17행)은 리스트 마지막에 객체를 추가한다. 따라서 cityList.add("London")을 수행한 후 (7행), 리스트는 다음을 포함한다.

```
[London]
```

cityList.add("New York") 수행 후(9행), 리스트는 다음을 포함한다.

```
[London, New York]
```

java.util.ArrayList	
+ArrayList()	빈 리스트를 생성한다.
+add(o: Object): void	리스트의 끝에 새로운 원소 o를 추가한다.
+add(index: int, o: Object): void	리스트의 명세된 인덱스에 새로운 원소 o를 추가한다.
+clear(): void	리스트에서 모든 원소를 제거한다.
+contains(o: Object): boolean	리스트가 원소 o를 포함하면 true를 반환한다.
+get(index: int): Object	리스트에서 명세된 인덱스 원소를 반환한다.
+indexOf(o: Object): int	리스트에서 첫 번째로 같은 원소의 인덱스를 반환한다.
+isEmpty(): boolean	리스트에 원소가 없다면 true를 반환한다.
+lastIndexOf(o: Object): int	리스트에서 마지막으로 같은 원소의 인덱스를 반환한다.
+remove(o: Object): boolean	리스트에서 원소 o를 제거한다.
+size(): int	리스트에서 원소들의 개수를 반환한다.
+remove(index: int): boolean	명세된 인덱스의 원소를 제거한다.
+set(index: int, o: Object): Object	명세된 인덱스에 해당 원소를 설정한다.

그림 10.4 ArrayList는 무한한 수의 객체를 저장한다.

Paris, Toronto, Hong Kong, Singapore을 더한 후(11-17행), 리스트는 다음을 포함할 것이다.

```
[London, New York, Paris, Toronto, Hong Kong, Singapore]
```

size()

size()를 호출(21행)하는 것은 리스트 크기를 반환하며 현재 값은 6이다. contains("Toronto")를 호출(23행)하는 것은 객체가 리스트에 있는지를 검사하며 이 경우 true를 반환한다. indexOf("New York")을 호출(25행)하는 것은 리스트에서 객체에 해당하는 인덱스를 반환하며 이 경우 반환 값은 1이다. 객체가 리스트에 없다면 -1을 반환한다. isEmpty() 메소드(27행)는 리스트가 비었는지를 검사하며, 이 경우 리스트는 비지 않았으므로 false를 반환한다.

cityList.add(2, "Beijing")(30행)는 리스트로부터 인덱스 위치에 객체를 삽입한다. 이 문장 후 리스트는 다음과 같다.

```
[London, New York, Beijing, Paris, Toronto, Hong Kong, Singapore]
```

cityList.remove("Toronto")(35행)는 리스트로부터 관련 객체를 제거한다. 이 문장 후 리스트는 다음과 같다.

```
[London, New York, Beijing, Paris, Hong Kong, Singapore]
```

cityList.remove(1)(40행)는 리스트로부터 인덱스에 위치한 객체를 제거한다. 이 문장 후 리스트는 다음과 같다.

```
[London, Beijing, Paris, Hong Kong, Singapore]
```

44행은 다음 문장과 동일하다.

```
System.out.println(cityList);
```

toSring() 메소드는 [e0.toString(). e1.toString(),...,ek.toString()](여기에서 e0, e1, ...ek는 리스트에 포함된 원소를 의미)과 같은 형태로 리스트에 대한 문자열 표현을 반환한다.

get(index) 메소드(48행)는 명세된 인덱스의 객체를 반환한다.

리스트 10.8 TestArrayList.java

```
1 public class TestArrayList {
2   public static void main(String[] args) {
3     // Create a list to store cities
4     java.util.ArrayList cityList = new java.util.ArrayList();
5
6     // Add some cities in the list
7     cityList.add("London");
8     // cityList now contains [London]
9     cityList.add("New York");
10    // cityList now contains [London, New York]
11    cityList.add("Paris");
12    // cityList now contains [London, New York, Paris]
13    cityList.add("Toronto");
14    // cityList now contains [London, New York, Paris, Toronto]
15    cityList.add("Hong Kong");
16    // contains [London, New York, Paris, Toronto, Hong Kong]
17    cityList.add("Singapore");
18    // contains [London, New York, Paris, Toronto,
19    //             Hong Kong, Singapore]
20
21    System.out.println("List size? " + cityList.size());
22    System.out.println("Is Toronto in the list? " +
23      cityList.contains("Toronto"));
24    System.out.println("The location of New York in the list? "
25      + cityList.indexOf("New York"));
26    System.out.println("Is the list empty? " +
27      cityList.isEmpty()); // Print false
28
29    // Insert a new city at index 2
30    cityList.add(2, "Beijing");
31    // contains [London, New York, Beijing, Paris, Toronto,
32    //             Hong Kong, Singapore]
33
34    // Remove a city from the list
35    cityList.remove("Toronto");
36    // contains [London, New York, Beijing, Paris,
37    //             Hong Kong, Singapore]
38
39    // Remove a city at index 1
40    cityList.remove(1);
41    // contains [London, Beijing, Paris, Hong Kong, Singapore]
```

ArrayList를 생성한다.

원소를 추가한다.

리스트 크기

원소를 포함하는가?

원소 인덱스

비어있는가?

원소를 제거한다.

원소를 가져온다.

```

    // Display the contents in the list
    System.out.println(cityList.toString());

    // Display the contents in the list in reverse order
    for (int i = cityList.size() - 1; i> = 0; i--)
      System.out.print(cityList.get(i) + " ");
    System.out.println();

    // Create a list to store two circles
    java.util.ArrayList list = new java.util.ArrayList();

    // Add two circles
    list.add(new Circle4(2));
    list.add(new Circle4(3));

    // Display the area of the first circle in the list
    System.out.println("The area of the circle? " +
      ((Circle4)list.get(0)).getArea());
  }
}
```

ArrayLIst를 생성한다.

```
List size? 6
Is Toronto in the list? True
The location of New York in the list? 1
Is the list empty? false
[London, Beijing, Paris, Hong Kong, Singapore]
Singapore Hong Kong Paris Beijing London
The area of the circle? 12.566370614359172
```

NOTE

여러분은 명령 프롬프트에서 이 프로그램을 컴파일할 때 다음과 같은 경고가 나타날 것이다.

```
Note: TestArrayList.java uses unchecked or unsafe operations.
Note: Recompile with -Xlint:unchecked for details.
```

이 경고는 21장에서 설명되는 포괄형 타입(generic types)을 이용하면 제거될 수 있다. 지금은 이 경고를 무시하라. 경고에도 불구하고 프로그램은 컴파일 후 .class 파일을 생성한다.

ArrayList 객체는 배열과 유사하게 사용될 수 있지만 많은 차이가 있다. 표 10.1은 ArrayList와 배열 사이의 유사점과 차이점을 나열한다.

표 10.1 배열과 ArrayList 사이의 유사점과 차이점

연산	배열	Array List
배열/ArrayList를 생성하는 것	`object[] a = new object[10]`	`Array List list = new ArrayList();`
원소에 접근하는 것	`a[index]`	`list.get(index)`

원소를 갱신하는 것	a[index] = "London";	list.set(index, "London");
크기를 반환하는 것	a. lenfth	list.size()
원소를 추가하는 것		list.add("London")
새로운 원소를 삽입하는 것		list.add(index, "London");
원소를 제거하는 것		list.remove(index)
원소를 제거하는 것		list.remove(object)
모든 원소들을 제거하는 것		list.clear();

배열은 생성되면서 크기가 고정된다. 배열 원소는 꺽쇠괄호 표기법(예 : a[index])을 이용하여 접근할 수 있다. ArrayList가 생성될 때 크기는 0이다. 리스트에 원소가 없다면 get, set 메소드는 이용할 수 없다. 리스트에 원소를 추가, 삽입, 제거하는 것은 쉽지만 배열에 원소를 추가, 삽입, 제거하는 것은 복잡하다. 배열에서는 이런 연산을 수행하기 위한 코드를 작성하는 것이 필요하다.

NOTE ArrayList와 매우 유사한 java.util.Vector는 객체들을 저장하기 위한 클래스이다. ArrayList에 있는 모든 메소드는 Vector 클래스에서도 가능하다. Vector 클래스는 JDK1.1에서 처음 소개되었으며, ArrayList 클래스는 Vector 클래스를 대치하기 위해 JDK1.2에서 소개되었다.

Vector 클래스

10.11 맞춤 스택 클래스

9.8절 "Stack 클래스 설계"는 int 값을 저장하는 스택 클래스를 보였다. 이 절은 객체들을 저장하는 스택 클래스를 소개한다. 여러분은 리스트 10.9와 같이 스택을 구현하기 위해 ArrayList를 이용할 수 있다. 그림 10.5는 스택 클래스에 대한 UML 다이어그램을 보인다.

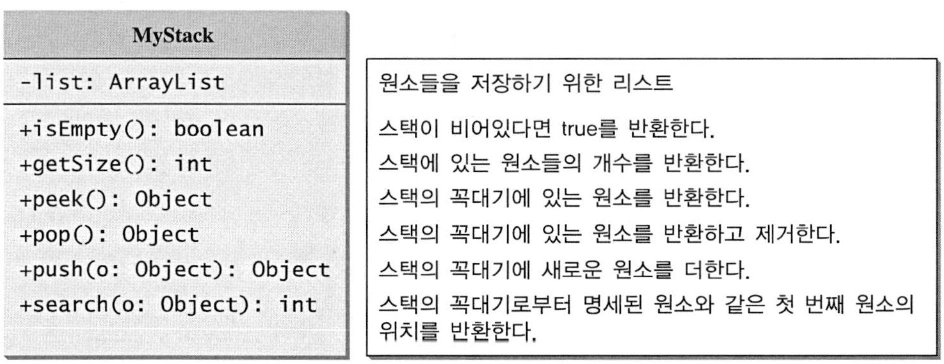

그림 10.5 MyStack 클래스는 스택 저장소를 캡슐화하고 스택을 다루기 위한 연산들을 제공한다.

리스트 10.9 MyStack.java

배열 리스트

스택이 비어있는가?

스택 크기를 가져온다.

스택의 정상 원소를 본다.

제거한다.

추가한다.

탐색한다.

```
 1 public class MyStack {
 2   private java.util.ArrayList list = new java.util.ArrayList();
 3
 4   public boolean isEmpty() {
 5     return list.isEmpty();
 6   }
 7
 8   public int getSize() {
 9     return list.size();
10   }
11
12   public Object peek() {
13     return list.get(getSize() - 1);
14   }
15
16   public Object pop() {
17     Object o = list.get(getSize() - 1);
18     list.remove(getSize() - 1);
19     return o;
20   }
21
22   public Object push(Object o) {
23     list.add(o);
24     return o;
25   }
26
27   public int search(Object o) {
28     return list.lastIndexOf(o);
29   }
30
31   /** Override the toString in the Object class */
32   public String toString() {
33     return "stack: " + list.toString();
34   }
35 }
```

스택에 원소를 저장하기 위해 배열 리스트를 생성한다(2행). isEmpty() 메소드(4-6행)는 list.isEmpty()와 같다. getSize() 메소드(8-10행)는 list.size()와 같다. peek() 메소드(12-14행)는 스택의 꼭대기에 존재하는 원소가 무엇인지 확인하며, 꼭대기에 있는 원소는 스택에서 제거되지 않는다. 스택의 꼭대기에 있는 원소는 리스트의 마지막 원소이다. pop() 메소드(16-20행)는 스택에서 꼭대기에 있는 원소를 제거함과 동시에 이 원소를 반환한다. push(Object element) 메소드(22-25행)는 원소를 스택에 추가한다. search(Object element) 메소드는 원소가 스택에 있는지를 확인하고 스택의 꼭대기로부터 시작하여 첫 번째로 일치하는 원소의 인덱스 값을 반환한다. Object 클래스에서 이미 정의된 toString() 메소드(32-34행)는 현 스택 클래스 내용을 표시하기 위해 재정의된다. ArrayList에 구현된 toString() 메소드는 배열 리스트에 포함된 모든 원소들의 문자열 표현을 반환한다.

NOTE 리스트 10.9의 MyStack 클래스는 ArrayList를 포함한다. MyStack과 ArrayList 관계는 구성(composition) 관계라 한다. 상속은 is-a 관계이고, 구성 관계는 has-a 관계를 모델 한다. 여러분은 MyStack을 ArrayList의 하위 클래스로 구현할 수 있다(프로그래밍 연습 10.4). 그러나 ArrayList로부터 불필요하고 부적절한 메소드를 상속하지 않고 전혀 새로운 스택 클래스를 선언할 수 있기 때문에 구성 관계를 이용하여 구현하는 것은 더욱 좋다.

구성
is-a
has-a

10.12 protected 데이터와 메소드

자바에서 protected 수정자는 클래스의 데이터와 메소드에 적용될 수 있다. 공용(public) 클래스에 있는 protected 데이터와 메소드는 **같은 패키지에 있는 어떤 클래스**에서도 접근 가능하며, **이들 클래스의 하위 클래스**(다른 패키지에 존재한다 해도)에서도 접근 가능하다. private, protected, public 수정자는 클래스와 클래스 멤버들이 어떻게 접근될 수 있는가를 서술하기 때문에 **접근성**(accessibility) 혹은 **가시성**(visibility) **수정자**라 한다. 이러한 수정자들의 가시성은 다음 순서로 증가한다.

가시성은 증가한다

→

없음(수정자를 이용하지 않는다면)

표 10.2는 클래스 멤버들의 가시성을 요약한다. 그림 10.6은 클래스 C1에 있는 public, protected, package(디폴트), private 데이터 혹은 메소드가 같은 패키지에 있는 클래스 C2에서, 같은 패키지에 있는 하위 클래스 C3에서, 다른 패키지에 있는 하위 클래스 C4에서, 다른 패키지에 있는 어떤 클래스 C5에서 어떻게 접근될 수 있는가를 보인다.

표 10.2 데이터와 메소드 가시성

클래스 멤버 수정자	같은 클래스에서 접근	같은 패키지에서 접근	하위 클래스에서 접근	다른 패키지에서 접근
public	∨	∨	∨	∨
Protected	∨	∨	∨	—
(defaulta)	∨	∨	—	—
private	∨	—	—	—

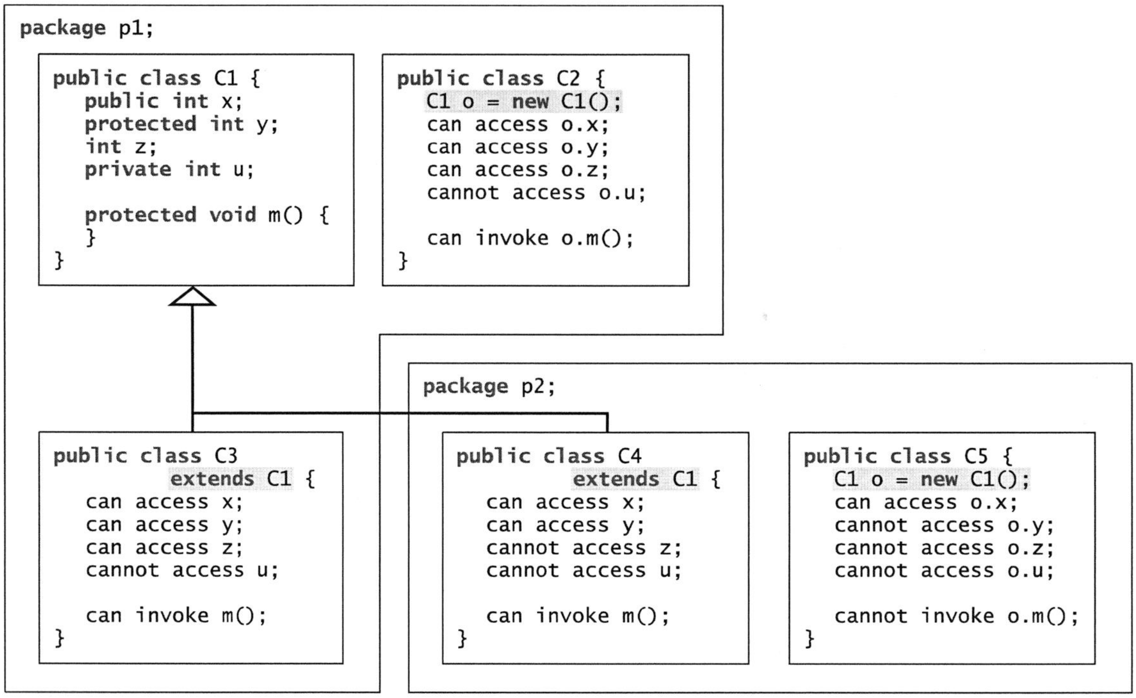

그림 10.6 가시성 수정자는 데이터와 메소드가 어떻게 접근되는가를 제어하기 위해 이용한다.

클래스 멤버들을 완전히 숨기기 위해 private 수정자를 이용하라. 클래스 멤버들은 클래스 외부에서 직접 접근할 수 없다. 같은 패키지에 있는 클래스는 접근 가능하지만 다른 패키지에 있는 클래스는 접근할 수 없도록 하기 위해 어떤 수정자도 사용하지 마라. 같은 패키지에 있는 클래스 혹은 다른 패키지에 있는 하위 클래스에서 접근 가능하게 하기 위해 protected 수정자를 사용하라. 어떤 클래스에서도 접근 가능하게 하기 위해 public 수정자를 사용하라.

클래스는 다음 두 가지 방법으로 이용된다: 클래스 인스턴스를 생성하기 위해, 그리고 클래스를 확장하는 하위 클래스를 생성하기 위해. 외부에서 이용을 목적으로 하지 않는다면 클래스 멤버들을 전용(private)으로 만들어라. 외부에서 이용을 목적으로 한다면 클래스 멤버들을 공용(public)으로 만들어라. 클래스 멤버들이 하위 클래스에서 이용을 목적으로 하지만 외부에서 이용이 목적이 아니라면 protected로 만들어라.

private와 protected 수정자는 단지 클래스 멤버들에 이용된다. public과 디폴트 수정자는 클래스 멤버는 물론, 클래스에 대해 이용할 수 있다. 디폴트 수정자를 갖는 클래스는 다른 패키지의 클래스에서 접근할 수 없다.

NOTE

하위 클래스는 상위 클래스에 있는 protected 메소드를 재정의하면서 public 수정자로 변경할 수 있다. 그러나 하위 클래스는 상위 클래스에 정의된 메소드 접근성을 약하게 할 수 없다. 예를 들면, 상위 클래스에서 공용 메소드는 하위 클래스에서 공용으로 정의되어야 한다.

10.13 확장과 재정의 금지

여러분은 때때로 클래스의 확장을 금지하기 원할 수 있다. 이러한 경우, 어떤 클래스가 최종이고 부모 클래스가 될 수 없다는 것을 알리기 위해 final 수정자를 사용하라. 5장에서 소개된 Math 클래스는 final 클래스이다. 8장 "문자열과 텍스트 I/O"에서 소개된 String, StringBuilder, StringBuffer 클래스 또한 final 클래스이다. 예를 들면, 다음 클래스는 final 이며 확장될 수 없다.

```
public final class C {
  // Data fields, constructors, and methods omitted
}
```

여러분은 또한 메소드를 final로 정의할 수 있으며, final 메소드는 하위 클래스에서 재정의할 수 없다. 예를 들면, 다음 메소드는 final이며 재정의할 수 없다.

```
public class Test {
  // Data fields, constructors, and methods omitted

  public final void m() {
    // Do something
  }
}
```

NOTE 수정자는 클래스와 클래스 멤버(데이터와 메소드)에 적용될 수 있지만 메소드 내부의 지역 변수에는 적용될 수 없다. final 지역 변수는 메소드 내부의 상수이다.

주요 용어

- final
- has-a 관계
- instanceof
- is-a 관계
- protected
- 구성
- 다형성
- 동적 바인딩
- 배열 리스트
- 부타입
- 상속
- 상위 클래스
- 상위 타입
- 생성자 연결
- 재정의
- 캐스팅 객체
- 포괄형 프로그래밍
- 하위 클래스

요약

- 여러분은 존재하는 클래스로부터 새로운 클래스를 파생할 수 있다. 이것은 **클래스 상속**이라 한다. 새로운 클래스는 **하위 클래스**, **자식 클래스**, 또는 **확장 클래스**라 한다. 존재하는 클래스는 **상위 클래스**, **부모 클래스**, 또는 **베이스클래스**라 한다.
- 클래스 인스턴스를 생성하기 위해 생성자를 이용한다. 속성이나 메소드와 다르게 상위 클래스 생성자는 하위 클래스로 상속되지 않는다. 상위 클래스 생성자는 super 키워드를 이용하여 하위 클래스 생성자로부터 호출될 수 있다.
- 생성자는 중복정의 생성자 혹은 상위 클래스 생성자를 호출할 수 있다. 이러한 호출은 생성자에서 첫 번째 문장이어야 한다. 어떤 것도 명확히 호출되지 않는다면, 컴파일러는 생성자 첫 문장에 super()를 놓는다.
- 메소드를 재정의하기 위해 메소드는 상위 클래스와 같은 시그니처를 이용하여 하위 클래스에 정의되어야 한다.
- 접근할 수 있는 인스턴스 메소드만 재정의된다. 외부 클래스에서 접근 불가능한 전용 메소드는 재정의될 수 없다. 하위 클래스에서 정의된 메소드가 상위 클래스에서 전용이라면, 두 메소드는 완전히 무관하다.
- 인스턴스 메소드처럼 정적 메소드도 상속된다. 그러나 정적 메소드는 재정의할 수 없다. 상위 클래스에 정의된 정적 메소드가 하위 클래스에서 다시 정의되면 상위 클래스 메소드는 은폐된다.
- 자바의 모든 클래스는 java.lang.Object 클래스를 상속한다. 클래스가 정의될 때 어떤 상속도 명확히 명세하지 않으면 상위 클래스는 Object이다.
- 메소드 매개변수 타입이 상위 클래스(예 : Object)라면, 여러분은 매개변수 클래스의 어떤 하위 클래스(예 : Circle, String) 객체도 이 메소드에 전달할 수 있다. 전달된 객체가 메소드에서 이용될 때, 어떤 객체의 메소드 구현이 실행되는가는 동적으로 결정된다.
- 하위 클래스 인스턴스는 항상 상위 클래스 인스턴스이기 때문에, 하위 클래스 인스턴스를 상위 클래스 변수에 캐스트하는 것은 **항상** 가능하다. 그러나 상위 클래스 인스턴스를 하위 클래스 변수에 캐스팅하는 것은 컴파일러에게 의도를 명확히 전달하기 위해 캐스트 표기법(예 : (SubclassName))을 이용하여 명시적으로 캐스팅해야 한다.
- 인스턴스 메소드를 재정의하는 것은 가능하지만 필드나 정적 메소드는 재정의할 수 없다. 상위 클래스의 필드나 정적 메소드와 같은 이름을 갖는 하위 클래스를 선언하면 상위 클래스의 필드와 정적인 메소드는 은폐된다. 은폐된 것을 참조하기 위해 하위 클래스에서 super 키워드를 이용할 수 있다. 또한 은폐된 필드 혹은 메소드는 상위 클래스 타입 참조 변수에 의해 접근될 수 있다.

- 참조 변수에 의해 인스턴스 메소드를 호출할 때, 변수에 의해 참조되는 **객체의 실제 클래스**는 어떤 메소드 구현이 이용되는지 **실행 시**에 결정한다. 필드 혹은 정적인 메소드에 접근할 때, 참조 변수 **선언된 타입**은 어떤 메소드가 이용되는지를 **컴파일 시**에 결정한다.
- 어떤 객체가 한 클래스의 인스턴스인지 확인하기 위해 obj instanceof AClass를 이용한다.
- 다른 패키지에 있는 하위 클래스가 아닌 클래스가 데이터와 메소드를 접근하는 것을 금지하기 위해 protected 수정자를 이용할 수 있다.
- 클래스가 최종이고 부모 클래스가 될 수 없다는 것을 표시하기 위해 final 수정자를 사용할 수 있다.

복습문제

10.2–10.6절

10.1 (a)에서 C 클래스 실행 후 출력 결과는 무엇인가? 프로그램 (b)를 컴파일할 때 무슨 문제가 발생하는가?

```
class A {
  public A() {
    System.out.println(
      "A's no-arg constructor is invoked");
  }
}

class B extends A {
}

public class C {
  public static void main(String[] args) {
    B b = new B();
  }
}
```

(a)

```
class A {
  public A(int x) {
  }
}

class B extends A {
  public B() {
  }
}

public class C {
  public static void main(String[] args) {
    B b = new B();
  }
}
```

(b)

10.2 참 혹은 거짓?

1. 하위 클래스는 상위 클래스의 부분 집합이다.
2. 하위 클래스로부터 생성자 호출시, 상위 클래스의 인수 없는 생성자는 항상 호출된다.
3. 상위 클래스에 정의된 전용 메소드는 재정의할 수 있다.
4. 상위 클래스에 정의된 정적인 메소드는 재정의할 수 있다.

10.3 다음 클래스들의 문제점을 파악하라.

```
public class Circle {
  private double radius;

  public Circle(double radius) {
    radius = radius;
  }

  public double getRadius() {
    return radius;
  }

  public double getArea() {
    return radius * radius * Math.PI;
  }
}

class B extends Circle {
  private double length;

  B(double radius, double length)
    Circle(radius);
    length = length;
  }

  /** Override getArea() */
  public double getArea() {
    return getArea() * length;
  }
}
```

10.4 어떻게 하위 클래스로부터 상위 클래스 생성자를 명시적으로 호출하는가?

10.5 어떻게 하위 클래스로부터 재정의된 상위 클래스 메소드를 호출하는가?

10.6 메소드 중복정의와 메소드 재정의 차이를 설명하라.

10.7 하위 클래스 메소드가 상위 클래스 메소드와 같은 반환 타입과 시그니처를 갖는다면, 이것은 메소드 재정의인가, 메소드 중복정의인가?

10.8 하위 클래스 메소드가 상위 클래스 메소드와 같은 시그니처를 갖지만 다른 반환 타입을 갖는다면, 이것이 문제가 되는가?

10.9 하위 클래스 메소드가 상위 클래스 메소드와 같은 이름을 갖지만 다른 매개변수 타입을 갖는다면, 이것은 메소드 재정의인가, 메소드 중복정의인가?

10.7절 Object 클래스와 메소드

10.10 모든 클래스가 toString과 equals 메소드를 갖는가? 이러한 메소드는 어디에서 오는가? 이러한 메소드는 어떻게 이용되는가? 이들 메소드에 대한 재정의가 적절한가?

10.11 다음 프로그램 결과를 보여라.

```
public class Test {
  public static void main(String[] args) {
    A a = new A(3);
  }
}

class A extends B {
  public A(int t) {
    System.out.println("A's constructor is invoked");
  }
}

class B {
  public B() {
    System.out.println("B's constructor is invoked");
  }
}
```

new A(3)이 호출될 때 Object의 인수 없는 생성자가 호출되는가?

10.12 equals 메소드를 재정의할 때, 빈번한 실수는 하위 클래스에서 시그니처를 잘못 입력하는 것이다. 예를 들면, 다음 코드 (a)에서 equals(Circle circle)로 입력하는 것은 올바르지 못하며, 대신 (b)와 같이 equals(Object circle)로 입력해야 한다. (a)와 (b) 각각을 Test 클래스와 함께 수행한 결과를 보여라.

```
public class Test{
  public static void main(String[] args) {
    Object circle1 = new Circle();
    Object circle2 = new Circle();
    System.out.println(circle1.equals(circle2));
  }
}
```

```
class Circle {
  double radius;

  public boolean equals(Circle circle) {
    return this.radius == circle.radius;

  }
}
```

(a)

```
class Circle {
  double radius;

  public boolean equals(Object circle) {
    return this.radius ==
      ((Circle)circle).radius;
  }
}
```

(b)

10.8–10.9절

10.13 리스트 10.1과 10.2의 GeometricObject와 Circle 클래스에 대하여 다음 문제에 답하라.

(a) 다음 불리언 표현식은 참인가 거짓인가?

```
Circle circle = new Circle(1);
GeometricObject object1 = new GeometricObject();
(circle instanceof GeometricObject)
(object1 instanceof GeometricObject)
(circle instanceof Circle)
(object1 instanceof Circle)
```

(b) 다음 문장들이 컴파일될 수 있는가?

```
Circle circle = new Circle(5);
GeometricObject object = circle;
```

(c) 다음 문장들이 컴파일될 수 있는가?

```
GeometricObject object = new GeometricObject();
Circle circle = (Circle)object;
```

10.14 Fruit, Apple, Orange, Golden Delicious Apple, Macintosh Apple이 그림 10.7과 같이 선언된다고 가정하라. 그림 10.7에서 Apple의 하위 클래스는 GoldenDelicious, Macintosh이고 Fruit의 하위 클래스는 Apple, Orange이다.

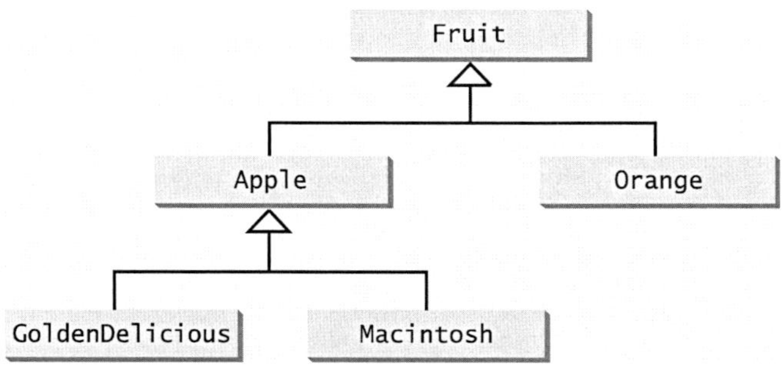

그림 10.7 GoldenDelicious와 Macintosh는 Apple의 하위 클래스이며 Apple과 Orange는 Fruit의 하위 클래스이다.

다음과 같은 선언이 주어진다고 가정하라.

```
Fruit fruit = new GoldenDelicious();
Orange orange = new Orange();
```

다음 질문에 답하라.

(1) fruit instanceof Fruit는?

(2) fruit instanceof Orange는?

(3) fruit instanceof Apple은?

(4) fruit instanceof GoldenDelicious는?

(5) fruit instanceof Macintosh는?

(6) orange instanceof Orange는?

(7) orange instanceof Fruit는?

(8) orange instanceof Apple은?

(9) Apple 클래스에 makeApple 메소드가 정의된다고 가정할 때, fruit가 이 메소드를 호출할 수 있는가? orange가 이 메소드를 호출할 수 있는가?

(10) Orange 클래스에 makeOrangeJuice 메소드가 정의된다고 가정할 때, orange가 이 메소드를 호출할 수 있는가? fruit가 이 메소드를 호출할 수 있는가?

(11) Orange p = new Apple() 문장이 올바른가?

(12) Macintosh p = new Apple() 문장이 올바른가?

(13) Apple p = new Macintosh() 문장이 올바른가?

10.15 다음 코드에서 무엇이 잘못되었는가?

```
public class Test {
  public static void main(String[] args) {
    Object fruit = new Fruit();
    Object apple = (Apple)fruit;
  }
}

class Apple extends Fruit {
}

class Fruit {
}
```

10.10절 ArrayList 클래스

10.16 어떻게 ArrayList를 생성하는가? 어떻게 객체를 리스트에 추가하는가? 어떻게 리스트 시작 부분에 객체를 삽입하는가? 어떻게 리스트의 객체 수를 발견하는가? 어떻게 주어진 객체를 리스트에서 제거하는가? 어떻게 리스트로부터 마지막 객체를 제거하는가? 어떻게 주어진 객체가 리스트에 존재하는지를 검사하는가? 어떻게 명세된 인덱스에 위치한 객체를 리스트로부터 검색하는가?

10.17 다음 코드에서 3개의 오류를 찾아내라.

```
ArrayList list = new ArrayList();
list.add("New York");
list.add("Austin");
```

```
list.add(new java.util.Date());
String city = list.get(0);
list.set(3, "Dallas");
System.out.println(list.get(3));
```

10.12–10.13절

10.18 같은 패키지에 있는 클래스는 접근 가능하지만 다른 패키지에 있는 클래스는 접근 불가능하게 하기 위하여 무슨 클래스 수정자를 사용해야 하는가?

10.19 다른 패키지의 클래스는 접근할 수 없지만 하위 클래스는 접근 가능하게 하기 위해 무슨 클래스 수정자를 사용해야 하는가?

10.20 다음 코드에서, 클래스 A와 B는 같은 패키지에 있다. 코드의 ? 표시가 빈 공간으로 대치된다면 클래스 B가 컴파일되는가? 코드의 ? 표시가 private이 된다면 클래스 B가 컴파일되는가? 코드의 ? 표시가 protected로 대치된다면 클래스 B가 컴파일되는가?

```
package p1;

public class A {
   ?    int i;
   ?    void m() {
    ...
  }
}
```

(a)

```
package p1;

public class B extends A {
  public void m1(String[] args) {
    System.out.println(i);
    m();
  }
}
```

(b)

10.21 다음 코드에서, 클래스 A와 B는 다른 패키지에 있다. 코드의 ? 표시가 빈 공간으로 대치된다면 클래스 B가 컴파일되는가? 코드의 ? 표시가 private으로 대치된다면 클래스 B가 컴파일되는가? 코드의 ? 표시가 protected로 대치된다면 클래스 B가 컴파일되는가?

```
package p1;

public class A {
   ?    int i;
   ?    void m() {
    ...
  }
}
```

(a)

```
package p2;

public class B extends A {
  public void m1(String[] args) {
    System.out.println(i);
    m();
  }
}
```

(b)

10.22 클래스가 확장되는 것을 금지하기 위해 어떻게 해야 하는가? 메소드 재정의를 금지하기 위해 어떻게 하는가?

종합문제

10.23 다음 용어를 정의하라: 상속, 상위 클래스, 하위 클래스, super와 this 키워드, 객체 캐스팅, protected와 final 수정자.

10.24 다음 문장이 참인지 거짓인지 말하라.

- protected 데이터와 메소드는 같은 패키지의 어떤 클래스에서도 접근 가능하다.
- protected 데이터와 메소드는 다른 패키지의 어떤 클래스에서도 접근 가능하다.
- protected 데이터와 메소드는 어떤 패키지의 하위 클래스에서도 접근 가능하다.
- final 클래스는 인스턴스를 가질 수 있다.
- final 클래스는 확장될 수 있다.
- final 메소드는 재정의될 수 있다.
- 하위 클래스의 인스턴스는 상위 클래스로 항상 캐스트할 수 있다
- 상위 클래스의 인스턴스는 하위 클래스로 항상 캐스트할 수 있다

10.25 메소드 매칭과 메소드 바인딩의 차이를 설명하라.

10.26 다형성이 무엇인가? 동적 바인딩이 무엇인가? 포괄형 프로그래밍이 무엇인가? 동적 바인딩의 장점이 무엇인가?

프로그래밍 연습

10.2–10.5절

10.1 (MyPoint의 확장) 프로그래밍 연습 9.4에서 MyPoint 클래스는 2차원 공간의 한 점을 모델하기 위해 생성되었다. MyPoint 클래스는 x, y 좌표를 표시하기 위한 x, y 속성을 갖고, x, y 각각에 대한 get 메소드와 두 점 사이의 거리를 반환하는 메소드를 갖는다. 3차원 공간을 모델하기 위한 ThreePoint 클래스를 생성하라. 다음 특징들을 추가하여 ThreePoint 클래스가 MyPoint로부터 유도되도록 하라.

- z 좌표를 표현하는 데이터 필드 z
- 좌표(0, 0, 0)로 한 점을 만드는 인수 없는 생성자
- 명시한 3개의 좌표로 한 점을 만드는 생성자
- z 값을 반환하는 get 메소드

• 3차원 공간에서 두 점 사이의 길이를 반환하기 위해 distance 메소드를 재정의하라.

포함된 클래스들에 대한 UML 다이어그램을 그리고 이들 클래스를 구현하라. 두 점 (0, 0, 0)과 (10, 30, 25.5)를 생성하고 이들 사이의 거리를 표시하는 테스트 프로그램을 작성하라.

10.6–10.9절

10.2 (Person, Student, Employee, Faculty, Staff 클래스) Person 클래스와 Person 클래스의 하위 클래스인 Student, Employee 클래스를 설계하라. Employee의 하위 클래스인 Faculty, Staff 클래스를 만들어라. 사람은 이름, 주소, 전화번호, 메일주소를 갖는다. 학생은 학년구분(1학년, 2학년, 3학년, 4학년)을 갖는다. 상수로써 학년구분을 정의하라. 교직원은 사무실, 봉급, 고용날짜 특징을 갖는다. year, month, day 필드를 갖는 MyDate 클래스를 정의하라. 교수는 상담시간과 순위를 갖는다. 직원은 직위를 갖는다. 클래스 이름과 사람 이름을 표시하기 위해 각 클래스의 toString 메소드를 재정의하라. 이들 클래스에 대한 UML 다이어그램을 그리고 구현하라. Person, Student, Employee, Faculty, Staff 클래스를 생성하고, 각 클래스의 toString() 메소드를 호출하는 테스트 프로그램을 작성하라.

10.3 (효율적으로 소수를 발견하는 것) 리스트 4.14 PrimeNumber.java 프로그램은 어떤 숫자가 2, 3, 4, 5,...등에 의해 나누어지는지를 검사하여 소수를 발견한다. 나누어지는 수가 발견되면 이 숫자는 소수가 아니다. 모든 가능한 나누어지는 수를 검사할 필요는 없다. 어떤 숫자 n이 소수가 아니라면, 두 개의 숫자 p와 q에서 n=p*q (p는 소수)가 성립한다는 것을 주목하라. 예를 들면, 35는 35=5*7이며 5는 소수이므로 35는 소수가 아니다. 20은 20=2*10이며 2는 소수이므로 20은 소수가 아니다. 이것은 소수를 발견하는 효율적인 알고리즘을 이끌어낼 수 있다. 숫자 n이 소수인지 확인하기 위해 우리는 단지 n보다 적은 소수에 의해 숫자 n이 나누어질 수 있는지 검사하는 것이 필요하다. 700,000보다 적은 모든 소수를 표시하는 프로그램을 작성하라(힌트 : 모든 소수를 저장하기 위해 ArrayList를 이용하라).

10.4 (상속을 이용한 MyStack 구현) 리스트 10.9 MyStack은 구성 관계를 이용하여 구현된다. ArrayList를 확장하는 새로운 스택 클래스를 생성하라. 클래스들에 대한 UML 다이어그램을 그리고 MyStack을 구현하라. 사용자로부터 5개의 문자열을 입력받고 역순으로 이들을 표시하는 테스트 프로그램을 작성하라.

10.5* (표현식 평가)** 표현식을 평가하는 프로그램을 작성하라. 피연산자들은 정수이고 연산자들은 +, −, *, /라고 가정하라(힌트 : 피연산자와 연산자를 저장하기 위해 MyStack 클래스를 이용하라).

10.6 (ArrayList 이용) ArrayList를 생성하고, 생성된 리스트에 Loan 객체, Date 객체, 문자열, JFrame 객체, Circle 객체를 더하고, 각 객체의 toString() 메소드를 호출하여 리스트의 모든 원소들을 표시하기 위해 루프를 이용하는 프로그램을 작성하라.

10.7* (MyQueue 클래스) 프로그래밍 연습 9.5는 정수를 저장하기 위해 큐를 생성한다. 객체를 저장하기 위한 큐를 생성하도록 프로그램을 수정하라.

CHAPTER 11

추상 클래스와 인터페이스

- 추상 클래스를 설계하고 이용한다(§11.2).
- Calendar와 GregorianCalendar 클래스를 이용하여 달력을 처리한다(§11.3).
- 인터페이스를 이용하여 객체들의 공통적인 동작을 명세한다(§11.4).
- 인터페이스를 정의하고 인터페이스를 구현하는 클래스를 선언한다(§11.4).
- Comparable 인터페이스를 이용하여 순서를 정의한다(§11.5).
- ActionListener 인터페이스를 이용하여 객체들이 액션 이벤트를 듣는 것을 가능하게 한다(§11.6).
- Cloneable 인터페이스를 이용하여 객체들이 복제되는 것을 가능하게 한다(§11.7).
- 추상 클래스와 인터페이스의 유사점과 차이점을 조사한다(§11.8).
- 포장 클래스(Byte, Short, Integer, Long, Float, Double, Character, Boolean)를 이용하여 기본 값에 대한 객체를 생성한다(§11.9).
- 포괄형 정렬 메소드를 생성한다(§11.10).
- 기본 타입과 포장 클래스 타입 사이의 자동 변환을 이용하여 프로그래밍을 단순화한다(§11.11).
- 임의의 정확도를 갖는 큰 수를 계산하기 위해 BigInteger와 BigDecimal 클래스를 이용한다(§11.12).

11.1 서론

여러분은 GUI 컴포넌트들을 생성하고 표시하는 단순한 프로그램 작성법을 배웠다. 여러분은 버튼 클릭과 같은 사용자 동작에 응답하는 코드를 작성할 수 있는가? 그림 11.1은 버튼을 클릭할 때, 메시지가 콘솔에 표시되는 것을 보인다.

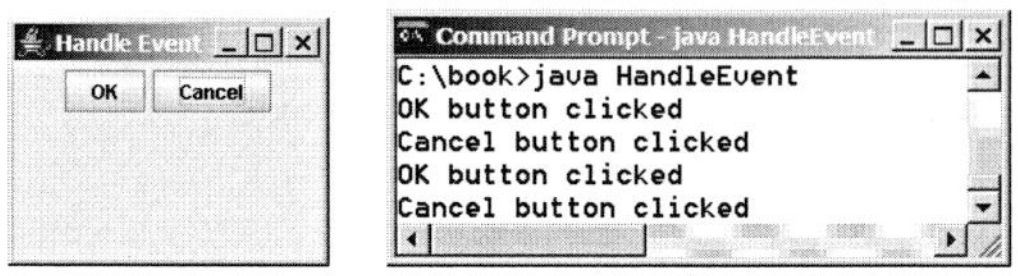

그림 11.1 프로그램은 버튼 클릭 동작 이벤트에 응답한다.

이런 코드를 작성하기 위해 인터페이스를 알아야 한다. 인터페이스는 클래스들의 공통적인 동작을 정의하기 위한 것이다. 인터페이스를 설명하기 전에 매우 유사한 개념인 추상 클래스에 대하여 소개한다.

11.2 추상 클래스

상속 계층에서 클래스는 새로운 하위 클래스와 함께 더욱 세분화되고 구체화된다. 하위 클래스로부터 상위 클래스로 움직이면 클래스는 더욱 일반화된다. 클래스 설계는 상위 클래스가 하위 클래스의 공통적인 특징을 포함하도록 해야 한다. 때때로 상위 클래스는 인스턴스를 갖지 못할 정도로 너무나 추상적이다. 이런 클래스를 **추상 클래스**라 한다.

추상 클래스

10장에서 GeometricObject는 Circle과 Rectangle의 상위 클래스로 선언되었다. GeometricObject는 도형 객체들의 공통적인 특징을 모델한다. Circle과 Rectangle 클래스는 면적과 둘레를 계산하는 getArea(), getPerimeter() 메소드를 포함한다. 우리는 모든 도형 객체의 면적과 둘레를 계산할 수 있기 때문에, 이런 메소드들을 GeometricObject 클래스에 선언하는 것이 더욱 좋다. 그러나 이런 메소드들의 구현은 도형 객체들의 특별한 타입에 의존하므로 GeometricObject 클래스에서 구현될 수 없다. 이런 메소드를 **추상 메소드**라 하는데, 메소드 헤더에 **abstract 수정자**를 이용하여 표시된다. GeometricObject에 추상 메소드 선언 후, GeometricObject는 추상 클래스가 된다. 추상 클래스는 클래스 헤더에 **abstract 수정자**를 이용하여 표시된다. UML 표기법에서 추상 클래스와 추상 메소드는 그림 11.2와 같이 이탤릭체로 표시된다. 리스트 11.1은 새로운 GeometricObject 클래스에 대한 소스 코드이다.

추상 메소드

abstract 수정자

리스트 11.1 GeometricObject.java

추상 클래스

```
public abstract class GeometricObject {
  private String color = "white";
```

```
  private boolean filled;
  private java.util.Date dateCreated;

  /** Construct a default geometric object */
  protected GeometricObject() {
    dateCreated = new java.util.Date();
  }

  /** Return color */
  public String getColor() {
    return color;
  }

  /** Set a new color */
  public void setColor(String color) {
    this.color = color;
  }

  /** Return filled. Since filled is boolean,
   *  the get method is named isFilled */
  public boolean isFilled() {
    return filled;
  }

  /** Set a new filled */
  public void setFilled(boolean filled) {
    this.filled = filled;
  }

  /** Get dateCreated */
  public java.util.Date getDateCreated() {
    return dateCreated;
  }

  /** Return a string representation of this object */
  public String toString() {
    return "created on " + dateCreated + "\ncolor: " + color +
      " and filled: " + filled;
  }

  /** Abstract method getArea */
  public abstract double getArea();

  /** Abstract method getPerimeter */
  public abstract double getPerimeter();
}
```

추상 GeometricObject 클래스

추상 메소드

추상 클래스는 데이터 필드와 메소드를 갖는 보통 클래스와 같지만 new 연산자를 이용하여 새로운 인스턴스를 생성할 수 없다. 추상 메소드는 구현 없는 메소드 시그니처이다. 추상 메소드의 구현은 하위 클래스에서 준비된다. 추상 메소드를 포함하는 클래스는 추상 클래스로 선언되어야 한다.

추상 클래스에서 생성자는 하위 클래스에서만 이용되기 때문에 protected로 선언한다. 구체 하위 클래스의 인스턴스를 생성할 때, 부모 클래스에 정의된 데이터 필드를 초기화하기 위하여 부모 클래스 생성자가 호출된다.

GeometricObject 추상 클래스는 도형 객체에 대한 공통적인 특징(데이터와 메소드)을 제공한다. 우리는 도형 객체에 대한 면적과 둘레를 계산하는 방법을 알지 못하기 때문에 getArea, getParameter는 추상 메소드로 정의된다. 이들 메소드는 하위 클래스에서 구현된다. 리스트 11.2, 리스트 11.3에서 Circle과 Rectangle 구현은 이번 장에 정의된 GeometricObject 클래스를 확장하는 것을 제외하고 리스트 10.2, 10.3과 같다.

리스트 11.2 Circle.java

GeometricObject를 확장한다.

```java
public class Circle extends GeometricObject {
  // Same as lines 2-40 in Listing 10.2, so omitted
}
```

리스트 11.3 Rectangle.java

GeometricObject를 확장한다.

```java
public class Rectangle extends GeometricObject {
  // Same as lines 2-41 in Listing 10.3, so omitted
}
```

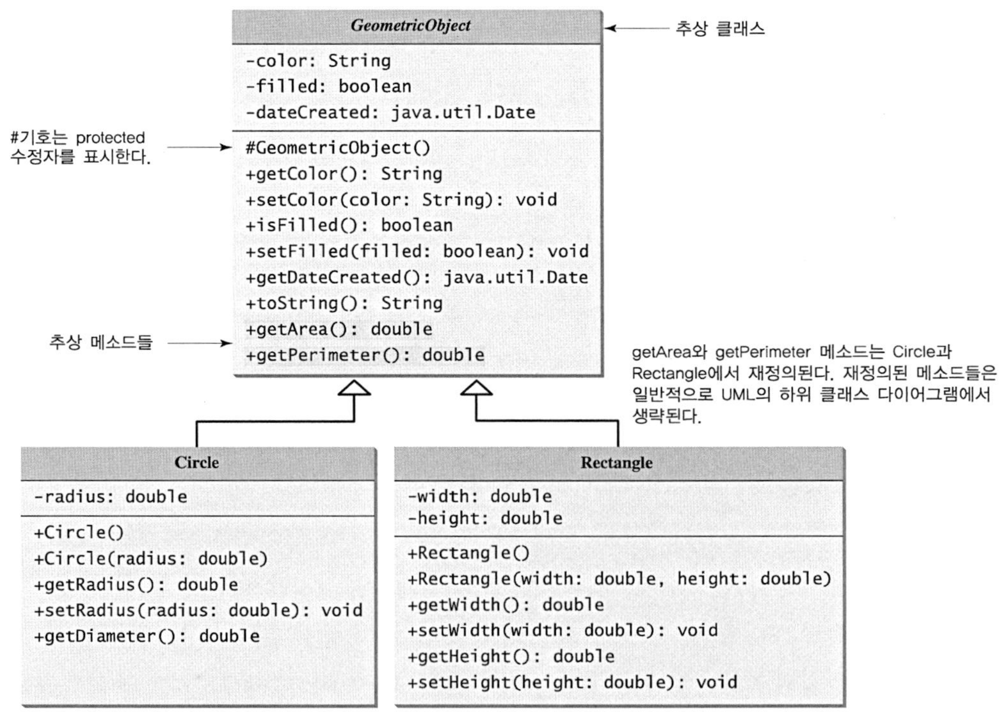

그림 11.2 새로운 GeometricObject 클래스는 추상 메소드들을 포함한다.

11.2.1 왜 추상 메소드인가?

여러분은 각 하위 클래스에서 getArea, getPerimeter를 정의하는 대신 GeometricObject 클래스에서 추상 메소드로 정의하는 이유가 무엇인지 의문을 가질 수 있다. 다음 예는 GeometricObject 클래스에 추상 메소드를 정의하는 장점을 보인다.

리스트 11.4 예에서 도형 객체인 원과 직사각형을 생성하고, 두 개의 객체가 같은 면적을 갖는지를 검사하기 위해 equalArea 메소드를 호출하고, 이들 객체들을 표시하기 위해 displayGeometricObject 메소드를 호출한다.

리스트 11.4 TestGeometricObject.java

```java
public class TestGeometricObject {
  /** Main method */
  public static void main(String[] args) {
    // Declare and initialize two geometric objects
    GeometricObject geoObject1 = new Circle(5);
    GeometricObject geoObject2 = new Rectangle(5, 3);

    System.out.println("The two objects have the same area? " +
      equalArea(geoObject1, geoObject2) );

    // Display circle
    displayGeometricObject(geoObject1);

    // Display rectangle
    displayGeometricObject(geoObject2);
  }

  /** A method for comparing the areas of two geometric objects */
  public static boolean equalArea(GeometricObject object1,
      GeometricObject object2) {
    return object1.getArea() == object2.getArea();
  }

  /** A method for displaying a geometric object */
  public static void displayGeometricObject(GeometricObject object) {
    System.out.println();
    System.out.println("The area is " + object.getArea());
    System.out.println("The perimeter is " + object.getPerimeter());
  }
}
```

equalArea
원을 생성한다.

displayGeometricObject
직사각형을 생성한다.

```
The two objects have the same area? false

The area is 78.53981633974483
The perimeter is 31.41592653589793

The area is 15.0
The perimeter is 16.0
```

GeometricObject 클래스에 정의된 getArea(), getPerimeter() 메소드는 Circle, Rectangle 클래스에서 재정의된다. 5-6행 문장은 새로운 원과 직사각형을 생성하여 geoObject1, geoObject2 변수에 배정한다. 두 개의 변수는 GeometrciObject 타입이다.

equalArea(geoObject1, geoObject2)를 호출할 때(9행), geoObject1은 결국 원이므로 object1.getArea() 호출은 Circle 클래스에 정의된 getArea 메소드를 이용한다. 마찬가지로 geoObject2는 결국 직사각형이므로 object2.getArea() 호출은 Rectangle 클래스에 정의된 getArea 메소드를 이용한다.

유사하게 displayGeometricObject(geoObject1)를 호출할 때(12행), Circle 클래스에 정의된 getArea, getParameter 메소드가 이용되며, displayGeometricObject(geoObject2)를 호출할 때(15행), Rectangle 클래스에 정의된 getArea, getParameter 메소드가 이용된다. JVM은 실행 시에 동적으로 객체 타입에 따라 실제 호출하는 메소드를 결정한다.

GeometricObject에 getArea, getParameter 메소드가 정의되지 않았다면, 여러분은 이 프로그램에 equalArea, displayObject 메소드를 정의할 수 없다는 것에 주목하라. 이제 여러분은 GeometrciObject에 추상 메소드를 정의하는 장점을 알 수 있다.

11.2.2 추상 클래스의 흥미로운 특징

추상 클래스의 다음 특징은 흥미롭다.

- 비 추상 클래스는 추상 클래스를 포함할 수 없다. 추상 상위 클래스의 하위 클래스가 모든 추상 메소드를 구현하지 않는다면, 하위 클래스는 추상 클래스로 선언해야 한다. 다시 말해, 추상 클래스로부터 확장된 비 추상 하위 클래스는 모든 추상 메소드를 구현해야 한다. 또한 추상 메소드는 비정적이라는 것에 주의하라.
- 추상 클래스는 new 연산자를 이용하여 객체를 생성할 수 없지만 하위 클래스 생성자에서 호출할 수 있는 생성자를 정의할 수는 있다. 예를 들면, Circle, Rectangle 클래스는 GeometricObject 생성자를 호출한다.
- 추상 메소드를 포함하는 클래스는 추상 클래스로 선언되어야 한다. 그러나 추상 메소드를 포함하지 않는 추상 클래스를 선언하는 것은 가능하다. 이런 경우, new 연산자를 이용하여 클래스 인스턴스를 생성할 수는 없다. 이 클래스는 새로운 하위 클래스를 생성하기 위한 베이스 클래스로 이용된다.
- 상위 클래스가 구체 클래스라도 하위 클래스는 추상 클래스일 수 있다. 예를 들면, Object 클래스는 구체 클래스이지만, GeometricObject와 같은 하위 클래스는 추상 클래스일 수 있다.
- 하위 클래스는 상위 클래스 메소드를 abstract로 선언하기 위해 이 메소드를 재정의할 수 있다. 이것은 **매우 특별한** 경우지만 상위 클래스 메소드 구현이 하위 클래스에서 실효성이 없을 때 유용하다. 이런 경우 하위 클래스를 추상으로 선언한다.

- new 연산자를 이용하여 추상 클래스 인스턴스를 생성할 수 없지만 추상 클래스를 데이터 타입으로 이용할 수는 있다. 그러므로 배열 요소를 GeometrciObject 타입으로 선언하는 다음 문장은 올바르다.

```
GeometricObject[] objects = new GeometricObject[10];
```

11.3 예제 : Calendar와 GregorianCalendar

java.util.Date 인스턴스는 1000분의 1초 정확도로 시간의 어떤 순간을 표현한다. java.util.Calendar는 년, 달, 날짜, 시간, 분, 초와 같은 상세한 달력 정보를 추출하기 위한 디폴트 추상 클래스이다. Calendar의 하위 클래스는 그레고리오력, 음력, 유대력과 같은 특별한 달력 체계를 구현할 수 있다. 현재 자바에서 그림 11.3과 같이 그레고리오력에 대한 java.util.GregorianCalendar 클래스가 지원된다. add 메소드는 구체적인 달력 체계에 종속적이기 때문에 Calendar 클래스에서 추상 메소드이다.

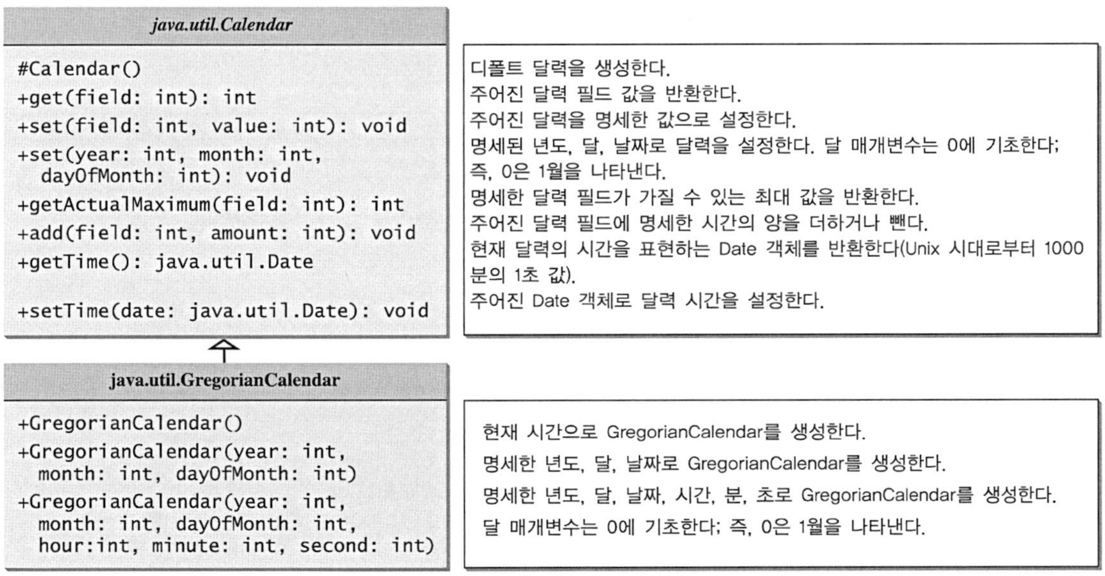

그림 11.3 추상 Calendar 클래스는 여러 달력에 공통적인 특징을 정의한다.

현재 시간에 기초한 디폴트 GregorianCalendar를 생성하기 위해 new GregorianCalendar()를 이용하거나, 명시된 년도, 달, 날짜에 기초한 GregorianCalendar를 생성하기 위해 new GregorianCalendar(year, month, date)를 이용할 수 있다. month 매개변수는 0 기반으로 1월은 0에 해당한다.

Calendar 클래스에 정의된 get(int field) 메소드는 Calendar 객체에서 날짜와 시간 정보를 추출하는데 유용하다. 매개변수인 필드는 표 11.1에 보이는 것과 같이 상수로 정의된다.

표 11.1 Calendar 클래스에서 필드 상수

상수	설명
YEAR	달력의 년도
MONTH	1월을 0으로 하여 달력의 달
DATE	달력의 날짜
HOUR	달력의 시간(12시간 표기법)
HOUR_OF_DAY	달력의 시간(24시간 표기법)
MINUTE	달력의 분
SECOND	달력의 초
HOUR_OF_WEEK	일요일을 1로 하여 주에서 날짜에 해당하는 숫자
DAY_OF_MONTH	Date와 같음
Day_Of_Year	년도의 첫 날을 1로 하여 년도에서 날짜에 해당하는 숫자
Week_Of_Month	달에서 주에 해당하는 숫자
Week_Of_Year	Week_Of_Year 년도에서 주에 해당하는 숫자
AM_PM	AM이나 PM에 대한 지시자(AM에 대하여 0 그리고 PM에 대하여 1)

리스트 11.5는 현재 시간에 대한 날짜와 시간 정보를 표시하는 예제를 보인다.

리스트 11.5 TestCalendar.java

현재 시간에 대한 달력

달력 필드들을 뽑아낸다.

```
import java.util.*;

public class TestCalendar {
  public static void main(String[] args) {
    // Construct a Gregorian calendar for the current date and time
    Calendar calendar = new GregorianCalendar();
    System.out.println("Current time is " + new Date());
    System.out.println("YEAR:\t" + calendar.get(Calendar.YEAR));
    System.out.println("MONTH:\t" + calendar.get(Calendar.MONTH));
    System.out.println("DATE:\t" + calendar.get(Calendar.DATE));
    System.out.println("HOUR:\t" + calendar.get(Calendar.HOUR));
    System.out.println("HOUR_OF_DAY:\t" +
      calendar.get(Calendar.HOUR_OF_DAY));
    System.out.println("MINUTE:\t" + calendar.get(Calendar.MINUTE));
    System.out.println("SECOND:\t" + calendar.get(Calendar.SECOND));
    System.out.println("DAY_OF_WEEK:\t" +
      calendar.get(Calendar.DAY_OF_WEEK));
    System.out.println("DAY_OF_MONTH:\t" +
      calendar.get(Calendar.DAY_OF_MONTH));
```

```
    System.out.println("DAY_OF_YEAR: " +
      calendar.get(Calendar.DAY_OF_YEAR));
    System.out.println("WEEK_OF_MONTH: " +
      calendar.get(Calendar.WEEK_OF_MONTH));
    System.out.println("WEEK_OF_YEAR: " +
      calendar.get(Calendar.WEEK_OF_YEAR));
    System.out.println("AM_PM: " + calendar.get(Calendar.AM_PM));

    // Construct a calendar for September 11, 2001
    Calendar calendar1 = new GregorianCalendar(2001, 8, 11);
    System.out.println("September 11, 2001 is a " +
      dayNameOfWeek(calendar1.get(Calendar.DAY_OF_WEEK)));
  }

  public static String dayNameOfWeek(int dayOfWeek) {
    switch (dayOfWeek) {
      case 1: return "Sunday";
      case 2: return "Monday";
      case 3: return "Tuesday";
      case 4: return "Wednesday";
      case 5: return "Thursday";
      case 6: return "Friday";
      case 7: return "Saturday";
      default: return null;
    }
  }
}
```

달력을 생성한다.

```
Current time is Sun Sep 09 21:23:59 EDT 2007
YEAR:          2007
MONTH:         8
DATE:          9
HOUR:          9
HOUR_OF_DAY:   21
MINUTE:        23
SECOND:        59
DAY_OF_WEEK:   1
DAY_OF_MONTH:  9
DAY_OF_YEAR:   252
WEEK_OF_MONTH: 3
WEEK_OF_YEAR:  37
AM_PM:         1
September 11, 2001 is a Tuesday
```

Calendar 클래스에 정의된 set(field, value) 메소드는 필드 값을 설정하는데 이용될 수 있다. 예를 들면, calendar를 이번 달 첫 번째 날짜로 설정하기 위해 calendar.set(Calendar.DAY_OF_MONTH, 1)을 이용할 수 있다.

add(field, value) 메소드는 주어진 필드에서 명시된 양을 더하거나 뺀다. 예를 들면, 현재 시간에서 5일을 빼기 위해 add((Calendar.DAY_OF_MONTH, -5)를 호출한다.

해당 달의 날짜 숫자를 얻기 위해 calendar.getActualMaximum(Calendar.DAY_OF_MONTH)를 이용한다. 예를 들면, 이 메소드는 calendar가 3월이었다면 31을 반환한다.

calendar.setTime(date)를 이용하여 calendar를 Date 객체로 표현된 시간으로 결정할 수 있고, calendar.getTime()을 이용하여 시간을 검색할 수 있다.

11.4 인터페이스

인터페이스는 오직 상수와 추상 메소드만 포함하는 클래스이다. 여러 면에서 인터페이스는 추상 클래스와 유사하지만 인터페이스의 목적은 객체들의 공통적인 동작을 명세하는 것이다. 예를 들면, 적절한 인터페이스를 이용할 때, 여러분은 비교 가능하고, 먹을 수 있고, 복제할 수 있는 객체를 명세할 수 있다.

인터페이스와 클래스를 구분하기 위해 자바는 인터페이스 선언에 다음 구문을 이용한다.

```
modifier interface  InterfaceName {
  /** Constant declarations */
  /** Method signatures */
}
```

다음은 인터페이스의 예이다.

```
public interface Edible {
  /** Describe how to eat */
  public abstract String howToEat();
}
```

자바에서 인터페이스는 특별한 클래스처럼 처리된다. 인터페이스는 일반 클래스처럼 개별적인 바이트코드 파일로 컴파일된다. 인터페이스는 추상 클래스와 같이 new 연산자를 이용하여 인스턴스를 생성할 수 없지만, 추상 클래스를 이용하는 방법과 유사하게 이용할 수 있다. 예를 들면, 인터페이스는 변수에 대한 데이터 타입으로 혹은 캐스팅에 대한 결과로 이용될 수 있다.

먹을 수 있는 객체를 명세하기 위해 Edible 인터페이스를 이용하자. 이것은 먹을 수 있는 객체의 클래스가 implements 키워드를 이용하여 Edible 인터페이스를 구현하면서 성취된다. 예를 들면, 리스트 11.6의 Chicken, Fruit 클래스는(14, 23행) Edible 인터페이스를 구현한다. 클래스와 인터페이스 사이의 관계를 **인터페이스 상속**이라 한다. 인터페이스 상속과 클래스 상속은 근본적으로 같기 때문에, 이들 둘 다를 상속이라 한다.

인터페이스 상속

리스트 11.6 TestEdible.java

```
1 public class TestEdible {
2   public static void main(String[] args) {
3     Object[] objects = {new Tiger(), new Chicken(), new Apple()};
4     for (int i = 0; i < objects.length; i++)
5       if (objects[i] instanceof Edible)
6         System.out.println(((Edible)objects[i]).howToEat());
7   }
8 }
9
10 class Animal {
11   // Data fields, constructors, and methods omitted here
12 }
13
14 class Chicken extends Animal implements Edible {
15   public String howToEat() {
16     return "Chicken: Fry it";
17   }
18 }
19
20 class Tiger extends Animal {
21 }
22
23 abstract class Fruit implements Edible {
24   // Data fields, constructors, and methods omitted here
25 }
26
27 class Apple extends Fruit {
28   public String howToEat() {
29     return "Apple: Make apple cider";
30   }
31 }
32
33 class Orange extends Fruit {
34   public String howToEat() {
35     return "Orange: Make orange juice";
36   }
37 }
```

Animal 클래스

Edible howToEat()를 구현한다.

Tiger 클래스

Edible을 구현한다.

Apple 클래스

Orange 클래스

```
Chicken: Fry it
Apple: Make apple cider
```

Chicken 클래스는 Animal 클래스를 확장(상속)하고, 닭은 먹을 수 있다는 것을 명세하기 위해 Edible을 구현한다. 클래스가 인터페이스를 구현할 때, 인터페이스에 정의된 모든 메소드는 정확한 시그니처와 반환 타입과 함께 구현한다. Chicken 클래스는 howToEat 메소드에 대한 구현을 제공한다(15-17행).

Fruit 클래스는 Edible을 구현한다. 그러나 Fruit 클래스는 howToEat 메소드를 구현하지 않기 때문에 abstract로 표시되어야 한다(23행). Fruit의 구체 하위 클래스는 howToEat 메소드에 대한 구현을 제공해야 한다.

Apple과 Orange 클래스는 howToEat 메소드를 구현한다(28, 34행).

main 메소드는 Tiger, Chicken, Apple에 대한 세 개의 객체를 갖는 배열을 생성하고(3행) 배열 원소가 먹을 수 있다면 howToEat 메소드를 호출한다.

NOTE

인터페이스에서 모든 데이터 필드는 public final static이고 모든 메소드는 public abstract이기 때문에 자바는 이런 수정자들의 생략을 허락한다. 그러므로 다음 선언은 동일하다.

```
public interface T {
  public static  final int K = 1;

  public abstract  void p();
}
```

동일

```
public interface T {
  int K = 1;

  void p();
}
```

TIP

인터페이스에 정의된 상수는 InterfaceName.CONSTANT_NAME(예 : T.K) 구문을 이용하여 접근할 수 있다.

11.5 예제 : Comparable 인터페이스

여러분이 두 객체 중 더욱 큰 것을 발견하기 위한 포괄형 메소드에 대한 설계를 원한다고 가정하자. 객체들은 학생, 원, 직사각형, 정사각형이다. 비교 방법은 객체 타입에 따라 다르기 때문에, 두 객체의 순서를 결정하는 포괄형 비교 메소드를 정의하는 것이 필요하다. 이 때 여러분은 학생, 원, 직사각형을 비교하기 위해 이 메소드를 수정할 수 있다. 예를 들면, 여러분은 학생을 비교하기 위해 학생 ID를, 원을 비교하기 위해 반지름을, 직사각형을 비교하기 위해 면적을 이용할 수 있다. 다음과 같이 포괄형 compareTo 메소드를 정의하기 위해 인터페이스를 이용할 수 있다.

```
// Interface for comparing objects, defined in java.lang
package java.lang;

public interface Comparable {
  public int compareTo(Object o);
}
```

compareTo 메소드는 현 객체와 명시된 객체 o의 순서를 결정하여 현 객체가 o보다 적다면 음수, 같다면 0, 크다면 양수를 반환한다.

자바 라이브러리의 많은 클래스(예 : String, Date)는 객체 순서를 정의하기 위해 Comparable을 구현한다. 이러한 클래스들의 소스 코드를 조사하면 다음에 보이는 바와 같이 implements 키워드를 볼 수 있다.

```
public class String extends Object
    implements Comparable {
  // class body omitted
}
```

```
public class Date extends Object
    implements Comparable {
  // class body omitted
}
```

그러므로 string과 date는 비교 가능하다. s가 String 객체이고 d가 Date 객체라 할 때 다음 모든 표현식은 true이다.

```
s instanceof String
s instanceof Object
s instanceof Comparable
```

```
d instanceof java.util.Date
d instanceof Object
d instanceof Comparable
```

두 개의 객체 중 더 큰 것을 발견하는 포괄형 메소드 max는 다음 (a) 혹은 (b) 같이 선언될 수 있다.

```
// Max.java: Find a maximum object
public class Max {
  /** Return the maximum of two objects */
  public static Comparable max
      (Comparable o1, Comparable o2)  {
    if (o1.compareTo(o2) > 0)
      return o1;
    else
      return o2;
  }
}
```

(a)

```
// Max.java: Find a maximum object
public class Max {
  /** Return the maximum of two objects */
  public static Object max
      (Object o1, Object o2  {
    if (((Comparable)o1 ).compareTo(o2) > 0)
      return o1;
    else
      return o2;
  }
}
```

(b)

(a)의 max 메소드는 (b)의 max 메소드보다 간결하다. (b)의 Max 클래스에서 o1은 Object로 선언되며 (Comparable)o1은 compareTo 메소드를 호출할 수 있도록 컴파일러에게 o1을 Comparable 타입으로 캐스트하는 것을 알린다. 그러나 (a)의 Max 클래스는 o1이 Comparable로 선언되므로 캐스팅이 필요하지 않다.

(a)의 max 메소드는 (b)의 max 메소드보다 강건하다. (a)의 max 메소드는 두 개의 비교할 수 있는 객체들에 의해 max 메소드를 호출한다. 비교할 수 없는 객체들을 가지고 max를 호출하는 다음 코드를 생각하자.

```
Max.max(anyObject1, anyObject2);
```

anyObject1은 Comparable 인스턴스가 아니므로 (a)의 max 메소드를 이용하는 것은 컴파일 오류를 발생한다. (b)의 max 메소드를 이용하는 것은 성공적으로 컴파일한다. 그러나 anyObject1은 Comparable 인스턴스가 아니어서 Comparable로 캐스트할 수 없으므로 실행시 ClassCastException 예외가 발생한다.

지금부터, 본 교재의 max 메소드는 (a)의 max 메소드로 가정한다. 자바에서 문자열과 날짜는 비교할 수 있기 때문에 여러분은 String 혹은 Date의 두 개의 인스턴스들 중에 더욱 큰 것을 발견하기 위해 max 메소드를 이용할 수 있다. 다음은 예이다.

```
String s1 = "abcdef";
String s2 = "abcdee";
String s3 = (String)Max.max(s1, s2);
```

```
Date d1 = new Date();
Date d2 = new Date();
Date d3 = (Date)Max.max(d1, d2);
```

max 메소드의 반환값은 Comparable 타입이므로 여러분은 이 반환값을 String 혹은 Date 타입으로 명확히 캐스트하는 것이 필요하다.

Rectangle은 Comparable을 구현하지 않기 때문에 max 메소드를 이용해 두 개의 Rectangle 인스턴스 중 큰 것을 발견하는 것은 불가능하다. 그러나 여러분은 새로운 Rectangle 클래스가 Comparable을 구현하도록 선언할 수 있다. 새로운 Rectangle 클래스의 인스턴스는 비교할 수 있다. 리스트 11.7은 ComparableRectangle 클래스를 보인다.

그림 11.4와 같이 ComparableRectangle은 Rectangle을 확장하고 Comparable을 구현한다. 키워드 implements는 ComparableRectangle이 Comparable 인터페이스의 모든 상수를 상속하고 인터페이스의 메소드들을 구현한다는 것을 말한다. 메소드 compareTo는 두 개의 직사각형의 면적을 비교한다. ComparableRectangle 인스턴스는 또한 Rectangle, GeometricObject, Object, Comparable의 인스턴스이다.

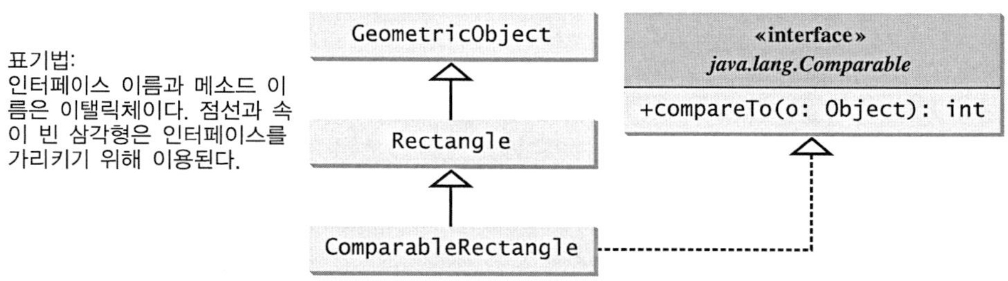

그림 11.4 ComparableRectangle은 Rectangle을 확장하고 Comparable을 구현한다.

이제 여러분은 두 개의 ComparableRectangle 객체 중 큰 것을 발견하기 위해 max 메소드를 이용할 수 있다. 다음은 예이다.

```
ComparableRectangle rectangle1 = new ComparableRectangle(4, 5);
ComparableRectangle rectangle2 = new ComparableRectangle(3, 6);
System.out.println(Max.max(rectangle1, rectangle2));
```

인터페이스는 또 다른 형태의 포괄형 프로그래밍을 제공한다. 다중 상속은 Comparable과 Rectangle 클래스를 동시에 상속하여야 하므로 인터페이스를 이용하지 않고 최대 객체를 발견하는 포괄형 max 메소드를 이용하기는 어렵다.

Object 클래스는 객체 내용이 같은지를 비교하기 위해 하위 클래스들의 재정의를 목적으로 하는 equals 메소드를 포함한다. Object 클래스가 Comparable 인터페이스에 정의된 compareTo 메소드를 포함한다고 가정할 때, 새로운 max 메소드는 어떤 객체라도 비교하는데 이용될 수 있다. Object 클래스에 compareTo 메소드가 포함되어야 하는가는 논란의 소지가 있다. 자바에서는 Object 클래스에 compareTo 메소드가 포함되지 않기 때문에, Comparable 인터페이스 객체일 경우 객체들이 비교 가능하게 하기 위해 Comparable 인터페이스가 만들어졌다. compareTo 메소드가 equals 메소드와 일치해야 한다는 것이 강력히(필수는 아니지만) 권고된다. 즉, 두 개의 객체 o1과 o2에 대하여 o1.equals(o2)가 true이면 o1.compareTo(o2)==0이다.

11.6 예제 : ActionListener 인터페이스

본 장의 서론 부분에서 제안된 문제를 언급하는 간단한 프로그램을 작성하자. 이 프로그램은 그림 11.1과 같이 프레임에 두 개의 버튼을 표시한다. 버튼 클릭에 응답하기 위해 버튼 클릭 동작을 처리하는 코드를 작성하는 것이 필요하다. 버튼은 동작을 발생시킨 **소스 객체**이다. 우리는 이 버튼에 대한 동작 이벤트를 다루는 객체를 생성하는 것이 필요하다. 이러한 객체를 **청취자**(listener)라 한다. 모든 객체가 동작 이벤트에 대한 청취자일 수는 없으며, 청취자가 되기 위해 다음 두 가지 요구사항을 충족해야 한다.

1. 이 객체는 ActionListener 인터페이스의 인스턴스이어야 한다. ActrionListener 인터페이스는 이벤트를 처리하기 위한 actionPefomred 메소드를 포함한다. ActionListener 인터페이스
2. ActionListener 객체인 listener는 source.addActionListener(listener) 메소드를 이용하여 소스에 등록해야 한다. addActionListener (listener)

리스트 11.8은 두 개의 버튼에 ActionEvent를 처리하는 코드를 보인다. 그림 11.1과 같이 OK 버튼을 클릭하면 "OK button clicked"가 표시된다. Cancle 버튼을 클릭하면 "Cancel button clicked"가 표시된다.

리스트 11.8 HandleEvent.java

```
import javax.swing.*;
import java.awt.event.*;

public class HandleEvent extends JFrame  {
  public HandleEvent() {
    // Create two buttons
    JButton jbtOK = new JButton("OK");
    JButton jbtCancel = new JButton("Cancel");

```

청취자를 생성한다. (18)
청취자를 등록한다. (20)
청취자 클래스 (34)
이벤트 처리 (40)

```
10     // Create a panel to hold buttons
11     JPanel panel = new JPanel();
12     panel.add(jbtOK);
13     panel.add(jbtCancel);
14
15     add(panel); // Add panel to the frame
16
17     // Register listeners
18     OKListenerClass listener1 = new OKListenerClass();
19     CancelListenerClass listener2 = new CancelListenerClass();
20     jbtOK.addActionListener(listener1);
21     jbtCancel.addActionListener(listener2);
22   }
23
24   public static void main(String[] args) {
25     JFrame frame = new HandleEvent();
26     frame.setTitle("Handle Event");
27     frame.setSize(200, 150);
28     frame.setLocation(200, 100);
29     frame.setDefaultCloseOperation(JFrame.EXIT_ON_CLOSE);
30     frame.setVisible(true);
31   }
32 }
33
34 class OKListenerClass implements ActionListener {
35   public void actionPerformed(ActionEvent e) {
36     System.out.println("OK button clicked");
37   }
38 }
39
40 class CancelListenerClass implements ActionListener {
41   public void actionPerformed(ActionEvent e) {
42     System.out.println("Cancel button clicked");
43   }
44 }
```

두 개의 청취자 클래스가 34-44행에 선언된다. 각 청취자 클래스는 ActionEvent를 처리하기 위해 ActionListener를 구현한다. listener1 객체는 OKListenerClass 인스턴스이며(18행), jbtOK 버튼에 등록해야 한다(20행). OK 버튼이 클릭될 때, actionPerformed(Action-Event) 메소드(36행)는 OK 버튼 이벤트를 처리하기 위해 호출된다. listener2 객체는 CancleListenerClass 인스턴스이며(19행), jbtCancel 버튼에 등록한다(21행). Cancel 버튼이 클릭될 때, actionPerformed(ActionEvent) 메소드(42행)는 Cancel 버튼 이벤트를 처리하기 위해 호출된다. 이벤트 처리에 대한 더욱 상세한 내용은 15장 "이벤트 구동 프로그래밍"에서 언급된다.

11.7 예제 : Cloneable 인터페이스

때때로 객체 복사본을 생성하는 것이 바람직할 때가 있다. 이를 위해 Cloneable 인터페이스와 clone 메소드를 이해하는 것이 필요하다.

인터페이스는 상수와 추상 메소드를 포함하지만 Cloneable 인터페이스는 특별한 경우이다. java.lang 패키지에 있는 Cloneable 인터페이스는 다음과 같이 정의된다.

```
package java.lang;

public interface Cloneable {
}
```

이 인터페이스는 비어있다. 몸체(body)가 비어있는 인터페이스는 **표시자 인터페이스** (marker interface)라 부른다. 표시자 인터페이스는 상수 혹은 메소드를 포함하지 않는다. 이 인터페이스는 클래스가 단지 바람직한 속성을 포함한다는 것을 표시하기 위해 이용된다. Cloneable 인터페이스를 구현하는 클래스는 복제할 수 있다는 것을 표시하며, 이 클래스의 객체는 Object 클래스에 정의된 clone() 메소드를 이용하여 복제된다.

표시자 인터페이스

자바 라이브러리의 많은 클래스(예 : Date, Calendar, ArrayLIst)는 Cloneable을 구현한다. 결국, 이들 클래스에 대한 인스턴스는 복제될 수 있다. 예를 들면, 다음 코드는

```
Calendar calendar = new GregorianCalendar(2003, 2, 1);
Calendar calendarCopy = (Calendar)calendar.clone();
System.out.println("calendar == calendarCopy is " +
  (calendar == calendarCopy));
System.out.println("calendar.equals(calendarCopy) is " +
  calendar.equals(calendarCopy));
```

다음 결과를 출력한다.

```
calendar == calendarCopy is false
calendar.equals(calendarCopy) is true
```

Cloneable 인터페이스를 구현하는 클래스를 선언하기 위해서는 Object 클래스의 clone() 메소드를 재정의할 필요가 있다. 리스트 11.9는 Cloneable, Comparable 인터페이스를 구현하는 House 클래스를 선언한다.

리스트 11.9 House.java

```
public class House implements Cloneable, Comparable {
  private int id;
  private double area;
  private java.util.Date whenBuilt;

  public House(int id, double area) {
    this.id = id;
```

```
 8       this.area = area;
 9       whenBuilt = new java.util.Date();
10     }
11
12     public double getId() {
13       return id;
14     }
15
16     public double getArea() {
17       return area;
18     }
19
20     public java.util.Date getWhenBuilt() {
21       return whenBuilt;
22     }
23
24     /** Override the protected clone method defined in the Object
25       class, and strengthen its accessibility */
26     public Object clone() throws CloneNotSupportedException {
27       return super.clone();
28     }
29
30     /** Implement the compareTo method defined in Comparable */
31     public int compareTo(Object o) {
32       if (area > ((House)o).area)
33         return 1;
34       else if (area < ((House)o).area)
35         return -1;
36       else
37         return 0;
38     }
39   }
```

House가 Cloneable을 구현하지 않으면 예외를 던진다.

House 클래스는 Object 클래스에 정의된 clone 메소드를 구현한다(26-28행). 정의는 다음과 같다.

```
protected native Object clone() throws CloneNotSupportedException;
```

키워드 native로 선언된 메소드는 자바로 구현되지 않고 특정 플랫폼에 종속되어 구현된다는 것을 가리킨다. 키워드 protected는 메소드가 같은 패키지 혹은 하위 클래스에서 접근가능하도록 제한한다. 이런 이유로 House 클래스는 clone 메소드를 재정의하고 다른 패키지에서 이용할 수 있도록 수정자를 public으로 수정하는 것이 필요하다. Object 클래스에서 특정 플랫폼에 종속적으로 구현되는 clone 메소드는 객체를 복제하는 임무를 수행하기 때문에, House 클래스의 clone 메소드는 단순히 super.clone()을 호출한다. Object에 정의된 clone 메소드는 CloneNotSupportedException 예외가 발생할 수 있다.

CloneNotSupportedException

House 클래스는 Comparable 인터페이스에 정의된 compareTo 메소드(31-38행)를 구현하며, 이 메소드는 두 집의 면적을 비교한다.

이제 여러분은 다음과 같이 House 클래스 객체를 생성하고 이 객체와 똑 같은 복사본을 생성할 수 있다.

```
House house1 = new House(1, 1750.50);
House house2 = (House)house1.clone();
```

house1과 house2는 같은 내용을 갖는 두 개의 다른 객체이다. Object 클래스의 clone 메소드는 기본 객체의 각 필드를 대상 객체로 복사한다. 필드가 기본 데이터 타입이면 값이 복사된다. 예를 들면, area 필드(double 타입) 값은 house1에서 house2로 복사된다. 필드가 객체라면 참조가 복사된다. 예를 들면, whenBuilt 필드는 Date 클래스 타입이므로 whenBuilt 필드의 참조는 house1에서 house2로 복사된다(그림 11.5). 그러므로 house1 == house2는 거짓이라고 해도 house1.whenBuilt == house2.whenBuilt는 참이다. 이런 것은 **심층 복사(deep copy)**가 아닌 **피상 복사(shallow copy)**라 한다. 피상 복사는 필드가 객체이면 복사되는 것은 내용이 아니라 참조를 복사하는 것을 의미한다. 심층 복사 피상 복사

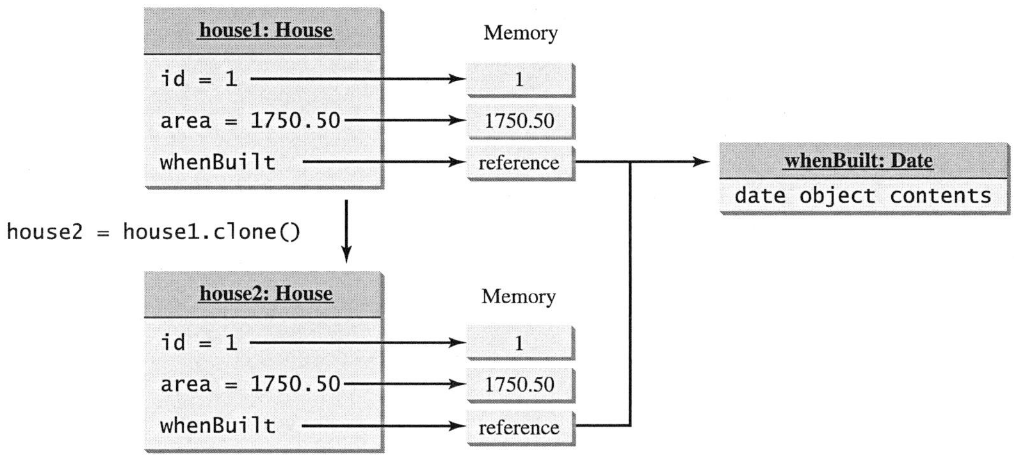

그림 11.5 clone 메소드는 기본 타입 필드 값과 객체 타입 필드의 참조를 복사한다.

여러분이 심층 복사를 원한다면 super.clone() 호출 후 맞춤 복제 연산을 통해 clone 메소드를 재정의할 수 있다. 프로그래밍 연습 11.4를 참조하라.

> **NOTE** 여러분은 6장 "배열"에서 배열을 복사하기 위한 arraycopy 메소드를 배웠다. 이 메소드는 피상 복사를 제공하므로 기본 데이터 타입 배열에는 잘 작동하지만 객체 타입 배열에는 문제를 갖는다. 심층 복사를 위해 배열의 각 객체 원소를 복사하는 방법을 다루어야 한다.

> **주의** clone() 메소드는 java.lang.Object에서 protected로 선언되기 때문에 House에서 clone() 메소드를 재정의하지 않으면 이 프로그램은 구문 오류가 발생한다. 또한, House가 java.lang.Cloneable을 구현하지 않으면, 28행에서 super.clone()을 호출하는 것은 CloneNotSupportedException 예외를 발생시킨다. 그러므로 객체 복제를 가능하게 하기 위해 객체에 대한 클래스는 clone() 메소드를 재정의하고 Cloneable을 구현하는 것이 필요하다.

11.8 인터페이스 vs. 추상 클래스

인터페이스는 추상 클래스와 같은 방법으로 이용될 수 있지만 인터페이스 선언은 추상 클래스 선언과 다르다. 표 11.2는 이들의 차이를 요약한다.

표 11.2 인터페이스 vs. 추상 클래스

	변수	생성자	메소드
추상 클래스	제한 없음	생성자들은 생성자 연결을 통하여 하위 클래스들에 의해 호출된다. 추상 클래스는 new 연산자를 이용하여 인스턴스화될 수 없다.	제한 없음
인터페이스	모든 변수들은 public static final이어야 한다.	성자 없음. 인터페이스는 new 연산자를 이용하여 인스턴스화될 수 없다.	모든 메소드들은 public abstract 인스턴스 메소드들이어야 한다.

자바는 클래스 확장을 위해 **단일 상속**을 허락하지만, 인터페이스에 대해서는 **다중 상속**을 허락한다.

```
public class NewClass extends BaseClass
    implements Interface1, ..., InterfaceN {
  ...
}
```

부인터페이스

인터페이스는 extends 키워드를 이용하여 다른 인터페이스를 상속할 수 있다. 이런 인터페이스를 **부인터페이스**라 한다. 예를 들면, 다음 코드에서 NewInterface는 Interafce1, ..., InterfaceN의 부인터페이스이다.

```
public interface NewInterface extends Interface1, ..., InterfaceN {
  // constants and abstract methods
}
```

NewInterface를 구현하는 클래스는 NewInterface, Interface1, ..., InterfaceN에 정의된 추상 메소드를 구현하는 것이 필요하다. 인터페이스는 다른 인터페이스를 확장할 수 있지만 클래스를 확장할 수는 없다. 클래스는 상위 클래스를 확장할 수 있고 **여러 인터페이스**를 구현할 수 있다.

모든 클래스는 Object 클래스라는 단일 루트 클래스를 공유하지만 인터페이스는 단일 루트 인터페이스가 없다. 클래스와 같이, 인터페이스 또한 타입을 정의한다. 인터페이스 타입 변수는 인터페이스를 구현하는 어떤 클래스 인스턴스도 참조할 수 있다. 클래스가 인터페이스를 구현하면 인터페이스는 상위 클래스와 같다. 여러분은 인터페이스를 데이터 타입으로 이용하고 인터페이스 타입 변수를 하위 클래스로 캐스트하거나 이와 반대로 할 수 있다. 예를 들면, 그림 11.6에서 c가 Class2의 인스턴스라면 c는 또한 Object, Class1, Interaface1, Interface1_1, Interface1_2, Interface2_1, Interface2_2의 인스턴스이다.

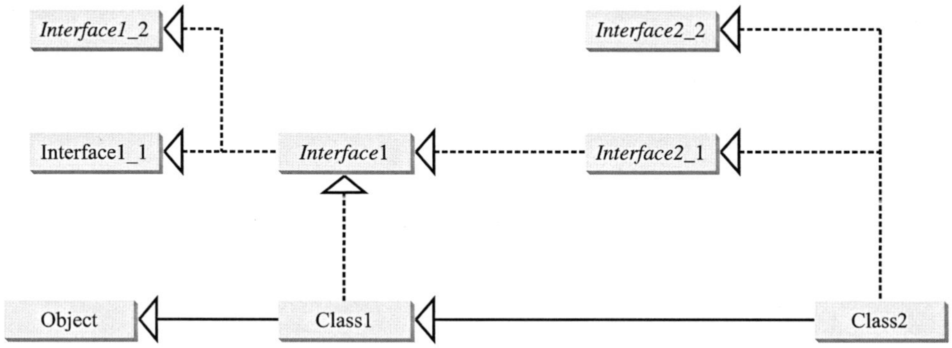

그림 11.6 Class1은 Interface1을 구현한다; Interface1은 Interface1_1, Interface1_2를 확장한다. Class2는 Class1을 확장하고 Interface2_1, Interface2_2를 구현한다.

NOTE 클래스 이름은 명사이다. 인터페이스 이름은 형용사 혹은 명사이다. 예를 들면, 인터페이스 java.lang.Comparable, java.awt.event.ActionListener에서 Comparable은 형용사이고 ActionListener는 명사이다.

가이드 추상 클래스와 인터페이스 둘 다는 객체의 공통적인 동작을 명세하기 위해 이용된다. 인터페이스를 이용할지 혹은 클래스를 이용할지 어떻게 결정하는가? 일반적으로 명백한 부모-자녀 관계를 묘사하는 **강한 is-a 관계**는 클래스를 이용하여 모델할 수 있다. 예를 들면, 그레고리 오력 체계는 달력이므로 java.util.GregorianCalendar와 java.util.Calendar 클래스 사이의 관계는 클래스 상속을 이용하여 모델한다. **약한 is-a 관계**(또는 **is-kind-of 관계**)는 객체가 어떤 속성을 포함하는 것을 가리킨다. 약한 is-a 관계는 인터페이스를 이용하여 모델할 수 있다. 예를 들면, 모든 문자열은 비교할 수 있으므로 String 클래스는 Comparable 인터페이스를 구현한다.

강한 is-a 관계

약한 is-a 관계

일반적으로 인터페이스는 무관한 클래스들에 대한 공통적인 상위 타입을 표현할 수 있기 때문에 클래스보다 인터페이스를 선호한다. 인터페이스는 클래스보다 더욱 유연하다. Animal 클래스를 고려하라. 다음과 같이 Animal 클래스에 howToEat 메소드를 정의한다고 가정하자.

```
abstract class Animal {
  public String howToEat();
}
```

Animal의 두 하위 클래스는 다음과 같이 정의된다.

```
class Chicken extends Animal {
  public String howToEat() {
    return "Fry it";
  }
}
```

이러한 상속 구조가 주어졌을 때, 다음 코드와 같이 다형성은 Chicken 객체와 Duck 객체에 대한 참조를 Animal 타입 변수로 선언할 수 있다.

```
class Duck extends Animal {
  public String howToEat() {
    return "Roast it";
  }
}
```

JVM은 howToEat 메소드를 호출하는 실제 객체에 기초하여 어떤 메소드를 호출할지를 동적으로 결정한다.

```
public static void main(String[] args) {
  Animal animal = new Chicken();
  eat(animal);

  animal = new Duck();
  eat(animal);
}

public static void eat(Animal animal) {
  animal.howToEat();
}
```

여러분은 동물 분류에 다른 하위 클래스(예 : Turkey)를 추가할 수 있다. 그러나 이 하위 클래스는 동물 종류이어야 한다는 한계가 있다.

인터페이스는 이런 한계를 갖지 않는다. 인터페이스는 모든 것을 한 클래스 타입으로 맞출 필요가 없기 때문에 클래스보다 더욱 유연하다. howToEat() 메소드를 인터페이스에 정의하고 다른 클래스에 대한 공통 상위 타입으로 선언하자. 예를 들면,

```
public static void main(String[] args) {
  Edible stuff = new Chicken();
  eat(stuff);

  stuff = new Duck();
  eat(stuff);

  stuff = new Broccoli();
  eat(stuff);
}

public static void eat(Edible stuff) {
  stuff.howToEat();
}
```

Edible 인터페이스

```
interface Edible {
  public String howToEat() ;
```

```
}
class Chicken implements Edible {
  public String howToEat() {
    return "Fry it";
  }
}
class Duck implements Edible {
  public String howToEat() {
    return "Roast it";
  }
}
class Broccoli implements Edible {
  public String howToEat() {
    return "Stir-fry it";
  }
}
```

Chicken 클래스

Duck 클래스

Broccoli 클래스

먹을 수 있는 객체 클래스를 정의하기 위해 이러한 클래스들이 Edible 인터페이스를 구현하게 하자. 이제 클래스는 Edible 타입의 부타입이다. 여러분은 eat 메소드를 호출하기 위해 어떤 Edible 객체도 전달할 수 있다.

11.9 기본 데이터 타입 값을 객체로 처리하기

성능에 대한 고려 때문에 자바는 기본 데이터 타입을 객체로 다루지 않는다. 기본 데이터 타입을 객체로 다루면 성능에 나쁜 영향을 미친다. 그러나 자바의 많은 메소드는 인수로서 객체를 요구한다. 예를 들면, ArrayList 클래스에서 add(object) 메소드는 객체를 ArrayList에 더한다. 자바는 기본 데이터 타입을 객체로 표현하는 편리한 방법(예 : int를 Integer로, double을 Double로)을 제공한다. 이러한 클래스를 **포장 클래스(wrapper class)**라 부른다. 기본 데이터 타입 변수 대신 포장 객체를 이용할 때 우리는 포괄형 프로그래밍을 이용할 수 있다.

포장 클래스

자바는 기본 데이터 타입에 대한 Boolean, Character, Double, Float, Byte, Short, Integer, Long 포장 클래스를 제공한다. 패키지 java.lang은 포장 클래스를 포함하는 패키지이다. 그림 11.7은 이들의 상속 계층을 보인다.

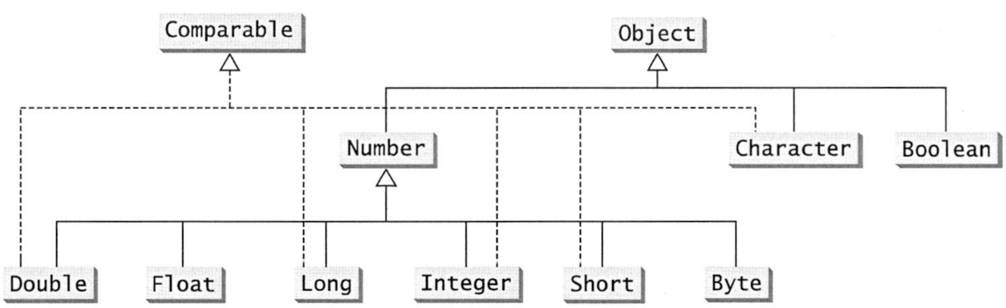

그림 11.7 Number 클래스는 Double, Float, Long, Integer, Short, Byte에 대한 추상 상위 클래스이다.

> **NOTE** 기본 타입에 대한 대부분 포장 클래스 이름은 첫 문자가 대문자인 기본 데이터 타입 이름과 같다. Integer와 Character는 예외이다.

각 숫자에 대한 포장 클래스는 추상 Number 클래스를 확장한다. Number 클래스는 doubleValue(), floatValue(), intValue(), longValue(), shortValue(), byteValue() 메소드를 포함한다. 이들 메소드는 객체를 기본 데이터 값으로 전환한다. 각 포장 클래스는 Object에 정의된 toString, equals 메소드를 재정의한다. 숫자 포장 클래스와 Character 클래스는 Comparable 인터페이스를 구현하므로 이들 클래스는 compareTo 메소드를 구현한다.

포장 클래스는 서로 매우 유사하다. Character 클래스는 8장 "문자열과 텍스트 I/O"에서 소개했다. Boolean 클래스는 true 혹은 false 값을 표현한다. 본 절에서는 숫자 포장 클래스인 Integer와 Double을 소개한다. Integer와 Double의 주요 특징은 그림 11.8에 보인다.

여러분은 기본 데이터 타입 혹은 숫자 값을 표현하는 문자열을 이용하여 포장 객체를 생성할 수 있다 - 예를 들면, new Double(5.0), new Double("5.0"), new Integer(5), new Integer("5").

포장 클래스는 인수 없는 생성자를 포함하지 않는다. 모든 포장 클래스의 인스턴스는 변경되지 않는다. 이것의 의미는 객체가 생성된 후 객체의 내부 값은 변경될 수 없다는 것이다.

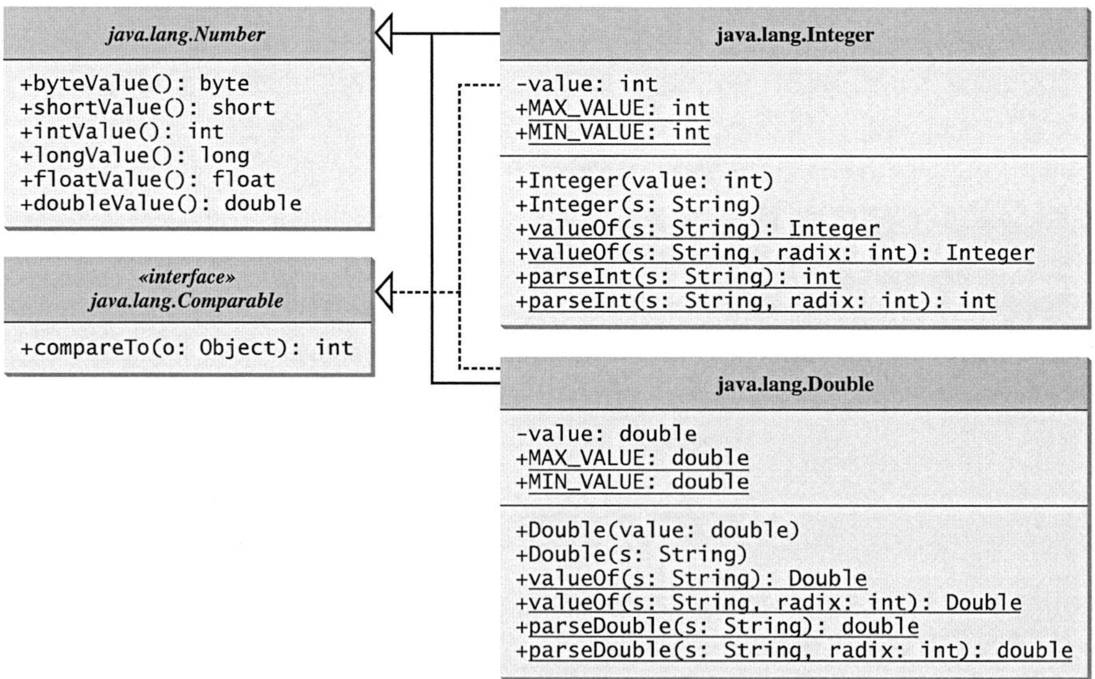

그림 11.8 포장 클래스는 생성자, 상수, 다양한 데이터 타입을 다루는 변환 메소드를 제공한다.

각 숫자 포장 클래스는 MAX_VALUE, MIN_VALUE 상수를 갖는다. MAX_VALUE는 상응하는 기본 데이터 타입의 최대값을 표현한다. Byte, Short, Integer, Long에 대하여 MIN_VALUE는 최소 byte, short, int, long 값을 표현한다. Float, Double에 대하여 MIN_VALUE는 최소 float, double 양수값을 표현한다. 다음 코드는 최대 정수(2,147,483,647), 최소 양의 실수(float) (1.4E-45), 최대 배정도 실수(double) (1.79769313486231570e+308d) 값을 표시한다. 상수

```
System.out.println("The maximum integer is " + Integer.MAX_VALUE);
System.out.println("The minimum positive float is " +
  Float.MIN_VALUE);
System.out.println(
  "The maximum double precision floating-point number is " +
  Double.MAX_VALUE);
```

각 숫자 포장 클래스는 추상 클래스 Number에 정의된 추상 메소드 doubleValue(), floatValue(), intValue(), longValue(), shortValue()를 구현한다. 이들 메소드는 포장 객체에 대한 double, float, int, long, short 값을 반환한다.

숫자 포장 클래스는 유용한 정적 메소드인 valueOf(String s)를 갖는다. 이 메소드는 명세된 문자열 값으로 초기화된 새로운 객체를 생성한다. 예를 들면,

```
Double doubleObject = Double.valueOf("12.4");
Integer integerObject = Integer.valueOf("12");
```

여러분은 숫자 스트링을 int 값으로 해석하기 위해 Integer 클래스의 parseInt 메소드를, 숫자 스트링을 double 값으로 해석하기 위해 Double 클래스의 parseDouble 메소드를 이용했다. 숫자 포장 클래스는 숫자 스트링을 적절한 숫자 값으로 해석하기 위해 두 개의 중복정의 메소드를 갖는다. 숫자 값은 10진수, 2진수, 8진수, 16진수에 기초하여 해석될 수 있다. 이러한 중복정의 메소드는 다음 코드에 보인다.

```
// These two methods are in the Byte class
public static byte parseByte(String s)
public static byte parseByte(String s, int radix)

// These two methods are in the Short class
public static short parseShort(String s)
public static short parseShort(String s, int radix)

// These two methods are in the Integer class
public static int parseInt(String s)
public static int parseInt(String s, int radix)

// These two methods are in the Long class
public static long parseLong(String s)
public static long parseLong(String s, int radix)

// These two methods are in the Float class
public static float parseFloat(String s)
public static float parseFloat(String s, int radix)
```

```
// These two methods are in the Double class
public static double parseDouble(String s)
public static double parseDouble(String s, int radix)
```

예를 들면,

```
Integer.parseInt("11", 2) returns 3;
Integer.parseInt("12", 8) returns 10;
Integer.parseInt("13", 10) returns 13;
Integer.parseInt("1A", 16) returns 26;
```

Integer.parseInt("12", 2)는 12가 2진수 숫자가 아니므로 실행 시 예외가 발생한다.

11.10 객체 배열의 정렬

이번 예제는 비교할 수 있는 객체들의 배열을 정렬하기 위한 정적 포괄형 메소드를 보인다. 객체들은 Comparable 인터페이스를 구현하고 compareTo 메소드를 이용하여 비교한다. compareTo 메소드는 Comparable 인터페이스를 구현하는 어떤 클래스의 객체 배열에 대한 정렬에도 사용할 수 있다.

이 메소드를 테스트하기 위해, 리스트 11.10 프로그램은 정수 배열, 배정도 실수 배열, 문자 배열, 문자열 배열을 정렬한다.

리스트 11.10 GenericSort.java

Integer 객체들을 정렬한다.

Double 객체들을 정렬한다.

Character 객체들을 정렬한다.

String 객체들을 정렬한다.

```
public class GenericSort {
  public static void main(String[] args) {
    // Create an Integer array
    Integer[] intArray = {new Integer(2), new Integer(4),
      new Integer(3)};

    // Create a Double array
    Double[] doubleArray = {new Double(3.4), new Double(1.3),
      new Double(-22.1)};

    // Create a Character array
    Character[] charArray = {new Character('a'),
      new Character('J'), new Character('r')};

    // Create a String array
    String[] stringArray = {"Tom", "John", "Fred"};

    // Sort the arrays
    sort(intArray);
    sort(doubleArray);
    sort(charArray);
    sort(stringArray);

    // Display the sorted arrays
```

```java
    System.out.print("Sorted Integer objects: ");
    printList(intArray);
    System.out.print("Sorted Double objects: ");
    printList(doubleArray);
    System.out.print("Sorted Character objects: ");
    printList(charArray);
    System.out.print("Sorted String objects: ");
    printList(stringArray);
  }

  /** Sort an array of comparable objects */
  public static void sort(Comparable[] list) {
    Comparable currentMax;
    int currentMaxIndex;

    for (int i = list.length - 1; i >= 1; i--) {
      // Find the maximum in the list[0..i]
      currentMax = list[i];
      currentMaxIndex = i;

      for (int j = i - 1; j >= 0; j--) {
        if (currentMax.compareTo(list[j]) < 0) {
          currentMax = list[j];
          currentMaxIndex = j;
        }
      }

      // Swap list[i] with list[currentMaxIndex] if necessary;
      if (currentMaxIndex != i) {
        list[currentMaxIndex] = list[i];
        list[i] = currentMax;
      }
    }
  }

  /** Print an array of objects */
  public static void printList(Object[] list) {
    for (int i = 0; i < list.length; i++)
      System.out.print(list[i] + " ");
    System.out.println();
  }
}
```

포괄형 정렬 메소드

compareTo

```
Sorted Integer objects: 2 3 4
Sorted Double objects: -22.1 1.3 3.4
Sorted Character objects: J a r
Sorted String objects: Fred John Tom
```

리스트 11.10의 sort 메소드 알고리즘은 6.8.1절 "선택 정렬" 알고리즘과 같다. 6.8.1절의 sort 메소드는 배정도 실수값의 배열을 정렬했다. 예제 프로그램에서 sort 메소드는 배열 객체가 Comparable 인터페이스 인스턴스라면 어떤 객체 타입의 배열이라도 정렬할 수 있다.

이것은 10.8절 주제인 **포괄형 프로그래밍**의 다른 예이다. 포괄형 프로그래밍은 메소드가 일반 타입의 인수들에 대하여 동작 가능하게 하여 다양한 타입에 대한 메소드 재사용을 가능하게 한다.

Integer, Double, Character, String은 Comparable을 구현하므로 이들 클래스 객체들은 compareTo 메소드를 이용하여 비교될 수 있다. sort 메소드는 배열 객체의 순서를 결정하기 위해 compareTo 메소드를 이용한다.

TIP 자바는 java.util.Arrays 클래스에 배열 원소들이 비교할 수 있는 특징을 갖는다면 어떤 객체 타입 배열도 정렬할 수 있도록 정적 sort 메소드를 제공한다. 그러므로 우리는 배열을 정렬하기 위해 다음 코드를 이용할 수 있다.

```
java.util.Arrays.sort(intArray);
java.util.Arrays.sort(doubleArray);
java.util.Arrays.sort(charArray);
java.util.Arrays.sort(stringArray);
```

NOTE 배열은 객체이고 Object 클래스의 인스턴스이다. A가 B의 부타입이면 모든 A[] 인스턴스는 B[] 인스턴스이다. 그러므로 다음 문장은 모두 true이다.

```
new int[10] instanceof Object
new Integer[10] instanceof Object
new Integer[10] instanceof Comparable[]
new Integer[10] instanceof Number[]
new Number[10] instanceof Object[]
```

주의 int 값을 double 타입 변수에 배정할 수 있지만 int[]와 double[]은 호환될 수 없는 타입이다. 그러므로 int[] 배열 자체를 double[] 혹은 Object[] 타입 변수에 배정할 수 없다.

11.11 기본 타입과 포장 클래스 타입 사이의 자동 변환

자바는 기본 타입과 포장 클래스 사이에 자동 변환을 허락한다. 예를 들면, (a) 문장은 autoboxing에 의해 (b)로 단순화될 수 있다.

```
Integer intObject = new Integer(2);
```
(a)

동일

```
Integer intObject = 2;
```
autoboxing (b)

boxing unboxing

기본 값을 포장 객체로 변환하는 것은 boxing이다. 이에 대한 역변환은 unboxing이다. 컴파일러는 객체를 필요로 하는 곳에서 기본 값을 자동으로 box하고 기본 값을 필요로 하는 곳에서 객체를 unbox한다. 다음 예를 고려하라.

```
1 Integer[] intArray = {1, 2, 3};
2 System.out.println(intArray[0] + intArray[1] + intArray[2]);
```

1행의 문장에서 컴파일러는 기본 값 1, 2 ,3을 객체(new Integer(1), new Integer(2), new Integer(3))로 자동 box한다. 2행의 문장에서 컴파일러는 객체(intArray[0], intArray[1], intArray[3])를 int 기본 값을 더하기 위해 1, 2, 3으로 자동 unbox한다.

11.12 BigInteger와 BigDecimal 클래스

여러분이 매우 큰 정수값이나 높은 정밀도를 갖는 실수값을 계산하는 것이 필요하다면 java.math 패키지의 BigInteger, BigDecimal 클래스를 이용할 수 있다. 이들 클래스는 불변이며 Number 클래스와 Comparable 인터페이스를 구현한다. long 타입의 가장 큰 정수는 Long.MAX_VALUE (9223372036854775807)이다.

BigInteger 인스턴스는 어떠한 크기의 정수값도 표현할 수 있다. 여러분은 BigInteger, BigDecimal의 인스턴스를 생성하기 위해 new BigInteger(String), new BigDecimal(String)을 이용할 수 있다. 수학적인 연산을 수행하기 위해 add, subtract, multiple, divide, remainder 메소드를 이용하며, 두 개의 큰 수를 비교하기 위해 compareTo 메소드를 이용할 수 있다. 예를 들면, 다음 코드는 두 개의 BigInteger 객체를 생성하고 곱한다.

```
BigInteger a = new BigInteger("9223372036854775807");
BigInteger b = new BigInteger("2");
BigInteger c = a.multiply(b); // 9223372036854775807 * 2
System.out.println(c);
```

결과는 18446744073709551614이다.

BigDecimal 객체는 무한한 정밀도를 갖는다. divide 메소드를 이용할 때 계산 결과가 끝나지 않는다면 ArithmeticException 예외가 발생할 수 있다. 그러나 여러분은 중복정의 메소드 divide(BigDecimal d, int scale, int roundingMode)를 이용하여 최소 소수점 이하 자리(scale)를 명세할 수 있고 ArithmeticException 예외를 피하기 위한 반올림(rounding) 모드를 이용할 수 있다. 예를 들면, 다음 코드는 두 개의 BigDecimal 객체를 생성한 후 소수점 이하 20자리와 반올림 모드 BigDecimal.ROUND_UP을 사용한다.

```
BigDecimal a = new BigDecimal(1.0);
BigDecimal b = new BigDecimal(3);
BigDecimal c = a.divide(b, 20, BigDecimal.ROUND_UP);
System.out.println(c);
```

결과는 0.33333333333333333334이다.

정수의 계승(factorial)값은 매우 클 수 있다. 리스트 11.11은 어떤 정수값의 계승을 반환하는 메소드를 보인다.

리스트 11.11 LargeFactorial.java

상수

곱하기

```
 1 import java.math.*;
 2 
 3 public class LargeFactorial {
 4   public static void main(String[] args) {
 5     System.out.println("50! is \n" + factorial(50));
 6   }
 7 
 8   public static BigInteger factorial(long n) {
 9     BigInteger result = BigInteger.ONE;
10     for (int i = 1; i <= n; i++)
11       result = result.multiply(new BigInteger(i + ""));
12 
13     return result;
14   }
15 }
```

```
50! is
30414093201713378043612608166064768844377641568960512000000000000
```

BigInteger.ONE(9행)은 BigInteger 클래스에 정의된 상수이며 new BigInteger("1")과 같다.

새로운 결과는 multiply 메소드를 호출하여 얻을 수 있다(11행).

주요 용어

- 다중 상속
- 단일 상속
- 부인터페이스
- 심층 복사
- 인터페이스
- 추상 메소드
- 추상 클래스
- 포장 클래스
- 표시자 인터페이스
- 피상 복사

요약

- 추상 클래스는 데이터와 메소드를 갖는 일반적인 클래스와 같다. 하지만 new 연산자를 이용해 추상 클래스의 인스턴스를 생성할 수는 없다.
- 추상 메소드는 비 추상 클래스에 포함될 수 없다. 추상 상위 클래스의 하위 클래스가 상위 클래스에서 상속된 모든 추상 메소드를 구현하지 않으면 하위 클래스는 abstract로 선언해야 한다.

- 추상 메소드를 포함하는 클래스는 추상 클래스이어야 하지만 추상 메소드를 전혀 포함하지 않는 추상 클래스를 선언할 수 있다.
- 상위 클래스가 구체 클래스라도 하위 클래스는 추상일 수 있다.
- 인터페이스는 단지 상수와 추상 메소드를 포함하는 클래스와 같다. 여러 가지 면에서 인터페이스는 추상 클래스와 유사하지만 추상 클래스는 상수와 추상 메소드 이외에 변수와 일반 메소드를 포함할 수 있다.
- 자바에서 인터페이스는 특별한 클래스처럼 다룬다. 각 인터페이스는 일반 클래스처럼 분리된 바이트코드 파일로 컴파일된다.
- java.lang.Comparable 인터페이스는 compareTo 메소드를 정의하고 자바 라이브러리의 많은 클래스들은 Comparable을 구현한다.
- java.lang.Cloneable 인터페이스는 표시자 인터페이스이며, Cloneable 인터페이스를 구현하는 클래스 객체는 복제 가능하다.
- 클래스는 단지 하나의 상위 클래스를 확장할 수 있지만 인터페이스는 하나 이상을 구현할 수 있다.
- 인터페이스는 하나 이상의 인터페이스를 확장할 수 있다.
- 많은 메소드들은 인수로서 객체를 필요로 하기 때문에 자바는 기본 데이터 타입을 객체로 변환하는 편리한 방법을 제공한다(예 : int를 Integer 클래스로, double을 Double 클래스로). 이러한 클래스를 **포장 클래스**라 한다. 기본 데이터 타입 변수 대신 포장 객체를 이용하면 포괄형 프로그래밍 특징을 이용할 수 있다.
- 자바는 기본 데이터 타입을 포장 객체로 혹은 포장 객체에서 기본 데이터 타입으로 문맥에 따라 자동 변환한다.
- BigInteger 클래스는 크기와 관계없이 정수값을 계산하고 처리하는데 유용하다. BigDecimal 클래스는 임의의 정밀도와 함께 실수(부동소수점)값을 계산하고 처리하는데 유용하다.

복습문제

11.2절 추상 클래스

11.1 다음 클래스 정의 중 어떤 것이 합법적인 추상 클래스를 정의하는가?

```
class A {
  abstract void unfinished() {
  }
}
```

(a)

```
public class abstract A {
  abstract void unfinished();
}
```

(d)

```
class A {
  abstract void unfinished();
}
```

(b)

```
abstract class A {
  protected void unfinished();
}
```

(e)

```
abstract class A {
  abstract void unfinished();
}
```

(c)

```
abstract class A {
  abstract int unfinished();
}
```

(f)

11.2 GeometricObject 클래스의 getArea, getParameter 메소드는 제거될 수 있다. GeometricObject 클래스에서 getArea, getParameter 메소드를 추상 메소드로 정의하는 장점은 무엇인가?

11.3 추상 클래스로부터 인스턴스를 생성하기 위해 new 연산자를 이용할 수 없다는 것을 제외하고 추상 클래스는 비 추상 클래스 같이 이용될 수 있다. 참인가 거짓인가?

11.4–11.8절

11.4 다음 중 올바른 인터페이스는 어떤 것인가?

```
interface A {
  void print() { };
}
```

(a)

```
abstract interface A extends I1, I2 {
  abstract void print() { };
}
```

(c)

```
abstract interface A {
  print();
}
```

(b)

```
interface A {
  void print();
}
```

(d)

11.5 클래스가 Comparable을 구현한다면 이 클래스의 객체는 compareTo 메소드를 호출할 수 있다. 참인가 거짓인가?

11.6 11.5절에서 정의된 두 개의 max 메소드에서 max(Comparable, Comparable)가 max(Object, Object)보다 좋은 이유를 설명하라.

11.7 여러분은 Comparable 인터페이스를 구현하지 않고 클래스에 compareTo 메소드를 정의할 수 있다. Comparable 인터페이스를 구현하는 장점이 무엇인가?

11.8 클래스가 java.awt.event.ActionListener를 구현하면, 이 클래스의 객체는 actionPerfomed 메소드를 호출할 수 있다. 참인가 거짓인가?

11.9 클래스가 java.lang.Cloneable을 구현하지 않으면 객체 복제를 위한 clone() 메소드를 호출할 수 있는가? Date 클래스가 Cloneable을 구현하는가?

11.10 House 클래스(리스트 11.9에 정의된)가 clone() 메소드를 재정의하지 않았거나 java.lang.Cloneable을 구현하지 않았다면 무엇이 발생하는가?

11.11 다음 코드의 결과를 보여라.

```
java.util.Date date = new java.util.Date();
java.util.Date date1 = (java.util.Date)(date.clone());
System.out.println(date == date1);
System.out.println(date.equals(date1));
```

11.12 다음 코드의 결과를 보여라.

```
java.util.ArrayList list = new java.util.ArrayList();
list.add("New York"); list.add(new java.util.Date());
  java.util.ArrayList list1 =
(java.util.ArrayList)(list.clone());
System.out.println(list == list1);
System.out.println(list.get(0) == list1.get(0));
System.out.println(list.get(1) == list1.get(1));
```

11.13 다음 코드에서 틀린 것이 무엇인가?

```
public class Test {
  public static void main(String[] args) {
    GeometricObject x = new Circle(3);
    GeometricObject y = x.clone();
    System.out.println(x == y);
  }
}
```

11.9절 기본 데이터 타입 값을 객체로 처리하기

11.14 기본 타입 포장 클래스들에 대하여 설명하라. 이러한 포장 클래스를 필요로 하는 이유는 무엇인가?

11.15 다음 각 문장이 컴파일되는가?

```
Integer i = new Integer("23");
Integer i = new Integer(23);
Integer i = Integer.valueOf("23");
Integer i = Integer.parseInt("23", 8);
Double d = new Double();
Double d = Double.valueOf("23.45");
int i = (Integer.valueOf("23")).intValue();
double d = (Double.valueOf("23.4")).doubleValue();
int i = (Double.valueOf("23.4")).intValue();
String s = (Double.valueOf("23.4")).toString();
```

11.16 정수를 스트링으로 어떻게 변환하는가? 숫자 스트링을 정수로 어떻게 변환하는가? 실수(double)를 스트링으로 어떻게 변환하는가? 숫자 스트링을 실수(double)로 어떻게 변환하는가?

11.17 다음 두 문장이 컴파일은 되지만 실행시간 오류가 발생하는 이유는 무엇인가?

```
Number numberRef = new Integer(0);
Double doubleRef = (Double)numberRef;
```

11.18 다음 두 문장이 컴파일은 되지만 실행시간 오류가 발생하는 이유는 무엇인가?

```
Number[] numberArray = new Integer[2];
numberArray[0] = new Double(1.5);
```

11.19 다음 코드에서 틀린 것은 무엇인가?

```
public class Test {
  public static void main(String[] args) {
    Number x = new Integer(3);
    System.out.println(x.intValue());
    System.out.println(x.compareTo(new Integer(4)));
  }
}
```

11.20 다음 코드에서 틀린 것은 무엇인가?

```
public class Test {
  public static void main(String[] args) {
    Number x = new Integer(3);
    System.out.println(x.intValue());
    System.out.println((Integer)x.compareTo(new Integer(4)));
  }
}
```

11.21 다음 코드의 출력 결과는 무엇인가?

```
public class Test {
  public static void main(String[] args) {
    System.out.println(Integer.parseInt("10"));
    System.out.println(Integer.parseInt("10", 10));
    System.out.println(Integer.parseInt("10", 16));
  }
}
```

11.10–11.12절

11.22 자동 boxing과 자동 unboxing의 특징이 무엇인가? 다음 문장들이 올바른가?

```
Number x = 3;
Integer x = 3;
Double x = 3;
Double x = 3.0;
int x = new Integer(3);
int x = new Integer(3) + new Integer(4);
double y = 3.4;
y.intValue();
JOptionPane.showMessageDialog(null, 45.5);
```

11.23 Object[] 타입 변수에 new int[10], new String[100], new Object[50], new Calendar[20]을 배정할 수 있는가?

11.24 다음 코드의 출력 결과는 무엇인가?

```
public class Test {
  public static void main(String[] args) {
    java.math.BigInteger x = new java.math.BigInteger("3");
    java.math.BigInteger y = new java.math.BigInteger("7");
    x.add(y);
    System.out.println(x);
  }
}
```

종합문제

11.25 다음 용어를 정의하라: 추상 클래스, 인터페이스. 추상 클래스와 인터페이스의 차이점과 유사점은 무엇인가?

11.26 다음 문장들이 참인지 거짓인지를 말하라.

- 추상 클래스는 추상 클래스 생성자를 이용하여 생성된 인스턴스를 가질 수 있다.
- 추상 클래스는 확장될 수 있다.

- 인터페이스는 분리된 바이트코드 파일로 컴파일된다.
- 비 추상 상위 클래스의 하위 클래스는 추상일 수 없다.
- 하위 클래스는 상위 클래스의 구체 메소드를 추상으로 선언하기 위해 재정의할 수 없다.
- 추상 메소드는 비정적이어야 한다.
- 인터페이스는 정적 메소드를 가질 수 있다.
- 인터페이스는 하나 이상의 인터페이스를 확장할 수 있다.
- 인터페이스는 추상 클래스를 확장할 수 있다.
- 추상 클래스는 인터페이스를 확장할 수 있다.

프로그래밍 연습

11.1–11.7절

11.1* (이벤트 처리) Exit이라고 부르는 세 번째 버튼을 추가하도록 리스트 11.8 HandleEvent.java를 수정하라. 이 버튼이 클릭될 때 "Exit button clicked" 메시지를 프린트한다.

11.2* (ComparableCircle 클래스) Circle을 확장하고 Comparable을 구현하는 ComparableCircle 클래스를 생성하라. UML 다이어그램을 작성하고 면적에 의해 원을 비교할 수 있도록 compareTo 메소드를 구현하라. ComparableCircle의 두 객체 중 큰 것을 찾는 테스트 프로그램을 작성하라.

11.3* (Colorable 인터페이스) void howToColor() 메소드를 갖는 Colorable 인터페이스를 설계하라. GeometricObject를 확장하고 Colorable을 구현하는 Square 클래스를 설계하라. 사각형에 색을 칠하는 방법을 표시하는 howToColor 메소드를 구현하라.

Colorable, Square, GeometricObject를 포함하는 UML 다이어그램을 그려라. 다섯 개의 GeometricObject 객체 배열을 생성하는 테스트 프로그램을 작성하라. 배열의 각 객체에 대하여 색깔을 칠할 수 있다면, howToColor 메소드를 호출한다.

11.4* (House 클래스 교정) whenBuilt 필드에 대한 심층 복사를 수행하기 위해 리스트 11.9의 House 클래스를 다시 작성하라.

11.5* (Circle 비교 가능하게 하기) GeometricObject를 확장하고 Comparable 인터페이스를 구현하기 위해 리스트 10.2 Circle 클래스를 수정하라. Object 클래스의 equals 메소드를 재정의하라. Circle의 두 객체에 대한 반지름이 같다면 두 객체는 같다. Circle, GeometricObject, Comparable을 포함하는 UML 다이어그램을 그려라.

11.6* (Rectangle 비교 가능하게 하기) GeometricObject를 확장하고 Comparable 인터페이스를 구현하기 위해 리스트 10.3 Rectangle 클래스를 수정하라. Object 클래스의 equals 메소드를 재정의하라. Rectangle의 두 객체에 대한 면적이 같다면 두 객체는 같다. Rectangle, GeometricObject, Comparable을 포함하는 UML 다이어그램을 그려라.

11.7* (Octagon 클래스) GeometricObject를 확장하고 Comparable, Cloneable 인터페이스를 구현하는 Octagon 클래스를 작성하라. 팔각형의 모든 면이 같은 크기를 갖는다고 가정하라. 면적은 다음 공식을 이용하여 계산된다.

$$area = (2+4/\sqrt{2})side^{*}side$$

Octagon, GeometricObject, Comparable, Cloneable을 포함하는 UML 다이어그램을 그려라. 변의 크기가 5인 Octagon 객체를 생성하고 이 객체의 면적과 둘레를 표시하는 테스트 프로그램을 작성하라. clone 메소드를 이용하여 새로운 객체를 생성하고 compareTo 메소드를 이용하여 두 객체를 비교하라.

11.8* (기하학 객체들의 둘레 더하기) 배열에 포함된 모든 기하학 객체들의 둘레를 더하는 합계 메소드를 작성하라.

11.9* (배열 사이에서 가장 큰 일치하는 객체 발견하기) 1부터 10까지 정수를 포함하는 10개 정수 객체 배열과 0부터 100까지 랜덤으로 발생하는 10개 정수 객체 배열을 비교하는 메소드를 작성하라. 메소드 시그니처는 다음과 같다.

```
public static Object max(Comparable[] a)
```

두 배열 사이에 일치하는 가장 큰 정수를 파악하라. 일치하는 것이 없다면 -1을 표시하라.

11.10** (현재 달의 달력 표시) GregorianCanlendar 클래스와 getMinimalDaysInFirst-Week(), get(), getActualMaximum() 메소드를 이용하여 현재 달을 표시하는 프로그램을 작성하라.

```
java Exercise11_10 1 2007
```

11.12절 BigInteger와 BigDecimal 클래스

11.11** (5와 6으로 나누어지는 수) Long.Max_VALUE + "0"에서 시작해서 5와 6으로 나눌 수 있는 처음 10개 숫자를 찾아라. 모든 초기 값은 숫자 0으로 끝난다.

11.12** (2나 3으로 나누어지는 수) 2나 3으로 나눌 수 있는 50개 숫자에서 처음 10개 숫자를 찾아라.

11.13** (제곱 수) Long.MAX_VALUE보다 큰 처음 10개의 제곱 수를 발견하라.

11.14** (큰 소수) Long.MAX_VALUE보다 큰 5개 소수를 발견하는 프로그램을 작성하라.

11.15** (Mersenne 소수) 소수가 양의 정수 p에 대하여 2p-1 형태로 작성될 수 있다면 Mersenne 소수라 부른다. p<=100을 만족하는 모든 Mersenne 소수를 발견해서 다음과 같이 출력하는 프로그램을 작성하라(long 타입으로 저장하기에는 숫자가 너무 크기 때문에 BigInteger를 이용하는 것이 필요하며, 이 프로그램을 완성하는데 많은 시간이 걸릴 수 있다).

```
p        2^p - 1

2           3
3           7
5          31
...
```

CHAPTER 12

객체지향 설계와 패턴

- 소프트웨어 생명주기를 설명한다(§12.2).
- 클래스를 발견하고 각 클래스의 책임을 결정한다(§12.3).
- 관계 타입(결합, 집단체, 구성, 종속성, 강력한 상속, 약한 상속)을 설명한다(§12.4).
- 관계를 표현하도록 클래스를 선언한다(§12.4).
- 클래스를 식별하고 클래스 사이의 관계를 발견하여 시스템을 설계한다(§12.5).
- Rational 클래스를 구현하고 이 클래스를 이용하여 유리수를 처리한다(§12.6).
- 클래스 설계 가이드에 따라 클래스를 설계한다(§12.7).
- 자바 API를 이용한 프레임워크 기반 프로그래밍 개념을 설명한다(§12.8).
- 효과적인 소프트웨어 시스템 개발을 위해 설계 패턴을 적용한다(§12.9).

12.1 서론

앞 장들은 객체, 클래스, 클래스 상속, 인터페이스를 소개했다. 여러분은 객체지향 프로그래밍 개념을 배웠다. 본 장에서는 객체지향 접근 방법을 이용한 소프트웨어 시스템의 분석과 설계에 중점을 둔다. 여러분은 본 장에서 클래스 설계에 대한 가이드와 재사용가능한 클래스를 설계하기 위한 기술과 패턴에 대하여 공부한다.

12.2 소프트웨어 생명주기

소프트웨어 프로젝트를 개발하는 것은 공학적인 과정이다. 소프트웨어 제품은 제품 크기와 관계없이 같은 생명주기를 갖는다: 그림 12.1에 보이는 것과 같이 요구명세, 분석, 설계, 구현, 테스팅, 배치, 유지보수 등이다.

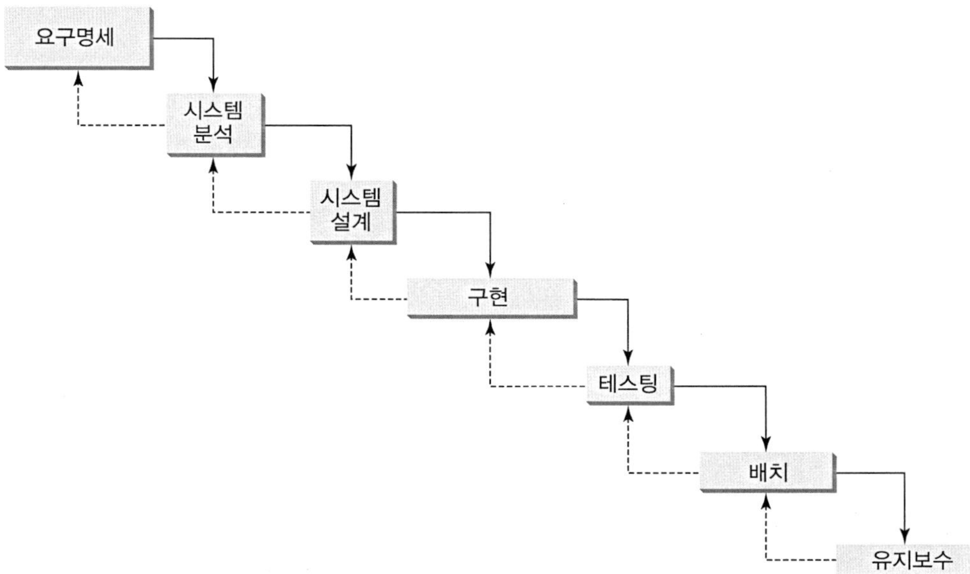

그림 12.1 프로젝트를 개발하는 것은 요구명세, 시스템 분석, 시스템 설계, 구현, 테스팅, 배치, 유지보수를 포함한다.

요구명세

요구명세는 문제를 이해하고 소프트웨어 시스템이 무엇을 필요로 하는가에 대하여 상세히 문서화하는 과정이다. 이 단계는 사용자와 개발자 사이의 밀접한 상호 작용을 필요로 한다. 이 책에서 대부분의 보기는 단순하며 이들에 대한 요구사항은 명백히 언급된다. 그러나 실세계에서 문제들은 명백히 정의되지 않는다. 여러분은 고객과 가까이 작업하는 것이 필요하며 요구사항 파악을 위해 문제에 대한 자세한 조사를 필요로 한다.

시스템 분석은 데이터 흐름에 의해 업무 처리를 분석하고, 시스템의 입력과 출력을 구분하는 과정이다. 분석은 필연적으로 시스템 모델링을 수반한다. 생성된 모델은 시스템의 근본적인 요소들과 시스템에 대한 서비스를 정의한다. 시스템 분석

시스템 설계는 시스템의 구성요소들을 설계하는 과정이다. 복잡한 문제를 다룰 수 있는 구성요소들로 분해하고, 클래스와 인터페이스를 파악하며, 클래스와 인터페이스 사이의 관계를 설립하기 위하여 설계 단계는 여러 수준의 추상화 개념을 이용한다. 시스템 설계

구현은 시스템 설계를 프로그램으로 번역하는 과정이다. 각 구성요소는 분리된 프로그램으로 작성되고, 이러한 프로그램들이 동작하기 위해 함께 결합된다. 구현 단계는 자바와 같은 프로그래밍 언어의 이용을 필요로 하며, 코딩, 테스팅, 디버깅을 포함한다. 구현

테스팅은 코드가 요구사항 명세를 만족하는지를 확인하며 코드에 존재할 수 있는 버그를 제거한다. 일반적으로 프로젝트 설계와 구현에 참가하지 않은 독립적인 소프트웨어 공학자 팀이 테스팅을 수행한다. 테스팅

배치는 프로젝트를 이용 가능하게 만드는 것이다. 배치는 자바 애플릿에 대하여 애플릿을 웹서버에 설치하는 것을 의미하며, 자바 애플리케이션에 대하여 애플리케이션을 고객 컴퓨터에 설치하는 것을 의미한다. 프로젝트는 일반적으로 많은 클래스로 구성된다. 배치에 대한 효과적인 접근 방법은 모든 클래스를 자바 압축 파일로 패키지화하는 것이다. 배치

유지보수는 소프트웨어 제품을 수정하고 개선하는 것과 관련된다. 소프트웨어 제품은 변화하는 환경에서 계속 실행되고 개선되는 것이 필요하다. 또한 소프트웨어는 새롭게 발견된 버그를 고치고 변화를 수용하기 위한 주기적인 갱신을 필요로 한다. 유지보수

본 장에서는 주로 객체지향 설계와 관련된다. 많은 객체지향 방법론이 있지만, 객체지향 모델링을 위한 산업표준 표기법인 UML은 그것 자체가 하나의 방법론을 파생한다. 클래스 설계 과정은 클래스를 식별하고 그들 사이의 관계에 대한 발견을 필요로 한다.

12.3 클래스 발견

객체지향 프로그래밍의 중요한 요소는 협력 객체들에 의해 애플리케이션을 모델링하는 것이다. 신중하게 클래스를 설계하는 것은 프로젝트 개발에 중요하다.

시스템 설계에는 많은 수준의 추상화가 존재한다. 여러분은 메소드 추상화를 공부했고, 이것을 대규모 프로그램 개발에 적용했다. 메소드는 여러 문장을 그룹으로 모으는 방법이다. 클래스는 더욱 높은 수준에서 추상화를 확장하며 메소드를 모으는 방법을 제공한다. 클래스는 단지 메소드를 모으는 것 이상(데이터 필드 포함)을 한다. 메소드와 데이터 필드는 클래스의 속성과 행위를 묘사한다.

클래스의 강점은 상속에 의해 더욱 확장된다. 상속은 존재하는 클래스의 상세한 것에 대한 인식 없이 존재하는 클래스의 구현과 계약을 확장하게 한다. 자바 프로그램 개발에서 클래스 추상화는 문제를 관련된 클래스 집단체로 분해하는데 적용되며, 메소드 추상화는 각 클래스를 설계하는데 적용된다.

여러분의 첫 번째 작업은 클래스를 파악하고 각 클래스의 책임을 결정하는 것이다. 시스템에서 클래스를 구분하는 많은 전략 중 하나는 시스템이 어떻게 작동하는지 연구하고, 많은 사용 사례(use case)나 시나리오를 선택하는 것이다. 단순한 규칙은 문제 설명에서 명사를 찾는 것이다. 예를 들면, 대학 정보 시스템 설계에서 학생(student), 교수(faculty), 과정(course) 클래스가 파악되는 것은 명백하다.

클래스 파악 후, 여러분은 각 클래스의 책임(즉, 클래스 객체에 의해 수행되는 메소드)을 결정한다. 단순한 규칙은 문제 설명에서 동사를 찾아 이러한 동사를 적절한 객체에 관련시키는 것이다. 예를 들면, 대학 정보 시스템에서 학생은 과정에 등록(register)한다. 명백히 과정에 등록하는 것은 Student 클래스의 책임이다. Course 클래스는 이 동작에 포함되며 Course 클래스를 **공동자**(collaborator)라 부른다.

CRC 카드

이런 발견 과정을 돕는 유명한 방법은 CRC 카드를 생성하는 것이다. CRC는 **클래스**(Classes), **책임**(Responsibility), **공동자**(Collaborators)를 나타낸다. 그림 12.2에 보이는 것과 같이 각 클래스에 대하여 하나의 인덱스 카드를 사용하라.

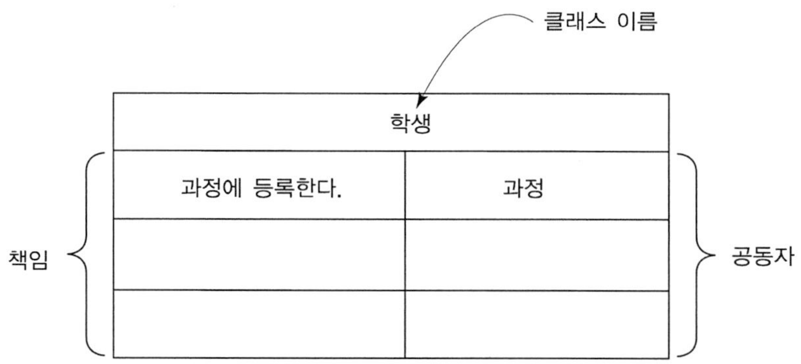

그림 12.2 Student 클래스에 대한 CRC 카드

이 카드의 맨 앞에 클래스 이름을 적어라. 각 행은 두 개의 열을 갖는다. 왼쪽 열에 책임을 적고, 만약 이 책임이 공동자를 포함한다면 오른쪽 열에 써라.

12.4 클래스 관계 발견

클래스 사이의 공통적인 관계는 결합(association), 집단체(aggregation), 구성(composition), 종속성(dependency), 상속(inheritance) 관계이다.

12.4.1 결합

결합은 두 클래스 사이의 활동을 묘사하는 일반적인 이항 관계이다. 예를 들면, 과정을 수강하는 학생은 Student와 Course 클래스 사이의 결합이며, 과정을 가르치는 교수는 Faculty와 Course 클래스 사이의 결합이다. 이러한 결합 관계는 그림 12.3에 보이는 것과 같이 UML 그래픽 표기법으로 표현된다. 결합

그림 12.3 한 학생은 여러 과정을 수강할 수 있고, 한 교수는 최대 3개 과정을 가르친다. 한 과정은 5명에서 60명의 학생들로 구성되고, 오직 한 교수에 의해 가르쳐진다.

결합 관계는 관계를 묘사하는 선택적인 라벨과 두 클래스 사이의 실선으로 표시한다. 그림 12.3에서 Take와 Teach는 라벨이다. 각 관계는 관계의 방향을 가리키는 선택적인 작은 검은 삼각형을 가질 수 있다. 이 방향은 학생이 과정을 수강할 수 있다는 것이지 이에 대한 역 관계는 성립하지 않는다는 것을 가리킨다.

관계에 포함된 각 클래스는 관계에 주어진 역할을 묘사하는 역할 이름을 가질 수 있다. 그림 12.3에서 teacher는 Faculty에 대한 역할 이름이다.

결합에 포함된 각 클래스는 다중성(multiplicity)을 명세할 수 있다. 다중성은 관계에 포함되는 클래스 객체가 얼마나 많은가를 숫자 혹은 숫자 간격으로 표시한다. 문자 *는 무한정한 객체 수를 의미하며, 간격 m..n은 객체 수가 m과 n 사이에 있어야 한다는 것을 의미한다. 그림 12.3에서 각 학생은 과정 수와 관계없이 수강할 수 있고, 각 과정은 최소 5명 최대 60명 학생을 가져야 한다. 각 과정은 단지 한 교수에 의해 가르쳐지고, 한 교수는 학기당 0에서 3개의 과정을 가르칠 수 있다.

결합은 같은 클래스 객체 사이에 존재할 수 있다. 예를 들면, 그림 12.4는 한 사람이 한 감독관을 가질 수 있다는 것을 보인다.

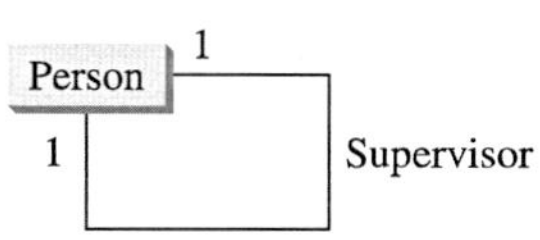

그림 12.4 한 사람은 한 감독관을 가질 수 있다.

자바 코드에서 결합은 데이터 필드와 메소드를 이용하여 구현될 수 있다. 예를 들면, 그림 12.3에서의 관계는 다음 클래스들로 구현될 수 있다.

```
public class Student {
  private Course[]
    courseList;

  public void addCourse(
    Course s)
}
```

```
public class Course {
  private Student[]
    classList;
  private Faculty faculty;

  public void addStudent(
    Student s)

  public void setFaculty(
    Faculty faculty)
}
```

```
public class Faculty {
  private Course[]
    courseList;

  public void addCourse(
    Course c)
}
```

> **NOTE** 관계를 구현하는 많은 방법이 있다. 예를 들면, Student와 Faculty 클래스는 이미 Course 클래스에 대한 정보를 갖기 때문에, Course 클래스에서 학생과 교수 정보는 생략될 수 있다. 마찬가지로, 학생이 수강하는 과정이나 교수가 가르치는 과정에 대하여 알 필요가 없다면, Student 혹은 Faculty에서 courseList 데이터 필드와 addCourse 메소드는 생략될 수 있다.

12.4.2 집단체와 구성

집단체
집단체 객체
집단체 대상 객체

집단체(aggregation)는 두 객체 사이에 소유 관계를 표현하는 특별한 결합이다. 집단체는 has-a 관계를 모델링한다. 소유 관계에서 주인 객체는 **집단체 객체**(aggregating object), 주인 객체 클래스는 **집단체 클래스**(aggregating class)라 부르며, 부하 객체는 **집단체 대상 객체**(aggregated object), 그리고 부하 객체 클래스는 **집단체 대상 클래스**(aggregated class)라 부른다. 그림 12.4의 결합 관계인 "한 사람은 한 감독관을 갖는다"는 실제로 집단체 관계이다.

구성 관계

객체는 여러 집단체 객체에 의해 소유될 수 있다. 객체가 배타적으로 집단체 객체에 의해 소유된다면, 객체와 집단체 객체 사이의 관계를 **구성 관계**(composition)라 부른다. 예를 들면, "학생은 이름을 갖는다"에서 Student와 Name 클래스 사이는 구성 관계인 반면, "학생은 주소를 갖는다"에서 주소는 여러 학생들에 의해 공유될 수 있기 때문에 Student와 Address 사이는 집단체 관계이다. 그림 12.5의 UML에서 검은색으로 칠해진 다이아몬드 표기는 집단체 대상 클래스(예 : Name)와의 구성 관계를 나타내기 위해 집단체 클래스(예 : Student) 쪽에 표시한다. 비어있는 다이아몬드 표기는 집단체 대상 클래스(예 : Address)와의 집단체 관계를 나타내기 위해 집단체 클래스(예 : Student) 쪽에 표시한다.

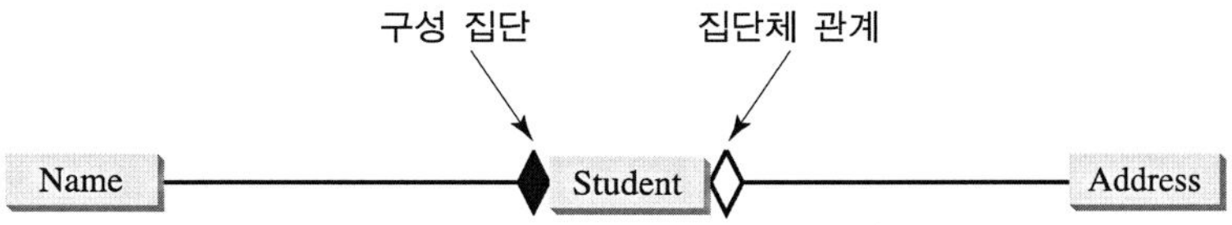

그림 12.5 학생은 이름과 주소를 갖는다.

집단체 관계는 일반적으로 집단체 클래스의 데이터 필드로 표현된다. 예를 들면, 그림 12.5에서의 관계는 다음과 같이 표현된다.

```
public class Name {
  ...
}
```

집단체 대상 클래스

```
public class Person {
  private Name name;
  private Address address;

  ...
}
```

집단체 클래스

```
public class Address {
  ...
}
```

집단체 대상 클래스

그림 12.4 "사람은 감독관을 갖는다" 관계는 다음과 같이 감독관이 Person 클래스에 데이터 필드로 표현될 수 있다.

```
public class Person {
  // The type for the data is the class itself
  private Person supervisor;

  ...
}
```

그림 12.6과 같이 사람이 여러 감독관을 갖는다면 감독관을 저장하기 위해 배열 혹은 ArrayList를 이용할 수 있다.

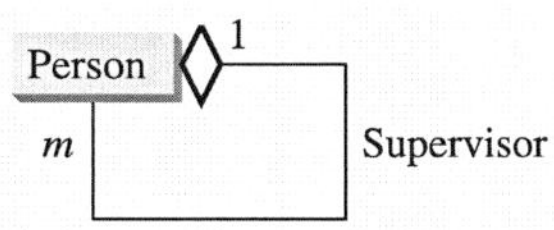


```
public class Person {
  private Person[] supervisors;

  ...
}
```

or

```
public class Person {
  private ArrayList supervisors;

  ...
}
```

그림 12.6 사람은 여러 감독관을 갖는다.

> **NOTE** 집단체 관계와 구성 관계는 같은 클래스 코드로 번역되기 때문에 단순하게 구성 관계라 부른다.

12.4.3 종속성

고객
공급자

종속성(dependency)은 두 클래스 사이에서 한 클래스(고객, client)가 다른 클래스(공급자, supplier)를 이용하는 관계를 묘사한다. 종속성 관계는 UML에서 고객 클래스에서 공급자 클래스로 점선이 있는 화살표로 표시된다. 예를 들면, ArrayList는 객체를 더할 수 있기 때문에 ArrayList 클래스는 Object를 이용한다. ArrayList와 Object 사이의 관계는 그림 12.7(a)와 같이 종속성 관계를 이용하여 표시될 수 있다. 또한 달력은 명시된 Date 객체에 의해 결정될 수 있기 때문에 Calendar 클래스는 Date를 이용한다. Calendar와 Date 사이의 관계는 그림 12.7(b)와 같이 종속성 관계를 이용하여 표시될 수 있다.

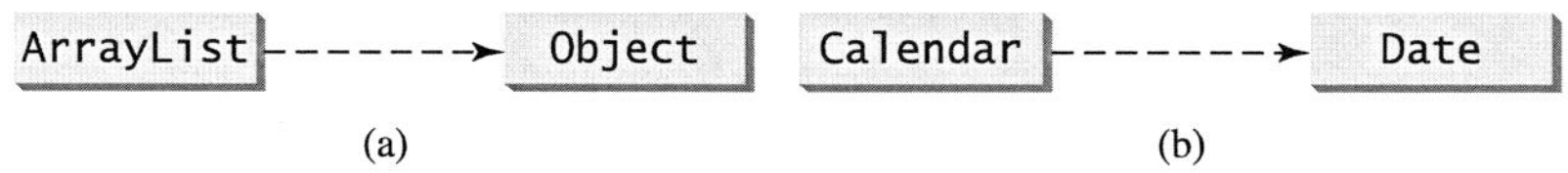

그림 12.7 (a) ArrayList는 Object를 이용한다. (b) Calendar는 Date를 이용한다.

자바 코드에서 종속성 관계는 고객 클래스의 메소드를 이용하여 구현될 수 있다. 이 메소드는 공급자 클래스 타입의 매개변수를 포함한다. 예를 들면, ArrayList 클래스는 객체를 ArrayList에 더하는 add(Object) 메소드를 갖는다. Calendar 클래스는 Calendar에 새로운 시간을 설정하는 setTime(Date) 메소드를 갖는다.

```
public class ArrayList {
  public void add(Object o)

  ...
}
```

```
public abstract class Calendar {
  public void setTime(Date d)

  ...
}
```

12.4.4 종속성, 결합, 집단체, 구성 비교

종속성, 결합, 집단체, 구성 관계 모두는 두 클래스 사이의 종속 관계를 묘사한다. 이들 사이의 차이점은 두 클래스 사이의 **결합한 정도**(degree of coupling)이다. 결합한 정도는 구성이 가장 강력하고 집단체, 결합(association), 종속성 순으로 강력하다.

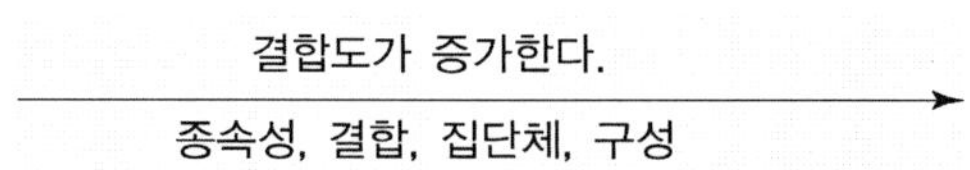

그림 12.8(a) 같이 클래스 A가 클래스 B 타입의 매개변수를 갖는 메소드를 포함한다면, A는 B에 종속한다. 그림 12.8(b) 같이 클래스 A가 클래스 B 타입의 데이터 필드를 포함한다면, A와 B는 결합 관계이다.

```java
public class A {
  public void aMethod(B b)
    ...
}
```

(a) 종속성

```java
public class A {
  private B b;
    ...
}
```

(b) 결합

그림 12.8 결합은 종속성보다 더욱 강력한 관계이다.

결합 관계는 종속성의 특별한 경우로 생각할 수 있다. 집단체는 has-a 관계를 보이는 결합의 특별한 경우로 생각할 수 있다. 구성 관계는 배타적인 has-a 관계를 보이는 집단체의 특별한 경우로 생각할 수 있다.

12.4.5 상속

강한 is-a

약한 is-a

상속은 두 클래스 사이의 is-a 관계를 모델링한다. 강한 is-a 관계는 두 클래스 사이의 직접적인 상속 관계를 묘사한다. 약한 is-a 관계는 클래스가 어떤 특징을 갖는다는 것을 시사한다. 강한 is-a 관계는 클래스 상속을 이용하여 표현한나. 예를 들면, 그림 12.9(a)에서 "교수는 사람이다" 관계는 강력한 is-a 관계이고 그림 12.9(b)의 클래스를 이용하여 표현될 수 있다.

(a)

```java
public class Faculty extends Person {
  ...
}
```

(b)

그림 12.9 Person은 Faculty를 확장한다.

약한 is-a 관계는 인터페이스를 이용하여 더욱 잘 표현된다. 예를 들면, 그림 12.10(a)에서 "학생은 학점으로 비교할 수 있다" 관계는 그림 12.10(b)의 Comparable 인터페이스를 구현함으로써 표현될 수 있다.

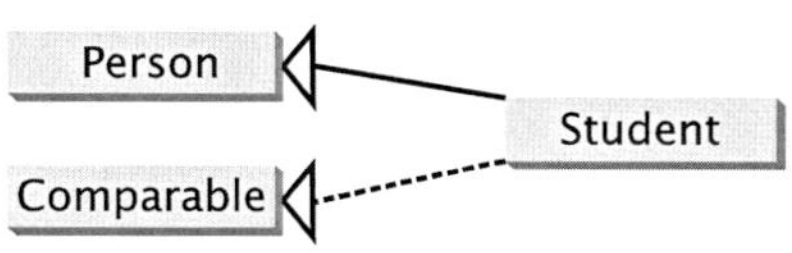

(a)

```java
public class Student extends Person
    implements Comparable {
  ...

  /** Implement the compareTo method */
  public int compareTo(Object object) {
    ...
  }
}
```

(b)

그림 12.10 Student는 Person을 확장하고 Comparable을 구현한다.

12.5 사례 연구 : 객체지향 설계

본 사례 연구는 객체지향 프로그램 개발에서 클래스를 식별하고, 클래스 관계를 발견하고, 클래스 추상화를 적용하는 방법을 보이기 위해 대출에 관한 문제를 모델링한다.

단순함을 위해 본 사례 연구는 대출 관련 정보를 저장, 처리, 관리하는 완전한 시스템을 개발하지 않는다. 본 사례 연구에서는 단지 대출자와 대출 문제를 모델링하는데 집중한다. 다음 은 일반적으로 객체지향 시스템 개발에 포함되는 단계이다.

1. 시스템에 대한 클래스를 파악하라.
2. 클래스 사이의 관계를 파악하라.
3. 각 클래스의 특징과 메소드를 묘사하라.
4. 클래스를 구현하라.

첫 번째 단계는 시스템에 대한 클래스를 파악하는 것이다. 대출자는 대출하기 위한 사람이고 사람은 이름과 주소를 갖기 때문에 우리는 Person, Name, Address, Borrower, Loan 클래스를 파악할 수 있다.

객체를 파악하는 것은 초보 프로그래머에게 쉽지 않다. 어떻게 올바른 객체를 발견하는가? 간단한 문제라 할지라도 특별한 해답은 존재하지 않는다. 소프트웨어 개발은 과학이기보다는 기술이다. 프로그램의 품질은 궁극적으로 프로그래머의 직관, 경험, 지식에 의존한다. 사례 연구에서는 다섯 개의 클래스(Name, Address, Person, Borrower, Loan)를 구분한다. 여러 다른 대안이 존재한다. 하나는 Name, Address, Person, Borrower를 한 클래스로 결합하는 것이다. 이러한 것은 관련되지 않은 클래스들을 하나의 클래스에 놓기 때문에 좋은 설계가 아니다. 사람 이름을 Person 클래스로 결합하는 것에 정당성이 있는가? 답은 Yes이지만 Name과 Person을 분리하는 것은 Name 클래스의 재사용을 가능하게 한다. 클래스를 설계하는 많은 방법들은 다른 장점을 갖는다. 우리는 하나를 선택할 때 장/단점(trade-offs)을 고려하는 것이 필요하다.

두 번째 단계는 클래스 사이의 관계를 파악하는 것이다. 관계 정보는 시스템 분석으로부터 얻을 수 있다. 첫 번째 단계와 두 번째 단계는 서로 얽혀서 수행된다. 클래스를 파악하면서 그들 사이의 관계에 대하여 생각하는 것이 필요하다. 객체 사이의 관계를 파악하는 것은 객체 사이의 상호 작용을 이해하는데 도움이 된다. 객체지향 시스템은 상호 결합하는 협력 객체들의 집단체로 구성된다. 그림 12.11은 사례 연구에 대한 클래스 관계를 설명한다.

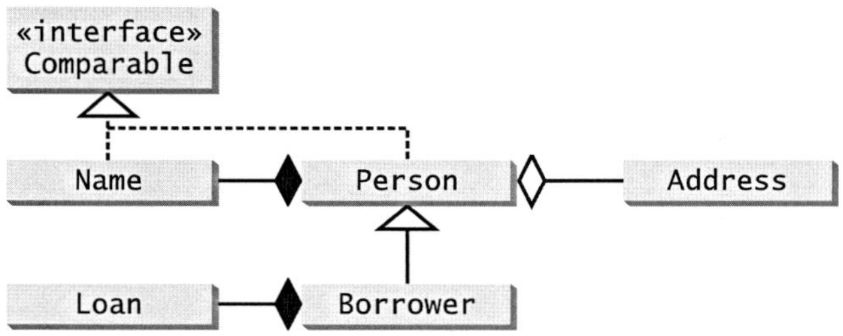

그림 12.11 대출자는 대출을 가지고 있는 사람이다.

세 번째 단계는 파악된 각 클래스의 속성과 메소드를 서술하는 것이다. Name 클래스는 firstName, mi, lastName 속성과 함께 이러한 속성과 관련된 get, set 메소드 그리고 이름을 반환하는 getFullName 메소드를 갖는다. 알파벳순으로 이름은 비교될 수 있다. Address 클래스는 street, city, state, zip 속성과 함께 속성과 관련된 get, set 메소드 그리고 주소를 반환하는 getAddress 메소드를 갖는다. 리스트 9.2에서 Loan 클래스는 annualInterest Rate, numberOfYears, loanAmount 속성과 함께 속성과 관련된 get, set 메소드 그리고 getMonthlyPayment, getTotalPayment 메소드를 갖는다.

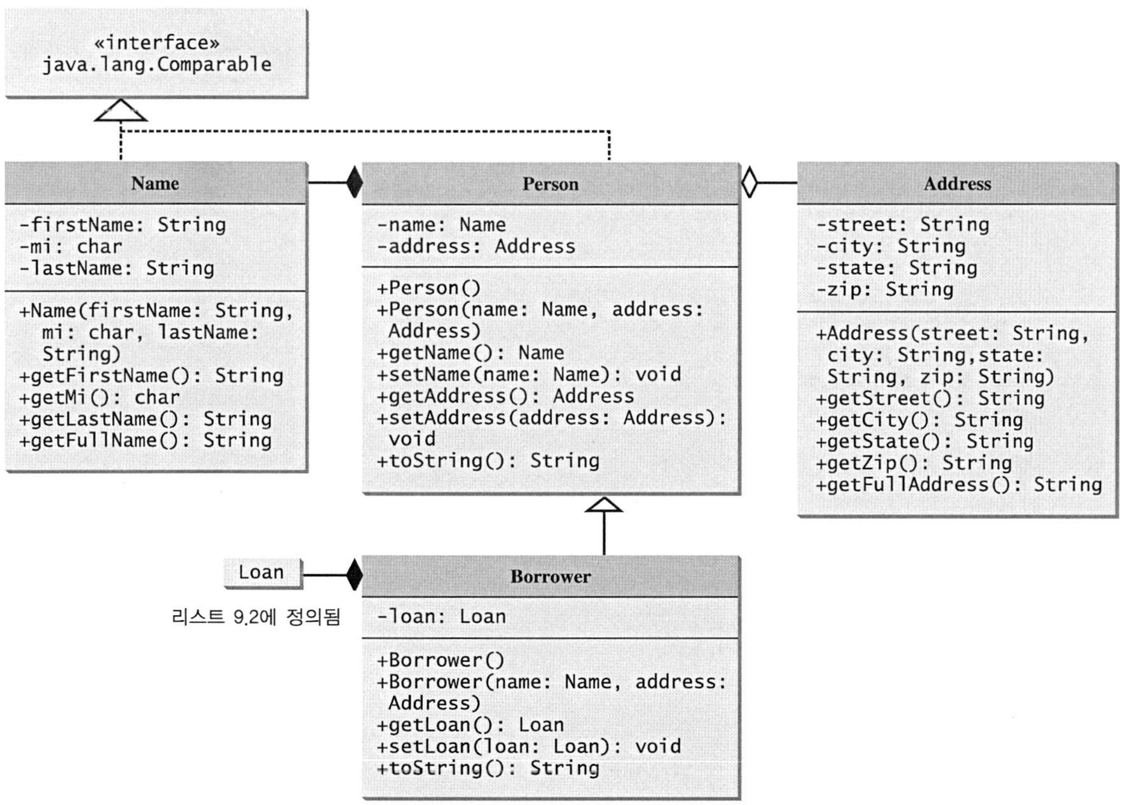

그림 12.12 대출자는 이름, 주소, 대출을 갖는다.

Person 클래스는 name, address 속성과 함께 속성과 관련된 get, set 메소드 그리고 사람에 대한 정보를 표시하는 toString 메소드를 갖는다. Borrower는 Person의 하위 클래스이다. 또한 Borrower는 loan 속성과 함께 관련된 get, set 메소드 그리고 사람과 대출 납입에 대한 정보를 표시하는 toString 메소드를 갖는다. 이름에 기초하여 사람을 비교할 수 있다. 그림 11.11은 그림 11.12로 확장된다.

> **NOTE** 빈번히 처음 세 단계는 **뒤얽히어 있다.** 예를 들면, 클래스를 발견하면서 그것의 책임에 대하여 생각한다. 공동자들로 새로운 클래스를 파악할 수 있으며, 이들 클래스 사이의 관계를 발견한다.

네 번째 단계는 클래스에 대한 코드를 작성하는 것이다. 프로그램은 길지만 대부분의 코딩은 get, set 메소드이다. 객체가 구분된 후 그것의 속성과 메소드는 요구사항과 시나리오를 분석함으로써 정의될 수 있다. 완전한 get, set 메소드를 제공하는 것이 좋다. 이러한 메소드는 현재 프로젝트에 필요하지 않을 수 있지만 미래 재사용을 위해 설계되기 때문에 다른 프로젝트에서 유용할 것이다. 리스트 12.1, 12.2, 12.3, 12.4는 Name, Address, Person, Borrower 클래스를 보인다.

리스트 12.1 Name.java

```
public final class Name implements Comparable {
  private String firstName;
  private char mi;
  private String lastName;

  /** Construct a name with firstName, mi, and lastName */
  public Name(String firstName, char mi, String lastName) {
    this.firstName = firstName;
    this.mi = mi;
    this.lastName = lastName;
  }

  /** Return firstName */
  public String getFirstName() {
    return firstName;
  }

  /** Return middle name initial */
  public char getMi() {
    return mi;
  }

  /** Return lastName */
  public String getLastname() {
    return lastName;
  }
```

```java

  /** Obtain full name */
  public String getFullName() {
    return firstName + ' ' + mi + ' ' + lastName;
  }

  /** Implement compareTo in the Comparable interface */
  public int compareTo(Object o) {
    if (!lastName.equals(((Name)o).lastName)) {
      return lastName.compareTo(((Name)o).lastName);
    }
    else if (!firstName.equals(((Name)o).firstName)) {
      return firstName.compareTo(((Name)o).firstName);
    }
    else {
      return mi - ((Name)o).mi;
    }
  }
}
```

리스트 12.2 Address.java

```java
public final class Address {
  private String street;
  private String city;
  private String state;
  private String zip;

  /** Create an address with street, city, state, and zip */
  public Address(String street, String city,
    String state, String zip) {
    this.street = street;
    this.city = city;
    this.state = state;
    this.zip = zip;
  }

  /** Return street */
  public String getStreet() {
    return street;
  }

  /** Return city */
  public String getCity() {
    return city;
  }

  /** Return state */
  public String getState() {
    return state;
  }

  /** Return zip */
  public String getZip() {
```

```
    return zip;
  }

  /** Get full address */
  public String getFullAddress() {
    return street + '\n' + city + ", " + state + ' ' + zip + '\n';
  }
}
```

NOTE

10장에 정의된 Person 클래스와 이름 충돌을 피하기 위해 여기서는 Person1 클래스로 명명한다.

리스트 12.3 Person1.java

```
public class Person1 implements Comparable {
  private Name name;
  private Address address;

  /** Construct a person with default properties */
  public Person1() {
    this(new Name("Jill", 'S', "Barr"),
      new Address("100 Main", "Savannah", "GA", "31411"));
  }

  /** Construct a person with specified name and address */
  public Person1(Name name, Address address) {
    this.name = name;
    this.address = address;
  }

  /** Return name */
  public Name getName() {
    return name;
  }

  /** Set a new name */
  public void setName(Name name) {
    this.name = name;
  }

  /** Return address */
  public Address getAddress() {
    return address;
  }

  /** Set a new address */
  public void setAddress(Address address) {
    this.address = address;
  }

  /** Override the toString method */
  public String toString() {
```

```
    return '\n' + name.getFullName() + '\n' +
      address.getFullAddress() + '\n';
  }

  /** Implement compareTo in the Comparable interface */
  public int compareTo(Object o) {
    return name.compareTo(((Person1)o).name);
  }
}
```

리스트 12.4 Borrower.java

```
public class Borrower extends Person1 {
  private Loan loan;

  /** Construct a borrower with default properties */
  public Borrower() {
    super();
  }

  /** Create a borrower with specified name and address */
  public Borrower(Name name, Address address) {
    super(name, address);
  }

  /** Return loan */
  public Loan getLoan() {
    return loan;
  }

  /** Set a new loan */
  public void setLoan(Loan loan) {
    this.loan = loan;
  }

  /** String representation for borrower */
  public String toString() {
    return super.toString() +
      "Monthly payment is " + loan.getMonthlyPayment() + '\n' +
      "Total payment is " + loan.getTotalPayment();
  }
}
```

리스트 12.5는 Name, Address, Borrower, Loan 클래스를 이용하는 테스트 프로그램이다.

리스트 12.5 BorrowLoan.java

```
public class BorrowLoan {
  /** Main method */
  public static void main(String[] args) {
    // Create a name
    Name name = new Name("John", 'D', "Smith");

    // Create an address
    Address address = new Address("100 Main Street", "Savannah",
      "GA", "31419");

    // Create a loan
    Loan loan = new Loan(5.5, 15, 250000);

    // Create a borrower
    Borrower borrower = new Borrower(name, address);

    borrower.setLoan(loan);

    // Display loan information
    System.out.println(borrower);
  }
}
```

```
John D Smith
100 Main Street
Savannah, GA 31419

Monthly payment is 2042.7086365528232
Total payment is 367687.5545795082
```

12.6 사례 연구 : Rational 클래스

유리수는 a/b 형태의 분자와 분모를 가지며, a는 분자 b는 분모이다. 예를 들면, 1/3, 3/4, 10/4은 유리수이다. 유리수는 분모 값이 0일 수 없지만, 분자 값은 0일 수 있다. 모든 정수 a는 유리수 a/1와 같다. 유리수는 분수를(예 : 1/3=0.3333....) 포함한 정확한 계산을 위해 이용된다. 이런 숫자는 double 혹은 float 데이터 타입의 실수 형식으로 정확하게 표현할 수 없다. 정확한 결과를 얻기 위해 유리수를 이용해야 한다.

자바는 정수와 실수에 대한 데이터 타입을 제공하지만 유리수에 대한 데이터 타입은 제공하지 않는다. 이번 절에서는 유리수를 표현하는 클래스를 설계하는 방법을 보인다.

유리수는 정수, 실수와 공통적인 특징을 공유하고 Number는 숫자 포장 클래스들의 루트 클래스이므로 Rational을 Number의 하위 클래스로 정의하는 것이 적당하다. 유리수는 비교할 수 있기 때문에 Comparable 인터페이스를 구현한다.

그림 12.13은 Rational 클래스와 Number 클래스, Comparable 인터페이스 사이의 관계를 보인다.

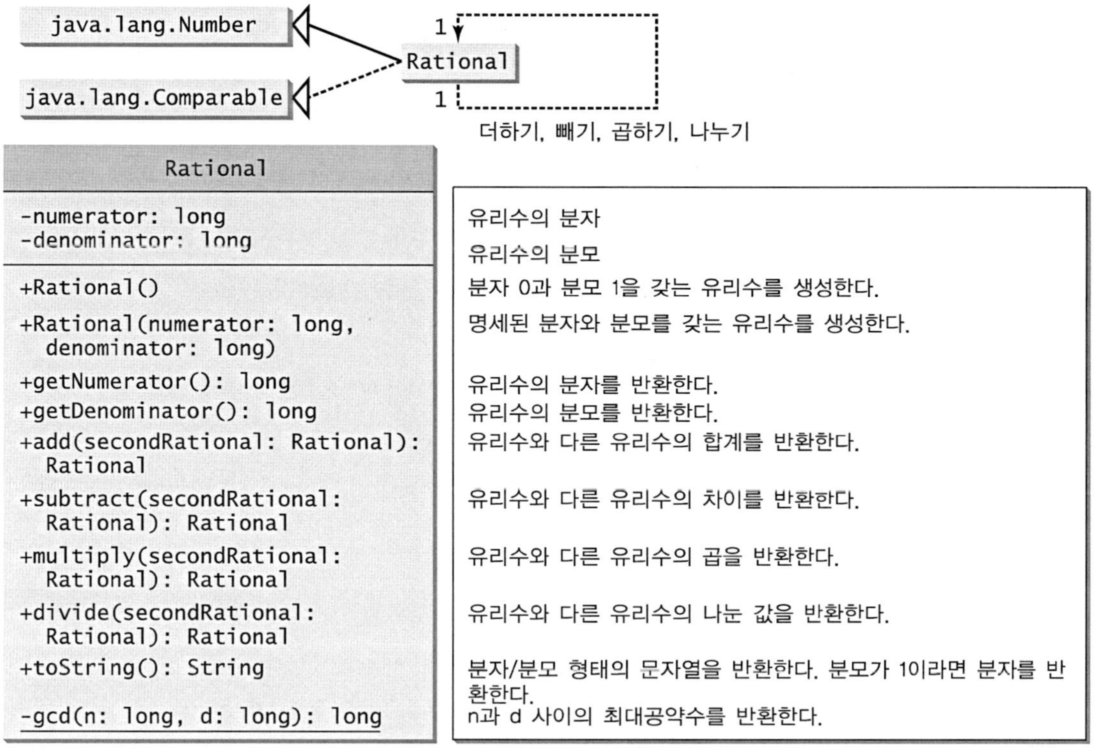

그림 12.13 Rational 클래스의 속성, 생성자, 메소드는 UML로 설명된다.

유리수는 분자와 분모로 구성된다. 많은 유리수는 같은 것을 표현한다(예 : 1/3=2/6=3/9=4/12). 유리수 1/3은 1을 제외하고 어떤 공약수도 갖지 않기 때문에 1/3은 기약 분수라 한다.

유리수를 기약 분수로 만들기 위해, 분자와 분모의 절대값에 대한 최대공약수(GCD)를 발견하고 발견된 GCD 값으로 분자와 분모를 모두 나누는 것이 필요하다. 리스트 4.8 "GreatestCommonDivisor.java"에서 두 정수 n과 d의 GCD를 계산하는 메소드를 이용할 수 있다. 결국, Rational 객체의 분자/분모는 기약 분수가 된다.

두 개의 Rational 객체를 생성하고 메소드를 테스트하는 프로그램을 작성하자. 리스트 12.6은 테스트 프로그램이다.

리스트 12.6 TestRationalClass.java

```
1 public class TestRationalClass {
2   /** Main method */
3   public static void main(String[] args) {
4     // Create and initialize two rational numbers r1 and r2.
5     Rational r1 = new Rational(4, 2);
6     Rational r2 = new Rational(2, 3);
7
8     // Display results
9     System.out.println(r1 + " + " + r2 + " = " + r1.add(r2));
10    System.out.println(r1 + " - " + r2 + " = " + r1.subtract(r2));
11    System.out.println(r1 + " * " + r2 + " = " + r1.multiply(r2));
12    System.out.println(r1 + " / " + r2 + " = " + r1.divide(r2));
13    System.out.println(r2 + " is " + r2.doubleValue());
14  }
15 }
```

```
2 + 2/3 = 8/3
2 - 2/3 = 4/3
2 * 2/3 = 4/3
2 / 2/3 = 3
2/3 is 0.6666666666666666
```

main 메소드는 두 개의 유리수 r1, r2를 생성하고(5-6행), r1+r2, r1-r2, r1*r2, r1/r2의 결과를 표시한다(9-12행). r1+r2를 수행하기 위해 새로운 Rational 객체를 반환하는 r1.add(r2)를 호출한다. 유사하게, r1-r2를 위해 r1.subtract(r2)를 호출하고, r1*r2를 위해 r1.multiply(r2), r1/r2를 위해 r1.divide(r2)를 호출한다.

doubleValue() 메소드는 r2의 double 값을 표시한다(13행). doubleValue() 메소드는 java.lang.Number에서 정의되고, Rational에서 재정의한다.

문자열이 + 기호를 이용하여 객체와 연결될 때, 이 객체에 대한 toString() 메소드에 의한 문자열 표현이 이용된다는 것을 주목하라. 그래서 r1+"+"+r2+"="+r1.add(r2)는 r1.toString()+"+"+r2.toString()+"="+r1.add(r2).toString()과 같다.

리스트 12.7은 Rational 클래스를 구현한다.

리스트 12.7 Rational.java

```
public class Rational extends Number implements Comparable {
  // Data fields for numerator and denominator
  private long numerator = 0;
  private long denominator = 1;

  /** Construct a rational with default properties */
  public Rational() {
    this(0, 1);
  }
```

```java

  /** Construct a rational with specified numerator and denominator */
  public Rational(long numerator, long denominator) {
    long gcd = gcd(numerator, denominator);
    this.numerator = ((denominator > 0) ? 1 : -1) * numerator / gcd;
    this.denominator = Math.abs(denominator) / gcd;
  }

  /** Find GCD of two numbers */
  private static long gcd(long n, long d) {
    long n1 = Math.abs(n);
    long n2 = Math.abs(d);
    int gcd = 1;

    for (int k = 1; k <= n1 && k <= n2; k++) {
      if (n1 % k == 0 && n2 % k == 0)
        gcd = k;
    }

    return gcd;
  }

  /** Return numerator */
  public long getNumerator() {
    return numerator;
  }

  /** Return denominator */
  public long getDenominator() {
    return denominator;
  }

  /** Add a rational number to this rational */
  public Rational add(Rational secondRational) {
    long n = numerator * secondRational.getDenominator() +
      denominator * secondRational.getNumerator();
    long d = denominator * secondRational.getDenominator();
    return new Rational(n, d);
  }

  /** Subtract a rational number from this rational */
  public Rational subtract(Rational secondRational) {
    long n = numerator * secondRational.getDenominator()
      - denominator * secondRational.getNumerator();
    long d = denominator * secondRational.getDenominator();
    return new Rational(n, d);
  }

  /** Multiply a rational number to this rational */
  public Rational multiply(Rational secondRational) {
    long n = numerator * secondRational.getNumerator();
    long d = denominator * secondRational.getDenominator();
    return new Rational(n, d);
  }

```

```
  /** Divide a rational number from this rational */
  public Rational divide(Rational secondRational) {
    long n = numerator * secondRational.getDenominator();
    long d = denominator * secondRational.numerator;
    return new Rational(n, d);
  }

  /** Override the toString() method */
  public String toString() {
    if (denominator == 1)
      return numerator + "";
    else
      return numerator + "/" + denominator;
  }

  /** Override the equals method in the Object class */
  public boolean equals(Object parm1) {
    if ((this.subtract((Rational)(parm1))).getNumerator() == 0)
      return true;
    else
      return false;
  }

  /** Implement the abstract intValue method in java.lang.Number */
  public int intValue() {
    return (int)doubleValue();
  }

  /** Implement the abstract floatValue method in java.lang.Number */
  public float floatValue() {
    return (float)doubleValue();
  }

  /** Implement the doubleValue method in java.lang.Number */
  public double doubleValue() {
    return numerator * 1.0 / denominator;
  }

  /** Implement the abstract longValue method in java.lang.Number */
  public long longValue() {
    return (long)doubleValue();
  }

  /** Implement the compareTo method in java.lang.Comparable */
  public int compareTo(Object o) {
    if ((this.subtract((Rational)o)).getNumerator() > 0)
      return 1;
    else if ((this.subtract((Rational)o)).getNumerator() < 0)
      return -1;
    else
      return 0;
  }
}
```

유리수는 Rational 객체로 캡슐화한다. 내부적으로 유리수는 기약 분수(13행)로 표현되고, 분자는 기호를 결정(14행)한다. 분모는 항상 양수이다(15행).

gcd() 메소드(19-30행)는 전용 메소드이다. 이 메소드는 고객의 사용을 위해 정의되지 않고 단지 Rational 클래스에 의한 내부 이용을 위해 정의된다. gcd() 메소드는 또한 정적 메소드이기 때문에 어떤 특별한 하나의 Rational 객체에 종속되지 않는다.

abs(x) 메소드(20-21행)는 x의 절대값을 반환하기 위해 Math 클래스에 정의된다.

두 개의 Rational 객체는 더하기, 빼기, 곱하기, 나누기 연산을 수행하기 위해 서로 상호 작용할 수 있다. 이러한 메소드들은 새로운 Rational 객체를 반환한다(43-70행).

Object 클래스의 toString과 equals 메소드는 Rational 클래스에서 재정의된다(73-91행). toString() 메소드는 Rational 객체의 문자열 표현으로 분자/분모를, 혹은 분모가 1이면 단지 분자만을 반환한다.

equals(Object other) 메소드는 어떤 유리수가 다른 유리수와 같다면 true를 반환한다.

Number 클래스의 추상 메소드인 intValue, longValue, floatValue, doubleValue는 Rational 클래스에서 구현된다(88-106행). 이들 메소드는 유리수에 대한 int, long, float, double 값을 반환한다.

Comparable 인터페이스의 compareTo(Object other)는 유리수를 다른 유리수와 비교하기 위해 Rational 클래스에서 구현된다(109-117행).

TIP

Rational 클래스에서 분자, 분모에 대한 get 메소드는 제공되지만, set 메소드는 제공되지 않는다. 그러므로 Rational 객체가 생성된 후 내용은 변경될 수 없다(immutable). 변경될 수 없는 클래스의 대표적인 보기는 String 클래스이다. 11.9절 "기본 데이터 타입 값을 객체로 처리하기"에 소개된 포장 클래스 또한 변경될 수 없다.

immutable

TIP

분자, 분모는 두 변수를 이용하여 표현되지만 배열을 이용하는 것도 가능하다. 프로그래밍 연습 12.4를 참조하라. 유리수의 내부 표현이 변경되어도, Rational 클래스에서 공용 메소드 시그니처는 변경되지 않는다. 이것은 클래스 이용으로부터 클래스 구현을 캡슐화하기 위하여, 한 클래스의 데이터 필드를 private으로 선언하는 훌륭한 보기이다.

캡슐화

Rational 클래스는 쉽게 오버플로우될 수 있는 심각한 한계를 갖는다. 예를 들면 다음 코드는 분모가 너무 크기 때문에 올바르지 못한 결과를 보일 것이다.

오버플로우

```
public class Test {
  public static void main(String[] args) {
    Rational r1 = new Rational(1, 123456789);
    Rational r2 = new Rational(1, 123456789);
    Rational r3 = new Rational(1, 123456789);
    System.out.println("r1 * r2 * r3 is " +
```

```
        r1.multiply(r2.multiply(r3)));
    }
  }
```

```
r1 * r2 * r3 is -1/2204193661661244627
```

여러분은 이것을 고치기 위해 분자, 분모를 BigInteger를 이용하여 Rational 클래스를 구현할 수 있다(프로그래밍 연습 12.3, 12.5).

12.7 클래스 설계 가이드

여러분은 앞선 두 개의 예제와 다른 장에서 주어진 많은 보기에서 클래스를 설계하는 방법을 공부했다. 클래스 설계에 대한 약간의 지침들이 있다.

12.7.1 응집도

클래스는 단일 실체(entity)를 서술하는 것이 필요하며, 클래스에 있는 연산은 하나의 일관된 목적을 지원하기 위해 논리적으로 함께 결합되는 것이 필요하다. 예를 들면, 학생과 교직원은 다른 실체를 갖기 때문에 학생과 교직원을 같은 클래스로 결합하지 말아야 한다.

너무 많은 책임을 갖는 하나의 실체는 책임을 나누기 위해 여러 클래스로 분리할 수 있다. 예를 들면, String, StringBuilder, StringBuffer 클래스는 모두 문자열을 다루지만 다른 책임을 갖는다. String 클래스는 변경할 수 없는 문자열을 다루며, StringBuilder 클래스는 변경할 수 있는 문자열 생성을 위한 클래스이며, StringBuffer 클래스는 StringBuilder와 유사하지만 문자열을 갱신하기 위한 동기화 메소드를 포함한다.

Date, Calendar, GregorianCalendar 클래스 모두는 날짜와 시간을 다루지만 다른 책임을 갖는다. Date 클래스는 어떤 시간을 표현한다. Calendar는 시간에 대한 상세한 달력 정보를 추출하기 위한 추상 클래스이다. GregorianCalendar 클래스는 하나의 구체화된 달력 시스템을 표현한다.

12.7.2 일관성

이름 규칙

표준 자바 프로그래밍 스타일과 이름 규칙을 준수하라. 의미 있는 클래스, 데이터 필드, 메소드 이름을 선택하라. 일반적인 프로그래밍 스타일은 데이터 선언, 생성자, 메소드 순서로 놓는 것이다.

이름을 일관되게 선택하라. 유사한 연산에 대하여 다른 이름을 선택하는 것은 좋지 않다. 예를 들면, length() 메소드는 String, StringBuilder, StringBuffer 크기를 반환하지만,

size() 메소드는 ArrayList의 크기를 반환하기 위해 이용된다. 일관성을 위해 같은 이름을 이용하는 것이 더욱 좋다.

디폴트 인스턴스를 생성하기 위해 클래스는 public 수정자를 갖는 인수 없는 생성자를 제공하는 것이 일반적이다. 만약 인수 없는 생성자를 갖지 않으면 합당한 이유를 문서화하라. 인수 없는 생성자
어떤 생성자도 명확히 정의되지 않으면, 구현되지 않은 디폴트 생성자 메소드를 포함하는 것으로 가정한다. 어떤 생성자가 중복정의된 생성자를 호출하지 않거나 상위 클래스 생성자를 호출하지 않으면 디폴트로 상위 클래스의 인수 없는 생성자를 호출한다.

사용자들이 클래스 객체를 생성하는 것을 막기 위해, Math 클래스와 같이 private 생성자를 선언할 수 있다. 추상 클래스 생성자는 항상 protected로 선언한다.

12.7.3 캡슐화

어떤 클래스의 사용자로부터 직접적인 접근을 금지하기 위해 private 수정자를 이용한다. 이것은 클래스 유지보수를 용이하게 한다.

읽는 것만 가능한 필드를 원한다면 get 메소드를 제공하고, 수정할 수 있는 필드를 원한다면 set 메소드를 제공하라. 예를 들면, Rational 클래스는 분자, 분모에 대한 get 메소드를 제공하지만 Rational은 변경할 수 없는 클래스이므로 어떤 set 메소드도 없다.

또한 클래스는 고객의 이용을 원하지 않는 메소드를 숨기는 것이 필요하다. 예를 들면, 앞 절에서 Rational 클래스의 gcd 메소드는 클래스 내부 이용을 위해 정의되었기 때문에 private이다.

클래스는 두 개의 규약서(사용자를 위한 규약서와 클래스 확장자를 위한 규약서)를 표현할 수 있다. 클래스가 사용자를 위한 규약서를 표현한다면 필드를 전용으로, 접근자와 수정자 메소드를 공용으로 만들어라. 클래스가 확장자를 위한 규약서를 표현한다면 필드와 메소드를 protected로 만들어라. 확장된 클래스는 메소드 가시성을 protected에서 public으로 바꾸거나 구현을 변경할 수 있지만 규약서를 위반하는 방법으로 구현을 변경하지는 말아야 한다.

12.7.4 명확성

응집도, 일관성, 캡슐화는 디자인의 명확성을 성취하기 위한 훌륭한 지침이다. 이들과 더불어 클래스는 설명하기 쉽고 이해하기 쉬운 명확한 계약을 가져야 한다.

사용자는 클래스를 다른 결합으로, 다른 순서로, 다른 환경에서 이용할 수 있다. 그러므로 사용자가 언제 무엇을 클래스와 할 수 있는가에 대한 제한을 두지 않도록 클래스를 설계하는 것이 필요하다. 즉, 사용자가 어떤 순서로도 어떤 결합으로도 속성 값을 결정할 수 있도록 설계하고, 발생 순서와 독립적으로 기능하도록 메소드를 설계하라. 예를 들면, Loan 클래스는 loanAmount, numberOfYears, annualInterestRate 속성을 포함하는데, 이들 속성 값은 어떤 순서로도 결정될 수 있다.

메소드는 혼돈을 일으키지 않고 직관적으로 정의되어야 한다. 예를 들면, String 클래스의 substring(int beginIndex, int endIndex) 메소드는 약간의 혼돈을 일으킨다. 이 메소드는 beginIndex로부터 endIndex까지가 아닌 endIndex-1까지 부분 문자열을 반환한다.

다른 데이터 필드로부터 파생될 수 있는 데이터 필드를 선언하지 마라. 예를 들면, 다음 Person 클래스는 birthDate, age 두 개의 데이터 필드를 갖는다. age는 birthDate로부터 파생될 수 있으므로 데이터 필드로 선언되지 말아야 한다.

```
public class Person {
  private java.util.Date birthDate;
  int age;

  ...
}
```

12.7.5 완전성

클래스는 많은 고객들이 이용할 수 있도록 설계된다. 다양한 애플리케이션에서 유용하게 사용할 수 있도록, 클래스는 속성과 메소드를 통해 개인 맞춤화를 위한 다양한 방법을 제공하는 것이 필요하다. 예를 들면, String 클래스는 다양한 애플리케이션에 유용한 50개 이상의 메소드를 제공한다. Calendar 클래스는 YEAR, MONTH, HOUR, HOUR_OF_DAY, MINUTE, SECOND, DAY_OF_WEEK 같은 상수로써 많은 시간 관련 필드를 정의하며, 시간/날짜 정보를 추출하고 결정하기 위한 많은 메소드를 제공한다.

12.7.6 인스턴스 vs. 정적

클래스의 한 특별한 인스턴스에 종속하는 변수 혹은 메소드는 인스턴스 변수 혹은 인스턴스 메소드이다. 클래스의 모든 인스턴스에 의해 공유되는 변수는 정적(static)으로 선언된다. 예를 들면, 리스트 7.7 Circle3의 numberOfObjects 변수는 SimpleCircle1 클래스의 모든 객체에 의해 공유되므로 static으로 선언된다. 특별한 인스턴스에 종속되지 않는 메소드는 정적 메소드로 선언되는 것이 필요하다. 예를 들면, Circle3의 getNumberOfObjects 메소드와 Rational의 gcd 메소드는 어떤 특별한 인스턴스에 관련되지 않으므로 정적 메소드로 선언된다.

가독성을 개선하고 오류를 피하기 위해 참조 변수보다 항상 클래스 이름으로 정적 메소드와 정적 변수를 참조하라.

정적인 데이터 필드를 초기화하기 위해 생성자로부터 매개변수를 전달하지 마라. 정적인 데이터 필드를 수정하기 위해 set 메소드를 이용하는 것이 더욱 좋다. 아래 (a) 클래스는 (b)로 대치하는 것이 더욱 좋다.

```
public class SomeThing {
  int t1;
  static int t2;

  public SomeThing(int t1, int t2) {
    ...
  }
}
```

(a)

```
public class SomeThing {
  int t1;
  static int t2;

  public SomeThing(int t1) {
    ...
  }

  public static void setT2(int t2) {
    SomeThing.t2 = t2;
  }
}
```

(b)

인스턴스와 정적인 특징은 객체지향 프로그래밍의 중요한 부분이다. 데이터 필드나 메소드는 인스턴스 혹은 정적 중 하나이다. 정적 데이터 필드나 메소드를 주의해서 다루어라. 정적으로 선언되어야 하는 메소드를 인스턴스 메소드로 선언하는 것은 일반적으로 발생하는 설계 오류이다. 예를 들면, n의 계승을 계산하는 factorial(int n)은 어떤 특별한 인스턴스에 종속되지 않기 때문에 정적으로 선언되어야 한다.

일반적으로 발생하는 설계 오류

생성자는 특별한 인스턴스를 생성하기 위해 이용되므로 항상 인스턴스 특징을 갖는다. 정적 변수나 메소드는 인스턴스 메소드에서 호출될 수 있지만, 인스턴스 변수나 메소드는 정적 메소드에서 호출될 수 없다.

12.7.7 상속 vs. 집단체

상속과 집단체의 차이는 is-a와 has-a 관계 차이에 있다. 예를 들면, 사과는 과일이므로 Apple과 Fruit 클래스 사이의 관계를 모델하기 위해 상속을 이용한다. 사람은 이름을 가지므로 Person과 Name 클래스 사이의 관계를 모델하기 위해 집단체를 이용한다.

12.7.8 인터페이스 vs. 추상 클래스

객체들의 공통적인 행위를 명세하기 위해 인터페이스와 추상 클래스 둘 다 이용할 수 있다. 여러분은 인터페이스를 이용할지 혹은 클래스를 이용할지 어떻게 결정하는가? 명확하게 부모-자식 관계를 서술하는 강력한 is-a 관계라면 클래스를 이용하여 모델링한다. 예를 들면, 오렌지는 과일이므로 이들의 관계는 클래스 상속을 이용하여 모델링한다. 약한 is-a 관계(is-kind-of 관계)는 객체가 어떤 속성을 소유하는 것을 가리킨다. 약한 is-a 관계는 인터페이스를 이용하여 모델링한다. 예를 들면, 모든 문자열은 비교할 수 있기 때문에 String 클래스는 Comparable 인터페이스를 구현한다. 원은 도형적인 객체이므로 Circle 클래스를 GeometricObject의 하위 클래스로 설계할 수 있다. 또한 원은 반지름에 기초하여 비교할 수 있으므로 Comparable 인터페이스를 구현할 수 있다.

하위 클래스는 단지 하나의 상위 클래스를 확장할 수 있지만, 여러 인터페이스를 구현할 수 있다. 이러한 점에서 인터페이스는 추상 클래스보다 더욱 유연하다. 그러나 인터페이스는 구체 메소드를 포함하지 못한다. 인터페이스를 구현하는 추상 클래스를 생성함으로써 인터페이스와 추상 클래스의 장점은 결합될 수 있다. 이 때 여러분은 인터페이스 혹은 추상 클래스 어떤 것이든 편리한 것을 이용할 수 있다. 예를 들면, 22장에서 소개되는 Java Collection Framework에서 AbstractCollection 클래스는 Collection 인터페이스를 구현하는 추상 클래스이며, ArbstarctSet 클래스는 Set 인터페이스를 구현하는 추상 클래스이다.

12.8 자바 API를 이용한 프레임워크 기반 프로그래밍

API

표 12.1에 보이는 것과 같이 자바 API(Application Program Interface)는 다수의 패키지로 그룹화된 수많은 클래스와 인터페이스로 구성한다.

표 12.1 자바 API 패키지

패키지	설명
java.lang	주요 자바 클래스와 인터페이스를 포함한다(예 : System, Math, Object, String, StringBuffer, Number, Character, Boolean, Byte, Short, Integer, Long, Float, Double, Comparable, Cloneable). 이 패키지는 모든 자바 프로그램에 묵시적으로 반입된다.
java.swing	스윙 GUI 프로그램을 개발하기 위한 경량급 그래픽 사용자 인터페이스 컴포넌트를 포함한다(예 : JOptionPane, JFrame, JButton).
java.util	Scanner, Arrays, ArrayList, Date, Calendar, GregorianCalander와 같은 유틸리티 클래스와 인터페이스를 포함한다.
java.io	File과 PrintWriter와 같이 IO에 대한 클래스와 인터페이스를 포함한다.
java.math	임의의 정밀도 정수 계산을 수행하기 위한 BigInteger 클래스와 소수 계산을 위한 BigDecimal 클래스를 포함한다.
java.net	네트워크 프로그래밍을 위한 클래스들을 포함한다.
java.applet	애플릿을 지원하는 클래스들을 포함한다.
java.awt	GUI 프로그래밍을 지원하는 클래스들을 포함한다.

여러분은 java.lang, javax.swing, java.util, java.io 패키지에 있는 약간의 클래스와 인터페이스를 이용했고 공부했다. 대규모 프로젝트를 수행하기 위해 자바 API의 더욱 많은 클래스와 인터페이스를 이용하는 것이 필요하다. 자바 API 클래스와 인터페이스는 프로그래머가 자바를 이용하여 애플리케이션을 개발하는 프레임워크를 제공한다. 예를 들면, 자바 GUI API는 GUI 프로그램을 개발하기 위한 프레임워크를 제공한다. 여러분은 애플리케이션을 개발하기 위해, 이들 클래스와 인터페이스에 대한 이용뿐 아니라 프레임워크로부터 주어진

규칙과 약속을 따라야 한다. 이러한 것을 **프레임워크 기반 프로그래밍**(framework-based programming)이라 한다.

프레임워크 기반 프로그래밍

여러분이 자바와 객체지향 프로그래밍 개념을 이해한 후, 가장 중요한 공부는 API를 이용하는 방법을 배우는 것이다. 이를 위해 가장 효과적인 방법은 훌륭한 예제 프로그램을 모방하는 것이다. 본 교재는 자바 API를 이용한 프레임워크 기반 프로그래밍 개념을 설명하는 예제를 제공한다. 여러분은 13-17장에서 자바 GUI 프로그래밍 프레임워크, 18장에서 자바 예외 처리 프레임워크, 19장에서 자바 I/O 프레임워크를 공부할 것이다.

12.9 설계 패턴

객체지향 프로그래밍의 중요한 장점 중 하나는 **코드를 재사용**하는 것이다. 예를 들면, 버튼을 생성하기 위해 여러분은 JButton 인스턴스를 생성하는 JButton 클래스를 이용한다. JButton 클래스는 이미 Java API에 정의되므로 새로 개발할 필요 없이 재사용될 수 있다. 설계 패턴은 클래스 설계를 위하여 증명되고 인정적인 소프트웨이 전략이다. 설계 패턴을 적용하는 것은 **경험을 재사용**하는 것과 같다. 새로운 소프트웨어를 개발하기 위해 새로운 해결 전략을 재발견할 필요 없이 설계 패턴을 적용할 수 있다.

코드를 재사용

경험을 재사용

설계 패턴에 대한 공식적인 인식은 Erich Gamma, Richard Helm, Ralph Johnson, John Vlissides에 의해 저술된 책 "Design Patterns: Elements of Reusable Object-Oriented Software"에서 비롯되었다. 이 책은 객체지향 소프트웨어 개발에 상당한 영향을 끼쳤으며, 4명의 저자는 "**4명의 갱들**(gang-of-four)"이라 부른다.

4명의 갱들

전문 설계자들은 아무것도 없는 것으로 부터 문제를 해결하지 않고, 과거 그들에 대해 동작했던 해결 방법을 재사용한다고 이 책은 주장한다. 이들은 좋은 해결 방법을 발견할 때, 계속 반복하여 이용한다. 설계 패턴은 이미 사용되어 효과적이고 효율적이라는 것을 증명했던 기존의 솔루션을 제공함으로써 개발 과정을 단축할 수 있다. 4명의 갱들이 저술한 책은 객체지향 소프트웨어 설계 경험 중 23개의 설계 패턴을 문서화한다.

23개의 설계 패턴

설계 패턴을 효과적으로 적용하기 위해서는 가장 유명하고 효과적인 설계 패턴에 친근해지는 것이 필요하다. 이들 패턴들을 배우는 가장 좋은 방법은 예제를 통해서이다. 본 교재는 구체적인 보기와 함께 설계 패턴을 설명한다.

한 예로서, 이 절은 **Singleton 패턴**을 소개한다. 이 패턴은 유일한 인스턴스를 생성하기 위해 이용될 수 있는 클래스를 선언한다. 때때로 한 클래스의 인스턴스 생성을 정확히 한 객체로 한정시키는 것이 필요할 수 있다. 예를 들면, 한 시스템에 많은 프린터가 존재할 수 있지만, 단지 한 개의 프린터 스풀러가 있어야만 한다고 가정하자. 이런 경우 시스템은 단지 한 개의 프린터 스풀러 객체만 생성되는 것을 보장하는 것이 필요하다.

Singleton 패턴

Singleton 패턴은 클래스 인스턴스를 참조하는 정적 상수와 전용 생성자를 이용하여 클래스를 선언함으로써 구현될 수 있다. 리스트 12.8은 이 클래스의 예를 보인다.

리스트 12.8 Singleton.java

```
 1 public final class Singleton {
 2   private static final Singleton uniqueInstance = new Singleton();
 3 
 4   private Singleton() {
 5   }
 6 
 7   public static Singleton getInstance() {
 8     return uniqueInstance;
 9   }
10 }
```

Singleton 클래스의 한 객체는 2행의 문장에서 생성된다. 생성자는 전용이므로(4행), new Singleton()을 이용한 객체 생성은 불가능하다. 객체에 접근할 수 있는 유일한 방법은 객체 참조를 반환하는(8행) getInstance() 메소드(7행)를 통해서이다. 예를 들면, 다음 코드에서 object1과 object2는 같은 객체를 참조하므로 true를 출력한다.

```
Singleton object1 = Singleton.getInstance();
Singleton object2 = Singleton.getInstance();
System.out.println(object1 == object2);
```

주요 용어

- CRC 카드
- 결합
- 구성
- 설계 패턴
- 응용 프로그램 인터페이스
- 종속성
- 집단체 대상 객체
- 집단체 객체
- 집단체
- 프레임워크 기반 프로그래밍

요약

- 소프트웨어 생명주기는 **요구명세, 시스템 분석, 시스템 설계, 구현, 테스팅, 배치, 유지보수**를 포함한다.
- 클래스 설계 과정은 클래스를 파악하고 클래스 사이의 관계를 발견하는 것을 요구한다.
- 클래스 사이의 공통적인 관계는 **결합, 집단체, 구성, 종속성, 상속**이다.

- 클래스 설계에 대한 디폴트적인 가이드는 **응집도, 일관성, 캡슐화, 명확성, 완전성**이다.
- 한 클래스의 모든 인스턴스에 의해 공유되는 속성은 static으로 선언하는 것이 필요하다.
- 어떤 인스턴스와 결합되지 않는 메소드는 static으로 선언하라.
- 상속과 집단체 차이는 is-a와 has-a 관계 차이와 같다.
- 인터페이스와 추상 클래스는 객체들의 공통적인 동작을 명세하기 위해 이용될 수 있다.
- 클래스를 이용할지 인터페이스를 이용할지 어떻게 결정하는가? 일반적으로 명확히 부모-자식 관계를 서술하는 **강력한 is-a 관계**는 클래스를 이용하여 모델하고 **약한 is-a 관계**는 인터페이스를 이용하여 모델링할 수 있다.
- 하위 클래스는 여러 인터페이스를 구현할 수 있지만, 오직 하나의 상위 클래스만 확장할 수 있다는 점에서 인터페이스는 추상 클래스보다 더욱 유연하다. 그러나 인터페이스는 구체적 메소드를 포함하지 못한다.
- 설계 패턴은 클래스 설계를 위한 증명되고 안정적인 소프트웨어 전략이다. 설계 패턴을 적용하는 것은 **경험을 재사용**하는 것과 같다. 새로운 소프트웨어를 개발하기 위해 새로운 해결 전략을 재발견할 필요 없이 설계 패턴을 적용할 수 있다.

복습문제

12.3절 객체 사이의 관계를 발견하는 것

12.1 클래스 사이의 관계에 대한 공통적인 타입들이 무엇인가? 클래스 사이의 관계를 모델링하기 위한 그래픽 표기법을 묘사하라.

12.2 다음 클래스 사이에 적절한 관계는 무엇인가? UML 다이어그램을 이용하여 그려라.

- Company와 Employee
- Course와 Faculty
- Student와 Person
- House와 Window
- Account와 Savings Account
- JOptionPane와 String
- Loan와 Date

12.6절 Rational 클래스

12.3 다음 코드의 출력 결과를 보여라.

```
public class Test {
  public static void main(String[] args) {
    Rational r1 = new Rational(1, 3);
    Rational r2 = new Rational(2, 4);
    System.out.println(r1 + " + " + r2 + " = " + r1.add(r2));
    System.out.println(r2 + " + " + r1 + " = " + r2.add(r1));
    System.out.println(r1 + " - " + r2 + " = " +
      r1.subtract(r2));
    System.out.println(r2 + " - " + r1 + " = " +
      r2.subtract(r1));
    System.out.println(r1 + " * " + r2 + " = " +
      r1.multiply(r2));
    System.out.println(r2 + " * " + r1 + " = " +
      r2.multiply(r1));
    System.out.println(r1 + " / " + r2 + " = " +
      r1.divide(r2));
    System.out.println(r2 + " / " + r1 + " = " +
      r2.divide(r1));
    System.out.println(r1 + " = " + r1.doubleValue());
    System.out.println(r2 + " = " + r2.doubleValue());
  }
}
```

12.4 다음 코드에서 틀린 것은?

```
Number r = new Rational();
System.out.println(r);
System.out.println(r.doubleValue());
System.out.println(r.add(new Rational()));
System.out.println((Rational)r.add(new Rational()));
System.out.println(((Rational)r).add(new Rational()));
```

12.5 다음 코드에서 틀린 것은?

```
Number r = new Number();
System.out.println(r);
```

12.6 다음 코드가 옳은가?

```
Comparable r = new Rational();
System.out.println(r);
```

(a)

```
Comparable r = new Rational();
System.out.println(
  r.compareTo(new Rational()));
```

(b)

12.7절 클래스 설계 가이드

12.7 응집도가 무엇인가? 응집된 클래스 설계의 예를 보여라.

12.8 일관성이 무엇인가? 일관적인 클래스 설계의 예를 보여라.

12.9 캡슐화가 무엇인가? 데이터 필드 캡슐화에 대한 장점이 무엇인가?

12.10 언제 protected 수정자를 이용하는 것이 적절한가?

12.11 다음 중 어떤 것이 좋지 않은 설계인가?

- 데이터 필드는 같은 클래스의 다른 데이터 필드들로부터 파생된다.
- 메소드는 같은 클래스에서 다른 메소드를 호출하기 전이나 후에 호출되어야 한다.
- 메소드는 인스턴스 메소드이다. 그러나 이 메소드는 인스턴스 데이터 필드를 참조하지 못하거나 인스턴스 메소드를 호출하지 못한다.
- 정적 데이터 필드를 초기화하기 위한 매개변수는 생성자로부터 전달된다.

12.12 다음 중 틀린 것은 무엇인가?

- 정적 메소드는 인스턴스 데이터 필드를 참조할 수 있거나 인스턴스 메소드를 호출할 수 있다.
- 인스턴스 메소드는 정적 데이터 필드를 참조할 수 있거나 정적 메소드를 호출할 수 있다.
- 생성자는 정적일 수 있다.
- 생성자는 전용일 수 있다.
- 생성자는 정적 메소드를 호출할 수 있다.
- 생성자는 중복 생성자를 호출할 수 있다.
- 생성자가 중복 생성자 혹은 상위 클래스 생성자를 호출하지 못한다면, 디폴트에 의해 상위 클래스의 인수 없는 생성자를 호출한다.
- 추상 클래스는 생성자를 포함한다.
- 추상 클래스 생성자는 공용이다.
- 추상 클래스 생성자는 전용이다.
- 여러분은 final 추상 클래스를 선언할 수 있다.
- 인터페이스는 생성자를 포함할 수 있다.
- 인터페이스는 인스턴스 데이터 필드를 포함할 수 있다.
- 인터페이스는 정적 메소드를 포함할 수 있다.

프로그래밍 연습

12.1* (정적 카운터 메소드를 갖는 복수 대출) 사례 연구 12.5에 이용된 대출과 대출자의 총 합계를 추적하기 위하여 한 개의 정적 변수를 추가하라. 여러분은 새로운 대출을 추가하고, 존재하는 대출을 제거하고, 모든 대출 리스트를 반환하는 메소드를 추가하기 위해 Loan 클래스를 수정하는 것이 필요할 것이다.

12.2** (Person과 Student 클래스) Person을 확장하는 Student 클래스를 설계하라. 성(last name)의 알파벳 순서로 사람을 비교하기 위해 Person 클래스에 compareTo 메소드를 구현하라. 전공과 성의 알파벳 순서로 학생을 비교하기 위해 Student 클래스에 compareTo 메소드를 구현하라. Person, Student, Comparable, Name을 포함하는 UML 다이어그램을 그려라.

다음 4개 메소드를 갖는 프로그램을 작성하라.

```
/** Sort an array of comparable objects  */
public static void sort(Comparable[] list)

/** Pirnt an array of objects */
public static void printList(Object[] object)

/** Return the max object in an array of comparable objects */
public static Comparable max(Comparable[] list)
```

main 메소드 : 4명의 학생 배열, 4개의 문자열 배열, 100개의 임의의 유리수 배열, 100개의 임의의 정수 배열을 이용하여 sort, printList, max 메소드를 테스트하라.

12.3 (Rational 클래스 이용) Rational 클래스를 이용하여 다음 합계를 계산하는 프로그램을 작성하라.

$$\frac{1}{2}+\frac{2}{3}+\frac{3}{4}+\cdot\cdot\cdot\frac{98}{99}+\frac{99}{100}$$

여러분은 정수 오버플로우 때문에 결과가 올바르지 않다는 것을 발견할 것이다. 이 문제를 해결하기 위해 프로그래밍 연습 12.5를 참조하라.

12.4* (복소수에 대한 클래스 설계) 복소수는 $i^2=-1$을 만족하는 허수 단위 i를 결합하여 얻은 실수의 확장이다. 모든 복소수는 x+yi 형태로 작성될 수 있고 여기에서 x는 실수부 y는 허수부라고 불리는 실수이다. 여러분은 복소수에 대한 더하기, 빼기, 곱하기, 나누기를 수행할 수 있다. 예를 들면 다음과 같다.

$$(4 + 2i) + (2 + 3i) = (6 + 5i)$$
$$(4 + 2i) - (2 + 3i) = (2 + -1i)$$
$$(4 + 2i) * (2 + 3i) = (2 + 16i)$$
$$(4 + 2i) / (2 + 3i) = (1 + 0i)$$

복소수와 복소수 연산을 수행하는 메소드를 표현하는 클래스를 설계하라. 이 클래스에 대한 UML 다이어그램을 그려라. 복소수를 x+yi 형태로 표시하는 toString() 메소드를 제공하라.

12.5** (Rational 클래스에 대한 BigInteger 사용) 유리수의 분자 분모에 대하여 BigInteger를 이용하여 12.6절의 Rational 클래스를 다시 설계하고 구현하라.

12.6* (유리수 계산기 생성) 리스트 8.4 Calculator.java와 유사한 프로그램을 작성하라. 그림 12.14에 보이는 바와 같이 정수 대신 유리수를 이용하라. 여러분은 분자 문자열과 분모 문자열을 검색하고 문자열을 정수로 변환(Integer.parseInt 메소드 이용)하기 위해 8.2.6절 "문자열의 변환, 나눔, 대체"에 소개된 String 클래스의 split 메소드를 이용하는 것이 필요할 것이다.

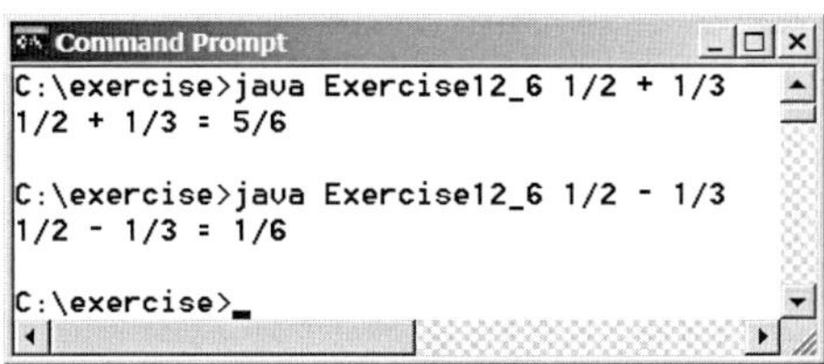

그림 12.14 이 프로그램은 명령 라인에서 3개의 인수(피연산자1, 연산자, 피연산자2)를 취하여 표현식과 수학적인 연산 결과를 출력한다.

CHAPTER 13

GUI 기본 사항

- Swing과 AWT를 구분한다(§13.2).
- Java GUI API 계층도를 기술한다(§13.3).
- 프레임, 패널과 단순한 GUI 컴포넌트를 사용하여 사용자 인터페이스를 만든다(§13.4).
- 배치 관리자의 역할을 이해한다(§13.5).
- 컨테이너에서 컴포넌트를 배치하기 위한 FlowLayout, GridLayout과 BorderLayout을 사용한다(§13.5).
- Color 클래스와 Font 클래스를 사용하여 컬러와 폰트를 지정한다(§§13.6-13.7).
- 부분 컨테이너로서 JPanel을 사용한다(§13.8).
- Swing 컴포넌트에서 경계, 툴팁, 폰트와 컬러와 같은 공통적인 특성을 적용한다(§13.9).
- 사용자-인터페이스 컴포넌트를 시각적으로 묶기 위하여 경계를 사용한다(§13.9).
- ImageIcon 클래스를 사용하여 이미지 아이콘을 생성한다(§13.10).

13.1 서론

자바 GUI 프로그래밍을 위한 API의 설계는 객체지향 원리가 적용되는 방법에 대한 훌륭한 예제이다. 앞 장에서 OOP를 설명하기 위해서 간단한 GUI 예제를 사용하였다. 앞으로는 자바 GUI API의 프레임워크를 배우고 GUI 컴포넌트를 사용하여 응용 프로그램과 애플릿을 위한 사용자-친화적인 인터페이스를 개발할 것이다.

이 장은 자바 GUI 프로그래밍의 기본 사항을 소개한다. 특히 GUI 컴포넌트와 이들의 관계, 컨테이너와 배치 관리자, 컬러, 폰트, 경계, 이미지 아이콘, 그리고 툴팁을 논의한다.

13.2 Swing과 AWT

GUI 컴포넌트 클래스는 왜 접두사 J를 갖는가? JButton 대신에 단순히 Button으로 명명하면 안 되는가? 실제로 java.awt 패키지에는 Button이라는 클래스가 있다.

자바가 소개될 때, GUI 클래스들은 AWT(Abstract Windows Toolkit)라는 라이브러리에 묶음으로 제공되었다. 자바가 실행되는 모든 플랫폼에서 AWT 컴포넌트는 peer라 불리는 에이전트를 통해서 플랫폼-특유의 컴포넌트로 자동적으로 변환된다. AWT는 단순한 그래픽 사용자 인터페이스를 개발하는데는 훌륭하지만, 포괄적인 GUI 프로젝트를 개발하는 데는 적당하지 않다. 그 외에도, AWT의 peer 기반 접근 방법은 기반이 되는 플랫폼에 심하게 종속되므로 AWT는 플랫폼-특유의 오류를 갖기 쉽다. 자바 2가 발표될 때, AWT 사용자-인터페이스는 더 건전하고 융통성이 좋고 유연한 라이브러리인 **Swing 컴포넌트**(Swing component)로 바뀌었다. Swing 컴포넌트는 java.awt.Window와 java.awt.Panel의 하위 클래스인 컴포넌트(이들은 특유한 플랫폼에서 원시 GUI를 사용하여 그려진다)는 제외하고 자바 코드를 사용하여 캔버스에 직접 그려진다. Swing 컴포넌트는 대상 플랫폼에 덜 종속적이고 원시 GUI 자원을 덜 사용한다. 이런 이유로 원시 GUI에 의지하지 않는 Swing 컴포넌트는 **경량급 컴포넌트**(lightweight component)라 하고, AWT 컴포넌트는 **중량급 컴포넌트**(heavyweight component)라 한다. AWT 컴포넌트와 새로운 Swing 컴포넌트를 구분하기 위하여 Swing GUI 컴포넌트 클래스는 접두사 J로 시작한다. AWT 컴포넌트가 아직도 자바 2에서 지원될지라도 Swing 컴포넌트를 사용하여 프로그래밍하는 방법을 배우는 것이 좋다. 왜냐하면 AWT 사용자-인터페이스는 결국은 사라질 것이기 때문이다. 이 교재는 Swing GUI 컴포넌트만 전적으로 사용한다.

Swing 컴포넌트

경량급 컴포넌트
중량급 컴포넌트

13.3 자바 GUI API

GUI API는 다음에 나열된 필요한 클래스를 포함한다. 그들의 계층적 관계는 그림 13.1과 그림 13.2에서 보여준다. GUI 클래스는 3개의 그룹으로 분류할 수 있다: 컨테이너 클래스(container class), 컴포넌트 클래스(component class)와 보조 클래스(helper class).

JFrame, JPanel과 JApplet과 같은 컨테이너 클래스는 다른 컴포넌트를 포함하기 위해서 사용된다. JButton, JTextField, JTextArea, JComboBox, JRadioButton과 JMenu와 같은 GUI 컴포넌트는 JComponent의 하위 클래스이다. Graphics, Color, Font, FontMetrics와 Dimension과 같은 보조 클래스는 GUI 컴포넌트를 지원하기 위해서 사용된다.

NOTE JFrame, JApplet, JDialog와 JComponent 클래스와 이들의 하위 클래스는 javax.swing 패키지로 그룹화된다. 그림 13.1에 있는 모든 다른 클래스는 java.awt로 그룹화된다.

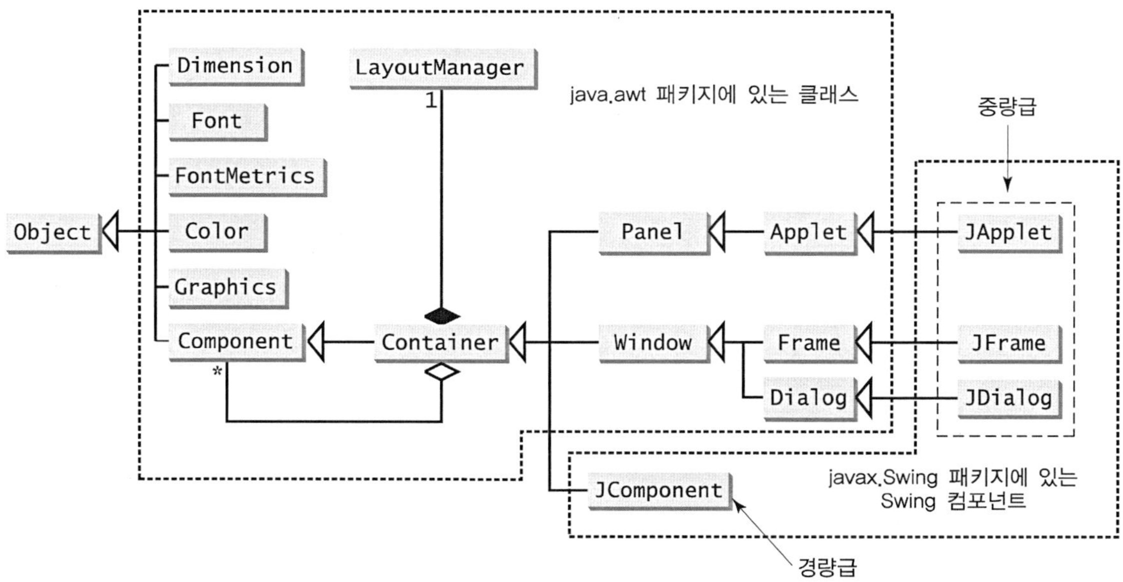

그림 13.1 자바 GUI 프로그래밍은 계층적 다이어그램에 있는 클래스를 이용한다.

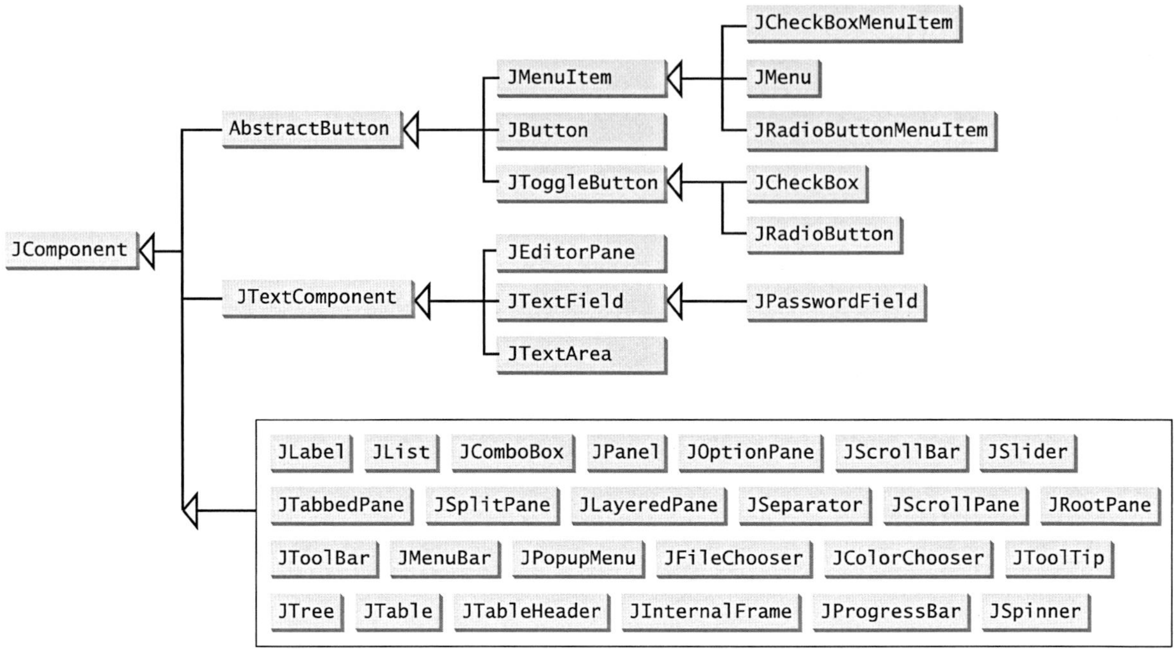

그림 13.2 JComponent와 JComponent의 하위 클래스들은 그래픽 사용자 인터페이스를 구성하는 기본 원소들이다.

13.3.1 Swing GUI 컴포넌트

Component는 모든 사용자-인터페이스의 상위 클래스이고, JComponent는 모든 경량급 Swing 컴포넌트의 상위 클래스이다. JComponent는 추상 클래스이므로, JComponent의 인스턴스(instance)를 만들기 위해서 new JComponent()를 사용할 수 없다. 그러나 JComponent의 인스턴스를 만들기 위해서 JComponent의 구체적인 하위 클래스의 생성자를 사용할 수 있다. 클래스 상속 계층구조에 익숙해지는 것이 중요하다. 예를 들면, 다음 문장은 모두 참(true)을 디스플레이한다.

```
JButton jbtOK = new JButton("OK");
System.out.println(jbtOK instanceof JButton);
System.out.println(jbtOK instanceof AbstractButton);
System.out.println(jbtOK instanceof JComponent);
System.out.println(jbtOK instanceof Container);
System.out.println(jbtOK instanceof Component);
System.out.println(jbtOK instanceof Object);
```

13.3.2 컨테이너 클래스

컨테이너 클래스는 다른 GUI 컴포넌트를 포함하기 위해 사용되는 GUI 컴포넌트이다. Window, Panel, Applet, Frame과 Dialog는 AWT 컴포넌트를 위한 컨테이너 클래스이다.

Swing 컴포넌트와 동작하기 위해, 표 13.1에서 서술한 것처럼 Container, JFrame, JDialog, JApplet과 JPanel을 사용한다.

표 13.1 GUI 컨테이너 클래스

컨테이너 클래스	설명
java.awt.Container	컴포넌트를 그룹화하기 위해 사용한다. 프레임, 패널과 애플릿이 하위 클래스이다.
javax.swing.JFrame	다른 윈도우에 포함되지 않는 윈도우이다. 자바 GUI 응용 프로그램에 있는 Swing 사용자-인터페이스를 포함하는 컨테이너이다.
javax.swing.JPanel	사용자-인터페이스를 포함하는 가시적이지 않은 컨테이너이다. 패널은 중첩될 수 있다. 패널을 포함하는 컨테이너에 패널을 넣을 수 있다. JPanel은 종종 그래픽을 그리기 위해 캔버스로서 사용된다.
javax.swing.JApplet	Applet의 하위 클래스이다. Swing-기반 자바 애플릿을 만들기 위해 JApplet을 확장한다.
javax.swing.JDialog	팝업 윈도우이거나 일반적으로 메시지 상자이다. 이들은 사용자로부터 부가적인 정보를 받거나 이벤트가 발생했다는 것을 알리기 위해 임시 윈도우로서 사용된다.

13.3.3 GUI 보조 클래스

Graphics, Color, Font, FontMetrics, Dimension과 LayoutManager와 같은 보조 클래스는 Component의 하위 클래스가 아니다. 이들은 그래픽스 내용, 컬러, 폰트와 치수(표 13.2에서 서술한 것처럼) 같은 GUI 컴포넌트의 속성을 서술하기 위해 사용된다.

표 13.2 GUI 보조 클래스

컨테이너 클래스	설명
java.awt.Graphics	스트링, 선과 단순한 모양을 그리기 위한 그래픽 내용을 제공하는 추상 클래스이다.
java.awt.Color	GUI 컴포넌트의 컬러를 다룬다. 예를 들면, JFrame과 JPanel과 같은 컴포넌트의 배경색이나 전경색을 지정하거나 그리기에서 선이나, 모양과 스트링의 색을 지정할 수 있다.
java.awt.Font	GUI 컴포넌트에서 텍스트나 그리기의 폰트를 지정한다. 예를 들면, 버튼에 있는 텍스트의 폰트 타입(예 : SansSerif), 스타일(예 : 굵은체)과 크기(예 : 24 포인트)를 지정한다.
java.awt.FontMetrics	폰트의 특성을 얻기 위해 사용되는 추상 클래스이다.
java.awt.Dimension	단일 객체에서 컴포넌트의 폭과 높이(정수로)를 나타낸다.
java.awt.LayoutManager	인터페이스이며, 이 클래스의 인스턴스는 컨테이너에서 컴포넌트가 어떻게 정렬되는가를 지정한다.

> **NOTE** 보조 클래스는 java.awt 패키지에 있다. Swing 컴포넌트는 AWT에 있는 모든 클래스를 대치하지 않고 단지 AWT GUI 컴포넌트 클래스(예 : Button, TextField와 TextArea)만을 대치한다. AWT 보조 클래스는 변경되지 않은 채로 남아있다.

13.4 Frame

사용자 인터페이스를 만들기 위해 사용자-인터페이스 컴포넌트를 포함하는 프레임이나 애플릿을 만드는 것이 필요하다. 자바 애플릿을 만드는 것은 17장(애플릿과 멀티미디어)에서 소개할 것이다. 이 절은 프레임을 소개한다.

13.4.1 프레임 만들기

프레임을 만들기 위해, 그림 13.3에서 보여준 JFrame 클래스를 사용한다.

javax.swing.JFrame	
+JFrame()	타이틀 없이 디폴트 프레임을 생성한다.
+JFrame(title: String)	지정된 타이틀을 갖는 프레임을 생성한다.
+setSize(width: int, height: int): void	프레임의 크기를 지정한다.
+setLocation(x: int, y: int): void	프레임의 상단-왼쪽 모서리의 위치를 지정한다.
+setVisible(visible: boolean): void	프레임을 표시하기 위해 참(true)으로 설정한다.
+setDefaultCloseOperation(mode: int): void	프레임이 닫힐 때 동작을 지정한다.
+setLocationRelativeTo(c: Component): void	프레임의 위치를 지정된 컴포넌트에 상대적으로 설정한다. 컴포넌트가 null이면, 프레임은 중앙에 위치한다.
+pack(): void	프레임에서 컴포넌트를 포함하기 위해 프레임의 크기를 자동적으로 설정한다.

그림 13.3 Frame은 GUI 컴포넌트를 포함하는 최상위 컨테이너이다.

리스트 13.1은 프레임을 만드는 프로그램이다.

리스트 13.1 MyFrame.Java

반입 패키지
프레임을 생성한다.
크기를 설정한다.
프레임을 중앙에 위치시킨다.
종료시 닫는다.
프레임을 표시한다.

```
import javax.swing.*;

public class MyFrame {
  public static void main(String[] args) {
    JFrame frame = new JFrame("MyFrame"); // Create a frame
    frame.setSize(400, 300); // Set the frame size
    frame.setLocationRelativeTo(null); // New since JDK 1.4
    frame.setDefaultCloseOperation(JFrame.EXIT_ON_CLOSE);
    frame.setVisible(true); // Display the frame
  }
}
```

프레임은 frame.setVisible(true) 메소드가 호출될 때까지는 표시되지 않는다. frame.setSize(400, 300)는 프레임이 너비가 400픽셀이고 높이가 300픽셀임을 명시한다. setSize 메소드가 사용되지 않는다면, 프레임은 타이틀 바를 표시하기 위해 크기가 조정될 것이다. setSize와 setVisible 메소드가 Component에서 정의되었기 때문에 이들은 JFrame 클래스에서 상속된다. 나중에 이런 메소드가 Component의 많은 다른 하위 클래스에서 유용하다는 것을 여러분은 알게 될 것이다.

MyFrame 프로그램을 실행할 때, 윈도우는 스크린(그림 13.4(a)를 참조하라)에 표시될 것이다.

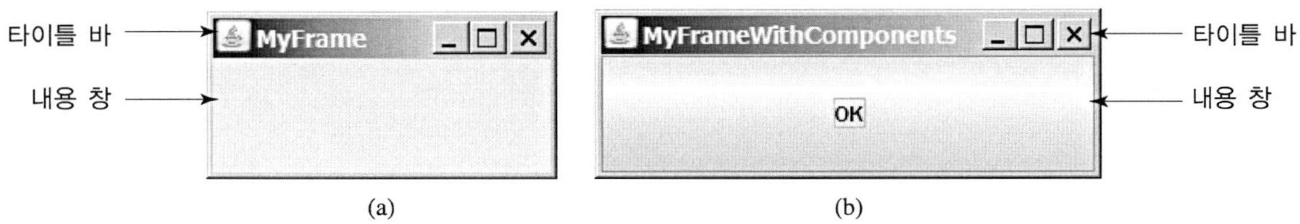

그림 13.4 (a) 타이틀 MyFrame을 갖는 프레임을 생성하고 표시한다. (b) OK 버튼이 프레임에 추가된다.

setLocationRelativeTo(null)(7행)을 호출하면 프레임은 스크린 중앙에 위치한다. setDefaultCloseOperation(JFrame.EXIT_ON_CLOSE)(8행)을 호출하면, 프레임이 닫힐 때 프로그램은 종료된다. 이 문장이 사용되지 않는다면, 프레임이 닫힐 때 프로그램은 종료되지 않을 것이다. 그런 경우 여러분은 윈도우즈의 DOS 프롬프트 창에서 Ctrl+C을 누름으로써 종료시키거나 Unix에서 kill 명령어를 사용하여 프로세스를 중단시켜야 한다.

> **NOTE** 픽셀은 스크린에 그리는 가장 작은 공간의 단위라는 것을 회상하자. 픽셀을 작은 사각형으로 생각할 수 있고 스크린을 픽셀로서 포장된 것으로 생각할 수 있다. 해상도(resolution)는 제곱인치당 픽셀의 개수이다. 스크린이 픽셀을 많이 가질수록 스크린의 해상도는 크다. 해상도가 클수록 더 섬세하게 볼 수 있다.

픽셀
해상도

> **NOTE** 프레임을 중앙에 위치시키기 위해 setLocationRelativeTo(null)을 호출하기 전에 setSize(w, h) 메소드를 호출해야 한다.

13.4.2 프레임에 컴포넌트 추가하기

그림 13.4(a)에 있는 프레임은 비어있다. add 메소드를 사용하면, 리스트 13.2처럼 컴포넌트를 프레임에 추가할 수 있다.

리스트 13.2 MyFrameWithComponents.java

```
 1 import javax.swing.*;
 2
 3 public class MyFrameWithComponents {
 4   public static void main(String[] args) {
 5     JFrame frame = new JFrame("MyFrameWithComponents");
 6
 7     // Add a button into the frame
 8     JButton jbtOK = new JButton("OK");
 9     frame.add(jbtOK);
10
11     frame.setSize(400, 300);
12     frame.setDefaultCloseOperation(JFrame.EXIT_ON_CLOSE);
13     frame.setLocationRelativeTo(null); // Center the frame
14     frame.setVisible(true);
15   }
16 }
```

버튼을 생성한다.
프레임에 추가한다.
크기를 설정한다.
창이 닫힐 때 종료한다.
프레임을 중앙에 위치시킨다.
시각화 한다.

각 JFrame은 내용 창을 포함한다. 내용 창은 java.awt.Container의 인스턴스이다. 버튼과 같은 GUI 컴포넌트는 프레임 안에 있는 내용 창에 놓여진다. JDK 1.5 이전 버전에서는 프레임의 내용 창으로 돌아가기 위해 JFrame 클래스에 있는 getContentPane 메소드를 사용하여야 하고, 다음과 같이 컴포넌트를 내용 창에 넣기 위해 내용 창의 add 메소드를 호출하여야 한다.

```
java.awt.Container container = frame.getContentPane();
container.add(jbtOK);
```

이것은 귀찮은 일이다. JDK 1.5는 다음과 같이 프레임의 add 메소드를 호출함으로써 내용 창에 컴포넌트를 놓을 수 있게 한다.

```
frame.add(jbtOK);
```

내용 창 위임

이런 새로운 특징은 **내용 창 위임**(content pane delegation)이라 불린다. 엄격하게 말하면, 컴포넌트는 프레임의 내용 창에 추가된다. 간단히 하기 위해, 컴포넌트는 프레임에 추가된다고 말한다.

JButton의 객체는 new JButton("OK")를 사용하여 생성되고, 이 객체는 프레임의 내용 창에 추가된다(9행).

Container 클래스에서 정의한 add(Component comp) 메소드는 Component 인스턴스를 컨테이너에 추가한다. JButton이 Component의 하위 클래스이므로, 또한 JButton의 인스턴스는 Component의 인스턴스이다. 컨테이너에서 컴포넌트를 제거하기 위해서 remove 메소드를 사용하라. 다음 문장은 컨테이너에서 버튼을 제거한다.

```
container.remove(jbtOK);
```

MyFrameWithComponents 프로그램을 실행할 때, 윈도우는 그림 13.4(b)처럼 표시될 것이다. 버튼은 항상 프레임의 중앙에 위치하고 크기에 상관없이 프레임 전체를 차지한다. 이것은 컴포넌트가 내용 창 배치 관리자에 의해서 프레임에 놓여지고 내용 창의 디폴트 배치 관리자는 버튼을 중앙에 놓기 때문이다. 다음 절에서 원하는 대로 다른 위치에 컴포넌트를 놓기 위해 여러 가지 다른 배치 관리자를 사용할 것이다.

13.5 배치 관리자

많은 다른 윈도우즈 시스템에서 사용자-인터페이스 컴포넌트는 기계적인(hard-coded) 픽셀 측정을 사용하여 정렬된다. 예를 들어, 버튼을 윈도우의 위치(10, 10)에 놓아 보아라. 기계적인 픽셀 측정을 사용한 사용자 인터페이스는 한 시스템에서는 훌륭하게 보일지 모르지만 다른 시스템에서는 사용가능하지 않을 수도 있다. 자바의 배치 관리자는 사용자 인터페이스를 모든 윈도우 시스템에 자동적으로 사상하는 추상화를 제공한다.

자바 GUI 컴포넌트들은 컨테이너에 놓인다. 이 컴포넌트들은 컨테이너의 배치 관리자에 의해서 정렬된다. 앞의 프로그램에서 OK 버튼을 어디에 놓을 것인지를 명시하지 않았지만, 배치 관리자가 이면에서 정확한 위치에 컴포넌트를 놓기 위해 동작하기 때문에 자바는 버튼을 놓을 위치를 알고 있다. 배치 관리자는 배치 관리자 클래스를 사용하여 생성된다. 모든 배치 관리자 클래스는 LayoutManager 인터페이스를 구현한다.

설계 관리자는 setLayout(LayoutManager) 메소드를 사용하여 컨테이너에 설정된다. 예를 들면, XLayout의 인스턴스를 생성하기 위해 다음 문장을 사용하고 이것을 컨테이너에 설정할 수 있다.

```
LayoutManager layoutManager = new XLayout();
container.setLayout(layoutManager);
```

이 절은 3개의 기본 배치 관리자를 소개한다: FlowLayout, GridLayout과 BorderLayout.

13.5.1 FlowLayout

FlowLayout은 가장 간단한 배치 관리자이다. 컴포넌트는 컨테이너에 추가되는 순서대로 왼쪽에서 오른쪽으로 정렬된다. 한 행이 다 차면 새로운 행이 시작한다. 3개의 조건 중 하나를 사용하여 컴포넌트가 정렬되는 방법을 명시할 수 있다: FlowLayout.RIGHT, FlowLayout.CENTER, FlowLayout.LEFT. 컴포넌트 사이의 간격을 픽셀 단위로 명시할 수 있다. FlowLayout의 생성자와 메소드들은 그림 13.5에 있다.

java.awt.FlowLayout	
-alignment: int	배치 관리자의 정렬(디폴트 : CENTER)
-hgap: int	배치 관리자의 수평 간격(디폴트 : 5픽셀)
-vgap: int	배치 관리자의 수직 간격(디폴트 : 5픽셀)
+FlowLayout()	디폴트 FlowLayout 관리자를 생성한다.
+FlowLayout(alignment: int)	지정된 정렬을 갖는 FlowLayout 관리자를 생성한다.
+FlowLayout(alignment: int, hgap: int, vgap: int)	지정된 정렬, 수평 간격과 수직 간격을 갖는 FlowLayout 관리자를 생성한다.

이 데이터 필드에 대한 get 메소드와 set 메소드는 클래스에서 제공되지만 간단히 하기 위해 UML 다이어그램에서는 생략되었다.

그림 13.5 FlowLayout은 컴포넌트들을 행별로 구성한다.

리스트 13.3은 흐름 배치(flow layout)를 보여주는 프로그램이다. 이 프로그램은 그림 13.6에서 보인 것처럼 FlowLayout 관리자를 갖는 프레임에 3개의 라벨과 텍스트를 추가한다.

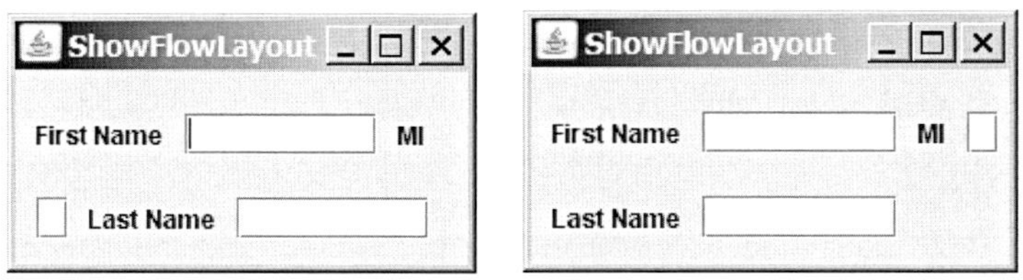

(a) (b)

그림 13.6 컨테이너의 행을 하나씩 하나씩 채우기 위해 컴포넌트는 FlowLayout 관리자에 의해서 추가된다.

리스트 13.3 ShowFlowLayout.java

```
import javax.swing.JLabel;
import javax.swing.JTextField;
import javax.swing.JFrame;
import java.awt.FlowLayout;

public class ShowFlowLayout extends JFrame {
  public ShowFlowLayout() {
    // Set FlowLayout, aligned left with horizontal gap 10
    // and vertical gap 20 between components
    setLayout(new FlowLayout(FlowLayout.LEFT, 10, 20));

    // Add labels and text fields to the frame
    add(new JLabel("First Name"));
    add(new JTextField(8));
    add(new JLabel("MI"));
    add(new JTextField(1));
    add(new JLabel("Last Name"));
    add(new JTextField(8));
```

JFrame을 확장한다.
배치를 설정한다.
라벨을 추가한다.
테스트 필드를 추가한다.

```
19   }
20
21   /** Main method */
22   public static void main(String[] args) {
23     ShowFlowLayout frame = new ShowFlowLayout();
24     frame.setTitle("ShowFlowLayout");
25     frame.setSize(200, 200);
26     frame.setLocationRelativeTo(null); // Center the frame
27     frame.setDefaultCloseOperation(JFrame.EXIT_ON_CLOSE);
28     frame.setVisible(true);
29   }
30 }
```

이 예제는 앞 절의 프로그램과 다른 스타일을 사용하여 프로그램을 생성한다. 즉, 여기서는 JFrame을 사용하여 생성한다. 이 예제는 JFrame 클래스를 확장하는 ShowLayout이라 불리는 클래스를 생성한다(6행). 이 프로그램에서 main 메소드는 ShowFlowLayout의 인스턴스를 생성한다(23행). ShowFlowLayout의 생성자는 컴포넌트를 구성하고 프레임에 놓는다. 이것은 다음 3가지 이유로 GUI 응용 프로그램을 생성하는 선호되는 스타일이다.

- GUI 응용 프로그램을 생성하는 것은 프레임을 생성한다. 따라서 JFrame을 확장하여 프레임을 정의하는 것은 자연스럽다.
- 프레임은 새로운 프레임이나 기능을 추가하기 위해 더 확장될 수 있다.
- 클래스는 쉽게 재사용될 수 있다. 예를 들면, 클래스의 다중 인스턴스를 생성함으로써 다중 프레임을 생성할 수 있다.

일관되게 한 스타일을 사용하는 것은 프로그램을 읽기 쉽게 한다. 지금부터, 대부분의 GUI 주 클래스는 JFrame을 확장할 것이다. 주 클래스의 생성자는 사용자 인터페이스를 구성한다. main 메소드는 주 클래스의 인스턴스를 생성하고 프레임을 표시한다.

이 예제에서 FlowLayout 관리자는 프레임에 컴포넌트를 놓기 위해 사용된다. 프레임의 크기를 조정한다면, 컴포넌트는 자동적으로 거기에 맞추기 위해 재정렬된다. 그림 13.6(a)에서 첫 행은 3개의 컴포넌트를 갖지만, 그림 13.6(b)에서 첫 행은 너비가 증가했기 때문에 4개의 컴포넌트를 갖는다.

setLayout 문장(10행)을 setLayout(new FlowLayout(FlowLayout.RIGHT, 0, 0))로 바꾼다면 버튼의 모든 행은 간격 없이 오른쪽으로 정렬될 것이다.

무명의 FlowLayout 객체는 다음 문장(10행)에서 생성된다.

```
setLayout(new FlowLayout(FlowLayout.LEFT, 10, 20));
```

이 문장은 다음과 같다.

```
FlowLayout layout = new FlowLayout(FlowLayout.LEFT, 10, 20);
setLayout(layout);
```

이 코드는 FlowLayout 클래스의 layout 객체의 명시적인 참조를 생성한다. 객체는 ShowFlowLayout 클래스에서 직접 참조되지 않음으로 명시적인 참조는 필요한 것이 아니다.

setTitle 메소드(24행)는 java.awt.Frame 클래스에서 정의되었다. JFrame이 Frame의 하위 클래스이므로 JFrame 객체의 타이틀을 설정하기 위해 사용할 수 있다.

동일한 버튼을 컨테이너에 10번 추가한다고 가정하면, 10개의 버튼이 컨테이너에 나타나는가? 아니다. 단지 마지막 버튼만이 표시될 것이다.

주의 배치 스타일을 설정할 때, 예를 들면 setLayout(new FlowLayout()), 배치 관리자 클래스 앞에 new 연산자를 놓는 것을 잊지 말아라.

NOTE ShowFlowLayout() 생성자는 JFrame() 생성자를 명시적으로 호출하지 않지만, JFrame() 생성자는 묵시적으로 호출된다. 10.4.2절 "생성자 연결"을 참조하라.

13.5.2 GridLayout

GridLayout 관리자는 컴포넌트를 생성자에 의해서 정의된 행과 열의 개수를 갖는 그리드(행렬) 형식으로 정렬한다. 컴포넌트는 추가되는 순서로 첫 행에서 시작하여 좌에서 우로, 그런 후 두 번째 행에서 좌에서 우로, 등등으로 그리드에 놓여진다. GridLayout의 생성자와 메소드는 그림 13.7에서 보여준다.

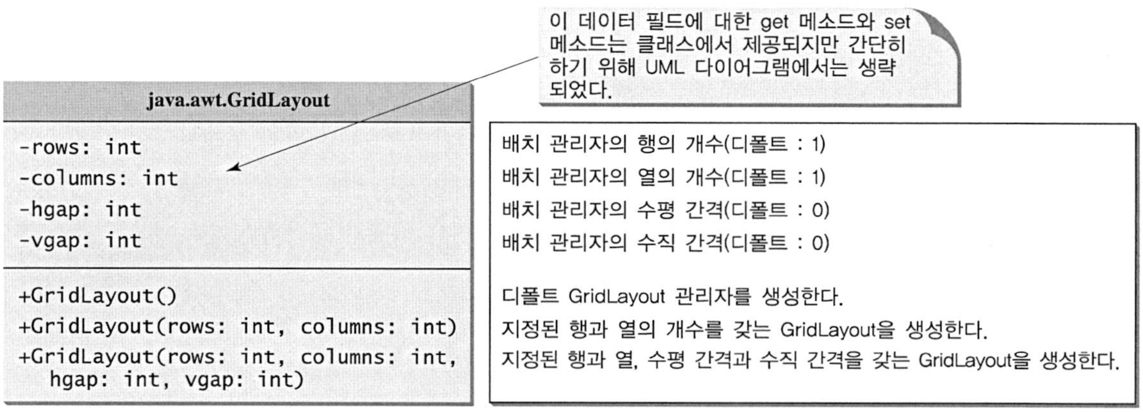

그림 13.7 GridLayout은 그리드에 같은 크기의 셀로 컴포넌트를 배치한다.

그리드에서 행과 열의 개수를 명시할 수 있다. 기본 규칙은 다음과 같다.

- 행의 개수나 열의 개수는 0이 될 수 있지만 동시에는 될 수 없다. 하나가 0이고 다른 것이 0이 아니라면, 0이 아닌 차원이 고정된다. 반면에 0인 차원은 동적으로 배치 관리자에

의해서 결정된다. 예를 들면, 10개의 컴포넌트를 갖는 그리드에 대해서 0개의 행과 3개의 열을 명시한다면, GridLayout은 4개의 행과 3개의 고정된 열을 갖는 그리드를 생성하고 이 그리드의 마지막 행은 한 개의 컴포넌트를 갖는다. 만약 10개의 컴포넌트를 갖는 그리드에 대해서 3개의 행과 0개의 열을 명시한다면, GridLayout은 4개의 열과 고정된 3개의 행을 갖는 그리드를 생성하고 이 그리드의 마지막 행은 2개의 컴포넌트를 갖는다.

- 만약 행의 개수와 열의 개수가 0이 아니라면, 행의 개수가 우선순위를 갖는 매개변수이다. 즉, 행의 개수는 고정되고 배치 관리자는 동적으로 열의 개수를 계산한다. 예를 들면, 10개의 컴포넌트를 갖는 그리드에 대해서 3개의 행과 3개의 열을 명시한다면, GridLayout는 4개의 열과 고정된 3개의 행을 갖는 그리드를 생성하고 이 그리드의 마지막 행은 2개의 컴포넌트를 갖는다.

리스트 13.4는 그리드 배치를 설명하는 프로그램이다. 프로그램은 리스트 13.3과 유사하다. 그림 13.8에서 보인 것처럼, FlowLayout 대신에 GridLayout의 프레임에 3개의 라벨과 3개의 텍스트 필드를 추가한다.

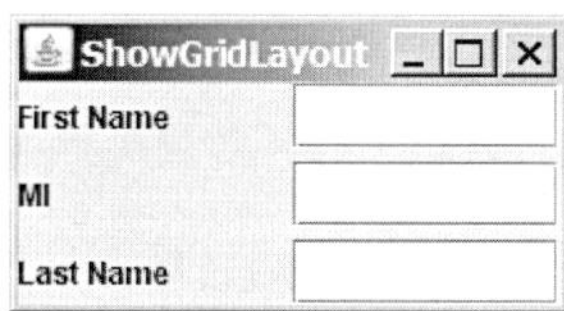

그림 13.8 GridLayout 관리자는 컨테이너를 그리드로 나눈다. 그런 후 컴포넌트가 행 순서로 셀을 채운다.

리스트 13.4 ShowGridLayout.java

```
import javax.swing.JLabel;
import javax.swing.JTextField;
import javax.swing.JFrame;
import java.awt.GridLayout;

public class ShowGridLayout extends JFrame {
  public ShowGridLayout() {
    // Set GridLayout, 3 rows, 2 columns, and gaps 5 between
    // components horizontally and vertically
    setLayout(new GridLayout(3, 2, 5, 5));

    // Add labels and text fields to the frame
    add(new JLabel("First Name"));
    add(new JTextField(8));
    add(new JLabel("MI"));
    add(new JTextField(1));
    add(new JLabel("Last Name"));
    add(new JTextField(8));
  }

```

배치를 설정한다.

라벨을 추가한다.

텍스트 필드를 추가한다.

```
21   /** Main method */
22   public static void main(String[] args) {
23     ShowGridLayout frame = new ShowGridLayout();
24     frame.setTitle("ShowGridLayout");
25     frame.setSize(200, 125);
26     frame.setLocationRelativeTo(null); // Center the frame
27     frame.setDefaultCloseOperation(JFrame.EXIT_ON_CLOSE);
28     frame.setVisible(true);
29   }
30 }
```

프레임을 생성한다.

가시적으로 설정한다.

만약 프레임의 크기를 조정한다면 버튼의 위치는 변경되지 않는다(즉, 행과 열의 개수는 변경되지 않고 간격도 변경되지 않는다).

모든 컴포넌트는 GridLayout의 컨테이너에서 크기가 같다.

setLayout 문장(10행)을 setLayout(new GridLayout(3, 10))으로 바꾸면 3개의 행과 10개의 열이 주어진다. 열 매개변수는 행 매개변수가 0이 아니므로 무시된다. 열의 실제적인 개수는 배치 관리자에 의해서 계산된다.

setLayout 문장(10행)을 setLayout(new GridLayout(4, 2)) 또는 setLayout(new GridLayout(2, 2))로 바꾼다면 어떤 일이 발생할까?

여러분 스스로 추측해 보아라.

> **NOTE** FlowLayout과 GridLayout에서, 컴포넌트가 컨테이너에 추가되는 순서는 중요하다. 이것은 컨테이너에서 컴포넌트의 위치를 결정한다.

13.5.3 BorderLayout

BorderLayout 관리자는 윈도우를 5개 지역으로 분할한다: 동, 서, 남, 북과 중앙. 컴포넌트는 add(Component, index)를 사용하여 BorderLayout에 첨가된다. 여기서 index는 상수 BorderLayout.EAST, BorderLayout.WEST, BorderLayout.SOUTH, BorderLayout.NORTH, 또는 BorderLayout.CENTER이다. BorderLayout의 생성자와 메소드는 그림 13.9에서 보여준다.

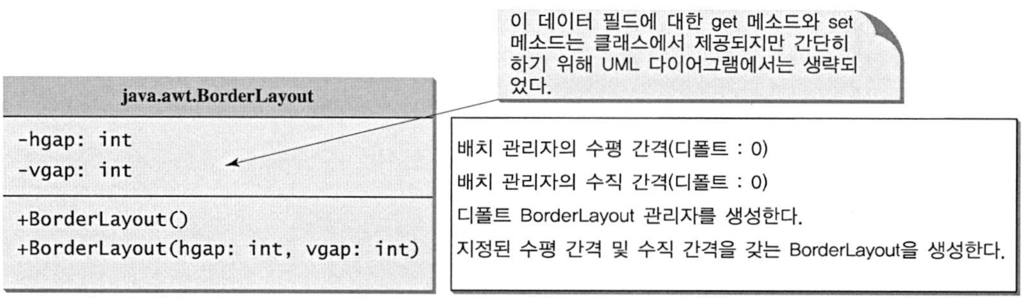

그림 13.9 BorderLayout은 컴포넌트를 5개 영역으로 배치한다.

컴포넌트는 선호하는 크기와 컨테이너에 놓여지는 위치에 따라서 배치된다. South와 North 컴포넌트는 수평으로 확장되고 East와 West 컴포넌트는 수직으로 확장된다. Center 컴포넌트는 빈 공간을 채우기 위해 수평과 수직으로 확장될 수 있다.

리스트 13.5는 경계 배치를 보여주는 프로그램이다. 프로그램은 그림 13.10에서 보인 것처럼 BorderLayout 관리자를 갖는 프레임에 5개의 라벨(East, South, West, North와 Center)을 첨가한다.

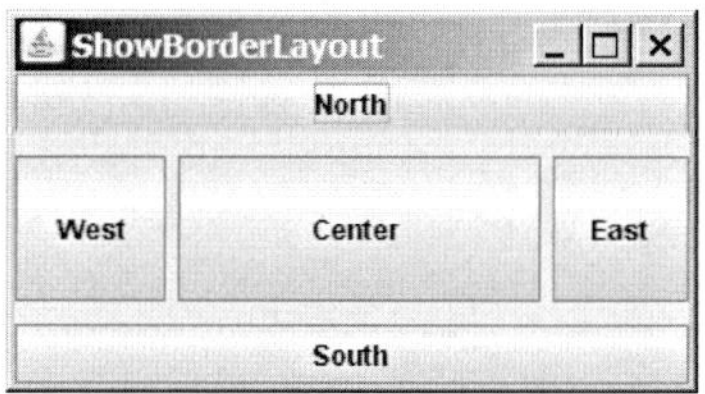

그림 13.10 BorderLayout은 컴포넌트를 5개 영역으로 나누고 각 영역은 컴포넌트를 포함한다.

버튼들은 프레임에 첨가된다(11-15행). BorderLayout의 add 메소드는 FlowLayout과 GridLayout의 add 메소드와 다르다는 것에 유의하라. BorderLayout으로 컴포넌트를 놓는 위치를 지정할 수 있다.

모든 영역을 차지하기 위해 컴포넌트를 놓는 것은 필요하지 않다. 프로그램에서 East 버튼을 제거하고 다시 실행한다면, East 영역을 차지하기 위해 Center가 오른쪽으로 확장된다는 것을 알 수 있을 것이다.

리스트 13.5 ShowBorderLayout.java

```
1 import javax.swing.JButton;
2 import javax.swing.JFrame;
3 import java.awt.BorderLayout;
4
5 public class ShowBorderLayout extends JFrame {
6   public ShowBorderLayout() {
7     // Set BorderLayout with horizontal gap 5 and vertical gap 10
8     setLayout(new BorderLayout(5, 10));
9
10    // Add buttons to the frame
11    add(new JButton("East"), BorderLayout.EAST);
12    add(new JButton("South"), BorderLayout.SOUTH);
13    add(new JButton("West"), BorderLayout.WEST);
14    add(new JButton("North"), BorderLayout.NORTH);
15    add(new JButton("Center"), BorderLayout.CENTER);
16  }
17
18  /** Main method */
19  public static void main(String[] args) {
20    ShowBorderLayout frame = new ShowBorderLayout();
21    frame.setTitle("ShowBorderLayout");
```

배치를 설정한다.

버튼을 추가한다.

프레임을 생성한다.

가시적으로 설정한다.

```
    frame.setSize(300, 200);
    frame.setLocationRelativeTo(null); // Center the frame
    frame.setDefaultCloseOperation(JFrame.EXIT_ON_CLOSE);
    frame.setVisible(true);
  }
}
```

NOTE

BorderLayout은 인덱스 명세가 없는 것을 BorderLayout.CENTER로 해석할 것이다. 예를 들면, add(component)는 add(component, BorderLayout.CENTER)와 동일하다. 다음과 같이, 두 개의 컴포넌트를 BorderLayout의 컨테이너에 추가한다면 마지막 컴포넌트만 표시될 것이다.

```
container.add(component1);
container.add(component2);
```

13.5.4 Layout 관리자의 속성

Layout 관리자는 동적으로 변할 수 있는 속성을 갖는다. FlowLayout은 alignment, hgap과 vgap 속성을 갖는다. 정렬과 수평 간격과 수직 간격을 명시하기 위해 setAlignment, setHgap과 setVgap 메소드를 사용할 수 있다. 행의 개수, 열의 개수, 수평 간격과 수직 간격을 명시하기 위해 setRows, setColumns, setHgap, setVgap 메소드를 사용할 수 있다. BorderLayout은 hgap 속성과 vgap 속성을 갖는다. 수평 간격과 수직 간격을 명시하기 위해 setHgap과 setVgap 메소드를 사용할 수 있다.

앞 절에서, 일단 생성되면 배치 관리자의 속성이 변경되지 않기 때문에 무명 배치 관리자가 사용되었다. 배치 관리자의 속성이 동적으로 변경되는 것이 필요하다면 배치 관리자는 변수에 의해서 명시적으로 참조되어야 한다. 그런 후에 변수를 통해서 배치 관리자의 속성을 변경할 수 있다. 예를 들면, 다음 코드는 배치 관리자를 생성하고 속성을 설정한다.

```
// Create a layout manager
FlowLayout flowLayout = new FlowLayout();

// Set layout properties
flowLayout.setAlignment(FlowLayout.RIGHT);
flowLayout.setHgap(10);
flowLayout.setVgap(20);
```

13.5.5 validate 메소드와 doLayout 메소드

컨테이너는 한 번에 하나의 배치 관리자만을 가질 수 있다. setLayout(aNewLayout) 메소드를 사용하여 배치 관리자를 변경할 수 있고 그런 후 validate() 메소드를 사용하여 컨테이너로 하여금 다시 컨테이너 안에 있는 컴포넌트를 새로운 배치 관리자를 사용하여 배치할 수 있다.

validate()

만약 동일한 배치 관리자를 사용하지만 속성이 변한다면, doLayout() 메소드를 사용하여 컨테이너가 배치 관리자의 새로운 속성을 사용하여 컴포넌트를 재배치할 수 있다.

13.6 Color 클래스

java.awt.Color 클래스를 사용하여 GUI 컴포넌트의 색(color)을 설정할 수 있다. 색은 빨강, 초록, 파랑 원소로 구성되며, 각각 강도를 서술하는 부호 없는 바이트 값으로 나타낸다. 명암도(intensity)는 0(가장 어두운 색)에서 255(가장 밝은 색)까지 나타낸다. 이것은 RGB 모델로 알려져 있다.

다음 생성자를 사용하여 색을 생성할 수 있다.

```
public Color(int r, int g, int b);
```

여기서 r, g, b는 각각 빨강, 초록, 파랑을 나타낸다. 예를 들면, 다음과 같다.

```
Color color = new Color(128, 100, 100);
```

> **NOTE** 인수 r, g, b는 0에서 255 사이의 수이다. 이 범위 밖의 값이 인수에 전달된다면, IllegalArgumentException이 발생한다.

IllegalArgumentException

java.awt.Component 클래스에서 정의한 setBackground(Color c)와 setForeground (Color c) 메소드를 사용하여, 컴포넌트의 배경색과 전경색을 설정할 수 있다. 다음은 버튼의 배경색과 전경색을 설정하는 예제이다.

```
JButton jbtOK = new JButton();
jbtOK.setBackground(color);
jbtOK.setForeground(new Color(100, 1, 1));
```

혹은, java.awt.Color에 상수로서 정의한 13개의 표준 색(black, blue, cyan, darkGray, gray, green, lightGray, magenta, orange, pink, red, white, yellow) 중의 하나를 사용할 수 있다. 예를 들면, 다음 예제는 버튼의 전경색을 빨강으로 설정한다.

```
jbtOK.setForeground(Color.red);
```

> **NOTE** 표준 색 이름은 상수이지만, 첫 단어에는 소문자를 다음 단어의 첫 글자는 대문자를 갖는 변수로서 명명되었다. 그러므로 색 이름은 자바 명명 규정을 위반한다. JDK 1.4 이후로 새로운 상수 BLACK, BLUE, CYAN, DARK_GRAY, GRAY, GREEN, LIGHT_GRAY, MAGENTA, ORANGE, PINK, RED, WHITE와 YELLOW를 사용할 수 있다.

13.7 Font 클래스

java.awt.Font 클래스를 사용하여 폰트를 생성할 수 있고 Component 클래스에 있는 setFont 메소드를 사용하여 컴포넌트의 폰트를 설정할 수 있다.

Font 생성자는 다음과 같다.

```
public Font(String name, int style, int size);
```

SansSerif, Serif, Monospaced, Dialog 또는 DialogInput에서 폰트 이름을 선택하고, Font, PLAIN(0), Font.BOLD(1), Font.ITALIC(2)과 Font.BOLD+Font.ITALIC(3)으로부터 스타일을 선택하고 임의의 정수 크기의 폰트를 지정할 수 있다. 예를 들면, 다음 문장은 2개의 폰트를 생성하고 한 개의 폰트를 버튼에 설정한다.

```
Font font1 = new Font("SansSerif", Font.BOLD, 16);
Font font2 = new Font("Serif", Font.BOLD + Font.ITALIC, 12);
JButton jbtOK = new JButton("OK");
jbtOK.setFont(font1);
```

TIP

만약 여러분의 시스템이 다른 폰트(예를 들면, "Times New Roma")를 지원한다면, Font 객체를 생성하기 위해 그 폰트를 사용할 수 있다. 여러분의 시스템에서 사용가능한 폰트를 찾기 위해 정적 메소드 getLocalGraphicsEnvironment()를 사용하여 java.awt.Graphics-Environment의 인스턴스를 생성하는 것이 필요하다.
GraphicsEnvironment는 특정 시스템의 그래픽스 환경을 서술하는 추상 클래스이다. 시스템에서 사용가능한 모든 폰트를 얻기 위해 getAllFonts() 메소드를 사용할 수 있고 모든 사용가능한 폰트의 이름을 얻기 위해 getAvailableFontFamilyNames() 메소드를 사용할 수 있다. 예를 들면, 다음 문장은 시스템에서 사용가능한 폰트 이름을 프린트한다.

```
GraphicsEnvironment e =
  GraphicsEnvironment.getLocalGraphicsEnvironment();
String[] fontnames = e.getAvailableFontFamilyNames();

for (int i = 0; i < fontnames.length; i++)
  System.out.println(fontnames[i]);
```

13.8 부컨테이너로서 패널의 사용

프레임에 10개의 버튼과 한 개의 텍스트 필드를 놓는다고 가정하자. 버튼은 그리드 형식으로 놓고 텍스트 필드는 다른 행에 놓는다. 모든 컴포넌트를 한 개의 컨테이너에 놓음으로써 원하는 모양을 얻는 것은 어렵다. 자바 GUI 프로그래밍에서 윈도우를 패널로 분할할 수 있다. 패널은 사용자-인터페이스 컴포넌트들을 묶는 부컨테이너로 사용된다. 버튼을 한 개의 패널에 첨가한 후 패널을 프레임에 첨가한다.

패널의 Swing 버전은 JPanel이다. 디폴트 FlowLayout 관리자를 갖는 패널을 생성하기 위해 new JPanel()을 사용하거나 특정 배치 관리자를 갖는 패널을 생성하기 위해 **new** JPanel(LayoutManager)을 사용할 수 있다. 컴포넌트를 패널에 첨가하기 위해 add(Component) 메소드를 사용하라. 예를 들면, 다음 코드는 한 개의 패널을 생성하고 버튼을 그 패널에 첨가한다.

```
JPanel p = new JPanel();
p.add(new JButton("OK"));
```

패널은 프레임이나 다른 패널에 놓여질 수 있다. 다음 문장은 패널 p를 프레임 f에 놓는다.

```
f.add(p);
```

리스트 13.6은 패널을 부컨테이너로 사용하는 것을 설명하는 예제이다. 프로그램은 그림 13.11에서 보인 것처럼 전자레인지의 인터페이스를 생성한다.

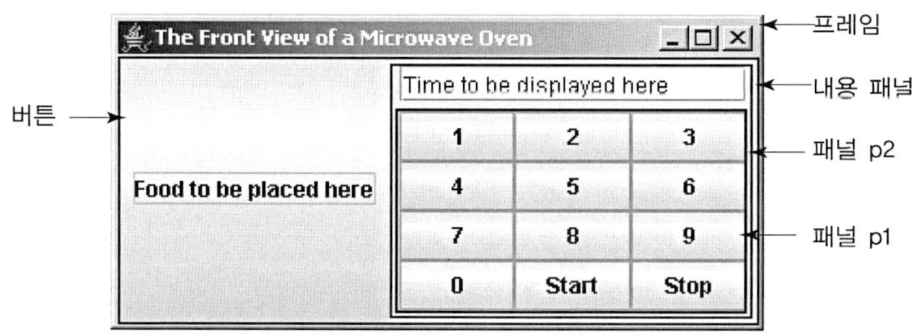

그림 13.11 프로그램은 컴포넌트를 구성하기 위해 패널을 사용한다.

리스트 13.6 TestPanels.java

```
import java.awt.*;
import javax.swing.*;

public class TestPanels extends JFrame {
  public TestPanels() {
    // Create panel p1 for the buttons and set GridLayout
    JPanel p1 = new JPanel();
    p1.setLayout(new GridLayout(4, 3));

    // Add buttons to the panel
    for (int i = 1; i <= 9; i++) {
      p1.add (new JButton("" + i));
    }

    p1.add(new JButton("" + 0));
    p1.add(new JButton("Start"));
    p1.add(new JButton("Stop"));

    // Create panel p2 to hold a text field and p1
```

```
20      JPanel p2 = new JPanel(new BorderLayout());
21      p2.add(new JTextField("Time to be displayed here"),
22        BorderLayout.NORTH);
23      p2.add (p1, BorderLayout.CENTER);
24
25      // add contents into the frame
26      add(p2, BorderLayout.EAST);
27      add(new JButton("Food to be placed here"),
28        BorderLayout.CENTER);
29    }
30
31    /** Main method */
32    public static void main(String[] args) {
33      TestPanels frame = new TestPanels();
34      frame.setTitle("The Front View of a Microwave Oven");
35      frame.setSize(400, 250);
36      frame.setLocationRelativeTo(null); // Center the frame
37      frame.setDefaultCloseOperation(JFrame.EXIT_ON_CLOSE);
38      frame.setVisible(true);
39    }
40 }
```

setLayout 메소드는 java.awt.container에서 정의된다. JPanel이 container의 하위 클래스이므로 패널에서 새로운 배치 관리자를 설정하기 위해 setLayout을 사용할 수 있다(8행). 7-8행은 JPanel p1 = new JPanel(new GridLayout(4,3))으로 대치될 수 있다.

원하는 배치를 얻기 위해서 프로그램은 GridLayout의 패널 p1을 사용하여 번호 버튼, Stop 버튼, Start 버튼을 묶고 BorderLayout의 p2을 사용하여 북쪽에 있는 텍스트 필드와 중앙에 있는 p1을 묶는다. 음식을 나타내는 버튼은 프레임의 중앙에 놓여지고 p2는 프레임의 동쪽에 놓여진다.

다음 문장(21-23행)은 JTextField의 인스턴스를 생성하고 이것을 p2에 첨가한다.

```
p2.add(new JTextField("Time to be displayed here"),
  BorderLayout.NORTH);
```

TextField는 사용자 입력에 사용될 수 있을 뿐만 아니라 값을 표시하는 데에도 사용되는 GUI 컴포넌트이다.

NOTE

Container 클래스가 JButton과 같은 GUI 컴포넌트 클래스를 위한 상위 클래스라는 것에 유의하는 것이 유용한 일이다. 모든 GUI 컴포넌트는 컨테이너이다. 이론상으로는, Container에 있는 모든 공용 메소드는 JButton에 상속될 수 있기 때문에 여러분은 setLayout 메소드를 사용하여 버튼에 배치를 설정하여 컴포넌트를 버튼에 첨가할 수 있지만 실용적인 이유로 버튼을 컨테이너로 사용해서는 안 된다.

13.9 Swing GUI 컴포넌트의 공통적인 특성

이 장에서 여러 가지 GUI 컴포넌트(예 : JFrame, Container, JPanel, JButton, JLabel, JTextField)를 사용하였다. 더 많은 GUI 컴포넌트는 이 책에서 소개될 것이다. Swing의 공통적인 특성을 이해하는 것이 중요하다. Component 클래스는 모든 GUI 컴포넌트와 컨테이너를 위한 루트 클래스이다. 모든 Swing GUI 컴포넌트(JFrame, JApplet과 JDialog는 제외)는 그림 13.1, 그림 13.2에서 보인 것처럼 JComponent의 부클래스이다. 그림 13.12는 Component, Container와 JComponent에서 자주 사용되는 메소드를 나열한다. 이것들은 폰트, 색, 크기, 툴팁 텍스트, 경계와 같은 특성을 다루는 메소드들이다.

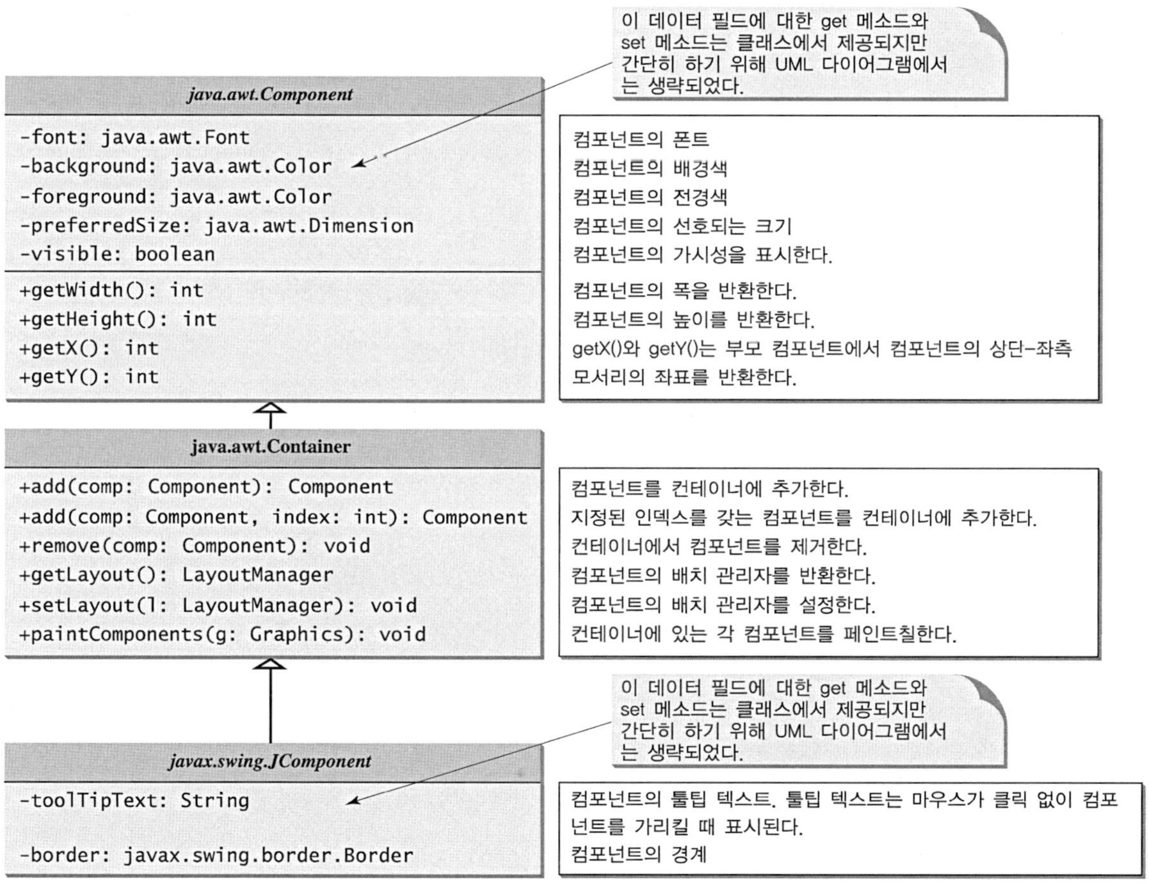

그림 13.12 모든 Swing GUI 컴포넌트는 Component, Container와 JComponent에서 공용 메소드를 상속한다.

툴팁(tool tip)은 마우스를 컴포넌트로 움직일 때 컴포넌트에 표시되는 텍스트이다. 종종 컴포넌트의 기능을 설명하기 위해 사용된다.

JComponent 클래스의 임의의 객체에 경계를 설정할 수 있다. Swing은 여러 타입의 경계를 갖는다. 타이틀이 있는 경계를 생성하기 위해 new TitledBorder(String title)를 사용한다. 선 경계를 생성하기 위해 new LineBorder(Color color, int width)를 사용한다. 여기서 width는 선의 두께를 나타낸다.

리스트 13.7은 Swing의 공통적인 특성을 서술하는 예제이다. 이 예제는 그림 13.13에서 보인 것처럼 3개의 버튼을 포함하기 위해 패널 p1을 생성하고(8행) 2개의 라벨을 포함하기 위해 패널 p2를 생성한다(25행). 버튼 jbtLeft의 배경색은 흰색으로 설정되고(12행) 버튼 jbtCenter의 전경색은 초록으로 설정된다(13행). 버튼 jbtRight의 툴팁은 14행에서 설정된다. 타이틀이 있는 경계는 패널 p1과 p2(18행, 36행)에서 설정되고, 선 경계는 라벨에서 설정된다(32-33행).

리스트 13.7 TestSwingCommonFeatures.java

배경색을 설정한다. (12)
전경색을 설정한다. (13)
툴팁 텍스트를 설정한다. (14)
타이틀이 있는 경계를 설정한다. (16–17)
폰트를 생성한다. (20)
경계를 생성한다. (21)
선 경계를 설정한다. (22)

```
1 import java.awt.*;
2 import javax.swing.*;
3 import javax.swing.border.*;
4
5 public class TestSwingCommonFeatures extends JFrame {
6   public TestSwingCommonFeatures() {
7     // Create a panel to group three buttons
8     JPanel p1 = new JPanel(new FlowLayout(FlowLayout.LEFT, 2, 2));
9     JButton jbtLeft = new JButton("Left");
10    JButton jbtCenter = new JButton("Center");
11    JButton jbtRight = new JButton("Right");
12    jbtLeft.setBackground(Color.WHITE);
13    jbtCenter.setForeground(Color.GREEN);
14    jbtRight.setToolTipText("This is the Right button");
15    p1.add(jbtLeft);
16    p1.add(jbtCenter);
17    p1.add(jbtRight);
18    p1.setBorder(new TitledBorder("Three Buttons"));
19
20    // Create a font and a line border
21    Font largeFont = new Font("TimesRoman", Font.BOLD, 20);
22    Border lineBorder = new LineBorder(Color.BLACK, 2);
23
24    // Create a panel to group two labels
25    JPanel p2 = new JPanel(new GridLayout(1, 2, 5, 5));
26    JLabel jlblRed = new JLabel("Red");
27    JLabel jlblOrange = new JLabel("Orange");
28    jlblRed.setForeground(Color.RED);
29    jlblOrange.setForeground(Color.ORANGE);
30    jlblRed.setFont(largeFont);
31    jlblOrange.setFont(largeFont);
32    jlblRed.setBorder(lineBorder);
33    jlblOrange.setBorder(lineBorder);
34    p2.add(jlblRed);
35    p2.add(jlblOrange);
```

```
36      p2.setBorder(new TitledBorder("Two Labels"));
37
38      // Add two panels to the frame
39      setLayout(new GridLayout(2, 1, 5, 5));
40      add(p1);
41      add(p2);
42    }
43
44    public static void main(String[] args) {
45      // Create a frame and set its properties
46      JFrame frame = new TestSwingCommonFeatures();
47      frame.setTitle("TestSwingCommonFeatures");
48      frame.setSize(300, 150);
49      frame.setLocationRelativeTo(null); // Center the frame
50      frame.setDefaultCloseOperation(JFrame.EXIT_ON_CLOSE);
51      frame.setVisible(true);
52    }
53  }
```

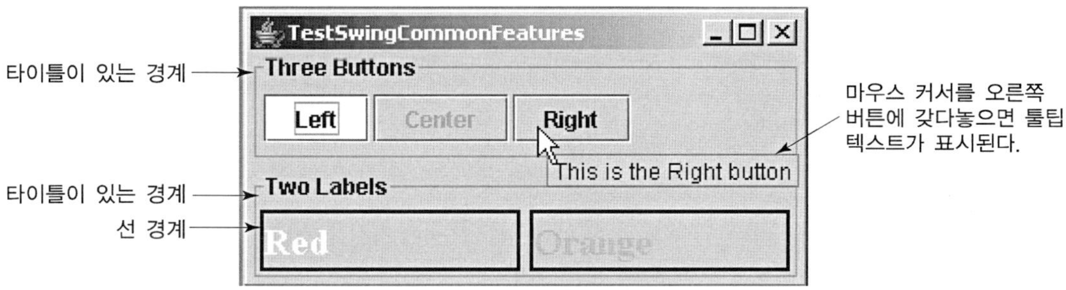

그림 13.13 폰트, 컬러, 경계와 툴 팁 텍스트는 메시지 패널에 설정된다.

> **NOTE**
>
> 동일한 속성(property)이 다른 컴포넌트에서 다른 디폴트 값을 가질 수 있다. 예를 들면, JFrame에서 visible 속성은 디폴트로 false이지만, JComponent(예 : JButton과 JLabel)의 모든 인스턴스에서는 디폴트로 true이다. JFrame을 표시하기 위해 setVisible(true)을 호출하여 visible 특성을 true로 설정해야 하지만, JButton이나 JLabel의 속성은 디폴트로 true이기 때문에 설정할 필요가 없다. JButton이나 JLabel을 보이지 않게 하기 위해서는 setVisible(false)을 호출해야 한다. 37행에서 다음 2문장을 삽입한 후 프로그램을 실행하고 결과를 보아라.
>
> ```
> jbtLeft.setVisible(false);
> jlblRed.setVisible(false);
> ```

13.10 이미지 아이콘

아이콘은 고정 크기의 그림이다. 전형적으로 작고 컴포넌트를 장식하기 위해 사용된다. 이미지들은 통상적으로 이미지 파일에 저장된다. 자바는 현재 3가지 형식을 지원한다: GIF(Graphics Interchange Format), JPEG(Joint Photographic Expert Group)과 PNG(Portable Network Graphics). 이런 타입의 이미지 파일은 각각 .gif, .jpg, .png로 끝난다. 다른 형식의 비트맵 파일이나 이미지 파일을 가지고 있다면, 자바에서 사용하기 위해 이들을 GIF, JPEG 또는 PNG로 변환하기 위해서는 이미지-처리 유틸리티를 사용할 수 있다.

이미지 아이콘을 표시하기 위해 먼저 new javax.swing.ImageIcon(filename)을 사용하여 ImageIcon 객체를 생성하라. 예를 들면, 다음 문장은 현재 클래스 경로 상에 있는 image 디렉터리의 us.gif 이미지 파일로부터 아이콘을 생성한다.

```
ImageIcon icon = new ImageIcon("image/us.gif");
```

"image/us.gif"는 "c:\book\image\us.gif"에 있다. 역 사선(\)은 윈도우즈 파일 경로 기호이다. Unix에서는 전방 사선(/)이 사용되어야 한다. 자바에서 전방 사선(/)은 자바 클래스 경로(예 : 이 예제처럼 image/left.gif)에서 상대적인 파일 경로를 표시하기 위해 사용된다.

TIP

파일 이름은 윈도우즈에서는 대소문자를 구별하지 않지만, Unix에서는 구별한다. 여러분의 프로그램을 모든 프로그램에서 실행하게 하려면, 소문자를 사용하여 모든 이미지 파일 이름을 일관되게 사용하라.

모든 이미지 아이콘은 new JLabel(imageIcon)이나 new JButton(imageIcon)을 사용하여 라벨이나 버튼에서 표시할 수 있다. 리스트 13.8은 라벨과 버튼에서 아이콘을 표시하는 프로그램이다. 이 예제는 그림 13.14에서 보인 것처럼 아이콘을 갖는 2개의 라벨과 2개의 버튼을 생성한다.

리스트 13.8 TestImageIcon.java

이미지 아이콘을 생성한다.

이미지를 갖는 라벨

```
import javax.swing.*;
import java.awt.*;

public class TestImageIcon extends JFrame {
  private ImageIcon usIcon = new ImageIcon("image/us.gif");
  private ImageIcon myIcon = new ImageIcon("image/my.jpg");
  private ImageIcon frIcon = new ImageIcon("image/fr.gif");
  private ImageIcon ukIcon = new ImageIcon("image/uk.gif");

  public TestImageIcon() {
    setLayout(new GridLayout(1, 4, 5, 5));
    add(new JLabel(usIcon));
```

```
    add(new JLabel(myIcon));
    add(new JButton(frIcon));
    add(new JButton(ukIcon));
  }

  /** Main method */
  public static void main(String[] args) {
    TestImageIcon frame = new TestImageIcon();
    frame.setTitle("TestImageIcon");
    frame.setSize(200, 200);
    frame.setLocationRelativeTo(null); // Center the frame
    frame.setDefaultCloseOperation(JFrame.EXIT_ON_CLOSE);
    frame.setVisible(true);
  }
}
```

이미지를 갖는 버튼

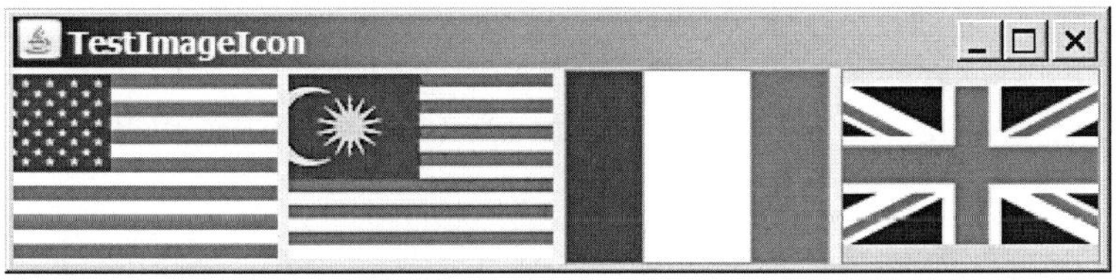

그림 13.14 이미지 아이콘은 라벨과 버튼에서 표시된다.

> **NOTE**
>
> 한 개의 GUI는 한 번에 한 개의 컨테이너에서만 표시될 수 있기 때문에, GUI 컴포넌트는 컨테이너에 의해서 공유될 수 없다. 그러므로 한 개의 컴포넌트와 한 개의 컨테이너 사이의 관계는, 그림 13.1에서 보여준 것처럼 짙은 다이아몬드에 의해서 표시된 조합이다.

> **NOTE**
>
> 경계와 아이콘은 공유될 수 있다. 그러므로 경계나 아이콘을 생성할 수 있고 임의의 GUI 컴포넌트의 border나 icon 속성을 설정하기 위해 이들을 사용할 수 있다. 예를 들면, 다음 문장은 2개의 패널 p1과 p2의 경계 b를 설정한다.

```
p1.setBorder(b);
p2.setBorder(b);
```

> 다음 문장은 버튼 jbt1과 jbt2에서 아이콘을 설정한다.

```
jbt1.setIcon(icon);
jbt2.setIcon(icon);
```

> **TIP**
>
> 스프래쉬 스크린(splash screen)은 응용 프로그램이 시작할 때 표시되는 이미지이다. 여러분의 프로그램이 적재(load)하는 데 너무 오래 걸린다면, 사용자에게 경고하기 위해 스프래쉬 스크린을 표시할 수 있다. 예를 들면, 다음 명령은 프로그램 TestImageIcon이 적재될 때 이미지를 표시한다.

```
java -splash:image/us.gif TestImageIcon
```

주요 용어

- AWT
- 중량급 컴포넌트
- 경량급 컴포넌트
- Swing
- 스프래쉬 스크린

요약

- 모든 컨테이너는 컨테이너에서 원하는 위치에 컴포넌트를 넣기 위해 사용되는 배치 관리자를 갖는다. 3개의 단순하고 자주 사용되는 배치 관리자는 FlowLayout, GridLayout과 BorderLayout이다.
- JPanel은 원하는 설계를 얻기 위해 컴포넌트를 그룹화하는 부컨테이너로서 사용될 수 있다.
- JFrame이나 JPanel에 컴포넌트를 넣기 위해 add 메소드를 사용한다. 디폴트로서 프레임의 배치는 BorderLayout이고 JPanel의 배치는 FlowLayout이다.
- java.awt.Color 클래스를 사용하여 GUI 컴포넌트의 색(color)을 설정할 수 있다. 색은 빨강(red), 초록(green), 파랑(blue) 색으로 구성되며, 각각은 색의 강도를 나타내는 부호가 없는 바이트 값으로 표현되며, 0(어두운 색조)에서 255(밝은 색조) 값을 갖는다. 이것을 RGB 모델이라 한다.
- Color 객체를 만드는 구문은 Color color = new Color(r, g, b)이다. 여기서 r, g와 b는 각각 빨강, 초록, 파랑 원소로서 색을 명세한다. 달리, java.awt.Color에서 상수로 정의된 13개의 표준 색(BLACK, BLUE, CYAN, DARK_GRAY, GRAY, GREEN, LIGHT_GRAY, MAGENTA, ORANGE, PINK, RED, WHIT, YELLOW) 중에서 하나를 사용할 수 있다.
- 모든 Swing GUI 컴포넌트는 javax.swing.JComponent의 하위 클래스이고, JComponent는 javax.awt.Component의 하위 클래스이다. JComponent에 있는 toolTipText와 border처럼, Component에 있는 속성 font, background, foreground, height, width와 preferredSize는 이들 하위 클래스에서 상속된다.
- 임의의 Swing 컴포넌트에서 border를 사용할 수 있다. ImageIcon을 사용하여 이미지 아이콘을 만들어서 라벨이나 버튼에서 표시할 수 있다. 아이콘과 border는 공유될 수 있다.

복습문제

13.3–13.4절

13.1 자바 GUI 컴포넌트 클래스에서 루트 클래스는 어느 클래스인가? 컨테이너 클래스는 Component의 하위 클래스인가? Swing GUI 컴포넌트 클래스의 루트 클래스는 어느 클래스인가?

13.2 java.awt.Button과 같은 AWT GUI 컴포넌트와 javax.swing.JButton과 같은 Swing 컴포넌트의 차이를 설명하라.

13.3 프레임을 어떻게 만드는가? 프레임의 크기를 어떻게 설정하는가? 프레임의 크기를 어떻게 얻는가? 프레임에 컴포넌트를 어떻게 추가하는가? 13.4.2절("프레임에 컴포넌트를 추가하기")에 있는 MyFrameWithComponent 클래스에서 문장 frame.setSize(400, 300)와 문장 frame.setVisible(true)를 바꾸었다면 어떤 일이 발생하는가?

13.4 다음 문장이 참인지 거짓인지를 결정하라.

- 프레임에 버튼을 추가할 수 있다.
- 패널에 프레임을 추가할 수 있다.
- 프레임에 패널을 추가할 수 있다.
- 패널이나 프레임에 임의의 개수의 컴포넌트를 추가할 수 있다.
- JButton, JPanel, JFrame이나 JApplet에서 클래스를 유도할 수 있다.

13.5 다음 프로그램은 프레임에서 버튼을 표시할 것으로 되어 있지만, 아무것도 표시되지 않는다. 문제가 무엇인가?

```java
public class Test extends javax.swing.JFrame {
  public Test() {
    add(new javax.swing.JButton("OK"));
  }

  public static void main(String[] args) {
    javax.swing.JFrame frame = new javax.swing.JFrame();
    frame.setSize(100, 200);
    frame.setVisible(true);
  }
}
```

13.6 다음 문장 중에서 어느 것이 구문 오류를 갖는가?

```
Component c1 = new Component();
JComponent c2 = new JComponent();
Component c3 = new JButton();
JComponent c4 = new JButton();
Container c5 = new JButton();
c5.add(c4);
Object c6 = new JButton();
c5.add(c6);
```

13.5절 배치 관리자

13.7 배치 관리자가 왜 필요한가? 프레임의 디폴트 배치 관리자는 무엇인가? 프레임에 컴포넌트를 어떻게 추가하는가?

13.8 FlowLayout을 서술하라. FlowLayout 관리자를 어떻게 만드는가? FlowLayout 컨테이너에 컴포넌트를 어떻게 추가하는가? FlowLayout 컨테이너에 추가할 수 있는 컴포넌트의 개수는 제한이 있는가?

13.9 GridLayout을 서술하라. GridLayout 관리자를 어떻게 만드는가? GridLayout 컨테이너에 컴포넌트를 어떻게 추가하는가? GridLayout 컨테이너에 추가할 수 있는 컴포넌트의 개수는 제한이 있는가?

13.10 BorderLayout을 서술하라. BorderLayout 관리자를 어떻게 만드는가? BorderLayout 컨테이너에 컴포넌트를 어떻게 추가하는가?

13.6–13.7절

13.11 색을 어떻게 만드는가? new Color(400, 200, 300)을 사용하여 Color를 만들 때 잘못된 것을 무엇인가? new Color(10, 0, 0)과 new Color(200, 0, 0)에서 어느 색이 더 어두운가?

13.12 폰트는 어떻게 만드는가? 여러분의 시스템에서 사용가능한 모든 폰트를 어떻게 찾는가?

13.8절 부컨테이너로서 패널의 사용

13.13 특수한 배치 관리자로 패널을 어떻게 만드는가?

13.14 JPanel의 디폴트 배치 관리자는 무엇인가? JPanel에 어떻게 컴포넌트를 추가하는가?

13.15 패널에서 setTitle 메소드를 사용할 수 있는가? 패널을 사용하는 목적은 무엇인가?

13.16 JButton과 같은 GUI 컴포넌트는 Container의 하위 클래스이다. 컴포넌트를 버튼에 추가할 수 있는가?

13.9–13.10절

13.17 Swing GUI 컴퍼넌트에 배경색, 전경색, 폰트와 툴팁 텍스트를 어떻게 설정하는가? 다음 코드에서 툴팁이 표시되지 않는 이유는 무엇인가?

```
import javax.swing.*;

public class Test extends JFrame {
  private JButton jbtOK = new JButton("OK");

  public static void main(String[] args) {
    // Create a frame and set its properties
    JFrame frame = new Test();
    frame.setTitle("Logic Error");
    frame.setSize(200, 100);
    frame.setDefaultCloseOperation(JFrame.EXIT_ON_CLOSE);
    frame.setVisible(true);
  }

  public Test() {
    jbtOK.setToolTipText("This is a button");
    add(new JButton("OK"));
  }
}
```

13.18 다음 코드의 결과를 보여라.

```
import javax.swing.*;

public class Test {
  public static void main(String[] args) {
    JButton jbtOK = new JButton("OK");
    System.out.println(jbtOK.isVisible());
    JFrame frame = new JFrame();
    System.out.println(frame.isVisible());
  }
}
```

13.19 클래스 디렉토리에 있는 image/us.gif 파일로부터 ImageIcon을 어떻게 만드는가?

13.20 다음에서 보여주는 것처럼 컨테이너에 한 개의 버튼을 여러 번 추가할 때 무슨 일이 발생하는가? 구문 오류가 발생하는가? 실행시간 오류가 발생하는가?

```
JButton jbt = new JButton();
JPanel panel = new JPanel();
panel.add(jbt);
panel.add(jbt);
panel.add(jbt);
```

13.21 다음 코드는 3개의 버튼을 표시하는가? 버튼들은 같은 아이콘을 표시하는가?

```
import javax.swing.*;
import java.awt.*;

public class Test extends JFrame  {
  public static void main(String[] args) {
    // Create a frame and set its properties
    JFrame frame = new Test();
    frame.setTitle("ButtonIcons");
    frame.setSize(200, 100);
    frame.setDefaultCloseOperation(JFrame.EXIT_ON_CLOSE);
    frame.setVisible(true);
  }

  public Test() {
    ImageIcon usIcon = new ImageIcon("image/usIcon.gif");
    JButton jbt1 = new JButton(usIcon);
    JButton jbt2 = new JButton(usIcon);

    JPanel p1 = new JPanel();
    p1.add(jbt1);

    JPanel p2 = new JPanel();
    p2.add(jbt2);

    JPanel p3 = new JPanel();
    p2.add(jbt1);

    add(p1, BorderLayout.NORTH);
    add(p2, BorderLayout.SOUTH);
    add(p3, BorderLayout.CENTER);
  }
}
```

13.22 border나 아이콘은 GUI 컴포넌트에 의해서 공유될 수 있는가?

프로그래밍 연습

13.1 (FlowLayout을 사용하기) Exit라 불리는 세 번째 버튼을 추가하기 위해 리스트 11.8 HandleEvent.java를 수정하라. 클릭되었을 때 이 버튼의 메시지는 "Exit button clicked"이다. 2개의 패널을 사용하고 프레임에 추가하라. JLabel과 JTextField는 첫 패널에 놓여야 한다. 3개의 버튼은 두 번째 패널에 놓여질 것이다. 프레임과 패널은 배치로서 FlowLayout을 사용한다.

그림 13.15 프로그래밍 연습 13.1은 라벨, 텍스트 필드와 3개의 버튼을 놓는다.

13.2 (BorderLayout을 사용하기) Exit라 불리는 세 번째 버튼을 추가하기 위해 리스트 11.8 HandleEvent.java를 수정하라. 클릭되었을 때 이 버튼의 메시지는 "Exit button clicked"이다. 2개의 패널을 사용하고 프레임에 추가하라. JLabel과 JTextField는 첫 패널에 놓여야 한다. 3개의 버튼은 두 번째 패널에 놓여질 것이다. 프레임과 패널은 배치로서 BorderLayout을 사용한다. 한 개의 패널은 북쪽 위치에 놓고 다른 패널은 남쪽 위치에 놓는다. 한쪽 패널에서 JLabel은 서쪽에 놓고 JTextField는 중앙에 놓는다. 버튼은 다른 패널의 서쪽, 중앙과 동쪽에 놓는다. 한 패널은 프레임의 북쪽에 놓고 다른 패널은 프레임의 중앙에 놓아라.

13.3 (GridLayout을 사용하기) Exit라 불리는 세 번째 버튼을 추가하기 위해 리스트 11.8 HandleEvent.java를 수정하라. 클릭되었을 때 이 버튼의 메시지는 "Exit button clicked"이다. 2개의 패널을 사용하고 프레임에 추가하라. JLabel과 JTextField는 첫 패널에 놓여야 한다. 3개의 버튼은 두 번째 패널에 놓여질 것이다. 프레임과 패널은 배치로서 GridLayout을 사용한다. 첫 패널은 첫 줄에 두 번째 패널은 두 번째 줄에 있도록 두 패널을 한 개의 프레임에 놓는다.

13.4 (FlowLayout을 사용하기) Exit라 불리는 세 번째 버튼을 추가하기 위해 리스트 11.8 HandleEvent.java를 수정하라. 클릭되었을 때 이 버튼의 메시지는 "Exit button clicked"이다. 2개의 패널을 사용하고 프레임에 추가하라. JLabel과 JTextField는 첫 패널에 놓여야 한다. 3개의 버튼은 두 번째 패널에 놓여질 것이다. 프레임과 패널은 배치로서 FlowLayout을 사용한다. 3개 버튼의 배경색은 회색으로 설정하라. 버튼에서 텍스트 색은 3개의 다른 색으로 설정하라. 라벨과 텍스트의 전경색은 2개의 다른 색(버튼의 텍스트와 같지 않은 색)으로 설정하라.

13.5 (라벨 표시하기) 그림 13.16(a)에서 보인 것처럼, 4개의 라벨에 4줄의 텍스트를 표시하는 프로그램을 작성하라. 각 라벨에 한 개의 줄을 첨가하라.

(a) (b) (c)

그림 13.16 (a) 프로그래밍 연습 13.5는 4개의 라벨을 표시한다. (b) 프로그래밍 연습 13.6은 4개의 아이콘을 표시한다. (c) TicTacToe 보드는 라벨에 이미지 아이콘으로 표시되었다.

13.6 (아이콘 표시하기) 그림 13.16(b)에서 보인 것처럼, 4개의 라벨에 4개의 아이콘을 표시하는 프로그램을 작성하라. 각 라벨에 선 경계를 추가하라(여러분이 좋아하는 이미지를 사용하거나 교재의 소스 코드와 함께 얻을 수 있는 교재에 있는 이미지를 사용하라).

13.7** (게임 : TicTacToe 보드를 표시하기) 9개의 라벨을 갖는 프레임을 표시하라. 그림 13.16(c)에서 보인 것처럼, 라벨은 X에 대한 이미지, O에 대한 이미지, 또는 아무것도 표시하지 않을 수도 있다. 표시되는 것은 임의적으로 결정된다. Math.random() 메소드를 사용하여 정수 0, 1, 또는 2를 생성하라. 이 수는 각각 X 이미지, O 이미지, 또는 이미지 없음을 의미한다. X 이미지와 O 이미지는 www.cs.armstrong.edu/lian/intro7e/evennumberedexercise.zip의 image 디렉터리 아래 x.gif 파일과 o.gif 파일에 있다.

13.8* (Swing 공동 특징) 6개의 라벨을 포함하는 프레임을 표시하라. 라벨의 배경색을 흰색으로 설정하라. 라벨의 전경색은, 그림 13.17(a)에서 보인 것처럼 각각 검정색, 청색, 청록색, 녹색, 자홍색과 오렌지색으로 설정하라. 각 라벨의 경계는 한 줄의 노란색이다. 각 라벨의 폰트는 TimesRoman, 볼드체, 그리고 20 픽셀로 설정하라. 각 라벨의 텍스트와 툴팁은 라벨의 전경색으로 설정하라.

(a) (b) (c)

그림 13.17 (a) 6개의 라벨이 프레임에 놓여있다. (b) 3개의 카드는 임의적으로 선택된다. (c) 체커보드는 버튼을 사용하여 표시된다.

13.9* (게임 : 4개의 카드 표시하기) 3개의 라벨을 포함하는 프레임을 표시하라. 각 라벨은, 그림 13.17(b)에서 보인 것처럼, 카드를 표시한다. 카드 이미지 파일은 1.png, 2.png., ..., 54.png이고 image/card 디렉터리에 저장된다. 모든 3개의 카드는 다르고 임의적으로 선택된다. 이미지 파일은 www.cs.armstrong.edu/liang/intro7e/evennumberedexercise.zip에서 얻을 수 있다.

13.10* (게임 : 체커보드 표시하기) 체커보드를 표시하는 프로그램을 작성하라. 체커보드에서 각 흰 사각형과 검은 사각형은, 그림 13.17(c)에서 보인 것처럼, 배경색이 흰색이거나 검은색인 JButton이다.

CHAPTER 14

그래픽

- GUI 컴포넌트에서 자바 좌표 시스템을 서술한다(§14.2).
- Graphics 클래스에 있는 메소드를 사용하여 사물을 그린다(§14.3).
- Graphics 객체를 생성하는 방법과 시기를 설명한다(§14.3).
- GUI 컴포넌트에서 사물을 그리기 위해 paintComponent 메소드를 재정의한다(§14.4).
- 사물을 그리기 위해 패널을 캔버스로 사용한다(§14.5).
- 스트링, 선, 직사각형, 타원형, 호, 다각형을 그린다(§§14.6, 14.8-14.9).
- FontMetrics를 사용하여 폰트 속성을 얻고 메시지를 중앙에 놓는 방법을 배운다(§14.10).
- GUI 컴포넌트에서 이미지를 표시한다(§14.13).
- 재사용가능한 GUI 컴포넌트 FigurePanel, MessagePanel, StillClock과 ImageViewer를 개발한다(§§14.7, 14.11, 14.12, 14.14).

14.1 서론

여러분이 그림 14.1에서 보인 것처럼, 바 차트, 시계, 또는 stop 신호와 같은 모양을 그리기를 원하다면, 어떻게 할 수 있는가?

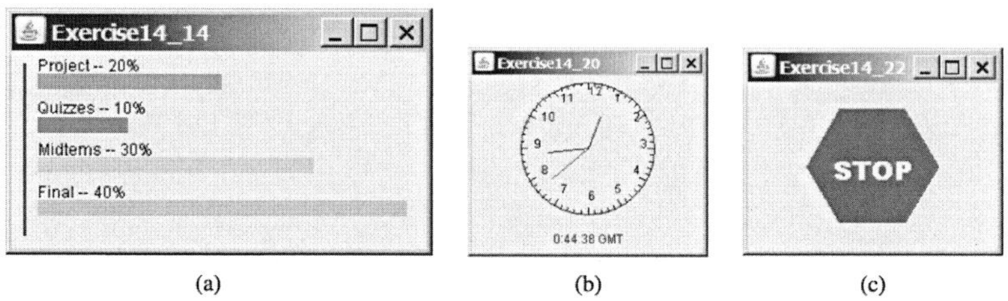

그림 14.1 Graphics 클래스의 그리기 메소드를 사용하여 모양을 그릴 수 있다.

Graphics 클래스를 사용하여 이런 작업을 성취할 수 있다. 이 장은 스트링, 선, 직사각형, 타원, 호, 다각형과 이미지를 그리는 방법을 서술한다. 또한 재사용가능한 GUI 컴포넌트를 개발하는 방법을 서술한다.

14.2 그래픽 좌표 시스템

그리기 위해 그릴 위치를 지정하는 것이 필요하다. 각 컴포넌트는 컴포넌트의 상단-좌측 모서리를 원점(0, 0)으로 갖는 자신의 좌표 시스템을 갖는다. x 좌표는 오른쪽으로 증가하고 y 좌표는 아래로 증가한다. 자바 좌표 시스템은 그림 14.2에서 보인 것처럼 전통적인 좌표 시스템과 다르다.

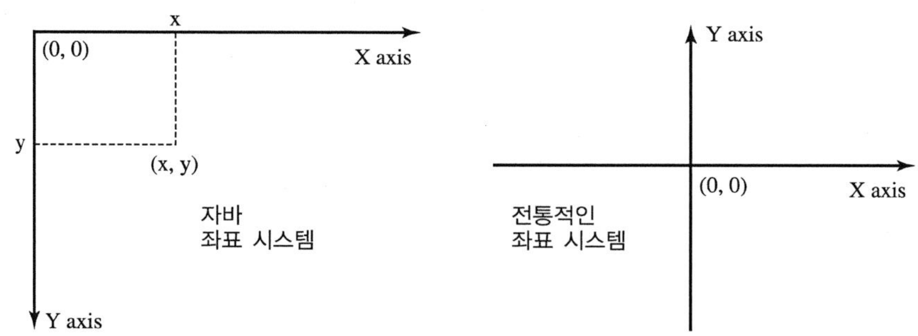

그림 14.2 자바 좌표 시스템은 상단-좌측 모서리를 원점(0, 0)으로 하고 픽셀로서 측정된다.

부모 컴포넌트 c2(예 : 패널) 안에서 컴포넌트 c1(예 : 버튼)의 상단-좌측 모서리의 위치는 c1.getX()와 c1.getY()를 사용하여 찾을 수 있다. 그림 14.3에서 보인 것처럼 (x1, y1) = (c1.getX(), c1.getY()), (x2, y2) = (c2.getX(), c2.getY()), 그리고 (x3, y3) = (c3.getX(), c3.getY())이다.

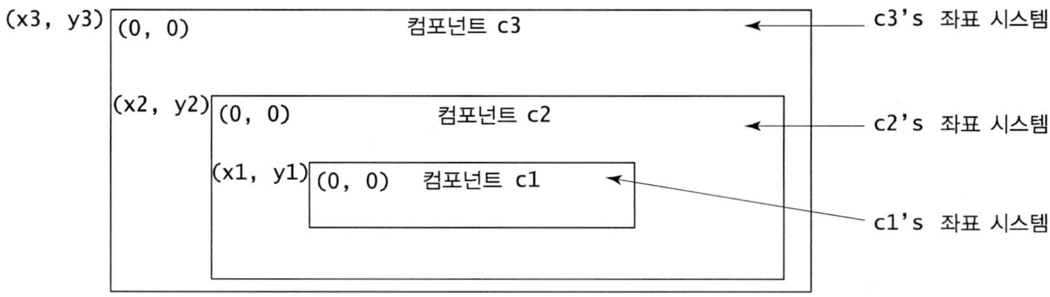

그림 14.3 각 GUI 컴포넌트는 자신의 좌표 시스템을 갖는다.

java.awt.Graphics	
+setColor(color: Color): void	다음 그리기에 새로운 색을 설정한다.
+setFont(font: Font): void	다음 그리기에 새로운 폰트를 설정한다.
+drawString(s: String, x: int, y: int): void	점 (x, y)에서 시작하는 스트링을 그린다.
+drawLine(x1: int, y1: int, x2: int, y2: int): void	점 (x1, y1)에서 점 (x2, y2)에 선을 그린다.
+drawRect(x:int, y: int, w: int, h: int): void	상단-좌측 모서리가 (x, y)인 너비 w와 높이 h를 갖는 사각형을 그린다.
+fillRect(x: int, y: int, w: int, h: int): void	상단-좌측 모서리가 (x, y)인 너비 w와 높이 h를 갖는 채워진 사각형을 그린다.
+drawRoundRect(x: int, y: int, w: int, h: int, aw: int, ah: int): void	지정된 호 너비 aw와 호 높이 ah를 갖는 둥근 모서리를 갖는 사각형을 그린다.
+fillRoundRect(x: int, y: int, w: int, h: int, aw: int, ah: int): void	지정된 호 너비 aw와 호 높이 ah를 갖는 둥근 모서리를 갖는 채워진 사각형을 그린다.
+draw3DRect(x: int, y: int, w: int, h: int, raised: boolean): void	표면 위로 나온 또는 표면 아래로 꺼진 3-D 사각형을 그린다.
+fill3DRect(x: int, y: int, w: int, h: int, raised: boolean): void	표면 위로 나온 또는 표면 아래로 꺼진 채워진 3-D 사각형을 그린다.
+drawOval(x: int, y: int, w: int, h: int): void	매개변수 x, y, w, h를 갖는 사각형으로 둘러싸인 타원을 그린다.
+fillOval(x: int, y: int, w: int, h: int): void	매개변수 x, y, w, h를 갖는 사각형으로 둘러싸인 채워진 타원을 그린다.
+drawArc(x: int, y: int, w: int, h: int, startAngle: int, arcAngle: int): void	매개변수 x, y, w, h를 갖는 사각형으로 둘러싸인 타원으로 고안된 호를 그린다.
+fillArc(x: int, y: int, w: int, h: int, startAngle: int, arcAngle: int): void	매개변수 x, y, w, h를 갖는 사각형으로 둘러싸인 타원으로 고안된 채워진 호를 그린다.
+drawPolygon(xPoints: int[], yPoints: int[], nPoints: int): void	x-좌표와 y-좌표의 배열로 정의된 닫힌 다각형을 그린다. (x[i], y[i])좌표의 각 쌍은 점이다.
+fillPolygon(xPoints: int[], yPoints: int[], nPoints: int): void	x-좌표와 y-좌표의 배열로 정의된 닫힌 채워진 다각형을 그린다.
+drawPolygon(g: Polygon): void	다각형 객체로 정의된 닫힌 다각형을 그린다.
+fillPolygon(g: Polygon): void	다각형 객체로 정의된 닫힌 채워진 다각형을 그린다.
+drawPolyline(xPoints: int[], yPoints: int[], nPoints: int): void	x-좌표와 y-좌표의 배열로 정의된 다중선을 그린다.

그림 14.4 Graphics 클래스는 스트링과 모양을 그리는 메소드를 갖는다.

14.3 Graphics 클래스

그림 14.4에서 보여준 것처럼 Graphics 클래스에 있는 메소드를 사용하여 스트링, 선, 사각형, 타원형, 호, 다각형과 다중선을 그릴 수 있다.

Graphics 클래스는 여러 다른 플랫폼에서 스크린에 그림과 이미지를 그리는 장치-독립적인 그래픽스 인터페이스를 제공하는 추상 클래스이다. 컴포넌트(예 : 버튼, 라벨, 패널)을 그릴 때마다, JVM은 원래의 플랫폼의 컴포넌트를 위한 Graphics 객체를 자동적으로 생성한다. 이 객체는 getGraphics() 메소드를 사용하여 얻을 수 있다. 예를 들면, jlblBanner 라벨을 위한 Graphics 객체는 다음과 같이 얻을 수 있다.

```
Graphics graphics = jlblBanner.getGraphics();
```

GUI 컴포넌트를 종이로 Graphics 객체를 연필이나 페인트 붓으로 생각하자. 그러면 GUI 객체에 어떤 사물을 그리기 위해 Graphics 클래스에 있는 메소드를 적용할 수 있다.

Graphics 클래스를 이해하는 것을 돕기 위해 먼저 직관적이지만 실용적이지 않은 예제를 리스트 14.1에 제시한다. 프로그램은 5행에서 라벨을 생성한다. main 메소드가 실행될 때, TestGetGraphics 생성자가 실행하고(13행) 라벨은 프레임(8행)에 추가된다. 이 때, 라벨이 표시되지 않기 때문에 라벨을 위한 Graphics 객체는 생성되지 않는다. 그러므로 jlblBanner.getGraphics()는 null(9행)을 반환한다. 프레임이 18행에서 표시된 후 프레임에 있는 모든 컴포넌트도 또한 표시된다. 라벨을 위한 Graphics 객체는 21행에서 얻어진다. 그림 14.5에서 보인 것처럼, 선은 라벨 위에 (0, 0)에서 (50, 50)까지 그려진다.

리스트 14.1 TestGetGraphics.java

라벨을 생성한다. (5행)
라벨을 추가한다. (7행)
프레임을 생성한다. (13행)
프레임을 표시한다. (14행)

```
 1 import javax.swing.*;
 2 import java.awt.Graphics;
 3
 4 public class TestGetGraphics extends JFrame {
 5   private JLabel jlblBanner = new JLabel("Banner");
 6
 7   public TestGetGraphics() {
 8     add(jlblBanner);
 9     System.out.println(jlblBanner.getGraphics());
10   }
11
12   public static void main(String[] args) {
13     TestGetGraphics frame = new TestGetGraphics();
14     frame.setTitle("TestGetGraphics");
15     frame.setSize(200, 100);
16     frame.setLocationRelativeTo(null); // Center the frame
17     frame.setDefaultCloseOperation(JFrame.EXIT_ON_CLOSE);
18     frame.setVisible(true);
19     JOptionPane.showMessageDialog(null,
```

```
20         "Delay on purpose\nClick OK to dismiss the dialog");
21      Graphics graphics = frame.jlblBanner.getGraphics();
22      graphics.drawLine(0, 0, 50, 50);
23    }
24 }
```

그래픽스를 얻는다.
선을 그린다.

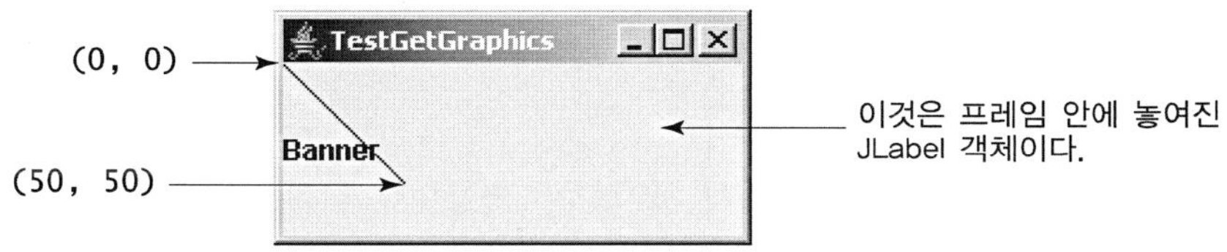

그림 14.5 신은 라벨 위에 그려지고, 라벨은 프레임 안에 놓여진다.

프로그램을 실행할 때, 프레임이 표시된 후(18행), 메시지 대화상자가 표시된다(19행). 이 프로그램에서 메시지 대화상자를 갖는 목적은 무엇인가? 21행과 22행의 수행을 지연시키는 것이다. 지연 없이는 선(22행)을 볼 수 없다. 이유는 다음 절에서 논의한다.

new JLabel("Banner")처럼 텍스트를 갖는 라벨을 생성할 때, 라벨이 표시될 때 라벨 위에 있는 텍스트를 볼 것이다. 텍스트는 실제로 내부적으로 Graphics 클래스에 있는 drawString 메소드를 사용하여 라벨에 그려진다.

모든 GUI 컴포넌트는 컴포넌트가 표시된 후 getGraphics()를 사용하여 얻어질 수 있는 Graphics 객체를 갖는다. 라벨 대신 버튼, 텍스트 필드 또는 텍스트 영역을 사용하여 이 예제를 다시 작성할 수 있다. jlblBanner.getGraphics()는 9행에서 null을 반환한다는 것에 유의하라. 왜냐하면 jlblBanner는 아직 표시되지 않았기 때문이다. 프레임이 18행에서 가시적으로 설정될 때, jlblBanner는 표시된다.

9행에서 jlblBanner.getGraphics()는 Graphics 객체로 반환되기 위해 사용된다. 21행의 main 메소드에서 frame.jlblBanner.getGraphics()를 사용하는 이유는 무엇일까? jlblBanner는 인스턴스 변수이고, 따라서 정적 메소드에서 직접 참조할 수 없기 때문이다.

14.4 paintComponent 메소드

리스트 14.1에 있는 프로그램은 2가지 문제점이 있다.

1. 프레임의 크기를 조정한다면, 선은 사라진다.
2. getGraphics() 메소드를 사용하여 Graphics 객체를 얻기 전에 컴포넌트가 표시된다는 것을 확신하여야 하기 때문에 프로그램하기가 거북하다. 이런 이유로 프레임이 18행에서 표시된 후에 21행과 22행이 주어진다.

이 2가지 문제점 때문에 getGraphics() 메소드를 사용하여 프로그래밍하는 것을 피해야 한다. 첫 번째 문제를 해결하기 위해 원인을 알 필요가 있다. 프레임의 크기를 재조정할 때,

JVM은 자동적으로 Swing 컴포넌트(예 : JLabel)의 paintComponent 메소드를 호출하여 컴포넌트에 그래픽스 객체를 다시 그린다. 선을 paintComponent 메소드에서 그리지 않았기 때문에 선은 프레임의 크기가 재조정될 때 사라진다. 영구히 선을 그리기 위해서는 paintComponent 메소드에서 선을 그릴 필요가 있다. paintComponent 메소드의 시그니처는 다음과 같다.

```
protected void paintComponent(Graphics g)
```

이 메소드는 JComponent 클래스에서 정의되며, 컴포넌트가 처음으로 표시되거나 다시 표시될 때마다 호출된다. Graphics 객체 g는 모든 가시적인 GUI 컴포넌트에 대해서 JVM에 의해서 자동적으로 생성된다. JVM은 Graphics 객체를 얻고 paintComponent를 호출하기 위해 이 객체를 전달한다.

컴포넌트에 사물(예 : JLabel)을 일관되게 그리기 위해 Swing GUI 컴포넌트 클래스를 확장하여 그릴 것을 명세하는 paintComponent 메소드를 재정의하는 클래스를 선언하는 것이 필요하다. 리스트 14.1에 있는 프로그램은 리스트 14.2처럼 다시 작성할 수 있다. 출력은 그림 14.5에서 보여준 것과 같다. 프레임의 크기를 재조정할 때, JVM은 선과 텍스트를 다시 그리기 위해 paintComponent 메소드를 호출한다.

리스트 14.2 TestPaintComponent.java

```
import javax.swing.*;
import java.awt.Graphics;

public class TestPaintComponent extends JFrame {
  public TestPaintComponent() {
    add(new NewLabel("Banner"));
  }

  public static void main(String[] args) {
    TestPaintComponent frame = new TestPaintComponent();
    frame.setTitle("TestPaintComponent");
    frame.setSize(200, 100);
    frame.setLocationRelativeTo(null); // Center the frame
    frame.setDefaultCloseOperation(JFrame.EXIT_ON_CLOSE);
    frame.setVisible(true);
  }
}

class NewLabel extends JLabel {
  public NewLabel(String text) {
    super(text);
  }

  protected void paintComponent(Graphics g) {
    super.paintComponent(g);
```

라벨을 생성한다.

새 라벨 클래스

paintComponent를 재정의한다.
상위 클래스에서 사물을 그린다.

```
26      g.drawLine(0, 0, 50, 50);
27    }
28 }
```

선을 그린다.

컴포넌트가 처음으로 표시되거나 컴포넌트가 다시 표시될 필요가 있을 때마다, 그래픽스를 그리기 위해 paintComponent 메소드는 자동적으로 호출된다. 텍스트 "Banner"는 JLabel 클래스에서 정의한 paintComponent에서 그려진다. super.paintComponent(g)(25행)를 호출하면 라벨에 텍스트가 표시되고 drawLine 메소드(26행)를 호출하면 선이 그려진다.

JVM은 컴포넌트에 사물을 그리기 위해 paintComponent를 호출한다. 사용자는 결코 직접 paintComponent를 호출해서는 안 된다. 이런 이유로 protected 가시성이 paintComponent에 충분하다.

14.5 패널에 Graphics 그리기

패널은 비가시성이고 원하는 배치를 얻기 위해 컴포넌트를 그룹화하는 조그만 컨테이너로 사용된다. JPanel의 다른 중요한 용도는 그리기이다. 임의의 Swing GUI 컴포넌트에 사물을 그릴 수 있지만, 정상적으로는 사물이 그려질 캔버스로서 JPanel를 사용해야 한다.

JPanel에 그리기 위해, JPanel을 확장하고 사물을 그리는 방법을 패널에 알리는 paint-Component를 재정의하는 새로운 클래스를 생성하여야 한다. 리스트 14.3은 패널에 사물 그리기를 설명하는 예제이다. 이 예제는 그림 14.6에서 보인 것처럼 NewPanel 클래스를 선언한다. 이 클래스는 JPanel을 확장하고 선(22행)과 스트링(23행)을 그리는 paint-Component 메소드를 재정의한다

리스트 14.3 TestPanelDrawing.java

```
 1 import javax.swing.*;
 2 import java.awt.Graphics;
 3
 4 public class TestPanelDrawing extends JFrame {
 5   public TestPanelDrawing() {
 6     add(new NewPanel());
 7   }
 8
 9   public static void main(String[] args) {
10     TestPanelDrawing frame = new TestPanelDrawing();
11     frame.setTitle("TestPanelDrawing");
12     frame.setSize(200, 100);
13     frame.setLocationRelativeTo(null); // Center the frame
14     frame.setDefaultCloseOperation(JFrame.EXIT_ON_CLOSE);
15     frame.setVisible(true);
16   }
17 }
```

라벨을 생성한다.

새 패널 클래스
paintComponent를 재정의한다.
상위 클래스에서 사물을 그린다.
선을 그린다.

```
18
19 class NewPanel extends JPanel {
20   protected void paintComponent(Graphics g) {
21     super.paintComponent(g);
22     g.drawLine(0, 0, 50, 50);
23     g.drawString("Banner", 0, 40);
24   }
25 }
```

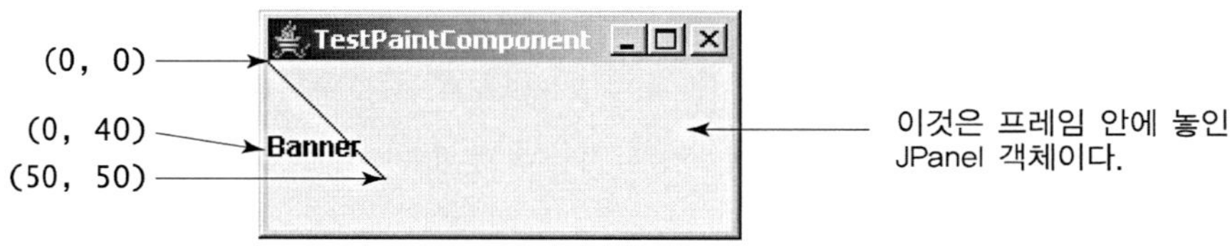

그림 14.6 선과 스트링이 패널에 그려진다.

모든 그리기 메소드는 그려질 객체의 위치를 명시하는 매개변수를 갖는다. 자바에서 모든 측정은 픽셀로 이루어진다. 스트링 "Banner"는 위치(0, 40)에 그려진다.

> **NOTE** super.paintComponent(g)(23행)를 호출하는 것은 보기 영역(viewing area)이 새로운 그림이 표시되기 전에 초기화된다는 것을 확신하기 위해 필요하다.

> **TIP** 어떤 교재는 JComponent의 하위 클래스를 만들어서 캔버스 클래스를 선언한다. 이것의 문제점은 캔버스의 배경색을 설정하기를 원한다면, 배경색을 칠하는 코드를 작성해야 한다는 것이다. 간단한 setBackground(Color color) 메소드는 JComponent에서 배경색을 설정하지 않는다.

14.6 스트링, 선, 사각형과 타원 그리기

drawString(String s, int x, int y) 메소드는 그림 14.7(a)에서 보인 것처럼 점(x, y)에서 시작하는 스트링을 그린다.

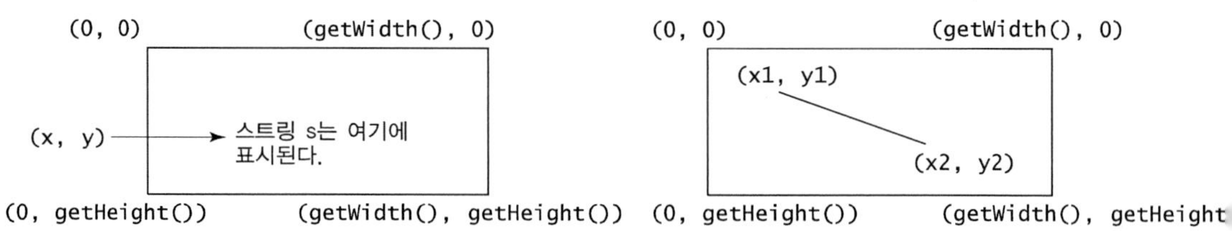

(a) drawString (b) drawLine

그림 14.7 (a) drawString(s, x, y) 메소드는 (x, y)에서 시작하는 스트링을 그린다. (b) drawLine(x1, y1, x2, y2) 메소드는 두 개의 지정된 점을 연결하는 선을 그린다.

drawLine(int x1, int y1, int x2, int y2) 메소드는 그림 14.7(b)에 보인 것처럼, 점(x1, y1)에서 점(x2, y2)을 연결하는 직선을 그린다. drawLine

자바는 윤곽만 갖는 또는 색으로 채워진 사각형을 그리는 6개의 메소드를 제공한다. 단순 사각형, 둥근 모서리 사각형, 또는 3차원 사각형을 그리거나 채울 수 있다.

drawRect(int x, int y, int w, int h) 메소드는 단순 사각형을 그리고 fillRect(int x, int y, int w, int h) 메소드는 채워진 사각형을 그린다. 매개변수 x와 y는 사각형의 상단-좌측 모서리를 나타내고 w와 h는 사각형의 너비와 높이이다(그림 14.8을 보아라). drawRect fillRect

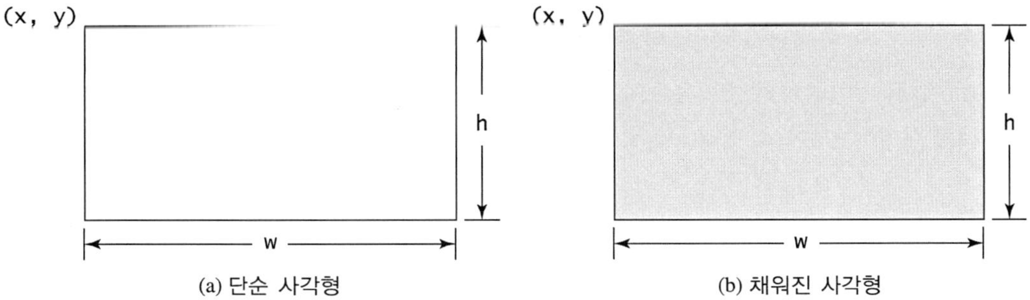

그림 14.8 (a) drawRect(x,y, w, h) 메소드는 사각형을 그린다. (b) fillRect(x, y, w, h) 메소드는 채워진 사각형을 그린다.

drawRoundRect(int x, int y, int w, int h, int aw, int ah) 메소드는 둥근-모서리 사각형을 그리고 fillRoundRect(int x, int y, int w, int h, int aw, int ah) 메소드는 채워진 둥근-모서리 사각형을 그린다. 매개변수 x, y, w와 h는 drawRect 메소드와 동일하고, 매개변수 aw는 모서리에서 호의 수평 지름이고, ah는 모서리에서 호의 수직 지름이다(그림 14.9(a)를 보아라). 다시 말하면, aw와 ah는 각 모서리에서 4분-원을 만드는 타원형의 너비와 높이이다. drawRoundRect fillRoundRect

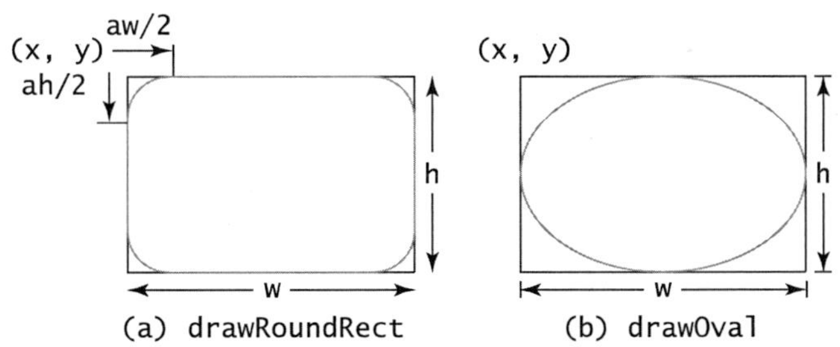

그림 14.9 (a) drawRoundRect(x, y, w, h, aw, ah) 메소드는 둥근-모서리 사각형을 그린다. (b) drawOval(x, y, w, h) 메소드는 주변 사각형에 기반하여 타원을 그린다.

draw3DRect(int x, int y, int w, int h, boolean raised) 메소드는 3D 사각형을 그리고 fill3DRect(int x, int y, int w, int h, boolean raised) 메소드는 채워진 3D 사각형을 그린다. draw3DRect fill3DRect

매개변수 x, y, w와 h는 drawRect 메소드와 동일하다. 마지막 매개변수(불리언 값)는 사각형이 표면 위로 올라오는가 아니면 표면 아래로 가라앉는가를 나타낸다.

drawOval fillOval

윤곽으로 된 타원 또는 채워진 짙은 타원을 그리는가에 따라서 drawOval(int x, int y, int w, int h) 메소드 또는 fillOval(int x, int y, int w, int h) 메소드를 사용할 수 있다. 타원은 경계 사각형에 기반하여 그린다. 그림 14.9(b)에서 보인 것처럼, 매개변수 x와 y는 경계 사각형의 상단-좌측 모서리를 나타내고 w와 h는 경계 사각형의 너비와 높이를 각각 나타낸다.

14.7 사례 연구 : FigurePanel 클래스

이 예제는 여러 가지 그림을 그리는 유용한 클래스를 개발한다. 클래스는 사용자가 그림 형태를 설정하고 그림이 채워지는지 아닌지를 지정하고 그림을 패널에 표시하는 것을 가능하게 한다. 클래스를 위한 UML 다이어그램은 그림 14.10에 주어진다. 패널은 선, 사각형, 모서리가 둥근 사각형과 타원을 그린다. 그릴 그림은 type 속성에 의해서 결정된다. fiiled 속성이 참이면, 사각형, 모서리가 둥근 사각형과 타원은 패널에서 채워진다.

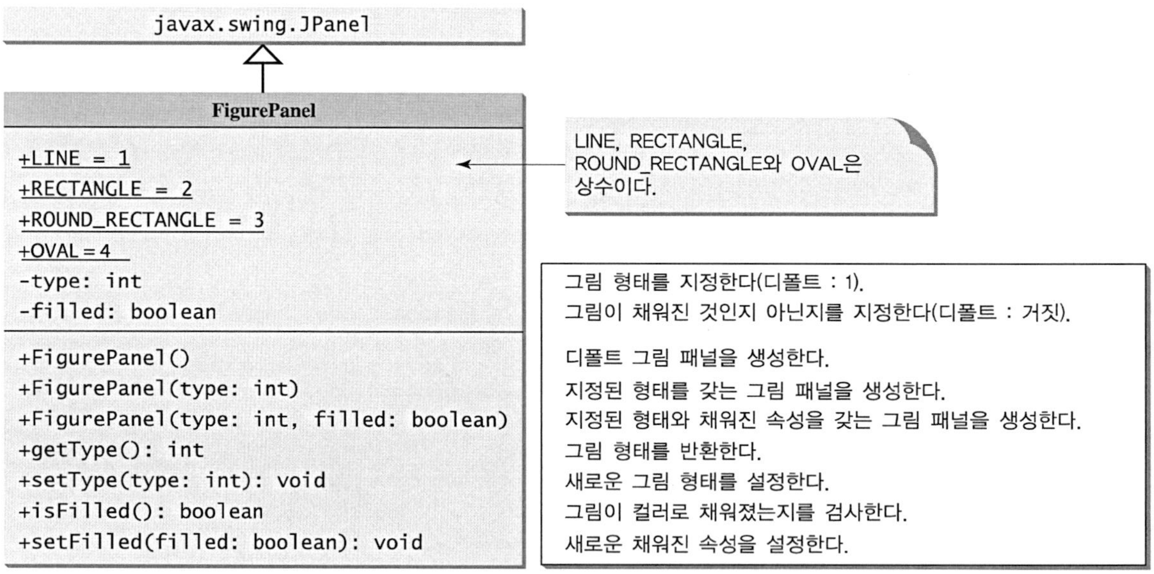

그림 14.10 FigurePanel은 패널에 다양한 종류의 그림을 표시한다.

UML 다이어그램은 FigurePanel 클래스의 규약서로서 사용된다. 사용자는 클래스가 구현되는 방법을 알지 못하고도 클래스를 사용할 수 있다. 그림 14.11에서 보여주는 것처럼 6개의 그림 패널을 표시하는 클래스를 사용하는 프로그램을 리스트 14.4처럼 작성함으로서 시작하자.

리스트 14.4 TestFigurePanel.java

그림을 생성한다.

```
import java.awt.*;
import javax.swing.*;

public class TestFigurePanel extends JFrame {
  public TestFigurePanel() {
    setLayout(new GridLayout(2, 3, 5, 5));
    add(new FigurePanel(FigurePanel.LINE));
    add(new FigurePanel(FigurePanel.RECTANGLE));
    add(new FigurePanel(FigurePanel.ROUND_RECTANGLE));
    add(new FigurePanel(FigurePanel.OVAL));
    add(new FigurePanel(FigurePanel.RECTANGLE, true));
    add(new FigurePanel(FigurePanel.ROUND_RECTANGLE, true));
  }

  public static void main(String[] args) {
    TestFigurePanel frame = new TestFigurePanel();
    frame.setSize(400, 200);
    frame.setTitle("TestFigurePanel");
    frame.setLocationRelativeTo(null); // Center the frame
    frame.setDefaultCloseOperation(JFrame.EXIT_ON_CLOSE);
    frame.setVisible(true);
  }
}
```

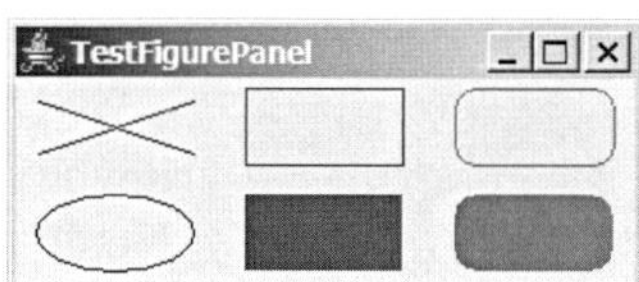

그림 14.11 6개의 FigurePanel 객체가 6개의 그림을 그리기 위해 생성된다.

FigurePanel 클래스는 리스트 14.5에서 구현된다. 4개의 상수(LINE, RECTANGLE, ROUND_RECTANGLE과 OVAL)는 6-9행에서 선언된다. 4개 형태의 그림이 type 속성(37행)에 따라서 그려진다. setColor 메소드(39행, 44행, 53행, 62행)는 그리기 위한 새로운 색이 설정된다.

리스트 14.5 FigurePanel.java

상수

```
1 import java.awt.*;
2 import javax.swing.JPanel;
3
4 public class FigurePanel extends JPanel {
5   // Define constants
6   public static final int LINE = 1;
7   public static final int RECTANGLE = 2;
8   public static final int ROUND_RECTANGLE = 3;
9   public static final int OVAL = 4;
10
```

```
private int type = 1;
private boolean filled = false;

/** Construct a default FigurePanel */
public FigurePanel() {
}

/** Construct a FigurePanel with the specified type */
public FigurePanel(int type) {
  this.type = type;
}

/** Construct a FigurePanel with the specified type and filled */
public FigurePanel(int type, boolean filled) {
  this.type = type;
  this.filled = filled;
}

/** Draw a figure on the panel */
```

paintComponent를 재정의한다.

```
protected void paintComponent(Graphics g) {
  super.paintComponent(g);
```

형태를 검사한다.

```
  // Get the appropriate size for the figure
  int width = getSize().width;
  int height = getSize().height;

  switch (type) {
```

선을 그린다.

```
    case LINE: // Display two cross lines
      g.setColor(Color.BLACK);
      g.drawLine(10, 10, width - 10, height - 10);
      g.drawLine(width - 10, 10, 10, height - 10);
      break;
    case RECTANGLE: // Display a rectangle
      g.setColor(Color.BLUE);
```

사각형을 채운다.

```
      if (filled)
        g.fillRect((int)(0.1 * width), (int)(0.1 * height),
          (int)(0.8 * width), (int)(0.8 * height));
      else
```

사각형을 그린다.

```
        g.drawRect((int)(0.1 * width), (int)(0.1 * height),
          (int)(0.8 * width), (int)(0.8 * height));
      break;
    case ROUND_RECTANGLE: // Display a round-cornered rectangle
      g.setColor(Color.RED);
      if (filled)
```

둥근 모서리 사각형을 채운다.

```
        g.fillRoundRect((int)(0.1 * width), (int)(0.1 * height),
          (int)(0.8 * width), (int)(0.8 * height), 20, 20);
      else
```

둥근 모서리 사각형을 그린다.

```
        g.drawRoundRect((int)(0.1 * width), (int)(0.1 * height),
          (int)(0.8 * width), (int)(0.8 * height), 20, 20);
      break;
    case OVAL: // Display an oval
      g.setColor(Color.BLACK);
      if (filled)
        g.fillOval((int)(0.1 * width), (int)(0.1 * height),
```

```
65            (int)(0.8 * width), (int)(0.8 * height));
66        else
67          g.drawOval((int)(0.1 * width), (int)(0.1 * height),
68            (int)(0.8 * width), (int)(0.8 * height));
69      }
70    }
71
72    /** Set a new figure type */
73    public void setType(int type) {
74      this.type = type;
75      repaint();
76    }
77
78    /** Return figure type */
79    public int getType() {
80      return type;
81    }
82
83    /** Set a new filled property */
84    public void setFilled(boolean filled) {
85      this.filled = filled;
86      repaint();
87    }
88
89    /** Check if the figure is filled */
90    public boolean isFilled() {
91      return filled;
92    }
93
94    /** Specify preferred size */
95    public Dimension getPreferredSize() {
96      return new Dimension(80, 80);
97    }
98  }
```

타원을 채운다.
타원을 그린다.

패널을 다시 페인트 칠한다.

getPreferredSize()를 재정의한다.

repaint 메소드(75행, 86행)는 Component 클래스에서 정의된다. repaint를 호출하면 paintComponent 메소드가 호출된다. repaint 메소드는 보기 영역을 새롭게 하기 위해 호출된다. 전형적으로 새로운 사물을 그린다면 이 메소드를 호출한다.

> **주의** paintComponent 메소드는 직접 호출해서는 안 된다. 보기 영역이 변할 때 JVM에 의해서 호출되거나 repaint 메소드에 의해서 호출된다. 보기 영역을 그리는 방법을 시스템에게 알리기 위해 paintComponent 메소드를 재정의해야 하지만, repaint 메소드를 재정의해서는 안 된다.

> **NOTE** repaint 메소드는 보기 영역을 갱신하는 요청을 갖고 있으며, 호출 메소드로 즉시 복귀한다. 이것의 의미는 비동기적이라는 것이다. 즉, paintComponent 메소드를 실행하는 것은 JVM에 달려 있다는 것을 의미한다.

Component에서 정의한 getPreferredSize() 메소드(95-97행)는 배치 관리자가 FigurePanel 객체를 설계할 때 고려해야 할 선호하는 크기를 지정하기 위해 FigurePanel에서 재정의된다. 이 속성은 규칙에 따라서 배치 관리자에 의해서 고려될 수도 있고 안 될 수도 있다. 예를 들면 컴포넌트는 FlowLayout 관리자를 갖는 컨테이너에서 선호하는 크기를 사용할 수 있지만, 선호하는 크기는 GridLayout 관리자를 갖는 컨테이너에 놓여진다면 무시될 수도 있다. JPanel의 선호하는 디폴트 크기는 0 × 0이기 때문에 선호하는 크기를 지정하기 위해 JPanel의 하위 클래스에서 getPreferredSize()를 재정의하는 것은 좋은 습관이다.

14.8 호 그리기

호(arc)는 사각형으로 제한되는 타원의 일부로서 생각되어진다. 호를 그리거나 채우는 방법은 다음과 같다.

```
drawArc(int x, int y, int w, int h, int startAngle, int arcAngle);
fillArc(int x, int y, int w, int h, int startAngle, int arcAngle);
```

매개변수 x, y, w와 h는 drawOval 메소드와 동일하고 매개변수 startAngle는 시작 각이고 arcAngle은 확장 각(호에 의해서 둘러싸이는 각)이다. 각은 도(degree)로 측정되고 통상적인 수학 범례를 따른다(즉, 0도는 동쪽 방향이고 양의 각은 동쪽 방향에서 반시계 방향으로 회전을 나타낸다). 그림 14.12를 참조하라.

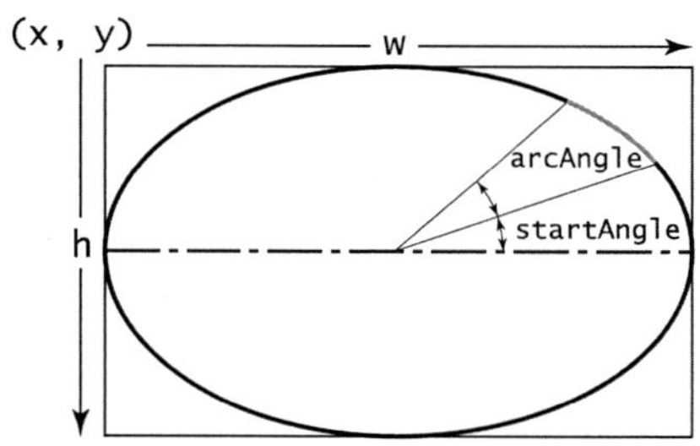

그림 14.12 drawArc 메소드는 지정된 각을 갖는 호를 그린다.

리스트 14.6은 호를 그리는 방법을 보여주는 예제이다. 출력은 그림 14.13에 주어진다.

리스트 14.6 DrawArcs.java

패널을 추가한다.

```
import javax.swing.JFrame;
import javax.swing.JPanel;
import java.awt.Graphics;

public class DrawArcs extends JFrame {
  public DrawArcs() {
    setTitle("DrawArcs");
```

```
    add(new ArcsPanel());
  }

  /** Main method */
  public static void main(String[] args) {
    DrawArcs frame = new DrawArcs();
    frame.setSize(250, 300);
    frame.setLocationRelativeTo(null); // Center the frame
    frame.setDefaultCloseOperation(JFrame.EXIT_ON_CLOSE);
    frame.setVisible(true);
  }
}

// The class for drawing arcs on a panel
class ArcsPanel extends JPanel {
  // Draw four blades of a fan
  protected void paintComponent(Graphics g) {
    super.paintComponent(g);

    int xCenter = getWidth() / 2;
    int yCenter = getHeight() / 2;
    int radius = (int)(Math.min(getWidth(), getHeight()) * 0.4);

    int x = xCenter - radius;
    int y = yCenter - radius;

    g.fillArc(x, y, 2 * radius, 2 * radius, 0, 30);
    g.fillArc(x, y, 2 * radius, 2 * radius, 90, 30);
    g.fillArc(x, y, 2 * radius, 2 * radius, 180, 30);
    g.fillArc(x, y, 2 * radius, 2 * radius, 270, 30);
  }
}
```

paintComponent를 재정의한다.

0°로부터 30° 호
90°로부터 30° 호
180°로부터 30° 호
270°로부터 30° 호

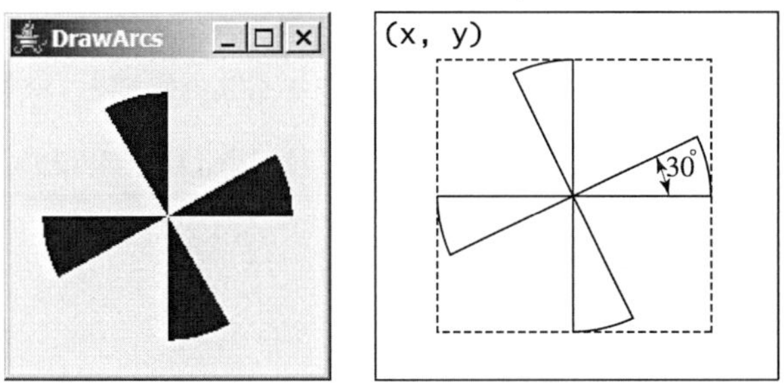

그림 14.13 프로그램은 4개의 채워진 호를 그린다.

각은 음수일 수 있다. 음의 시작각은 그림 14.14에서 보여주는 것처럼 동쪽 방향에서 시계 방향으로 그려진다. 음의 확장각은 시작각에서 시계 방향으로 그려진다. 다음 2개의 문장은 같은 호를 그린다.

```
g.fillArc(x, y, 2 * radius, 2 * radius, -30, -20);
g.fillArc(x, y, 2 * radius, 2 * radius, -50, 20);
```

첫 문장은 그림 14.14(a)에서 보여주는 것처럼 음의 시작각 −30과 음의 확장각 −20을 사용한다. 두 번째 문장은 그림 14.14(b)에서 보여주는 것처럼 음의 시작각 −50과 양의 확장각 20을 사용한다.

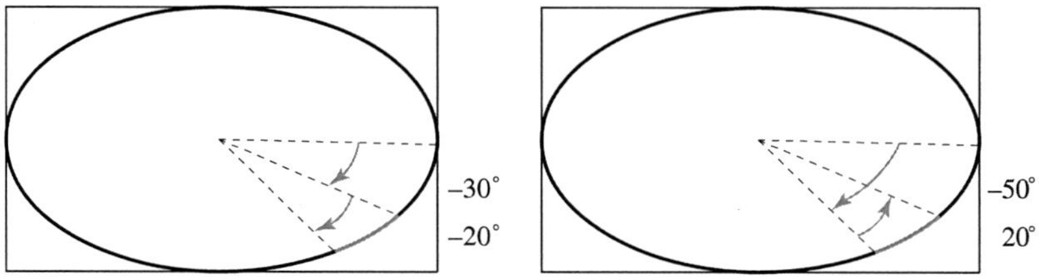

(a) 음의 시작각 −30과 음의 확장각 −20

(b) 음의 시작각 −50과 양의 확장각 20

그림 14.14 각은 음수일 수 있다.

14.9 다각형과 다중선 그리기

다각형을 그리기 위해 먼저 그림 14.15에서 보인 것처럼 Polygon 클래스를 사용하여 Polygon 객체를 생성한다.

java.awt.Polygon	
+xpoints: int[]	다각형에서 모든 점의 x−좌표
+ypoints: int[]	다각형에서 모든 점의 y−좌표
+npoints: int	다각형에서 모든 점의 개수
+Polygon()	빈 다각형을 생성한다.
+Polygon(xpoints: int[], ypoints: int[], npoints: int)	지정된 점을 갖는 다각형을 생성한다.
+addPoint(x: int, y: int)	한 개의 점을 다각형에 추가한다.

그림 14.15 Polygon 클래스는 다각형을 모방한다.

다각형(polygon)은 닫힌 2차원 영역이다. 이 영역은 임의 개수의 직선으로 둘러싸인다. 각 직선은 다각형의 한 면(즉, 간선)이다. 다각형은 (x, y) 좌표−쌍의 리스트를 포함한다. 이 리스트에서 각 쌍은 다각형의 꼭지점을 정의하고 2개의 연속 쌍은 다각형의 한 면인 직선의 끝 점이다. 첫 번째와 마지막 (x, y) 쌍은 다각형을 닫는 직선이다.

다음은 다각형을 생성하고 점을 다각형에 추가하는 예제이다.

```
Polygon polygon = new Polygon();
polygon.addPoint(40, 20);
polygon.addPoint(70, 40);
polygon.addPoint(60, 80);
```

```
polygon.addPoint(45, 45);
polygon.addPoint(20, 60);
```

이 점들이 추가된 후, xpoint는 {40, 70, 60, 45, 20}, ypoints는 {20, 40, 80, 45, 60}, npoints는 5이다. xpoints, ypoints와 npoints는 Polygon에 있는 공용 데이터 필드이다. 이것은 안 좋은 설계이다. 원칙적으로 모든 데이터 필드는 전용으로 유지해야 한다.

다각형을 그리거나 채우기 위해, Graphics 클래스에 있는 다음 메소드 중에 하나를 사용한다.

```
drawPolygon(Polygon polygon);
fillPolygon(Polygon polygon);
drawPolygon(int[] xpoints, int[] ypoints, int npoints);
fillPolygon(int[] xpoints, int[] ypoints, int npoints);
```

예를 들면 다음과 같다.

```
int x[] = {40, 70, 60, 45, 20};
int y[] = {20, 40, 80, 45, 60};
g.drawPolygon(x, y, x.length);
```

그리기 메소드는 점 (x[i], y[i])와 점 (x[i+1], y[i+1]), i= 0, ..., x.length-1, 사이에 직선을 그려서 다각형을 시작하고 첫 점과 마지막 점 사이에 직선을 그려서 다각형을 닫는다. 그림 14.16(a)를 참조하라.

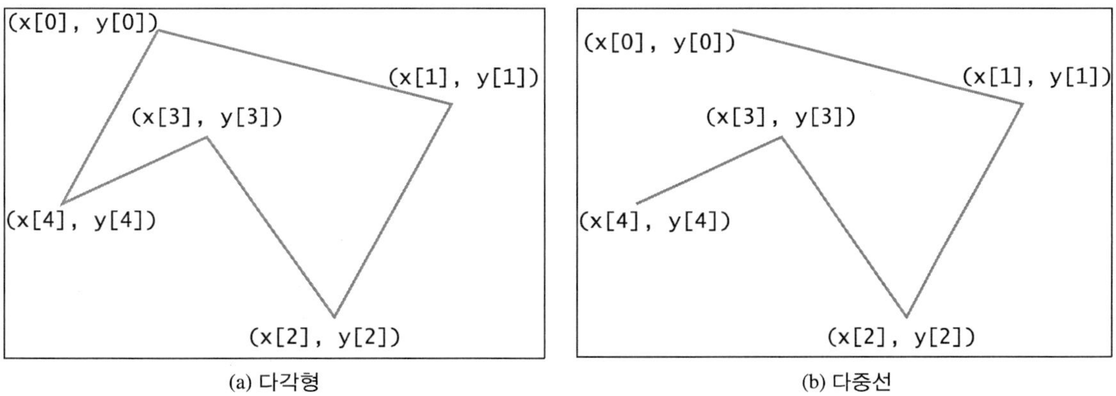

그림 14.16 drawPolygon 메소드는 다각형을 그리고 polyLine 메소드는 다중선을 그린다.

다중선을 그리기 위해 drawPolyline(int x[], int[] y, int npoints) 메소드를 사용한다. 이 메소드는 x-좌표와 y-좌표 배열로 정의되는 일련의 연결 직선을 그린다. 예를 들면, 다음 코드는 그림 14.16(b)에 보인 것처럼 다중선을 그린다.

```
int x[] = {40, 70, 60, 45, 20};
int y[] = {20, 40, 80, 45, 60};
g.drawPolygon(x, y, x.length);
```

리스트 14.7은 그림 14.17에서 보인 출력으로 6각형을 그리는 방법을 보여주는 예제이다.

리스트 14.7 DrawPolygon.java

```
import javax.swing.JFrame;
import javax.swing.JPanel;
import java.awt.Graphics;
import java.awt.Polygon;

```

패널을 추가한다.

```
public class DrawPolygon extends JFrame {
  public DrawPolygon() {
    setTitle("DrawPolygon");
    add(new PolygonsPanel());
  }

  /** Main method */
  public static void main(String[] args) {
    DrawPolygon frame = new DrawPolygon();
    frame.setSize(200, 250);
    frame.setLocationRelativeTo(null); // Center the frame
    frame.setDefaultCloseOperation(JFrame.EXIT_ON_CLOSE);
    frame.setVisible(true);
  }
}

// Draw a polygon in the panel
class PolygonsPanel extends JPanel {
  protected void paintComponent(Graphics g) {
    super.paintComponent(g);

    int xCenter = getWidth() / 2;
    int yCenter = getHeight() / 2;
    int radius = (int)(Math.min(getWidth(), getHeight()) * 0.4);

    // Create a Polygon object
    Polygon polygon = new Polygon();

    // Add points to the polygon in this order
```

포인트를 추가한다.

```
    polygon.addPoint(xCenter + radius, yCenter);
    polygon.addPoint((int)(xCenter + radius *
      Math.cos(2 * Math.PI / 6)), (int)(yCenter - radius *
      Math.sin(2 * Math.PI / 6)));
    polygon.addPoint((int)(xCenter + radius *
      Math.cos(2 * 2 * Math.PI / 6)), (int)(yCenter - radius *
      Math.sin(2 * 2 * Math.PI / 6)));
    polygon.addPoint((int)(xCenter + radius *
      Math.cos(3 * 2 * Math.PI / 6)), (int)(yCenter - radius *
      Math.sin(3 * 2 * Math.PI / 6)));
    polygon.addPoint((int)(xCenter + radius *
      Math.cos(4 * 2 * Math.PI / 6)), (int)(yCenter - radius *
```

```
      Math.sin(4 * 2 * Math.PI / 6)));
    polygon.addPoint((int)(xCenter + radius *
      Math.cos(5 * 2 * Math.PI / 6)), (int)(yCenter - radius *
      Math.sin(5 * 2 * Math.PI / 6)));

    // Draw the polygon
    g.drawPolygon(polygon);
  }
}
```

다각형을 그린다.

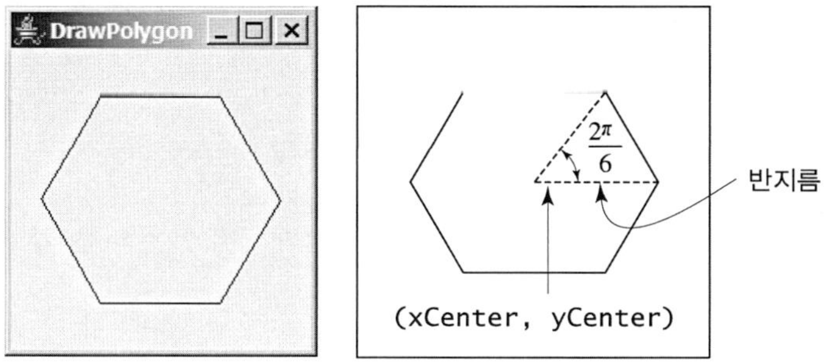

그림 14.17 프로그램은 다각형을 그리기 위해 drawPolygon을 사용한다.

14.10 FontMetrics 클래스를 사용하여 스트링을 중심에 맞추기

패널에서 스트링을 임의의 위치에 표시할 수 있다. 여러분은 스트링을 중앙에 표시할 수 있는가? 그렇게 하기 위해서는 FontMetrics 클래스를 사용하여 특별한 폰트에 대해서 스트링의 너비와 높이를 정확하게 측정할 필요가 있다. FontMetrics는 주어진 폰트에 대한 다음 속성을 측정할 수 있다(그림 14.18).

- **행간격**(Leading)은 텍스트 행 사이의 간격이다.
- **오름간격**(Ascent)은 기준선에서 오름선(ascent line)까지의 거리이다. 폰트에서 대부분의 문자의 꼭대기는 오름선 아래에 있지만, 어떤 문자는 오름선 위까지 확장된다.

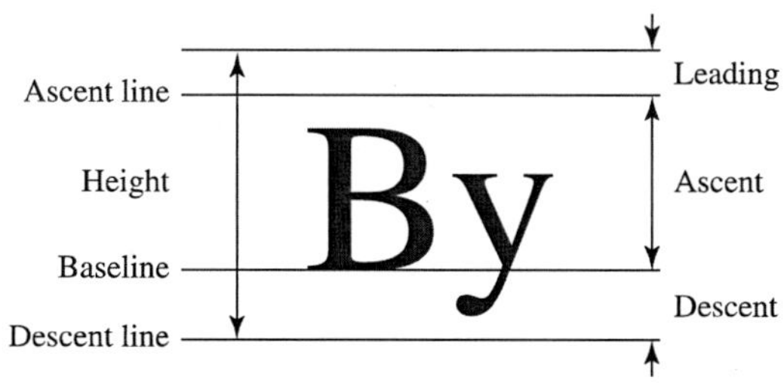

그림 14.18 FontMetrics 클래스는 주어진 폰트의 문자 속성을 결정하기 위해 사용된다.

- **내림간격**(Descent)은 기준선에서 내림선(descent line)까지의 거리이다. 폰트에서 대부분의 내림 문자(예 : j, y와 g)는 내림선 위에 있지만, 어떤 문자는 내림선 아래까지 확장된다.
- **높이**(height)는 행간격, 오름간격, 내림간격의 합이다.

FontMetrics는 추상 클래스이다. 특정 폰트의 FontMetrics 객체를 얻기 위해, Graphics에서 정의된 다음 getFontMetrics 메소드를 사용한다.

- public FontMetrics getFontMetrics(Font font)는 특정 폰트의 폰트 메트릭스(metrics)를 반환한다.
- public FontMetrics getFontMetrics()는 현재 폰트의 폰트 메트릭스를 반환한다.

폰트를 사용하여 스트링을 그릴 때, FontMetrics 클래스에 있는 다음 인스턴스 메소드를 사용하여 폰트의 속성과 스트링의 너비를 얻는다.

```
public int getAscent() // Return the ascent
public int getDescent() // Return the descent
public int getLeading() // Return the leading
public int getHeight() // Return the height
public int stringWidth(String str) // Return the width of the string
```

리스트 14.8은 그림 14.19에 보인 것처럼 패널의 중앙에 메시지를 표시하는 예제이다.

리스트 14.8 TestCenterMessage.java

메시지 패널을 생성한다.
메시지 패널을 추가한다.
배경 색을 설정한다.
폰트를 설정한다.

```
import javax.swing.*;
import java.awt.*;

public class TestCenterMessage extends JFrame {
  public TestCenterMessage() {
    CenterMessage messagePanel = new CenterMessage();
    add(messagePanel);
    messagePanel.setBackground(Color.WHITE);
    messagePanel.setFont(new Font("Californian FB", Font.BOLD, 30));
  }

  /** Main method */
  public static void main(String[] args) {
    TestCenterMessage frame = new TestCenterMessage();
    frame.setSize(300, 150);
    frame.setLocationRelativeTo(null); // Center the frame
    frame.setDefaultCloseOperation(JFrame.EXIT_ON_CLOSE);
    frame.setVisible(true);
  }
}

class CenterMessage extends JPanel {
  /** Paint the message */
```

```
24   protected void paintComponent(Graphics g) {
25     super.paintComponent(g);
26
27     // Get font metrics for the current font
28     FontMetrics fm = g.getFontMetrics();
29
30     // Find the center location to display
31     int stringWidth = fm.stringWidth("Welcome to Java");
32     int stringAscent = fm.getAscent();
33
34     // Get the position of the leftmost character in the baseline
35     int xCoordinate = getWidth() / 2 - stringWidth / 2;
36     int yCoordinate = getHeight() / 2 + stringAscent / 2;
37
38     g.drawString("Welcome to Java", xCoordinate, yCoordinate);
39   }
40 }
```

paintComponent()를 재정의한다.

FontMetrics를 호출한다.

그림 14.19 프로그램은 FontMetrics 클래스를 사용하여 스트링의 너비와 높이를 측정하고 스트링을 패널의 중앙에 표시한다.

Component 클래스에서 정의된 getWidth() 메소드와 getHeight() 메소드(35-36행)는 컴포넌트의 너비와 높이를 각각 반환한다.

yCoordinate는 표시되는 스트링의 첫 문자를 위한 기준선의 높이이다. 메시지가 centered이므로 yCoordinate는 getHeight()/2 + h/2이어야 한다. 여기서 h는 스트링의 ascent이다.

xCoordinate는 표시되는 스트링의 첫 문자를 위한 기준선의 너비이다. 메시지가 centered이므로 xCoordinate는 getWidth()/2 - stringWidth/2이어야 한다.

14.11 사례 연구 : MessagePanel 클래스

이 사례 연구는 패널에 메시지를 표시하는 유용한 클래스를 개발한다. 클래스는 사용자가 메시지의 위치를 설정하고, 메시지를 중앙에 위치시키고, 그리고 메시지를 지정된 간격으로 이동하는 것을 가능하게 한다. 클래스의 규약서가 그림 14.20에 주어진다.

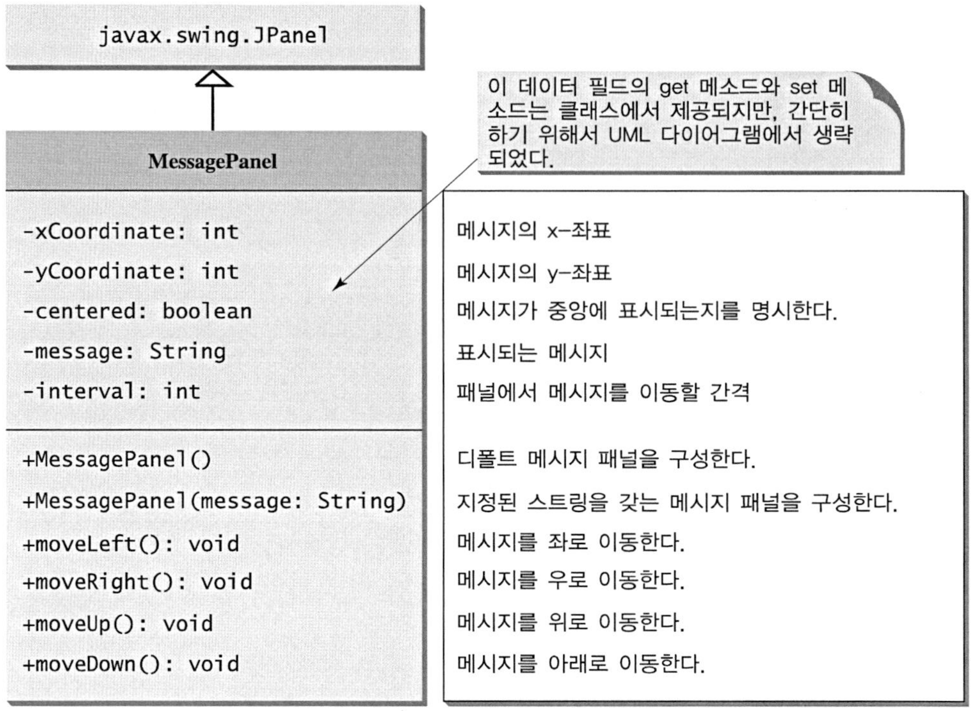

그림 14.20 MessagePanel은 패널에 메시지를 표시한다.

먼저, 그림 14.21에서 보인 것처럼, 4개의 메시지 패널을 표시하기 위해 MessagePanel을 사용하는 테스트 프로그램을 리스트 14.9에 작성해 보자.

리스트 14.9 TestMessagePanel.java

```
import java.awt.*;
import javax.swing.*;

public class TestMessagePanel extends JFrame {
  public TestMessagePanel() {
    MessagePanel messagePanel1 = new MessagePanel("Wecome to Java");
    MessagePanel messagePanel2 = new MessagePanel("Java is fun");
    MessagePanel messagePanel3 = new MessagePanel("Java is cool");
    MessagePanel messagePanel4 = new MessagePanel("I love Java");
    messagePanel1.setFont(new Font("SansSerif", Font.ITALIC, 20));
    messagePanel2.setFont(new Font("Courie", Font.BOLD, 20));
    messagePanel3.setFont(new Font("Times", Font.ITALIC, 20));
    messagePanel4.setFont(new Font("Californian FB", Font.PLAIN, 20));
    messagePanel1.setBackground(Color.red);
    messagePanel2.setBackground(Color.cyan);
    messagePanel3.setBackground(Color.green);
    messagePanel4.setBackground(Color.white);
    messagePanel1.setCentered(true);

    setLayout(new GridLayout(2, 2));
```

메시지 패널을 생성한다.
폰트를 설정한다.
배경색을 설정한다.
메시지 패널을 추가한다.

```
    add(messagePanel1);
    add(messagePanel2);
    add(messagePanel3);
    add(messagePanel4);
  }

  public static void main(String[] args) {
    TestMessagePanel frame = new TestMessagePanel();
    frame.setSize(300, 200);
    frame.setTitle("TestMessagePanel");
    frame.setLocationRelativeTo(null); // Center the frame
    frame.setDefaultCloseOperation(JFrame.EXIT_ON_CLOSE);
    frame.setVisible(true);
  }
}
```

그림 14.21 TestMessagePanel은 MessagePanel을 사용하여 4개의 메시지 패널을 표시한다.

이 절의 나머지 부분은 MessagePanel 클래스를 구현하는 방법을 설명한다. 여러분은 구현하는 방법을 모르고도 클래스를 사용할 수 있으므로 원한다면 구현을 건너뛰어도 된다.

MessagePanel 클래스는 리스트 14.10에서 구현된다. 프로그램이 긴 것처럼 보이지만 실제로는 간단하다. 왜냐하면, 대부분의 메소드는 get 메소드와 set 메소드이고 각 메소드는 상대적으로 짧고 읽기가 용이하다.

리스트 14.10 MessagePanel.java

```
import java.awt.FontMetrics;
import java.awt.Dimension;
import java.awt.Graphics;
import javax.swing.JPanel;

public class MessagePanel extends JPanel {
  /** The message to be displayed */
  private String message = "Welcome to Java";

  /** The x-coordinate where the message is displayed */
  private int xCoordinate = 20;

  /** The y-coordinate where the message is displayed */
  private int yCoordinate = 20;

  /** Indicate whether the message is displayed in the center */
  private boolean centered;

  /** The interval for moving the message horizontally and vertically */
```

```
private int interval = 10;

/** Construct with default properties */
public MessagePanel() {
}

/** Construct a message panel with a specified message */
public MessagePanel(String message) {
  this.message = message;
}

/** Return message */
public String getMessage() {
  return message;
}

/** Set a new message */
public void setMessage(String message) {
  this.message = message;
```

패널을 다시 페인트칠한다.

```
  repaint();
}

/** Return xCoordinator */
public int getXCoordinate() {
  return xCoordinate;
}

/** Set a new xCoordinator */
public void setXCoordinate(int x) {
  this.xCoordinate = x;
```

패널을 다시 페인트칠한다.

```
  repaint();
}

/** Return yCoordinator */
public int getYCoordinate() {
  return yCoordinate;
}

/** Set a new yCoordinator */
public void setYCoordinate(int y) {
  this.yCoordinate = y;
```

패널을 다시 페인트칠한다.

```
  repaint();
}

/** Return centered */
public boolean isCentered() {
  return centered;
}

/** Set a new centered */
public void setCentered(boolean centered) {
  this.centered = centered;
  repaint();
```

```
  }

  /** Return interval */
  public int getInterval() {
    return interval;
  }
```

패널을 다시 페인트칠한다.

```
  /** Set a new interval */
  public void setInterval(int interval) {
    this.interval = interval;
    repaint();
  }

  /** Paint the message */
  protected void paintComponent(Graphics g) {
    super.paintComponent(g);
```

paintComponent를 재정의한다.

중앙에 있는지를 검사한다.

```
    if (centered) {
      // Get font metrics for the current font
      FontMetrics fm = g.getFontMetrics();

      // Find the center location to display
      int stringWidth = fm.stringWidth(message);
      int stringAscent = fm.getAscent();
      // Get the position of the leftmost character in the baseline
      xCoordinate = getWidth() / 2 - stringWidth / 2;
      yCoordinate = getHeight() / 2 + stringAscent / 2;
    }

    g.drawString(message, xCoordinate, yCoordinate);
  }

  /** Move the message left */
  public void moveLeft() {
    xCoordinate -= interval;
    repaint();
  }

  /** Move the message right */
  public void moveRight() {
    xCoordinate += interval;
    repaint();
  }

  /** Move the message up */
  public void moveUp() {
    yCoordinate -= interval;
    repaint();
  }

  /** Move the message down */
  public void moveDown() {
    yCoordinate += interval;
    repaint();
  }
```

getPreferredSize를 재정의한다.

```
128
129   /** Override get method for preferredSize */
130   public Dimension getPreferredSize() {
131     return new Dimension(200, 30);
132   }
133 }
```

paintComponent 메소드는 centered 속성이 참(90행)이라면 메시지를 중앙에 표시한다. message는 8행에서 "Welcome to Java"로 초기화된다. 초기화되지 않는다면, 메시지는 102행에서 null로 되어 있기 때문에, 매개변수 없는 생성자를 사용하여 MessagePanel을 생성할 때 NullPointerException 실행시간 오류가 발생할 것이다.

주의

MessagePanel 클래스는 xCoordinate와 yCoordinat 속성을 사용하여 패널에 표시되는 메시지의 위치를 지정한다. 속성 이름 x와 y를 사용하지 마라. 왜냐하면, 이들은 getX()와 getY()를 사용하여 부모 좌표 시스템의 컴포넌트의 위치를 반환하기 위해 Component 클래스에서 이미 정의되었기 때문이다.

NOTE

Component 클래스는 setBackground, setForeground와 setFont 메소드를 갖는다. 이 메소드들은 컴포넌트 전체의 색과 폰트를 설정한다. 다른 색과 폰트를 갖는 패널에서 여러 개의 메시지를 그리려 한다면, 현재 그리기에 대한 색과 폰트를 설정하기 위해서는 Graphics 클래스에 있는 setColor 메소드와 setFont 메소드를 사용해야 한다.

NOTE

자바 프로그래밍의 주요 특징 중의 하나는 클래스의 재사용이다. 이 교재 전체에서는 재사용가능한 클래스가 개발되고, 후에 재사용된다. 9.5절의 Loan과 14.7절의 FigurePanel과 마찬가지로, MessagePanel은 이러한 예제이다. 이것은 여러분이 패널에 메시지를 표시하고자 할 때 재사용될 수 있다. 여러분의 클래스가 광범위한 응용에서 재사용되기 위해서는 다양한 사용하는 방법을 제공해야 한다. MessagePanel은 이 교재의 여러 예제에서 사용될 많은 속성과 메소드를 제공한다. 14.12절은 패널에서 시계를 그래픽으로 표시하는 다른 유용하고 재사용가능한 클래스를 제시한다.

14.12 사례 연구 : StillClock 클래스

이 사례 연구는 패널에서 시계를 표시하는 클래스를 개발한다. 클래스의 규약서는 그림 14.22에서 제공된다.

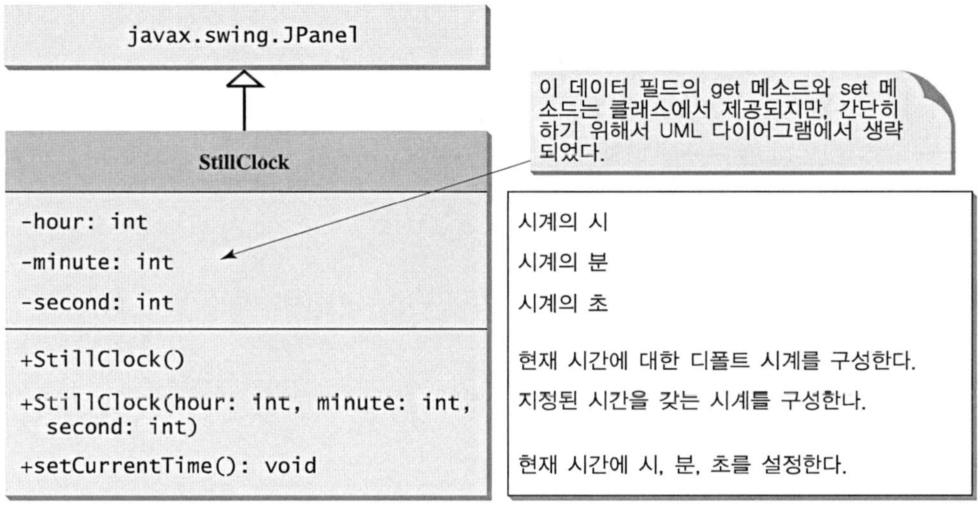

그림 14.22 StillClock은 아날로그 시계를 표시한다.

먼저 그림 12.23(a)에서 보인 것처럼 아날로그 시계를 표시하기 위해 StillClock 클래스를 사용하고 패널에 시, 분과 초를 표시하기 위해 MessagePanel을 사용하는 테스트 프로그램을 리스트 14.11에서 보인 것처럼 작성해 보자.

리스트 14.11 DisplayClock.java

```
import java.awt.*;
import javax.swing.*;

public class DisplayClock extends JFrame {
  public DisplayClock() {
    // Create an analog clock for the current time
    StillClock clock = new StillClock();

    // Display hour, minute, and seconds in the message panel
    MessagePanel messagePanel = new MessagePanel(clock.getHour() +
      ":" + clock.getMinute() + ":" + clock.getSecond());
    messagePanel.setCentered(true);
    messagePanel.setForeground(Color.blue);
    messagePanel.setFont(new Font("Courie", Font.BOLD, 16));

    // Add the clock and message panel to the frame
    add(clock);
    add(messagePanel, BorderLayout.SOUTH);
```

시계를 생성한다.

메시지 패널을 생성한다.

시계를 추가한다.

메시지 패널을 추가한다.

```
  }

  public static void main(String[] args) {
    DisplayClock frame = new DisplayClock();
    frame.setTitle("DisplayClock");
    frame.setSize(300, 350);
    frame.setLocationRelativeTo(null); // Center the frame
    frame.setDefaultCloseOperation(JFrame.EXIT_ON_CLOSE);
    frame.setVisible(true);
  }
}
```

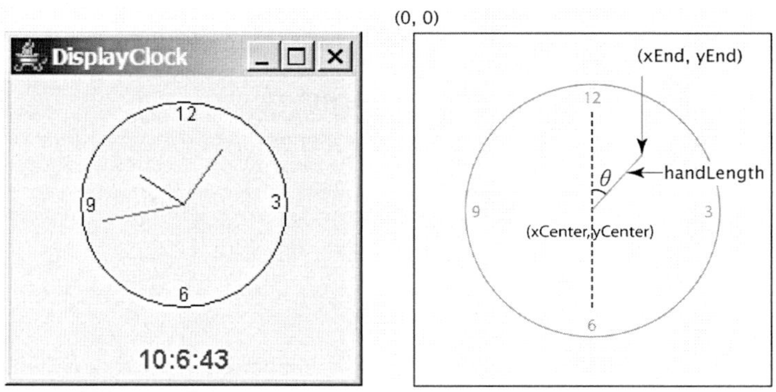

(a) (b)

그림 14.23 (a) DisplayClock 프로그램은 현재의 시각을 보여주는 시계를 표시한다. (b) 시계 침의 끝점은 확장각, 침의 길이와 중앙 점이 주어지면 결정될 수 있다.

구현 생략?

이 절의 나머지 부분은 StillClock 클래스를 구현하는 방법을 설명한다. 여러분은 구현하는 방법을 모르고도 클래스를 사용할 수 있으므로 원한다면 구현을 건너뛰어도 된다.

구현

시계를 그리기 위해, 원과 시침, 분침, 초침을 위한 3개의 침을 그리는 것이 필요하다. 침을 그리기 위해, 직선의 양 끝을 지정하는 것이 필요하다. 그림 14.23(b)에 보인 것처럼, 한 끝은 (xCenter, yCenter)에 있는 시계의 중심이고, 다른 끝(xEnd, yEnd)은 다음 공식에 의해서 결정된다.

```
xEnd = xCenter + handLength × sin(θ)
yEnd = yCenter - handLength × cos(θ)
```

1분은 정확히 60초이므로, 초침의 각은

```
second × (2π/60)
```

이다. 분침의 위치는 분과 초에 의해서 결정된다. 초와 결합된 정확한 분은 minute + second/60이다. 예를 들면, 시간이 3분 30초라면, 전체는 3.5분이다. 한 시간은 60분이므로, 분침의 각은

```
(minute + second/60) × (2π/60)
```

이다. 한 개의 원이 12시간으로 나누어지므로, 시침의 각은

$$(hour + minute/60 + second/(60 \times 60)) \times (2\pi/12)$$

이다. 간단히 하기 위해, 초는 매우 작고 무시할 수 있으므로, 분침과 시침의 각도를 계산에서 초를 생략할 수 있다. 그러므로 시침, 분침과 초침의 끝점은 다음과 같이 계산될 수 있다.

```
xSecond = xCenter + secondHandLength × sin(second × (2π/60))
ySecond = yCenter - secondHandLength × cos(second × (2π/60))
xMinute = xCenter + minuteHandLength × sin(minute × (2π/60))
yMinute = yCenter - minuteHandLength × cos(minute × (2π/60))
xHour = xCenter + hourHandLength × sin((hour + minute/60) × (2π/60))
yHour = yCenter - hourHandLength × cos((hour + minute/60) × (2π/60))
```

StillClock 클래스는 리스트 14.12에서 구현된다.

리스트 14.12 StillClock.java

```java
import java.awt.*;
import javax.swing.*;
import java.util.*;

public class StillClock extends JPanel {
  private int hour;
  private int minute;
  private int second;

  /** Construct a default clock with the current time*/
  public StillClock() {
    setCurrentTime();
  }

  /** Construct a clock with specified hour, minute, and second */
  public StillClock(int hour, int minute, int second) {
    this.hour = hour;
    this.minute = minute;
    this.second = second;
  }

  /** Return hour */
  public int getHour() {
    return hour;
  }

  /** Set a new hour */
  public void setHour(int hour) {
    this.hour = hour;
    repaint();
  }

  /** Return minute */
  public int getMinute() {
    return minute;
```

패널을 다시 그린다.

```
  }

  /** Set a new minute */
  public void setMinute(int minute) {
    this.minute = minute;
```

패널을 다시 그린다.

```
    repaint();
  }

  /** Return second */
  public int getSecond() {
    return second;
  }

  /** Set a new second */
  public void setSecond(int second) {
    this.second = second;
```

패널을 다시 그린다.

```
    repaint();
  }

  /** Draw the clock */
```

paintComponent를 재정의한다.

```
  protected void paintComponent(Graphics g) {
    super.paintComponent(g);

    // Initialize clock parameters
    int clockRadius =
      (int)(Math.min(getWidth(), getHeight()) * 0.8 * 0.5);
    int xCenter = getWidth() / 2;
    int yCenter = getHeight() / 2;

    // Draw circle
    g.setColor(Color.black);
    g.drawOval(xCenter - clockRadius, yCenter - clockRadius,
      2 * clockRadius, 2 * clockRadius);
    g.drawString("12", xCenter - 5, yCenter - clockRadius + 12);
    g.drawString("9", xCenter - clockRadius + 3, yCenter + 5);
    g.drawString("3", xCenter + clockRadius - 10, yCenter + 3);
    g.drawString("6", xCenter - 3, yCenter + clockRadius - 3);

    // Draw second hand
    int sLength = (int)(clockRadius * 0.8);
    int xSecond = (int)(xCenter + sLength *
      Math.sin(second * (2 * Math.PI / 60)));
    int ySecond = (int)(yCenter - sLength *
      Math.cos(second * (2 * Math.PI / 60)));
    g.setColor(Color.red);
    g.drawLine(xCenter, yCenter, xSecond, ySecond);

    // Draw minute hand
    int mLength = (int)(clockRadius * 0.65);
    int xMinute = (int)(xCenter + mLength *
      Math.sin(minute * (2 * Math.PI / 60)));
    int yMinute = (int)(yCenter - mLength *
      Math.cos(minute * (2 * Math.PI / 60)));
    g.setColor(Color.blue);
    g.drawLine(xCenter, yCenter, xMinute, yMinute);
```

```
 91
 92       // Draw hour hand
 93       int hLength = (int)(clockRadius * 0.5);
 94       int xHour = (int)(xCenter + hLength *
 95         Math.sin((hour % 12 + minute / 60.0) * (2 * Math.PI / 12)));
 96       int yHour = (int)(yCenter - hLength *
 97         Math.cos((hour % 12 + minute / 60.0) * (2 * Math.PI / 12)));
 98       g.setColor(Color.green);
 99       g.drawLine(xCenter, yCenter, xHour, yHour);
100     }
101
102     public void setCurrentTime() {
103       // Construct a calendar for the current date and time
104       Calendar calendar = new GregorianCalendar();
105
106       // Set current hour, minute and second
107       this.hour = calendar.get(Calendar.HOUR_OF_DAY);
108       this.minute = calendar.get(Calendar.MINUTE);
109       this.second = calendar.get(Calendar.SECOND);
110     }
111
112     public Dimension getPreferredSize() {
113       return new Dimension(200, 200);
114     }
115   }
```

현재 시간을 얻는다.

getPreferredSize를 재정의한다.

프로그램은 프레임의 크기가 조정될 때 시계 크기가 조정되게 한다. 프레임 크기를 조정할 때마다, paintComponent 메소드는 새로운 프레임을 그리기 위해 자동적으로 호출된다. paintComponent 메소드는 패널 너비(getWidth())와 높이(getHeight())(StillClock의 60-63행)에 비례하여 시계를 표시한다.

14.13 이미지 표시

이미지 아이콘을 생성하고 라벨과 버튼에 표시하는 방법을 13.10절 "이미지 아이콘"에서 배웠다. 예를 들면, 다음 문장은 이미지 아이콘을 생성하고 라벨에서 표시한다.

```
ImageIcon icon = new ImageIcon("image/us.gif");
JLabel jlblImage = new JLabel(imageIcon);
```

이미지 아이콘은 고정-크기 이미지를 표시한다. 유연한-크기로 이미지를 표시하기 위해서는 java.awt.Image 클래스를 사용하는 것이 필요하다. 이미지는 다음과 같이 getImage() 메소드를 사용하여 이미지 아이콘으로부터 생성된다.

```
Image image = imageIcon.getImage();
```

이미지를 표시하는 영역으로서 라벨을 사용하는 것은 간단하고 편리하지만 이미지가 표시되는 방법을 조정할 수 없다. 이미지를 표시하는 보다 유연한 방법은 패널에서 Graphics 클래스의 drawImage 메소드를 사용하는 것이다. drawImage 메소드의 4개의 버전이 그림 14.24에 주어진다.

ImageObserver는 이미지가 구성될 때 이미지의 정보 알림을 받는 비동기적 갱신 인터페이스이다. Component 클래스는 ImageObserver를 구현한다. 그러므로 모든 GUI 컴포넌트는 ImageObserver의 인스턴스이다. JPanel과 같은 Swing 컴포넌트에 있는 drawImage 메소드를 사용하여 이미지를 그리는 것은 이미지가 패널에서 그려지는 방법을 컴포넌트에게 알리기 위해 paintComponent 메소드를 무시하는 것이다.

리스트 14.13은 image/us.gif로부터 가져온 이미지를 표시하는 코드를 보여준다. 파일 image/us.gif(20행)는 클래스 디렉터리 아래에 있다. Image 객체는 21행에서 얻어진다. drawImage 메소드는 그림 14.25에서 보인 것처럼 패널 전체를 채우는 이미지를 표시한다.

java.awt.Graphics	
+drawImage(image: Image, x: int, y: int, bgcolor: Color, observer: ImageObserver): void	이미지를 지정된 위치에 그린다. 이미지의 상단-좌측 모서리는 그래픽 내용 좌표 공간에서 (x, y)이다. 이미지에서 투명 픽셀은 지정된 색 bgcolor로 그린다. 관측자는 이미지가 표시되는 객체이다. 이미지는 그려지는 영역보다 크다면 절단된다.
+drawImage(image: Image, x: int, y: int, observer: ImageObserver): void	배경색을 지정하지 않는다는 것만 빼고는 앞의 메소드와 동일하다.
+drawImage(image: Image, x: int, y: int, width: int, height: int, observer: ImageObserver): void	지정된 사각형에서 모든 공간을 채우도록 이미지를 확장하여 그린다.
+drawImage(image: Image, x: int, y: int, width: int, height: int, bgcolor: Color, observer: ImageObserver): void	그려지는 이미지의 짙은 배경색을 제공하는 것만 제외하고는 앞의 메소드와 동일하다.

그림 14.24 GUI 컴포넌트에서 이미지를 표시하기 위해 Graphics 객체에서 drawImage 메소드를 적용할 수 있다.

리스트 14.13 DisplayImage.java

```
 1 import java.awt.*;
 2 import javax.swing.*;
 3
 4 public class DisplayImage extends JFrame {
 5   public DisplayImage() {
 6     add(new ImagePanel());
 7   }
 8
 9   public static void main(String[] args) {
10     JFrame frame = new DisplayImage();
11     frame.setTitle("DisplayImage");
12     frame.setSize(300, 300);
13     frame.setLocationRelativeTo(null); // Center the frame
14     frame.setDefaultCloseOperation(JFrame.EXIT_ON_CLOSE);
```

```
    frame.setVisible(true);
  }

  // Inner class: Define the panel for showing an image
  static class ImagePanel extends JPanel {
    ImageIcon imageIcon = new ImageIcon("image/us.gif");
    Image image = imageIcon.getImage();

    /** Draw image on the panel */
    public void paintComponent(Graphics g) {
      super.paintComponent(g);

      if (image != null)
        g.drawImage(image, 0, 0, getWidth(), getHeight(), this);
    }
  }
}
```

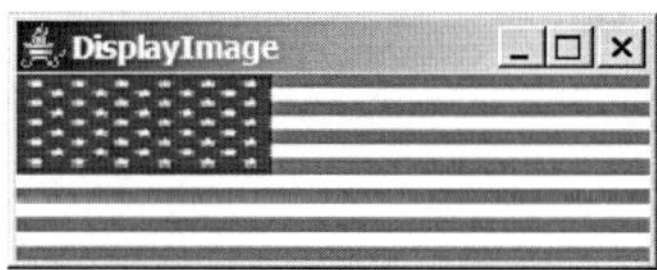

그림 14.25 이미지가 패널에서 표시된다.

14.14 사례 연구 : ImageViewer 클래스

이미지를 표시하는 것은 자바 프로그래밍에서 일상적이다. 이 사례 연구는 패널에 이미지를 표시하는 ImageViewer라 불리는 재사용가능한 컴포넌트를 개발한다. 이 클래스는 그림 14.26에서 보인 것처럼 접근자(accessor)와 변형자(mutator) 메소드를 갖고 image, stretched, xCoordinate와 yCoordinate라는 속성을 포함한다.

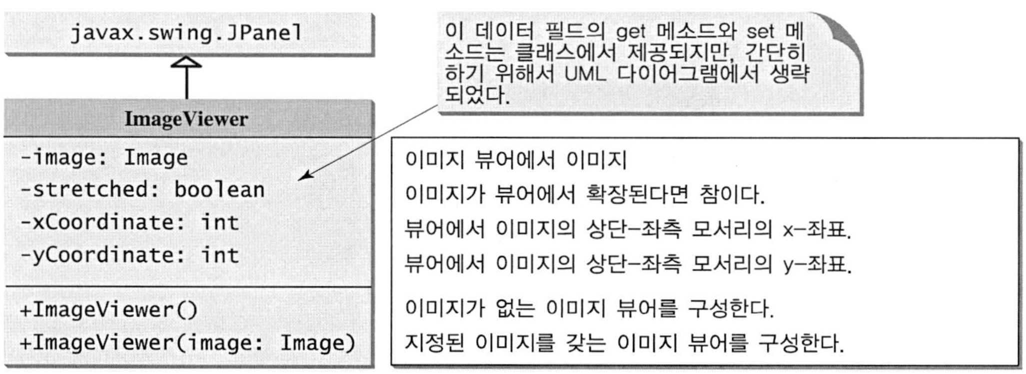

그림 14.26 ImageViewer 클래스는 패널에 이미지를 표시한다.

JPanel과 JButton과 같은 Swing 컴포넌트에서 이미지를 사용할 수 있지만 이미지는 확장 가능하지 않다. ImageViewer에서 이미지는 확장가능하다.

ImageViewer 클래스를 사용하여 6개의 이미지를 표시하는 테스트 프로그램을 리스트 14.14에서 작성해 보자. 그림 14.27은 프로그램의 실행 결과이다.

리스트 14.14 SixFlags.java

이미지를 생성한다.

이미지 뷰어를 생성한다.

```
import javax.swing.*;
import java.awt.*;

public class SixFlags extends JFrame {
  public SixFlags() {
    Image image1 = new ImageIcon("image/us.gif").getImage();
    Image image2 = new ImageIcon("image/ca.gif").getImage();
    Image image3 = new ImageIcon("image/india.gif").getImage();
    Image image4 = new ImageIcon("image/uk.gif").getImage();
    Image image5 = new ImageIcon("image/china.gif").getImage();
    Image image6 = new ImageIcon("image/norway.gif").getImage();

    setLayout(new GridLayout(2, 0, 5, 5));
    add(new ImageViewer(image1));
    add(new ImageViewer(image2));
    add(new ImageViewer(image3));
    add(new ImageViewer(image4));
    add(new ImageViewer(image5));
    add(new ImageViewer(image6));
  }

  public static void main(String[] args) {
    SixFlags frame = new SixFlags();
    frame.setTitle("SixFlags");
    frame.setSize(400, 320);
    frame.setLocationRelativeTo(null); // Center the frame
    frame.setDefaultCloseOperation(JFrame.EXIT_ON_CLOSE);
    frame.setVisible(true);
  }
}
```

그림 14.27 6개의 이미지가 5개의 ImageViewer 컴포넌트에서 표시된다.

ImageViewer 클래스는 리스트 14.15에서 구현된다(노트 : 구현은 건너뛰어도 된다). image, stretched, xCoordinate와 yCoordinate 속성의 접근자와 변형자 메소드는 구현하기가 용이하다. paintComponent 메소드(26-35행)는 패널에서 이미지를 표시한다. 29행은 이미지를 표시하기 전에 이미지가 null이 아니라는 것을 확인한다. 30행은 이미지가 확장가능한지 아닌지를 검사한다.

리스트 14.15 ImageViewer.java

```
1 import java.awt.*;
2 import javax.swing.*;
3
4 public class ImageViewer extends JPanel {
5   /** Hold value of property image. */
6   private java.awt.Image image;
7
8   /** Hold value of property stretched. */
9   private boolean stretched = true;
10
11   /** Hold value of property xCoordinate. */
12   private int xCoordinate;
13
14   /** Hold value of property yCoordinate. */
15   private int yCoordinate;
16
17   /** Construct an empty image viewer */
18   public ImageViewer() {
19   }
20
21   /** Construct an image viewer for a specified Image object */
22   public ImageViewer(Image image) {
23     this.image = image;
24   }
25
26   protected void paintComponent(Graphics g) {
27     super.paintComponent(g);
28
29     if (image != null)
30       if (isStretched())
31         g.drawImage(image, xCoordinate, yCoordinate,
32           getSize().width, getSize().height, this);
33       else
34         g.drawImage(image, xCoordinate, yCoordinate, this);
35   }
36
37   /** Return value of property image */
38   public java.awt.Image getImage() {
39     return image;
40   }
41
42   /** Set a new value for property image */
43   public void setImage(java.awt.Image image) {
44     this.image = image;
45     repaint();
46   }
47
48   /** Return value of property stretched */
49   public boolean isStretched() {
```

속성

생성자

생성자

이미지 null?

확장

비확장

```
    return stretched;
  }

  /** Set a new value for property stretched */
  public void setStretched(boolean stretched) {
    this.stretched = stretched;
    repaint();
  }

  /** Return value of property xCoordinate */
  public int getXCoordinate() {
    return xCoordinate;
  }

  /** Set a new value for property xCoordinate */
  public void setXCoordinate(int xCoordinate) {
    this.xCoordinate = xCoordinate;
    repaint();
  }

  /** Return value of property yCoordinate */
  public int getYCoordinate() {
    return yCoordinate;
  }

  /** Set a new value for property yCoordinate */
  public void setYCoordinate(int yCoordinate) {
    this.yCoordinate = yCoordinate;
    repaint();
  }
}
```

요약

- 각 컴포넌트는 윈도우의 상단-좌측 모서리를 원점(0, 0)으로 하는 자체의 좌표 시스템을 갖는다. x-좌표는 오른쪽으로 증가하고, y-좌표는 아래로 증가한다.
- Graphics 클래스는 다른 플랫폼에서 스크린에 그림과 이미지를 표시하는 추상 클래스이다. Graphics 클래스는 JVM에서 원시 플랫폼에 구현된다. GUI 컴포넌트를 그리기 위해 paintComponent(g)를 사용할 때, g는 특정 플랫폼을 위한 추상 Graphics 클래스의 구체적인 하위 클래스의 인스턴스이다. Graphics 클래스는 플랫폼 세부사항을 캡슐화하고 특정 플랫폼의 관계없이 사물을 획일적으로 그리게 한다.
- super.paintComponent(g)의 호출은 새로운 그림이 표시되기 전에 보기 영역이 정리되었다는 것을 확인하기 위해 필요하다. 사용자는 Component 클래스에서 정의된 repaint() 메소드를 호출함으로써 컴포넌트가 다시 표시되도록 요청할 수 있다. repaint()의 호출은 JVM에 의해서 paintComponent가 호출되도록 한다. 사용자는 paintComponent를

직접 호출해서는 안 된다. 이런 이유로 protected 가시성이 paintComponent에 충분하다.

- 일반적으로 JPanel를 캔버스로 사용한다. JPanel에 그리기 위해 JPanel을 확장하고 패널에 사물을 그리는 방법을 알리기 위해 paintComponent 메소드를 재정의하는 새로운 클래스를 생성한다.
- 컴포넌트 또는 그리려고 하는 대상에 폰트를 설정할 수 있고 폰트 크기를 측정하는 폰트 메트릭스(metrics)를 사용할 수 있다. 폰트와 폰트 메트릭스는 Font 클래스와 FontMetrics 클래스에 캡슐화되어 있다. FontMetrics는 스트링의 정확한 길이와 너비를 계산하는 데 사용된다. 이것은 스트링을 적당한 위치에 표시하기 위해 스트링의 크기를 측정하는데 도움이 된다.
- Component 클래스는 setBackground, setForeground와 setFont 메소드를 갖는다. 이 메소드들은 컴포넌트 전체의 색과 폰트를 설정하는 데 사용된다. 한 개의 패널에서 여러 색과 폰트로 여러 가지 메시지를 그린다고 가정하자. 그렇다면 현재 그리기에 대해 색과 폰드를 설정하기 위해 Graphics에 있는 setColor와 setFont 메소드를 사용해야 한다.
- 이미지를 표시하기 위해 먼저 이미지 아이콘을 생성하라. 그런 후 ImageIcon의 getImage() 메소드를 사용하여 이미지에 대한 Image 객체를 얻고 java.awt.Graphics 클래스에 있는 drawImage 메소드를 사용하여 이미지를 그릴 수 있다.

복습문제

14.2-14.3절

14.1 기존 메시지 아래 새로운 메시지를 그린다고 가정하자. x-좌표, y-좌표, 또는 x-좌표와 y-좌표를 증가해야 하는가 아니면 감소해야 하는가?

14.2 리스트 14.1의 9행에 있는 jlblBanner.getGraphics()는 왜 null을 반환하는가? 리스트 14.1의 19행에서 메시지 대화상자를 보여주는 이유는 무엇인가? 9행에서 jlblBanner.getGraphics()는 Graphics 객체를 반환하기 위해 사용된다. 21행에서 주 메소드에 있는 frame.jlblBanner.gerGraphics()를 사용해야 하는 이유는 무엇인가?

14.4-14.5절

14.3 paintComponent 메소드를 서술하라. 어디에서 정의되는가? 어떻게 호출하는가? 직접 호출하는 것이 가능한가? 프로그램은 어떻게 이 메소드가 호출되게 하는가?

14.4 paintComponent 메소드가 protected 가시성을 갖는 이유는 무엇인가? 하위 클래스에서 protected를 public이나 private로 변경하면 어떤 일이 발생하는가? 리스트 14.2의 25행과 리스트 14.3의 21행에서 super.paintComponent(g)를 호출하는 이유는 무엇인가?

14.5 Swing GUI 컴포넌트에서 사물은 그릴 수 있는가? 여러분은 그리는 캔버스로 라벨이나 버튼보다 패널을 사용해야하는 이유는 무엇인가?

14.6–14.9절

14.6 스트링, 선, 사각형, 모서리–둥근 사각형, 3D 사각형, 타원, 호, 다각형과 다중선을 그리는 방법을 서술하라.

14.7 사각형, 모서리–둥근 사각형, 타원, 호와 다각형을 채우는 방법을 서술하라.

14.8 Graphics 객체에서 색과 폰트를 얻고 설정하는 방법은 무엇인가?

14.9 다음 모양을 그리는 문장을 작성하라.

- 점(10, 10)에서 점(70, 30)까지 굵은 직선을 그려라. 두꺼운 직선의 효과를 만들기 위해 각 직선 옆에 여러 개의 직선을 그릴 수 있다.
- 상단–좌측 모서리가 (10, 10)인 너비가 100, 높이가 200인 사각형을 그리거나 채워라.
- 모서리 수평 지름이 40, 모서리 수직 지름이 20, 너비가 100, 높이가 200인 모서리–둥근 사각형을 그리거나 채워라.
- 반지름이 30인 원을 그리거나 채워라.
- 너비가 50, 높이가 100인 타원을 그리거나 채워라.
- 반지름이 50인 원의 위쪽 반을 그려라.
- 다음 점을 연결하는 다각형을 그리거나 채워라: (20, 40), (30, 50), (40, 90), (90, 10), (10, 30).

14.10–14.12절

14.10 폰트의 행간격, 오름간격, 내림간격과 높이를 어떻게 알 수 있는가? Graphics 객체에서 스트링의 정확한 길이를 픽셀 단위로 어떻게 알 수 있는가?

14.11 리스트 14.10(MessagePanel.java)의 8행에서 message가 초기화되지 않았다면, 매개변수 없는 생성자를 사용하여 MessagePanel을 생성할 때 어떤 일이 발생하는가?

14.12 다음 프로그램은 패널에 메시지를 표시하기로 되어 있지만, 아무 것도 표시되지 않았다. 2행과 14행에 문제가 있다. 이 문제점들을 정정하라.

```
1 public class TestDrawMessage extends javax.swing.JFrame {
2   public void TestDrawMessage() {
3     add(new DrawMessage());
4   }
5
6   public static void main(String[] args) {
7     javax.swing.JFrame frame = new TestDrawMessage();
8     frame.setSize(100, 200);
9     frame.setVisible(true);
10  }
11 }
12
13 class DrawMessage extends javax.swing.JPanel {
14   protected void PaintComponent(java.awt.Graphics g) {
15     super.paintComponent(g);
16     g.drawString("Welcome to Java", 20, 20);
17   }
18 }
```

14.13–14.14절

14.13 ImageIcon 객체로부터 Image 객체를 어떻게 생성하는가?

14.14 Image 객체로부터 ImageIcon 객체를 어떻게 생성하는가?

14.15 Graphics 클래스의 drawImage 메소드를 서술하라.

14.16 JLabel과 JPanel에서 이미지를 표시하는 차이점을 설명하라.

14.17 어느 패키지가 ImageIcon을 포함하는가? 그리고 어떤 패키지가 Image를 포함하는가?

프로그래밍 연습

14.1* (그리드로서 9개의 사각형 표시하기) 같은 크기의 9개의 사각형을 표시하는 프로그램을 작성하라. 각 사각형은 다른 색으로 채워진다.

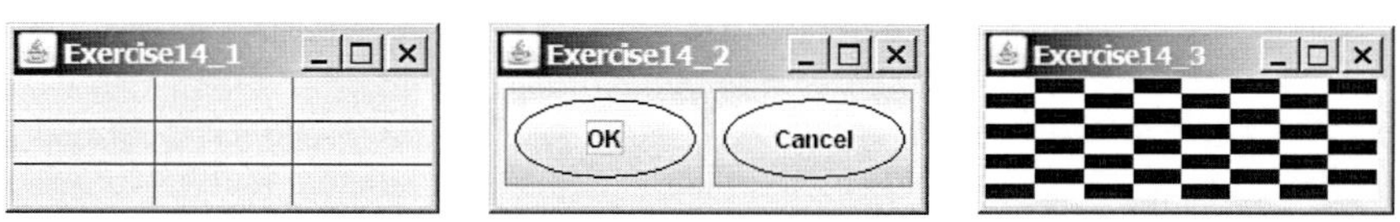

(a) (b) (c)

그림 14.28 (a) 프로그래밍 연습 14.1은 그리드를 표시한다. (b) 프로그래밍 연습 14.2는 OvalButton의 2개의 객체를 표시한다. (c) 프로그래밍 연습 14.3은 체커보드를 표시한다.

14.2** (맞춤 버튼 클래스 생성하기) JButton을 확장하고 타원 안에는 버튼 텍스트를 표시하는 OvalButton이라 불리는 맞춤 버튼 클래스를 개발하라.

14.3* (체커보드 표시하기) 프로그래밍 연습 13.10은 각 흰 셀과 검은 셀이 JButton인 체커보드를 표시한다. 그림 14.28(c)에서 보인 것처럼 Graphics 클래스에 있는 그리기 메소드를 사용하여 JPanel에 체커보드를 그리는 프로그램을 다시 작성하라.

14.4* (곱셈 표 표시하기) 다음 그림에서 보인 것처럼 그리기 메소드를 사용하여 패널에서 곱셈표를 표시하는 프로그램을 작성하라. 그림 14.29(a)에서 보인 것처럼 행과 열을 정렬하라. 윈도우의 크기가 변경될 때 행의 개수는 윈도우에 맞추기 위해 변한다.

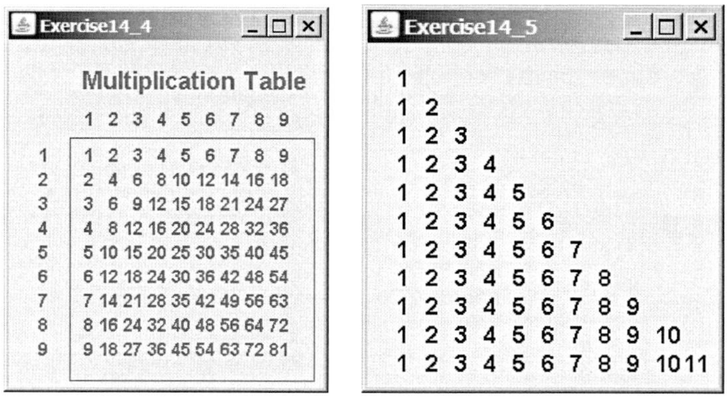

(a) (b)

그림 14.29 (a) 프로그래밍 연습 14.4는 곱셈표를 표시한다. (b) 프로그래밍 연습 14.5는 삼각형 모양으로 수를 표시한다.

14.5** (삼각형으로 수를 표시하기) 그림 14.29(b)에서 보인 것처럼 삼각형 형태로 수를 표시하는 프로그램을 작성하라. 윈도우의 크기가 변경될 때 행의 개수는 윈도우에 맞추기 위해 변한다.

14.6** (FigurePanel 개선하기) 리스트 14.5의 FigurePanel 클래스는 선, 사각형, 모서리-둥근 사각형과 타원을 표시할 수 있다. 호와 다각형을 표시하기 위해 클래스에 적당한 새로운 코드를 추가하라. 새로운 FigurePanel 클래스를 사용하여 그림 14.30(a)에서 보인 것처럼 모양을 표시하는 테스트 프로그램을 작성하라.

(a) (b) (c)

그림 14.30 (a) 기하학적 모양의 4개의 패널이 GridLayout의 프레임에서 표시된다. (b) TicTacToe 셀은 X, O, 또는 무모양(역주 : 아무 표시 없는 것)을 임의적으로 표시한다. (c) 프로그래밍 연습 14.8은 8각형을 그린다.

14.7** (TicTacToe 보드 표시하기) X, O, 또는 무모양(역주 : 아무 표시 없는 것)을 표시하는 맞춤 패널을 생성하라. 표시할 것은 패널이 다시 페인트칠될 때 임의적으로 결정된다. X, O, 또는 무모양을 표시하는 것에 대응되는 정수 0, 1, 또는 2를 생산하기 위해 Math.random() 메소드를 사용하라. 그림 14.30(b)에서 보인 것처럼 9개의 맞춤 패널을 포함하는 프레임을 생성하라.

14.8** (8각형 그리기) 그림 14.30(c)에서 보인 것처럼, 8각형을 그리는 프로그램을 작성하라.

14.9* (4개의 팬을 생성하기) 그림 13.31(a)에서 보인 것처럼 2개의 행과 2개의 열을 갖는 GridLayout의 프레임에 4개의 팬을 놓는 프로그램을 작성하라.

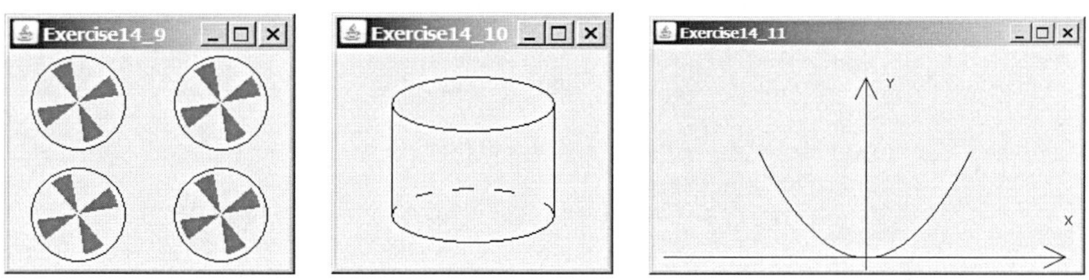

(a) (b) (c)

그림 14.31 (a) 프로그래밍 연습 14.9는 4개의 팬을 그린다. (b) 프로그래밍 연습 14.10은 원통을 그린다. (c) 프로그래밍 연습 14.11은 함수 f(x) = x^2을 표시한다.

14.10* (원통 채우기) 2개의 타원과 1개의 직사각형을 사용하여 원통을 생성하는 프로그램을 작성하라.

14.11** (2차 함수 그리기) 함수 $f(x) = x^2$을 그리는 프로그램을 작성하라(그림 14.31(c)를 보아라).

힌트 : 다음 루프를 사용하여 다각형 p에 점들을 추가하라.

```
double scaleFactor = 0.1;

for (int x = -100; x <= 100; x++) {
  p.addPoint(x + 200, 200 - (int)(scaleFactor * x * x));
}
```

Graphics 객체 g의 g.drawPolyline(p.xpoints, p.ypoints, p.npoints)을 사용하여 점들을 연결하라. Polygon 객체 p에서, p.xpoints는 x-좌표의 배열을 반환하고, p.ypoints는 y-좌표의 배열을 반환하고, p.npoints는 점들의 개수를 반환한다.

14.12** (sin 함수 그리기) 그림 14.32(a)에서 보인 것처럼 sin 함수를 그리는 프로그램을 작성하라.

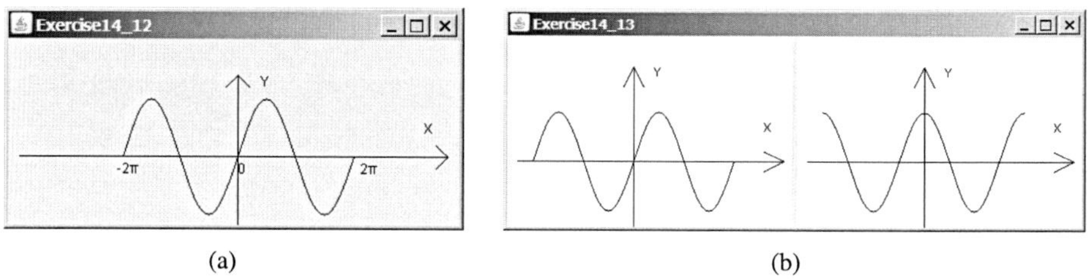

그림 14.32 (a) 프로그래밍 연습 14.12 함수 f(x) = sin(x)를 그린다. (b) 프로그래밍 연습 14.13은 sin과 cos 함수를 그린다.

힌트 : π의 Unicode는 \u03c0이다. −2π를 표시하기 위해, g.drawString("−2\u03c0", x, y)를 사용하라. sin(x)와 같은 삼각함수에서 x는 라디안이다. 다각형 p에 점들을 추가하기 위해 다음 루프를 사용하라.

```
for (intx = -100; x <= 100; x++) {
  p.addPoint(x + 200,
   100 - (int)(50 * Math.sin((x / 100.0) * 2 * Math.PI)));
}
```

−2π는 (100, 100), 축의 중앙은 (200, 100), 2π는 (300, 100)이다. 점들을 연결하기 위해 Graphics 클래스의 drawPolyline 메소드를 사용하라.

14.13** (추상 메소드를 사용하여 함수 그리기) 함수를 그리는 추상 클래스를 작성하라. 클래스는 다음과 같이 정의된다.

```
public abstract class AbstractDrawFunction extends JPanel {
  /** Polygon to hold the points */
  private Polygon p = new Polygon();

  protected AbstractDrawFunction () {
    drawFunction();
  }

  /** Return the y-coordinate */
  abstract double f(double x);

  /** Obtain points for x-coordinates 100, 101, ..., 300 */
  public void drawFunction() {
    for (int x = -100; x <= 100; x++) {
      p.addPoint(x + 200, 200 - (int)f(x));
    }
  }

  /** Implement paintComponent to draw axes, labels, and
   *  connecting points
   */
  protected void paintComponent(Graphics g) {
    // To be completed by you
  }
}
```

다음 함수로 클래스를 테스트하라.

```
f(x) = x²;
f(x) = sin(x);
f(x) = cos(x);
f(x) = tan(x);
f(x) = cos(x) + 5sin(x);
f(x) = 5cos(x) + sin(x);
f(x) = log(x) + x²;
```

각 함수에 대해서 AbstractDrawFunction 클래스를 확장하고 f 메소드를 구현하는 클래스를 생성하라. 그림 14.32(b)는 sin 함수와 cos 함수의 그래프를 보여준다.

14.14** (수평 바 차트 그리기) 그림 14.1(a)에서 보인 것처럼 프로젝트, 퀴즈, 중간고사와 기말고사에 의해서 나타나는 전체 성적의 퍼센트를 표시하기 위해 바 차트를 사용하는 프로그램을 작성하라. 프로젝트는 20퍼센트이고 빨강색으로, 퀴즈는 10퍼센트이고 파랑색으로, 중간고사는 30퍼센트이고 초록색으로, 기말고사는 40퍼센트이고 오렌지색으로 표시한다고 가정하라.

14.15** (파이 차트 그리기) 그림 14.33(a)에서 보인 것처럼 프로젝트, 퀴즈, 중간고사와 기말고사에 의해서 나타나는 전체 성적의 퍼센트를 표시하기 위해 파이 차트를 사용하는 프로그램을 작성하라. 프로젝트는 20퍼센트이고 빨강색으로, 퀴즈는 10퍼센트이고 파랑색으로, 중간고사는 30퍼센트이고 초록색으로, 기말고사는 40퍼센트이고 오렌지색으로 표시한다고 가정하라.

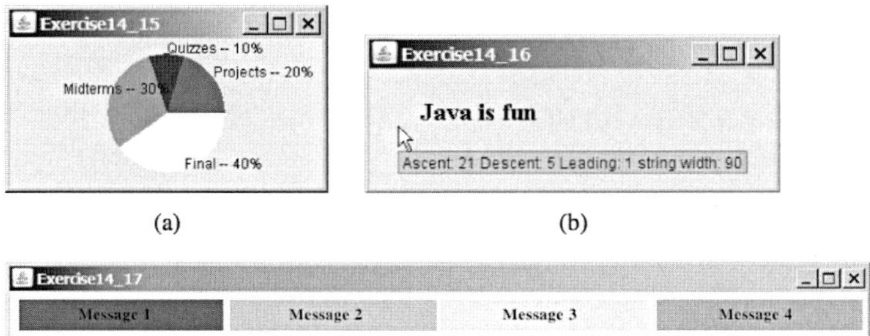

(a) (b) (c)

그림 14.33 (a) 프로그래밍 연습 14.15는 성적의 프로젝트, 퀴즈, 중간고사와 기말고사를 표시하기 위해 파이 차트를 사용한다. (b) 프로그래밍 연습 14.16은 툴팁 텍스트에서 폰트 속성을 표시한다. (c) 프로그래밍 연습 14.17은 4개의 스트링을 표시하기 위해 MessagePanel을 사용한다.

14.16 (폰트 정보 얻기) 패널에 메시지 "Java is fun"을 표시하는 프로그램을 작성하라. 패널의 폰트를 TimesRoman, 명조체, 20픽셀로 설정하라. 그림 14.33(b)에서 보인 것처럼, 패널을 위한 툴 팁의 테스트로서 폰트의 행간격, 오름간격, 내림간격, 높이와 스트링 너비를 표시하라.

14.17 (MessagePanel 클래스 사용하기) 그림 14.33(c)에서 보인 것처럼, 각 MessagePanel의 배경색이 다른 색을 갖는 BorderLayout 안에 FlowLayout을 사용하여 4개의 메시지를 표시하는 프로그램을 작성하라.

14.18 (StillClock 클래스 사용하기) 2개의 시계를 표시하는 프로그램을 작성하라. 그림 14.34(a)에서 보인 것처럼 처음 시계는 4시 20분 45초이고, 두 번째 시계는 22시 46분 15초이다.

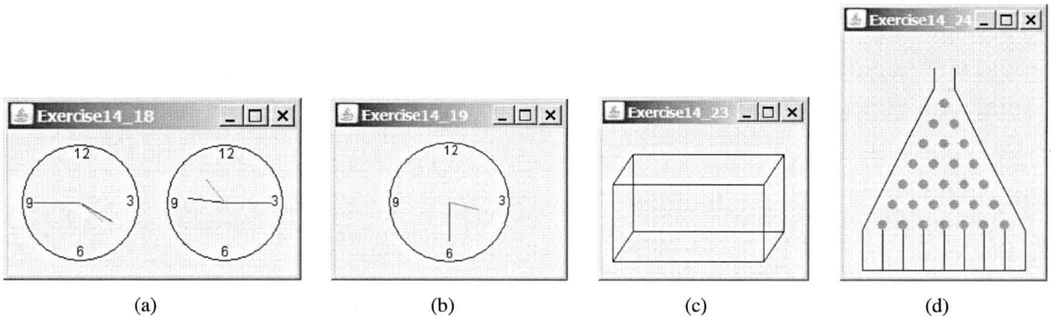

그림 14.34 (a) 프로그래밍 연습 14.18은 2개의 시계를 표시한다. (b) 프로그래밍 연습 14.19는 임의의 시, 분 값을 갖는 한 개의 시계를 표시한다. (c) 프로그래밍 연습 14.23은 육면체(rectanguloid)를 표시한다. (d) 프로그래밍 연습 14.24는 bean machine을 모의 실험한다.

14.19* (임의의 시간) 3개의 새로운 불리언 속성(hourHandVisible, minuteHandVisible과 secondHandVisible)을 갖도록 StillClock과 관련된 접근자와 변형자를 수정하라. 침을 보이게 또는 안 보이게 하기 위해 set 메소드를 사용할 수 있다. 시침과 분침만을 표시하는 테스트 프로그램을 작성하라. 시와 분은 임의적으로 생산된다. 그림 14.34(b)에서 보인 것처럼, 시는 0과 11 사이이고 분은 0이나 30이다.

14.20** (섬세한 시계 그리기) 그림 14.1(b)에서 보인 것처럼, 시와 분에 보다 섬세함을 갖는 시계를 그리기 위해 14.12절 "사례 연구 : StillClock 클래스"에 있는 StillClock 클래스를 수정하라.

14.21** (이미지를 갖는 TicTacToe 보드 표시하기) 이미지 아이콘을 JLabel에 표시하는 대신 이미지를 JPanel에 표시하기 위해 프로그래밍 연습 13.7을 다시 작성하라.

14.22* (STOP 사인 표시하기) 그림 14.1(c)에서 보인 것처럼, STOP 신호를 표시하는 프로그램을 작성하라. 육각형은 빨강색이고 신호는 흰색이다.
(힌트 : 리스트 14.7(DrawPOlygon.jave)과 리스트 14.8(TestCenteredMessage.java)을 참조하라.)

14.23 (육면체 그리기) 그림 14.34(c)에서 보인 것처럼, 육면체를 표시하는 프로그램을 작성하라. 프레임이 커지거나 작아짐에 따라 육면체도 커지거나 작아진다.

14.24 (게임 : bean machine) 프로그램 연습 6.29에서 소개한 bean machine을 표시하는 프로그램을 작성하라. 그림 14.34(d)에서 보인 것처럼, bean machine은 크기 조정 가능 패널에서 중앙에 있어야 한다.

CHAPTER 15

이벤트 구동 프로그래밍

- 이벤트(event), 이벤트 소스와 이벤트 클래스를 서술한다(§15.2).
- 청취자(listener) 클래스를 선언하고, 소스 객체와 함께 청취자를 등록하고 이벤트 처리 코드를 작성한다(§15.3).
- 내부 클래스를 사용하여 청취자 클래스를 선언한다(§15.3.1).
- 익명의 내부 클래스를 사용하여 청취자 클래스를 선언한다(§15.3.2).
- ActionEvent를 처리하는 프로그램을 작성한다(§15.3.3).
- WindowEvent를 처리하는 프로그램을 작성한다(§15.3.4).
- 청취자 인터페이스 어댑터를 사용하여 청취자 클래스을 위한 코드를 단순화한다(§15.3.5).
- MouseEvent를 처리하는 프로그램을 작성한다(§15.4).
- KeyEvent를 처리하는 프로그램을 작성한다(§15.5).
- 애니메이션을 조정하기 위해 javax.swing.Timer 클래스를 사용한다(§15.6).

15.1 서론

문제

여러분들이 그림 15.1에서 보인 것처럼, 올라가는 국기를 애니메이션 하는 프로그램을 작성한다고 가정해보자. 이 문제를 어떻게 해결할 수 있는가? 이 문제를 해결하는 방법은 여러 가지가 있다. 해결하는 효율적인 한 가지 방법은 이벤트-구동 프로그래밍을 사용하는 것이다. 이것이 이 장의 주제이다.

그림 15.1 국기가 올라간다.

이벤트-구동 프로그래밍

지금까지 모든 프로그램은 절차적인 순서로 실행된다. 이 장은 이벤트-구동 프로그래밍을 소개한다. 여기서 코드는 이벤트가 발생할 때(예 : 버튼 클릭 또는 마우스 이동 등) 실행된다.

11.6절 "예제 : ActionListener 인터페이스"는 여러분에게 이벤트-구동 프로그래밍의 맛을 보여주었다. 아마도 여러분들은, 청취자 클래스는 ActionListener 인터페이스를 구현하기 위해 왜 선언되어야 하는가와 같은, 많은 의문을 가질 것이다. 이 장은 여러분에게 의문에 대한 모든 해답을 줄 것이다.

15.2 이벤트와 이벤트 소스

이벤트

자바 GUI 프로그램을 실행할 때, 프로그램은 사용자와 상호 작용하고 이벤트는 실행을 추진한다. **이벤트**(event)는 무엇인가가 발생했다는 것을 프로그램에 알리는 신호로서 정의된다. 이벤트는 마우스 이동, 버튼 클릭과 키 누름과 같은 외부 사용자 액션이나 타이머와 같은 프로그램 내부 액션에 의해서 발생한다. 프로그램은 이벤트에 반응하거나 또는 무시할 수 있다.

이벤트를 발생
소스 객체

이벤트를 **발생**(fire)하거나 **생산**(generate)하는 컴포넌트는 **소스 객체**(source object) 또는 **소스 컴포넌트**(source component)라고 불린다. 예를 들면, 버튼은 버튼-클릭 이벤트의 소스 객체이다. 이벤트는 이벤트 클래스의 인스턴스이다. 이벤트 클래스의 루트 클래스는 java.util.EventObject이다. 일부 이벤트 클래스의 계층적 관계가 그림 15.2에서 보여준다.

getSource()

이벤트 객체는 이벤트에 관련된 속성을 포함한다. 이벤트의 소스 객체를 EventObject 클래스의 getSource() 인스턴스 메소드를 사용하여 알 수 있다. EventObject의 하위 클래스는 액션(action) 이벤트, 윈도우 이벤트, 컴포넌트 이벤트, 마우스 이벤트와 키 이벤트와 같은 특수한 이벤트를 처리한다.

표 15.1은 외부 사용자 액션, 소스 객체와 발생한 이벤트 타입을 나열한다.

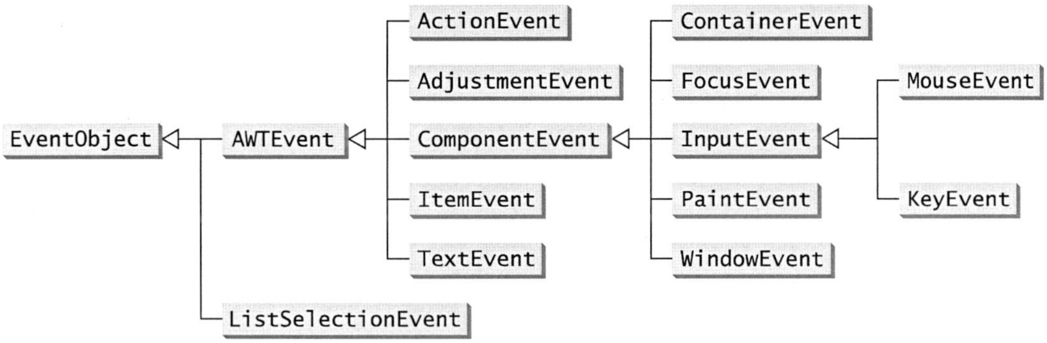

그림 15.2 이벤트는 EvenObject 클래스의 객체이다.

표 15.1 사용자 액션, 소스 객체와 이벤트 타입

사용자 액션	소스 객체	발생한 이벤트 타입
버튼을 클릭한다.	JButton	ActionEvent
텍스트 필드에서 리턴 키를 누른다.	JTextField	ActionEvent
한 개의 새 아이템을 선택한다.	JComboBox	ItemEvent, ActionEvent
아이템(들)을 선택한다.	JList	ListSelectionEvent
체크 상자를 클릭한다.	JCheckBox	ItemEvent, ActionEvent
라디오 버튼을 클릭한다.	JRadioButton	ItemEvent, ActionEvent
메뉴 아이템을 선택한다.	JMenuItem	ActionEvent
스크롤 바를 이동한다.	JScrollBar	AdjustmentEvent
윈도우를 열거나, 닫거나, 아이콘, 비아이콘화, 닫는 중일 때	Window	WindowEvent
마우스를 누르거나, 놓거나, 클릭하거나, 들어가거나, 나갈 때	Component	MouseEvent
마우스 이동 또는 드래그할 때	Component	MouseEvent
키를 놓거나 누를 때	Component	KeyEvent
컴포넌트가 컨테이너에 추가되거나 제거될 때	Container	ContainerEvent
컴포넌트가 이동, 크기 조정, 감춤 또는 보여줄 때	Component	ComponentEvent
컴포넌트가 포커스를 획득 또는 잃을 때	Component	FocusEvent

NOTE

컴포넌트가 어떤 이벤트를 발생시킬 수 있다면, 컴포넌트의 임의의 하위 클래스도 같은 타입의 이벤트를 발생할 수 있다. 예를 들면, Component는 모든 GUI 컴포넌트의 상위 클래스이므로, 모든 GUI 컴포넌트는 MouseEvent, KeyEvent, FocusEvent와 ComponentEvent를 발생시킬 수 있다.

> **NOTE** 그림 15.2에서 모든 이벤트 클래스는 ListSelectionEvent(javax.swing.event 패키지에 포함된다)만 제외하고 java.awt.event 패키지에 포함된다. AWT 이벤트들은 원래 AWT 컴포넌트를 위해서 설계되었지만, 많은 Swing 컴포넌트는 이벤트들을 발생시킨다.

15.3 청취자, 등록과 이벤트 처리

청취자

자바는 이벤트 처리에 위임-기반(delegation-based) 모델을 사용한다. 소스 객체는 이벤트를 발생시키고 이벤트에 관련된 객체가 이벤트를 처리한다. 후자를 청취자(listener)라고 불린다. 어떤 객체가 소스 객체에 관련된 이벤트에 청취자가 되기 위해서는 그림 15.3에서 보인 것처럼, 두 가지가 필요하다.

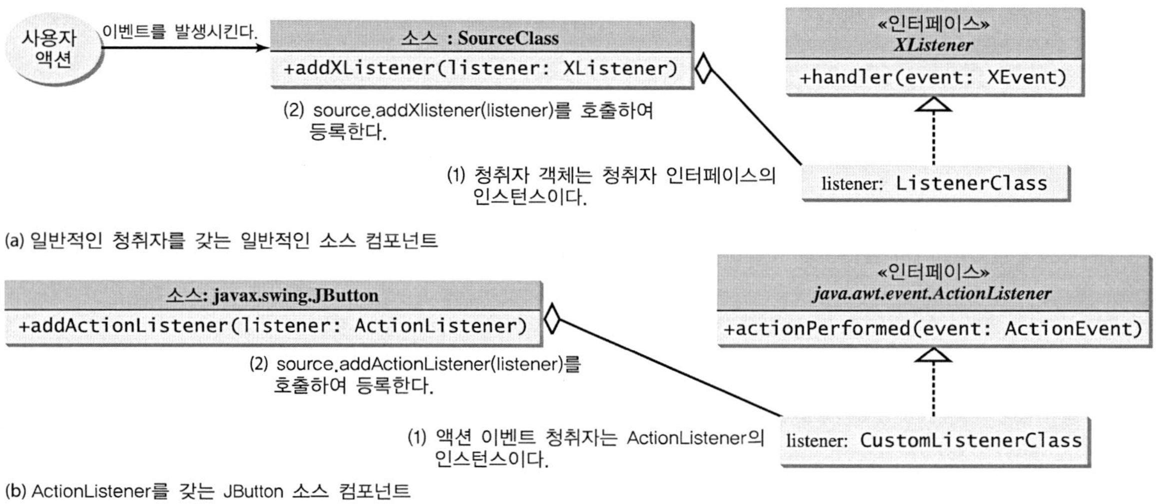

그림 15.3 청취자는 청취자 인터페이스의 인스턴스이어야 하고 소스 컴포넌트에 등록되어야 한다.

청취자 인터페이스
XEvent XListener
ActionEvent
ActionListener
처리기

1. 청취자가 이벤트 처리에 정확한 메소드를 갖는다는 것을 확인하기 위해 청취자 객체는 해당 이벤트 인터페이스의 인스턴스이어야 한다. 자바는 모든 타입의 GUI 이벤트를 위한 청취자 인터페이스를 제공한다. 청취자 인터페이스는 일반적으로 XEvent에 대해 XListener라 명명된다(단, MouseMotionListener는 예외이다). 예를 들면, ActionEvent의 대응되는 청취자 인터페이스는 ActionListener이다. ActionEvent의 각 청취자는 ActionListener 인터페이스를 구현하여야 한다. 표 15.2는 이벤트 타입, 대응되는 청취자 인터페이스와 청취자 인터페이스에서 정의한 메소드를 나열한다. 청취자 인터페이스는 이벤트를 처리하기 위해 소스 객체에 의해서 호출되는 메소드를 포함한다. 이 메소드를 **처리기**(handler)라고 불린다.
2. 청취자 객체는 소스 객체에 의해서 등록되어야 한다. 등록 방법은 이벤트 타입에 달려있다. ActionEvent에 대해서 메소드는 addActionListener이다. 일반적으로 메소드는

XEvent에 대해서 addXListener로 명명된다. 소스 객체는 여러 타입의 이벤트를 발생시킬 수 있다. 각 이벤트에 대해서, 소스 객체는 청취자 리스트를 유지하고 그림 15.4에서 보인 것처럼, 이벤트에 응답하기 위해 청취자 객체에 있는 처리기를 호출하면서 모든 등록된 청취자에게 알린다(그림 15.4는 소스 클래스의 내부 구현을 보여준다. JButton과 같은 소스 클래스는 사용하기 위해서 구현되는 방법을 알 필요는 없다. 그럼에도 불구하고 구현을 알면 자바 이벤트-구동 프로그래밍 골격을 이해하는 데 도움이 되고 앞으로 맞춤 소스 컴포넌트를 개발하는 데 첫 번째 단계가 된다).

리스트 11.8(HandleEvent.java)을 다시 복습해 보자. JButton 객체는 ActionEvent를 발생시키므로 ActionEvent의 청취자 객체는 ActionListener의 인스턴스이어야 한다. 따라서 청취자 클래스는 34행에서 ActionListener를 구현한다. 소스 객체는 다음과 같이 청취자를 등록하기 위해 addActionLister(listener)를 호출한다.

```
JButton jbtOK = new JButton("OK"); // Line 7 in Listing 11.8
ActionListener listener1 = new OKListener(); // Line 18 in Listing 11.8
jbtOK.addActionListener(listener1); // Line 20 in Listing 11.8
```

표 15.2 이벤트, 이벤트 청취자와 청취자 메소드

이벤트 클래스(처리기)	청취자 인터페이스	청취자 메소드
ActionEvent	ActionListener	actionPerformed(ActionEvent)
ItemEvent	ItemListener	itemStateChanged(ItemEvent)
MouseEvent	MouseListener	mouseClicked(MouseEvent) mouseExited(MouseEvent) mouseEntered(MouseEvent) mouseReleased(MouseEvent) mousePressed(MouseEvent)
	MouseMotionListener	mouseMoved(MouseEvent) mouseDragged(MouseEvent)
KeyEvent	KeyListener	keyTyped(KeyEvent) keyReleased(KeyEvent) keyPressed(KeyEvent)
WindowEvent	WindowListener	windowDeactivated(WindowEvent) windowActivated(WindowEvent) windowClosed(WindowEvent) windowDeiconified (WindowEvent) windowIconified(WindowEvent) windowOpened(WindowEvent) windowClosing(WindowEvent)

ContainerEvent	ContainerListener	componentRemoved(ContainerEvent) componentAdded(ContainerEvent)
ComponentEvent	ComponentListener	componentShown(ComponentEvent) componentResized(ComponentEvent) componentHidden(ComponentEvent) componentMoved(ComponentEvent)
FocusEvent	FocusListener	focusLost(FocusEvent) focusGained(FocusEvent)
AdjustmentEvent	AdjustmentListener	adjustmentValueChanged(AdjustmentEvent)

버튼을 클릭할 때, JButton 객체는 ActionEvent를 발생시키고 이벤트를 처리하기 위해 청취자의 actionPerformed 메소드에 이벤트를 전달한다.

이벤트 객체는 이벤트에 적절한 정보를 포함한다. 그림 15.5에서 보인 것처럼, 이 정보는 메소드를 사용하여 얻을 수 있다. 예를 들면, 소스 객체가 버튼인지, 체크 상자인지, 또는 라디오 버튼인지를 알기 위해서 e.getSource()를 사용할 수 있다. 액션 이벤트에 대해서, 이벤트가 발생한 시간을 얻기 위해서 e.getWhen()을 사용할 수 있다.

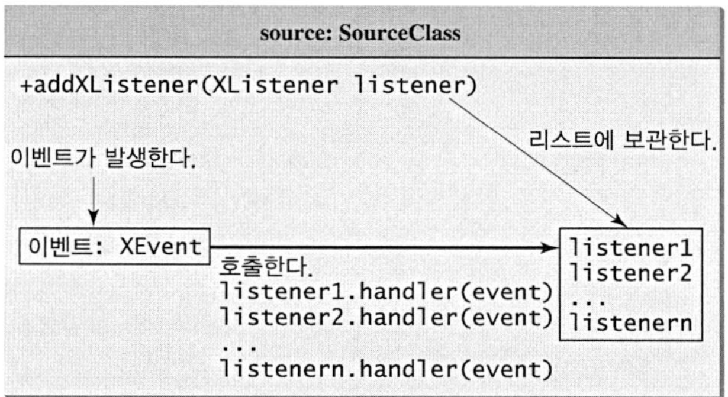

(a) 일반적인 소스 객체의 내부 기능

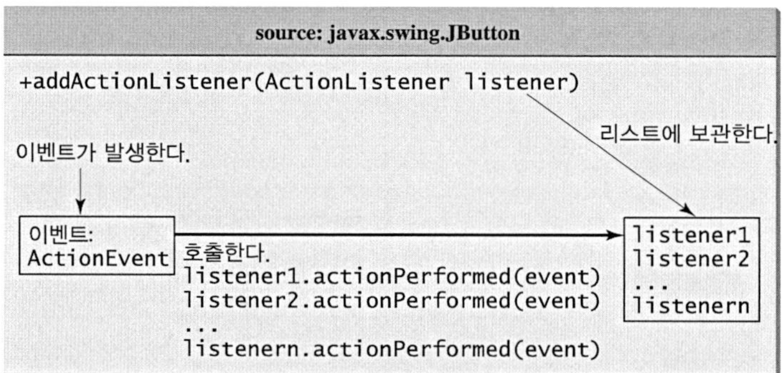

(b) JButton 객체의 내부 기능

그림 15.4 소스 객체는 청취자 객체의 처리기를 호출함으로서 이벤트의 청취자에게 알린다.

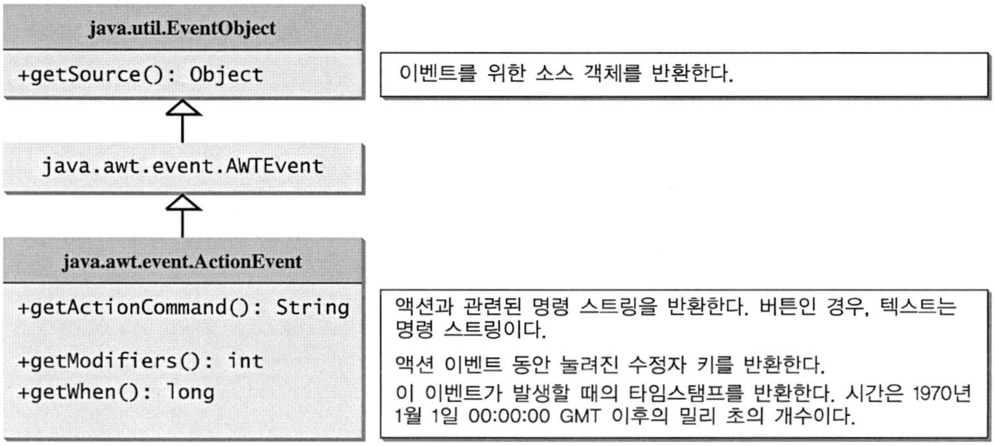

그림 15.5 이벤트 객체로부터 유용한 정보를 얻을 수 있다.

리스트 15.1은 처리기에서 이벤트 객체를 사용하는 예제를 제공한다. 이 예제는 프레임에서 2개의 버튼 OK와 Cancel을 보여준다. 그림 15.6에서 보인 것처럼 어느 버튼이 클릭되고 언제 되었는지를 나타내는 메시지가 콘솔에 표시된다.

리스트 15.1 SimpleEventDemo.java

```java
import javax.swing.*;
import java.awt.event.*;

public class SimpleEventDemo extends JFrame {
  public SimpleEventDemo() {
    // Create two buttons
    JButton jbtOK = new JButton("OK");
    JButton jbtCancel = new JButton("Cancel");

    // Create a panel to hold buttons
    JPanel panel = new JPanel();
    panel.add(jbtOK);
    panel.add(jbtCancel);

    add(panel); // Add panel to the frame

    // Register listeners
    ListenerClass listener = new ListenerClass();
    jbtOK.addActionListener(listener);
    jbtCancel.addActionListener(listener);
  }

  public static void main(String[] args) {
    JFrame frame = new SimpleEventDemo();
    frame.setTitle("Handle Event");
    frame.setSize(200, 150);
    frame.setLocation(200, 100);
    frame.setDefaultCloseOperation(JFrame.EXIT_ON_CLOSE);
```

청취자를 생성한다.
청취자를 등록한다.

```
29      frame.setVisible(true);
30    }
31  }
32
33  class ListenerClass implements ActionListener {
34    public void actionPerformed(ActionEvent e) {
35      System.out.println("The " + e.getActionCommand() + " button "
36        + "is clicked at\n  " + new java.util.Date(e.getWhen()));
37    }
38  }
```

청취자 클래스 이벤트를 처리한다.

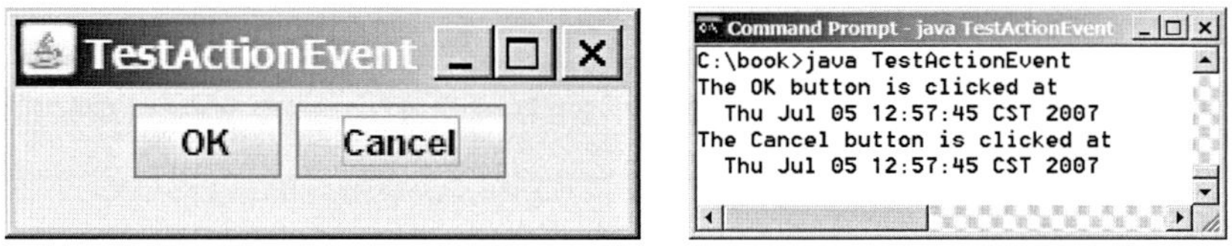

그림 15.6 프로그램은 버튼 액션 이벤트에 반응한다.

프로그램은 ListenerClass(18행)로부터 청취자를 생성한다. 청취자는 OK 버튼과 Cancel 버튼으로 등록된다(19–20행).

버튼 객체 jbtOK와 jbtCancel은 ActionEvent의 소스이다. 버튼을 클릭하면 청취자에 있는 actionPerformed 메소드가 호출된다. e.getActioncommand() 메소드는 버튼으로부터 액션 명령을 반환한다(35행). 디폴트로 버튼의 액션 명령은 버튼의 라벨이다.

e.getWhen() 메소드는 1970년 1월 1일 00:00:00 GMT 이후의 밀리 초 단위로 액션의 시간을 반환한다. Date 클래스는 시간을 년, 월, 일, 시, 분과 초로 변환한다(36행).

15.3.1 내부 클래스 청취자

청취자 클래스는 GUI 컴포넌트(예 : 버튼)를 위한 청취자 객체를 생성하도록 특별히 설계되었다. 청취자 클래스는 다른 응용 프로그램에서 공유되지 않는다. 그러므로 프레임 클래스에서 내부 클래스로서 적절하게 정의된다.

내부 클래스

내부 클래스(inner class) 또는 **중첩 클래스**(nested class)는 다른 클래스의 범위 안에서 정의되는 클래스이다. 그림 15.7(a)의 코드는 2개의 별도의 클래스 Test와 A를 선언한다. 그림 15.7(b)의 코드는 A를 Test에 있는 내부 클래스로서 선언한다.

그림 15.7(c)에서 OuterClass에서 정의된 InnerClass 클래스는 내부 클래스의 다른 예제이다. 내부 클래스는 보통 클래스처럼 사용될 수 있다. 일반적으로 어떤 클래스가 외부 클래스에서만 사용된다면 그 클래스를 내부 클래스로 선언한다. 내부 클래스는 다음 특징을 갖는다.

- 내부 클래스는 OuterClassName$InnerClassName.class라는 클래스로 컴파일된다. 예를 들면 Test의 내부 클래스 A는 Test$A.class로 컴파일된다.

- 내부 클래스는 중첩하고 있는 외부 클래스에서 정의된 데이터와 메소드를 참조할 수 있다. 따라서 외부 클래스 객체의 참조를 내부 클래스의 생성자에게 전달할 필요가 없다. 이런 이유로 내부 클래스는 프로그램을 단순하고 명확하게 한다.

```
public class Test {
  ...
}

public class A {
  ...
}
```

(a)

```
public class Test {
  ...
  // Inner class
  public class A {
    ...
  }
}
```

(b)

```
// OuterClass.java: inner class demo
public class OuterClass {
  private int data;

  /** A method in the outer class */
  public void m() {
    // Do something
  }

  // An inner class
  class InnerClass {
    /** A method in the inner class */
    public void mi() {
      // Directly reference data and method
      // defined in its outer class
      data++;
      m();
    }
  }
}
```

(c)

그림 15.7 내부 클래스는 독립 클래스들을 주요 클래스로 결합한다.

- 내부 클래스는 클래스 멤버에 적용되는 동일한 가시성 규칙에 적용되는 가시성 수정자로 선언될 수 있다.
- 내부 클래스는 static으로 선언될 수 있다. static 내부 클래스는 외부 클래스 이름을 사용하여 접근할 수 있다. static 내부 클래스는 외부 클래스의 비정적 멤버를 접근할 수 없다.
- 내부 클래스의 객체는 종종 외부 클래스에서 생성된다. 그러나 또한 다른 클래스로부터 내부 클래스의 객체를 생성할 수 있다. 내부 클래스가 비정적이라면, 먼저 외부 클래스의 인스턴스를 생성해야 한다. 그런 후 내부 클래스의 객체를 생성하는 다음 구문을 사용하라.

```
OuterClass.InnerClass innerObject = outerObject.new InnerClass();
```

- 내부 클래스가 정적이라면, 객체를 사용하기 위해 다음 구문을 사용하라.

```
OuterClass.InnerClass innerObject = new OuterClass.InnerClass();
```

TIP

> 내부 클래스의 간단한 사용은 독립 클래스들을 한 개의 주요 클래스로 결합하는 것이다. 이것은 소스 파일의 개수를 줄인다. 모든 클래스 파일은 접두어로 주요 클래스 이름을 사용하기 때문에, 이것은 또한 클래스 파일을 조직화하는 것을 용이하게 한다. 예를 들면, 그림 15.7(a)처럼, 2개의 소스 파일 Test.java와 A.java를 생성하기보다는 클래스 A를 클래스 Test에 결합하여 그림 15.7(b)처럼 한 개의 소스 파일 Test.java를 생성할 수 있다. 결과 클래스 파일은 Test.class와 Test$A.class이다.

리스트 15.2는 내부 클래스를 사용하여 리스트 15.1을 수정한 것이다.

리스트 15.2 SimpleEventDemoInnerClass.java

청취자를 생성한다.
청취자를 등록한다.

청취자 클래스
이벤트를 처리한다.

```java
import javax.swing.*;
import java.awt.event.*;

public class SimpleEventDemoInnerClass extends JFrame {
  public SimpleEventDemoInnerClass() {
    // Create two buttons
    JButton jbtOK = new JButton("OK");
    JButton jbtCancel = new JButton("Cancel");

    // Create a panel to hold buttons
    JPanel panel = new JPanel();
    panel.add(jbtOK);
    panel.add(jbtCancel);

    add(panel); // Add panel to the frame

    // Register listeners
    ListenerClass listener = new ListenerClass();
    jbtOK.addActionListener(listener);
    jbtCancel.addActionListener(listener);
  }

  /** Main method */
  public static void main(String[] args) {
    JFrame frame = new SimpleEventDemoInnerClass();
    frame.setTitle("SimpleEventDemoInnerClass");
    frame.setLocationRelativeTo(null); // Center the frame
    frame.setDefaultCloseOperation(JFrame.EXIT_ON_CLOSE);
    frame.setSize(220, 80);
    frame.setVisible(true);
  }

  private static class ListenerClass implements ActionListener {
    public void actionPerformed(ActionEvent e) {
      System.out.println("The " + e.getActionCommand() + " button "
        + "is clicked at\n  " + new java.util.Date(e.getWhen()));
    }
  }
}
```

리스트 15.2는 ListenerClass가 내부 클래스라는 점만 다르고 리스트 15.1과 동일하다. 청취자 클래스가 프레임 클래스 외부에서 응용 프로그램에 의해서 사용될 수 없기 때문에, private로 선언되었다. ListenerClass는 외부 클래스의 인스턴스 멤버를 참조할 수 없기 때문에 정적 내부 클래스로 선언되었다(33행).

15.3.2 무명 클래스 청취자

내부 클래스는 무명 내부 클래스를 사용하여 짧게 할 수 있다. **무명 내부 클래스** (anonymous inner class)는 이름이 없는 내부 클래스이다. 이것은 내부 클래스 선언과 클래스의 인스턴스 생성을 한 단계로 결합한다. 무명 내부 클래스는 다음과 같이 선언된다. 무명 내부 클래스

```
new SuperClassName/InterfaceName() {
  // Implement or override methods in superclass or interface

  // Other methods if necessary
}
```

무명 내부 클래스는 내부 클래스의 특수한 종류이므로 다음 특성을 갖는 내부 클래스로서 취급된다.

- 무명 내부 클래스는 항상 상위 클래스를 구현하거나 인터페이스를 구현하여야 하지만, 명시적인 extends 또는 implements절을 가져서는 안 된다.
- 무명 내부 클래스는 상위 클래스나 인터페이스에 있는 모든 추상 메소드를 구현하여야 한다.
- 무명 내부 클래스는 인스턴스를 생성하기 위해 항상 상위 클래스로부터 매개변수 없는 생성자를 사용한다. 만약 무명 내부 클래스가 인터페이스를 구현한다면, 생성자는 Object()이다.
- 무명 내부 클래스는 OuterClassName$n.class로 명명되는 클래스로 컴파일된다. 예를 들면, 외부 클래스 Test가 2개의 무명 내부 클래스를 갖는다면, 이들은 Test$1.class와 Test$2.class로 컴파일된다.

리스트 15.3은 그림 15.8에서 보인 것처럼 4개의 버튼으로부터 발생하는 이벤트를 처리하는 예제이다.

리스트 15.3 AnonymousListenerDemo.java

```
import javax.swing.*;
import java.awt.event.*;

public class AnonymousListenerDemo extends JFrame {
  public AnonymousListenerDemo() {
    // Create four buttons
```

```
    JButton jbtNew = new JButton("New");
    JButton jbtOpen = new JButton("Open");
    JButton jbtSave = new JButton("Save");
    JButton jbtPrint = new JButton("Print");

    // Create a panel to hold buttons
    JPanel panel = new JPanel();
    panel.add(jbtNew);
    panel.add(jbtOpen);
    panel.add(jbtSave);
    panel.add(jbtPrint);

    add(panel);

    // Create and register anonymous inner class listener
    jbtNew.addActionListener(new ActionListener() {
      public void actionPerformed(ActionEvent e) {
        System.out.println("Process New");
      }
    });

    jbtOpen.addActionListener(new ActionListener() {
      public void actionPerformed(ActionEvent e) {
        System.out.println("Process Open");
      }
    });

    jbtSave.addActionListener(new ActionListener() {
      public void actionPerformed(ActionEvent e) {
        System.out.println("Process Save");
      }
    });

    jbtPrint.addActionListener(new ActionListener() {
      public void actionPerformed(ActionEvent e) {
        System.out.println("Process Print");
      }
    });
  }

  /** Main method */
  public static void main(String[] args) {
    JFrame frame = new AnonymousListenerDemo();
    frame.setTitle("AnonymousListenerDemo");
    frame.setLocationRelativeTo(null); // Center the frame
    frame.setDefaultCloseOperation(JFrame.EXIT_ON_CLOSE);
    frame.pack();
    frame.setVisible(true);
  }
}
```

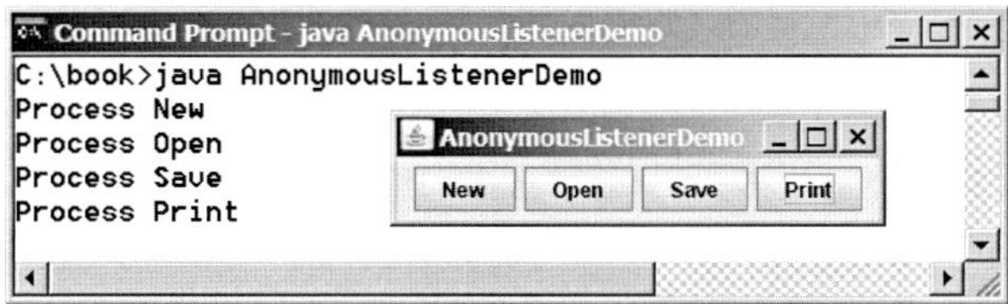

그림 15.8 프로그램은 4개의 버튼으로부터 오는 이벤트를 처리한다.

프로그램은 무명 내부 청취자를 사용하여 4개의 청취자를 생성한다(22-44행). 무명 내부 클래스를 사용하지 않는다면, 4개의 별도의 클래스를 생성해야 한다. 무명 청취자는 내부 클래스 청취자와 동일한 방법으로 동작한다. 프로그램은 무명 내부 클래스를 사용하여 간결하게 할 수 있다.

무명 내부 클래스는 outerClassname$#.class로 컴파일된다. 여기서 #는 1부터 시작하고 컴파일러가 만나는 각 무명 클래스마다 1씩 증가한다. 이 예제에서 무명 내부 클래스는 AnonymousListenerDemo$1.class, AnonymousListenerDemo$2.class, AnonymousListenerDemo$3.class와 AnonymousListenerDemo$4.class로 컴파일된다.

프레임의 크기를 설정하는 setSize 메소드를 사용하는 대신에 프로그램은 pack() 메소드(53행)를 사용한다. 이 메소드는 프레임에 놓인 컴포넌트의 크기에 따라서 프레임의 크기를 자동적으로 증가한다. pack()

NOTE

> 무명 내부 클래스를 사용하여 이벤트를 처리하는 것은 자바에서 표준이 되었다. 이제부터, 이 교재는 청취자를 구현하기 위해 무명 내부 클래스를 사용한다.

15.3.3 예제 : 원의 확대와 축소

이 예제는 그림 15.9에서 보인 것처럼 원의 크기를 조정하는 2개의 버튼을 사용하는 프로그램을 리스트 15.4에 제시한다.

리스트 15.4 ControlBall.java

```
import javax.swing.*;
import java.awt.*;
import java.awt.event.*;

public class ControlBall extends JFrame {
  private JButton jbtEnlarge = new JButton("Enlarge");          버튼
  private JButton jbtShrink = new JButton("Shrink");
  private BallCanvas canvas = new BallCanvas();                  볼 캔버스

  public ControlBall() {
    JPanel panel = new JPanel(); // Use the panel to group buttons
    panel.add(jbtEnlarge);
```

```
    panel.add(jbtShrink);

    this.add(canvas, BorderLayout.CENTER); // Add canvas to center
    this.add(panel, BorderLayout.SOUTH); // Add buttons to the frame

```

버튼 청취자

```
    jbtEnlarge.addActionListener(new ActionListener() {
      public void actionPerformed(ActionEvent e) {
        canvas.enlarge();
      }
    });

```

버튼 청취자

```
    jbtShrink.addActionListener(new ActionListener() {
      public void actionPerformed(ActionEvent e) {
        canvas.shrink();
      }
    });
  }

  /** Main method */
  public static void main(String[] args) {
    JFrame frame = new ControlBall();
    frame.setTitle("ControlBall");
    frame.setLocationRelativeTo(null); // Center the frame
    frame.setDefaultCloseOperation(JFrame.EXIT_ON_CLOSE);
    frame.setSize(200, 200);
    frame.setVisible(true);
  }

```

BallCanvas 내부 클래스

```
  public static class BallCanvas extends JPanel {
     private int radius = 5; // Default ball radius

    /** Enlarge the ball */
```

반지름을 확대한다.

```
    public void enlarge() {
      radius += 1;
      repaint();
    }

    /** Shrink the ball */
```

반지름을 축소한다.

```
    public void shrink() {
      radius -= 1;
      repaint();
    }

    /** Repaint the ball */
```

볼을 그린다.

```
    protected void paintComponent(Graphics g) {
      super.paintComponent(g);
      g.drawOval(getWidth() / 2 - radius, getHeight() / 2 - radius,
        2 * radius, 2 * radius);
    }
  }
}
```

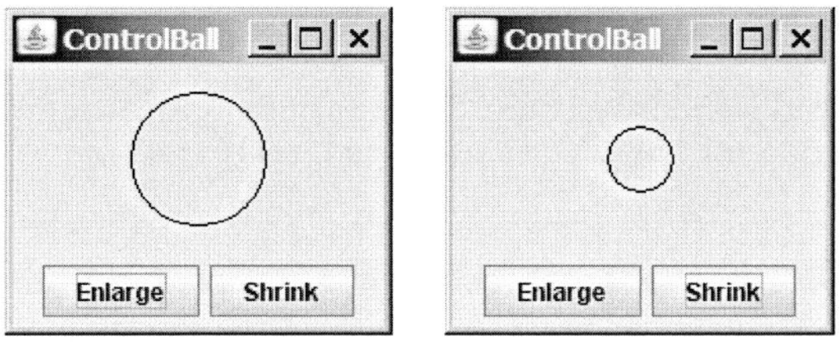

그림 15.9 사용자는 원의 크기를 확대 또는 축소하기 위해 Enlarge와 Shrink 버튼을 클릭한다.

BallCanvas 클래스는 JPanel을 확대하여 패널에서 중심에 있는 볼을 표시한다(59-60행). BallCanvas는 BallControl의 인스턴스 멤버를 참조하지 않기 때문에, ControlBall에서 정적 내부 클래스로서 선언된다(41행).

Enlarge 버튼이 클릭될 때, BallCanvas의 enlarge 메소드를 호출한다(20행). 이 메소드는 볼의 반지름을 1씩 증가한다(46행).

Shrink 버튼이 클릭될 때, BallCanvas의 shrink 메소드를 호출한다(26행). 이 메소드는 볼의 반지름을 1씩 감소한다(52행).

15.3.4 예제 : 윈도우 이벤트 처리

이 예제는 윈도우 이벤트 처리를 설명하는 프로그램을 작성한다. Window 클래스의 하위 클래스는 다음 윈도우 이벤트를 발생시킨다. 즉, 윈도우 개방, 폐쇄 진행중, 폐쇄, 활성, 비활성, 아이콘, 비아이콘 이벤트이다. 리스트 15.5의 프로그램은 프레임을 생성하고, 윈도우 이벤트를 청취하고, 발생한 이벤트를 나타내기 위해 메시지를 표시한다. 그림 15.10은 프로그램의 실행 예이다.

리스트 15.5 TestWindowEvent.java

```java
import java.awt.event.*;
import javax.swing.JFrame;

public class TestWindowEvent extends JFrame {
  public static void main(String[] args) {
    TestWindowEvent frame = new TestWindowEvent();
    frame.setSize(220, 80);
    frame.setLocationRelativeTo(null); // Center the frame
    frame.setDefaultCloseOperation(JFrame.EXIT_ON_CLOSE);
    frame.setTitle("TestWindowEvent");
    frame.setVisible(true);
  }

  public TestWindowEvent() {
    addWindowListener(new WindowListener() {
      /**
       * Handler for window deiconified event
       * Invoked when a window is changed from a minimized
```

```
   * to a normal state.
   */
```

처리기를 구현한다.

```
  public void windowDeiconified(WindowEvent event) {
    System.out.println("Window deiconified");
  }

  /**
   * Handler for window iconified event
   * Invoked when a window is changed from a normal to a
   * minimized state. For many platforms, a minimized window
   * is displayed as the icon specified in the window's
   * iconImage property.
   */
```

처리기를 구현한다.

```
  public void windowIconified(WindowEvent event) {
    System.out.println("Window iconified");
  }

  /**
   * Handler for window activated event
   * Invoked when the window is set to be the user's
   * active window, which means the window (or one of its
   * subcomponents) will receive keyboard events.
   */
```

처리기를 구현한다.

```
  public void windowActivated(WindowEvent event) {
    System.out.println("Window activated");
  }

  /**
   * Handler for window deactivated event
   * Invoked when a window is no longer the user's active
   * window, which means that keyboard events will no longer
   * be delivered to the window or its subcomponents.
   */
```

처리기를 구현한다.

```
  public void windowDeactivated(WindowEvent event) {
    System.out.println("Window deactivated");
  }

  /**
   * Handler for window opened event
   * Invoked the first time a window is made visible.
   */
  public void windowOpened(WindowEvent event) {
    System.out.println("Window opened");
  }

  /**
   * Handler for window closing event
   * Invoked when the user attempts to close the window
   * from the window's system menu.  If the program does not
   * explicitly hide or dispose the window while processing
   * this event, the window close operation will be cancelled.
   */
```

처리기를 구현한다.

```
  public void windowClosing(WindowEvent event) {
    System.out.println("Window closing");
  }
```

```
      /**
       * Handler for window closed event
       * Invoked when a window has been closed as the result
       * of calling dispose on the window.
       */
      public void windowClosed(WindowEvent event) {
        System.out.println("Window closed");
      }
    });
  }
}
```

처리기를 구현한다.

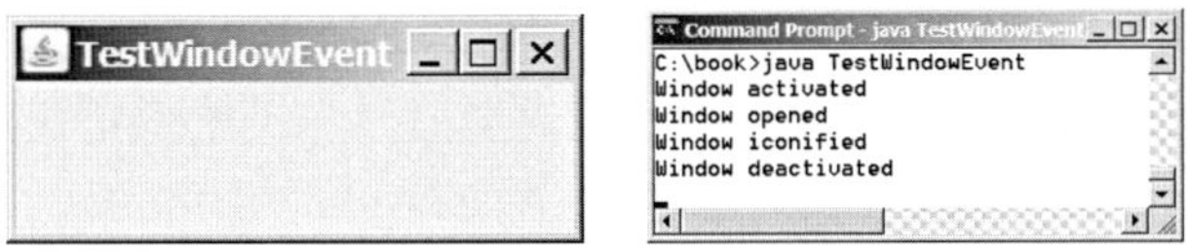

그림 15.10 윈도우 이벤트는 명령어 프롬프트로부터 프로그램을 실행할 때 콘솔에 표시된다.

WindowEvent는 Window 클래스나 Window의 하위 클래스에 의해서 발생될 수 있다. JFrame은 Window의 하위 클래스이므로, WindowEvent를 발생시킬 수 있다.

TestWindowEvent는 JFrame을 확장하고 WindowListener를 구현한다. 윈도우가 활성화되거나, 폐쇄되거나, 폐쇄중이거나, 비활성화되거나, 비아이콘화되거나, 아이콘화되거나, 또는 개방될 때, WindowListener 인터페이스는 윈도우 이벤트 처리를 위해 여러 가지 추상 메소드(windowActivated, windowClosed, windowClosing, windowDeactivated, windowDeiconified, windowIconified, windowOpened)를 정의한다.

활성화와 같은 윈도우 이벤트가 일어날 때, windowActivated 메소드는 호출된다. 이벤트가 처리되기를 원한다면, 구체적인 응답으로 windowActivated 메소드를 구현하라.

15.3.5 청취자 인터페이스 어댑터

WindowListener 인터페이스의 메소드들은 추상적이므로, 프로그램이 이벤트의 일부는 관심이 없을 지라도 이들 모두를 구현하여야 한다. 편리상, 자바는 청취자 인터페이스에 있는 모든 메소드의 디폴트 구현인 **편리성 어댑터**(convenience adapters)라는 지원 클래스를 제공한다. 디폴트 구현은 단순히 빈 몸체이다. 자바는 다중처리기를 갖는 모든 AWT 청취자 인터페이스에 대한 편리성 청취자 인터페이스를 제공한다. **편리성 청취자 어댑터**(convenience listener adapter)는 XListener에 대해서 XAdapter라 불린다. 예를 들면, windowAdapter는 windowListener의 편리성 청취자 어댑터이다. 표 15.3은 편리성 어댑터를 나열한다.

편리성 어댑터

windowAdapter를 사용하여, 앞의 예제는, 윈도우 활성화 이벤트에만 관심이 있다면, 리스트 15.6에서 보인 것처럼 간단하게 할 수 있다. WindowAdapter 클래스는 WindowListener

대신에 무명 청취자를 생성하는데 사용된다(15행). windowActivated 처리기는 16행에서 구현되었다.

표 15.3 편리성 어댑터

어댑터	인터페이스
FocusAdapter	WindowListener
ComponentAdapter	MouseListener
ContainerAdapter	MouseMotionListener
KeyAdapter	KeyListener
MouseMotionAdapter	ContainerListener
MouseAdapter	ComponentListener
WindowAdapter	FocusListener

리스트 15.6 AdapterDemo.java

```
 1 import java.awt.event.*;
 2 import javax.swing.JFrame;
 3
 4 public class AdapterDemo extends JFrame {
 5   public static void main(String[] args) {
 6     AdapterDemo frame = new AdapterDemo();
 7     frame.setSize(220, 80);
 8     frame.setLocationRelativeTo(null); // Center the frame
 9     frame.setDefaultCloseOperation(JFrame.EXIT_ON_CLOSE);
10     frame.setTitle("AdapterDemo");
11     frame.setVisible(true);
12   }
13
14   public AdapterDemo() {
15     addWindowListener(new WindowAdapter() {
16       public void windowActivated(WindowEvent event) {
17         System.out.println("Window activated");
18       }
19     });
20   }
21 }
```

15.4 마우스 이벤트

마우스 이벤트(mouse event)는 마우스가 컴포넌트에서 눌려지거나, 놓거나, 이동되거나, 또는 드래그될 때 발생한다. 그림 15.11에서 보인 것처럼, 마우스-이벤트 객체는 이벤트와 관련된 클릭의 개수 또는 마우스의 위치(x-좌표와 y-좌표)와 같은 이벤트 정보를 포함한다.

MouseEvent 클래스는 InputEvent를 상속하므로, MouseEvent 객체에서 InputEvent 클래스에서 정의된 메소드를 사용할 수 있다.

java.awt.Point 클래스는 컴포넌트에서 위치를 나타낸다. 이 클래스는 좌표에 2개의 공용 변수 x와 y를 포함한다. Point를 생성하기 위해, 다음 생성자를 사용하라. Point 클래스

```
Point(int x, int y)
```

이 생성자는 지정된 x-좌표와 y-좌표로 Point 객체를 구성한다. 보통은 클래스의 데이터 필드는 전용(private)이어야 한다. 이 클래스는 2개의 공용 데이터 필드를 갖는다. 이것은 좋은 습관이 아니다.

자바는 그림 15.12에서 보인 것처럼 마우스 이벤트를 처리하기 위해 2개의 청취자 인터페이스 MouseListener와 MousMotionListener를 제공한다. 마우스 누름, 놓음, 들어감, 나감과 클릭과 같은 액션을 처리하는 MouseListener 인터페이스를 구현하고 마우스 드래그와 이동과 같은 액션을 처리하기 위해 MouseMotionListener 인터페이스를 구현하라.

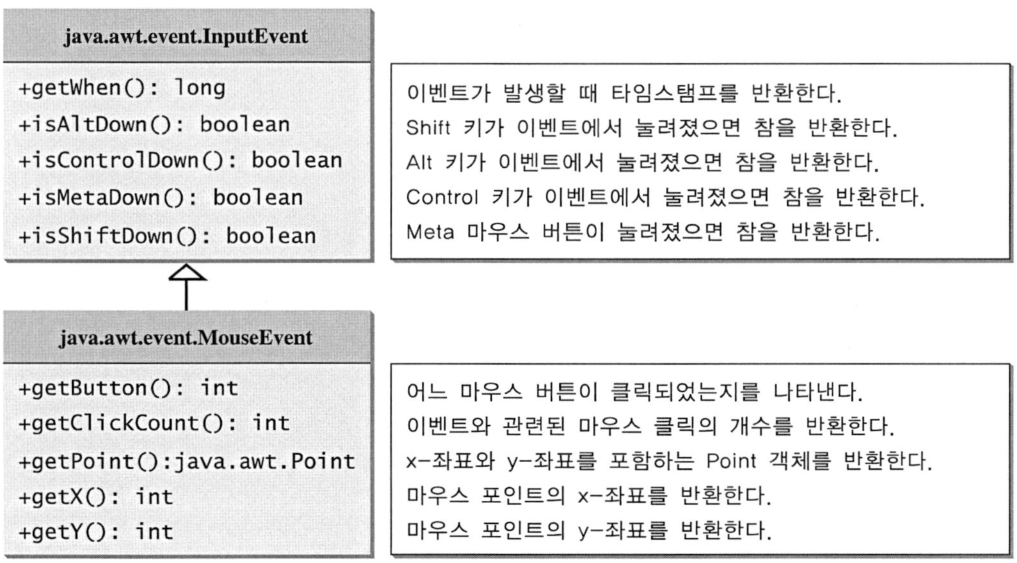

그림 15.11 MouseEvent 클래스는 마우스 이벤트를 위한 정보를 획득한다.

«interface» *java.awt.event.MouseListener*	
+mousePressed(e: MouseEvent): void	마우스 버튼이 소스 컴포넌트에서 눌려진 후에 호출된다.
+mouseReleased(e: MouseEvent): void	마우스 버튼이 소스 컴포넌트에서 놓은 후에 호출된다.
+mouseClicked(e: MouseEvent): void	마우스 버튼이 소스 컴포넌트에서 클릭된 후(눌려지고 놓은 후)에 호출된다.
+mouseEntered(e: MouseEvent): void	마우스가 소스 컴포넌트에 들어간 후에 호출된다.
+mouseExited(e: MouseEvent): void	마우스가 소스 컴포넌트에서 떠난 후에 호출된다.

«interface» java.awt.event.MouseMotionListener	
+mouseDragged(e: MouseEvent): void	마우스 버튼이 눌린 상태로 이동한 후 호출된다.
+mouseMoved(e: MouseEvent): void	마우스 버튼이 눌리지 않은 상태로 이동한 후 호출된다.

그림 15.12 MouseListener 인터페이스는 마우스 누름, 놓음, 클릭, 들어감, 나감 이벤트를 처리한다. MouseMotionListener 인터페이스는 마우스 드래그와 이동 이벤트를 처리한다.

15.4.1 예제 : 마우스를 이용하여 패널에 메시지 이동하기

이 예제는, 리스트 15.7에서 보인 것처럼 패널에 메시지를 표시하는 프로그램을 작성한다. 메시지를 이동하기 위해 마우스를 사용할 수 있다. 메시지는 마우스를 드래그 함으로써 이동하고 항상 마우스 포인트에서 표시된다. 프로그램의 실행 예를 그림 15.13에서 보여준다.

리스트 15.7 MoveMessageDemo.java

패널을 생성한다.

```
import java.awt.*;
import java.awt.event.*;
import javax.swing.*;

public class MoveMessageDemo extends JFrame {
  public MoveMessageDemo() {
    // Create a MovableMessagePanel instance for moving a message
    MovableMessagePanel p = new MovableMessagePanel("Welcome to Java");

    // Place the message panel in the frame
    setLayout(new BorderLayout());
    add(p);
  }

  /** Main method */
  public static void main(String[] args) {
    MoveMessageDemo frame = new MoveMessageDemo();
    frame.setTitle("MoveMessageDemo");
    frame.setSize(200, 100);
    frame.setLocationRelativeTo(null); // Center the frame
    frame.setDefaultCloseOperation(JFrame.EXIT_ON_CLOSE);
```

```
22     frame.setVisible(true);
23   }
24
25   // Inner class: MovableMessagePanel draws a message
26   static class MovableMessagePanel extends JPanel {
27     private String message = "Welcome to Java";
28     private int x = 20;
29     private int y = 20;
30
31     /** Construct a panel to draw string s */
32     public MovableMessagePanel(String s) {
33       message = s;
34       addMouseMotionListener(new MouseMotionAdapter() {
35         /** Handle mouse dragged event */
36         public void mouseDragged(MouseEvent e) {
37           // Get the new location and repaint the screen
38           x = e.getX();
39           y = e.getY();
40           repaint();
41         }
42       });
43     }
44
45     /** Paint the component */
46     protected void paintComponent(Graphics g) {
47       super.paintComponent(g);
48       g.drawString(message, x, y);
49     }
50   }
51 }
```

내부 클래스

새로운 메시지를 설정한다.

무명 청취자

처리기를 재정의한다.

다시 페인트칠한다.

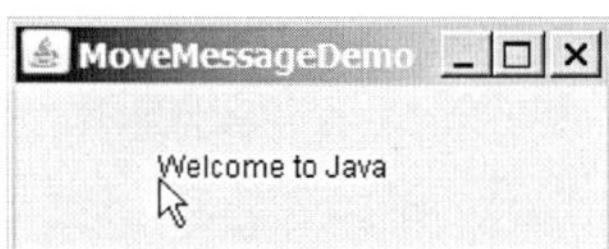

그림 15.13 마우스 드래그로 메시지를 이동할 수 있다.

MovableMessagePanel 클래스는 메시지를 그리기 위해 JPanel을 확장한다(26행). 부가적으로, 마우스가 드래그될 때 메시지를 다시 표시하는 것을 처리한다. 이 클래스는 여기서만 사용되기 때문에 메인 클래스에서 내부 클래스로서 선언되었다. 더욱이 내부 클래스는 메인 클래스의 인스턴스 멤버를 참조하지 않기 때문에 정적으로 선언되었다.

MouseMotionListener 인터페이스는 마우스-이동 이벤트를 처리하기 위해 2개의 처리기 mouseMoved와 mouseDragged를 포함한다. 버튼을 누른 상태에서 마우스를 이동할 때 mouseDragged 메소드가 보기 영역을 다시 페인트칠하고 마우스 위치에서 메시지를 표시하기 위해 호출된다. 버튼을 누르지 않고 마우스를 이동할 때는 mouseMoved 메소드가 호출된다.

청취자는 마우스 드래그 이벤트에만 관심이 있기 때문에 무명 내부 클래스 청취자는 mouseDragged 메소드를 재정의하기 위해 MouseMotionAdapter를 확장한다. 내부 클래스가 MouseMotionListener 인터페이스를 구현하였다면, 청취자는 일부 이벤트에는 관심이 없을 지라도 모든 처리기를 구현하여야 한다.

mouseDragged 메소드는 버튼이 누른 상태로 마우스를 이동할 때 호출된다. 이 메소드는 MouseEvent 클래스에 있는 getX 메소드와 getY 메소드(38–39행)를 사용하여 마우스 위치를 얻는다. 이것은 메시지를 위한 새로운 위치가 된다. repaint() 메소드를 호출하면(40행) paintComponent가 호출된다(46행). 이것이 새로운 위치에서 메시지를 표시한다.

15.5 키 이벤트

키 이벤트(key event)는 키를 사용하여 액션을 조정하여 실행하거나 키보드로부터 입력을 얻는다. 키 이벤트는 컴포넌트에서 키를 누르거나, 놓거나 또는 칠 때 발생한다. keyEvent 객체는 이벤트의 종류(즉, 키가 눌려졌는지, 놓았는지, 또는 쳤는지)와 그림 15.14에서 보인 것처럼 키의 값을 서술한다. 자바는 그림 15.15에서 보인 것처럼 이벤트를 처리하기 위해 KeyListener를 제공한다.

keyPressed 처리기는 키가 눌려질 때 호출된다. KeyReleased 처리기는 키가 놓여질 때 호출된다. Unicode 문자가 들어오면 keyTyped 처리기가 호출된다. 키가 Unicode를 갖지 않는다면(즉, 함수 키, 수정자 키, 액션 키, 제어 키), keyTyped 처리기는 호출되지 않는다.

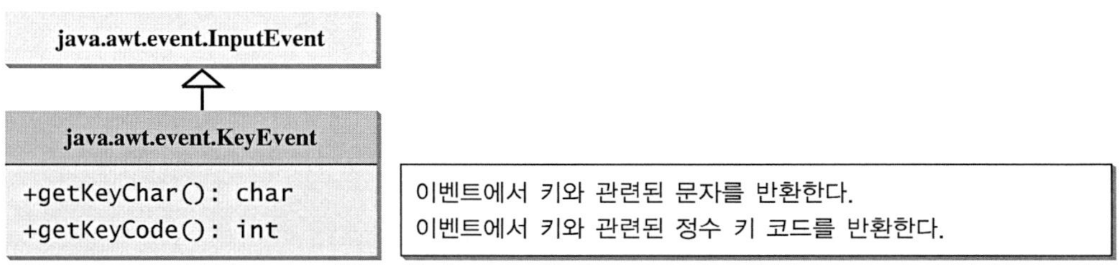

그림 15.14 KeyEvent 클래스는 키에 관한 정보를 캡슐화한다.

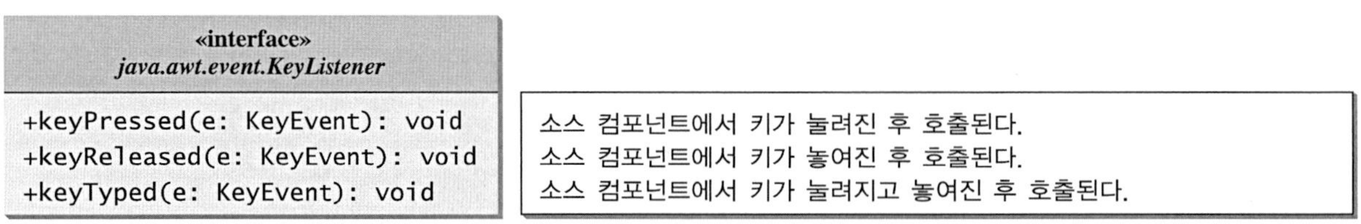

그림 15.15 KeyListener 인터페이스는 키 누름, 놓음과 침 이벤트를 처리한다.

모든 키 이벤트는 KeyEvent에 있는 getKeyChar() 또는 getKeyCode() 메소드에 의해서 반환되는 관련된 키 문자나 키 코드를 갖는다. 키 코드는 표 15.4에서 정의한 상수이다. Unicode 문자의 키에 대한 키 코드는 Unicode 값과 동일하다. 키 누름 이벤트와 키 놓음 이벤트에서 getKeyCode()는 표에서 정의한 값을 반환한다. 키 침 이벤트에서 getKeyCode()는 VK_UNDEFINED를 반환한다.

리스트 15.8의 프로그램은 사용자-입력 문자를 표시한다. 사용자는 방향 키 VK_UP, VK_DOWN, VK_LEFT와 VK_RIGHT를 사용하여 문자를 위로, 아래로, 왼쪽으로, 오른쪽으로 이동할 수 있다. 그림 15.16은 프로그램의 실행 예를 보여준다.

표 15.4 키 상수

상수	설명	상수	설명
VK_HOME	Home 키	VK_SHIFT	Shift 키
VK_END	End 키	VK_BACK_SPACE	backspace
VK_PGUP	PageUp 키	VK_CAPS_LOCK	Caps lock 키
VK_PGDN	PageDown 키	VK_NUM_LOC	Num 키
VK_UP	위 방향키	VK_ENTER	Enter 키
VK_DOWN	아래 방향키	VK_UNDEFINED	정의 안된 키 코드
VK_LEFT	좌 방향키	VK_F1에서 VK_F12	함수 키 F1에서 F12
VK_RIGHT	우 방향키	VK_0에서 VK_9	수치 키 0에서 9
VK_ESCAPE	Esc 키	VK_A에서 VK_Z	문자 키 A에서 Z
VK_TAB	Tab 키		
VK_CONTROL	Control 키		

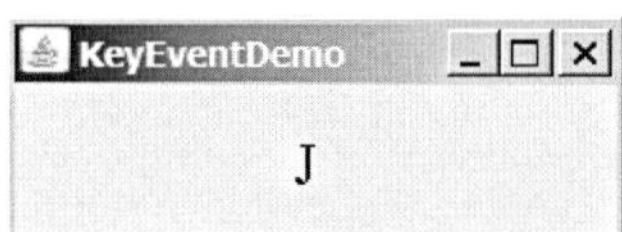

그림 15.16 프로그램은 문자를 표시하고 문자를 상하좌우로 이동하면서 키 이벤트에 반응한다.

리스트 15.8 KeyEventDemo.java

```
import java.awt.*;
import java.awt.event.*;
import javax.swing.*;

public class KeyEventDemo extends JFrame {
  private KeyboardPanel keyboardPanel = new KeyboardPanel();

  /** Initialize UI */
```

패널을 생성한다.

포커스 가능으로 한다.
내부 클래스
청취자를 등록한다.
처리기를 재정의한다.
키를 눌려지게 한다.
다시 페인트칠한다.
문자를 다시 그린다.

```
 9   public KeyEventDemo() {
10     // Add the keyboard panel to accept and display user input
11     add(keyboardPanel);
12
13     // Set focus
14     keyboardPanel.setFocusable(true);
15   }
16
17   /** Main method */
18   public static void main(String[] args) {
19     KeyEventDemo frame = new KeyEventDemo();
20     frame.setTitle("KeyEventDemo");
21     frame.setSize(300, 300);
22     frame.setLocationRelativeTo(null); // Center the frame
23     frame.setDefaultCloseOperation(JFrame.EXIT_ON_CLOSE);
24     frame.setVisible(true);
25   }
26
27   // Inner class: KeyboardPanel for receiving key input
28   static class KeyboardPanel extends JPanel {
29     private int x = 100;
30     private int y = 100;
31     private char keyChar = 'A'; // Default key
32
33     public KeyboardPanel() {
34       addKeyListener(new KeyAdapter() {
35         public void keyPressed(KeyEvent e) {
36           switch (e.getKeyCode()) {
37             case KeyEvent.VK_DOWN: y += 10; break;
38             case KeyEvent.VK_UP: y -= 10; break;
39             case KeyEvent.VK_LEFT: x -= 10; break;
40             case KeyEvent.VK_RIGHT: x += 10; break;
41             default: keyChar = e.getKeyChar();
42           }
43
44           repaint();
45         }
46       });
47     }
48
49     /** Draw the character */
50     protected void paintComponent(Graphics g) {
51       super.paintComponent(g);
52
53       g.setFont(new Font("TimesRoman", Font.PLAIN, 24));
54       g.drawString(String.valueOf(keyChar), x, y);
55     }
56   }
57 }
```

KeyboardPanel 클래스는 문자를 표시하기 위해 JPanel을 확장한다(28행). 이 클래스는 여기에서만 사용되기 때문에 main 클래스에서 내부 클래스로 선언된다. 더욱이 내부 클래스는 main 클래스에서 인스턴스 멤버를 참조하지 않기 때문에 정적이다.

프로그램은 키보드로부터 입력을 받기 때문에 KeyEvent에 응답하고 키 입력을 처리하기 위해 KeyAdapter를 확장한다(34행).

키가 눌려질 때, keyPressed 처리기가 호출된다. 프로그램은 키 코드를 얻기 위해 e.getKeyCode()를 사용하고 키 문자를 얻기 위해 e.getKeyChar()를 사용한다. 방향키가 아닌 키가 눌려질 때, 키는 표시된다(41행). 방향키가 눌려질 때, 문자는 방향키가 나타낸 방향으로 이동한다(37-40행).

단지 포커스된 컴포넌트만이 KeyEvent를 받을 수 있다. 컴포넌트가 포커스가능으로 되기 위해 컴포넌트의 isFocusable 속성을 참으로 설정하라(14행). isFocusable

컴포넌트가 다시 페인트칠될 때, Graphics 객체의 새로운 폰트가 53행에서 생성된다. 이것은 효율적이지 못하다. 데이터 필드로서 폰트를 한번 생성하는 것이 더 좋은 방법이다.

15.6 Timer 클래스를 사용한 애니메이션

모든 소스 객체가 GUI 컴포넌트는 아니다. javax.swing.Timer 클래스가 ActionEvent를 미리 정의한 비율로 발생시키는 소스 컴포넌트이다. 그림 15.17은 클래스에 있는 일부 메소드를 나열한다.

javax.swing.Timer	
+Timer(delay: int, listener: ActionListener)	ActionListener와 지정된 밀리 초 지연 값을 갖는 Timer 객체를 생성한다.
+addActionListener(listener: ActionListener): void	타이머에 ActionListener를 추가한다.
+start(): void	타이머를 시작한다.
+stop(): void	타이머를 중지한다.
+setDelay(delay: int): void	타이머에 새로운 지연 값을 설정한다.

그림 15.17 Timer 객체는 ActionEvent를 일정한 비율로 발생시킨다.

Timer 객체는 ActionEvent의 소스로서 사용된다. 청취자는 ActionListener의 인스턴스이고 Timer 객체에 등록되어야 한다. 지연 값과 청취자를 갖는 유일한 생성자를 사용하여 Timer 객체를 생성한다. 지연 값(delay)은 2개의 액션 이벤트 사이의 밀리 초의 개수이다. addActionListener 메소드를 사용하여 부가적인 청취자를 추가할 수 있고 setDelay 메소드를 사용하여 delay를 조정할 수 있다. 타이머를 시작하기 위해 start() 메소드를 호출하고 중지하기 위해 stop() 메소드를 사용하라.

Timer 클래스는 애니메이션을 조정하기 위해 사용될 수 있다. 예를 들면, 리스트 15.9의 코드로 그림 15.18에서 보인 것처럼 이동하는 메시지를 표시하기 위해 Timer 클래스를 사용할 수 있다.

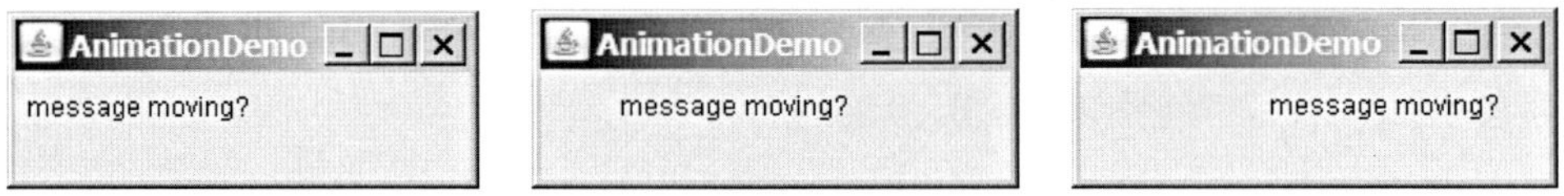

그림 15.18 메시지가 패널에서 이동한다.

리스트 15.9 AnimationDemo.java

```
import java.awt.*;
import java.awt.event.*;
import javax.swing.*;

public class AnimationDemo extends JFrame {
  public AnimationDemo() {
    // Create a MovingMessagePanel for displaying a moving message
    add(new MovingMessagePanel("message moving?"));
  }

  /** Main method */
  public static void main(String[] args) {
    AnimationDemo frame = new AnimationDemo();
    frame.setTitle("AnimationDemo");
    frame.setSize(280, 100);
    frame.setLocationRelativeTo(null); // Center the frame
    frame.setDefaultCloseOperation(JFrame.EXIT_ON_CLOSE);
    frame.setVisible(true);
  }

  // Inner class: Displaying a moving message
  static class MovingMessagePanel extends JPanel {
    private String message = "Welcome to Java";
    private int xCoordinate = 0;
    private int yCoordinate = 20;

    public MovingMessagePanel(String message) {
      this.message = message;

      // Create a timer
      Timer timer = new Timer(1000, new TimerListener());
      timer.start();
    }

    /** Paint message */
    protected void paintComponent(Graphics g) {
      super.paintComponent(g);

      if (xCoordinate > getWidth()) {
        xCoordinate = -20;
      }
      xCoordinate += 5;
      g.drawString(message, xCoordinate, yCoordinate);
    }

```

패널을 생성한다.

메시지를 이동한다.

타이머를 생성한다.

타이머를 시작한다.

x-좌표를 재설정한다.

메시지를 이동한다.

```
46      class TimerListener implements ActionListener {
47        /** Handle ActionEvent */
48        public void actionPerformed(ActionEvent e) {
49          repaint();
50        }
51      }
52    }
53 }
```

청취자 클래스

이벤트 처리기
다시 페인트칠한다.

MovingMessagePanel 클래스는 문자를 표시하기 위해 JPanel을 확장한다(22행). 이 클래스는 여기에서만 사용되기 때문에 main 클래스에서 내부 클래스로 선언된다. 더욱이 내부 클래스는 main 클래스에서 인스턴스 멤버를 참조하지 않기 때문에 정적이다.

내부 클래스는 ActionEvent에 응답하기 위해 46행에서 선언되었다. 31행은 청취자를 위한 Timer를 생성한다. 타이머는 32행에서 시작된다. 타이머는 매초마다 ActionEvent를 발생시키고 청취자는 패널을 다시 페인트칠하기 위해 49행에서 응답한다. 패널이 페인트칠될 때, x-좌표는 증가한다(42행). 따라서 메시지는 오른쪽으로 표시된다. x-좌표가 패널의 경계를 넘을 때, x-좌표는 -20으로 다시 설정된다. 따라서 메시지는 좌에서 우로 계속하여 이동한다.

14.12절 "사례 연구 : StillClock 클래스"에서 여러분들은 현재의 시각을 나타내기 위해 StillClock를 그렸다. 이 시계는 표시된 후 똑딱거리지 않는다. 매초마다 시계가 현재의 시각을 표시하도록 만들기 위해 여러분들은 무엇을 할 수 있는가? 시계를 똑딱거리게 하는 열쇠는 매초마다 새로운 시각으로 시계를 다시 그리는 것이다. 타이머를 사용하여 리스트 15.10의 코드로서 시계를 다시 페인트칠하도록 할 수 있다.

리스트 15.10 ClockAnimation.java

```
import java.awt.event.*;
import javax.swing.*;

public class ClockAnimation extends StillClock {
  public ClockAnimation() {
    // Create a timer with delay 1000 ms
    Timer timer = new Timer(1000, new TimerListener());
    timer.start();
  }

  private class TimerListener implements ActionListener {
    /** Handle the action event */
    public void actionPerformed(ActionEvent e) {
      // Set new time and repaint the clock to display current time
      setCurrentTime();
      repaint();
    }
  }

  /** Main method */
```

타이머를 생성한다.
타이머를 구현한다.

청취자 클래스

처리기를 구현한다.
새로운 시간을 설정한다.
다시 페인트칠한다.

```
21   public static void main(String[] args) {
22     JFrame frame = new JFrame("ClockAnimation");
23     ClockAnimation clock = new ClockAnimation();
24     frame.add(clock);
25     frame.setSize(200, 200);
26     frame.setLocationRelativeTo(null); // Center the frame
27     frame.setDefaultCloseOperation(JFrame.EXIT_ON_CLOSE);
28     frame.setVisible(true);
29   }
30 }
```

프로그램은 그림 15.19에서 보인 것처럼 동작하는 시계를 표시한다. ClockAnimation은 StillClock를 확장하고 타이머에 의해서 발생되는 매 1초마다 시계를 다시 그린다. 7행은 ClockAnimation을 위한 Timer를 생성한다. 타이머는 ClockAnimation이 구성될 때 8행에서 시작한다. 타이머는 매초마다 ActionEvent를 발생시키고 청취자는 15행에서 새로운 시각을 설정하고 시계를 다시 페인트칠하도록 응답한다. StillClock에서 정의한 setCurrentTime() 메소드는 시계에서 현재의 시각을 설정한다.

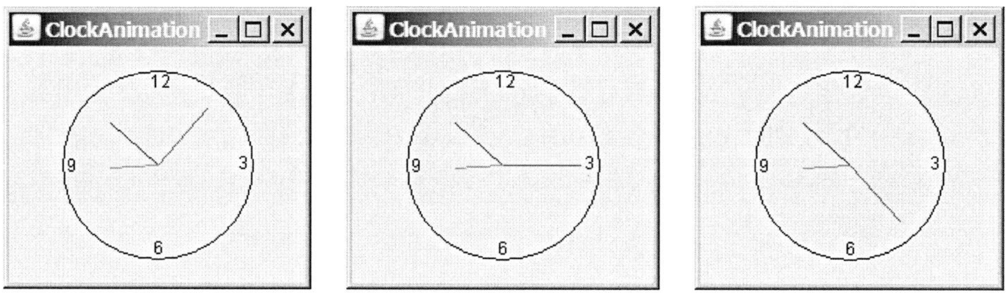

그림 15.19 생동적인 시계가 패널에서 표시된다.

주요 용어

- 내부 클래스
- 무명 내부 클래스
- 이벤트 객체
- 이벤트 등록
- 이벤트 소스, 소스 객체
- 이벤트 위임
- 이벤트 처리기
- 이벤트 청취자 인터페이스
- 이벤트 청취자
- 이벤트
- 이벤트-구동 프로그래밍
- 편리성 청취자 어댑터

요약

- 이벤트 클래스의 모든 클래스는 java.util.EventObject이다. EventObject의 하위 클래스는 액션 이벤트, 윈도우 이벤트, 컴포넌트 이벤트, 마우스 이벤트와 키 이벤트와 같은 특수한 이벤트를 처리한다. EventObject 클래스에 있는 getSource() 인스턴스 메소드를 사용하여 이벤트의 소스 객체를 인식할 수 있다. 컴포넌트가 이벤트를 발생시킨다면, 컴포넌트의 임의의 하위 클래스도 같은 타입의 이벤트를 발생시킬 수 있다.
- 청취자 객체의 클래스는 대응되는 이벤트 청취자 인터페이스를 구현해야 한다. 자바는 모든 이벤트 클래스에 대한 청취자 인터페이스를 제공한다. 청취자 인터페이스는 MouseMotionListener는 예외이지만 일반적으로 XEvent에 대해서 XListener라 불린다. 예를 들면, ActionEvent의 대응되는 청취자 인터페이스는 ActionListener이다. ActionEvent의 각 청취자는 ActionListener 인터페이스를 구현하여야 한다. 청취자 인터페이스는 이벤트를 처리하는 **처리기**(handler)라 불리는 메소드를 포함한다.
- 청취자 객체는 소스 객체에 의해서 등록되어야 한다. 등록 메소드는 이벤트 타입에 따라 다르다. ActionEvent의 메소드는 addActionListener이다. 일반적으로 메소드는 XEvent에 대해서 addXListener이라 불린다.
- **내부 클래스**(inner class) 또는 **중첩 클래스**(nested class)는 다른 클래스의 영역 안에서 정의된 클래스이다. 내부 클래스는 중첩한 외부 클래스에서 정의된 데이터와 메소드를 참조할 수 있다. 따라서 외부 클래스의 참조를 내부 클래스의 생성자에 전달할 필요가 없다.
- 편리성 어댑터는 청취자 인터페이스에 있는 모든 메소드에 대한 디폴트 구현을 제공하는 지원 클래스이다. 자바는 다중처리기로서 모든 AWT 청취자 인터페이스에 대한 편리성 청취자 어댑터를 제공한다. 편리성 청취자 어댑터는 XListener에 대해서 XAdapter라 불린다.
- 소스 객체는 여러 종류의 이벤트도 발생시킬 수 있다. 각 이벤트에 대해서 소스 객체는 청취자 리스트를 유지하고 이벤트를 처리하기 위해 청취자 객체에 있는 **처리기**(handler)를 호출함으로써 등록된 모든 청취자에게 알린다.
- 마우스 이벤트는 컴포넌트에서 마우스가 클릭, 이동, 또는 드래그될 때 발생된다. 마우스 이벤트 객체는 이벤트와 관련된 클릭의 개수나 마우스 포인트의 위치(x-좌표와 y-좌표)와 같은 이벤트 정보를 획득한다.
- 자바는 마우스 이벤트를 처리하는 2개의 청취자 인터페이스 MouseListener와 MouseMotionListener를 제공하고, 마우스 누름, 놓음, 클릭, 들어감, 또는 나감과 같은 액션을 경청하는 MouseListener 인터페이스를 구현하고 마우스 드래그 또는 이동과 같은 액션을 경청하는 MouseMotionListener 인터페이스를 구현한다.

- KeyEvent 객체는 이벤트의 특성(예 : 키 누름, 놓음, 또는 침)과 키 값을 서술한다.
- keyPressed 처리기는 키가 누를 때 호출되고, keyReleased 처리기는 키가 놓을 때 호출되고, keyTyped 처리기는 Unicode 문자가 들어올 때 호출된다. 키가 Unicode를 갖지 않는다면(예 : 함수 키, 수정자 키, 액션 키와 제어 키), keyTyped 처리기는 호출되지 않는다.
- 자바 애니메이션을 조정하기 위해 Timer 클래스를 사용할 수 있다. 타이머는 ActionEvent를 일정한 비율로 발생시킨다. 청취자는 애니메이션을 시뮬레이션하기 위해 그리기를 갱신하다.

복습문제

15.2–15.3절

15.1 버튼은 WindowEvent를 발생시킬 수 있는가? 버튼은 MouseEvent를 발생시킬 수 있는가? 버튼은 ActionEvent를 발생시킬 수 있는가?

15.2 왜 청취자는 적당한 청취자 인터페이스의 인스턴스이어야 하는가? 청취자 객체를 등록하는 방법과 청취자 인터페이스를 구현하는 방법을 설명하라.

15.3 소스는 다중 청취자를 가질 수 있는가? 청취자는 다중 소스를 경청할 수 있는가? 소스는 자신의 청취자가 될 수 있는가?

15.4 청취자 인터페이스에서 정의된 메소드를 어떻게 구현할 수 있는가? 청취자 인터페이스에서 정의된 모든 메소드를 구현하는 것이 필요한가?

15.5 내부 클래스는 중첩한 클래스 이외의 클래스에서 사용될 수 있는가?

15.6 수정자 public, private와 static은 내부 클래스에서 사용될 수 있는가?

15.7 만약 클래스 A가 클래스 B에 있는 내부 클래스라면, A를 위한 .class 파일은 무엇인가? 만약 클래스 B가 2개의 무명 내부 클래스를 포함하면, 이 2개의 클래스의 .class 파일 이름은 무엇인가?

15.8 다음 코드에서 잘못된 점은 무엇인가?

```
import java.swing.*;
import java.awt.*;

public class Test extends JFrame {
  public Test() {
    JButton jbtOK = new JButton("OK");
    add(jbtOK);
  }

  private class Listener
      implements ActionListener {
    public void actionPerform
        (ActionEvent e) {
      System.out.println
        (jbtOK.getActionCommand());
    }
  }

  /** Main method omitted */
}
```

(a)

```
import java.awt.event.*;
import javax.swing.*;

public class Test extends JFrame {
  public Test() {
    JButton jbtOK = new JButton("OK");
    add(jbtOK);
    jbtOK.addActionListener(
      new ActionListener() {
        public void actionPerformed
            (ActionEvent e) {
          System.out.println
            (jbtOK.getActionCommand());
        }
    }  // Something missing here
  }

  /** Main method omitted */
}
```

(b)

15.9 JFrame에서 setSize(width, height) 메소드와 pack() 메소드의 차이는 무엇인가?

15.4–15.5절

15.10 이벤트의 소스를 얻기 위해 어떤 메소드를 사용하는가? 액션 이벤트의 타임스탬프, 마우스 이벤트, 또는 키 이벤트를 얻기 위해 어떤 메소드를 사용하는가? 마우스 이벤트에서 마우스 포인트 위치를 얻기 위해 어떤 메소드를 사용하는가? 키 이벤트의 키 문자를 얻기 위해 어떤 메소드를 사용하는가?

15.11 마우스 누름, 놓음, 클릭, 들어감, 나감의 청취자 인터페이스는 무엇인가? 마우스 이동과 드래그의 청취자 인터페이스는 무엇인가?

15.12 키보드의 모든 키는 Unicode를 갖는가? KeyEvent 클래스의 키 코드는 Unicode와 동일한가?

15.13 keyPressed 처리기는 키가 눌린 후에 호출되는가? keyReleased 처리기는 키가 놓인 후에 호출되는가? keyTyped 처리기는 임의의 키가 쳐진 후에 호출되는가?

15.6절 Timer 클래스를 사용한 애니메이션

15.14 타이머는 어떻게 생성되는가? 타이머는 어떻게 시작되는가? 타이머는 어떻게 정지되는가?

15.15 Timer 클래스는 매개변수 없는 생성자를 갖는가? 타이머에 다중 청취자를 추가할 수 있는가?

프로그래밍 연습

15.2–15.3절

15.1 (원의 색을 변경하기) 그림 15.20에서 보인 것처럼 원이 클릭될 때 원의 색을 한 색에서 다른 색으로 변경하고 다른 곳이 클릭될 때는 원의 색을 변경하지 않는 프로그램을 작성하라.

15.2 (ComponentEvent 사용하기) 임의의 GUI 컴포넌트는 ComponentEvent를 발생시킬 수 있다. ComponentListener는 컴포넌트 이벤트를 처리하는 componentMoved, componentResized, componentShown과 componentHidden 메소드를 정의한다. ComponentEvent를 설명하는 테스트 프로그램을 작성하라.

15.3* (둥근 사각형 이동하기) 그림 15.20(b)에서 보인 것처럼, 패널에서 둥근 사각형을 이동하는 프로그램을 작성하라. 버튼들은 북쪽에 있고 캔버스는 중앙에 있어야 한다.

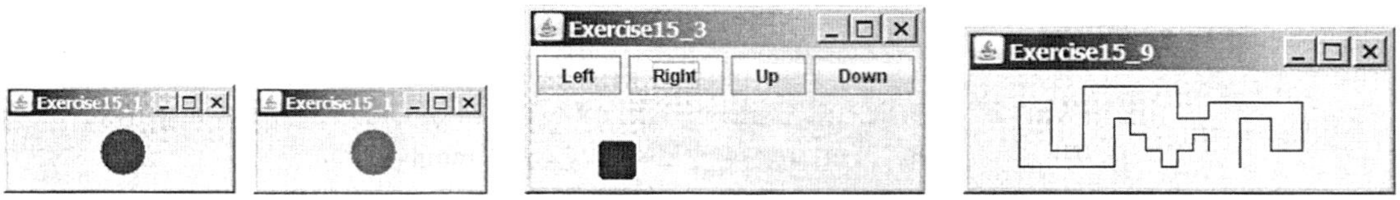

(a) (b) (c)

그림 15.20 (a) 프로그래밍 연습 15.1은 원이 클릭될 때 원의 색이 변경된다. (b) 프로그래밍 연습 15.3은 둥근 사각형을 이동한다. (c) 프로그래밍 연습 15.9는 선을 그리기 위해 방향키를 사용한다.

15.4절 마우스 이벤트

15.4* (다중 메시지를 교대로 표시하기) 마우스 이벤트에 대응되는 다음 메시지를 교대로 표시하는 프로그램을 작성하라: "마우스 누름", "마우스 놓음", "마우스 클릭", "마우스 들어감" 과 "마우스 나감"

15.5* (마우스를 사용하여 색을 설정하기) 마우스를 클릭할 때는 패널의 배경색을 빨강색으로 마우스를 누를 때는 청색으로, 마우스가 나갈 때는 녹색으로, 마우스가 들어갈 때는 노란색으로 표시하는 프로그램을 작성하라.

15.6** (2개의 메시지를 교대하기) 마우스 클릭으로 2개의 메시지 "Java is fun"과 "Java is powerful"을 패널에 교대로 표시하는 프로그램을 작성하라.

15.5절 키 이벤트

15.7** (스트링을 입력하고 표시하기) 키보드로부터 스트링을 입력받고 패널에 스트링을 표시하는 프로그램을 작성하라. Enter 키는 스트링의 끝을 알린다. 새로운 스트링이 입력될 때마다 패널에 그 스트링이 표시된다.

15.8* (문자 표시하기) 키보드로부터 입력된 문자를 얻고 그 문자를 마우스가 가리키는 위치에 표시하는 프로그램을 작성하라.

15.9* (방향키를 사용하여 선 그리기) 방향키를 사용하여 선을 그리는 프로그램을 작성하라. 그림 15.20(c)에서 보인 것처럼, 선은 프레임의 중앙에서 시작하고 우 방향키, 좌 방향키, 하 방향키, 상 방향키가 클릭될 때, 동, 서, 남, 또는 북으로 그린다.

15.6절 Timer 클래스를 이용한 애니메이션

15.10* (클릭된 곳에 메시지 표시하기) 원 안을 클릭할 때 하나의 메시지를 표시하고 원 밖을 클릭할 때는 다른 메시지를 표시하는 프로그램을 작성하라. 메시지는 다음 그림에서 보인 것처럼 클릭된 좌표에서 시작하도록 하라.

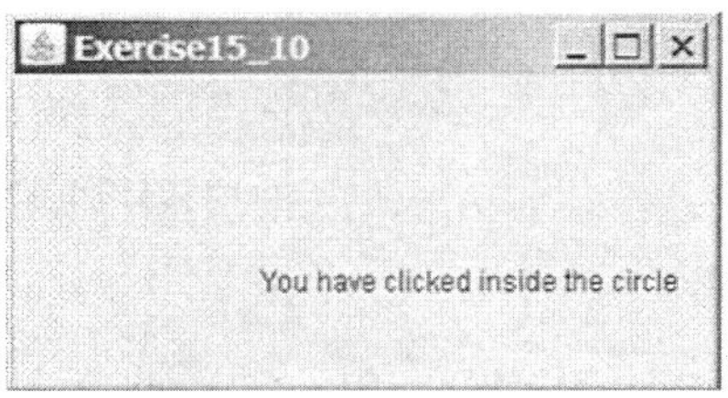

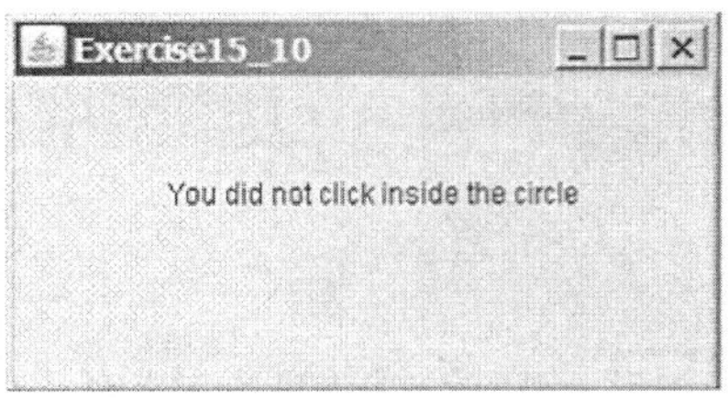

15.11* (이동하는 다중 라벨 조정하기) 다음 그림에서 보여주는 것처럼 10개의 움직이는 라벨(라벨은 화면에 우에서 좌로 이동한다)을 표시하는 배열을 생성하라.

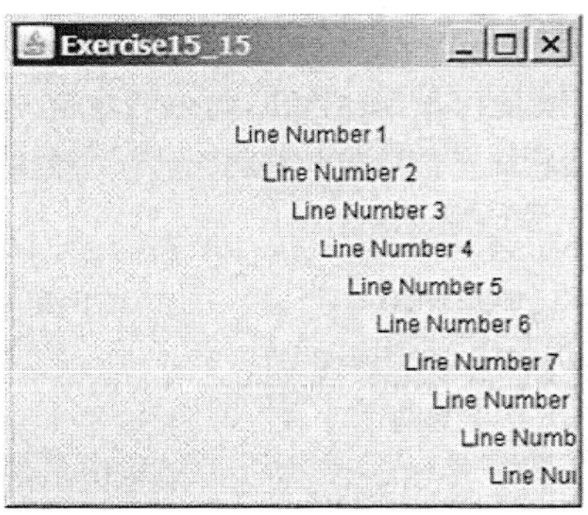

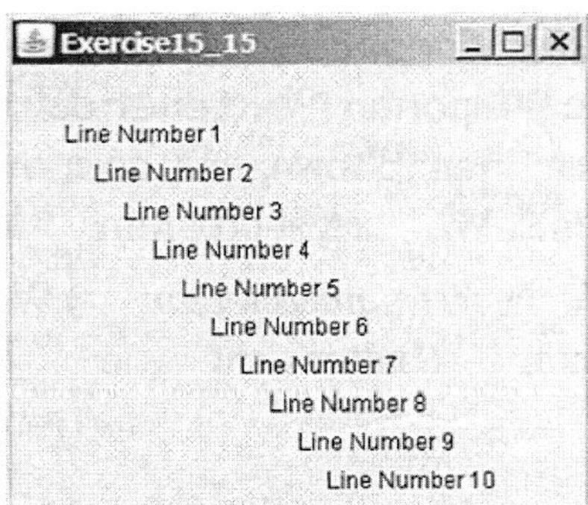

15.12** (돌아가는 팬 표시하기) 리스트 14.6 DrawArcs.java는 동작하지 않는 팬을 나타낸다. 동작하는 팬을 나타내는 프로그램을 작성하라.

15.13** (슬라이드 쇼) 교재에 있는 소스 코드와 더불어 다운로드가 가능한 이미지 디렉터리에 25개의 슬라이드가 이미지 파일로 저장된다(slide0.jpg, slide1.jpg, ..., slide24.jpg). 각 이미지의 크기는 800 × 600이다. 슬라이드를 반복적으로 자동적으로 나타내는 자바 응용 프로그램을 작성하라. 각 슬라이드는 1초 동안 보여준다. 슬라이드는 차례로 표시된다. 마지막 슬라이드가 끝났을 때, 첫 번째 슬라이드가 다시 계속하여 반복된다(힌트 : 라벨을 프레임에 놓고 슬라이드를 라벨의 이미지 아이콘으로 설정하라).

15.14** (국기 올리기) 그림 15.1에서 보인 것처럼 국기 올리기를 애니메이션하는 자바 프로그램을 작성하라(이미지를 표시하는 방법에 관해서는 14.13절 "이미지 표시하기"를 참조하라).

15.15** (자동차 경주하기) 그림 15.21(a)에서 보인 것처럼 자동차 경주를 시뮬레이션하는 자바 프로그램을 작성하라. 자동차는 왼쪽에서 오른쪽으로 이동한다. 자동차가 오른쪽 끝에 도착하였을 때 왼쪽에서 다시 시작하고 같은 과정을 반복한다. 애니메이션을 조정하기 위해 타이머를 사용할 수 있다. 그림 15.21(b)에서 보인 것처럼, 자동차를 새로운 기준 좌표(x, y)로 그려라.

그림 15.21 (a) 프로그래밍 연습 15.15는 이동하는 자동차를 나타낸다. (b) 자동차를 새로운 기준 점에서 다시 그릴 수 있다.

15.16* (키를 사용하여 원을 이동하기) 방향키를 사용하여 원을 좌, 우, 상, 하로 이동하는 프로그램을 작성하라.

15.17** (마우스를 사용하여 원을 이동하기) 반지름이 10픽셀인 원을 표시하는 프로그램을 작성하라. 그림 15.22(b)에서 보인 것처럼, 마우스는 원 내부를 가리키고 마우스가 이동하는 곳으로 원을 드래그(즉, 눌려진 상태로 마우스를 이동)할 수 있다.

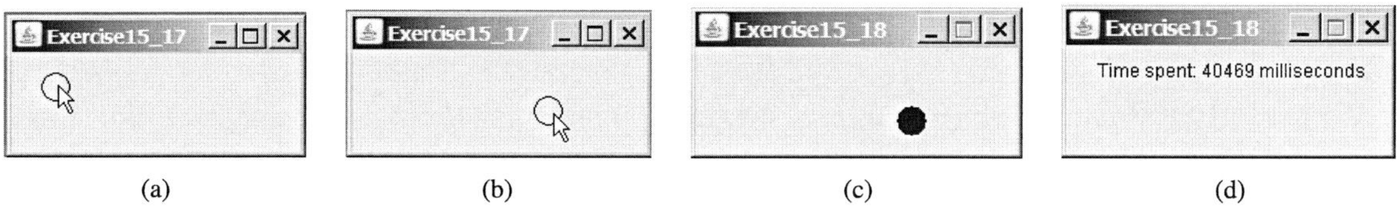

그림 15.22 (a)-(b) 원을 가리키고, 드래그하고 이동할 수 있다. (c) 원을 클릭할 때, 새로운 원이 임의의 위치에 표시된다. (d) 20개의 원이 클릭된 후 패널에서 소비한 시간이 표시된다.

15.18***(게임 : 동공-표시(eye-hand) 조절) 그림 15.22(c)에서 보인 것처럼, 패널의 임의의 위치에 임의의 색으로 채워진 반지름 10픽셀인 원을 표시하는 프로그램을 작성하라. 원을 클릭하면, 원은 사라지고 새로운 색의 원이 다른 임의의 위치에 표시된다. 그림 15.22(d)에서 보인 것처럼, 20개의 원이 클릭된 후, 패널에서 흘러간 시간을 표시하라.

15.19** (클릭된 곳에 다중 메시지 표시하기) 2개의 원 안에서 마우스를 클릭할 때 메시지를 표시하고 원 밖을 클릭할 때는 메시지를 표시하지 않는 프로그램을 작성하라. 메시지는 그림 15.23(a)에서 보인 것처럼, 클릭된 좌표에서 표시되도록 하라.

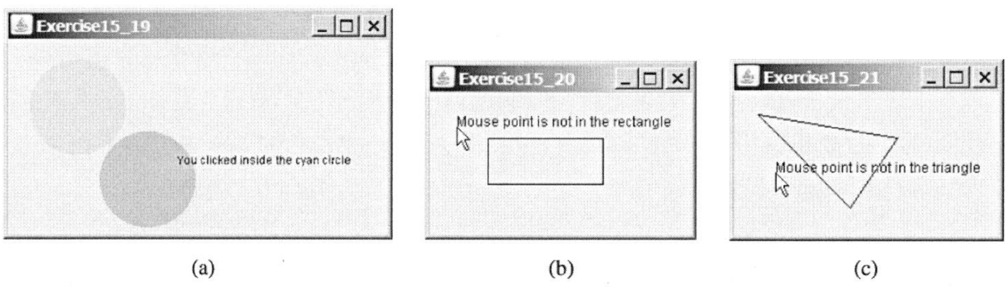

그림 15.23 포인트가 원, 사각형, 또는 삼각형 내부에 있는지를 탐색한다.

15.20** (기하학 : 사각형 내부에 있는가?) 너비가 100, 높이가 40이고 중심이 (100, 60)인 사각형을 그리는 프로그램을 작성하라. 마우스가 이동할 때, 그림 15.23(b)에서 보인 것처럼, 마우스 포인트가 사각형 내부에 있는지를 나타내는 메시지를 표시하라. 포인트가 사각형 내부에 있는지를 탐색하기 위해서 프로그래밍 연습 9.12에서 정의한 Rectangle2D 클래스를 사용하라.

15.21** (기하학 : 삼각형 내부에 있는가?) 3개의 꼭지점이 (20, 20), (100, 100)과 (140, 40)인 삼각형을 그리는 프로그램을 작성하라. 마우스가 이동할 때, 그림 15.23(c)에서 보인 것처럼, 마우스 포인트가 삼각형 내부에 있는지를 나타내는 메시지를 표시하라. 포인트가 삼각형 내부에 있는지를 탐색하기 위해서 프로그래밍 연습 9.13에서 정의한 Triangle2D 클래스를 사용하라.

15.22***(게임 : bean machine 애니메이션) 프로그래밍 연습 14.24에서 소개한 bean machine을 애니메이션하는 프로그램을 작성하라. 애니메이션은 그림 15.24에서 보인 것처럼, 10개의 공이 떨어진 후 중지한다.

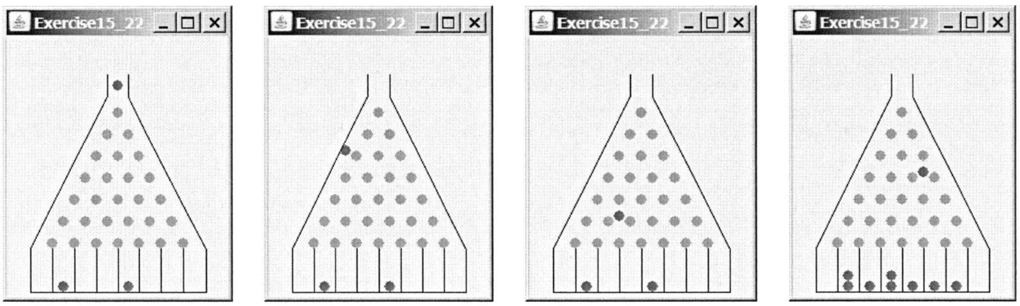

그림 15.24 공이 bean machine에 떨어진다.

15.23***(기하학 : 가장 가까운 점의 쌍) 동적으로 점들을 생성하기 위해 사용자가 패널을 클릭하게 하는 프로그램을 작성하라. 처음에는 패널은 비어 있다. 패널이 2개 이상의 점들을 가질 때, 가장 가까운 점의 쌍을 하이라이트(highlight)하라. 새로운 점이 생성될 때, 새로운 가장 가까운 점의 쌍이 하이라이트된다. 그림 15.25(a–c)에서 보인 것처럼, 조그만 원을 사용하여 점들을 표시하고 채워진 원을 사용하여 점들을 하이라이트하라.

(a) (b) (c) (d)

그림 15.25 (a)–(c) 프로그래밍 연습 15.23은 사용자가 마우스 클릭으로 새로운 점들을 생성하게 하고 가장 가까운 점들의 쌍을 하이라이트하게 한다. 프로그래밍 연습 15.24는 사용자가 시계를 시작하고 중지하게 한다.

15.24* (시계를 조정하기) 시계를 시작하고 중지하는 2개의 메소드 start()와 stop()을 추가하기 위해 리스트 15.10 ClockAnimation.java를 수정하라.

15.25***(게임 : 풍선 맞추기) 패널에 임의의 위치에 풍선을 표시하는 프로그램을 작성하라(그림 15.26(a)). 좌우 방향키를 사용하여 풍선을 조준하도록 총을 좌우로 향하도록 하라(그림 15.26(b)). 총으로부터 작은 공을 발사하기 위해 위 방향키를 사용하라(그림 15.26(c)). 일단 공이 풍선을 맞추면, 풍선조각이 나타나고(그림 15.26(e)) 새로운 풍선이 임의의 위치에 표시된다(그림 15.26(f)). 공을 맞추지 못하면, 공이 패널의 경계에 부딪치면 공은 사라진다. 그런 후 다른 공을 발사하기 위해 위 방향키를 누른다. 좌 방향키나 우 방향키를 누를 때마다, 총은 좌나 우로 5도씩 돌아간다. (강사는 다음과 같이 게임을 수정할 수 있다: 1. 파괴된 풍선의 개수를 표시하라; 2. 카운트다운 타이머(예 : 60초)를 표시하고 타이머가 종료되었다면 게임을 중단하라; 3. 풍선이 동적으로 위로 올라가는 것을 허용하라.)

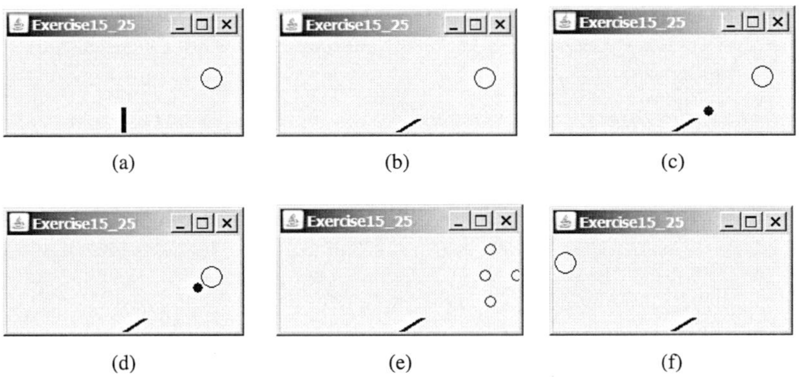

그림 15.26 (a) 풍선이 임의의 위치에 표시된다. (b) 좌/우 방향키를 눌러서 풍선을 조준하라. (c) 공을 발사하기 위해 위 방향키를 눌러라. (d) 공은 풍선을 향하여 직선으로 이동한다. (e) 공은 풍선을 맞춘다. (f) 새로운 공이 임의의 위치에 표시된다.

CHAPTER 16

사용자 인터페이스

- 다양한 사용자 인터페이스 컴포넌트들로 GUI를 만든다: JButton, JCheckBox, JRadioButton, JLabel, JTextField, JTextArea, JComboBox, JList, JScrollBar, JSlider(§§16.2–16.11).
- 다양한 형태의 이벤트에 대한 청취자를 만든다(§§16.2–16.11).
- JButton을 사용한다(§16.2).
- JCheckBox를 사용한다(§16.3).
- JRadioButton을 사용한다(§16.4).
- JLabel을 사용한다(§16.5).
- JTextField를 사용한다(§16.6).
- JTextArea를 사용한다(§16.7).
- JComboBox를 사용한다(§16.8).
- JList를 사용한다(§16.9).
- JScrollBar를 사용한다(§16.10).
- JSlider를 사용한다(§16.11).
- 하나의 응용 프로그램에서 여러 개의 윈도우를 표시한다(§16.12).

16.1 서론

GUI

GUI(Graphical User Interface)는 시스템을 사용자-친화적이고 사용하기 쉽도록 만든다. GUI를 만들기 위해서는 창조성과 GUI 컴포넌트들에 관한 지식이 필요하다. 자바의 GUI 컴포넌트들은 매우 다루기 쉽고 목적에 따라 다양하므로 광범위한 사용자 인터페이스를 만들 수 있다.

대부분의 자바 IDE는 GUI 인터페이스를 시각적으로 설계하고 개발하는 툴들을 제공한다. 이는 자바 응용 프로그램이나 애플릿에서 최소한의 코딩으로 사용자 인터페이스의 요소를 빠르게 구성할 수 있도록 한다. 그러나 툴이 모든 것을 할 수는 없으므로 프로그램을 변경해야 한다. 따라서 시각적인 툴을 사용하기 전에 자바 GUI 프로그래밍의 기본적인 개념을 반드시 이해해야 한다.

이전 장에서 몇 개의 GUI 컴포넌트에 대해 간략하게 소개하였다. 16장에서는 자주 쓰이는 GUI 컴포넌트들을 자세히 소개한다(그림 16.1).

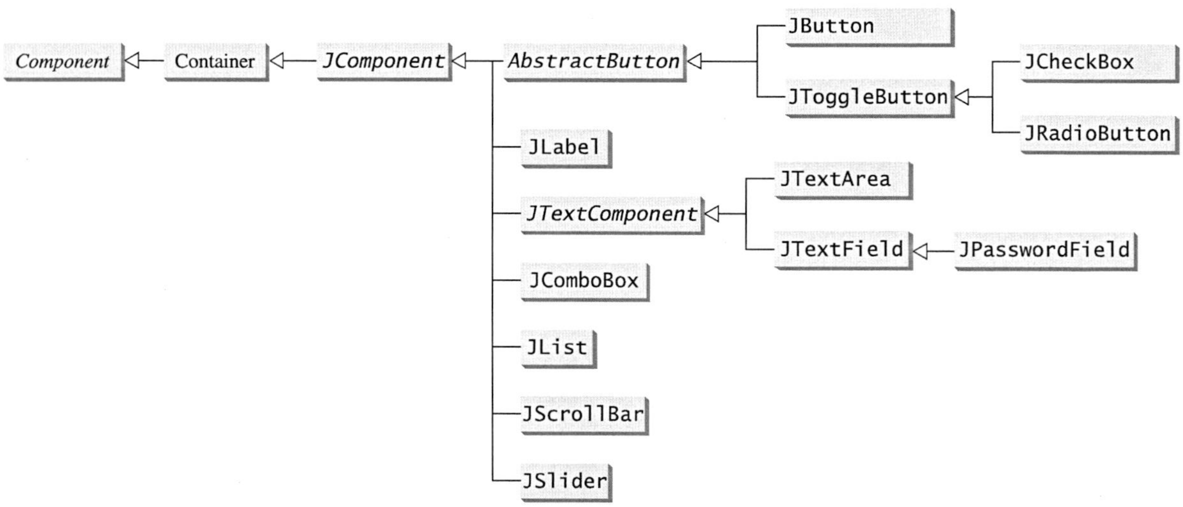

그림 16.1 사용자 인터페이스 제작에 자주 사용되는 Swing GUI 컴포넌트들이다.

> **NOTE** 이 책에서는 JButton, JCheckBox, JRadioButton, JLabel, JTextField, JPasswordField, JTextArea, JComboBox, JList, JScrollBar, JSlider의 참조 변수를 명명할 때 jbt, jchk, jrb, jlbl, jtf, jpf, jta, jcbo, jlst, jscb, jsld를 접두어로 사용한다.

16.2 버튼

버튼은 클릭할 때 액션 이벤트를 발생하는 컴포넌트이다. 스윙은 일반 버튼, 토글 버튼, 체크 상자 버튼과 라디오 버튼을 제공한다. 버튼에 관한 일반적인 특성은 javax.swing.Abstr- AbstractButton actButton에 정의되어 있다(그림 16.2).

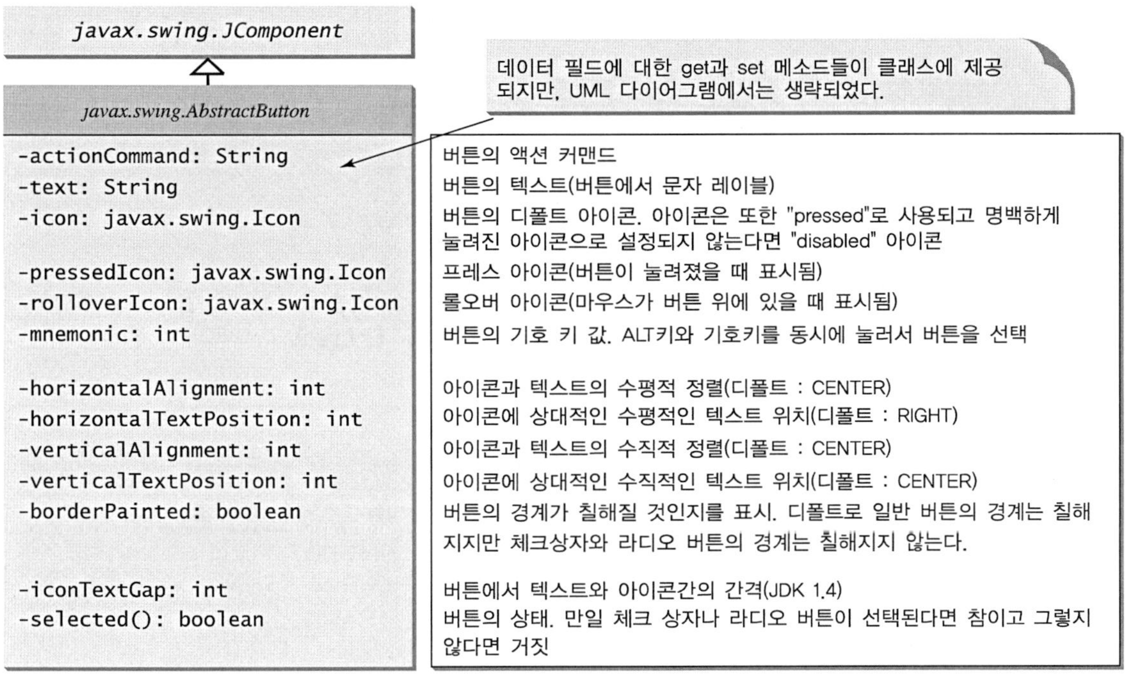

그림 16.2 AbstractButton은 각각 다른 형태 버튼의 공통적인 특성들을 정의한다.

이 절은 JButton 클래스에 정의된 일반 버튼을 소개한다. JButton은 AbstractButton을 상속하며, 그림 16.3처럼 버튼을 만들기 위한 몇몇 생성자를 제공한다.

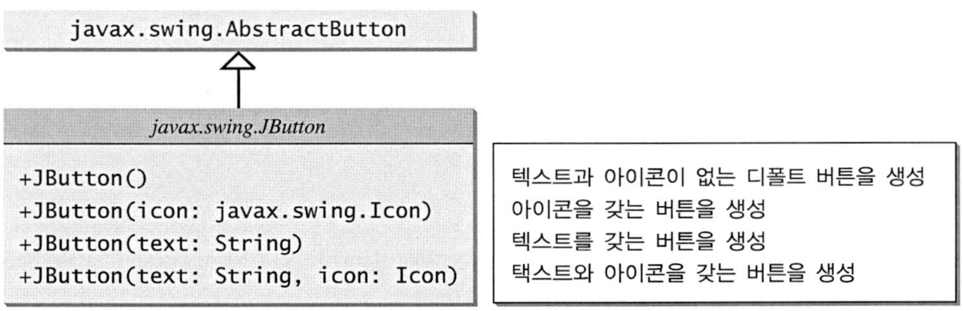

그림 16.3 JButton은 일반 푸시 버튼을 정의한다.

16.2.1 아이콘, 프레스 아이콘, 롤오버 아이콘

일반 버튼은 기본 아이콘, 프레스 아이콘(pressed icon), 롤오버 아이콘(rollover icon)을 갖는다. 일반적으로 디폴트 아이콘을 사용하며 나머지 아이콘들은 특별한 효과를 위한 것이다. 프레스 아이콘은 버튼을 눌렀을 때 보여지며 롤오버 아이콘은 버튼이 눌리지 않은 상태에서 마우스가 버튼 위에 위치했을 때 보여진다. 리스트 16.1은 성조기를 일반 아이콘으로, 캐나다 국기를 프레스 아이콘으로, 영국 국기를 롤오버 아이콘으로 표시한다(그림 16.4).

리스트 16.1 TestButtonIcons.java

```
import javax.swing.*;

public class TestButtonIcons extends JFrame  {
  public static void main(String[] args) {
    // Create a frame and set its properties
    JFrame frame = new TestButtonIcons();
    frame.setTitle("ButtonIcons");
    frame.setSize(200, 100);
    frame.setLocationRelativeTo(null); // Center the frame
    frame.setDefaultCloseOperation(JFrame.EXIT_ON_CLOSE);
    frame.setVisible(true);
  }

  public TestButtonIcons() {
    ImageIcon usIcon = new ImageIcon("image/usIcon.gif");
    ImageIcon caIcon = new ImageIcon("image/caIcon.gif");
    ImageIcon ukIcon = new ImageIcon("image/ukIcon.gif");

    JButton jbt = new JButton("Click it", usIcon);
    jbt.setPressedIcon(caIcon);
    jbt.setRolloverIcon(ukIcon);

    add(jbt);
  }
}
```

(a) 디폴트 아이콘 (b) 프레스 아이콘 (c) 롤오버 아이콘

그림 16.4 버튼은 다양한 형태의 아이콘을 갖는다.

16.2.2 정렬

수평 정렬

수평 정렬은 버튼 위의 아이콘과 텍스트를 수평적으로 어떻게 배치할 것인지를 설정한다. 수평 정렬은 그림 16.5와 같이 setHorizontalAlignment(int)를 LEADING, LEFT, CENTER, RIGHT, TRAILING 중 하나의 상수와 함께 사용하여 설정한다. 현재는 LEADING과 LEFT, RIGHT와 TRAILING이 동일하지만, 이후 구현에서는 서로 구별될 것이다.

수평 정렬의 기본은 SwingConstants.TRAILING이다.

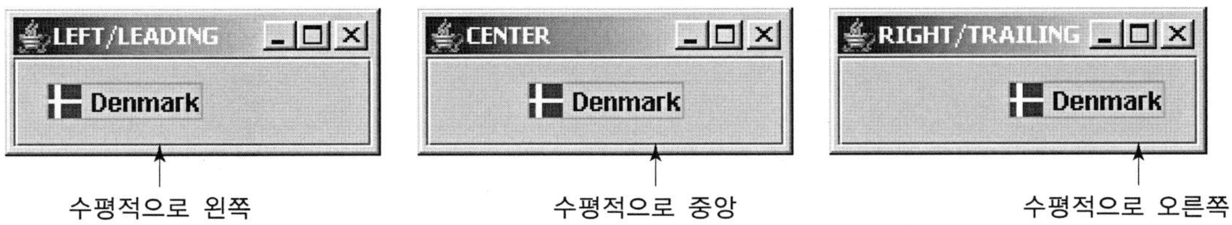

그림 16.5 버튼 위에 아이콘과 텍스트를 수평적으로 어떻게 배치할 것인지 설정한다.

수직 정렬은 버튼 위에 아이콘과 텍스트를 수직적으로 어떻게 배치할 것인지를 설정한다. 수직 정렬 수직 정렬은 그림 16.6과 같이 setVerticalAlignment(int)를 TOP, CENTER, BOTTOM 중 하나의 상수와 함께 사용하여 설정한다. 수직 정렬의 기본은 SwingConstants.CENTER이다.

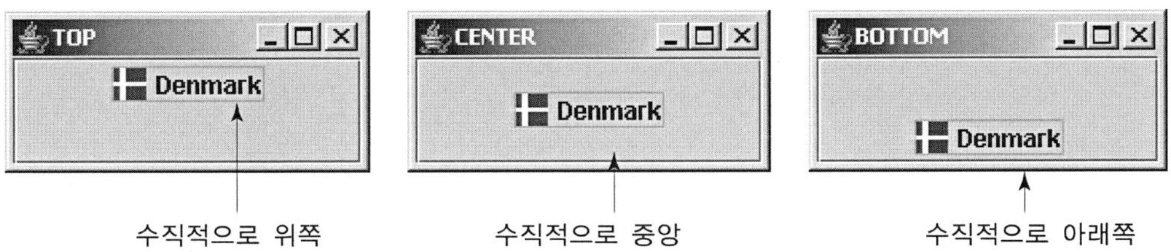

그림 16.6 버튼 위에 아이콘과 텍스트를 수직적으로 어떻게 배치할 것인지 설정한다.

16.2.3 텍스트 위치

텍스트 수평 정렬은 아이콘을 기준으로 텍스트의 수평적인 위치를 설정한다. 텍스트 텍스트 수평 정렬 의 수평 정렬은 그림 16.7과 같이 setHorizontalTextAlignment(int)를 LEADING, LEFT, CENTER, RIGHT, TRAILING 중 하나의 상수와 함께 사용하여 설정한다. 현재는 LEADING과 LEFT, RIGHT와 TRAILING이 동일하지만, 이후 구현에서는 서로 구별될 것이다. 텍스트 수평 정렬의 기본은 SwingConstants.RIGHT이다.

그림 16.7 아이콘을 기준으로 텍스트의 수평적인 위치를 설정한다.

텍스트 수직 정렬은 아이콘을 기준으로 텍스트의 수직적인 위치를 설정한다. 텍스트의 텍스트 수직 정렬 수직 정렬은 그림 16.8과 같이 setHorizontalTextAlignment(int)를 TOP, CENTER, BOTTOM 중 하나의 상수와 함께 사용하여 설정한다. 텍스트 수직 정렬의 기본은 SwingConstants.CENTER이다.

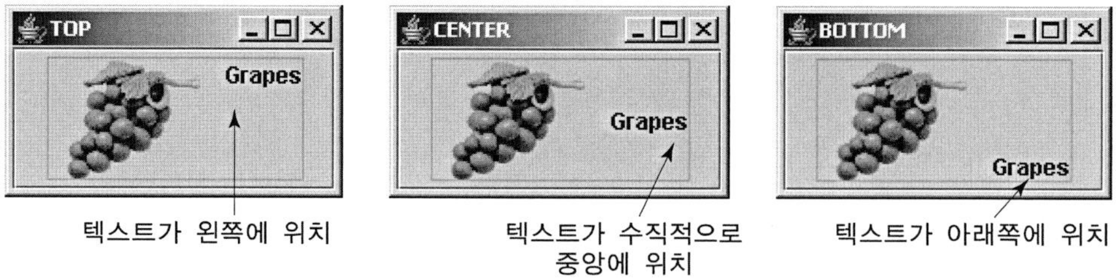

그림 16.8 아이콘을 기준으로 텍스트의 수직적인 위치를 설정한다.

SwingConstants

> **NOTE** AbstractButton에 사용된 상수 LEFT, CENTER, RIGHT, LEADING, TRAILING, TOP, BOTTOM은 다른 스윙 컴포넌트에서도 사용된다. 이러한 상수들은 javax.swing.SwingConstants 인터페이스에 정의되어 있다. 모든 스윙 GUI 컴포넌트들이 SwingConstants를 구현하므로 SwingConstants나 GUI 컴포넌트를 통해서 상수를 참조할 수 있다. 예를 들어, SwingConstants.CENTER는 JButton.CENTER와 같은 의미이다.

JButton은 여러 종류의 이벤트를 발생시킬 수 있지만 보통은 ActionEvent에 반응한다. 버튼이 눌러졌을 때 ActionEvent를 발생한다.

16.2.4 버튼 사용

이 절은 리스트 16.2 프로그램으로, 패널에 메시지를 표시하고 두 개의 버튼 <=와 =>을 이용하여 패널 위에 메시지를 왼쪽과 오른쪽 방향으로 위치를 이동시킨다. UI의 레이아웃과 프로그램의 출력 결과는 그림 16.9와 같다.

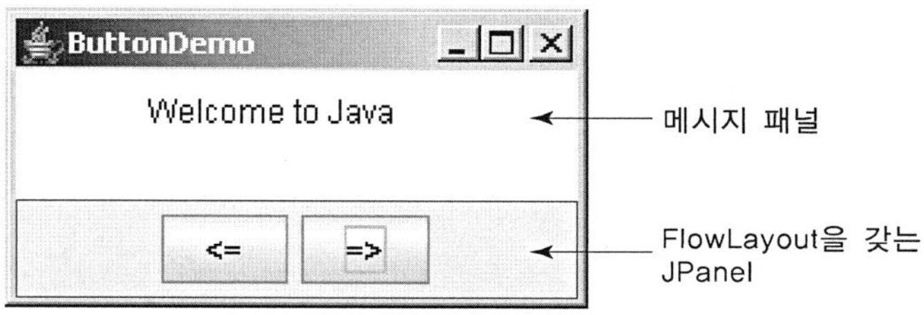

그림 16.9 <=와 => 버튼을 누르면 패널 위에 메시지를 각각 왼쪽과 오른쪽 방향으로 이동시킨다.

프로그램의 주요 단계:

1. 사용자 인터페이스를 만든다.
   메시지를 표시하기 위해 MessagePanel 객체를 만든다. MessagePanel 클래스는 MessagePanel.java(리스트 14.10)에서 이미 생성하였고, 프레임의 중앙에 놓는다. <=와 =>버튼을 패널 위에 각각 만들고 프레임의 남쪽부분에 놓는다.

2. 이벤트를 처리한다.

왼쪽이나 오른쪽 버튼을 눌렀을 때 메시지를 왼쪽이나 오른쪽으로 이동시키도록 처리하는 액션 이벤트를 만들어서 등록한다.

리스트 16.2 ButtonDemo.java

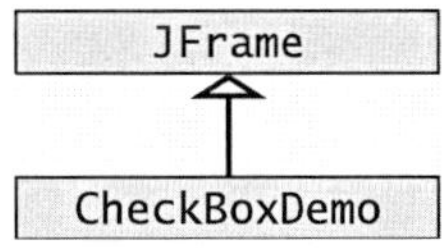


```
import java.awt.*;
import java.awt.event.ActionListener;
import java.awt.event.ActionEvent;
import javax.swing.*;

public class ButtonDemo extends JFrame {
  // Create a panel for displaying message
  protected MessagePanel messagePanel
    = new MessagePanel("Welcome to Java");

  // Declare two buttons to move the message left and right
  private JButton jbtLeft = new JButton("<=");
  private JButton jbtRight = new JButton("=>");

  public static void main(String[] args) {
    ButtonDemo frame = new ButtonDemo();
    frame.setTitle("ButtonDemo");
    frame.setSize(250, 100);
    frame.setLocationRelativeTo(null); // Center the frame
    frame.setDefaultCloseOperation(JFrame.EXIT_ON_CLOSE);
    frame.setVisible(true);
  }

  public ButtonDemo() {
    // Set the background color of messagePanel
    messagePanel.setBackground(Color.white);

    // Create Panel jpButtons to hold two Buttons "<=" and “right =>"
    JPanel jpButtons = new JPanel();
    jpButtons.setLayout(new FlowLayout());
    jpButtons.add(jbtLeft);
    jpButtons.add(jbtRight);

    // Set keyboard mnemonics
    jbtLeft.setMnemonic('L');
    jbtRight.setMnemonic('R');

    // Set icons and remove text
    // jbtLeft.setIcon(new ImageIcon("image/left.gif"));
    // jbtRight.setIcon(new ImageIcon("image/right.gif"));
    // jbtLeft.setText(null);
    // jbtRight.setText(null);

    // Set tool tip text on the buttons
    jbtLeft.setToolTipText("Move message to left");
    jbtRight.setToolTipText("Move message to right");

```

```
48      // Place panels in the frame
49      setLayout(new BorderLayout());
50      add(messagePanel, BorderLayout.CENTER);
51      add(jpButtons, BorderLayout.SOUTH);
52
53      // Register listeners with the buttons
54      jbtLeft.addActionListener(new ActionListener() {
55        public void actionPerformed(ActionEvent e) {
56          messagePanel.moveLeft();
57        }
58      });
59      jbtRight.addActionListener(new ActionListener() {
60        public void actionPerformed(ActionEvent e) {
61          messagePanel.moveRight();
62        }
63      });
64    }
65 }
```

messagePanel(10행)은 추후 예제에서 하위 클래스에 의해 참조되어질 수 있도록 protected로 선언한다.

setIcon 메소드를 사용하여 아이콘에 이미지를 배치시킬 수 있다. 39에서 42번째 행 코드의 주석 처리를 해제한다면

```
// jbtLeft.setIcon(new ImageIcon("image/left.gif"));
// jbtRight.setIcon(new ImageIcon("image/right.gif"));
// jbtLeft.setText(null);
// jbtRight.setText(null);
```

그림 16.10(a)처럼 텍스트는 아이콘으로 대체된다. "image/left.gif"는 "c:\book\image\left.gif"에 위치한다. 역사선(back slash)은 윈도우의 파일 경로 표기법임을 참고하라.

필요하다면 아이콘과 텍스트를 동시에 배치시킬 수 있다(그림 16.10(b)). 기본은 텍스트와 아이콘을 수직·수평상에서 중앙에 위치하게 된다.

또한, 버튼은 키보드 명령 코드로도 접근이 가능하다. 왼쪽 버튼(35행)의 명령 코드 속성을 'L'로 설정한다면 키보드에서 ALT+L을 치면 <= 버튼을 누른 것과 동일하게 된다. 왼쪽 버튼을 "Left"로 바꾸고 오른쪽 버튼을 "Right"로 바꾼다면, 버튼의 표제에 있는 L과 R에 밑줄이 그어진다(그림 16.10(b)).

각각의 버튼은 툴 팁(tool-tip) 텍스트가 있는데(45-46행), 이는 그림 16.10(c)와 같이 클릭 없이 버튼에 마우스를 올려놓을 때 표시된다.

(a) (b) (c)

그림 16.10 JButton에 아이콘을 배치하고 명령 코드 키를 이용하는 것이 가능하다.

> **NOTE** MessagePanel은 Java API에 존재하지 않기 때문에 ButtonDemo.java와 같은 디렉토리에 MessagePanel.java가 있어야 한다.

16.3 체크 상자

토글 버튼은 스위치처럼 두 가지의 상태를 가질 수 있는 버튼이다. JToggleButton은 AbstractButton을 상속받아 토글 버튼을 구현한다. JToggleButton의 하위 클래스인 JCheckBox와 JRadioButton은 사용자가 선택을 on, off 하는데 사용한다. 이 절은 JCheckBox를 소개하며, JRadioButton은 다음 절에서 소개할 것이다.

JCheckBox는 text, icon, mnemonic, verticalAlignment, horizontalAlignment, horizontalTextPosition, verticalTextPosition, selected와 같은 AbstractButton의 모든 속성들을 상속받으며, 체크 상자를 만들기 위하여 그림 16.11처럼 몇 가지의 생성자들을 제공한다.

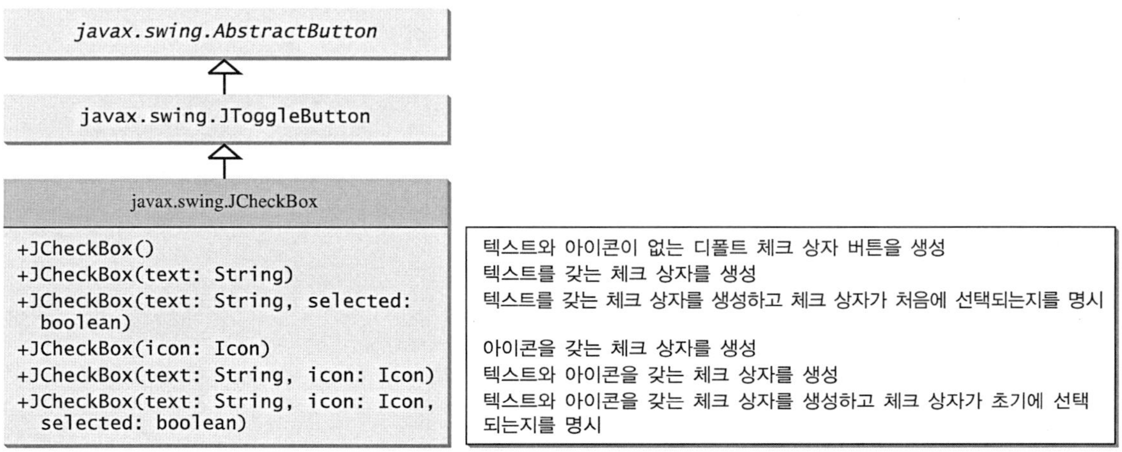

그림 16.11 JCheckBox는 체크 상자 버튼을 정의한다.

다음은 Student 문자열, 빨간색 전경, 흰색 배경, 명령 코드 키 'S'의 속성을 갖는 체크 상자 예제이다.

```
JCheckBox jchk = new JCheckBox("Student", true);
jchk.setForeground(Color.RED);
jchk.setBackground(Color.WHITE);
jchk.setMnemonic('S');
```

체크 상자를 클릭했을 때(check 또는 uncheck) ItemEvent가 실행되고 난 후에 Action-Event가 실행된다. 체크 상자가 선택되었는지를 보려면 isSelected() 메소드를 사용하면 된다.

리스트 16.3은 이전 예제에 Centered, Bold, Italic이라는 체크 상자가 추가되어 그림 16.12와 같이 사용자가 메시지를 중앙, 강조, 이탤릭체로 표시할 수 있다.

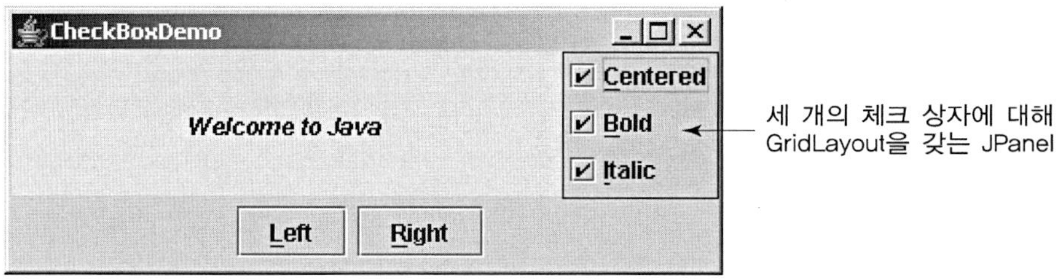

그림 16.12 세 개의 체크 상자가 추가되어 메시지를 어떻게 표시할 것인지를 설정한다.

이 프로그램을 작성하기 위한 접근 방법은 적어도 두 가지가 있다. 첫 번째는 이전에 사용했던 ButtonDemo 클래스를 수정하는 방법이다. ButtonDemo 클래스에 체크 상자를 추가하고 그것들의 이벤트 처리에 대한 코드를 추가한다. 두 번째는 ButtonDemo를 확장하는 하위 클래스를 생성하는 방법이다. 첫 번째 접근 방법은 연습으로 해보기를 권한다. 리스트 16.3은 두 번째 접근 방법에 대한 코드이다.

리스트 16.3 CheckBoxDemo.java

```
import java.awt.*;
import java.awt.event.*;
import javax.swing.*;

public class CheckBoxDemo extends ButtonDemo {
  // Create three check boxes to control the display of message
  private JCheckBox jchkCentered = new JCheckBox("Centered");
  private JCheckBox jchkBold = new JCheckBox("Bold");
  private JCheckBox jchkItalic = new JCheckBox("Italic");

  public static void main(String[] args) {
    CheckBoxDemo frame = new CheckBoxDemo();
    frame.setTitle("CheckBoxDemo");
    frame.setSize(500, 200);
    frame.setLocationRelativeTo(null); // Center the frame
```

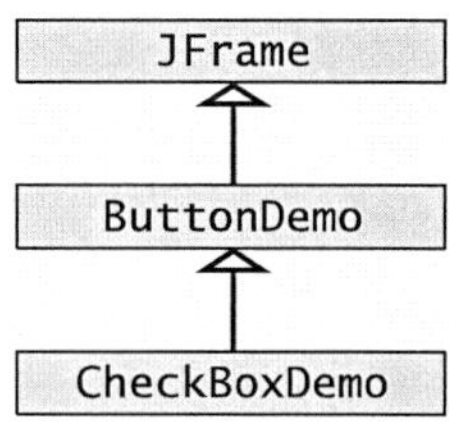

```
16     frame.setDefaultCloseOperation(JFrame.EXIT_ON_CLOSE);
17     frame.setVisible(true);
18   }
19
20   public CheckBoxDemo() {
21     // Set mnemonic keys
22     jchkCentered.setMnemonic('C');
23     jchkBold.setMnemonic('B');
24     jchkItalic.setMnemonic('I');
25
26     // Create a new panel to hold check boxes
27     JPanel jpCheckBoxes = new JPanel();
28     jpCheckBoxes.setLayout(new GridLayout(3, 1));
29     jpCheckBoxes.add(jchkCentered);
30     jpCheckBoxes.add(jchkBold);
31     jpCheckBoxes.add(jchkItalic);
32     add(jpCheckBoxes, BorderLayout.EAST);
33
34     // Register listeners with the check boxes
35     jchkCentered.addActionListener(new ActionListener() {
36       public void actionPerformed(ActionEvent e) {
37         messagePanel.setCentered(jchkCentered.isSelected());
38       }
39     });
40     jchkBold.addActionListener(new ActionListener() {
41       public void actionPerformed(ActionEvent e) {
42         setNewFont();
43       }
44     });
45     jchkItalic.addActionListener(new ActionListener() {
46       public void actionPerformed(ActionEvent e) {
47         setNewFont();
48       }
49     });
50   }
51
52   private void setNewFont() {
53     // Determine a font style
54     int fontStyle = Font.PLAIN;
55     fontStyle += (jchkBold.isSelected() ? Font.BOLD : Font.PLAIN);
56     fontStyle += (jchkItalic.isSelected() ? Font.ITALIC : Font.PLAIN);
57
58     // Set font for the message
59     Font font = messagePanel.getFont();
60     messagePanel.setFont(
61       new Font(font.getName(), fontStyle, font.getSize()));
62   }
63 }
```

CheckBoxDemo는 ButtonDemo를 확장한 것으로, ButtonDemo에서 메시지가 어떻게 표시될 것인지를 조정하는 세 개의 체크 상자가 코드에 추가된다. CheckBoxDemo가 생성되면(12행) CheckBoxDemo의 상위 클래스 기본 생성자가 실행되어 이미 ButtonDemo에 있는 생성자를 다시 작성할 필요가 없다.

체크 상자가 체크되어 있거나 체크되어 있지 않을 때 청취자는 그 이벤트를 처리하기 위해 actionPerformed 메소드를 실행한다. Centered 체크 상자가 체크되어 있거나 체크되어 있지 않을 때 MessagePanel의 centered 속성은 true 또는 false 값을 갖는다.

MessagePanel에 사용된 폰트 이름과 크기는 messagePanel.getFont()를 이용하여 getName()과 getSize() 메소드를 통해 얻는다. 폰트 스타일(Font.BOLD와 Font.ITALIC)은 체크 상자를 통해서 설정한다. 폰트 스타일이 체크되어 있지 않으면 폰트 스타일은 Font.PLAIN을 갖는다. 폰트 스타일은 해당 폰트를 나타내는 정수 중 선택된 정수들이 더해져서 결합된 것이다.

키보드 명령 코드 C, B와 I는 각각 Centered, Bold, Italic 체크 상자에 설정된다(22-24행). 따라서 체크 상자를 선택하기 위해서 마우스나 단축키를 이용할 수 있다.

Component 클래스에 정의되어 있는 setFont 메소드(60행)는 MessagePanel 클래스에 상속되어 있다. 이 메소드는 자동적으로 repaint 메소드를 실행한다. messagePanel의 setFont 메소드를 호출하면 자동적으로 메시지가 다시 칠해진다.

체크 상자가 클릭되었을 때 ActionEvent와 ItemEvent를 실행한다. 메시지를 다시 표시하기 위해 ActionEvent나 ItemEvent를 처리할 수 있다. ItemEvent를 처리하고자 한다면 다음과 같이 ItemEvent의 청취자를 생성하고 체크 상자에 등록하면 된다:

```
public class CheckBoxDemoUsingItemEvent extends ButtonDemo {
  ... // Same as in CheckBoxDemo.java, so omitted

  public CheckBoxDemoUsingItemEvent() {
    ... // Same as in CheckBoxDemo.java, so omitted

     // TO listen for ItemEvent
     jchkCentered.addItemListener(new ItemListener() {
       /** Handle ItemEvent */
       public void itemStateChanged(ItemEvent e) {
         messagePanel.setCentered(jchkCentered.isSelected());
       }
     });
   }
 }
```

16.4 라디오 버튼

옵션 버튼으로 알려진 라디오 버튼은 선택 그룹 내에서 하나의 항목을 선택하도록 한다. 라디오 버튼은 외관상 체크 상자와 유사하나 체크 상자는 선택 여부를 알려주는 칸이 사각형인데 반해 라디오 버튼은 원이다.

JRadioButton은 AbstractButton에서 상속받아 라디오 버튼을 만들기 위해 그림 16.13처럼 몇몇의 생성자들을 제공한다. 이 생성자들은 JCheckBox의 생성자와 유사하다.

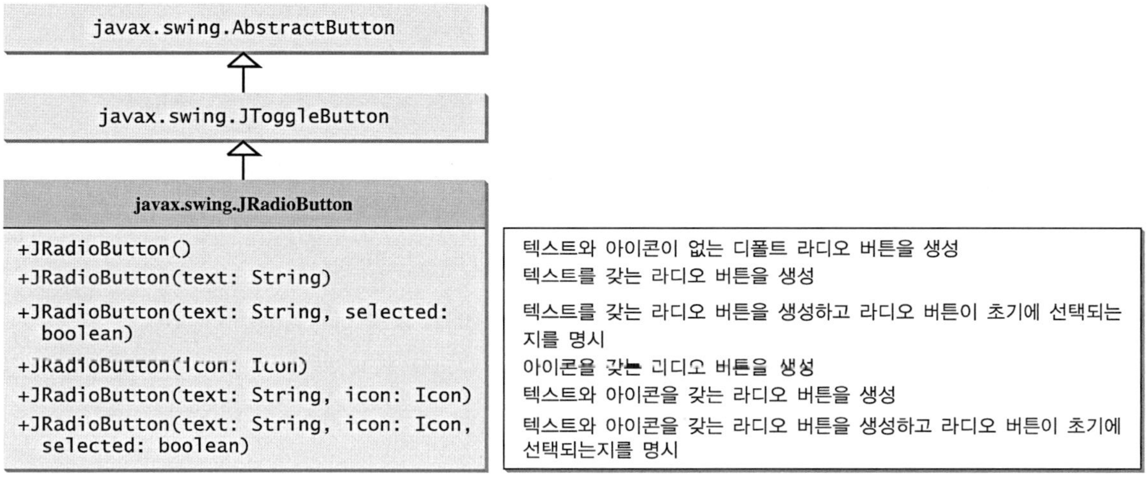

그림 16.13 JRadioButton은 라디오 버튼을 정의한다.

다음은 텍스트가 Student, 전경색은 **빨강**, 배경색은 **흰색**, 명령 코드 키 'S'의 속성을 갖는 초기에 선택된 라디오 버튼 예제이다.

```
JRadioButton jrb = new JRadioButton("Student", true);
jrb.setForeground(Color.RED);
jrb.setBackground(Color.WHITE);
jrb.setMnemonic('S');
```

라디오 버튼을 그룹 짓기 위해서는 다음과 같이 java.swing.ButtonGroup의 인스턴스를 만들고, add 메소드를 이용해 라디오 버튼을 추가해야 한다.

```
ButtonGroup group = new ButtonGroup();
group.add(jrb1);
group.add(jrb2);
```

이 코드는 jrb1과 jrb2가 서로 배타적으로 선택되도록 jrb1과 jrb2를 위한 라디오 버튼 그룹을 생성한다. 그룹을 짓지 않으면 jrb1과 jrb2는 서로 독립적이다.

NOTE

ButtonGroup은 java.awt.Component 의 하위 클래스가 아니므로, ButtonGroup 객체는 컨테이너에 추가할 수 없다.

라디오 버튼이 바뀌었을 때(선택 또는 해제) ItemEvent가 실행된 후에 ActionEvent가 실행된다. 라디오 버튼이 선택되었는지를 보려면 isSelected() 메소드를 사용한다.

리스트 16.4는 이전 예제에 Red, Green, Blue라는 라디오 버튼을 추가한 프로그램이다. 이 라디오 버튼은 그림 16.14와 같이 메시지의 색을 변경시켜준다.

그림 16.14 세 개의 라디오 버튼이 추가하여 메시지의 색을 표현한다.

위 프로그램을 작성하는 방법은 두 가지가 있다. 첫 번째 방법은 CheckBoxDemo 클래스를 변형시켜 라디오 버튼과 이를 처리하는 이벤트를 코드에 추가하는 것이다. 두 번째 방법은 CheckBoxDemo를 확장하는 하위 클래스를 만드는 것이다. 리스트 16.4는 두 번째 방법을 코딩한 프로그램이다.

리스트 16.4 RadioButtonDemo.java

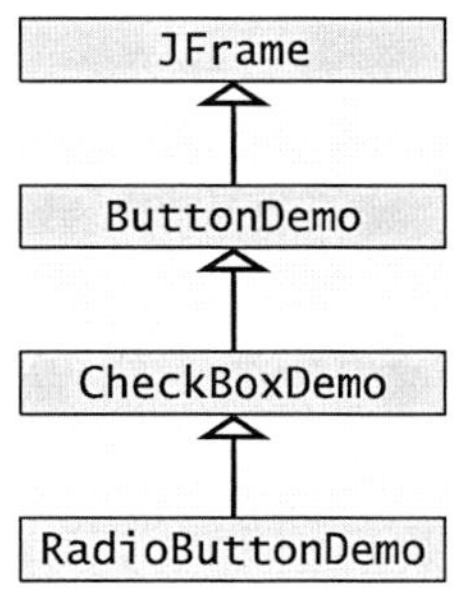


```
import java.awt.*;
import java.awt.event.*;
import javax.swing.*;

public class RadioButtonDemo extends CheckBoxDemo {
  // Declare radio buttons
  private JRadioButton jrbRed, jrbGreen, jrbBlue;

  public static void main(String[] args) {
    RadioButtonDemo frame = new RadioButtonDemo();
    frame.setSize(500, 200);
    frame.setLocationRelativeTo(null); // Center the frame
    frame.setDefaultCloseOperation(JFrame.EXIT_ON_CLOSE);
    frame.setTitle("RadioButtonDemo");
    frame.setVisible(true);
  }

  public RadioButtonDemo() {
    // Create a new panel to hold check boxes
    JPanel jpRadioButtons = new JPanel();
    jpRadioButtons.setLayout(new GridLayout(3, 1));
    jpRadioButtons.add(jrbRed = new JRadioButton("Red"));
    jpRadioButtons.add(jrbGreen = new JRadioButton("Green"));
    jpRadioButtons.add(jrbBlue = new JRadioButton("Blue"));
    add(jpRadioButtons, BorderLayout.WEST);

    // Create a radio button group to group three buttons
    ButtonGroup group = new ButtonGroup();
    group.add(jrbRed);
    group.add(jrbGreen);
    group.add(jrbBlue);

    // Set keyboard mnemonics
    jrbRed.setMnemonic('E');
```

```
35      jrbGreen.setMnemonic('G');
36      jrbBlue.setMnemonic('U');
37
38      // Register listeners for check boxes
39      jrbRed.addActionListener(new ActionListener() {
40        public void actionPerformed(ActionEvent e) {
41          messagePanel.setForeground(Color.red);
42        }
43      });
44      jrbGreen.addActionListener(new ActionListener() {
45        public void actionPerformed(ActionEvent e) {
46          messagePanel.setForeground(Color.green);
47        }
48      });
49      jrbBlue.addActionListener(new ActionListener() {
50        public void actionPerformed(ActionEvent e) {
51          messagePanel.setForeground(Color.blue);
52        }
53      });
54
55      // Set initial message color to blue
56      jrbBlue.setSelected(true);
57      messagePanel.setForeground(Color.blue);
58    }
59  }
```

RadionButtonDemo는 CheckBoxDemo를 확장하여 메시지의 색을 표현하는 세 개의 라디오 버튼을 추가하였다. 라디오 버튼이 클릭되면 라디오 버튼의 액션 이벤트 청취자가 messagePanel의 전경색을 설정한다.

단축키 'R'과 'B'는 이미 Right 버튼과 Bold 체크 상자로 설정되어 있다. 혼란을 피하기 위해서 단축키 'E', 'G', 'U'는 각각 라디오버튼 Red, Green, Blue로 설정한다(34-36행).

프로그램은 ButtonGroup을 생성하고 그룹에 세 개의 인스턴스(jrbRed, jrbGreen, jrbBlue)를 넣는다(28-31행).

라디오 버튼은 선택되거나 해제되었을 때 ActionEvent와 ItemEvent를 실행한다. 색을 선택하는데 ActionEvent나 ItemEvent가 처리될 수 있다. 위 예제는 ActionEvent가 처리한다. 연습을 위해 ItemEvent를 사용하여 코드를 재작성하길 바란다.

16.5 라벨

라벨은 짧은 텍스트나 이미지 또는 둘 다 표시할 수 있는 영역이다. 다른 컴포넌트(일반적으로 텍스트 필드)를 붙이는데 종종 사용된다. 그림 16.15는 JLabel의 생성자와 메소드를 보여준다.

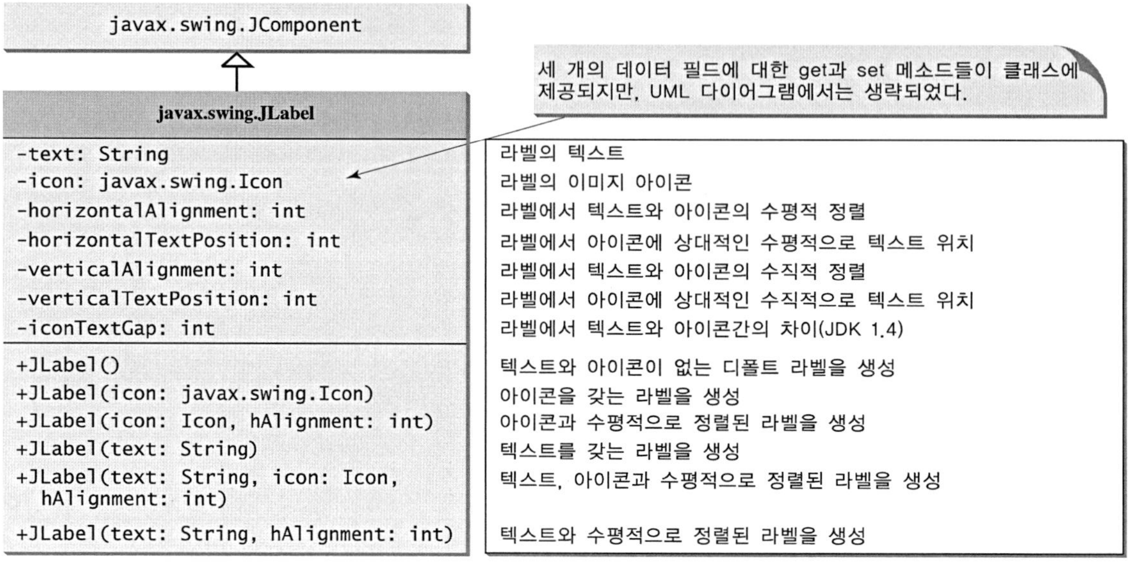

그림 16.15 JLabel은 텍스트나 이미지 또는 둘 다 표시한다.

JLabel은 JComponent의 모든 속성을 상속받고 text, icon, horizontalAlignment, verticalAlignment, horizontalTextPosition, verticalTextPosition, iconTextGap과 같은 JButton의 유사한 속성이 많이 있다. 예를 들어, 다음 코드는 텍스트와 아이콘이 있는 라벨을 표시한다.

```
// Create an image icon from an image file
ImageIcon icon = new ImageIcon("image/grapes.gif");

// Create a label with a text, an icon,
// with centered horizontal alignment
JLabeljlbl = new JLabel("Grapes", icon, SwingConstants.CENTER);

//Set label's text alignment and gap between text and icon
jlbl.setHorizontalTextPosition(SwingConstants.CENTER);
jlbl.setVerticalTextPosition(SwingConstants.BOTTOM);
jlbl.setIconTextGap(5);
```

16.6 텍스트 필드

텍스트 필드는 문자열을 입력하거나 표시하는데 사용한다. JTextField는 JTextComponent의 하위 클래스이다. JTextField에는 그림 16.16과 같은 생성자와 메소드가 있다.

JTextField는 JTextComponent로부터 상속받고, JTextComponent는 JComponent로부터 상속받는다. 다음은 수정 불가능한 텍스트 필드를 생성하는 예제이다. 이 텍스트 필드는 빨간 전경색과 오른쪽 수평 정렬의 속성을 갖는다.

```
JTextField jtfMessage = new JTextField("T-Strom");
jtfMessage.setEditable(false);
jtfMessage.setForeground(Color.RED);
jtfMessage.setHorizontalAlignment(SwingConstants.RIGHT);
```

커서를 텍스트 필드에 놓고 엔터 키를 치면 ActionEvent가 발생한다.

리스트 16.5는 이전 예제에서 그림 16.17에서 보여지는 것처럼 사용자가 새로운 메시지를 설정할 수 있는 텍스트 필드를 추가한 프로그램이다.

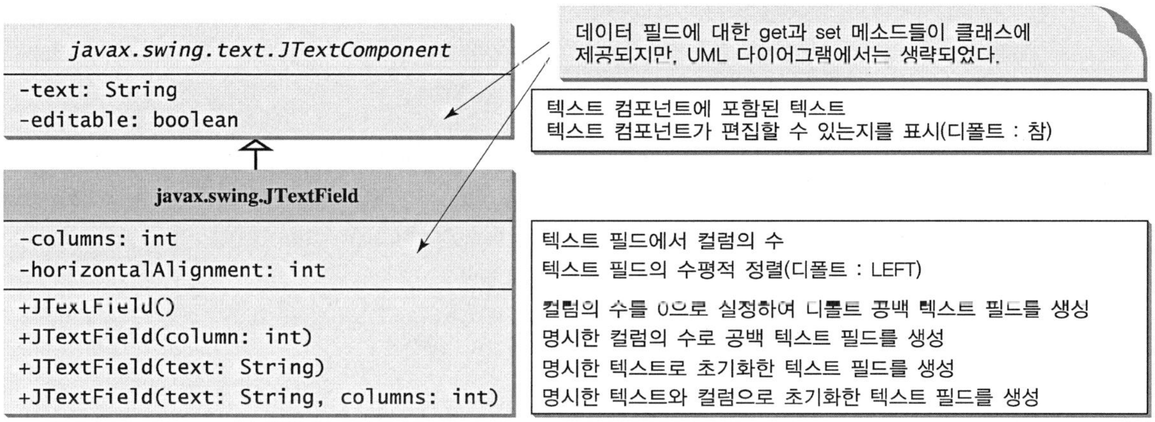

그림 16.16 JTextField는 문자열을 입력하거나 표시할 수 있다.

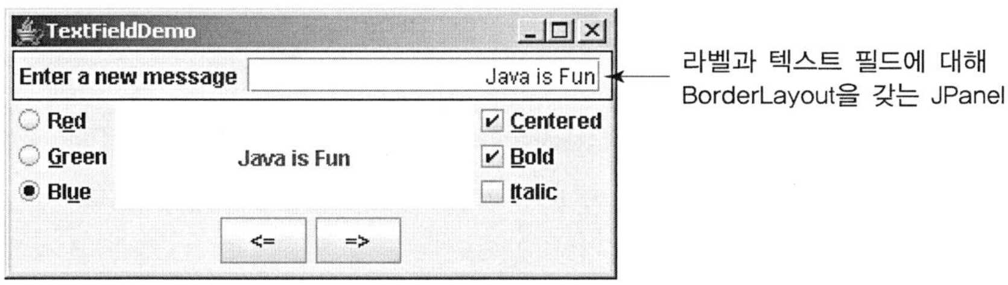

그림 16.17 라벨과 텍스트 필드가 신규 메시지를 설정하도록 추가된다.

리스트 16.5는 RadioButtonDemo를 확장하는 하위 클래스를 생성한다.

리스트 16.5 TextFieldDemo.java

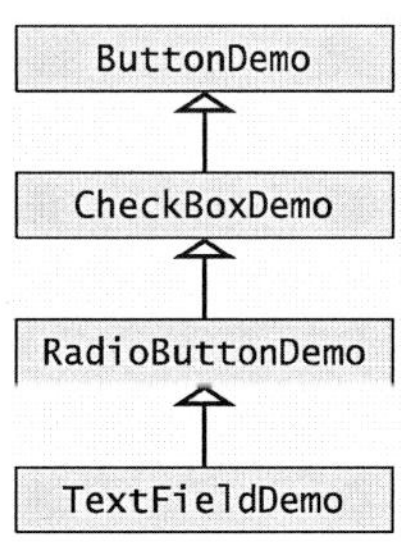


```
import java.awt.*;
import java.awt.event.*;
import javax.swing.*;

public class TextFieldDemo extends RadioButtonDemo {
  private JTextField jtfMessage = new JTextField(10);

  /** Main method */
  public static void main(String[] args) {
    TextFieldDemo frame = new TextFieldDemo();
```

```
11      frame.pack();
12      frame.setTitle("TextFieldDemo");
13      frame.setLocationRelativeTo(null); // Center the frame
14      frame.setDefaultCloseOperation(JFrame.EXIT_ON_CLOSE);
15      frame.setVisible(true);
16    }
17
18    public TextFieldDemo() {
19      // Create a new panel to hold label and text field
20      JPanel jpTextField = new JPanel();
21      jpTextField.setLayout(new BorderLayout(5, 0));
22      jpTextField.add(
23        new JLabel("Enter a new message"), BorderLayout.WEST);
24      jpTextField.add(jtfMessage, BorderLayout.CENTER);
25      add(jpTextField, BorderLayout.NORTH);
26
27      jtfMessage.setHorizontalAlignment(JTextField.RIGHT);
28
29      // Register listener
30      jtfMessage.addActionListener(new ActionListener() {
31        /** Handle ActionEvent */
32        public void actionPerformed(ActionEvent e) {
33          messagePanel.setMessage(jtfMessage.getText());
34          jtfMessage.requestFocusInWindow();
35        }
36      });
37    }
38  }
```

TextFieldDemo는 RadioButtonDemo를 확장한 것이며, 사용자가 새로운 메시지를 입력할 수 있도록 라벨과 텍스트 필드를 추가한 것이다. 텍스트 필드에 새로운 메시지를 입력하고 엔터 키를 누르면 그 메시지가 화면에 표시된다. 텍스트 필드에서 엔터 키를 누르면 액션 이벤트가 실행된다. 청취자는 messagePanel에 새로운 메시지를 설정한다(33행).

pack()

pack() 메소드(11행)는 컴포넌트 크기에 맞춰 자동으로 프레임의 크기를 조절한다.

requestFocusInWindow()

Component 클래스에 정의된 requestFocusInWindow() 메소드(34행)는 입력 포커스를 얻기 위해 컴포넌트에 요청한다. 예를 들면 jtfMessage.requestFocusInWindow()는 jtfMessage에 입력 포커스를 요청한다. actionPerformed 메소드가 실행된 후에 jtfMessage에서 커서를 볼 것이다.

JPasswordField

NOTE

패스워드를 입력하는데 텍스트 필드가 사용된다면 JTextField 대신 JPasswordField를 사용한다. JPasswordField는 JTextField를 확장한 것이며, 입력된 문자를 에코 문자(예 : ******)로 바꾸어 보여준다. 디폴트로 에코 문자는 *이다. setEcho(char) 메소드를 사용하여 다른 에코 문자로 명시할 수 있다.

16.7 텍스트 영역

사용자가 한 행 이상의 텍스트를 입력하려면 몇 개의 JTextField 인스턴스를 생성해야 한다. 더 좋은 방법은 JTextArea를 사용하는 것이다. 그림 16.18은 JTextArea의 생성자와 메소드를 보여준다.

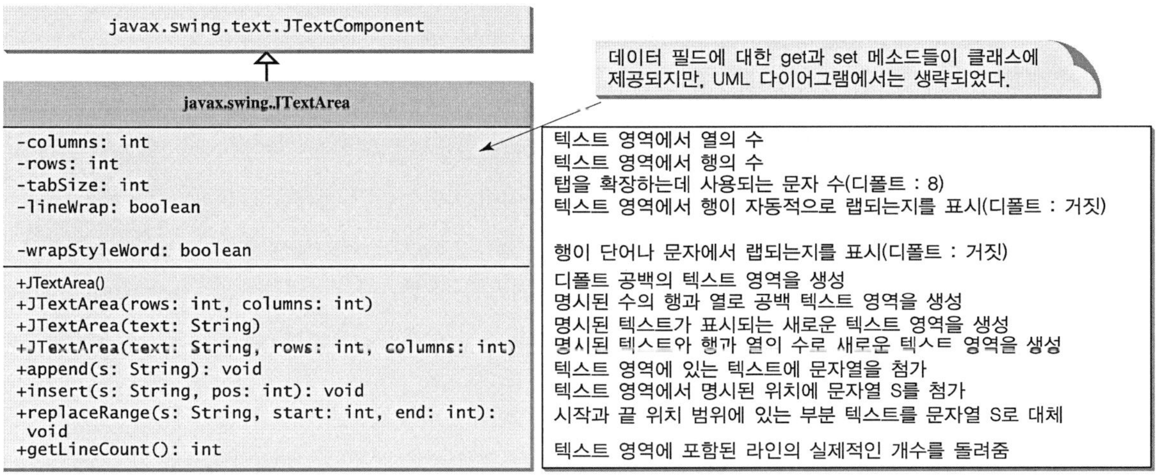

그림 16.18 JTextArea는 한 행 이상의 문자를 입력하거나 표시할 수 있다.

JTextField처럼 JTextArea는 getText, setText, isEditable, setEditable과 같은 메소드를 포함한 JTextComponent로부터 상속받은 것이다. 다음은 5행 20열 크기의 선으로 둘러 싸여 있고, **빨간** 전경색과 Courier 폰트, **강조체**, 20 픽셀 크기를 갖는 텍스트 영역의 예이다.

```
JTextArea jtaNote = new JTextArea("This is a text area", 5, 20);
jtaNote.setLineWrap(true);
jtaNote.setWrapStyleWord(true);
jtaNote.setForeground(Color.RED);
jtaNote.setFont(new Font("Courier", Font.BOLD, 20));
```

JTextArea는 스크롤을 행하지 않지만 JTextArea의 인스턴스로 JScrollPane 객체를 사용하여, JScrollPane이 JTextArea가 스크롤할 수 있도록 한다.

```
// Create a scroll pane to hold text area
JScrollPane scrollPane = new JScrollPane(jta = new JTextArea());
add(scrollPane, BorderLayout.CENTER);
```

리스트 16.7은 그림 16.19처럼 라벨에 이미지와 텍스트, 텍스트 영역에는 텍스트를 표시하는 프로그램이다.

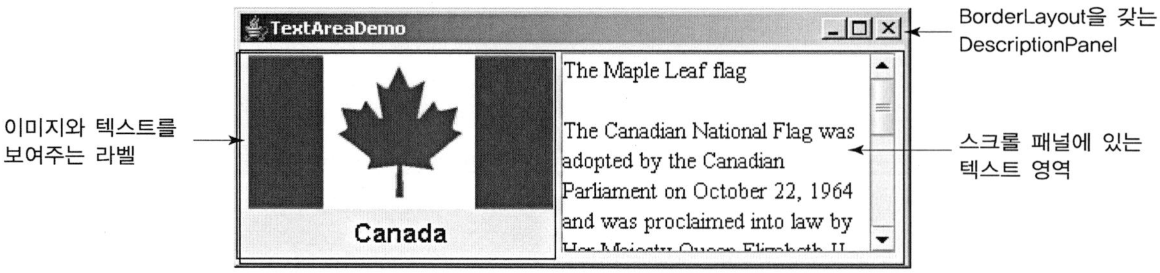

그림 16.19 라벨에 이미지와 제목, 텍스트 영역에 텍스트를 표시하는 프로그램이다.

프로그램의 주요 단계:

1. JPanel을 확장하여 DescriptionPanel 클래스를 생성한다(리스트 16.6). 이 클래스는 scroll pane에 텍스트 영역을 포함한다. 또한, 이미지 아이콘과 제목을 표시하는 라벨을 포함한다. 이 클래스는 위의 예시에서 사용되며, 나중에 다른 예시에서도 사용될 것이다.
2. JFrame을 확장하여 TextAreaDemo 클래스를 생성한다(리스트 16.7). DescriptionPanel의 인스턴스를 생성하여 프레임의 중앙에 추가시킨다. DescriptionPanel과 TextAreaDemo의 관계는 그림 16.20에 나타나 있다.

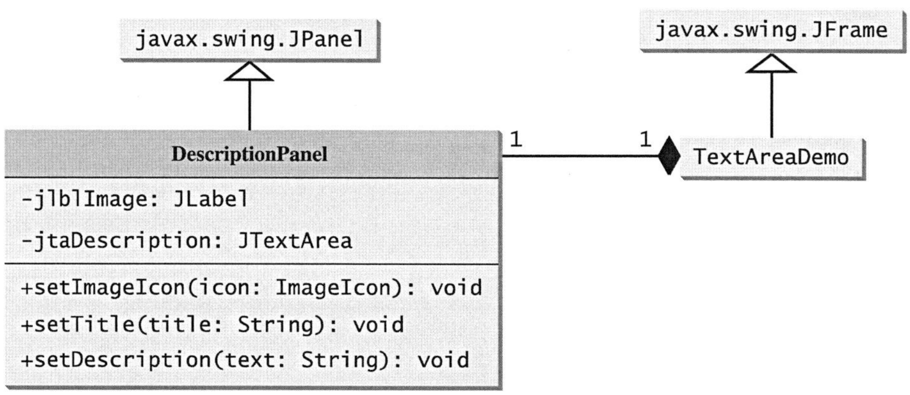

그림 16.20 TextAreaDemo는 DescriptionPanel을 이용하여 이미지, 제목, 국기에 대한 텍스트 설명을 표시한다.

리스트 16.6 DescriptionPanel.java

```
import javax.swing.*;
import java.awt.*;

public class DescriptionPanel extends JPanel {
  /** Label for displaying an image icon and a text */
  private JLabel jlblImageTitle = new JLabel();

  /** Text area for displaying text */
```

```
 9   private JTextArea jtaDescription = new JTextArea();
10
11   public DescriptionPanel() {
12     // Center the icon and text and place the text under the icon
13     jlblImageTitle.setHorizontalAlignment(JLabel.CENTER);
14     jlblImageTitle.setHorizontalTextPosition(JLabel.CENTER);
15     jlblImageTitle.setVerticalTextPosition(JLabel.BOTTOM);
16
17     // Set the font in the label and the text field
18     jlblImageTitle.setFont(new Font("SansSerif", Font.BOLD, 16));
19     jtaDescription.setFont(new Font("Serif", Font.PLAIN, 14));
20
21     // Set lineWrap and wrapStyleWord true for the text area
22     jtaDescription.setLineWrap(true);
23     jtaDescription.setWrapStyleWord(true);
24     jtaDescription.setEditable(false);
25
26     // Create a scroll pane to hold the text area
27     JScrollPane scrollPane = new JScrollPane(jtaDescription);
28
29     // Set BorderLayout for the panel, add label and scrollpane
30     setLayout(new BorderLayout(5, 5));
31     add(scrollPane, BorderLayout.CENTER);
32     add(jlblImageTitle, BorderLayout.WEST);
33   }
34
35   /** Set the title */
36   public void setTitle(String title) {
37     jlblImageTitle.setText(title);
38   }
39
40   /** Set the image icon */
41   public void setImageIcon(ImageIcon icon) {
42     jlblImageTitle.setIcon(icon);
43   }
44
45   /** Set the text description */
46   public void setDescription(String text) {
47     jtaDescription.setText(text);
48   }
49 }
```

텍스트 영역은 텍스트 영역에 스크롤 기능을 제공하는 JScrollPane(27행) 내부에 있다. 스크롤 바는 텍스트 영역의 물리적인 크기보다 많은 텍스트가 있으면 자동적으로 생긴다. 반대로 텍스트가 지워지거나 텍스트 영역의 크기를 초과하지 않는다면 스크롤 바는 사라진다.

lineWrap 속성이 true(27행)로 설정되어 있어서 텍스트가 한 행에 들어갈 수 없으면 자동적으로 다음 행으로 간다. wrapStyleWord 속성이 true(23행)로 설정되어 있어서 글자 단위보다는 단어 단위로 행이 바꾸어진다. 텍스트 영역은 수정할 수 없도록 설정되어 있어서(24행) 텍스트 영역의 서술 부분은 수정할 수 없다.

이 예제에서는 DescriptionPanel에 대한 별도의 클래스를 생성할 필요가 없다. 그럼에도 불구하고 이 클래스는 다음 예제에서 다양한 이미지의 설명 패널을 표시하는데 재사용될 것이다.

리스트 16.7 TextAreaDemo.java

```
 1 import java.awt.*;
 2 import javax.swing.*;
 3 
 4 public class TextAreaDemo extends JFrame {
 5   // Declare and create a description panel
 6   private DescriptionPanel descriptionPanel = new DescriptionPanel();
 7 
 8   public static void main(String[] args) {
 9     TextAreaDemo frame = new TextAreaDemo();
10     frame.pack();
11     frame.setLocationRelativeTo(null); // Center the frame
12     frame.setDefaultCloseOperation(JFrame.EXIT_ON_CLOSE);
13     frame.setTitle("TextAreaDemo");
14     frame.setVisible(true);
15   }
16 
17   public TextAreaDemo() {
18     // Set title, text and image in the description panel
19     descriptionPanel.setTitle("Canada");
20     String description = "The Maple Leaf flag \n\n" +
21       "The Canadian National Flag was adopted by the Canadian " +
22       "Parliament on October 22, 1964 and was proclaimed into law " +
23       "by Her Majesty Queen Elizabeth II (the Queen of Canada) on " +
24       "February 15, 1965. The Canadian Flag (colloquially known " +
25       "as The Maple Leaf Flag) is a red flag of the proportions " +
26       "two by length and one by width, containing in its center a " +
27       "white square, with a single red stylized eleven-point " +
28       "mapleleaf centered in the white square.";
29     descriptionPanel.setDescription(description);
30     descriptionPanel.setImageIcon(new ImageIcon("image/ca.gif"));
31 
32     // Add the description panel to the frame
33     setLayout(new BorderLayout());
34     add(descriptionPanel, BorderLayout.CENTER);
35   }
36 }
```

TextAreaDemo는 DescriptionPanel(6행)의 인스턴스, 설명 패널에 제목(19행), 이미지(30행), 텍스트(29행)를 간단하게 생성한다. DescriptionPanel은 JPanel의 하위 클래스이다. DescriptionPanel은 이미지 아이콘과 텍스트 제목을 표시하기 위한 라벨과 이미지에 대한 설명을 표시하는 텍스트 영역을 포함한다.

16.8 콤보 상자

선택 리스트 또는 드롭-다운 리스트로 알려진 **콤보 상자**는 사용자가 선택할 수 있는 항목의 리스트를 포함한다. 사용자의 선택 범위를 제한하거나 입력 데이터를 번거롭게 확인해야 하는 일을 피하는데 유용하다. 그림 16.21은 자주 쓰이는 JComboBox의 생성자와 메소드를 보여준다.

다음 문장은 4개의 항목, 빨간 전경색, 흰 배경색, 두 번째 항목 선택이라는 속성으로 콤보 상자를 생성한다.

```
JComboBox jcb = new JComboBox(new Object[]
  {"Item 1", "Item 2", "Item 3", "Item 4"});
jcb.setForeground(Color.RED);
jcb.setBackground(Color.WHITE);
jcb.setSelectedItem("Item 2");
```

javax.swing.JComponent

javax.swing.JComboBox	
+JComboBox()	공백의 디폴트 콤보 상자를 생성
+JComboBox(items: Object[])	명시된 배열에 있는 요소를 포함하는 콤보 상자를 생성
+addItem(item: Object): void	콤보 상자에 항목을 첨가
+getItemAt(index: int): Object	명시된 인덱스에 있는 항목을 돌려줌
+getItemCount(): int	콤보 상자에 있는 항목의 개수를 돌려줌
+getSelectedIndex(): int	선택된 항목의 인덱스를 돌려줌
+setSelectedIndex(index: int): void	콤보 상자에서 선택한 인덱스를 설정
+getSelectedItem(): Object	선택한 항목을 돌려줌
+setSelectedItem(item: Object): void	콤보 상자에서 선택한 항목을 설정
+removeItem(anObject: Object): void	항목 리스트로부터 항목을 제거
+removeItemAt(anIndex: int): void	콤보 상자에서 명시한 인덱스에 있는 항목을 제거
+removeAllItems(): void	콤보 상자에 있는 모든 항목들을 제거

그림 16.21 JComboBox는 항목 리스트에서 특정 항목을 선택할 수 있도록 한다.

JComboBox는 많은 이벤트 중에서 ActionEvent와 ItemEvent를 생성한다. 항목이 선택되었을 때 ActionEvent가 발생된다. 새로운 항목이 선택되었을 때는 JComboBox가 ItemEvent를 두 번 발생하여, 첫 번째는 이전에 선택되었던 항목을 해제하고 다음은 현재 선택된 항목을 선택하기 위한 것이다. 현재 항목이 다시 선택되면 아무런 ItemEvent도 발생하지 않는다. ItemEvent에 응답하기 위해서는 선택을 처리하기 위한 itemStateChanged(ItemEvent e) 처리기를 구현할 필요가 있다. JComboBox 메뉴에서 데이터를 얻으려면 getSelectedItem()을 사용하여 현재 선택된 항목을 반환하거나, e.getItem() 메소드를 사용하여 itemStateChanged(ItemEvent e) 처리기로부터 항목을 얻는 것이다.

리스트 16.8은 그림 16.22처럼 사용자가 콤보 상자로부터 국가를 선택하면, 선택한 국가의 이미지와 국기에 대한 설명을 볼 수 있도록 만든 프로그램이다.

프로그램의 주요 단계:

1. 사용자 인터페이스를 생성한다.

   국가명이 선택 값인 콤보 상자를 만든다. DescriptionPanel 객체를 만든다. DescriptionPanel 클래스는 이전 예제에서 소개하였다. 프레임의 북쪽에 콤보 상자를, 설명 패널은 프레임 중앙에 놓는다.

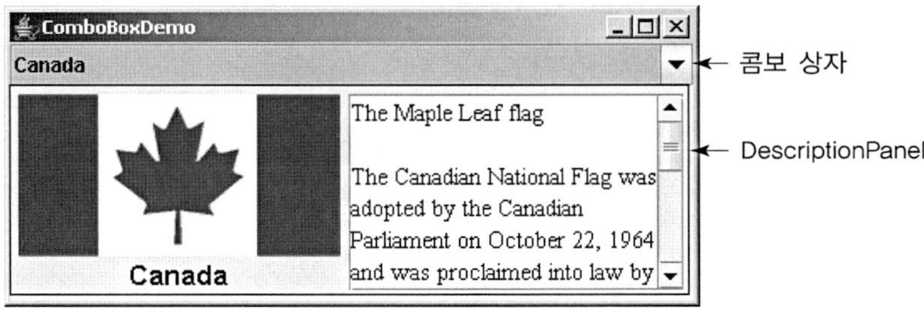

그림 16.22 콤보 상자에서 국가를 선택하면, 해당 국가의 국기 이미지와 설명을 포함된 국가 소개가 표시된다.

2. 이벤트 처리

   itemStateChanged 처리기가 선택된 국가명의 국기 제목과 이미지, 설명을 설명 패널에 표시하는 청취자를 생성한다.

리스트 16.8 ComboBoxDemo.java

```
import java.awt.*;
import java.awt.event.*;
import javax.swing.*;

public class ComboBoxDemo extends JFrame {
  // Declare an array of Strings for flag titles
  private String[] flagTitles = {"Canada", "China", "Denmark",
    "France", "Germany", "India", "Norway", "United Kingdom",
    "United States of America"};

  // Declare an ImageIcon array for the national flags of 9 countries
  private ImageIcon[] flagImage = {
    new ImageIcon("image/ca.gif"),
    new ImageIcon("image/china.gif"),
    new ImageIcon("image/denmark.gif"),
    new ImageIcon("image/fr.gif"),
    new ImageIcon("image/germany.gif"),
    new ImageIcon("image/india.gif"),
    new ImageIcon("image/norway.gif"),
    new ImageIcon("image/uk.gif"),
    new ImageIcon("image/us.gif")
  };

  // Declare an array of strings for flag descriptions
```

```
  private String[] flagDescription = new String[9];

  // Declare and create a description panel
  private DescriptionPanel descriptionPanel = new DescriptionPanel();

  // Create a combo box for selecting countries
  private JComboBox jcbo = new JComboBox(flagTitles);

  public static void main(String[] args) {
    ComboBoxDemo frame = new ComboBoxDemo();
    frame.pack();
    frame.setTitle("ComboBoxDemo");
    frame.setLocationRelativeTo(null); // Center the frame
    frame.setDefaultCloseOperation(JFrame.EXIT_ON_CLOSE);
    frame.setVisible(true);
  }

  public ComboBoxDemo() {
    // Set text description
    flagDescription[0] = "The Maple Leaf flag \n\n" +
      "The Canadian National Flag was adopted by the Canadian " +
      "Parliament on October 22, 1964 and was proclaimed into law " +
      "by Her Majesty Queen Elizabeth II (the Queen of Canada) on " +
      "February 15, 1965. The Canadian Flag (colloquially known " +
      "as The Maple Leaf Flag) is a red flag of the proportions " +
      "two by length and one by width, containing in its center a " +
      "white square, with a single red stylized eleven-point " +
      "mapleleaf centered in the white square.";
    flagDescription[1] = "Description for China ... ";
    flagDescription[2] = "Description for Denmark ... ";
    flagDescription[3] = "Description for France ... ";
    flagDescription[4] = "Description for Germany ... ";
    flagDescription[5] = "Description for India ... ";
    flagDescription[6] = "Description for Norway ... ";
    flagDescription[7] = "Description for UK ... ";
    flagDescription[8] = "Description for US ... ";

    // Set the first country (Canada) for display
    setDisplay(0);

    // Add combo box and description panel to the list
    add(jcbo, BorderLayout.NORTH);
    add(descriptionPanel, BorderLayout.CENTER);

    // Register listener
    jcbo.addItemListener(new ItemListener() {
      /** Handle item selection */
      public void itemStateChanged(ItemEvent e) {
        setDisplay(jcbo.getSelectedIndex());
      }
    });
  }

  /** Set display information on the description panel */
  public void setDisplay(int index) {
```

```
80     descriptionPanel.setTitle(flagTitles[index]);
81     descriptionPanel.setImageIcon(flagImage[index]);
82     descriptionPanel.setDescription(flagDescription[index]);
83   }
84 }
```

청취자는 콤보 상자로부터 ItemEvent를 발생하기 위해 ItemListener(70-75행)를 구현한다. ItemEvent 대신에 콤보 상자 항목 선택을 처리하기 위해 ActionEvent를 사용하도록 프로그램을 재작성할 수 있다.

프로그램은 세 개의 배열인 flagTitles, flagImage, flagDescription(70-75행)에 국기 정보를 저장한다. flagTitles 배열은 아홉 개의 국가명을, flagImage 배열은 아홉 개의 국가에 대한 국기 이미지를, flagDescription 배열은 국기에 대한 설명을 포함한다.

프로그램은 리스트 16.8에서 DescriptionPanel(28행)의 인스턴스를 만든다. flagTitles(31행)의 초기 값으로 콤보 상자를 생성한다. 사용자가 콤보 상자의 항목을 선택하면 ItemStateChanged 처리기가 실행되어 선택된 인덱스를 찾아서 그에 해당하는 국기의 제목, 이미지와 설명을 패널에 표시한다.

16.9 리스트

리스트는 기본적으로 콤보 상자와 동일한 기능을 수행하지만 사용자가 하나 또는 다수의 값을 선택할 수 있는 컴포넌트이다. 스윙 JList는 매우 다양하다. 그림 16.23은 JList에서 자주 사용되는 생성자와 메소드를 나타낸다.

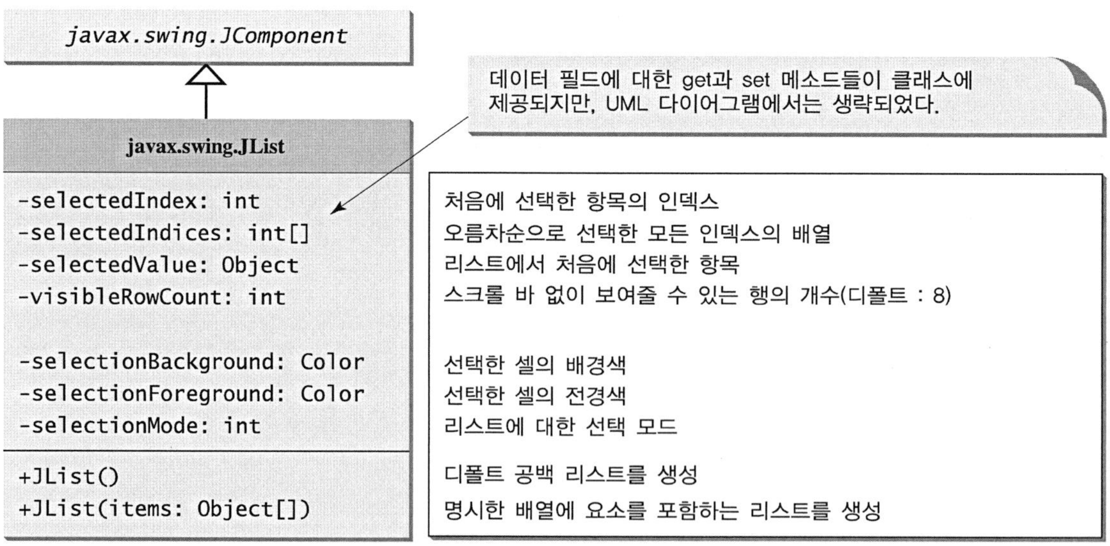

그림 16.23 JList는 항목 리스트에서 복수의 항목을 선택하도록 한다.

selectionMode는 javax.swing.ListSectionModel에 정의된 세 값 중 하나(SINGLE_SELECTION, SINGLE_INTERVAL_SELECTION, MULTIPLE_INTERVAL_SELECTION)이며, 각각의 값은 단일 항목, 단일 간격 항목, 다중 간격 항목으로 선택된다. 단일 간격 선택은 복수 선택을 인정하지만 선택된 항목은 반드시 연속되어 있어야 한다. 다중 간격 선택은 그림 16.24처럼 제약 없이 복수의 연속된 선택을 허용한다. 디폴트 값은 MULTIPLE_INTERVAL_SELECTION이다.

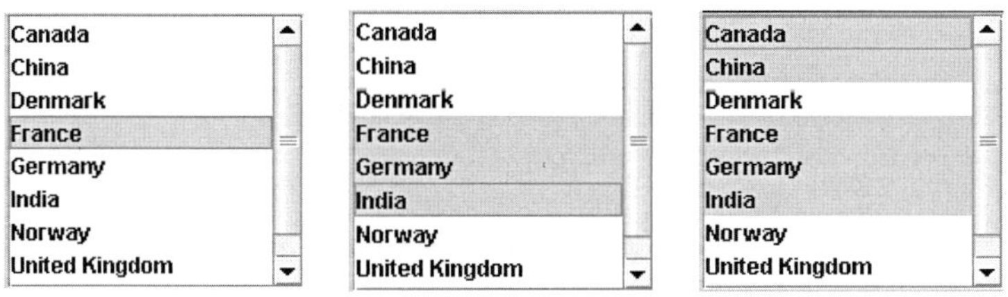

(a) 단일 선택 (b) 단일 간격 선택 (c) 다중 간격 선택

그림 16.24 JList는 세 가지 선택 모드가 있다: 단일 항목, 단일 간격 항목, 다중 간격 항목

다음 문장은 여섯 항목, 빨간 전경색, 흰 배경색, 핑크 선택 전경색, 검은 선택 배경색, 그리고 4개의 행이 보이는 속성을 가진 리스트를 생성한다.

```
JList jlst = new JList(new Object[]
  {"Item 1", "Item 2", "Item 3", "Item 4", "Item 5", "Item 6"});
jlst.setForeground(Color.RED);
jlst.setBackground(Color.WHITE);
jlst.setSelectionForeground(Color.PINK);
jlst.setSelectionBackground(Color.BLACK);
jlst.setVisibleRowCount(4);
```

리스트는 자동적으로 스크롤되지 않는다. 리스트가 스크롤이 되려면 scroll pane을 만들어 리스트에 추가해야 한다. 텍스트 영역도 같은 방법으로 스크롤이 가능하게 할 수 있다.

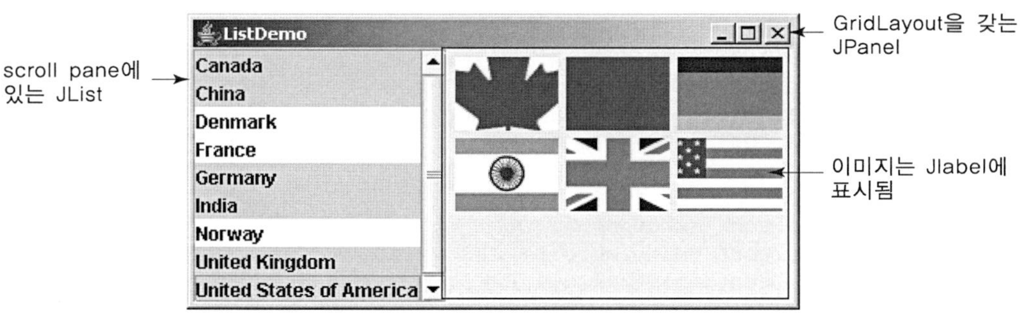

그림 16.25 국가가 리스트에서 선택되면 해당 국기의 이미지를 라벨에 표시한다.

JList는 javax.swing.event.ListSelectionEvent를 수행하여 선택에 대한 청취자를 알린다.

청취자는 이벤트를 처리하기 위해 javax.swing.event.ListSelectionListener 인터페이스에 있는 valueChanged 처리기를 수행해야 한다.

리스트 16.9는 사용자가 리스트에 있는 국가를 선택하여 라벨에 선택된 국가의 국기를 표시하는 프로그램이다. 그림 16.25는 이 프로그램이 실행된 예시이다.

프로그램의 주요 단계:

1. 사용자 인터페이스를 만든다.

   아홉 개의 국가명을 선택 값으로 하는 리스트를 만들고 이를 scroll pane에 위치시킨다. 그리고 scroll pane은 프레임 서쪽에 위치시킨다. 각 국가의 국기 이미지를 표시하기 위한 아홉 개의 라벨을 만들고 이를 패널에 놓는다. 그리고 패널은 프레임 중앙에 위치한다.

2. 이벤트를 수행한다.

   ListSelectionListener 인터페이스의 valueChanged 메소드를 수행하는 청취자를 만들어, 선택된 국가의 국기 이미지를 라벨에 표시한다.

리스트 16.9 ListDemo.java

```
import java.awt.*;
import javax.swing.*;
import javax.swing.event.*;

public class ListDemo extends JFrame {
  final int NUMBER_OF_FLAGS = 9;

  // Declare an array of Strings for flag titles
  private String[] flagTitles = {"Canada", "China", "Denmark",
    "France", "Germany", "India", "Norway", "United Kingdom",
    "United States of America"};

  // The list for selecting countries
  private JList jlst = new JList(flagTitles);

  // Declare an ImageIcon array for the national flags of 9 countries
  private ImageIcon[] imageIcons = {
    new ImageIcon("image/ca.gif"),
    new ImageIcon("image/china.gif"),
    new ImageIcon("image/denmark.gif"),
    new ImageIcon("image/fr.gif"),
    new ImageIcon("image/germany.gif"),
    new ImageIcon("image/india.gif"),
    new ImageIcon("image/norway.gif"),
    new ImageIcon("image/uk.gif"),
    new ImageIcon("image/us.gif")
  };

  // Arrays of labels for displaying images
  private JLabel[] jlblImageViewer = new JLabel[NUMBER_OF_FLAGS];

  public static void main(String[] args) {
```

```
33      ListDemo frame = new ListDemo();
34      frame.setSize(650, 500);
35      frame.setTitle("ListDemo");
36      frame.setLocationRelativeTo(null); // Center the frame
37      frame.setDefaultCloseOperation(JFrame.EXIT_ON_CLOSE);
38      frame.setVisible(true);
39    }
40
41    public ListDemo() {
42      // Create a panel to hold nine labels
43      JPanel p = new JPanel(new GridLayout(3, 3, 5, 5));
44
45      for (int i = 0; i < NUMBER_OF_FLAGS; i++) {
46        p.add(jlblImageViewer[i] = new JLabel());
47        jlblImageViewer[i].setHorizontalAlignment
48          (SwingConstants.CENTER);
49      }
50
51      // Add p and the list to the frame
52      add(p, BorderLayout.CENTER);
53      add(new JScrollPane(jlst), BorderLayout.WEST);
54
55      // Register listeners
56      jlst.addListSelectionListener(new ListSelectionListener() {
57        /** Handle list selection */
58        public void valueChanged(ListSelectionEvent e) {
59          // Get selected indices
60          int[] indices = jlst.getSelectedIndices();
61
62          int i;
63          // Set icons in the labels
64          for (i = 0; i < indices.length; i++) {
65            jlblImageViewer[i].setIcon(imageIcons[indices[i]]);
66          }
67
68          // Remove icons from the rest of the labels
69          for (; i < NUMBER_OF_FLAGS; i++) {
70            jlblImageViewer[i].setIcon(null);
71          }
72        }
73      });
74    }
75  }
```

무명의 내부 클래스 청취자는 리스트에서(56-73행) 국가명을 선택하기 위해 ListSelectionEvent를 발생한다. ListSelectionEvent와 ListSelectionListener는 javax.swing.event 패키지에 정의되어 있어 이 패키지를 프로그램에 반입한다(3행).

프로그램은 아홉 국가의 국기 이미지를 표시하기 위해 아홉 개의 라벨 배열을 만든다. 프로그램은 이미지 배열에 아홉 국가의 이미지를 로드하고(17-27행), 이미지 배열과 동일한 순서로 아홉 국가의 리스트를 생성한다(9-11행). 따라서 이미지 배열의 0번째 인덱스가 리스트의 첫 번째 국가에 해당된다.

리스트는 scroll pane에 위치하여(53행) 리스트에서 보이는 영역 외의 항목이 스크롤 되도록 한다.

디폴트로 리스트의 선택 모드는 다중 간격이다. 이는 사용자가 리스트 내에서 복수의 항목을 여러 간격으로 선택하도록 한다. 사용자가 리스트에서 국가를 선택하면 valueChanged 처리기(58-72행)가 실행되어 선택된 항목의 인덱스들을 가져오고 그에 해당하는 국기 이미지 아이콘을 라벨에 표시한다.

16.10 스크롤 바

JScrollBar는 사용자가 범위에서 값을 선택할 수 있도록 하는 컴포넌트이다(그림 16.26).

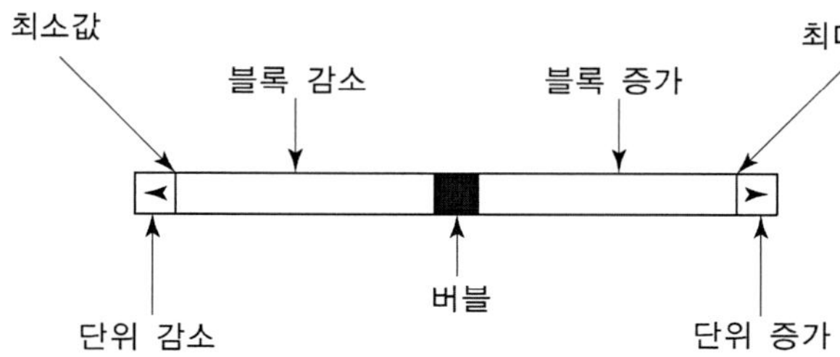

그림 16.26 스크롤 바는 그래픽적으로 값의 범위를 나타낸다.

보통은 사용자가 마우스를 사용하여 스크롤 바의 값을 변경한다. 예를 들어, 사용자는 스크롤 바의 버블을 위 아래로 드래그하거나, 스크롤 바의 단위-증가 또는 블록-증가 영역을 클릭한다. 또한 키보드를 사용하여 스크롤 바를 실행할 수 있다. 편의를 위하여 페이지 상-하 키는 스크롤 바의 블록-증가와 블록-감소 영역을 클릭하는 것과 동일하다.

> **NOTE** 스크롤 바의 트랙 너비는 maximum + visibleAmount에 대응한다. 스크롤 바가 최대값을 설정하면 버블의 왼쪽은 maximum에 있고, 오른쪽은 maximum + visibleAmount에 있다.

JScrollBar는 그림 16.27에 보여진 속성을 갖는다.

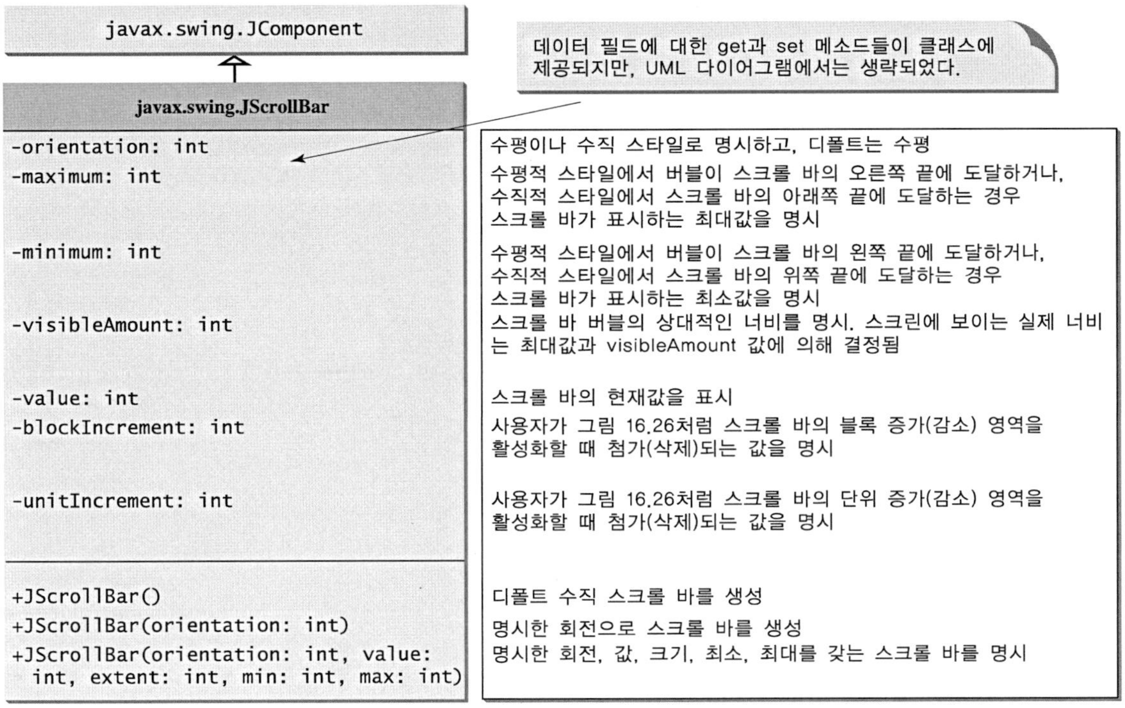

그림 16.27 JScrollBar는 범위에서 값을 선택한다.

사용자가 스크롤 바의 값을 변경하면, 스크롤 바는 등록된 모든 청취자에게 AdjustmentEvent의 인스턴스를 발생하여 넘겨준다. 스크롤 바의 변경을 알기 위한 객체는 java.awt.event 패키지에 정의된 AdjustmentListener 인터페이스의 adjustmentValueCha nged 메소드를 구현한다.

리스트 16.10은 패널에 있는 메시지를 조절하기 위해 수평·수직 스크롤 바를 사용한 프로그램이다. 수평 스크롤 바는 메시지를 왼쪽 또는 오른쪽으로 이동하고, 수직 스크롤 바는 위아래로 움직인다. 프로그램의 실행 결과는 그림 16.28이다.

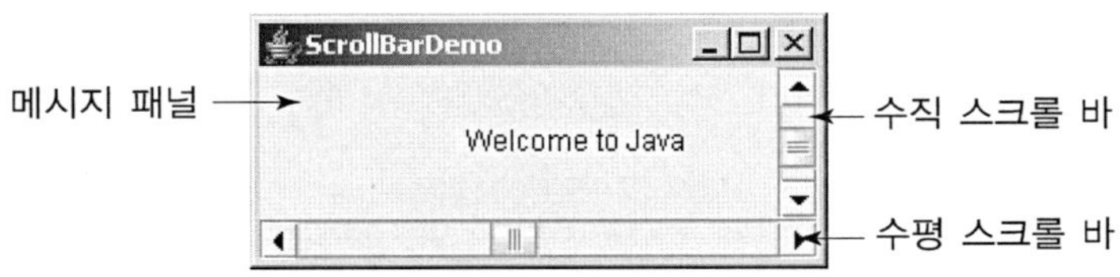

그림 16.28 스크롤 바는 패널에 있는 메시지를 수평, 수직으로 이동한다.

프로그램의 주요 단계:

1. 사용자 인터페이스를 만든다.

   MessagePanel 객체를 만들어서 프레임의 중앙에 위치한다. 수직 스크롤 바를 만들어서 프레임의 동쪽에 위치한다. 수평 스크롤 바를 만들어서 프레임의 남쪽에 위치한다.

2. 이벤트를 실행한다.

청취자가 스크롤 바에서 바의 이동에 따라 메시지가 이동하도록 adjustmentValueChanged 처리기를 구현한다.

리스트 16.10 ScrollBarDemo.java

```
import java.awt.*;
import java.awt.event.*;
import javax.swing.*;

public class ScrollBarDemo extends JFrame {
  // Create horizontal and vertical scroll bars
  private JScrollBar jscbHort =
    new JScrollBar(JScrollBar.HORIZONTAL);
  private JScrollBar jscbVert =
    new JScrollBar(JScrollBar.VERTICAL);

  // Create a MessagePanel
  private MessagePanel messagePanel =
    new MessagePanel("Welcome to Java");

  public static void main(String[] args) {
    ScrollBarDemo frame = new ScrollBarDemo();
    frame.setTitle("ScrollBarDemo");
    frame.setLocationRelativeTo(null); // Center the frame
    frame.setDefaultCloseOperation(JFrame.EXIT_ON_CLOSE);
    frame.pack();
    frame.setVisible(true);
  }

  public ScrollBarDemo() {
    // Add scroll bars and message panel to the frame
    setLayout(new BorderLayout());
    add(messagePanel, BorderLayout.CENTER);
    add(jscbVert, BorderLayout.EAST);
    add(jscbHort, BorderLayout.SOUTH);

    // Register listener for the scroll bars
    jscbHort.addAdjustmentListener(new AdjustmentListener() {
      public void adjustmentValueChanged(AdjustmentEvent e) {
        // getValue() and getMaximumValue() return int, but for better
        // precision, use double
        double value = jscbHort.getValue();
        double maximumValue = jscbHort.getMaximum();
        double newX = (value * messagePanel.getWidth() /
          maximumValue);
        messagePanel.setXCoordinate((int)newX);
      }
    });
    jscbVert.addAdjustmentListener(new AdjustmentListener() {
      public void adjustmentValueChanged(AdjustmentEvent e) {
```

```
46         // getValue() and getMaximumValue() return int, but for better
47         // precision, use double
48         double value = jscbVert.getValue();
49         double maximumValue = jscbVert.getMaximum();
50         double newY = (value * messagePanel.getHeight() /
51           maximumValue);
52         messagePanel.setYCoordinate((int)newY);
53       }
54     });
55   }
56 }
```

프로그램은 두 개의 스크롤 바(jscbVert와 jscbHort)(7-10행)와 MessagePanel(message Panel)(13-14행) 인스턴스를 만든다. messagePanel은 프레임의 중앙에 위치한다; jscbVert와 jscbHort는 각각 프레임의 동과 남쪽 부분에 위치한다(29-30행).

스크롤 바의 위치는 생성자에 명시하거나 setOrientation 메소드를 사용한다. 디폴트로 속성값의 maximum은 100이고 minimum은 0이며, blockIncrement는 10, visibleAmount는 10이다.

사용자가 버블을 드래그하거나, 증가 또는 감소 단위를 클릭했을 때 스크롤 바의 값은 변한다. AdjustmentEvent의 인스턴스가 생성되고 adjustmentValueChanged 처리기를 호출하여 청취자에게 넘겨준다. 수직 스크롤 바의 청취자는 메시지를 상하로 움직이고(33-43행), 수평 스크롤 바의 청취자는 메시지를 좌우로 움직인다(44-54행).

수직 스크롤 바의 최대값은 패널의 높이에 대응하고 수평 스크롤 바의 최대값은 패널의 너비에 대응한다. 수평 스크롤 바의 현재값과 최대값의 비율은 x값과 메시지 패널의 너비의 비율과 동일하다. 이와 같이, 수직 스크롤 바의 현재값과 최대값의 비율은 y값과 메시지 패널의 높이의 비율과 동일하다. x 좌표와 y 좌표는 스크롤 바의 조절에 따라 설정된다(39-49행).

16.11 슬라이더

JSlider는 JScrollBar와 비슷하지만 JSlider는 그보다 더 많은 속성과 다양한 형태를 나타낸다. 그림 16.29는 두 개의 슬라이더를 보여준다.

그림 16.29 슬라이더는 패널 위의 메시지를 수평·수직으로 움직인다.

JSlider는 사용자가 경계가 있는 간격에서 손잡이를 옮기면서 값을 그래픽적으로 선택하도록 한다. 슬라이더는 주 눈금선과 보조 눈금선 모두를 보여준다. 눈금선 사이의 픽셀 개수는 majorTickSpacing과 minorTickSpacing의 속성에 의해 조절한다. 슬라이더는 수평과 수직, 눈금선의 존재 여부, 라벨의 존재 여부에 따라 표시된다. 그림 16.30은 자주 사용되는 JSlider의 생성자와 속성들이다.

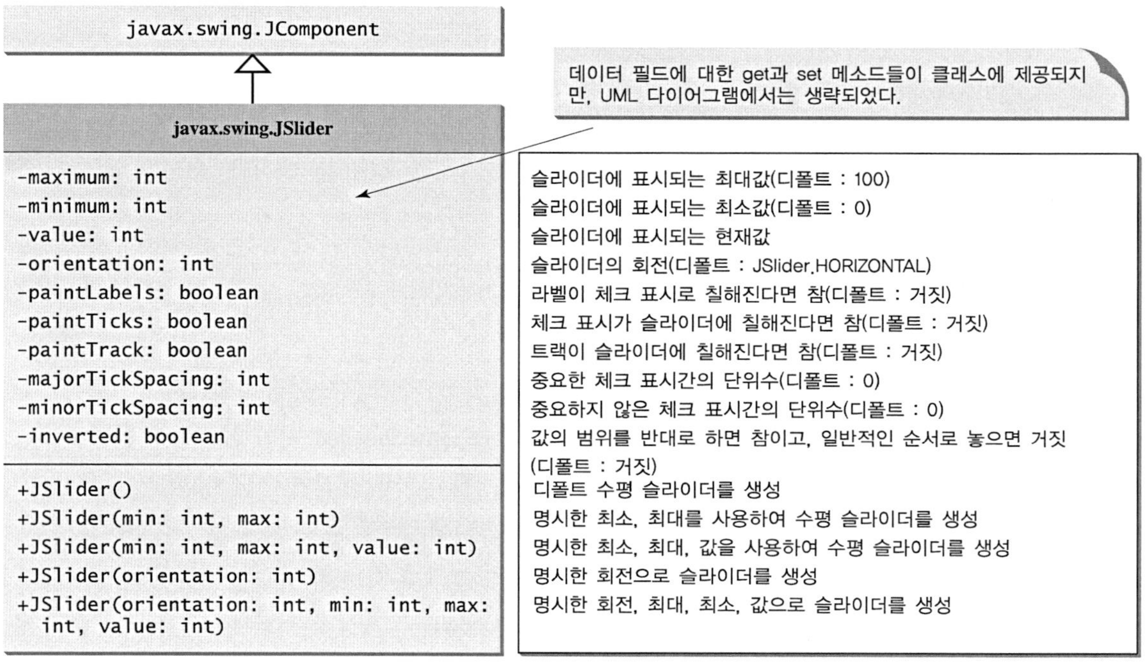

그림 16.30 JSlider는 범위값을 선택할 수 있다.

NOTE 수직 스크롤 바의 값은 위에서 아래로 증가하지만, 수직 슬라이더의 값은 위에서 아래로 감소한다.

NOTE 관례적으로 불리언 속성의 get 메소드는 is<PropertyName>()으로 명명된다. JSlider 클래스에서 paintLabels, paintTicks, paintTrack, inverted의 get 메소드는 명명 관례와 달리 각각 getPaintLabels(), getPaintTicks(), getPaintTrack(), getInverted()이다.

사용자가 슬라이더의 값을 변경하면 슬라이더는 어떤 청취자에도 넘길 수 있는 javax.swing.event.ChangeEvent의 인스턴스를 생성한다. 슬라이더의 변경되는 값을 알기 위한 객체는 javax.swing.event 패키지에 정의된 ChangeListener 인터페이스의 stateChanged 메소드를 구현해야 한다.

리스트 16.11은 그림 16.29처럼 패널에 표시된 메시지를 조절하기 위해 슬라이더를 사용한 프로그램이다.

프로그램의 주요 단계:

1. 사용자 인터페이스를 만든다.

   MessagePanel 객체를 만들어 프레임 중앙에 위치한다. 수직 슬라이더를 만들어 프레임의 동쪽에 위치한다. 수평 슬라이더를 만들어 프레임의 남쪽에 위치한다.

2. 이벤트를 실행한다.

   슬라이더에 있는 매듭 이동에 따라 메시지가 이동하도록 ChangeListener 인터페이스에 stateChanged 처리기를 구현하는 청취자를 만든다.

리스트 16.11 SliderDemo.java

```java
import java.awt.*;
import javax.swing.*;
import javax.swing.event.*;

public class SliderDemo extends JFrame {
  // Create horizontal and vertical sliders
  private JSlider jsldHort = new JSlider(JSlider.HORIZONTAL);
  private JSlider jsldVert = new JSlider(JSlider.VERTICAL);

  // Create a MessagePanel
  private MessagePanel messagePanel =
    new MessagePanel("Welcome to Java");

  public static void main(String[] args) {
    SliderDemo frame = new SliderDemo();
    frame.setTitle("SliderDemo");
    frame.setLocationRelativeTo(null); // Center the frame
    frame.setDefaultCloseOperation(JFrame.EXIT_ON_CLOSE);
    frame.pack();
    frame.setVisible(true);
  }

  public SliderDemo() {
    // Add sliders and message panel to the frame
    setLayout(new BorderLayout(5, 5));
    add(messagePanel, BorderLayout.CENTER);
    add(jsldVert, BorderLayout.EAST);
    add(jsldHort, BorderLayout.SOUTH);

    // Set properties for sliders
    jsldHort.setMaximum(50);
    jsldHort.setPaintLabels(true);
    jsldHort.setPaintTicks(true);
    jsldHort.setMajorTickSpacing(10);
    jsldHort.setMinorTickSpacing(1);
    jsldHort.setPaintTrack(false);
    jsldVert.setInverted(true);
```

```
38     jsldVert.setMaximum(10);
39     jsldVert.setPaintLabels(true);
40     jsldVert.setPaintTicks(true);
41     jsldVert.setMajorTickSpacing(10);
42     jsldVert.setMinorTickSpacing(1);
43
44     // Register listener for the sliders
```

Listener

```
45     jsldHort.addChangeListener(new ChangeListener() {
46       /** Handle scroll bar adjustment actions */
47       public void stateChanged(ChangeEvent e) {
48         // getValue() and getMaximumValue() return int, but for better
49         // precision, use double
50         double value = jsldHort.getValue();
51         double maximumValue = jsldHort.getMaximum();
52         double newX = (value * messagePanel.getWidth() /
53           maximumValue);
54         messagePanel.setXCoordinate((int)newX);
55       }
56     });
```

Listener

```
57     jsldVert.addChangeListener(new ChangeListener() {
58       /** Handle scroll bar adjustment actions */
59       public void stateChanged(ChangeEvent e) {
60         // getValue() and getMaximumValue() return int, but for better
61         // precision, use double
62         double value = jsldVert.getValue();
63         double maximumValue = jsldVert.getMaximum();
64         double newY = (value * messagePanel.getHeight() /
65           maximumValue);
66         messagePanel.setYCoordinate((int) newY);
67       }
68     });
69   }
70 }
```

JSlider는 JScrollBar와 비슷하지만 더 많은 특성들이 있다. 위 예제에서 알 수 있듯이 JSlider에 최대값, 라벨, 주 눈금선과 보조 눈금선을 명시할 수 있다(31-35행). 또한 트랙을 숨길 것인지를 선택할 수 있다(36행). 수직 슬라이더의 값이 위에서 아래로 감소하기 때문에 setInverted 메소드는 순서를 반대로 한다(37행).

슬라이더가 변경되면 JSlider는 ChangeEvent를 실행한다. 청취자는 ChangeListener에서 stateChanged 처리기를 구현해야 한다(45-68행). 스크롤 바가 조절될 때 JScrollBar가 AdjustmentEvent를 실행한다.

16.12 다중 윈도우 만들기

때때로 하나의 응용 프로그램에서 다중 윈도우를 만들 수 있다. 응용 프로그램은 특정한 작업을 하기 위해 새로운 윈도우를 연다. 새로운 윈도우를 **서브윈도우**라고 하며, 메인 프레임은 **메인 윈도우**라고 한다.

응용 프로그램으로부터 서브윈도우를 만들려면 작업을 정의하고 새로운 윈도우가 무엇을 할 것인지를 말해주는 JFrame의 하위 클래스를 만들어야 한다. 그런 다음 응용 프로그램에서 하위 클래스의 인스턴스를 생성하고, 프레임 인스턴스를 보이도록 설정하여 새로운 윈도우를 시작한다.

리스트 16.12는 scroll pane에 텍스트 영역과 Show Histogram이라는 버튼으로 메인 윈도우를 만드는 프로그램이다. 사용자가 버튼을 클릭했을 때 텍스트 영역에서 문자가 발생한 빈도를 히스토그램으로 보여주는 새로운 윈도우를 나타낸다. 그림 16.31이 프로그램의 실행 화면 예시이다.

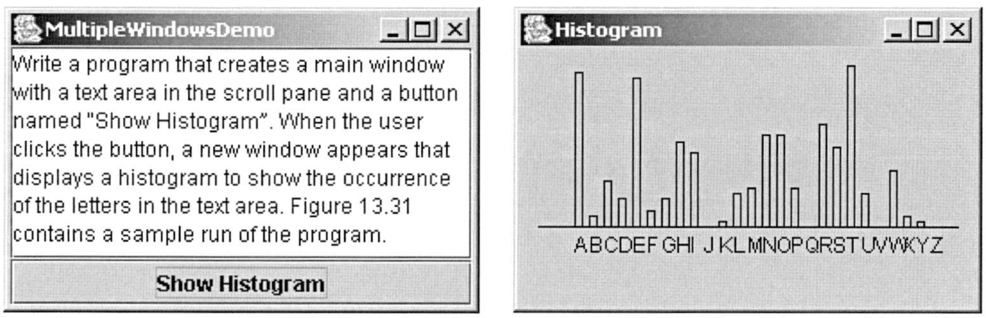

그림 16.31 히스토그램은 별개의 프레임으로 표시된다.

프로그램의 주요 단계:

1. 리스트 16.12에서 MultipleWindowDemo라 명명된 프레임의 메인 클래스를 만든다. scroll pane에 텍스트 영역을 추가하고 프레임의 중앙에 위치한다. "Show Histogram"이라는 버튼을 만들고 프레임의 남쪽에 배치한다.
2. 리스트 16.13에서 Histogram이라 명명된 JPanel의 하위 클래스를 만든다. 이 클래스는 26개 알파벳의 빈도를 세는 int[] 형의 count라는 데이터 필드를 포함한다. count 값이 히스토그램에 표시된다.
3. MultipleWindowDemo에 actionPerformed 처리기를 다음과 같이 구현한다.
   a. Histogram의 인스턴스를 만든다. 텍스트 영역에서 글자를 세어 그 개수를 Histogram 객체로 넘겨준다.
   b. 새로운 프레임을 만들고 프레임 중앙에 Histogram 객체를 놓는다. 프레임을 표시한다.

리스트 16.12 MultipleWindowDemo.java

```
import java.awt.*;
import java.awt.event.*;
import javax.swing.*;

public class MultipleWindowsDemo extends JFrame {
  private JTextArea jta;
  private JButton jbtShowHistogram = new JButton("Show Histogram");
  private Histogram histogram = new Histogram();

  // Create a new frame to hold the histogram panel
  private JFrame histogramFrame = new JFrame();

  public MultipleWindowsDemo() {
    // Store text area in a scroll pane
    JScrollPane scrollPane = new JScrollPane(jta = new JTextArea());
    scrollPane.setPreferredSize(new Dimension(300, 200));
    jta.setWrapStyleWord(true);
    jta.setLineWrap(true);

    // Place scroll pane and button in the frame
    add(scrollPane, BorderLayout.CENTER);
    add(jbtShowHistogram, BorderLayout.SOUTH);

    // Register listener
    jbtShowHistogram.addActionListener(new ActionListener() {
      /** Handle the button action */
      public void actionPerformed(ActionEvent e) {
        // Count the letters in the text area
        int[] count = countLetters();

        // Set the letter count to histogram for display
        histogram.showHistogram(count);

        // Show the frame
        histogramFrame.setVisible(true);
      }
    });

    // Create a new frame to hold the histogram panel
    histogramFrame.add(histogram);
    histogramFrame.pack();
    histogramFrame.setTitle("Histogram");
  }

  /** Count the letters in the text area */
  private int[] countLetters() {
    // Count for 26 letters
    int[] count = new int[26];

    // Get contents from the text area
    String text = jta.getText();

    // Count occurrence of each letter (case insensitive)
```

```
    for (int i = 0; i < text.length(); i++) {
      char character = text.charAt(i);

      if ((character >= 'A') && (character <= 'Z')) {
        count[character - 'A']++;
      }
      else if ((character >= 'a') && (character <= 'z')) {
        count[character - 'a']++;
      }
    }

    return count; // Return the count array
  }

  public static void main(String[] args) {
    MultipleWindowsDemo frame = new MultipleWindowsDemo();
    frame.setLocationRelativeTo(null); // Center the frame
    frame.setDefaultCloseOperation(JFrame.EXIT_ON_CLOSE);
    frame.setTitle("MultipleWindowsDemo");
    frame.pack();
    frame.setVisible(true);
  }
}
```

리스트 16.13 Histogram.java

```
import javax.swing.*;
import java.awt.*;

public class Histogram extends JPanel {
  // Count the occurrence of 26 letters
  private int[] count;

  /** Set the count and display histogram */
  public void showHistogram(int[] count) {
    this.count = count;
    repaint();
  }

  /** Paint the histogram */
  protected void paintComponent(Graphics g) {
    if (count == null) return; // No display if count is null

    super.paintComponent(g);

    // Find the panel size and bar width and interval dynamically
    int width = getWidth();
    int height = getHeight();
    int interval = (width - 40) / count.length;
    int individualWidth = (int)(((width - 40) / 24) * 0.60);

    // Find the maximum count. The maximum count has the highest bar
    int maxCount = 0;
    for (int i = 0; i < count.length; i++) {
```

```
      if (maxCount < count[i])
        maxCount = count[i];
    }

    // x is the start position for the first bar in the histogram
    int x = 30;

    // Draw a horizontal base line
    g.drawLine(10, height - 45, width - 10, height - 45);
    for (int i = 0; i < count.length; i++) {
      // Find the bar height
      int barHeight =
        (int)(((double)count[i] / (double)maxCount) * (height - 55));

      // Display a bar (i.e. rectangle)
      g.drawRect(x, height - 45 - barHeight, individualWidth,
        barHeight);

      // Display a letter under the base line
      g.drawString((char)(65 + i) + "", x, height - 30);

      // Move x for displaying the next character
      x += interval;
    }
  }

  /** Override getPreferredSize */
  public Dimension getPreferredSize() {
    return new Dimension(300, 300);
  }
}
```

위 프로그램은 두 클래스를 포함한다: MultipleWindowDemo와 Histogram이다. 그들의 관계는 그림 16.32에서 볼 수 있다.

MultipleWindowDemo는 scroll pane에 텍스트 영역과 버튼을 가지는 프레임이다. Histogram은 텍스트 영역의 알파벳 발생 빈도를 히스토그램으로 보여주는 JPanel의 하위 클래스이다.

사용자가 Show Histogram 버튼을 클릭하면 처리기는 텍스트 영역의 알파벳 발생 빈도를 센다. 알파벳을 대소문자에 관계없이 계산한다. 문자가 아닌 기호는 계산하지 않는다. 합계는 26개의 요소를 가진 int 배열에 저장한다. 첫 번째 요소에는 'a'나 'A'의 합계가 저장되고 마지막 배열에는 'z'나' 'Z'의 합계를 저장한다. count 배열을 표시하기 위해 히스토그램에 넘겨진다. MultipleWindowDemo 클래스는 main 메소드를 포함한다. main 메소드는 MultipleWindowDemo 인스턴스를 만들어 프레임에 표시한다. MultipleWindowDemo 클래스는 Histogram 인스턴스를 갖는 histogramFrame이라 명명된 JFrame의 인스턴스를 포함한다. 사용자가 Show Histogram 버튼을 누르면 histogramFrame이 히스토그램을 표시하여 보이도록 한다.

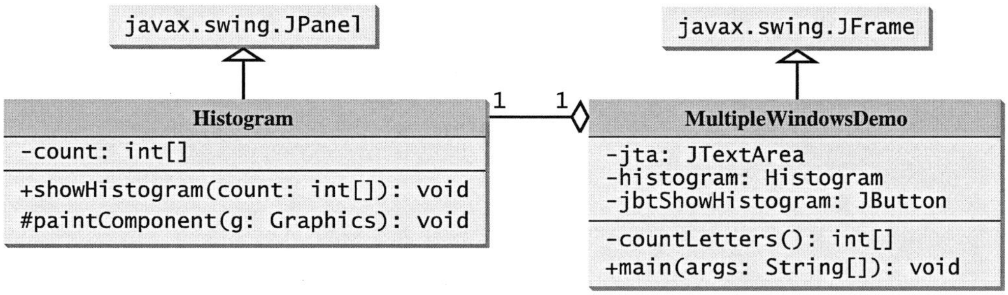

그림 16.32 MultipleWindowsDemo는 프레임의 텍스트 영역에서 문자의 발생 빈도 히스토그램을 표시하기 위해 Histogram을 사용한다.

JFrame의 인스턴스를 컨테이너에 첨가할 수 없다. 예를 들어, histogramFrame을 메인 프레임에 추가시키면 실행시간 예외를 발생할 것이다. 그러나 프레임 인스턴스를 만들어 새로운 윈도우에서 볼 수 있도록 설정할 수는 있다.

요약

- 스윙 GUI 컴포넌트인 JButton, JCheckBox, JRadioButton, JLabel, JTextField, JTextArea, JComboBox, JList, JScrollBar와 JSlider를 사용하여 그래픽적인 사용자 인터페이스를 만드는 방법에 대해 습득하였다. 또한, 이러한 컴포넌트에서 이벤트를 처리하는 방법에 대해서도 습득하였다.
- 버튼(JButton, JCheckBox, JRadioButton)과 라벨(JLabel)에 텍스트와 아이콘을 표시할 수 있다.

복습문제

16.2–16.4절

16.1 OK 버튼을 어떻게 만드는가? 버튼에서 텍스트를 어떻게 변경하는가 ? 버튼에 아이콘, 프레스 아이콘, 롤오버 아이콘을 어떻게 설정하는가?

16.2 JButton 객체인 jbtOK를 버튼의 전경색은 red, 배경색은 yellow, 단축키는 'K', 툴팁 텍스트는 "Click OK to proceed", 수평 정렬은 RIGHT, 수직 정렬은 BOTTOM, 수평 텍스트 위치는 LEFT, 수직 텍스트 위치는 TOP, 아이콘 텍스트 간격은 5로 작성하라.

16.3 어떻게 체크 상자를 생성하는가? 처음부터 체크가 되어 있는 체크 상자를 어떻게 만드는가? 체크 상자의 선택 여부를 어떻게 결정하는가?

16.4 리스트 16.3 CheckBoxDemo.java에서 super.actionPerformed(e)가 생략된다면 무엇이 잘못되는가?

16.5 어떻게 라디오 버튼을 생성하는가? 처음부터 선택되어 있는 버튼을 어떻게 만드는가? 라디오 버튼을 어떻게 그룹화할 수 있는가? 라디오 버튼의 선택 여부를 어떻게 결정하는가?

16.5-16.9절

16.6 "Address"라고 쓰여진 라벨을 어떻게 만드는가? 라벨의 이름을 어떻게 바꾸는가? 라벨에 아이콘을 어떻게 설정할 수 있는가?

16.7 JLabel 객체인 jlblMap을 버튼의 전경색은 red, 배경색은 yellow, 단축키는 'K', 툴팁 텍스트는 "Map image", 수평 정렬은 RIGHT, 수직 정렬은 BOTTOM, 수평 텍스트 위치는 LEFT, 수직 텍스트 위치는 TOP, 아이콘 텍스트 간격은 5로 작성하라.

16.8 10개의 열과 디폴트 텍스트로 "Welcome to JAVA"를 갖는 텍스트 필드를 어떻게 만드는가? 텍스트 필드가 비어있는지 여부를 검사하기 위한 코드를 어떻게 작성하는가?

16.9 10행 20열 크기의 텍스트 영역을 어떻게 만드는가? 텍스트 영역에 세 개의 행을 어떻게 삽입하는가? 스크롤이 있는 텍스트 영역을 어떻게 만드는가?

16.10 콤보 상자를 생성하는 방법과 세 개의 항목을 첨가하는 방법, 선택한 항목을 검색하는 방법은 ?

16.11 문자열의 배열로 list를 어떻게 생성하는가?

16.10-16.12절

16.12 수평 스크롤 바를 어떻게 만드는가? 스크롤 바는 어떤 이벤트를 발생할 수 있는가?

16.13 수직 슬라이더를 어떻게 만드는가? 슬라이더는 어떤 이벤트를 발생할 수 있는가?

16.14 응용 프로그램에서 다수의 프레임을 어떻게 생성하고 보여주는지를 설명하라.

프로그래밍 연습

교수법 NOTE 교수는 다음 장의 프로그래밍 연습 17.5-17.27을 이 장의 프로그래밍 연습으로서 학생들에게 부과할 수 있다.

16.2-16.5절

16.1* (두 개의 라디오 버튼 그룹 사용하기) 두 개의 라디오 버튼 그룹이 있는 프로그램을 작성하라. 상위 라디오 버튼 그룹은 윈도우 가운데 부분의 색을 바꾸고, 하위 라디오 버튼 그룹은 윈도우 가운데 부분에 있는 모양을 변형시킨다. 이 프로그램으로 FigurePanel을 사용하라(그림 16.33 참고).

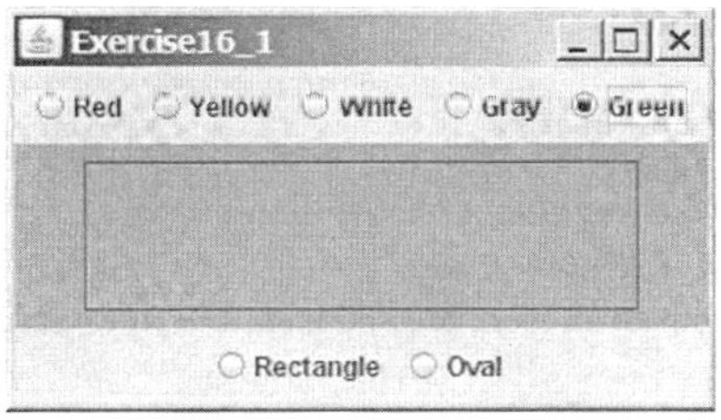

그림 16.33 상위 버튼은 하위 버튼에서 선택한 모양의 배경색을 표시한다.

16.2* (기하학적 모양 선택하기) 그림 16.34처럼 다양한 모양을 그릴 수 있는 프로그램을 작성하라. 사용자는 라디오 버튼으로 모양을 선택하고 체크 상자에서 채울 것인지를 명시한다(힌트 : 모양을 표시하기 위해 14.7절에서 소개된 FigurePanel을 사용하라).

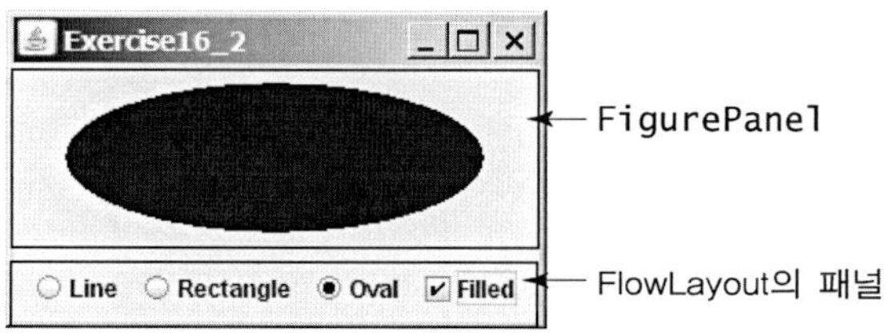

그림 16.34 선, 직사각형, 타원을 선택하여 표시하는 프로그램

16.3** (신호등) 3개의 등이 수직으로 쌓여있는 신호등을 시뮬레이션하는 프로그램을 작성하라. 사용자가 선택하는 라디오 버튼에 따라 빨강, 노랑, 초록 또는 모두를 선택할 수 있도록 한다(그림 16.35 참고).

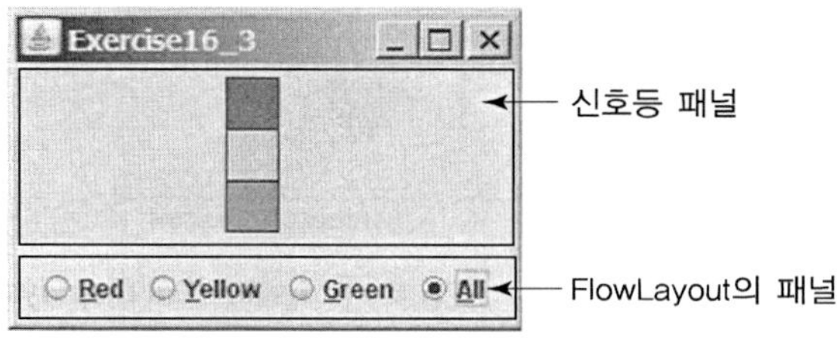

그림 16.35 라디오 버튼은 신호등을 제어하기 위해 그룹에서 하나의 색만 선택하도록 그룹지어진다.

16.6–16.10절

16.4* (간단한 계산기 생성하기) 덧셈, 뺄셈, 곱셈, 나눗셈을 수행하는 프로그램을 작성하라(그림 16.36 참고).

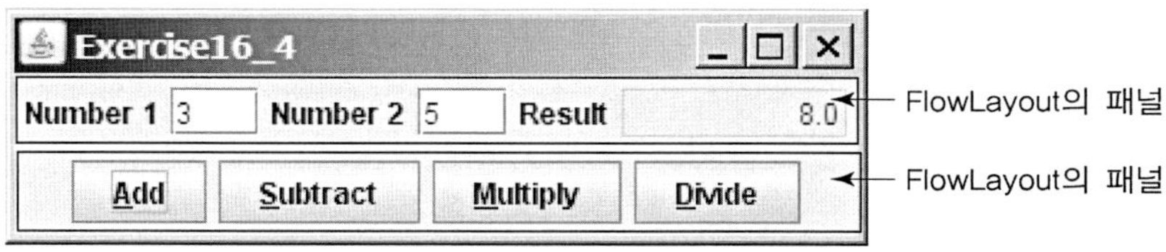

그림 16.36 두 수의 덧셈, 뺄셈, 곱셈, 나눗셈을 수행하는 프로그램

16.5* (마일/킬로미터 변환하기) 그림 16.37처럼 마일과 킬로미터의 변환하는 프로그램을 작성하라. Mile 텍스트 필드에 값을 입력하고 엔터키를 누르면 해당하는 킬로미터가 Kilometer 텍스트 필드에 표시된다. 마찬가지로 Kilometer 텍스트 필드에 값을 입력하고 엔터키를 누르면 해당하는 마일이 Mile 텍스트 필드에 표시된다.

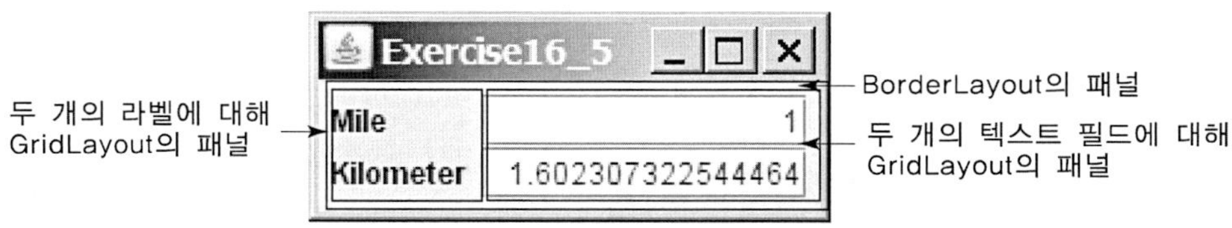

그림 16.37 마일과 킬로미터의 변환 프로그램

16.6* (투자금 계산기 생성하기) 주어진 이자율과 특정한 기간을 바탕으로 투자금의 미래 예상 값을 계산하는 프로그램을 작성하라. 계산식은 다음과 같다.

$$futureValue = investmentAmount * (1 + monthlyInterestRate)^{years*12}$$

이자율, 투자금, 기간에 대해 텍스트 필드를 사용하라. 그림 16.38처럼 사용자가 Calculate 버튼을 눌렀을 때 텍스트 필드에 미래 금액이 표시된다.

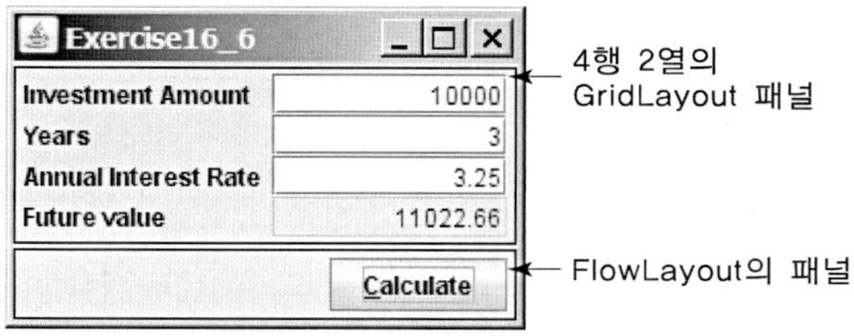

그림 16.38 사용자는 투자금, 기간, 이자율을 입력하여 계산한다.

16.7* (시계 설정하기) 시계를 표시하고 그림 16.39처럼 세 개의 텍스트 필드에 입력되는 값으로 시간을 설정할 수 있는 프로그램을 작성하라. 14.12절의 "사례 연구 : StillClock 클래스"에 사용한 StillClock을 이용하라.

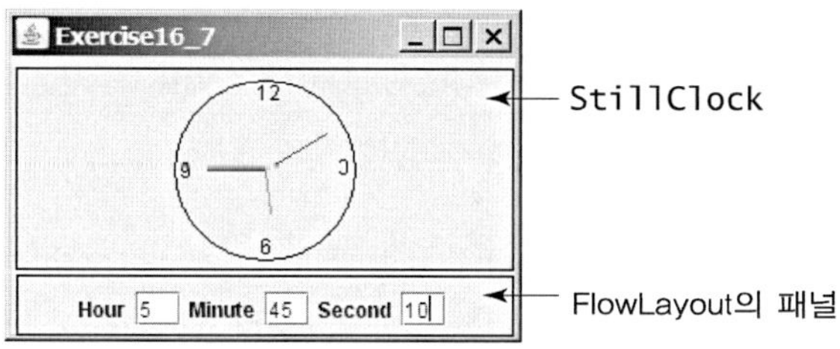

그림 16.39 텍스트 필드에 명시된 시간을 표시하는 프로그램

16.8** (폰트 선택) 메시지의 폰트가 동적으로 변화하여 패널에 표시되는 프로그램을 작성하라. 메시지는 동시에 강조와 이탤릭체로 표시될 수 있으며, 패널 중앙에 표시된다. 그림 16.40처럼 콤보 상자에서 폰트명과 폰트 크기를 선택할 수 있다. 이용 가능한 폰트명은 GraphicsEnvironment(13.7절 "Font 클래스")에 있는 getAvailable-FontFamilyNames()을 이용하여 얻을 수 있다. 폰트 크기에 대해 콤보 상자는 1부터 100까지 숫자로 초기화된다.

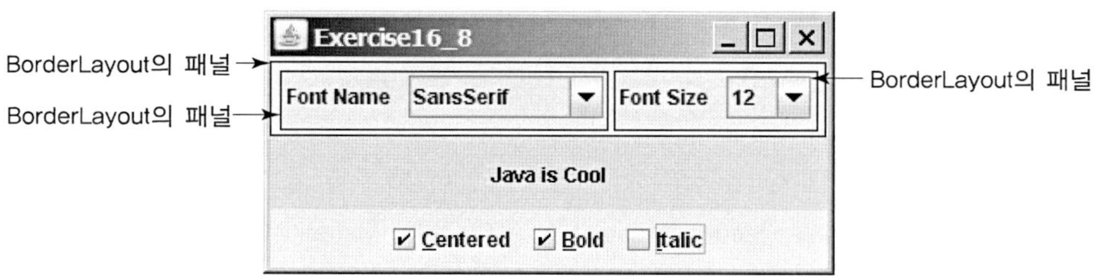

그림 16.40 동적으로 메시지에 대한 폰트를 설정할 수 있다.

16.9** (JLabel 속성) 그림 16.41처럼 사용자가 동적으로 horizontalAlignment, vertical-Alignment, horizontalTextAlignment, verticalTextAlignment 속성을 설정할 수 있는 프로그램을 작성하라.

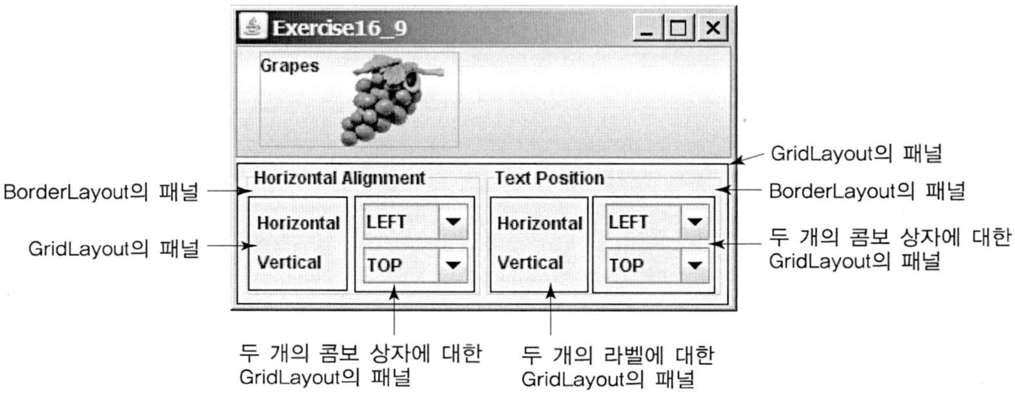

그림 16.41 버튼의 정렬과 텍스트 위치를 동적으로 설정할 수 있다.

16.10* (리스트 16.2, ButtonDemo.java에 새로운 기능을 점차적으로 첨가하기) 리스트 16.2에 그림 16.42처럼 점차적으로 기능을 추가하라.

1. 버튼과 동일한 패널에 "Enter a new message"라는 라벨을 갖는 텍스트 필드를 추가하라. 텍스트 필드에서 새로운 메시지를 입력하고 엔터키를 누를 때 새로운 메시지가 메시지 패널에 표시된다.
2. 버튼과 동일한 패널에 "Select an interval"이라는 콤보 상자를 추가하라. 콤보 상자는 사용자가 메시지를 이동하기 위한 새로운 간격을 선택할 수 있도록 한다. 선택 값의 범위는 5 간격으로 5에서부터 100까지이다. 또한, 사용자는 콤보 상자에서 새로운 간격을 입력할 수 있다.
3. 사용자가 메시지의 색을 **빨강**, **초록**, **파랑**으로 선택할 수 있도록 3개의 라디오 버튼을 추가하라. 라디오 버튼은 패널에서 그룹화되고, 패널은 프레임의 content pane의 북쪽에 놓여진다.
4. 사용자가 메시지를 중앙에 위치하고 이탤릭체나 강조체로 표시하도록 3개의 체크 상자를 추가하라. 라디오 버튼과 동일한 패널에 체크 상자를 놓아라.
5. 메시지 패널에 "Message Panel"이라는 경계 제목을, 버튼 패널에는 "South Panel"이라는 경계 제목을, 라디오 버튼과 체크 상자에 대한 패널에는 "North Panel"이라는 경계 제목을 추가하라.

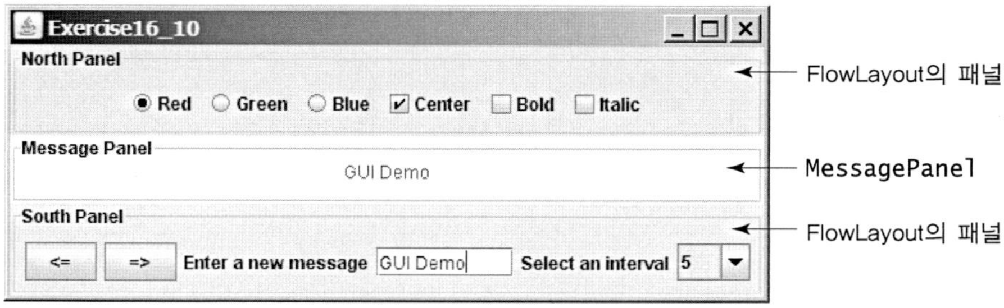

그림 16.42 버튼, 라벨, 텍스트 필드, 콤보 상자, 라디오 버튼, 체크 상자, 경계를 사용하는 프로그램

16.11* (JTextField 속성) 그림 16.43처럼 텍스트 필드의 수평 정렬과 열 크기 속성을 동적으로 설정하는 프로그램을 작성하라.

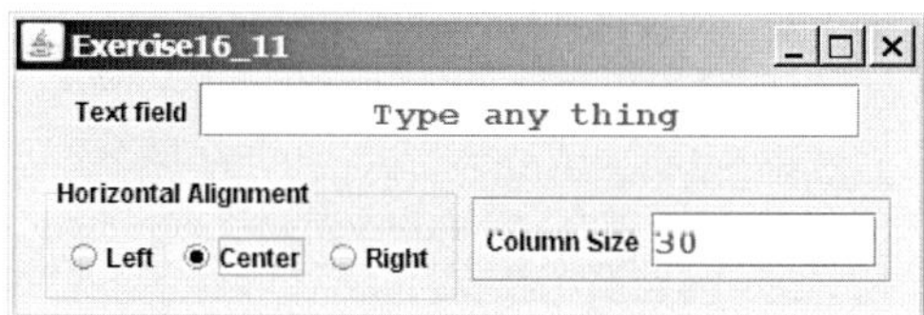

그림 16.43 텍스트 필드의 수평 정렬과 열 크기 속성을 동적으로 설정하는 프로그램

16.12* (JTextArea 속성) 텍스트 영역의 랩핑(wrapping) 형식을 보여주는 프로그램을 작성하라. 이 프로그램은 텍스트 영역이 랩핑되는지에 대한 여부를 체크 상자로 선택할 수 있다. 텍스트 영역이 랩핑되는 경우에는 그림 16.44처럼 랩핑되는 단위가 글자인지 단어인지를 명시할 필요가 있다.

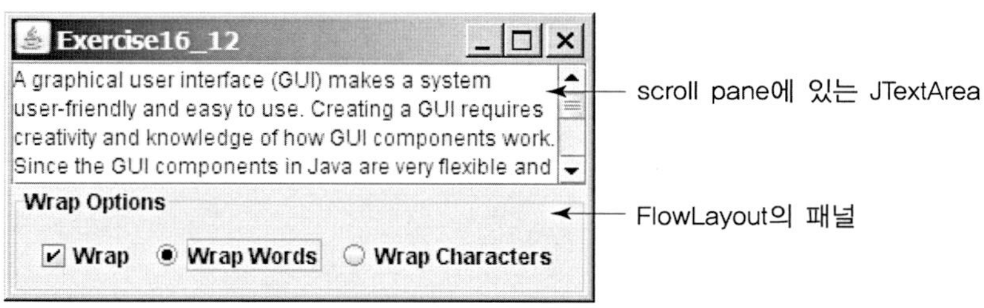

그림 16.44 동적으로 글자나 단어로 텍스트 영역을 랩핑하도록 선택할 수 있다.

16.13* (다양한 이자율로 대출금 비교하기) 프로그래밍 연습 4.21을 그림 16.45의 사용자 인터페이스를 만들도록 재작성하라. 사용자가 대출금과 연단위로 대출기간을 텍스트 영역에 입력할 수 있도록 할 것이며, 5에서 8% 범위에서 8분의 1 증가분으로 각각의 이자율에 대한 월 상환액과 총 상환액을 텍스트 영역에 표시해야 한다.

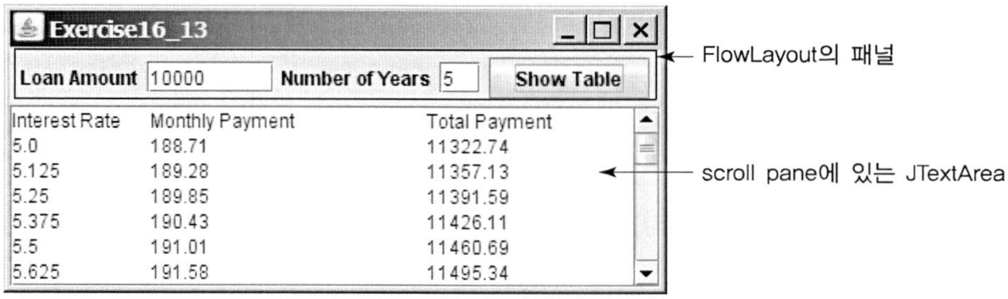

그림 16.45 다양한 이자율에 기반하여 제공된 대출금의 월 상환액과 총 상환액을 표의 형태로 보여주는 프로그램

16.14* (JComboBox와 JList 사용) 리스트에서 항목을 선택하는 프로그램을 작성하라. 그림 16.46처럼 선택모드를 명시하는데 콤보 상자를 사용한다. 항목을 선택할 때 리스트 아래 라벨에 표시된다.

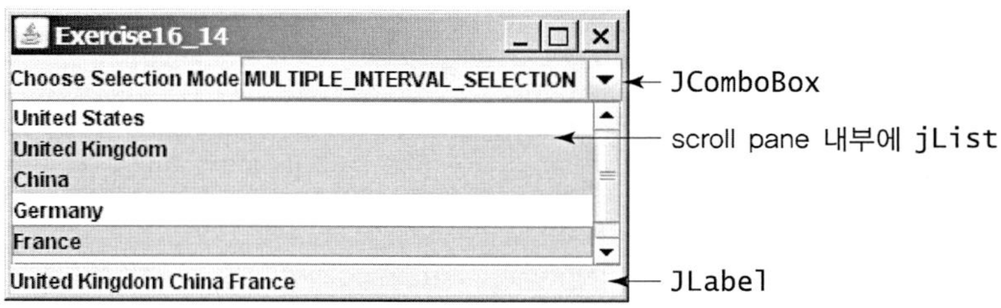

그림 16.46 리스트에서 단일 선택, 단일 간격 선택, 다중 간격 선택을 선택할 수 있다.

16.11–16.13절

16.15** (JScrollBar 사용하기) 그림 16.47처럼 스크롤 바를 이용하여 라벨의 전경색을 선택하도록 하는 프로그램을 작성하라. 3개의 수평 스크롤 바는 빨강, 초록, 파랑을 선택하는데 사용된다. 스크롤 바를 지니는 패널에서 title border를 사용하라.

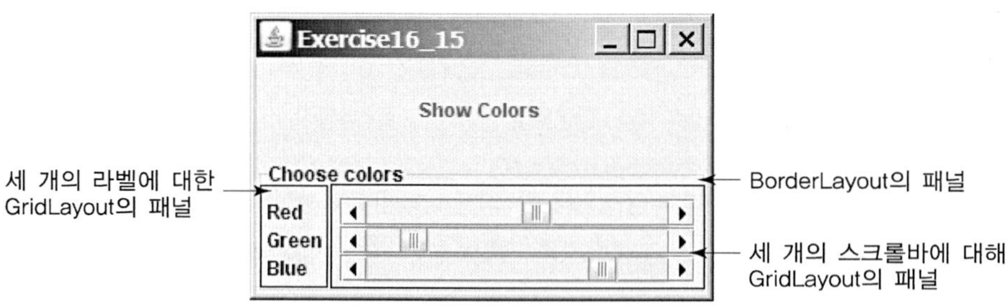

그림 16.47 전경색을 스크롤 바를 조절함으로써 라벨에서 변경한다.

16.16** (JSlider 사용하기) 프로그래밍 연습 16.15를 슬라이더를 이용하는 것으로 수정하라.

16.17***(달력 표시하기) 그림 16.48처럼 현재 월의 달력을 표시하는 프로그램을 작성하라. 달력을 표시하기 위해 라벨을 이용하여 텍스트를 라벨에 배치한다. 11.3절, "예제 : Calendar와 GregorianCalendar"에 있는 GregorianCalendar 클래스를 이용하여 월, 년, 월의 첫 번째 날, 월의 일수에 대한 정보를 얻을 수 있다.

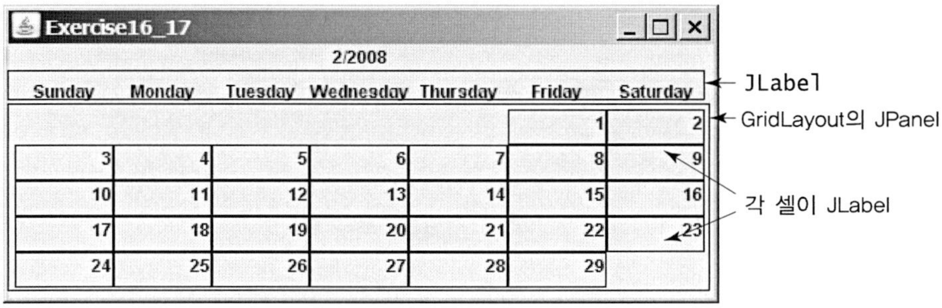

그림 16.48 현재 월의 달력을 표시하는 프로그램

16.18* (리스트 16.12 MultipleWindowsDemo.java를 수정하기) 리스트 16.13의 Histogram 컴포넌트를 사용하여 문자의 발생 빈도를 표시하는 대신에 그림 16.49처럼 막대 차트를 사용하여 표시하라.

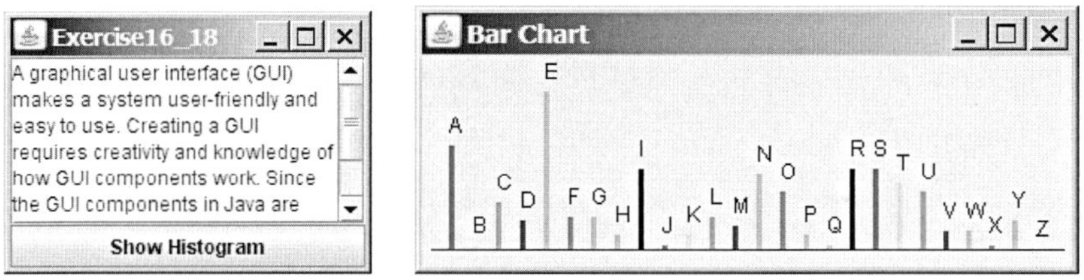

그림 16.49 문자의 발생빈도를 막대 차트 형태로 표시한다.

다음의 연습들은 'Scanner'를 사용하여 텍스트 I/O를 행한다.

16.19** (텍스트 보이기) 그림 16.50처럼 텍스트 영역에 텍스트 파일을 표시하는 프로그램을 작성하라. 사용자가 텍스트 필드에 파일명을 입력하고 View 버튼을 누르면 텍스트 영역에 해당 파일이 표시된다.

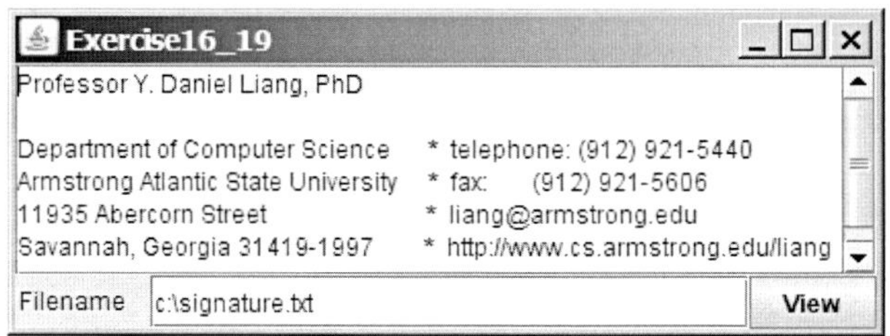

그림 16.50 텍스트 영역에 파일의 텍스트를 표시하는 프로그램

16.20** (국기와 국기 설명을 표시하기) 리스트 16.8, ComboBoxDemo.java는 사용자가 콤보 상자에서 국가를 선택하여 해당 국가의 국기 이미지와 설명을 보여주는 프로그램이다. 설명은 프로그램에 코드화된 문자열이다. 파일로부터 **text** 설명 부분을 읽어오도록 프로그램을 재작성하라. 설명은 9개의 국가인 Canada, China, Denmark, France, Germany, India, Norway, the United Kingdom, the United States에 대한 텍스트 디렉토리 밑에 **description0.txt**, …, **description8.txt** 파일로 순서대로 저장한다.

16.21** (문자 발생 빈도 수에 대한 히스토그램 생성하기) 리스트 16.12, MultipleWindowsDemo.java에서 텍스트 영역의 각 문자에 대한 발생 빈도를 히스토그램으로 표시하는 프로그램을 개발하였다. 리스트 16.12에서 생성한 **Histogram** 클래스를 재사용하여 히스토그램을 패널에 표시하도록 한다. 히스토그램은 그림 16.51처럼 텍스트 파일에 쓰인 각 문자들의 발생 빈도를 보여주어야 한다. 문자는 대소문자를 구별하지 않는다고 가정한다.

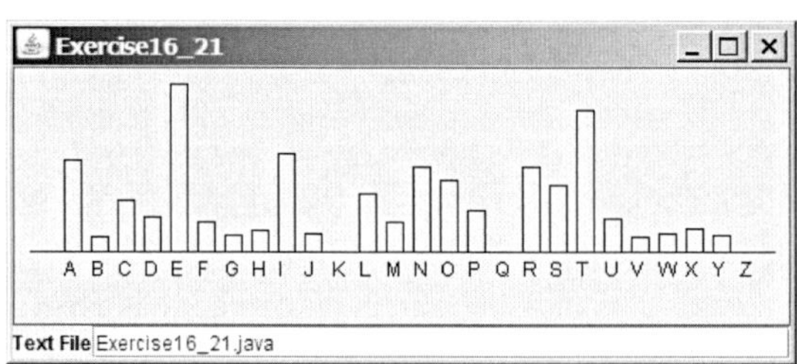

그림 16.51 파일에서 문자의 빈도 수를 히스토그램으로 보여주는 프로그램

- 프레임의 중앙에 히스토그램을 표시하도록 패널을 배치하라.
- 패널에 라벨과 텍스트 필드를 배치하고 패널을 프레임의 남쪽에 놓는다. 이 텍스트 필드로부터 텍스트 파일이 입력될 것이다.
- 텍스트 필드에서 엔터키를 누르면 프로그램은 각 문자의 발생 빈도를 계산하여 히스토그램으로 숫자를 표시한다.

16.22** (슬라이드 쇼) 프로그래밍 연습 15.13은 이미지를 사용한 슬라이드 쇼를 개발하였다. 프로그래밍 연습 15.3을 텍스트 파일을 이용한 슬라이드 쇼를 개발하도록 다시 작성하라. text 디렉토리 아래에 slide0.txt, slide1.txt, …, slide9.txt라고 명명된 10개의 텍스트 파일이 있다고 가정하자. 각 슬라이드는 하나의 파일로부터 텍스트를 받아 표시한다. 각각의 슬라이드는 1초 동안 보이고, 순서대로 보인다. 마지막 슬라이드가 끝나면 첫 번째 슬라이드가 다시 보이고 이는 계속된다. 슬라이드를 표시하는데 텍스트 영역을 사용하라.

CHAPTER 17

애플릿과 멀티미디어

- 웹브라우저가 어떻게 애플릿을 제어하고 실행하는지를 설명한다(§17.2).
- Applet 클래스의 init, start, stop, destroy 메소드를 설명한다(§§17.2.1-17.2.4).
- JApplet 클래스를 사용하여 스윙 애플릿을 개발한다(§17.3).
- 웹페이지에 애플릿을 끼워 넣는다(§17.4).
- 애플릿 뷰어와 웹브라우저에서 애플릿을 실행한다(§§17.4.1-17.4.2).
- 응용 프로그램과 애플릿에 모두 작동하는 자바 프로그램을 작성한다(§17.5).
- HTML로부터 애플릿에 문자열을 넘긴다(§17.6).
- URL 클래스를 사용하여 리소스(이미지와 오디오)를 배치한다(§17.9).
- 자바 프로그램에서 오디오를 재생한다(§17.10).

17.1 서론

웹 실행시 자바를 사용하여 개발된 GUI와 애니메이션을 자주 볼 수 있다. 이 때 사용된 프로그램을 자바 애플릿이라고 한다. 그림 17.1처럼 스도쿠 게임을 자바 애플릿으로 개발한다고 가정하자. 이 프로그램을 어떻게 작성하는가?

이 장에서는 자바 애플릿을 작성하는 방법을 배우고, 애플릿과 웹브라우저와의 관계에 대해서 탐구할 것이며, 응용 프로그램과 애플릿의 공통점과 차이점에 대해 배울 것이다. 또한 이미지와 오디오를 이용한 멀티미디어 자바 응용 프로그램과 애플릿을 만드는 방법도 익힐 것이다.

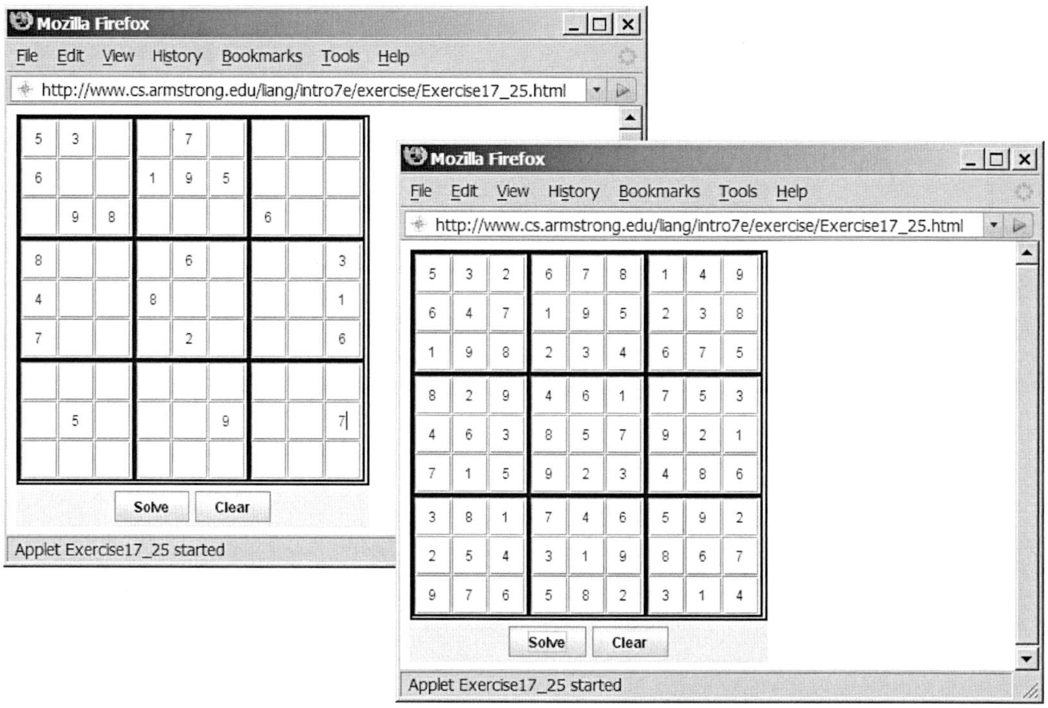

그림 17.1 웹브라우저에 표시된 스도쿠 게임

17.2 Applet 클래스

지금까지는 자바 응용 프로그램만을 사용하였다. 그러나 응용 프로그램을 작성하는데 배운 모든 방법은 애플릿을 작성하는 데에도 적용된다. 응용 프로그램과 애플릿은 어떤 관점에서는 약간 다를 수 있지만, 많은 공통적인 프로그래밍 특성을 가진다. 예를 들어, 응용 프로그램은 자바 인터프리터에 의해 호출되는 main 메소드가 반드시 있어야 한다. 이와 반대로 자바 애플릿은 main 메소드가 필요하지 않다. 애플릿은 웹브라우저 환경에서 실행한다. 애플릿이 웹페이지를 통해 실행되기 때문에 자바는 웹브라우저에서도 실행될 수 있도록 애플릿에 특별한 특성들을 제공해준다.

Applet 클래스는 웹브라우저에서 실행하는데 필수적인 프레임워크를 제공한다. 모든 자바 응용 프로그램은 main 메소드를 가지지만 애플릿은 main 메소드가 필요 없다. 대신에 애플릿은 Applet 클래스에서 메소드를 호출하는데 브라우저에 종속된다. 다음에 요약된 것처럼 모든 애플릿은 java.applet.Applet의 하위 클래스이다.

```
public class MyApplet extends java.applet.Applet {
  ...
  /** The no-arg constructor is called by the browser when the Web
   *  page containing this applet is initially loaded, or reloaded
   */
  public MyApplet() {
    ...
  }

  /** Called by the browser after the applet is loaded
   */
  public void init() {
    ...
  }

  /** Called by the browser after the init() method, or
   *  every time the Web page is visited
   */
  public void start() {
    ...
  }

  /** Called by the browser when the page containing this
   *  applet becomes inactive
   */
  public void stop() {
    ...
  }

  /** Called by the browser when the Web browser exits */
  public void destroy() {
    ...
  }

  /** Other methods if necessary... */
}
```

애플릿이 로드되면 웹브라우저는 애플릿의 기본 생성자를 실행하여 애플릿의 인스턴스를 만든다. 그래서 애플릿은 반드시 명시적 또는 묵시적으로 기본 생성자가 있어야 한다. 브라우저는 애플릿을 제어하기 위해 init, start, stop, destroy의 메소드를 사용한다. 디폴트로 이 메소드들은 아무것도 하지 않는다. 특정 함수를 실행하기 위해서는 브라우저에서 코드를 적절하게 호출할 수 있도록 사용자의 애플릿에서 변경할 필요가 있다. 그림 17.2(a)는 브라우저가 어떻게 메소드를 호출하는지 보여주고, 그림 17.2(b)는 상태 차트 다이어그램을 이용하여 애플릿의 제어흐름을 설명한다.

17.2.1 init 메소드

init

init 메소드는 애플릿을 생성한 후에 호출된다. Applet의 하위 클래스가 실행되기 위해 초기화가 되어 있으면 이 메소드를 재정의해야 할 것이다. 일반적으로 이 메소드에서 구현된 함수는 사용자 인터페이스 컴포넌트들을 지정하는 것, 이미지나 오디오와 같은 리소스를 로딩하는 것, HTML 페이지의 〈applet〉 태그로부터 문자열 변수를 얻는 것을 포함한다.

17.2.2 start 메소드

start

start 메소드는 init 메소드 다음에 호출된다. 사용자가 다른 페이지에 있다가 애플릿을 포함하는 웹페이지로 돌아왔을 때 호출된다.

애플릿을 포함한 웹페이지를 방문할 때마다 수행되어야 하는 연산이 있다면 Applet의 하위 클래스는 이 메소드를 재정의한다. 예를 들어, 애니메이션이 있는 애플릿은 아마도 애니메이션을 다시 시작하기 위해서 타이머를 작동시킬 것이다.

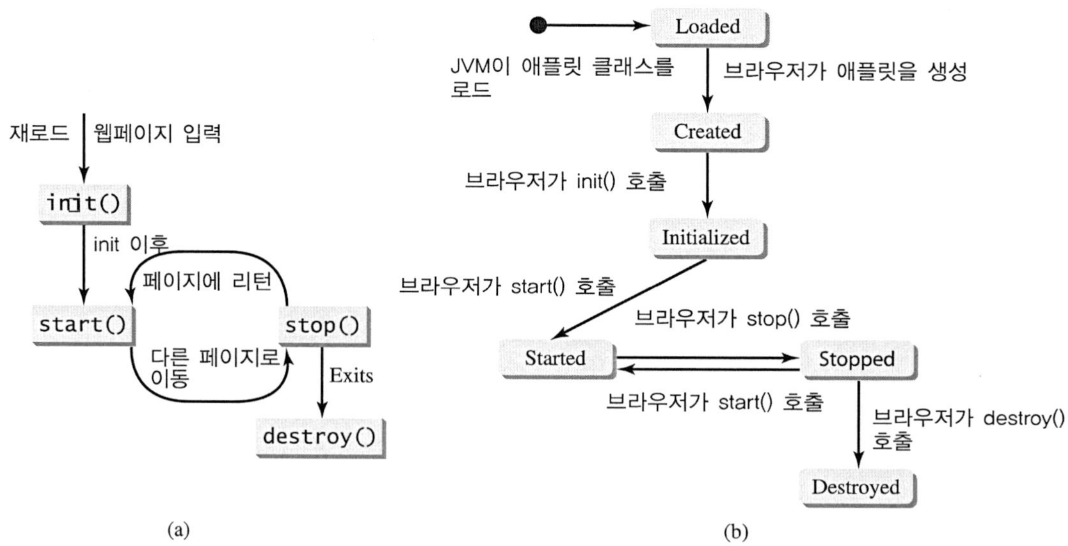

그림 17.2 웹브라우저는 애플릿을 제어하는데 init, start, stop, destroy 메소드를 이용한다.

17.2.3 stop 메소드

stop 메소드는 start 메소드의 반대이다. start 메소드가 애플릿을 포함하는 페이지로 돌아 왔을 때 실행되는 것이라면 stop 메소드는 사용자가 페이지를 나갔을 때 호출된다. stop

애플릿을 포함하는 웹페이지가 더 이상 보이지 않을 때마다 수행되어야 하는 연산이 있다면 Applet의 하위 클래스는 stop 메소드를 재정의한다. 예를 들어 애니메이션이 있는 애플릿은 아마도 애니메이션을 중지하기 위해서 타이머를 멈출 것이다.

17.2.4 destroy 메소드

destroy 메소드는 브라우저가 정상적으로 종료되었을 때 호출된다. 이 메소드는 애플릿에 더 이상 필요하지 않음을 알리고 애플릿이 할당했던 리소스를 해제하도록 한다. stop 메소드는 항상 destroy 메소드 전에 호출된다. destroy

Applet의 하위 클래스는 사라지기 전에 수행되어야 하는 연산이 있다면 이 메소드를 재정의 한다. 대부분 애플릿이 생성한 특정 리소스를 해제하기를 원하지 않는 이상 이 메소드를 재정의할 필요는 없을 것이다.

17.3 JApplet 클래스

Applet 클래스는 AWT 클래스로 스윙 컴포넌트와 작업하기 위해 설계된 것은 아니다. 자바 애플릿에서 스윙 컴포넌트를 사용하려면 java.applet.Applet의 하위 클래스인 javax.swing.JApplet를 확장하는 자바 애플릿을 생성할 필요가 있다. JApplet는 Applet 클래스의 모든 메소드를 상속한다. 그 외에도 스윙 컴포넌트를 배치시키는 데에 도움을 준다.

애플릿에 컴포넌트를 추가하기 위해서는 프레임의 content pane에 컴포넌트를 추가하는 것과 유사하게 애플릿의 content pane에 추가한다. 디폴트로 JApplet의 content pane은 BorderLayout을 사용한다. 다음은 메시지를 표시하기 위해 JLabel을 사용하는 간단한 애플릿에 대한 예이다.

```
// WelcomeApplet.java: Applet for displaying a message
import javax.swing.*;

public class WelcomeApplet extends JApplet {
  /** Initialize the applet */

  public void init() {
    add (new JLabel("Welcome to Java", JLabel.CENTER));
  }
}
```

NOTE

JDK 1.5에서 대표하는 content pane 특징은 애플릿의 content pane에 컴포넌트들을 추가하기 위해 애플릿으로부터 add 메소드를 호출하도록 하는 것이다. 엄밀히 말하면 컴포넌트가 애플릿의 content pane에 추가되는 것이지만 간단하게는 컴포넌트가 애플릿에 추가되는 것으로 말한다.

main 메소드가 없기 때문에 애플릿 자체만으로는 실행되지 않는다. 애플릿을 참조하는 애플릿 태그가 있는 HTML 파일을 생성해야 한다. 자바 GUI 응용 프로그램을 작성할 때 그래픽 컴포넌트를 지니는 프레임을 만들고 크기를 정한 후 프레임이 보이게 만들어야 한다. 애플릿이 웹브라우저로부터 실행된다. 웹브라우저는 자동적으로 프레임 안에 애플릿을 배치시키고 보이게 만들어준다. 다음은 애플릿을 위한 HTML 파일을 어떻게 만들어야 하는지 보여준다.

NOTE

다음과 같이 인자 없는 생성자에 **init** 메소드에 있는 코드를 이동함으로써 **WelcomeApplet**을 재작성할 수 있다.

```
// WelcomeApplet.java: Applet for displaying a message
import javax.swing.*;

public class WelcomeApplet extends JApplet {
  /** Construct the applet */
  public WelcomeApplet() {
    add(new JLabel("Welcome to Java", JLabel.CENTER));
  }
}
```

17.4 HTML 파일과 <applet> 태그

HTML은 웹에서 정적인 문서를 나타내는 마크업 언어(markup language)이다. 웹브라우저가 어떻게 웹페이지가 될 것인가를 명령하기 위해 태그를 사용하며, 애플릿을 웹페이지에 포함시키는 <applet>이라는 태그를 포함한다.

다음과 같은 WeclomeApplet.html이라는 HTML 파일은 WeclomeApplet.class를 호출한다.

```
<html>
  <head>
    <title>Welcome Java Applet</title>
  </head>
  <body>
    <applet
      code = "WelcomeApplet.class"
      width = 350
```

```
      height = 200>
    </applet>
  </body>
</html>
```

태그는 웹브라우저에 대한 명령어이다. 브라우저는 태그를 분석하여 어떻게 표시할 것인지 아니면 HTML 문서의 다음 내용을 어떻게 처리할 것인지를 결정한다. 태그는 괄호로 둘러싸여 있다. **태그명**이라고 하는 태그의 첫 단어는 태그 기능을 나타낸다. 태그는 추가적인 속성을 가질 수 있으며, 때로는 등호 다음에 나타나 태그의 액션을 정의한다. 예를 들어, 이전의 HTML 파일에서 〈applet〉은 태그명이고 code, width, height는 속성이다. width와 height 속성은 애플릿에서 보이는 직사각형 영역을 명시한다.

대부분의 태그는 **시작 태그**와 그에 대응하는 **끝 태그**를 갖는다. 태그는 시작 태그와 끝 태그 사이 영역에 한정된 영향을 미친다. 예를 들어 〈applet…〉…〈/applet〉은 애플릿을 표시하도록 브라우저에게 말한다. 항상 끝 태그는 시작 태그 앞에 사선이 붙은 형태이다.

HTML 문서는 〈html〉 태그로 시작해 이 문서가 HTML로 작성되었다는 것을 나타낸다. 각 문서는 **헤드**(head)와 **몸체**(body) 부분이 있으며, 〈head〉와 〈body〉 태그로 정의된다. 헤드 부분은 〈title〉 태그에 의해 정의되는 문서의 제목과 문서가 표현될 때 브라우저가 이용할 수 있는 다른 정보를 포함하며, 몸체 부분은 문서의 실제 내용을 포함한다.

다음은 〈applet〉 태그의 완전한 문법이다.

```
<applet
  [codebase = applet_url]
  code = classfilename.class
  width = applet_viewing_width_in_pixels
  height = applet_viewing_height_in_pixels
  [archive = archivefile]
  [vspace = vertical_margin]
  [hspace = horizontal_margin]
  [align = applet_alignment]
  [alt = alternative_text]
>
<param name = param_name1 value = param_value1>
<param name = param_name2 value = param_value2>
...
<param name = param_name3 value = param_value3>
</applet>
```

code, width, height 속성이 요구된다; 다른 모든 것은 선택사항이다. 〈param〉 태그는 17.6절 "애플릿에 문자열 넘기기"에 소개되어 있다. 나머지 속성들은 다음에 설명되어 있다.

- codebase는 클래스가 로드되어지는 기반(base)을 명시한다. 이 속성이 사용되지 않았다면 웹브라우서는 HTML 페이지가 위치한 디렉토리에서 애플릿을 로드한다. 애플릿이 HTML 페이지와 다른 디렉토리에 있다면 애플릿을 로드하기 위하여 브라우저의

applet_url을 명시해야 한다. 이 속성은 인터넷상의 어느 곳에서나 클래스를 로드할 수 있도록 한다. 애플릿에 의해 사용된 클래스들은 필요할 때 동적으로 로드된다.

- archive는 브라우저가 애플릿을 실행하는데 필요한 모든 클래스 파일을 포함하는 아카이브(archive) 파일을 로드하도록 명령한다. 아카이빙은 웹브라우저가 한 번에 하나의 압축된 파일에서 모든 클래스를 로드하도록 하므로 로딩 시간이 단축되고 성능이 개선된다.
- vspace와 hspace는 애플릿을 수직 · 수평으로 메우는 가장자리의 여백을 픽셀 단위 크기로 명시한다.
- align은 브라우저에 애플릿을 어떻게 배치할 것인지를 명시한다. 아홉 개의 값 중에 하나가 사용된다: left, right, top, texttop, middle, absmiddle, baseline, bottom, absbottom
- alt는 브라우저가 자바를 실행할 수 없을 때 표시되는 텍스트를 명시한다.

17.4.1 애플릿 뷰어 유틸리티를 사용하여 애플릿 보기

애플릿 뷰어 유틸리티를 사용하여 애플릿을 테스트할 수 있다. 그림 17.3(a)처럼 명령 프롬프트에서 appletviewer 명령을 c:₩book에서 실행할 수 있다. 이것의 출력 결과는 그림 17.3(b)와 같다.

appletviewer

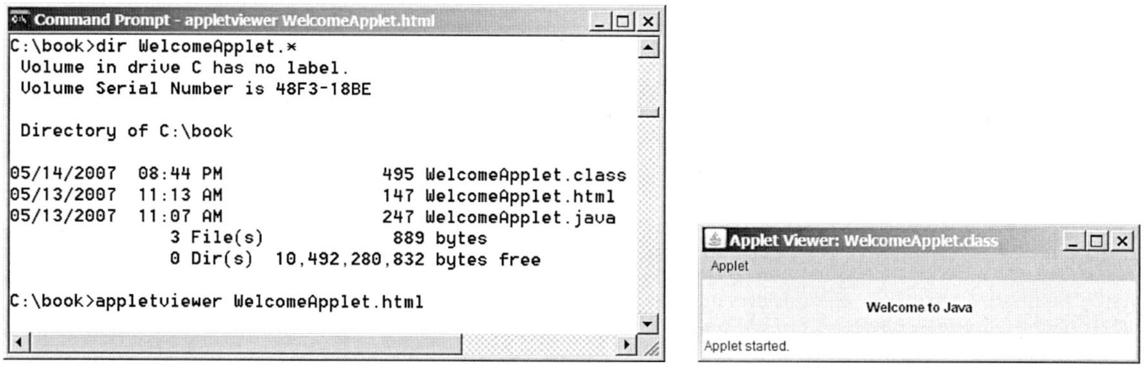

(a) (b)

그림 17.3 애플릿 뷰어 유틸리티에서 appletviewer 명령은 자바 애플릿을 실행시킨다.

17.4.2 웹브라우저로부터 애플릿 보기

애플릿은 결국에 웹브라우저에서 표시된다. 애플릿 뷰어를 이용하면 웹브라우저를 시작할 필요가 없다. 애플릿 뷰어는 브라우저의 기능을 갖는다. 개발중에 애플릿을 테스트하기에 매우 편리하지만, 웹사이트에 배치하기 전에 웹브라우저로 부터 애플릿을 테스트해야 한다. 웹브라우저로부터 애플릿을 표시하기 위해서는 애플릿의 HTML 파일(예 : Welcome-Applet.html)을 연다. 그 결과 화면은 그림 17.4와 같다.

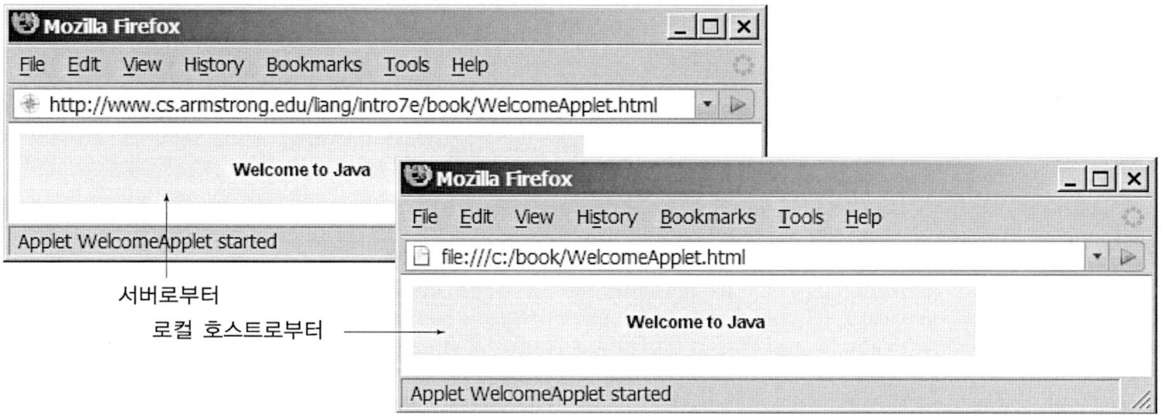

그림 17.4 WelcomeApplet 프로그램(웹서버와 로컬 호스트로부터)이 웹브라우저에 표시된다.

웹에서 애플릿을 접근할 수 있게 하려면 웹서버에 WelcomeApplet.class와 WelcomeApplet.html을 저장할 필요가 있다. 적절한 URL로부터 애플릿을 볼 수 있다. 예를 들어 웹서버 www.cs.armstrong.edu/에 두 개의 파일을 올려놓게 되면, 그림 17.4와 같이 www.cs.armstrong.edu/liang/intro7e/book/WelcomeApplet.html로 애플릿을 접근할 수 있다.

17.4.3 예제 : 대출 애플릿 만들기

이 절에서는 대출 납입을 처리하는 애플릿에 대해 소개한다. 사용자가 금리, 대출 상환 기간, 대출 금액을 입력할 수 있다. Compute Payment 버튼을 클릭하면 그림 17.5처럼 월 납입액과 총 납입액이 표시된다. 이 애플릿은 리스트 17.1에 작성되어 있다.

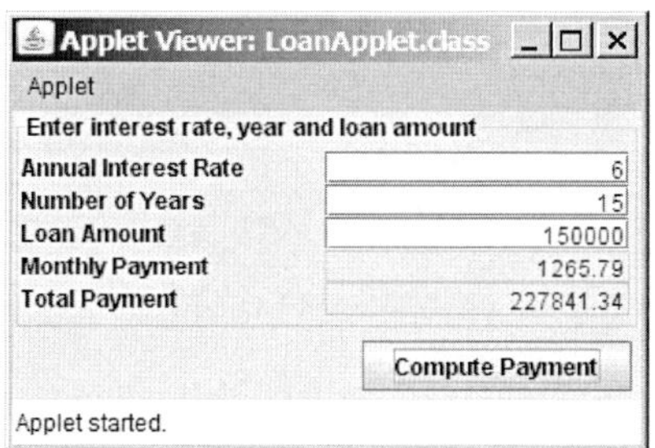

그림 17.5 애플릿은 금리, 대출 상환 기간, 대출 금액이 입력되었을 때, 월 납입액과 총 납입액을 계산한다.

리스트 17.1 LoanApplet.java

```
import java.awt.*;
import java.awt.event.*;
import javax.swing.*;
import javax.swing.border.TitledBorder;

public class LoanApplet extends JApplet {
  // Declare and create text fields for interest rate
  // year, loan amount, monthly payment, and total payment
  private JTextField jtfAnnualInterestRate = new JTextField();
  private JTextField jtfNumberOfYears = new JTextField();
  private JTextField jtfLoanAmount = new JTextField();
  private JTextField jtfMonthlyPayment = new JTextField();
  private JTextField jtfTotalPayment = new JTextField();

  // Declare and create a Compute Payment button
  private JButton jbtComputeLoan = new JButton("Compute Payment");

  /** Initialize user interface */
  public void init() {
    // Set properties on the text fields
    jtfMonthlyPayment.setEditable(false);
    jtfTotalPayment.setEditable(false);

    // Right align text fields
    jtfAnnualInterestRate.setHorizontalAlignment(JTextField.RIGHT);
    jtfNumberOfYears.setHorizontalAlignment(JTextField.RIGHT);
    jtfLoanAmount.setHorizontalAlignment(JTextField.RIGHT);
    jtfMonthlyPayment.setHorizontalAlignment(JTextField.RIGHT);
    jtfTotalPayment.setHorizontalAlignment(JTextField.RIGHT);

    // Panel p1 to hold labels and text fields
    JPanel p1 = new JPanel(new GridLayout(5, 2));
    p1.add(new JLabel("Annual Interest Rate"));
    p1.add(jtfAnnualInterestRate);
    p1.add(new JLabel("Number of Years"));
    p1.add(jtfNumberOfYears);
    p1.add(new JLabel("Loan Amount"));
    p1.add(jtfLoanAmount);
    p1.add(new JLabel("Monthly Payment"));
    p1.add(jtfMonthlyPayment);
    p1.add(new JLabel("Total Payment"));
    p1.add(jtfTotalPayment);
    p1.setBorder(new
      TitledBorder("Enter interest rate, year and loan amount"));

    // Panel p2 to hold the button
    JPanel p2 = new JPanel(new FlowLayout(FlowLayout.RIGHT));
    p2.add(jbtComputeLoan);

    // Add the components to the applet
    add(p1, BorderLayout.CENTER);
    add(p2, BorderLayout.SOUTH);

```

```
54     // Register listener
55     jbtComputeLoan.addActionListener(new ButtonListener());
56   }
57
58   /** Handle the Compute Payment button */
59   private class ButtonListener implements ActionListener {
60     public void actionPerformed(ActionEvent e) {
61       // Get values from text fields
62       double interest =
63         Double.parseDouble(jtfAnnualInterestRate.getText());
64       int year =
65         Integer.parseInt(jtfNumberOfYears.getText());
66       double loanAmount =
67         Double.parseDouble(jtfLoanAmount.getText());
68
69       // Create a loan object
70       Loan loan = new Loan(interest, year, loanAmount);
71
72       // Display monthly payment and total payment
73       jtfMonthlyPayment.setText(String.format("%.2f",
74         loan.getMonthlyPayment()));
75       jtfTotalPayment.setText(String.format("%.2f",
76         loan.getTotalPayment()));
77     }
78   }
79 }
```

LoanApplet에 public 수정자(6행)를 사용해야 한다. 그렇지 않으면 웹브라우저가 LoanApplet을 로드할 수 없다.

init 메소드는 사용자 인터페이스를 초기화한다(19-56행). 이 프로그램은 사용자 인터페이스 컴포넌트(라벨, 텍스트 필드, 버튼)를 만들기 위해 이 메소드를 재정의하고 애플릿에 배치한다.

유일하게 이벤트를 다루는 것은 Compute Payment 버튼이다. 이 버튼이 클릭되었을 때 actionPerformed 메소드는 텍스트 필드로부터 금리, 대출 상환 기간, 대출 금액을 얻는다. 그런 다음 월 납입액과 총 납입액을 얻기 위하여 Loan 객체(70행)를 생성한다. 마지막으로 각각의 텍스트 필드에 월 납입액과 총 납입액을 표시한다. Loan 클래스는 납입액을 계산하는 일을 책임진다. 이 클래스는 리스트 9.2의 Loan.java에 소개되어 있다.

애플릿을 실행하려면 리스트 17.2와 같이 HTML 파일에 끼워 넣어야 한다.

리스트 17.2 LoanApplet.html

```
<!-- HTML code, this code is separated from the preceding Java code-->
<html>
  <head>
    <title>Loan Applet</title>
  </head>
  <body>
```

```
    This is a loan calculator. Enter your input for interest, year,
    and loan amount. Click the "Compute Payment" button, you will
    get the payment information. <p>
    <applet
      code = "LoanApplet.class"
      width = 300
      height = 150
      alt = "You must have a Java 2-enabled browser to view the applet">
    </applet>
  </body>
</html>
```

TIP

많은 유용한 애플릿이 JDK 데모에 포함되어 있다. 데모 애플릿을 실행하려면 디렉토리를

```
c:\Program Files\Java\jdk1.6.0\demo\applets
```

로 바꾸어라. 그림 17.6(a)처럼 디렉토리의 내용을 보려면 **dir** 명령을 사용한다. 서브디렉토리로 이동하라(예 : **cd Animator** 명령문을 사용). 애플릿을 실행하기 위해서 하나 이상의 .html 파일이 그 디렉토리에 있다(예 : **example1.html**). 그림 17.6(b)처럼 애플릿을 실행하려면 명령 창에 다음과 같이 입력하라.

```
appletviewer example1.html
```

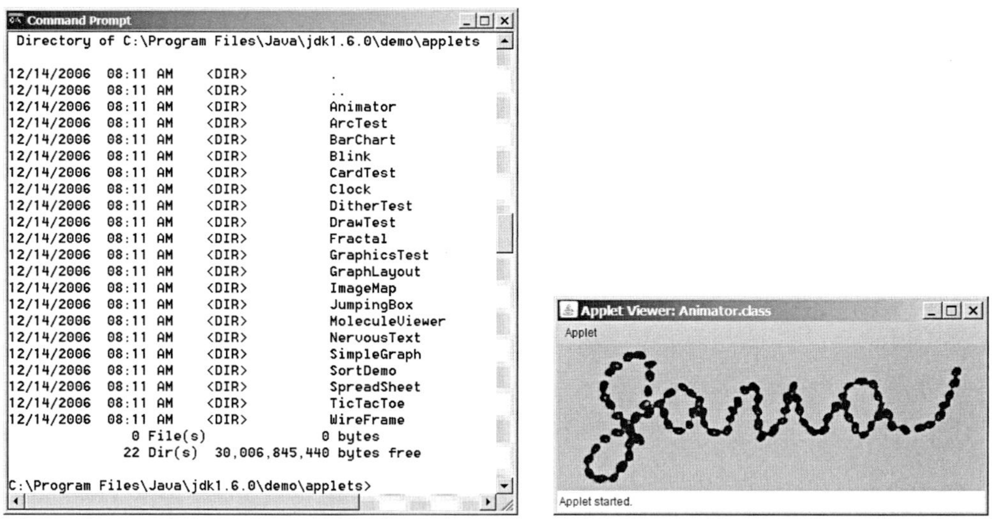

(a) (b)

그림 17.6 애플릿 예제 소스들이 JDK 데모 디렉토리에 있다.

17.5 애플릿을 응용 프로그램으로서 실행하기

JFrame 클래스와 JApplet 클래스는 몇 가지 차이점이 있지만 많은 공통점을 갖는다. 둘 다 Container 클래스의 하위 클래스이므로 사용자 인터페이스 컴포넌트, 배치 관리자, 이벤트 처리 기능이 모두 동일하다. 그러나 응용 프로그램은 자바 인터프리터에 의해 정적 main 메소드로부터 호출되며 애플릿은 웹브라우저에 의해 실행된다. 웹브라우저는 애플릿의 기본 생성자를 사용하여 애플릿의 인스턴스를 생성하고, init, start, stop, destroy 메소드를 통해 애플릿을 제어하고 실행한다.

보안상의 이유로 브라우저가 실행되고 있는 시스템을 파괴적인 프로그램으로부터 보호하기 위하여 아래에 나열된 제약들이 애플릿에 부과된다.

- 애플릿은 컴퓨터의 파일 시스템으로부터 읽거나 쓰는 것을 허용하지 않는다. 그렇지 않다면 파일을 손상시키고 바이러스를 퍼뜨릴 수 있다.
- 애플릿은 브라우저의 컴퓨터에서 프로그램을 실행할 수 없다. 그렇지 않다면 로컬 프로그램을 파괴하고 사용자의 컴퓨터에서 로컬 시스템을 손상시킬 수 있다.
- 애플릿은 사용자의 컴퓨터와 다른 컴퓨터 사이에 연결을 설정하도록 하지 않는다. 단, 애플릿이 저장되어 있는 서버는 예외이다. 이 제약은 사용자의 허가 없이 사용자의 컴퓨터와 다른 컴퓨터 연결로부터 애플릿을 방지한다.

> **NOTE** 보안 제약 규정을 회피하여 신뢰할 수 있는 애플릿(trusted applets)으로 허용하기 위해 새로운 보안 프로토콜이 Java2에 소개되었다. 신뢰할 수 있는 애플릿을 어떻게 만드는지에 대한 자세한 방법은 http://www.developer.com/java/ent/article.php/3303561을 참고하라.

신뢰할 수 있는 애플릿

일반적으로 애플릿은 기능적인 손실 없이 응용 프로그램으로 변환될 수 있다. 애플릿에 부과된 보안 규정에 위반되지 않는다면 응용 프로그램도 애플릿으로 변환할 수 있다. 애플릿을 응용 프로그램으로 실행하기 위해 애플릿에서 main 메소드를 구현할 수 있다. 이 특성은 이론적이고 실제적인 관련성을 모두 갖는다. 이론적으로는 애플릿과 응용 프로그램의 차이점을 흐리게 만든다. 애플릿이면서 동시에 응용 프로그램인 클래스를 작성할 수 있다. 실제적인 관점에서는 두 가지 방법으로 프로그램을 실행할 수 있다는 점이 편리하다.

여러분의 프로그램을 이러한 프로그램으로 작성하는 것은 어렵지 않다. MyApplet이라는 애플릿이 있다고 가정하자. 응용 프로그램으로 실행하려면 다음과 같이 애플릿에 main 메소드를 추가하는 것이다.

```
public static void main(String[] args) {
  // Create a frame
  JFrame frame = new JFrame("Applet is in the frame");
```

```
        // Create an instance of the applet
        MyApplet applet = new MyApplet();

        // Add the applet to the frame
        frame.add(applet, BorderLayout.CENTER);

        // Invoke init and start
        applet.init();
        applet.start();

        // Display the frame
        frame.setSize(300, 300);
        frame.setLocationRelativeTo(null); // Center the frame
        frame.setDefaultCloseOperation(JFrame.EXIT_ON_CLOSE);
        frame.setVisible(true);
    }
```

리스트 17.3에 main 메소드를 추가하여 LoanApplet이 단독으로 실행될 수 있도록 리스트 17.1에 있는 LoanApplet 클래스를 변경할 수 있다.

main 메소드는 애플릿을 유지하기 위하여 프레임을 만든다(12행). 애플릿이 웹브라우저로부터 실행될 때 웹브라우저는 애플릿의 init과 start 메소드를 호출한다. 애플릿이 단독으로 실행될 때 메소드에 있는 연산을 수행하기 위하여 수동으로 init과 start 메소드를 호출해야만 한다.

리스트 17.3 main 메소드를 갖는 새로운 LoanApplet.java

```
1 import java.awt.*;
2 import java.awt.event.*;
3 import javax.swing.*;
4 import javax.swing.border.TitledBorder;
5
6 public class LoanApplet extends JApplet {
7   // Same code in Listing 17.1 from line 7 to line 78
8   ...
9
10   public static void main(String[] args) {
11     // Create a frame
12     JFrame frame = new JFrame("Applet is in the frame");
13
14     // Create an instance of the applet
15     LoanApplet applet = new LoanApplet();
16
17     // Add the applet to the frame
18     frame.add(applet, BorderLayout.CENTER);
19
20     // Invoke applet's init method
21     applet.init();
22
23     // Display the frame
24     frame.setSize(300, 300);
```

```
      frame.setLocationRelativeTo(null); // Center the frame
      frame.setDefaultCloseOperation(JFrame.EXIT_ON_CLOSE);
      frame.setVisible(true);
    }
}
```

17.6 애플릿에 문자열 전달하기

8.5절 "실행 명령어 인수"에서 명령어를 통해 자바 응용 프로그램에 문자열을 어떻게 전달하는지 배웠다. 문자열은 문자 배열의 형태로 main 메소드에 전달된다. 응용 프로그램이 시작되면 main 메소드는 받은 문자열을 사용할 수 있다. 그러나 애플릿은 main 메소드가 없고 자바 인터프리터로 명령어에 의해 실행되지 않는다.

그렇다면 애플릿은 어떻게 인자를 받을 수 있을까? 이 절에서는 자바 애플릿에 문자열을 전달하는 방법을 배울 것이다. 애플릿에 전달되기 위해서는 변수가 HTML 파일에 선언되어 있고 초기화되었을 때 애플릿으로 읽혀져야 한다. 매개변수는 〈param〉 태그를 이용하여 선언할 수 있다. 〈param〉 태그는 반드시 〈applet〉 태그 안에 내장되어야 하며 끝 태그가 없다. 다음은 〈param〉 태그의 문법이다.

```
<param name = parametername value = stringvalue />
```

이 태그는 변수와 그에 대응하는 문자열 값을 명시한다.

> **NOTE** HTML 코드에서 콤마없이 매개변수명과 값을 구별한다. HTML 변수명은 대소문자를 구분하지 않는다.

메시지를 표시하는 애플릿을 작성한다고 해보자. 메시지는 매개변수로 전달된다. 추가로 메시지를 x좌표와 y좌표를 갖는 특정 위치에 표시하고 싶다면 두 좌표 값을 매개변수로 전달한다. 매개변수와 값은 표 17.1에 나열되어 있다.

표 17.1 DisplayMessage 애플릿에 대한 매개변수 명과 값

매개변수 명	매개변수 값
MESSAGE	"Welcome to Java"
X	20
Y	30

HTML 소스 파일은 리스트 17.4이다.

리스트 17.4 DisplayMessage.html

```
<html>
  <head>
    <title>Passing Strings to Java Applets</title>
  </head>
  <body>
    <p>This applet gets a message from the HTML
       page and displays it.</p>
    <applet
      code = "DisplayMessage.class"
      width = 200
      height = 50
      alt = "You must have a Java 2-enabled browser to view the
        applet"
    >
      <param name = MESSAGE value = "Welcome to Java" />
      <param name = X value = 20 />
      <param name = Y value = 30 />
    </applet>
  </body>
</html>
```

애플릿에서 매개변수를 읽으려면 Applet 클래스에 정의된 다음 메소드를 사용한다.

```
public String getParameter(String parametername);
```

이것은 명시된 매개변수의 값을 반환한다.

애플릿은 리스트 17.5에서 제공되고, 그림 17.7은 애플릿 실행 화면이다.

리스트 17.5 DisplayMessage.java

```
import javax.swing.*;

public class DisplayMessage extends JApplet {
  /** Initialize the applet */
  public void init() {
    // Get parameter values from the HTML file
    String message = getParameter("MESSAGE");
    int x = Integer.parseInt(getParameter("X"));
    int y = Integer.parseInt(getParameter("Y"));

    // Create a message panel
    MessagePanel messagePanel = new MessagePanel(message);
    messagePanel.setXCoordinate(x);
    messagePanel.setYCoordinate(y);

    // Add the message panel to the applet
    add(messagePanel);
```

```
18    }
19 }
```

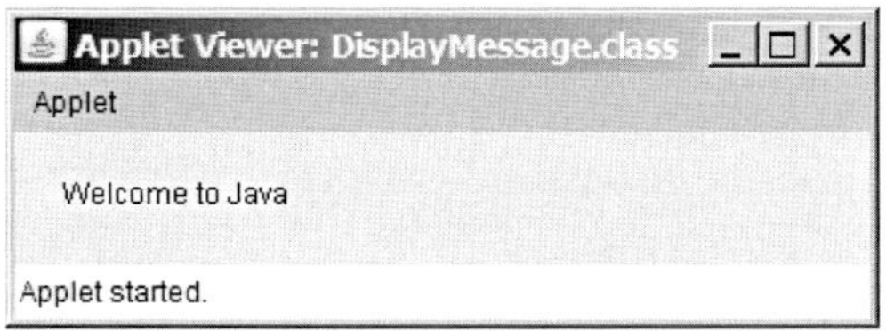

그림 17.7 애플릿은 HTML 페이지에서 보낸 Welcome to Java라는 메시지를 표시한다.

이 프로그램은 HTML의 init 메소드를 통해 매개변수 값을 가져온다. 이 값은 getParameter 메소드(7-9행)를 사용하여 얻어진 문자열이다. x와 y가 int 형이므로, 프로그램은 디지털 문자열을 int 값으로 구문 해석하기 위해 Integer.parseInt (string)을 사용한다.

HTML 파일에서 Welcome to Java를 Welcome to HTML로 바꾸면 웹브라우저에서 HTML 파일을 재로드하고 Welcome to HTML이 표시되는 것을 확인할 수 있다. 이와 같이 메시지를 다른 위치에 표시하고 싶으면 x와 y 값 또한 변경될 수 있다.

주의 Applet의 getParameter 메소드는 애플릿의 인스턴스가 생성된 후에만 호출될 수 있다. 그러므로 이 메소드는 애플릿 클래스의 생성자로 호출될 수 없다. init 메소드로부터 호출해야만 한다.

이 애플릿을 독립적으로 실행하기 위해서 main 메소드를 추가할 수 있다. 애플릿의 형태로 실행될 때 애플릿은 HTML 파일로부터 매개변수를 가져오고, 애플릿이 독립적으로 실행될 때 명령어에서 매개변수를 가져온다. 리스트 17.6의 프로그램은 다음의 예외 사항을 제외하고는 DisplayMessage와 동일하다. main 메소드와 애플릿이나 응용 프로그램으로 실행되고 있는지를 표시하는 isStandalone이라는 변수가 추가되었다는 것이 예외 사항이다.

리스트 17.6 DisplayMessageApp.java

```
import javax.swing.*;
import java.awt.Font;
import java.awt.BorderLayout;

public class DisplayMessageApp extends JApplet {
  private String message = "A default message"; // Message to display
  private int x = 20; // Default x-coordinate
  private int y = 20; // Default y-coordinate

  /** Determine if it is application */
  private boolean isStandalone = false;

  /** Initialize the applet */
```

isStandalone

```
  public void init() {
    if (!isStandalone) {
      // Get parameter values from the HTML file
      message = getParameter("MESSAGE");
      x = Integer.parseInt(getParameter("X"));
      y = Integer.parseInt(getParameter("Y"));
    }

    // Create a message panel
    MessagePanel messagePanel = new MessagePanel(message);
    messagePanel.setFont(new Font("SansSerif", Font.BOLD, 20));
    messagePanel.setXCoordinate(x);
    messagePanel.setYCoordinate(y);

    // Add the message panel to the applet
    add(messagePanel);
  }

  /** Main method to display a message
     @param args[0] x-coordinate
     @param args[1] y-coordinate
     @param args[2] message
    */
  public static void main(String[] args) {
    // Create a frame
    JFrame frame = new JFrame("DisplayMessageApp");

    // Create an instance of the applet
    DisplayMessageApp applet = new DisplayMessageApp();

    // It runs as an application
    applet.isStandalone = true;

    // Get parameters from the command line
    applet.getCommandLineParameters(args);

    // Add the applet instance to the frame
    frame.add(applet, BorderLayout.CENTER);

    // Invoke applet's init method
    applet.init();
    applet.start();

    // Display the frame
    frame.setSize(300, 300);
    frame.setLocationRelativeTo(null); // Center the frame
    frame.setDefaultCloseOperation(JFrame.EXIT_ON_CLOSE);
    frame.setVisible(true);
  }

  /** Get command-line parameters */
  private void getCommandLineParameters(String[] args) {
    // Check usage and get x, y and message
    if (args.length != 3) {
      System.out.println(
```

isStandalone

```
69          "Usage: java DisplayMessageApp x y message");
70        System.exit(0);
71      }
72      else {
73        x = Integer.parseInt(args[0]);
74        y = Integer.parseInt(args[1]);
75        message = args[2];
76      }
77    }
78 }
```

프로그램을 애플릿으로 실행하면, main 메소드는 무시된다. 응용 프로그램으로 실행되면 main 메소드가 호출된다. 애플릿과 응용 프로그램으로 실행되는 예제 프로그램은 그림 17.8에 나타난다.

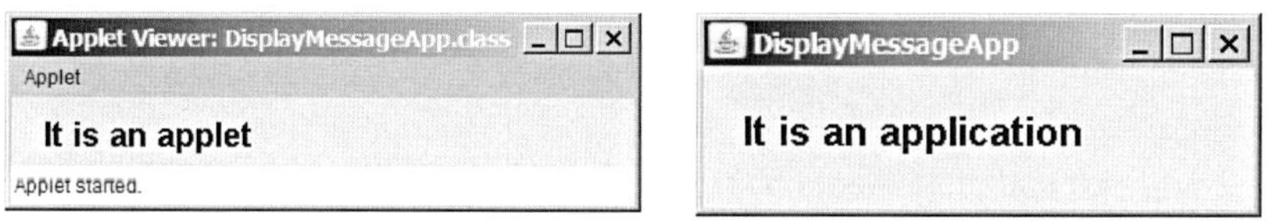

그림 17.8 DiaplayMessageApp 클래스는 응용 프로그램으로서 또는 애플릿으로서 실행될 수 있다.

main 메소드는 JFrame의 객체인 frame과 JApplet의 객체인 applet을 만든 후, 프레임인 frame에 애플릿인 applet을 배치하고, init 메소드를 호출한다. 응용 프로그램이 애플릿처럼 실행된다.

main 메소드는 isStandalone을 true로(45행) 설정하여 init 메소드가 호출될 때, HTML 매개변수들이 검색되지 않도록 한다.

setVisible(true) 메소드(61행)는 컴포넌트들이 애플릿에 첨가된 후에 호출되고, 애플릿은 컴포넌트들이 보여지도록 하기 위해 프레임에 첨가된다. 즉, 컴포넌트들은 프레임이 시작할 때는 보여지지 않는다.

교수법 NOTE

지금까지 모든 GUI 예제는 main 메소드를 갖는 애플릿으로 만들어질 것이다. 그러므로 프로그램을 애플릿이나 응용 프로그램으로 실행할 수 있을 것이다. 간결함을 위해, main 메소드가 책에서는 생략된다.

17.7 사례 연구 : TicTacToe

이번 장과 앞에서 다양한 예제를 통해 객체, 클래스, 배열, 클래스 상속, GUI, 이벤트 중심의 프로그래밍과 애플릿들을 습득하였다. 이제는 지금까지 배운 것을 토대로 전체적으로 발전된 프로젝트를 할 것이다. 이 절에서는, 자바 애플릿을 사용하여 인기 있는 게임인 TicTacToe를 개발할 것이다.

두 명의 경기자는 서로 번갈아가며 3×3 격자에서 이용할 수 있는 칸에 자신의 토큰(X 또는 O)을 표시한다. 한 명의 경기자가 격자에 3개의 토큰을 세로, 가로 또는 대각선으로 3개를 표시하면 게임이 끝나고 게임에서 이긴다. 격자의 모든 칸이 토큰들로 꽉 차도 우승자가 없을 경우에는 무승부이다. 그림 17.9는 예제를 실행했을 때의 모습을 보여준다.

지금까지 본 모든 예제들은 쉽게 클래스를 만들 수 있는 간단한 방법들을 보여줬다. 게임 TicTacToe의 방법은 지금까지 보다 더 복잡하다. 게임의 방법을 설계하는 클래스를 만들기 위해서는 게임을 공부하고 이해해야 한다.

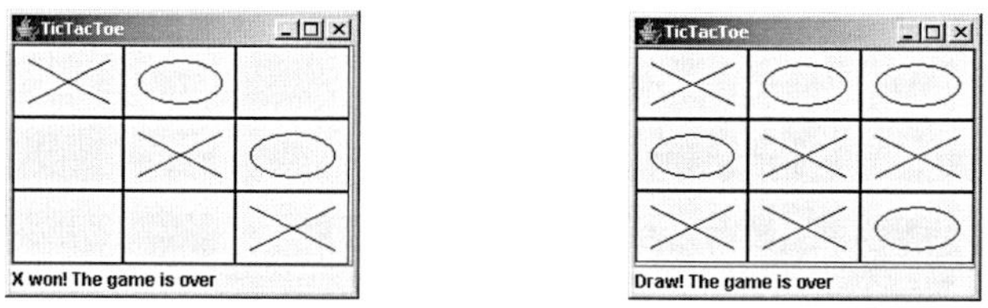

(a) 무승부-승자가 없는 그림 (b) X 경기자가 게임에 승자

그림 17.9 두 명의 경기자가 TicTacToe 게임을 한다.

처음에 모든 칸은 공백이라고 가정한 상태에서 첫 번째 경기자가 X토큰을, 다른 경기자는 O토큰을 갖는다. 칸을 표시하기 위해서 경기자는 마우스 포인트를 칸에 두고 클릭한다. 만약 칸이 공백이라면 경기자의 토큰이 표시된다. 하지만 만약 칸이 이미 채워져 있다면 경기자의 선택은 무시된다.

위의 설명에서 각 칸은 마우스 클릭 이벤트를 처리하며 토큰을 표시하는 GUI 객체라는 것이 분명하다. 이러한 객체는 버튼 또는 패널일 수 있다. 버튼에 그리는 것보다는 패널에 그리는 것이 더 유연하다. 왜냐하면 버튼에는 토큰(X 또는 O)이 텍스트 라벨로만 표시되지만 패널에서는 어떤 크기로든 그려질 수 있기 때문이다. 따라서 패널이 칸을 만들기 위해 사용될 것이다. 그렇다면 칸의 상태를 어떻게 알 것인가(공백, X 또는 O)? Cell 클래스의 char 형의 token이라 불리는 속성을 사용한다. Cell 클래스는 공백 칸이 클릭되면 토큰을 그려 넣어야 하는 책임이 있다. 따라서 MouseEvent를 청취하고 X나 O의 토큰 모양을 그리기 위한 코드를 작성할 필요가 있다. Cell 클래스는 그림 7.10과 같이 정의되어진다.

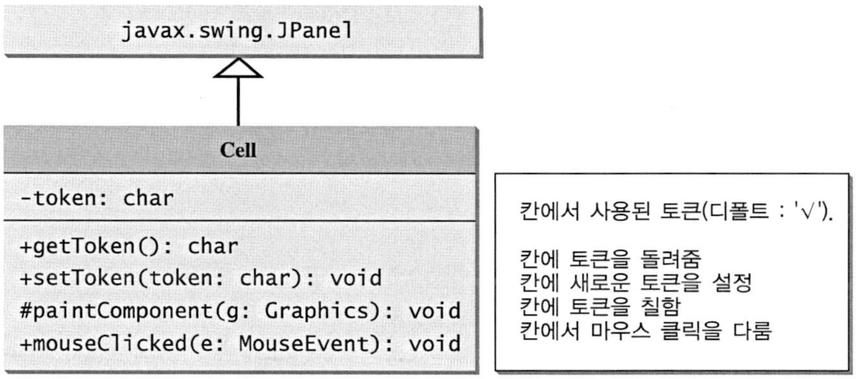

그림 17.10 Cell 클래스는 칸에 토큰을 그린다.

TicTacToe 게임은 new Cell[3][3]로 선언되어 9개의 칸을 갖는다. 어느 경기자의 순서인지를 결정하기 위해서 char **형**의 whoseTurn 변수를 사용한다. whoseTurn은 처음에 X이고, 다음에는 O로 변경되고, 신규 칸이 채워질 때마다 연속적으로 X와 O로 변경된다. 게임이 끝나면, whoseTurn은 ' '로 설정한다.

게임이 어떻게 끝나고, 승자가 있는지, 누가 승자인지, 승자가 없는지를 어떻게 알 것인가? isWon(char token)이라는 메소드를 사용하여 어떤 토큰이 이겼는지를 알고, isFull() 메소드를 사용하여 모든 칸이 채워졌는지를 알 수 있다.

분명히, 두 개의 클래스들은 앞의 분석으로부터 나타난다. Cell 클래스는 각 칸의 작동을 관리하고, TicTacToe 클래스는 모든 게임을 실행하고 모든 칸을 다룬다. 이 두 클래스의 관계는 그림 17.11에 표시된다.

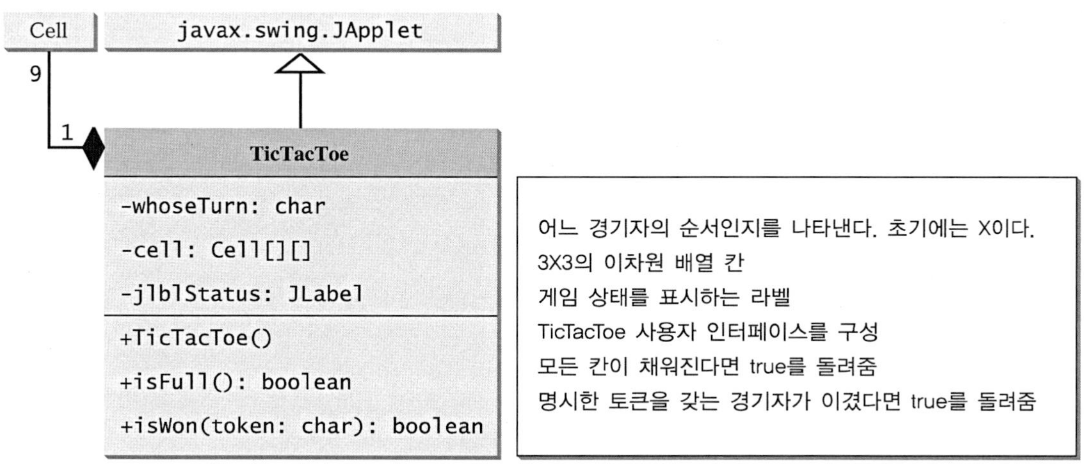

그림 17.11 TicTacToe 클래스는 9개 칸을 포함한다.

Cell 클래스는 TicTacToe 클래스만을 지원하므로, TicTacToe의 내부 클래스라 할 수 있다. 리스트 17.7이 완성된 프로그램이다.

리스트 17.7 TicTacToe.java

```
import java.awt.*;
import java.awt.event.*;
import javax.swing.*;
import javax.swing.border.LineBorder;

public class TicTacToe extends JApplet {
   // Indicate which player has a turn; initially it is the X player
   private char whoseTurn = 'X';

   // Create and initialize cells
   private Cell[][] cells =  new Cell[3][3];

   // Create and initialize a status label
   private JLabel jlblStatus = new JLabel("X's turn to play");

   /** Initialize UI */
   public TicTacToe() {
     // Panel p to hold cells
     JPanel p = new JPanel(new GridLayout(3, 3, 0, 0));
     for (int i = 0; i < 3; i++)
       for (int j = 0; j < 3; j++)
         p.add(cells[i][j] = new Cell());

     // Set line borders on the cells panel and the status label
     p.setBorder(new LineBorder(Color.red, 1));
     jlblStatus.setBorder(new LineBorder(Color.yellow, 1));

     // Place the panel and the label to the applet
     add(p, BorderLayout.CENTER);
     add(jlblStatus, BorderLayout.SOUTH);
   }

   /** Determine if the cells are all occupied */
   public boolean isFull() {
    for (int i = 0; i < 3; i++)
      for (int j = 0; j < 3; j++)
        if (cells[i][j].getToken() == ' ')
          return false;

    return true;
 }

 /** Determine if the player with the specified token wins */
 public boolean isWon(char token) {
    for (int i = 0; i < 3; i++)
      if ((cells[i][0].getToken() == token)
          && (cells[i][1].getToken() == token)
          && (cells[i][2].getToken() == token)) {
```

```
      return true;
    }

  for (int j = 0; j < 3; j++)
    if ((cells[0][j].getToken() ==  token)
        && (cells[1][j].getToken() == token)
        && (cells[2][j].getToken() == token)) {
      return true;
    }

  if ((cells[0][0].getToken() == token)
      && (cells[1][1].getToken() == token)
      && (cells[2][2].getToken() == token)) {
    return true;
  }

  if ((cells[0][2].getToken() == token)
      && (cells[1][1].getToken() == token)
      && (cells[2][0].getToken() == token)) {
    return true;
  }

  return false;
}

// An inner class for a cell
public class Cell extends JPanel {
  // Token used for this cell
  private char token = ' ';

  public Cell() {
    setBorder(new LineBorder(Color.black, 1)); // Set cell's border
    addMouseListener(new MyMouseListener()); // Register listener
  }

  /** Return token */
  public char getToken() {
    return token;
  }

  /** Set a new token */
  public void setToken(char c) {
    token = c;
    repaint();
  }

  /** Paint the cell */
  protected void paintComponent(Graphics g) {
    super.paintComponent(g);

    if (token == 'X') {
      g.drawLine(10, 10, getWidth() - 10, getHeight() - 10);
      g.drawLine(getWidth() - 10, 10, 10, getHeight() - 10);
    }
    else if (token == 'O') {
```

```
104         g.drawOval(10, 10, getWidth() - 20, getHeight() - 20);
105       }
106     }
107
108     private class MyMouseListener extends MouseAdapter {
109       /** Handle mouse click on a cell */
110       public void mouseClicked(MouseEvent e) {
111         // If cell is empty and game is not over
112         if (token == ' ' && whoseTurn != ' ') {
113           setToken(whoseTurn); // Set token in the cell
114
115           // Check game status
116           if (isWon(whoseTurn)) {
117             jlblStatus.setText(whoseTurn + " won! The game is over");
118             whoseTurn = ' '; // Game is over
119           }
120           else if (isFull()) {
121             jlblStatus.setText("Draw! The game is over");
122             whoseTurn = ' '; // Game is over
123           }
124           else {
125             // Change the turn
126             whoseTurn = (whoseTurn == 'X') ? 'O': 'X';
127             // Display whose turn
128             jlblStatus.setText(whoseTurn + "'s turn");
129           }
130         }
131       }
132     }
133   }
134 }
```

TicTacToe 클래스는 GridLayout(19–22행)의 패널에 9개 칸으로 되어있는 사용자 인터페이스를 초기화한다. jlblStatus 라벨은 게임의 상태를 나타내는데 사용한다. whoseTurn 변수는 다음 칸에 표시될 토큰을 추적하는데 사용한다. isFull(34–41행)과 isWon(44–72행) 메소드는 게임의 상태를 체크하기 위해서 사용한다.

Cell 클래스는 TicTacToe 클래스에서 내부 클래스이므로, TicTacToe에 정의된 변수(whoseTurn)와 메소드(isFull과 isWon)는 Cell 클래스로부터 참조될 수 있다. 내부 클래스는 프로그램을 간결하고 단순하게 만든다. Cell 클래스가 TicTacToe 클래스의 내부 클래스로 선언되지 않았다면, TicTacToe에 있는 변수와 메소드가 Cell에서 사용되도록 TicTacToe의 객체를 Cell에 넘겨주어야 할 것이다. 프로그래밍 연습 17.6에서 내부 클래스를 사용하지 않는 프로그램을 재작성할 수 있다.

MouseEvent에 대한 리스너는 칸을 위해 등록된다(81행). 공백 칸이 클릭되고 게임이 끝나지 않았다면, 토큰은 칸 안에 놓여진다(113행). 게임이 끝나면 whoseTurn은 ' '(118–122행)으로 표시된다. 즉, whoseTurn은 새로운 게임으로 교체된다.

TIP

자바 프로젝트를 개발하고 테스트 하는데 점증적 접근 방법을 사용하라. 앞 예제 프로그램은 다섯 단계로 구분된다.

1. 사용자 인터페이스를 배치하고 칸에 정해진 X 토큰을 표시한다.
2. 마우스 클릭한 칸에 X 토큰이 표시된다.
3. 두 명의 경기자가 번갈아가며 X와 O를 표시하도록 조정한다.
4. 경기자가 이겼는지, 승자 없이 모든 칸이 채워졌는지를 조사한다.
5. 경기자의 작업 내용을 라벨에 메시지로 표시한다.

17.8 사례 연구 : Bouncing Ball

이번 절에서는 패널 안에서 공이 튀는 것을 보여준다. 그림 17.12에서처럼 두 개의 버튼을 이용하여 공의 움직임을 정지하거나 다시 시작하도록 하고, 스크롤 바를 이용하여 공의 튀는 속도를 조절한다.

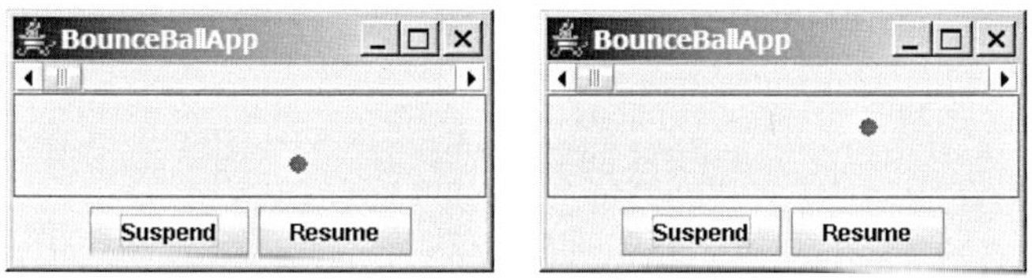

그림 17.12 공의 움직임은 Suspend와 Resume 버튼, 스크롤 바에 의해 조절된다.

위의 예제를 완성시키기 위한 주요 단계:

1. 리스트 17.8에서 공이 튀는 것을 표시하기 위해 Ball이라는 JPanel의 하위 클래스를 만든다.
2. 리스트 17.9에서 스크롤 바와 두 개의 'Suspend', 'Resume' 버튼을 만들기 위해 BallControl이라는 JPanel의 하위 클래스를 만든다.
3. 리스트 17.10에서 BallControl의 인스턴스를 포함하고, 애플릿이 독립적으로 실행되도록 BounceBallApp라는 애플릿을 만든다.

위 클래스들의 관계는 그림 17.13에서 보여준다.

리스트 17.8 Ball.java

```
import javax.swing.Timer;
import java.awt.*;
import javax.swing.*;
import java.awt.event.*;

public class Ball extends JPanel {
  private int delay = 10;

```

```
9   // Create a timer with delay 1000 ms
10  private Timer timer = new Timer(delay, new TimerListener());
11
12  private int x = 0; private int y = 0; // Current ball position
13  private int radius = 5; // Ball radius
14  private int dx = 2; // Increment on ball's x-coordinate
15  private int dy = 2; // Increment on ball's y-coordinate
16
17  public Ball() {
18    timer.start();
19  }
20
21  private class TimerListener implements ActionListener {
22    /** Handle the action event */
23    public void actionPerformed(ActionEvent e) {
24      repaint();
25    }
26  }
27
28  protected void paintComponent(Graphics g) {
29    super.paintComponent(g);
30
31    g.setColor(Color.red);
32
33    // Check boundaries
34    if (x < radius) dx = Math.abs(dx);
35    if (x > getWidth() - radius) dx = -Math.abs(dx);
36    if (y < radius) dy = Math.abs(dy);
37    if (y > getHeight() - radius) dy = -Math.abs(dy);
38
39    // Adjust ball position
40    x += dx;
41    y += dy;
42    g.fillOval(x - radius, y - radius, radius * 2, radius * 2);
43  }
44
45  public void suspend() {
46    timer.stop(); // Suspend timer
47  }
48
49  public void resume() {
50    timer.start(); // Resume timer
51  }
52
53  public void setDelay(int delay) {
54    this.delay = delay;
55    timer.setDelay(delay);
56  }
57 }
```

15.6절에서 소개된 "애니메이션을 제어하는 Timer"를 사용하여, 움직이는 공을 표시하기 위하여 JPanel을 상속받아 Ball을 생성한다. 타이머 청취자는 ActionEvent(21행)를 처리하기 위해 ActionListener를 구현한다. 10행은 Ball을 위한 Timer를 만든다. Ball이 생성될 때 18행

에서 타이머가 시작된다. 타이머는 고정 비율로 ActionEvent를 발생시킨다. 청취자는 공이 이동하여 움직이도록 24행에서 공을 다시 그린다. 공의 가운데 좌표가 (x, y)일 때, 다음에 표시될 좌표는 (x + dx, y + dy)이다(40–41행). 'suspend'와 'resume' 메소드들(45–51행)은 타이머를 멈추거나 시작하는데 사용된다. SetDelay(int) 메소드(53–56행)는 지연시간을 새롭게 설정한다.

리스트 17.9 BallControl.java

```
import javax.swing.*;
import java.awt.event.*;
import java.awt.*;

public class BallControl extends JPanel {
  private Ball ball = new Ball();
  private JButton jbtSuspend = new JButton("Suspend");
  private JButton jbtResume = new JButton("Resume");
  private JScrollBar jsbDelay = new JScrollBar();

  public BallControl() {
    // Group buttons in a panel
    JPanel panel = new JPanel();
    panel.add(jbtSuspend);
    panel.add(jbtResume);

    // Add ball and buttons to the panel
    ball.setBorder(new javax.swing.border.LineBorder(Color.red));
    jsbDelay.setOrientation(JScrollBar.HORIZONTAL);
    ball.setDelay(jsbDelay.getMaximum());
    setLayout(new BorderLayout());
    add(jsbDelay, BorderLayout.NORTH);
    add(ball, BorderLayout.CENTER);
    add(panel, BorderLayout.SOUTH);

    // Register listeners
    jbtSuspend.addActionListener(new ActionListener() {
      public void actionPerformed(ActionEvent e) {
        ball.suspend();
      }
    });
    jbtResume.addActionListener(new ActionListener() {
      public void actionPerformed(ActionEvent e) {
        ball.resume();
      }
    });
    jsbDelay.addAdjustmentListener(new AdjustmentListener() {
      public void adjustmentValueChanged(AdjustmentEvent e) {
        ball.setDelay(jsbDelay.getMaximum() - e.getValue());
      }
    });
  }
}
```

JPanel로부터 생성된 BallControl 클래스는 2개의 제어 버튼과 스크롤 바를 갖는 공을 표시한다. 'Suspend' 버튼이 클릭되면 공의 움직임을 정지하기 위해 공의 suspend() 메소드가 호출된다(29행). 'Resume' 버튼이 클릭되면, 공을 다시 움직이도록 공의 resume() 메소드가 호출된다(34행). 공의 튀는 속도는 스크롤 바를 사용하여 변경한다.

리스트 17.10 BounceBallApp.java

```
import java.awt.*;
import javax.swing.*;

public class BounceBallApp extends JApplet {
  public BounceBallApp() {
    add(new BallControl());
  }
}
```

BounceBallApp 클래스는 애플릿에 BallControl 인스턴스를 놓는다. main 메소드는 독립적으로 실행될 수 있도록 (리스트에 표시되지 않았지만) 애플릿에서 제공된다.

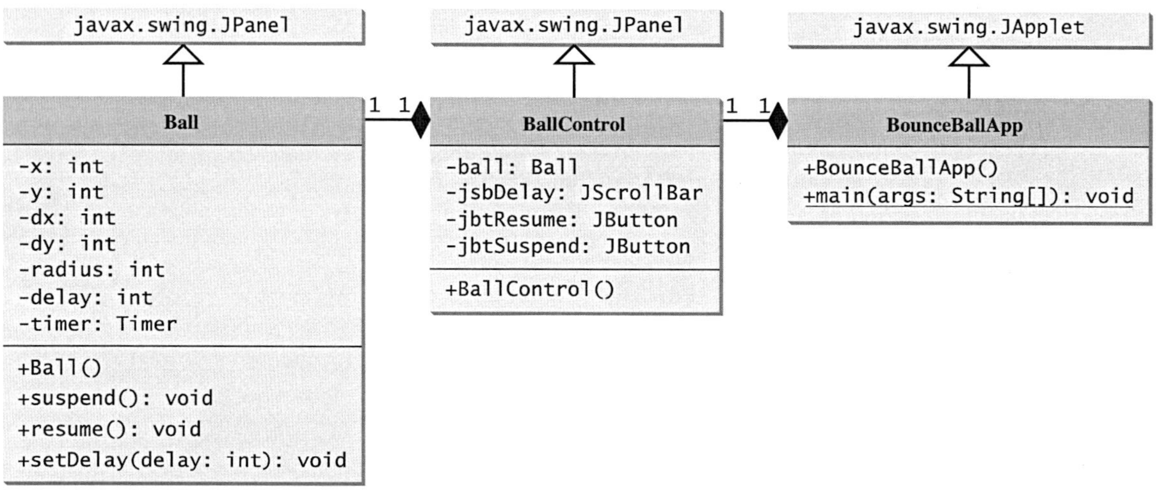

그림 17.13 BounceBallApp는 BallControl을 포함하고, BallControl은 Ball을 포함한다.

17.9 URL 클래스 사용

이미지 파일로부터 아이콘을 만들기 위해 ImageIcon 클래스를 사용하고, 버튼이나 라벨과 같은 GUI 컴포넌트에 아이콘을 놓기 위해 setIcon 메소드나 생성자를 사용한다. 예를 들어, 다음 문장은 ImageIcon을 생성하고 JLabel 객체인 jlbl에 그 아이콘을 설정한다.

```
ImageIcon imageIcon = new ImageIcon("c:\\book\\image\\us.gif");
jlbl.setIcon(imageIcon);
```

위의 방법은 문제가 있다. 윈도우 플랫폼에서 절대적인 파일 경로를 사용하므로 파일의 위치가 고정되어, 다른 플랫폼이나 애플릿으로 실행하지 못한다. image/us.gif는 클래스 디렉토리 밑에 있다고 가정했을 때, 다음과 같은 상대 경로를 사용함으로써 이러한 문제점을 해결할 수 있다.

```
ImageIcon imageIcon = new ImageIcon("image/us.gif");
```

위의 구문은 모든 플랫폼의 자바 응용 프로그램에서는 작업이 가능하지만, 애플릿은 로컬 파일들을 로드할 수 없으므로 자바 애플릿에서는 작업이 불가능하다. 애플릿과 응용 프로그램에서 모두 가능하도록 하기 위해 URL 클래스를 사용하여 파일들을 위치시켜야 한다.

java.net.URL 클래스는 인터넷에 있는 파일들(이미지, 오디오, 텍스트 등)을 인식하는데 사용된다. 일반적으로 URL(Uniform Resource Locator)은 WWW(World Wide Web)에서 로컬 컴퓨터나 원격 호스트에 있는 "리소스"를 가리킨다. 리소스는 파일이나 디렉토리와 같이 단순하다.

파일이 클래스 디렉토리에 존재하는 한, 파일에 대한 URL은 파일의 위치에 독립적인 방법으로 클래스 코드에 의해 접근되어질 수 있다. 클래스 디렉토리는 클래스(즉, .class 파일)가 저장되어 있는 곳이다. 예를 들면, 이 책의 모든 클래스는 c:\book에 저장되어 있으므로, 클래스 디렉토리는 c:\book이다.

클래스 디렉토리에 있는 파일의 URL을 얻는 방법은 다음과 같다.

```
URL url = getClass().getResource(filename);
```

getClass() 메소드는 java.lang.Class 클래스의 인스턴스를 돌려준다. 이 인스턴스는 클래스 파일이 메모리에 로드될 때 JVM에 의해 자동적으로 생성된다. 메타 객체(meta object)로 메타 객체
도 불리는 이 인스턴스는 클래스명, 생성자, 메소드 등과 같은 클래스 파일에 관한 정보를 포함한다. 메타 객체에 있는 getResource(filename) 메소드를 호출하여 클래스 경로에서 파일의 URL을 얻을 수 있다. 예를 들면, 클래스 파일이 c:\book에 있다면 다음 문장은 c:\book\image\us.gif에 대한 URL을 생성한다.

```
Class metaObject = this.getClass(); // this. can be omitted
URL url = metaObject.getResource("image/us.gif");
```

ImageIcon 생성 문장은 다음과 같다.

```
ImageIcon imageIcon = new ImageIcon(url);
```

리스트 17.11은 클래스 디렉토리에 있는 image/us.gif로부터 이미지를 표시할 수 있는 코드이다. image/us.gif는 클래스 디렉토리 밑에 위치하고, URL은 getResource 메소드(5행)에

의해 얻어진다. 이미지 아이콘의 라벨은 6행에서 생성된다. 이미지 아이콘은 URL로부터 얻게 된다.

리스트 17.11 DisplayImageWithURL.java

```
1 import javax.swing.*;
2
3 public class DisplayImageWithURL extends JApplet {
4   public DisplayImageWithURL() {
5     java.net.URL url = this.getClass().getResource("image/us.gif");
6     add(new JLabel(new ImageIcon(url) ));
7   }
8 }
```

5행과 6행을 아래 코드로 바꾸면,

```
add(new JLabel(new ImageIcon("image/us.gif")));
```

여전히 프로그램을 단독으로 실행할 수 있지만, 브라우저에서는 불가능하다.

17.10 자바 프로그램에서 오디오 재생

오디오 파일에 대해 다양한 포맷이 존재한다. 자바 프로그램은 WAV, AIFF, MIDI, AU와 RMF 포맷의 오디오 파일들을 재생할 수 있다.

자바(응용 프로그램이나 애플릿)에서 오디오 파일을 재생하려면, 먼저 파일에 대한 **오디오 클립 객체**(audio clip object)를 생성해야 한다. 오디오 클립은 한 번 생성되고, 파일을 다시 로드하지 않아도 반복적으로 재생된다. 오디오 클립을 생성하려면 java.applet.Applet 클래스에 있는 정적 메소드인 newAudioClip()을 사용한다.

```
AudioClip audioClip = Applet.newAudioClip(url);
```

원래 오디오는 자바 애플릿에서만 재생되므로, AudioClip 인터페이스는 java.applet 패키지 내에 존재한다. Java 2 이후로 오디오는 자바 프로그램에서도 재생이 가능하다.

예를 들어, 다음 문장은 클래스 디렉토리에 있는 beep.au 파일에 대해 **오디오 클립**을 생성한다.

```
Class metaObject = this.getClass();
URL url = metaObject.getResource("beep.au");
AudioClip audioClip = Applet.newAudioClip(url);
```

오디오 클립에 대한 소리를 다루기 위해서 그림 17.14처럼 java.applet.AudioClip에 있는 play(), loop(), stop() 메소드들을 사용한다.

리스트 17.12는 덴마크의 국기와 국가를 반복적으로 재생하는 코드이다. image/denmark.gif 이미지 파일과 audio/denmark.mid 오디오 파일은 클래스 디렉토리에 저장되어 있다.
12행에서 URL 오디오 파일을 얻고, 13행에서 파일에 대한 오디오 클립을 생성하고, 14행에서 반복적으로 오디오를 재생한다.

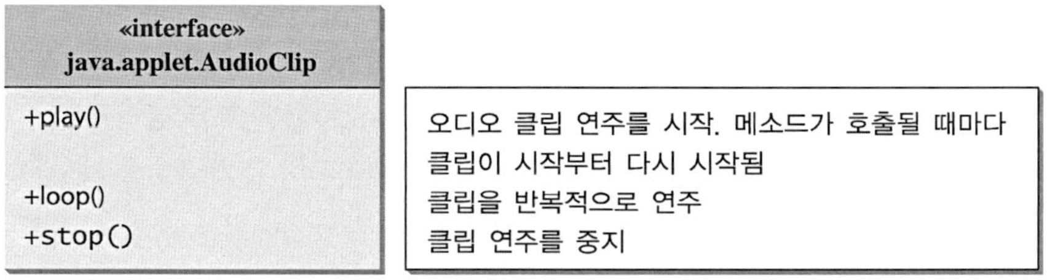

그림 17.14 AudioClip 인터페이스는 음악을 재생하기 위한 메소드를 제공한다.

리스트 17.12 DisplayImagePlayAudio.java

```
1 import javax.swing.*;
2 import java.net.URL;
3 import java.applet.*;
4
5 public class DisplayImagePlayAudio extends JApplet {
6   private AudioClip audioClip;
7
8   public DisplayImagePlayAudio() {
9     URL urlForImage = getClass().getResource("image/denmark.gif");
10    add(new JLabel(new ImageIcon(urlForImage)));
11
12    URL urlForAudio = getClass().getResource("audio/denmark.mid");
13    audioClip = Applet.newAudioClip(urlForAudio);
14    audioClip.loop();
15  }
16
17  public void start() {
18    if (audioClip != null) audioClip.loop();
19  }
20
21  public void stop() {
22    if (audioClip != null) audioClip.stop();
23  }
24 }
```

stop 메소드(21-23행)는 애플릿이 표시되지 않을 때 오디오를 멈추고, start 메소드(17-19행)는 애플릿이 다시 표시될 때 오디오를 다시 재생한다. 브라우저에서 이 애플릿을 작동시켜 보고 stop과 start 메소드 없이 그 효과를 관찰해 보자.

웹브라우저와 main 메소드로부터 이 프로그램을 단독으로 작동시켜본다. 모든 애플릿에 있는 main 메소드는 이 책에서는 인쇄되어 있지 않다.

17.11 사례 연구 : 멀티미디어 애니메이션

이미지와 오디오로 이루어진 멀티미디어 애니메이션 사례이다. 덴마크, 독일, 중국, 인도, 노르웨이, 영국 그리고 미국 국기에 대한 이미지를 flag0.gif, flag1.gif ,⋯, flag6.gif로 한다. 모든 이미지 파일들은 클래스 경로의 image 디렉토리에 있다. 각 나라의 국가는 anthem0.mid, anthem1.mid,⋯, anthem6.mid이고, 클래스 경로의 audio 디렉토리에 있다.

이 프로그램은 모든 나라를 차례로 보여준다. 각 나라의 국기와 국가가 재생된다. 국가가 끝나면, 다음 나라가 보여진다. 마지막 나라가 보여지면, 프로그램은 모든 나라를 다시 시작한다. 그림 17.15에서 처럼 Suspend 버튼을 클릭하여 애니메이션이 중지되도록 하고, Resume 버튼을 클릭하여 애니메이션이 다시 시작하도록 한다. 콤보 상자에서는 직접 나라를 선택할 수 있다.

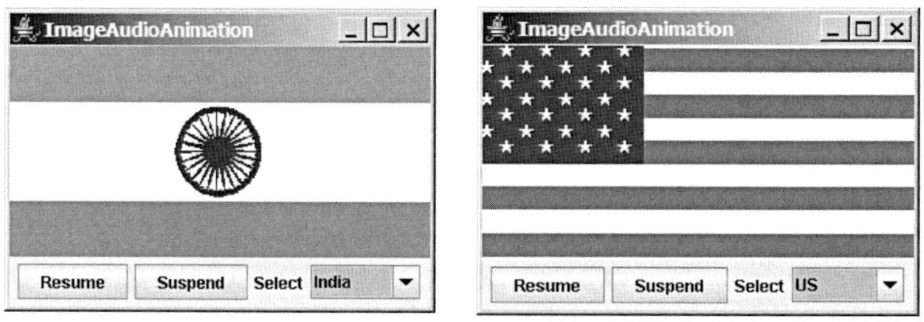

그림 17.15 애플릿은 이미지와 오디오를 연속적으로 재생한다.

프로그램은 리스트 17.13에 주어진다. 타이머는 애니메이션을 제어한다(15행). 각 표시를 위한 타이머 지연은 국가를 재생하기 위한 시간이다. 윈도우에서 리얼 플레이어나 윈도우즈 미디어를 사용하여 오디오 파일에 대한 재생시간을 알 수 있다. 지연시간은 delays 배열(13-14행)에 저장한다. 첫 번째 오디오 파일(덴마크 국가)에 대한 지연시간은 48초이다.

리스트 17.13 ImageAudioAnimation.java

```
 1 import java.awt.*;
 2 import java.awt.event.*;
 3 import javax.swing.*;
 4 import java.applet.*;
 5
 6 public class ImageAudioAnimation extends JApplet {
 7   private final static int NUMBER_OF_NATIONS = 7;
 8   private int current = 0;
 9   private ImageIcon[] icons = new ImageIcon[NUMBER_OF_NATIONS];
10   private AudioClip[] audioClips = new AudioClip[NUMBER_OF_NATIONS];
11   private AudioClip currentAudioClip;
12
13   private int[] delays =
14     {48000, 54000, 59000, 54000, 59000, 31000, 68000};
```

```
  private Timer timer = new Timer(delays[0], new TimerListener());

  private JLabel jlblImageLabel = new JLabel();
  private JButton jbtResume = new JButton("Resume");
  private JButton jbtSuspend = new JButton("Suspend");
  private JComboBox jcboNations = new JComboBox(new Object[]
    {"Denmark", "Germany", "China", "India", "Norway", "UK", "US"});

  public ImageAudioAnimation() {
    // Load image icons and audio clips
    for (int i = 0; i < NUMBER_OF_NATIONS; i++) {
      icons[i] = new ImageIcon(getClass().getResource(
        "image/flag" + i + ".gif"));
      audioClips[i] = Applet.newAudioClip(
        getClass().getResource("audio/anthem" + i + ".mid"));
    }

    JPanel panel = new JPanel();
    panel.add(jbtResume);
    panel.add(jbtSuspend);
    panel.add(new JLabel("Select"));
    panel.add(jcboNations);
    add(jlblImageLabel, BorderLayout.CENTER);
    add(panel, BorderLayout.SOUTH);

    jbtResume.addActionListener(new ActionListener() {
      public void actionPerformed(ActionEvent e) {
        start();
      }
    });
    jbtSuspend.addActionListener(new ActionListener() {
      public void actionPerformed(ActionEvent e) {
        stop();
      }
    });
    jcboNations.addActionListener(new ActionListener() {
      public void actionPerformed(ActionEvent e) {
        stop();
        current = jcboNations.getSelectedIndex();
        presentNation(current);
        timer.start();
      }
    });

    timer.start();
    jlblImageLabel.setIcon(icons[0]);
    jlblImageLabel.setHorizontalAlignment(JLabel.CENTER);
    currentAudioClip = audioClips[0];
    currentAudioClip.play();
  }

  private class TimerListener implements ActionListener {
    public void actionPerformed(ActionEvent e) {
      current = (current + 1) % NUMBER_OF_NATIONS;
      presentNation(current);
```

```
70      }
71    }
72
73    private void presentNation(int index) {
74      jlblImageLabel.setIcon(icons[index]);
75      jcboNations.setSelectedIndex(index);
76      currentAudioClip = audioClips[index];
77      currentAudioClip.play();
78      timer.setDelay(delays[index]);
79    }
80
81    public void start() {
82      timer.start();
83      currentAudioClip.play();
84    }
85
86    public void stop() {
87      timer.stop();
88      currentAudioClip.stop();
89    }
90  }
```

국기 이미지를 표시하기 위해 17행에서 라벨이 생성된다. 26행과 27행에서는 각 나라의 국기 이미지를 배열로 생성하고, 28행과 29행은 오디오 클립 배열을 생성한다. 각 오디오 클립은 현재 클래스의 URL을 통해서 오디오 파일을 생성한다. 오디오 파일들은 애플릿 클래스 파일과 같은 디렉토리에 저장된다.

각 나라 이름에 대한 콤보 상자는 20행과 21행에서 생성된다. 콤보 상자에서 새로운 나라의 이름이 선택되면 재생중이던 것은 멈추고 새로 선택된 나라가 표시된다(52-55행).

presentNation(index) 메소드(73-79행)는 열거된 인덱스의 국가를 표시한다. 라벨에 이미지를 배치하고(74행), 선택한 인덱스의 나라로 콤보 상자를 동기화하여(75행), 새로운 음악을 재생하고, 새로운 지연시간을 설정한다(78행).

애플릿의 start와 stop 메소드들은 애니메이션을 다시 시작하고 중지하는 것을 무효화하였다(81-89행).

주요 용어

- .html 또는 .htm
- HTML
- 아카이브
- 애플릿
- 태그

요약

- 웹브라우저는 Applet 클래스의 init, start, stop, destroy 메소드를 통해 애플릿을 제어하고 실행한다.
- JApplet은 Applet의 하위 클래스로, 스윙 컴포넌트를 이용해 자바 애플릿들을 개발하는 데 사용된다.
- 애플릿 바이트코드는 HTML에서 〈applet〉 태그를 사용하여 웹브라우저가 애플릿을 발견하도록 한다. 애플릿은 HTML로부터 〈param〉 태그를 사용하여 문자열 매개변수들을 허용한다.
- 애플릿이 로드되면 웹브라우저는 인자가 없는 생성자를 호출하여 인스턴스를 생성한다. 애플릿이 생성된 후에 init 메소드가 호출되고, init 메소드 다음에 start 메소드가 호출된다. start 메소드는 애플릿을 포함하는 페이지가 재방문되어진 후에 다시 활성화될 때마다 호출된다. stop 메소드는 애플릿이 비활성화될 때 호출된다.
- destroy 메소드는 애플릿에서 더 이상 필요하지 않아 브라우저를 끝낼 때 호출되고, 할당된 모든 자원들을 해제할 것이다. 항상 stop 메소드는 destroy 메소드 이전에 호출한다.
- 응용 프로그램과 애플릿을 작성하는 절차는 매우 비슷하다. 애플릿은 응용 프로그램으로 쉽게 변환할 수 있고, 그 반대도 동일하다. 게다가 애플릿은 응용 프로그램으로 실행하기 위해 추가적인 기능으로 작성할 수 있다.
- 애플릿 태그의 param 속성을 HTML에서 사용하여 애플릿에 인자들을 넘겨줄 수 있다. 매개변수의 값을 알아내기 위하여 getParameter(paramName) 메소드를 호출한다.
- Applet의 getParameter 메소드는 애플릿의 인스턴스가 생성된 후에만 호출되므로, 애플릿 클래스의 생성자에서는 호출될 수 없다. init 메소드로부터 호출될 것이다.
- 자바 응용 프로그램과 애플릿에 이미지와 오디오를 실행하는 방법을 공부하였다. 자바 응용 프로그램과 애플릿에 이미지나 오디오를 로드하려면 오디오와 이미지를 위한 URL을 생성해야 한다. URL은 인터넷 소스나 클래스 디렉토리에 있는 파일로부터 생성할 수 있다.
- 오디오를 재생하기 위해 오디오 소스에 대한 URL로부터 오디오 클립을 생성해야 한다. 오디오를 재생하기 위해 AudioClip의 play() 메소드를 한 번 사용하고, 반복 재생은 loop() 메소드를, 정지는 stop() 메소드를 사용한다.

복습문제

17.2–17.4절

17.1 모든 애플릿은 java.applet.Applet의 인스턴스인가?
모든 애플릿은 javax.swing.JApplet의 인스턴스인가?

17.2 Applet 클래스의 init(), start(), stop(), destroy() 메소드들을 설명하라.

17.3 JApplet에 컴포넌트를 어떻게 추가하는가? JApplet의 content pane의 기본 배치관리자는 무엇인가?

17.4 (a)에 있는 애플릿이 아무것도 표시하지 않는 이유는? (b)에 있는 애플릿이 강조된 행에서 실행시간 NullPointException을 발생시키는 이유는?

```
import javax.swing.*;

public class WelcomeApplet extends JApplet {
  public void WelcomeApplet() {
    JLabel jlblMessage =
      new JLabel("It is Java");
  }
}
```

(a)

```
import javax.swing.*;

public class WelcomeApplet extends JApplet {
  private JLabel jlblMessage;

  public WelcomeApplet() {
    JLabel jlblMessage =
      new JLabel("It is Java");
  }

  public void init() {
    add(jlblMessage);
  }
}
```

(b)

17.5–17.6절

17.5 <applet> HTML 태그를 설명하라. 애플릿에 매개변수들을 넘겨주는 방식은?

17.6 getParameter 메소드가 정의되어야 하는 곳은?

17.7 DisplayMessage 애플릿이 다음과 같이 수정되었다면 무엇이 문제인가?

```
public class DisplayMessage extends JApplet {
  /** Initialize the applet */
  public DisplayMessage() {
    // Get parameter values from the HTML file
    String message = getParameter("MESSAGE");
    int x =
      Integer.parseInt(getParameter("X"));
    int y =
      Integer.parseInt(getParameter("Y"));

    // Create a message panel
    MessagePanel messagePanel =
      new MessagePanel(message);
    messagePanel.setXCoordinate(x);
    messagePanel.setYCoordinate(y);

    // Add the message panel to the applet
    getContentPane().add(messagePanel);
  }
}
```

(a) 수정 1

```
public class DisplayMessage extends JApplet {
  private String message;
  private int x;
  private int y;

  /** Initialize the applet */
  public void init() {
    // Get parameter values from the HTML file
    message = getParameter("MESSAGE");
    x = Integer.parseInt(getParameter("X"));
    y = Integer.parseInt(getParameter("Y"));
  }

  public DisplayMessage() {
    // Create a message panel
    MessagePanel messagePanel =
      new  MessagePanel(message);
    messagePanel.setXCoordinate(x);
    messagePanel.setYCoordinate(y);

    // Add the message panel to the applet
    getContentPane().add(messagePanel);
  }
}
```

(b) 수정 2

17.8 응용 프로그램과 애플릿의 차이점은 무엇인가? 응용 프로그램과 애플릿은 각각 어떻게 실행하는가? 응용 프로그램과 애플릿의 컴파일 과정에 차이점이 있는가? 애플릿에서 보안 제약사항들을 열거하라.

17.9 애플릿에 프레임을 배치할 수 있는가?

17.10 프레임에 애플릿을 배치할 수 있는가?

17.11 리스트 17.5의 TicTacToe.java에서 97행에 있는 super.paintComponent(g)를 지우고 프로그램을 실행시키면 어떤 결과가 생기는지 확인하라.

17.8–17.9절

17.12 인터넷에 있는 www.cs.armstrong.edu/liang/authem/us.gif 파일의 URL 객체를 생성하는 방법은? 클래스 디렉토리에 있는 image/us.gif 파일의 URL 객체를 생성하는 방법은?

17.13 클래스 디렉토리에 있는 image/us.gif 파일로부터 ImageIcon을 생성하는 방법은? www.cs.armstrong.edu/liang/authem/us.gif로부터 ImageIcon을 생성하는 방법은?

17.10절 오디오 재생

17.14 자바에서 사용되는 오디오 파일의 종류는?

17.15 클래스 디렉토리에 있는 **anthem/us.mid** 파일로부터 오디오 클립을 생성하는 방법은? www.cs.armstrong.edu/liang/anthem/us.mid로부터 오디오 클립을 생성하는 방법은?

17.16 오디오 클립을 재생, 반복재생, 정지하는 방법은?

프로그래밍 연습

NOTE 리스트의 모든 애플릿이 단독으로 실행할 수 있도록 main 메소드를 추가하라.

17.2–17.4절

17.1 (응용 프로그램을 애플릿으로 변환하기) 프로그래밍 연습 15.1을 애플릿으로 재작성하라. 전처럼 청취자를 통해 원의 색을 변경할 필요는 없고, 단지 표시만 하라.

17.5–17.6절

17.2* (애플릿에 문자열을 넘기기) 원에 대한 x, y 좌표, 반지름, 색이 애플릿 태그를 사용하여 자바 코드로 넘겨지도록 프로그래밍 연습 17.1을 재작성하라.

```
<applet
  code = "Exercise17_2.class"
  width = 200
  height = 50
  alt = "You must have a Java-enabled browser to view the applet"
>
  <param name = MESSAGE value = "Welcome to Java" />
  <param name = X value = 40 />
  <param name = Y value = 50 />
  <param name = COLOR value = "red" />
  <param name = FONTNAME value = "Monospaced" />
  <param name = FONTSIZE value = 20 />
</applet>
```

17.3 (단독으로 애플릿 실행하기) 프로그래밍 연습 17.1을 애플릿 뿐만 아니라 응용 프로그램으로 실행할 수 있도록 재작성하라.

17.4* (애플릿에서 다중 윈도우를 생성하기) Investment Calculator와 Loan Calculator라는 두 개의 버튼을 포함하는 애플릿을 작성하라. Investment Calculator 버튼을 클릭하면 프레임이 추후 투자금을 계산하기 위한 신규 윈도우에 나타난다. Loan Calculator를 클릭하면, 프레임은 대출 지불액을 계산하기 위한 개별 신규 윈도우를 표시한다(그림 17.16 참조).

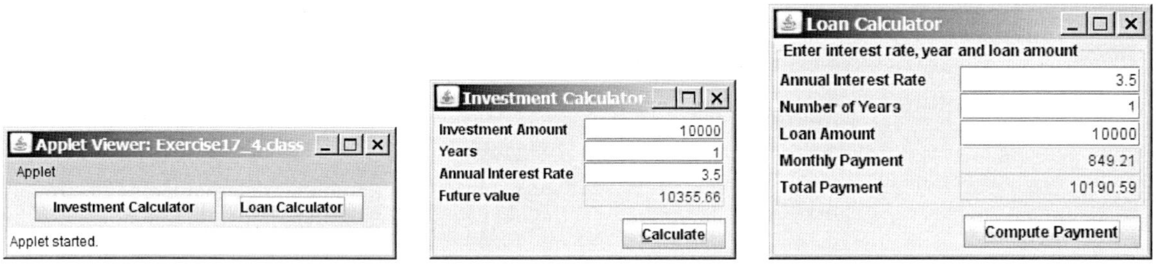

그림 17.16 애플릿에서 프레임을 보여준다.

17.5** (게임 : 시계 학습 도구) 1학년 학생들에게 시계 읽는 방법을 보여주는 시계 애플릿을 개발하라. 프로그래밍 연습 14.19를 그림 17.17(a)와 같이 시계의 시와 분 바늘이 자세히 시간을 가리키도록 수정하라. 시와 분의 값은 랜덤하게 발생된다. 시는 0에서 11 사이의 값을 갖고 분은 0, 15, 30 또는 45의 값을 갖는다. 마우스로 클릭하면 새로운 랜덤 시간이 시계에 표시된다.

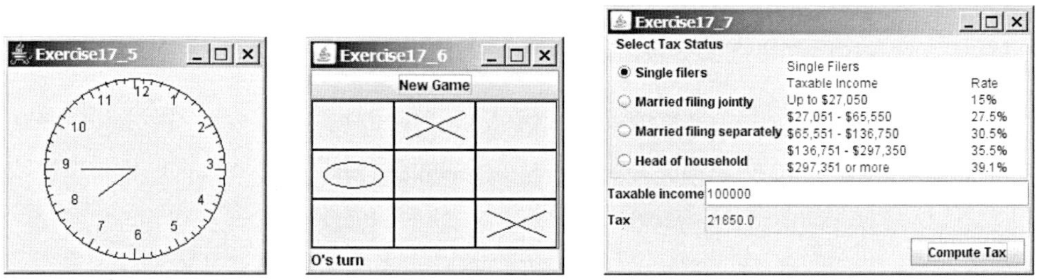

(a) (b) (c)

그림 17.17 (a) 마우스를 클릭하면 랜덤하게 시간이 표시된다. (b) **New Game** 버튼을 클릭하면 새로운 게임이 시작된다. (c) 세금 계산기는 수입과 세금 상태를 통해 세금을 계산한다.

17.6** (TicTacToe) 17.7절 "사례 연구 : TicTacToe" 프로그램을 다음 수정사항으로 재작성하라.

- 내부 클래스보다는 각각 다른 클래스로 선언하라.
- 그림 17.17(b)와 같이 새로운 게임을 시작하는 New Game이라는 버튼을 추가하라.

17.7** (금융 응용 프로그램 : 세금 계산기) 그림 17.17(c)와 같이 세금을 계산하는 애플릿을 생성하라. 애플릿은 프로그래밍 연습 9.8에서 보여진 2001년도 세금 비율에 근거하여 세금을 계산하기 위하여 사용자가 세금 상태를 선택하고 수입을 입력하도록 한다.

17.8*** (계산기 생성하기) FlowLayout, GridLayout, BorderLayout의 다양한 패널을 사용하여 계산기를 잘 배열하고, 더하기(+), 빼기(−), 나누기(/), 제곱근(sqrt)과 나머지(%) 함수들을 추가하라.

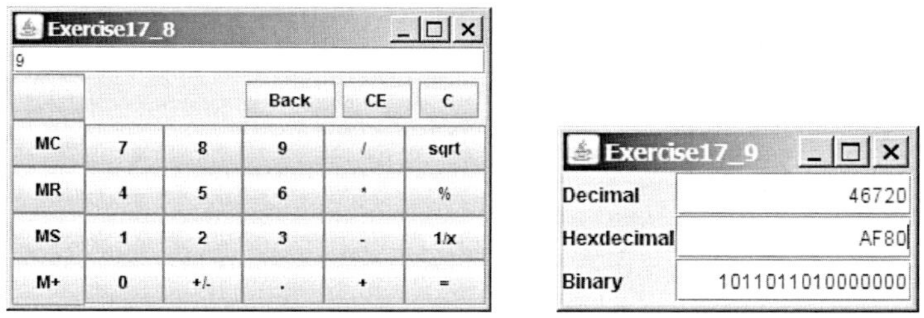

(a) (b)

그림 17.18 (a) 프로그래밍 연습 17.8은 자바로 구현된 대중적인 계산기이다. (b) 프로그래밍 연습 17.9는 10진수, 16진수, 이진수 간에 변환하는 프로그램이다.

17.9* (숫자 변경하기) 그림 17.18(b)와 같이 10진수, 16진수, 이진수 간에 변환하는 애플릿을 작성하라. 10진수 값을 입력하는 텍스트 필드에 숫자를 입력하고 엔터키를 누르면, 16진수, 이진수가 다른 텍스트 필드에 표시된다. 마찬가지로 다른 필드에 값을 입력하고 대응되는 값들을 변환하여 표시할 수 있다.

17.10** (부분 영역 다시 칠하기) 패널의 화면에 보여지는 모든 부분을 다시 그릴 때, 가끔은 적은 부분만 바뀐다. 이 때 super.paintComponent(g) 사용을 피하고 조금 바뀐 부분만 바뀌도록 하여 성능을 개선할 수 있다. 지난 24시간 동안 매시간의 온도를 히스토그램으로 표시하는 애플릿을 작성하는데 이러한 방법을 사용하여 보자. 50~90 사이의 화씨 온도가 임의로 얻어지고 매 시간 수정된다고 가정하자. 다른 것은 변경없이 유지하는 반면에 현재 시각의 온도만 다시 표시할 필요가 있다. 현재시각의 온도를 강조하기 위하여 유일한 색을 사용한다(그림 17.19(a)).

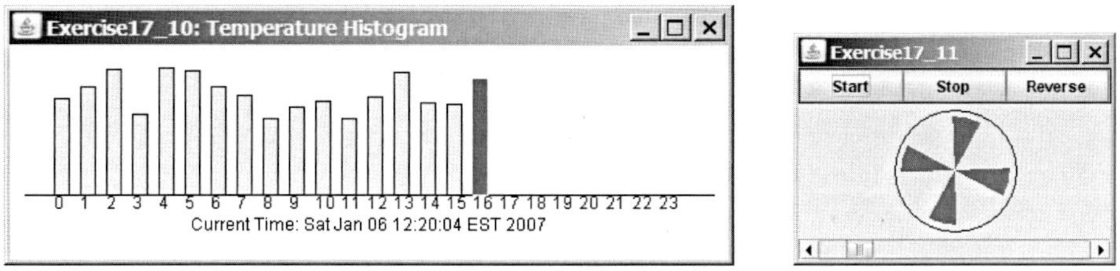

(a) (b)

그림 17.19 (a) 히스토그램은 지난 24시간의 매 시간 평균 온도를 표시한다. (b) 프로그램은 실행 팬으로 모의실험한다.

17.11** (모의실험 : 실행 팬) 그림 17.19(b)와 같은 실행 팬 자바 애플릿을 작성하라. Start, Stop, Reverse 버튼은 팬을 제어한다. 스크롤 바는 팬의 속도를 제어한다, 팬을 표시하기 위하여 JPanel의 하위 클래스인 Fan 클래스를 생성하라. 이 클래스 역시 팬을 일시정지, 다시 시작하거나 스피드를 조절하고, 방향을 반대로 바꿀 수 있다. 팬과 3개의 버튼 그리고 스크롤 바를 갖는 FanControl이라는 클래스를 만들어라. FanControl 인스턴스를 갖는 자바 애플릿을 작성하라.

17.12** (팬들의 그룹을 제어하기) 그림 17.20과 같이 3개의 팬을 그룹으로 묶고, 이 전체를 작동시키고 중지하는 버튼을 가진 자바 애플릿을 작성하라. 각 팬을 제어하고 표시하는데 FanControl을 사용하라.

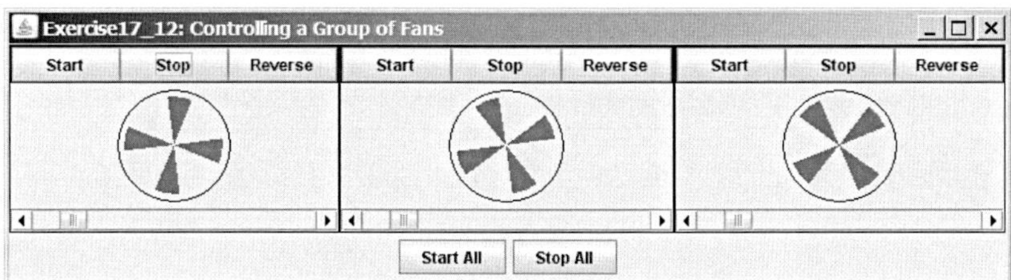

그림 17.20 프로그램이 팬들의 그룹을 제어하고 실행한다.

17.13***(모의 엘리베이터 생성하기) 그림 17.21과 같이 엘리베이터가 올라가고 내려갈 수 있는 애플릿을 작성하라. 왼쪽 버튼은 승객이 어느 층에 있는지를 보여주고 왼쪽 버튼을 눌러 엘리베이터가 자신의 층에 오도록 한다. 엘리베이터에 타면 승객은 오른쪽에서 자신이 가고 싶은 층을 누르면 된다.

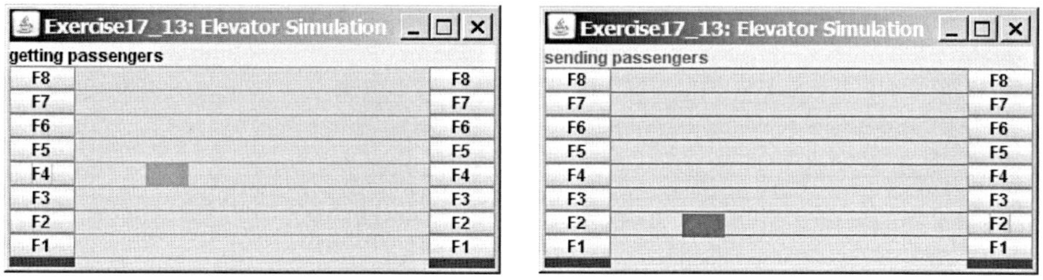

그림 17.21 프로그램이 모의 엘리베이터를 가동한다.

17.14* (시계 그룹을 제어하기) 그림 17.22와 같이 세 개의 시계를 그룹으로 묶어 세 개가 한꺼번에 멈추거나 시작하도록 제어할 수 있는 자바 애플릿을 작성하라. 하나의 시계를 제어하고 표시하는데 ClockControl을 사용하라.

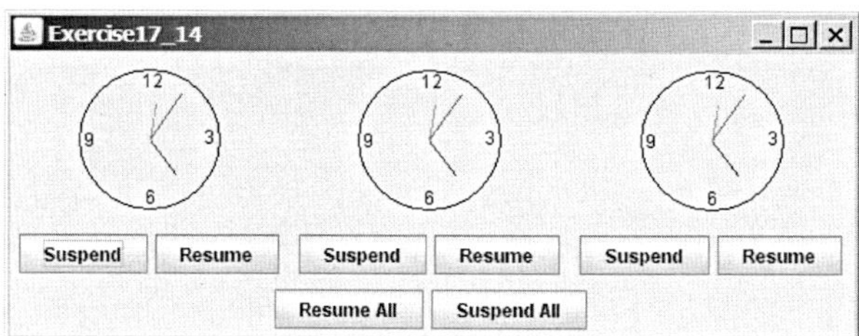

그림 17.22 세 개의 시계가 개별적인 제어와 그룹 제어에 대해 독립적으로 실행한다.

17.9절 이미지 표시

17.15* (이미지를 확대 또는 축소하기) 하나의 이미지를 다른 크기로 연속적으로 표시하는 애플릿을 작성하라. 처음에는 화면에 이미지가 보여지는 크기를 가로, 세로 300씩으로 정한다. 그리고 사진을 축소할 때는 가로, 세로 50이 될 때 까지 한 칸씩 줄인다. 이 때, 다시 커질 때에도 한 칸씩 늘어나 가로, 세로 300까지 되도록 한다. 하나의 이미지로 애니메이션을 만들기 위해 보여지는 영역이 줄어들고 커지고 할 것이다.

17.16***(모의 증권 시세 표시기) 그림 17.23과 같이 증권 시세를 표시하는 자바 애플릿을 작성하라. 증권 지수 정보는 HTML 파일의 <param> 태그로부터 넘겨진다. 각 지수는 네 개의 매개변수를 갖는다: 지수명 (예: S&P 500), 현재 시각(예: 15:54), 전날의 지수(예: 919.01), 변동률(예: 4.54).

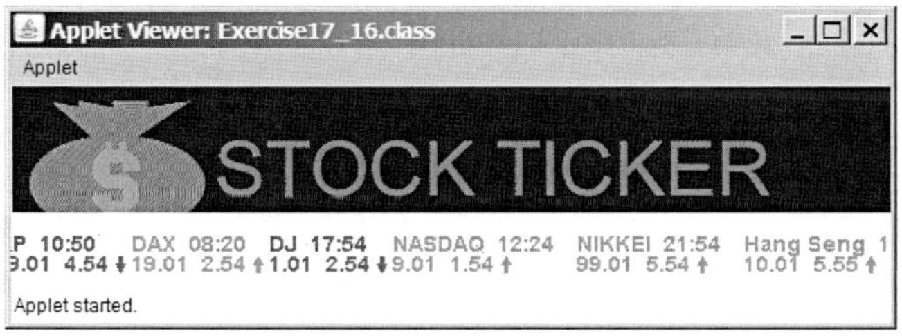

그림 17.23 증권 지수를 표시하는 프로그램이다.

다우존스, S&P 500, NASDAQ, NIKKEI와 Gold&Silver Index와 같이 적어도 다섯 개의 지수를 사용하여야 한다. 시세가 상승하면 초록색, 떨어지면 빨간색으로 표시한다. 지수는 애플릿의 보여주는 영역에서 오른쪽에서 왼쪽으로 이동한다. 마우스 버튼을 누르면 애플릿이 표시기를 멈추고, 마우스가 해제되면 지수가 다시 움직인다.

17.17** (자동차 경주) 그림 17.24(a)와 같이 네 개의 자동차가 경주하는 애플릿을 작성하라. 가장 높은 속도까지 1씩 각 차의 스피드를 지정할 수 있다.

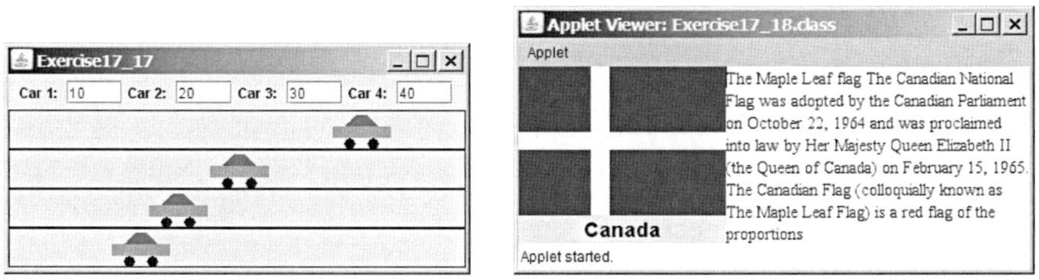

(a) (b)

그림 17.24 (a) 각 차의 속도를 지정할 수 있다. (b) 애플릿은 각 나라의 국기, 국가명과 설명을 보여주고, 다 보여주면 다음에는 다른 나라를 보여준다.

17.18** (국기 보여주기) 그림 17.24(b)와 같이 각 나라의 국기, 국가명과 설명을 오디오로 제공하는 애플릿을 작성한다.

8개 국가의 국기를 보여주는 애플릿이라고 가정하자. 각 국기 사진의 이름은 flag0.gif, flag1.gif, …, flag7.gif 이름으로 애플릿 디렉토리의 image라는 이름의 서브디렉토리에 저장된다. 각 오디오의 길이는 10초가 넘지 않도록 한다. 국가의 이름과 설명은 name0, name1, …, name7과 description0, description1, …, description7이라는 매개변수를 사용하여 HTML로부터 넘겨진다.

numberOfCountries를 사용하여 HTML 매개변수로 국가의 개수를 넘겨주어라. 예제는 다음과 같다.

```
<param name="numberOfCountries" value=8>
<param name="name0" value="Canada">
<param name="description0" value=
"The Maple Leaf flag
The Canadian National Flag was adopted by the Canadian
Parliament on October 22, 1964 and was proclaimed into law
by Her Majesty Queen Elizabeth II (the Queen of Canada) on
February 15, 1965. The Canadian Flag (colloquially known
as The Maple Leaf Flag) is a red flag of the proportions
two by length and one by width, containing in its center a
white square, with a single red stylized eleven-point
maple leaf centered in the white square.">
```

힌트 : 이미지, 이름, 설명을 표시하는데 DescriptionPanel 클래스를 사용하고, 이 클래스는 리스트 16.6에 소개되어 있다.

17.19***(공 튀기기) 17.8절의 예제를 확장시켜 그림 17.25(a)와 같이 여러 개의 공들을 허용하도록 한다. Start 버튼으로 첫 번째 공이 움직이도록 하고, +1 버튼을 사용해 하나의 공을 추가한다. 공의 색은 추가될 때 빨강, 파랑, 초록 순으로 결정된다. 그리고 −1 버튼을 누르면 하나의 공이 사라지고 Suspend나 Resume 버튼으로 공의 움직임을 조작할 수 있다.

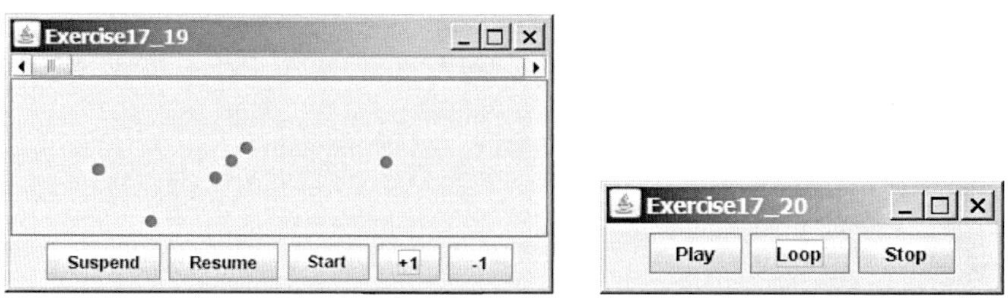

(a) (b)

그림 17.25 (a) 애플릿에 공을 추가 또는 제거할 수 있도록 한다. (b) Play 버튼을 눌러 오디오가 재생되도록 하고, Loop 버튼은 반복 재생이 가능하도록 하고, Stop 버튼은 멈추도록 한다.

17.12절 오디오 실행

17.20* (사운드 클립을 재생, 반복재생 , 정지하기) 다음 조건을 만족하는 애플릿을 작성하라.

- 클래스 디렉토리에 있는 오디오 파일을 찾아라.
- 그림 17.25(b)와 같이 Play, Loop, Stop이라는 이름의 3개의 버튼을 놓는다.
- Play 버튼을 클릭하면 오디오 파일이 재생되고, Loop 버튼을 누르면 반복해서 재생하고, Stop 버튼을 클릭하면 정지한다.
- 애플릿은 응용 프로그램으로 실행할 수 있다.

17.21** (알람시계 생성하기) 시, 분, 초를 보여주는 큰 패널로 디지털 시계를 표시하는 애플릿을 작성하라. 이 시계는 사용자에게 알람을 설정하도록 한다. 그림 17.26(a)는 이러한 시계의 예를 보여준다. 알람을 설정하려면 Alarm 체크 박스를 표시한다. 알람 시간을 명시하려면 그림 17.26(b)처럼 새로운 프레임을 표시하기 위하여 Set alarm 버튼을 클릭하라. 프레임에서 알람시간을 지정할 수 있다.

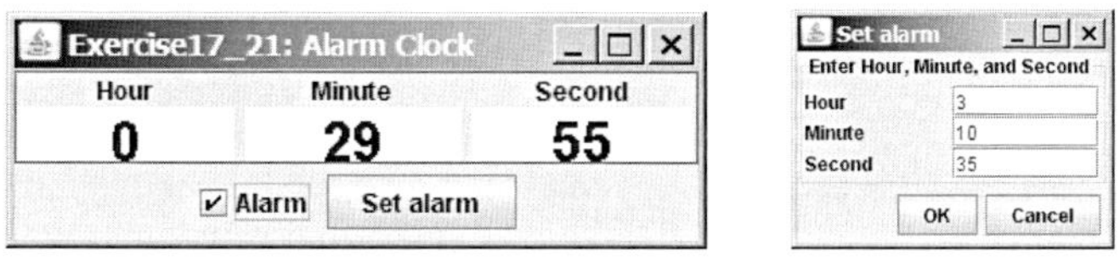

(a) (b)

그림 17.26 현재 시, 분, 초를 표시하고, 알람시간을 지정할 수 있는 프로그램이다.

17.22** (오디오와 함께 이미지 애니메이터를 생성하기) 다음 조건을 만족하기 위해 그림 17.27과 같은 애플릿을 사용하여 애니메이션을 생성한다.

- 사용자가 애니메이션의 속도를 지정할 수 있도록 텍스트 필드에 속도를 입력한다.
- 사용자로부터 이미지 파일명과 프레임의 숫자를 얻는다. 예를 들어, 사용자가 프레임 숫자로 n을, 이미지로 L을 입력하였다면 파일은 L1, L2에서 Ln이다. 이미지들은 애플릿 디렉토리의 서브디렉토리인 image 디렉토리에 저장되어 있다고 가정하자.

- 사용자가 오디오 파일명을 명시하도록 하자. 오디오 파일은 애플릿과 동일한 디렉토리에 저장되어 있다. 애니메이션이 실행되는 동한 사운드가 재생된다.

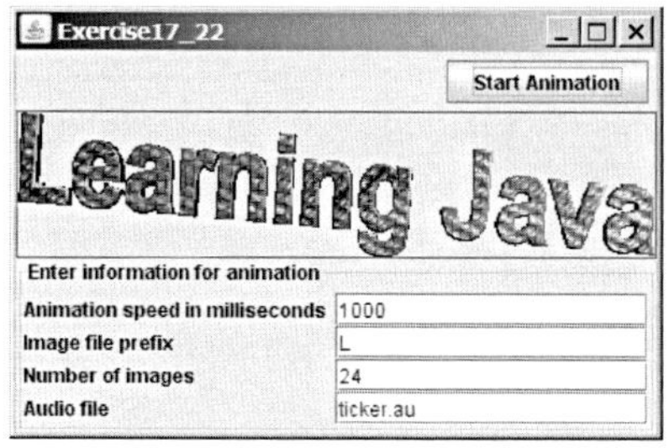

그림 17.27 애플릿은 사용자가 이미지 파일, 오디오 파일, 애니메이션 속도를 선택하도록 한다.

17.23** (시뮬레이션 : 국기를 올리고 국가를 연주하기) 그림 15.1과 같이 국기가 표시되는 애플릿을 생성하라. 국기가 올라가면 국가가 재생되도록 한다(리스트 17.13의 국기와 국가 파일을 사용하면 된다).

17.24** (게임 : 생일 추측하기) 리스트 3.8의 GuessBirthDate.java는 생일을 추측하는 프로그램이다. 그림 17.28과 같이 생일을 추측하는 애플릿을 생성하라. 애플릿은 사용자가 5개의 집합 중에 생일이 있는 곳을 체크하도록 한다. Guess Birth Date 버튼을 누르면 텍스트 필드에 생일이 표시된다.

그림 17.28 생일을 추측하는 애플릿

17.25***(게임 : 수도쿠) 리스트 6.12, Sudoku.java는 사용자가 콘솔로부터 수도쿠 퍼즐을 입력하도록 하는 프로그램이다. 그림 17.1처럼 애플릿의 텍스트 필드에 사용자가 값을 넣을 수 있는 프로그램을 작성하라. Solve 버튼을 클릭하면 결과가 나오도록 한다.

17.26***(게임 : 수학 퀴즈) 리스트 3.3, AdditionQuiz.java와 리스트 3.4, Subtraction Quiz.java는 수학 퀴즈를 만들고 평가한다. 그림 17.29(a)와 같이 난이도와 질문 형태를 사용자가 선택할 수 있는 애플릿을 작성하라. 사용자가 Start 버튼을 누르면 프로그램은 퀴즈를 시작하고, 답을 넣고 엔터키를 누르면 새로운 문제가 표시된다. Start 버튼을 누르면 경과시간이 표시된다. Stop 버튼이 클릭될 때까지 시간은 초 단위로 수정된다. 정확한 답이 입력되면 맞은 개수가 수정된다.

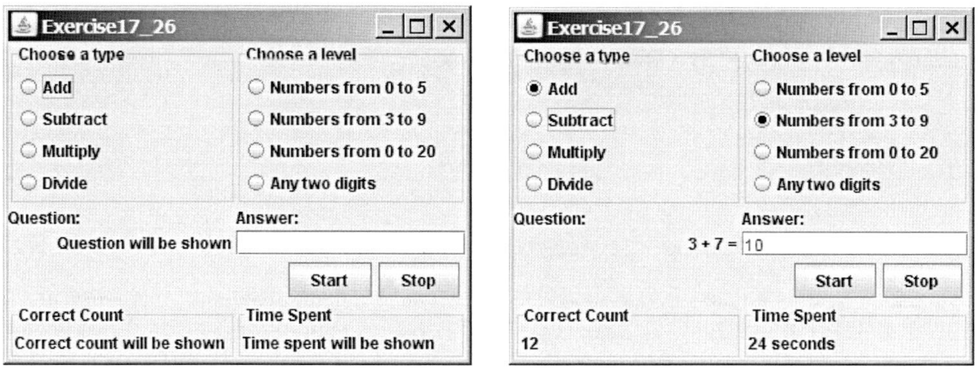

(a) 세션이 시작하기 전 (b) 세션이 시작된 이후

그림 17.29 수학 계산력을 시험하는 애플릿

17.27***(시뮬레이션 : 교통 제어) 프로그래밍 연습 16.3은 교통신호를 바꾸는데 라디오 버튼을 사용한다. 그림 17.30과 같이 교차로에서 교통 제어를 모의하는 프로그램으로 다시 작성하라. 신호등이 빨강이면 차량들이 수직으로 지나가고, 초록이면 수평으로 움직인다. 신호등은 1분마다 자동으로 변한다. 신호등이 초록에서 빨강으로 변하기 전에 짧게 5초간 노랑으로 변한다.

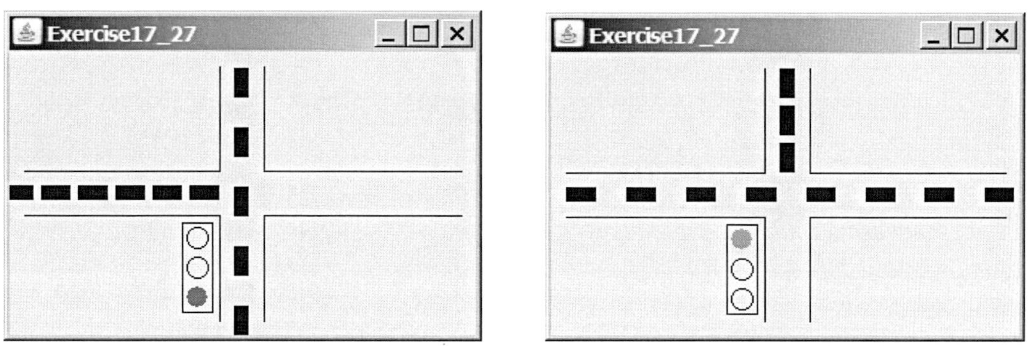

(a) 수직적 교통 흐름 (b) 수평적 교통 흐름

그림 17.30 교통 제어를 모의하는 애플릿

17.28** (기하학 : 교차되는 두 개의 원?) Circle2D 클래스는 프로그래밍 연습 9.11에서 생성되었다. 그림 17.31(a)처럼 원의 크기와 위치를 지정하고, 두개의 원이 교차되었는지를 보여주는 애플릿을 작성하라.

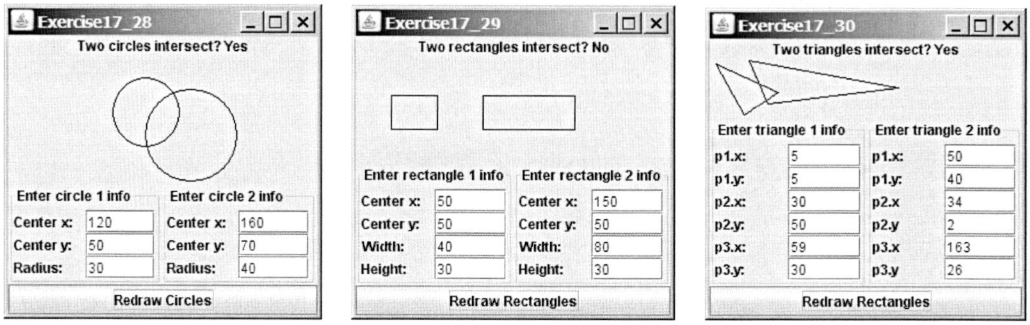

(a) (b) (c)

그림 17.31 두 개의 원, 직사각형, 삼각형이 교차되는지를 체크한다.

17.29** (기하학 : 교차되는 두 개의 직사각형?) Rectangle2D 클래스는 프로그래밍 연습 9.12에서 생성되었다. 그림 17.31(b)처럼 직사각형의 크기와 위치를 지정하고, 두 개의 직사각형이 교차되었는지를 보여주는 애플릿을 작성하라.

17.30** (기하학 : 교차되는 두 개의 삼각형?) Triangle2D 클래스는 프로그래밍 연습 9.13에서 생성되었다. 그림 17.31(c)처럼 삼각형의 크기와 위치를 지정하고, 두 개의 삼각형이 교차되었는지를 보여주는 애플릿을 작성하라.

17.31***(게임 : bean machine 애니메이션) 프로그래밍 연습 15.22에서 소개된 bean machine을 애니메이션하는 애플릿을 작성하라. 그림 17.32처럼 애플릿은 사용자가 슬롯의 개수를 정할 수 있도록 한다. 애니메이션을 시작하거나 재시작하려면 Start 버튼을 클릭하고, 정지하려면 Stop 버튼을 클릭한다.

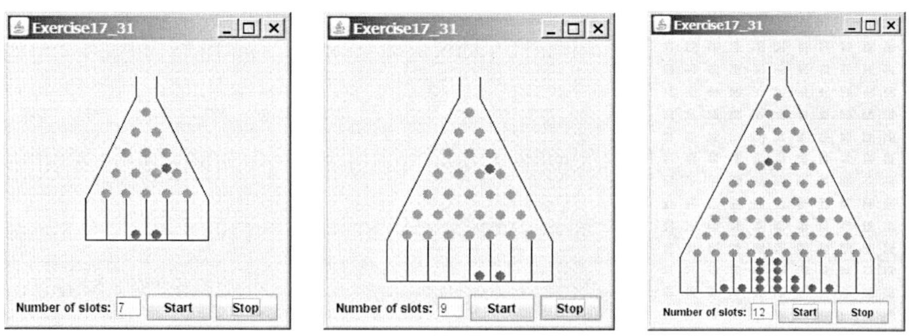

그림 17.32 bean machine 애니메이션을 제어하는 애플릿

CHAPTER 18

예외 처리

- 예외와 예외 처리 개요를 살펴본다(§18.2).
- 예외 처리 사용의 장점을 살펴본다(§18.3).
- 예외 타입을 구별한다: **Error**(fatal) vs. **Exception**(nonfatal)과 checked vs. unchecked(§18.4).
- 메소드 헤더에서 예외를 선언한다(§18.5.1).
- 메소드에서 예외를 발생하는 것을 살펴본다(§18.5.2).
- 예외 처리를 위해 try-catch 블록을 작성한다(§18.5.3).
- 예외가 전달되는 방법을 살펴본다(§18.5.3).
- try-catch 블록에서 finally 절을 사용한다(§18.6).
- 예상하지 못한 오류에서만 예외를 사용한다(§18.7).
- catch 블록에서 예외를 다시 발생하는 방법을 살펴본다(§18.8).
- 연쇄적인 예외를 생성한다(§18.9).
- 사용자정의 예외 클래스를 선언한다(§18.10).

18.1 서론

프로그램이 실행시간 오류가 발생하면 비정상적으로 종료한다. 이 장에서는 프로그램이 실행을 지속하거나 안전하게 종료하도록 하기 위해 실행시간 오류를 어떻게 다룰 수 있는가를 소개한다.

18.2 예외 처리 소개

예외 처리를 설명하기 위해 두 개의 정수를 읽어서 나눈 몫을 표시하는 리스트 18.1에서 시작하자.

리스트 18.1 Quotient.java

```
import java.util.Scanner;

public class Quotient {
  public static void main(String[] args) {
    Scanner input = new Scanner(System.in);

    // Prompt the user to enter two integers
    System.out.print("Enter two integers: ");
    int number1 = input.nextInt();
    int number2 = input.nextInt();

    System.out.println(number1 + " / " + number2 + " is " +
      (number1 / number2 ));
  }
}
```

```
Enter two integers: 5 2 ↵Enter
5 / 2 is 2
```

```
Enter two integers: 3 0 ↵Enter
Exception in thread "main" java.lang.ArithmeticException: / by zero
        at Quotient.main(Quotient.java:11)
```

만약 두 번째 숫자에 0을 입력하면 상수는 0으로 나눌 수 없으므로 실행시간 오류가 발생한다(단, 부동소수점인 경우는 0으로 나눠도 오류가 발생하지 않는다). 오류를 해결할 수 있는 간단한 방법은 리스트 18.2에서처럼 두 번째 숫자를 검사할 수 있는 if 문을 추가하는 것이다.

리스트 18.2 QuotientWithIf.java

```
import java.util.Scanner;

public class QuotientWithIf {
  public static void main(String[] args) {
    Scanner input = new Scanner(System.in);

    // Prompt the user to enter two integers
    System.out.print("Enter two integers: ");
    int number1 = input.nextInt();
    int number2 = input.nextInt();

    if (number2 != 0)
      System.out.println(number1 + " / " + number2 + " is " +
        (number1 / number2));
    else
      System.out.println("Divisor cannot be zero ");
  }
}
```

```
Enter two integers: 5 0 ↵Enter
Divisor cannot be zero
```

리스트 18.2는 리스트 18.3처럼 예외 처리를 사용하여 다시 작성할 수 있다. 리스트 18.2가 리스트 18.3보다 간단하므로 위의 경우에는 예외 처리를 실제로 사용하지 않아도 된다는 것에 유의하라. 리스트 18.3의 목적은 예외 처리의 개념을 설명하는 간단한 예제일 뿐이다. 뒤에서 예외 처리 사용의 실질적인 장점들을 살펴볼 것이다.

리스트 18.3 QuotientWithException.java

```
import java.util.Scanner;

public class QuotientWithException {
  public static void main(String[] args) {
    Scanner input = new Scanner(System.in);

    // Prompt the user to enter two integers
    System.out.print("Enter two integers: ");
    int number1 = input.nextInt();
    int number2 = input.nextInt();

    try {
      if (number2 == 0)
        throw new ArithmeticException("Divisor cannot be zero");

      System.out.println(number1 + " / " + number2 + " is " +
        (number1 / number2));
    }
    catch (ArithmeticException ex) {
```

```
20        System.out.println("Exception: an integer " +
21          "cannot be divided by zero ");
22      }
23
24      System.out.println("Execution continues ...");
25    }
26 }
```

```
Enter two integers: 5 3 ↵Enter
5 / 3 is 1
Execution continues Á
```

```
Enter two integers: 5 0 ↵Enter
Exception: an integer cannot be divided by zero
Execution continues Á
```

프로그램은 try와 catch 블록을 포함한다. try 블록(12-18행)은 정상적인 상황에서 실행되는 코드를 포함하고, catch 블록(19-22행)은 number2가 0일 경우 실행하는 코드를 포함한다. 이 경우에 프로그램은 다음 문장을 실행함으로써 예외를 발생한다.

```
throw new ArithmeticException("Divisor cannot be zero");
```

예외

throw 문

예외를 발생하는 것

new ArithmeticException("Divisor cannot be zero")로 발생된 값을 **예외**(exception)라고 한다. throw 문의 실행은 **예외를 발생하는** 것이다. 예외는 예외 클래스로부터 생성된 객체이다. 이 경우에 예외 클래스는 java.lang.ArithmeticException이다.

예외를 처리하도록

예외가 발생하면 정상적으로 실행중이던 것이 중지하게 된다. "예외를 발생하는 것"은 한 곳에서 다른 곳으로 예외를 넘겨주는 것이다. catch 블록에 의해 예외가 처리된다. catch 블록에 있는 코드는 **예외를 처리하도록** 실행된다. 그 이후에 catch 블록 이후의 문장(23행)이 실행한다.

throw 문은 메소드 호출과 유사하지만 메소드를 호출하는 대신 catch 블록을 호출한다. 이 경우, catch 블록은 발생한 값의 타입과 일치하는 매개변수로 메소드를 정의하는 것과 같다. 메소드와는 달리 catch 블록이 실행하고 나면 프로그램 제어는 throw 문으로는 넘어가지 않고 catch 블록의 다음 구문을 실행한다.

catch 블록 헤더에 있는 식별자 ex는

```
catch (ArithmeticException ex)
```

catch 블록 매개변수

메소드의 매개변수처럼 작동한다. 따라서 이 매개변수는 catch 블록 매개변수라고 불린다. ex 의 타입(예 : ArithmeticException)은 catch 블록이 처리할 수 있는 예외 타입을 나타낸다. 예외가 발생하면, 매개변수로부터 발생한 값이 catch 블록의 몸체 부분에서 접근할 수 있다.

즉, try-throw-catch 블록의 템플릿은 다음과 같다.

```
try {
  Code to try;
  Throw an exception with a throw statement or
    from method if necessary;
  More code to try;
}
catch (type ex) {
  Code to process the exception;
}
```

예외는 try 블록에서 throw 문을 사용하여 직접 발생하거나, 예외를 발생할 수 있는 메소드 호출로부터 발생될 수 있다.

18.3 예외 처리의 장점

리스트 18.3은 예외 처리의 개념을 보여주는 간단한 예제이다. 이 절에서는 예외 처리 사용의 장점을 알아볼 것이다.

리스트 18.4는 리스트 18.3을 재작성하여 메소드를 이용해 몫을 계산하는 프로그램이다.

리스트 18.4 QuotientWithMethod.java

```java
import java.util.Scanner;

public class QuotientWithMethod {
  public static int quotient(int number1, int number2) {
    if (number2 == 0)
      throw new ArithmeticException("Divisor cannot be zero");

    return number1 / number2;
  }

  public static void main(String[] args) {
    Scanner input = new Scanner(System.in);

    // Prompt the user to enter two integers
    System.out.print("Enter two integers: ");
    int number1 = input.nextInt();
    int number2 = input.nextInt();

    try {
      int result = quotient(number1, number2);
      System.out.println(number1 + " / " + number2 + " is "
        + result);
    }
    catch (ArithmeticException ex) {
      System.out.println("Exception: an integer " +
        "cannot be divided by zero ");
```

```
27     }
28
29     System.out.println("Execution continues ...");
30   }
31 }
```

```
Enter two integers: 5 3 ↵Enter
5 / 3 is 1
Execution continues Á
```

```
Enter two integers: 5 0 ↵Enter
Exception: an integer cannot be divided by zero
Execution continues Á
```

quotient 메소드(4–9행)는 두 정수의 몫을 반환한다. 만약 number2가 0이면 값을 반환할 수 없으므로, 6행에서 예외가 발생한다.

main 메소드는 quotient(20행)를 호출한다. quotient 메소드가 정상적으로 실행하면 호출자에게 값을 반환한다. 그러나 quotient 메소드가 예외를 만나면 호출자에게 예외를 발생시켜 호출자의 catch 블록이 예외를 처리한다.

장점

지금까지 예외 처리의 **장점**을 살펴보았다. 이는 메소드가 호출자에게 예외를 발생시킬 수 있는 것으로, 만일 이러한 기능이 없다면 메소드가 예외를 처리하거나 프로그램을 종료하여야 한다.

18.4 예외 타입

앞 절에서 소개된 catch 블록 매개변수는 ArithmeticException 타입이다. 다른 타입을 사용할 수 있는가? Throwable 클래스나 Throwable의 하위 클래스를 사용할 수 있다. ArithmeticException은 Throwable의 부타입이다.

Throwable 클래스는 java.lang 패키지에 포함되어 있고, Throwable의 하위 클래스는 다양한 패키지에 포함되어 있다. GUI 컴포넌트와 관련된 오류들은 java.awt 패키지에 포함되어 있고, 숫자 예외는 java.lang.Number 클래스와 관련되어 있으므로 java.lang 패키지에 포함되어 있다. Throwable의 하위 클래스나 Throwable을 상속받아 사용자정의 예외 클래스를 생성할 수 있다. 그림 18.1은 미리 정의된 자바의 예외 클래스들을 보여준다.

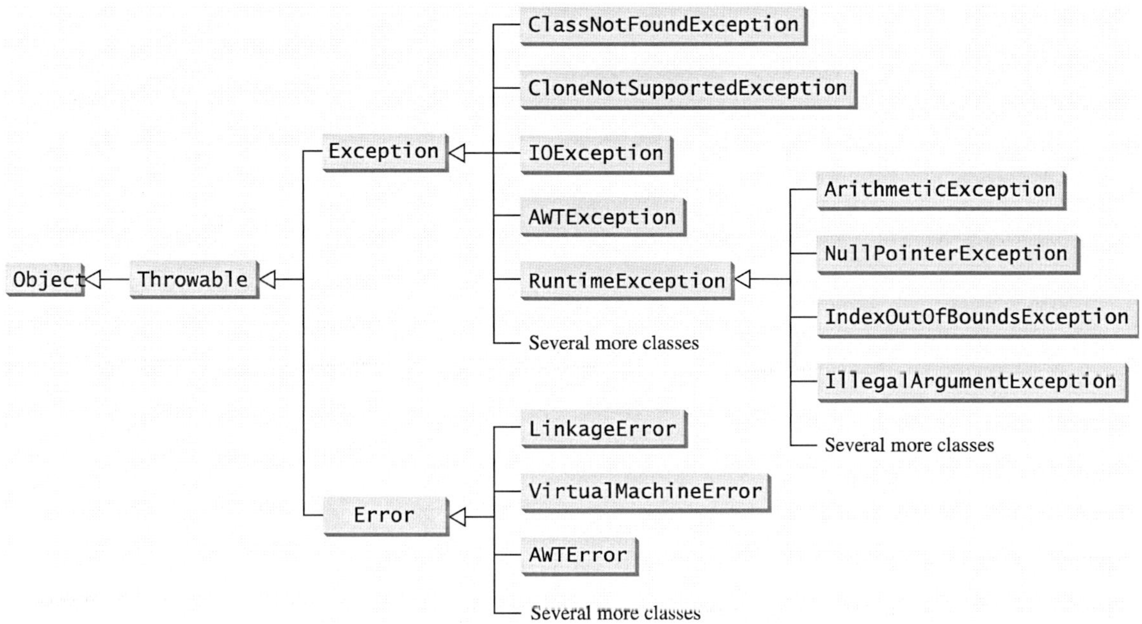

그림 18.1 발생되어진 예외는 다이어그램에 있는 클래스 인스턴스 또는 하위 클래스이다.

NOTE Error, Exception, RuntimeException 클래스명이 혼동된다. 세 클래스 모두 예외 클래스이며, 실행중에 발생하는 오류들이다.

예외 클래스는 세 타입으로 구분할 수 있다: 시스템 오류, 예외, 그리고 실행시간 예외

- **시스템 오류**(system errors)는 JVM에 의해 발생한 것으로 Error 클래스를 표현한다. Error 클래스는 내부 시스템 오류를 나타내는 것으로 드물게 발생한다. 한 번 발생하면 사용자에게 통지되고 프로그램을 적절하게 종료하는 것 이상의 작업은 없다. 표 18.1은 Error의 하위 클래스들을 보여준다. 시스템 오류

표 18.1 Error의 하위 클래스 예

클래스	예외 발생 원인
LinkageError	어떤 클래스가 다른 클래스에 종속되어 있는데, 전자 클래스의 컴파일 이후에 후자 클래스가 호환성이 없이 변경된다.
VirtualMachineError	JVM은 작업을 지속하는데 필요한 자원들을 중단하거나 모두 소비한다.
AWTError	GUI 실행시간 시스템에서 치명적인 오류이다.

예외

• 예외(exceptions)는 Exception 클래스로 표현되며, 프로그램이나 외부 환경에 의해 발생된 오류를 나타낸다. 이러한 오류들은 프로그램에 의해 처리된다. 표 18.2는 Exception의 하위 클래스들을 보여준다.

표 18.2 Exception의 하위 클래스 예

클래스	예외 발생 원인
ClassNotFoundException	존재하지 않는 클래스를 사용할 때 발생한다. 예를 들어 자바 실행 명령어를 사용하여 존재하지 않는 클래스를 실행하였거나, 세 개의 클래스 파일로 구성된 프로그램이 두 개의 클래스만 검색되는 경우에 발생한다.
CloneNotSupportedException	Cloneable 인터페이스를 구현하지 않는 클래스의 객체를 복제할 때 발생한다. 객체를 복제하는 것은 11장의 "추상 클래스와 인터페이스"에서 소개하였다.
IOException	부정확한 입력, 파일의 끝을 지나친 판독, 존재하지 않는 파일의 개방 등과 같은 입/출력 연산과 관계한다. IOException의 하위 클래스 예제는 InterruptedIOException, EOFException(EOF는 파일의 끝을 의미), FileNotFoundException이 있다.
AWTException	GUI 컴포넌트와 관련된 예외이다.

실행시간 예외

• 실행시간 예외(runtime exceptions)는 잘못된 자료 변환, 배열의 범위를 넘어선 접근, 숫자상의 오류 등과 같은 프로그래밍 오류를 표시하는 RuntimeException 클래스로 표현된다. 실행시간 예외는 주로 JVM에 의해 발생된다. 표 18.3은 하위 클래스의 예제들을 보여준다.

표 18.3 RuntimeException의 하위 클래스 예

클래스	예외 발생 원인
ArithmeticException	정수를 0으로 나눌 때 발생한다. 하지만 부동 소수점 계산에서는 예외가 발생하지 않는다. 부록 E에 나타난다
NullPointerException	null 참조 변수를 통해 객체를 접근할 때 발생한다.
IndexOutOfBoundsException	배열의 범위를 벗어날 때 발생한다.
IllegalArgumentException	메소드가 불법적 또는 부적당한 인자로 넘겨질 때 발생한다.

체크되지 않는 예외

체크된 예외

RuntimeException, Error와 이들의 하위 클래스들은 **체크되지 않는 예외**(unchecked exception)라 한다. 그리고 다른 나머지 예외들은 컴파일러가 프로그래머에게 직접 체크하고 처리하도록 하는 것을 의미하는 **체크된 예외**(checked exception)라 한다.

대개는 체크되지 않은 예외는 복구하지 못하는 논리적인 프로그래밍 오류를 나타낸다. 예를 들어, NullPointerException은 객체에 값이 배정되기 전에 접근할 경우에 발생하고, IndexOutOfBoundsException은 배열의 범위를 벗어난 부분을 접근할 경우에 발생한다. 이것은 프로그램에서 수정되어야 하는 논리적인 오류들이다. 체크되지 않은 예외는 프로그램 내 어디서든지 발생할 수 있다. try-catch 블록의 과도한 사용을 피하기 위해 자바는 체크되지 않은 예외를 직접 선언해서 처리하는 것을 요구하지 않는다.

주의

지금까지 자바는 정수의 오버플로우나 언더플로우 예외를 발생하지 않는다. 다음 문장은 최대 성수에 1을 너하는 것이다.

```
int number = Integer.MAX_VALUE + 1;
System.out.println(number);
```

논리적으로 틀린 -2147483648을 보여준다. int 형의 최대값을 초과하였기 때문에 오버플로우의 문제가 발생한다.
미래의 자바 버전은 이러한 문제점을 오버플로우 예외 처리를 발생하여 해결할 것이다.

정수의 오버플로우나 언더플로우

TIP

큰 정수값을 처리할 때는 11.12절에서 소개된 BigInteger 클래스를 사용한다.

BigInteger

18.5 예외 처리의 이해

자바의 예외 처리 모델은 그림 18.2와 같이 예외 선언, 예외 발생과 예외 처리 세 가지 연산에 기초한다.

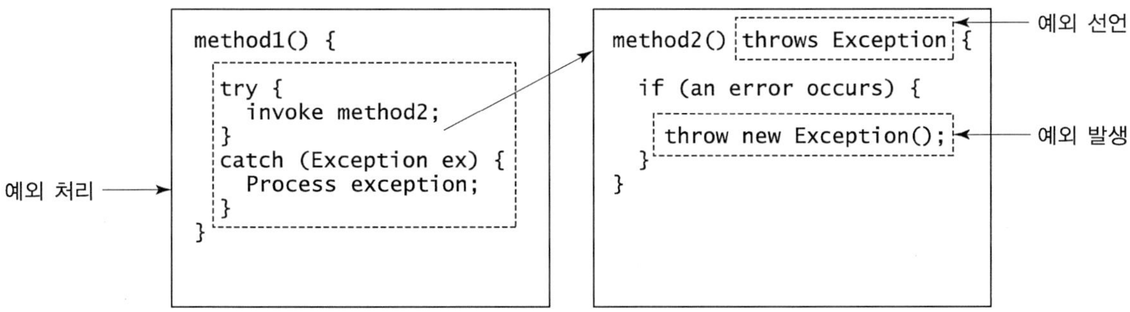

그림 18.2 자바의 예외 처리는 선언, 예외 발생, 예외 처리와 예외 실행으로 구성된다.

18.5.1 예외 선언

자바에서 현재 실행되고 있는 명령문은 메소드에 속한다. 자바 인터프리터는 자바 응용 프로그램에 대해서는 main 메소드를 호출하고, 웹브라우저는 자바 애플릿의 인자 없는 생성자를 호출한 후 자바 애플릿에 대해서는 init 메소드를 호출한다. 모든 메소드는 발생하게 될지 모르는 체크된 예외 타입을 기술해야 한다. 이것이 곧 **예외를 선언**하는 것이다. 시스템 오류와 실행시간 오류가 어떠한 코드에서도 발생할 수 있으므로 자바는 Error와 RuntimeException(체크되지 않은 예외)을 명시적으로 메소드에 선언할 것을 요구하지 않는다. 그러나 메소드에 의해 발생한 모든 다른 예외들은 메소드 호출자가 예외를 알리도록 명시적으로 메소드 선언에서 선언되어야 한다.

예외를 선언

메소드에서 예외를 선언하려면 다음의 예제처럼 메소드 선언에서 throws 키워드를 사용하여야 한다.

```
public void myMethod() throws IOException
```

throws 키워드는 myMethod가 IOException을 발생하게 될지도 모른다는 것을 표시한다. 만약 메소드가 여러 예외를 발생한다면, 여러 예외의 이름을 throws 이후에 콤마로 분리해서 적으면 된다.

```
public void myMethod()
  throws Exception1, Exception2, ..., ExceptionN
```

NOTE

메소드가 상위 클래스에서 예외를 선언하지 않으면 하위 클래스에서 예외를 재정의할 수 없다.

18.5.2 예외 발생

예외 발생

오류를 발견한 프로그램은 적절한 타입의 예외 인스턴스를 만들어 발생한다. 이것을 **예외 발생**이라고 한다. 예를 들면, 메소드에 넘겨준 인자가 메소드의 조건을 위배하는 것을 프로그램이 발견하면 (예 : 인자는 음수가 아닌 숫자이어야 하는데, 음수 인자가 넘겨진 경우) 프로그램은 IllegalArgumentException 인스턴스를 만들어서 다음과 같이 발생할 수 있다.

```
IllegalArgumentException ex =
  new IllegalArgumentException("Wrong Argument");
throw ex;
```

또는, 더 좋은 방법은 다음과 같다.

```
throw new IllegalArgumentException("Wrong Argument");
```

NOTE

IllegalArgumentException은 자바 API의 예외 클래스이다. 대부분의 자바 API에 있는 예외 클래스들은 인자가 없는 생성자와 예외를 설명하는 String 인자를 갖는 적어도 두 개의 생성자를 갖는다. 인자는 getMessage()를 사용하여 얻을 수 있는 예외 메시지이다. 예외 메시지

TIP

예외를 선언하는 키워드는 throws이고, 예외를 발생시켜는 키워드는 throw이다. throws throw

18.5.3 예외 처리

예외를 선언하고 발생하는 방법에 대해서 살펴보았고, 예외가 발생되었을 때 다음과 같이 try-catch 블록에서 처리할 수 있다.

```
try {
  statements;  // Statements that may throw exceptions
}
catch (Exception1 exVar1) {
  handler for exception1;
}
catch (Exception2 exVar2) {
  handler for exception2;
}
...
catch (ExceptionN exVar3) {
  handler for exceptionN;
}
```

try 블록을 실행하는 동안 오류가 발생되지 않는다면, catch 블록은 건너뛰게 된다.

try 블록 내 문장 중의 하나가 예외를 보낸다면 자바는 try 블록의 나머지 문장들을 건너뛰고 예외를 처리하기 위한 코드를 찾는 과정을 시작한다. 예외를 처리하는 코드를 **예외 처리기**라 하고 현재의 메소드부터 시작하여 연쇄적인 메소드 호출을 통해 예외를 뒤로 전파함으로써 찾아진다. 이제 (발생된) 예외 객체의 타입이 각 catch 블록의 예외 클래스의 인스턴스인지를 검토한다. 만일 찾았다면 예외 객체는 선언된 변수에 배정되고 catch 블록에 있는 코드가 실행된다. 만일 처리기를 찾지 못했다면 자바는 메소드를 빠져나와 메소드를 호출한 메소드에 예외를 넘기는 과정을 처리기를 찾을 때까지 계속한다. 연쇄적인 메소드 호출에서 처리기를 찾지 못한다면 프로그램을 종료하고 오류 메시지를 콘솔에 출력한다. 처리기를 찾는 과정을 예외를 처리하는 것이라 한다. 예외 처리기

그림 18.3과 같이 main 메소드가 method1을 호출하고, method1이 method2를, method2가 method3를 호출하고 method3에서 예외가 발생한다고 가정하자.

- method3가 예외를 처리할 수 없다면 method3가 중지되고 제어가 method2로 넘어간다. 만일 예외 타입이 Exception3라면 method2의 예외 ex3를 처리하는 catch 블록을 실행한다. statement5는 그냥 지나치고 statement6가 실행한다.
- 예외 타입이 Exception2라면 method2가 중지되고 제어는 method1으로 넘어가며, method1의 예외 ex2를 처리하는 catch 블록을 실행한다. statement3는 그냥 지나치고 statement4를 실행한다.

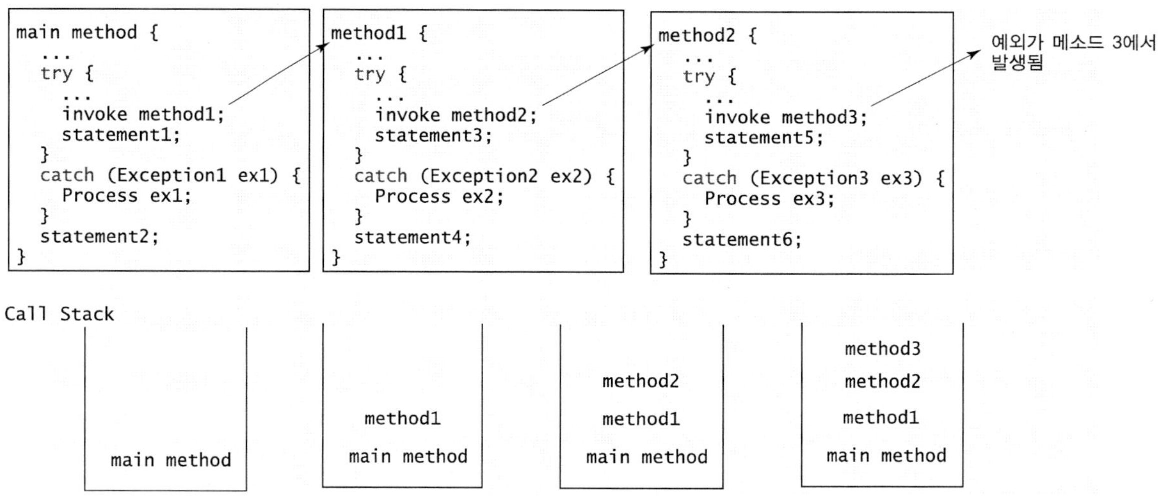

그림 18.3 현 메소드에서 예외가 발생되지 않으면 호출자에게로 넘겨진다. 예외가 발생될 때까지 반복되거나 main 메소드로 넘겨진다.

- 예외 타입이 Exception1이라면, method1이 중지되고 제어가 main 메소드로 넘어간다. 그리고 main 메소드의 예외 ex1을 처리하기 위한 catch 블록을 실행한다. statement1은 지나치고 statement2를 실행한다.
- 예외 타입이 Exception1, Exception2 또는 Exception3가 아니라면, 예외는 발생하지 않고 프로그램이 종료된다. statement1과 statement2가 실행되지 않는다.

catch 블록

NOTE

> 다양한 예외 클래스들은 보통 상위 클래스들로부터 파생된다. catch 블록이 상위 클래스의 예외 객체를 처리하면 그 상위 클래스의 하위 클래스에 대한 모든 예외 객체를 처리할 수 있다.

NOTE

catch 블록에 명시된 예외의 순서는 중요하다. 만약 하위 클래스의 catch 문보다 상위 클래스의 catch 문이 먼저 나오면 실행 오류가 발생된다. 예를 들면, (a)는 RuntimeException이 Exception의 하위 클래스이므로 오류가 발생한다. (b)가 정확한 순서이다.

```
try {
   ...
}
catch (Exception ex) {
   ...
}
catch (RuntimeException ex) {
   ...
}
```

(a) 잘못된 순서

```
try {
   ...
}
catch (RuntimeException ex) {
   ...
}
catch (Exception ex) {
   ...
}
```

(b) 정확한 순서

NOTE

자바는 체크된 예외를 강제로 다루도록 한다. 만일 메소드가 체크된 예외(**Error나 RuntimeException** 이외의 예외)를 선언하면, **try-catch** 블록에서 호출되거나 호출 메소드에 예외를 발생하도록 선언하여야 한다. 예를 들어, 메소드 **p1**이 메소드 **p2**를 호출하고 **p2**가 체크된 예외(**예 : IOException**)를 발생할 수 있도록 하려면 다음의 (a), (b)처럼 코드를 작성해야 한다.

```
void p1() {
   try {
     p2();
   }
   catch (IOException ex) {
     ...
   }
}
```

(a) 예외 처리

```
void p1() throws IOException {

   p2();

}
```

(b) 예외 발생

18.5.4 예외로부터 정보 획득

예외 객체는 예외에 관한 중요한 정보를 포함한다. 그림 18.4와 같이 java.lang.Throwable 클래스의 인스턴스 메소드를 이용하여 예외의 정보를 알 수 있다. printStackTrace() 메소드는 스택 정보를 콘솔에 보여주고, getStackTrace() 메소드는 printStackTrace()에 의해 표시된 스택 정보 접근을 제공한다.

java.lang.Throwable	
+getMessage(): String	객체의 메시지를 반환함
+toString(): String	세문자열의 접합을 반환함. (1) 예외 클래스의 전체 이름; (2) " : "(콜론과 공백); (3) getMessage() 메소드
+printStackTrace(): void	콘솔에 Throwable 객체와 스택 추적 정보를 출력
+getStackTrace(): StackTraceElement[]	발생될 수 있는 예외와 관련된 스택 추적을 나타내는 스택 추적 요소의 배열을 돌려줌

그림 18.4 Throwable은 모든 예외 객체의 루트 클래스이다.

리스트 18.5는 예외 정보를 표시하기 위해 Throwable의 메소드를 사용하는 예이다. 4행에서 배열의 모든 값을 더하는 sum 메소드를 호출한다. 23행에서 IndexOutOfBoundsException의 하위 클래스인 ArrayIndexOutOfBoundsException 오류를 발생한다. 이 예외는 try-catch 블록에서 처리된다. 그림 18.5처럼 7행, 8행, 9행은 printStackTrace(), getMessage(), toString() 메소드들을 사용하여 스택, 예외 메시지, 예외 객체와 메시지를 표시한다. 12행은 스택의 원소들을 배열에 넣는다. 각 원소는 메소드 호출을 나타낸다. 메소드(14행), 클래스명(15행)을 얻고 각 요소에 대한 예외 행 번호(16행)를 얻을 수 있다.

리스트 18.5 TestException.java

printStackTrace()
getMessage()
toString()

```
 1 public class TestException  {
 2   public static void main(String[] args) {
 3     try {
 4       System.out.println(sum(new int[] {1, 2, 3, 4, 5}));
 5     }
 6     catch (Exception ex) {
 7       ex.printStackTrace();
 8       System.out.println("\n" + ex.getMessage());
 9       System.out.println("\n" + ex.toString());
10
11       System.out.println("\nTrace Info Obtained from getStackTrace");
12       StackTraceElement[] traceElements = ex.getStackTrace();
13       for (int i = 0; i < traceElements.length; i++) {
14         System.out.print("method " + traceElements[i].getMethodName());
15         System.out.print("(" + traceElements[i].getClassName() + ":");
16         System.out.println(traceElements[i].getLineNumber() + ")");
17       }
18     }
19   }
20
21   private static int sum(int[] list) {
22     int result = 0;
23     for (int i = 0; i <= list.length; i++)
24       result += list[i];
25     return result;
26   }
27 }
```

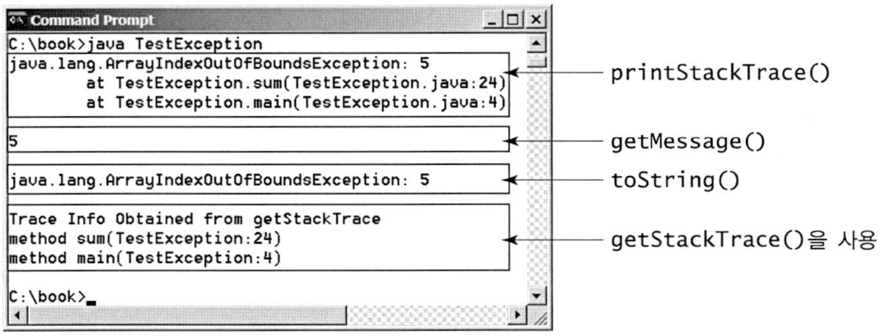

그림 18.5 예외 객체로부터 정보를 얻기 위해 printStackTrace(), getMessage(), toString(), getStack-Trace() 메소드를 사용한다.

18.5.5 예제 : 예외 선언, 발생, 처리

리스트 7.7 Circle3.java에서 setRadius 메소드를 수정하여 예외를 선언하고, 발생하고, 처리하는 것을 보여준다. 새로운 setRadius 메소드는 반지름의 값이 음수이면 예외를 발생한다.

리스트 18.6에서 CircleWithException으로 제공된 원 클래스는 인자 newRadius가 음수인 경우에 setRadius(double newRadius) 메소드가 IllegalArgumentException으로 예외를 발생하는 것을 제외하고 Circle3와 동일하다.

리스트 18.6 CircleWithException.java

```java
public class CircleWithException {
  /** The radius of the circle */
  private double radius;

  /** The number of the objects created */
  private static int numberOfObjects = 0;

  /** Construct a circle with radius 1 */
  public CircleWithException() {
    this(1.0);
  }

  /** Construct a circle with a specified radius */
  public CircleWithException(double newRadius) {
    setRadius(newRadius);
    numberOfObjects++;
  }

  /** Return radius */
  public double getRadius() {
```

```java
    return radius;
  }

  /** Set a new radius */
  public void setRadius(double newRadius)
      throws IllegalArgumentException {
    if (newRadius >= 0)
      radius =  newRadius;
    else
      throw new IllegalArgumentException(
        "Radius cannot be negative");
  }

  /** Return numberOfObjects */
  public static int getNumberOfObjects() {
    return numberOfObjects;
  }

  /** Return the area of this circle */
  public double findArea() {
    return radius * radius * 3.14159;
  }
}
```

새로운 Circle 클래스를 사용하는 테스트 프로그램은 리스트 18.7이다.

리스트 18.7 TestCircleWithException.java

try

catch

```java
public class TestCircleWithException {
  /** Main method */
  public static void main(String[] args) {
    try {
      CircleWithException c1 = new CircleWithException(5);
      CircleWithException c2 = new CircleWithException(-5);
      CircleWithException c3 = new CircleWithException(0);
    }
    catch (IllegalArgumentException ex) {
      System.out.println(ex);
    }

    System.out.println("Number of objects created: " +
      CircleWithException.getNumberOfObjects());
  }
}
```

```
java.lang.IllegalArgumentException: Radius cannot be negative
Number of objects created: 1
```

원래의 Circle3 클래스는 클래스명이 CricleWithException으로 변경되고, 신규 CircleWithException(newRadius) 생성자가 추가되고, 반지름이 음수인 경우에 setRadius 메소드가 예외를 발생한다는 것을 제외하고 모든 기능을 그대로 유지한다.

setRadius 메소드는 메소드 선언부(CircleWithException.java의 25-52행)에서 IllegalArgumentException이 발생하도록 선언한다. CircleWithException 클래스는 throws IllegalArgumentException 구문이 메소드 선언에서 제거된 경우에도 RuntimeException의 하위 클래스이고, 메소드 헤더에 선언되었는지에 관계없이 RuntimeException(체크되지 않은 예외)을 모든 메소드가 발생할 수 있으므로 여전히 컴파일될 것이다.

예외를 어떻게 처리하는지를 테스트하기 위해 테스트 프로그램은 3개의 CircleWithEx ception 객체인 c1, c2, c3를 만든다. new CircleWithException(-5)을 호출하는 것(리스트 18.7의 5행)은 반지름이 음수이므로 setRadius 메소드가 IllegalArgumentException을 발생한다. catch 블록에서 객체 ex의 형태는 setRadius 메소드에 의해 발생되는 예외 객체와 일치하는 IllegalArgumentException이다.

예외 처리기는 System.out.println(ex)를 사용해 예외에 관한 짧은 메시지를 ex.toString() (10행)으로 보여준다.

실행은 예외의 사건에서 지속된다는 것을 명심하라. 만약 처리기가 예외를 처리하지 못했나면, 프로그램은 갑자기 종료할 것이다.

테스트 프로그램은 RuntimeException의 하위 클래스인 IllegalArgumentException의 인스턴스가 발생되기 때문에 try 구문이 사용되지 않아도 컴파일된다. RuntimeException과 Error 외의 예외가 메소드에 발생하면 메소드는 try-catch 블록에서 호출되어야 한다.

NOTE

'멀티스레딩'에서 배울 것이지만, 자바는 멀티스레딩을 지원한다. 하나의 프로그램은 많은 스레드들을 가질 수 있고, 메소드들은 스레드에서 실행된다. 예외가 스레드에서 발생한다면, 예외가 처리되지 않은 경우에 스레드가 종료한다. 만약 프로그램이 하나의 스레드만 있다면 처리되지 않은 오류는 프로그램이 종료하도록 할 것이다. 만일 프로그램이 다수의 스레드를 갖는다면 처리되지 않은 예외는 예외가 발생한 스레드만 종료할 것이다. 그러나 특정 스레드는 종료한 스레드에 의존할 수 있으므로, 종료한 스레드는 나머지 프로그램에 영향을 끼칠 수 있다.

18.6 finally 구문

때때로, 어떤 코드는 예외가 발생하거나 처리되는 것에 상관없이 실행하고자 하는 경우도 있다. 자바는 이러한 목적을 위하여 finally 구문을 사용한다. finally 구문의 문법은 다음과 같다.

```
try {
  statements;
}
```

```
catch (TheException ex) {
  handling ex;
}
finally {
  finalStatements;
}
```

finally 블록에 있는 코드는 try 블록에서 예외가 발생하거나 처리되는 것에 상관없이 모든 환경에서 실행한다. 3가지 가능한 경우를 고려해 보자.

- try 블록에서 예외가 발생하지 않는다면 finalStatements를 실행하고, try 문 다음 문장을 실행한다.
- catch 블록에서 처리되는 예외가 try 블록에서 발생한다면, try 블록의 다른 문장들은 건너뛰고, catch 블록을 수행하며, finally 구문을 실행한다. catch 블록이 예외를 다시 발생하지 않는다면 try 문 다음 문장을 실행하고, 그렇지 않다면 예외는 메소드 호출자에게로 넘겨진다.
- catch 블록에서 처리할 수 없는 예외가 try 블록에서 발생하면 try 블록의 다른 문장들은 건너뛰고 finally 구문을 실행하며, 예외는 메소드 호출자에게로 넘겨진다.
- finally 블록에 도달하기 전에 return 문장이 있다고 하더라도 finally 블록을 실행한다.

> **NOTE** catch 블록은 finally 블록을 사용하면 생략될 수 있다.

finally 구문은 보통 I/O 프로그래밍에서 사용한다. 어떤 환경에서라도 파일을 안전하게 닫기 위하여 리스트 18.8처럼 finally 블록에 파일을 닫는 문장을 놓을 수 있다.

리스트 18.8 FinallyDemo.java

```
public class FinallyDemo {
  public static void main(String[] args) {
    java.io.PrintWriter output = null;

    try {
      // Create a file
      output = new java.io.PrintWriter("text.txt");

      // Write formatted output to the file
      output.println("Welcome to Java");
    }
    catch (java.io.IOException ex) {
      ex.printStackTrace();
    }
    finally {
      // Close the file
      if (output != null) output.close();
```

```
18         }
19     }
20 }
```

7행과 10행에 있는 문장은 IOException을 발생하므로 try 블록 안에 위치한다. output.close() 문은 finally 블록에서 PrintWriter 객체인 output을 닫는다. 이 문장은 try 블록에서 예외가 발생하거나 처리되는 것과 관계없이 실행한다.

18.7 예외를 사용할 때

try 블록은 보통 실행하는 코드를 포함하고, catch 블록은 예외가 발생한 경우 실행하는 코드를 포함한다. 예외 처리는 전형적인 프로그래밍 작업과 오류처리 코드를 구별하므로 프로그램을 보다 쉽게 읽고 수정하도록 한다. 그러나 예외 처리는 새로운 예외 객체를 만들고, 호출 스택으로 돌아가고, 처리기가 검색하기 위하여 호출한 연쇄적인 메소드를 통해서 예외를 전파하는 것을 요구하므로 보다 많은 시간과 자원들을 요구한다.

예외는 메소드에서 발생한다. 만약 여러분들이 호출자가 예외를 처리하길 원한다면 여러분이 직접 예외 객체를 생성하고 발생시켜야 한다. 만약 예외가 발생한 메소드에서 처리되기를 원한다면 예외를 발생시키거나 사용할 필요가 없다.

일반적으로 프로젝트의 다수 클래스에서 발생할 수 있는 보통의 예외들은 예외 클래스의 후보이다. 개별적인 메소드에서 발생할 수 있는 간단한 오류는 예외를 발생시키지 않고 지역적으로 처리하는 것이 가장 좋다.

try-catch 블록은 언제 사용해야 하는가? 예상치 못한 오류가 발생할 때 사용하고, 간단하고 예상 가능한 상황에서는 사용하지 않는다. 예를 들어 다음과 같이

```
try {
  System.out.println(refVar.toString());
}
catch (NullPointerException ex) {
  System.out.println("refVar is null");
}
```

은 다음 코드로 대체되는 것이 바람직하다.

```
if (refVar != null)
  System.out.println(refVar.toString());
else
  System.out.println("refVar is null");
```

어떤 상황이 예외적이고 예상가능한지 결정하는 것은 어렵다. 가장 중요한 것은 간단한 논리적인 테스트를 다루는 방법으로 예외를 남용하지 말라는 것이다.

18.8 예외를 다시 발생하기

자바는 처리기가 예외를 처리할 수 없거나 호출자가 예외를 단순히 통지하는 것만을 원하는 경우에 예외 처리기가 예외를 다시 발생시키도록 한다.

```
try {
  statements;
}
catch (TheException ex) {
  perform operations before exits;
  throw ex;
}
```

throw ex 문은 다른 처리기가 예외 ex를 처리할 기회를 갖도록 예외를 다시 발생시킨다.

18.9 연쇄적인 예외

앞 절에서 catch 블록은 원래의 예외를 다시 발생시킨다. 때로는 원래의 예외와 함께 신규 예외(부가적인 정보와 함께)를 발생시킬 필요가 있다. 이것을 **연쇄적인 예외**라 하고, 리스트 18.9가 연쇄적인 예외를 어떻게 생성하고 발생시키는지 보여준다.

리스트 18.9 ChainedExceptionDemo.java

```
public class ChainedExceptionDemo {
  public static void main(String[] args) {
    try {
      method1();
    }
    catch (Exception ex) {
      ex.printStackTrace();
    }
  }

  public static void method1() throws Exception {
    try {
      method2();
    }
    catch (Exception ex) {
      throw new Exception("New info from method1", ex);
    }
  }

  public static void method2() throws Exception {
    throw new Exception("New info from method2");
  }
}
```

```
java.lang.Exception: New info from method1
        at ChainedExceptionDemo.method1(ChainedExceptionDemo.java:16)
        at ChainedExceptionDemo.main(ChainedExceptionDemo.java:4)
Caused by: java.lang.Exception: New info from method2
        at ChainedExceptionDemo.method2(ChainedExceptionDemo.java:21)
        at ChainedExceptionDemo.method1(ChainedExceptionDemo.java:13)
        ... 1 more
```

main 메소드가 method1(4행)을 호출하고, method1이 method2(13행)를 호출하고, method2가 예외(21행)를 발생한다. 이 예외는 method1의 catch 블록에서 잡히고, 16행에서 새로운 예외로 만들어진다. 새로운 예외가 발생되고 4행의 main 메소드에 있는 catch 블록에서 처리된다. 예제 출력은 7행에 있는 printStackTrace() 메소드로부터 출력을 보여준다. method1으로부터 발생된 새로운 예외가 먼저 보여지고 method2로부터 발생된 원래의 예외가 그 다음에 보여진다.

18.10 사용자정의 예외 클래스 생성

자바는 많지 않은 예외 클래스를 제공한다. 예외 클래스를 생성하는 것보다 가능하다면 제공하는 예외 클래스를 사용하는 것이 바람직하지만, 앞에서 정의한 예외 클래스로 처리할 수 없는 문제점이 있다면 Exception이나 IOException과 같이 Exception의 하위 클래스로부터 유도하여 사용자정의 예외 클래스를 생성할 수 있다.

리스트 18.6은 반지름이 음수일 때 setRadius 메소드가 예외를 발생한다. 처리기에 반지름을 넘겨준다고 가정하면, 리스트 18.10에서 보여진 것처럼 사용자정의 예외 클래스를 생성할 수 있다.

리스트 18.10 InvalidRadiusException.java

```java
public class InvalidRadiusException extends Exception {
  private double radius;

  /** Construct an exception */
  public InvalidRadiusException(double radius) {
    super("Invalid radius " + radius);
    this.radius = radius;
  }

  /** Return the radius */
  public double getRadius() {
    return radius;
  }
}
```

사용자 예외 클래스는 java.lang.Exception(1행)에서 상속받는다. Exception 클래스는 java.lang.Throwable에서 상속받는다. Exception에 있는 모든 메소드(예 : getMessage(), toString(), printStackTrace())는 Throwable로부터 상속받는다. Exception 클래스는 4개의 생성자를 포함하고, 그 중에서 2개가 자주 사용된다.

java.lang.Exception	
+Exception()	메시지 없이 예외를 생성한다.
+Exception(message: String)	특정 메시지로 예외를 생성한다.

6행은 메시지와 함께 상위 클래스의 생성자를 호출한다. 이 메시지는 예외 객체로 설정되고, 객체에서 getMessage()를 호출함으로써 얻어질 수 있다.

TIP

자바 API의 대부분 예외 클래스는, 인자 없는 생성자와 메시지 매개변수가 있는 생성자, 2개의 생성자를 갖는다.

InvalidRadiusException을 생성하기 위해 반지름을 넘겨주어야 한다. 리스트 18.6에 있는 setRadius 메소드를 다음과 같이 수정한다.

```
/** Set a new radius */
public void setRadius(double newRadius)
    throws InvalidRadiusException {
  if (newRadius >= 0)
    radius =  newRadius;
  else
    throw new InvalidRadiusException(newRadius);
}
```

다음 코드는 원 객체를 생성하고 반지름을 −5로 설정한다.

```
try {
  CircleWithException1 c = new CircleWithException1(4);
  c.setRadius(-5);
}
catch (InvalidRadiusException ex  {
  System.out.println("The invalid radius is " + ex.getRadius());
}
```

setRadius(−5)를 호출하는 것은 처리기에 의해서 처리된 InvalidRadiusException을 발생한다. 처리기는 예외 객체인 ex에 반지름을 표시한다.

> **TIP**
> RuntimeException을 확장시켜 사용자 예외 클래스를 선언할 수 있는가? 가능하나 사용자 예외 클래스를 체크되지 않는 것으로 만들기 때문에 좋은 방법은 아니다. 컴파일러가 이러한 예외들을 프로그램에서 처리될 수 있도록 사용자정의 예외를 체크되는 것으로 만드는 것이 좋은 방법이다.

주요 용어

- 연쇄적인 예외
- 예외 전파
- 예외
- 예외 발생
- 예외 선언
- 체크되지 않는 예외
- 체크된 예외

요약

- 예외가 발생하면, 자바는 예외의 정보를 포함하는 객체를 생성한다. 이 정보는 예외를 처리하는데 사용한다.
- 자바 예외는 java.lang.Throwable로부터 파생하는 클래스의 인스턴스이다. 자바는 Error, Exception, RuntimeException, ClassNotFoundException, NullPointerException, ArithmeticException과 같은 미리 정의된 많은 예외 클래스를 제공한다. Exception으로부터 확장시킨 사용자 예외 클래스도 정의할 수 있다.
- 예외는 메소드 실행중에 발생한다. RuntimeException과 Error는 체크되지 않는 예외이고, 다른 모든 예외는 체크되는 것이다.
- 메소드를 선언할 때 메소드가 발생할 수 있는 체크되는 예외를 선언해야 한다.
- 예외를 선언하는 키워드는 throws이고, 예외를 발생시키는 키워드는 throw이다.
- 체크되는 예외를 선언한 메소드를 호출하면 try 구문에 메소드 호출이 있어야 한다. 예외가 메소드를 실행하는 동안 발생하면 catch 블록이 예외를 잡아서 처리한다.
- 예외가 현재 메소드에서 잡혀지지 않으면 호출자에게 넘겨진다. 예외가 잡혀지거나 main 메소드에 넘겨질 때까지 이 과정을 반복한다.
- 다양한 예외 클래스들은 공통의 상위 클래스로부터 파생될 수 있다. catch 블록이 상위 클래스의 예외 객체를 잡으면, 하위 클래스의 모든 예외 객체를 잡을 수 있다.

- catch 블록에 표시하는 예외의 순서는 중요하다. 상위 클래스의 예외 객체 앞에 해당 클래스의 예외 객체를 명시하지 않는다면 컴파일 오류가 발생할 것이다.
- 메소드에서 예외가 발생할 때 예외를 처리하지 못하면 메소드는 바로 종료한다. 메소드가 종료하기 전에 어떠한 작업을 수행해야 한다면 메소드에서 예외를 잡아서 처리기에게 다시 발생시킬 수 있다.
- finally 블록에 있는 코드는 예외가 try 블록에서 발생하거나 처리되는 것에 상관없이 모든 환경에서 실행된다.
- 예외 처리는 프로그램을 쉽게 읽고 수정하도록 보통 프로그램의 작업으로부터 에러 처리기 코드를 나눠준다.
- 예외 처리는 간단한 테스트를 대체하는데는 사용되지 않는다. 가능한 한 간단한 예외는 테스트하고, if 문장으로 처리될 수 없는 상황을 다루기 위해 예외 처리를 사용해야 한다.

복습문제

18.1–18.13절

18.1 자바의 Throwable 클래스와 그것의 하위 클래스, 그리고 예외 타입을 설명하라. 어느 프로그램에서 RuntimeException이 발생할 것인가?

```java
public class Test {
  public static void main(String[] args) {
    System.out.println(1 / 0);
  }
}
```

(a)

```java
public class Test {
  public static void main(String[] args) {
    int[] list = new int[5];
    System.out.println(list[5]);
  }
}
```

(b)

```java
public class Test {
  public static void main(String[] args) {
    String s = "abc";
    System.out.println(s.charAt(3));
  }
}
```

(c)

```java
public class Test {
  public static void main(String[] args) {
    Object o = new Object();
    String d = (String)o;
  }
}
```

(d)

```java
public class Test {
  public static void main(String[] args) {
    Object o = null;
    System.out.println(o.toString());
  }
}
```

(e)

```java
public class Test {
  public static void main(String[] args) {
    System.out.println(1.0 / 0);
  }
}
```

(f)

18.2 다음 코드의 결과를 나타내라.

```
public class Test {
  public static void main(String[] args) {
    for (int i = 0; i < 2; i++) {
      System.out.print(i + " ");
      try {
        System.out.println(1 / 0);
      }
      catch (Exception ex) {
      }
    }
  }
}
```

(a)

```
public class Test {
  public static void main(String[] args) {
    try {
      for (int i = 0; i < 2; i++) {
        System.out.print(i + " ");
        System.out.println(1 / 0);
      }
    }
    catch (Exception ex) {
    }
  }
}
```

(b)

18.3 다음 코드의 문제점을 찾아내라. 어떠한 예외도 발생하지 않는가?

```
long value = Long.MAX_VALUE + 1;
System.out.println(value);
```

18.4 예외를 선언하는 목적이 무엇인가? 예외를 어떻게, 어느 곳에 선언하는가? 하나의 메소드 선언에 여러 개의 예외를 선언할 수 있는가?

18.5 체크되는 예외와 체크되지 않는 예외가 무엇인가?

18.6 예외가 어떻게 발생하는가? 하나의 throw 문으로 여러 개의 예외를 발생시킬 수 있는가?

18.7 throw 키워드와 throws 키워드는 무엇을 위해 사용하는가?

18.8 예외가 발생하면 JVM은 무엇을 하는가? 예외를 어떻게 처리하는가?

18.9 다음 코드의 결과는 무엇인가?

```
public class Test {
  public static void main(String[] args) {
    try {
      int value = 30;
      if (value < 40)
        throw new Exception("value is too small");
    }
    catch (Exception ex) {
      System.out.println(ex.getMessage());
    }
    System.out.println("Continue after the catch block");
  }
}
```

만약 int value=30;행이 int value=50;으로 변경되면 결과는 무엇인가?

18.10 statement2가 try-catch 블록에서 예외가 발생한다고 가정하자.

```
try {
  statement1;
  statement2;
  statement3;
}
catch (Exception1 ex1) {
}
catch (Exception2 ex2) {
}

statement4;
```

다음 질문에 답하라.

- statement3가 실행되는가?
- 예외가 처리되지 않는다면 statement4가 실행되는가?
- 예외가 catch 블록에서 처리되었다면 statement4가 실행될 것인가?
- 예외가 호출자에게 전해진다면 statement5가 실행될 것인가?

18.11 다음 프로그램이 실행되면 무엇이 출력되는가?

```
public class Test {
  public static void main(String[] args) {
    try {
      int[] list = new int[10];
      System.out.println("list[10] is " + list[10]);
    }
    catch (ArithmeticException ex) {
      System.out.println("ArithmeticException");
    }
    catch (RuntimeException ex) {
      System.out.println("RuntimeException");
    }
    catch (Exception ex) {
      System.out.println("Exception");
    }
  }
}
```

18.12 다음 프로그램이 실행되면 무엇이 출력되는가?

```
public class Test {
  public static void main(String[] args) {
    try {
      method();
      System.out.println("After the method call");
    }
    catch (ArithmeticException ex) {
      System.out.println("ArithmeticException");
    }
    catch (RuntimeException ex) {
      System.out.println("RuntimeException");
    }
    catch (Exception e) {
      System.out.println("Exception");
    }
  }

  static void method() throws Exception {
    System.out.println(1 / 0);
  }
}
```

18.13 다음 프로그램이 실행되면 무엇이 출력되는가?

```
public class Test {
  public static void main(String[] args) {
    try {
      method();
      System.out.println("After the method call");
    }
    catch (RuntimeException ex) {
      System.out.println("RuntimeException in main");
    }
    catch (Exception ex) {
      System.out.println("Exception in main");
    }
  }

  static void method() throws Exception {
    try {
      String s ="abc";
      System.out.println(s.charAt(3));
    }
    catch (RuntimeException ex) {
      System.out.println("RuntimeException in method()");
    }
    catch (Exception ex) {
      System.out.println("Exception in method()");
    }
  }
}
```

18.14 만일 예외가 GUI가 아닌 응용 프로그램에서 처리되지 않는다면 무슨 일이 발생하는가? 만일 예외가 GUI 응용 프로그램에서 처리되지 않는다면 무슨 일이 발생하는가?

18.15 printStackTrace 메소드는 무엇을 하는가?

18.16 try-catch 블록의 존재가 예외가 발생하지 않은 경우에는 오버헤드를 부과하는가?

18.17 다음 코드의 컴파일 오류를 수정하시오.

```
public void m(int value) {
  if (value < 40)
    throw new Exception("value is too small");
}
```

18.4-18.7절

18.18 statement2가 예외를 발생한다고 가정하자.

```
try {
  statement1;
  statement2;
  statement3;
}
catch (Exception1 ex1) {
}
catch (Exception2 ex2) {
}
catch (Exception3 ex3) {
  throw ex3;
}
finally {
  statement4;
};
statement5;
```

다음 질문에 답하라.

- 예외가 처리되지 않는다면 statement5가 실행되는가?
- 예외가 Exception3 타입이라면 statement4가 실행되고, statement5가 실행될 것인가?

18.19 setRadius 메소드가 18.7절에서 정의한 RadiusException을 발생한다고 가정하자. 다음 프로그램이 실행되면 무엇이 출력되는가?

```
public class Test {
  public static void main(String[] args) {
    try {
      method();
      System.out.println("After the method call");
    }
    catch (RuntimeException ex) {
      System.out.println("RuntimeException in main");
    }
    catch (Exception ex) {
      System.out.println("Exception in main");
    }
  }
  static void method() throws Exception {
    try {
      Circle c1 = new Circle(1);
      c1.setRadius(-1);
      System.out.println(c1.getRadius());
    }
    catch (RuntimeException ex) {
      System.out.println("RuntimeException in method()");
    }
    catch (Exception ex) {
      System.out.println("Exception in method()");
      throw ex;
    }
  }
}
```

18.20 다음 메소드는 문자열이 숫자 문자열인지를 조사한다.

```
public static boolean isNumeric(String token) {
  try {
    Double.parseDouble(token);
    return true;
  }
  catch (java.lang.NumberFormatException ex) {
    return false;
  }
}
```

위 코드가 맞는가? 예외 없이 다시 작성하라.

프로그래밍 연습

18.2–18.4절

18.1* (NumberFormatException) 리스트 8.4는 간단한 계산기 프로그램이다. 만약 피연산자가 숫자가 아니면 프로그램을 종료한다. 숫자가 아닌 피연산자를 다루는 예외 처리기로 프로그램을 작성하고, 예외 처리기를 사용함이 없이 동일한 목적을 행하는 다른 프로그램을 작성하라. 프로그램은 종료하기 전에 잘못된 연산자의 형태를 사용자에게 메시지로 표시할 것이다(그림 18.6).

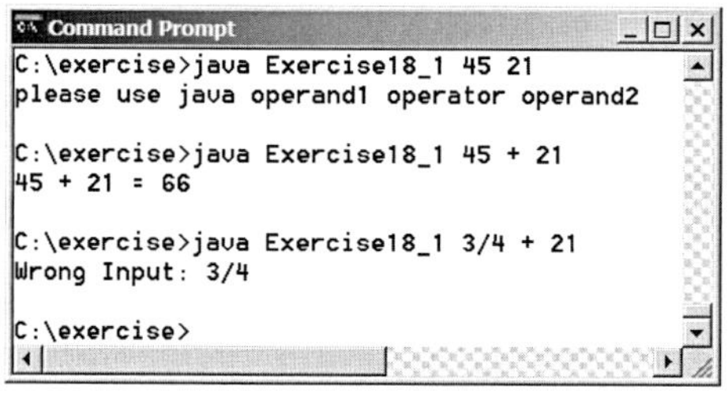

그림 18.6 숫자 연산을 행하고 입력 오류를 탐지하는 프로그램

18.2* (ArithmeticException과 NumberFormatException) 그림 18.7과 같이 정수 나눗셈을 행하는 사용자 인터페이스를 만들어라. 사용자는 텍스트 필드 Number1과 Number2에 숫자를 입력한다. Divide 버튼을 클릭하면 Number1과 Number 2의 나눗셈 결과가 Result 필드에 표시된다. 만일 Number1이나 Number2의 값이 정수가 아니면, 프로그램은 NumberFormatException을 발생한다. Number2의 값이 0이면, 프로그램은 ArthmeticException을 발생한다. 그림 18.7과 같이 메시지 대화상자에 예외를 표시한다.

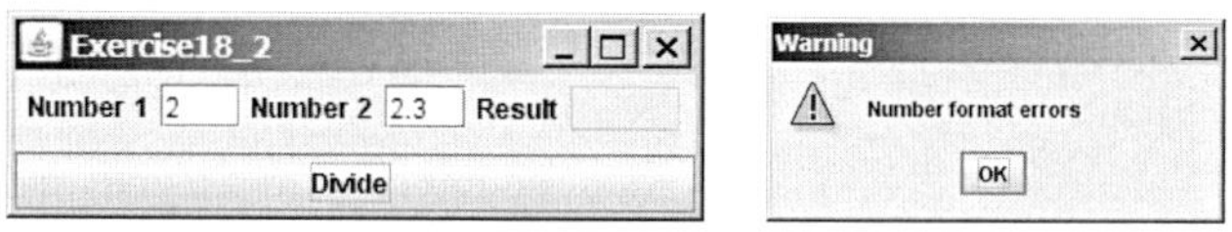

그림 18.7 적절한 숫자가 입력되지 않으면 대화상자에 오류 메시지가 표시된다.

18.3* (ArrayIndexOutBoundsException) 다음 조건을 만족하는 프로그램을 작성하라.

- 무작위로 선택된 100개의 정수를 갖는 배열을 생성하라.
- 배열 첨자를 입력하는 텍스트 필드와 특정 첨자에 있는 배열 원소를 표시하는 텍스트 필드를 생성하라(그림 18.8).

• 배열 원소가 표시되도록 Show Element 버튼을 생성하라. 명시한 인덱스가 배열의 크기를 초과하는 경우에 Out of Bound라는 메시지를 표시한다.

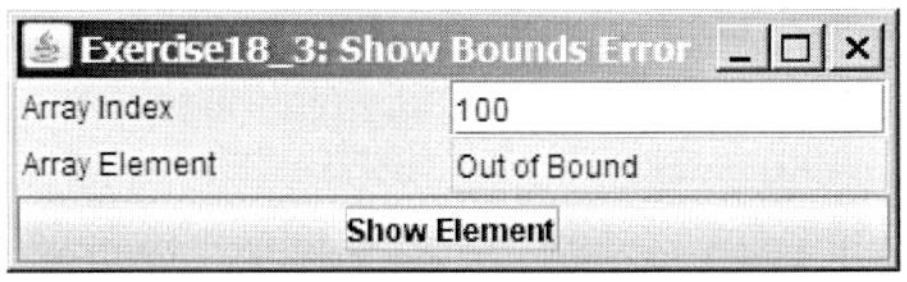

그림 18.8 명시한 인덱스의 원소를 표시하거나 인덱스가 범위를 초과하는 경우 Out of Bound라는 메시지를 표시하는 프로그램

18.4* (IllegalArgumentException) 리스트 9.2의 Loan 클래스를 수정하여 대부금의 총액, 이자율, 그리고 기간(년도)이 0보다 작거나 같으면 IllegalArgumentException이 발생하도록 하라.

18.5* (ArraySizeException) 2개의 정수 배열의 합을 돌려주는 메소드를 작성하라. 입력 배열의 크기가 다르면 ArraySizeException이라는 사용자 예외를 발생한다. 예외의 객체에 2개 배열의 크기를 포함한다.

18.6* (NumberFormatException) 프로그래밍 연습 8.7은 16진수 문자열을 10진수 숫자로 변환하는 parseHex(String hexString)을 보여준다. 문자열이 16진수 문자열이 아닌 경우 parseHex 메소드가 NumberFormatException을 발생하도록 하라.

18.7* (NumberFormatException) 프로그래밍 연습 8.8은 2진수 문자열을 10진수 숫자로 변환하는 parseBinary(String binaryString)을 보여준다. 문자열이 2진수가 아닌 경우 parseBinary 메소드가 NumberFormatException을 발생하도록 하라.

18.8* (HexFormatException) 프로그래밍 연습 18.6은 문자열이 16진수 문자열이 아닌 경우 parseHex 메소드가 NumberFormatException을 발생하도록 한다. HexFormatException이라는 사용자 예외를 만들어라. 16진수 문자열이 아닌 경우 parseHex 메소드가 HexFormatException을 발생하도록 구현하라.

18.9* (BinaryFormatException) 프로그래밍 연습 18.7은 문자열이 2진수 문자열이 아닌 경우 parseBinary 메소드가 NumberFormatException을 발생하도록 한다. BinaryFormatException이라는 사용자 예외를 만들어라. 2진수 문자열이 아닌 경우 parseBinary 메소드가 BinaryFormatException을 발생하도록 구현하라.

CHAPTER 19

이진 I/O

- 자바에서 어떻게 입출력 과정이 이루어지는가를 이해한다(§19.2).
- 텍스트 입출력과 이진 입출력의 차이점에 대해 이해한다(§19.3).
- FileInputStream과 FileOutputStream을 이용해 바이트를 읽고 기록한다(§19.4.1).
- FilterInputStream과 FilterOutputStream을 이용해 자료를 필터링한다(§19.4.2).
- DataInputStream과 DataOutputStream을 이용해 기본 자료 값과 문자열을 읽고 기록한다(§19.4.3).
- ObjectOutputStream과 ObjectInputStream을 이용해 객체를 저장하고 복원한다. 그리고 객체가 어떻게 직렬화(serialized)되는지에 대해 이해한다(§19.6).
- 객체를 직렬화하기 위한 Serializable 인터페이스를 구현한다(§19.6.1).
- 배열을 직렬화한다(§19.6.2).
- RandomAccessFile을 이용해 파일을 읽고 기록한다(§19.7).

19.1 서론

텍스트 파일
이진 파일

일반적으로 텍스트 파일에 있는 자료들은 사람들이 읽을 수 있는 형태로 저장되지만 이진 파일(binary file)의 경우는 이진 형태로 저장되고, 사람이 아닌 프로그램에서 그 내용을 읽기 위한 저장 형식이다. 예를 들어, 자바 소스 코드는 텍스트 파일로 저장되고 이는 텍스트 편집기를 이용하여 그 내용을 읽을 수 있지만 자바 클래스는 이진 파일로 저장되며 이는 JVM에 의해 읽혀진다. 이진 파일을 사용하는 이유는 텍스트 파일보다 효율적인 처리가 가능하기 때문이다.

기술적으로 정확한 비유는 아니지만 텍스트 파일은 일련의 문자들로 구성된 형태를 말하고 이진 파일은 일련의 비트들로 구성되었다고 생각해도 무방하다.

예들 들어, 십진수 199는 텍스트 파일의 경우 '1', '9', '9'라고 하는 3개의 문자로 저장되지만 이진 파일의 경우에는 199에 해당되는 11000111의 이진수 값으로 저장된다.

텍스트 I/O
이진 I/O

자바 언어는 파일의 입출력을 담당하는 다양한 클래스들을 제공하고 있으며 크게 **텍스트 I/O 클래스**와 **이진 I/O 클래스**들로 나누어진다. 우리는 이미 8.7절에서 Scanner과 PrintWriter를 통해 문자열과 숫자들을 텍스트 파일에 입력하고 출력하는 방법을 학습하였다.

따라서 본 절에서는 이진과 관련된 입출력을 다루는 방법에 대해 소개하고자 한다.

19.2 입출력이 어떻게 처리되는가?

8장에서 배운 File 클래스는 파일 혹은 경로(path)에 관한 속성 등을 표현하기 위해 사용되지만 실제로 그 파일에 어떤 내용을 기록하거나 읽기 위한 메소드는 제공하지 않고 있다. 이와 같은 입출력(I/O) 작업을 하기 위해서는 자바의 I/O 클래스들을 사용하여 입출력을 수행하는 객체를 생성하여야 한다. 예를 들어, temp.txt라고 하는 파일에 문자를 기록하기 위해서는 PrintWriter 클래스를 사용하여 다음과 같이 우선 객체를 생성해주어야 한다.

```
PrintWriter output = new PrintWriter("temp.txt");
```

그러고 나서 해당 파일에 "Java 101"과 같은 문자를 쓰기 위해서는 output.print("Java 101");과 같이 print() 메소드를 사용하면 된다. output.close();는 파일을 닫는다.

다양한 목적에 맞게 수많은 I/O 클래스들이 존재하며, 이들 I/O 클래스들은 입력을 위한 입력 클래스와 출력을 위한 출력 클래스들로 나누어진다. 한 예로 Scanner는 입력 클래스이고 PrintWriter는 출력 클래스이다.

다음 문장은 temp.txt 파일에 대한 입력 객체를 생성하고 그 파일로부터 자료를 읽기 위한 문장이다.

```
Scanner input = new Scanner(new File("temp.txt"));
System.out.println(input.nextLine());
```

만약 temp.txt 파일에 "java 101"이 저장되었다면, input.nextLine()에 의해 "java 101"이 읽혀질 것이다.

그림 19.1은 I/O 프로그래밍의 개략적인 개념을 보여주고 있다. 입력 객체는 파일로부터 일련의 데이터(stream of data)를 읽어오며, 출력 객체는 일련의 데이터를 파일에 기록한다. 이러한 이유에서 입력 객체를 **입력 스트림**(input stream), 출력 객체를 **출력 스트림**(output stream)이라고도 부른다. 입력 스트림 출력 스트림

참고로 입출력의 기준은 자바 프로그램을 기준으로 하며, 자바 프로그램으로부터 파일 쪽은 출력이 되는 것이고, 파일로부터 자바프로그램으로 읽어오는 것은 입력이 되는 것이다.

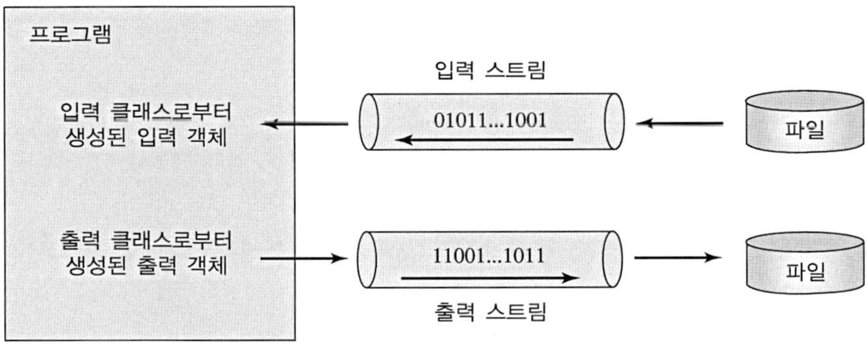

그림 19.1 입출력 스트림을 통한 자료 읽고 쓰기

19.3 텍스트 I/O와 이진 I/O

사실 모든 파일은 그 종류에 상관없이 이진 형태로 그 내용이 저장되기 때문에 컴퓨터는 텍스트 파일과 이진 파일을 구별하지 못한다.

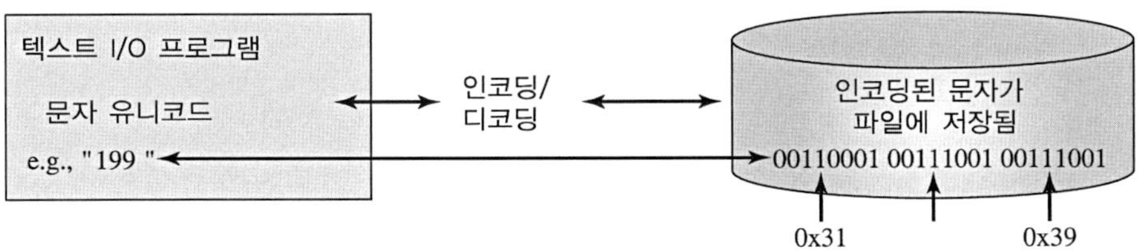

(a)

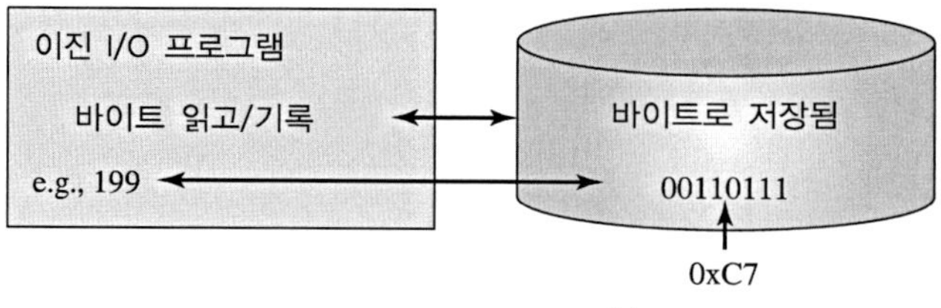

그림 19.2 텍스트 I/O와 이진 I/O

다만 텍스트 I/O는 그림 19.2(a)에서 보는 것처럼 이진 I/O에 기반을 두고 각 문자들을 이진 형태로 인코딩하거나 이진 형태 값을 해당 문자로 디코딩하는 기능을 수행하는 것이다.

예를 들어, 텍스트 I/O를 사용하여 문자열 199을 파일에 기록할 경우 199를 구성하고 있는 각 문자에 대한 유니코드 값이 파일에 기록되게 된다. 가령, 문자 1은 유니코드로 0x0031이고 9는 0x0039이기 때문에 그림 19.2(a)와 같이 값이 파일에 저장되게 된다(0x는 16진수를 표시하기 위한 접두어이다).

추가 유니코드

> **NOTE** JDK 1.5는 추가 유니코드를 제공하지만 본 책에서는 0부터 FFFF까지의 유니코드만을 취급한다.

이 때 현재 컴퓨터에서 사용되는 문자는 시스템의 기본 인코딩에 맞게 인코딩되어 파일에 저장된다. 가령, 윈도우에서 국가별 영역을 한국어로 설정하고 텍스트 입력을 하면 파일 내용은 해당 문자의 유니코드를 KSC5601에 따라 인코딩되어 저장된다. 또 반대로 이렇게 저장된 내용을 읽을 때는 KSC5601로 인코딩된 내용을 유니코드로 변환하면서 읽어오게 된다.

참고로 한글 인코딩은 KSC5601이나 EUC-KR이라는 것을 주로 사용한다.

이와는 달리 이진I/O는 변환 과정을 거치지 않기 때문에 그림 19.2(b)처럼 199의 해당되는 이진값인 11000111가 그대로 파일에 기록되거나 읽혀지게 된다. 참고로 11000111를 16진수로 표현하면 0xC7이다.

일반적으로, 텍스트를 출력하는 프로그램이나 텍스트 편집기로 만들어진 파일을 읽기 위해서는 텍스트 입력을 사용하고, 이진 출력하는 자바 프로그램으로 만들어진 파일을 읽기 위해서는 이진 입력을 사용한다.

이진 I/O가 텍스트 I/O보다 효율적인 이유 중 하나가 바로 이런 변환 과정이 없기 때문이며 또 이진 파일은 encoding 체계에 독립적이므로 어떤 문자 체계에서도 동일하게 표현된다는 점이다.

이 점이 바로 자바 클래스가 이진 파일로 만들어지는 이유이기도 하다.

.txt
.dat

> **NOTE** 일관성을 유지하기 위해 본 책에서는 확장자가 .txt이면 텍스트 파일이고 .dat이면 이진 파일이다.

19.4 이진 I/O 클래스

그림 19.3은 이진 I/O를 수행할 수 있는 자바의 몇몇 클래스들을 보여주고 있다. 그림에서처럼 InputStream이 입력을 위한 상위 클래스이고, OutputStream이 출력을 위한 상위 클래스이다. 그림 19.4와 그림 19.5는 이 두 클래스에서 제공하는 모든 메소드들을 보여주고 있다.

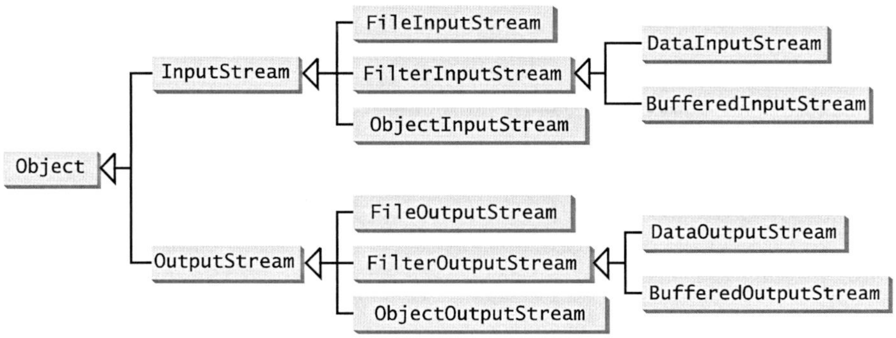

그림 19.3 이진 I/O를 위한 InputStream과 OutputStream 그리고 하위 클래스들

java.io.InputStream	
+read(): int	입력 스트림으로부터 다음 1바이트를 읽어옴. 읽어들인 바이트 값을 0에서 255 사이의 정수 값으로서 반환. 스트림의 끝에 도달해서 더 이상 읽어올 값이 없으면 –1을 반환함
+read(b: byte[]): int	입력 스트림으로부터 b.length만큼 읽어서 이를 배열 b에 저장하고 실제로 읽어온 바이트 개수를 반환함, 더 이상 읽어올 값이 없으면 –1을 반환함
+read(b: byte[], off: int, len: int): int	읽어서 b[off], b[off+1], . . . , b[off+len–1]에 저장하고 실제로 읽어온 바이트 개수를 반환함, 더 이상 읽어올 값이 없으면 –1을 반환함
+available(): int	입력 스트림으로부터 읽을 수 있는 바이트의 개수를 반환
+close(): void	입력 스트림을 닫음, 시스템 자원을 반납
+skip(n: long): long	입력 스트림으로부터 n개의 byte를 무시하고 넘어감, 실제 무시하고 넘어간 바이트 개수를 반환
+markSupported(): boolean	해당 입력 스트림이 mark, reset 메소드를 지원하는가를 검사하는 메소드
+mark(readlimit: int): void	현재 위치를 표시(mark)하는 메소드
+reset(): void	마지막으로 mark() 메소드가 호출된 지점으로 다시 지정하기 위한 메소드

그림 19.4 추상 InputStream 클래스와 메소드

java.io.OutputStream	
+write(int b): void	한 바이트를 출력 스트림에 출력한다.
+write(b: byte[]): void	배열 b의 내용을 출력한다.
+write(b: byte[], off: int, len: int): void	배열 b[off]에서부터 len개의 내용을 출력 스트림에 출력한다.
+close(): void	스트림을 닫는다.
+flush(): void	버퍼 내용을 모두 출력한다.

그림 19.5 추상 OutputStream 클래스와 메소드

> **NOTE** 자바의 모든 이진 I/O 클래스의 메소드들은 반드시 java.io.IOException이나 이 클래스의 하위 클래스에서 정의된 예외를 던져(throw)야 한다.

19.4.1 FileInputStream/FileOutputStream

FileInputStream/FileOutputStream은 파일 내용을 바이트 스트림(이진 형태)으로 읽거나 출력할 때 사용하는 클래스이다. 당연히 이 클래스들의 메소드들은 상위 클래스인 InputStream과 OutputStream으로부터 상속을 받으며 새로 소개된 메소드는 존재하지 않는다. FileIputStream을 생성하기 위해서는 그림 19.6과 같이 해당 생성자를 이용한다.

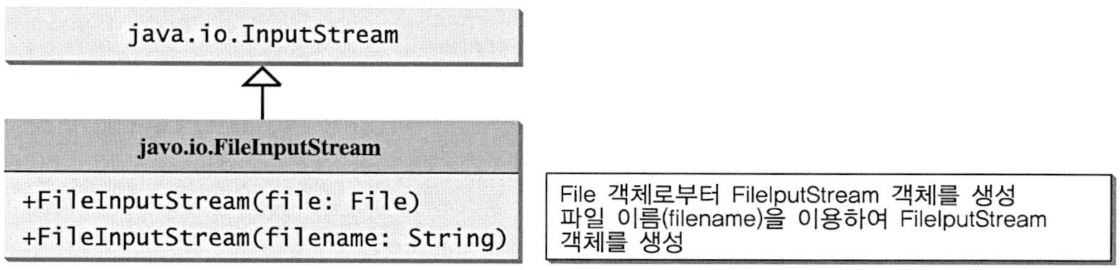

그림 19.6 FileInputStream

만약 존재하지 않는 파일을 가지고 FileIputStream 객체를 생성하고자 하면 java.io.FileNotFoundException이 발생한다.

마찬가지로 FileOutputStream 객체를 생성하기 위한 생성자는 그림 19.7과 같다.

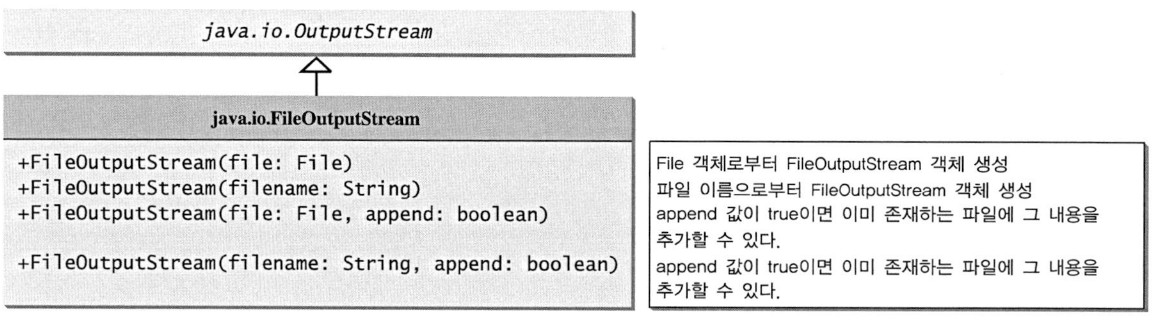

그림 19.7 FileOutputStream 클래스

FileOutputStream의 경우 해당 파일이 존재하지 않으면 새로 파일을 생성하며 만약 이미 해당 파일이 존재하면 그림 19.7에서 첫 번째 두 번째 생성자의 경우는 파일의 내용을 지워버리므로 새로운 내용을 추가하기 위해서는 세 번째 네 번째 생성자의 append 값을 true로 설정해 주면 된다.

I/O관련 클래스의 거의 모든 메소드들이 java.io.IOException을 던지므로 다음과 같이 입출력을 수행하는 메소드 안에서 java.io.IOException이 발생할 수 있음을 throws를 사용하여 명시하든가 아니면 직접 해당 예외를 처리하는 try-catch 구문이 존재해야 한다.

```java
public static void main(String[] args)
    throws IOException {
  // Perform I/O operations
}
```

```java
public static void main(String[] args) {
  try {
    // Perform I/O operations
  }
  catch (IOException ex) {
    ex.printStackTrace();
  }
}
```

리스트 19.1은 temp.dat 파일에 1부터 10까지 이진값(바이트)을 출력하고 입력하는 예이다.

리스트 19.1 TestFileStream.java

```java
import java.io.*;

public class TestFileStream {
  public static void main(String[] args) throws IOException {
    // Create an output stream to the file
    FileOutputStream output = new FileOutputStream("temp.dat");

    // Output values to the file
    for (int i = 1; i <= 10; i++)
      output.write(i);

    // Close the output stream
    output.close();

    // Create an input stream for the file
    FileInputStream input = new FileInputStream("temp.dat");

    // Read values from the file
    int value;
    while ((value = input.read() ) != -1)
      System.out.print(value + " ");

    // Close the output stream
    input.close();
  }
}
```

```
1 2 3 4 5 6 7 8 9 10
```

여기서 write(i)는 write((byte)i)와 동일한 의미를 갖는다. 한편, 입력 시(파일로부터 값을 읽어오는 경우) 파일의 끝까지 읽어야 하므로 read()의 반환값이 -1인가를 while 문에서 체크하고 있다.

리스트 19.1에서 생성한 파일은 이진 파일이며, 이 사실을 확인하기 위해 생성된 파일 temp.dat를 임의의 텍스트 편집기로 열어보면 그림 19.8과 같은 결과를 확인할 수 있다.

이진 데이터

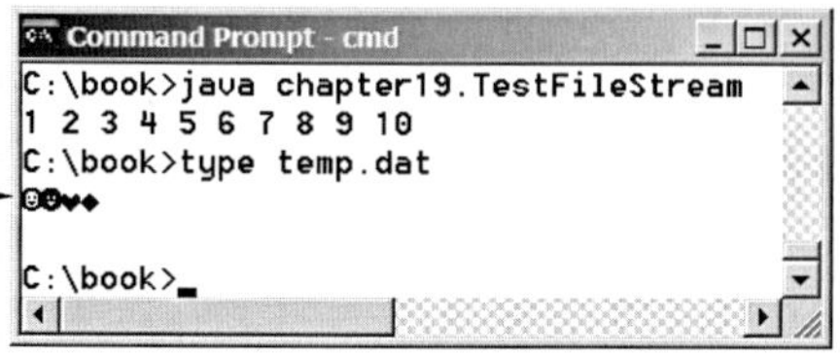

그림 19.8 이진 파일의 내용은 텍스트 모드에서 제대로 볼 수 없다.

TIP

스트림이 더 이상 필요없을 때는 close()로 항상 닫아놓자. 그렇지 않으면 간혹 출력 파일의 자료가 손상되는 경우가 발생할 수 있다.

NOTE

파일에 대한 루트 디렉토리는 클래스패스(classpath) 디렉토리이다. 예를 들어, 이 책에서 루트 디렉토리는 c:₩book이다. 따라서 temp.dat 파일은 c:₩book에 존재한다. 만약 파일위치를 다른 곳으로 바꾸고 싶다면 6행의 문장을

```
FileOutputStream output =
  new FileOutputStream("directory/temp.dat");
```

로 바꾸면 된다.

NOTE

FileInputStream의 인스턴스는 Scanner 생성자의 인자로서 사용될 수 있다. 그리고 FileOutputStream의 인스턴스는 PrintWriter 생성자의 인자로서 사용될 수 있다. 다음의 문장을 통해 텍스트를 파일에 추가하는 PrinterWriter를 생성할 수 있다.

```
new PrintWriter(new FileOutputStream("temp.txt", true));
```

만약 temp.txt가 존재하지 않는다면 생성되고 이미 존재한다면 새로운 데이터가 temp.txt에 추가된다.

19.4.2 FilterInputStream/FilterOutputStream

기존의 입출력을 제어하거나 데이터를 걸러서 자신이 원하는 데이터만을 스트림할 수가 있는데, 이를 필터링이라 하며 이런 기능을 제공해주는 스트림을 **필터 스트림**이라 한다. 예를 들어, 필터 클래스를 사용하여 파일로부터 문자나 바이트를 읽어오는 대신 정수, 실수 혹은 문자열 등을 읽을 수가 있다. FilterInputStream과 FilterOutputStream은 데이터를 필터링하기 위한 기본 클래스이며 바이트를 필터링하여 기본 자료형의 값으로 처리하기 위해서는 DataInputStream과 DataOutputStream 클래스를 사용해야 한다.

19.4.3 DataInputStream/DataOutputStream

DataInputStream은 스트림으로부터 바이트를 읽고 이를 기본형의 값(primitive type value)이나 문자열로 변환시켜주는 기능을 갖는 클래스이며, DataOutputStream은 반대로 기본형의 값이나 문자열을 바이트로 변환 후 이를 스트림에 출력하기 위한 클래스이다.

만약 이러한 기능이 제공되지 않는다면 정수값을 읽기 위해 4바이트를 읽어 이를 다시 int 형으로 변경해야 하는 번거로움이 수반될 것이다.

DataInputStream은 그림 19.9에서처럼 FilterInputSteam과 DataInput 인터페이스로부터 확장된 클래스이다. 마찬가지로 DataOutputStream은 그림 19.10처럼 FilterOutput-Stream과 DataOutput 인터페이스로부터 확장된 클래스이다.

따라서 DataInputStream에서는 기본형의 값과 문자열을 읽기 위해 DataInput에서 정의된 메소드들을 구현하고 있으며 DataOutputStream에서는 기본형의 값과 문자열을 출력하기 위해 DataOutput에서 정의된 메소드들을 구현하고 있다.

정수 등과 같은 기본형의 값들은 어떠한 변환 과정 없이 입출력이 이루어지지만, 문자들로 구성된 문자열의 경우 여러 가지 방법으로 입출력이 이루어진다. 이에 대해 알아보도록 하자.

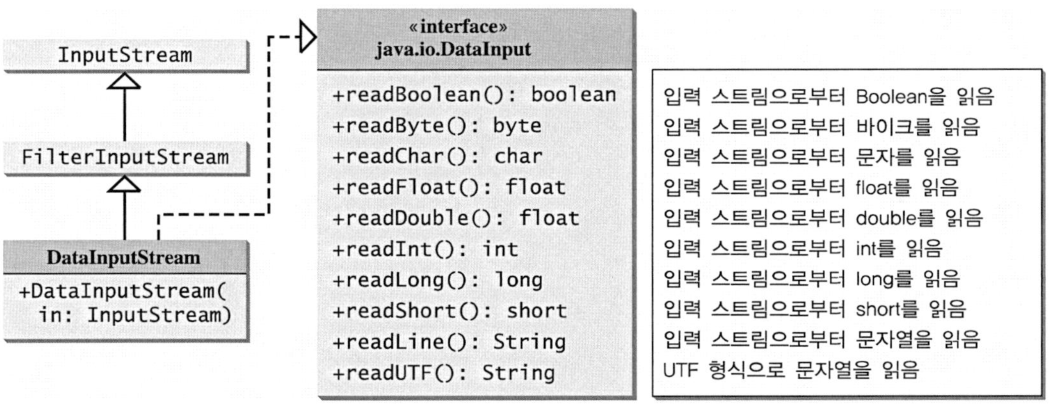

그림 19.9 DataInputStream 필터

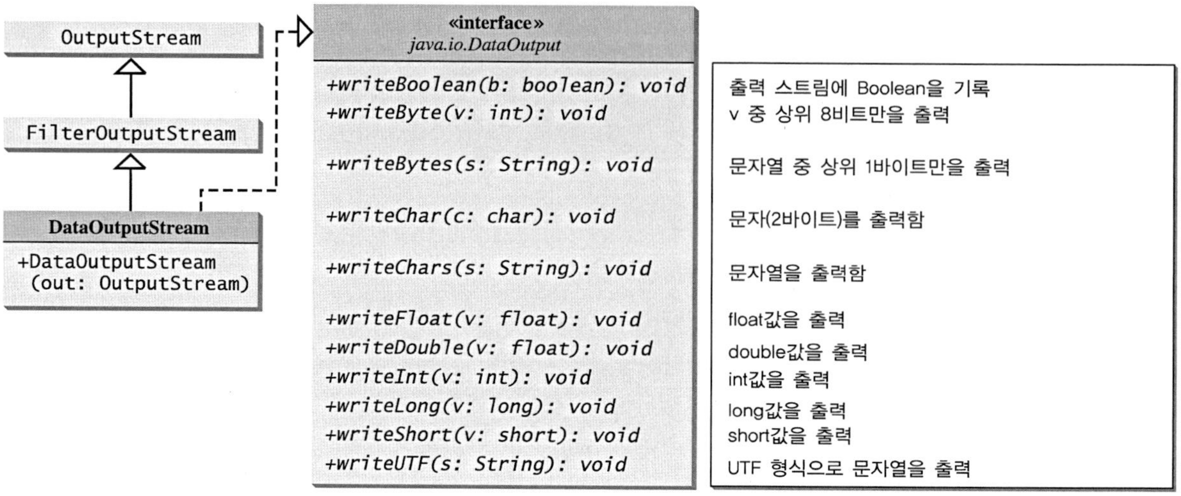

그림 19.10 DataOutputStream 필터

이진 I/O에서 문자와 문자열

유니코드는 2바이트로 구성되며, writeChar(char c) 메소드는 문자 c의 유니코드를 출력하는 메소드이다. 또 writeChars(String s)는 문자열 s를 구성하고 있는 문자들의 유니코드를 출력한다. writeBytes(String s)는 2바이트 유니코드 중 하위 1바이트를 출력한다. 이러한 이유에서 writeBytes()는 ASCII 코드로 구성된 문자열을 출력하는데 적합하며 ASCII 코드가 아닌 문자열을 출력하고자 할 경우에는 writeChars()를 사용해야 한다.

writeUTF(String s) 메소드는 문자열 s의 크기 정보와 함께 문자열의 각 문자들을 변형된(modified) UTF-8로 인코딩하여 출력한다. 이 때 크기 정보는 상위 2바이트를 사용한다.

예를 들어, writeUTF("ABCDEF")의 경우 00 06 41 42 43 44 45 46과 같이 상위 2바이트는 문자열 길이에 대한 정보이고 그 다음에 각 문자에 대한 코드 값이 출력된다.

이렇게 출력된 정보는 readUTF() 메소드를 사용하여 다시 읽어올 수 있다.

UTF-8은 유니코드를 위한 가변 길이 문자 인코딩 방식으로 ASCII와 유니코드를 모두 지원한다. 변형된 UTF-8 인코딩은 유니코드 한 문자를 나타내기 위해 1바이트에서 3바이트까지를 사용하며 문자의 코드범위가 0x7F보다 작거나 같으면 1바이트를, 0x7F와 0xFF 범위에 존재하면 2바이트를 그리고 그 이상이면 3바이트를 사용한다.

문자를 표현하기 위해 사용된 바이트가 몇 바이트인가는 시작 비트의 유형을 보면 알 수 있다. 즉, 첫 번째 비트가 0이면 1바이트를, 또 110로 시작하면 2바이트, 그리고 1110로 시작하면 3바이트를 의미한다.

DataInputStream과 DataOutputStream의 사용

이들은 다음과 같은 생성자를 갖는다.

```
public DataInputStream(InputStream instream)
public DataOutputStream(OutputStream outstream)
```

생성자에서 알 수 있듯이 이 두 개의 클래스는 원래 스트림으로부터 데이터를 필터링하기 위해 이미 존재하는 입출력 스트림을 포장(wrapper) 클래스로서 사용하게 된다.

in.dat와 out.dat 파일로부터 입출력 스트림을 생성하기 위한 문장은 다음과 같다.

```
DataInputStream input =
  new DataInputStream(new FileInputStream("in.dat"));
DataOutputStream ouput =
  new DataOutputStream(new FileOutputStream("out.dat"));
```

리스트 19.2는 temp.dat 파일에 학생 이름과 점수를 기록하고 이를 다시 읽어오는 프로그램이다.

리스트 19.2 TestDataStream.java

```
import java.io.*;

public class TestDataStream {
  public static void main(String[] args) throws IOException {
    // Create an output stream for file temp.dat
    DataOutputStream output =
      new DataOutputStream(new FileOutputStream("temp.dat"));

    // Write student test scores to the file
    output.writeUTF("John");
    output.writeDouble(85.5);
    output.writeUTF("Jim");
    output.writeDouble(185.5);
    output.writeUTF("George");
    output.writeDouble(105.25);

    // Close output stream
    output.close();

    // Create an input stream for file temp.dat
    DataInputStream input =
      new DataInputStream(new FileInputStream("temp.dat"));

    // Read student test scores from the file
    System.out.println(input.readUTF() + " " + input.readDouble());
    System.out.println(input.readUTF() + " " + input.readDouble());
    System.out.println(input.readUTF() + " " + input.readDouble());
  }
}
```

output

input

```
John 85.5
Jim 185.5
George 105.25
```

6-7행 문장은 DataOutputStream을 생성하는 문장이고, 이를 이용하여 학생 이름과 점수를 temp.dat에 출력하는 문장이 10-15행이다. 반면 21-22행은 DataInputStream을 생성하기 위한 문장이고, 이를 이용하여 다시 이름과 점수를 읽어 출력하는 것이 25-27행이다.

DataInputStream과 DataOutputStream은 기계독립적인 형태로 자바의 기본형의 값(정수, 실수, 문자 등)과 문자열을 입출력하기 때문에 서로 다른 운영체제나 파일구조를 갖는 환경에서도 파일의 내용을 읽거나 기록하는데 아무런 문제없이 가능함을 보장한다.

> **주의** 반드시 저장된 동일한 순서와 형식으로 자료를 읽어야만 한다. 가령, 이름을 writeUTF로 기록했으므로 이를 읽을 때도 readUTF를 사용하여 읽어야 한다.

> **TIP** DataInputStream의 마지막에서 자료를 계속 읽어오려고 하면 EOFException이 발생한다. 그렇다면 어떻게 파일의 끝인가를 알 수 있을까? 바로 input.available()을 다음과 같이 사용하면 알 수 있다. input.available() == 0.

19.4.4 BufferedInputStream/BufferedOutputStream

BufferedInputStream/BufferedOutputStream 클래스는 읽고 기록하는 횟수를 줄여줌으로써 입출력의 성능을 높이기 위해 버퍼를 사용하는 클래스이다.

BufferedInputStream/BufferedOutputStream은 InputStream과 OutputStream 클래스로부터 상속받은 메소드만 존재하며, 이 역시 DataInputStream과 DataOutputStream처럼 그림 19.11과 19.12에서 보는 바와 같이 InputStream과 OutputStream을 감싸서(매개변수로 받아서) 사용한다.

만약 버퍼의 크기를 명시하지 않으며 기본 크기인 512바이트가 할당된다. 버퍼 입력 스트림은 한 번의 read 메소드 호출(read call)로 가능한 한 많은 데이터를 버퍼로 읽어오는 반면, 버퍼 출력 스트림은 버퍼가 꽉 차거나 flush()가 호출될 경우에만 write 메소드를 호출한다. 앞 예제 프로그램의 6-7행과 21-22행에 다음 문장과 같이 버퍼 스트림을 추가하여 그 성능을 개선할 수 있다.

```
DataOutputStream output = new DataOutputStream(
  new BufferedOutputStream (new FileOutputStream("temp.dat")));

DataInputStream input = new DataInputStream(
  new BufferedInputStream (new FileInputStream("temp.dat")));
```

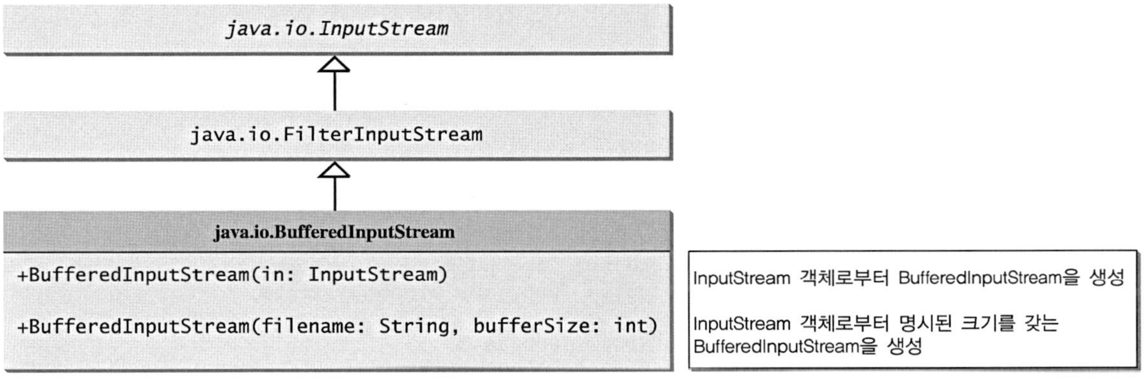

그림 19.11 BufferdInputStream

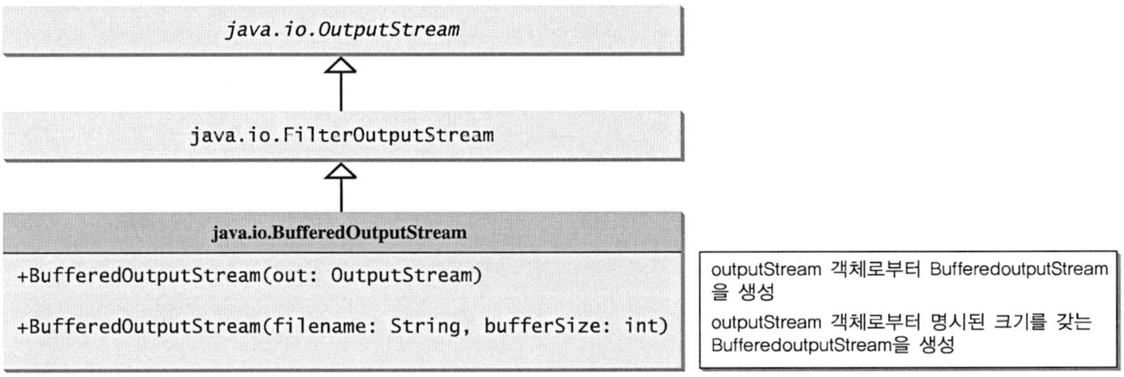

그림 19.12 BufferedOutputStream

TIP

입출력 속도를 높이기 위해서는 buffered 입출력을 사용하는 것이 좋다. 물론, 용량이 작은 파일에서는 속도 차이를 느낄 수 없겠지만 100MB 이상에서는 현격한 차이가 나타난다.

19.5 예제 : 파일 복사하기

이번 절에서는 명령어 라인에서 java Copy source target과 같이 입력을 하면 원본 파일의 내용을 사본 파일(target)로 복사하고 복사된 바이트 개수를 보여주는 프로그램을 작성하려고 한다. 또 만약 사본 파일이 이미 존재하면 그 존재 여부를 사용자에게 알려주는 기능도 갖는다. 그림 19.13은 이 프로그램의 실행 화면이다. 원본 파일의 내용을 사본 파일로 복사하기 위해서는 파일의 내용과는 무관하게 바이트로 읽고 바이트로 출력할 수 있는 이진 입출력 스트림을 사용하여야 한다.

본 예제에서는 리스트 19.3에서 보는 바와 같이 원본 파일과 사본 파일의 입출력 스트림을 위해 InputFileStream과 OutputFileStream을 사용하였고 그 내용을 읽고 출력하기 위해서는 각각 read()와 write(b) 메소드를 사용하였다. 또 성능 향상을 위해 BufferedInputStream과 BufferedOutputStream도 함께 사용하였다.

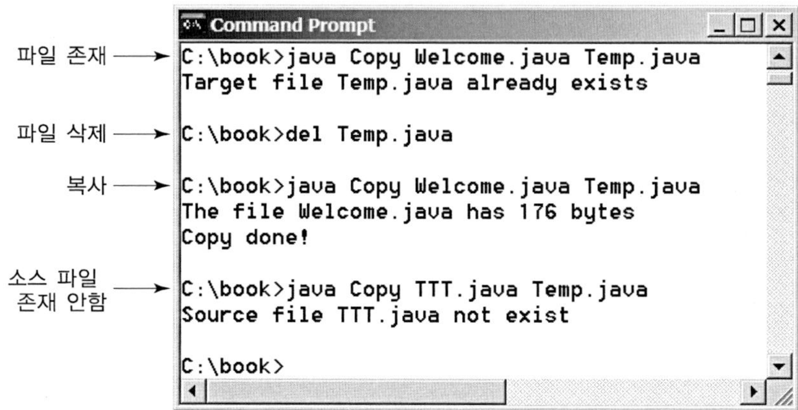

그림 19.13 파일 복사

리스트 19.3 Copy.java

```
import java.io.*;

public class Copy {
  /** Main method
     @param args[0] for sourcefile
     @param args[1] for target file
   */
  public static void main(String[] args) throws IOException {
    // Check command-line parameter usage
    if (args.length != 2) {
      System.out.println(
        "Usage: java CopyFile sourceFile targetfile");
      System.exit(0);
    }

    // Check if source file exists
    File sourceFile = new File(args[0]);
    if (!sourceFile.exists()) {
       System.out.println("Source file " + args[0] + " not exist");
       System.exit(0);
    }

    // Check if target file exists
    File targetFile = new File(args[1]);
    if (targetFile.exists()) {
```

```
26         System.out.println("Target file " + args[1] + " already exists");
27         System.exit(0);
28       }
29
30       // Create an input stream
31       BufferedInputStream input =
32         new BufferedInputStream(new FileInputStream(sourceFile));
33
34       // Create an output stream
35       BufferedOutputStream output =
36         new BufferedOutputStream(new FileOutputStream(targetFile));
37
38       // Display the file size
39       System.out.println("The file " + args[0] + " has "+
40         input.available() + " bytes");
41
42       // Continuously read a byte from input and write it to output
43       int r;
44       while ((r = input.read()) != -1)
45         output.write((byte)r);
46
47       // Close streams
48       input.close();
49       output.close();
50
51       System.out.println("Copy done!");
52     }
53 }
```

- 10-14행은 사용자가 제대로 원본과 사본 파일을 명시했는가를 체크하는 부분이다.
- 두 개의 파일(원본과 사본)의 존재 여부를 확인하기 위해 File 클래스를 사용하였고, 원본 파일이 없거나(18-21행) 사본 파일이 이미 존재하면(25-27행) 프로그램이 종료된다.
- 31-32행과 35-36행은 각각 입출력 스트림을 위한 문장으로 성능 향상을 위해 BufferedInputStream과 BufferedOutputStream을 이용해 FileInputStream과 FileOutputStream을 포장(wrap)하고 있다.
- 한편, 40행의 available() 메소드는 InputStream 클래스에서 정의된 메소드로서 입력 스트림에 남아있는 바이트 개수를 반환하는 메소드이다.
- 44행의 ((r = input.read()) != -1)는 input.read()로부터 한 바이트를 읽어서 r에 배정하고 -1(원본 파일의 끝)인가를 검사한다. 원본 파일을 끝까지(EOF) 읽기 위한 식이다. 프로그램은 모든 바이트가 읽힐 때까지 지속적으로 입력 스트림으로부터 바이트를 읽어서 출력 스트림쪽으로 읽은 바이트를 보낸다.

19.6 Object I/O

ObjectInputStream과 ObjectOutputStream 클래스는 한 마디로 객체를 직렬화해서 파일이나 네트워크를 통해 객체를 전달하기 위해 사용되는 클래스를 말한다. ObjectInputStream과 ObjectOutputStream은 앞서 설명한 DataInputStream/DataOutputStream이 갖고 있는 기능에 객체를 직렬화 할 수 있는 기능이 추가된 클래스라고 생각해도 무방하다. 따라서 DataInputStream/DataOutputStream을 ObjectInput/OutputStream으로 대체해도 상관이 없다.

그림 19.14에서처럼 ObjectInputStream은 InputStream에서 확장되고, ObjectInput과 ObjectStreamConstants 인터페이스를 구현하고 있으며, ObjectInput은 그림 19.9에서 보여준 DataInput의 하위 인터페이스이다. ObjectStreamConstants는 ObjectInputStream과 ObjectOutputStream을 지원하기 위한 상수들을 포함한다. ObjectOutputStream은 그림 19.15처럼 OutputStream에서 확장되고, ObjectOutput과 ObjectStreamConstatns 인터페이스를 구현하고 있다. ObjectOutput은 DataOutput의 하위 인터페이스이다. DataOutput은 그림 19.10에 보인다.

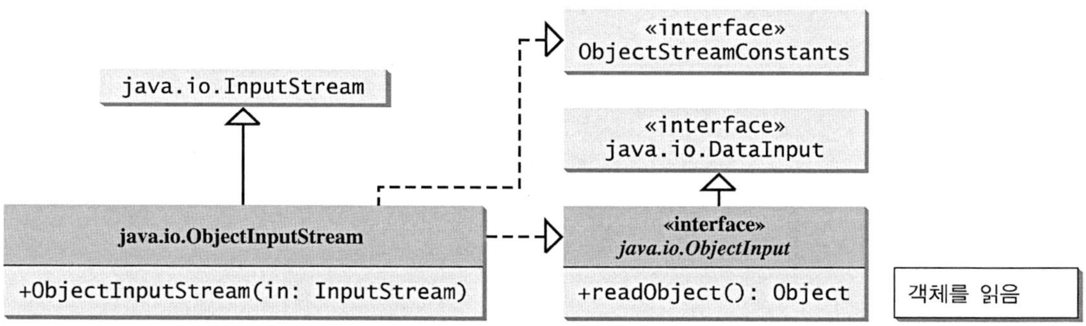

그림 19.14 ObjectInputStream은 객체, 기본 타입 값, 문자열 등을 읽을 수 있다.

ObjectInputStream과 ObjectOutputStream의 생성자는 다음 문장과 같다.

```
// Create an ObjectInputStream
public ObjectInputStream(InputStream in)

// Create an ObjectOutputStream
public ObjectOutputStream(OutputStream out)
```

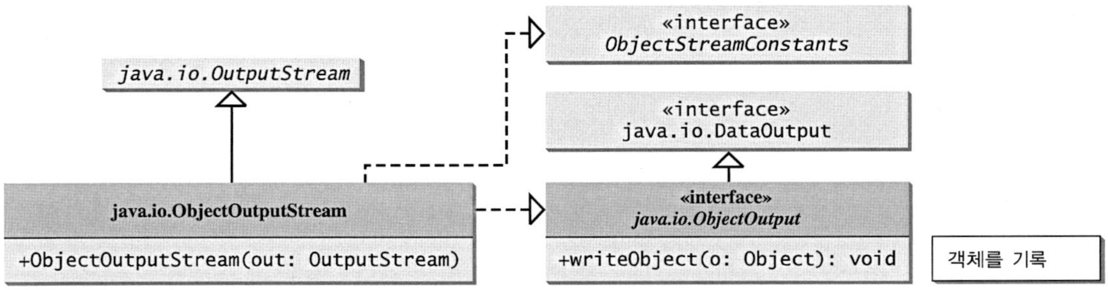

그림 19.15 ObjectOutputStream은 객체, 기본 타입 값, 문자열 등을 읽을 수 있다.

리스트 19.4는 object.dat 파일에 학생 이름과 점수, 그리고 날짜 객체를 출력하는 프로그램이다.

리스트 19.4 TestObjectOutputStream.java

```
 1 import java.io.*;
 2 
 3 public class TestObjectOutputStream {
 4   public static void main(String[] args) throws IOException {
 5     // Create an output stream for file object.dat
 6     ObjectOutputStream output =
 7       new ObjectOutputStream(new FileOutputStream("object.dat"));
 8 
 9     // Write a string, double value, and object to the file
10     output.writeUTF("John");
11     output.writeDouble(85.5);
12     output.writeObject(new java.util.Date());
13 
14     // Close output stream
15     output.close();
16   }
17 }
```

output

6-7행에서 ObjectOutputStream은 데이터를 object.dat에 쓰기 위해 만들어졌다. 10-12행에서처럼 문자열, 실수값, 그리고 날짜 객체를 object.dat 파일에 출력하고 있음을 보여주고 있다. 또 성능 향상을 위해 6-7행을 다음과 같이 버퍼를 추가해 사용할 수도 있다.

```
ObjectOutputStream output = new ObjectOutputStream(
  new BufferedOutputStream(new FileOutputStream("object.dat")));
```

스트림에 여러 객체나 기본 값들이 쓰일 수 있다. 리스트 19.5는 object.dat에 기록된 내용을 ObjectInputStream을 사용하여 다시 읽어오는 과정을 보여주고 있으며 이 때 기록할 때와 동일한 형(type)과 순서로 읽어와야 한다.

원하는 타입을 얻기 위해 자바의 안전한 캐스팅을 사용해야 한다.

리스트 19.5 TestObjectInputStream.java

```
1 import java.io.*;
2
3 public class TestObjectInputStream {
4   public static void main(String[] args)
5     throws ClassNotFoundException, IOException {
6     // Create an input stream for file object.dat
7     ObjectInputStream input =
8       new ObjectInputStream(new FileInputStream("object.dat"));
9
10    // Write a string, double value, and object to the file
11    String name = input.readUTF();
12    double score = input.readDouble();
13    java.util.Date date = (java.util.Date)(input.readObject());
14    System.out.println(name + " " + score + " " + date);
15
16    // Close output stream
17    input.close();
18  }
19 }
```

```
John 85.5 Mon Jun 26 17:17:29 EDT 2006
```

ClassNot FoundException

JVM이 객체를 복원(restore)할 때 가장 먼저 해당 클래스를 읽어와야 해당 클래스가 로드되지 않았을 경우 로드해야 하므로 readObject() 메소드는 java.lang.ClassNotFound-Exception을 발생하도록 설계되어 있으며, 이 예외는 체크된 예외(checked exception)이므로 5행처럼 throws를 사용하여 이를 명시해주어야 한다.

7-8행에서 object.dat로부터 입력을 읽기 위해 ObjectInputStream이 생성된다. 11-13행은 출력한 순서와 동일한 순서 그리고 동일한 형(type)으로 읽어오는 과정을 보여주고 있으며, 13행에서 readObject()의 반환형이 Object이므로 이를 Date로 형 반환하고 있음도 보여주고 있다.

19.6.1 Serializable 인터페이스

직렬화가 가능한

모든 객체를 출력 스트림에 출력할 수 있는 것은 아니다. 출력 스트림에 출력할 수 있는 객체를 **직렬화가 가능한**(serializable) 객체라고 부른다. 자바에서 직렬화가 가능한 객체는 java.io.Serializable 인터페이스의 인스턴스(instance)이다. 한편, Serializable 인터페이스는 마커(marker) 인터페이스이기 때문에 직렬화가 가능한 객체의 클래스를 만들기 위해서는 단순히 Serializable 인터페이스를 구현(implement)하기만 하면 된다.

이는 JVM에 객체 직렬화가 제공되어야 함을 알려주는 역할만 하는 일종의 표시(marker) 역할을 하는 것이며, 이렇게 표시된 클래스의 객체들은 JVM에 의해 직렬화 과정이 자동으로 이루어지게 된다. 이 과정을 **객체의 직렬화**(object serialization)라고 하며 ObjectOutputStream 클래스는 이를 구현하고 있다. 반대의 과정, 즉 객체를 읽어오는 과정을 **객체의 역 직렬화**(object deserializaiton)라고 하며, 이는 ObjectInputStream 클래스에서 구현하고 있다. 직렬화 역 직렬화

직렬화 과정의 자동화 특성의 진가를 인식하고 객체가 어떻게 저장되는지에 대해 이해하기 위해 직렬화를 사용하지 않는 경우 객체를 저장하기 위해서 무엇을 해야 하는지 고려해 보자. JButton 객체를 저장하기를 원한다고 가정해 보자. 이를 위해 객체의 모든 현재 속성 값(예를 들어, 색, 폰트, 텍스트, 정렬)을 저장할 필요가 있다. JButton은 AbstractButton의 하위 클래스이기 때문에 AbstractButton의 속성 값 뿐만 아니라 AbstractButton의 모든 상위 클래스의 속성까지도 저장되어야 한다. 만약 속성이 객체 타입(예를 들어, Color 타입의 background)이면 이 객체 내부의 모든 속성 값들도 저장해야 할 필요가 있다. 보다시피 이것은 매우 지루한 과정이다.

java.util.Date와 같은 유틸리티(utility) 클래스와 모든 스윙 GUI 컴포넌트들, 그리고 API 내에 많은 클래스들이 이미 Serializable을 구현하고 있다. Serializable 인터페이스를 제공하지 않는 객체들을 저장하려고 시도하게 되면 NotSerializableException이 발생한다.

직렬화가 가능한 객체가 저장될 때 클래스의 이름, 클래스의 시그니처(signature), 객체의 인스턴스 변수의 값, 그리고 객체를 참조하고 있는 객체들 역시 직렬화되어 저장된다. 단, 객체의 정적 변수의 값은 저장되지 않는다.

NOTE

어떤 객체가 Serializable의 인스턴스이지만 직렬화가 불가능한 인스턴스 변수를 포함하고 있다면 직렬화가 가능할까? 대답은 No이다. 만약 이 객체를 직렬화가 가능하도록 하기 위해서는 해당 인스턴스 변수를 transient로 지정하여 JVM으로 하여금 해당 변수의 저장(직렬화)을 무시하도록 해주어야 한다. transient

```
public class Foo implements java.io.Serializable {
  private int v1;
  private static double v2;
  private transient A v3 = new A();
}

class A { } // A is not serializable
```

위 예에서 Foo 클래스의 객체를 직렬화할 경우, 변수 v1만이 직렬화가 이루어지고, v2는 정적 변수이므로, 그리고 v3는 transient로 지정했기 때문에 직렬화가 이루어지지 않는다. 또 v3를 transient로 지정하지 않으면 NotSerializableException이 발생한다.

NOTE

만약 하나의 객체를 한 번 이상 객체 스트림에 기록하려고 한다면 여러 개의 객체가 복사될까? 정답은 '아니오(No)'이다. 객체가 처음 스트림에 출력되면 그 객체에 대한 고유번호가 생성되고 이를 바탕으로 JVM은 하나의 객체가 여러 개 존재하는 것을 방지하게 된다.

19.6.2 Serializing Arrays

배열 역시 그 구성 원소들이 직렬화가 가능한 원소들로 이루어진 경우에 한해 직렬화가 가능하다. 이 역시 writeObject()와 readObject()를 사용하여 입출력을 할 수 있다. 사실 자바에서는 배열도 일종의 객체라는 사실을 상기하면 쉽게 이해되는 부분이다.

리스트 19.6은 정수형 배열과 문자열 배열을 출력하고 다시 읽어오는 과정을 보여주고 있다.

리스트 19.6 TestObjectStreamForArray.java

```
import java.io.*;

public class TestObjectStreamForArray {
  public static void main(String[] args)
      throws ClassNotFoundException, IOException {
    int[] numbers = {1, 2, 3, 4, 5};
    String[] strings = {"John", "Jim", "Jake"};

    // Create an output stream for file array.dat
    ObjectOutputStream output =
      new ObjectOutputStream(new FileOutputStream("array.dat", true));

    // Write arrays to the object output stream
    output.writeObject(numbers);
    output.writeObject(strings);

    // Close the stream
    output.close();

    // Create an input stream for file array.dat
    ObjectInputStream input =
      new ObjectInputStream(new FileInputStream("array.dat"));

    int[] newNumbers = (int[])(input.readObject());
    String[] newStrings = (String[])(input.readObject());

    // Display arrays
    for (int i = 0; i < newNumbers.length; i++)
      System.out.print(newNumbers[i] + " ");
    System.out.println();

    for (int i = 0; i < newStrings.length; i++)
      System.out.print(newStrings[i] + " ");
  }
}
```

```
1 2 3 4 5
John Jim Jake
```

14-15행은 array.dat에 두 개의 배열을 기록하는 문장이고, 24-25행은 이를 다시 읽어오는 문장이다. 이 때 readObject()의 반환형이 Object이므로 원래의 자료형으로 형 변환해야 하는 것에 주의해야 한다.

19.7 임의 접근 파일

지금까지 우리가 알아본 스트림은 **읽기 전용**(read-only) 혹은 **쓰기 전용**(write-only) 스트림이었다. 또한 파일과 관련해서는 그 내용을 순차적으로 읽거나 쓰기 위한 일종의 **순차**(sequential) 파일에 관한 것이었다. 우리는 종종 이런 형태의 읽기/쓰기보다는 임의의 위치에 자료를 읽고/쓰기 위한 메카니즘이 필요할 때가 있다. 이를 위해 자바에서는 RandomAccessFile이라는 클래스를 제공한다. 이 클래스는 그림 19.16에서 보는 것처럼 DataInput과 DataOutput 인터페이스를 구현하고 있다. DataInput 인터페이스는 그림 19.9에서처럼 기본 자료형과 문자열을 읽기 위한 readInt, readDouble, readChar, readBoolean, readUTF와 같은 메소드들이 정의되어 있고, DataOutput인터페이스는 그림 19.10에서처럼 기본 자료형과 문자열을 쓰기 위한 writeInt, writeDoule과 같은 메소드들이 정의되어 있다. RandomAccessFile을 생성하기 위해서는 우선 "r" 혹은 "rw" 중 하나의 모드를 명시해주어야 한다. 여기서 모드 "r"은 오직 읽기 전용을 의미하고 "rw"는 읽기/쓰기 모두를 지원함을 의미한다. 예를 들어, 다음과 같은 문장은 test.dat 파일에 읽기/쓰기가 모두 가능한 raf라는 스트림을 생성하는 예이다.

읽기 전용
쓰기 전용
순차

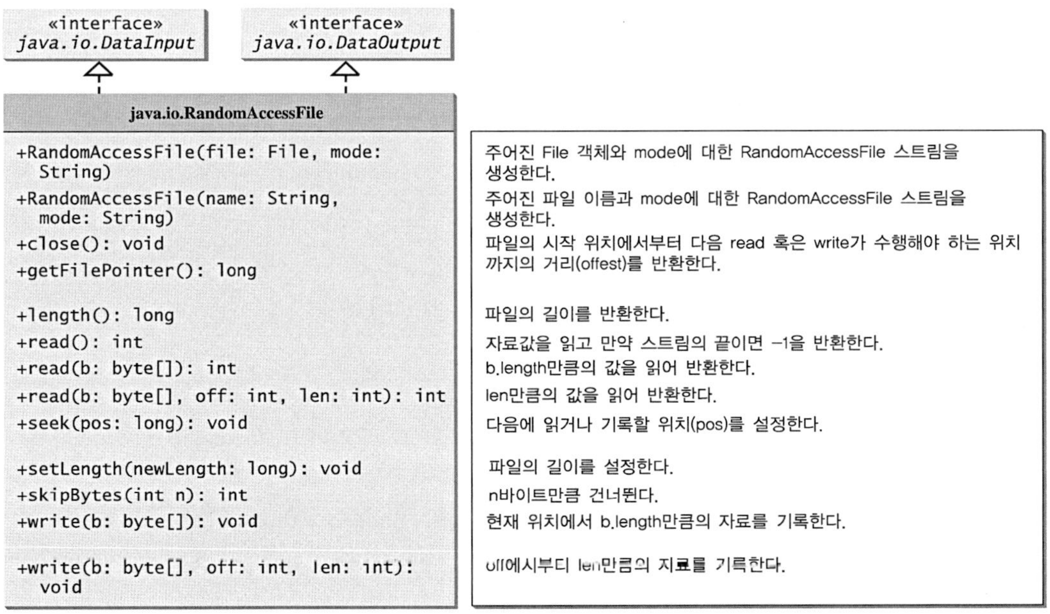

그림 19.16 RandomAccessFile

```java
RandomAccessFile raf = new RandomAccessFile("test.dat", "rw");
```

이 때 만약 기존에 test.dat 파일이 존재하면 그 파일을 접근하기 위해 단순히 raf 스트림만 생성되고, 만약 test.dat 파일이 존재하지 않으면 새로 test.dat 파일과 raf 스트림을 생성하게 된다. 메소드 raf.length()는 test.dat 파일의 바이트 개수를 반환한다.

> **TIP** 파일의 내용을 변경할 의도가 없을 경우에는 "r" 모드로 파일을 개방(open)하는 것이 의도되지 않는 변경을 미연에 방지할 수 있다.

파일 포인터

랜덤 액세스 파일은 일련의 바이트들로 구성되어 있고, **파일 포인터(file pointer)**라는 것이 항상 이들 바이트의 일정 위치를 가리키게 된다. 읽기와 쓰기 메소드를 사용할 경우 바로 이 파일 포인터가 가리키는 곳에 정보를 읽고 쓰게 되어 있다. 파일을 처음 오픈하면 파일 포인터는 파일의 처음을 가리키며 이 후 읽고 쓰는 동안 이에 맞게 파일 포인터는 적당한 위치로 이동하게 된다. 예를 들어, 그림 19.17처럼 만약 readInt()로 정수값을 읽게 되면 JVM은 현재 파일 포인터로부터 4바이트를 읽고 다시 4바이트 앞으로 이동하게 된다.

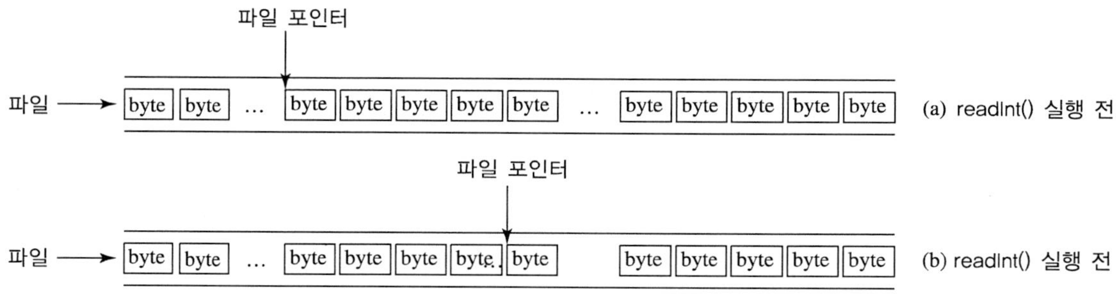

그림 19.17 정수값을 읽고 난 후 파일 포인터의 이동

또한 raf가 RandomAccessFile의 스트림일 경우 raf.seek(position) 메소드를 사용하여 파일 포인터를 특정 위치(position)로 이동 시킬 수도 있다. 가령, raf.seek(0)는 파일의 시작 위치로 이동시키는 것이고, raf.seek(raf.length())는 파일의 끝으로 포인터를 이동시키기 위한 것이다. 리스트 19.7은 RandomAccessFile 관련 예제이다.

리스트 19.7 TestRandomAccessFile.java

RandomAccessFile

```java
import java.io.*;

public class TestRandomAccessFile {
  public static void main(String[] args) throws IOException {
    // Create a random access file
    RandomAccessFile inout = new RandomAccessFile("inout.dat", "rw");

    // Clear the file to destroy the old contents if exists
```

```
 9     inout.setLength(0);
10
11     // Write new integers to the file
12     for (int i = 0; i < 200; i++)
13       inout.writeInt(i);
14
15     // Display the current length of the file
16     System.out.println("Current file length is " + inout.length());
17
18     // Retrieve the first number
19     inout.seek(0); // Move the file pointer to the beginning
20     System.out.println("The first number is " + inout.readInt());
21
22     // Retrieve the second number
23     inout.seek(1 * 4); // Move the file pointer to the second number
24     System.out.println("The second number is " + inout.readInt());
25
26     // Retrieve the tenth number
27     inout.seek(9 * 4); // Move the file pointer to the tenth number
28     System.out.println("The tenth number is " + inout.readInt());
29
30     // Modify the eleventh number
31     inout.writeInt(555);
32
33     // Append a new number
34     inout.seek(inout.length()); // Move the file pointer to the end
35     inout.writeInt(999);
36
37     // Display the new length
38     System.out.println("The new length is " + inout.length());
39
40     // Retrieve the new eleventh number
41     inout.seek(10 * 4); // Move the file pointer to the eleventh number
42     System.out.println("The eleventh number is " + inout.readInt());
43
44     inout.close();
45   }
46 }
```

write

```
Current file length is 800
The first number is 0
The second number is 1
The tenth number is 9
The new length is 804
The eleventh number is 555
```

6행은 inout.dat 파일에 대해 읽기/쓰기가 가능하도록 RandomAccessFile을 "rw" 모드로 생성하기 위한 문장이다.

9행에서는 inout.setLength(0)을 사용하여 파일의 이전 내용을 지우고 새롭게 하기 위한 조치이다. 12-13행은 for 문을 사용하여 0부터 199까지 정수값을 파일에 저장하고 있으며 정수 형은 4바이트 길이를 가지므로 16행에서처럼 inout.length()의 값은 800이 출력된다. 한편, 19행에서 inout.seek(0)로 파일 포인터를 파일의 맨 앞부분으로 이동시키고 나서 20행에서 inout.readInt()로 정수값을 읽고 같은 방식으로 다시 23행에서 두 번째 정수값을 읽는다.

27행에서 inout.seek(9*4)는 파일 포인터를 10번째 수로 이동시킨다. 28행에서 inout.readInt()는 10번째 수를 읽고 11번째 수로 파일 포인터를 이동시킨다. inout.write(555)는 현재 위치에 새로운 11번째 수를 쓴다(31행). 기존 11번째 수는 제거된다.

inout.seek(inout.length())는 파일의 끝으로 파일 포인터를 이동시킨다(34행). inout.writeInt(999)는 999를 파일에 쓴다. 이제 파일의 길이는 4 증가하고 38행에서 inout.length()는 804를 반환한다.

inout.seek(10*4)는 41행에서 파일포인터를 11번째 수로 이동한다. 새로운 11번째 수는 555이고 42행에서 출력된다.

19.8 예제 : 주소록 만들기

이번에는 RandomAccessFile을 사용하여 주소록(address book)을 만드는 프로그램을 작성해 보자. 이 프로그램의 사용자 인터페이스(UI)는 그림 19.18과 같다. Add 버튼은 새로운 주소를 파일 맨 끝에 추가하는 것이고, First, Next, Previous와 Last 버튼은 각각 말 그대로 첫 번째, 그 다음 주소, 이전 주소, 그리고 마지막 주소를 보기 위한 버튼들이다.

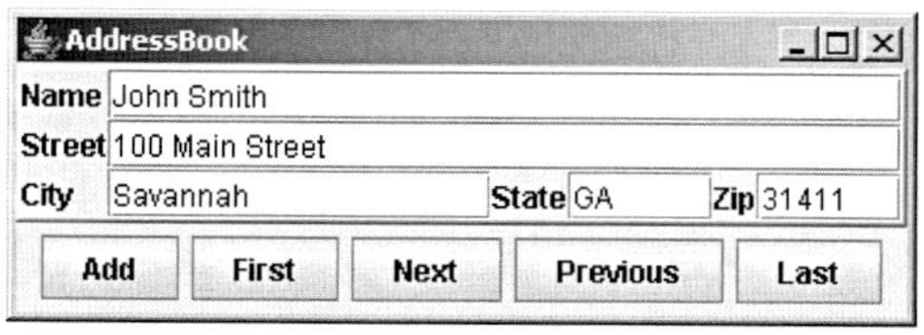

그림 19.18 주소록

여기서는 편의상 레코드의 길이가 그림 19.19처럼 일정한(고정길이) 경우로 가정하고 하나의 레코드는 하나의 주소에 대응된다. 레코드는 정해진 개수의 필드로 구성된다. 주소를 구성하고 있는 각각의 필드들은 문자열이거나 아니면 기본 자료형으로 지정할 수 있다. 고정길이 레코드에서 문자열은 최대 크기를 갖는다. 만약 문자열이 최대 크기보다 작다면 문자열의 나머지 부분은 공백으로 채워진다.

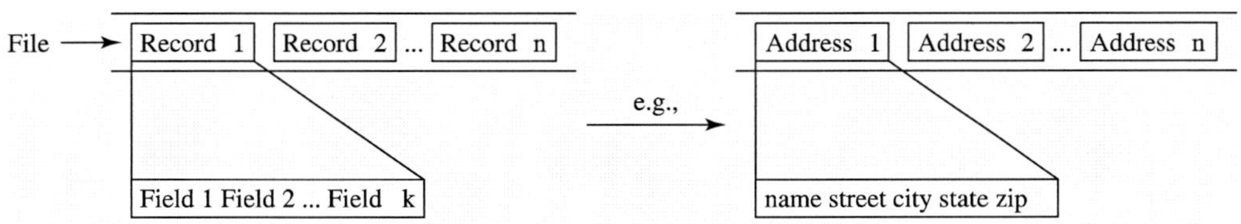

그림 19.19 고정 길이 레코드 사용하기

그리고 프로그램에서 주소를 저장하기 위해 사용할 파일명은 address.dat로 가정한다. 그리고 읽고/쓰기가 모두 가능해야 하므로 다음과 같은 문장으로 스트림을 생성한다.

```
RandomAccessFile raf = new RandomAccessFile("address.dat", "rw");
```

각각의 주소는 name(32문자), street(32문자), city(20문자), state(2문자), zip(5문자)로 구성되도록 하였다. 만약 지정한 길이보다 적은 개수의 문자가 입력되면 나머지 부분은 공백(blank)으로 채우고, 그 길이보다 더 많은 개수의 문자가 입력되면 그 나머지 부분은 잘라내어 저장되도록 하였다. 레코드 하나의 총 길이는 32+32+20+2+5=91이 된다. 그리고 문자 하나의 길이는 2바이트이므로 레코드(주소)의 이동은 2*91=182바이트로 설정하면 된다.

이를 위해 편의상 리스트 19.8과 같이 고정 길이의 레코드를 읽고 쓰기 위한 클래스를 작성하였다.

리스트 19.8 FixedLengthStringIO.java

```java
import java.io.*;

public class FixedLengthStringIO {
  /** Read fixed number of characters from a DataInput stream */
  public static String readFixedLengthString(int size,
      DataInput in) throws IOException {
    // Declare an array of characters
    char[] chars = new char[size];

    // Read fixed number of characters to the array
    for (int i = 0; i < size; i++)
      chars[i] = in.readChar();

    return new String(chars);
  }

  /** Write fixed number of characters to a DataOutput stream */
  public static void writeFixedLengthString(String s, int size,
      DataOutput out) throws IOException {
    char[] chars = new char[size];

    // Fill an array of characters from the string
    s.getChars(0, Math.min(s.length(), size), chars, 0);

    // Fill in blank characters in the rest of the array
```

```
26     for (int i = Math.min(s.length(), size); i < chars.length; i++)
27       chars[i] = ' ';
28
29     // Create and write a new string padded with blank characters
30     out.writeChars(new String(chars));
31   }
32 }
```

writeFixedLengthString(String s, int size, DataOutput out) 메소드는 고정 길이의 문자열을 DataOutput 스트림에 기록하기 위한 것으로 문자열의 길이가 지정한 길이보다 길면 이를 잘라내고(23행), 또 문자열의 길이가 작으면 공백으로 채우는(26-27행) 기능을 갖고 있다. 한편, RandomAccessFile 역시 DataOutput을 구현하고 있으므로 이 메소드를 이용하여 writeFixedLengthString("John", 2, raf)와 같이 RandomAccessFile에 문자열을 기록하는데 사용할 수 있다. 이 경우 길이가 2이므로 나머지 부분은 잘려나가고 결국 "Jo"만 raf에 기록된다. 같은 예로, writeFixedLengthString("John", 6, raf)의 경우는 "John"의 값이 기록된다.

readFixedLengthString(int size, DataInput in) 메소드 역시 DataInput 스트림으로부터 지정된 길이만큼의 문자열을 읽어오는 메소드이다.

이후 프로그램 작성은 다음과 같은 과정으로 진행된다.

1. 사용자 인터페이스 작성
2. 파일에 레코드 추가
3. 파일로부터 레코드 읽기
4. 버튼과 관련된 액션 구현하기

전체 프로그램은 리스트 19.9와 같다.

리스트 19.9 AddressBook.java

```
import java.io.*;
import java.awt.*;
import java.awt.event.*;
import javax.swing.*;
import javax.swing.border.*;

public class AddressBook extends JFrame {
  // Specify the size of five string fields in the record
  final static int NAME_SIZE = 32;
  final static int STREET_SIZE = 32;
  final static int CITY_SIZE = 20;
  final static int STATE_SIZE = 2;
  final static int ZIP_SIZE = 5;
  final static int RECORD_SIZE =
    (NAME_SIZE + STREET_SIZE + CITY_SIZE + STATE_SIZE + ZIP_SIZE);
```

```
  // Access address.dat using RandomAccessFile
  private RandomAccessFile raf;

  // Text fields
  private JTextField jtfName = new JTextField(NAME_SIZE);
  private JTextField jtfStreet = new JTextField(STREET_SIZE);
  private JTextField jtfCity = new JTextField(CITY_SIZE);
  private JTextField jtfState = new JTextField(STATE_SIZE);
  private JTextField jtfZip = new JTextField(ZIP_SIZE);

  // Buttons
  private JButton jbtAdd = new JButton("Add");
  private JButton jbtFirst = new JButton("First");
  private JButton jbtNext = new JButton("Next");
  private JButton jbtPrevious = new JButton("Previous");
  private JButton jbtLast = new JButton("Last");

  public AddressBook() {
    // Open or create a random access file
    try {
      raf = new RandomAccessFile("address.dat", "rw");
    }
    catch(IOException ex) {
      System.out.print("Error: " + ex);
      System.exit(0);
    }

    // Panel p1 for holding labels Name, Street, and City
    JPanel p1 = new JPanel();
    p1.setLayout(new GridLayout(3, 1));
    p1.add(new JLabel("Name"));
    p1.add(new JLabel("Street"));
    p1.add(new JLabel("City"));

    // Panel jpState for holding state
    JPanel jpState = new JPanel();
    jpState.setLayout(new BorderLayout());
    jpState.add(new JLabel("State"), BorderLayout.WEST);
    jpState.add(jtfState, BorderLayout.CENTER);

    // Panel jpZip for holding zip
    JPanel jpZip = new JPanel();
    jpZip.setLayout(new BorderLayout());
    jpZip.add(new JLabel("Zip"), BorderLayout.WEST);
    jpZip.add(jtfZip, BorderLayout.CENTER);

    // Panel p2 for holding jpState and jpZip
    JPanel p2 = new JPanel();
    p2.setLayout(new BorderLayout());
    p2.add(jpState, BorderLayout.WEST);
    p2.add(jpZip, BorderLayout.CENTER);

    // Panel p3 for holding jtfCity and p2
    JPanel p3 = new JPanel();
```

raf

```
    p3.setLayout(new BorderLayout());
    p3.add(jtfCity, BorderLayout.CENTER);
    p3.add(p2, BorderLayout.EAST);

    // Panel p4 for holding jtfName, jtfStreet, and p3
    JPanel p4 = new JPanel();
    p4.setLayout(new GridLayout(3, 1));
    p4.add(jtfName);
    p4.add(jtfStreet);
    p4.add(p3);

    // Place p1 and p4 into jpAddress
    JPanel jpAddress = new JPanel(new BorderLayout());
    jpAddress.add(p1, BorderLayout.WEST);
    jpAddress.add(p4, BorderLayout.CENTER);

    // Set the panel with line border
    jpAddress.setBorder(new BevelBorder(BevelBorder.RAISED));

    // Add buttons to a panel
    JPanel jpButton = new JPanel();
    jpButton.add(jbtAdd);
    jpButton.add(jbtFirst);
    jpButton.add(jbtNext);
    jpButton.add(jbtPrevious);
    jpButton.add(jbtLast);

    // Add jpAddress and jpButton to the frame
    add(jpAddress, BorderLayout.CENTER);
    add(jpButton, BorderLayout.SOUTH);

    jbtAdd.addActionListener(new ActionListener() {
      public void actionPerformed(ActionEvent e) {
        writeAddress();
      }
    });
    jbtFirst.addActionListener(new ActionListener() {
      public void actionPerformed(ActionEvent e) {
        try {
          if (raf.length() > 0) readAddress(0);
        }
        catch (IOException ex) {
          ex.printStackTrace();
        }
      }
    });
    jbtNext.addActionListener(new ActionListener() {
      public void actionPerformed(ActionEvent e) {
        try {
          long currentPosition = raf.getFilePointer();
          if (currentPosition < raf.length())
            readAddress(currentPosition);
        }
        catch (IOException ex) {
          ex.printStackTrace();
```

```
        }
      }
    });
    jbtPrevious.addActionListener(new ActionListener() {
      public void actionPerformed(ActionEvent e) {
        try {
          long currentPosition = raf.getFilePointer();
          if (currentPosition - 2 * RECORD_SIZE > 0)
            // Why 2 * 2 * RECORD_SIZE? See the follow-up remarks
            readAddress(currentPosition - 2 * 2 * RECORD_SIZE);
          else
            readAddress(0);
        }
        catch (IOException ex) {
          ex.printStackTrace();
        }
      }
    });
    jbtLast.addActionListener(new ActionListener() {
      public void actionPerformed(ActionEvent e) {
        try {
          long lastPosition = raf.length();
          if (lastPosition > 0)
            // Why 2 * RECORD_SIZE? See the follow-up remarks
            readAddress(lastPosition - 2 * RECORD_SIZE);
        }
        catch (IOException ex) {
          ex.printStackTrace();
        }
      }
    });

    // Display the first record if exists
    try {
      if (raf.length() > 0) readAddress(0);
    }
    catch (IOException ex) {
      ex.printStackTrace();
    }
  }

  /** Write a record at the end of the file */
  public void writeAddress() {
    try {
      raf.seek(raf.length());
      FixedLengthStringIO.writeFixedLengthString(
        jtfName.getText(), NAME_SIZE, raf);
      FixedLengthStringIO.writeFixedLengthString(
        jtfStreet.getText(), STREET_SIZE, raf);
      FixedLengthStringIO.writeFixedLengthString(
        jtfCity.getText(), CITY_SIZE, raf);
      FixedLengthStringIO.writeFixedLengthString(
        jtfState.getText(), STATE_SIZE, raf);
      FixedLengthStringIO.writeFixedLengthString(
        jtfZip.getText(), ZIP_SIZE, raf);
```

```
181       }
182       catch (IOException ex) {
183         ex.printStackTrace();
184       }
185     }
186
187     /** Read a record at the specified position */
188     public void readAddress(long position) throws IOException {
189       raf.seek(position);
190       String name = FixedLengthStringIO.readFixedLengthString(
191         NAME_SIZE, raf);
192       String street = FixedLengthStringIO.readFixedLengthString(
193         STREET_SIZE, raf);
194       String city = FixedLengthStringIO.readFixedLengthString(
195         CITY_SIZE, raf);
196       String state = FixedLengthStringIO.readFixedLengthString(
197         STATE_SIZE, raf);
198       String zip = FixedLengthStringIO.readFixedLengthString(
199         ZIP_SIZE, raf);
200
201       jtfName.setText(name);
202       jtfStreet.setText(street);
203       jtfCity.setText(city);
204       jtfState.setText(state);
205       jtfZip.setText(zip);
206     }
207
208     public static void main(String[] args) {
209       AddressBook frame = new AddressBook();
210       frame.pack();
211       frame.setTitle("AddressBook");
212       frame.setDefaultCloseOperation(JFrame.EXIT_ON_CLOSE);
213       frame.setVisible(true);
214     }
215   }
```

레코드가 일정 길이를 가지므로 이를 위해 각각의 필드 크기를 9-15행처럼 상수로 정의하였다. 사용자 인터페이스 부분은 44-100행까지이며, 102-156행까지는 청취자(listener)를 등록하는 문장들이다. 프로그램이 처음 구동되면 첫 번째 레코드의 값을 보여주기 위한 문장이 159-164행이다.

writeAddress() 메소드는 파일 포인터를 파일의 맨 뒤로 이동시켜(170행) 새로운 레코드를 기록하도록 하고 있으며(171-180행), readAddress()는 읽고자 하는 레코드의 위치로 파일 포인터를 이동시키고(189행) 그 위치에 있는 레코드를 읽어오는(190-199행) 기능을 갖는다. 이렇게 읽어온 레코드를 보여주기 위한 문장이 201-205행이다.

버튼과 관련된 문장들은 102-156행이며, First의 경우 위치 0에서 레코드를 읽어오고(110행), Next의 경우 현재 파일 포인터가 가리키는 레코드를 읽는다(122행). 파일에서 레코드를 읽어오면 파일 포인터의 위치는 2*RECORD_SIZE만큼 뒤로 이동된다. 한편, Previous 버튼의 경우 현재 읽어온 레코드 이전의 레코드를 읽어야 하므로 현 파일 포인터를 기준으로 2개의 레코드 이전으로 이동해야 한다(135행). 마지막으로 Last 버튼의 경우는 raf.length() – 2*RECORD_SIZE 위치로 파일 포인터를 이동시켜주면 된다.

주요 용어

- 순차 접근 파일
- 임의 접근 파일
- 스트림
- 직렬화
- 역직렬화
- 텍스트 입/출력
- 이진 입/출력
- 파일 포인터

요약

- I/O는 크게 텍스트 I/O와 이진 I/O로 분류된다.
- InputStream과 OutputStream은 모든 이진 I/O 클래스의 루트(root) 클래스이다. DataInputStream과 DataOutputStream은 기본 자료형과 문자열을 읽고/쓰기 위한 클래스이다.
- ObjectInputStream/ObjectOutputStream은 기본 자료형과 문자열 외에 객체를 읽고/쓰기 위한 클래스이다. 객체를 직렬화(serialization)하기 위해서는 해당 클래스를 반드시 java.io.Serializable 인터페이스를 구현하도록 해야 한다.
- RandomAccessFile 클래스는 두 가지 모드 "r", "rw"를 사용하여 읽기 전용 혹은 읽기/쓰기가 모두 가능한 스트림을 생성할 때 사용하여 임의의 위치에서 읽고/쓰기가 가능하다.

복습문제

19.1–19.2절

19.1 텍스트 파일과 이진 파일이 무엇인가? 이들의 내용을 텍스트 편집기를 사용하여 볼 수 있는가?

19.2 자바에서 데이터를 읽고 쓰는 것은 어떻게 하는가? 스트림이란 무엇인가?

19.3절 텍스트 입출력과 이진 입출력

19.3 텍스트 I/O과 이진 I/O의 차이점은?

19.4 문자는 메모리 상에서 어떻게 표현되며, 텍스트 파일에서는 또 어떻게 표현되는가?

19.5 ASCII 텍스트 파일에 문자열 "ABC"을 기록하려고 하면 그 파일에는 어떤 값이 저장되는가?

19.6 ASCII 텍스트 파일에 문자열 "100"을 기록하려고 하면 그 파일에는 어떤 값이 저장되는가?

19.7 자바에서 문자를 표현하기 위한 인코딩 체계(scheme)는 무엇인가? 또한 운영체제 윈도우상에서 텍스트에 대한 디폴트 인코딩 체계는 무엇인가?

19.4절 이진 입출력 클래스

19.8 자바 IO프로그램 시 IOException을 던지는 이유와 try-catch를 사용하는 이유는 무엇인가?

19.9 왜 항상 스트림을 닫아야 하는가?

19.10 InputStream은 바이트를 읽어 오는데 왜 read() 메소드는 그 반환값으로 정수값을 반환하는가? InputStream/OutputStream에서 추상 메소드는 무엇인가?

19.11 FileInputStream/FileOutputStream에서 새로 소개된 메소드가 있는가? FileInputStream/FileOutputStream 스트림을 어떻게 생성하는가?

19.12 존재하지 않는 파일에 대해서 입력 스트림을 생성하려고 하면 어떤 일이 발생하는가? 또 이미 존재하는 파일에 대해 출력 스트림을 생성하려고 하면 어떤 일이 발생하는가? 마지막으로 이미 존재하는 파일에 내용을 추가(append)할 수 있는가?

19.13 java.io.PrintWriter를 이용하여 이미 존재하는 텍스트 파일에 어떻게 내용을 추가할 수 있는가?

19.14 input이 DataInputStream이고, 이 때 input.available()의 값이 100이라고 가정하자. read()메소드를 호출한 후 input.available()의 값은 무엇인가?
readInt()메소드를 호출한 후 input.available()의 값은 무엇인가?
readChar()메소드를 호출한 후 input.available()의 값은 무엇인가?
readDouble()메소드를 호출한 후 input.available()의 값은 무엇인가?

19.15 FileOutputStream에서 writeByte(91)을 적용하면 무슨 값이 기록되겠는가?

19.16 이진 입력 스트림(FileInputStream, DataInputStream)에서 파일의 끝을 어떻게 검사할 수 있는지 설명하라.

19.17 다음 코드에서 잘못된 부분은 무엇인지 설명하라.

```
import java.io.*;

public class Test {
  public static void main(String[] args) {
    try {
      FileInputStream fis = new FileInputStream("test.dat");
    }
    catch (IOException ex) {
      ex.printStackTrace();
    }
    catch (FileNotFoundException ex) {
      ex.printStackTrace();
    }
  }
}
```

19.18 ASCII 인코딩을 사용하는 윈도우즈 운영체제하에서 프로그램을 수행한다고 가정하자. 프로그램 실행이 완료된 후, t.txt 파일의 총 바이트 개수는 얼마인가? 또한 각 바이트의 내용을 보여라.

```
public class Test {
  public static void main(String[] args) throws
      java.io.IOException {
    java.io.PrintWriter output = new
      java.io.PrintWriter("t.txt");
    output.printf("%s", "1234");
    output.printf("%s", "5678");
    output.close();
  }
}
```

19.19 다음 프로그램의 실행이 완료된 후, t.txt 파일의 총 바이트 개수는 얼마인가? 또한 각 바이트의 내용을 보여라.

```
import java.io.*;

public class Test {
  public static void main(String[] args) throws IOException {
    DataOutputStream output = new DataOutputStream(
      new FileOutputStream("t.dat"));
    output.writeInt(1234);
    output.writeInt(5678);
    output.close();
  }
}
```

19.20 DataOutputStream과 관련하여 다음 각각에 문장에 대해 출력으로 보내지는 총 바이트 개수는 얼마인가?

```
output.writeChar('A');
output.writeChars("BC");
output.writeUTF("DEF");
```

19.21 버퍼 스트림 사용 시 장점은 무엇인가?
다음 문장 중 올바른 것은 어느 것인가?

```
BufferedInputStream input1 =
  new BufferedInputStream(new FileInputStream("t.dat"));

DataInputStream input2 = new DataInputStream(
  new BufferedInputStream(new FileInputStream("t.dat")));

ObjectInputStream input3 = new ObjectInputStream(
  new BufferedInputStream(new FileInputStream("t.dat")));
```

19.6절 객체 입출력

19.22 ObjectOutputStream을 사용하여 저장할 수 있는 객체의 유형은 무엇인가?
객체를 읽고 기록(write)할 수 있는 메소드는 무엇이 있는가?
ObjectInputStream으로부터 객체를 읽을 때 사용하는 메소드의 반환형은 무엇인가?

19.23 타입(type)이 동일한 두 개의 객체를 직렬화 할 경우, 이들이 차지하는 공간은 동일한가?

19.24 java.io.Serialzable의 인스턴스를 항상 성공적으로 직렬화 할 수 있다는 말은 맞는 말인가? 객체 내에서 정적 변수도 직렬화되는가?

19.25 ObjectOutputStream에 배열을 저장할 수 있는가?

19.26 DataInputStream/DataOutputStream은 ObjectInputStream/ObjectOutputStream으로 언제나 대체해서 사용할 수 있는가?

19.27 다음 프로그램을 실행할 때 야기되는 문제점을 설명하라.

```
import java.io.*;

public class Test {
  public static void main(String[] args) throws IOException {
    ObjectOutputStream output =
      new ObjectOutputStream(new FileOutputStream("object.dat"));

    output.writeObject(new A());
  }
```

```
}

class A implements Serializable {
  B b = new B();
}

class B {
}
```

19.7절 임의 접근 파일

19.28 DataOutputStream으로 생성된 파일에 RandomAccessFile 스트림으로 데이터를 읽고 쓸 수 있는가? 또한 RandomAccessFile 스트림으로 객체를 읽고 쓸 수 있는가?

19.29 address.dat 파일에 있는 학생 정보가 수정이 가능하도록 RandomAccessFile 스트림을 생성하라. 또한 address.dat에 대해 DataOutputStream을 생성하고 이 둘의 차이점은 무엇인지 설명하라.

19.30 다음 프로그램을 컴파일하고 실행하려고 할 때 야기될 수 있는 사항들을 설명하라. 단, test.dat 파일은 존재하지 않는다.

```
import java.io.*;

public class Test {
  public static void main(String[] args) {
    try {
      RandomAccessFile raf =
        new RandomAccessFile("test.dat", "r");
      int i = raf.readInt();
    }
    catch (IOException ex) {
      System.out.println("IO exception");
    }
  }
}
```

프로그래밍 연습

19.3절 Text I/O와 이진 I/O

19.1 (텍스트 파일 생성) 만약 해당 파일이 존재하지 않을 경우, Exercise19_1.txt라는 이름의 파일을 생성하기 위한 프로그램을 작성하라. 그리고 여기에 텍스트 I/O를 사용하여 100개의 정수를 무작위로 기록하는 프로그램을 작성하라. 단, 각각의 정수들은 공백 문자(space)로 구분한다.

19.4절 이진 I/O 클래스

19.2 (이진 파일 생성) 만약 해당 파일이 존재하지 않을 경우, Exercise19_2.txt라는 이름의 파일을 생성하기 위한 프로그램을 작성하라. 새로운 데이터를 파일에 첨가하라. 파일에 이진 I/O를 사용하여 무작위로 생성된 100개의 정수를 기록하는 프로그램을 작성하라.

19.3 인사말 "Lá Fhéile Pádraig Sona Daoibh"은 총 29개의 문자로 구성되어 있다. 다음을 수행하는 자바 응용 프로그램을 작성하라.

(a) 위 인사말을 위한 String 변수를 정의하라.

(b) System.out을 사용하여 콘솔에 이 문자열을 출력하라. 불어 문자(accented character: á)가 제대로 출력이 되는지를 확인하라.

(c) 이 문자열의 길이를 콘솔에 출력하라.

(d) DataOutputStream.writeUTF()를 사용하여 이 문자열을 파일에 기록하라.

(e) DataOutputStream.writeChars()를 사용하여 이 문자열을 다른 파일에 기록하라.

(d)와 (e)의 결과를 보고 파일의 사이즈는 어느 쪽이 더 큰가? 또 그 결과가 왜 문자열의 길이와 다른가를 설명하라.

19.4 pets.txt 파일에 텍스트 편집기를 사용하여 다음과 같은 내용이 두 줄에 걸쳐 입력되어 있다고 가정할 경우,

```
dog
rat
```

이 파일의 내용을 읽어서 다음과 같은 형태로 출력되도록 프로그램을 작성하라.

```
64 6F 67 0A 72 61 74 0A
```

즉, 파일로부터 한 번에 한 바이트씩 읽고 그 바이트에 대한 16진수 값을 출력하되 각 바이트는 공백 문자로 구분되어 출력되는 프로그램을 작성하라.

19.5 (객체와 배열을 파일에 저장) Exercise19_5.dat 파일에 1, 2, 3, 4, 5의 값을 갖는 정수형 배열과 현재 시간에 대한 Date 객체, 그리고 double 값 5.5를 저장하는 프로그램을 작성하라.

19.6 다음과 같은 자바 응용 프로그램을 작성하라.

(a) "Hello"가 출력된 JLabel을 포함하는 JFrame을 생성하라.

(b) ObjectOutputStream.writeObject()을 사용하여 위에서 생성한 프레임을 파일에 저장하라.

(c) 파일을 읽어서 새로운 프레임 객체를 생성하라.

(d) 읽어온 프레임 객체를 출력하라.

19.7 (파일에서 객체 복원) ObjectOutputStream을 사용하여 Exercise19_7.dat 파일을 생성하였고 이 파일에는 Loan 객체가 포함되어 있다. 한편, 리스트 9.2에서 정의된 Loan 클래스는 직렬화가 되어 있지 않다. 이 클래스를 직렬화시켜 다시 작성하라. 그리고 파일에 얼마나 많은 Loan 객체가 저장되어 있는지 모른다는 가정 하에서 파일로부터 Loan 객체를 읽어 총 loan 합을 계산하는 프로그램을 작성하라. 반복문을 끝내기 위해 EOFException을 활용하라.

19.7절 임의 접근 파일

19.8 (횟수 갱신) 프로그램이 얼마나 실행되었는지 프로그램이 실행될 때마다 그 값을 1씩 증가시켜 그 횟수를 파일에 저장하려고 한다. Exercise19_8이라는 프로그램을 작성하고 실행 횟수를 Exercise19_8.dat에 저장하라.

19.9 (주소 갱신) 그림 19.20처럼 "Update" 버튼을 추가하여 사용자가 주소를 변경할 수 있도록 리스트 19.9의 AddressBook.java 프로그램을 수정하라.

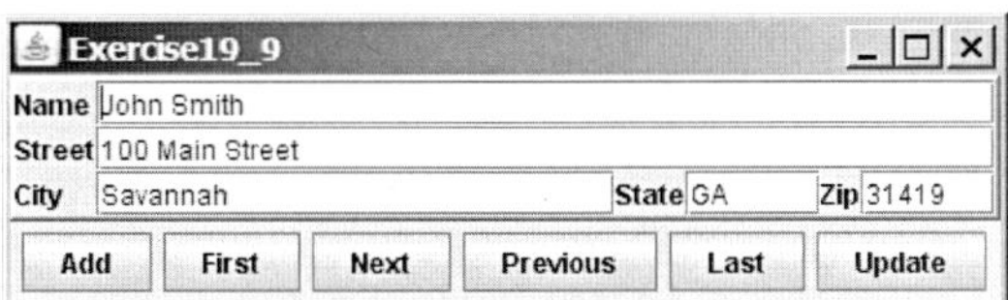

그림 19.20 현재 표시되어 있는 주소 레코드를 갱신할 수 있다.

19.10 (파일 분리하기) 10 기가바이트 이상의 avi 파일과 같은 대용량 파일을 CD-R에 백업 시 원본 파일을 작은 용량으로 분리해서 백업하려고 한다. 다음과 같은 사용법으로 대용량 파일을 여러 파일로 나눌 수 있는 프로그램을 작성하라.

```
java Exercise19_10 SourceFile numberOfPieces
```

예 : java Exercise19_10 SourceFile 3인 경우, SourceFile.1, SourceFile.2, SourceFile.3이라고 하는 파일이 생성된다.

19.11 (파일 분리하기 GUI) 프로그래밍 연습 19.10을 다음과 같은 GUI로 작동되도록 다시 작성하라.

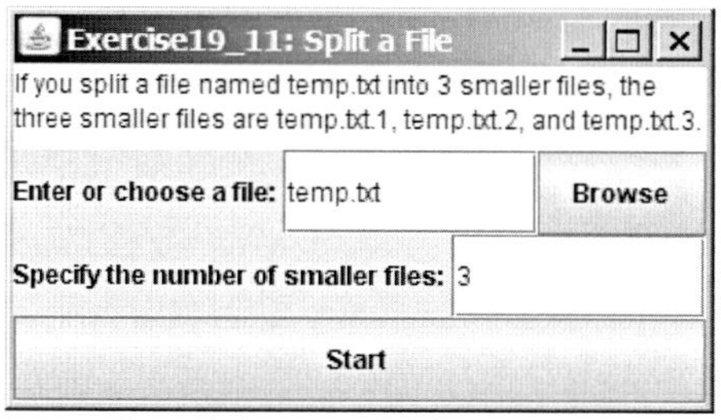

(a)

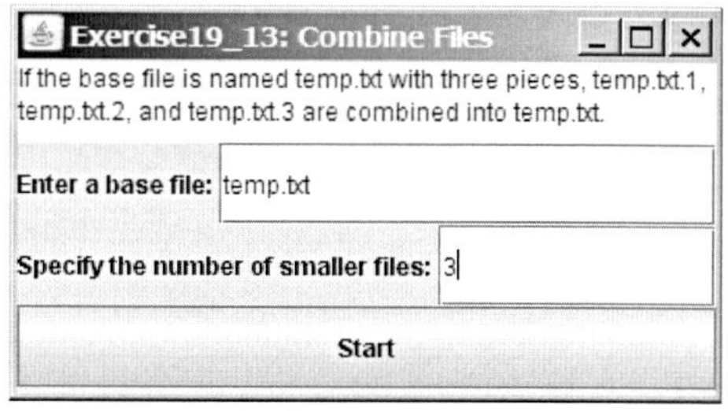

(b)

그림 19.21 (a) 파일 나누기 (b) 파일 합치기

19.12 (파일 합치기) 다음 사용법과 같이 나눠진 파일을 하나로 합치는 프로그램을 작성하라.

```
java Exercise19_10 SourceFile.1, SourceFile.2, SourceFile.3 TargetFile
(TargetFile = SourceFile.1 + SourceFile.2 + SourceFile.3)
```

19.13 (파일 합치기 GUI) 위에서 작성한 프로그램이 그림 19.21(b)와 같이 동작되도록 다시 작성하라.

19.14 (파일 암호화) 파일에 있는 내용을 바이트 단위로 5씩 더해 암호화하려고 한다. 사용자가 입력 파일명과 출력 파일명을 입력하면 입력 파일의 내용을 읽어 암호화하여 이를 출력 파일에 저장하는 프로그램을 작성하라.

19.15 (파일 복호화) 프로그래밍 연습 19.14에서 암호화된 파일을 복구하여 복구된 내용을 파일에 저장하는 프로그램을 작성하라.

CHAPTER 20

재귀

- 재귀 메소드가 무엇인지와 재귀 사용의 이점에 대해 기술한다(§20.1).
- 재귀적 수학 함수를 위한 재귀 메소드를 개발한다(§§20.2-20.3).
- 호출 스택에서 재귀 함수 호출이 어떻게 처리되는지를 설명한다(§§20.2-20.3).
- 재귀 함수를 유도하기 위해 중복정의된 보조 메소드를 사용한다(§20.5).
- 재귀를 이용해 선택 정렬을 해결한다(§20.5.1).
- 재귀를 이용해 이진 검색을 해결한다(§20.5.2).
- 재귀를 이용해 디렉토리 크기를 얻는다(§20.6).
- 재귀를 이용해 하노이 탑 문제를 해결한다(§20.7).
- 재귀를 이용해 프랙탈을 그린다(§20.8).
- Eight Queens 문제를 해결한다(§20.9).
- 재귀와 반복 사이의 관계와 차이점을 살펴본다(§20.10).

20.1 서론

어떤 디렉토리(directory)를 포함하여 그 하위 디렉토리 내에서 특정한 단어가 포함된 파일을 모두 찾는다고 할 때 이 문제를 어떻게 해결할 것인가? 물론, 여러 가지 방법이 존재하겠지만, 직관적이고 효과적인 방법은 하위 디렉토리의 파일을 재귀적으로 검색하는 재귀적(recursion)인 방법을 사용하는 것이다.

그림 20.1에 고전적인 Eight Queens 퍼즐이 있다. 그림 20.1처럼 체스보드에서 8개의 퀸을 서로 공격할 수 없는 상태, 즉 두 개의 퀸이 같은 행, 열, 그리고 대각선상에 존재하지 않도록 배치하는 문제를 어떻게 해결할 수 있을까? 이 역시 재귀적 방법으로 쉽게 해결할 수 있다.

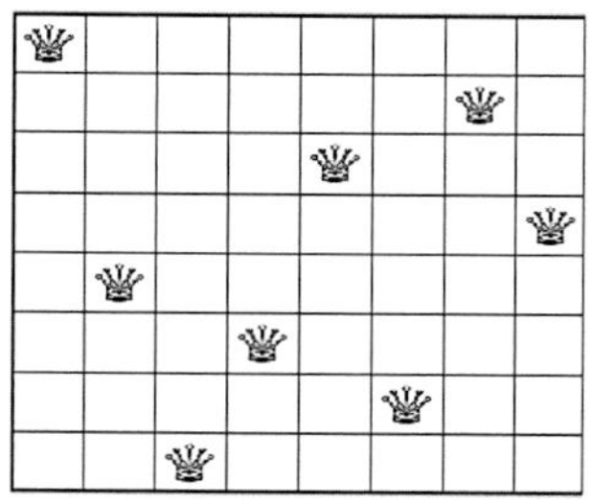

Eight Queens

그림 20.1 Eight Queens 문제는 재귀를 이용해 풀 수 있다.

재귀적 메소드

재귀적 방법은 **재귀적 메소드**(recursive method)를 사용함으로써 가능하며, 이는 메소드가 자기 자신을 직/간접적으로 호출하는 것을 의미한다.

재귀적 방법은 매우 유용한 프로그래밍 기법 중 하나이며, 어떤 경우에는 이 방법을 사용하지 않으면 풀기가 매우 어려운 경우도 있다. 따라서 본 장에서는 재귀적 프로그래밍 기법과 개념을 소개하고 어떻게 "재귀적으로 생각"하는가를 예로 설명하고자 한다.

20.2 예제 : 계승의 계산

이미 알고 있듯이 많은 수학적 함수가 재귀적으로 정의된다. 가령, n의 계승을 구하는 방법은 다음과 같이 재귀적으로 정의된다.

```
0! = 1;
n! = n × (n - 1) × ... × 2 × 1 = n × (n - 1)!; n > 0
```

기본 케이스 정지조건

factorial(n)을 n!을 구하는 메소드라고 가정하자. 만약 n=0인 경우 이 메소드를 호출하면 factorial(n)은 망설임 없이 즉각 그 값을 반환할 것이다. 왜냐하면 0!은 더 이상 계산이 필요 없는 경우이기 때문이다. 이를 **기본 케이스**(base case) 혹은 **정지조건**(stopping condition)

이라고 부른다. 그렇다면 n >0인 경우 factorial(n)을 호출하면 어떻게 해야 할까? 당연히 factorial(n−1)을 알 수만 있다면 쉽게 해결된다. 그리고 factorial(n−1) 역시 factorial(n)을 구하는 방법과 전혀 다르지 않다. 이런 식으로 결국에는 factorial(0)을 구하는 문제에 도달하게 된다. 이렇게 factorial(n)을 해결하는 문제를 factorial(n−1)을 해결하는 부분 문제로 줄일 수 있다. 부분 문제는 필수적으로 원래 문제와 동일해야 하지만 더 간단하고 작다. 부분 문제는 원래 문제와 동일한 성질을 갖기 때문에, 여러분은 (부분 문제를 해결하기 위한) 다른 인자를 가지고 메소드를 호출할 수 있다. 이러한 호출을 **재귀적 호출**(recursive call)이라고 재귀적 호출 한다.

이와 같은 맥락에서 재귀적 방법으로 factorial(n)을 구하는 알고리즘은 다음과 같다.

```
if (n == 0)
  return 1;
else
  return n * factorial(n - 1);
```

재귀적 호출은 보다 많은 재귀 호출을 낳는다. 왜냐하면 메소드는 부분 문제를 새로운 부분 문제로 나누어 가기 때문이다. 재귀적 메소드가 종료되기 위해서는 반드시 해결하고자 하는 문제가 정지조건에 도달해야만 한다. 이 때 비로소 호출된 부분 문제가 계산하고 반환한 결과 값이 호출한 메소드에 연속적으로 전달된다.

리스트 20.1은 사용자로부터 음수가 아닌 정수를 입력받아 해당 계승 값을 계산하는 프로그램이다.

리스트 20.1 ComputeFactorial.java

```
import java.util.Scanner;

public class ComputeFactorial {
  /** Main method */
  public static void main(String[] args) {
    // Create a Scanner
    Scanner input = new Scanner(System.in);
    System.out.print("Enter a nonnegative integer: ");
    int n =input.nextInt();

    // Display factorial
    System.out.println("Factorial of " + n + " is " + factorial(n));
  }

  /** Return the factorial for a specified number */
  public static long factorial(int n) {
    if (n == 0) // Base case
      return 1;
    else
      return n * factorial(n - 1); // Recursive call
```

```
21    }
22 }
```

```
Enter a nonnegative integer: 4 ↵Enter
Factorial of 4 is 24
```

```
Enter a nonnegative integer: 10 ↵Enter
Factorial of 10 is 3628800
```

factorial 메소드(16−21행)는 수학적으로 정의된 함수를 자바 코드로 직접 표현한 것임을 알 수 있다. factorial 메소드에 전달되는 매개변수는 기본 케이스 0에 도달할 때까지 계속 감소됨을 볼 수 있으며 그 호출 과정은 그림 20.2와 같다. 한편, 그림 20.3은 재귀적 호출이 진행되는 동안의 스택(stack) 모습을 도식화한 것이다.

무한 재귀적 호출

주의 만약 재귀적 방법이 언젠가는 정지조건에 수렴하는 방식으로 주어진 문제가 축소(reduce)되지 않으면, **무한 재귀적 호출(infinite recursion)**이 야기된다. 예를 들어, 다음과 같이 factorial 메소드를 실수로 작성하였다면 이 메소드는 StackOverflowError를 야기한다.

```
public static long factorial(int n) {
  return n * factorial(n - 1);
}
```

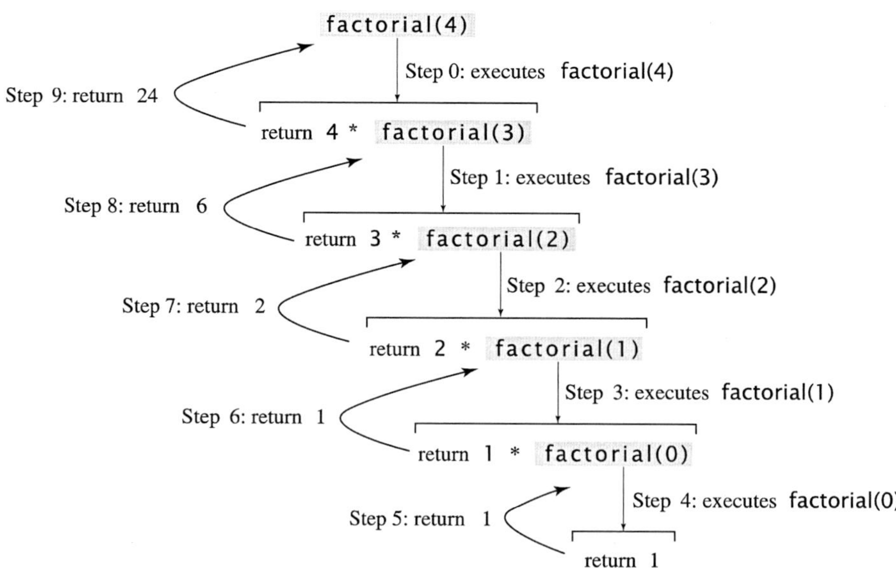

그림 20.2 factorial(4)의 재귀적 호출

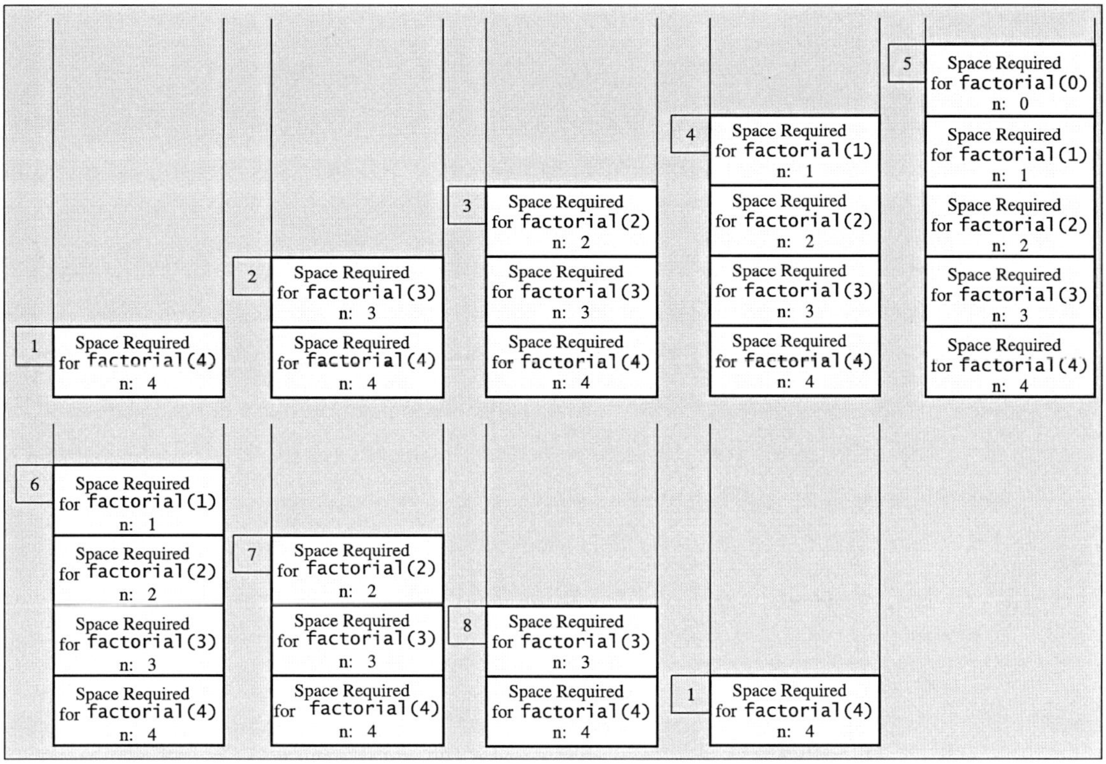

그림 20.3 factorial(4)가 실행될 때 factorial 메소드는 재귀적으로 호출되고, 따라서 메모리 공간은 동적으로 변화한다.

> **교수법 NOTE** 루프를 사용하여 보다 간략하고 효과적으로 factorial 메소드를 구현할 수 있지만, 여기서는 재귀적 개념을 설명하기 위해 재귀적 방법으로 factorial을 사용하였다. 이 장의 후반부에서 본질적으로 재귀적이어야 하며 재귀를 이용하지 않고는 풀기 어려운 몇 개의 문제들을 보인다.

20.3 예제 : 피보나치 수 계산하기

사실 factorial 메소드는 재귀적 방법을 사용하지 않고도 쉽게 작성할 수 있지만, 어떤 경우에는 재귀적 방법을 사용하지 않으면 주어진 문제를 해결하기가 매우 어려워지는 경우도 있다. 다음과 같이 잘 알려진 피보나치 수열 문제를 살펴보자.

수열:	0 1 1 2 3 5 8 13 21 34 55 89 ...
인덱스:	0 1 2 3 4 5 6 7 8 9 10 11

피보나치 수열은 0과 1로 시작되고 그 후부터는 앞의 두 수를 더함으로써 만들어진다. 따라서 이 수열은 다음과 같이 재귀적으로 정의할 수 있다.

```
fib(0) = 0;
fib(1) = 1;
fib(index) = fib(index - 2) + fib(index - 1); index >= 2
```

참고로 피보나치 수열은 중세 수학자인 레오나르도 피보나치가 토끼의 번식 양상을 수학적으로 모델화시킨 것에서 유래되었다. 피보나치 수열은 수치 최적화와 다양한 다른 분야에서 적용가능하다.

그렇다면 만약 임의의 인덱스(index)가 주어지면 fib(index)을 어떻게 찾아낼 수 있을까? 물론, fib(2)의 값을 알아내는 것은 fib(0)과 fib(1)을 알고 있으므로 아주 쉽다. 또한 fib(index−2)와 fib(index−1)값을 알고만 있다면 쉽게 fib(index)의 값을 계산할 수 있을 것이다. 결국, fib(index)을 계산하는 문제는 fib(index−2)와 fib(index−1)을 계산하는 쪽으로 문제를 좁혀나갈 수 있다. 이 때 fib(index−2)와 fib(index−1)의 계산은 index가 0 또는 1에 도달할 때까지 재귀적 방법을 사용하면 된다.

그러므로 정지조건은 index=0 혹은 index=1일 때이다. 즉, index=0이거나 index=1일 경우 메소드는 그 결과 값을 반환하도록 해야 한다.

fib(index)을 계산하기 위한 재귀적 알고리즘을 간략히 기술하면 다음과 같다.

```
if (index == 0)
  return 0;
else if (index == 1)
  return 1;
else
  return fib(index - 1) + fib(index - 2);
```

리스트 20.2는 인덱스를 입력받아 그에 해당되는 피보나치 수열을 구하는 프로그램이다.

리스트 20.2 ComputingFibonacci.java

```java
import java.util.Scanner;

public class ComputeFibonacci {
  /** Main method */
  public static void main(String args[]) {
    // Create a Scanner
    Scanner input = new Scanner(System.in);
    System.out.print("Enter an index for the Fibonacci number: ");
    int index = input.nextInt();

    // Find and display the Fibonacci number
    System.out.println(
      "Fibonacci number at index " + index + " is " + fib(index));
  }

  /** The method for finding the Fibonacci number */
  public static long fib(long index) {
    if (index == 0) // Base case
      return 0;
```

```
    else if (index == 1) // Base case
      return 1;
    else  // Reduction and recursive calls
      return fib(index - 1) + fib(index - 2);
  }
}
```

```
Enter an index for the Fibonacci number: 1
Fibonacci number at index 1 is 1
```

```
Enter an index for the Fibonacci number: 6 ↵Enter
Fibonacci number at index 6 is 8
```

```
Enter an index for the Fibonacci number: 7 ↵Enter
Fibonacci number at index 7 is 13
```

그림 20.4는 fib(4)를 계산하기 위한 재귀적 호출 관계를 보여주고 있다. fib(4)는 fib(3)과 fib(2)를 재귀적으로 호출하여 fib(3)+fib(2)를 계산하고 있다.

이 때 fib(3)과 fib(2)가 독립적으로 재귀적 호출이 이루어질 때 그 순서는 어떤 순서로 진행될까? 자바에서 피연산자의 처리는 왼쪽에서 오른쪽으로 진행되므로 f(3)의 재귀적 호출이 완전히 끝나고 나서 fib(2)의 재귀적 호출이 진행된다. 그림 20.4를 보면 매우 많이 중복된 재귀적 호출이 일어남을 볼 수 있다. 가령, fib(2)는 두 번 호출되고, fib(1)은 3번, 그리고 fib(0)은 2번의 호출이 일어난다. 일반적으로 fib(index)을 계산하기 위해서 요구되는 호출 횟수는 fib(index−1)을 계산하는데 필요한 호출 횟수보다 대략 2배정도 더 요구된다. index의 값이 크면 클수록 더 많은 횟수의 호출이 요구될 것이고 더불어 보다 많은 시간과 메모리 공간이 필요하게 됨을 유추할 수 있다.

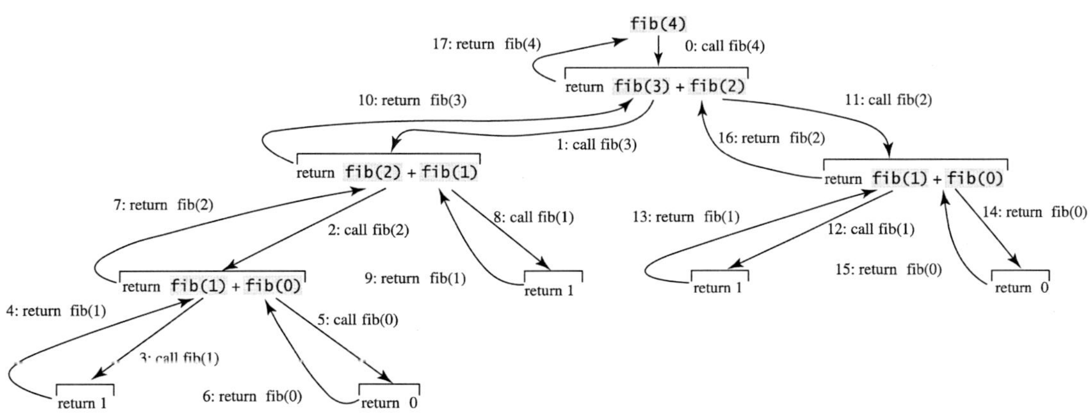

그림 20.4 fib(4)의 처리 과정

교수법 NOTE

fib 메소드의 재귀적 구현은 매우 단순하고 수월하다. 하지만 효율적이지는 않다. 루프를 이용한 효율적인 해결을 위해 프로그래밍 연습 20.2을 보라. 실용적이지는 않을지라도 재귀적 fib 메소드는 재귀적 메소드를 작성하는 방법으로서 좋은 예제이다.

20.4 재귀적 방법을 이용한 문제해결

앞 절에서 우리는 매우 전통적인 두 개의 재귀적 예를 알아보았다. 모든 재귀적 메소드들은 다음과 같은 특징을 갖고 있다.

if-else

- 상이한 경우(different case)를 구분하기 위해 if-else 혹은 switch 문이 존재한다.
- 하나 이상의 정지조건을 가지고 있다.
- 매 재귀적 호출을 통해 점점 단순화된 문제로 축소되는 모습을 갖는다.

일반적으로, 재귀적 방법을 이용하여 문제를 해결하기 위해서는 주어진 문제를 더 작은 문제(subproblem)로 분할하여야 한다. 이 때 분할된 작은 단위의 문제들은 원래 문제(original problem)와 거의 유사해야 하지만, 그 크기는 작아야 한다. 그래야만 동일한 방식으로 각각의 분할된 문제들을 재귀적으로 해결할 수 있다.

가령, 메시지를 n번 출력하는 문제를 생각해 보자. 이 문제는 메시지를 1번 출력하는 문제와 n-1번 출력하는 문제로 나누어 생각할 수 있을 것이다. 이 때 n-1번 출력하는 문제는 원래 문제와 동일한 문제이지만 그 크기는 줄어들었음을 알 수 있다. 그리고 이 때 정지조건은 당연히 n=0이므로 다음과 같이 재귀적 방법으로 이 문제를 해결할 수 있을 것이다.

```
public static void nPrintln(String message, int times) {
  if (times >= 1) {
    System.out.println(message);
    nPrintln(message, times - 1);
  } // The base case is times == 0
}
```

재귀적으로 생각

fib 메소드는 값을 호출자에게 반환하지만 nPrintln 메소드는 void이므로 호출자에게 값을 반환하지 않는다는 것에 유의하라. 만약 여러분들이 **재귀적으로 생각**을 한다면, 앞서 배운 많은 프로그램들을 재귀적 방법으로 해결할 수 있을 것이다. 리스트 8.1에 있는 회문 문제(palindrome problem)를 생각해 보자. 회문이란 단어 또는 문장을 거꾸로 읽어도 같은 단어 혹은 문장이 되는 것을 의미하므로 mom이나 dad는 회문이지만, uncle과 aunt는 회문이 아니다. 주어진 문자열이 회문인지 아닌지를 알아내는 문제는 다음과 같이 두 개의 문제로 분할하여 생각할 수 있다.

- 첫 문자와 마지막 문자가 동일한지를 체크한다.
- 이 두 개의 문자를 무시하고 나머지 문자열이 회문인지를 체크한다.

여기서 분할된 두 번째 문제 역시 원래 문제와 동일하지만 그 크기는 줄어들었음을 확인할 수 있다. 또한 정지조건은 두 가지 경우가 존재한다. (1) 양끝 문자가 서로 다른 경우와 (2) 문자열의 크기가 0이거나 1인 경우이다.

또한 (1)의 경우는 회문이 아닌 경우이고 (2)의 경우는 회문인 경우이다.

리스트 20.3은 재귀적 방법을 사용하여 회문 문제를 해결한 프로그램이다.

리스트 20.3 RecursivePalindromeUsingSubstring.java

```
 1 public class RecursivePalindromeUsingSubstring {
 2   public static boolean isPalindrome(String s) {
 3     if (s.length() <= 1) // Base case
 4       return true;
 5     else if (s.charAt(0) != s.charAt(s.length() - 1)) // Base case
 6       return false;
 7     else
 8       return isPalindrome(s.substring(1, s.length() - 1));
 9   }
10
11   public static void main(String[] args) {
12     System.out.println("Is moon a palindrome? "
13       + isPalindrome("moon"));
14     System.out.println("Is noon a palindrome? "
15       + isPalindrome("noon"));
16     System.out.println("Is a a palindrome? " + isPalindrome("a"));
17     System.out.println("Is aba a palindrome? " +
18       isPalindrome("aba"));
19     System.out.println("Is ab a palindrome? " + isPalindrome("ab"));
20   }
21 }
```

```
Is moon a palindrome? false
Is noon a palindrome? true
Is a a palindrome? true
Is aba a palindrome? true
Is ab a palindrome? false
```

8행은 원래 문자열에서 양쪽 끝 문자를 제외한 나머지 문자열을 새롭게 생성하는 문장이다.

20.5 재귀적 보조 메소드(Recursion Helper Methods)

리스트 20.3에서 사용한 isPalindrome 메소드는 매 재귀적 호출 때마다 새로운 문자열을 생성해야 하기 때문에 사실상 효과적인 방법은 아니다. 이를 개선하기 위해 새로운 문자열이 시작되는 지점과 끝 지점을 가리키는 인덱스를 추가한다.

이렇게 개선한 isPalindrome(String s, int low, int high) 메소드를 사용한 프로그램이 리스트 20.4이다.

리스트 20.4 RecursivePalindrome.java

```java
public class RecursivePalindrome {
  public static boolean isPalindrome(String s) {
    return isPalindrome(s, 0, s.length() - 1);
  }

  public static boolean isPalindrome(String s, int low, int high) {
    if (high <= low) // Base case
      return true;
    else if (s.charAt(low) != s.charAt(high)) // Base case
      return false;
    else
      return isPalindrome(s, low + 1, high - 1);
  }

  public static void main(String[] args) {
    System.out.println("Is moon a palindrome? "
      + isPalindrome("moon"));
    System.out.println("Is noon a palindrome? "
      + isPalindrome("noon"));
    System.out.println("Is a a palindrome? " + isPalindrome("a"));
    System.out.println("Is aba a palindrome? " +
      isPalindrome("aba"));
    System.out.println("Is ab a palindrome? " + isPalindrome("ab"));
  }
}
```

이 프로그램에서 두 개의 isPalindrome 메소드가 중복정의되어 있다.

isPalindrome(String s)는 문자열 s가 회문인지를 체크하는 것이고, isPalindrome(String s, int low, int high)는 low와 high 사이의 문자열 s(low. . high)가 회문인지를 체크하는 메소드이다. 첫 번째 메소드는 문자열 s를 low=0, high=s.length() −1와 함께 두 번째 메소드에 전달한다. 이렇게 어떤 문제를 재귀적으로 해결하고자 추가 정보를 이용하여 중복정의된 제2의 재귀적 메소드를 **재귀적 보조 메소드**(recursive helper method)라고 부른다

재귀적 보조 메소드

이 보조 메소드는 특히 배열이나 문자열과 관련하여 재귀적 방법을 사용하고자 할 때 매우 유용하다. 두 개의 예를 더 살펴보자.

20.5.1 선택 정렬(Selection Sort)

6장에서 소개된 선택 정렬은 리스트 내에서 가장 큰 수를 찾아 그 수를 맨 끝으로 이동시켜 감으로써 정렬하는 방식이다. 이 문제 역시 다음과 같이 두 개의 분할된 문제로 나누어 생각할 수 있다.

- 가장 큰 수를 찾고 이를 맨 끝에 위치한 수와 위치를 바꾼다.
- 맨 끝에 위치한 원소를 제외한 나머지 부분을 대상으로 위 방법을 재귀적으로 수행한다.

이 때 정지조건은 나머지 부분의 크기가 1인 경우이다. 리스트 20.5는 재귀적 정렬 메소드를 보이고 있다.

리스트 20.5 RecursiveSelectionSort.java

```
public class RecursiveSelectionSort {
  public static void sort(double[] list) {
    sort(list, list.length - 1);
  }

  public static void sort(double[] list, int high) {
    if (high > 0) {
      // Find the largest number and its index
      int indexOfMax = 0;
      double max = list[0];
      for (int i = 1; i <= high; i++) {
        if (list[i] > max) {
          max = list[i];
          indexOfMax = i;
        }
      }

      // Swap the largest with the last number in the list
      list[indexOfMax] = list[high];
      list[high] = max;

      // Sort the remaining list
      sort(list, high - 1);
    }
  }
}
```

이 프로그램 역시 두 개의 중복정의된 sort 메소드가 존재한다. 하나는 전체를 대상으로 정렬하는 sort(double[] list) 메소드이고, 두 번째는 맨 끝 원소를 제외한 나머지를 대상으로 정렬하기 위한 sort(double[] list, int high) 메소드이다.

20.5.2 이진 검색(Binary Search)

이진 검색은 6.7.2절에서 소개했다. 이진 검색을 하기 위해서는 우선적으로 모든 원소들이 정렬되어 있어야 한다. 이미 알고 있는 사실이겠지만 이진 검색은 키 값을 중간에 위치한 원소와 비교를 하여 그 결과에 따라 검색이 진행된다.

- 경우 1) 키 값이 중간에 위치한 값보다 작으면 중간을 기준으로 왼쪽에서 검색을 다시 시도한다.
- 경우 2) 키 값이 중간에 위치한 값과 동일한 경우이다.
- 경우 3) 키 값이 중간에 위치한 값보다 크면 중간을 기준으로 오른쪽에서 검색을 다시 시도한다.

경우 2)가 재귀적 방법을 사용할 경우 정지조건이 되며, 추가적으로 검색하고자 하는 원소가 없을 경우에도 정지조건이 된다. 리스트 20.6은 이를 이용하여 이진 검색을 재귀적 방법으로 프로그래밍한 것이다.

리스트 20.6 RecursiveBinarySearch.java

```
public class RecursiveBinarySearch {
  public static int recursiveBinarySearch(int[] list, int key) {
    int low = 0;
    int high = list.length - 1;
    return recursiveBinarySearch(list, key, low, high);
  }

  public static int recursiveBinarySearch(int[] list, int key,
      int low, int high) {
    if (low > high)  // The list has been exhausted without a match
      return -low - 1;

    int mid = (low + high) / 2;
    if (key < list[mid])
      return recursiveBinarySearch(list, key, low, mid - 1);
    else if (key == list[mid])
      return mid;
    else
      return recursiveBinarySearch(list, key, mid + 1, high);
  }
}
```

20.6 예제 : 디렉토리 크기 구하기

지금까지의 예는 재귀적 방법을 사용하지 않고도 쉽게 해결할 수 있는 예제이지만 지금 소개하려고 하는 문제는 재귀적 방법을 사용하지 않고는 해결하기 어려운 문제이다. 그것은 바로 디렉토리의 크기를 구하는 문제이다. 디렉토리의 크기는 그 디렉토리에 속한 모든 파일들과 하위 디렉토리들의 크기의 합으로 구해진다. 임의의 디렉토리 구조가 그림 20.5와 같은 구조라고 가정해 보자. 어떤 디렉토리가 그림 20.5와 같이 f_1, f_2, ... , f_m의 파일을 담고 있고 d_1, d_2, ..., d_n의 하위 디렉토리를 담고 있다고 가정하자.

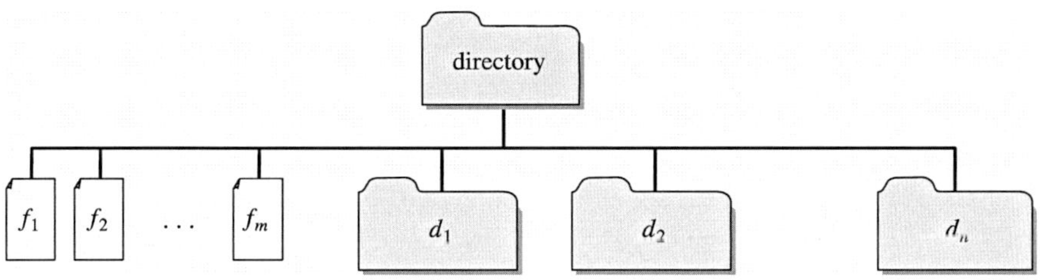

그림 20.5 디렉토리 구조

이 경우 다음과 같이 디렉토리의 크기를 재귀적으로 정의할 수 있다.

$$size(d) = size(f_1) + size(f_2) + \cdot \cdot \cdot$$
$$+ size(f_m) + size(d_1) + size(d_2) + \cdot \cdot \cdot + size(d_n)$$

여기서는 8.6절에서 배운 File 클래스를 사용하여 본 문제에 유용한 두 개의 메소드를 사용한다.

- length() : 파일의 크기를 반환해 주는 메소드
- listFile() : 디렉토리에 속한 File 객체에 대한 배열을 반환해 주는 메소드

리스트 20.7은 사용자에게 디렉토리나 파일을 입력하게 하고 그것의 크기를 표시하는 프로그램이다.

리스트 20.7 DirectorySize.java

```
import java.io.File;
import java.util.Scanner;

public class DirectorySize {
  public static void main(String[] args) {
    // Prompt the user to enter a directory or a file
    System.out.print("Enter a directory or a file: ");
    Scanner input = new Scanner(System.in);
```

```
 9       String directory = input.nextLine();
10
11       // Display the size
12       System.out.println(getSize(new File(directory)) + " bytes");
13     }
14
15     public static long getSize(File file) {
16       long size = 0; // Store the total size of all files
17
18       if (file.isDirectory()  {
19         File[] files =file.listFiles(); // All files and subdirectories
20         for (int i = 0; i < files.length; i++) {
21           size += getSize(files[i]); // Recursive call
22         }
23       }
24       else { // Base case
25         size += file.length();
26       }
27
28       return size;
29     }
30 }
```

```
Enter a directory or a file: c:\book [Enter]
48619631 bytes
```

```
Enter a directory or a file: c:\book\Welcome.java [Enter]
172 bytes
```

```
Enter a directory or a file: c:\book\NonExistentFile [Enter]
0 bytes
```

만약 file 객체가 디렉토리이면(18행), 그 디렉토리에 속한 모든 요소들(파일, 디렉토리)에 대한 크기를 알아내는 메소드를 재귀적으로 호출한다(21행). 그렇지 않고 단순히 파일을 의미하면(24행) 그 파일에 대한 크기를 얻어낸다(25행).

만약 사용자가 잘못된 디렉토리 명이나 존재하지 않는 이름을 입력하면 그 이름의 file 객체는 디렉토리가 아니므로 25행으로 넘어가서 file.length()을 호출하게 된다. 이 때 해당 파일이 없으므로 그 크기는 0으로 출력된다.

TIP 실수를 피하기 위해 정지조건을 테스트하는 것은 좋은 습관이다. 예를 들어, 여러분은 파일, 빈 디렉토리, 존재하지 않는 디렉토리, 그리고 존재하지 않는 파일이 입력인 프로그램을 추적해보아야 한다.

20.7 예제 : 하노이 탑

하노이 탑 역시 고전적인 재귀적 문제 중 하나이며, 재귀적 방법을 사용하지 않으면 풀기 어려운 문제이다.

하노이 탑은 3개의 기둥에 서로 다른 크기의 원판을 다음과 같은 규칙을 준수하면서 옮기는 문제이다.

- 1부터 n까지 번호가 매겨진 원판과 A, B, C 3개의 기둥(tower)이 존재한다.
- 항상 크기가 작은 원판에 더 큰 원판이 올려져서는 안된다.
- 처음에는 A기둥에 모든 원판들이 크기 순으로 놓여 있다.
- 한 번에 맨 위에 있는 하나의 원판만 이동할 수 있다.

이와 같은 규칙을 준수하면서 기둥 A에 쌓여진 모든 원판을 기둥 B에 크기 순으로 쌓는 것이 이 문제의 목적이며 이 때 기둥 C는 원판을 이동할 때 보조로 사용되는 기둥이다.

그림 20.6은 원판 3개를 가지고 하노이 타워 문제를 해결해가는 모습을 보여주고 있다.

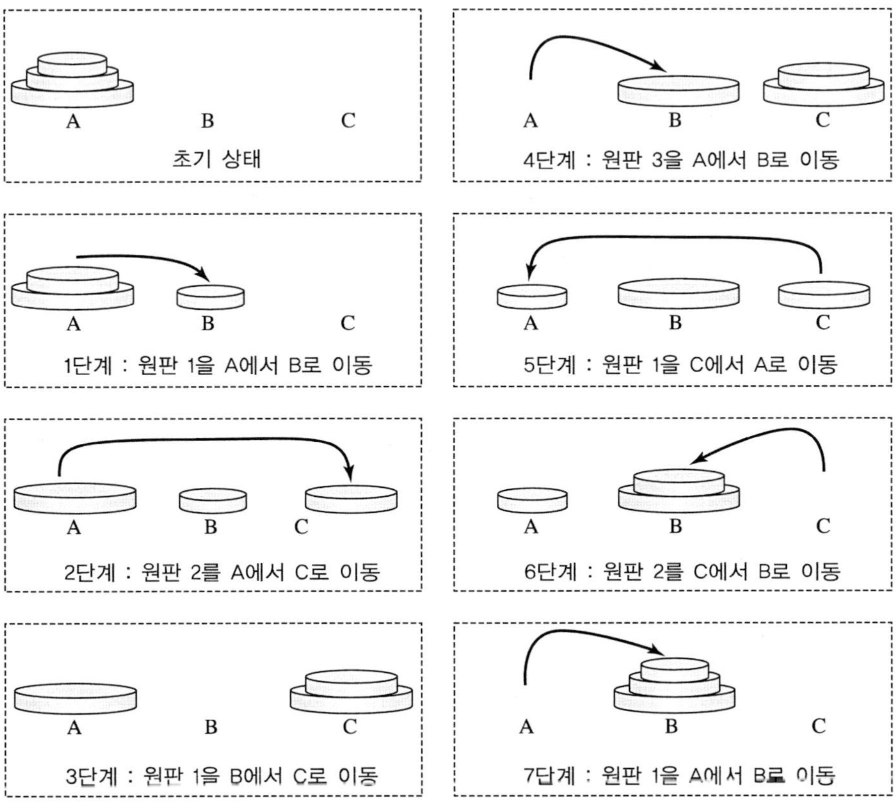

그림 20.6 A에서 B로 원판 옮기기

NOTE 하노이 탑은 고전적인 컴퓨터 공학 문제이다. 많은 웹사이트에서 노력을 기울였다. 그 중 살펴볼 가치가 있는 사이트는 www.cut-the-knot.com/recurrence/hanoi.html이다.

원판의 개수가 3개 정도 되는 경우에는 손으로 문제를 해결할 수 있지만, 원판의 수가 많아지면 심지어 4개만 되도 손으로 해결하는 것이 만만치 않다. 다행스럽게도 이 문제 역시 재귀적인 특성을 갖고 있다.

우선 이 문제에서 정지조건은 n=1일 때이다. 이 경우 원판이 하나이므로 A에서 곧바로 B로 옮기면 된다. 그러나 원판이 2개 이상일 경우에는 다음과 같이 3개의 문제로 분할해서 해결해야 한다.

1. n-1개의 원판을 그림 20.7에 첫 번째 단계처럼 A에서 C로 옮긴다. 이 때 기둥 B를 보조 기둥으로 이용한다.
2. 그림 20.7의 두 번째 단계처럼 n번째 원판을 A에서 B로 옮긴다.
3. 그림 20.7의 세 번째 단계처럼 C에 있는 n-1개의 원판을 B로 옮긴다. 이 때 기둥 A를 보조 기둥으로 이용한다.

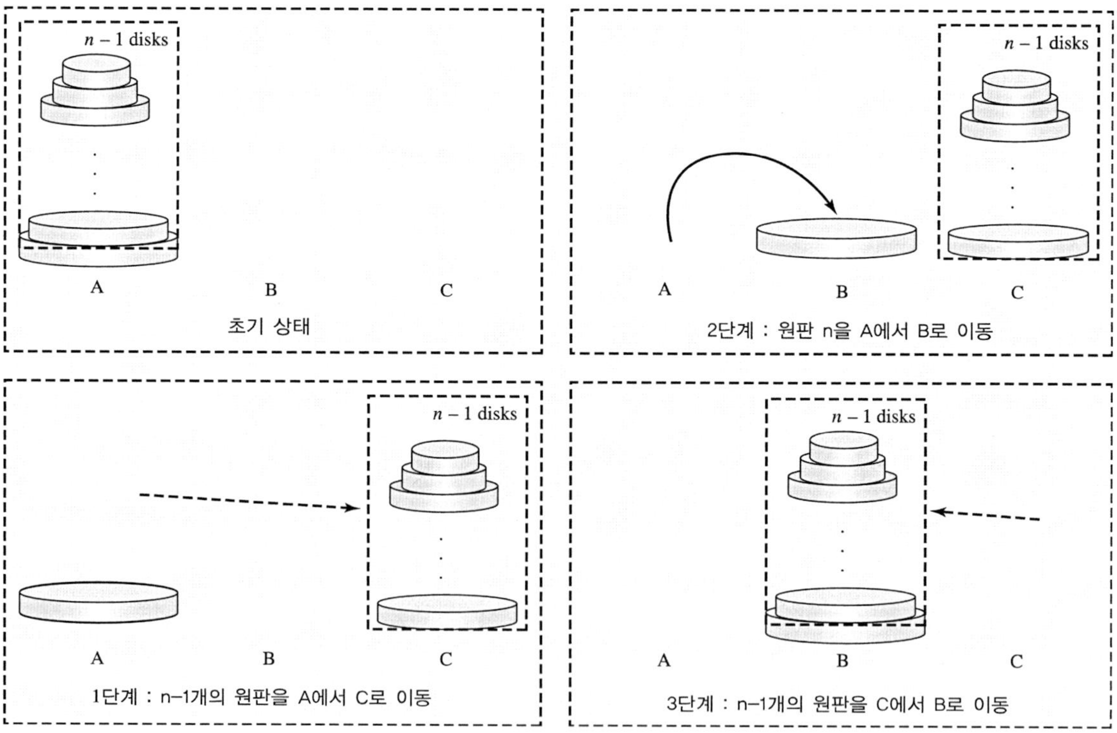

그림 20.7 하노이 탑

다음은 n개의 원판을 보조 기둥 auxTower를 이용하여 fromTower에서 toTower로 옮기기 위한 메소드의 원형이다.

```
void moveDisks(int n, char fromTower, char toTower, char auxTower)
```

문제해결을 위해 골격이 되는 알고리즘은 다음과 같다.

```
if (n == 1) // Stopping condition
  Move disk 1 from the fromTower to the toTower;
else {
  moveDisks(n - 1, fromTower, auxTower, toTower);
  Move disk n from the fromTower to the toTower;
  moveDisks(n - 1, auxTower, toTower, fromTower);
}
```

리스트 20.8은 원판의 개수를 입력받아 하노이 탑을 재귀적으로 해결한 프로그램이다.

리스트 20.8 TowersOfHanoi.java

```
import java.util.Scanner;

public class TowersOfHanoi {
  /** Main method */
  public static void main(String[] args) {
    // Create a Scanner
    Scanner input = new Scanner(System.in);
    System.out.print("Enter number of disks: ");
    int n = input.nextInt();

    // Find the solution recursively
    System.out.println("The moves are:");
    moveDisks(n, 'A', 'B', 'C');
  }

  /** The method for finding the solution to move n disks
      from fromTower to toTower with auxTower */
  public static void moveDisks(int n, char fromTower,
      char toTower, char auxTower) {
    if (n == 1) // Stopping condition
      System.out.println("Move disk " + n + " from " +
        fromTower + " to " + toTower);
    else {
      moveDisks(n - 1, fromTower, auxTower, toTower);
      System.out.println("Move disk " + n + " from " +
        fromTower + " to " + toTower);
      moveDisks(n - 1, auxTower, toTower, fromTower);
    }
  }
}
```

```
Enter number of disks: 4 ↵Enter
The moves are:
Move disk 1 from A to C
Move disk 2 from A to B
Move disk 1 from C to B
Move disk 3 from A to C
Move disk 1 from B to A
Move disk 2 from B to C
Move disk 1 from A to C
Move disk 4 from A to B
Move disk 1 from C to B
Move disk 2 from C to A
Move disk 1 from B to A
Move disk 3 from C to B
Move disk 1 from A to C
Move disk 2 from A to B
Move disk 1 from C to B
```

이 문제는 본질적으로 재귀적이다. 재귀를 사용하는 것이 자연스럽고 간단한 솔루션을 찾는 것을 가능하게 한다.

n = 3인 경우 프로그램이 실행되는 모습을 살펴보면 그림 20.8과 같다. 보는 바와 같이 재귀적 호출이 이루어지는 모습은 프로그램을 작성하는 것보다 더 복잡해 보인다. 막후에서 시스템은 호출을 추적하기 위해 스택을 사용한다. 재귀는 반복과 다른 세부사항을 유저로부터 숨기는 일정 수준의 추상화를 어느 정도 제공한다.

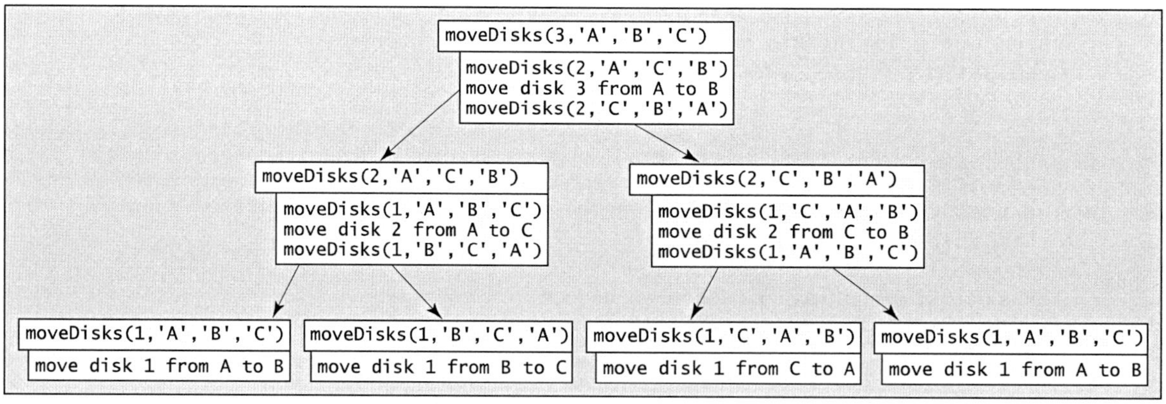

그림 20.8 moveDisks(3, 'A', 'B', 'C')가 수행되는 모습

20.8 예제 : 프랙탈

프랙탈(fractal)은 삼각형, 원, 혹은 사각형과는 달리 기하학적인 모양을 말하며 부분과 전체가 똑같은 모양을 갖고 있으며 자기 유사성과 순환성이라는 특징을 갖고 있다. 아주 많은 프랙탈 예가 있지만 여기서는 단순한 구조를 갖는, 유명한 폴란드 수학자의 이름을 딴 **시어핀스키의 삼각형**(Sierpinski triangle)을 소개하려고 한다.

시어핀스키의 삼각형은 다음과 같은 방식으로 만들어진다.

1. 우선 정삼각형을 그린다. 차수(또는 레벨)는 0이다(그림 20.9(a)).
2. 정삼각형 각 변의 중점을 서로 연결한다. 차수가 1이 되었다(그림 20.9(b)).
3. 가운데 삼각형은 건드리지 말고, 그 외 나머지 삼각형의 중점을 서로 연결한다. 차수가 2가 되었다(그림 20.9(c)).
4. 3번 과정을 계속적으로 반복한다. 차수가 3, 4, ... 늘어난다(그림 20.9(d)).

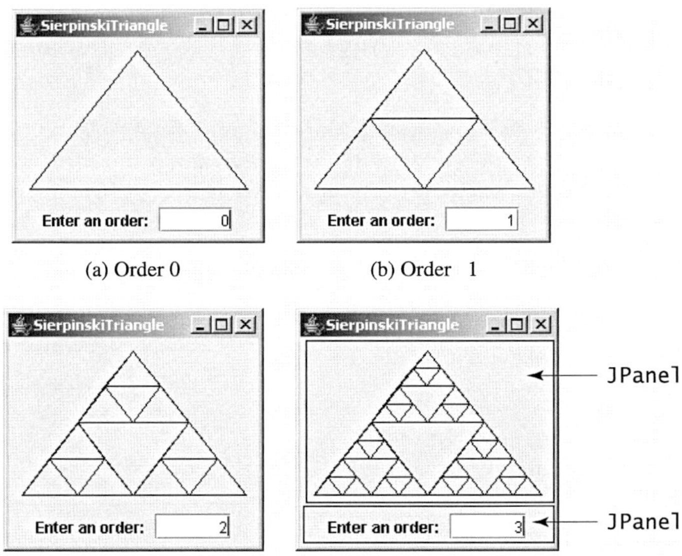

(a) Order 0 (b) Order 1
(c) Order 2 (d) Order 3

그림 20.9 시어핀스키의 삼각형

시어핀스키의 삼각형 역시 재귀적인 특성을 그대로 갖고 있으며 첫 번째 단계(그림 20.9(a) – 차수 0)가 정지조건에 해당된다. 그렇다면 두 번째 단계(그림 20.9에서 차수 1에 해당)에서 시어핀스키의 삼각형을 어떻게 그려야 하는가? 이는 차수 0에 해당되는 삼각형을 3개 그리는 문제로 생각할 수 있다. 또 차수 2에 해당되는 그림은 다시 차수 1에 해당되는 삼각형을 3개 그리는 문제로 생각할 수 있다. 따라서 차수 n에 해당되는 삼각형을 그리는 문제는 차수 n–1에 해당되는 삼각형을 3개 그리는 문제로 일반화할 수 있다.

리스트 20.9는 그림 20.9와 같이 시어핀스키의 삼각형을 그리는 프로그램이다.

리스트 20.9 SierpinskiTriangle.java

```
import javax.swing.*;
import java.awt.*;
import java.awt.event.*;

public class SierpinskiTriangle extends JApplet {
  private JTextField jtfOrder = new JTextField(5); // To hold order
  private SierpinskiTrianglePanel trianglePanel =
    new SierpinskiTrianglePanel(); // To display the pattern

  public SierpinskiTriangle() {
    // Panel to hold label, text field, and a button
    JPanel panel = new JPanel();
    panel.add(new JLabel("Enter an order: "));
    panel.add(jtfOrder);
    jtfOrder.setHorizontalAlignment(SwingConstants.RIGHT);

    // Add a Sierpinski Triangle panel to the applet
    add(trianglePanel);
    add(panel, BorderLayout.SOUTH);

    // Register a listener
    jtfOrder.addActionListener(new ActionListener() {
      public void actionPerformed(ActionEvent e) {
        trianglePanel.setOrder(Integer.parseInt(jtfOrder.getText()));
      }
    });
  }

  static class SierpinskiTrianglePanel extends JPanel {
    private int order = 0;

    /** Set a new order */
    public void setOrder(int order) {
      this.order = order;
      repaint();
    }

    protected void paintComponent(Graphics g) {
      super.paintComponent(g);

      // Select three points in proportion to the panel size
      Point p1 = new Point(getWidth() / 2, 10);
      Point p2 = new Point(10, getHeight() - 10);
      Point p3 = new Point(getWidth() - 10, getHeight() - 10);

      displayTriangles(g, order, p1, p2, p3);
    }

    private static void displayTriangles(Graphics g, int order,
        Point p1, Point p2, Point p3) {
```

```
51       if (order >= 0) {
52         // Draw a triangle to connect three points
53         g.drawLine(p1.x, p1.y, p2.x, p2.y);
54         g.drawLine(p1.x, p1.y, p3.x, p3.y);
55         g.drawLine(p2.x, p2.y, p3.x, p3.y);
56
57         // Get three midpints in the triangle
58         Point midBetweenP1P2 = midpoint(p1, p2);
59         Point midBetweenP2P3 = midpoint(p2, p3);
60         Point midBetweenP3P1 = midpoint(p3, p1);
61
62         // Recursively display three triangles
63         displayTriangles(g, order - 1,
64           p1, midBetweenP1P2, midBetweenP3P1);
65         displayTriangles(g, order - 1,
66           midBetweenP1P2, p2, midBetweenP2P3);
67         displayTriangles(g, order - 1,
68           midBetweenP3P1, midBetweenP2P3, p3);
69       }
70     }
71
72     private static Point midpoint(Point p1, Point p2) {
73       return new Point((p1.x + p2.x) / 2, (p1.y + p2.y) / 2);
74     }
75   }
76 }
```

초기 삼각형의 3점이 42-44행에서처럼 주어지고, order >= 0인 경우에 이 3점을 시작으로 displayTriangles(g, order, p1, p2, p3) 메소드는 다음과 같은 일을 수행한다.

1. 주어진 세 점, p1, p2, p3를 연결하여 삼각형을 그린다(53-55행).
2. 그림 20.10과 같이 p1과 p2의 중점(58행), p2와 p3의 중점(59행), 그리고 p3와 p1의 중점(60행)을 찾는다.
3. 세 개의 더 작은 삼각형을 그리기 위해 차수를 줄여가면서 displayTriangles 메소드를 재귀적으로 호출한다(63-68행).

시어핀스키 삼각형은 SierpinskiTrianglePanel에 표시된다. 내부 클래스 SierpinskiTrianglePanel의 order 속성은 시어핀스키 삼각형의 차수를 명세한다. 15장 4절에서 소개된 Point 클래스는 컴포넌트의 점을 나타낸다. midpoint(Point p1, Point p2) 메소드는 p1과 p2 사이의 중점을 반환한다(72-74행).

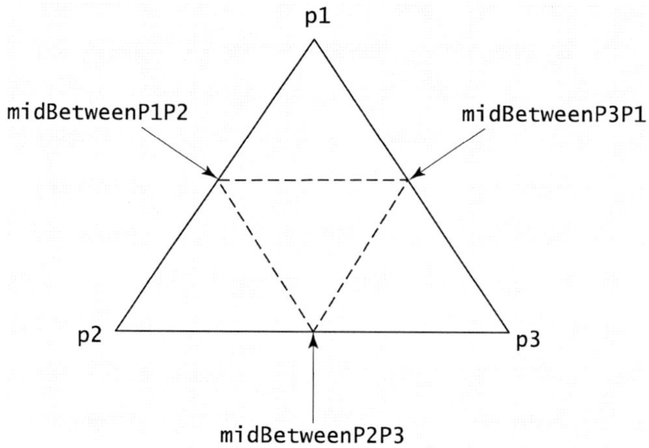

그림 20.10 3개의 작은 삼각형 생성하기

20.9 예제 : Eight Queens

앞 절에서 잠시 언급했던 8퀸 문제를 다뤄보자. 우선 체스보드를 표현하기 위해 2차원 배열이 필요하지만 각각의 퀸이 한 행에 오직 하나만 존재해야 하므로 퀸의 위치를 표현하기 위해서 다음 문장과 같이 1차원 배열이면 충분하다.

```
int[] queens = new int[8];
```

그리고 퀸의 위치가 i행 j열에 있으면 이를 queens[i] = j로 표현하면 된다. 그림 20.11(a)는 그림 20.11(b)의 모습을 queens[i]로 표현한 모습이다.

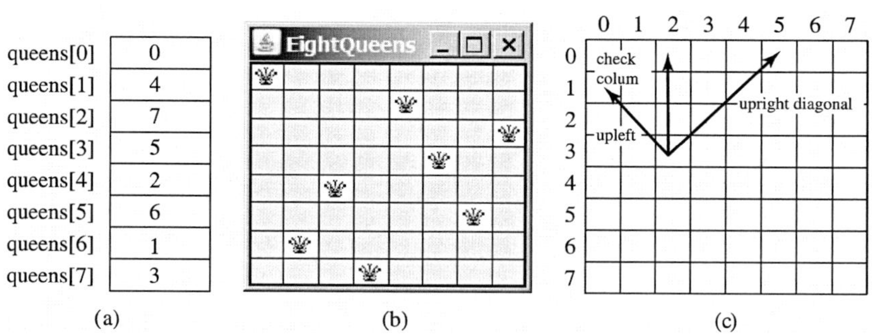

그림 20.11 queen[i]와 체스판에서 퀸의 위치 관계

리스트 20.10은 8퀸 문제의 솔루션을 표시하는 프로그램이다.

리스트 20.10 EightQueens.java

```
import java.awt.*;
import javax.swing.*;

public class EightQueens extends JApplet {
  public static final int SIZE = 8; // The size of the chess board
  private int[] queens = new int[SIZE]; // Queen positions

  public EightQueens() {
    search(0); // Search for a solution from row 0
    add(new ChessBoard(), BorderLayout.CENTER);
  }

  /** Check if a queen can be placed at row i and column j */
  private boolean isValid(int row, int column) {
    for (int i = 1; i <= row; i++)
      if (queens[row - i] == column // Check column
        || queens[row - i] == column - i // Check upper left diagonal
        || queens[row - i] == column + i) // Check upright diagonal
        return false; // There is a conflict
    return true; // No conflict
  }

  /** Search for a solution starting from a specified row */
  private boolean search(int row) {
    if (row < SIZE) {
      for (int column = 0; column < SIZE; column++) {
        queens[row] = column; // Place a queen at (row, column)
        if (isValid(row, column) && search(row + 1))
          return true; // Found, thus return true to exit the loop
      }
    }
    else {
      return true; // A solution found
    }

    return false; // No solution
  }

  class ChessBoard extends JPanel {
    private Image queenImage =
      new ImageIcon("image/queen.jpg").getImage();

    ChessBoard() {
      this.setBorder(BorderFactory.createLineBorder(Color.BLACK, 2));
    }

    protected void paintComponent(Graphics g) {
      super.paintComponent(g);

      // Paint the queens
      for (int i = 0; i < SIZE; i++) {
        int j = queens[i]; // The position of the queen in row i
        g.drawImage(queenImage, j * getWidth() / SIZE,
```

```
54           i * getHeight() / SIZE, getWidth() / SIZE,
55           getHeight() / SIZE, this);
56       }
57
58       // Draw the horizontal and vertical lines
59       for (int i = 1; i < SIZE; i++) {
60         g.drawLine(0, i * getHeight() / SIZE,
61           getWidth(), i * getHeight() / SIZE);
62         g.drawLine(i * getWidth() / SIZE, 0,
63           i * getWidth() / SIZE, getHeight());
64       }
65     }
66   }
67 }
```

이 프로그램은 행 0에 대한 솔루션을 찾기 위해 search(0)(9행)을 호출하며 재귀적으로 26행처럼 search(1), search(2), . . . , search(7)을 호출한다.

search(row) 메소드에서는 퀸이 0~7 사이의 열에 올 수 있는지 없는지를 체크하는 일을 수행한다(26행). 27행에서 퀸을 그 칸에 놓는다. 만약 놓기가 정당하다면 재귀적으로 다음 행을 검색한다(28행). 검색이 성공하면 for 루프를 빠져나오기 위해 true를 반환한다(29행). 이 경우, 그 행의 다음 열을 볼 필요가 없다.

isValid(row, column) 메소드는 row 이전에 놓인 퀸과 특정 위치에 새로운 퀸을 배치시켰을 때 충돌이 발생하는지를 검사하는 기능을 갖는다(그림 20.11(c)). isValid 메소드는 그림 20.11(c)에 보이는 것처럼 같은 칸에 두 개의 퀸이 놓여있지 않음을 검사하고(16행), 왼쪽 대각선으로 위쪽에 퀸이 없음을 검사하고(17행), 오른쪽 대각선으로 위쪽에 퀸이 없음을 검사한다(18행).

20.10 재귀적 방법 vs. 반복

재귀적 방법은 루프문 없이 프로그램의 반복을 제어하기 위한 제2의 형태이다. 루프문을 사용하면 루프문의 조건식에 의해 루프 부분이 제어되지만, 재귀적 방법은 메소드 자체가 반복되어 호출되는 형태를 갖는다. 따라서 정지조건과 같은 문장이 존재해서 반복되는 메소드 호출을 계속할 것인가 멈출 것인가를 결정해주어야 한다.

재귀는 근본적인 오버헤드를 지닌다. 프로그램이 메소드를 호출할 때마다, 시스템은 메소드의 모든 지역 변수와 매개변수를 위한 공간을 배정해야만 한다. 이것은 상당한 메모리를 소모하며 추가 공간을 관리하기 위해 추가적인 시간이 필요하다.

또한 재귀적 방법은 메소드 호출을 통해 이루어지므로 메모리나 시간적인 면에서 상당한 부담을 안고 있다.

재귀적으로 풀 수 있는 모든 문제는 반복으로 재귀적이지 않게 풀 수 있다. 재귀는 약간의 부정적 측면이 있다. 너무 많은 시간과 너무 많은 메모리를 사용한다. 그렇다면 왜 재귀를 사용해야 하는가? 다른 방법으로는 풀기 어려우며 선천적으로 재귀적인 문제에 대한 명쾌하고 간단한 솔루션을 재귀를 사용함으로써 명세할 수 있다. 디렉토리-크기 문제, 하노이 탑 문제, 그리고 프랙탈 문제가 그 예이다. 그것들은 재귀의 사용없이 풀기에는 더 어렵다.

재귀를 사용할지 아니면 반복을 사용할지에 대한 결정은 여러분이 풀려고 시도하는 문제의 본질과 문제에 대한 여러분의 이해에 달려 있다. 경험에 비추어 보았을 때, 문제를 본질적으로 반영하는 직관적인 솔루션을 최고로 개발할 수 있는 방법이라면 어떤 것이든 사용해도 좋다. 반복 솔루션이 명백하다면 그것을 사용하라. 일반적으로 그렇게 하는 것이 옵션인 재귀보다 더 효율적이다.

NOTE

여러분의 재귀적인 프로그램은 메모리를 바닥낼 수도 있다. 그것은 StackOverFlowError를 야기한다.

StackOverFlowError

TIP

여러분이 만약 프로그램의 성능에 대해 고려한다면 재귀를 사용하지 말라. 왜냐하면 그것은 반복보다 많은 시간이 걸리며 보다 많은 메모리를 소모하기 때문이다.

주요 용어

- 기본 케이스
- 무한 재귀적 호출
- 재귀적 메소드
- 재귀적 보조 메소드
- 정지조건

요약

- 재귀적 메소드는 직간접적으로 자신을 호출하는 것을 말하며, 하나 이상의 정지조건을 포함하고 있어야 한다.
- 주어진 문제 자체가 재귀적 특성을 갖는 경우 재귀적 방법을 사용하는 것이 좋다. 재귀적 방법은 루프문 없이 프로그램의 반복을 제어하기 위한 제2의 형태이다. 다른 방법으로는 풀기 어려우며 본질적으로 재귀적인 문제에 대한 명쾌하고 간단한 솔루션을 재귀를 사용함으로써 명세할 수 있다.

- 재귀적 방법은 메모리나 시간적인 면에서 상당한 부담요소로 작용할 수 있다. 때때로 원래 메소드는 재귀적으로 호출되기 위해 추가적인 매개변수를 받도록 수정되어야 할 필요가 있다.
- 재귀는 근본적인 오버헤드를 지닌다. 프로그램이 메소드를 호출할 때마다, 시스템은 메소드의 모든 지역 변수와 매개변수를 위한 공간을 배정해야만 한다. 이것은 상당한 메모리를 소모하며 추가 공간을 관리하기 위해 추가적인 시간이 필요하다.

복습문제

20.1–20.3절

20.1 재귀적 메소드란 무엇인가? 재귀적 메소드의 특징을 설명하라. 무한 재귀적이란 무엇인가?

20.2 양의 정수 n에 대해서 2^n을 계산하기 위한 식을 재귀적 방법으로 정의하라.

20.3 양의 정수 n과 실수 x에 대해서 x^n을 계산하기 위한 식을 재귀적 방법으로 정의하라.

20.4 양의 정수에 대해서 $1 + 2 + 3 + . . . + n$을 계산하기 위한 식을 재귀적 방법으로 정의하라.

20.5 리스트 20.1에서 factorial(6)인 경우 얼마나 많이 factorial이 호출되는가?

20.6 리스트 20.2에서 fib(6)인 경우 fib가 호출되는 횟수는?

20.4–20.6절

20.7 리스트 20.3과 리스트 20.4에서 isPalindrome("abcba")에 대한 스택의 모습을 보여라.

20.8 리스트 20.5에서 정의된 메소드를 이용하여 selectionSort(new double[]{2, 3, 5, 1})에 대한 스택의 모습을 보여라.

20.9 재귀적 보조(helper) 메소드란?

20.7절 예제 : 하노이 탑

20.10 리스트 20.8에서 moveDisks(5, 'A', 'B', 'C')인 경우 moveDisks가 호출되는 횟수는?

20.9절 재귀적 방법 vs. 반복

20.11 다음 문장 중 참인 것은?

- 모든 재귀적 메소드는 비 재귀적 메소드로 변환할 수 있다.
- 재귀적 메소드는 비 재귀적 메소드보다 더 많은 시간과 메모리가 요구된다.
- 재귀적 메소드는 **항상** 비 재귀적 메소드보다 간단한 형태를 갖는다.
- 재귀적 메소드에는 정지조건에 도달하는가를 체크하는 조건식이 항상 존재한다.

20.12 스택 오버플로우가 발생하는 원인은?

종합문제

20.13 다음 프로그램의 출력은 무엇인가?

```
public class Test {
  public static void main(String[] args) {
    System.out.println(
      "Sum is " + xMethod(5));
  }

  public static int xMethod(int n) {
    if (n == 1)
      return 1;
    else
      return n + xMethod(n - 1);
  }
}
```

```
public class Test {
  public static void main(String[] args) {
    xMethod(1234567);
  }

  public static void xMethod(int n) {
    if (n > 0) {
      System.out.print(n % 10);
      xMethod(n / 10);
    }
  }
}
```

20.14 다음 두 프로그램의 실행 결과는?

```
public class Test {
  public static void main(String[] args) {
    xMethod(5);
  }

  public static void xMethod(int n) {
    if (n > 0) {
      System.out.print(n + " ");
      xMethod(n - 1);
    }
  }
}
```

```
public class Test {
  public static void main(String[] args) {
    xMethod(5);
  }

  public static void xMethod(int n) {
    if (n > 0) {
      xMethod(n - 1);
      System.out.print(n + " ");
    }
  }
}
```

20.15 다음 메소드에서 잘못된 부분은?

```
public class Test {
  public static void main(String[] args) {
    xMethod(1234567);
  }

  public static void xMethod(double n) {
    if (n != 0) {
      System.out.print(n);
      xMethod(n / 10);
    }
  }
}
```

```
public class Test {
  public static void main(String[] args) {
    Test test = new Test();
    System.out.println(test.toString());
  }

  public Test() {
    Test test = new Test();
  }
}
```

프로그래밍 연습

20.2–20.3절

20.1** (계승) 11.12절에서 소개된 BigInteger 클래스를 사용하여 아주 큰 수에 대한 계승(factorial)을 계산할 수 있다(예 : 100!). 사용자로부터 수를 입력받아 해당 계승을 출력하는 프로그램을 작성하라. 단, 재귀적 방법으로 메소드를 작성하라.

20.2* (피보나치 수) 리스트 20.2에서 사용한 fib 메소드를 반복문을 사용하여 다시 작성하라. 힌트 : fib(n)을 비 재귀적 방법으로 계산하기 위해서는 우선적으로 fib(n−2)와 fib(n−1)의 값을 알아야 한다. f0와 f1을 피보나치수라고 하면 지금 구하고자 하는 피보나치는 f0 + f1이 된다. 이를 이용한 간략한 알고리즘은 다음과 같다.

```
f0 = 0; // For fib(0)
f1 = 1; // For fib(1)

for (int i = 1; i <= n; i++) {
  currentFib = f0 + f1;
  f0 = f1;
  f1 = currentFib;
}

// After the loop, currentFib is fib(n)
```

20.3* (재귀를 이용한 최대공약수 계산) 최대공약수 gcd(m, n)은 다음과 같이 재귀적으로 정의할 수 있다.

- 만약 m % n이 0이면 gcd(m, n)의 값은 n이다.
- 그렇지 않으면 gcd(m, n)는 gcd(m, m % n)이다.

재귀적 방법을 사용하여 gcd를 구하는 프로그램을 작성하고 gcd(24, 16)과 gcd(255, 25)의 출력값을 확인하라.

20.4 (급수의 합) 다음과 같은 급수를 계산하기 위한 재귀적 메소드를 작성하시오.

$$m(i) = 1 + \frac{1}{2} + \frac{1}{3} + \cdot \cdot \cdot \cdot + \frac{1}{i}$$

20.5 (급수의 합) 다음과 같은 급수를 계산하기 위한 재귀적 메소드를 작성하시오.

$$m(i) = \frac{1}{3} + \frac{2}{5} + \frac{3}{7} + \frac{4}{9} + \frac{6}{13} + \cdot \cdot \cdot \cdot + \frac{i}{2i+1}$$

20.6* (급수의 합) 다음과 같은 급수를 계산하기 위한 재귀적 메소드를 작성하시오.

$$m(i) = \frac{1}{2} + \frac{2}{3} + \cdot \cdot \cdot \cdot + \frac{i}{i+1}$$

20.7* (피보나치 수열) fib가 호출되는 횟수가 출력되도록 리스트 20.2 프로그램을 수정하시오(힌트 : 정적 변수를 사용하여 메소드가 호출될 때마다 1씩 증가시킨다).

20.4절 재귀를 이용한 문제해결

20.8* (정수의 각 자릿수를 재귀적으로 출력하기) 입력된 정수가 역으로 출력되도록 재귀적 메소드를 작성하시오. 단, 해당 메소드의 형식은 public static void reverseDisplay(int value)이다.
가령, reverseDisplay(12345)인 경우 54321이 출력된다.

20.9* (문자열의 각 문자를 재귀적으로 출력하기) 입력된 문자열이 역으로 출력되도록 재귀적 메소드를 작성하시오. 단, 해당 메소드의 형식은 public static void reverseDisplay(String value)이다.
예 : reverseDisplay("abcd")인 경우 dcba가 출력된다.

20.10* (카탈란 수) 카탈란 수(Catalan number)는 다음과 같이 재귀적으로 정의된 수열에 의해 구해진다.

$$C_0 = 1,\ C_{n+1} = \sum_{i=0}^{n} C_i C_{n-i} \quad , n \geq 0$$

카탈란 수들은 1, 1, 2, 5, 14, 42, 139 등이 있다. n번째 카달란 수를 구하는 메소드를 재귀적 방법으로 작성하시오.

20.11* (재귀를 이용한 정수의 각 자릿수의 합) 수를 구성하고 있는 각각의 자릿수의 합을 구하는 메소드를 재귀적 방법으로 작성하시오. 단, 메소드의 형식은

```
public static int sumDigits(long n)
```

이다.

예 : sumDigits(234)의 결과 값은 2 + 3 + 4 = 9이다.

20.5절 재귀적 보조 메소드

20.12** (문자열의 각 문자를 재귀적으로 출력하기) 보조 메소드를 사용하여 프로그래밍 연습 20.9를 다시 작성하라. 단, 보조 메소드의 형식은

```
public static void reverseDisplay(String value, int high)
```

이다.

20.13* (배열에서 가장 큰 수 찾기) 배열에서 가장 큰 수를 찾아 출력하는 프로그램을 재귀적 방법으로 작성하시오.

20.14* (문자열에서 대문자의 개수 구하기) 임의의 문자열에서 대문자의 개수를 출력하는 프로그램을 재귀적 방법으로 작성하시오.

20.15* (배열에서 대문자의 개수 구하기) 문자형 배열에서 대문자의 개수를 출력하는 메소드를 재귀적 방법으로 작성하시오, 단, 다음과 보조 메소드를 활용하여 작성하시오.

```
public static int count(char[] chars)
public static int count(char[] chars, int high)
```

20.16* (배열에서 특정 문자의 빈도 수) 배열 내에 주어진 문자가 몇 개 존재하는가를 출력하는 메소드를 재귀적 방법으로 작성하시오. 단, 다음과 같은 보조 메소드를 활용하여 작성하시오.

```
public static int count(char[] chars, char ch)
public static int count(char[] chars, char ch, int high)
```

20.6절 예제 : 하노이 탑

20.17* (하노이 탑) n개의 원반을 A에서 B로 옮길 때 원반의 이동 횟수가 출력되도록 리스트 20.8을 수정하시오.

20.18* (시어핀스키 삼각형) 그림 20.12(a)처럼 Increase와 Decrease 버튼을 추가하여 시어핀스키 삼각형의 차수를 1씩 증가/감소할 수 있도록 리스트 20.9를 개선하라. 단 초기 차수(order) 값은 0이며 그 값이 0인 경우에는 Decrease 버튼이 작동하지 않도록 작성한다.

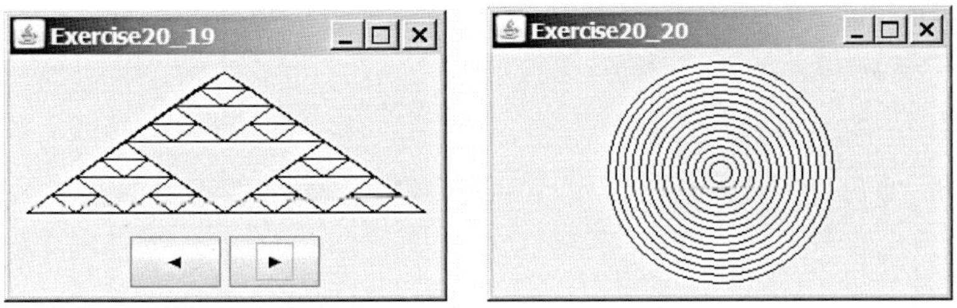

(a) (b)

그림 20.12 (a) 증/감 버튼으로 차수의 값을 1씩 증/감. (b) 재귀적 방법으로 타원 그리기

20.19* (원 그리기) 그림 20.12(b)와 같이 타원을 그리는 프로그램을 애플릿으로 작성하시오. 단, 원은 패널에 중앙에 그려야 하며, 원과 원간의 간격은 10픽셀이고 가장 큰 원과 패널간의 간격 역시 10픽셀로 한다.

종합문제

20.20* (10진수를 2진수로) 10진수를 2진수로 변환하는 프로그램을 재귀적 방법으로 작성하라.
단, 사용할 메소드의 형식은 public static String convertDecimalToBinary(int value)이다.

20.21* (10진수를 16진수로) 10진수를 16진수로 변환하는 프로그램을 재귀적 방법으로 작성하라.
단, 사용할 메소드의 형식은 public static String convertDecimalToHex(int value)이다.

20.22* (2진수를 10진수로) 2진수를 10진수로 변환하는 프로그램을 재귀적 방법으로 작성하라. 단, 사용할 메소드의 형식은 public static int parseBinary(String binaryString)이다.

20.23* (16진수를 10진수로) 16진수를 10진수로 변환하는 프로그램을 재귀적 방법으로 작성하라. 단, 사용할 메소드의 형식은 public static int parseHex(String hexString)이다.

20.24** (부분 집합 출력) 주어진 집합의 모든 부분 집합을 한 행에 하나씩 출력하는 메소드를 재귀적 방법으로 작성하시오. 예를 들어, 사용자가 3을 입력하면 다음과 같이 출력된다.

```
{}
{1}
{1, 2}
{1, 2, 3}
{1, 3}
{2}
{2, 3}
{3}
```

출력되는 부분 집합의 순서는 중요치 않다.

20.25** (동전의 합) {1, 4, 5}와 같이 동전이 주어졌을 때, 최소한의 동전만을 사용하여 일정한 금액이 되도록 프로그램을 재귀적으로 작성하시오. 가령, 8원이 만들고자 하는 금액이라면 4원짜리 동전을 두 번 사용하면 8원이 되므로 2가 출력되는 프로그램을 작성하는 것이다. 동전 값이 집합에 없거나, 음수라면 IllegalArgumentException을 던져야 한다.

20.26** (코흐의 눈송이 프랙탈) 스웨덴의 수학자 Koch의 이름을 딴 코흐의 눈송이 프랙탈은 다음과 같은 특징을 갖고 있다.

1. 정삼각형으로부터 시작한다(그림 20.14(a)).
2. 각 변의 길이를 3등분하여 3등분된 중앙의 변에 정삼각형을 밖으로 향하게 그린다(그림 20.14(b)).
3. 2의 과정을 무한히 반복한다(그림 (c)와 (d)).

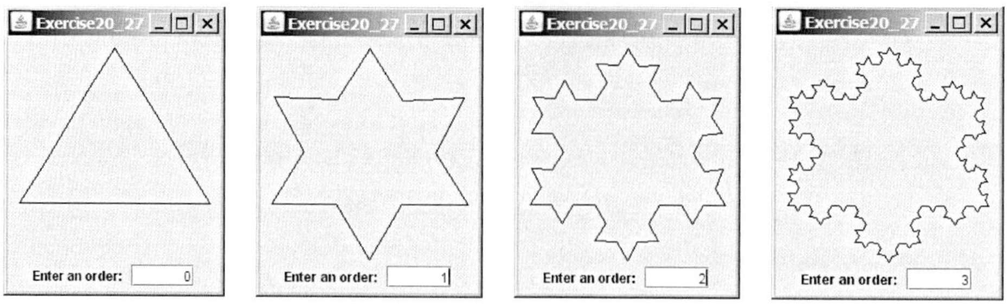

(a) (b) (c) (d)

그림 20.14 정삼각형으로 시작하는 코흐의 눈송이 프랙탈

그림 20.14와 같이 코흐의 눈송이 프랙탈이 그려지는 프로그램을 작성하라.

20.27** (재귀 없이 디렉토리 크기 구하기) 리스트 20.7의 DirectorySize.java 프로그램을 재귀적 방법을 사용하지 않고 다시 작성하라.

20.28* (디렉토리의 파일 개수) 사용자가 디렉토리 명을 입력하면 그 디렉토리에 속한 파일의 개수를 출력하는 프로그램을 작성하라.

20.29** (단어 찾기) 특정 디렉토리에 속한 모든 파일에 특정 단어가 몇 번 나타나는지를 출력하는 프로그램을 작성하라. 이 때 디렉토리 이름과 단어는 다음과 같이 명령어 라인을 통해 전달되는 것으로 가정한다.

```
java Exercise20_30 dirName word
```

20.30** (단어 교체) 위에서 작성한 프로그램을 이용하여 특정 단어를 새로운 단어로 바꾸는 프로그램을 작성하라.

```
java Exercise20_31 dirName oldWord newWord
```

20.31***(게임 : 나이트 순회) 나이트 순회(Knight's Tour)는 오래된 퍼즐 중 하나로 체스 보드의 임의의 칸에서 시작하여 모든 칸을 오직 한 번만 방문하도록 하는 게임이다(그림 20.15(a)). 체스에서 나이트는 L자 모양으로 이동을 해야 한다(한 방향으로 두 칸 전진한 후 거기에서 직각 방향으로 한 칸을 이동한다). 그림 20.15(b)에 보인 것처럼, 나이트는 8가지 칸으로 이동할 수 있다. 나이트의 움직임을 보여주는 애플릿을 작성하라(그림 20.15(c)).

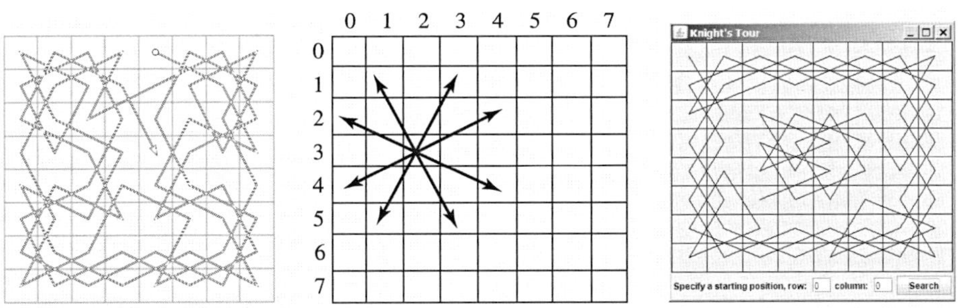

(a) (b) (c)

그림 20.15 (a) 나이트는 한 번에 모든 칸을 순회한다. (b) 나이트는 L-모양으로 이동한다. (c) 애플릿은 나이트의 여행 경로를 표시한다.

힌트 : 이 문제에 대한 주먹구구식 접근법은 나이트를 한 칸에서 다른 가능한 칸으로 무작정 이동하는 것이다. 이와 같은 방법은 프로그램이 종료하는데 긴 시간이 걸린다. 보다 나은 접근법은 발견적 방법(heuristics)을 사용하는 것이다. 나이트는 놓인

위치에 따라 2, 3, 4, 5, 6, 또는 8가지의 움직임이 가능하다. 직관적으로, 우선 나이트를 최소한으로 접근 가능한 칸으로 이동하도록 시도한 후 그것들의 더 많은 접근가능한 칸은 열어둔다. 이렇게 함으로써 검색의 끝에서 성공할 수 있는 더 좋은 기회가 있을 것이다.

20.32***(게임 : 나이트 순회 애니메이션) 그림 20.16처럼 사용자가 나이트의 시작점을 지정하고 Solve 버튼을 클릭하면 사용자가 지정한 위치에서 나이트가 움직일 수 있는 경로를 모두 보여주는 애플릿을 작성하시오.

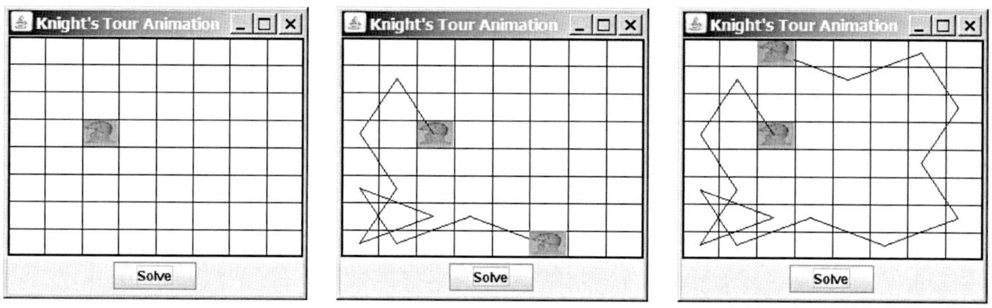

그림 20.16 경로를 따라 움직이는 나이트

20.33** (게임 : 스도쿠) 리스트 6.12의 Sudoku.java 프로그램을 재귀적 방법으로 다시 작성하라.

20.34** (H-tree 프랙탈) H-tree 프랙탈은 다음과 같이 정의된다.

1. 동일한 길이의 직선 3개가 H 모양이 되도록 그린다(그림 20.17(a)).
2. H 모양은 4개의 끝점이 존재하며 이 4개의 끝점에 다시 H 모양이 중앙에 오도록 그린다. 이 때 H를 구성하는 직선의 길이는 처음 H를 구성하는 직선의 반이다(그림 20.17(b)).
3. 2의 과정을 무한히 반복한다.

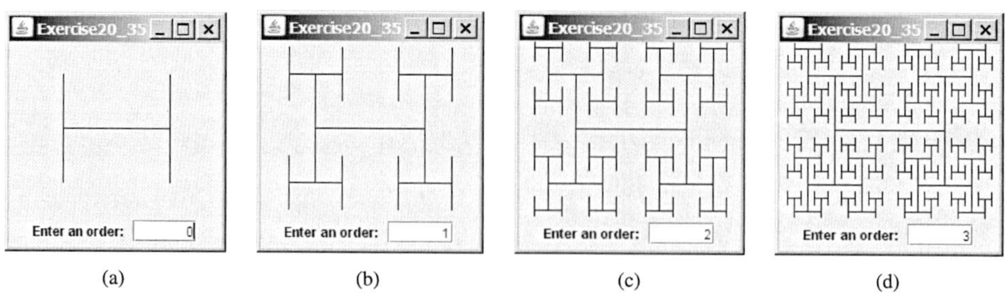

그림 20.17 H-tree 프랙탈

H-tree는 동일한 전파 지연을 가지고 타이밍 신호를 칩의 모든 부분에 발송하는 클락 분배망으로서 VLSI 설계를 하는데 이용된다. 그림 20.17처럼 H-tree를 그리는 애플릿을 작성하라.

20.35***(게임 : **모든 스도쿠 솔루션**) 20.34에서 작성한 프로그램을 모든 가능한 해를 찾도록 다시 작성하라.

20.36***(게임 : **다중 8퀸 솔루션**) 가능한 모든 해를 스크롤 패널에 표시되도록 8퀸 문제를 다시 작성하라. 그리고 솔루션 번호를 패널 상단에 표시되도록 한다.

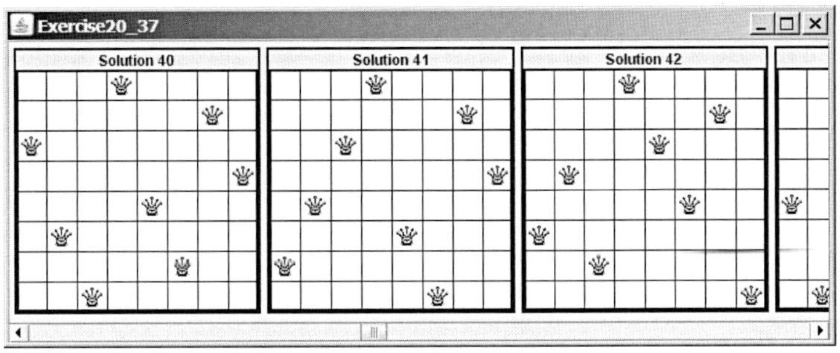

그림 20.18 가능한 모든 해를 스크롤 패널에 표시하기

APPENDIXES

Appendix A

■ 자바 키워드

Appendix B

■ ASCII 문자 집합

Appendix C

■ 연산자 우선순위 표

Appendix D

■ 자바 수정자

Appendix E

■ 특수 부동 소수점 값

Appendix A

자바 키워드

다음은 자바 언어에서 사용되는 50개의 키워드이다.

```
abstract     double       int          super
assert       else         interface    switch
boolean      enum         long         synchronized
break        extends      native       this
byte         for          new          throw
case         final        package      throws
catch        finally      private      transient
char         float        protected    try
class        goto         public       void
const        if           return       volatile
continue     implements   short        while
default      import       static
do           instanceof   strictfp*
```

C++의 키워드에도 있는 Java 키워드 goto와 const는 현재는 사용되지 않는다. 이 키워드들이 프로그램에 나타날 때 자바 컴파일러가 그것들을 인식하고 더 나은 오류 메시지를 생산할 수 있다.

리터럴 값 100과 마찬가지로 리터럴 값 true, false, null은 키워드가 아니다. 하지만 100을 식별자로 사용할 수 없는 것처럼 여러분은 이것들 역시 식별자로 사용할 수 없다.

assert는 JDK 1.4에 추가된 키워드이고, enum은 JDK 1.5에 추가된 키워드이다.

---

*strictfp 키워드는 함수나 클래스에서 엄격(strict) 부동 소수점 계산을 하기 위한 수정자이다. 부동 소수점 연산은 엄격 또는 비엄격(nonstrict)의 두 가지 모드 중 하나에서 사용될 수 있다. 엄격 모드는 모든 자바 가상머신에서 같은 결과를 가짐을 보장한다. 비엄격 모드는 계산의 중간 결과가 표준 IEEE의 부동 소수점 수 형식과는 다른 확장 형식에 저장되는 것을 허용한다. 확장형은 기계 의존적이고 코드를 더 빨리 실행시킬 수 있다. 하지만 다른 JVM에서 비엄격 모드를 사용하여 코드를 실행시키려고 했을 때 항상 같은 값을 얻지 못할 수도 있다. 비엄격 모드는 기본적으로 부동 소수점 연산을 위해 사용된다. 함수나 클래스에서 엄격 모드를 이용하기 위해선 함수나 클래스의 선언에 strictfp를 추가해야 한다. 엄격 부동 소수점은 비엄격 부동 소수점보다 약간 더 정밀하지만 그 특징은 일부 응용프로그램에서만 영향을 줄 것이다. 엄격성은 상속되지 않는다는 것은 클래스나 인터페이스 선언에서 strictfp의 존재는 확장된 클래스와 인터페이스의 엄격함에 영향을 주지 않는다는 의미이다.

Appendix B

ASCII 문자 집합

표 B.1과 B.2는 ASCII 문자와 문자 각각의 10진수와 16진수 코드이다. 문자의 10진수 혹은 16진수 코드들은 각각의 행 인덱스와 열 인덱스의 조합이다. 예를 들어, 표 B.1에서 문자 A는 행6과 열5에 있고 그것의 10진수는 65와 같다. 표 B.2에서 문자 A는 행4와 열1에 있고 그것의 16진수는 41과 같다.

표 B.1 ASCII Character Set in the Decimal Index

	0	1	2	3	4	5	6	7	8	9
0	nul	soh	stx	etx	eot	enq	ack	bel	bs	ht
1	nl	vt	ff	cr	so	si	dle	dcl	dc2	dc3
2	dc4	nak	syn	etb	can	em	sub	esc	fs	gs
3	rs	us	sp	!	"	#	$	%	&	'
4	(	)	*	+	,	–	.	/	0	1
5	2	3	4	5	6	7	8	9	:	;
6	<	=	>	?	@	A	B	C	D	E
7	F	G	H	I	J	K	L	M	N	O
8	P	Q	R	S	T	U	V	W	X	Y
9	Z	[	\	]	^	–	Ô	a	b	c
10	d	e	f	g	h	i	j	k	l	m
11	n	o	p	q	r	s	t	u	v	w
12	x	y	z	{	|	}	~	del		

표 B.2 ASCII Character Set in the Hexadecimal Index

	0	1	2	3	4	5	6	7	8	9	A	B	C	D	E	F
0	nul	soh	stx	etx	eot	enq	ack	bel	bs	ht	nl	vt	ff	cr	so	si
1	dle	dcl	dc2	dc3	dc4	nak	syn	etb	can	em	sub	esc	fs	gs	rs	us
2	sp	!	"	#	$	%	&	'	(	)	*	+	,	–	.	/
3	0	1	2	3	4	5	6	7	8	9	:	;	<	=	>	?
4	@	A	B	C	D	E	F	G	H	I	J	K	L	M	N	O
5	P	Q	R	S	T	U	V	W	X	Y	Z	[	\	]	^	–
6	`	a	b	c	d	e	f	g	h	i	j	k	l	m	n	o
7	p	q	r	s	t	u	v	w	x	y	z	{	|	}	~	del

Appendix C

연산자 우선순위 차트

연산자들을 위에서부터 아래로 우선순위의 내림차순으로 보인다. 같은 그룹 안의 연산자들은 같은 우선순위를 갖고 그것들의 결합법칙은 표에 나타나 있다.

연산자	이름	결합법칙
()	소괄호	좌에서 우로
()	함수 호출	좌에서 우로
[]	배열 첨자	좌에서 우로
.	객체 멤버 접근	좌에서 우로
++	후 증가	우에서 좌로
−−	후 감소	우에서 좌로
++	선 증가	우에서 좌로
−−	선 감소	우에서 좌로
+	단항 덧셈	우에서 좌로
−	단항 뺄셈	우에서 좌로
!	단항 논리 부정	우에서 좌로
(type)	단항 캐스트	우에서 좌로
new	객체 생성	우에서 좌로
*	곱셈	좌에서 우로
/	나눗셈	좌에서 우로
%	나머지	좌에서 우로
+	2항 덧셈	좌에서 우로
−	2항 뺄셈	좌에서 우로
<<	좌 이동	좌에서 우로
>>	부호 확장 우 이동	좌에서 우로
>>>	0 확장 우 이동	좌에서 우로
<	열등 비교	좌에서 우로
<=	열등 또는 동등 비교	좌에서 우로
>	우등 비교	좌에서 우로
>=	우등 또는 동등 비교	좌에서 우로
instanceof	객체 타입 검사	좌에서 우로
==	동등 비교	좌에서 우로
!=	비동등 비교	좌에서 우로
&	(무조건 AND)	좌에서 우로
^	(배타적 OR)	좌에서 우로
|	(무조건 OR)	좌에서 우로
&&	조건 AND	좌에서 우로
||	조건 OR	좌에서 우로
?:	3항 비교	우에서 좌로
=	배정	우에서 좌로
+=	덧셈 배정	우에서 좌로
−=	뺄셈 배정	우에서 좌로
*=	곱셈 배정	우에서 좌로
/+	나눗셈 배정	우에서 좌로
%=	나머지 배정	우에서 좌로

Appendix D

자바 수정자

수정자는 클래스와 클래스 멤버(생성자, 메소드, 데이터와 클래스 수준의 블록)에서 사용된다. 하지만 final 수정자는 지역변수에서도 사용할 수 있다. 클래스에 적용할 수 있는 수정자는 클래스 수정자(class modifier)라고 한다. 메소드에 적용될 수 있는 수정자는 메소드 수정자(method modifier)라고 한다. 데이터 필드에 적용될 수 있는 수정자는 데이터 수정자(data modifier)라고 한다. 클래스 수준 블록에 적용할 수 있는 수정자는 블록 수정자(block modifier)라고 한다. 아래 표는 수정자를 요약한 것이다.

수정자	클래스	생성자	메소드	데이터	블록	설명
(*default*)*	√	√	√	√	√	클래스, 생성자, 메소드 또는 데이터 필드는 이 패키지에서 가시적이다.
public	√	√	√	√		클래스, 생성자, 메소드 또는 데이터 필드는 임의의 패키지에 있는 모든 프로그램에 가시적이다.
private		√	√	√		생성자, 메소드 또는 데이터 필드는 이 클래스에서만 가시적이다.
protected		√	√	√		생성자, 메소드 또는 데이터 필드는 이 패키지와 임의의 패키지의 이 클래스의 부클래스에서 가시적이다.
static			√	√	√	클래스 메소드 또는 클래스 데이터 필드, 또는 정적 초기화 블록을 정의한다.
final	√		√	√		final 클래스는 상속될 수 없다. final 메소드는 부클래스에서 수정될 수 없다. final 데이터 필드는 상수이다.
abstract	√		√			abstract 클래스는 상속되어야만 한다. abstract 메소드는 구체적인 부클래스에서 구현되어야 한다.
native			√			native 메소드는 메소드가 자바가 아닌 언어를 사용하여 구현되었다는 것을 나타낸다.
synchronized			√		√	한 번에 단지 한 스레드만이 이 메소드를 실행할 수 있다.
strictfp	√	√				평가 결과가 모든 자바 JVM에서 동일하다는 것을 보장하기 위해 엄격 소수점 연산(strictfp)을 사용하라.
transmit				√		지열하 인스턴스 데이터 필드를 표시한다.

*디폴트 접근은 관련된 수정자가 없다. 예: class test {}

Appendix E

특수 부동 소수점 값

정수 값을 0으로 나누는 것은 무효가 되고 ArithmeticException을 발생시킨다. 하지만 부동 소수점 값을 0으로 나누는 것은 예외의 원인이 되지 않는다. 부동 소수점 연산은 그 결과 값이 double이나 float에 저장할 수 있는 것보다 훨씬 크면 무한대로 오버플로가 되고, 결과 값이 double이나 float에 저장할 수 있는 것보다 훨씬 작으면 0으로 언더플로가 된다. 자바에서는 이러한 결과들을 나타내는 POSITIVE_INFINITY, NEGATIVE_INFINITY와 NaN(Not a Number)와 같은 특수 부동 소수점 값을 제공한다. 이러한 값들은 float 클래스와 double 클래스에서 특수 상수로 정의한다.

만약 양의 부동 소수점 수를 0으로 나눈다면 그 결과는 POSITIVE_INFINITY이다. 만약 음의 부동 소수점 수를 0으로 나눈다면 그 결과는 NEGATIVE_INFINITY이다. 만약 부동 소수점 값 0을 0으로 나눈다면 그 결과는 수학적으로 정의되지 않은 결과를 의미하는 NaN이다. 이러한 세 값의 문자열 표현은 Infinity, −Infinity, 그리고 NaN이다. 예를 들면,

```
System.out.print(1.0 / 0); // Print Infinity
System.out.print(-1.0 / 0); // Print -Infinity
System.out.print(0.0 / 0); // Print NaN
```

이러한 특수 값은 연산의 피연산자로도 사용될 수 있다. 예를 들면, 어떤 숫자를 POSITIVE_INFINITY로 나누면 양의 정수 0값을 산출한다. 표 E.1은 /, *, %, +와 −연산자들의 다양한 조합을 요약해 놓은 것이다.

표 E.1 특수 부동 소수점 값

x	y	x/y	x*y	x%y	x+y	x−y
Finite	± 0.0	± ∞	± 0.0	NaN	Finite	Finite
Finite	± ∞	± 0.0	± 0.0	×	± ∞	∞
± 0.0	± 0.0	NaN	± 0.0	NaN	± 0.0	± 0.0
± ∞	Finite	± ∞	± 0.0	NaN	± ∞	± ∞
± ∞	± ∞	NaN	± 0.0	NaN	± ∞	∞
± 0.0	± ∞	± 0.0	NaN	± 0.0	± ∞	± 0.0
NaN	Any	NaN	NaN	NaN	NaN	NaN
Any	NaN	NaN	NaN	NaN	NaN	NaN

NOTE 만약 피연산자중 하나가 NaN이라면 그 결과는 NaN이다.

INDEX

역자 약력

■ **유원희(柳元熙)**

서울대학교 공과대학 응용수학과, 공학사
서울대학교 대학원 계산통계학과(컴퓨터 과학), 이학석사
서울대학교 대학원 계산통계학과(컴퓨터 과학), 이학박사
University of California, Irvine 객원교수

현재 : 인하대학교 컴퓨터정보 공학부 교수
관심분야 : 프로그래밍 언어, 컴파일러 구성, 프로그래밍 환경, 소프트웨어 공학
whyoo@inha.ac.kr

■ **김병호(金炳鎬)**

연세대학교 이과대학 전산과학과 학사
KAIST 전산학과 석사, 박사

현재 : 경성대학교 컴퓨터학부 교수
관심분야 : 컴퓨터구조, 모바일 컴퓨팅, 센서네트워크
bkim@ksu.ac.kr

■ **김진수(金鎭秀)**

중앙대학교 공과대학 전자계산학과, 이학사
중앙대학교 대학원 전자계산학과(소프트웨어공학), 이학석사
중앙대학교 대학원 컴퓨터공학과(소프트웨어공학), 공학박사

한국전자통신연구원 초빙연구원
현재 : 건양대학교 컴퓨터학과 교수 / 건양대학교 산학협력단장
관심분야 : 객체지향 방법론, 소프트웨어 프로세스, 소프트웨어 품질평가
jinskim@konyang.ac.kr

■ **이성구(李成九)**

중앙대학교 공과대학 전자계산학과, 공학사
Arizona State University, 컴퓨터공학과, 공학석사
Arizona State University, 컴퓨터공학과, 공학박사

현재 : 한신대학교 컴퓨터공학부 교수
관심분야 : 컴포넌트재사용, 객체지향개발방법론, 시스템분석및설계, 소프트웨어공학
sklee@hs.ac.kr

역자 약력

■ **이창훈(李昌勳)**

광운대학교 전자계산학과, 이학사
중앙대학교 대학원 전자계산학과(컴퓨터공학과), 이학석사
중앙대학교 대학원 컴퓨터공학과, 공학박사

현재 : 국립한경대학교 컴퓨터공학과 교수
관심분야 : 소프트웨어공학, 영상처리, 프로그래밍언어, u-HealthCare
be4u@hknu.ac.kr

■ **전성희(全星姬)**

이화여자대학교 자연과학대학 물리학과, 이학사
중앙대학교 일반대학원 전자계산학과, 이학석사

현재 : 서울여자대학교 일반대학원 멀티미디어학과, 박사과정
(주)다우기술, 한국인포믹스 근무
한신대학교 컴퓨터공학부 초빙교수
관심분야 : 디지털 방송, 프로그래밍 언어, 데이터베이스
in4mix@hs.ac.kr

■ **조성래(趙成來)**

고려대학교 공과대학 전자전산공학과, 공학사
고려대학교 대학원 전자공학과(컴퓨터공학), 공학석사
미국 조지아텍 전기및컴퓨터공학과(통신공학), 공학박사
한국전자통신연구원 연구원
삼성종합기술원 전문연구원
미국 조지아 서던 대학교 교수

현재 : 중앙대학교 컴퓨터공학부 교수
관심분야 : 프로그래밍 언어, 무선 네트워크
srcho@cau.ac.kr

정가 37,000원

자바 프로그래밍 입문

2011년 2월 20일 초판 인쇄
2011년 3월 2일 초판 발행

역자와의
협의하에
인지생략

저 자 : Y. Daniel Liang
역 자 : 유원희 · 김병호 · 김진수 · 이성구 ·
이창훈 · 전성희 · 조성래
발행자 : 우 명 찬 · 송 준
발행처 : 홍릉과학출판사
주 소 : ㊄ 142-885 서울시 강북구 인수동 455-60
등 록 : 1976년 10월 21일 제5-66호
전 화 : 999 – 2274~5, 996 – 8341, 903 – 7037
팩 스 : 905-6729
ISBN : 978-89-7283-917-0

hongpub@hongpub.co.kr
www.hongpub.co.kr